Die Rechtsgrundsätze

des

Königlich Preußischen

Oberverwaltungsgerichts.

Begründet von K. Parey.

Vierte, gänzlich neu bearbeitete und bis zur Gegenwart ergänzte Auflage,

herausgegeben

von

Fr. Kunze,
weil. Wirkl. Geheimer Ober-Regierungsrat

und

Dr. G. Kautz,
Präsident des Kaiserlichen Kanalamts.

Ergänzungsband 1915/16 zum dritten Band.

(Steuersachen.)

Berlin 1917.

J. Guttentag, Verlagsbuchhandlung,

G. m. b. H.

Die Entscheidungen

in

Reichszuwachs-, Provinzial-, Kreis-, Kommunal- und Staatssteuerangelegenheiten.

Nebst einem Anhang: Wehrbeitrag.

Bearbeitet

von

Dr. G. Kautz,
Wirkl. Geheimer Ober-Regierungsrat,
Präsident des Kaiserlichen Kanalamts.

Ergänzungsband 1915/16.

Berlin 1917.
J. Guttentag, Verlagsbuchhandlung,
G. m. b. H.

Vorwort.

Der vorliegende Ergänzungsband enthält die Entscheidungen des Oberverwaltungsgerichts in Reichszuwachssteuer-, Provinzial- und Kreisabgaben-, Kommunalsteuer- und Staatssteuerangelegenheiten aus Band 64 bis 69 und Band 16 (Staatssteuern) der offiziellen Sammlungen, aus dem Preußischen Verwaltungsblatt, der Deutschen Juristenzeitung, dem Recht und dem Steuerarchiv bis etwa zum Oktober 1916, aus den drei letztgenannten Zeitschriften, soweit sie nicht bereits in den anderen Quellen enthalten waren. In einem besonderen Anhang ist eine Anzahl von Entscheidungen des Gerichtshofs in Wehrbeitragssachen zusammengestellt. Damit ist Band III des Hauptwerks, der ein selbständiges, allein käufliches Werk bildet und als unentbehrliches Handbuch für Kommunal- und Staatssteuerrecht in der Praxis viele Freunde gefunden hat, ungeachtet der durch den Kriegszustand geschaffenen Schwierigkeiten wieder bis in die neuere Zeit fortgeführt.

Auf klare, scharfe Systematisierung, leichtverständliche Darstellung und, wo erforderlich, ausgiebige Beigebung von Tatbeständen und Gründen zu den Rechtsgrundsätzen ist auch in diesem Ergänzungsbande besonderer Wert gelegt worden.

Berlin, im September 1917.

Dr. jur. G. Kautz.

Inhaltsverzeichnis.

Sechste Abteilung.

Entscheidungen in Reichszuwachs-, Provinzial-, Kreis- und Kommunalsteuersachen.

Erster Abschnitt.

Entscheidungen in Reichszuwachssteuersachen.

Zweiter Abschnitt.

Dritter Abschnitt.

Entscheidungen in Kreisabgabensachen.

Vierter Abschnitt.

Fünfter Abschnitt.

Entscheidungen über Gemeindeabgaben.

Siebente Abteilung.

Entscheidungen in Staatssteuersachen.

Erster Abschnitt.

Einkommensteuer.

Zweiter Abschnitt.

Ergänzungssteuer.

Dritter Abschnitt.

Gewerbesteuer.

Vierter Abschnitt.

Warenhaussteuer.

Anhang:

Wehrbeitrag.

Berichtigungen.

(Die richtigen Ziffern und Buchstaben sind, soweit darstellbar, durch **Fettdruck** hervorgehoben.)

S. 74, drittletzte Zeile der Entsch. 64: ... Vorna**h**me ...
S. 331, Zeile 4 von unten: **H.** Veranlagung ...
S. 481, Zeile 2: ... **wird** ein Betrag abgezogen ...

Sechste Abteilung.

Entscheidungen in Reichszuwachs-, Provinzial-, Kreis- und Kommunalsteuersachen.

Literatur: v. Eheberg: Finanzwissenschaft [13] (Leipzig 1915). — Nölbecke: Die Steuerfreiheit der Bundesfürsten im Deutschen Reich (Karlsruhe 1914). — Werner: Kameralistische oder kaufmännische Buchführung namentlich für staatliche oder städtische werbende Betriebe (Leipzig 1916). — Wolf: Die Steuern in Deutschland (Berlin-Wilmersdorf 1915).

Erster Abschnitt.

Reichszuwachssteuer.

Literatur: Fernow: G. über einen einmaligen außerordentlichen Wehrbeitrag [2] (Berlin 1914). — Görnandt: Die Steuer vom gemeinen Wert (Berlin 1914). — Haerecke: Der Wertzuwachsgedanke in Deutschland (Berlin 1915). — Hoyer: Die Praxis des ZuwStG. (Leipzig 1914). — Kahn u. Obermeyer: WehrbeitragsG. (München 1914). — Löck: PrStempStG. [8] (bearbeitet v. Seyffarth) (Berlin 1915). — Loewenfeld: Die Ermäßigung der Besitzwechselabgaben (Spandau 1916). — Rheinstrom: G. über einen einmaligen außerordentlichen Wehrbeitrag [2] (München 1914). — Schumann: Die Vermögenssteuern (Berlin 1914).

I.

Steuerpflicht.

Nr. 1. Entsch. v. 2. Jan. 1913 (OVG. **64** 3) VII C 455/12.

ReichsZuwStG. §§ 1, 2.

Die Befreiungsvorschrift des § 1 Abs. 2 ZuwStG. findet auf Berechtigungen (§ 2 aaO.) keine Anwendung.

Allerdings besagt § 2 ganz allgemein, daß die Vorschriften des G. über Grundstücke auf Berechtigungen Anwendung finden, für welche die sich auf Grundstücke beziehenden Vorschriften des Bürgerlichen Rechtes gelten. Aber schon in der Reichstagskommission (Druckſ. **596** 11) wurde zutreffend hervorgehoben, daß diese Anwendung auf Berechtigungen nur stattfinden könne, „soweit die Natur der Dinge es zuläßt". Es ist also in jedem einzelnen Falle zu prüfen, ob eine für Grundstücke erlassene Vorschrift allgemeine Bedeutung hat oder nach ihrem Inhalt und Zwecke gerade nur für Grundstücke bestimmt ist. Nun mag zugegeben werden, daß der allgemeine gesetzgeberische Gedanke, der dem § 1 Abs. 2 aaO. zugrunde liegt — Abstandnahme von Veranlagungen kleiner Objekte wegen des Mißverhältnisses der aufzuwendenden Arbeit zum Steuerbetrage behufs Schonung kleiner Leute — auch für Gerechtigkeiten an sich Platz greifen könnte. Aber Wortlaut und Inhalt der Befreiungsvorschrift lassen ihre Übertragung nicht zu. Die Vorschrift geht aus von dem Gegensatze zwischen bebauten und unbebauten Grundstücken, und die in ihr bezeichneten Wertbeträge bemessen sich nur danach, ob ein Grundstück bebaut ist oder nicht. Es würde unmöglich sein, eine Gerechtigkeit in eine dieser beiden Gattungen von Gegenständen einzureichen, da der Begriff der Bebauung dem der Gerechtigkeit völlig widerstreitet; denn die Gerechtigkeiten sind Rechte und nicht körperliche Gegenstände. Ein Recht kann aber begrifflich nicht als bebaut oder unbebaut in Betracht kommen. Daß der Gegenstand einer selbständigen Gerechtigkeit unter Umständen bebaut sein kann, ändert hieran nichts.

Nr. 2. Entsch. v. 2. Jan. 1913 (OVG. **64** 6) VII C 399/12.

ReichsZuwStG. §§ 1, 4, 8, 14², 29.

1. Das ZuwStG. geht an sich von **wirtschaftlichen Erwägungen** aus, wobei dahingestellt bleiben kann, ob es für die steuerliche Erfassung mehr einen objektiven Wertzuwachs des Grundstücks oder eine persönliche Bereicherung des Steuerpflichtigen in den Vordergrund stellt. Die wirtschaftlichen Erwägungen sind indes **keineswegs** für die Auslegung auch aller Einzelbestimmungen des G. **entscheidend**. Dieses hat die Zuwachssteuer als eine **Rechtsverkehrssteuer** gestaltet, indem es einen Rechtsvorgang zum Gegenstande der Besteuerung macht. Wo ein derartiges G. aber, ohne weitere Erläuterung, Rechtsbegriffe anwendet, können diese keine andere Auslegung finden als die, welche ihnen auf dem Rechtsgebiete zukommt, dem sie entstammen. Dies ist hier das **Bürgerliche Recht**.

Nach dem ZuwStG. ist regelmäßig der „**Übergang des Eigentums**" der die Steuerpflicht begründende Rechtsvorgang (§§ 1, 4), gilt als steuerpflichtiger Wertzuwachs der Unterschied zwischen dem „**Erwerbspreis**" und dem „**Veräußerungspreis**" (§ 8) und die Entrichtung der Zuwachssteuer liegt demjenigen ob, „dem das Eigentum an dem Grundstücke vor dem die Steuerpflicht begründenden **Rechtsvorgange** zustand" (§ 29 Abs. 1), dem in erster Linie verhafteten „**Veräußerer**" (Abs. 2 das.). Nirgends deutet das G. an, daß es den Ausdrücken: Eigentum, Erwerb, Veräußerung, Veräußerer, Hypothekengläubiger und dessen ausgefallenen Forderungen eine von den allgemeinen Grundsätzen des Bürgerlichen Rechtes abweichende Bedeutung beilege.

Dementsprechend ist „**Veräußerer**" nach § 14² ZuwStG. ausschließlich derjenige, dem im **bürgerlich-rechtlichen** Sinne, zufolge des Erwerbes in der Zwangsversteigerung, das **Eigentum an dem Grundstücke bisher** zustand, und er ist hinsichtlich der ausgefallenen Forderungen „**Hypothekengläubiger**" nach § 14² **nur dann**, wenn er selbst die betreffende Hypothek und Hypothekenforderung nach den Regeln des Bürgerlichen Rechtes erworben hatte. Der sich auf § 14² Berufende muß also die **rechtliche Eigenschaft des bisherigen Eigentümers** mit der **rechtlichen Eigenschaft des früheren Hypothekengläubigers** vereinigen.

2. Dies ist hier nicht der Fall, da lediglich der Kläger der Grundstückseigentümer, lediglich seine Ehefrau die Hypothekengläubigerin war. Einen **Erwerb für die Ehegemeinschaft** als solche bei, wie hier, nicht bestehender Gütergemeinschaft kennt das geltende Recht ebensowenig wie eine Unterscheidung zwischen formellem und nicht formellem Rechtserwerbe. Eigentum in der Zwangsversteigerung insbesondere kann nach den Bestimmungen des ZVG. v. 24. III. 97 — §§ 80, 81, 87, 89, 90 das. — keine andere Person erlangen als diejenige, der als dem Ersteher — hier also dem klagenden Ehemanne — durch den Ausspruch des Zwangsversteigerungsgerichts der Zuschlag erteilt worden ist. Anderseits ist **rechtlich Hypothekengläubiger einzig diejenige Person**, die — und dies ist unstreitig nur die Ehefrau des Klägers — **in dem Schuldbekenntnis als die Gläubigerin** bezeichnet werden sollte und bezeichnet worden ist und für die gemäß dem Willen

aller Beteiligten die Hypothek im Grundbuch eingetragen worden ist, und zwar gleichviel, ob der Gegenwert der Hypothek — die Darlehnssumme — ihrem eigenen Vermögen entstammt oder ganz oder teilweise einem fremden Vermögen, etwa dem ihres Ehegatten (§§ 607, 873, 1113 BGB.). Vereinbarungen des Ehegatten, der das Grundstück oder die Hypothek und Hypothekenforderung erworben hat, mit einem anderen, namentlich also auch mit dem anderen Ehegatten, des Inhalts, daß er den erworbenen Vermögensgegenstand wirtschaftlich für letzteren erwerben oder miterwerben oder sonstwie zu dessen Gunsten in der Verfügung über das Grundstück beschränkt sein soll, wirken — ebenso wie etwaige eine Schadensersatzpflicht begründende einseitige Maßnahmen des einen von ihnen — nur im inneren Verhältnisse der Beteiligten, nicht aber auch nach außen hin. Der Charakter eines Rechtserwerbes als eines fiduziarischen beeinflußt den Inhalt des Rechtes selbst keineswegs. Auch das fiduziarische Eigentum ist vollwirksames Eigentum.

Hätte das ZuwStG. trotz dieser Rechtslage auch bloße sogenannte fiduziarische Verhältnisse oder schlechtweg die ehelichen Verhältnisse und daher auch die ausgefallenen Hypotheken des Ehegatten des Veräußerers berücksichtigen wollen, so hätte es dies besonders zum Ausdrucke bringen müssen. Dies gilt um so mehr, als Vergünstigungsvorschriften, und eine solche ist auch die des § 14², nicht ausdehnend ausgelegt werden dürfen.

Nr. 3. Entsch. v. 9. Jan. 1913 (OVG. **64** 10) VII C 488/12.

ReichsZuwStG. § 63.

Es kommt in Frage, ob gemäß § 63 ZuwStG. Steuerfreiheit auch dann eintritt, wenn ein einfacher schriftlicher Vertrag, der an sich zur Übertragung des Eigentums nicht verpflichtet, vor dem Jahre 1911 bei einer Behörde eingereicht war. Der Beklagte ist der Ansicht, daß das G. nur die Einreichung eines formgültigen Vertrags im Sinne habe. Das trifft jedoch nicht zu; vielmehr genügt auch die Einreichung gewöhnlicher privatschriftlicher Verträge. Der Wortlaut des § 63 läßt erkennen, daß die dort vorgesehene Rechtswohltat nicht auf die Fälle beschränkt ist, in denen ein formgültiger Vertrag vorliegt. Es genügt daß eine Urkunde über das Veräußerungsgeschäft vorhanden ist, daß diese zum Eigentumsübergange geführt hat, und daß sie vor 1911 entweder in öffentlich beglaubigter Form errichtet oder ohne diese Form bei einer Behörde eingereicht war. Hätte man nur formgültige Urkunden im Sinne gehabt, so wäre es unerklärlich, daß man das Merkmal der öffentlichen Beglaubigung aufgestellt hat, denn die öffentliche Beglaubigung genügt nicht, um ein an sich unwirksames Geschäft gültig zu machen. Vielmehr stellt das G. (§ 313 BGB.), soweit nicht ausnahmsweise erleichterte Formen besonders zugelassen sind, grundsätzlich die gerichtliche oder notarielle Beurkundung als Formerfordernis auf. Der Gedanke des G. ist der, daß in allen Fällen, in denen vor 1911 bereits eine schuldrechtliche (wenn auch keine gesetzlich unbedingt verpflichtende) Bindung bestand, Steuerfreiheit gewährt werden soll, sofern die Bindung einwandfrei nachgewiesen werden kann. Der Nachweis ist aber nicht in jeder beliebigen Art zugelassen, sondern auf die im G. besonders hervorgehobenen Arten beschränkt. Es kommt hinzu, daß es nur wenig Veräußerungsgeschäfte gibt, die ohne öffentliche Beglaubigung rechtsgültig sind. Es ist nicht anzunehmen, daß um dieser Ausnahmefälle willen das G. so gefaßt worden ist, wie es vorliegt.

Nr. 4. Entsch. v. 9. Jan. 1913 (OVG. **64** 17) VII C 460/12.

ReichsZuwStG. §§ 1, 28.

1. Nach § 28 Abs. 3 ZuwStG. tritt Steuerfreiheit ein, sofern die auf jeden einzelnen Rechtsvorgang entfallende Steuer den Betrag von 20 ℳ nicht erreicht.

Die Auffassung, daß die Steuerfreiheit aus § 28 Abs. 3 nicht gegeben sei, wenn beim Vorhandensein mehrerer Steuerfälle desselben Veräußerers der Gesamtsteuerbetrag 20 ℳ oder mehr betrage, findet in dem G. keine Stütze. Sie verstößt gegen die Systematik des G. und würde zu unhaltbaren praktischen Folgen führen. Sie überließe es der willkürlichen Entschließung der Veranlagungsbehörde, ob sie mit der Heranziehung warten wolle, bis sich etwa durch eine weitere Veräußerung ein Gesamtsteuerbetrag von 20 ℳ oder mehr ergäbe. Sie müßte ferner gegenüber den nach § 29 Abs. 2 mithaftenden Erwerbern versagen; denn diese könnten nicht lediglich durch die Person des Veräußerers miteinander in einen Zusammenhang gebracht werden, der sie eines Vorrechts beraubte, auf das sie durch die Eigenart des Steuerfalls, an dem allein sie beteiligt sind, Anspruch haben.

Das Reichsschatzamt hat in M. **11** 261 eine entgegengesetzte Auffassung kundgegeben. Es stützt sich in der Hauptsache auf die Zwecke der Vorschrift, durch die „erreicht werden sollte, daß das Erhebungsverfahren nicht in Bewegung gesetzt und der Steuerpflichtige nicht in Anspruch genommen zu werden braucht wegen Beträgen, die ihrer Geringfügigkeit halber in keinem Verhältnisse stehen zu der Mühewaltung, die der Behörde und dem Steuerpflichtigen aus der Erhebung erwächst". Dieser gesetzgeberische Grund kann aber für sich allein — beim Vorliegen gewichtiger Gegengründe — nicht dazu führen, Steuerbeträge zusammenzuzählen, die an sich als einzelne zu behandeln sind.

2. Es handelt sich um die Aufteilung eines Landguts, das nach der amtlichen Eigentumsveränderungsliste aus bebautem Hofraum und Acker bestand. Das Katasteramt hat eine Auskunft dahin erteilt, daß die gesamten Parzellen eine wirtschaftliche Einheit gebildet haben. Das Landgut war auch als bebautes Grundstück anzusehen, da es mit Gebäuden versehen war. Der Wert des Gutes betrug weniger als 20000 ℳ. Jedes einzelne der hier in Betracht kommenden unbebauten Grundstücke war weniger als 5000 ℳ wert. Damit ist dargetan, daß die objektiven Voraussetzungen der Steuerfreiheit nach § 1 Abs. 2 vorliegen; denn die Frage, ob sich das veräußerte Teilgrundstück innerhalb der Preisgrenze des § 1 Abs. 2 hält, ist danach zu beantworten, ob es bebaut oder unbebaut ist, während bei der Prüfung, ob das Gesamtgrundstück die vorgesehene Wertgrenze innehält, die Beschaffenheit des Gesamtgrundstücks maßgebend ist, also geprüft werden muß, ob dieses bebaut ist oder nicht.

Nr. 5. Entsch. v. 18. März 1913 (OVG. **64** 49) VII C 651/12.

ReichsZuwStG §§ 1 8.

1. In § 1 Abs. 2 ZuwStG. heißt es:

„Beträgt der Veräußerungspreis, und iF. einer Teilveräußerung der Wert des Gesamtgrundstücks, bei bebauten Grundstücken nicht mehr als 20000 ℳ, bei unbebauten Grundstücken nicht mehr als 5000 ℳ, so bleibt der Eigentumsübergang von der Steuer frei."

Diese Vorschrift steht der Klägerin nicht zur Seite, weil der veräußerte Grundstücksteil unstreitig nicht bebaut war und einen Preis von mehr als 5000 ℳ gebracht hat. Der Ansicht des Bezirksausschusses, daß es bei Teilveräußerungen nur auf den Wert des Gesamtgrundstücks ankomme, kann nicht beigetreten werden. Allerdings ist das G. nicht klar. Indessen sprechen doch überwiegende Gründe gegen die Ansicht des Bezirksausschusses. Zunächst kann man dem Wortlaut entnehmen, daß bei Anwendung des § 1 Abs. 2 von dem Preise des veräußerten Grundstücks auszugehen ist, und daß die Beschaffenheit dieses Grundstücks dafür maßgebend ist, ob ein Preis von 20000 ℳ oder 5000 ℳ die Grenze für die Bewilligung der Steuerfreiheit bildet. IF. einer Teilveräußerung muß außerdem noch das Gesamtgrundstück betrachtet werden, und nur wenn auch dieses die Wertgrenze nicht übersteigt, kann der Eigentumsübergang steuerfrei bleiben. Hieraus folgt, daß bei Teilveräußerungen Steuerfreiheit nicht eintritt, wenn ein unbebauter Teil für mehr als 5000 ℳ veräußert wird, und daß, selbst wenn der Preis weniger beträgt, die Steuerfreiheit versagt werden muß, wenn das Gesamtgrundstück **bebaut** war und einen **Wert von mehr als 20000 ℳ** gehabt hat.

2. Der Preis bestimmt sich nach dem **Gesamtbetrage der Gegenleistung** einschließlich der vom Erwerber übernommenen Leistungen (§ 8 Abs. 2). Die Klägerin behauptet, daß sie beim Erwerbe des Gesamtgrundstücks neben dem im Vertrag angegebenen Barpreise noch die **Verpflichtung zur Gewährung eines Altenteils** übernommen habe. Ob dies richtig ist, und ob insbesondere die Übernahme der Verpflichtung eine Gegenleistung war, ist zu prüfen. Der Umstand, daß in dem notariellen Veräußerungsvertrage von dem Altenteile nichts erwähnt ist, steht nicht unbedingt der Annahme entgegen, daß die Übernahme der Verpflichtung als Gegenleistung nebenher vereinbart ist. Der Vertrag hat nur die Vermutung der Vollständigkeit und Richtigkeit für sich. Es ist nicht ausgeschlossen, daß **neben dem notariellen Vertrage mündliche Sonderabreden** getroffen sind und auch nach § 313 Satz 2 BGB. Rechtsgültigkeit haben. Unrichtig ist die Auffassung des Beklagten, daß nur dingliche Rechte in Betracht kommen. Ist der Preis ermittelt, so muß er **auf die beiden Teilgrundstücke nach Verhältnis ihres Wertes verteilt** werden. Dabei ist der **gemeine Wert** maßgebend (§ 12). Es ist also der Verkaufs- oder Verkehrswert festzustellen, der durch den Preis bestimmt wird, der im gewöhnlichen Geschäftsverkehre nach der Beschaffenheit des Gegenstandes ohne Rücksicht auf ungewöhnliche oder lediglich persönliche Verhältnisse zu erzielen ist (ABest. des Bundesrats § 22).

Nr. 6. Entsch. v. 27. Mai 1913 (OVG. 64 113) VII C 453/12.

ReichsZuwStG. §§ 1, 29, 32.

Nach den §§ 1 und 29 ZuwStG. wird beim Übergange des Eigentums an inländischen Grundstücken von dem Wertzuwachse, der ohne Zutun des Eigentümers entstanden ist, eine Abgabe (Zuwachssteuer) erhoben, deren **Entrichtung demjenigen** obliegt, **dem das Eigentum an dem Grundstücke vor dem die Steuerpflicht begründenden Rechtsvorgange zustand.** Da im vorliegenden Falle der Eigentumsübergang auf Grund der Auflassung v. 7. IV. 11 und der Eintragung v. 26. IV. 11 erfolgt ist, würde hiernach der Landmann B. zur Entrichtung der Steuer verpflichtet gewesen sein; denn dieser hat das Grundstück an den neuen Erwerber W. aufgelassen. Aber auch dessen Besteuerung hätte nach § 63 ZuwStG. unterbleiben müssen, wenn die Urkunden über das Veräußerungsgeschäft, das zu dem Eigentumsübergange führte, vor dem 1. I. 11 in öffentlich beglaubigter Form errichtet oder bei einer Behörde eingereicht waren. Der Bezirksausschuß hätte hiernach zunächst prüfen müssen, ob der **Eigentumsübergang der Besteuerung nach dem ZuwStG. unterlag.** Das wäre nur dann der Fall gewesen, wenn das zwischen G. und dem Erwerber abgeschlossene Rechtsgeschäft den Voraussetzungen des § 63 aaO. nicht entsprochen hätte; denn der Eigentumsübergang beruhte auf dem notariellen Vertrage v. 18. VIII. 10 zwischen dem früheren Eigentümer B. und dem Kläger G. und einem weiteren zwischen dem letzten und dem Erwerber W. abgeschlossenen Rechtsgeschäfte. Eine Feststellung, wann und in welcher Form dieses letzte Rechtsgeschäft abgeschlossen und was hierin vereinbart worden ist, hat der Bezirksausschuß überhaupt nicht getroffen. Aber selbst wenn sich hiernach ergeben hätte, daß der Eigentumsübergang der Besteuerung nach dem ZuwStG. unterlag, hätte der Bezirksausschuß weiter darlegen müssen, daß auch die Kläger für die Steuer haften, daß **also für diese die Voraussetzungen des § 32 ZuwStG.** gegeben seien. Hiernach würden sie für die Steuer nur **dann haften, wenn der die Haftung begründende Rechtsvorgang,** also das Rechtsgeschäft zwischen G. und dem Erwerber W., **nach dem Inkrafttreten des ZuwStG.** gelegen hätte.

Nr. 7. Entsch. v. 4. Juli 1913 (OVG. **64** 136) VII C 59/13.

1. Kein Streit besteht darüber, daß das Grundstück, unter dem hier der Eigentümer dem Dritten ein Kohlenabbaurecht eingeräumt hat, im Geltungsgebiete des G. v. 22. II. 69 liegt, und daß das Abbaurecht als selbständige Kohlenabbaugerechtigkeit in Gemäßheit jenes durch Art. 38 aaO. abgeänderten G. bestellt worden ist. Die Anwendbarkeit des § 2 ZuwStG. auf die in Rede stehende Berechtigung steht daher an und für sich außer Zweifel. Der Vorderrichter verneint aber die Steuerpflicht des herangezogenen Grundstückseigentümers, weil ein steuerpflichtiger Rechtsvorgang iS. der §§ 1, 4 ZuwStG. nicht vorliege, und hierin ist ihm beizupflichten. Nach § 1 aaO. wird die Zuwachssteuer beim Übergange des Eigentums an inländischen Grundstücken erhoben, und nach § 4 wird die Steuerpflicht begründet durch die Eintragung der Rechtsänderung in das Grundbuch oder, wenn es einer solchen zum Übergange des Eigentums nicht bedarf, durch den Vorgang, der die Rechtsänderung bewirkt. Aus der in § 2 angeordneten Gleichstellung der genannten Berechtigungen mit den Grundstücken folgt somit, daß nur der Übergang der Berechtigung auf einen anderen Berechtigten, nicht aber die Neubegründung der selbständigen Gerechtigkeit einer Zuwachssteuer unterworfen werden kann.

2. Lediglich um die erstmalige Schaffung einer selbständigen Gerechtigkeit handelt es sich aber hier, und zwar kann es hierbei keinen Unterschied machen, ob die Begründung der Kohlenabbaugerechtigkeit für den Grundstückseigentümer selbst oder — wie hier — für einen Dritten erfolgt.

Das Abbaurecht auf Kohlen steht zwar von vornherein dem Grundstückseigentümer ohne besondere grundbuchliche Eintragung zu, da im Geltungsbereiche des G. von 1869 — soweit nicht bereits zur Zeit des Erlasses dieses G. besondere Berechtigungen bestanden — die Stein- und Braunkohlen lediglich dem Verfügungsrechte des Grundeigentümers unterliegen (§ 1 des G.). Indessen besteht jenes Abbaurecht des Eigentümers, solange nicht die Erfordernisse der §§ 2, 3 Art. 38 AGBGB. erfüllt sind, nur als Ausfluß des Eigentums am Grundstück, als ein in dem Grundeigentume mitenthaltenes Recht, nicht als selbständiges Vermögensrecht, insbesondere als selbständige Gerechtigkeit. Diese letztere Eigenschaft erlangt es vielmehr erst durch den besonderen Akt der Abtrennung und Eintragung nach § 3 aaO., die in zweifacher Weise, entweder für den Grundeigentümer selbst oder für einen Dritten, erfolgen kann. Wenn der Beklagte darauf hinweist, daß die Übertragung des Abbaurechts auf einen Nichteigentümer in Fällen der vorliegenden Art schon deshalb als Veräußerung der Berechtigung gelten müsse, weil das Abbaurecht dem Grundstückseigentümer als solchem ohne Rücksicht auf die besondere grundbuchliche Eintragung zustehe, so wird hierbei übersehen, daß zu unterscheiden ist zwischen dem Abbaurechte, das in dem Eigentum am Grundstücke mitenthalten ist, und der selbständigen Gerechtigkeit, die erst durch die Abtrennung und Eintragung gemäß § 3 Art. 38 aaO. zur Entstehung gelangt und daher erst in der Folgezeit auf Grund eines anderweitigen besonderen Rechtsakts auf einen anderen übergehen kann. Ohne solche Abtrennung und Eintragung besteht für den Eigentümer ein Abbaurecht als solches begrifflich überhaupt nicht, und es ist daher unrichtig, daß das nicht abgetrennte Abbaurecht ein „rechtlich gesonderter Teil" der vom Eigentum umfaßten Gesamtbefugnisse sei. Diese Annahme eines schon vorher bestehenden Sonderrechts verkennt das Wesen des Eigentums und des — durch Art. 38 AGBGB. unberührt gebliebenen — § 1 G. v. 22. II. 69. In der Bestimmung des Abs. 1 des § 1, wonach in den dort aufgeführten Gebieten „die Stein- und Braunkohlen fernerhin lediglich dem Verfügungsrechte des Grundstückseigentümers unterliegen", kommt nichts weiter als der allgemeine Rechtsgrundsatz zum Ausdrucke, daß — vorbehaltlich abweichender gesetzlicher Sondervorschriften — das Eigentum am Grundstück unbeschränkt ist, die Befugnis zur Aneignung jener

Bodenschätze in dem Grundstückseigentum als solchem enthalten ist, also kein besonderes Recht darstellt. Wenn es sodann im Abs. 2 des § 1 heißt: „Die bestehenden Berechtigungen zum Betriebe des Stein- und Braunkohlenbergbaues bleiben jedoch aufrecht erhalten" — auf welche „bestehenden" Gerechtigkeiten, zufolge § 5 Art. 38 AGBGB., § 2 ZuwStG. ebenfalls Anwendung findet —, so sind darunter (wie schon das Wort „jedoch" erkennen läßt) nur das vorerwähnte Verfügungsrecht des Grundeigentümers einschränkende Berechtigungen, also Rechte Dritter, gemeint, die bereits bei Erlaß des G. von 1869 bestanden.

3. Aus dieser Rechtslage in Verbindung mit dem die Steuerpflicht an einen Rechtsvorgang anknüpfenden § 1 ZuwStG. folgt mit Notwendigkeit, daß nicht schon derjenige Vorgang, durch den die selbständige Kohlenabbaugerechtigkeit als solche erst entsteht, der Zuwachssteuer unterliegen kann, sondern daß die Steuerpflicht erst eintreten kann, wenn die bereits entstandene, also durch Eintragung für den Grundstückseigentümer oder für einen Dritten schon begründete Kohlenabbaugerechtigkeit auf einen anderen weiter übertragen wird. Würde auch schon die mit der Abtrennung verknüpfte Schaffung der selbständigen Kohlenabbaugerechtigkeit als selbständiger steuerpflichtiger Rechtsvorgang anzusehen sein, so würde das G. hinsichtlich der Berechtigung eine Doppelbesteuerung des Grundstückseigentümers eingeführt haben. Dies war sicher nicht seine Absicht, wenn es auch vielleicht dem Gesetzgeber nicht gelungen ist, in allen Fällen eine Doppelbesteuerung zu vermeiden. Unrichtig ist auch die Meinung des Beklagten, daß das Kohlenabbaurecht, da es schon vor der Abtrennung als ein Teil des Grundstückseigentums bestehe, mit der Oberfläche des Grundstücks ein Gesamtgrundstück iS. des § 1 Abs. 2 bilde, und daß daher die Bestellung der Berechtigung für einen anderen als Veräußerung eines Grundstücksteils iS. der §§ 1 Abs. 2, 20 ZuwStG. anzusehen sei. Rechtlich liegt nicht eine Veräußerung, sondern eine Belastung des Grundstücks vor, die auch als solche in der 2. Abteilung des Grundbuchblatts des belasteten Grundstücks eingetragen wird.

Nr. 8. Entsch. v. 20. März 1914 (OVG. 67 24) VII C 349/13.

ReichsZuwStG. § 7.

Nach § 7[4] ZuwStG. wird die Zuwachssteuer nicht erhoben: . . . beim Erwerbe der Abkömmlinge von den Eltern, Großeltern und entfernteren Voreltern.

Es fragt sich, was diese Bestimmung unter einem „Abkömmling" versteht. Nach den Vorschriften des bürgerlichen Rechtes erlangt allerdings das angenommene Kind die rechtliche Stellung eines ehelichen Kindes des Annehmenden (§ 1757 BGB.) und wird damit im bürgerlich-rechtlichen Sinne, vorbehaltlich gewisser Sondervorschriften (vgl. z. B. §§ 1759, 1763), auf eine rechtliche Stufe gestellt mit den Abkömmlingen als den Blutsverwandten absteigender (gerader) Linie. Man wird auch an sich davon auszugehen haben, daß das ZuwStG. sich im allgemeinen an die Begriffe des bürgerlichen Rechtes hat anlehnen wollen. Das schließt indessen nicht aus, daß das G. unter Abkömmlingen die an Kindesstatt Angenommenen nicht hat verstehen wollen, diesen Begriff vielmehr in dem Sinne verwendet hat, wie er dem gewöhnlichen Sprachgebrauche geläufig ist, der die natürliche Abstammung entscheiden läßt. Allerdings ist diese Annahme nur dann gerechtfertigt, wenn ganz überwiegende Gründe für sie sprechen. Solche Gründe sind jedoch vorhanden.

(Nach eingehenden Darlegungen aus der Entstehungsgeschichte des G. heißt es weiter:)

Dieselben Erwägungen, aus denen man die angenommenen Kinder bei der Erbschaftssteuer den leiblichen Abkömmlingen nicht gleichgestellt hat, treffen auch für die Zuwachssteuer zu. Die Annahme an Kindesstatt beruht auf freier Entschließung, auf Vertrag, der von rein geschäftlichen Rücksichten eingegeben sein kann, und der nach § 1768 BGB. wieder aufgehoben werden kann, so daß die Möglichkeit eines bloß zeitweiligen Annahmeverhältnisses gegeben ist. Daraus ergibt sich die weitere Möglichkeit, daß die Annahme an Kindesstatt, wenn sie steuerlich der leiblichen Verwandtschaft gleichgestellt würde, als Mittel zur Umgehung der Steuer benutzt werden könnte. Es war also mit unbilligen Ergebnissen, mit Weiterungen und Schwierigkeiten zu rechnen, wenn die Vorschrift des § 7⁴ ZuwStG. auch auf den Erwerb angenommener Kinder ausgedehnt wurde.

Nr. 9. Entsch. v. 1. Mai 1914 (OVG. 67 46) VII C 484/13.

1. Die Steuerpflicht entsteht nach § 1 Abs. 1 ZuwStG. durch den Übergang des Eigentums an inländischen Grundstücken. Ein solcher Übergang des Grundeigentums hat hier unstreitig dadurch stattgefunden, daß das an dem Grundstücke bis dahin dem Fürsten zu St.-W. zustehende Eigentumsrecht auf den Erwerber H. übertragen worden ist. Daß der frühere Erwerb des jetzigen Veräußerers oder seiner Rechtsvorgänger im Wege eines Überganges, und insofern als abgeleiteter Eigentumserwerb oder aber lediglich auf Grund eines privatrechtlichen Titels sich vollzogen haben müsse, und daß der Steuergläubiger stets dies nachzuweisen habe, bestimmt das G. nicht. Erwerbsarten wie die von der Klägerin hier genannten, Erwerb durch Eroberung, durch Belehnung, sind Ausnahmeverhältnisse, die derjenige, der ihr Vorliegen behauptet, nach allgemeinen Beweisgrundsätzen seinerseits beweisen muß. Ferner ist durch § 17 Abs. 4 ZuwStG. der Steuergläubiger aller Erwerbsermittelungen für eine hinter dem 1. I. 85 noch weiter zurückliegende Zeit überhoben, vielmehr ist in Ermangelung eines in die Zeit seit 1885 fallenden Erwerbsvorganges die Steuerangelegenheit so zu behandeln, als wäre das Grundstück am 1. I. 85 erworben.

2. § 17 aaO. nimmt allerdings hinsichtlich der Bemessung des Wertzuwachses in den dort behandelten Erwerbsfällen auf den „letzten steuerpflichtigen Rechtsvorgang" als den grundsätzlichen Ausgangspunkt Bezug, gebraucht aber diesen Ausdruck „steuerpflichtiger Rechtsvorgang" nicht iS. des Begriffs: Eigentumsübergang nach §§ 1, 4, sondern lediglich als Gegensatz zu einem steuerfreien Rechtsvorgange nach § 7. Daß der frühere Erwerbsvorgang ein abgeleiteter Erwerb oder ein Erwerb auf Grund eines Privatrechtstitels sein müsse, bringt somit auch § 17 nicht zum Ausdrucke.

3. Wie die Entstehungsgeschichte des ZuwStG. ersehen läßt, ist bei Veräußerung bisher gebundenen Grundbesitzes die Steuer wie bei jedem anderen Besitze zu erheben. Demnach sind auch die landesherrlichen Familien und die Standesherren dem ZuwStG. in vollem Umfang unterworfen.

Nr. 10. Entsch. v. 5. Mai 1914 (PrVerwBl. 35 892) VII C 518/13.

ReichsZuwStG. §§ 6, 7.

Bei der allgemeinen Fassung des § 6 ZuwStG., wonach die Besteuerung nicht dadurch ausgeschlossen wird, „daß ein nach diesem G. steuerpflichtiges Rechtsgeschäft durch ein anderes Rechtsgeschäft verdeckt wird ...." und bei dem Grundsatze des § 117 Abs. 2 BGB., wonach bei Verdeckung eines Rechtsgeschäfts durch ein Scheingeschäft die für das verdeckte Rechtsgeschäft geltenden Vorschriften Anwendung finden, kann sich als ein solch anderes verdeckendes Rechtsgeschäft iS. des § 6 ZuwStG. auch ein steuerfreier Rechtsvorgang nach § 7 ZuwStG. darstellen, insbesondere in Verbindung mit einem sich daran anschließenden weiteren steuerfrei bleibenden Rechtsvorgange. Demgemäß besteht die rechtliche Möglichkeit, ein nach dem ZuwStG. steuerpflichtiges Rechtsgeschäft, wie es in der unmittelbaren Übertragung des Grundstücks von einem Vorbesitzer auf den schließlichen Erwerber der Regel nach zu erblicken wäre, durch eine bloß formal-rechtliche Einschiebung eines Zwischenerwerbers zu verdecken, z. B. in der Weise, daß ein Vorbesitzer, der als Veräußerer im Gegensatze zu einem Abkömmlinge den die Steuerfreiheit bedingenden persönlichen Voraussetzungen des § 1 Abs. 2 ZuwStG. — (in dessen hier noch in Betracht kommenden Satze 3 der alten Gesetzesfassung) — nicht genügen würde, formell das Grundstück seinen Abkömmling erwerben läßt — ein nach § 7⁴ steuerfreier Rechtsvorgang —, und dieser Abkömmling es dann — seinerseits steuerfrei nach § 1 Abs. 2 ZuwStG. (alter Fassung) — formell demjenigen, dem es von vornherein zugedacht war, überträgt.

Nr. 11. Entsch. v. 10. Juli 1914 (PrVerwBl. 36 232) VII C 219/14.

ReichsZuwStG. § 7.

§ 7 Abs. 1³ ReichsZuwStG. bestimmt:

Die Zuwachssteuer wird nicht erhoben:
beim Erwerb auf Grund von Verträgen, die zwischen Miterben .... zum Zweck der Teilung der zum Nachlaß .... gehörenden Gegenstände abgeschlossen werden....

Wenn das G. hier von „Miterben", „Teilung" und „Nachlaß" spricht, so verweist es damit in Ermangelung abweichender Bestimmungen auf Rechtsbegriffe, die dem BGB. entlehnt sind und nicht abweichend von diesem ausgelegt werden können. Danach war im vorliegenden Falle der Nachlaß des Kaufmanns K., zu dem das betreffende Grundstück gehörte, durch den mit dem Tode des K. verknüpften Erbanfall an seine beiden Töchter unstreitig auf eine Mehrheit von Erben, also auf Miterben übergegangen (§§ 1922, 1942, 2032 BGB.). Damit war also der Nachlaß einschließlich des Grundstücks gemeinschaftliches Vermögen von Miterben bis zur Durchführung der Auseinandersetzung geworden (§ 2032 BGB.), und jeder der beiden Miterben hatte einen Anspruch auf Auseinandersetzung (§ 2042 BGB.). Diese endgültig mit dem Tode des Erblassers erworbenen Rechte der Miterbin Frau M.: ihr Anteil an dem gemeinschaftlichen Nachlaßvermögen, ihr Anspruch auf Auseinandersetzung, waren vererblich und sind infolge des vor der Auseinandersetzung erfolgten Todes der Frau M., ihrer Beerbung durch ihren Ehemann, den Kläger, und zufolge der damit verbundenen Gesamtnachfolge des Klägers in ihr Vermögen (§§ 1922, 1942 BGB.) auf den Kläger übergegangen. Infolgedessen war das mit dem Tode des Kaufmanns K. endgültig geschaffene Miterbenverhältnis der Beteiligten unverändert nach den Grundsätzen der §§ 2032ff. BGB. zu beurteilen, indem nunmehr der Kläger als Erbe seiner Frau, an Stelle dieser verstorbenen Miterbin, der verbliebenen überlebenden Miterbin gegenübertrat. Der Auseinandersetzungsvertrag zwischen einem Miterben und dem Erben des verstorbenen anderen Miterben steht daher im Rechtssinn einem unmittelbar zwischen den Miterben geschlossenen Auseinandersetzungsvertrage gleich.

Seinem Inhalte nach ist ein solcher Vertrag nicht nur über den gesamten Nachlaß, sondern auch über einzelne Nachlaßgegenstände, wie hier das Nachlaßgrundstück, zulässig, da eine Teilerbauseinandersetzung möglich ist. Auch auf einen Fall der vorliegenden Art findet deshalb entsprechend den bürgerlich-rechtlichen Grundsätzen § 7 Abs. 1³ ReichsZuwStG. Anwendung.

Die gegenteilige Auffassung des Beklagten würde auch dem Grundgedanken des § 7 zuwiderlaufen, der die Besteuerung für Fälle vermeiden will, wo, wie bei der Erbauseinandersetzung, mit dem Eigentumsübergang ein vollwertiger Umsatz in Geld oder Geldeswert nicht verknüpft zu sein pflegt. Nach dieser Richtung hin aber ist der rein zufällige äußerliche Umstand, ob die Miterben die Auseinandersetzung alle überleben oder etwa ein allgemeiner Rechtsnachfolger eines Verstorbenen daran teilnimmt, nicht von Belang.

Nr. 12. Entsch. v. 22. Sept. 1914 (PrVerwBl. **37** 183) VII C 802/13.

1. Für die Befreiungsvorschrift des § 1 Abs. 2 ZuwStG. (ursprüngliche Fassung) ist hinsichtlich der Bestimmung des Einkommens das natürliche Jahr maßgebend, das dem Eigentumsübergange vorausliegt.

2. Bei der Prüfung, ob der Sohn der Klägerin in diesem natürlichen Jahre ein Einkommen von mehr als 2000 ℳ hatte, sind folgende Gesichtspunkte zu beachten.

Veranlagungen zur Einkommensteuer und Berufungsentscheidungen, die etwa auf dem mutmaßlichen Einkommen des Steuerjahres beruhen, sind nach Ablauf des betreffenden Steuerjahrs nicht mehr verwertbar, da alsdann jene bloße Schätzung durch die Wirklichkeit überholt ist und dieser zu weichen hat. Beruhen sie auf dem tatsächlich erzielten Einkommen des vorangegangenen Jahres, so würden für das hier in Betracht kommende natürliche Jahr vom 26. VIII. 10 bis 25. VIII. 11 die Veranlagungen bzw. Rechtsmittelentscheidungen für die Steuerjahre 1911 und 1912 in Betracht kommen. Hat der Sohn der Klägerin in einem Jahre eine Erhöhung seiner Bezüge erfahren, so kann das veranlagte Einkommen nicht nach dem Verhältnisse der Zeit geteilt werden, sondern es ist zu ermitteln, wann die Änderung der Bezüge eingetreten ist, und von diesem Zeitpunkt an das erhöhte Einkommen zu berücksichtigen.

Nr. 13. Entsch. v. 6. Nov. 1914 (OVG. **68** 45) VII C 183/14.

ReichsZuwStG. § 65; ReichsG. über Änderungen im Finanzwesen v. 3. VII. 13.

1. Der Einwand der Klägerin, daß das ZuwStG., mindestens nach Erlaß des G. über Änderungen im Finanzwesen vom 3. VII. 13 (RGBl. 521), als verfassungswidrig und daher ungültig anzusehen sei, ist unzutreffend.

Abweichend von den Verfassungen der Einzelstaaten bestimmt die Reichsverfassung einzeln die Gegenstände der Reichsgesetzgebung und mußte dies tun; denn das Reich trat neben die Einzelstaaten, es bedurfte also der Abgrenzung der beiderseitigen Zuständigkeiten. Es war aber selbstredend dem Gesetzgeber klar, daß die Verfassung im Laufe der Zeit Abänderungen bedürfen würde. Deshalb sah der Gesetzgeber für Änderungen der Reichsverfassung die Formen in Art. 78 vor, wobei er ausdrücklich den einfachen Weg der Reichsgesetzgebung für ausreichend erklärte und nur verlangte, daß im Bundesrate nicht mehr als 13 Stimmen gegen die Verfassungsänderung abgegeben sein dürfen, weil jede Verfassungsänderung die Rechte der Einzelstaaten berührt, diese aber nur im Bundesrate, nicht im Reichstage vertreten sind, der nur Vertreter des gesamten deutschen Volkes kennt (Art. 29 RV.).

Verfassungsänderungen iS. des Art. 78 sind nun nicht nur Änderungen des Wortlauts der Verfassungsurkunde, sondern alle ReichsG., welche inhaltlich diese ändern, daher auch Zuständigkeitserweiterungen des Reichs. Es ist aber nirgends vorgeschrieben, daß inhaltliche Verfassungsänderungen durch SpezialG. nur erfolgen dürfen unter gleichzeitiger Änderung des Wortlauts der Verfassungsurkunde.

Im Einklange mit Art. 4[2] RV., wonach u. a. der Gesetzgebung des Reichs „die für die Zwecke des Reichs zu verwendenden Steuern" unterliegen, betraf das ZuwStG. eine für das Reich zu verwendende Steuer, wenn es daran auch in gewissem Umfang andere Gemeinwesen beteiligte. Nach § 58 Satz 1 des G. erhielt von dem Ertrage der Zuwachssteuer das Reich die Hälfte. Die Überlassung weiterer 10 % an die Bundesstaaten und von 40 % an die Gemeinden oder Gemeindeverbände (§ 58 Satz 2 u. 3) bildete nur die dem Reichsgesetzgeber freistehende Anordnung einer Entschädigung, im ersteren Falle für die den Bundesstaaten (nach § 35) übertragene Verwaltung und Erhebung der Zuwachssteuer, im letzteren Falle für das den Gemeinden oder Gemeindeverbänden durch den Erlaß des ReichsG. entzogene Recht auf selbständige Erhebung einer Grundstückszuwachssteuer.

Zufolge § 1 Abs. 3 des ReichsG. über Änderungen im Finanzwesen vom 3. VII. 13 (RGBl. 521) fällt nun allerdings für alle nach dem 30. VI. 13 eintretenden Fälle der Steuerpflicht die Erhebung des Reichsanteils fort. Nach diesem Wortlaute handelt es sich nur um die Änderung eines bestehenden ReichsG. und ein bloßes Außerhebungsetzen von Steuern. Selbst wenn man aber gleichwohl annehmen will, daß wegen Wegfalls des Reichsanteils die Zuwachssteuer seit dem 1. VII. 13 aufgehört hat, eine „für die Zwecke des Reichs zu verwendende Steuer" zu sein, so würde darin, daß trotzdem das Reich an ihrer reichsgesetzlichen Regelung festhielt, freilich eine Zuständigkeitserweiterung über die Grenze der Reichsverfassungsurkunde liegen. Daraus würde indessen nach dem zuvor Erörterten nur folgen, daß das G. v. 3. VII. 13 eine unter Art. 78 fallende Verfassungsänderung bedingte, also nicht mehr als 13 Stimmen im Bundesrate dagegen sein durften. Dafür, daß dies der Fall gewesen sei, ist irgend ein Anhalt weder von der Klägerin beigebracht, noch sonst gegeben, wobei dahingestellt bleiben mag, ob eine richterliche Nachprüfung des verfassungsmäßigen Erlasses des ReichsG. überhaupt zulässig ist. Die derzeitige reichsgesetzliche Regelung der Zuwachssteuer ist sonach rechtlich wirksam und bindend.

2. Gegenstand des steuerpflichtigen Eigentumsüberganges sind im vorliegenden Falle nicht Anteile an Grundstücken, sondern ganze Grundstücke gewesen. Der Erwerb dieser Grundstücke durch die Klägerin vollzog sich rechtlich durch die Umwandlung des zufolge des ehelichen Güterrechts an den Grundstücken bestehenden Gesamthandseigentums der Eheleute Sch. (des Gesamtguts) in Sondereigentum der Ehefrau. Diese Umwandlung war rechtlich nicht schon mit der Aufhebung der bisherigen ehelichen Gütergemeinschaft verknüpft, sondern wurde erst durch die mit dem Vertrage der Eheleute Sch. vom 30. III. 06 eingeleitete und demnächst durchgeführte Auseinandersetzung über das Gesamtgut, zufolge deren die Grundstücke in das Alleineigentum der Ehefrau übergingen, herbeigeführt (vgl. §§ 1549, 1442, 1471 BGB.). Folglich handelte es sich hier nicht um einen Erwerb nach § 7², sondern um einen solchen nach § 7³ ZuwStG.; da diese Auseinandersetzung vor dem 1. I. 11 stattgefunden hat, war hier allerdings die Vorschrift des § 65 Abs. 1 Satz 1 aaO. anzuwenden, wonach die Steuerpflicht für die Zeit vor der Auseinandersetzung auf den Anteil des Erwerbers beschränkt bleibt.

(Folgen Einzelheiten über die Steuerberechnung.)

Nr. 14. Entsch. v. 1. Dez. 1914 (PrVerwBl. **36** 580) VII C 196/14.

Das Bruchteileigentum steht begrifflich dem Alleineigentume gleich, und die Veräußerungen von Bruchteilen eines Grundstücks bilden daher, auch bei gleichzeitiger Veräußerung der verschiedenen Bruchteile durch die verschiedenen Miteigentümer, je selbständige steuerpflichtige Rechtsvorgänge. Die daraus sich ergebenden Rechtsfolgen beschränken sich nicht darauf, daß in der Veräußerung des ganzen Bruchteils keine Teilveräußerung nach § 1 Abs. 2 ZuwStG. liegt und der einzelne Bruchteilveräußerer ausschließlich die auf seinen Bruchteil entfallende Zuwachssteuer zu tragen hat. Vielmehr ergibt sich aus jener rechtlichen Natur des Bruchteileigentums zwingend weiterhin auch, daß, wenn, wie hier, das betreffende Bruchteileigentum nicht vollständig, sondern nur in beschränktem Umfange veräußert wird, zwar insoweit eine Teilveräußerung nach § 1 Abs. 2 ZuwStG. vorliegt, das — teils veräußerte teils unveräußert gebliebene — Gesamtgrundstück iS. des § 1 Abs. 2 aber alsdann nicht durch den ganzen, mehreren Bruchteileigentümern gehörigen Grundbesitz gebildet wird, sondern einzig durch den gesamten Bruchteil des betreffenden einzelnen Veräußerers, der durch die von ihm vorgenommene (Teil-) Veräußerung in seinem Umfange verkleinert wird. Für den einzelnen Bruchteilveräußerer sind die den anderen Berechtigten zustehenden Bruchteile fremdes Eigentum; der Begriff des Gesamtgrundstücks aber setzt nicht nur wirtschaftliche, sondern auch Eigentumseinheit voraus.

Demnach sind bei nicht je den ganzen Bruchteil umfassenden Veräußerungen die betreffenden Veräußerer je von der auf ihren veräußerten Anteil entfallenden Zuwachssteuer nach § 1 Abs. 2 ZuwStG., falls auch dessen übrige Voraussetzungen erfüllt sind, schon dann steuerfrei, wenn je ihr eigener, gesamter bisheriger Bruchteil sich innerhalb der Wertgrenze des § 1 Abs. 2 hält.

Nr. 15. Entsch. v. 15. Dez. 1914 (PrVerwBl. 37 120) VII C 1008/13.

1. Die Grundstücke, deren Veräußerung Anlaß zur Heranziehung der Klägerin zu Zuwachssteuern gegeben hat, gehörten zu der zwischen ihr und ihren beiden Kindern bestehenden fortgesetzten Gütergemeinschaft des westfälischen Rechtes (G. v. 16. IV. 60, GS. 165, idFass. des Art. 48 PrAGBGB.).

Die Klägerin begehrte Freistellung nach dem hier noch in seiner ursprünglichen Fassung maßgebenden § 1 Abs. 2 ZuwStG. Der Bezirksausschuß hat die Klage abgewiesen, weil unstreitig nicht auch die Kinder der Klägerin ein letztjähriges Einkommen von nicht mehr als 2000 M gehabt haben.

2. Über die gleiche Rechtsfrage hat sich das OVG. bereits in einer anderen Streitsache geäußert.

Damals fragte es sich, ob iS. des § 1 Abs. 2 ZuwStG. lediglich die Einkommensverhältnisse der Klägerin oder aber neben ihnen auch diejenigen ihres Sohnes in Betracht zu ziehen waren. Gemäß §§ 3, 10 G. v. 16. IV. 60 über das eheliche Güterrecht in der Provinz Westfalen ist der überlebende Ehegatte während der mit den Kindern fortgesetzten Gütergemeinschaft berechtigt, über alle zu dem gemeinschaftlichen Vermögen gehörigen Gegenstände durch lästige Verträge zu verfügen, insbesondere Grundstücke zu veräußern. Trotz jenes umfassenden gesetzlichen Verfügungsrechts des überlebenden Ehegatten besteht, wie es im Wesen einer Gemeinschaft liegt und auch das erwähnte G. zum Ausdrucke bringt (§§ 7, 15, 16), eine Teilhaberschaft der Kinder an dem zur fortgesetzten Gütergemeinschaft gehörigen Vermögen in Gestalt von Miteigentum. Der Sohn der Klägerin war also auch, womit die Grundbucheintragung im Einklange stand, Miteigentümer des veräußerten Grundbesitzes. Wie §§ 1, 4 ZuwStG. ergeben, knüpft nun aber die gesetzliche Steuerpflicht an den dinglichen Rechtsvorgang der Eigentumsübertragung an. Es ist daher unter Veräußerung der abgeleitete — entgeltliche — Eigentumswechsel zu verstehen und unter „Veräußerer" iS. des § 1 Abs. 2 aaO. derjenige, dem bis zu dem den Steuerfall schaffenden Eigentumsübergange das Eigentum an dem Grundstücke zustand, und der es durch den Rechtsvorgang der Übertragung verliert. Ob er selbst die Übertragung vorgenommen hat oder ein anderer kraft der gesetzlichen Befugnis, über sein Eigentum mitzuverfügen, macht keinen Unterschied.

Hiernach waren Veräußerer die Klägerin und ihr Sohn. Als ein einzelner Gegenstand des Gesamtguts der zwischen ihnen bestehenden fortgesetzten Gütergemeinschaft gehörte, entsprechend dem Wesen dieser Gemeinschaft, das Grundstück ihnen beiden ungeteilt, also zur gesamten Hand. Beim Bestehen einer Eigentumsgemeinschaft zur gesamten Hand in bezug auf das veräußerte Grundstück kann aber die Vergünstigungsvorschrift des § 1 Abs. 2 ZuwStG. nur dann Anwendung finden, wenn die dort vorgesehenen persönlichen Voraussetzungen, insbesondere also ein letztjähriges Einkommen von nicht mehr als 2000 M, bei der Gesamtheit der beteiligten Veräußerer vorliegen.

An diesen damaligen Ausführungen ist auch für den vorliegenden Fall lediglich festzuhalten.

Nr. 16. Entsch. v. 5. Jan. 1915 (PrVerwBl. 37 381) VII C 513/13.

Die Verfügung über ein Erbanteilrecht stellt, auch wenn zu der Erbschaft Grundstücke gehören, einen nach dem ZuwStG. steuerpflichtigen Rechtsvorgang nicht dar. Nur in den Fällen des § 3 ZuwStG. ist auch der Übergang von Rechten an einem Vermögen steuerpflichtig.

§ 1 Abs. 1 ZuwStG. setzt voraus, daß der durch die Veräußerung bewirkte Rechtsübergang zum Gegenstande hat das Grundstückseigentum, sei es das ganze Grundstück oder einen körperlichen oder ideellen Teil desselben. Dieser Fall aber ist nicht gegeben, wenn ein Miterbe — der nach gesetzlicher Vorschrift, § 2033 BGB. (iVerb. mit § 1922), über seinen Anteil an dem Nachlasse, nicht aber über seinen Anteil an den einzelnen Nachlaßgegenständen, also auch nicht anteilweise über ein Nachlaßgrundstück, verfügen kann —, von jenem gesetzlichen Rechte, über seinen Anteil an dem Nachlasse zu verfügen, Gebrauch macht. Gegenstand einer solchen Verfügung ist rechtlich einzig der Erbanspruch des Miterben auf das Vermögen des Erblassers — die Nachlaßmasse — als Ganzes, mit anderen Worten sein Erb-Teilhaberrecht als solches. Es handelt sich also alsdann um den Übergang eines einheitlichen, eine Gesamtheit betreffenden Rechtes, das nicht eine Grundstücksübertragung zum Gegenstande hat. Waren die bisherigen Erben bereits im Grundbuch eingetragen, so hat daher auch die Eintragung dessen, an den der Erbanteil übergegangen ist, an Stelle des unter der Gesamtheit der Erben mitaufgeführten bisherigen Berechtigten nur die Bedeutung einer Grundbuchberichtigung.

Nr. 17. Entsch. v. 8. Jan. 1915 (PrVerwBl. 36 700) VII C 826/13.

ReichsZuwStG. § 1.

§ 1 Abs. 2 ZuwStG. erklärt für die Steuerbefreiung bei Teilveräußerungen den Wert des Gesamtgrundstücks und den für das veräußerte Teilstück erzielten Preis als maßgebend. Für eine Zerlegung des Gesamtgrundstücks in einen bebauten und einen unbebauten Teil und die selbständige Betrachtung des letzteren iS. der Abveräußerung eines unbebauten Teilstücks bietet das G. keinen Raum. Vielmehr muß bei Teilveräußerungen die Steuerbefreiung schon dann eintreten, wenn das unbebaute Grundstück nicht für mehr als 5000 *M* veräußert ist und der Wert des Gesamtgrundstücks, falls es, wie hier, bebaut ist, nicht mehr als 20 000 *M* beträgt.

Nr. 18. Entsch. v. 27. Febr. 1913 (OVG. 64 46) VII C 595/12.

ReichsZuwStG. §§ 1, 27.

1. Rechtsirrig ist zunächst die Ansicht des Bezirksausschusses, der Kläger könne schon deshalb nicht zuwachssteuerpflichtig sein, weil sich für ihn aus der Zwangsversteigerung nur ein Verlust ergeben habe und eine Werterhöhung erst für den Meistbietenden H., durch vorteilhafte Abtretung der Rechte aus dem Meistgebot, eingetreten sei. Nach § 1 ZuwStG. wird die Zuwachssteuer „von dem Wertzuwachse, der ohne Zutun des Eigentümers entstanden ist, gemäß den Vorschriften dieses G. erhoben". Die dortigen Worte „ohne Zutun" haben danach keine selbständige Bedeutung, vielmehr wird der ohne Zutun des Eigentümers entstandene Wertzuwachs ausschließlich und erschöpfend durch die Einzelvorschriften des G. selbst festgelegt. Ergibt sich bei ihrer Anwendung ein steuerpflichtiger Wertzuwachs, so hat der vom G. für steuerpflichtig Erklärte, in erster Linie also der bisherige Eigentümer (§ 29 des G.), für die Steuer selbst dann einzustehen, wenn der Wertzuwachs ihm selbst nicht zum Vorteile gereicht.

2. § 27 ZuwStG. bestimmt in Abs. 1 Satz 1: „Erfolgt der Erwerb auf Grund mehrerer aufeinanderfolgender Rechtsgeschäfte von dem bisherigen Berechtigten

an den letzten Erwerber, so gilt der von dem ersteren g zahlte Preis als Erwerbspreis und die Gesamtheit der Beträge, um die sich der Preis des Grundstücks zwischen je zwei Rechtsgeschäften erhöht hat, als Wertzuwachs"; ferner in Abs. 2: „Als Rechtsgeschäfte iS. des Abs. 1 sind auch Vorgänge der im § 5 Abs. 3 bezeichneten Art anzusehen." Zu letzteren gehört u. a. nach Ziff. 4 des § 5 Abs. 3 die Abtretung der Rechte aus dem Meistgebot und die Erklärung des Meistbietenden, daß er für einen anderen geboten habe. Indem sonach durch diese letztere Bezugnahme der § 27 ausdrücklich die Abtretung der Rechte aus dem Meistgebot als eines von mehreren dem Erwerbe zugrunde liegenden aufeinanderfolgenden Rechtsgeschäften bezeichnet, läßt er zugleich klar erkennen, daß er zu diesen Rechtsgeschäften auch dasjenige, auf welchem diese Abtretung fußt, also die Abgabe des Meistgebots selbst rechnet. JS. des § 27 findet also in Fällen der vorliegenden Art der Erwerb in der Zwangsversteigerung auf Grund mehrerer aufeinanderfolgender Rechtsgeschäfte, nämlich einmal der Abgabe des Meistgebots und sodann der Abtretung der Rechte aus dem Meistgebote, statt.

Nr. 19. Entsch. v. 18. März 1913 (OVG. **64** 55) VII C 635/12.

ReichsZuwStG. §§ 8, 11.

Die bloße Aufgabe der Müllerei durch den Verkäufer eines Mühlengrundstücks hat nicht die Bedeutung eines Verzichts auf ein selbständiges Rechtsgut, der einer besonderen Bewertung zugänglich wäre, wie etwa der der Behörde gegenüber auszusprechende Verzicht des Veräußerers eines Schankwirtschaftsgrundstücks auf Beibehaltung der behördlichen Schankerlaubnis (§§ 16, 49 GewO.); sie ist vielmehr nur die natürliche und notwendige Folge der Grundstücksveräußerung als solcher, da der Käufer und neue Eigentümer kraft G. (§§ 433, 903 BGB.) den bisherigen Eigentümer von jeder Einwirkung auf das Grundstück, also insbesondere auch von einem Weiterbetrieb eines Gewerbes auf ihm, ausschließen kann. Allerdings ist hier jedenfalls mit Rücksicht auf diese Rechtsfolge und mit Rücksicht anderseits darauf, daß die Käuferin für ihre Zwecke des Grundstücks dringend benötigte, ein weit höherer Preis bedungen worden als ihn sonst der Kläger hätte erlangen können. Aber die gebotene Aufgabe der Müllerei durch den Kläger bildete hiernach lediglich den Beweggrund für eine hohe Bemessung des für das Grundstück zu zahlenden Preises; sie war aber nicht selbst Gegenstand von Leistung und Gegenleistung. Daß dieser Grundstückspreis den Grundstückswert wesentlich übersteigt, ist belanglos, da nach dem ZuwStG., sofern überhaupt ein Preis bedungen und zu ermitteln ist, schlechtweg von diesem Preise auszugehen ist, gleichviel, ob er dem Werte entspricht oder nicht (§§ 8, 11 ZuwStG.).

Nr. 20. Entsch. v. 29. April 1913 (OVG. **64** 82) VII C 677/12.

Der Bezirksausschuß nimmt zutreffend an, daß bis zu dem hier maßgebenden Eigentumserwerbe die gesamten in Betracht kommenden Parzellen kein „Gesamtgrundstück" iS. des § 1 Abs. 2 ZuwStG. bilden konnten; denn die Entstehung eines Gesamtgrundstücks setzt nicht nur wirtschaftliche, sondern auch Eigentumseinheit voraus, ist also unmöglich, wenn die Grundflächen verschiedenen Personen gehören. Dagegen war es nicht ausgeschlossen, daß sich mit dem Entstehen der Eigentumseinheit oder später bis zur Übereignung an den Fiskus eine wirtschaftliche Einheit an dem Gesamtgrundbesitze bildete. Der Umstand allein, daß der Kläger sich dem Eisenbahnfiskus gegenüber gebunden hatte, und daß er schuldrechtlich verpflichtet war, ihm eine der in Frage stehenden Grundflächen zu übereignen, stand dem nicht entgegen; denn das hinderte nicht, daß der Kläger den gesamten Grundbesitz zu einem einheitlichen Zwecke nutzte, ebenso wie ein Grundstück nicht schon deshalb aufhört, ein Gesamtgrundstück zu sein, weil über einen Teil schuldrechtlich zugunsten eines anderen verfügt ist. Wäre allerdings schon vorher die Übergabe der dem Fiskus verkauften Grundfläche erfolgt, und wäre diese Fläche dadurch dem Wirtschaftskreise des Klägers entrückt worden, so hätte kein Gesamtgrundstück mehr entstehen können.

Nr. 21. Entsch. v. 9. Mai 1913 (OVG. **64** 90) VII C 650/12.

Nach § 7[7] ZuwStG. muß der Umtausch von Grundstücken zur besseren Gestaltung von Bauflächen von einer solchen Behörde angeordnet oder als zweckdienlich anerkannt worden sein, die diesen Umtausch kraft der ihr durch G. verliehenen Befugnis auch gegen den Willen des anderen Teiles durchzuführen imstande ist. Zu diesen Behörden gehört der Gemeindevorstand nicht.

Nr. 22. Entsch. v. 24. April 1914 (DJZ. **20** 722) VII C 403/13.

Als eine Behörde iS. des ZuwStG. kann nur eine solche in Betracht kommen, welche den Umtausch kraft der ihr durch G. verliehenen Befugnis auch gegen den Willen des anderen Teiles durchzuführen befugt ist.

Nr. 23. Entsch. v. 4. Nov. 1913 (PrVerwBl. **35** 482) VII C 118/13.

ReichsZuwStG. § 63.

1. Wenn die veräußerten Parzellen zwei Veräußerern zu bestimmten Bruchteilen gehört haben und jeder nur seinen eigenen Bruchteil veräußert hat, so liegen zwei Veräußerungsfälle vor, von denen jeder für sich zu behandeln war. Dies folgt aus dem Wesen des Bruchteilseigentums, wie es durch das BGB. (§§ 1008ff.) gestaltet ist. Das Anteilsrecht eines Miteigentümers ist Sacheigentum, auf das die allgemeinen für das Alleineigentum geltenden Regeln, unbeschadet der Vorschriften der §§ 1008ff., Anwendung finden (RGZ. **56** 100).

2. Der Bezirksausschuß hat die Voraussetzungen des § 63 ReichsZuwStG. aus folgenden Gründen verneint:

„Wie der Einspruchsbescheid zutreffend ausführt, tritt die Steuerbefreiung nach § 63 ZuwStG. nur dann ein, wenn der Eigentumsübergang von dem eingetragenen Eigentümer auf den neu eingetragenen Erwerber auf einem vor dem 1. I. 11 abgeschlossenen Vertrage beruht. Der notarielle Vertrag v. 14. XII. 09 bezieht sich aber lediglich auf das Rechtsverhältnis zwischen dem Kläger und seinem Miteigentümer einerseits und H. anderseits. Die Gemeinde M. hatte durch den Vertrag nicht unmittelbar das Recht erworben, die Auflassung von dem Kläger zu fordern (§ 328 BGB.). Denn § 3 Abs. 3 des Vertrages räumt dieses Recht ausdrücklich nur dem Käufer ein. Auch aus § 2 Satz 1 kann nur ein unmittelbares Recht der Gemeinde auf Auflassung durch den Käufer, nicht etwa — wie es tatsächlich geschehen ist — auf Auflassung durch den Verkäufer gefolgert werden. Der Eigentumsübergang an sie ist also lediglich durch Auflassung und Eintragung ohne obligatorisches Rechtsgeschäft vor sich gegangen."

Diesen Ausführungen kann nicht durchweg beigetreten werden. Nicht zu beanstanden ist die Darlegung, daß der Vertrag v. 14. XII. 09 eine Leistung an einen Dritten — nämlich die Übertragung der Parzellen an die Gemeinde M. — zum Gegenstande habe und deshalb nach den Vorschriften des BGB. §§ 328ff. zu beurteilen sei, und es läßt sich auch nichts gegen die Auffassung einwenden, daß durch den Vertrag die Gemeinde nicht das Recht erlangt hat, die Auflassung unmittelbar zu fordern. Daraus folgt jedoch nicht, daß der Eigentumsübergang ohne obligatorisches Rechtsgeschäft vor sich gegangen ist. Ausgeschlossen ist es nicht, daß einer Auflassung (d. h. einem abstrakten Geschäfte) der Rechtsgrund mangelt, und daß sie gleichwohl den Eigentumsübergang zur Folge hat (BGB. §§ 812ff.). Indessen bildet dies doch die Ausnahme und kann keinesfalls schon dann angenommen werden, wenn ein Rechtsgrund nicht ohne weiteres ersichtlich ist. Im vorliegenden Falle sprechen die Umstände gegen die Auffassung des Bezirksausschusses, und es kann sogar unbedenklich festgestellt werden, daß H. mit der Gemeinde M. verhandelt, ihr die unentgeltliche Überlassung der Parzellen versprochen und in Ausführung dieses Versprechens seinen Anspruch aus dem Vertrage v. 14. XII. 09 abgetreten hat — wenn auch nicht mit ausdrücklichen Worten. Denn daß die Gemeinde unentgeltlich Eigentümerin geworden ist, wird vom Beklagten nicht bestritten. Es haben daher zwei Geschäfte in ihrer Verbindung zum Eigentumsübergange geführt.

3. Nimmt man dies an, so kommen zwei Möglichkeiten in Betracht. Es kann sein, daß das zwischen der Gemeinde und H. getroffene Abkommen erst im Jahre 1911 zustande gekommen ist. (Trotz Formlosigkeit würde es durch die Auflassung in Verbindung mit der Eintragung mit rückwirkender Kraft rechtsverbindlich geworden sein, BGB. § 313.) In diesem Falle kann § 63 überhaupt nicht in Frage kommen, da die Gemeinde dann nicht schon vor 1911 ein Recht gegen den Kläger und C. auf Eigentumsübertragung gehabt hat. Ist hingegen — und dies ist der zweite denkbare Fall — das Geschäft zwischen H. und der Gemeinde vor 1911 geschlossen worden, so kann dem Kläger die Rechtswohltat des § 63 deshalb nicht zuteil werden, weil nicht für beide Geschäfte, die den Eigentumsübergang vermittelt haben, die formellen Voraussetzungen des § 63 vorliegen. In jedem Falle ist das Ergebnis dasselbe, und zwar ein dem Kläger ungünstiges. Der Umstand, daß Steuerfreiheit möglicherweise hätte eintreten müssen, wenn H. das Eigentum der Parzellen erlangt und sie dann der Gemeinde aufgelassen hätte, beweist nichts gegen die entwickelte Ansicht. Es hätte für die Beteiligten rechtlich nichts entgegengestanden, diesen Weg zu wählen. Sie haben das aber nicht getan — aus welchen Gründen ist hier ohne Bedeutung —, und deshalb kann der Kläger für sich keine Steuerfreiheit in Anspruch nehmen.

Nr. 24. Entsch. v. 21. Nov. 1913 (OVG. 65 36) VII C 170/13.

ReichsZuwStG. § 63.

Unter Veräußerungsgeschäften iS. des § 63 ZuwStG. sind schuldrechtliche Rechtsgeschäfte zu verstehen. Der Planfeststellungsbeschluß im Enteignungsverfahren ist kein Rechtsgeschäft, sondern eine obrigkeitliche Verfügung. § 63 ist auf das Enteignungsverfahren überhaupt nicht anwendbar, da er sich nur auf Veräußerungen bezieht. Eine Veräußerung setzt aber stets eine privatrechtliche Willenserklärung voraus. Bei Enteignungen vollzieht sich der Eigentumsübergang ohne eine solche Willenserklärung des bisherigen Eigentümers, er kann sogar gegen dessen Willen herbeigeführt werden.

Nr. 25. Entsch. v. 16. Jan. 1914 (OVG. 66 22) VII C 246/13.

ReichsZuwStG. §§ 7, 17.

1. Der Vorsitzende des damals noch nicht rechtsfähigen und aus Rechtsgründen am Erwerbe von Grundeigentum behinderten Provinzial-Fechtvereins in D. hatte im Auftrage des Vereins im Jahre 1896 ein zur Errichtung eines Waisenhauses in Aussicht genommenes Grundstück behufs späterer Übertragung auf den Verein erworben und wurde 1897 als Eigentümer ins Grundbuch eingetragen. Nach Erlangung der Rechtsfähigkeit durch den Verein erfolgte 1901 die Auflassung des Grundstücks an diesen. Aus Anlaß der im Jahre 1911 erfolgten Veräußerung dieses Grundstücks an einen Dritten wurde der Verein zur Zuwachssteuer herangezogen und focht die vom Magistrat getroffene Feststellung des Erwerbspreises durch Klage an.

2. Der Bezirksausschuß ist rechtsirrigerweise nicht vom Eigentumserwerbe des klagenden Vereins im Dezember 1901 ausgegangen; er hat vielmehr in Unterlassung der gebotenen Unterscheidung zwischen diesem Grundstückserwerb und dem Grundstückserwerbe des Vereinsvorsitzenden U. im März 1897 letzteren Erwerb als einen solchen des Vereins behandelt und diesen vermeintlichen Erwerb des Klägers als einen zum Zurückgehen auf den vorausliegenden Rechtserwerb nötigenden steuerfreien Erwerb auf Grund von Schenkung iS. der §§ 7^1, 17 Abs. 1 ZuwStG. angesehen.

U. war durch den Erwerb im Jahre 1897 allerdings nur sogenannter fiduziarischer Eigentümer geworden. Der Gerichtshof hat jedoch bereits wiederholt ausgesprochen (vgl. OVG. **60** 139 — ErgBd. i. St. IV 112 — und OVG. **64** 9 — oben S. 3), daß fiduziarisches Eigentum als vollwirksames Eigentum anzusehen sei, insbesondere auch auf dem Gebiete des ZuwStG. Der Verein wurde also erst im Jahre 1901 auf Grund der Auflassung vom 3. XII. und anschließender Grundbucheintragung Eigentümer. Dieser Rechtsvorgang ist daher der Steuerberechnung zugrunde zu legen. Der Magistrat hat hiervon abgesehen, weil er davon ausging, daß der Auflassung eine Schenkung zugrunde lag. Die Annahme einer Schenkung trifft jedoch rechtlich nicht zu, weil es an dem für die Schenkung u. a. erforderlichen Begriffsmerkmale der Bereicherung fehlt (§ 516 BGB.). Der Vorsitzende war Beauftragter des Vereins und hatte lediglich als solcher das Eigentum an dem Grundstück erworben. Schon für ihn selbst ergab sich damit keine Bereicherung, weil es sich für ihn nur um eine sogenannte fiduziarische Vermögensvermehrung gehandelt hat, dem Erfordernisse der Bereicherung aber nicht durch eine solche, sondern nur durch eine materielle, endgültige, genügt wird. Ebensowenig aber wurde aus Anlaß der späteren Übertragung des Grundstückseigentums vom Vorsitzenden auf den Verein dieser bereichert. Der Vorsitzende war nämlich auf Grund des Auftragsverhältnisses von vornherein verpflichtet, das Grundstück dem Kläger auf dessen Verlangen zu übereignen (BGB. § 667). Der Umstand, daß der Verein zunächst noch nicht rechtsfähig war, schloß das Bestehen eines solchen Auftragsverhältnisses nicht aus; denn der Mangel der Rechtsfähigkeit hinderte ihn nur, als ein von seinen Mitgliedern verschiedenes Rechtsgebilde in den Rechtsverkehr zu treten. Im übrigen konnte er rechtswirksam handeln, wenn er die für eine Mehrheit von Personen sonst geltenden Vorschriften beobachtete. Der Auflassung lag also Auftrag zugrunde oder, wenn U. ein Entgelt für seine Tätigkeit erhielt, ein Dienstvertrag, der eine Geschäftsbesorgung zum Gegenstande hatte (BGB. § 675). Der Verein gewann durch den Eigentumserwerb nichts; denn schon vorher stand ihm ein Anspruch auf Eigentumsübertragung zu, und U. war schuldrechtlich verpflichtet, seine Eigentumsstellung nur so zu benutzen, als ob der Verein Eigentümer gewesen wäre. Daher hatte der Verein schon vor der Eigentumserlangung dem Eigentum an dem Grundstücke gleichwertige Rechte. Durch die Auflassung und Grundbucheintragung für den Verein wurde lediglich die Rechtslage mit der wirtschaftlichen Lage in Einklang gebracht.

Nr. 26. Entsch. v. 27. Okt. 1914 (PrVerwBl. **36** 442) VII C 1016/13.

ReichsZuwStG. § 29.

1. Nach § 29 ZuwStG. liegt die Entrichtung der Zuwachssteuer demjenigen ob, dem das Eigentum an dem Grundstücke vor dem die Steuerpflicht begründenden Rechtsvorgange zustand. Nach § 6 KonkO. verliert der Gemeinschuldner mit der Eröffnung des Konkursverfahrens lediglich die Befugnis, sein zur Konkursmasse gehöriges Vermögen zu verwalten und darüber zu verfügen, und wird das Verwaltungs- und Verfügungsrecht durch den Konkursverwalter ausgeübt. Trotz des Konkursausbruchs bleibt somit der Gemeinschuldner in Person Eigen-

tümer der im Konkurse befangenen Sachen. Demnach ist zur Entrichtung der Zuwachssteuer, die aus Anlaß der Veräußerung eines zur Konkursmasse gehörigen Grundstücks zu zahlen ist, der Gemeinschuldner verpflichtet, ohne daß es insoweit rechtlich darauf ankommen kann, daß nicht er, sondern der Konkursverwalter kraft seines gesetzlichen Verfügungsrechts die Auflassung des Grundstücks an den neuen Erwerber vorgenommen hat. Übrigens binden die vom Konkursverwalter im Rahmen seiner gesetzlichen Aufgabe vorgenommenen Handlungen den Gemeinschuldner über die Dauer des Konkurses hinaus. Aus jener Rechtsstellung des Konkursverwalters, seiner ihr zufolge wirksam vorgenommenen Veräußerungshandlung und der — bürgerlich-rechtlichen — Bestimmung der KonkO. §§ 57, 59[1], wonach die aus Geschäften und Handlungen des Konkursverwalters entstehenden Ansprüche vorweg zu berichtigende Masseschulden sind, folgt daher nicht, daß einzig der Konkursverwalter, wovon der Bezirksausschuß ausgeht, zur Steuer habe herangezogen werden können. Die einzig daraus zu ziehende Rechtsfolgerung ist vielmehr die, daß der ausschließlich dem Gemeinschuldner erteilte Zuwachssteuerbescheid öffentlich-rechtlich nur eine Grundlage für die Erfassung des dem Zugriffe des Gemeinschuldners selbst unterworfenen Vermögens bilden kann und somit keine öffentlich-rechtliche Inanspruchnahme seines seiner Verfügung entzogenen Vermögens — d. i. der Konkursmasse — zu bewirken vermag, die vielmehr die Erteilung eines Zuwachssteuerbescheids an den Konkursverwalter als den einzigen und selbständigen Vertreter der Konkursmasse zur Voraussetzung haben würde.

2. Die vertragliche Übernahme der Steuer durch den Erwerber hat, was die Steuerpflicht angeht, nur im Innenverhältnisse der Beteiligten, nicht aber auch dem Steuergläubiger gegenüber rechtliche Bedeutung (OVG. **62** 18ff.).

Nr. 27. Entsch. v. 24. April 1914 (OVG. **67** 43) VII C 471/13.

ReichsZuwStG. §§ 6, 27, 32.

Ein bloßer Kaufvertrag und ein bloßes Kaufangebot — auch wenn darin eine etwaige Auflassung an einen Dritten vorgesehen ist — stellen keineswegs Rechtsvorgänge dar, wie sie § 6 ZuwStG. im Sinne hat. Dies ergibt schon ein Vergleich mit anderweitigen Bestimmungen des G. (§ 5 Abs. 1 u. Abs. 3[1, 2], § 27, § 32) und ebenso die rechtliche Natur derartiger Rechtsgeschäfte; denn ein Kaufvertrag begründet nur die schuldrechtliche Verpflichtung zur Verschaffung des Eigentums (§ 433 BGB.), und der Kaufantrag bahnt, indem er der Annahme bedarf (§§ 145ff. BGB.) erst eine derartige Verpflichtung an. Es kann daher keine Rede davon sein, daß schon auf Grund eines bloßen Kaufvertrags oder Kaufantrags der Käufer oder Kaufantragsempfänger rechtlich und wirtschaftlich wie ein Eigentümer über das Grundstück verfügen könnte.

2. Jf. des § 27 Abs. 1 Satz 1 ZuwStG. werden die mehreren aufeinanderfolgenden schuldrechtlichen Rechtsgeschäfte zur Bestimmung des aus Anlaß des Eigentumsüberganges zu besteuernden Wertzuwachses herangezogen, und mittelbar damit (§ 8 Abs. 1) zur Bestimmung des Veräußerungspreises. Letzterer besteht aus dem in § 27 erwähnten Erwerbspreise des bisherigen Berechtigten (Grundstückseigentümers) zuzüglich der Gesamtheit der sich aus den gewinnbringenden Zwischengeschäften ergebenden Zuwachsbeträge. Dem entspricht auch § 32 ZuwStG., der bei einem derartigen Erwerb auf Grund mehrerer Rechtsgeschäfte von der gesetzlichen Regel der Steuerpflichtigkeit des bisherigen Eigentümers (§§ 1, 4, 29 aaO.) keine Ausnahme macht, sondern nur vorsieht, daß neben diesem Steuerpflichtigen auch die an einem jener Rechtsgeschäfte als Veräußerer Beteiligten für die Steuer als Gesamtschuldner haften, vorbehaltlich einer Ausgleichung im Innenverhältnisse dieser Beteiligten (§ 32 Abs. 1 Satz 1 u. 2).

Nr. 28. Entsch. v. 27. März 1914 (OVG. 67 29) VII C 551/13.

Nach § 29 ZuwStG. liegt die Entrichtung der Zuwachssteuer demjenigen ob, dem das Eigentum an dem Grundstücke vor dem die Steuerpflicht begründenden Rechtsvorgange zustand. Nach § 6 KonkO. verliert der Gemeinschuldner mit der Eröffnung des Verfahrens lediglich die Befugnis, sein zur Konkursmasse gehöriges Vermögen zu verwalten und über dasselbe zu verfügen. Er bleibt somit Eigentümer der im Konkurse befangenen Sachen und haftet demnach für die Zuwachssteuer, ohne daß es darauf ankommen kann, daß nicht er, sondern der Konkursverwalter die Grundstücke an die neuen Erwerber aufgelassen hat. Übrigens binden die im Rahmen der gesetzlichen Aufgabe des Konkursverwalters liegenden Handlungen den Schuldner über die Dauer des Konkurses hinaus.

Nr. 29. Entsch. v. 24. April 1914 (OVG. 67 37) VII C 455/13.

ReichsZuwStG. §§ 5, 11.

1. Eine bloß wirtschaftliche Abtretung von Rechten aus einem Kaufangebot ist kein zuwachssteuerpflichtiger Rechtsvorgang und vermag daher auch nicht die Absicht der Steuerersparung nahezulegen. JS. des § 11 Abs. 2 Satz 2 ZuwStG. müssen — sei es persönlich, sei es durch Bevollmächtigte — die Beteiligten, d. h. diejenigen, die als Vertragsparteien das den betreffenden Preis regelnde Veräußerungsgeschäft abschließen, durch ausdrückliche oder durch stillschweigende Vereinbarung zum Zwecke der Steuerersparung teilweise eine Verschleierung des tatsächlich zwischen ihnen vereinbarten Entgelts vorgenommen haben.

2. Ein Zwischengeschäft iS. des § 27 ZuwStG. ist gemäß dessen Bezugnahme auf § 5 u. a. auch die in § 5 Abs. 3 unter Ziff. 2 behandelte „Übertragung von Rechten aus Anträgen zur Schließung eines Veräußerungsgeschäfts, die den Verkäufer binden". Der Bezirksausschuß nimmt an, daß, trotzdem formell eine solche Übertragung von seiten des O. an v. K. nicht vorgenommen worden ist, sie in Wirklichkeit dennoch vorgelegen habe. Diese Annahme ist tatsächlicher Natur und frei von Rechtsirrtum; denn bei Verdeckung des wirklich gewollten Rechtsgeschäfts durch ein Scheingeschäft finden die Vorschriften über das verdeckte Rechtsgeschäft nach § 117 Abs. 2 BGB. Anwendung, und der etwaige Mangel der erforderlichen Form würde nach § 313 aaO. durch die spätere Übereignung geheilt sein. Die Unkenntnis der Kläger von dem näheren Inhalte der Abmachungen zwischen O. und W. einerseits und v. K. anderseits, namentlich von dessen Zahlungen an diese Zwischenpersonen, schließt die Möglichkeit einer Verdeckung keineswegs aus; denn an dem verdeckten Rechtsgeschäfte — jener Übertragung — waren die Kläger nicht beteiligt, und die Abfassung der späteren Vertragsurkunde in der Form eines die Übertragung nicht erwähnenden unmittelbaren Kaufvertrags zwischen den Klägern und v. K. erklärt sich zur Genüge aus der Vereinbarung der Kläger mit O. über die unmittelbare Grundstücksauflassung auch an einen von O. zu bezeichnenden Dritten. Somit erfolgte nach rechtlich einwandfreier Feststellung des Bezirksausschusses der Erwerb durch v. K. auf Grund mehrerer aufeinanderfolgender Rechtsgeschäfte iS. des § 27 aaO. Hat aber zu dem Eigentumsübergang eine derartige Mehrheit von Rechtsgeschäften geführt, so müssen begriffsmäßig und, wie dies insbesondere auch der Grundgedanke des § 27 ZuwStG. ist, bei der Bestimmung des Veräußerungspreises die für die Mehrheit der Übertragungen, also die bei den verschiedenen Rechtsgeschäften bedungenen Preise insgesamt berücksichtigt werden, und der Veräußerer, der bisherige Eigentümer, hat gemäß § 29 Abs. 1 aaO. vorbehaltlos — und unabhängig von seiner etwaigen Kenntnis des Inhalts der anderweitigen Zwischengeschäfte und der danach von und an Zwischenberechtigte gemachten Leistungen — auch den durch die Mitberücksichtigung der Zwischengeschäfte bedingten Mehrzuwachs zu versteuern.

Nr. 30. Entsch. v. 5. Mai 1914 (OVG. **68** 1) VII C 434/13.

ReichsZuwStG. §§ 3, 6.

Die Übertragung sämtlicher Anteile einer Ges. m. b. H. fällt unter § 3 ZuwStG. in gleicher Weise, wie wenn nur ein einzelner Geschäftsanteil abgetreten wird.

Dafür, daß durch die gleichzeitige Abtretung sämtlicher Geschäftsanteile ein anderes Rechtsgeschäft verdeckt worden ist (§ 6 ZuwStG.), ergibt der Sachverhalt im vorliegenden Falle nicht den mindesten Anhalt, und daß die Erwerber der Anteile durch diesen Erwerb in die Lage gekommen seien, wie Eigentümer über das Grundstück zu verfügen, ist unrichtig. Soweit die Gesellschafter eine wirtschaftliche Macht über das Gesellschaftsvermögen haben, können sie diese im Rechtssinne nur in ihrer Vereinigung zur juristischen Person ausüben; nicht die einzelnen Gesellschafter, sondern die rechtlich von ihnen völlig verschiedene Gesellschaft hat die tatsächliche und rechtliche Verfügungsmacht. Die gleichzeitige Übertragung sämtlicher Geschäftsanteile ändert an den Eigentumsverhältnissen des Grundstücks ebensowenig wie die nach unv nach erfolgende Anteilsübertragung. Die Eigentümerin des Grundstücks ist und bleibt in jedem dieser Fälle die Gesellschaft.

Nr. 31. Entsch. v. 15. Mai 1914 (OVG. **68** 12) VII C 532/13.

1. Der Landwirt L. hatte seinen Grundbesitz durch notarielle Urkunde dem H. zum Kauf angeboten. H. fand demnächst je für 6 Teile des Grundbesitzes andere Kauflustige. Nach Abschluß notarieller Kaufverträge zwischen diesen und L. ging das Eigentum an den betreffenden Stücken auf je einen der dritten Erwerber durch unmittelbare Auflassung von seiten des L. und entsprechende Grundbuchumschreibung über.

2. Gemäß §§ 873, 925 BGB. hat sich hier zufolge Auflassung und Grundbuchumschreibung in sechs Fällen je ein unmittelbarer Eigentumsübergang von dem bis dahin eingetragenen Eigentümer L. auf je einen der schließlichen Erwerber vollzogen. Folglich war bei der Heranziehung von diesen Eigentumsübergängen und damit von dem Vorhandensein sechs selbständiger steuerpflichtiger Rechtsvorgänge auszugehen, und jeder einzelne davon war — auch schon wegen der etwaigen Sonderhaftung der einzelnen Erwerber nach § 29 Abs. 2 ZuwStG. — unabhängig von den anderen Steuerfällen nach Maßgabe der §§ 8ff. aaO. auf das Vorliegen eines steuerpflichtigen Wertzuwachses zu untersuchen. Die einheitliche steuerliche Zusammenfassung einer Mehrheit von Veräußerungsfällen (§ 1 Abs. 1 ZuwStG.) war daher unzulässig.

3. Das etwaige Kaufgeschäft zwischen L. und H. als verdeckendes, eine selbständige Steuerpflicht auslösendes Rechtsgeschäft iS. des § 6 anzusehen, ist rechtlich ausgeschlossen. Dies ergibt sich sowohl aus der besonderen Behandlung eines solchen Veräußerungsgeschäfts in § 5 Abs. 1 ZuwStG. und dem Grundsatze des § 27 aaO., als auch aus der rechtlichen Natur eines Kaufvertrags, der lediglich einen schuldrechtlichen Anspruch auf Eigentumsverschaffung dem Käufer gewährt (§ 433 BGB.) und daher weder allein noch in Verbindung mit der etwaigen Übergabe des Grundstücks, d. i. der bloßen Besitzeinräumung an den Käufer, es diesem ermöglicht, über das Grundstück wie ein Eigentümer zu verfügen. Anderseits schließt die Tatsache, daß die endgültigen Kaufverträge unmittelbar zwischen dem Eigentümer L. und den schließlichen Erwerbern beurkundet worden sind, die rechtliche Möglichkeit keineswegs aus, daß die Veräußerungen an die letzteren auf Grund mehrerer Rechtsgeschäfte iS. des § 27 ZuwStG. erfolgt sind; denn nach § 117 Abs. 2 BGB. finden, wenn durch ein Scheingeschäft ein anderes Rechtsgeschäft verdeckt wiro, die für das verdeckte Rechtsgeschäft geltenden Vorschriften Anwendung.

4. Es fragt sich, ob der oben erörterte Mangel: die unzulässige einheitliche Zusammenfassung einer Mehrheit von steuerpflichtigen Veräußerungsfällen durch das

Zuwachssteueramt im Verwaltungsstreitverfahren zu beseitigen ist oder dazu führen muß, den Zuwachssteuerbescheid außer Kraft zu setzen. Diese Frage ist in letzterem Sinne zu beantworten. Ein Steuerbescheid, der nicht den gesetzlich allein in Betracht kommenden steuerpflichtigen Rechtsvorgang zum Gegenstande der Steuerbehandlung macht, entbehrt des Haupterfordernisses, das an jeden Steuerbescheid zu stellen ist, und baut auf einer völlig unrichtigen, rechtlich ganz auszuscheidenden Unterlage auf. Er ist daher mit einem so wesentlichen Mangel behaftet, daß er überhaupt keinen Bestand behalten kann.

Nr. 32. Entsch. v. 15. Mai 1914 (PrVerwBl. **35** 878) VII C 725/13.

Nach ehemals hessen-homburgischem Rechte war die Rechtslage beim Erwerb von Grundeigentum folgende: Der Verkauf von Grundstücken mußte von den Vertragschließenden beim Beamten der freiwilligen Gerichtsbarkeit angezeigt und sollte eher nicht als gültig erachtet werden. Der Beamte hatte nach Prüfung der Gültigkeit und sonstiger Verhältnisse die erforderliche Urkunde darüber auszufertigen und die Eintragung in dem gerichtlichen Kontraktenbuche zu veranlassen. Nachdem diese Eintragung auch in dem vom Feldgerichte zu führenden Duplikate des Kontraktenbuchs bewirkt war, wurde der Vertrag dem Gerichte zum Zwecke der Bestätigung (Konfirmation) vorgelegt. Diese wurde nur nach Prüfung der formellen und materiellen Erfordernisse der Rechtsgültigkeit erteilt. Solange diese Förmlichkeiten nicht erfüllt waren, hatte der Vertrag nur die Bedeutung eines Vorvertrags, namentlich wenn — wie hier — der Vertrag bis dahin noch nicht von beiden Teilen voll erfüllt war.

Da im vorliegenden Falle die in der Anzeige und der Bestätigung bestehenden Förmlichkeiten erst Ende Januar und Anfang April 1899 erfüllt worden sind, so hat die Klägerin erst im Laufe des Jahres 1899 das Eigentum an den Grundstücken erlangt, so daß der für die Zuwachssteuerberechnung maßgebende Zeitraum erst innerhalb des Jahres 1899 begonnen hat. Der Tag der öffentlichen Versteigerung oder des Vertragschlusses ist ebensowenig maßgebend wie der Zeitpunkt, in welchem die Klägerin die tatsächliche Verfügungsmacht über den Grundbesitz erhielt. Auch kommt es nicht auf die Gründe an, aus denen die Bestätigung des Vertrags nicht alsbald nach dem Versteigerungstermin erfolgen konnte.

Nr. 33. Entsch. v. 15. Mai 1914 (PrVerwBl. **36** 86) VII C 849/13.

1. Das Abkommen über den Erwerb eines Grundstücks kann auch ein aus Kauf und Schenkung gemischtes Rechtsgeschäft enthalten. Liegt ein derart gemischtes Geschäft vor, so ist für die Ermittlung des Erwerbspreises eine Trennung durch Scheidung zwischen dem entgeltlichen Geschäft und der Schenkung vorzunehmen.

Unter einer gemischten Schenkung, dem gemeinrechtlichen negotium cum donatione mixtum, wird diejenige verstanden, die mit einem entgeltlichen Geschäfte verbunden oder in ein solches eingekleidet ist, und zwar derart, daß die Gegenleistung in einem solchen Mißverhältnis zur Hauptleistung steht, daß durch den überschießenden Wert der letzteren der Empfänger bereichert werden soll. Dies kann in verschiedener Weise und u. a. auch dadurch zur Ausführung gebracht werden, daß ein höheres Wertobjekt zu einem niedrigen Preise veräußert wird. Jedenfalls kommt bei nur teilweiser Bereicherung durch einen an sich entgeltlichen Vertrag ein gemischter, zum Teil lästiger, zum Teil freigebiger Vertrag zustande, und dafür, wie weit die Entgeltlichkeit und wie weit die Schenkung reicht, ist das Wertverhältnis von Leistung und Gegenleistung und der Vertragswille der Parteien maßgebend (vgl. RGZ. **68** 328).

2. In der rechtlichen Beurteilung eines Vertrages ist der Verwaltungsrichter nicht an die Angaben einer Partei gebunden, und besonders dann nicht, wenn aus den sonstigen Umständen hervorgeht, daß diese Angaben nicht zutreffen.

3. Ein sog. gemischter Vertrag ist bei der Veranlagung zur Reichszuwachssteuer in seine beiden Teile, das entgeltliche Geschäft und die Schenkung zu zerlegen. Soweit eine Schenkung in Frage kommt, beruht der Erwerb auf einem steuerfreien Vorgange und es gelangen in diesem Umfange die §§ 5, 17 ZuwStG. zur Anwendung.

Nr. 34. Entsch. v. 15. Mai 1914 (PrVerwBl. **36** 118) VII C 449/13.

ReichsZuwStG. § 2.

Über die Zuwachssteuerpflicht der Apothekenberechtigungen ist in Entsch. v. 19. IX. 13 VII C 808/12 folgendes ausgeführt:

Da die Apothekenberechtigungen, wenn sie selbständige Gerechtigkeiten sind, zu den Realgewerbeberechtigungen gehören, so sind nach Art. 74 EGBGB. die bisherigen Bestimmungen über sie bestehen geblieben, und es steht der Landesgesetzgebung die Befugnis zu, neue Vorschriften über sie zu erlassen. Nun bestimmt Art. 40 AGBGB.:

„Für Gerechtigkeiten, die nach den bisherigen G. in Ansehung der Eintragung in die gerichtlichen Bücher und der Verpfändung den Grundstücken gleichstehen (selbständige Gerechtigkeiten), gelten die sich auf Grundstücke beziehenden Vorschriften des BGB., wenn die Gerechtigkeit ein Grundbuchblatt erhalten hat."

Diese Vorschrift läßt erkennen, daß eingetragene Apothekenberechtigungen wie Grundstücke iS. des BGB. zu behandeln sind. Solche Berechtigungen fallen deshalb auch unter § 2 ZuwStG. Es handelt sich aber im vorliegenden Falle um eine nicht eingetragene Berechtigung, und es entsteht die Frage, was für solche aus Art. 40 herzuleiten ist. Ohne weiteres gerechtfertigt ist der Schluß, daß sie nicht wie Grundstücke iS. des BGB. zu behandeln sind. Ob sie aber den Grundstücken iS. des Bürgerlichen Rechtes, insbesondere des Landesrechts gleichzustellen sind, ist eine andere Frage. In dieser Hinsicht ist das alte Recht bestehen geblieben. In § 69 EigErwG. v. 5. V. 72 hieß es:

„Wenn für selbständige Gerechtigkeiten Grundbuchblätter eingerichtet sind, so wird die Veräußerung und der Erwerb des Eigentums an ihnen, ihre Belastung und Verpfändung nach den Vorschriften dieses G. beurteilt."

Das EigErwG. regelte das Grundstücksrecht in den gedachten Beziehungen — und auf diese kommt es hier gerade an — erschöpfend. Seit seiner Einführung war also insoweit für Grundstücke das frühere Recht außer Kraft gesetzt und dieses Recht gilt deshalb auch jetzt nicht mehr für selbständige Gerechtigkeiten, soweit deren Erwerb und Belastung in Frage steht.

Da nun das ZuwStG. nur auf Berechtigungen anwendbar ist, für welche die sich auf Grundstücke beziehenden Vorschriften des Bürgerlichen Rechtes gelten, so ergibt sich, daß Übertragungen nicht eingetragener Apothekenrechte von der Zuwachssteuer nicht erfaßt werden. An dieser Entscheidung ist festzuhalten.

Nr. 35. Entsch. v. 26. Mai 1914 (OVG. **69** 7) VII C 33/14.

ReichsZuwStG. § 5.

Der lediglich von dem „Abschlusse des Veräußerungsgeschäfts" sprechende Abs. 2 des § 5 ZuwStG. ist zufolge seiner ausdrücklichen Bezugnahme auf die Steuerpflicht „iS. des Abs. 1" nur eine Ergänzung des Abs. 1 als der grundlegenden Bestimmung. Demgemäß muß iS. des § 5 zur Begründung einer Steuerpflicht nach Abschluß des zur Übertragung des Eigentums verpflichtenden Veräußerungsgeschäfts der Übergang des Eigentums ein volles Jahr lang unterblieben sein. Das abgeschlossene Geschäft muß also inhaltlich eine dahingehende Verpflichtung bereits begründen. Bei einem unter einer aufschiebenden Bedingung geschlossenen Rechtsgeschäfte tritt aber nach § 158 BGB. die von der Bedingung abhängig gemachte Wirkung erst mit Erfüllung der Bedingung ein. Zufolge dieses Hinausschiebens des beabsichtigten Rechtserfolgs ist während des Schwebens der aufschiebenden Bedingung der bedingt begründete Anspruch auf Übertragung und die ihm entsprechende Verpflichtung noch nicht entstanden. Hieraus folgt, daß in Fällen der vorliegenden Art die in § 5 vorgesehene Jahresfrist erst mit dem Eintritte der aufschiebenden Bedingung beginnt. Als abgeschlossen iS. des § 5 Abs. 1 u. 2 ZuwStG. gilt also ein aufschiebend bedingtes Geschäft erst mit Eintritt der Bedingung, nicht schon mit der Vornahme (Beurkundung) des Geschäfts.

Nr. 36. Entsch. v. 25. Sept. 1914 (PrVerwBl. 37 343) VII C 850/13.

ReichsZuwStG. §§ 2, 6, 11.

1. Die hier vorliegende erstmalige Schaffung einer selbständigen Kohlenabbaugerechtigkeit durch Abtrennung des Rechtes der Kohlengewinnung von dem Grundstückseigentum unterliegt nicht der Besteuerung nach § 2 ZuwStG., weil es alsdann an dem von dem ZuwStG. aufgestellten Erfordernisse des Überganges einer — selbständigen — Gerechtigkeit fehlt, der vielmehr voraussetzt, daß dieses Recht als solches schon vorher bestanden hat (vgl. OVG. **64** 135, oben S. 6f.). Das ZuwStG. gibt gerade auch durch die Sondervorschrift des § 11 Abs. 2 Satz 1 über den bei der Veräußerung des Grundstücks gegebenenfalls an Stelle des Preises anzusetzenden vollen Wert des mit einer Berechtigung iS. des § 2 ZuwStG. belasteten Grundstücks zu erkennen, daß es in der bloßen Schaffung der Berechtigung durch Abtrennung noch keine steuerpflichtige Veräußerung erblickt, da es sonst grundsätzlich in bezug auf die Berechtigung eine Doppelbesteuerung des Eigentümers eingeführt hätte, wenn er zunächst die Berechtigung und demnächst auch das Grundstück selbst veräußert.

2. Die Anwendbarkeit des § 6 ZuwStG. auf den vorliegenden Fall ist zu verneinen.

In § 6 heißt es:

„Die Besteuerung wird nicht dadurch ausgeschlossen, daß ein nach diesem G. steuerpflichtiges Rechtsgeschäft durch ein anderes Rechtsgeschäft verdeckt wird, insbesondere an die Stelle des Überganges des Eigentums ein Rechtsvorgang tritt, der es ohne Übertragung des Eigentums einem anderen ermöglicht, über das Grundstück wie ein Eigentümer zu verfügen."

Verfehlterweise glaubt der Beklagte aus der wirtschaftlichen Bedeutung des ZuwStG. und den weitgehenden wirtschaftlichen Befugnissen des Abbauberechtigten den Schluß ziehen zu können, daß es diesem iS. des § 6 ohne Übertragung des Eigentums ermöglicht sei, über das Grundstück wie ein Eigentümer zu verfügen.

Allerdings geht das ZuwStG. und auch § 6 an sich von wirtschaftlichen Erwägungen aus. Diese sind aber keineswegs in dem Sinne für die Gesetzesauslegung entscheidend, daß für die Auslegung die rechtlichen Gesichtspunkte auszuschalten seien. Denn das ZuwStG. hat die Zuwachssteuer als eine Rechtsverkehrssteuer gestaltet, indem es einen Rechtsvorgang zum Gegenstande der Besteuerung macht, und demgemäß verlangt auch § 6 ein verdeckendes und ein verdecktes Rechtsgeschäft. Als durch die Einräumung der selbständigen Gerechtigkeit verdecktes „steuerpflichtiges" Rechtsgeschäft könnte hier lediglich der Grundstückseigentumsübergang in Betracht kommen. Nun sind aber Grundstückseigentum und grundstücksgleichartig zu behandelnde selbständige Berechtigung

— mag letztere auch ihrer Art nach, wie z. B. ein Kohlenabbaurecht, dem Berechtigten die weitgehendste Einwirkung auf die Substanz des betreffenden Grundstücks ermöglichen — durchaus verschiedene Rechtsbegriffe und daher auch der Erwerb des einen Rechtes grundsätzlich unabhängig von dem des anderen Rechtes, jeder vielmehr ist gesondert zu beurteilen. Daß dies auch der Standpunkt des ZuwStG. ist, ergibt — abgesehen von dem § 11 Abs. 2 Satz 1 — die Tatsache, daß es diese beiden verschiedenen Erwerbsfälle selbständig nebeneinander stellt, indem es den einen in § 1, den anderen in § 2 des G. als steuerpflichtigen Rechtsvorgang behandelt. Im Verhältnisse zum Grundstücke hat die Gerechtigkeit nur die Natur einer dinglichen Belastung. Hiernach ist es ausgeschlossen, in dem bloßen Erwerb einer selbständigen Berechtigung, sei sie auch — wie hier — inhaltlich und zeitlich umfassendster Art, iS. des § 6 ZuwStG. ein den Eigentumsübergang verdeckendes Rechtsgeschäft zu erblicken, insbesondere einen Rechtsvorgang, der es ohne Übertragung des Eigentums dem Erwerber der selbständigen Berechtigung ermöglichte, über das Grundstück wie ein Eigentümer zu verfügen. Dieser Tatbestand ist vielmehr nur dann gegeben, wenn besondere Umstände dargelegt werden, aus denen hervorgeht, daß nach dem wirklichen Willen der Beteiligten der Erwerber der selbständigen Berechtigung nicht auf diejenigen Befugnisse beschränkt bleiben soll, die sich aus dem Wesen und der Eigenart der ihm eingeräumten selbständigen Gerechtigkeit ergeben, sondern darüber hinausgehende Machtbefugnisse — als wäre ihm das Grundeigentum selbst übertragen — erhalten soll. Derartige für das Vorliegen eines Scheingeschäfts iS. des § 117 BGB. sprechende Umstände aber sind weder dem dem Erwerbe zugrunde liegenden Vertrage zu entnehmen, noch sonstwie von dem Beklagten angeführt. Die Eigenschaft der Grundstücke als Fideikommißgut spricht sogar dagegen.

Nr. 37. Entsch. v. 16. Okt. 1914 (PrVerwBl. 37 442) VII C 641/13.
ReichsZuwStG. §§ 1, 29, 63.

1. Nach § 63 ReichsZuwStG. unterbleibt die Besteuerung, wenn die Urkunde über das Veräußerungsgeschäft, das zu dem Eigentumsübergange führte, vor dem 1. I. 11 in öffentlich beglaubigter Form errichtet ist. Aber ein inhaltlich rechtsunwirksames Geschäft ist überhaupt nicht geeignet, zu einem Eigentumsübergange zu führen, so daß eine Urkunde über ein solches Geschäft den Erfordernissen des § 63 nicht genügt. Die Behauptung des Beklagten über die Rechtsunwirksamkeit der Verträge ist jedoch unzutreffend. Allerdings ist es richtig, daß der Grundbesitz zur Zeit des Abschlusses der Verträge noch Fideikommißeigenschaft gehabt hat. Dies berührt aber nicht die Rechtswirksamkeit der Verträge. Wenn der Bezirksausschuß die Verträge deshalb für gültig erachtet, weil die Fideikommißeigenschaft eines Grundstücks ein Veräußerungsverbot iS. des § 135 BGB. zum Schutze bestimmter Personen darstelle, das die Veräußerung nur den Fideikommißanwärtern gegenüber unwirksam machen würde, so ist diese Begründung allerdings nach mehrfacher Richtung verfehlt. Denn einmal beruht das fideikommissarische Veräußerungsverbot auf landesrechtlicher Vorschrift und darf daher in seiner rechtlichen Natur und Wirkung nicht ausschließlich aus den Vorschriften des BGB. über Veräußerungsverbote erklärt noch nach ihnen behandelt werden. Sodann aber scheidet die unmittelbare Anwendbarkeit des § 135 BGB. auf die vorliegenden Verträge schon deshalb aus, weil letztere keine Verfügungen iS. jener Vorschrift sind. Denn darunter sind nur diejenigen Rechtsgeschäfte zu verstehen, deren Rechtswirkung auf einen Gegenstand unmittelbar gerichtet ist und die Rechtslage dieses Gegenstandes unmittelbar ändert, nicht aber solche Rechtsgeschäfte, die lediglich eine Verpflichtung zur Vornahme einer Rechtsänderung begründen. Im vorliegenden Falle handelt es sich aber nicht um „Verfügungen“ in dem zuerst erörterten Sinne — dingliche Rechtsvorgänge —, sondern bloß um schuldrechtliche Geschäfte.

2. Im Ergebnis ist aber die Ansicht des Bezirksausschusses über die Wirksamkeit der Verträge richtig, wie sich aus folgendem ergibt: Da hier der Grundbesitz in Altvorpommern gelegen ist, so kommt das preußisch landrechtliche Fideikommißrecht zur Anwendung. Nach diesem Rechte enthält jede Fideikommißerrichtung ein Veräußerungsverbot. Da aber die Lehre von den Veräußerungsverboten in dem Sinne, wie sie das moderne Recht kennt, dem ALR. fremd gewesen ist, so sind auch im ALR. Bestimmungen über die Ausgestaltung und Wirksamkeit des fideikommißrechtlichen Veräußerungsverbots nicht enthalten (vgl. §§ 72ff. ALR. T. II Tit. 4). Die Rechtsentwicklung hat nun nicht dahin geführt, daß auch der außerhalb der fideikommißrechtlichen Familie Stehende die Unwirksamkeit einer das Veräußerungsverbot verletzenden Verfügung des Fideikommißbesitzers geltend machen könne, sondern dahin, daß dies nur Mitgliedern der Familie gestattet ist. Schon hieraus ergibt sich, daß der außerhalb der fideikommißberechtigten Familie stehende Beklagte nach landrechtlichem Fideikommißrechte sich nicht auf die Unwirksamkeit der Verträge berufen kann, da deren etwaige Unwirksamkeit nur von Familienmitgliedern geltend gemacht werden könnte, dies aber unstreitig hier nicht geschehen ist. Es kommt aber noch folgendes hinzu: Es ist in der Literatur streitig, ob das fideikommißrechtliche Veräußerungsverbot im Verhältnisse zu den Mitgliedern der Familie nicht nur die Verfügung selbst vernichtet, sondern auch die schuldrechtliche Verpflichtung zur Veräußerung unwirksam macht. Selbst wenn man nun diese Frage für das geltende Fideikommißrecht zugunsten des Beklagten bejahen wollte, so könnten die vorliegenden schuldrechtlichen Verträge doch nicht für rechtsunwirksam erachtet werden. Denn das fideikommissarische Veräußerungsverbot zielt auf den Schutz des Stiftungszwecks ab, es kann daher nur eine solche Maßnahme vernichten, die sich gegen den Bestand des Fideikommißvermögens während des Bestehens des Stiftungszwecks richtet. Mit anderen Worten: eine schuldrechtliche Verpflichtung über die Veräußerung eines Fideikommißgegenstandes steht dem Veräußerungsverbote dann nicht entgegen, wenn ihre Erfüllung in eine Zeit fallen soll, in der die Fideikommißeigenschaft des veräußerten Gegenstandes bereits aufgehoben ist. Um einen Fall dieser Art handelt es sich hier, da die vorliegenden Verträge nur unter der Bedingung der Aufhebung der Fideikommißeigenschaft des betreffenden Grundbesitzes geschlossen sind.

3. Kann sonach aus dem landrechtlichen Fideikommißrechte die Unwirksamkeit der in Rede stehenden Verträge nicht entnommen werden, so kann dies auch nicht aus den schuldrechtlichen Vorschriften des BGB. geschehen. Durch einen Kaufvertrag wird nach § 433 BGB. der Verkäufer einer Sache verpflichtet, dem Käufer die Sache zu übergeben und das Eigentum daran zu verschaffen. Erfordernis ist dabei nicht, daß die Sache dem Verkäufer zu freiem Eigentum gehört, da der Kaufvertrag nur schuldrechtliche Pflichten erzeugt und die Verschaffungspflicht des Verkäufers auch beim Verkäufer einer fremden Sache an sich erfüllbar ist. Die dem Veräußerer zur Zeit des Abschlusses des Kaufvertrages fehlende Befugnis, über den Fideikommißbesitz zu verfügen, schloß also seine Fähigkeit nicht aus, sich in bezug auf ihn schuldrechtlich durch Kaufvertrag zu verpflichten. Man kann auch nicht einwenden, der Kaufvertrag sei schon deshalb nichtig, weil es sich um einen unveräußerlichen, verkehrsunfähigen Kaufgegenstand gehandelt habe. Denn die Eigenschaft der Veräußerlichkeit (Verkehrsfähigkeit) braucht der Kaufgegenstand bei aufschiebend bedingten Verträgen nicht schon zur Zeit des Vertragsabschlusses zu haben, es genügt, wenn der Gegenstand im Augenblicke der Erfüllung verkehrsfähig ist, da der Gegenstand für den Geschäftsverkehr erst in diesem Augenblicke von Bedeutung wird. Dem Wesen des Kaufvertrags widersprechen daher die aufschiebend bedingt geschlossenen vorliegenden Verträge nicht. Es fragt sich somit nur noch, ob andere Vorschriften des BGB. der Gültigkeit der streitigen Verträge entgegenstehen. In Betracht kann nur noch kommen der § 134, der bestimmt:

„Ein Rechtsgeschäft, das gegen ein gesetzliches Verbot verstößt, ist nichtig, wenn sich nicht aus dem G. ein anderes ergibt."

Selbst wenn man diese Vorschrift auf das landesrechtliche fideikommissarische Veräußerungsverbot für anwendbar halten und selbst wenn man annehmen wollte, daß sie auch auf obligatorische Rechtsgeschäfte über die Veräußerung von Fideikommißgegenständen sich bezieht, so würde dennoch nicht aus ihrer Anwendung die Nichtigkeit der streitigen Verträge folgen. Denn die Nichtigkeit des Rechtsgeschäfts ist nur dann vom G. ausgesprochen, „wenn sich nicht aus dem G. ein anderes ergibt". Ein anderes ergibt sich aber hier aus den §§ 309, 308 BGB. Der § 309 lautet:

„Verstößt ein Vertrag gegen ein gesetzliches Verbot, so finden die Vorschriften der §§ 307, 308 entsprechende Anwendung."

Der § 308 Abs. 1 bestimmt:

„Die Unmöglichkeit der Leistung steht der Gültigkeit des Vertrags nicht entgegen, wenn die Unmöglichkeit gehoben werden kann und der Vertrag für den Fall geschlossen ist, daß die Leistung möglich wird."

D. h.: Ein Vertrag mit zeitweilig verbotenem Inhalt ist gültig, wenn er für die Zukunft abgeschlossen wird und zur maßgebenden Zeit der Inhalt nicht mehr verboten ist. Im vorliegenden Falle ist der Kaufvertrag zwischen von B. und der Klägerin mit einer Befristung und der Bedingung abgeschlossen, daß die Fideikommißeigenschaft des Grundbesitzes aufgehoben wird. Im Augenblicke des Eintritts dieser Bedingung ist der Kaufvertrag jedenfalls nicht mehr verboten. Auch daraus ergibt sich die Wirksamkeit der Kaufverträge. Beide Verträge sind durch die tatsächlich erfolgte Aufhebung der Fideikommißeigenschaft voll wirksam geworden.

Da beide Verträge notariell beglaubigt sind, so hat nach § 63 ZuwStG. die Besteuerung zu unterbleiben. Der Umstand, daß die Verträge unter einer aufschiebenden Bedingung geschlossen waren und die Bedingung erst nach dem 1. I. 11 durch den im September 1911 bestätigten Familienschluß eingetreten ist, hindert die Anwendung der Befreiungsvorschrift des § 63 nicht. Denn wenn auch eine Verpflichtung, die mit einer aufschiebenden Bedingung übernommen ist, nach § 158 Abs. 1 BGB. erst mit dem Eintritt der Bedingung rechtswirksam wird, so ist doch der Rechtsgrund für sie schon durch den Abschluß des bedingten Vertrags gelegt, und die Rechtswirksamkeit des Geschäftsabschlusses iS. der Bindung der Bildung der Vertragschließenden an die Vertragsvereinbarung wird durch die Hinzufügung einer Bedingung nicht berührt. § 63 ZuwStG. legt aber gerade dem urkundlich festgelegten Geschäftsabschlusse, nicht späteren Vorgängen, ausschlaggebende Bedeutung bei; denn der Grund der gesetzlichen Befreiung liegt darin, daß die Beteiligten zur Zeit des Abschlusses des Veräußerungsgeschäfts und der darin niedergelegten Preisvereinbarung mit der Zuwachssteuerlast noch nicht zu rechnen brauchten, und es soll daher die Vergünstigung stets eintreten, wofern nur an der Hand der in § 63 aufgestellten äußerlichen Merkmale einwandfrei festgestellt werden kann, daß das Veräußerungsgeschäft tatsächlich bereits vor dem Jahre 1911 abgeschlossen worden ist (vgl. OVG. **62** 49, **64** 14).

Nr. 38. Entsch. v. 10. Nov. 1914 (OVG. **69** 1) VII C 62/14.

ZuwStG. § 1.

Das in Rede stehende, schon lange vor dem Inkrafttreten des BGB. zur Entstehung gelangte und daher gemäß Art. 184 EGBGB. seinem Inhalte nach im allgemeinen noch nach den bisherigen G., d. i. nach dem gemeinen Rechte zu beurteilende Superfiziarrecht (Erbbaurecht) begründete — ebenso wie in entsprechendem Falle übrigens auch das Erbbaurecht nach dem BGB. §§ 1012ff. — das vererbliche und veräußerliche dingliche Recht, auf fremdem Boden dauernd ein Wohngebäude zu haben. Sowohl nach jenem bisherigen Rechte wie nach dem jetzigen Rechte nimmt indessen der Erbbauberechtigte (Superfiziar) eine über den Rahmen eines bloß dinglichen Rechtes weit hinausgehende, **dem Grundstückseigentümer selbst ähnliche Stellung** ein. Namentlich hat der Erbbauberechtigte an dem in Ausübung des Erbbaurechts (der Superfizies) von ihm oder einem Rechtsvorgänger auf dem betreffenden fremden Grundstück errichteten Gebäude Eigentums- und unbeschränktes Verfügungsrecht. **Dieses Gebäude** bildet rechtlich einen **wesentlichen Bestandteil des Erbbaurechts selbst** — (das lediglich als solches unbebaubar ist) — und die demnächstige Veräußerung des Erbbaurechts (der Superfizies) schließt alsdann auch den **Eigentumsübergang an dem Gebäude**, also an einem durch Bebauung gewonnenen körperlichen Gegenstand in sich. Bei dieser Rechtslage ist in der gleichen Weise wie bei der Veräußerung von Grundstücken auch bei der Veräußerung des einem Grundstück gleichartig zu behandelnden Erbbaurechts (Superfiziarrechts), wenn es, wie das vorliegende seinem Inhalte nach gerade auf die Errichtung eines dauernden bedeutsamen Gebäudes gerichtet, also gerade auf den Fall der Bebauung zugeschnitten ist, die von § 1 Abs. 2 ZuwStG. verlangte Möglichkeit der Unterscheidung nach Bebautsein oder Unbebautsein gegeben. Hierbei ist entscheidend, ob zur Zeit der gegebenenfalls steuerpflichtigen Veräußerung das Erbbaurecht bereits durch Errichtung jenes Baues, der noch vorhanden ist, tatsächlich ausgeübt worden ist, die Veräußerung sich also auch auf ein Gebäude erstreckt, oder ob es sich um ein noch unausgeübtes Erbbaurecht handelt, ob also nur das Erbbaurecht als solches — ohne hinzukommenden Gebäudebestandteil — den Gegenstand der Veräußerung bildet. Demnach ist der Tatbestand des § 1 Abs. 2 ZuwStG. **auch auf ein Erbbaurecht der vorliegenden Art anwendungsfähig** und zufolge § 2 ZuwStG. anzuwenden.

Nr. 39. Entsch. v. 8. Jan. 1915 (OVG. **69** 46) VII C 844/13.

ZuwStG. § 34.

1. Die Annahme des ersten Richters, daß ein auf § 34 Abs. 2 ZuwStG. gegründeter Anspruch im Verwaltungsstreitverfahren nicht geltend gemacht werden könne, ist rechtsirrig. Der erkennende Senat hat bereits in OVG. **68** 17ff. die **grundsätzliche Zulässigkeit einer auf § 34 aaO. gestützten Klage im Verwaltungsstreitverfahren bejaht**. Im Urt. v. 23. X. 14, VII C 942/13, ist ausgeführt: „Wenn der Bezirksausschuß ein Bedenken gegen die Zulässigkeit der Klage noch daraus herleitet, daß die Entschließung des Zuwachssteueramts nach § 30 Abs. 3 ABest. des Bundesrats der Zustimmung der Oberbehörde, daher hier der Zustimmung des Landrats als Vorsitzenden des Kreisausschusses, bedürfe, und daß somit anderenfalls eine Verwaltungshandlung des Landrats der verwaltungsrechtlichen Kontrolle unterworfen werde, so ist auch dieses **Bedenken nicht begründet**. Rechtlich bleibt trotz der Zustimmung der Oberbehörde die getroffene Entscheidung eine solche des Zuwachssteueramts[1]), und die Rechtskontrolle von Anordnungen der Verwaltungsbehörden, namentlich auf vermögensrechtlichem Gebiet, ist überdies gerade der Zweck des Verwaltungsstreitverfahrens, so daß dieser vom Bezirksausschusse geltend gemachte Gesichtspunkt nicht gegen, sondern gerade für die Rechtsauffassung des erkennenden Gerichtshofs spricht." Auch hieran war festzuhalten.

2. § 34 Abs. 2 bezieht sich **nicht nur auf rechtsgeschäftliche Rückübertragungen, sondern auch auf die Fälle des Rückerwerbes im Zwangsversteigerungsverfahren**, und zwar aus folgenden Gründen. Zunächst steht der Wortlaut der Gesetzesbestimmung „wird das Grundstück .... wieder übertragen .....; die Abgabe muß erlassen werden, wenn die Rückübertragung ..... erfolgt" der Annahme nicht entgegen, daß zu den Rückübertragungen nicht nur rechtsgeschäftliche Rückübertragungen, sondern auch der auf den Zuschlag im

[1]) Das **Zuwachssteueramt allein**, nicht auch die Oberbehörde, ist daher als **Partei** in dem bezüglichen Verwaltungsstreitverfahren aufzuführen. Urt. v. 8. I. 15, VII C 664/13.

Zwangsversteigerungsverfahren sich gründende Rückerwerb des Grundstückseigentums gehören. Der § 34 Abs. 2 ZuwStG. und der im Anschlusse hieran ergangene § 30 Abs. 1 unter b, 2 und 3 ABest. des Bundesrats sprechen nicht von einer rechtsgeschäftlichen Rückübertragung, sondern schlechthin und ganz allgemein von dem Falle einer Wiederübertragung, Rückübertragung des Grundstückseigentums auf den bisherigen Eigentümer. In Ermangelung jeder Einschränkung umfaßt daher § 34 Abs. 2 auch den auf richterlichem Zuschlage beruhenden Wiedererwerb des Grundstücks in einem Zwangsversteigerungsverfahren. Dies muß um so mehr angenommen werden, als das ZuwStG. nach seinem ganzen Systeme, wie es in den §§ 1, 4, 9, 11 Abs. 1 u. 29 zum Ausdrucke gekommen ist, an dem auch einzelne Ausnahmebestimmungen, wie § 29 Abs. 2 Satz 2 nichts ändern, den Erwerb in einer Zwangsversteigerung gleich einem rechtsgeschäftlichen behandelt und dementsprechend in § 9 auch ausdrücklich als Übergang des Eigentums — also von dem bisherigen Eigentümer, § 29 Abs. 1, auf einen anderen — bezeichnet. Bei der gebotenen Würdigung der gesetzlichen Bestimmungen in ihrem Zusammenhang und in ihrer Ausdrucksweise ist das Wort Rückübertragung iS. des ZuwStG. nicht anders aufzufassen, als daß darunter auch der Rückerwerb in der Zwangsversteigerung begriffen wird[1]).

Die Frage, ob der Steuererlaß der Billigkeit entspricht, hat, soweit es sich, wie hier, um die Anwendung der Mußvorschrift des Satzes 2 im Abs. 2 des § 34 ZuwStG. iVerb. mit § 30 Abs. 1 zu b, 3 ABest. handelt, überhaupt auszuscheiden[2]).

Nr. 40. Entsch. v. 22. Jan. 1915 (PrVerwBl. 37 399) VII C 1041/13.

ReichsZuwStG. § 29.

§ 29 Abs. 2 ZuwStG. sieht ebensowenig wie andere ähnliche gesetzliche Bestimmungen, zu vgl. z. B. §§ 772, 773⁴ BGB., allgemein eine Verpflichtung vor, bei Fruchtlosigkeit der Pfändung auch noch das Offenbarungseidesleistungsverfahren durchzuführen. Ob es durchzuführen sei, ist daher regelmäßig Sache des pflichtmäßigen Ermessens der Steuerbehörde, das freilich der Nachprüfung durch den Verwaltungsrichter unterworfen ist. Da für die Erhebung der Zuwachssteuer nach § 35 ZuwStG. die Bundesstaaten zuständig sind, erfolgt in Preußen die Zwangsbeitreibung nach der Vd., betr. das Verwaltungszwangsverfahren wegen Beitreibung von Geldbeträgen, v. 15. XI. 99 und der dazu ergangenen AAnw. v. 28. XI. 99. Die erwähnte Verordnung bestimmt nun

[1]) Auch im Urt. v. 8. I. 15, VII C 664/13, hat der Gerichtshof ausgesprochen: „Das Wort „Rückübertragung" im zweiten Satze des § 34 Abs. 2 kann nichts anderes bedeuten, als die Worte im ersten Satze „auf den bisherigen Eigentümer wieder übertragen", wobei der Nachdruck darauf liegt, daß das Eigentum zu dem bisherigen Eigentümer zurückkehrt, einerlei ob dies mit Hilfe des bisherigen Erwerbers oder ohne diesen, allein durch den Richter, bewirkt wird."

[2]) Zwei besonders liegende Fälle sind im Urt. v. 8. I. 15, VII C 845/13, und im Urt. vom gleichen Tage, VII C 878/13, behandelt. In ersterem heißt es: Ohne jede rechtliche Bedeutung für diesen Erlaßanspruch ist der Umstand, daß das Grundstück inzwischen ganz oder teilweise bebaut worden ist. Eine Bebauung ändert nichts an der Rechtsfolge, daß das Grundstück als solches wieder in das Eigentum dessen zurückgelangt, von dem es auf einen anderen übertragen war. In rechtlicher Hinsicht bleibt das Grundstück auch in bebautem Zustande, da das Gebäude rechtlich lediglich einen wesentlichen Bestandteil des Grundstücks bildet, und ein solcher Bestandteil nicht Gegenstand besonderer Rechte sein kann (§§ 93, 94 BGB.), stets dasselbe Grundstück, das es vorher zur Zeit der Eigentumsübertragung gewesen ist; auch grundbuchlich gilt, sofern nicht anderweite Rechtsänderungen (Abschreibungen usw.) in der Zwischenzeit eingetreten sind, das Grundstück bei der Rückübertragung als das gleiche, als welches es sich bei der Übertragung dargestellt hat. Die gesetzliche Folge des Mitüberganges der zwischenzeitlich errichteten Gebäude als wesentliche Grundstücksbestandteile in das Eigentum des Rück-

in § 17 lediglich, daß die Zwangsvollstreckung durch Pfändung erfolgt, und gewährt in § 21 dem Gläubiger nur ein Recht, falls die Pfändung zu einer völligen Deckung der beizutreibenden Beträge nicht führt, den Antrag auf Leistung des Offenbarungseides zu stellen; und nach Art. 35 der erwähnten AAnw. ist dieser Antrag nur dann zu stellen, wenn ausreichende Gründe zu der Annahme berechtigen, daß der Schuldner Gegenstände seines Vermögens, um sie der Pfändung zu entziehen, verheimlicht. Irgendwelche Gründe dieser Art anzugeben, unterläßt der Bezirksausschuß indessen völlig.

Nr. 41. Entsch. v. 12. Febr. 1915 (PrVerwBl. 36 717) VII C 870/13.

ReichsZuwStG. §§ 1, 4, 28, 29.

Die Zusammenfassung von zwei Grundstücksveräußerungen an verschiedene Erwerber zu einem Steuergegenstande und die Forderung einer danach berechneten einheitlichen Steuer in einem Steuerbescheide ist unzulässig. Denn es widerspricht dem ZuwStG., das grundsätzlich (§ 1 Abs. 1, § 4 Abs. 1) jede Grundstücksübertragung als einen selbständigen, besonders zu behandelnden Steuerfall ansieht. Die getrennte Berechnung der Steuer bei der Veräußerung mehrerer Grundstücke an verschiedene Erwerber ist, abgesehen von dem grundsätzlichen Standpunkte des G., auch schon deswegen geboten, weil die Zusammenfassung die in § 28 Abs. 3 für die Veräußerung jedes einzelnen Grundstücks vorgesehene Nichterhebung von Steuerbeträgen unter 20 ℳ hinfällig machen könnte und den Steuerbetrag, für den die einzelnen Erwerber nach § 29 Abs. 2 bis zum Betrage von 2% des Veräußerungspreises zu haften haben, nicht erkennen lassen würde.

Nr. 42. Entsch. v. 23. März 1915 (OVG. 69 4) VII C 253/14.

ZuwStG. §§ 1, 5, 32.

1. Ein bloß schuldrechtlicher Vorgang, wie ihn die in § 5 Abs. 3[5] ZuwStG. behandelte Ermächtigung an einen anderen zur gänzlichen oder teilweisen Veräußerung des Grundstücks für seine eigene Rechnung darstellt, ist seiner rechtlichen Natur nach ungeeignet, dem Ermächtigten es bereits zu ermöglichen, über das Grundstück wie ein Eigentümer zu verfügen. Eine selbständige Besteuerungsgrundlage kann ein Rechtsgeschäft nach § 5 Abs. 3[5], wie die ausdrückliche Bezugnahme im Abs. 3 auf Abs. 1 des § 5 ergibt, nur dann bilden, wenn innerhalb eines Jahres nach seinem Abschlusse die Eigentumsübertragung nicht

---

erwerbenden kann also niemals zu der Annahme führen, daß ihretwegen der in seinen wesentlichen Bestandteilen erweiterte Gegenstand, das bebaute Grundstück, als ein ganz anderer Gegenstand angesehen werden könnte.

Das zweite Urteil behandelt einen Fall, in dem zwei Grundstücke veräußert waren, aber nur eins davon wiedererworben wurde. Hierüber ist folgendes gesagt worden: Ob beide Grundstücke als eine wirtschaftliche Einheit anzusehen sind oder nicht, ist für die hier in Betracht kommende Frage eines teilweisen Steuererlasses bedeutungslos. Die Ausführung des Bezirksausschusses: „Während die Steuer einheitlich für beide Grundstücke veranlagt ist, haben die Kläger die Niederschlagung nur für das eine der beiden Grundstücke beantragt. Wenn aber die beiden veranlagten Grundstücke als wirtschaftliche Einheit angesehen werden, könnte die Niederschlagung der Steuer nur für den einen Teil dieser Einheit nicht in Betracht kommen", ist rechtsirrig. Der Wortlaut der einschlägigen Bestimmungen steht dieser Einengung nicht zur Seite, und der Zweck des G. steht ihr durchaus entgegen. Es soll steuerlich so angesehen werden, als wäre diejenige Veräußerung, die rückgängig gemacht wird, überhaupt nicht vorgenommen worden. Für den Fall der Teil-Rückveräußerung ergibt sich daraus, daß an Steuer zu erlassen ist der Mehrbetrag über diejenige Steuer hinaus, die verbleibt, wenn bei der Steuerberechnung einzig von der steuerpflichtigen (Teil-)Veräußerung der von keiner Rückveräußerung betroffenen Grundfläche ausgegangen wird.

erfolgt; hier jedoch hat sie vorher stattgefunden. In einem Falle letzterer Art hat ein Rechtsgeschäft nach § 5 Abs. 3[5] und dessen Ausführung nur die rechtliche Bedeutung, daß sich der steuerpflichtige Rechtsvorgang der Eigentumsübertragung auf Grund einer Mehrheit von Rechtsgeschäften iS. des § 27 (Abs. 1 Satz 1, Abs. 3) vollzogen hat. Hierfür gelten die in OVG. **67** 31 ff. näher dargelegten Steuerberechnungsgrundsätze, und nach § 32 Abs. 1 aaO. haftet neben dem Steuerpflichtigen, dem bisherigen Eigentümer (§ 29), auch der Zwischenveräußerer für die Steuer als Gesamtschuldner.

Da sowohl iF. des § 27 Abs. 1 Satz 1, § 32 Abs. 1, als auch iF. des § 32 Abs. 2 ZuwStG. die Steuerpflicht an den Eigentumsübergang anknüpft, folgt aus der Steuerfreiheit des Eigentümers nach § 1 Abs. 2 allerdings auch der Nichteintritt einer Gesamthaftung des Dritten nach § 32 Abs. 1 oder Abs. 2.

2. Wenn aber durch ein Rechtsgeschäft ein Dritter von dem Grundstückseigentümer ermächtigt wird, das Grundstück ganz oder teilweise auf eigene Rechnung zu veräußern, § 5 Abs. 3[5], so stellt die schließliche Übereignung von seiten des Grundstückseigentümers an den Erwerber als denjenigen, mit dem der Dritte kraft jener Ermächtigung rechtlich selbständig verhandelt hatte, im Gegensatze zu einer Veräußerung auf Grund einer bloßen Vermittlung durch einen Dritten nach Maßgabe des § 32 Abs. 2, eine Veräußerung für Rechnung des Dritten dar. Der Fall einer Steuerfreiheit des Eigentümers, und damit gegebenenfalls der Ausschluß einer Haftung des Dritten (des Zwischenveräußerers), § 32 Abs. 1, wäre alsdann nach § 1 Abs. 2 (am Schlusse) des ZuwStG. also nur gegeben, wenn die Voraussetzungen für die Steuerbefreiung auch in der Person des nach § 5 Abs. 3[5] Ermächtigten erfüllt sind.

Nr. 43. Entsch. v. 27. Febr. 1913 (OVG. 64 43) VII C 523/12.

ReichsZuwStG. § 60.

Die einer Gemeinde nach § 60 Abs. 2 ZuwStG. belassene bisherige Satzung hat keine Geltung im Bezirk einer anderen Gemeinde, die der ersteren Gemeinde mit Wirkung vom 1. IV. 11 ab einverleibt worden ist.

Es ist an sich richtig, daß mit der Eingemeindung von Ilversgehofen das gesamte Ortsrecht der Stadt Erfurt in dem eingemeindeten Bezirke Geltung hat. Dies geht aus dem EingemeindungsG. klar hervor. Der vorliegende Fall hat indessen die Besonderheit, daß er nicht ausschließlich nach dem preußischen Landesrechte zu beurteilen ist, sondern daß auch die Bestimmungen des ZuwStG. berücksichtigt werden müssen. Diese lassen aber erkennen, daß der Reichsgesetzgeber bei Regelung des Gemeindesteuerrechts nicht an die Gemeinden in ihrem jeweiligen Bestande gedacht, sondern daß er die Gemeindebezirke im Sinne gehabt hat, wie sie vor Inkrafttreten des G. gestaltet waren. Folgende Erwägungen führen zu diesem Ergebnisse. § 60 will den Gemeinden möglichst das sichern, was sie vor dem Inkrafttreten des G. aus ihrer bisherigen Satzung erzielt hatten. Diese Beträge müssen mit denen verglichen werden, die sie nach dem ReichsG. erzielen. Eine solche Vergleichung setzt aber voraus, daß die Bezirke, in denen die zu vergleichenden Beträge aufgekommen sind, sich decken. Anderenfalls würden je nach der Lage der Sache Begünstigungen oder Benachteiligungen der Gemeinden entstehen, die innerlich nicht gerechtfertigt sind. Das G. spricht auch in Abs. 2 des § 60 nur davon, daß den Gemeinden die bisherige Satzung „belassen" werden kann, d. h. daß in einem Teile des Reichsgebiets nach dem Ausspruche des Reichskanzlers es bei dem bisherigen Ortsrechte bewenden kann. Würde der Ausspruch des Reichskanzlers zur Folge haben, daß in Bezirken ein Ortsrecht, das dort bisher nicht galt, in Geltung träte, so würde man dort nicht mehr von einem „Belassen" der bisherigen Satzung sprechen können.

II.
Berechnung des Wertzuwachses.

Nr. 1. Entsch. v. 2. Jan. 1913 (OVG. 64 1) VII C 322/12.

ReichsZuwStG. §§ 1—3, 10, 13, 14.

Unter Erwerbspreis iS. des § 14 ZuwStG. ist der Betrag zu verstehen, der als Preis für den Erwerb der in den §§ 1—3 aaO. bezeichneten Gegenstände vereinbart worden ist.

Der Ausdruck „Erwerbspreis" im ZuwStG. und insbesondere in § 14 ist zu ergänzen durch Hinzuziehung des Gegenstandes, für dessen Erwerb ein Preis bestimmt worden ist. Was als Gegenstand in Betracht kommen kann, ist in §§ 1—3 des G. näher bezeichnet. Unter die dort aufgeführten Objekte fällt das bewegliche Zubehör eines Grundstücks nicht (§ 97 BGB.). Es scheidet also für die Bestimmung des der Steuer zugrunde zu legenden Erwerbspreises dergestalt aus, daß, wenn ein Grundstück nebst Zubehör zu einem Gesamtpreise veräußert worden ist, gemäß § 13 aaO. der auf die Zubehörstücke entfallende Teil auszusondern ist. Kraft der ausdrücklichen Bestimmung des § 10 gilt das gleiche auch für die mit dem Boden zusammenhängenden Erzeugnisse des Grundstücks, obgleich sie wesentliche Bestandteile des Grundstücks sind (§ 94 BGB.) und deshalb an sich bei der Feststellung des Betrags, der als Erwerbspreis zu gelten hätte, mitanzurechnen wären. Diese Bestimmungen treffen auch beim Eigentumsübergang im Wege der Zwangsvollstreckung zu. Ob unter der Vermittlungsgebühr in § 14 Nr. 1, wenn sie nach einem Prozentsatze des Gesamtpreises bemessen ist, nur der Betrag zu verstehen ist, der auf den das Grundstück selbst betreffenden Teil des Gesamtkaufpreises fällt, oder ob damit der ganze auch die abzugsfähigen Gegenstände mitumfassende Betrag gemeint ist, kann dahingestellt bleiben; denn auch in letzterem Falle würde die Entscheidung über den Begriff der Vermittelungsgebühr nur aus dem Sinne und der Bedeutung dieses Wortes folgen und deshalb die Entscheidung über den Begriff des Erwerbspreises nicht beeinflussen.

Nr. 2. Entsch. v. 16. Jan. 1913 (OVG. 64 21) VII C 518/12.

ReichsZuwStG. § 8.

Wenn beim Kaufe eines Grundstücks der Preis mit Rücksicht auf eine von dem Käufer übernommene Reugeldverpflichtung niedriger bemessen worden ist, so bildet diese Verpflichtung nur den Beweggrund für die niedrigere Bemessung des Preises, sie ist jedoch keine Gegenleistung, die nach § 8 Abs. 2 ZuwStG., in Geld berechnet, dem baren Preise hinzuzurechnen ist.

Nr. 3. Entsch. v. 15. April 1913 (OVG. 64 80) VII C 433/12.

ReichsZuwStG. §§ 10, 13.

Der § 13 ZuwStG. hat zur Voraussetzung, daß der steuerpflichtige Rechtsvorgang steuerpflichtige und steuerfreie Gegenstände betrifft. Das auf dem Grund und Boden aufstehende Holz ist jedoch kein steuerfreier Gegenstand iS. des § 13 aaO.; denn es gehört zu den mit dem Grund und Boden zusammenhängenden Erzeugnissen und ist nach §§ 93, 94 BGB. ein wesentlicher Bestandteil des Grundstücks. Bei einem Verkaufe des Grundstücks wird der aufstehende Holzbestand mit dem Grund und Boden als ein Gegenstand veräußert, und der hierfür vereinbarte Preis müßte bei Ermittelung des steuerpflichtigen Wertzuwachses in die Berechnung eingestellt werden, wenn das G. für diesen Fall nicht besondere Bestimmungen getroffen hätte. Diese sind im § 10 aaO. enthalten.

Nr. 4. Entsch. v. 9. Mai 1913 (OVG. **64** 95) VII C 495/12.

ReichsZuwStG. §§ 8, 11, 20.

1. Nach § 11 ZuwStG. tritt an die Stelle des Preises der Wert des Grundstücks nur dann, wenn ein Preis nicht vereinbart oder nicht zu ermitteln ist, und der Preis bestimmt sich nach § 8 aaO. nach dem Gesamtbetrage der Gegenleistung. Zutreffend ist allerdings, daß die beiden jetzt zu veräußernden Parzellen bei ihrem Erwerbe durch die Klägerin nicht Gegenstand einer besonderen Vereinbarung über den Preis gewesen sind, ein vereinbarter Preis kann also nicht unmittelbar als Erwerbspreis dem jetzt vereinbarten Veräußerungspreise gegenübergestellt werden. Dies ist jedoch nicht entscheidend; es kommt vielmehr darauf an, ob ein Preis überhaupt nicht vereinbart ist, und ob der auf die zu veräußernden Parzellen entfallende Erwerbspreis nicht ermittelt werden kann. Nach § 186 HGB. muß, wenn auf das Grundkapital von Aktionären Einlagen gemacht werden, die nicht durch Barzahlung zu leisten sind, oder wenn Vermögensgegenstände von der zu errichtenden Gesellschaft übernommen werden, der Betrag der für die Einlage zu gewährenden Aktien oder die für den übernommenen Gegenstand zu gewährende Vergütung im Gesellschaftsvertrage festgesetzt werden. Dementsprechend ist hier verfahren.

2. Ist also für die bei der Gründung der klagenden Aktiengesellschaft eingebrachten Grundstücke eine Gegenleistung vereinbart worden, die nach §§ 8, 11 aaO. als Preis anzusehen ist, so fragt es sich weiter, welcher Teil des Preises auf die jetzt abzuveräußernden Parzellen entfällt. Für diese Frage ist zunächst zu prüfen, ob der § 20 Abs. 1 aaO. Anwendung findet. Wenn dieser von „einem Teile eines Grundstücks" spricht, so darf allerdings unter Grundstück nicht nur ein wirtschaftlich und räumlich zusammenhängendes Stück der Erdoberfläche verstanden werden, sondern man muß annehmen, daß das G. ebenso wie in § 1 Abs. 2 aaO. hierunter den wirtschaftlich zusammenhängenden, zu einer wirtschaftlichen Einheit verbundenen Grundbesitz versteht. Der Bezirksausschuß wird hiernach zunächst zu prüfen haben, ob mit Rücksicht darauf, daß die Grundstücke von einer Aktiengesellschaft bei der Gründung der klagenden Aktiengesellschaft eingebracht worden sind, nicht angenommen werden muß, daß sie auch von der einbringenden Gesellschaft zu einer wirtschaftlichen, denselben wirtschaftlichen Zwecken dienenden Einheit verbunden und als solche wirtschaftlich genutzt worden sind. Sollte eine solche Feststellung nicht getroffen werden können, und müßte demnach die unmittelbare Anwendung des § 20 Abs. 1 aaO. auf den vorliegenden Fall verneint werden, so kommt weiter in Frage, ob nach dem vorliegenden Sachverhalt ein Preis für die abzuveräußernden Parzellen nicht vereinbart oder nicht zu ermitteln ist (§ 11 ZuwStG.); denn nur in diesen Fällen tritt an Stelle des Preises der Wert des Grundstücks. Das G. geht also grundsätzlich davon aus, daß bei Ermittelung des steuerpflichtigen Wertzuwachses in erster Linie die Preisvereinbarung maßgebend ist. Eine Preisvereinbarung hat aber stattgefunden, einerlei, ob ein zahlenmäßig bestimmter Preis für ein einzelnes Grundstück bedungen, oder ob ein Preis für eine Anzahl in einem Akte veräußerter Parzellen vereinbart worden ist; denn der vereinbarte Preis bildet auch in dem letzten Falle nicht nur die Gegenleistung für die gesamten Parzellen, sondern auch für jede einzelne Parzelle. Hiernach kann nur in Frage kommen, ob in einem solchen Falle, wenn also mehrere eine wirtschaftliche Einheit nicht bildende Parzellen in einem Akte für einen Gesamtpreis veräußert worden sind, der auf jede einzelne Parzelle entfallende Teil des Preises nicht zu ermitteln ist. Diese Frage ist zu verneinen. Wenn aus den über die Veräußerung geführten Verhandlungen der Vertragschließenden nicht zu entnehmen ist, welche Beträge des im Ergebnisse vereinbarten Gesamtpreises sie als Preis für die einzelnen Parzellen vereinbart haben, so ist der Gesamtpreis nach dem Verhältnisse des Wertes der einzelnen Parzellen zu dem Gesamtwert auf diese zu verteilen.

Nr. 5. Entsch. v. 20. Mai 1913 (OVG. **64** 103) VII C 713/12.

§ 24 ZuwStG. lautet:

„Wird die Zahlung der Zuwachssteuer nach dem Vertrage von dem Erwerber übernommen, so ist ein nach den sonstigen Vorschriften dieses G. berechneter Steuerbetrag dem Veräußerungspreise hinzuzuzählen und hiernach die Steuer festzusetzen."

Es fragt sich, was unter den Worten „nach dem Vertrage" zu verstehen ist. Gemeint ist vom G. die Gesamtheit der Vereinbarungen, die der Veräußerung zugrunde liegen. Die Anwendung des § 24 wird insbesondere nicht dadurch ausgeschlossen, daß über die Tragung der Zuwachssteuer neben den sonstigen Vereinbarungen ein getrenntes Abkommen getroffen ist. Im vorliegenden Falle war die Auflassung nur auf Wunsch des Erwerbers verschoben worden. Da inzwischen die Zuwachssteuer eingeführt war, so konnten Zweifel entstehen, ob die Kläger im Hinblick auf die nicht von ihnen oder dem Erblasser veranlaßte Verzögerung der Auflassung die Steuer dem Erwerber zuschieben durften. Um diese und vielleicht auch andere Zweifel zu lösen, kam ein Vergleich zustande, wonach jede Vertragspartei die Hälfte der Steuer übernahm. Dieser Vertrag stellt sich als eine Ergänzung der früheren Vereinbarungen dar; er bildet mit diesen ein einheitliches Abkommen, das der Auflassung zugrunde lag.

Nr. 6. Entsch. v. 20. Mai 1913 (OVG. **64** 104) VII C 688/12.

Der § 24 ZuwStG. setzt voraus, daß die Übernahme der Steuer ein vertragliches Entgelt für die Überlassung des Grundstücks bildet. Dies wird nicht dadurch ausgeschlossen, daß über die Tragung der Zuwachssteuer neben den sonstigen Vereinbarungen ein getrenntes Abkommen getroffen worden ist. Wenn aber die nachträgliche Übernahme der Steuer durch die Erwerberin des erforderlichen Zusammenhanges mit dem Veräußerungsgeschäft entbehrt, z. B. ein Entgegenkommen aus geschäftlichen Rücksichten darstellt, so bildet sie ein vertragliches Entgelt für die Grundstücksüberlassung nicht.

Nr. 7. Entsch. v. 20. Mai 1913 (OVG. **64** 99) VII C 686/12.

ReichsZuwStG. §§ 5, 8, 17.

1. Die Bestimmung in § 17 Abs. 2 Satz 2 ZuwStG., wonach vor dem 1. I. 11 abgeschlossene Rechtsgeschäfte der in § 5 bezeichneten Art einem steuerfreien Erwerbsvorgange gleichstehen, schließt für die vor dem 1. I. 11 liegenden Erwerbsfälle die Ausnahmevorschrift des § 5 des G., wonach bei mehr als einjährigem Zwischenraume zwischen dem zur Übertragung des Eigentums verpflichtenden Veräußerungsgeschäft und dem Eigentumsübergange die Steuerpflicht an das erstere Rechtsgeschäft anknüpft, aus, so daß insoweit lediglich von dem eigentlichen Erwerbsvorgange, dem dinglichen Rechtsakt, auszugehen ist. Aus dieser Rechtslage und dem Umstande, daß die Steuerpflicht der Klägerin durch den dinglichen Rechtsvorgang der Weiterveräußerung begründet worden ist (§§ 1, 4 d. G.), folgt zunächst, daß der für die Steuerberechnung maßgebende Zeitraum — nach § 16, § 28 Abs. 2 aaO. — sich in einem Falle der vorliegenden Art von Grundbucheintragung zu Grundbucheintragung bestimmt, so daß das Verlangen der Klägerin gegebenenfalls die Zurechnungen zum Erwerbspreise nach § 16 und die Ermäßigungen des Steuersatzes nach § 28 für die Zeit vom Jahre 1879 ab, nicht erst für die Zeit nach dem Eigentumserwerbe vom Jahre 1905 in Rechnung zu ziehen, mit Recht abgelehnt worden ist.

2. Anderseits ist trotz jener Rechtslage die Einstellung eines Erwerbspreises von 3000 *M* gerechtfertigt und die Ansicht der Klägerin, daß statt dessen der nach ihrer Behauptung weit höhere Wert des Grundbesitzes zur Zeit des Erwerbsvorganges vom Jahre 1905 zugrunde zu legen sei, unzutreffend. Der Wert des Grundstücks käme nach § 11 Abs. 1 aaO. nur in Betracht, wenn ein Preis für den maßgebenden Eigentumserwerb des Bruders der Klägerin nicht vereinbart worden wäre. Dieser

Fall aber liegt nicht vor. Da eine Hauptverpflichtung des Verkäufers gerade darin bestand, dem Käufer das Eigentum an der verkauften Sache zu verschaffen (ALR. T. I Tit. 11 § 1, § 433 BGB.), war der in dem Kaufvertrage von 1879 bestimmte und im folgenden Jahre gezahlte Preis von 3000 M das vereinbarte Entgelt für die zu bewirkende Eigentumsübertragung an den Bruder der Klägerin. Diesen Charakter eines vereinbarten Preises für die Eigentumsübertragung behielt jene Summe, da eine spätere Änderung der Preisabrede nicht stattgefunden hat, fortgesetzt auch in der Folgezeit bei, ohne daß die Tatsache der erst Jahrzehnte nach dem Kaufabschluß und der Preisberichtigung und auch erst nach dem Tode der Verkäuferin von seiten ihrer Erben herbeigeführten Eigentumsübertragung an den Bruder der Klägerin hieran etwas zu ändern vermochte. Von der allgemeinen Regel des § 8 ZuwStG., daß auf den für den dinglichen Rechtsvorgang maßgebenden Erwerbspreis und insofern regelmäßig auf den ihn festlegenden, zu dem Eigentumsübergange führenden schuldrechtlichen Veräußerungsvertrag zurückgegangen werde, will § 17 nicht abweichen. Es bildeten nach alledem die 3000 M den vereinbarten Erwerbspreis auch noch „zur Zeit" des letzten steuerpflichtigen Rechtsvorganges iS. des § 17 Abs. 1 aaO. Daher sind sie mit Recht der Steuerberechnung als Erwerbspreis zugrunde gelegt worden. Aus welchen Gründen die Eigentumsübertragung auf den Erblasser der Klägerin sich jahrelang verzögert hat, ist für die rechtliche Beurteilung der Sache ohne Bedeutung. Etwaige Härten, die sich für die Klägerin aus der hier dargelegten Rechtslage ergeben, können nicht durch Ausspruch des Verwaltungsrichters beseitigt werden, sondern höchstens nach Maßgabe des § 66 ZuwStG. durch den Bundesrat.

Nr. 8. Entsch. v. 27. Mai 1913 (OVG. **64** 106) VII C 655/12.

ReichsZuwStG. §§ 8, 10, 13, 22.

1. JS. des ZuwStG. bestimmt sich der ohne Zutun des Eigentümers entstandene Wertzuwachs allein und ausschließlich — ohne daß also für die Umgrenzung dieses Wertzuwachses anderweitige Auslegungsgrundsätze vom Verwaltungsrichter herangezogen werden können — nach den Einzelvorschriften des ZuwStG. selbst. Hiernach stellt stets der Unterschied zwischen dem Erwerbspreis und dem Veräußerungspreise bei Berücksichtigung der gesetzlichen Hinzurechnungen und Abrechnungen den steuerpflichtigen Wertzuwachs dar. Die Ansicht der Klägerin, der von ihr als einer Grundstückshandelsgesellschaft durch die Veräußerung erzielte Geschäftsgewinn sei nicht als unverdienter Wertzuwachs anzusehen, und es liege in dessen Heranziehung eine unzulässige Doppelbesteuerung, insofern ihr Geschäftsertrag bereits durch die Einkommen- und Gewerbesteuer erfaßt werde, entbehrt daher jeder Berechtigung.

2. Für die Berechnung des nach § 22² ZuwStG. abzugsfähigen Betrags kommen nur volle Jahre in Betracht (vgl. OVG. **62** 1 — Kunze-Kautz StErgBd. IV 9 —).

3. § 13 ZuwStG. bezieht sich auf den Fall, daß der steuerpflichtige Rechtsvorgang neben dem Grundstück anderweitige, steuerfreie Gegenstände, seien es Sachen oder Rechte, ohne Angabe von Einzelpreisen betrifft, daß also die Gegenleistung ungetrennt für steuerpflichtige und steuerfreie Gegenstände angegeben wird, und sieht für diesen Fall eine entsprechende Zerlegung der Gesamtsumme vor.

4. Nach § 10 ZuwStG. kann der Begriff einer übernommenen Last auf solche im Vertrag übernommene Verpflichtungen nicht angewendet werden, die, mögen sie auch inhaltlich für den Veräußerer unvorteilhaft sein, nur eine nähere Regelung der Erfüllungsbedingungen des Veräußerungsgeschäfts enthalten, insbesondere also sich auf eine (völlige oder teilweise) Stundung des Kaufpreises für das Grundstück, eine Sicherstellung der gestundeten Kaufpreisforderung und die nähere Beschaffenheit dieser Sicherstellung beziehen. Lediglich die Beschaffenheit der der Klägerin für den Restkaufpreis zu gewährenden hypo-

thekarischen Sicherheit aber wurde durch die Vertragsbestimmung betroffen, daß die Klägerin unter gewissen Bedingungen einer Baugeldhypothek den Vorrang im Grundbuch einzuräumen habe, da damit nur festgelegt wurde, daß je nach den Umständen die Rangstellung der Hypothek der Klägerin eine verschiedene und insofern die Sicherheit der Klägerin für das Restkaufgeld eine mehr oder eine weniger bevorzugte sein sollte. Die bedingungsweise von der Klägerin übernommene Verpflichtung aber, eine für einen anderen Gläubiger auf dem Grundbesitze ruhende Hypothekenschuld zu decken, entbehrt des Charakters einer „Last" schon deshalb, weil die Klägerin die Zahlung nur gegen Abtretung der betreffenden Hypothek zu bewirken hatte, also gegebenenfalls für ihre in Geld bestehende Vermögensaufwendung ein entsprechendes Entgelt in Gestalt eines anderweitigen Vermögensrechts erlangte.

Nr. 9. Entsch. v. 4. Nov. 1913 (DJZ. **19** 702) VII C 54/13.

ZuwStG. § 16.

Die Klägerin hat das unbebaute Grundstück am 26. III. 06 erworben und am 2. III. 12 weiter veräußert, es also mehr als sechs natürliche Jahre, aber nicht mehr als fünf volle Kalenderjahre, zu Eigentum besessen. Streitig in der Revisionsinstanz ist einzig die Frage, ob bei dieser Sachlage die Hinzurechnungen zu dem Erwerbspreise nach § 16 ZuwStG. sich auf die Hälfte ermäßigen. Die Frage ist zu verneinen.

Nr. 10. Entsch. v. 13. Juni 1913 (OVG. **64** 118) VII C 526/12.

1. Die Zerlegung nach dem reinen Flächenverhältnisse wird der Bestimmung des § 20 Abs. 1 ZuwStG. nur in denjenigen Fällen gerecht, in welchen davon ausgegangen werden kann, daß die Wertverhältnisse der verschiedenen, in dem Gesamtgrundstücke vereinigten Grundstücksteile zur Zeit des Erwerbes die gleichen waren. Letzteres kann indessen dann nicht unterstellt werden, wenn im Gegensatze zu den veräußerten Teilen das Restgrundstück beim Erwerbe Bauten aufwies. Alsdann wird der Regel nach der Wert des veräußerten Teiles im Vergleiche zum Gesamtwert ein geringerer sein als der sich aus dem bloßen Flächenmaßstab ergebende.

2. Der Bezirksausschuß irrt aber weiterhin auch in seiner Annahme, daß bei der Preiszerlegung nach § 20 Abs. 1 aaO. von dem Werte des Grundstücks zur Zeit des dinglichen Rechtsvorganges, des Eigentumserwerbes, also auch von der Beschaffenheit des Grundstücks zu diesem Zeitpunkt, auszugehen sei, und daß daher hier der Mitverkauf der Scheune mit Rücksicht auf deren durch den Kläger vor der Grundstücksübereignung bewirkten Abbruch außer Betracht zu bleiben habe. Der § 20 Abs. 1 aaO. dient lediglich der genaueren Klarstellung des Preises, der als vereinbart zu gelten hat; der Preis aber ist in dem zum Eigentumsübergange führenden schuldrechtlichen Veräußerungsgeschäfte niedergelegt und stellt das Entgelt für die Überlassung des Grundstücks in demjenigen Zustande dar, in dem es nach Inhalt des schuldrechtlichen Veräußerungsgeschäfts auf den Erwerber übergehen soll. Folglich ist auch nach § 20 Abs. 1 auf das schuldrechtliche Veräußerungsgeschäft zurückzugehen und der Regel nach der Zustand zur Zeit seines Abschlusses für die Bewertung des erworbenen Grundstücks maßgebend.

Nr. 11. Entsch. v. 13. Juni 1913 (OVG. **64** 122) VII C 457/12.

1. Der Sinn der Vorschrift des § 65 ZuwStG. ist der, daß die Wertsteigerung, die beim Fehlen der Befreiungsvorschrift des § 7³ von den Miterben versteuert werden müßte (die Geltung des G. vor 1911 vorausgesetzt), außer Betracht bleiben soll. Mann kann das auch dahin ausdrücken, daß die Sache so angesehen werden soll, als sei in bezug auf die Anteile der ausscheidenden Miterben die Erb-

auseinandersetzung an sich als steuerpflichtiger Rechtsvorgang anzusehen. Von diesem Gesichtspunkt aus muß man dazu gelangen, die allgemeinen Vorschriften des G. über die Bemessung des Erwerbspreises auch hier anzuwenden. Ist für die Erbauseinandersetzung eine Gegenleistung (Übernahmepreis) iS. des § 8 Abs. 2 feststellbar, so muß diese und nicht der gemeine Wert zugrunde gelegt werden.

Die Zugrundelegung des Wertes würde nicht einmal der Billigkeit entsprechen; denn wenn der Veräußerer das Grundstück in der Erbteilung unter dem Werte erworben hat, so widerfährt ihm kein Unrecht dadurch, daß er später den um so größeren Wertzuwachs versteuern muß. Ist der Übernahmepreis höher als der Wert, so ist der Veräußerer am schutzbedürftigsten; gerade in diesem Falle aber würde der Standpunkt des Klägers ein für den Veräußerer ungünstiges Ergebnis herbeiführen. Nur in dem — wohl nicht sehr häufigen — Falle, daß der Übernahmepreis geringer ist als der Erwerbspreis des Erblassers, wird der Zweck des G. nach seinem Wortlaute nicht erreicht. Ob etwa in diesem Falle gleichwohl der frühere Erwerbspreis zugrunde gelegt werden könnte, bedarf keiner Erörterung, weil dieser Fall hier nicht vorliegt.

2. Der Beklagte hat die Gesamtsteuer vollständig getrennt nach den einzelnen ideellen Teilen ($^1/_4$ und $^3/_4$) berechnet. Dieses Verfahren berücksichtigt aber nicht, daß das Grundstück als einheitliches veräußert worden ist. Nur soweit Erwerbspreis und Zeitpunkt des Erwerbes in Betracht kommen, ist eine Scheidung geboten. Freilich ergeben sich Schwierigkeiten daraus, daß je nach der Dauer der Besitzzeit die Steuersätze verschieden sein können. Diese Schwierigkeiten werden jedoch einwandfrei in folgender Weise gelöst. Zunächst sind die Erwerbspreise für beide Anteile getrennt zu berechnen. Die Summe der festgestellten Erwerbspreise ist vom einheitlich zu bemessenden Veräußerungspreis abzuziehen. Daraus ergibt sich der Wertzuwachs. Nunmehr ist der Steuersatz nach § 28 Abs. 1 zu berechnen. Um die in § 28 Abs. 2 vorgesehene Ermäßigung vorzunehmen, bedarf es wieder der Trennung. Im vorliegenden Falle ist der Veräußerungspreis nach dem Verhältnis 1 : 3 zu teilen. Von den Teilen sind die Einzelerwerbspreise abzuziehen; die sich hiernach ergebenden Zuwachsbeträge bilden die Verhältniszahlen, nach denen die aus § 28 Abs. 1 ermittelte Steuer geteilt wird, um nunmehr für jeden einzelnen Teil die Ermäßigung nach § 28 Abs. 2 zu bewirken. Die Summe der so gefundenen Beträge bildet die Gesamtsteuer.

Nr. 12. Entsch. v. 13. Juni 1913 (**OVG. 64** 128) VII C 440/12.

Der § 23 ZuwStG. beruht offenbar auf dem Gedanken, daß die in ihm erwähnten Entschädigungen einen vorweggenommenen Erlös für das Grundstück darstellen, durch den der Grundstückseigentümer bereits einen Teil des gesteigerten Wertes des Grundstücks verwirklicht hat. Deshalb wird, soweit der Eigentümer die erhaltene Entschädigung nicht dem Grundstücke wieder zuführt, ihre Hinzurechnung zum Veräußerungspreise bei der Berechnung des Wertzuwachses angeordnet; die Anrechnung wird aber davon abhängig gemacht, daß der Anspruch während des für die Steuerberechnung maßgebenden Zeitraums und nach dem 1. I. 11, d. i. dem Tage des Wirksamwerdens des G. (§ 62) entstanden ist. Was hier unter der „Entstehung des Anspruchs" zu verstehen ist, sagt das G. nicht. Diese Frage kann deshalb für die verschiedenartigen Entschädigungsansprüche, die nach § 23 in Betracht kommen können, nur nach den allgemeinen Rechtsgrundsätzen beurteilt werden, die für den einzelnen Anspruch, um den es sich handelt, maßgebend sind. Entstanden ist begrifflich ein Anspruch, sobald er geltend gemacht werden kann (vgl. §§ 194 Abs. 1, 198, 241 BGB.). Im vorliegenden Falle beruht der Entschädigungsanspruch auf § 148 BergG. v. 24. VI. 65, wonach der Bergwerksbesitzer verpflichtet ist, für allen Schaden, der dem Grundeigentum oder dessen Zubehörungen durch den unterirdisch oder mittels Tagebaues geführten Betrieb des Bergwerkes zugefügt wird, vollständige Entschädigung zu leisten. Aus dieser Vorschrift folgert der Bezirksausschuß mit Recht, daß der auf § 148 aaO. beruhende Anspruch unmittelbar kraft des G. mit dem Eintritte des Schadens zur Entstehung gelangt, für den die Entschädigung zu leisten ist. Der Anspruch ist somit entstanden, sobald die zum Schadenersatze verpflichtende Wertminderung des Grundstücks eingetreten ist, nicht erst dann, wenn die Entschädigung durch Urteil oder Vertrag auf einen bestimmten Betrag festgestellt ist.

Nr. 13. Entsch. v. 27. Mai 1913 (OVG. 65 1) VII C 522/12.

ReichsZuwStG. § 8.

1. Unter der Gegenleistung, nach deren Gesamtbetrage sich der Preis bestimmt (§ 8 ZuwStG.), ist nicht diejenige Summe zu verstehen, die in die Hände des Veräußerers gelangt oder in ihnen verblieben ist, sondern diejenige, die rechtsgültig vereinbart worden ist. Nach dem der Auflassung zugrunde liegenden Vertrage beträgt diese Summe 61000 *M*. Daran, daß sie in dieser Höhe rechtsgültig vereinbart worden ist, kann kein Zweifel bestehen; denn es ist ein Unterschied zu machen, ob ein Rechtsgeschäft nur zum Schein oder nur der Form halber vorgenommen wird. Daß der Vertrag ein Scheingeschäft gewesen sei, behauptet der Kläger selbst nicht. Wenn er aber anführt, daß er tatsächlich an dem Vertrage gar nicht interessiert gewesen sei, da er das Grundstück bereits vorher durch einen in die Gestalt einer Vollmacht gekleideten Kaufvertrag für 54000 *M* an N. verkauft und sonach die Festsetzung eines höheren Preises bei der Veräußerung an die Eheleute M. ihn gar nicht berührt habe, so verkennt er die Verschiedenheit des rechtlichen und des wirtschaftlichen Inhalts eines Rechtsgeschäfts. Juristisch ist er den Eheleuten M. gegenüber als Verkäufer aufgetreten und hat dadurch alle ihm als solchem aus dem Vertrage zustehenden Rechte, insbesondere auch das Recht auf den vereinbarten Kaufpreis erworben. Hiernach muß der Kläger den von ihm und für ihn vereinbarten Kaufpreis von 61000 *M* gegen sich gelten lassen.

2. Mit Recht bemängelt dagegen der Kläger die Feststellung des Erwerbspreises. Seine Behauptung, daß der Vertrag insofern unvollständig und unrichtig abgefaßt worden sei, als vereinbart worden sei, daß über den beurkundeten Preis von 33500 *M* hinaus seine Ehefrau sich 6000 *M* auf ihre Mitgift und ihr künftiges Erbteil anrechnen lassen müsse, ist nicht durch den bloßen Hinweis auf den Inhalt der Vertragsurkunde zu erledigen. Zwar spricht die Vermutung dafür, daß die Parteien schließlich über das einig geworden sind, was Bestandteil der Urkunde geworden ist, so daß letztere ihren endgültigen und vollständigen Willen wiedergibt. Aber diese Vermutung ist nicht unwiderleglich; sie bürdet vielmehr nur dem Widersprechenden die Beweispflicht dafür auf, daß die Schrift unrichtig oder unvollständig sei, so daß neben ihr auch das mündlich Besprochene habe gelten sollen. Dieser Beweis kann insbesondere auch in der Weise erfolgen, daß Umstände dargelegt werden, die es erklärlich scheinen lassen, daß die Beteiligten mündliche Nebenabreden neben der Schrift gelten lassen wollten.

Nr. 14. Entsch. v. 4. Nov. 1913 (OVG. 65 8) VII C 70/13.

ReichsZuwStG. §§ 9, 14, 16.

1. Die Ansicht des Beklagten, beim Erwerb im Wege der Zwangsversteigerung finde eine Hinzurechnung der Erwerbskosten nach § 14[1] ZuwStG. nicht statt, entbehrt der gesetzlichen Unterlage. Ganz abgesehen davon, daß die dem Ersteher erwachsenen Kosten keineswegs notwendig im Zwangsversteigerungsverfahren zur Hebung gelangen — die nach § 44 ZVG. v. 24. III. 97 durch das geringste Gebot zu deckenden Kosten des Verfahrens sind lediglich die gerichtlichen Kosten und diese auch nur in

beschränktem Maße — (vgl. § 10 Abs. 2, § 109 aaO., § 1118 BGB.), schließt § 14[1] in seiner allgemeinen Fassung jede Unterscheidung nach dem Rechtsgrunde des Erwerbes aus; denn er spricht schlechtweg von den „Kosten des Erwerbes" und von der Hinzurechnung zu „dem Erwerbspreis", und nach der ausdrücklichen Bestimmung in § 9 ZuwStG. ist für das Gebiet dieses G. auch beim Erwerb in der Zwangsversteigerung stets mit einem Preise zu rechnen.

2. Der Vorderrichter hat die Hinzurechnungen nach § 16 ZuwStG. nur zur Hälfte in Anrechnung gebracht, weil der für die Steuerberechnung maßgebende Zeitraum nicht mehr als fünf volle Kalenderjahre umfasse. Mit Recht rügt die Klägerin, unter Hinweis auf ihren mehr als sechsjährigen Eigentumsbesitz, Verletzung des § 16 aaO.

Dieser erwähnt zwei verschiedenartige Zeitabschnitte, einmal den für die Steuerberechnung maßgebenden Zeitraum, worunter nach dem Systeme des G. (§§ 1, 4, 8) regelmäßig der Zeitraum vom Erwerbe des Eigentums bis zur Veräußerung des Eigentums zu verstehen ist und sodann volle Kalenderjahre. Der die Ermäßigung behandelnde Abs. 2 des § 16 nimmt aber einzig auf den ersten Zeitraum Bezug und erklärt damit seinem unzweideutigen Wortlaute nach lediglich die Dauer des Eigentumsbesitzes, nicht die Zahl der Kalenderjahre für entscheidend. Der nachfolgende Abs. 3 ist nicht im Sinne einer anderweitigen gesetzlichen Regelung zu verwerten. Die dortige gleichzeitige Erwähnung der beiden Zeitabschnitte läßt erkennen, daß der Gesetzgeber sich ihrer unterschiedlichen Bedeutung bewußt gewesen ist, und berechtigt daher zum Schlusse, daß die nur auf den einen Zeitabschnitt Rücksicht nehmende Fassung des Abs. 2 eine unabhängig vom Abs. 3 des § 16 zu beurteilende Sondervorschrift darstellt. Auch inhaltlich sieht Abs. 2 nicht eigens eine Hinzurechnung vor, sondern nur den teilweisen Wegfall der in Abs. 1 für den Regelfall angeordneten Hinzurechnung. Der Abs. 3 aber bestimmt lediglich den Zeitabschnitt, für den eine Hinzurechnung überhaupt stattzufinden hat, und zwar dahin, daß insoweit die nicht ein volles Kalenderjahr umfassende Eigentumsbesitzzeit auszuschalten sei. Davon verschieden ist die Frage nach der Höhe der für die vollen Kalenderjahre einzusetzenden Hinzurechnung. Diese letztere Frage, ob der volle oder nur der ermäßigte Betrag hinzuzurechnen sei, beantwortet sich einzig nach Maßgabe der Abs. 1 und 2, die beide nur den für die Steuerberechnung maßgebenden Zeitraum, die Eigentumsbesitzzeit, heranziehen. Auch der Zweck und die Entstehungsgeschichte des G. unterstützen die hier vertretene Auffassung.

Nr. 15. Entsch. v. 25. Nov. 1913 (DJZ. **19** 759) VII C 287/13.

ZuwStG. § 7.

Die Auffassung des Bezirksausschusses, daß der § 7 Abs. 1[4] ZuwStG., wonach die Zuwachssteuer nicht erhoben wird, wenn Abkömmlinge von den Eltern ein Grundstück erwerben, nicht nur auf Abkömmlinge, sondern auch auf deren Ehegatten anzuwenden sind, falls die Eheleute in Gütergemeinschaft lebten, trifft zu. Denn wenn Gütergemeinschaft zwischen den Ehegatten besteht und der Anspruch auf Auflassung zum Gesamtgute gehört, so vollzieht sich der Eigentumsübergang, gleichviel, welcher der Ehegatten den schuldrechtlichen Vertrag geschlossen hat und die Auflassung entgegennimmt, unmittelbar in der Person beider Ehegatten kraft der ehelichen Gütergemeinschaft. Die Einführung dieser Gemeinschaft hat zur Folge, daß nicht nur das ursprünglich vorhandene Vermögen gemeinschaftlich wird, sondern auch das später von einem Ehegatten hinzuerworbene. Der Gedanke, daß infolge der Gütergemeinschaft die dem einen Ehegatten gewährten Vergünstigungen auch dem anderen zu gute kommen, hat im § 7[2] Verwirklichung gefunden; danach wird die Zuwachssteuer bei der Begründung, Änderung, Fortsetzung und Aufhebung der Gütergemeinschaft nicht erhoben. JVerb.

mit § 7² ist daher anzunehmen, daß in einem Falle wie dem vorliegenden Steuerfreiheit zu gewähren ist. Damit stimmt auch die Begründung des Regierungsentwurfes überein. Dort wurde die entsprechende — ähnlich lautende — Bestimmung aus dem Fehlen der Gewinnverwirklichung und aus dem nahen Zusammenhange mit Vorgängen, bei denen eine Verwirklichung des Zuwachses nicht vorhanden ist, gerechtfertigt.

Nr. 16. Entsch. v. 25. Nov. 1913 (OVG. 65 29) VII C 204/13.

Die Hinzurechnung für ein volles Kalenderjahr nach § 16 Abs. 3 ZuwStG. kann nicht erfolgen, wenn der Eigentumsübergang am letzten Tage dieses Jahres stattgefunden hat.

Da das G. von „vollen Kalenderjahren" spricht, so beabsichtigt es, nur dann die Anrechnung zuzulassen, wenn das Jahr ganz abgelaufen ist, und wenn sich der Veräußerungsvorgang in einem der folgenden Jahre ereignet hat.

Nr. 17. Entsch. v. 2. Dez. 1913 (OVG. 65 31) VII C 18/13.

ReichsZuwStG. §§ 24, 27.

Wenn der Erwerb auf Grund mehrerer aufeinanderfolgender Rechtsgeschäfte von dem bisherigen Berechtigten an den letzten Erwerber erfolgt und die Zuwachssteuer in einem Zwischengeschäfte von dem Erwerber übernommen wird, so gilt der von dem bisherigen Berechtigten bezahlte Preis als Erwerbspreis, und der Bezirksausschuß hätte bei der Ermittelung des steuerpflichtigen Wertzuwachses lediglich diesen Erwerbpreis einstellen und weiter feststellen müssen, welche Beträge diesem Preise nach den Bestimmungen des ZuwStG. hinzugerechnet werden müssen. Diesem so ermittelten Erwerbspreise zuzüglich der Kosten des Erwerbes usw. hätte die Gesamtheit der Beträge, um die sich der Preis des Grundstücks zwischen den beiden in Betracht kommenden Rechtsgeschäften erhöht hat, gegenübergestellt werden müssen. Hierbei würden also die beiden Veräußerungspreise in Betracht kommen, und bei jedem dieser Preise würden die im ZuwStG. vorgesehenen Abzüge und Hinzurechnungen zu machen sein. Hinsichtlich der Hinzurechnungen würde hierbei weiter in Betracht gekommen sein, daß nach dem zwischen W. und den Erwerbern Eheleuten T. abgeschlossenen Vertrage vereinbart worden war, „die Wertzuwachssteuer tragen beide Parteien je zur Hälfte", daß also nach § 24 ZuwStG. dem hierin vereinbarten Preise ein entsprechender Betrag hinzugerechnet werden muß. Die Ermittelung dieses Betrags hätte so erfolgen müssen, daß die Steuerbeträge nach den sonstigen Vorschriften des G. berechnet worden wären, die unter der Annahme hätten erhoben werden müssen, daß drei Wertsteigerungen vorlägen, nämlich 1. die Wertsteigerung beim Verkaufe des Grundstücks an W., 2. desgleichen von diesem an die Eheleute T. und 3. die jetzt der Steuer unterliegende Wertsteigerung. Die auf den dritten Wertzuwachs entfallende Steuer würde sodann nach dem Verhältnisse der für den Wertzuwachs zu 1 und 2 ermittelten Steuerbeträge zu teilen und die nach dem Vertrage zwischen W. und den Eheleuten T. je zur Hälfte übernommene Zuwachssteuer mit der Hälfte des sich auf Grund der nach obigen Ausführungen aufzustellenden Berechnung ergebenden Betrags dem Veräußerungspreise hinzuzurechnen sein.

Nr. 18. Entsch. v. 6. Jan. 1914 (OVG. 66 10) VII C 172/13.

ReichsZuwStG. § 17.

§ 17 ZuwStG. bestimmt in den Abs. 1, 2 und 4:

„Beruht der Erwerb des Grundstücks auf einem steuerfreien Rechtsvorgange (§ 7), so ist für die Bemessung des Wertzuwachses von dem Preise zur Zeit des letzten steuerpflichtigen Rechtsvorganges auszugehen.

Ob iS. dieser Vorschrift Rechtsvorgänge steuerfrei oder steuerpflichtig sind, ist auch für die Zeit vor dem Inkrafttreten dieses G. nach ihm zu bestimmen. Rechtsgeschäfte der im § 5 bezeichneten Art stehen einem steuerfreien Erwerbsvorgange gleich, sofern sie vor dem 1. I. 11 abgeschlossen worden sind.

Liegt der für die Bemessung des Wertzuwachses maßgebende Erwerbsvorgang vor dem 1. I. 85, so tritt an die Stelle des Preises der Wert, den das Grundstück an diesem Tage gehabt hat, wenn der Steuerpflichtige nicht nachweist, daß er oder sein Rechtsvorgänger vor jener Zeit bei einem steuerfreien oder steuerpflichtigen Erwerb einen höheren Erwerbspreis gezahlt hat."

Wenn das die Steuerpflicht an den Eigentumsübergang anknüpfende ZuwStG. (§§ 1, 4) in der Ausnahmevorschrift des § 7² bestimmt, daß die Zuwachssteuer nicht erhoben wird bei der Begründung, Änderung, Fortsetzung und Aufhebung der ehelichen **Gütergemeinschaft**, so wird damit der bei Eintritt eines solchen Rechtsvorganges sich kraft G. vollziehende Eigentumsübergang als steuerfrei bezeichnet, wie er z. B. in dem Falle vorliegt, wenn ein vorher im Alleineigentum eines der Ehegatten stehendes Grundstück zufolge des Gütergemeinschaft vorsehenden Ehevertrags und der Eheschließung sich in Gesamtgut und damit in gemeinschaftliches Vermögen beider Ehegatten umwandelt. Daß aber in diesem Sinne im Jahre 1881 eine Übertragung von Grundstückseigentum der (jetzigen) Ehefrau des Klägers an den Kläger stattgefunden habe, ist in der angefochtenen Entscheidung nicht dargelegt. Der bloße Übergabevertrag zwischen W. und seiner Stieftochter hatte lediglich schuldrechtlichen Charakter und begründete keine Gesamtrechtsnachfolge, gewährte also der Ehefrau des Klägers noch kein Eigentumsrecht an dem Grundstücke. Daß sie in anderer Weise vorher ein solches erworben habe, hat der Bezirksausschuß nicht festgestellt.

Aber selbst angenommen, das Grundstück hätte vorher der Ehefrau des Klägers gehört und daher zufolge Ehevertrags und Eheschlusses sich ein nach § 7² ZuwStG. steuerfreier Eigentumsübergang von der Ehefrau des Klägers auf diesen vollzogen, so wäre doch nicht von dem 1869 gezahlten Preise des früheren Erwerbers auszugehen. Unstreitig liegt der für die Bemessung des Wertzuwachses maßgebende Erwerbsvorgang vor dem 1. I. 85. Folglich greift der oben angeführte Abs. 4 § 17 des ZuwStG. hier Platz, wonach an Stelle des Preises der Grundstückswert v. 1. I. 85 einzusetzen ist, es sei denn, daß der Steuerpflichtige wegen eines früher gezahlten höheren Erwerbspreises den ihm dort zugestandenen Nachweis erbringt. Wenn in der Bestimmung auch auf einen von dem Rechtsvorgänger des Steuerpflichtigen bei einem früheren Erwerbe gezahlten Preis Bezug genommen wird, so kann, da ein steuerpflichtiger Erwerb des jetzigen Veräußerers ein Zurückgehen auf den Rechtserwerb seines Vorgängers nach dem ZuwStG. ausschließt, unter dem Rechtsvorgänger iS. § 17 Abs. 4, wie auch die Begründung zu der entsprechenden Bestimmung des Gesetzentwurfs (§ 11) hervorhebt, nur derjenige frühere Eigentümer verstanden werden, von dem der Steuerpflichtige durch steuerfreien Rechtsvorgang das Grundstück erworben hatte. Dies würde hier, sofern § 7² des G. überhaupt zuträfe, die Ehefrau des Klägers sein. Zur Ausschaltung des Grundstückswerts vom 1. I. 85 wäre also erforderlich, daß sie vor dem 1. I. 85, sei es bei einem steuerfreien Erwerbe (vgl. z. B. § 7³) oder bei einem steuerpflichtigen Erwerbe (z. B. bei einer Übereignung des Grundstücks an sie durch ihren Stiefvater, der nicht zu den Eltern iS. des § 7⁴ des G. gehört), einen höheren Preis gezahlt habe. Mangels dieses Nachweises kann auf einen noch weiter zurückliegenden Erwerbsfall und den von dem damaligen Erwerber gezahlten Preis nicht zurückgegriffen werden.

Nr. 19. Entsch. v. 6. Jan. 1914 (**OVG. 66** 14) VII C 227/13.

ReichsZuwStG. §§ 17, 20.

Der frühere Eigentümer, der Ehemann der Vorbesitzerin Frau O., hat von dem 1867 erworbenen Hofgut unstreitig nach dem 1. I. 85 für öffentliche Zwecke, nämlich für die Schule von A., eine Parzelle unentgeltlich dauernd abgetreten.

Als Erwerbspreis iS. des § 27 ZuwStG. gilt gemäß § 17 Abs. 4 aaO., weil der maßgebende Erwerbsvorgang vor dem 1. I. 85 liegt und die frühere Zahlung eines höheren Erwerbspreises nicht nachgewiesen ist, der gemeine Wert des Grundstücks am 1. I. 85. Während aber der Kläger bei Feststellung des gemeinen Wertes die zur Schule abgetretene Landfläche nach § 20 Abs. 2 mitberücksichtigt wissen wollte, fußt die Entscheidung des Bezirksausschusses auf der Annahme, es sei lediglich die später an den Kläger und seinen Vertragsgenossen weiter veräußerte Gesamtfläche in Betracht zu ziehen, also jene unentgeltliche Landhergabe unerheblich, vielmehr bei der Berechnung der gemeine Wert, den der Hof ohne das spätere Schulgrundstück am 1. I. 85 gehabt habe, zugrunde zu legen. Mit Recht rügt dies der Kläger. Nach ausdrücklicher Bestimmung des § 17 Abs. 4 ZuwStG. tritt der Wert vom 1. I. 85 „an die Stelle des Preises". § 20 Abs. 2 aber beruht auf demselben Grundgedanken wie § 14⁴, indem er eine allgemeinen Zwecken dienende Leistung des Grundstückseigentümers zu dessen Gunsten durch eine Art von Erhöhung des Erwerbspreises berücksichtigt. Während der gesamte Erwerbspreis für die größere Fläche, das später unentgeltlich abgetretene Land und die nach der Abtretung verbliebene Fläche zusammen, bedungen und bezahlt worden ist, für die letztere Fläche also nur ein geringerer Betrag als der ganze Erwerbspreis, soll gleichwohl der volle Erwerbspreis als der Preis für die zufolge der Abtretung verkleinerte Grundfläche eingesetzt werden. Daraus ist für den hier gegebenen Fall, wonach an die Stelle des Preises der Wert vom 1. I. 85 tritt, die Folgerung zu ziehen, daß als der Gesamtwert der nach der Abtretung zu öffentlichen Zwecken verbliebenen Fläche der für den 1. I. 85 sich ergebende Gesamtwert der vor der Abtretung vorhandenen größeren Fläche zu gelten hat.

Nr. 20. Entsch. v. 9. Jan. 1914 (OVG. **66** 18) VII C 191/13.

Wenn in einem Umlegungsverfahren (§ 7 Nr. 7 ZuwStG.) mehrere Grundstücke hingegeben und mehrere empfangen worden sind, von letzteren jedoch später eins veräußert wird, so ist der Erwerbspreis dieses veräußerten Grundstücks idReg. folgendermaßen zu berechnen: alle hingegebenen Grundstücke sind als eine Einheit zu behandeln, also ihre Erwerbspreise zusammenzurechnen; der auf das veräußerte Grundstück entfallende Teil der Erwerbspreissumme bestimmt sich dann nach der Verhältnisberechnung des § 19 Abs. 2 aaO., d. h. ebenso wie wenn ein Grundstück gegen Empfang mehrerer Grundstücke hingegeben wäre.

Nr. 21. Entsch. v. 23. Jan. 1914 (OVG. **67** 4) VII C 157/13.

ReichsZuwStG. § 13.

1. In der Vertragsurkunde ist für das hier in Betracht kommende Grundstück und das Inventar ein einheitlicher Preis von 14500 ℳ bestimmt und lediglich bemerkt, daß im Stempelinteresse von dem Kaufpreis auf den beweglichen Beilaß 5000 ℳ gerechnet würden. Eine derartige Angabe über die Zerlegung des Preises hat aber keine rechtsgeschäftliche Bedeutung, ist vielmehr nur tatsächlicher Natur, erzeugt also keine endgültige Bindung der Parteien — untereinander und nach außen hin — und läßt daher die Frage, welcher entsprechende Teilpreis als bedungen zu gelten hat, offen.

2. Die Vorschrift des § 13 ZuwStG. gilt nicht nur für die von dem Steuerfalle betroffene Veräußerung, sondern auch für den hierbei zu berücksichtigenden früheren Erwerb, also für die Bestimmung sowohl des Erwerbspreises wie des Veräußerungspreises. Sie hat nicht etwa den Sinn, daß auch bloß tatsächliche Angaben von Einzelpreisen oder -werten und gar einseitige Angaben des Steuerpflichtigen genügten, sondern bezieht sich nur auf Angaben von rechts-

geschäftlicher Bedeutung, also auf solche, die eine Vereinbarung der Beteiligten zum Ausdrucke bringen. Sie beruht auf der Erwägung, daß bei Veräußerungsgeschäften über eine Mehrheit von Gegenständen eine vertragliche Ausbedingung von Einzelpreisen oder geeignetenfalls Einzelwerten naheliegend ist und, wenn sie fehlt, unter Umständen nachgeholt werden kann; ferner, daß eine derartige Abmachung, welche die Beteiligten selbst ziffermäßig bindet, der Regel nach auch für die Steuerbehörde maßgebend sein muß, gleichviel, ob die vereinbarten Ziffern dem Wertmaßstabe nach richtig sind oder nicht. Damit steht es im Einklange, wenn nur für den Fall, daß zum Zwecke der Steuerersparung unrichtige Angaben gemacht sind, das G. von einer Bindung der Steuerbehörde an die Angaben absieht. Dagegen fehlte jeder innere Grund für den Gesetzgeber, die Steuerbehörde an Angaben zu binden, die — als bloß tatsächliche — für die Beteiligten selbst irgendwelche verpflichtende Kraft nicht besitzen.

3. Daß im vorliegenden Falle eine besondere Preisvereinbarung in bezug auf das bewegliche Zubehör seinerzeit zwischen ihm und dem Vorbesitzer getroffen sei, behauptet der Kläger selbst nicht. Folglich findet hier § 13 nur insofern Anwendung, als der auf dieses Zubehör und der auf das Grundstück selbst entfallende Preisteil von der Steuerbehörde, und im Streitverfahren von dem Verwaltungsrichter, zu ermitteln ist. Diese Zerlegung des Preises hat nach dem Verhältnisse der Werte zu geschehen, und zwar sind, wenn der vereinbarte Gesamtpreis dem Werte der beiden veräußerten Gegenstände entspricht, je die gemeinen Werte dieser beiden Gegenstände den auf sie fallenden Teilen des Kaufpreises gleich. Hier ist nun weder ersichtlich noch vom Kläger behauptet, daß der Gesamtpreis sich nicht mit dem Gesamtwerte gedeckt habe. Anderseits ist es nicht möglich, an der Hand der zu Gebote stehenden Beweismittel den damaligen Wert des beweglichen Zubehörs noch anderweitig zu ermitteln. Hiernach muß der in dem Vertrage genannte Betrag von 5000 ℳ als der damalige wirkliche Wert des beweglichen Zubehörs gelten und gemäß jener Verhältnisrechnung auch als der auf das Zubehör entfallende Preisteil.

Nr. 22. Entsch. v. 17. Febr. 1914 (OVG. **67** 11) VII C 332/13.

ReichsZuwStG. § 65.

1. Zum Wesen einer Auseinandersetzung iS. des § 65 Abs. 1 ZuwStG. und demgemäß auch einer solchen der Erben über den Nachlaß und der Teilnehmer an einer fortgesetzten Gütergemeinschaft über das Gesamtgut, gehört nur eine Regelung, durch welche die bisherige Gemeinschaft zwischen den Berechtigten beseitigt wird. Ob es sich um eine reine Naturalteilung und Zuweisung völlig gleichwertiger Vermögensstücke an jeden Berechtigten, ohne Ausgleichszahlungen, handelt oder nicht, ist für den rechtlichen Begriff der Auseinandersetzung völlig gleichgültig.

2. Bei einheitlicher Veräußerung eines Grundbesitzes, der seinerzeit in getrennten Teilen erworben worden ist oder nach besonderen Vorschriften, wie § 65 ZuwStG., als in getrennten Teilen erworben zu gelten hat, ist eine besondere Berechnungsweise geboten. Zunächst nämlich ist in solchen Fällen der nach § 28 Abs. 1 ZuwStG. zugrunde zu legende Steuersatz — der Steuerrohbetrag — in einheitlicher Weise zu ermitteln durch Gegenüberstellung einerseits des Veräußerungspreises für das ganze jetzt einheitlich veräußerte Grundstück unter Berücksichtigung der gesetzlichen Zu- und Abrechnungen und anderseits der Gesamtheit der (sonach zusammenzurechnenden) je für die einzelnen erworbenen Teile maßgebenden Erwerbspreise oder zutreffendenfalls Erwerbswerte, zuzüglich je der zu dem einzelnen dieser (Teil-) Erwerbspreise oder -werte — zu jedem also gesondert — hinzutretenden gesetzlichen Hinzurechnungen. Dieser Steuerrohbetrag ist alsdann zum Zwecke der Vornahme der Steuerermäßigung nach § 28 Abs. 2 ZuwStG. auf

die einzelnen Teilstücke zu verteilen, und zwar nach dem Verhältnisse der Beträge, die sich für die einzelnen Teilstücke, falls sie getrennt (zum anteilmäßigen Veräußerungspreise) veräußert worden wären, als Steuerrohbeträge ergeben würden; diese einzelnen so errechneten verhältnismäßigen Steuerbeträge sind alsdann nach § 28 Abs. 2 zu ermäßigen.

3. Zur Anwendung des § 65 Abs. 1 genügt es, wenn vor dem 1. 1. 11 der Auseinandersetzungsvertrag abgeschlossen worden ist, einerlei, ob er auch bereits vor diesem Zeitpunkt durchgeführt worden ist.

Nr. 23. Entsch. v. 6. März 1914 (OVG. 67 20) VII C 231/13.

ReichsZuwStG. § 20.

1. § 20 Abs. 2 ZuwStG. schreibt vor, daß die unentgeltliche dauernde Überlassung von Grundstücken für Verkehrszwecke in der Weise zu berücksichtigen ist, daß der Gesamterwerbspreis nicht auf die ursprüngliche, sondern auf die nach der Abtretung verbleibende Fläche verteilt wird. Das Verlangen der Kläger, daß daneben der Wert des der Stadt Sch. überlassenen Straßenlandes auch noch gemäß § 14[4] aaO. dem Erwerbspreise hinzugerechnet werde, ist nicht berechtigt. § 20 Abs. 2 regelt die Berücksichtigung der unentgeltlichen Überlassung von Grundstücken für Verkehrs- und sonstige öffentliche Zwecke erschöpfend. Der § 14[4] betrifft Aufwendungen anderer Art für Straßenbauten, die hier nicht in Frage stehen.

2. Die im § 20 Abs. 2 gegebene Vorschrift setzt voraus, daß von einem Grundstück ein Teil für Verkehrs- oder sonstige öffentliche Zwecke unentgeltlich abgetreten worden ist. Dafür gewährt die Vorschrift eine Vergünstigung in der Weise, daß bei der gänzlichen oder teilweisen Veräußerung der nach der Abtretung verbleibenden Fläche für die Berechnung der dann fälligen Zuwachssteuer als Erwerbspreis nicht nur der auf die verbliebene Fläche entfallende Teil des Gesamterwerbspreises des ursprünglichen ganzen Grundstücks, sondern der volle Gesamterwerbspreis einzustellen ist. Die abgetretene Fläche muß also einen Teil des Grundstücks gebildet haben, dessen gänzliche oder teilweise Veräußerung den Gegenstand der Steuerforderung bildet, und erst nach dem letzten steuerpflichtigen Rechtsvorgang, auf den für die Ermittelung des der Steuerberechnung zugrunde zu legenden Gesamterwerbspreises zurückzugehen ist, abgetreten worden sein. Hier ist der letzte steuerpflichtige Rechtsvorgang der durch die Grundbucheintragung vom 24. IX. 04 vollzogene Grundstückserwerb der Kläger. Daß das hier fragliche Straßenland erst nach diesem Zeitpunkt abgetreten worden wäre, haben die Kläger selbst nicht behauptet. Es steht vielmehr unstreitig fest, daß dieses Land überhaupt niemals in ihrem Eigentume gestanden hat. Sie können sonach die Vergünstigung des § 20 Abs. 2 nicht für sich beanspruchen.

Nr. 24. Entsch. v. 17. März 1914 (OVG. 67 22) VII C 296/13.

ReichsZuwStG. § 22.

1. Von einer Vermittelung kann begrifflich nur da die Rede sein, wo ein Dritter tätig ist, um die Gelegenheit zum Abschluß eines Vertrags nachzuweisen oder den Abschluß eines Rechtsgeschäfts zwischen zwei Parteien zustande zu bringen. Eine Vermittelung ist also ausgeschlossen, wenn durch die Maßnahmen und die Bemühungen der einen Partei selbst die Willensübereinstimmung der anderen Partei mit der ihrigen und somit die vertragsmäßige Vereinbarung erzielt wird. Die Klägerin, eine Aktiengesellschaft, wird durch ihren Vorstand, im vorliegenden Falle durch die beiden Vorstandsmitglieder, die die Provision erhalten haben, vertreten. Sie gibt ihren Willen durch diese beiden Mitglieder kund; es kann also von einer Vermittelung nicht gesprochen werden, wenn diese beiden Vorstandsmitglieder dahin tätig geworden sind, eine Willensüberein-

stimmung — d. h. eine Übereinstimmung ihres eigenen Willens mit dem des Grundstückserwerbers — zwecks Abschlusses des Veräußerungsvertrags herbeizuführen. Eine Vergütung, die einem der Vertragsteile gewährt wird, ist verschleierter Kaufpreisteil.

2. Die den Vorstandsmitgliedern von der Gesellschaft gewährten Vergütungen können weder als Vermittelungsgebühr noch als Veräußerungskosten im weiteren Sinne angesehen und gemäß § 22[1] ZuwStG. vom Veräußerungspreis abgezogen werden. Unter den Veräußerungskosten iS. dieses Paragraphen sind nur die durch die Veräußerungs- und Übertragungsverhandlungen selbst erwachsenden Kosten zu verstehen, und zwar idReg. nur solche, die an Dritte und nicht an eigene Angestellte zu zahlen sind (OVG. **62** 59 — ErgBd. i. St. IV 10 —). Nicht dazu zu rechnen sind dagegen Vergütungen, die vom Veräußerer für das Zustandebringen des Geschäfts gezahlt werden und deshalb mit dem Veräußerungsgeschäft als solchem nur mittelbar zusammenhängen, und ebensowenig Aufwendungen, die zu den allgemeinen Geschäftsunkosten des Veräußerers zu rechnen sind.

Nr. 25. Entsch. v. 3. April 1914 (PrVerwBl. **36** 184) VII C 228/13.

ReichsZuwStG. § 12.

Für die Feststellung des gemeinen Wertes können lediglich diejenigen Faktoren berücksichtigt werden, die zu der maßgebenden Zeit die Preisbildung beeinflussen konnten. Um dies zu bewirken, müssen sie vor allen Dingen bekannt gewesen sein. Der gemeine Wert besteht in dem Verkaufs- oder Verkehrswerte, der durch den Preis bestimmt wird, der nach der Beschaffenheit des Gegenstandes ohne Rücksicht auf andere ungewöhnliche oder lediglich persönliche Verhältnisse zu erzielen ist (§ 12 ZuwStG., § 22 ABest. dazu). Folglich müssen alle diejenigen Umstände ausscheiden, die für diese Preisbildung nicht in Betracht kommen konnten, insbesondere also diejenigen, die zur maßgebenden Zeit die Beteiligten weder berücksichtigt hatten, noch zu berücksichtigen imstande waren, weil damals überhaupt noch nicht mit dem Vorliegen der betreffenden Umstände, also z. B. mit der Tatsache, daß die Grundstücke einer bestimmten Gegend gewisse wertvollere Bodenbestandteile in sich bergen, in dem betreffenden Bezirke gerechnet wurde.

Nr. 26. Entsch. v. 17. April 1914 (OVG. **67** 31) VII C 402/13.

ReichsZuwStG. §§ 14, 22, 27.

1. Die an den Eigentumserwerb anknüpfende Steuerpflicht erfordert auch bei einer Mehrheit von Zwischengeschäften (§ 27 ZuwStG.) deren einheitliche steuerliche Behandlung. Ob sich der Erwerbspreis, d. h. der vom früheren Eigentümer gezahlte Preis, zwischen je zwei Rechtsgeschäften erhöht hat, ist lediglich durch den Vergleich der Preise ohne Hinzu- und Abrechnungen festzustellen. Die aus der Zusammenrechnung des Erwerbspreises mit sämtlichen Wertzuwachsbeträgen sich ergebende Summe gilt als Veräußerungspreis.

Steuerpflichtiger Rechtsvorgang bleibt gemäß §§ 1, 4 ZuwStG. der Eigentumsübergang; die an diesen einen Rechtsvorgang anknüpfende Steuerpflicht ist daher auch bei einer Mehrheit von Zwischengeschäften nur einer einheitlichen steuerlichen Behandlung zugänglich, und zwar nach folgenden Grundsätzen. Als Erwerbspreis gilt der von dem früheren Eigentümer gezahlte Preis — oder zutreffendenfalls der an die Stelle des Preises tretende Grundstückswert —, hier also gemäß § 9 der Meistgebotsbetrag von 219 800 M, zu dem seinerzeit der Mitkläger M. den Zuschlag auf das Grundstück und damit dessen Eigentum erlangt hatte. Ob sich der Preis des Grundstücks zwischen je zwei Rechtsgeschäften erhöht hat, ist stets lediglich durch einen Vergleich der Preise selbst, ohne Rücksicht auf gesetzliche Hinzurechnungen oder Abrechnungen (§§ 14ff., 22ff.), festzustellen; soweit hiernach ein Rechtsgeschäft ohne Gewinn abschließt, scheidet es bei der Zuwachssteuerberechnung aus. Zufolge dieser Berechnung ergibt sich hier bei dem ersten Zwischengeschäft (Erwerbspreis: 219800 ℳ; Meistgebot des R. 291000 ℳ) ein Wertzuwachs von 71200 ℳ, bei dem zweiten ein solcher von 28200 ℳ, zusammen 99400 ℳ. Die sich aus der Zusammenrechnung der sämtlichen Wertzuwachsbeträge und des Erwerbspreises ergebende Summe — die sich beim Vorliegen ausschließlich gewinnbringender Zwischengeschäfte, wie hier, mit dem Preise des letzten Zwischengeschäfts deckt —, hier also der Betrag von (219800 + 99400 =) 319200 ℳ, hat stets entsprechend dem Grundsatze des § 8 Abs. 1 ZuwStG. bei Handhabung der sonstigen gesetzlichen Bestimmungen als Veräußerungspreis iS. des § 27 aaO. zu gelten.

2. Zur Berechnung des steuerpflichtigen Wertzuwachses sind alsdann zu jenem Erwerbspreise die Hinzurechnungen nach §§ 14ff. und in bezug auf diesen Veräußerungspreis die Abzüge und Hinzurechnungen nach §§ 22ff. vorzunehmen. Der aus dem Vergleiche der so gefundenen beiden Summen sich etwa ergebende Überschuß des Veräußerungspreises stellt den nach Maßgabe des § 28 aaO. steuerpflichtigen Wertzuwachs dar.

Nr. 27. Entsch. v. 24. April 1914 (PrVerwBl. **36** 266) VII C 405/13.

ReichsZuwStG. § 21.

Zur Berücksichtigung von Aufwendungen für auf dem Restbesitze stehende Baulichkeiten genügt nicht, daß diese seinerzeit mit Rücksicht auf die Größe des Gesamtgrundstücks und im Interesse des letzteren und damit auch jedes seiner Teile errichtet worden sind. Die auf der Restfläche befindlichen Bauten betreffen vielmehr auch das veräußerte Teilstück nur dann, wenn sie geeignet sind, auf dieses Teilstück, so wie es sich losgelöst von der übrigen Grundfläche darstellt, eine werterhöhende Wirkung auszuüben, wenn mit anderen Worten also das Vorhandensein der Bauten auf der Restfläche zu einer Höherbemessung des für das Trennstück sonst zu erreichenden Kaufpreises führen kann. Eine ausgedehntere Auslegung des § 21 ZuwStG. würde dem Zwecke dieser Bestimmung nicht gerecht und ihr durchweg ihre Bedeutung ganz nehmen. Anderseits liegt in jener Beschränkung keine Unbilligkeit gegenüber dem Steuerpflichtigen, da er die Aufwendungen, wenn sie lediglich das Restgrundstück betreffen, bei dessen etwaiger späterer Veräußerung in voller Höhe gemäß § 14³ aaO. in Anrechnung bringen kann.

Daß das veräußerte Teilstück, für sich betrachtet, durch das Vorhandensein von Bauten der oben erwähnten Art auf dem Restgrundstück irgendwie in seinem Verkaufswerte hätte beeinflußt werden können, ist vom Kläger nicht dargelegt und erscheint ausgeschlossen, da für den Erwerber des Teilgrundstücks, wie immer er es auch mag benutzen wollen, daraus, daß sich auf dem ihn rechtlich und wirtschaftlich nichts angehenden angrenzenden Grundbesitze landwirtschaftliche Gebäulichkeiten und ein Wohnhaus befinden, Vorteile nicht entspringen können. Daher ist eine Anrechnung nach § 21 unmöglich.

Nr. 28. Entsch. v. 5. Mai 1914 (OVG. **68** 3) VII C 465/13.

1. Bei Übertragung eines Geschäftsanteils einer Ges. m. b. H. (§ 3 ZuwStG.), deren Vermögen bei Erwerb des Anteils durch den Steuerpflichtigen Grundstücke noch nicht umfaßte, ist für die Berechnung der Zuwachssteuer als Erwerbspreis des veräußerten Anteils der Wert zu ermitteln, der den ersten Grundstückserwerb der Gesellschaft iVerh. zu dem übrigen gesamten Gesellschaftsvermögen berücksichtigt. Der in dieser Weise zu ermittelnde Erwerbspreis ist gegenüberzustellen dem Veräußerungspreise des Geschäftsanteils, den dieser bei der Über-

tragung hatte, und zwar unter Berücksichtigung des dann vorhandenen Grundstücksvermögens iVerh. zu dem Gesamtvermögen der Gesellschaft.

2. Als Wert des Gesellschaftsvermögens zur Zeit der Anteilsübertragung ist der Aktivbestand ohne Abzug der Passiva einzustellen.

Nr. 29. Entsch. v. 23. Juni 1914 (PrVerwBl. **36** 821) VII C 624/13.

ReichsZuwStG. §§ 22, 27.

1. Daß der Kläger M. seinerzeit das Gut erworben habe, trifft nach dem Akteninhalt nicht zu, da nach der amtsgerichtlichen Mitteilung bis zur Eintragung des Grafen W. im Grundbuch die Familie S. als Eigentümer eingetragen war, die Eintragung im Grundbuch aber eine notwendige Voraussetzung des Eigentumsüberganges in Fällen der vorliegenden Art ist (§§ 873, 925 BGB., § 4 ZuwStG.). Hier ist vielmehr das Eigentum an dem Grundbesitze von der Familie S. unmittelbar auf den Grafen W. und zwar auf Grund einer Mehrheit von Rechtsgeschäften iS. der §§ 5, 27 ZuwStG., nämlich auf Grund zweier Kaufverträge übergegangen, an deren nach dem Inkrafttreten des ZuwStG. liegendem letzten der Kläger als Veräußerer beteiligt ist. Demgemäß haftet der Kläger — als sog. Zwischenveräußerer — nach § 32 ZuwStG. als Gesamtschuldner neben dem Steuerpflichtigen, d. i. neben den bisherigen Eigentümern S. (§ 29 aaO.), und ist die Steuerberechnung nach § 27 ZuwStG. vorzunehmen. Eine völlig selbständige Behandlung der einzelnen Zwischengeschäfte ist nach § 27 iVerb. mit den sonstigen Vorschriften des G. (§ 1 Abs. 1, § 4, §§ 8ff.) unzulässig. Danach ist vielmehr einheitlich dem Erwerbspreise des bisherigen Grundstückseigentümers oder, unter der Voraussetzung des § 11 oder § 17 aaO., dem an die Stelle dieses Preises tretenden früheren Grundstückswerte, zuzüglich der gesetzlichen Hinzurechnungen zu diesem Preise oder Werte nach §§ 14ff., gegenüberzustellen der Betrag, der sich aus der Zusammenrechnung dieses — reinen — Preises oder Wertes (ohne die Hinzurechnungen) und der mit den Zwischengeschäften insgesamt verknüpften Preiserhöhungen ergibt, als Veräußerungspreis, unter Berücksichtigung der in bezug auf den letzteren zu machenden gesetzlichen Zu- und Abrechnungen (§§ 22ff.).

2. Ob iS. des § 27 der Preis des Grundstücks sich zwischen zwei Rechtsgeschäften erhöht hat, ist ohne Mitveranschlagung von Hinzurechnungen oder Abrechnungen festzustellen.

3. Mit Zwischengeschäften verknüpfte Kosten, auch die eines Zwischenveräußerers, sind im Rahmen des § 22¹ ZuwStG. erstattungsfähig, während § 14¹ für sie überhaupt nicht in Frage kommt. Als Kosten der „Veräußerung und Übertragung" iS. des § 22¹ aaO. sind aber die hier streitigen beiden Posten nicht zu erachten, da unter jenen Kosten nach ständiger Rechtsprechung des Gerichtshofs (OVG. **62** 59) nur die unmittelbar mit den Veräußerungs- und Übertragungshandlungen selbst verknüpften Kosten zu verstehen sind, nicht aber auch solche, die den Ankauf oder Weiterverkauf lediglich vorbereiten und ermöglichen oder ihm nachfolgen. Insbesondere ist auch der Anspruch des Pächters auf Abfindung für die vorzeitige Aufgabe der Pacht nicht durch den Verkauf des Gutes an den Kläger zur Entstehung gelangt, sondern erst und lediglich durch die Tatsache der Ausübung des in dem Pachtvertrage für den Veräußerungsfall vorgesehenen Kündigungsrechts.

Die Verpflichtung des Klägers als Verkäufer, dem schließlichen Grundstückserwerber das Gut pachtfrei zu verschaffen und die zu dem Ende erforderlichen Aufwendungen zu machen, ist im vorliegenden Falle auch nicht etwa als eine neben der Grundstücksüberlassung stehende selbständige Leistung anzusehen, auf die ein besonderer Teil des gesamten Entgelts des Erwerbers entfiele. Denn es ist diese Verkäuferverpflichtung hier aus den besonderen Vertragsbestimmungen über die Erfüllungsweise des Kaufes entsprungen und nur die Voraussetzung gewesen, von der die Zahlung des vollen, nach Inhalt des geschlossenen Vertrags dem Gesamtbetrage nach einzig für die Grundstücksüberlassung selbst vereinbarten Preises abhängig ist. Anderseits stellt jene Verpflichtung auch nicht eine nach § 10 ZuwStG. abzugsfähige Last dar; denn sie betrifft nicht, wie dies § 10 verlangt, das Grundstück als solches, seine Substanz, sondern nur ein in bezug auf das Grundstück in Gestalt des Pachtvertrags bestehendes schuldrechtliches Verhältnis und dessen Beseitigung.

4. Die — angeblich unter der Bezeichnung Provision gezahlte — Abfindung an P. ist in Ermangelung einer tatsächlich von P. entfalteten Vermittlertätigkeit (vgl. § 652 BGB.), und da es auf die bloße Bezeichnung der Leistung durch die Beteiligten nicht ankommt, auch als Vermittlungsgebühr nach § 22[1] ZuwStG. nicht anzusprechen. In der bloßen durch die Zahlung des Klägers herbeigeführten Entschließung des P., von dem ihm angetragenen Ankauf abzustehen, damit der Kläger den Ankauf vornehmen könne, eine Vermittlung dieses letzteren Ankaufs zu erblicken, ist begrifflich ausgeschlossen.

Unter Umständen kann dagegen eine derartige Zahlung an einen Dritten, dem gegenüber der Grundstückseigentümer sich bereits gebunden hatte oder gebunden glaubte, einen Teil des für das Grundstück bezahlten Preises (§ 8 Abs. 2 ZuwStG.) bilden, nämlich, wenn der Grundstückseigentümer die Ausschaltung des Dritten, nötigenfalls durch dessen Abfindung, zur Vorbedingung für die Grundstücksüberlassung an den demnächstigen Käufer gemacht hat. Nach dieser Richtung hin aber bewegte sich das bisherige tatsächliche Vorbringen des Klägers, wobei allerdings dieser ebenso wie der Bezirksausschuß (und der Beklagte) die vom Kläger für das Grundstück gemachten Leistungen als den maßgebenden Erwerbspreis behandelte. Dies ist nach den obigen Ausführungen zu § 27 ZuwStG. unzutreffend: danach sind sie vielmehr lediglich zur Bestimmung des Veräußerungspreises mit heranzuziehen.

Nr. 30. Entsch. v. 6. Okt. 1914 (PrVerwBl. **36** 792) VII C 565/13.

ZuwStG. § 22.

„Grundstück" ist auch iS. des § 22 Nr. 2 ZuwStG. der eine wirtschaftliche Einheit bildende Grundbesitz. Denn nur für die wirtschaftliche Einheit läßt sich überhaupt angeben, ob und welcher Ertrag erzielt ist, da zu dieser Erzielung alle Teile der wirtschaftlichen Einheit zusammenwirken. Das ergibt sich aus dem Wesen der wirtschaftlichen Einheit, das eben in der Widmung für einen und denselben wirtschaftlichen Zweck besteht. Ist dieser Zweck die Ertragserzielung, so ist der erzielte Ertrag eben das Ergebnis des einheitlichen Zweckes, dem das Ganze dient, und daher wie Ertrag des Ganzen so aller seiner Teile. Von diesem Gesichtspunkt aus hat der Gerichtshof auch in OVG. **62** 67 ausgeführt, daß in dem Falle, wenn die veräußerte Parzelle mit einer benachbarten Fläche eine wirtschaftliche Einheit bildet, eine besondere Behandlung der einzelnen Teile bei der Ertragsberechnung nicht zulässig sei, vielmehr der Ertrag nur einheitlich für das Gesamtgrundstück festgestellt werden könne; habe dieses einen Ertrag von 3 % oder mehr gehabt, so sei dieser Ertrag auch als der jedes einzelnen Teiles anzusehen.

Nr. 31. Entsch. v. 20. Okt. 1914 (PrVerwBl. **37** 9) VII C 887/13.

ReichsZuwStG. § 65.

1. Voraussetzung für die Anwendung des § 65 Abs. 2 ZuwStG. ist, daß zur Zeit des Erwerbes durch einen Abkömmling eine Mehrheit von, je zu einem Anteile gegenüber dem betreffenden Aszendenten gesetzlich erbberechtigten, Abkömmlingen vorhanden ist. Unzulässig ist es, den § 65 Abs. 2 auch auf einen Fall der vorliegenden Art, wo unstreitig es einen weiteren Abkömmling als den damaligen Grundstückserwerber überhaupt nicht gab, aus der Erwägung

heraus zu erstrecken, daß neben diesem einzigen Abkömmling des veräußernden Elternteils auch noch ein Ehegatte des letzteren vorhanden gewesen ist, der diesem gegenüber ebenfalls gesetzlich erbberechtigt ist (§ 1931 BGB.).

2. Unter Preis iS. der §§ 8ff. ZuwStG. ist nicht das zu verstehen, was in die Hände des Grundstücksveräußerers gelangt, sondern diejenige Summe, die rechtsgültig zwischen Veräußerer und Erwerber vereinbart worden ist (OVG. **65** 1). Hier ist schließlich aus dem Beweggrunde heraus, daß auf den Inhalt eines im Zusammenhange mit dem vorliegenden Veräußerungsgeschäfte geschlossenen anderweitigen Veräußerungsgeschäfts Rücksicht zu nehmen sei, bei dem der Vater der Klägerin als Grundstückskäufer beteiligt war, — gegenüber dem etwa ursprünglich ins Auge gefaßten Preise von 485000 *M* der um 50000 *M* höhere ausdrücklich vereinbarungsgemäß festgesetzt worden. Und zwar ist dabei die lediglich die Zahlungsweise dieses Mehrbetrags betreffende und daher die Höhe des Preises selbst nicht beeinflussende Maßnahme vereinbart worden, daß die Tilgung dieses von der Erwerberin geschuldeten Preisteils zu bewirken war durch Verrechnung gegen einen entsprechenden, ihr aus dem anderen Geschäfte gegenüber dem Vater der Klägerin zustehenden Preisteil, der Sache nach also durch eine Leistung der Erwerberin an einen Dritten, nämlich entsprechendes Fallenlassen ihrer Gläubigerrechte dem Vater der Klägerin gegenüber. Auch Leistungen des Erwerbers an einen Dritten — gleichviel wie im übrigen die Rechtsbeziehungen des letzteren zum Veräußerer gestaltet sind — stellen Gegenleistungen des Erwerbers für die Grundstücksüberlassung iS. des § 8 ZuwStG. dann dar, wenn sie, wie hier der Fall ist, auf einer Vereinbarung zwischen Veräußerer und Erwerber beruhen; denn alsdann sind sie zur Entlastung des Erwerbers dem Veräußerer gegenüber bestimmt.

3. Der Beklagte beschwert sich mit Recht darüber, daß der Bezirksausschuß die von dem Veräußerungspreise nach § 22[1] ZuwStG. abzuziehende Vermittlungsgebühr nach dem das Grundstück und das Inventar umfassenden Gesamtpreise bestimmt hat, statt nur nach dem auf das Grundstück entfallenden Preisteile. Unter Preis iS. der §§ 8—13 ZuwStG. und daher auch unter Veräußerungspreis iS. des § 22[1], folglich auch als Gegenstand eines Abzugs für Vermittlungsgebühr, ist nur derjenige Teil der vereinbarten Gegenleistung zu verstehen, der sich auf das Grundstück ohne die nach §§ 10, 13 aaO. auszuscheidenden Gegenstände bezieht (vgl. Entsch. v. 6. II. 13, M. **13** 105). Es ist ohne Bedeutung, daß der Vermittler seine Gebühr unabhängig davon, welche Gegenstände bei der Steuerberechnung ausscheiden, berechnet und empfängt. Es ist auch nicht einzusehen, inwiefern der Vermittler geneigt sein wird, sich von dem Geschäfte deshalb fernzuhalten, weil bei der Steuerberechnung eine Zerlegung der Gebühr nach Maßgabe des Wertes der steuerfreien und steuerpflichtigen Gegenstände erforderlich ist. Das Verhältnis des Vermittlers zum Veräußerer wird durch die Heranziehung zur Zuwachssteuer in keiner Weise beeinflußt.

Nr. 32. Entsch. v. 20. Okt. 1914 (OVG. **68** 42) VII C 970/13.

ReichsZuwStG. §§ 17, 20.

Tritt gemäß § 17 Abs. 4 ZuwStG. an die Stelle des Preises der Wert, den das Grundstück am 1. I. 85 gehabt hat, so ist bei Teilveräußerungen der Wert, den das veräußerte Teilgrundstück allein — als selbständiges Grundstück betrachtet — am 1. I. 85 gehabt hat, festzustellen; die Verhältnisrechnung des § 20 Abs. 1 aaO. findet nicht statt.

Nr. 33. Entsch. v. 3. Nov. 1914 (OVG. **69** 30) VII C 580/13.

ZuwStG. § 18.

Nach dem ZuwStG. ist der Wertzuwachs zu ermitteln durch Gegenüberstellung des Veräußerungspreises und des Erwerbspreises. Dieser

Grundsatz ist auch in denjenigen Fällen nicht verlassen, wo wegen des weit zurückliegenden Erwerbes, zur Vermeidung schwieriger Nachweise, an Stelle des „Preises" (§ 17 Abs. 4) der Wert vom 1. I. 85 tritt. Wenn nun in § 18, der sich nur auf Erwerbsfälle bezieht, die vor dem RayonG. v. 21. XII. 71 liegen, gesagt ist, daß dem — als Erwerbspreise geltenden — Werte vom 1. I. 85 der durch Einführung der Rayonbeschränkung verursachte Minderwert hinzuzurechnen ist, so kann damit nur der Minderwert gemeint sein, der gegenüber dem, abgesehen von dem Preisbetrage maßgeblich bleibenden, letzten steuerpflichtigen Erwerb entstanden ist. Irgendwelchen dem letzten steuerpflichtigen Rechtsvorgang — Erwerbe — vorausliegenden Ereignissen ist nach dem ganzen Systeme des ZuwStG. niemals steuerliche Beachtung beizumessen. Daher ist auch ohne besondere Hervorhebung der Wortlaut des § 18 ZuwStG. einzig auf den Fall zu beziehen, daß das Grundstück seit dem letzten steuerpflichtigen Erwerbe durch Einführung einer Rayonbeschränkung eine Wertminderung erfahren hat. Wo der steuerpflichtige Erwerb erst nach der Einführung der Rayonbeschränkung erfolgt ist, kann man von einer gegenüber dem Erwerb eingetretenen Wertminderung nicht reden. In diesen Fällen könnte es sich nur um eine durch Ausdehnung der bestehenden Rayonbeschränkung noch verstärkte Wertminderung handeln. Die Klägerin führt demgegenüber an, daß die Eigentümer von rayonpflichtigen Grundstücken nicht wie Eigentümer rayonfreier Grundstücke in der Lage waren, um der Zuwachssteuer zu entgehen, noch vor dem Inkrafttreten des ZuwStG. ihre Grundstücke ohne Schaden zu veräußern, da ein Hindernis für die Veräußerung an sich nicht bestand. Aber auch von einem auf die Rayonbeschränkung zurückzuführenden Schaden kann nur bei denjenigen Grundstücken die Rede sein, die von dem Veräußerer oder seinem steuerfreien Rechtsvorgänger zu einer Zeit erworben worden sind, wo die Rayonbeschränkung noch nicht bestand, nicht hingegen bei denjenigen, die zu einer Zeit, wo die Rayonbeschränkung schon eingeführt war, also zu einem durch diese bereits beeinflußten — entsprechend niedrigen — Preise erworben wurden. Es würde an einem inneren Grunde dafür fehlen, demjenigen, der sich durch diese Zahlung eines geringeren Preises wegen der bestehenden Rayonbeschränkung bereits bei seinem Erwerbe schadlos gehalten hat, späterhin nochmals eine Entschädigung zukommen zu lassen. Hätte § 18 ZuwStG. gleichwohl solches beabsichtigt, so hätte er dies ausdrücklich aussprechen müssen, was nicht geschehen ist.

Nr. 34. Entsch. v. 1. Dez. 1914 (OVG. **69** 10) VII C 775/13.

ReichsZuwStG. §§ 8, 11.

1. Unter einer von dem Erwerber übernommenen Leistung iS. des § 8 Abs. 2 ZuwStG. kann begrifflich nur eine solche verstanden werden, die dem Veräußerer zur Last fällt, falls sie nicht von dem Erwerber zufolge bestimmter Abreden übernommen worden ist. Eine solche Leistung liegt hier nicht vor. Die Grundstücke und Grundstücksanteile sind in rechtlich zulässiger Weise — §§ 873ff., 1030ff. BGB. — vor der Veräußerung seitens der Veräußerin mit einem Nießbrauche belastet worden. Der Inhalt dieses Rechtes steht gesetzlich fest. Bestimmte Leistungen sind von der Erwerberin, die lediglich die Ausübung des Nießbrauchs zu dulden hat, nicht übernommen, auch kommen solche Lasten nicht in Frage, die nach § 439 Abs. 2 BGB. vom Veräußerer zu beseitigen sein würden, wenn deren Übernahme seitens des Erwerbers nicht stattgefunden hat. Im übrigen stellen auch die das Grundstück selbst erfassenden Lasten, die der Erwerber kennt, nicht übernommene Leistungen dar, die bei der Preisberechnung durch Hinzurechnung berücksichtigt werden müssen. Ferner handelt es sich hinsichtlich des Nießbrauchs und dessen dinglicher Wirkung iVerh. zu der Erwerberin der Grundstücke auch nicht um Leistungen, die der letzteren infolge der Veräußerung obliegen. Eine Last dieser Art hat ihre Entstehungsquelle nicht in der Grundstücksveräußerung.

2. Weiterhin kann auch nicht von „vorbehaltenen oder auf dem Grundstücke ruhenden (lastenden) Nutzungen“ gesprochen werden, die den Veräußerungspreis gemäß § 8 Abs. 2 ZuwStG. erhöhen könnten, wenn der Veräußerer einer dritten Person einen Nießbrauch am Grundstück eingeräumt hat. Was unter den vorbehaltenen oder auf dem Grundstücke lastenden Nutzungen iS. des § 8 Abs. 2 aaO. zu verstehen ist, ist weder aus dem Wortlaute des G. noch aus dessen Entstehungsgeschichte zweifelsfrei zu entnehmen.

Der ergänzend zu § 8 Abs. 2 Anwendung findende § 11 Abs. 2 aaO. bestimmt nun, daß der Wert des Grundstücks an Stelle der vereinbarten Gegenleistung tritt, wenn „auf dem Grundstück eine der in § 2 bezeichneten Berechtigungen oder ein Nießbrauchsrecht lastet, zu deren Beseitigung der Veräußerer nicht verpflichtet ist, und der Wert des Grundstücks den Betrag der Gegenleistung übersteigt“. Diese Vorschrift betrifft sowohl den Fall, daß der Grundstückseigentümer zur Verdeckung des wahren Preises dem künftigen Erwerber den Nießbrauch usw. eingeräumt und alsdann das bloße Eigentum auf ihn zu einem Preise übertragen hat, der erheblich hinter dem eigentlichen Werte des Grundstücks zurückbleibt (OVG. **64** 141), als auch den Tatbestand, daß der einem Dritten eingeräumte Nießbrauch, zu dessen Beseitigung der Veräußerer nicht verpflichtet ist, auf die Preisbildung einen maßgeblichen Einfluß ausgeübt hat. Wird nämlich ein Grundstück veräußert, das vor der Veräußerung von dem Veräußerer mit einem Nießbrauche zugunsten eines Dritten belastet worden ist, so wird regelmäßig der Fall so liegen, daß der Käufer einen hinter dem gemeinen Grundstückswerte zurückbleibenden Preis zahlt, weil der Nießbrauch seinem Nutzungsrecht entgegensteht, wenn auch eine entfernte Möglichkeit, daß im Einzelfall ein Preis bewilligt wird, der dem gemeinen Grundstückswerte gleichkommt, nicht schlechthin ausgeschlossen ist. Aus diesen Erwägungen ist gemäß § 11 Abs. 2 ZuwStG. der Grundstückswert gemäß § 12 aaO. zu ermitteln, mit ihm die vereinbarte Gegenleistung in Vergleich zu bringen und gegebenen Falles der letzteren der Betrag hinzuzurechnen, der infolge der Nießbrauchseinräumung an dem Preise gegenüber dem gemeinen Werte zurückbleibt.

Nr. 35. Entsch. v. 4. Dez. 1914 (PrVerwBl. 36 649) VII C 199/14.

1. Nach der Vertragsbestimmung, die zugleich ergibt, daß ein Teil des Baumschulenaufwuchses von der Veräußerung an den Eisenbahnfiskus ausgeschlossen geblieben ist, sind in den streitigen 11946 ℳ zwei verschiedenartige Entschädigungen enthalten: 1. für die Aufwendungen, die der Klägerin durch die von ihr vorgenommene Verpflanzung des ihr verbliebenen Baumschulaufwuchses von dem veräußerten (Teil-)Grundstück auf ihre anderen Baumschulengrundstücke entstanden sind; 2. für die Erschwernisse, die die Bewirtschaftung ihres Baumschulenbetriebs künftig dadurch erfuhr, daß er zufolge der Veräußerung jenes (Teil-)Grundstücks nur noch auf ihre restlichen Baumschulengrundstücke angewiesen war.

2. Diese zu 2 erwähnten Erschwernisse sind einzig die unmittelbare natürliche und notwendige Folge der Grundstücksveräußerung selbst, da es im rechtlichen Wesen der Grundstückseigentumsübertragung liegt, daß der Veräußerer von der ferneren Benutzung des veräußerten Grundstücks ausgeschlossen wird, also einen bisherigen dortigen Betrieb an dieser Stelle aufgeben muß und somit nur noch an etwaigen anderen ihm zur Verfügung bleibenden Stellen fortsetzen kann. Die hiermit für diese weitere Betriebsführung etwa verknüpften Nachteile können daher, als ausschließliche Wirkungen der Grundstücksentäußerung als solchen, rechtlich nicht zum Gegenstand einer den Erwerber zu einer besonderen Entschädigung an den Veräußerer verpflichtenden Vereinbarung gemacht werden. Rechtlich ist vielmehr das als solche Entschädigung von den Vertragschließenden Bezeichnete nichts anderes als ein Teil des Grundstückspreises und die von

ihnen ins Auge gefaßte Entstehung jener Nachteile nur der Beweggrund zu einer entsprechend höheren Bemessung des für die Grundstücksüberlassung zu zahlenden Preises. Soweit die streitigen 11946 ℳ jene Erschwernisse betrafen, war somit das Verlangen des Klägers nach deren Ausscheidung aus dem Veräußerungspreis unberechtigt.

3. Anders verhält es sich dagegen mit dem zu 1 erwähnten Teile der Entschädigung. Zwar würde auch insoweit eine gleichartige Beurteilung geboten sein, wenn die Rücksicht auf die aus der Veräußerung sich für den Veräußerer ergebende rechtliche Notwendigkeit, das nicht Mitveräußerte anderweitig unterzubringen — hier den betreffenden Aufwuchs zu verpflanzen — und zu dem Ende Kosten aufzuwenden, lediglich den Bestimmungsgrund für eine entsprechende Grundstückspreiserhöhung abgegeben hätte. Dieser Fall ist hier jedoch nicht gegeben. Vielmehr ist hier der nicht mitveräußerte Baumschulenaufwuchs, der gegenüber dem steuerpflichtigen veräußerten Grundstück iS. des ZuwStG. einen steuerfreien Gegenstand darstellte (zu vgl. § 13) und als selbständiges Rechtsgut selbständigen Vereinbarungen unterworfen werden konnte, im Zusammenhange mit der Grundstücksveräußerung zur Grundlage einer ausdrücklichen besonderen Abrede gemacht worden, wonach die Klägerin für die von ihr aufgewendeten Kosten einer den steuerfreien Gegenstand betreffenden Maßnahme — seiner Verpflanzung — von dem Grundstückserwerber einen Ersatz erhielt. Diese vereinbarte Ersatzleistung entgegen dem Inhalte der Abrede und dem Grundsatze der Vertragsfreiheit der Beteiligten auf das Grundstück zu beziehen, ist rechtlich nicht angängig. Die Abrede verliert namentlich den Charakter einer von der Grundstückspreisvereinbarung rechtlich unabhängigen nicht dadurch, daß das Entgelt für die Verpflanzung und für die erwähnten Erschwernisse, und insofern für das Grundstück in einer Gesamtsumme ausgedrückt wurde, oder dadurch, daß ohne den Grundstücksverkauf die die Kosten der Verpflanzung verursachende Maßnahme und das Entschädigungsversprechen unterblieben wären. Der Grundstücksverkauf — zu entsprechend niedrigerem Preise — war nur der Anlaß für ein einseitiges eigenartiges Leistungsversprechen des Erwerbers an den Veräußerer. Die Tatsache, daß die einzige Leistung der Klägerin an den Erwerber in der Hingabe des Grundstücks bestand, ist daher hier nicht entscheidend, da es für die Beurteilung der Streitfrage nicht auf die Leistung der Klägerin ankommt, sondern lediglich darauf, inwieweit die verschiedenen Leistungen des Erwerbers an die Klägerin rechtlich unter den Begriff einer Gegenleistung für die Grundstücksüberlassung fallen. Soweit hier die Entschädigung eine vereinbarte Vergütung für die Verpflanzungskosten darstellt, bildet sie demnach keinen Grundstückspreisteil.

Nr. 36. Entsch. v. 8. Dez. 1914 (PrVerwBl. 37 89) VII C 709/13.

1. Als Preis hat nicht alles das zu gelten, was der Erwerber „gezahlt oder zu zahlen versprochen hat, an geldwerten Leistungen gegeben oder zu geben versprochen hat, um das Eigentum der Grundstücke so zu erwerben, daß er sie ungehindert weiter veräußern konnte.“ Der Preis nach § 8 ZuwStG. besteht vielmehr in dem als Gegenleistung für die Grundstücksüberlassung zwischen dem Veräußerer und Erwerber vereinbarten Entgelt, also in der Gesamtheit derjenigen Vermögenswerte, die nach dem wahren Willen der Beteiligten dazu bestimmt sind, den durch die Hingabe des Grundstücks entstandenen Verlust auszugleichen. Er beschränkt sich also auf dasjenige, was zufolge dieser Vereinbarung zwischen dem Veräußerer und Erwerber, für die Übereignung des Grundstücks geleistet wird, umfaßt somit keineswegs schlechtweg alles, was bei Gelegenheit der Grundstücksübereignung oder zur Wegräumung von der ungehinderten Grundstückserlangung etwa entgegenstehenden Hindernissen, wie sie sich z. B. aus besonderen schuldrechtlichen Beziehungen des Erwerbers zu Dritten ergeben

können, von ihm geleistet wird (OVG. **65** 4). Daß sich der Bezirksausschuß dieser Begrenzung des Begriffs des Preises bewußt gewesen sei, ist seiner Entscheidung nicht zu entnehmen, die vielmehr ohne nähere Begründung in den Grundstückspreis die Gesamtheit der Leistungen einbegreift, die der Kläger an die mit ihm in bezug auf gewisse der Grundstücke in einem Gesellschaftsverhältnis und damit in schuldrechtlichen Beziehungen stehenden Personen wegen ihrer Ansprüche aus dem Gesellschaftsverhältnisse (§§ 705f. BGB.) in Gestalt von Abfindungen und von Verzicht auf Erstattungsansprüche gemacht hat, und ebenso eine dem Kläger danach obliegende Abfindung des von der einen Gesellschaft angenommenen Sachwalters für dessen Tätigkeit. Daß gerade diese wirtschaftlichen Beziehungen ausschlaggebend sein müßten, ist bei der hervorgehobenen Begriffsbestimmung des Preises iS. des ZuwStG. und bei dem Charakter der Preisvereinbarung als eines Rechtsgeschäfts unzutreffend.

2. Rechtsirrig ist die Ausführung des Bezirksausschusses, als maßgebender Erwerbsvorgang komme die Übereignung der ehemals dem Gesellschafter K.... gehörigen Grundstücke auf den Kläger im Jahre 1906 nicht in Betracht, weil sie nach dem Gesellschaftsvertrage nicht für eigene Rechnung des Klägers, sondern nur, um ihm wegen seiner Leistungen und Auslagen Sicherheit zu gewähren, geschehen sei, und der Kläger auch als eingetragener Eigentümer Treuhänder für die an der Gesellschaft Beteiligten geblieben sei. Der Vorgang, an den das G. die Zuwachssteuerpflicht anknüpft, der Eigentumsübergang, ist ein Rechtsvorgang und daher nach rechtlichen Gesichtspunkten zu beurteilen. Damit scheidet der Gesichtspunkt aus, daß der Kläger als allein eingetragener Eigentümer durch das bestehende Gesellschaftsverhältnis gebunden gewesen und daher wirtschaftlich Eigentümer erst aus Anlaß der Auflösung des Gesellschaftsverhältnisses geworden sei. Der Eigentumserwerb durch einen Treuhänder ist, da das Treuhandverhältnis nur für die inneren Beziehungen der Beteiligten untereinander rechtlich von Einfluß ist, rechtlich ein vollwirksamer Eigentumsübergang und als solcher daher auch auf dem Gebiete des ZuwStG. von maßgebender Bedeutung. Auch die bloße Sicherungsübereignung eines Grundstücks, insbesondere, die sich in keiner anderen Form als der auch für jede andere freiwillige Eigentumsübertragung vorgeschriebenen (§§ 873, 925 BGB.) vollziehen kann, stellt eine vollwirksame Eigentumsübertragung dar, von der in Ermangelung einer Einschränkung im ZuwStG. auch bei der steuerlichen Behandlung daher ausgegangen werden muß. Aus ihrem Zwecke bloßer Sicherung folgt rechtlich einzig, daß bei ihr ein Preis iS. des § 8 ZuwStG. nicht vereinbart ist und daher insoweit nach § 11 Abs. 1 ZuwStG. an Stelle eines Preises der Grundstückswert zu treten hat.

3. Verfehlt ist ferner die Ansicht, von dem Veräußerungspreise sei die Vermittlungsgebühr von 60000 ℳ abzuziehen, die der Kläger für die ihm in dem Veräußerungsvertrag auferlegte Beschaffung der erststelligen Hypothek oder, rechtlich richtig ausgedrückt, für die Beschaffung der durch solche Hypothek zu sichernden Gelder dem Vermittler gezahlt habe. Denn zu den nach § 10 ZuwStG. vom Veräußerer übernommenen und daher vom Veräußerungspreis abzuziehenden Lasten gehören nur solche Leistungen, die sich auf das Grundstück als solches beziehen. Als abzugsfähige Kosten nach § 22^1 aaO. aber gelten nach ständiger Rechtsprechung nur die mit dem schuldrechtlichen und dinglichen Veräußerungsvorgang unmittelbar zusammenhängenden Kosten (OVG. **62** 59, **64** 54). Hierzu gehören Aufwendungen der vorliegenden Art nicht, und namentlich kann unter der Vermittlungsgebühr iS. des § 22^1 nur die Vergütung für die Vermittlung der Grundstücksübertragung verstanden werden.

4. Der Beklagte ist bei den Heranziehungen des Klägers von einer Reihe von tatsächlichen Angaben des Klägers in dessen Steuererklärung — namentlich über Erwerbs- und Veräußerungspreis — abgewichen, ohne vor Erlaß der Zuwachssteuerbescheide entsprechend der zwingenden Vorschrift des § 40 ZuwStG.

das Beanstandungsverfahren durchgeführt zu haben. Dieser Mangel, der durch die bloße, auf § 43 aaO. beruhende Angabe der Abweichungen in den Zuwachssteuerbescheiden selbst nicht behoben werden kann, muß zur Außerkraftsetzung der Zuwachssteuerbescheide führen (OVG. **64** 71).

Nr. 37. Entsch. v. 12. Jan. 1915 (PrVerwBl. **37** 365) VII C 242/14.

Im vorliegenden Falle haben die betreffenden Aufwendungen, soweit sie mit dem jetzt veräußerten Grundstück überhaupt in Zusammenhang gebracht werden könnten, lediglich einen Überbau iS. der §§ 912ff. BGB. zum Gegenstande. Ob den über die Grenze Bauenden ein Verschulden nach § 912 BGB. trifft oder nicht, ist für den Begriff des Überbaues bedeutungslos, vielmehr wesentlich nur für die Frage, ob der von dem Überbaue betroffene Eigentümer ihn dulden muß oder seine Beseitigung verlangen kann. Bei einem Überbaue gelangt nun nach der in Wissenschaft und Rechtsprechung herrschenden Auffassung derjenige Teil des Gebäudes, der auf dem überbauten Grundstück errichtet wird, in das Eigentum des Überbauenden. Die Richtigkeit dieser Auffassung ergibt sich auch unmittelbar aus dem G. selbst. Denn wenn § 915 BGB. bestimmt, daß der Rentenberechtigte, d. h. der Eigentümer der überbauten Grundfläche, jederzeit von dem Überbauenden gegen Übertragung des Eigentums an dem überbauten Teile des Grundstücks den Wert ersetzt verlangen kann, den dieser Teil zur Zeit der Grenzüberschreitung gehabt hat, so liegt dieser Bestimmung, wie Sinn- und Wortfassung ergibt, die Vorstellung zugrunde, daß Leistung und Gegenleistung bei dem sich auf Grund des § 915 BGB. vollziehenden Eigentumswechsel nur die Grundfläche ohne den Überbau betreffen. Auch die gesetzliche Regelung des Rechtsverhältnisses dahin, daß während Bestehens des Überbaues der jeweilige Eigentümer des überbauten Grundstücks einen seiner Entschädigung dienenden reallastähnlichen Anspruch auf Rentenzahlung hat (§§ 912 Abs. 2, 913, 914 BGB.), ist nur aus dem Gedankengange heraus erklärlich, daß fremdes Eigentum ihn an der freien Ausnutzung seines Eigentums hindert. Zur Zeit der Veräußerung des hier in Rede stehenden, teilweise überbauten Grundstücks durch die Klägerin befand sich daher nur der Grund und Boden im Eigentume der Klägerin, während der Überbau im Eigentume des Grundstücksnachbars Zimmermeisters K. stand. Gegenstand des Eigentumsüberganges von seiten der Klägerin auf K. und somit Gegenstand der Steuerpflicht war deshalb nur der von der Klägerin im Jahre 1884 erworbene, damals gänzlich unbebaute Grund und Boden. Hieraus erhellt, daß die Kosten des Überbaues oder ein anteilmäßiger Betrag der Kosten des ganzen Baues dem Werte des Grund und Bodens schon deshalb nicht nach § 14³ ZuwStG. hinzugerechnet werden können, weil sie Aufwendungen für einen anderen als den steuerpflichtigen Gegenstand darstellen.

Nr. 38. Entsch. v. 26. Jan. 1915 (OVG. **69** 16) VII C 660/14.

ZuwStG. §§ 8, 10.

1. Unter Preis iS. des § 8 ZuwStG. ist regelmäßig das zwischen Veräußerer und Erwerber vereinbarte Entgelt für die Überlassung des Eigentums am Grundstücke (vgl. § 1 Abs. 1 ZuwStG.) zu verstehen, also die Gesamtheit derjenigen Vermögenswerte, die nach dem wahren Willen der Beteiligten dazu bestimmt sind, die Vermögensminderung auszugleichen, die dem Veräußerer durch die Hingabe der bisher zu seinem Vermögen gehörenden in dem Grundstücke bestehenden körperlichen Sache erwächst. Als Preis kommt somit nur dasjenige in Betracht, was für die Übereignung des Grundstücks zu leisten ist, keineswegs aber alles, was sonst aus Anlaß der Veräußerung des Grundstücks aufzuwenden ist. Demgemäß können

insbesondere unter den nach § 8 Abs. 2 aaO. in den Preis einbegriffenen, vom Erwerber übernommenen Leistungen und ebenso unter den nach § 10 aaO. von dem Preise abzuziehenden, vom Veräußerer übernommenen Lasten je nur solche Leistungen verstanden werden, die ihrer Natur nach sich auf den Preis für die Grundstücksüberlassung beziehen lassen, nämlich diesen Preis im ersteren Falle erhöhen, im letzteren Falle mindern.

2. Eine vertraglich von dem Veräußerer oder von dem Erwerber an den bisherigen Mieter oder Pächter des veräußerten Grundstücks gewährte Abfindung hat aber mit diesem Preise für die Grundstücksübereignung überhaupt nichts zu tun. Die Abfindung stellt lediglich die Entschädigung des Mieters oder Pächters dafür dar, daß aus Anlaß der Grundstücksveräußerung zufolge einer von der gesetzlichen Regel (§§ 571, 581 Abs. 2 BGB.) abweichenden besonderen Bestimmung im Miet- oder Pachtvertrage dem Mieter oder Pächter gegenüber ein Recht zur vorzeitigen Kündigung des Miet- oder Pachtvertrags zur Entstehung gelangt und dieses Kündigungsrecht auch tatsächlich ausgeübt wird. Die Abfindung bezweckt nur, ein in bezug auf das jetzt veräußerte Grundstück früher eingegangenes schuldrechtliches Verhältnis zu beseitigen und damit dem Erwerber die Möglichkeit zu bieten, das mit dem Eigentum an dem Grundstücke verknüpfte Recht auf die Nutzung des Grundstücks (§§ 99, 100 BGB.) in einer anderen Form als der bisherigen auszuüben, nämlich die bisherige mittelbare Benutzungsweise in Gestalt des Bezugs von Pacht- oder Mietzins durch eine unmittelbare Benutzung (durch den Eigentümer selbst) zu ersetzen. Auch die zwischen dem Veräußerer und Erwerber getroffene Vertragsbestimmung über die von dem einen oder anderen von ihnen dem Mieter oder Pächter zu zahlende Abfindung hat daher die bloße künftige Änderung der Nutzungsweise des veräußerten Grundstücks zum Gegenstand und Ziele und beeinflußt somit die Gegenleistung für die Eigentumsüberlassung des Grundstücks überhaupt nicht. Demnach kann einerseits die vertragliche Übernahme der Abfindungszahlung durch den Veräußerer nicht zu einem Abzuge der Abfindungssumme von dem Preise nach § 10 ZuwStG. führen, da diese Bestimmung nur Leistungen, die sich auf das Grundstück als solches beziehen, im Sinne hat (OVG. **64** 109) — und ebensowenig anderseits die vertragliche Übernahme durch den Erwerber zu einer Einbeziehung der Abfindungssumme in den Preis nach § 8 Abs. 2 ZuwStG.

Nr. 39. Entsch. v. 19. Febr. 1915 (PrVerwBl. 37 471) VII C 204/14.

ReichsZuwStG. § 8; G betr. die Ges. m. b. H. § 5 Abs. 4.

Der gemäß § 5 Abs. 4 G. betr. d. Ges. m. b. H. festgesetzte Einbringungswert (Annahmewert) der aus Grundstücken bestehenden Sacheinlage bildet den Preis iS. des § 8 Abs. 2 ZuwStG. Es kann nun dahingestellt bleiben, ob in einem Falle, wo, wie hier, eine Sachgesamtheit — ein Fabrikgeschäft — eingebracht worden ist, schon die bloße Angabe eines gemeinsamen Wertes dem G. genügt haben würde. Im vorliegenden Falle ist jedenfalls nicht so verfahren worden, sondern so, daß zugleich in dem Gesellschaftsvertrage gewisse, zu der Sachgesamtheit gehörige Vermögensstücke als Sacheinlage im einzelnen behandelt und bewertet worden sind, darunter insbesondere auch die hier fraglichen F.'er Grundstücke unter ausdrücklicher Angabe ihres Wertes mit 106000 ℳ. Diese — übrigens mit dem Erwerbspreise der einbringenden Gesellschafter übereinstimmende — Sonderbewertung der Grundstücke, deren Vornahme in dem Gesellschaftsvertrag anderenfalls zwecklos und unverständlich wäre und statt der vom G. gewollten Klarstellung nur eine Verwirrung der einschlägigen Rechtsverhältnisse erzeugt haben würde, stellt die maßgebende Festsetzung iS. des § 5 Abs. 4 G., betr. Ges. m. b. H., und damit auch den Erwerbspreis der Klägerin nach § 8 Abs. 2 ZuwStG. dar, zumal da auch der sonstige Vertragsinhalt nicht ergibt, daß die Wertangabe von den Vertragschließenden nicht iS. einer dem § 5 Abs. 4 G. betr. die Ges. m. b. H. entsprechenden Festsetzung des Einbringungswerts gemeint war. In dieser Hinsicht verschlägt auch nichts der von der Klägerin erwähnte Umstand, daß die Summe der im § 4 des Vertrags unter 1—3 aufgeführten Einzelwerte der betreffenden als Sacheinlagen eingebrachten Gegenstände den Betrag der Stammeinlagen: 750000 M überhaupt nicht erreichten, da dieser Umstand keineswegs die Möglichkeit ausschließt, daß gleichwohl die eingebrachte Sachgesamtheit als solche — das Fabrikgeschäft — von den Beteiligten auf 750000 M bewertet wurde. Ebensowenig läßt, zumal eine rechtliche Notwendigkeit, bei der Übernahme eines Geschäftsvermögens durch die neugegründete Gesellschaft eine Bilanz zur Grundlage zu nehmen, nicht besteht, die ganz allgemeine und deshalb in ihrer Bedeutung wesenlose Bemerkung in § 4 des Vertrags über die Einbringung des Fabrikgeschäfts „nach dem Stande vom 1. VIII. 05" erkennen, daß nach Absicht der Beteiligten auf eine Bilanz als Bewertungsgrundlage zurückzugehen sei. Dem Gesellschaftsvertrag ist sonach nicht zu entnehmen, daß die vorgenommene Einzelbewertung keine endgültige und maßgebende Bedeutung haben solle, sondern daß insoweit zur Bestimmung des Gegenwerts für die Überlassung der Grundstücke der Inhalt einer (sei es aufgenommenen, sei es aufzunehmenden) Bilanz entscheidend sein solle. Unter diesen Umständen war auch jede weitere Beweisaufnahme überflüssig. Denn gemäß § 5 Abs. 4 G. betr. die Ges. m. b. H. handelt es sich hier um Willenserklärungen, die kraft G. einer bestimmten Form bedürfen. Die wesentlichen Bestandteile einer formbedürftigen Erklärung — in einem Falle der vorliegenden Art also u. a. der Geldwert, zu dem die Sacheinlage übernommen wird — müssen aber vollständig und unmittelbar aus der Urkunde selbst zu erkennen sein, und eine im Widerspruche mit der abgegebenen formbedürftigen Erklärung stehende ergänzende Auslegung an der Hand anderweitiger Beweismittel ist nicht zulässig.

Nr. 40. Entsch. v. 2. März 1915 (PrVerwBl. 37 487) VII C 186/14.

ZuwStG. § 27.

1. Bei befristeten Klagen bilden die innerhalb der Frist gestellten Anträge die Grenze dessen, was dem Kläger zugesprochen werden kann, ist also eine erst nach Ablauf der Klagefrist vorgenommene Klageerweiterung unzulässig.

2. Zwar geht der Bezirksausschuß zutreffend davon aus, daß von den hier in Gestalt einer Parzellierung des Gesamtgrundstücks des Klägers vorgenommenen acht Parzellenveräußerungen an acht verschiedene Erwerber jede einen selbständigen steuerpflichtigen Rechtsvorgang darstellt (und daß deshalb die vom Kläger verlangte einheitliche Steuerberechnung in bezug auf das Gesamtgrundstück abzulehnen ist). Zu billigen ist es auch, wenn der Bezirksausschuß in bezug auf diejenigen sieben Parzellenveräußerungen, die auf Grund einer Mehrheit von Veräußerungsgeschäften iS. von § 27 ZuwStG. — (eines Verkaufs von seiten des Klägers, des Grundstückseigentümers, an den früheren Gutsbesitzer Sch. und eines Weiterverkaufs von Sch. an die betreffenden Parzellenerwerber) — vorgenommen worden sind, sich den Steuerberechnungen des Beklagten nicht angeschlossen hat. Denn der Beklagte hat die einzelnen Zwischengeschäfte steuerlich selbständig behandelt, damit aber die Grundsätze des § 27 verkannt, der davon, daß einzig der Eigentumsübergang der Besteuerung zu unterwerfen ist, keine Ausnahme macht und die Zwischengeschäfte hierbei nur als Berechnungsgrößen mit in Betracht zieht. Über die einschlägigen Grundsätze hat sich der Gerichtshof insbesondere in OVG. v. 17. IV. 14, M

14 208ff. ausgesprochen, worauf verwiesen wird. Wie sich aus den dortigen Ausführungen unter anderem ergibt, ist der hier vom Bezirksausschusse vertretene Standpunkt, daß der Erwerbspreis des Klägers in Vergleich zu setzen sei lediglich mit dem vom letzten Erwerber zu zahlenden Veräußerungspreise, zwar dann richtig, wenn — bei Berücksichtigung der reinen Preise, soweit sie sich nach Maßgabe von §§ 8, 10, 13, 17 ZuwStG. auf das Grundstück beziehen —, sämtliche bei dem betreffenden Veräußerungsfalle vorkommenden Zwischengeschäfte gewinnbringend gewesen sind, nicht aber auch dann, wenn es an dieser Voraussetzung fehlt. Denn zur Bestimmung des Veräußerungspreises iS. des § 27 sind die bei den verschiedenen Zwischengeschäften bedungenen Preise zu berücksichtigen, und zwar derart, daß jede bei irgendeinem der Zwischengeschäfte erzielte Preiserhöhung als Wertzuwachs und daher (entsprechend dem Grundgedanken des § 8 Abs. 1 ZuwStG.) mit als Teil des Veräußerungspreises erscheint. Bei ausschließlich gewinnbringenden Geschäften findet jede der Erhöhungen in dem höchsten vom letzten Erwerber zu zahlenden Preise ihren Ausdruck. Dagegen trifft dies z. B. nicht zu, wenn, wie nach Ausweis der vom Beklagten eingestellten, bisher unbestrittenen Zahlen hier z. B. in den Fällen der Parzellenveräußerung an Gr., an die Firma L. sowie an Gd. anzunehmen ist, im Gegensatze zu dem ersten Zwischengeschäfte das zweite verlustbringend war. In solchen Fällen und da verlustbringende Geschäfte nach § 27 für die Preisbestimmung ausscheiden, bildet also gesetzlich den Veräußerungspreis nicht der auf Grund des verlustbringenden zweiten Geschäfts von dem letzten Erwerber gezahlte Preis, sondern der auf Grund des ersten, allein mit einer Preiserhöhung abschließenden Zwischengeschäfts von dem Zwischenveräußerer (an den Eigentümer) gezahlte (höhere) Preis.

3. § 20 Abs. 3 ZuwStG. bestimmt:

„Werden Teile eines örtlich und wirtschaftlich zusammenhängenden Grundbesitzes durch verschiedene Rechtsvorgänge von demselben Veräußerer oder von dessen Erben innerhalb dreier Jahre übertragen, so ist der Steuerpflichtige berechtigt, von dem Wertzuwachse des einen Teiles des Grundstücks einen bei der Veräußerung anderer Teile eingetretenen Verlust abzuziehen. Die Zuwachssteuer wird bei den einzelnen Rechtsvorgängen fällig; etwa zuviel gezahlte Steuer wird nach dem letzten Rechtsvorgang erstattet."

Im vorliegenden Falle ist bereits das gesamte zusammenhängende Gelände in Teilen — teils mit Gewinn und teils mit Verlust — veräußert, und zwar durch die erwähnten acht zur Grundlage des Veranlagungsverfahrens gemachten Parzellenveräußerungen, deren steuerliche Behandlung auch den Gegenstand des Einspruchs- und Streitverfahrens bildet. In einem derartigen Falle steht rechtlich nichts dem entgegen, daß der Veräußerer das ihm durch § 20 Abs. 3 gesetzlich gewährleistete Recht auf Ausgleich, wennschon dieses an sich unabhängig von Einspruch und Klage gegenüber der Steuerfestsetzung und daher auch gegenüber bereits rechtskräftig gewordenen Zuwachssteuerbescheiden besteht, bereits in dem aus Anlaß der Steuerfestsetzungen anhängig gewordenen Verwaltungsstreitverfahren geltend macht und alsdann der Verwaltungsrichter in diesem Verfahren im Rahmen des ziffermäßigen Einspruchsbegehrens über den Verlustabzug und die danach sich ergebenden Steuerbeträge mit Entscheidung trifft. Weder der auf die Bestimmung der endgültig berechtigten Steuerbeträge abzielende § 20 Abs. 3 noch eine sonstige Gesetzesvorschrift steht dem entgegen, und eine Bestimmung, daß der Steuerpflichtige auch in Fällen der vorliegenden Art ausschließlich auf die Verfolgung seines Ausgleichsrechts in einem besonderen Verfahren angewiesen sei, besteht nicht. Der Verwaltungsrichter ist in solchen Fällen ferner auch berechtigt, eine erforderliche Verteilung des teils eingetretenen Verlustes auf die teils erzielten Wertsteigerungen vorzunehmen. Die Auffassung, daß der Verlust nur einmal und im ganzen auf einen Wertzuwachs angerechnet werden dürfe, findet im G.

keine Stütze und widerstreitet vielmehr, zumal in einem Falle, wo, wie hier, keiner der einzelnen Wertzuwachsbeträge den Betrag des bei einer anderen Teilveräußerung entstandenen Verlustes erreicht, dem Zwecke des § 20 Abs. 3, mit Rücksicht auf den örtlichen und wirtschaftlichen Zusammenhang die einzelnen Steuerfälle im Zusammenhange miteinander zu betrachten und daher nicht minder die entstandenen Verluste wie die eingetretenen Wertsteigerungen voll zu berücksichtigen. Die Verteilung durch den Verwaltungsrichter in Fällen der vorliegenden Art darf indessen nicht in der hier vom Bezirksausschusse befolgten Weise geschehen, daß der ganze Verlust ausschließlich auf die Wertsteigerungen bei einzelnen beliebig von ihm herausgegriffenen Veräußerungsfällen verrechnet wird, sondern der entstandene Verlust muß alsdann verhältnismäßig auf sämtliche b e den verschiedenen gewinnbringenden Teilveräußerungen erzielten Wertzuwachsbeträge verteilt werden, ausgenommen lediglich diejenigen gewinnbringenden Teilveräußerungen, die aus anderweitigen gesetzlichen Gründen — insbesondere nach § 28 Abs. 3 ZuwStG. wegen Geringfügigkeit des Steuerbetrags — zu keiner Steuererhebung führen können.

Nr. 41. Entsch. v. 20. April 1915 (OVG. 69 41) VII C 259/14.

ZuwStG. § 23.

§ 23 ZuwStG. zieht, trotz des gebrauchten allgemeineren Ausdrucks (Wertminderung des) „Grundstücks", lediglich diejenige Grundstücksfläche in seinen Bereich, die den Gegenstand der Veräußerung (des steuerpflichtigen Eigentumsüberganges) bildet, da er an den Veräußerungspreis anknüpft und durch eine Hinzurechnung dazu den steuerlich als Veräußerungspreis maßgebenden Betrag bestimmen will. Zu den Voraussetzungen, unter denen nach § 23 die Hinzurechnung der Entschädigung in einem Falle der vorliegenden Art ausgeschlossen sein soll, gehört folglich, daß der durch den eingetretenen Schaden geminderte Wert des steuerpflichtigen Veräußerungsgegenstandes mit Hilfe der Entschädigungssumme wieder entsprechend gehoben worden ist, letztere also gerade in das veräußerte Grundstück, das seinerzeit von der Wertminderung betroffen worden war, wieder hineingesteckt worden ist. JF. einer Teilveräußerung ist demgemäß die Hinzurechnung nicht schon dadurch ausgeschlossen, daß die für das abgebrannte Haus gezahlte Entschädigung für einen Bau auf dem Gesamtgrundstücke verwendet worden ist und infolgedessen der Wert des Gesamtgrundstücks eine dauernde Minderung nicht erlitten hat. Die Hinzurechnung ist danach in solchem Falle vielmehr auch dann geboten, wenn der seinerzeit durch das Abbrennen des Gebäudes um den Wert dieses wesentlichen Grundstücksbestandteils verringerte, jetzt allein veräußerte Grundstücksteil zur Zeit der Veräußerung diese Wertverringerung, die nur einen entsprechend geringeren Veräußerungspreis erzielen läßt, nach wie vor deshalb aufweist, weil die dem Eigentümer gezahlte Entschädigungssumme nicht dazu Verwendung gefunden hat, der veräußerten Teilfläche den ihr in Gestalt des Gebäudes durch den Brand entzogenen wesentlichen Bestandteil wieder zu beschaffen, sondern lediglich dazu, eine andere Teilfläche erstmalig mit einem solchen Gebäude zu versehen. Für diese rechtliche Beurteilung spricht, außer der hervorgehobenen Beziehung des § 23 einzig auf den Veräußerungsgegenstand, auch noch die folgende Erwägung.

§ 23 will verhindern, daß die das Grundstück angehenden Entschädigungszahlungen an den Grundstückseigentümer sich der Zuwachssteuer entziehen. Mit dem Ausschlusse der Hinzurechnung der Entschädigung zum Veräußerungspreise bei Verwendung der Entschädigung zur Beseitigung des Schadens wird der Gedanke verfolgt, daß es in diesem letzteren Falle nur um eine vorübergehende Wertminderung sich gehandelt habe und daher steuerlich nicht wesentlich anders anzusehen sei, als wäre das die Wertminderung bedingende schädigende Ereignis mit seinen Folgeerscheinungen (Entschädigungsanspruch, -zahlung, -verwendung) gar nicht eingetreten. Wenn daher die Hinzurechnung der Entschädigung zum Veräußerungspreise gemäß § 23 zum Vorteile des Steuerpflichtigen zu unterbleiben hat, so ist es nur folgerichtig und zur Vermeidung einer zweimaligen Berücksichtigung der Entschädigungssumme geboten, in der Verwendung der Entschädigungssumme lediglich zur Beseitigung des Schadens durch Wiederherstellung des früheren Zustandes keine nach § 14³ zum Vorteile des Steuerpflichtigen dem Erwerbspreise hinzuzurechnende Aufwendung für eine dauernde besondere Verbesserung zu erblicken. Das Verlangen des Klägers nach Nichthinzurechnung der Entschädigungssumme zu dem Veräußerungspreise wäre daher dann und nur dann gerechtfertigt, wenn es ausgeschlossen wäre, die Verwendung der Entschädigung zu einem Neubau auf einer anderen, früher unbebauten Parzelle jemals als eine nach § 14³ ZuwStG. anrechnungsfähige Aufwendung anzusehen. Dies aber ist nicht der Fall zufolge der auch den erwähnten Schlußsatz des § 14³ beherrschenden und entsprechend einengenden Bestimmung in § 21 aaO., wonach bei Teilveräußerungen nur diejenigen Aufwendungen anzurechnen sind, die den veräußerten Teil selbst (ausschließlich oder mit) betreffen, d. h. eine werterhöhende Einwirkung auf ihn, losgelöst vom Ganzen betrachtet, auszuüben geeignet sind. Zufolge dieses Grundsatzes bildet die Verwendung der durch Brandversicherung gedeckten Beträge zu einem Neubau auf einem anderen Teilgrundstück einerseits zwar keine anrechnungsfähige Aufwendung für das hier veräußerte Teilgrundstück, anderseits aber iF. späterer Veräußerung jenes anderen Teilgrundstücks eine zu dessen Erwerbspreise nach §§ 14³, 21 hinzuzurechnende Aufwendung, weil es sich nicht um die Wiederherstellung der dieses andere Teilgrundstück betreffenden Baulichkeiten gehandelt hat (§ 14³ Schlußsatz), sondern um eine erstmalige, und darum im Vergleiche zu dem früheren Zustande dieses Teilgrundstücks einen neuen, höheren Wert schaffende Hauserrichtung auf diesem anderen Grundstücksteile. Entscheidend bleibt deshalb in einem Falle der vorliegenden Art die Tatsache, daß trotz der Entschädigungszahlung das veräußerte Grundstück einen Ausgleich des durch den Brand entstandenen Minderwerts nicht erfahren hat und infolgedessen bei seiner Veräußerung nur einen entsprechend niedrigeren Veräußerungspreis abwirft.

Die natürliche Folge der nach alledem gebotenen Einrechnung der Entschädigungssumme in den Veräußerungspreis nach § 23 ist, daß bei Bestimmung des Teilerwerbspreises nach § 20 Abs. 1 aaO. von dem früheren, vor dem Brande herrschenden Zustande der Bebauung ausgegangen, also der Erwerbspreis des Grundstücksteils einschließlich des Hauses zugrunde gelegt wird. Dieser Erwerbspreis ist unter Beachtung der oben dargelegten Grundsätze zu ermitteln.

Nr. 42. Entsch. v. 22. Juni 1915 (PrVerwBl. 37 537) VII C 353/14 u. **v. 26. Jan. 1915** (PrVerwBl. 37 537) VII C 660/14.

ReichsZuwStG. v. 14. II. 11 §§ 8, 10.

1. Unter Preis iS. des § 8 ZuwStG. ist regelmäßig das zwischen Veräußerer und Erwerber vereinbarte Entgelt für die Überlassung des Eigentums am Grundstücke (zu vergl. § 1 Abs. 1 ZuwStG.) zu verstehen, also die Gesamtheit derjenigen Vermögenswerte, die nach dem wahren Willen der Beteiligten dazu bestimmt sind, die Vermögensminderung auszugleichen, die dem Veräußerer durch die Hingabe der bisher zu seinem Vermögen gehörenden, in dem Grundstücke bestehenden körperlichen Sache erwächst. Als Preis kommt somit nur dasjenige in Betracht, was für die Übereignung des Grundstücks zu leisten ist, keineswegs aber alles, was sonst aus

Anlaß der Veräußerung des Grundstücks aufzuwenden ist. Demgemäß können insbesondere unter den nach § 8 Abs. 2 ZuwStG. in den Preis einbegriffenen, vom Erwerber übernommenen Leistungen und ebenso unter den nach § 10 das. von dem Preise abzuziehenden, vom Veräußerer übernommenen Lasten je nur solche Leistungen verstanden werden, die ihrer Natur nach sich auf den Preis für die Grundstücksüberlassung beziehen lassen, nämlich diesen Preis im ersteren Falle erhöhen, im letzteren Falle mindern. Eine vertraglich, sei es von dem Veräußerer, sei es von dem Erwerber, an den bisherigen Mieter oder Pächter des veräußerten Grundstücks gewährte Abfindung hat aber mit diesem Preise für die Grundstücksübertragung überhaupt nichts zu tun. Die Abfindung stellt lediglich die Entschädigung des Mieters oder Pächters dafür dar, daß aus Anlaß der Grundstücksveräußerung zufolge einer von der gesetzlichen Regel (§§ 571, 581 Abs. 2 BGB.) abweichenden besonderen Bestimmung im Miet- oder Pachtvertrage dem Mieter oder Pächter gegenüber ein Recht zur vorzeitigen Kündigung des Miet- oder Pachtvertrages zur Entstehung gelangt und dieses Kündigungsrecht auch tatsächlich ausgeübt wird. Die Abfindung bezweckt einzig, ein in bezug auf das jetzt veräußerte Grundstück früher eingegangenes schuldrechtliches Verhältnis zu beseitigen und damit dem Erwerber die Möglichkeit zu bieten, das mit dem Eigentum an dem Grundstücke verknüpfte — an sich auf verschiedene Weise ausübbare — Recht auf die Nutzung des Grundstücks (§§ 99, 100 BGB.) in einer anderen Form als der bisherigen auszuüben, nämlich die bisherige mittelbare Benutzungsweise in Gestalt des Bezugs von Pacht- oder Mietzins durch eine unmittelbare Benutzung (durch den Eigentümer selbst) zu ersetzen. Auch die zwischen dem Veräußerer und Erwerber getroffene Vertragsbestimmung über die von dem einen oder anderen von ihnen dem Mieter oder Pächter zu zahlende Abfindung hat daher die bloße künftige Änderung der Nutzungsweise des veräußerten Grundstücks zum Gegenstand und Ziele und beeinflußt somit die Gegenleistung für die Eigentumsüberlassung des Grundstücks überhaupt nicht. Demnach kann einerseits die vertragliche Übernahme der Abfindungszahlung durch den Veräußerer nicht zu einem Abzuge der Abfindungssumme von dem Grundstückspreise nach § 10 ZuwStG. führen — welche Bestimmung nur auf das Grundstück als solches zu beziehende Leistungen im Sinne hat (OVG. **64** 109), und ebensowenig anderseits die vertragliche Übernahme durch den Erwerber zu einer Einbeziehung der Abfindungssumme in den Grundstückspreis nach § 8 Abs. 2 ZuwStG.

2. Entsprechend diesen rechtlichen Ausführungen ist somit zwischen der steuerlich allein bedeutsamen Verpflichtung des Veräußerers, dem Erwerber das Grundstück zu Eigentum zu verschaffen, und zwischen seiner Verpflichtung, Miet- oder Pachtfreiheit des Grundstücks herbeizuführen, also Mieter oder Pächter zur Räumung zu veranlassen, begrifflich zu unterscheiden. Dieser Unterscheidung ist demgemäß auch bei Bestimmung des Preises nach §§ 8, 13 ZuwStG. Rechnung zu tragen, sofern auch die maßgebende Preisvereinbarung eine solche Unterscheidung macht. Nur die vereinbarte Gegenleistung des Erwerbers für die Übernahme der ersteren Verpflichtung durch den Veräußerer, nicht auch die vereinbarte Gegenleistung für die Übernahme der letzteren Verpflichtung trägt somit die Natur des Grundstückspreises. Im vorliegenden Falle aber ist nach Inhalt des Veräußerungsvertrags und der Feststellung des Bezirksausschusses die Mitübernahme der zweiten Verpflichtung durch die Verkäufer nicht etwa nur der Beweggrund für die Beteiligten gewesen, lediglich einen entsprechend höheren Grundstückspreis vorzusehen, in welchem Falle die Ausscheidung eines Teils dieses Preises nach § 13 ZuwStG. allerdings ausgeschlossen sein würde, sondern es ist ein Teil des gesamten Entgelts eigens als Vergütung für diejenigen Leistungen vorgesehen worden, die den Verkäufern aus jener zweiten übernommenen Verpflichtung oblagen. Insoweit handelt es sich hier daher allerdings um beiderseitige Leistungen, die iS. des § 13 ZuwStG. steuerfreie Gegenstände betrafen.

Nr. 43. Entsch. v. 14. Jan. 1916 (PrVerwBl. 37 569) VII C 291/14.

1. Gemeiner Wert nach § 12 ReichsZuwStG. v. 14. II. 11 bei Verkauf eines Wasserwerkes seitens einer Aktiengesellschaft an eine Stadt. Die rechtlichen Darlegungen der Parteien betreffen hauptsächlich deren Streit über die Frage, wie der der Steuerberechnung zugrunde zu legende Einstands- (Erwerbs-)wert zu bemessen ist. Den Gegenstand für diese Wertermittelung nach der maßgebenden SteuerO. hat von dem gesamten Wasserwerke nur dasjenige zu bilden, was Grundstückscharakter trägt. Rechtlich maßgebend ist daher entsprechend ständiger Rechtsprechung des Gerichtshofs einzig der gemeingewöhnliche Preis, der für die Gesamtheit der Grundstücksbestandteile unter Berücksichtigung der Tatsache zu erzielen war, daß auf dem Grundstück ein geschäftliches Unternehmen in Gestalt eines Wasserwerkes betrieben werden konnte und bisher betrieben wurde. Hiervon ist auch der Sachverständige ausgegangen. Dessen Ausführungen sind jedoch insoweit rechtsirrige, als der Gutachter annimmt, ein gemeiner Wert iS. eines Verkaufswerts könne im vorliegenden Falle wegen des beschränkten Personenkreises etwaiger Käufer nicht in Betracht kommen. Diese Annahme verkennt den Grundsatz, daß ein Verkaufswert und damit ein gemeiner Wert auch dann in Frage kommen kann, wenn der Käuferkreis ein begrenzter ist. Dann ist von Bedeutung, festzustellen, welcher Preis seitens dieses für Grundstücke solcher Art in Betracht kommenden engen Kreises der Käufer unter gemeingewöhnlichen Umständen gezahlt werden würde.

2. Anderseits ist auch die Auffassung des Beklagten unrichtig, daß für die Ermittlung des gemeinen Grundstückswerts in Fällen der vorliegenden Art allein der kapitalisierte Ertrag des Unternehmens bezüglich des gemeinen Wertes der beweglichen Gegenstände maßgebend sei. Der Beklagte verkennt hierbei, daß der kapitalisierte Ertrag des Unternehmens etwas anderes ist als der Wert des in dem Unternehmen arbeitenden Anlage- und Betriebskapitals. Ertragsquelle ist nicht dieses, sondern die mittels der gewerblichen Anlage ausgeübte gewerbliche Tätigkeit des Unternehmers (OVGSt. 8 234f.). Es besteht also eine begriffliche, nicht bloß quantitative Verschiedenheit zwischen dem Grundstücke mit seinen Bestandteilen und der Quelle des Ertrags, dessen Kapitalisierung nach Ansicht des Beklagten die Grundlage der Bewertung jenes bilden soll. In dem Ertrage steckt nicht nur der des Anlage- und Betriebskapitals, sondern auch der der Arbeit des Unternehmers. Wohl aber kann die von dem Sachverständigen befolgte und von dem ersten Richter gebilligte Methode der Ermittelung des gemeinen Wertes, nämlich die Zugrundelegung des Betrags der Neubaukosten unter Kürzung der Abnutzungen, zu einem richtigen Ergebnisse führen, wenn der Tatsache Rechnung getragen wird, daß der Kreis etwaiger Käufer davon ausgehen wird, zu prüfen, was letztere für die Herstellung des Unternehmens aufwenden und wieviel sie weniger geben müßten, weil die betreffende Anlage nicht neu, sondern längere Zeit im Betriebe gewesen ist. Dies entspricht auch den kaufmännischen Bilanzgrundsätzen, die auf eine Darstellung des gemeinen Wertes gerichtet sind. Lediglich nach der Rentabilität eines Unternehmens den gemeinen Grundstückswert zu berechnen, ist nicht angängig. Die bisherige Rentabilität eines gewerblichen Unternehmens ist regelmäßig wegen der Unsicherheit der künftigen Gestaltung eine zu unsichere Größe, um allein danach ein Preisangebot und eine Preisforderung und so den Verkaufswert bestimmen zu können. Die Rentabilität wird den Kauflustigen allenfalls veranlassen, weniger als den geschilderten Wert, aber regelmäßig nicht mehr zu bieten, weil er dann, wenn der Verkäufer einen den Nennwert abzüglich der Abnutzungen übersteigenden Preis verlangt, es aus wirtschaftlichen Gründen vorziehen kann, das Unternehmen selbst neu zu errichten.

Nr. 44. Entsch. v. 18. März 1913 (OVG. 64 53) VII C 392/12.

ReichsZuwStG. §§ 8, 22.

1. Die Frage, ob eine Anrechnung aus § 22¹ ZuwStG. überhaupt stattfinden kann, wenn der steuerpflichtige Eigentumsübergang auf einem Tauschvertrage beruht, ist zu bejahen. Das Wesen des Tauschvertrags besteht darin, daß der veräußerte Gegenstand nicht gegen Geld, sondern gegen einen anderen Gegenstand hingegeben wird. Bei Ermittelung des Wertzuwachses ist daher nach der Regel des § 8 Abs. 2 ZuwStG. im vorliegenden Falle der gemeine Wert des Grundstücks maßgebend, das als Gegenleistung für das tauschweise veräußerte Grundstück hingegeben worden ist. Der Wert dieses als Gegenleistung empfangenen Grundstücks bildet für den Veräußerer den Veräußerungspreis, dessen Besonderheit hier nur darin besteht, daß er nicht in Geld, sondern durch den Wert einer Sache bestimmt wird, woraus folgt, daß die Anrechnungen aus § 22¹ (ebenso wie die entsprechenden aus § 14¹) grundsätzlich auch beim Tausche Anwendung finden.

2. Unter der in § 22¹ erwähnten Vermittelungsgebühr ist nur diejenige Gebühr zu verstehen, die für die Vermittelung des Veräußerungsgeschäfts selbst gezahlt ist, nicht etwa auch eine Gebühr für die Beschaffung der zur Ermöglichung des Tauschgeschäfts erforderlichen Barmittel. Aber auch unter die sonstigen „Kosten der Veräußerung und Übertragung" iS. des § 22¹ aaO. kann letztere nicht gerechnet werden; denn es sind als Kosten der Veräußerung und Übertragung iS. dieser Vorschrift nur solche Kosten anzusehen, die unmittelbar durch die Veräußerung und Übertragung des Grundstücks veranlaßt werden, nicht dagegen Aufwendungen, die — wie im vorliegenden Falle die Provision für die Beschaffung eines zur Ermöglichung des Tauschgeschäfts aufgenommenen Darlehens — nur mittelbar mit der Grundstücksveräußerung im Zusammenhange stehen.

Nr. 45. Entsch. v. 16. Jan. 1914 (OVG. 66 25) VII C 247/13.

Auch bei einem Tauschvertrage ist mit einem Preise zu rechnen (§ 8 ZuwStG.), und zwar besteht dieser Preis, ohne daß die in dem Tauschvertrag angegebenen Tauschpreise an und für sich maßgebend sind in dem Werte dessen, was der Steuerpflichtige von dem anderen Vertragsteil im Wege des Austausches empfangen hat. Im vorliegenden Falle vollzog sich der Tausch in folgender Weise: Der Kläger überließ dem anderen Vertragsteil ein mit 86950 *M* Hypotheken belastetes Gut in dem — unstreitigen — (bei Einrechnung von 35000 *M* für das mitveräußerte Inventar sich ergebenden) Werte von 147000 *M*; er erhielt von dem anderen Vertragsteil ein mit 35000 *M* belastetes Grundstück im — unstreitigen — Werte von 70000 *M*; jeder Vertragsteil übernahm als Allein- und Selbstschuldner die auf dem von ihm eingetauschten Grundbesitze lastenden Hypothekenschulden, der Kläger also solche von 35000 *M*, der andere Vertragsteil solche von 86950 *M*; außerdem erhielt der Kläger in bar 25050 *M*. Unrichtigerweise hat nun der Bezirksausschuß angenommen, der Kläger habe insgesamt nur 95050 *M*, nämlich 70000 *M* Grundstückswert und 25050 *M* in bar, eingetauscht, so daß, nach Abzug der unstreitigen 35000 *M* für das Inventar, nur ein Veräußerungspreis von 60050 *M* sich ergebe. Dabei ist die Bestimmung wegen der beiderseitigen Hypothekenübernahme und deren Bedeutung übersehen. Durch diese Vereinbarung hat, zum mindesten (vgl. §§ 415, 416 BGB.) iVerh. zwischen den Vertragschließenden, jeder Teil die bisher ihm selbst obliegenden Hypothekenschulden auf den anderen Teil abgewälzt, sich also für die Grundstücksüberlassung den Vermögensvorteil ausbedungen, daß unter Wegfall seiner eigenen bisherigen Verpflichtungen für die Befriedigung seiner Hypothekengläubiger endgültig der Grundstückserwerber aufzukommen habe. Bei der Verschiedenheit der hier fraglichen Schuldbeträge hat der Kläger von dem anderen Vertragsteil eine weitere Gegenleistung im Werte von 86950 — 35000 = 51950 ℳ erhalten, die in den Veräußerungspreis nach § 8 ZuwStG. miteinzurechnen ist.

Nr. 46. Entsch. v. 3. Nov. 1914 (OVG. 69 36) VII C 37/14.

§ 20 Abs. 1 ZuwStG. ist auch auf den Erwerb durch Tausch anzuwenden. Auch bei einem Tauschvertrage — dessen Wesen darin besteht, daß der veräußerte Gegenstand nicht gegen Geld, sondern gegen einen anderen Gegenstand hingegeben wird — liegt ein Preis, eine Gegenleistung iS. des § 8 ZuwStG. vor, bestehend (von etwaigen Ausgleichsleistungen abgesehen) in dem gemeinen Werte des von dem betreffenden Veräußerer als Ersatz für das von ihm hingegebene Grundstück tauschweise empfangenen Grundstücks. Dieser empfangene Grundstückswert ist daher bei Ermittelung des Wertzuwachses in jeder Hinsicht als Preis zu behandeln (OVG. 64 53/54). Was hiernach für den Veräußerer den Veräußerungspreis bildet, stellt sich vom Standpunkte des Erwerbers aus als Erwerbspreis dar.

Nr. 47. Entsch. v. 13. Juli 1915 (PrVerwBl. 37 232) VII C 80/14.

ReichsZuwStG. § 8.

Auch beim Tausche bestimmt sich der Preis nach der Gegenleistung, wie sie in § 8 Abs. 2 ZuwStG. umschrieben ist. Er wird aber nicht durch die etwa im Tauschvertrage enthaltene Tauschwertangabe, sondern durch den nach § 12 Abs. 1 aaO. zu ermittelnden Wert des hingegebenen Grundstücks beim Erwerbspreise und des empfangenen Grundstücks beim Veräußerungspreise zuzüglich oder abzüglich der Leistungen, welche die Vertragschließenden zum Ausgleich von Wertunterschieden bei den Grundstücken verabredet haben, dargestellt.

Nr. 48. Entsch. v. 27. Febr. 1913 (OVG. 64 39) VII C 640/12.

ReichsZuwStG. § 9.

Zu den übernommenen Leistungen des § 9 Satz 1 ZuwStG. gehören nicht solche, die außerhalb des Versteigerungsverfahrens auf Grund privater Abmachung, sei es mit einem Hypothekengläubiger, sei es mit dem Eigentümer oder einem anderen, übernommen werden. Maßgebend ist nur das, was im Versteigerungsverfahren selbst dem Richter gegenüber zugesichert ist.

Da § 9 nicht nur für die Bestimmung des früheren Erwerbspreises gilt, sondern auch die Festsetzung des Veräußerungspreises regelt, so sind die vorstehenden Ausführungen auch in dem Falle maßgebend, daß der steuerpflichtige Rechtsvorgang selbst ein im Wege der Zwangsvollstreckung vollzogener Eigentumswechsel ist.

Nr. 49. Entsch. v. 9. Mai 1913 (PrVerwBl. 35 459) VII C 110/13.

ReichsZuwStG. §§ 9, 10, 11, 14.

1. Unter den „vom Ersteher übernommenen Leistungen" iS. des § 9 ZuwStG. v. 14. II. 11 sind nur solche zu verstehen, die im Zwangsversteigerungsverfahren selbst dem Richter gegenüber mit als Gegenleistung für den Zuschlag übernommen sind; private Abmachungen der Hypothekengläubiger untereinander kommen nicht in Betracht.

2. Die Anwendung des § 11 Abs. 2 aaO. setzt eine Vereinbarung zwischen dem Veräußerer und dem Erwerber voraus. Allerdings ist im Reichstage bei der dritten Kommissionsberatung hervorgehoben worden, daß die Möglichkeit bestehe, auch Abreden mit Hypothekengläubigern als eine Neben-

leistung iS. des § 11 Abs. 2 bei Bemessung des Preises in Rücksicht zu ziehen (Drucks. **596** 18). Indessen kann diese (nebensächliche) Bemerkung nicht für zutreffend erachtet werden.

3. Auch gegen § 14[1] hat der Bezirksausschuß nicht verstoßen. Es kann dahingestellt bleiben, ob die Annahme, daß diese Vorschrift nicht für den Erwerb in der Zwangsversteigerung gelte, richtig ist. Zutreffend ist jedenfalls der zweite vom Bezirksausschuß angeführte Grund, daß unter Erwerbskosten nicht Aufwendungen zur außergerichtlichen Befriedigung von Hypothekengläubigern zu verstehen seien.

4. Schließlich führt auch § 14[2] die Klägerin nicht zum Ziele. Die Klägerin behauptet, daß die R.schen Erben zur Zeit der Versteigerung Gläubiger der bisher B.schen Hypothek gewesen seien. Mit Recht weist der Bezirksausschuß aber darauf hin, daß die Anrechnung dieser Hypothek nur dann zulässig sein würde, wenn die Ersteher schon bei Einleitung der Zwangsversteigerung Gläubiger gewesen wären. Das war nicht der Fall. Die Klägerin scheint zu glauben, daß es genüge, wenn der Ersteher zur Zeit der Einleitung der Versteigerung überhaupt Gläubiger irgendeiner auf dem Grundstück lastenden Hypothek sei. So ist aber die Vorschrift des § 14[2] nicht gemeint. Sie ist so zu verstehen, als ob es hieße: „Dem Erwerbspreise sind hinzuzurechnen: falls der Erwerb im Wege der Zwangsversteigerung erfolgt ist und der Veräußerer zur Zeit der Einleitung der Zwangsversteigerung Hypotheken- oder Grundschuldgläubiger war, der nachweisliche Betrag der (seiner) ausgefallenen Forderungen, deren Gläubiger er zur Zeit der Einleitung des Verfahrens war . . ."

5. Über die Frage, ob zu den ausgefallenen Forderungen iS. des § 14[2] auch Zinsen gehören, hat sich der Gerichtshof in einer anderen Entscheidung wie folgt ausgesprochen: „Bei der Beurteilung dieser Bestimmung (§ 14[2]) ist auszugehen von dem Zweckgedanken des G., das unverkennbar in § 14 den Leitsatz des § 1 Abs. 1 über Erhebung der Zuwachssteuer von dem Wertzuwachs, der ohne Zutun des Eigentümers entstanden ist, zur Geltung bringen will. Daher will § 14 den Erwerbspreis so bestimmen, daß der Gesamtbetrag dessen, was den Erwerber das Grundstück gekostet hat, d. i. alles, was er hierzu aus seinem Vermögen aufgewendet hat, zu seinen Gunsten berücksichtigt wird. Zu diesen Aufwendungen gehört aber für den das Grundstück erwerbenden Hypothekengläubiger nicht nur das Kapital, sondern gehören auch die ihm zufolge der Kapitalüberlassung an den Schuldner gebührenden, aber nicht gezahlten Zinsbeträge und die dem Gläubiger entstehenden Kosten. Ganz folgerichtig erklärt der zweite Satz der angeführten Vorschrift des § 14[2] bei entgeltlichem Erwerbe der Hypothekenforderung nicht den Nennwert der Hypothek, sondern die tatsächlich von dem Erwerber der Hypothek gemachte Aufwendung für maßgebend. Dieser Satz will aber nur den — u. a. zumal bei Abtretung bereits bestehender Hypotheken häufig vorkommenden — Fall treffen, wo die von dem Gläubiger gezahlte Valuta sich mit dem Nennwerte der Hypothek nicht deckt, sondern niedriger ist. Dagegen denkt er nicht auch an den Fall, daß, wie hier, bei einer in voller Höhe ihres Nennbetrags von dem Gläubiger erworbenen Hypothek zu dem Kapitalbetrage noch Zinsen und Kosten hinzukommen. Unter „Forderungen" sind an sich und daher auch iS. der beiden Sätze des § 14[2] Kapitalforderungen zu verstehen. Daraus aber ist keineswegs der Ausschluß von Zinsen und Kosten bei Anwendung dieser Bestimmungen zu folgern, vielmehr muß ihre rechtliche Natur als bloßer Nebenforderungen iVerh. zu der Hauptforderung ohne weiteres zu ihrer Mitberücksichtigung neben der Hauptforderung führen, sofern nicht ausdrücklich das G. das Gegenteil anordnet, was hier nicht geschehen ist.

Die Sätze 1 und 2 des § 14 besagen sonach, daß ein Hypothekenausfall nur in Höhe der dem Gläubiger tatsächlich entstandenen Vermögensverluste, insoweit aber vollständig zugunsten des Gläubigers in Betracht gezogen werden soll. Daher sind in den hinzuzurechnenden Beträgen — im Rahmen des § 10 ZVG. — auch die ausgefallenen Zinsen und **Kosten** mit inbegriffen.

Nr. 50. Entsch. v. 27. Mai 1913 (OVG. **64** 116) VII C 714/12.

Der Veräußerer eines **Grundstücks** hat eine Last iS. des § 10 ZuwStG. nicht übernommen, wenn in dem Veräußerungsvertrage vereinbart worden ist, ein auf dem Grundstück eingetragenes Ausgedinge solle vom Erwerber nicht übernommen, vielmehr im Grundbuche gelöscht werden.

War er den Ausgedingern zur Gewährung des Altenteils persönlich verpflichtet, so wurde diese Verpflichtung durch die Veräußerung des Grundstücks überhaupt nicht berührt. Wenn er mit dem Grundstücke nur dinglich haftet, so wurde der Kläger dadurch, daß das Altenteil gelöscht wurde, ebenfalls nicht beschwert. Die Tatsache, daß er das Ausgedinge auf einem anderen Grundstück eintragen ließ und dadurch von neuem dinglich sicherte, ist nur für das Verhältnis der Ausgedinger zum Kläger von Bedeutung und hatte mit dem Veräußerungsvertrage nichts zu tun. Durch diesen verpflichtete sich der Kläger, das Grundstück frei von der Reallast des Ausgedinges aufzulassen; für das Grundstück in diesem Zustand ist ein Preis vereinbart. Das Ausgedinge kommt deshalb für die Frage, welcher Preis der Steuerberechnung zugrunde zu legen ist, überhaupt nicht in Betracht.

Nr. 51. Entsch. v. 19. Sept. 1913 (OVG. **65** 6) VII C 773/12.

Nur in bezug auf die Vorschrift im ersten Satze des § 9 ZuwStG. hat der Gerichtshof wiederholt ausgesprochen, daß zu den übernommenen Leistungen des Erstehers nur solche gehören, die im Zwangsversteigerungsverfahren selbst mit als Gegenleistung für den Zuschlag übernommen worden sind. Diese Einschränkung hat also Bedeutung, soweit es sich um Feststellung des in das Meistgebot einzurechnenden Betrags und daher um übernommene Leistungen des Meistbietenden handelt. Dagegen kann jener einengende Grundsatz in dem Falle des § 9 Satz 2 nicht zur Anwendung kommen; denn die Abtretung der Rechte aus dem Meistgebote, die nicht wie die Abgabe des Meistgebots ein notwendiger Bestandteil des Zwangsversteigerungsverfahrens ist, kann — und wird auch der Regel nach — sich außerhalb des Zwangsversteigerungsverfahrens auf Grund einer Sondervereinbarung des Meistbietenden mit einem anderen vollziehen; bei dieser Sondervereinbarung pflegt natürlich auch das Abtretungsentgelt bestimmt zu werden. Wenn nach § 9 Satz 2 aaO. an Stelle des Meistgebots iF. der Abtretung der höhere Wert der Gegenleistung treten soll, so muß folglich hierunter gerade auch die außerhalb des Zwangsversteigerungsverfahrens vereinbarte Gegenleistung verstanden werden, also in einem Falle der vorliegenden Art, entsprechend der allgemeinen Begriffsbestimmung des Preises in § 8 Abs. 2 aaO., die nicht im Zwangsversteigerungstermine von dem Erwerber, den Klägern, neben der Verpflichtung zur Erfüllung des Meistgebots, übernommene Verpflichtung, dem abtretenden Meistbietenden als Ersatz für dessen ausfallende Hypothek nach Erlangung des Zuschlags eine anderweitige Hypothek an dem Grundstücke zu bestellen und diese bei Weiterveräußerung des Grundstücks auszubezahlen. Die Verschiedenheit der rechtlichen Natur der ausgefallenen und der neu eingetragenen Hypothek und die nach dem ZVG. selbstverständliche Löschung der ausgefallenen Sicherungshypothek vor Eintragung der Darlehnshypothek sind ohne Belang. Ebenso ist es gleichgültig, daß die Zahlung durch den jetzigen Erwerber des Grundstücks geleistet worden ist; dies ändert nichts an der Tatsache der Übernahme jener Leistungspflicht durch die Kläger, sondern läßt höchstens erkennen, daß entweder sie die Erfüllung ihrer Leistungspflicht durch eine Vereinbarung mit dem Erwerber, die rechtlich nur ihr Verhältnis untereinander betraf, auf diesen abgewälzt haben (vgl. § 416 BGB.), oder daß der Erwerber (gemäß §§ 1142, 1143 aaO.) freiwillig die Schuld der Kläger berichtigt und infolgedessen an Stelle der bisherigen Gläubigerin die Forderung erworben hat.

Nr. 52. Entsch. v. 23. Sept. 1913 (DJZ. 19 383) VII C 163/13.

Beim Eigentumsübergang im Wege der Zwangsversteigerung gilt als Preis der Betrag des Meistgebots, zu dem der Zuschlag erteilt wird, unter Hinzurechnung der vom Ersteher übernommenen Leistungen. Als übernommene Leistungen sind nur solche anzusehen, die im Zwangsversteigerungsverfahren selbst übernommen worden sind, nicht dagegen solche, die auf privaten Abmachungen des Erstehers mit einem Hypothekengläubiger außerhalb des Zwangsversteigerungsverfahrens beruhen.

Nr. 53. Entsch. v. 7. Okt. 1913 (OVG. 65 4) VII C 17/13.

Der Erwerbspreis bestimmt sich gemäß § 8 Abs. 2 ZuwStG. nach dem Gesamtbetrage der Gegenleistung, einschließlich der vom Erwerber übernommenen oder ihm sonst infolge der Veräußerung obliegenden Leistungen, mit anderen Worten nach dem Gesamtbetrage dessen, was nach der Parteivereinbarung der Erwerber als Ausgleich für den Grundstückserwerb zu leisten hat. Entsprechend dem Wesen des Preises gehört zum Erwerbspreise jede Leistung, auch die an einen anderen als den Grundstücksveräußerer gemachte Leistung des Erwerbers insoweit, als sie eine Gegenleistung dafür bildet, daß er Eigentümer des Grundstücks geworden ist. Eine Leistung des Erwerbers an einen Dritten entbehrt daher notwendig des Charakters einer der Leistung des Veräußerers gegenüberstehenden Gegenleistung in Fällen der vorliegenden Art dann, wenn sie nicht auch auf eine Vereinbarung mit dem Veräußerer zurückzuführen ist, sondern einzig auf der eigenen Entschließung des Erwerbers oder einzig auf einer Abrede des Erwerbers mit dem Dritten beruht.

Nr. 54. Entsch. v. 6. Jan. 1914 (OVG. 66 5) VII C 78/13.

ReichsZuwStG. § 10.

1. Die unter einem Grundstück anstehende Braunkohle gehört als Mineral nicht zu den „Erzeugnissen", sondern zu der „sonstigen Ausbeute" iS. des § 99 Abs. 1 BGB.; ihr Wert ist daher nach § 10 ZuwStG. nicht abzugsfähig.

In § 10 ZuwStG. heißt es: „Von dem Preise kommt der Wert der Erzeugnisse der Grundstücke in Abzug, solange sie mit dem Boden zusammenhängen." Nach einer hierzu im Kommissionsbericht des Reichstags gegebenen Erklärung bestand übereinstimmend die Ansicht, daß Bergwerksprodukte von der Vorschrift nicht betroffen werden, weil sie nicht zu den Erzeugnissen des Grund und Bodens iS. des bürgerlichen Rechts gehören. Hiernach ist die Frage, was zu den Erzeugnissen der Grundstücke zu rechnen ist, nach den Regeln des bürgerlichen Rechtes zu entscheiden, das als zu den Früchten einer Sache gehörig neben den „Erzeugnissen" auch noch die „sonstige Ausbeute" nennt (§ 99 Abs. 1 BGB.); demnach sind die — rechtlich unter den Begriff der Ausbeute fallenden — Mineralien jedenfalls nicht als ein Erzeugnis des Grundstücks anzusehen. Zwar könnte das Wort „Bergwerksprodukte" in dem Kommissionsberichte, für sich allein betrachtet, Bedenken wachrufen, ob darunter die noch anstehenden Mineralien oder nicht vielmehr die schon gewonnenen zu verstehen sind. Aber nach der Entstehungsgeschichte der Vorschrift ist das erstere anzunehmen; anderenfalls würde die Erklärung der Kommission auch völlig überflüssig und unverständlich sein, da die Mineralien, wenn sie vom Grund und Boden getrennt sind, aufhören, Bestandteile zu sein, von dem Grundstücksbegriffe nicht mehr umfaßt werden und somit auch schon nach dem Grundgedanken des ZuwStG. von der Steuer nicht betroffen werden würden. Außerdem ist die gegenteilige Annahme auch sichtlich dadurch ausgeschlossen, daß der Antrag, dessen Erläuterung die Bemerkung im Kommissionsberichte dient, überhaupt nur die Erzeugnisse, „solange sie mit dem Boden zusammenhängen", im Auge hatte.

2. Auch geht die Ansicht des Klägers fehl, daß, weil die Bestellung des Kohlenabbaurechts steuerfrei sei, auch der Wert der Kohle bei der ersten Veräußerung seitens des Finders für die Besteuerung außer acht gelassen werden müßte. Die Bestellung der Berechtigung ist deshalb steuerfrei, weil die Zuwachssteuerpflicht auf die Fälle des abgeleiteten Erwerbes beschränkt ist. Erst die Weiterveräußerung durch den Beliehenen oder den sonst Berechtigten stellt einen solchen Vorgang dar.

Nr. 55. Entsch. v. 23. Dez. 1913 (OVG. 66 8 idAnm.) VII C 37/13.

ZuwStG. §§ 10, 14.

1. Als Erwerbskosten iS. des § 14a ZuwStG. können die Kosten der vor dem Erwerbe vorgenommenen Bohr- und Schürfarbeiten nicht gelten. Dabei kann es nicht darauf ankommen, ob sie nach kaufmännischen Grundsätzen zu den Erwerbskosten zu rechnen sind und den Buchwert des Grundstücks erhöhen, auch darauf nicht, ob durch die Aufwendungen etwa ein lediglich auf die Tätigkeit der Klägerin zurückzuführender Wertzuwachs hervorgerufen worden ist; auch die Höhe der Aufwendungen kann nicht maßgebend sein. Entscheidend ist allein, was das ZuwStG. für seinen Zweck als Erwerbskosten angesehen wissen will. Dies G. läßt aber als Kosten des Erwerbes nur die in unmittelbarem Zusammenhange mit den Veräußerungs- und Übertragungshandlungen selbst notwendig gewordenen Aufwendungen gelten. Wenn der Gesetzgeber dazu noch andere als die mit den Erwerbsgeschäften als solchen regelmäßig verbundenen Kosten, wie gerichtliche, Notariats-, Stempel-, Vermittelungskosten u. dgl., hätte rechnen wollen, so wäre es nicht angängig gewesen, dafür den Pauschbetrag von 4 % des Erwerbspreises anzusetzen.

Die Aufwendungen, um die es sich hier handelt, hat die Klägerin gemacht, um eine Grundlage dafür zu gewinnen, ob sie das Grundstück erwerben sollte oder nicht und welchen Preis sie hierfür anlegen könne. Zu den durch den später vollzogenen Erwerb selbst veranlaßten Kosten können sie nicht gezählt werden.

2. Auch hat es der Beklagte mit Recht abgelehnt, den von der Klägerin gefundenen Ton zu denjenigen Erzeugnissen zu rechnen, deren Wert nach § 10 ZuwStG. vom Preise abzuziehen ist. Bei den Beratungen über das G. im Reichstage ist man übereinstimmend der Ansicht gewesen, daß Bergwerksprodukte nicht unter die Vorschrift fallen, weil sie nicht zu den Erzeugnissen des Grund und Bodens iS. des bürgerlichen Rechtes gehören. Das muß auch von solchen Mineralien gelten, die nicht Bergwerksprodukte iS. des Bergrechts sind, weil nach dem bürgerlichen Rechte (§ 99 Abs. 1 BGB.) alle Mineralien nicht Erzeugnisse des Grund und Bodens bilden, sondern zu der sonstigen Ausbeute gehören, die aus dem Grund und Boden gewonnen wird.

Nr. 56. Entsch. v. 8. Mai 1914 (OVG. 68 8) VII C 546/13.

ReichsZuwStG. §§ 10, 12.

1. Nach § 10 ZuwStG. kommt vom Preise u. a. der Wert der vom Veräußerer übernommenen Lasten in Abzug. Die vertragliche Verpflichtung

des Veräußerers, dem Erwerber gegenüber für die demnächstigen Beiträge zu den Straßenherstellungskosten aufzukommen, stellt, da die Leistung dieser Beiträge gesetzlich dem jedesmaligen Eigentümer obliegt (OVG. 62 40/41 — ErgBd. i. St. IV 12f. —), also an sich zufolge der Veräußerung nicht mehr den Veräußerer, sondern den Erwerber treffen würde, die Übernahme einer besonderen Leistung durch den Veräußerer dar, die bei der engen Beziehung zwischen Grundstück und Straße sowie dem Grundstückswert und der Straßenbeschaffenheit unbedenklich als Last iS. des § 10 ZuwStG. anzusehen ist. Nach § 10 kommt es aber nicht auf den Wert, wie er von den Parteien vereinbart ist, sondern auf den objektiven Wert des abzugsfähigen Gegenstandes an. Dieser gemeine Wert bestimmt sich allerdings regelmäßig nach dem Zeitpunkte, der auch für die Preisbemessung maßgebend war, also nach dem Zeitpunkte des Abschlusses des schuldrechtlichen Veräußerungsvertrags. Der Feststellung des damaligen objektiven Wertes steht aber die hier vorliegende Tatsache keineswegs entgegen, daß damals die von der Übernahme betroffene Leistung zwischen den Beteiligten zufolge ihrer abweichenden Auffassungen nach Grund und Höhe streitig war, und daß die grundsätzliche Verpflichtung zur Zahlung der Anliegerbeiträge erst durch eine nach Erlaß des Zuwachssteuerbescheids ergangene Entscheidung des OVG. festgestellt worden ist. Vielmehr genügt es zur Anwendung des § 10, wenn der mit der Zuwachssteuerangelegenheit befaßte Verwaltungsrichter an der Hand des zur Zeit seiner Entscheidung gegebenen Tatbestandes — geeignetenfalls im Wege des Rückschlusses und der Schätzung — den für die maßgebende frühere Zeit anzunehmenden Wert seinerseits festzustellen vermag.

2. Nach dem Erwerbsvertrage hatte der Rechtsvorgänger der Klägerin als Käufer außer dem Betrage von 135000 ℳ, der mit 87000 ℳ gestundet wurde, während der Lebenszeit des Verkäufers diesem jährlich 12000 ℳ zu zahlen. Diese Summe ist infolge des schon im ersten Jahre nach dem Kaufabschluß eingetretenen Todes des Verkäufers nur einmal gezahlt worden.

Es ist hier ein Teil des maßgebenden Erwerbspreises, d. i. des Gesamtbetrags der Gegenleistung iS. des § 8 Abs. 2 ZuwStG. als eine wiederkehrende Leistung im Vertrag ausbedungen worden. Diese ihr durch den Vertrag beigelegte Natur einer wiederkehrenden Leistung kann ihr nicht durch die Tatsache entzogen werden, daß infolge des baldigen Todes des einzig berechtigten Leistungsempfängers es bei einer einmaligen Leistung sein Bewenden behielt. Jener Preisteil deckte sich mit dem objektiven Werte der ausbedungenen wiederkehrenden Leistung. Nach dem daher hier anzuwendenden § 12 Abs. 2 ZuwStG. bestimmt sich der Wert wiederkehrender Leistungen nach den Vorschriften des ErbschStG. § 18 Abs. 2 ReichsErbschStG. bestimmt abweichend von der Regel des Abs. 1 über die Kapitalisierung, den Wert iF. eines frühzeitigen Erlöschens des Bezugsrechts durch den Tod des Berechtigten vorbehaltlos „nach Maßgabe der wirklichen Dauer" des Bezugsrechts. Bei dieser Rechtslage kommt hier nur die tatsächliche einmalige Leistung in Betracht, und läßt sich nicht zugunsten der Klägerin der Umstand verwerten, daß zur Zeit des Erwerbes durch ihren Rechtsvorgänger der Zeitpunkt des Erlöschens seiner Leistungspflicht noch ungewiß war, damals also mit dem frühzeitigen Erlöschen und deshalb mit einer von dem Grundsatze des § 18 Abs. 1 ErbschStG. abweichenden Wertbestimmung noch nicht sicher gerechnet werden konnte.

Nr. 57. Entsch. v. 19. Mai 1914 (OVG. 68 15) VII C 573/13.

ReichsZuwStG. § 10.

Die Annahme, unreife Feldfrüchte seien überhaupt keine Erzeugnisse iS. des § 10 ZuwStG., ist rechtsirrig (vgl. § 94 BGB.). Was den Zeitpunkt der

Bewertung angeht, so zielt die Bestimmung des § 10: „Von dem Preise kommt in Abzug der Wert . . . der Erzeugnisse des Grundstücks, so lange sie mit dem Boden zusammenhängen", auf eine entsprechende Einschränkung des Preises und damit auf dessen genaue Klarstellung ab. Daher ist allerdings für die Wertbemessung der Regel nach nicht der Zeitpunkt des Eigentumsüberganges auf den Erwerber maßgebend; vielmehr ist regelmäßig auf das den Preis bestimmende schuldrechtliche Veräußerungsgeschäft zurückzugehen (vgl. Entsch. v. 13. VI. 13, M. **13** 254/255). Daraus folgt aber keineswegs die Richtigkeit der Auffassung des Beklagten, es könne hier mit Rücksicht darauf, daß die Feldfrüchte zur Zeit des Vertragsschlusses noch nicht ausgereift gewesen seien, als Wert nur der Betrag der Kosten der Beackerung, der Aussaat und der Bearbeitung bis zum Tage des Vertragsschlusses in Ansatz kommen, und es sei bedeutungslos, welcher Preis sich bei etwaigen vor der Aberntung erfolgenden Abschlüssen erzielen lasse. Unter dem — auch für § 10 aaO. maßgebenden — gemeinen Werte ist nach ständiger Rechtsprechung des Gerichtshofs der Verkaufs- oder Verkehrswert zu verstehen, der durch den Preis bestimmt wird, der im gewöhnlichen Geschäftsverkehre nach der Beschaffenheit des Gegenstandes ohne Rücksicht auf andere ungewöhnliche oder lediglich persönliche Verhältnisse zu erzielen ist. Wenn nun die noch nicht abgeernteten Erzeugnisse sich trotz noch fehlender Reife bereits vorweg — sei es iVerb. mit dem Grundstücke, sei es als künftige bewegliche Sachen — zu einem höheren, ihrer Reife entsprechenden Preise nach der Lage des Marktes veräußern lassen, weil die damalige Verkehrsauffassung mit einem natürlichen ungehemmten Verlaufe des Reifevorganges rechnete, der sich hier zur Zeit des Vertragsabschlusses schon mit einiger Sicherheit oder doch Wahrscheinlichkeit voraussehen ließ, so muß dieser höhere — sogenannte spekulative — Preis als der Wert der noch nicht völlig ausgereiften Früchte gelten.

Nr. 58. Entsch. v. 16. Jan. 1913 (OVG. **64** 26) VII C 481/12.

ReichsZuwStG. §§ 10, 14, 62.

1. Die Bestimmung in Abs. 2 des § 62 ZuwStG. steht nicht im Widerspruche mit Abs. 1 aaO., sie stellt vielmehr lediglich klar, daß die im Abs. 1 vorgesehene abstrakte Steuerpflicht in materieller und formeller Hinsicht erst mit dem Inkrafttreten des G. wirksam wird.

Im Abs. 1 ist die Zahl der der Reichssteuer unterliegenden Rechtsvorgänge dadurch erweitert, daß abweichend von der Regel einer nicht-rückwirkenden Kraft von Gesetzen auch die im letzten Vierteljahre vor Inkrafttreten des ZuwStG. liegenden Rechtsvorgänge von der Reichssteuer erfaßt werden sollen. Solange nicht mit dem sonstigen G. auch der Abs. 1 des § 62 in Kraft getreten war, konnten sie natürlich noch nicht als reichssteuerpflichtig behandelt werden, und die daraus sich ergebende Frage, in welchem Zeitpunkte sich ihre bisherige reichsrechtliche Steuerfreiheit in eine Steuerpflichtigkeit gemäß § 62 Abs. 1 verwandle, beantwortet der Abs. 2 des § 62, indem er als diesen Zeitpunkt, der Natur der Sache entsprechend, den Tag des Inkrafttretens des G. selbst bezeichnet. Demgemäß waren vom 1. IV. 11 ab (§ 62 Abs. 2) jene früheren Rechtsvorgänge gemäß dem Abs. 1 das. als steuerpflichtig „nach Maßgabe dieses G.", also in Anwendung aller einschlägigen Bestimmungen des ZuwStG. zu erachten, fand also auch in bezug auf sie der gesetzliche Grundsatz Anwendung, daß die Eigentumsveränderung das die Steuerpflicht begründende Ereignis sei (§§ 1 u. 4) und daß als steuerpflichtiger Wertzuwachs der Unterschied zwischen dem Erwerbspreis und dem Veräußerungspreise gelte (§§ 8ff.).

2. Nach dem Wortlaute des § 10 ZuwStG. kommt von dem Preise in Abzug der Wert der vom Veräußerer übernommenen Lasten. Der Bezirksausschuß

bezieht diese Bestimmung auf alle Verpflichtungen, die der Veräußerer über seine gesetzliche Verpflichtung hinaus übernimmt. Die Richtigkeit dieser Annahme kann hier unerörtert bleiben. Jedenfalls ist die Auffassung des Bezirksausschusses, daß es sich hier um eine derartige Verpflichtung handele, rechtlich nicht haltbar. Unstreitig gehörte das Grundstück, auf dem der Erwerber alsbald ein Wohnhaus zu errichten verpflichtet war, zu einem Baustellengelände der Klägerin, das bekanntermaßen schlechten Baugrund hatte, daher einer besonders sorgfältigen Fundamentierung bedurfte und sich insofern in einem den meisten Bauunternehmern nicht erwünschten Zustande befand. Diese Verhältnisse gaben einen Hauptgrund dafür ab, daß die Klägerin selbst für die Ausführung der künstlichen Fundamentierungsarbeiten Sorge zu tragen übernahm und daß die entsprechenden Mehrkosten auf den Kaufpreis für das Grundstück zugeschlagen wurden. Bei dieser Sachlage muß als der für die Vertragsauslegung maßgebende wahre Wille der Vertragschließenden (§§ 133, 157 BGB.) gelten, daß Gegenstand des Kaufvertrags überhaupt nicht das Grundstück in seiner bisherigen Beschaffenheit, sondern ein in fundamentiertem Zustande zu lieferndes Grundstück war. Daher war in der sich aus der Natur des Kaufvertrags ergebenden gesetzlichen Hauptverpflichtung der Klägerin, dem Käufer den Gegenstand des Kaufes zu gewähren (§ 433 BGB.), ihre Verpflichtung eingeschlossen, das Grundstück durch Herbeiführung der notwendigen Fundamentierungsarbeiten in den nach dem Vertrage vorausgesetzten Zustand der Bebaubarkeit (§ 459 BGB.) zu versetzen, welche Verpflichtung lediglich ihrem Umfange nach durch den vertraglichen Ausschluß einer Gewährleistungspflicht der Klägerin eine Einschränkung erfahren hat. Es handelt sich also ausschließlich um die entgeltliche Lieferung eines Grundstücks von bestimmter Eigenschaft, nicht aber um die Übernahme einer über den Rahmen der gesetzlichen Hauptverpflichtung des Verkäufers hinausgehenden Verpflichtung, so daß für einen Abzug vom Veräußerungspreise kein Raum ist.]

3. Die Klägerin hat wegen der Fundamentierungsarbeiten gegebenenfalls auch die Vorschrift des § 14³ ZuwStG. für sich in Anspruch genommen, wonach die Aufwendungen für Bauten und sonstige dauernde Verbesserungen dem Erwerbspreise hinzuzurechnen sind, wenn sie innerhalb des für die Steuerberechnung maßgebenden Zeitraums gemacht sind. Letzterer endete am 2. 11. 11 als dem Tage der grundbuchmäßigen Eintragung des Erwerbers (§ 4 ZuwStG.). Bis dahin sollen die Fundamentierungsarbeiten — die eine dauernde Verbesserung iS. der erwähnten Vorschrift bedeuten — fertiggestellt, wenn auch noch nicht von ihr bezahlt gewesen sein. Diese vorherige Fertigstellung würde zur Anwendung des § 14³ ZuwStG. genügen. Mit ihr erwuchs die Verpflichtung der Klägerin als der Bestellerin zur Abnahme der Arbeiten und zur Bezahlung der Unternehmerin (§§ 640, 641, 651 BGB.), trat also, durch die Belastung der Klägerin mit dieser Zahlungsverpflichtung, eine Verminderung in ihrem Vermögensbestand ein. Insofern hatte sie bereits damals eine Aufwendung gemacht (vgl. § 257 BGB.). Auf den Zeitpunkt der erfolgten Zahlung kann es daher nicht entscheidend ankommen.

Nr. 59. Entsch. v. 6. Febr. 1913 (OVG. 64 30) VII C 581/12.

1. § 14³ ZuwStG. setzt nicht voraus, daß die Aufwendungen von dem Eigentümer gemacht sein müssen. Die Worte „Aufwendungen . . ., die innerhalb des für die Steuerberechnung maßgebenden Zeitraums gemacht sind", deuten vielmehr darauf hin, daß es auf die Person dessen, der die Aufwendungen gemacht hat, nicht ankommt. Namentlich ist es von Bedeutung, daß nur die Aufwendungen, die innerhalb des für die Steuerberechnung maßgebenden Zeitraumes gemacht sind, berücksichtigt werden sollen. Dieser Zeitraum stimmt

keineswegs immer mit der Zeit überein, während deren der Veräußerer die tatsächliche Verfügungsmacht über das Grundstück gehabt hat. Es wird nicht selten vorkommen, daß der Erwerber eines Grundstücks, der bei der Weiterveräußerung zur Steuer herangezogen wird, einen Bau aufführt, ehe er das Eigentum durch Auflassung und Eintragung erlangt hat. Ist in einem solchen Falle nach dem klaren Wortlaute des G. die Anrechnung der Aufwendungen ausgeschlossen, so muß folgerichtig zu seinen Gunsten § 14³ anwendbar sein, wenn sein Rechtsnachfolger, ehe er Eigentümer geworden ist, Aufwendungen gemacht hat; denn diese Aufwendungen fallen in den für die Steuerberechnung maßgebenden Zeitraum. Das würde aber unzulässig sein, wenn man nur die Aufwendungen des Veräußerers selbst berücksichtigen dürfte.

2. Schon unter der Herrschaft des alten Rechtes hat das OVG. anerkannt, daß in Fällen wie dem vorliegenden nicht immer allzu strenge Anforderungen an die Beweisführung gestellt werden dürfen, und daß die Höhe tatsächlicher Aufwendungen auch durch Gutachten festgestellt werden kann (OVG. **60** 148 [ErgBd. i. St. IV 137]) Hieran muß auch für den jetzigen Rechtszustand festgehalten werden, zumal dann, wenn — wie hier — die Aufwendungen in eine Zeit gefallen sind, in der mit der späteren reichsgesetzlichen Regelung der Zuwachsbesteuerung noch nicht gerechnet werden konnte.

Nr. 60. Entsch. v. 6. Febr. 1913 (OVG. **64** 32) VII C 517/12.

ReichsZuwStG. §§ 8–14.

In den §§ 8 bis 13 ZuwStG. ist bestimmt, was als Preis anzusehen ist, und es geht aus §§ 10 und 13 hervor, daß der so ermittelte Preis nur das Unbewegliche trifft. Wenn es dann im § 14 heißt: „Dem Erwerbspreise sind hinzuzurechnen ....", so kann dabei nur an den Preis gedacht werden, wie er nach den unmittelbar vorangehenden Paragraphen festgestellt ist. Ist dem aber so, dann kann in der unmittelbar folgenden Ziff. 1 unter „Erwerbspreis" nichts anderes verstanden werden.

Von besonderer Bedeutung ist es, daß in § 14¹ der Wert unter Umständen dem Erwerbspreise gleichgestellt wird. Unter „Wert" kann aber nur der für die Berechnung des steuerpflichtigen Wertzuwachses in Betracht kommende Wert verstanden sein, d. h. der Wert des Grundstücks ohne die nach § 10 und 13 auszuscheidenden Gegenstände. Als notwendige Folge ergibt sich, daß auch das Wort „Erwerbspreis" nur auf das eigentliche Unbewegliche bezogen werden kann.

Die Tatsache, daß unter Umständen — nämlich wenn die wirklich aufgewendeten Kosten mehr als 4 % betragen haben — eine Sonderung der einzelnen Beträge, je nachdem sie auf das Unbewegliche fallen oder nicht, Schwierigkeiten bereiten kann, ändert nichts an dem Ergebnisse. Unmöglich ist sie jedenfalls nicht, da das Wertverhältnis des Grundstücks zu den ausgesonderten Gegenständen stets feststellbar ist.

Nr. 61. Entsch. v. 6. Febr. 1913 (OVG. **64** 36) VII C 580/12.

ReichsZuwStG. § 14.

Nach § 14² ZuwStG. ist dem Erwerbspreise nicht nur der Kapitalbetrag der ausgefallenen Hypothekenforderungen, sondern auch der Betrag der rückständigen Hypothekenzinsen, soweit sie im Zwangsversteigerungsverfahren hätten zur Hebung gelangen können, und der Kosten der Rechtsverfolgung hinzuzurechnen.

Bei der Beurteilung dieser Bestimmung ist auszugehen von dem Zweckgedanken des G., das unverkennbar in § 14 den Leitsatz des § 1 Abs. 1 über Erhebung der Zuwachssteuer von dem Wertzuwachse, der ohne Zutun des Eigentümers entstanden ist, zur Geltung bringen will. Daher will § 14 den Erwerbspreis so bestimmen, daß der Gesamtbetrag dessen, was den Erwerber das Grundstück gekostet hat, d. i. alles, was er hierzu aus seinem Vermögen aufgewendet hat, zu seinen Gunsten berücksichtigt wird. Zu diesen Aufwendungen gehört aber für den das Grundstück erwerbenden Hypothekengläubiger nicht nur das Kapital, sondern gehören auch die ihm zufolge der Kapitalüberlassung an den Schuldner gebührenden, aber nicht gezahlten Zinsbeträge und die dem Gläubiger entstehenden Kosten. Unter „Forderungen" sind an sich und daher auch iS. der beiden Sätze des § 14² Kapitalforderungen zu verstehen. Daraus aber ist keineswegs der Ausschluß von Zinsen und Kosten bei Anwendung dieser Bestimmungen zu folgern, vielmehr muß ihre rechtliche Natur als bloßer Nebenforderungen iVerh. zu der Hauptforderung ohne weiteres zu ihrer Mitberücksichtigung neben der Hauptforderung führen, sofern nicht ausdrücklich das G. das Gegenteil anordnet, was hier nicht geschehen ist.

Nr. 62. Entsch. v. 18. März 1913 (OVG. **64** 57) VII C 644/12.

ReichsZuwStG. §§ 11, 14.

1. Nach dem ZuwStG. wird die Steuer in erster Linie vom Übergange des Eigentums an Grundstücken erhoben. Die Einzelvorschriften des G. sind durchweg so gestaltet, daß sie vor allem auf Grundstücke passen. Daneben werden noch grundstücksgleiche Rechte (§ 2) und Gesellschaftsanteile (§ 3) wie die Grundstücke behandelt, ohne daß aber die Einzelvorschriften hierauf überall ausdrücklich Rücksicht nehmen. Soweit der Übergang von grundstücksgleichen Rechten oder Gesellschaftsanteilen besteuert wird, ist deshalb stets zu prüfen, ob und inwieweit die Einzelvorschriften einer entsprechenden Anwendung fähig sind.

2. Es kommt zunächst in Frage, wie der Erwerbspreis der Geschäftsanteile zu berechnen ist. Die Kläger haben die Gesellschaft selbst begründet. Von einem Erwerbspreis im eigentlichen Sinne kann daher nicht die Rede sein. Vielmehr kommt die Gründung der Gesellschaft einem ursprünglichen Grundstückserwerbe gleich. Für diesen gilt aber, soweit nicht Sonderbestimmungen bestehen, § 11, wo es heißt:

„Ist ein Preis nicht vereinbart oder nicht zu ermitteln, so tritt an dessen Stelle der Wert des Grundstücks."

Der Wert der Geschäftsanteile zur Zeit der Gründung war den Stammeinlagen (dem Stammkapitale) gleich; er betrug also 20000 ℳ. Die Kläger behaupten nun, daß sie außer den Stammeinlagen von 20000 ℳ noch 35000 ℳ zur Verwertung des Grundstücks gezahlt haben, weil das Stammkapital selbst nicht ausgereicht habe. Was die rechtliche Beurteilung dieser Zuzahlungen betrifft, so steht jedenfalls soviel fest, daß durch sie eine Erhöhung des Stammkapitals nicht zustande gekommen ist, weil die Voraussetzungen der §§ 55ff. ReichsG. betr. die Ges. m. b. H. nicht vorliegen. Es bleibt deshalb weiter zu prüfen, ob die Zuzahlungen sogenannte Nachschüsse gewesen sind. Die Nachschüsse werden in den §§ 26ff. aaO. geregelt, allerdings nur für den Fall, daß im Gesellschaftsvertrage die Verpflichtung zur Nachschußzahlung vorgesehen ist. Es steht indessen nichts im Wege — wenigstens soweit die Zuwachssteuer in Frage kommt — die freiwillig im allseitigen Einverständnisse der Gesellschafter tatsächlich geleisteten Zuzahlungen ebenso zu behandeln, als wären sie im Gesellschaftsvertrage vorgesehen. Nimmt man das an, so bedeuten die Zuzahlungen eine Verbesserung der Geschäftsanteile. Die Verbesserung ist auch eine dauernde, da die Rückgewährung der Zuzahlungen — also die Beseitigung der Verbesserung — nicht verlangt werden kann und regelmäßig die Ausnahme bilden wird. Bei dieser Rechtsnatur der Zuzahlungen ist zu prüfen, ob sie unter § 14³ ZuwStG. fallen.

Abzulehnen ist allerdings die Auffassung, als müßten die Zuzahlungen jedenfalls dann zugerechnet werden, wenn sie für Bauten verwendet worden sind; denn das Grundstück kommt nach § 3 nur als Voraussetzung und — iVerh. zum Gesamtvermögen der Gesellschaft — auch als Maßstab der Steuerpflicht in Betracht. Der Geschäftsanteil selbst wird durch die Tatsache, daß ein Teil des Gesellschaftsvermögens für einen Bau verwendet worden ist, nicht verändert; denn an die Stelle des aufgewendeten Betrags tritt in der Gesellschaftsbilanz der Wert des damit hervorgebrachten Erzeugnisses, der regelmäßig dem aufgewendeten Betrage gleich ist. Anderseits kann nicht den Ausführungen in den M. **1** 100 gefolgt werden, wonach Anrechnungen aus § 14³ u. ⁴ überhaupt nicht in Betracht kommen können. Wenn auch in § 14³ hauptsächlich an Grundstücke gedacht ist, so ist nicht ersichtlich, warum eine entsprechende Anwendung auf Gesellschaftsanteile unzulässig sein sollte, soweit es das Wesen dieser Anteile zuläßt. § 14³ umfaßt dauernde Verbesserungen schlechthin; die Geschäftsanteile einer Ges. m. b. H. sind der dauernden Verbesserung fähig; Zuzahlungen der hier in Rede stehenden Art sind als dauernde Verbesserungen anzusehen. Sie gehören auch zu den besonderen; deshalb ist ihr Betrag dem Erwerbswerte der Geschäftsanteile zuzusetzen.

Nr. 63. Entsch. v. 18. März 1913 (OVG. **64** 61) VII C 629/12.

ReichsZuwStG. § 14³.

1. Die erhöhte Anrechnung von 15 statt 5 % nach § 14³ Satz 2 ZuwStG. setzt ein Doppeltes voraus: 1. daß der Veräußerer ein bestimmtes Gewerbe, nämlich das eines Baugewerbetreibenden oder eines Bauhandwerkers, ausübt, also subjektiv eine bestimmte Eigenschaft besitzt, 2. daß er gerade die Herstellung des betreffenden Baues auf dem für den Besteuerungsfall in Betracht kommenden Grundstück unternommen hat, also sich unmittelbar an ihm betätigt haben muß. Die sich hiernach ergebenden beiden Fragen sind durchaus verschieden und daher selbständig zu prüfen. Nur für die Frage, ob der Veräußerer selbst der „Bauunternehmer" war, ist also von Bedeutung, ob und gegebenenfalls inwiefern er in bezug auf den auf dem veräußerten Grundstück errichteten Baue eine selbständige Tätigkeit entfaltet hat. Anderseits ist die Tätigkeit, die ein Gewerbetreibender durch Angestellte seines Gewerbebetriebs entwickeln läßt, rechtlich stets als eigene Tätigkeit des Inhabers des Gewerbebetriebs zu bewerten. Aus der Nichtbeteiligung des Klägers B. an den eigentlichen bautechnischen Arbeiten und aus dem Umstande, daß die Klägerin H. die Arbeiten des ihr mitgehörigen Zimmereigeschäfts nicht in eigener Person geleistet hat, folgt daher keineswegs, daß ersterer nicht Baugewerbetreibender, letztere nicht Bauhandwerker iS. des § 14³ sei.

2. Als Baugewerbetreibender ist, da das ZuwStG. besondere Begriffsmerkmale nicht aufstellt, derjenige zu erachten, der eine selbständige fortgesetzte, auf Erzielung von Gewinn gerichtete, in der Beteiligung am allgemeinen wirtschaftlichen Verkehre bestehende Tätigkeit durch Aufführung von Bauten entfaltet. Wie die mit der Bautätigkeit verfolgte Absicht der Gewinnerzielung verwirklicht wird, ob dadurch, daß der Bauende, weil für fremde Rechnung arbeitend, einen Anspruch gegen den Besteller des Baues auf Zahlung einer Vergütung erwirbt, oder dadurch, daß er, weil für eigene Rechnung arbeitend, später das bebaute Grundstück zu entsprechend höherem Preise weiterveräußert, ist für das Gebiet des ZuwStG. gleichgültig. Der Zweck des § 14³ Satz 2 aaO. war, der zur Verbesserung des Grundstücks aufgewendeten eigenen Arbeit und einem berechtigten Unternehmergewinn eine billige Berücksichtigung zuteil werden zu lassen. Dieser Zweck erheischt eine Berücksichtigung des gesamten Kreises derjenigen Personen, die sich ständig und in Gewinnabsicht, also gewerbsmäßig, mit Bauunternehmungen befassen. Ob sie außerhalb des betreffenden

einzelnen Steuerfalls — in dem es sich naturgemäß durchweg nur um von ihnen, als den Veräußerern, auf eigenem Grund und Boden errichtete Bauten handeln kann — ebenfalls für eigene Rechnung oder aber für fremde Rechnung arbeiten, berührt nicht das Maß des Aufwandes an Berufsarbeit und kann daher für die Frage der zu gewährenden gesetzlichen Vergünstigung keinen Unterschied begründen. Die Tatsache, daß der Kläger Inhaber eines Grundstücks- und Hypothekenkommissionsgeschäfts ist, steht der Ausübung einer baugewerblichen Tätigkeit ebenfalls nicht grundsätzlich entgegen. Eine besondere berufliche Ausbildung in Gestalt der Erlernung des Baufachs ist für den Begriff des Baugewerbetreibenden nicht vorgeschrieben und daher nicht wesentlich. Dem Nichtfachmann ist die berufsmäßige Ausübung des Gewerbes insbesondere in der Weise möglich, daß er dauernd Fachleute in seinen Dienst nimmt. Anderseits würde ein notwendiges Merkmal des Baugewerbebetriebs fehlen, wenn die Bautätigkeit nicht eine auf eine gewisse Dauer der Wiederholung berechnete, sondern eine nach Absicht des Klägers von vornherein auf vereinzelte Fälle beschränkte, also lediglich gelegentlich ausgeübte, gewesen wäre.

3. Was die Klägerin H. angeht, die unstreitig Mitinhaberin einer Bauzimmerei ist, so ist sie Bauhandwerker iS. des § 14³ ZuwStG., das auch hinsichtlich dieses Begriffs keine besonderen Begriffsmerkmale aufstellt. Nach allgemeinem Rechtsgrundsatze kommt die Eigenschaft eines Bauhandwerkers jedem Inhaber oder Mitinhaber eines Bauhandwerksbetriebs zu, und nach der maßgebenden Verkehrsanschauung wird insbesondere auch das Gewerbe der Bauzimmerei zu dem der Bauhandwerker gerechnet. Der größere oder geringere Umfang des Betriebs und daher auch die in dem Bescheide des Bezirksausschusses hervorgehobene Tatsache, daß in der hier fraglichen Bauzimmerei 15 bis 30 Arbeiter Verwendung fänden, ist für die Anwendung der Vorschrift des § 14³ aaO. ohne Belang. Nach den heutzutage geltenden wirtschaftlichen Anschauungen ist gerade auch der Kreis der Bauhandwerker nicht zu eng zu ziehen und ist die Beschäftigung einer größeren Arbeiterzahl mit der Natur des Betriebs als eines handwerksmäßigen sehr wohl vereinbar.

Allerdings wird der Regel nach der Inhaber eines Handwerksbetriebs selbst gelernter Arbeiter sein. Ausnahmen sind aber nicht ausgeschlossen, und eine solche ist insbesondere in dem nach den unstreitigen Angaben der Kläger hier gegebenen Falle anzuerkennen, wo nach dem Tode des früheren Inhabers — des ersten Ehemanns der Klägerin — dessen Witwe unter Aufnahme eines fachkundigen Teilhabers das Geschäft fortsetzt.

4. Das weitere Erfordernis des § 14³ aaO., daß der Veräußerer selbst der Bauunternehmer sei, ist insbesondere dann nicht erfüllt, wenn er die Herstellung des gesamten Baues an einen anderen Unternehmer vergeben hat und infolgedessen für ihn eine eigene Tätigkeit bei der Herstellung des Baues — in dem früher erörterten Sinne, d. i. eine, sei es persönlich, sei es durch Angestellte ausgeübte Tätigkeit — wegfällt. Anderenfalls aber muß nach dem Zwecke des G. schon eine verhältnismäßig geringfügige Tätigkeit des Veräußerers, die zur Herbeiführung des Baues notwendig war, genügen; namentlich braucht der Veräußerer bei der eigentlichen Bauaufführung nicht mitzuwirken und kann ganze Teile des Baues anderen Unternehmern übertragen. Ein Bauhandwerker insbesondere muß schon bei Selbstlieferung der in sein Handwerk einschlagenden Arbeiten für den Bau als Bauunternehmer gelten.

Nr. 64. Entsch. v. 4. April 1913 (OVG. **64** 67) VII C 643/12.

ReichsZuwStG. §§ 14, 22.

1. Nach § 14³ iVerb. mit § 21 ZuwStG. würden die Vermessungskosten in entsprechendem Betrage dem Erwerbspreise hinzuzurechnen sein,

wenn sie Aufwendungen für eine dauernde besondere Verbesserung darstellten und das hier veräußerte Grundstück ausschließlich oder gemeinschaftlich mit anderen Teilen betrafen. Einer solchen Verbesserung dient aber keineswegs schon jede Maßnahme, die darauf abzielt, dem Eigentümer die Veräußerung zu ermöglichen oder sie für ihn leichter und günstiger zu gestalten, vielmehr muß es sich um Aufwendungen zur wirtschaftlichen Hebung des Grundstücks als solchen gehandelt haben. Hier liegt nichts weiteres vor, als daß der Kläger seinen großen und daher weniger leicht verkäuflichen Grundbesitz, ohne jede gleichzeitige Änderung des rechtlichen oder tatsächlichen Bestandes des Grundbesitzes selbst, zu Verkaufszwecken parzelliert und zu dem Ende hat vermessen lassen. Die Kosten einer derartigen bloßen Vermessung können als Aufwendungen für eine Verbesserung iS. der obigen Vorschriften nicht angesehen werden.

2. Dagegen ist wenigstens in einem gewissen beschränkten Umfang ihre Berücksichtigung im Rahmen des § 22[1] ZuwStG. angängig, wonach von dem Veräußerungspreise „die dem bisherigen Eigentümer nachweislich zur Last fallenden Kosten der Veräußerung und Übertragung" in Abzug zu bringen sind. Hierzu gehören auch die Aufwendungen für diejenigen Maßnahmen, durch deren Vornahme erst die Auflassung des veräußerten Grundstücks an den Erwerber und die Eintragung des letzteren als Grundstückseigentümers im Grundbuch ermöglicht wird. Bei der Veräußerung einer bisher kataster- und grundbuchmäßig unselbständigen Grundfläche — eines bloßen Teiles eines Grundstücks — bedarf es hierzu katasteramtlicher Vorarbeiten. Soweit es sich um Kosten für solche katasteramtliche Leistungen handelt, die zur demnächstigen Vorname der Auflassung und Grundbuchumschreibung der hier veräußerten Parzelle notwendig waren — aber auch nur in diesem Umfange —, hat daher der Kläger ein Anrecht auf Kostenabzug nach § 22[1].

Nr. 65. Entsch. v. 29. April 1913 (OVG. **64** 85) VII C 267/12.

Reichs ZuwStG. § 14.

§ 14[2] ZuwStG. ordnet zugunsten des Hypotheken- oder Grundschuldgläubigers, der als Ersteher mit seiner Hypothek oder Grundschuld einen Ausfall erlitten hat, eine Hinzurechnung dieses Ausfalls zum Erwerbspreis an, jedoch mit der Einschränkung, daß die Hinzurechnung nur bis zu dem Werte erfolgen darf, den das Grundstück zur Zeit der Zwangsversteigerung oder gegebenenfalls zur Zeit der Eintragung der Forderung gehabt hat. Die Bestimmung besagt somit, daß der aus der Hinzurechnung des Hypothekenausfalls zum Erwerbspreise sich ergebende Betrag nicht größer sein darf als der Wert, den das Grundstück in dem angegebenen Zeitpunkte hatte. Innerhalb dieser Grenze können aber die ausgefallenen Forderungen nicht schlechtweg nach ihrem Nennwerte, sondern nur soweit berücksichtigt werden, als sie nach Maßgabe ihres Rangverhältnisses in dem Werte des Grundstücks ihre Deckung finden; denn das G. will offenbar dem Ersteher nur eine Anrechnung derjenigen wirklichen Werte sichern, die er hat preisgeben müssen, um das Grundstück zu erwerben. Der Wert oder Unwert einer Hypothek bestimmt sich aber nach ihrem Range, und es ist rechtlich selbstverständlich und bedurfte deshalb keiner besonderen Hervorhebung in dem § 14[2] aaO., daß jede einzelne Hypothek den Wert des Grundstücks nur insoweit in Anspruch nehmen kann, als ihr nicht andere Rechte vorgehen, zu deren Befriedigung das Grundstück zu dienen hat (§§ 879, 1113 BGB.). Solche Hypotheken, die infolge des Vorranges anderer durch den Grundstückswert nicht mehr gedeckt werden und daher wirtschaftlich wertlos sind, gleichwohl zugunsten des Hypothekeninhabers zu berücksichtigen, fehlte jeder erkennbare Grund für den Gesetzgeber. Der von wirtschaftlichen Erwägungen beherrschte § 14[2] hat vielmehr nur wirtschaftlich wertvolle Hypotheken im Auge; er soll unbillige Härten in Fällen verhüten, in denen der Ersteher des Grundstücks als Hypothekengläubiger zur Rettung seiner Forderung zum Erwerbe des Grundstücks genötigt war, und er soll zugleich die Möglichkeit ausschließen, durch überhohe Beleihung des Grundstücks Vorteile auf dem steuerlichen Gebiete herauszuschlagen.

Nr. 66. Entsch. v. 9. Mai 1913 (OVG. **64** 93) VII C 474/12.

Nach § 14² ZuwStG. steht die dort vorgesehene Anrechnung des Hypothekenausfalls dem Veräußerer zu, „wenn er zur Zeit der Einleitung der Zwangsversteigerung Hypotheken- oder Grundschuldgläubiger war". Daß er als solcher auch in das Grundbuch eingetragen sein müsse, ist im G. nicht vorgeschrieben und kann deshalb nicht gefordert werden. Erforderlich ist vielmehr nur, daß der Veräußerer nach den Vorschriften des bürgerlichen Rechtes zur Zeit der Einleitung der Zwangsversteigerung materiell Hypotheken- oder Grundschuldgläubiger gewesen ist. IF. der Abtretung einer Hypothek oder Grundschuld bedarf es daher einer Umschreibung der Post auf den Veräußerer nur bei sogenannten Buchhypotheken- und Buchgrundschulden, während bei Briefhypotheken und Briefgrundschulden die schriftliche Abtretungserklärung und Übergabe des Hypotheken- oder Grundschuldbriefs genügt (§§ 1153, 1154, 1192 BGB.).

Nr. 67. Entsch. v. 7. Okt. 1913 (OVG. **65** 14) VII C 87/13.

ReichsZuwStG. § 14³.

Bei Anwendung des § 14³ ZuwStG. sind die seinerzeit tatsächlich gemachten Aufwendungen für noch vorhandene Neubauten voll anzusetzen, nicht etwa nur ein Betrag, der dem Werte des Gebäudes zur Zeit der Veräußerung entspricht. In § 14 heißt es: „Dem Erwerbspreise sind hinzuzurechnen: .... 3. die Aufwendungen für Bauten, Umbauten und dauernde Verbesserungen, ... soweit die Bauten und Verbesserungen noch vorhanden sind." Der Bezirksausschuß stützt seine Auffassung, daß hiernach die Aufwendungen nur mit dem zur Zeit der Veräußerung noch vorhandenen Werte anzurechnen seien, auf den Wortlaut, nämlich auf den Gebrauch des Wortes „soweit" statt „wenn", auf die — von ihm nicht näher dargelegte — Entstehungsgeschichte und auf die wirtschaftliche Bedeutung der Bestimmung, und zwar unter Bezugnahme auf M. **11** 255ff.

Das Wort „wenn" mußte indessen schon deshalb vermieden werden, weil die Zurechnung auch für den Fall ausgeschlossen werden sollte, daß nur ein räumlicher Teil der Verbesserung wegfiele, und das Wort „soweit" deutet lediglich auf die räumliche Seite der Verbesserungen hin. Bestand die Absicht, die Vorschrift auch auf die jeweilige Beschaffenheit der Verbesserungen auszudehnen, so war eine ganz andere Ausdrucksweise am Platze als die gewählte, da insbesondere in bezug auf Bauten nicht aus Anlaß der bloßen Verringerung ihres Wertes davon gesprochen werden kann, daß sie zum Teil nicht mehr vorhanden seien. Für eine gegenteilige Auffassung lassen sich auch nicht etwa die Worte in dem nur vom Zinszuschlage handelnden Satze des § 14³: „anrechnungsfähiger Wert" (der Aufwendungen) heranziehen, weil eine derartige Einschränkung bereits durch die Tatsache geboten war, daß nach dem Gesamtinhalte des ersten Satzes in § 14³ allerdings die Anrechnungsfähigkeit der Aufwendungen nach Zeit und Art begrenzt ist.

Nr. 68. Entsch. v. 7. Okt. 1913 (OVG. **65** 25) VII C 810/12.

ReichsZuwStG. §§ 14², 22³.

1. Die nach der Meinung der Kläger hier zu berücksichtigende, in der Zwangsversteigerung ausgefallene Hypothek von 100000 *M* stand unstreitig dem Kauf-

manne B. zu, so daß dieser, nicht die Kläger damit ausgefallen sind. Eine Hinzurechnung dieser ausgefallenen Hypothek zu dem Erwerbspreise der Kläger nach § 14² ZuwStG. ist damit ausgeschlossen, da diese Bestimmung nach ihrem klaren Wortlaut sich nur auf eigene Hypothekenforderungen des früheren Erwerbers und jetzigen Veräußerers des Grundstücks bezieht. Auch die Tatsache, daß die Kläger vor dem Erwerb in der Zwangsversteigerung außerhalb der letzteren mit dem Hypothekengläubiger B. vereinbart hatten, es solle dieser seine Hypothek nicht ausbieten und als Ersatz für sie ihm auf dem von den Klägern zu erwerbenden Grundstücke demnächst eine neue Hypothek eingetragen werden, ist unerheblich, weil sie den Erwerbspreis der Kläger nicht zu beeinflussen vermag; denn nach der hier allein in Betracht kommenden Sondervorschrift des § 9 ZuwStG. gilt beim Übergang im Wege der Zwangsversteigerung als Preis der Betrag des Meistgebots, zu dem der Zuschlag erteilt worden ist, unter Hinzurechnung der vom Ersteher übernommenen Leistungen. Unter diesen letzteren aber können begrifflich nur solche verstanden werden, die im Zwangsversteigerungsverfahren selbst mit als Gegenleistung für den Zuschlag übernommen worden sind, so daß der Inhalt außerhalb des gerichtlichen Verfahrens getroffener Vereinbarungen unberücksichtigt zu bleiben hat. Die Anrechnung der sogenannten Finanzierungskosten, d. s. „Aufwendungen für Provisionen, Hypotheken, Damnos, Gerichts- und Notariatskosten anläßlich der Hypothekenbestellungen", können die Kläger ebenfalls nicht beanspruchen. Sie stellen keine den Aufwendungen für Bauten gleichgestellte Aufwendungen „für sonstige dauernde besondere Verbesserungen" — des Grundstücks — dar, fallen also nicht unter § 14³. Ebensowenig aber sind sie „Kosten des Erwerbes" iS. des § 14¹ des G. Als dem Erwerbspreise hinzuzurechnende Kosten des Erwerbes erscheinen vielmehr ausschließlich diejenigen Kosten, die im unmittelbaren Zusammenhange mit der Veräußerung und Übertragung des Grundstücks auf den Erwerber notwendig geworden sind, bei dem hier vorliegenden Erwerb in der Zwangsversteigerung also lediglich diejenigen, die dem Erwerber aus Anlaß des Zwangsversteigerungsverfahrens entstanden sind, nicht aber auch solche Kosten, die nur mittelbar dem Erwerb und den wirtschaftlichen Bedürfnissen des Erwerbers dienen.

2. Nach dem Wortlaute des § 22² Satz 1 ZuwStG. kommt es — entsprechend dem Grundgedanken des G., den Wertzuwachs des Grundstücks als solchen steuerlich zu erfassen, nicht den persönlichen Verdienst des Eigentümers aus dem Grundstück — auf den Grundstücksertrag an, mit anderen Worten auf den Ertrag, den der körperliche Gegenstand des Grundstücks rein zufolge der Benutzungsart des Grundstücks, also unabhängig von sonstigen besonderen, in bezug auf das Grundstück bestehenden Rechtsverhältnissen, abwirft. Unter Ertrag ist daher der Rohertrag abzüglich der Werbungskosten — also der Gesamtwert aller aus dem Grundstücke gezogenen Früchte und Nutzungen (§§ 99, 100 BGB.), abzüglich der Aufwendungen zum Erwerbe des Ertrags — zu verstehen. Die Hypothekenzinsen haben also bei Berechnung des Ertrags außer Betracht zu bleiben. Sie kommen nur für die steuerrechtlich bedeutungslose Frage in Betracht, wieviel von dem Ertrage des Grundstücks dem Eigentümer schließlich verbleibt. Es würde iF. ihrer Berücksichtigung auch der Regel nach der Ertrag hinter den 3 % zurückbleiben, also fast durchweg zugunsten des Steuerpflichtigen der Veräußerungspreis nach § 22² zu kürzen sein, während schon das dort aufgestellte Erfordernis eines besonderen Antrags des Veräußerers darauf hinweist, daß der Gesetzgeber, der im allgemeinen Hinzurechnungen zum Erwerbspreis und Abrechnungen vom Veräußerungspreise von Amtswegen berücksichtigt wissen will, die Anwendung des § 22² als eine verhältnismäßig seltene Ausnahme angesehen hat. Die Minderung des Ertrags um die Hypothekenzinsen nach § 22² würde auch, was nicht die Absicht des G. war, zu

einer nicht gerechtfertigten Zurücksetzung des schuldenfreien Grundbesitzes und zu einer Bevorzugung desjenigen Grundeigentümers führen, der am meisten und womöglich ohne jede wirtschaftliche Notwendigkeit, lediglich im Hinblick auf § 22² ZuwStG. seinen Grundbesitz hypothekarisch belastet hat.

Nr. 69. Bescheid v. 14. Okt. 1913 (OVG. **65** 21) VII C 451/13.

Die im § 14³ Satz ² ZuwStG. vorgesehene Erhöhung des Zinszuschlags bezieht sich auf den anrechnungsfähigen Wert sämtlicher Bauaufwendungen und ist nicht beschränkt auf den Wert der Bauaufwendungen, die der Veräußerer im Betriebe seines Gewerbes gemacht hat. Denn § 14³ billigt dem Veräußerer ganz allgemein wegen aller anrechnungsfähigen Aufwendungen den erhöhten Zinssatz zu, sofern nur die beiden Voraussetzungen erfüllt sind, daß der Veräußerer 1. Baugewerbetreibender oder Bauhandwerker ist, und 2. selbst der Bauunternehmer war, d. h. (vgl. OVG. **62** 58) seine Eigenschaft als Baugewerbetreibender oder Bauhandwerker durch eigene gewerbliche Arbeitsleistung an dem Baue auf dem veräußerten Grundstücke betätigt hat. In bezug auf Bauhandwerker insbesondere hat der Gerichtshof bereits ausgesprochen, daß sie schon bei Selbstlieferung der in ihr Handwerk einschlagenden Arbeiten für den Bau als Bauunternehmer iS. des § 14³ aaO. gelten müssen (Urt. v. 18. III. 13, M. **13** 209). Wie einerseits nach § 14³ der Zinszuschlag von 5% unter allen Umständen, also ohne jede Rücksicht darauf zu gewähren ist, ob der Veräußerer bei der Bauerrichtung eine eigene Tätigkeit entfaltet hat oder nicht, so ist anderseits weder dem Wortlaute des G. noch der Entstehungsgeschichte ein Anhalt dafür zu entnehmen, daß ein beim Baue selbst tätig gewesener Baugewerbetreibender oder Bauhandwerker nur wegen der eigenen Arbeitsleistungen den erhöhten Zuschlag solle beanspruchen können.

Nr. 70. Entsch. v. 21. Nov. 1913 (OVG. **65** 22) VII C 173/13.

ReichsZuwStG. §§ 14¹, 22².

1. Zutreffend ist der Bezirksausschuß davon ausgegangen, daß gemäß § 14¹ ZuwStG. 4% lediglich dem für das Grundstück selbst, nicht auch dem für das Inventar bedungenen Preise hinzuzurechnen sind; denn unter dem Preise iS. des § 14¹ aaO. ist derjenige Betrag zu verstehen, der unter Berücksichtigung der §§ 10, 13 ermittelt worden ist. Aus diesen Vorschriften aber erhellt, daß der so ermittelte Preis nicht auch den beweglichen Beilaß trifft. Auch hat es der Bezirksausschuß mit Recht abgelehnt, einen Betrag, um welchen nach der Behauptung der Klägerin der Ertrag hinter 3% des Erwerbspreises unter Hinzurechnung der Anrechnungen aus § 14 zurückbleibt, sowie Verwaltungskosten von dem Veräußerungspreis abzuziehen. § 22² kann nicht in Betracht kommen, wenn der für die Steuerberechnung maßgebende Zeitraum weniger als ein Jahr beträgt.

2. Bei der Ermittelung des auf einen abveräußerten Teil einer wirtschaftlichen Einheit entfallenden Erwerbspreises ist der Wert des Inventars von dem ganzen für den Erwerb der wirtschaftlichen Einheit bezahlten Preise abzuziehen.

Nr. 71. Entsch. v. 6. Jan. 1914 (PrVerwBl. **35** 603) VII C 232/13.

ReichsZuwStG. §§ 14, 22.

1. Der Beklagte wendet sich einmal dagegen, daß der Bezirksausschuß in einem von dem Kläger auf dem Grundstück angelegten Brunnen eine dauernde Verbesserung nach § 14³ ZuwStG. erblickt. Die Feststellung einer durch die Brunnenanlage bedingten dauernden Verbesserung beruht indessen wesentlich auf tatsächlichen Erwägungen, die der Nachprüfung in der Revisions-

instanz bei der beschränkten Natur des Rechtsmittels entzogen sind. Daß der Bezirksausschuß den Begriff der dauernden Verbesserung etwa verkannt habe, ist der angefochtenen Entscheidung nicht zu entnehmen.

2. Der weitere Streitpunkt betrifft die Anwendbarkeit des § 22² ZuwStG., wonach auf Antrag des Veräußerers von dem Veräußerungspreise der Betrag in Abzug zu bringen ist, um den „nachweislich" während des für die Steuerberechnung maßgebenden Zeitraums der aus dem Grundstück erzielte Jahresertrag hinter 3 % des Erwerbspreises nebst gewissen Anrechnungen zurückbleibt. Nachdem der Kläger im Einspruchsverfahren für jedes einzelne der in Betracht kommenden Besitzjahre seinen Jahresertrag ziffermäßig angegeben hatte, hat der Beklagte selbst, fußend auf diesen Angaben, in dem Einspruchsbescheide die Mindererträgnisse des Klägers nach § 22² angenommen und um diesen Betrag daher den Veräußerungspreis gekürzt. Im Streitverfahren hat der Beklagte verlangt, daß von diesem Abstrich abgesehen werde, weil es an dem erforderlichen Nachweise der Mindererträgnisse fehle. Der Bezirksausschuß führt zunächst mit Recht aus, daß die Veranlagung nicht im Verwaltungsstreitverfahren zum Nachteile des Steuerpflichtigen geändert werden könne. Von dem auf § 44¹ ZuwStG. beruhenden Beschwerdeverfahren ist das Verwaltungsstreitverfahren seinem Wesen nach ganz verschieden; in Preußen aber ist die Beschwerde gegen den Zuwachssteuerbescheid nicht zugelassen, sondern nur das an das Einspruchsverfahren sich anschließende Verwaltungsstreitverfahren (§ 2 AGZuwStG. v. 14. VII. 11). Dieses kann lediglich die veranlagte Steuer zum Gegenstande haben. Über den in dem Einspruchsbescheide festgesetzten Steuerbetrag hinauszugehen, war daher der Verwaltungsrichter gar nicht in der Lage. Was aber den Nachweis der Jahreserträgnisse nach § 22² ZuwStG. anbetrifft, so gilt insoweit in Ermangelung besonderer gesetzlicher Anforderungen der allgemeine Grundsatz der freien Beweiswürdigung und demgemäß steht nichts dem im Wege, bei geeigneter Sachlage auch die bloßen vom Veräußerer über seine Erträgnisse gemachten Angaben als glaubwürdig und daher als genügenden Beweis zu erachten.

Nr. 72. Entsch. v. 6. Jan. 1914 (DJZ. 19 998) VII C 114/13.

Die Kosten für die Beschaffung von Hypotheken, die die Kläger aufgewendet haben, können nicht gemäß § 14³ ZuwStG. dem Erwerbspreise hinzugerechnet werden.

Nr. 73. Entsch. v. 6. Jan. 1914 (OVG. 67 1) VII C 57/13.

ReichsZuwStG. § 14³

Das ReichsZuwStG. bezweckt mit der im § 14³ vorgesehenen Hinzurechnung der Aufwendungen für Bauten zu dem Erwerbspreise, dasjenige von der Besteuerung auszuschließen, was für die objektive Verbesserung des Grundstücks und damit im Zweifel für die Erhöhung des Wertes des letzteren aufgewendet, was, wie man im täglichen Leben zu sagen pflegt, in das Grundstück „hineingesteckt (investiert)" ist, und wovon man daher annehmen kann, daß es bei späterer Veräußerung den von dem demnächstigen Erwerber bewilligten Preis zu beeinflussen geeignet ist. Diesem Zwecke entsprechend können nur solche Aufwendungen hinzugerechnet werden, die an sich geeignet sind, den Wert des Grundstücks zu heben. Nicht hinzuzurechnen sind dagegen Leistungen, die diese Wirkung nicht haben können, sofern sie nicht, wie z. B. Baugeldzinsen, eine innerliche Folge der für den Bau gemachten Aufwendungen sind. Anrechnungsfähig sind hiernach die Kosten, die unmittelbar für die Ausführung des Baues aufgewendet, in den Bau hineingesteckt worden sind und damit den Wert des Grundstücks erhöhen oder doch erhöhen können, nicht dagegen die Ausgaben für die Beschaffung des zum Baue verwendeten Geldes, weil diese keine Leistung darstellen, die dem Baue und dem Grundstück als solchem zugute kommt, auch keine Folge der Verwendung des Baugeldes sind, sondern nur den Eigentümer persönlich treffen und dessen subjektiven Gewinn mindern, ohne den Grundstückswert zu beeinflussen. Mit dieser aus den grundlegenden Bestimmungen des G. zu entnehmenden Auslegung des § 14³ steht es keineswegs im Widerspruche, daß auch das Architektenhonorar zu den Baukosten zu rechnen ist und nach dem zweiten Satze aaO. ein Zuschlag von 5 bzw. 15 % zu den Aufwendungen gemacht wird; denn das Architektenhonorar ist ebenso wie die Arbeitslöhne ein Teil der Baukosten, und die in Satz 2 vorgesehenen Zurechnungen sollen nur ein Entgelt für die angenommene oder tatsächlich feststehende Tätigkeit des Eigentümers darstellen, die, wenn sie von einem Dritten geleistet wäre, vom Bauherrn zu bezahlen wäre und daher einen Teil der objektiven Kosten des Baues bilden würde.

Nr. 74. Entsch. v. 6. Febr. 1914 (**OVG. 67** 8) VII C 284/13.

ReichsZuwStG. §§ 8, 14, 24.

Die Übernahme der Zuwachssteuer durch den Erwerber wird ihrer steuerrechtlichen Tragweite nach ausschließlich und erschöpfend durch § 24 ZuwStG. geregelt; sie stellt nicht eine übernommene Leistung iS. des § 8 Abs. 2 aaO. dar. Auch die Hinzurechnung der übernommenen Steuer zum Erwerbspreise gemäß § 14¹ aaO. ist ausgeschlossen. Zu den Kosten des Erwerbes lassen sich die übernommenen Beträge nicht rechnen, denn die Zuwachssteuer ist eine eigenartige Abgabe, die ihrer Natur nach den Veräußerer treffen soll. Wenn sie vom Erwerber übernommen wird, so besteht im allgemeinen nicht die Auffassung, als handele es sich um die Übernahme von Kosten, sondern der Erwerber ist zufolge bestehender Verkehrssitte regelmäßig von der Anschauung beherrscht, er übernehme eine vom Kostenpunkt unabhängige Verbindlichkeit des anderen Teiles.

Nr. 75. Entsch. v. 17. Febr. 1914 (**OVG. 67** 17) VII C 239/13.

ReichsZuwStG. §§ 10, 14.

1. § 10 ZuwStG. will den Preis des Grundstücks — und zwar sowohl den Erwerbs- wie den Veräußerungspreis — enger umgrenzen durch Ausscheidung des Wertes einzelner Bestandteile, insbesondere der Erzeugnisse des Grundstücks, solange diese mit dem Boden zusammenhängen. Zu den „Erzeugnissen" iS. des § 10 gehören auch Holzbestände, Obstbäume und alle dauernd im Boden bleibenden Pflanzen.

Im vorliegenden Falle ist ein Gärtnereigrundstück verkauft worden; es waren daher die auf ihm zur Zeit des Eigentumsüberganges noch vorhandenen und mit dem Boden zusammenhängenden Pflanzen vom Verkaufspreis abzurechnen, und zwar, da § 10 auf die richtige Preisabgrenzung abzielt, zu dem Werte, welchen sie zur Zeit des Verkaufs, d. h. des schuldrechtlichen Veräußerungsgeschäfts, hatten.

2. Der Steuerpflichtige hatte mit der Klage die Anrechnung der Kosten für Dünger und Bearbeiten des Bodens, sowie für gärtnerische Anlagen und Pflanzungen begehrt. Dem Erwerbspreise sind nur diejenigen Aufwendungen für Verbesserungen hinzuzurechnen, die innerhalb des für die Steuerberechnung maßgebenden Zeitraums gemacht sind und weder die nach § 10 abzugsfähigen Gegenstände betreffen, noch der laufenden Bewirtschaftung des Grundstücks dienen.

Nach **OVG. 62** 8 (ErgBd. i. St. IV 11) ist der für die Steuerberechnung maßgebende Zeitraum die Zeit, die zwischen der Eintragung des Veräußerers und der Eintragung des neuen Erwerbers liegt, im vorliegenden Falle also die Zeit vom März 1910 bis 3. V. 11. Die im Jahre 1909 gemachten Aufwendungen würden also schon aus diesem Grunde nicht anrechenbar sein. Insoweit käme vielmehr nur eine außerhalb des Verwaltungsstreitverfahrens mögliche Ermäßigung der Steuer aus Billigkeitsgründen in Frage (§ 66 ZuwStG.).

Ferner schließt die Vorschrift des § 10 ZuwStG. die Zurechnung der auf die „Erzeugnisse des Grundstücks" bezüglichen Aufwendungen aus. Von dem, was dann noch übrig bleibt, würden die zur laufenden Bewirtschaftung dienenden Aufwendungen als nicht anrechnungsfähig auszusondern sein, also mindestens ein Teil des angerechneten Düngers und der noch nachzuweisenden Arbeitslöhne.

Zutreffend hat der Vorderrichter die eigene Arbeit des Steuerpflichtigen und seiner Familie mit Rücksicht auf § 14³ Satz 2 ZuwStG. außer Betracht gelassen. Daß die Familienangehörigen etwa im Lohnverhältnisse zum Kläger gestanden hätten, war nicht behauptet worden.

Nr. 76. Entsch. v. 5. Mai 1914 (DJZ. **20** 722) VII C 543/13.

ZuwStG. § 14.

Richtig ausgelegt besagt § 14² ZuwStG., daß der aus der Hinzurechnung des Hypothekenausfalls zum Erwerbspreise sich ergebende Gesamtbetrag nicht größer sein darf als der Wert des Grundstücks in dem angegebenen Zeitpunkt, und daß auch innerhalb dieser Grenze die ausgefallenen Hypotheken nicht schlechtweg nach ihrem Nennwerte, sondern nur insoweit berücksichtigt werden dürfen, als sie nach Maßgabe ihres Rangverhältnisses, also unter Berücksichtigung der ihnen im Range vorhergehenden Hypotheken, sich innerhalb des Wertes des Grundstücks halten.

Nr. 77. Entsch. v. 23. Juni 1914 (OVG. **69** 22) VII C 487/13.

ZuwStG. §§ 14, 22.

1. Bei der Ermittelung des Jahresertrags (§ 22² ZuwStG.) sind als Werbungskosten nur solche Ausgaben den Einnahmen gegenüberzustellen, welche zur Erwerbung, Sicherung und Erhaltung dieser Einnahmen aufgewendet worden sind. Denn Ausgaben, die der Eigentümer des Grundstücks für andere Zwecke gemacht hat, können nicht in Betracht kommen. Hier handelt es sich nach dem Vorbringen der Parteien nur um Erträge, die aus dem Grundstücke durch Verpachtung erzielt worden sind. Es können also auch als Werbungskosten nur solche Ausgaben angesetzt werden, die zur Erwerbung, Sicherung und Erhaltung der Pachteinnahmen aufgewendet worden sind, nicht aber Aufwendungen, die den Verkauf vorbereiten oder herbeiführen, wie Verkaufsannoncen, Umdruckpläne des Bebauungsplans und die Bohrungen zum Zwecke der Feststellung des Baugrundes.

2. Das Vorliegen einer dauernden Verbesserung (§ 14³ aaO.) ist nicht davon abhängig, aus welchen Beweggründen die Anlage gemacht worden ist, sondern allein davon, welche Wirkung sie auf das Grundstück zu üben geeignet ist. Für diese Wirkung hat es aber keine Bedeutung, ob die Anlage auf behördlicher Anordnung oder auf der freien Entschließung des sie Errichtenden beruht.

Nr. 78. Entsch. v. 26. Juni 1914 (OVG. **68** 28) VII C 665/13.

ReichsZuwStG. § 14.

1. Nach § 14⁴ ZuwStG. sind dem Erwerbspreise hinzuzurechnen:

„4. die Aufwendungen, Leistungen und Beiträge für Straßenbauten, andere Verkehrsanlagen einschließlich der Kanalisierung, sowie ohne entsprechende Gegenleistung und Verzinsung geleistete Beiträge für sonstige öffentliche Einrichtungen, soweit die Aufwendungen, Leistungen und Beiträge innerhalb des für die Steuerberechnung maßgebenden Zeitraums gemacht sind".

Im vorliegenden Falle waren auf Grund dieser Bestimmungen verschiedene dem Kläger vertraglich obliegende Aufwendungen, die ihrem wirtschaftlichen Wesen nach Straßenunterhaltungskosten sind, anteilmäßig berücksichtigt worden. Allerdings können nach § 14^4 aaO. nicht etwa ganz allgemein alle der laufenden Unterhaltung dienenden Aufwendungen als anrechnungsfähig angesehen werden, die aus der allgemein öffentlich-rechtlichen — gesetzlichen, statutarischen oder observanzmäßigen — Straßen- und Wegebau- und Unterhaltungspflicht oder aus der allgemeinen Abgabenpflicht gegenüber dem bau- und unterhaltungspflichtigen öffentlich-rechtlichen Verband entspringen. Dem steht entgegen einmal ihr allgemeiner Charakter als den Ertrag mindernde Werbungskosten, ferner auch der Wortlaut „Bauten", „Anlagen" in § 14^4, endlich auch die Hinzurechnung von Zinsen nach § 14^4. Andererseits aber ist die Ansicht, Straßenunterhaltungskosten könnten, als im Gegensatze zu Straßenbaukosten, überhaupt in keinem Falle nach § 14^4 anrechnungsfähig sein, zu weitgehend.

Die Bestimmung unter Ziff. 4 des § 14 ist in ihrer Fassung allgemeiner als die unter Ziff. 3, insofern sie weder von einer „dauernden besonderen Verbesserung" spricht noch davon, daß die „der laufenden Unterhaltung" dienenden Aufwendungen auszuscheiden haben. Ein Hauptfall der Anwendung des § 14^4 ist die Leistung von Anliegerbeiträgen nach § 15 BauflG. Da diese Gesetzesvorschrift neben den eigentlichen Straßenbaukosten gleichzeitig auch Unterhaltungskosten in Betracht zieht und insofern ein einheitliches, in Gestalt dieser beiden Kostenarten einen Gesamtaufwand erheischendes Straßenunternehmen behandelt, wäre um so mehr eine der Ziff. 3 des § 14 ZuwStG. entsprechende besondere Erwähnung der Nichtanrechnungsfähigkeit laufender Unterhaltungskosten zu erwarten gewesen, wenn deren grundsätzliche Ausschaltung beabsichtigt gewesen wäre. Das Unterlassen einer solchen Ausschaltung im G. ist aus der Erwägung heraus erklärlich, daß derartige Kosten mit dem eigentlichen Straßenbau im engsten Zusammenhange stehen können. Namentlich ist, wenn in einem Straßenbauvertrage von der Gemeinde dem an der Straßenschaffung interessierten Grundstückseigentümer die Verpflichtung zur längeren Unterhaltung der künftigen Straße auferlegt wird, bei der ausschlaggebenden Stellung, welche die Gemeinde in bezug auf die Anlage der Straße und deren Charakter als einer öffentlichen hat (vgl. § 12 BauflG.), die vertragliche Übernahme der Unterhaltungskosten durch den betreffenden Grundstückseigentümer regelmäßig die Vorbedingung zur Herbeiführung des Straßenbaues überhaupt. Wenn daher wie hier zufolge des geschlossenen Straßenbauvertrags oder etwa nach § 15 BauflG. die Übernahme der Verpflichtung zur Unterhaltung der Straße ausdrücklich deshalb geschieht, um die Herstellung der Straße oder die bauliche Ausnutzung des Grundstücks herbeizuführen, so sind auch die übernommenen Unterhaltungskosten schon nach allgemeinem Grundsatze Verbesserungskosten des Grundstücks und für den Grundstückseigentümer auch Aufwendungen für den Bau der Straße, von dem sie in solchem Falle nicht zu trennen sind.

Bei Berücksichtigung der dem hier geschlossenen Straßenbauvertrag innewohnenden Bedeutung sind daher im vorliegenden Falle die Straßenunterhaltungskosten den eigentlichen Straßenbaukosten gleich zu behandeln.

2. Auch die vertraglich übernommene Verzinsung der Kosten einer Verlegung von Wasserleitungsröhren kann nach § 14^4 aaO. anrechnungsfähig sein.

3. Maßgebender Zeitraum ist auch iF. der vertraglichen Verpflichtung die Zeit vom Erwerbe des Eigentums bis zu dessen Veräußerung.

Nr. 79. Entsch. v. 26. Juni 1914 (OVG. 68 32 idAnm.) VII C 742/13.

Ein Recht der Klägerin auf anteilmäßige Hinzurechnung der von ihr aufgewendeten Straßenunterhaltungskosten zu dem Erwerbspreise nach § 14⁴ ZuwStG. ist anzuerkennen. Das Gleiche gilt aber auch von den streitigen Beleuchtungskosten, denen eine entsprechende Gegenleistung der Gemeinde nicht gegenübersteht. Der allgemeine Vorteil, den die Erfüllung der der Gemeinde nach öffentlichem Rechte obliegenden und in dem Straßenbauvertrage noch hervorgehobenen Verpflichtung zur Straßenbeleuchtung den Grundstücken der Klägerin gewährt, stellt eine solche Gegenleistung nicht dar. Auch die Straßenbeleuchtungskosten gehören ihrem wirtschaftlichen Wesen nach zu den Kosten der Straßenunterhaltung, wie sie als solche auch in dem Haushaltsplane der Gemeinden behandelt zu werden pflegen. Sie sind daher hier nicht anders zu würdigen wie die übrigen von der Klägerin aufgewendeten Straßenunterhaltungskosten. Sie betreffen eine öffentliche Einrichtung, nämlich die Beleuchtungsvorrichtung der öffentlichen Straße und mittelbar damit die letztere selbst. Der Umstand, daß die Beleuchtung als solche nicht ununterbrochen stattfindet, ist daher ohne wesentliche Bedeutung.

Nr. 80. Entsch. v. 7. Juli 1914 (PrVerwBl. 36 104) VII C 706/13.

ReichsZuwStG. § 14³.

1. Die Maßnahmen, die dazu dienen, ein nahezu unbewohnbares Haus wieder in den Stand der Bewohnbarkeit zu versetzen, und damit ihm seine bestimmungsmäßige Benutzbarkeit erst wieder von neuem zu verleihen, dienen einheitlich dem Zwecke einer dauernden besonderen Verbesserung, und es stellen daher in einem solchen Falle auch diejenigen Aufwendungen, die unter anderen Umständen ihrer Natur nach als bloße laufende Unterhaltungskosten erscheinen würden, nicht solche Unterhaltungskosten, sondern lediglich einen notwendigen Bestandteil der gesamten der Verbesserung dienenden anrechnungsfähigen Aufwendungen dar. Eine Unterscheidung und Trennung zwischen Instandsetzungskosten und bloßen Kosten laufender Unterhaltung wäre im vorliegenden Falle nur angängig und geboten, wenn und soweit zu den von dem Erwerber innerhalb des steuerlich maßgebenden Zeitraums gemachten Aufwendungen auch solche gehörten, die er auch unabhängig von der Verbesserung, mit anderen Worten auch bei Beibehaltung des bisherigen mangelhaften baulichen Zustandes für die laufende Unterhaltung hätte aufwenden müssen. § 14³ ZuwStG. beruht ebenso wie § 8 I u. III¹ EinkStG. auf dem Gegensatze der Werbungskosten und Verbesserungen. Instandsetzungskosten der vorliegenden Art sind keine Werbungskosten, sondern Verbesserungskosten. In der gesetzlichen Anrechnungsfähigkeit der hier behandelten Aufwendungen in Fällen wie dem vorliegenden gelangt der allgemeine Grundsatz des § 1 Abs. 1 ZuwStG. zur Anwendung, wonach nur der ohne Zutun des Eigentümers entstandene Wertzuwachs steuerlich erfaßt werden soll.

2. Für die Richtigkeit der hier dem § 14³ ZuwStG. gegebenen Auslegung spricht auch die Entstehungsgeschichte des G. Bei der Beratung des § 14³ wurde hervorgehoben, daß als nicht vorhanden — iS. des Satzes 1 am Schlusse — auch ein Gebäude gelten müsse, das gar nicht mehr unterhalten und benutzt, sondern dem Verfalle preisgegeben oder dessen Benutzung zu seinem ursprünglichen Zwecke wesentlich beeinträchtigt werde. Gilt aber ein derartig mangelhaftes Haus überhaupt nicht als vorhanden, die Aufwendung für dasselbe also, eben wegen dieser Mangelhaftigkeit, als schlechthin nicht anrechnungsfähig, so dient der zur Beseitigung des Mangels, also zur Wiederherstellung des ordnungsmäßigen Zustandes aufgewendete Gesamtbetrag der Schaffung

neuer Werte, nicht aber teilweise der Unterhaltung eines schon vorhandenen Gebäudes.

Nr. 81. Entsch. v. 10. Juli 1914 (PrVerwBl. **36** 393) VII C 385/13.

ReichsZuwStG. §§ 14, 16, 22, 63.

1. Bei der Heranziehung zur Zuwachssteuer wegen der Veräußerung eines Geschäftsanteils einer Ges. m. b. H., deren Unternehmen sich auf die Beteiligung an Terrainunternehmungen erstreckt, bildet nicht die Eigentumsübertragung an einem oder mehreren Grundstücken, sondern lediglich die Übertragung des Geschäftsanteils den steuerpflichtigen Rechtsvorgang. Fällt letzterer in die Zeit nach dem 1. I. 11, so ist eine Anwendung des § 63 ZuwStG. ausgeschlossen.

2. Was nun die iF. der Veräußerung eines Geschäftsanteils einer Ges. m. b. H. gesetzlich zulässigen Hinzurechnungen zu dem Erwerbspreis und die Abzüge von dem Veräußerungspreise betrifft, so ist — im Hinblick auf die weiter unten zu erörternden Grundsätze über die Ermittlung des Erwerbs- und Veräußerungspreises des Geschäftsanteils selbst — von folgenden Gesichtspunkten auszugehen:

Hinsichtlich der Anrechnung der Erwerbskosten gilt auch für den Erwerb eines Geschäftsanteils einer Ges. m. b. H. grundsätzlich die Bestimmung des § 14^1 ZuwStG.

Dahingestellt bleiben kann für die vorliegende Entscheidung die Frage, ob eine Anrechnung nach § 14^1 ZuwStG. — abgesehen von dem Falle, daß der gemeine Wert an die Stelle des Preises tritt — etwa auch dann als unzulässig zu erachten ist, wenn im Einzelfall Erwerbskosten nicht zur Entstehung haben gelangen können. Im vorliegenden Falle hat der Beklagte nicht in Abrede gestellt, daß bei dem Erwerbe des Geschäftsanteils des Klägers Erwerbskosten entstanden sind, und hat nur darauf hingewiesen, daß die Gesellschaft die Erstattung dieser Kosten übernommen habe. Diese Tatsache ist jedoch für die Anrechnungsfähigkeit eines Kostenbetrags gemäß § 14^1 rechtlich bedeutungslos, weil die zwischen der Gesellschaft und einem einzelnen Gesellschafter getroffene Vereinbarung hinsichtlich der Übernahme der Erwerbskosten eines Geschäftsanteils zu Lasten der Gesellschaft die gesetzliche Anrechnungsfähigkeit dieser Kosten nach § 14^1 ZuwStG. nicht ausschließt. Im übrigen ist zu berücksichtigen, daß die von einem bei der Gründung beteiligten Gesellschafter aus Anlaß dieser Gründung auf seine Stammeinlage gemachten Leistungen und ebenso die ihm gegenüber späterhin auf diese Stammeinlage eingeforderten Beträge — zu vgl. §§ 3^4, 7, 11, 14, 16 G. betr. die Ges. m. b. H. — als sein Erwerbspreis zu behandeln sind, so daß auch insoweit — abweichend von OVG. **64** 58 — nicht ein Wert nach § 11 ZuwStG. in Frage kommt. Dagegen gehören Leistungen auf die Stammeinlage, die erst nach der von ihm bewirkten Abtretung seines Geschäftsanteils dem neuen Erwerber gegenüber erfordert und von letzterem geleistet werden, nicht zu seinem Erwerbspreise, sondern tragen den Charakter einer lediglich dem Erwerbspreise dieses seines Nachfolgers bei einer etwaigen abermaligen Veräußerung des Geschäftsanteils nach § 14^3 hinzuzurechnenden Aufwendung zur Verbesserung des von dem Nachmann erworbenen Geschäftsanteils. Anderseits sind ebenso die von dem ursprünglichen ersten Inhaber des Geschäftsanteils über seine Stammeinlage hinaus geleisteten Nachschüsse usw. — §§ 26ff. G. betr. die Ges. m. b. H. — nicht Preisteile, sondern zugunsten dieses ersten Inhabers seinem Erwerbspreise hinzuzurechnende Aufwendungen für Verbesserungen nach § 14^3 (zu vgl. OVG. **64** 59, 60).

3. Daß dagegen zu den als Aufwendungen zu behandelnden Nachschüssen eine weitere Hinzurechnung auf Grund des § $14^{3\text{ Satz }2}$ ZuwStG., also in Gestalt eines Zinszuschlags, nicht zulässig ist, folgt zunächst aus dem

dieser Bestimmung zugrunde liegenden Gesetzeszwecke, wonach jene Zuschläge erfolgen sollen als Vergütung für die eigenen Arbeitsleistungen, die der Steuerpflichtige bei den in Satz 1 der Ziff. 3 des § 14 bezeichneten Aufwendungen gemacht hat. Von solchen Arbeitsleistungen kann aber bei der bloßen Zahlung von Nachschüssen keine Rede sein. Ferner kommt in Betracht, daß schon nach der Gesetzesfassung: „außerdem sind 5 %, oder wenn der Veräußerer Baugewerbetreibender oder Bauhandwerker und selbst der Bauunternehmer ist, 15 % des anrechnungsfähigen Wertes den Aufwendungen hinzuzurechnen." Zuschläge solcher Art auf Grund dieser Bestimmung nur im Hinblick auf Aufwendungen für Bauten und Grundstücksverbesserungen vom G. zugelassen sind. Dieselben Erwägungen, die nach den folgenden Ausführungen dazu führen, daß eine Anrechnung gemäß §§ 14^4 und 16 ZuwStG. iF. des § 3 aaO. ausgeschlossen ist, treffen daher auch zu für den Ausschluß einer Hinzurechnung der in § 14^3, Satz 2 erwähnten Zuschläge.

4. Hinsichtlich des Ausschlusses einer Anrechnung der Straßenbaukosten nach § 14^4 und eines Zinszuschlags nach § 16 ZuwStG. ist davon auszugehen, daß diese Bestimmungen nach ihrem einzig auf Grundstücke zu beziehenden Inhalt und Wortlaut auf die Veräußerung eines Geschäftsanteils einer Ges. m. b. H. als steuerpflichtigen Rechtsvorgang keinesfalls Anwendung finden können. Man kann nur solche Anrechnungen zulassen, die mit der Anteilsübertragung in einem gewissen inneren Zusammenhange stehen und begrifflich auf eine derartige Übertragung angewendet werden können, und jedenfalls die Anrechnungsfähigkeit nicht auf solche Beträge ausdehnen, die füglich nur iVerb. mit einem Grundstücke tatsächlich und rechtlich in Betracht kommen können. Man kann nicht von bebauten und unbebauten Geschäftsanteilen sprechen. Deshalb können auch nicht Straßenbaukosten und Anrechnungen aus § 16 ZuwStG. in Frage kommen.

5. Als zulässig zu erachten sind dagegen wiederum auch iF. des § 3 ZuwStG. die in § 22^2 erwähnten Abzüge von dem Veräußerungspreise. Der Geschäftsanteil bezweckt wirtschaftlich in erster Linie die Teilnahme an dem sich nach der jährlichen Bilanz etwa ergebenden Reingewinne der Gesellschaft. Sinngemäß muß daher unbedenklich der Grundgedanke des § 22^2 auch auf den nach § 3 steuerrechtlich dem Grundstückseigentume gleich behandelten Geschäftsanteil bezogen werden. Deshalb ist auch darauf kein entscheidendes Gewicht zu legen, daß nach dem Wortlaute des § 22^2 das Grundstück als solches der Verlustträger ist und man bei einer Ges. m. b. H., die keinen oder nur einen hinter 3 % zurückbleibenden Jahresgewinn an die Gesellschafter verteilt, nicht gerade die Grundstücke der Gesellschaft die Verlustträger zu sein brauchen. Das Unterbleiben einer Gewinnverteilung bei einer Gesellschaft kann die verschiedenartigsten Ursachen haben, namentlich auch darauf zurückzuführen sein, daß der Gewinn dem Stammkapitale gutgeschrieben und so der Anteilswert erhöht wird. Immerhin wird man aber von dem Grundgedanken des G. ausgehen müssen, daß durch den Veräußerungspreis der entgangene Gewinn der früheren Zeit mitgedeckt werden soll und deshalb auch jener Abzug gemäß § 22^2 gestattet ist. Dieser Grund des G. trifft aber auch dann zu, wenn ein Gesellschafter einer Ges. m. b. H. von seiner Bareinlage keinen oder einen hinter dem im G. erwähnten Betrage zurückbleibenden Gewinn erzielt hat.

6. Was nun die Frage anlangt, wie im vorliegenden Falle der der Steuerberechnung zugrunde zu legende Erwerbs- und Veräußerungspreis des Geschäftsanteils zu berechnen ist, so kann der Annahme des Vorderrichters, „daß lediglich das Verhältnis zwischen Grundbesitz und sonstigem Vermögen der Ges. m. b. H. zur Zeit der Veräußerung des Geschäftsanteils für maßgebend zu erklären sei, und zwar sowohl für die Veräußerung wie den Erwerb des Geschäftsanteils", nicht beigetreten werden. In OVG. v. 5. V. 14

VII C 465/13 ist folgendes ausgeführt worden: „Der Übergang eines Geschäftsanteils einer Ges. m. b. H. ist in bezug auf die Zuwachssteuer dem Eigentumsübergang an einem Grundstücke gleichgestellt, sofern die in § 3 ZuwStG. normierten Voraussetzungen vorliegen. Diese Voraussetzungen sind im vorliegenden Falle gegeben. Die Gesellschaft hat, wenn auch nicht schon bei ihrer Errichtung, Grundstücke erworben. Ihr Unternehmen erstreckt sich auf die Beteiligung an Terrainunternehmungen. Sie ist auch zur Zeit der für die Steuerpflicht maßgeblichen Übertragung des Geschäftsanteils noch Eigentümerin der bezeichneten Grundstücke gewesen. Wie bereits in OVG. v. 23. IX. 13 VII C 804/12 ausgeführt worden, ist im Hinblicke darauf, daß die Steuerpflicht lediglich an die Übertragung des Geschäftsanteils anknüpft, „gemäß den allgemeinen Bestimmungen der §§ 8ff. ZuwStG. bei der Bestimmung des Wertzuwachses von demjenigen Erwerbspreis oder zutreffendenfalls (§ 11) Erwerbswert und demjenigen Veräußerungspreis auszugehen, der für den Geschäftsanteil selbst in Betracht kommt, und ist für Hinzurechnungen oder Abzüge nur insoweit Raum, als die gesetzlichen Voraussetzungen dazu in bezug auf den Geschäftsanteil als solchen gegeben sind".

An diesem Grundsatz ist auch für den vorliegenden Fall festzuhalten, der lediglich insofern von dem dem Urt. v. 23. IX. 13 zugrunde gelegenen Sachverhalt abweicht, als hier zu dem Vermögen der Ges. m. b. H. zur Zeit von deren Errichtung Grundstücke noch nicht gehörten, während dort das Gesamtvermögen der Ges. m. b. H. aus einem Grundstücke bestand. Dieser Unterschied in den Tatsachen ist jedoch für die grundsätzliche Besteuerung des Übertragungsakts eines Geschäftsanteils nur insoweit von Bedeutung, als der Teil des Geschäftsanteils, der nach dem Verhältnisse des Grundstücksvermögens zu dem sonstigen Vermögen der Gesellschaft auf letzteres entfällt, der Steuerpflicht und damit der Berücksichtigung bei einer Steuerveranlagung entzogen ist.

Geht man hiervon aus, so bleibt zunächst zu prüfen, welcher Preis als Erwerbspreis der Steuerberechnung zugrunde zu legen ist, wenn zu dem Vermögen der Gesellschaft zur Zeit deren Errichtung und des im vorliegenden Falle mit dieser zusammenfallenden Erwerbs des später veräußerten Geschäftsanteils Grundstücke noch nicht gehörten.

In Betracht kommen können drei Methoden. Von dem Zeitpunkte der Gesellschaftserrichtung im vorliegenden Falle ausgehend, könnte angenommen werden, daß der Erwerbswert des Anteils des Klägers gleich Null zu erachten sei, wenn darauf entscheidendes Gewicht gelegt wird, daß zur Zeit der Gesellschaftserrichtung die gesetzliche Voraussetzung „soweit das Vermögen der Vereinigung aus Grundstücken besteht" nicht zutraf und somit auch der Geschäftsanteil solches Vermögen damals nicht betroffen hat. Diese Berechnungsart würde jedoch in unbilliger Weise auf eine Z.-it Wert legen, auf die das G. selbst, falls zu ihr eine Anteilsübertragung stattgefunden haben würde, selbst kein Gewicht legt.

Ferner könnte der Erwerbspreis, von der Erwägung ausgehend, daß eine Steuerpflicht erst aus Anlaß der Veräußerung eintritt, auch so ermittelt werden, daß das lediglich zur Zeit der Anteilsübertragung bestehende Verhältnis zwischen dem Grundstücks- und anderweiten Gesellschaftsvermögen sowohl für den Veräußerungs- wie für den Erwerbspreis des Anteils in Betracht gezogen wird. Diese Berechnungsart leidet indessen zunächst schon an dem Nachteile, daß bei ihrer Befolgung jeder in der Zwischenzeit (zwischen Anteils- resp. Grundstückserwerb und Anteilsübertragung) durch Grundstücksveräußerungen eingetretene Vermögenswertzuwachs der Besteuerung entzogen wird. Außerdem wird diese Methode der auch für die Fälle des § 3 zur Anwendung gelangenden Bestimmung des § 8 Abs. 1 insofern nicht gerecht, als der Zeitpunkt der Preisermittlung hinsichtlich des Erwerbs und der Veräußerung auf eine und dieselbe zeitliche Grundlage, nämlich die der Veräußerung, gestellt wird, während das G. prinzipiell von verschiedenen zeitlichen Grundlagen ausgeht.

Nach der dritten Methode ist bei Berechnung der Zuwachssteuer der Erwerbspreis zu ermitteln, der den ersten Grundstückserwerb iVerh. zu dem übrigen Gesamtvermögen der Gesellschaft berücksichtigt. Ein anderer zeitlicher Maßstab ist für die Fälle nicht angängig, in denen eine Ges. m. b. H. zunächst ein Grundstücksvermögen nicht besessen und solches erst im Laufe ihres Geschäftsbetriebs erworben hat. Mit dem ersten Grundstückserwerbe hat dann die Berechnung des Erwerbspreises eines Geschäftsanteils einzusetzen, der später übertragen ist, nachdem die Gesellschaft Grundstücksvermögen erworben hatte, das auch zur Zeit der Anteilsentäußerung noch bestand. Diese Methode entspricht zugleich der dem § 3 ZuwStG. zugrunde liegenden gesetzlichen Fiktion, daß trotz des Fehlens einer Grundstücksveräußerung die für die Steuerberechnung festzustellenden Werte in den gesetzlichen Grenzen so ermittelt werden, daß kraft analoger Unterstellung die Anteilsübertragung einer Art Veräußerung des Grundbesitzes selbst gleichgeachtet wird. Entspricht aber diese Methode am ehesten der Bedeutung und dem Inhalte des § 3, so ist es auch nur folgerichtig, den Wert als Erwerbspreis eines veräußerten Anteils zu ermitteln, der den ersten Grundstückserwerb iVerh. zu dem übrigen gesamten Gesellschaftsvermögen berücksichtigt, und damit auf die Zeit zurückzugehen, in der die Ges. m. b. H. zuerst in den Kreis der in § 3 behandelten Vereinigungen getreten ist. Daß im übrigen auch diese Methode im Einzelfalle zu unbilligen Härten führen kann, ist nicht zu verkennen. Es bleibt für derartige Fälle dann lediglich eine Abhilfe gemäß § 66 Abs. 1 ReichsZuwStG.

Der nach der dritten Methode zu ermittelnde Erwerbspreis ist gegenüberzustellen dem Veräußerungspreise des Geschäftsanteils, den dieser hatte, als er übertragen wurde, und zwar unter Berücksichtigung des dann noch vorhandenen Grundstücksvermögens iVerh. zu dem Gesamtvermögen der Gesellschaft. Nur so ist diejenige Gegenüberstellung des Erwerbs- und Veräußerungspreises möglich, die eine Ermittelung eines etwaigen infolge Grundstückserwerbs bei einem Geschäftsanteil einer Ges. m. b. H. eingetretenen Wertzuwachses zuläßt. Eine andere Verhältnisberechnung würde in Fällen der vorliegenden Art den Interessen der bei der Steuerveranlagung beteiligten Steuerpflichtigen ebenso zuwiderlaufen wie denen der Steuerbehörde."

Hieran war festzuhalten.

Nr. 82. Entsch. v. 18. Sept. 1914 (DIZ. 21 541) VII C 769/13.

ZuwStG. § 14.

Nach § 14³ ZuwStG. sind anrechnungsfähig Aufwendungen für Bauten nur, soweit die Bauten noch vorhanden sind. Als nicht vorhanden haben aber nicht nur bereits tatsächlich zur Zeit der Veräußerung entfernte — niedergerissene — Gebäude zu gelten, sondern gemäß dem Zwecke des § 14³, der Berücksichtigung dauernd dem Grundstücke verschaffter Werterhöhungen, und entsprechend der Entstehungsgeschichte des G. auch solche, die dem Verfalle preisgegeben sind, oder deren Benutzung zu ihrem ursprünglichen Zwecke wesentlich beeinträchtigt ist. Als ein derartiges Gebäude erscheint vor allem aber dasjenige, das nur noch zum Abbruche bestimmt ist.

Nr. 83. Entsch. v. 25. Sept. 1914 (OVG. 69 27) VII C 517/13.

ZuwStG. §§ 10, 14, 15.

1. Nach § 14 Abs. 3 ZuwStG. sind die Aufwendungen für dauernde besondere Verbesserungen, auch solche land- oder forstwirtschaftlicher Art,

die innerhalb des für die Steuerberechnung maßgebenden Zeitraums gemacht sind und weder die nach § 10 aaO. abzugsfähigen Gegenstände betreffen, noch der laufenden Bewirtschaftung der Grundstücke dienen, dem Erwerbspreise hinzuzurechnen, vorausgesetzt, daß die Verbesserungen bei der Veräußerung (dem steuerbegründenden Ereignisse) noch vorhanden sind. An Stelle dieser Aufwendungen ist nach § 15 aaO. auf Antrag des Veräußerers dem Erwerbspreise die Erhöhung des Ertragswerts hinzuzurechnen, soweit es sich um die Verbesserung von Moorland, Sumpfland, Öd- oder Heideland handelt. Wenn iF. der Verbesserung von Moorland usw. an Stelle des § 14 Abs. 3 auf Antrag der § 15 angewendet werden soll, so kann dies nur da geschehen, wo mangels eines solchen Antrags der § 14 Abs. 3 aaO. anwendbar gewesen wäre. Es muß also bei der Anwendung des § 15 nicht nur geprüft werden, ob es sich um Moorland, Sumpfland, Öd- oder Heideland handelt, sondern auch ob die in § 14 Abs. 3 aaO. genannten Voraussetzungen vorliegen, also

a) ob es sich um dauernde besondere Verbesserungen handelt,
b) die innerhalb des für die Steuerberechnung maßgebenden Zeitraums gemacht sind und
c) weder die nach § 10 abzugsfähigen Gegenstände betreffen,
d) noch der laufenden Bewirtschaftung dienen.

2. Ertragswert ist der nach dem gegenwärtigen oder künftigen Ertrage zu bemessende Wert des Grundstücks. Ein Ertragswert ist bereits zu schätzen, sobald es feststeht, daß ein Ertrag erzielt werden kann. Daß der Ertrag, der infolge der Melioration zu erwarten ist, erst später, vielleicht erst in Jahrzehnten, verwertet werden wird, schließt nicht aus, daß der nach diesem Ertrage zu schätzende Wert des Grundstücks bereits infolge der Melioration erhöht ist. Hierbei fällt es nicht ins Gewicht, ob der Besitzer den Eintritt dieses Ertrags abwartet oder durch eine anderweite Bewirtschaftung ihn wieder ausschließt.

Nr. 84. Entsch. v. 2. Okt. 1914 (OVG. 69 24) VII C 690/13.

ZuwStG. §§ 10, 14.

1. Nach dem bisherigen Sachvortrag ist das gesamte Grundstück, von dem die an den Preußischen Staatseisenbahnfiskus veräußerten Parzellen hier in Betracht kommen, vor etwa 23 Jahren mit Einrichtungen versehen, die es ermöglichen, das Grundstück im Winter unter Wasser zu setzen, aus dem geschaffenen Teiche Eis zu gewinnen, es dagegen in den Sommermonaten als Wiese zur Heugewinnung zu verwerten. Unbestritten sind ferner die Angaben der Kläger geblieben, daß der Ertrag des gesamten Grundstücks durch jene Einrichtungen um das acht- bis zehnfache gegen früher gestiegen und das Restgrundstück noch jetzt an Dritte zu den angegebenen Zwecken auf unbestimmte Zeit verpachtet worden sei. Nach diesem Sachverhalte handelt es sich nicht um Einrichtungen, die lediglich zu einem rein gewerblichen Unternehmen getroffen sind, sondern um eine Umgestaltung des Grundstücks selbst, das aus einem Wiesenlande mit geringem Ertrag in ein solches verändert ist, das als Wiese und zu Frostzeiten durch Überspülung als Teichgrundstück zwecks Eisgewinnung bedeutend höher verwertet werden kann. Die Aufwendungen, die hierfür gemacht worden sind und nicht der laufenden Bewirtschaftung des Grundstücks dienen, auch nicht die nach § 10 ZuwStG. steuerfreien Gegenstände oder nur sogenannte Werbungskosten betreffen, sind für dauernde besondere und unbestritten noch jetzt vorhandene Verbesserungen des Grundstücks selbst gemacht worden. Derartige Aufwendungen sind, soweit sie innerhalb des für die Steuerberechnung maßgebenden Zeitraums gemacht wurden, gemäß § 14³ ZuwStG. dem Erwerbspreise hinzuzurechnen.

2. Im übrigen ist auch nicht abzusehen, warum nicht überhaupt Aufwendungen, die für die Herrichtung einer mit einem Grundstücke zusammen-

hängenden, mit ihm verbundenen und für die Dauer geschaffenen gewerblichen Anlage gemacht worden sind, als Verbesserungen iS. des § 14³ ZuwStG. angesehen werden sollen. Das G. macht in dieser Beziehung keinen Unterschied, ob es sich um Grundstücksverbesserungen durch Schaffung rein kultureller oder anderer Anlagen handelt, die einem gewerblichen Unternehmen dienen. Die Gewinnung von Eis aus eigenem Gewässer stellt sich aber keineswegs immer als Betrieb eines Gewerbes dar.

Nr. 85. Entsch. v. 10. Nov. 1914 (PrVerwBl. **36** 511) VII C 63/14.

ReichsZuwStG. §§ 14, 22.

1. § 3 ZuwStG. schafft, unabhängig von einer steuerpflichtigen Veräußerung von Gesellschaftsgrundstücken, eine selbständige Besteuerung der Veräußerung von Gesellschaftsanteilen, und hat daher einzig den Wertzuwachs an dem veräußerten Gesellschaftsanteil als solchen zum Gegenstande. Demgemäß ist hier von dem für den Geschäftsanteil bedungenen Erwerbspreis und Veräußerungspreis der Klägerin auszugehen, sind nur in bezug auf diese Preise Hinzurechnungen und Abzüge denkbar und sind die Vorschriften über Hinzurechnungen und Abzüge, §§ 14f., 22f. aaO. nur insoweit anwendbar, als diese Vorschriften ihrem Inhalte nach einer entsprechenden Anwendung auf den Geschäftsanteil selbst fähig sind.

Letzteres ist nicht der Fall bei den Bestimmungen des § 14⁴ sowie des § 16 ZuwStG., da ein Geschäftsanteil als solcher begrifflich weder irgendwelchen Aufwendungen der im § 14⁴ ZuwStG. vorgesehenen Art (für Straßenbauten usw.) zugänglich ist noch die in § 16 für bedeutsam erachtete Unterscheidung nach dem Merkmale des Bebautseins oder Unbebautseins des Veräußerungsgegenstandes zuläßt.

Aufwendungen zur dauernden Verbesserung des Geschäftsanteils selbst iS. des § 14³ sind zwar nicht grundsätzlich ausgeschlossen (vgl. OVG. **64** 57, oben S. 71f.), hier aber von der Klägerin selbst nicht behauptet.

2. Der Zweck der Bestimmung im § 22² ZuwStG. ist, den Mangel oder die Geringfügigkeit von bisherigen Erträgnissen aus dem Veräußerungsgegenstande zugunsten des steuerpflichtigen Veräußerers zu berücksichtigen. Das mit dem Geschäftsanteile gesetzlich verknüpfte und ihm dadurch eine Ertragsfähigkeit verleihende Recht auf Teilnahme an dem etwaigen jährlichen Reingewinne der Ges. m. b. H. (§ 29 G., betr. die Ges. m. b. H.) gestattet und rechtfertigt daher eine sinngemäße Anwendung des § 22² auf den Fall der steuerpflichtigen Veräußerung eines Geschäftsanteils nach § 3 ZuwStG.

Das gleiche gilt von den §§ 14¹, 22¹ ZuwStG.

Nr. 86. Entsch. v. 27. Nov. 1914 (OVG. **69** 38) VII C 643/13.

Die im § 22² ZuwStG. zugelassene Abrechnung vom Veräußerungspreise darf über 3% des Erwerbspreises, zuzüglich der nach § 14¹⁻³ zulässigen Anrechnungen, nicht hinausgehen.

Nr. 87. Bescheid v. 27. Nov. 1914 (OVG. **69** 40) VII C 463/14.

ZuwStG. § 22.

Bei Berechnung des Jahresertrags gemäß § 22² ZuwStG. sind die tatsächlich gezahlten Grundsteuern in vollem Umfang als Werbungskosten von dem Rohertrag abzuziehen. Bereits in OVGSt. **15** 390ff. hat das OVG. ausgesprochen, daß Grund- und Gebäudesteuern ihrer wirtschaftlichen Natur nach Werbungskosten und deshalb trotz ihrer nur beschränkten Zulassung als solche in § 8 1³ EinkStG. bei der Ermittelung des sogenannten Normalreinertrags in voller Höhe abzuziehen sind. Das Gleiche hat in dieser Beziehung aber auch für die Ermittelung des tatsächlichen Reinertrags eines bestimmten Jahres zu gelten.

Nr. 88. Entsch. v. 12. Febr. 1915 (OVG. **69** 18) VII C 76/14.

ZuwStG. §§ 10, 14.

Der Wortlaut des § 10[1] ZuwStG. kennzeichnet die Vorschrift als eine zwingende, die idReg. ein Zurückgehen auf die wirklichen Kosten des Erwerbes abschneidet, indem sie an deren Stelle einen Pauschalsatz von 4 % des Erwerbspreises setzt. Man wollte nach der Entstehungsgeschichte durch die von der Regierungsvorlage abweichende Wortfassung dem Steuerpflichtigen einen die Kosten betreffenden Beweis, weil er oft schwierig zu führen sei, ersparen. Dieser Schwierigkeit unterliegt aber naturgemäß in den zahlreichen Fällen eines bereits lange zurückliegenden Erwerbes oft auch schon der Nachweis, ob der Erwerber mit Kosten belastet gewesen ist. Wäre Voraussetzung des § 14[1] die Tatsache, daß dem Erwerber Kosten entstanden sind, so müßte nach allgemeinen Grundsätzen der Steuerpflichtige die Erfüllung dieser Voraussetzung nachweisen. Es würde ihm also gerade der oft schwierige Beweis aufgebürdet, dessen man ihn überheben wollte. Hätte das G. der Tatfrage nach den entstandenen Erwerbskosten, sofern sie sich im einzelnen Falle beantworten ließ, überhaupt Bedeutung beigemessen, so hätte es folgerichtig und zur Vermeidung einer unbilligen Verschiedenheit in der Behandlung der Steuerpflichtigen auch — abweichend von der klaren Gesetzesfassung — bestimmen müssen, daß, wenn festgestelltermaßen die aufgewendeten Erwerbskosten hinter 4 % zurückblieben, nicht die 4 %, sondern nur die aufgewendeten Erwerbskosten anrechnungsfähig seien. Davon, ob der Steuerpflichtige die Aufwendung von Erwerbskosten behauptet und zu solcher Behauptung mit Fug in der Lage ist, hat § 14[1] aaO. die Anrechnung des Pauschsatzes nicht abhängig gemacht; als eine vorbehaltlose Mußvorschrift erheischt sie vielmehr die Anrechnung des — an der Hand des Erwerbspreises stets genau zu berechnenden — Pauschsatzes auch ohne Rücksicht auf entsprechende Behauptungen des Steuerpflichtigen, z. B. also selbst in dem Falle, wo der Steuerpflichtige eine entsprechende Erklärung abzugeben ablehnt, da eine derartige Weigerung lediglich strafrechtliche Folgen nach sich zieht (§§ 50 bis 54 aaO.). Von der gesetzlichen Regel der gebotenen Hinzurechnung des Pauschsatzes ist, abgesehen von ihrer Ausschaltung für die Fälle, in denen an Stelle des Erwerbspreises der Wert maßgebend ist, nur eine Ausnahme zugelassen: wenn der Veräußerer nachweisen kann, daß er einen höheren Betrag — einschließlich der Vermittelungsgebühr in ortsüblicher Höhe — aufgewendet hat, so tritt dieser höhere Betrag an die Stelle des Pauschsatzes von 4 % des Erwerbspreises.

III.

Verhältnis zum früheren Recht.

Nr. 1. Entsch. v. 20. Juni 1913 (OVG. **64** 131) VII C 726/12.

ReichsZuwStG. § 60.

1. Eine Bestimmung des Reichskanzlers, wonach gemäß § 60 ZuwStG. einer Gemeinde die bisherige Satzung belassen wird, muß von Reichswegen veröffentlicht werden.

Gemäß §§ 60, 72 sind mit dem 1. I. 11 an und für sich alle WertZuwStO. in Preußen hinfällig geworden, und es ist nur dem Reichskanzler die Befugnis verliehen, einzelnen Gemeinden (Gemeindeverbänden) ihre SteuerO. zu belassen. Geschieht dies, so bleibt das in dem betreffenden Bezirke bestehende Zuwachssteuerrecht unverändert. Daraus folgt jedoch nicht, daß die Anordnung des Reichskanzlers keine konstitutive, sondern eine deklaratorische Bedeutung hat; denn ihr kommt nicht die Bedeutung zu, daß sie feststellt, was auch ohnehin Rechtens ist, sondern sie setzt das ReichsG. für einen bestimmten Bezirk und für eine gewisse Zeit außer Kraft. Erst durch die Anordnung tritt diese Wirkung ein; ohne sie würde das Reichsrecht in dem Bezirke voll zur Geltung gekommen sein. Eine solche Anordnung (Bestimmung) stellt sich als sogenannte Rechtsverordnung dar, das heißt, als eine Verordnung, die gegenüber jedermann, den es angeht, objektives Recht schafft. Der Umstand, daß die Vorschriften des § 60 äußerlich wie reine Verrechnungsvorschriften gefaßt sind, darf nicht zur Verkennung ihres wahren Inhalts führen. Rechtsverordnungen des Reichskanzlers müssen aber von Reichswegen veröffentlicht werden. Dies ergibt sich aus dem allgemeinen Grundsatze, daß geschriebene Rechtsnormen denen, die es angeht, zugänglich gemacht werden müssen.

Freilich hat das OVG. für das Gebiet des preuß. KommAbgG. die Notwendigkeit der Verkündung von Gemeindesatzungen verneint. Indessen beruht diese Rechtsprechung auf den Besonderheiten des Kommunalsteuerrechts und auf der Geschichte des KommAbgG. und keineswegs etwa auf allgemeinen Rechtsgrundsätzen. Schließlich durfte auch nicht deshalb von einer Bekanntmachung der Anordnungen des Reichskanzlers abgesehen werden, weil sie sich nur auf ein kleines Gebiet des Reichs erstrecken. Ist eine Bekanntmachung an sich nötig, so muß sie bewirkt werden, gleichviel, ob das örtliche oder sachliche Anwendungsgebiet der Verordnung gering ist oder nicht.

2. Bei der nunmehr gebotenen freien Beurteilung ergibt sich, daß der Kläger von der Gemeindewertzuwachssteuer freizustellen ist; denn eine solche Steuer durfte überhaupt nicht erhoben werden; es ist nur eine Heranziehung nach Reichsrecht möglich. Es könnte in Frage kommen, ob die Festsetzung der Reichssteuer nunmehr durch richterliche Entscheidung vorzunehmen ist. Der Gerichtshof hat jedoch in OVG. **64** 43 (oben S. 30) ausgesprochen, daß die Reichssteuer auf ganz anderer Grundlage beruhe wie die Gemeindesteuer, und daß deshalb bei Umwandlung der Gemeindesteuer in die Reichssteuer ein neues Veranlagungsverfahren eingeleitet werden müsse. Der Hinweis des Beklagten darauf, daß die Reichssteuer von derselben Behörde veranlagt werde wie die Gemeindesteuer, kann an dieser Auffassung nichts ändern. Der Gerichtshof hat zwar wiederholt entschieden, daß der Verwaltungsrichter, wenn er eine GemeindesteuerO. für ungültig erklärt, die Steuer nach der etwa zu Recht bestehenden älteren SteuerO. selbständig feststellen müsse. Dieser Grundsatz beruht aber auf der Auffassung, daß es sich um dieselbe Steuerart handelt, und kann nicht angewendet werden, wenn das Verhältnis von Reichs- und Gemeindesteuer in Frage steht.

IV.

Veranlagungsverfahren.

Nr. 1. Entsch. v. 16. Jan. 1913 (OVG. **64** 21) VII C 518/12.

ReichsZuwStG. §§ 58, 59.

§ 59 ZuwStG., auf dem die Berechtigung zum Erlasse der Gemeindesatzung beruht, bestimmt, daß die Zuschläge zu dem Anteile zu erheben sind, der der Gemeinde nach § 58 von dem Ertrage der (Reichs-) Steuer zufließt. Das bedeutet jedoch nicht, daß die Zuschläge ebenfalls eine Reichssteuer sind, und daß für die Zulässigkeit ihrer Erhebung lediglich die Heranziehung zur Hauptsteuer entscheidet, mag auch die Gemeindesatzung erst nach dem Zeitpunkte des reichssteuerpflichtigen

Vorganges in Kraft getreten sein. Vielmehr sind die Zuschläge eine Gemeindesteuer, die nur der Höhe nach von dem Betrage der Hauptsteuer abhängt. Steuerpflichtiges Ereignis ist für sie dasselbe, das zur Erhebung der Reichssteuer geführt hat, und deshalb muß die Satzung schon zur Zeit dieses Vorganges bestanden haben, wenn der Zuschlag erhoben werden soll.

Nr. 2. Entsch. v. 15. April 1913 (OVG. **64** 72) VII C 512/12.

ReichsZuwStG. §§ 39, 40.

Die Vorschrift in § 40 ReichsZuwStG. ist zwingender Natur. Die Steuerbehörde ist hiernach nicht befugt, ohne Durchführung des Beanstandungsverfahrens von den in der Steuererklärung gemachten tatsächlichen Angaben abzuweichen, auf Grund selbständig vorgenommener Ermittelungen den steuerpflichtigen Wertzuwachs festzustellen und die Steuer danach zu erheben. Läßt sie gleichwohl die tatsächlichen Angaben der Steuererklärung, ohne sie beanstandet zu haben, unberücksichtigt, so hat dies die Aufhebung der Veranlagung zur Folge, wenn durch die in dieser Weise erfolgte Ermittelung des Wertzuwachses und der danach erhobenen Steuer der Steuerpflichtige beschwert wird. Im vorliegenden Falle hatte die Klägerin in der Steuererklärung angegeben, daß sie 50000 *M* für den Bau einer Bahn aufgewendet habe, und diesen Betrag als Aufwendungen iS. des § 14[3] ZuwStG. bezeichnet. Der Beklagte hätte, wenn er Bedenken trug, diesen Angaben zu folgen, sie beanstanden müssen und erst nach Durchführung des Beanstandungsverfahrens den Wertzuwachs abweichend von den Angaben der Steuererklärung festsetzen und danach die Steuer bemessen dürfen.

Nr. 3. Entsch. v. 15. April 1913 (OVG. **64** 75) VII C 478/12.

ReichsZuwStG. §§ 39, 40.

Nach der zwingenden Vorschrift des § 40 ZuwStG. ist die Steuerbehörde erst dann befugt, die erforderlichen Ermittelungen selbständig vorzunehmen und danach die Steuer zu erheben, wenn die Beanstandung der Angaben in der Steuererklärung ergebnislos gewesen ist. Hat sie gleichwohl ohne Durchführung der Beanstandung die Steuer festgesetzt, so folgt hieraus, daß die von dem Steuerpflichtigen angegriffene Veranlagung außer Kraft gesetzt werden muß, dagegen nicht, daß die Steuer nach den Angaben des Steuerpflichtigen festgesetzt werden muß. Ein solches Verfahren würde nur dann als geboten erachtet werden können, wenn unterstellt werden müßte, daß nach Lage der Sache die Angaben des Steuerpflichtigen als zutreffend zu erachten seien. Dies kann aber nicht unterstellt werden, wenn, wie im vorliegenden Falle, die Steuerbehörde von den Angaben des Steuerpflichtigen abgewichen ist; denn hiermit hat sie deutlich zu erkennen gegeben, daß sie diese Angaben nicht für zutreffend erachtet hat.

Nr. 4. Entsch. v. 15. April 1913 (OVG. **64** 76) VII C 487/12.

ReichsZuwStG. § 40.

1. Den Ausführungen des Beklagten, daß der Einspruch des Klägers mangels Angabe von Einspruchsgründen hätte abgewiesen werden müssen, daß also in rechtswirksamer Weise Einspruch gegen die Heranziehung nicht eingelegt worden sei, kann nicht beigetreten werden. Der Kläger hatte innerhalb der gesetzlichen Ausschlußfrist gegen seine Heranziehung von dem Rechtsmittel des Einspruchs Gebrauch gemacht und hiermit seine Unzufriedenheit gegen seine Heranziehung zur Steuer zu erkennen gegeben. Eine besondere Begründung des Einspruchs ist nicht erforderlich. Allerdings muß in

einem Einspruche, mit welchem Herabsetzung der Steuer verlangt wird, angegeben werden, auf welchen Betrag die Herabsetzung begehrt wird. Dagegen hat das OVG. einen Einspruch, der sich, wie der vorliegende, gegen die Heranziehung im ganzen richtet, stets als rechtswirksam erachtet.

2. Nach § 40 ZuwStG. hat allerdings die Steuerbehörde, wenn sie Bedenken trägt, die Angaben in der Steuererklärung als richtig anzunehmen, dem Steuerpflichtigen die beanstandeten Punkte unter Bestimmung einer angemessenen Frist zur Gegenerklärung mitzuteilen, und sie ist erst nach der Durchführung des Beanstandungsverfahrens befugt, die Steuer zu erheben. Die Nichtbeachtung dieser Bestimmung im Veranlagungsverfahren kann aber in keinem Falle dazu führen, daß im Verwaltungsstreitverfahren der streitige Wertzuwachs nach den Angaben des Steuerpflichtigen in seiner Steuererklärung festgesetzt werden muß, wenn der Steuerpflichtige selbst diese Angaben nicht aufrecht erhält. Es würde widersinnig sein, wenn der Verwaltungsrichter, dessen Aufgabe es ist, den Wertzuwachs festzustellen, gezwungen wäre, diesen nach den Angaben in der Steuererklärung zu ermitteln, wenn der Steuerpflichtige selbst später andere tatsächliche Angaben macht, welche zu einer anderen Berechnung führen.

Nr. 5. Entsch. v. 22. Mai 1914 (DJZ. **20** 1039) VII C 285/13.

Es bildet die Veräußerung jedes einzelnen Grundstücks oder Grundstücksteils einen besonderen Steuerfall, wenn auch daneben derselbe Veräußerer noch an anderen Steuerfällen als Veräußerer beteiligt ist. Jeder Steuerfall bedingt eine besondere Heranziehung zur Steuer. Die ABest. des Bundesrats schreiben daher in § 4 vor, daß die Grundbuchämter ihre Übereignungsanzeigen „für jede Eintragung besonders" dem Zuwachssteueramt einzusenden haben. Ebenso haben nach § 6 die beurkundenden Behörden „für jeden Rechtsvorgang besonders" die Veräußerungsanzeigen einzusenden. Jeder Rechtsvorgang erhält eine besondere Nummer in der Zuwachssteuerliste, und jeder ist besonders darauf zu prüfen, ob ein gesetzlicher Befreiungsgrund vorliegt (§ 12 aaO.). Außerdem hat der Senat als Grund der besonderen Behandlung jedes Steuerfalls auch in früheren Entscheidungen auf den § 29 Abs. 2 ZuwStG. verwiesen. Es würde aber nicht gerechtfertigt sein, in Fällen, wo der § 29 Abs. 2 wegen notorischer Zahlungsfähigkeit des Veräußerers — wie im vorliegenden Falle — ausgeschlossen erscheint, die getrennte Behandlung jedes Steuerfalls für überflüssig zu erklären. Es sprechen noch andere Gründe mit, so die Rücksicht auf § 28 Abs. 3 — welcher gerade hier möglicherweise Platz greift — und auf die Paragraphen, die die Preisbestimmung regeln, §§ 8ff. ZuwStG.

Nr. 6. Entsch. v. 13. Juni 1913 (OVG. **64** 120) VII C 412/12.

Ein Gesamtschulverband ist als ein Gemeindeverband iS. des § 30³ ZuwStG. anzusehen. Durch die Bezeichnung als „Schulverband" oder „Gesamtschulverband" wird der kommunale Charakter der zugehörigen Gemeinden und Gutsbezirke nicht beseitigt. Die Gesamtschulverbände sind Verbände von Gemeinden zur Erfüllung bestimmter Gemeindeaufgaben. Nach § 1 Abs. 3 VolksSchulUG. ist es zulässig, daß eine Gemeinde mehreren Gesamtschulverbänden, jedem als ganze Gemeinde, angehört und ihnen nur je einen Teil ihrer Schulkinder zuweist. Auch in diesen Fällen ist jeder Gesamtschulverband ein Verband von Gemeinden.

Nr. 7. Entsch. v. 9. Okt. 1914 (OVG. **68** 34) VII C 662/13.

Bereits in OVG. **64** 120 (oben Nr. 6) ist ausgesprochen, daß ein Gesamtschulverband als ein Gemeindeverband iS. des § 30³ ZuwStG.

anzusehen ist. Im vorliegenden Falle handelt es sich um ein Grundstück im Bereiche eines Gesamtschulverbandes, der aus einem Gutsbezirk und einem Gemeindebezirk besteht. Wenn im § 30³ als befreit nur Gemeinden und Gemeindeverbände, nicht auch Gutsbezirke, ausdrücklich genannt werden, so folgt daraus lediglich, daß der einzelne Gutsbezirk sich auf diese Befreiung nicht berufen kann. Es folgt aber nicht daraus, daß Gesamtschulverbände, die an sich die rechtliche Natur von Gemeindeverbänden haben, diese durch den Hinzutritt eines Gutsbezirkes verlieren, wodurch ihre sämtlichen Verbandsmitglieder als solche der Wohltat des § 30³ aaO. verlustig gehen würden. Auch die rechtliche Natur der Kreiskommunalverbände als Gemeindeverbände wird dadurch nicht berührt, daß ihnen Gutsbezirke angehören. Die Kreiskommunalverbände sind in dem zur Ausführung des § 58 Satz 3 und 4 ZuwStG. dienenden § 4 PrAG. ausdrücklich als anteilsberechtigte Gemeindeverbände anerkannt. Sind sie aber Gemeindeverbände iS. des § 58, so müssen sie auch zu den Gemeindeverbänden iS. des § 30 ZuwStG. gerechnet werden. Wenn dies ungeachtet ihres Bestandes an Gutsbezirken der Fall ist, so kann auch ein Gesamtschulverband nicht dadurch, daß er einen Gutsbezirk mit umfaßt, die ihm nach dem SchulUG. zustehende rechtliche Natur als Gemeindeverband verlieren.

Nr. 8. Entsch. v. 2. Jan. 1914 (OVG. 66 1) VII C 272/13.

ReichsZuwStG. §§ 44, 47, 57.

1. Die Zulässigkeit der Nachveranlagung zu indirekten Gemeindeabgaben unterliegt in Preußen keinen anderen als den im KommAbgG. gezogenen Schranken. Was man als die „Rechtskraft" einer Veranlagung zu bezeichnen pflegt, ist nur ihre Unanfechtbarkeit seitens des Steuerschuldners; diese hindert aber den Steuergläubiger nicht an einer Nachprüfung der Veranlagung. § 87 KommAbgG. setzt der Nachforderung indirekter Gemeindeabgaben lediglich eine zeitliche Schranke, indem er die Nachforderung, gleichviel ob die Abgabe gar nicht oder mit einem zu geringen Betrag erhoben worden war, nur innerhalb von drei Jahren seit dem Entstehen der Steuerforderung zuläßt.

Die gleichen Gesichtspunkte treffen sinngemäß auch für die Zuwachssteuer zu. Der Zuwachssteuerbescheid wird für die Steuerbehörde nicht „rechtskräftig", sondern nur für den Steuerschuldner unanfechtbar. Die Steuerbehörde kann die Veranlagung nicht nur zurückziehen, sondern auch durch eine Nachveranlagung ersetzen oder ergänzen. Wenn der Kläger ausführt, daß die Zulässigkeit der Nachveranlagung im ZuwStG. ausdrücklich hätte ausgesprochen werden müssen, so irrt er; es genügt, daß die Bestimmungen dieses G. der Nachveranlagung nicht entgegenstehen und ihr keine andere Schranke ziehen, als die im § 57 aaO. festgesetzte zehnjährige Verjährungsfrist.

2. Wenn sich der Kläger auf § 44 ZuwStG. berufen und aus ihm die Folgerung ziehen will, daß die Bestimmungen des KommAbgG. nur in den Grenzen dieses Paragraphen anwendbar seien, so geht er fehl; denn § 44 bezieht sich nur auf die Rechtsmittel gegen den Steuerbescheid, so daß aus ihm hinsichtlich der Nachveranlagung irgendeine Folgerung nicht abgeleitet werden kann.

3. Der Kläger behauptet allerdings noch, daß eine der Nachveranlagung entgegenstehende Bestimmung in § 47 ZuwStG. zu finden sei.

§ 47 lautet:

„Dem Grundstückseigentümer ist auf Antrag für sein Grundstück oder für Grundstücksteile von der Steuerbehörde ein Bescheid über die bis dahin feststellbaren Berechnungsgrundlagen zu erteilen. Der Bescheid unterliegt den gegen den Steuerbescheid gegebenen Rechtsmitteln. Die in dem Bescheide getroffenen Festsetzungen sind für die spätere Veranlagung maßgebend usw."

Diese Bestimmung betrifft den Fall, daß eine Veranlagung zur Zuwachssteuer noch nicht erfolgen kann, weil ein Eigentumsübergang noch nicht stattgefunden hat, daß jedoch der Grundstückseigentümer ein Interesse hat, schon vor Eintritt des steuerbegründenden Ereignisses Klarheit darüber zu erhalten, wieviel Zuwachssteuer er infolge des demnächstigen Eigentumsüberganges würde zahlen müssen. Da ihm aber eine Auskunft der zuständigen Behörde über künftige Berechnungsunterlagen nur dann von Nutzen sein kann, wenn sie keine ganz unverbindliche, sondern eine die spätere Veranlagung bestimmende ist, so wurde dem „Feststellungsbescheide", der den gegen den Steuerbescheid gegebenen Rechtsmitteln unterliegt, für die demnächstige Veranlagung maßgebende Bedeutung beigelegt. Diese bindende Kraft wird jedoch insoweit eingeschränkt werden müssen, als die Verhältnisse, die dem Bescheide zugrunde lagen, sich später verändert haben.

Aus der Entstehungsgeschichte des § 47 ergibt sich, das er eine eigenartige Sonderbestimmung bildet, welche der analogen Ausdehnung nicht fähig ist. Aus dieser Sonderbestimmung sind daher Folgerungen allgemeiner Natur über die Zulässigkeit oder Unzulässigkeit der Nachveranlagung nicht zu ziehen.

4. Der Kläger beruft sich außerdem noch auf § 23 ABest. v. 27. III. 11, indem er folgendes ausführt: „Für die hier vertretene Auffassung spricht auch die Zulässigkeit eines Vergleichs über die Berechnungsgrundlagen der Zuwachssteuer gemäß § 23 ABest. Wenn bei einem Vergleiche die Steuerbehörde gebunden ist und die vergleichsweise festgesetzten Berechnungskosten nachträglich nicht erhöhen darf, so ist nicht einzusehen, weshalb ein Steuerbescheid gemäß den angeführten §§ 43, 47 nicht die gleiche Wirkung haben soll; denn die Zulässigkeit eines Vergleichs beweist doch, daß die Grundlagen für die Berechnung der Zuwachssteuer nicht beliebig geändert, sondern ein für allemal endgültig festgesetzt werden sollen. Infolge der Zulässigkeit des Vergleichs ist aber auch die Anwendung privatrechtlicher Grundsätze auf den Zuwachssteueranspruch möglich. Auch von diesem Gesichtspunkt ist die Nachveranlagung unzulässig; denn der Steueranspruch ist eben durch den Erlaß des ersten Steuerbescheids ausgeübt und durch die Zahlung der Steuer untergegangen. Für eine zweite Ausübung des erloschenen Steueranspruchs ist kein Raum."

Auch diese Ausführungen gehen fehl.

Der Steuerbescheid unterscheidet sich von dem Vergleich aufs wesentlichste dadurch, daß er eine einseitige Festsetzung seitens des Steuergläubigers ist und daher auch einseitig von diesem zurückgezogen bzw. ergänzt werden kann. Der Vergleich dagegen setzt wegen Schwierigkeit der Berechnung an deren Stelle eine Vereinbarung zwischen Steuerbehörde und Steuerschuldner, die dann auch von beiden Seiten gehalten werden muß, soweit nicht der im § 23 Abs. 1 Satz 3 aaO. erwähnte Fall der Rücktrittsberechtigung vorliegt. Übrigens geht zwar durch die Zahlung der angeforderten Steuer der Steueranspruch unter, aber doch nur soweit als die Steuer gefordert und gezahlt wurde; das Recht auf Nachveranlagung eines bisher noch nicht angeforderten Teiles der Steuer wird hierdurch nicht berührt.

Nr. 9. Entsch. v. 23. Sept. 1913 (OVG. 65 33) VII C 48/13.

ReichsZuwStG. § 39.

Der § 39 Abs. 1 ZuwStG. legt der Steuerbehörde nicht die Pflicht auf, in allen Fällen eine Steuererklärung zu erfordern, begründet vielmehr nur für den Veräußerer die Verpflichtung, auf Erfordern eine Steuererklärung abzugeben. Hieraus folgt, daß kein wesentlicher

Mangel des Veranlagungsverfahrens vorliegt, wenn das Zuwachssteueramt den Steuerbescheid ohne Einforderung einer Steuererklärung erläßt. Der Bezirksausschuß beruft sich für seine entgegengesetzte Auffassung auf die ABest. des Bundesrats zum ZuwStG., denen er allgemeine Gesetzeskraft beilegt. Es bedarf indessen keiner Erörterung, welche rechtliche Bedeutung die ABest. haben; denn auch, wenn man sie als unbedingt bindend zugrunde legen wollte, so ergibt sich dennoch, daß eine Heranziehung ohne Erfordern einer Steuererklärung zulässig ist. Es heißt zwar in § 18 Abs. 1: „Hat das Vorverfahren nicht ergeben, daß die Voraussetzungen der Steuerbefreiung oder der Freiveranlagung vorliegen, so fordert das Zuwachssteueramt den Steuerpflichtigen auf, innerhalb einer Frist von zwei Wochen eine Zuwachssteuererklärung einzureichen." In Abs. 6 ist dies aber eingeschränkt durch die Worte: „Die Aufforderung zur Zuwachssteuererklärung kann unterbleiben, wenn es zur Festsetzung der Steuer nur einer Auskunft über bestimmte tatsächliche Verhältnisse bedarf."

Trifft dies zu, so ist lediglich eine einfache Auskunft einzuholen. In den Fällen, in denen es auch nicht einmal einer solchen Auskunft bedarf, muß es folgerichtig zulässig sein, ohne weiteres einen Steuerbescheid ergehen zu lassen. Die Entscheidung, ob die Voraussetzungen für dieses vereinfachte Verfahren vorliegen, ist ausschließlich dem Zuwachssteueramt überlassen. Stellt sich nachträglich heraus, daß die Einforderung einer vorschriftsmäßigen Steuererklärung zweckdienlicher gewesen wäre, so kann das nicht die Nichtigkeit des ganzen Verfahrens zur Folge haben.

Es ist zwar denkbar, daß der Mangel einer für alle Fälle bindenden Vorschrift ein Zuwachssteueramt veranlassen kann, stets von der Einforderung einer Steuererklärung abzusehen. Dies kann indessen nicht dazu führen, dem Verwaltungsrichter das Recht der Prüfung darüber zuzuweisen, ob ein Fall des § 18 Abs. 6 ABest. vorliegt oder nicht. Sollte ein Zuwachssteueramt die ihm auferlegten Pflichten in dieser Hinsicht vernachlässigen, so würde es Sache der Aufsichtsbehörden sein, einzugreifen. Auch der Umstand, daß das Fehlen einer Steuererklärung die Verwaltungsgerichte zu Erörterungen zwingt, die schon im Veranlagungsverfahren hätten erledigt werden müssen, ändert das Ergebnis nicht, selbst wenn nicht — wie in Preußen — zwischen dem Steuerbescheid und dem Streitverfahren noch das Einspruchsverfahren liegt. Unzutreffend ist schließlich die Ausführung des Bezirksausschusses, daß sich die Beweislast verschieben könne. Die Regelung der Beweislast ist Sache des materiellen Rechtes, und die Beweislast ändert sich nicht, je nachdem im Streitverfahren einer Partei eine Angriffs- oder Verteidigungsstellung eingeräumt ist.

Nr. 10. **Entsch. v. 16. Jan. 1914** (OVG. **66** 20) VII C 168/13.

ReichsZuwStG. § 43.

Die Vorschrift im § 29 Abs. 2 ZuwStG., daß der Erwerber für die dem Veräußerer grundsätzlich zur Last fallende Zuwachssteuer haftet, falls sie nicht vom Veräußerer beigetrieben werden kann, begründet für den Steuergläubiger gegen den Erwerber eine selbständige öffentlich-rechtliche Steuerforderung. Der Erwerber wird dadurch zum Steuerpflichtigen. Seine Heranziehung zur Steuer hat sich mithin, da das G. für den Fall, daß der Erwerber der Steuerpflichtige ist, keine besondere Vorschrift gibt, nach der im § 43 aaO. allgemein für die Heranziehung der Steuerpflichtigen enthaltenen Anordnung zu vollziehen. Danach hat die Steuerbehörde einen Steuerbescheid zu erteilen, der unter anderem die Berechnungsgrundlagen und die von der Steuererklärung abweichenden Punkte, ferner die zulässigen Rechtsmittel, die für diese festgesetzten Fristen, sowie die Behörden, bei denen sie anzubringen sind, angeben muß. Alle diese Angaben sind in der an den Kläger Sch. gerichteten

Heranziehungsverfügung nicht enthalten. Die Heranziehung entspricht somit nicht dem G. und mußte außer Kraft gesetzt werden. Dem Beklagten bleibt es überlassen, eine neue, dem G. entsprechende Heranziehung des Sch. vorzunehmen.

Nr. 11. Entsch. v. 3. März 1914 (PrVerwBl. **36** 138) VII C 595/13.

Zu den wesentlichen Erfordernissen der Heranziehung durch Steuerbescheid iS. des § 43 ZuwStG. v. 14. II. 11 gehört die Belehrung über die dem Herangezogenen zustehenden Rechtsmittel.

Nr. 12. Entsch. v. 1. Dez. 1914 (OVG. **69** 52) VII C 1032/13.

ZuwStG. § 43.

In § 43 Satz 1 ZuwStG. ist vorgeschrieben, was der Steuerbescheid enthalten muß; hierzu gehört unter anderem die Angabe der „von der Steuererklärung abweichenden Punkte". Der Gerichtshof hat sich in wiederholten Entscheidungen dahin ausgesprochen, daß die Vorschriften in Satz 1 des § 43 aaO. zwingender Natur sind, so daß ihre Nichtbeobachtung seitens des Steuergläubigers den Steuerbescheid unwirksam macht. Unter den „von der Steuererklärung abweichenden Punkten", deren Angabe im Steuerbescheide durch § 43 vorgeschrieben wird, sind nicht bloß die tatsächlichen Angaben zu verstehen, auf die sich die Beanstandungspflicht des § 40 bezieht, sondern auch solche Abweichungen, die auf einer vom Inhalte der Steuererklärung abweichenden Rechtsauffassung beruhen; denn die Vorschrift verfolgt offenbar den Zweck, dem Steuerpflichtigen volle Klarheit darüber zu verschaffen, auf welcher Grundlage die Höhe der Steuer bemessen worden und von welchen rechtlichen Erwägungen der Steuergläubiger ausgegangen ist. Der Steuerschuldner soll dadurch instand gesetzt werden, beizeiten zu erwägen, ob eine Anfechtung mit den gegebenen Rechtsmitteln aussichtsvoll erscheint.

Nr. 13. Entsch. v. 16. März 1915 (OVG. **69** 54) VII C 1009/13.

ZuwStG. § 47.

Ein Feststellungsbescheid (§ 47 ZuwStG.) hat sich nur auf „die bis dahin feststellbaren Berechnungsgrundlagen" zu erstrecken; überschreitet er die ihm gezogenen Schranken, so ist er aufzuheben und durch einen der gesetzlichen Vorschrift entsprechenden Bescheid zu ersetzen. Wie die Entstehungsgeschichte des § 47 ergibt, sollte er durch die Vorwegnahme eines Teiles der für die spätere Veranlagung der Zuwachssteuer erforderlichen Feststellungen dem Steuerpflichtigen vor der Veräußerung einen Voranschlag über die vermutliche Höhe der Zuwachssteuer ermöglichen, damit er hiernach die Höhe des Verkaufspreises festsetzen könne. Demgemäß kann der Veräußerungspreis selbst noch nicht zu den bis zum Erlasse des Bescheids feststellbaren Berechnungsgrundlagen gehören, und es ist eine willkürliche Annahme, an seine Stelle den gemeinen Wert einzusetzen, um die Steuer berechnen zu können. Die Festsetzung der Steuer ist nicht Aufgabe des Feststellungsbescheids, sondern erst des Steuerbescheids. Wenn nun sogar, wie im vorliegenden Falle, die Steuerfestsetzung an die Spitze und die Festsetzung der Berechnungsgrundlagen an den Schluß gestellt wird, so daß letztere sich zu ersterer ähnlich verhält wie im Urteile die Begründung zum Spruche, so kann ein solcher „Feststellungsbescheid" nicht aufrecht erhalten werden.

Nr. 14. Entsch. v. 20. Febr. 1914 (DJZ. **20** 212) VII C 426/13.

ZuwStG. § 57.

Das ReichsZuwStG. enthält keine Bestimmungen, die einer Nachveranlagung zur Zuwachssteuer entgegenstehen. Die Zulässigkeit der Nachveranlagung ergibt sich vielmehr aus dem § 57 des G., der dem Anspruch auf die Steuer keine andere Schranke zieht als die zehnjährige Verjährungsfrist.

V.

Rechtsmittelverfahren.

Nr. 1. Entsch. v. 27. Febr. 1913 (OVG. **64** 39) VII C 640/12.

ReichsZuwStG. §§ 35, 59.

In dem Streitverfahren über die Zuwachssteuer ist Beklagter nicht der preußische Staat, sondern der Gemeindevorstand (Kreisausschuß). Auf diese Behörden ist die Verwaltung und die Erhebung der Steuer übertragen; sie sind nicht Vertreter des Preußischen Staates.

Die Zuwachssteuer ist eine Reichssteuer (§ 59 Abs. 3). Das Reich nimmt jedoch die Verwaltung und Erhebung der Steuer nicht für sich in Anspruch, sondern hat sie den Bundesstaaten übertragen. Die Übertragung ist aber nicht in der Weise erfolgt, daß die Bundesstaaten für Rechnung und im Namen des Reichs handeln, die Verwaltung und Erhebung der Steuer ist vielmehr den Bundesstaaten als eine eigene Angelegenheit zugewiesen in der Weise, daß sie die Steuer im eigenen Namen veranlagen und einziehen und sich alsdann mit dem Reiche verrechnen.

Nun hat aber in Preußen der Staat die Verwaltung und Erhebung der Steuer in gleicher Weise, wie sie ihm zugewiesen worden ist, weiter auf Kommunalverbände, nämlich auf die Kreise und Gemeinden, übertragen. Hierzu war er sowohl nach dem ReichsG. (§ 35 Abs. 2) als auch nach seinem eigenen Staatsrechte befugt.

Das preuß. AGReichsZuwStG. schreibt nun vor, daß die Zuwachssteuer von dem „Gemeindevorstand" oder „Kreisausschusse" veranlagt werde, und daß die Steuer an die „Gemeindekasse" oder „Kreiskommunalkasse" zu zahlen sei. Wenn hieraus auch noch nicht zwingend zu folgern ist, daß die Steuerveranlagung und Erhebung den Gemeinden und Kreisen als eine eigene Angelegenheit und nicht als eine solche des Staates übertragen werden sollte, so ergibt sich das doch mit großer Wahrscheinlichkeit aus der weiteren Bestimmung (§ 2), daß auf die Rechtsmittel die Vorschriften des KommAbgG. sowie des KrProvAbgG. Anwendung finden sollen. Jeder Zweifel wird aber durch die Entstehungsgeschichte des preuß. G. beseitigt, die in OVG. **62** 45 dargelegt ist. Danach ist man bei der Beratung des G. übereinstimmend von dem Gedanken ausgegangen, daß die Zuwachssteuer ganz wie eine Gemeindesteuer zu behandeln sei.

Nr. 2. Entsch. v. 4. April 1913 (OVG. **64** 65) VII C 576/12.

Nach § 2 AGZuwStG. v. 14. VII. 11 finden auf die Rechtsmittel gegen die Veranlagung zur Zuwachssteuer in den Fällen, in denen die Steuer durch den Gemeindevorstand veranlagt worden ist, die Vorschriften der §§ 69, 70, 75 KommAbgG. Anwendung. Demnach steht dem Steuerpflichtigen gegen den Steuerbescheid binnen einer Frist von 4 Wochen der Einspruch zu (§ 69 aaO.). Nun hat das OVG. für das Gebiet der Kommunalabgaben in ständiger Rechtsprechung daran festgehalten, daß ein Einspruch, der sich nicht gegen die Veranlagung im ganzen richtet, um rechtswirksam zu sein, erkennen lassen muß, zu welchem Betrage die Herabsetzung der Abgabe begehrt wird, daß aber anderseits ein Einspruch, der inhaltlich nicht auf das Verlangen einer bloßen Herabsetzung der Abgabe beschränkt ist, als gegen die ganze Veranlagung gerichtet anzusehen ist. Dieselben Grundsätze müssen auch für den Einspruch gegen die Heranziehung zur Reichszuwachssteuer gelten, da das G. — entsprechend seinem Grundgedanken, die Zuwachssteuer auch sonst bei Regelung des Verfahrens wie eine Kommunalsteuer zu behandeln — die für Kommunalabgaben geltenden Vorschriften der §§ 69, 70, 75 KommAbgG. auf die Zuwachssteuer übertragen hat und keine Gründe vorliegen, die es rechtfertigen würden, die gleichen Vorschriften verschieden zu handhaben, je nachdem es sich um eine kommunale Steuer oder um die Reichssteuer handelt.

Nr. 3. Entsch. v. 15. April 1913 (OVG. **64** 69) VII C 658/12.

Nach § 2 AGZuwStG. v. 14. VII. 11 iVerb. mit § 11 Abs. 4, 5, § 14 Abs. 2 und § 16 KrProvAbgG. v. 23. IV. 06 ist gegen den Zuwachssteuerbescheid der Einspruch zulässig, und über diesen entscheidet in einem Falle wie dem vorliegenden der Kreisausschuß. Erst gegen den Beschluß des Kreisausschusses ist die Klage gegeben. Ein Beschluß des Kreisausschusses ist aber hier nicht ergangen; vielmehr hat nur der Vorsitzende dieser Körperschaft entschieden. Dies Verfahren beruht offenbar auf § 117 LVG., der sich aber nur auf die Geschäfte der allgemeinen Landesverwaltung bezieht. Hier handelt es sich, da für die Behandlung der Zuwachssteuer die Vorschriften über die Rechtsbehelfe gegen Kreissteuerveranlagungen maßgebend sind, um die Bestimmungen der §§ 11, 14 und 16 KrProvAbgG. und des § 137 KrO. Letztere gibt dem Vorsitzenden des Kreisausschusses eine Befugnis, namens des Kreisausschusses Verfügungen zu erlassen, nur hinsichtlich der laufenden Geschäfte der dem Ausschuß übertragenen Verwaltung, insbesondere hinsichtlich der Vorbereitung und der Ausführung der Kreisausschußbeschlüsse. Hierzu kann die Entscheidung über Einsprüche gegen die Veranlagung zur Zuwachssteuer nicht gerechnet werden, und zwar um so weniger, als das Regulativ für die Kreisausschüsse v. 28. II. 84, das für Landesverwaltungs- wie für Kommunalsachen gilt, im § 8 Abs. 1 die Entscheidung über Einsprüche der Beschlußfassung des Kollegiums vorbehalten hat.

Diese Auffassung entspricht der ständigen Rechtsprechung des OVG. in Kreissteuersachen, und es liegt kein Anlaß vor, von dieser Rechtsprechung bei Reichszuwachssteuern abzugehen, die hinsichtlich der Rechtsbehelfe den Kommunalsteuern völlig gleichstehen.

Nr. 4. Entsch. v. 29. April 1913 (OVG. **64** 82) VII C 677/12.

Allerdings hat das OVG. oft ausgesprochen, daß bei befristeten Klagen eine Klageerweiterung nach Ablauf der Frist unzulässig sei. Eine Klageerweiterung liegt hier aber nicht vor; denn die Klage war von vornherein — ebenso wie der Einspruch — auf völlige Freistellung gerichtet. Änderungen nach Ablauf der Klagefrist sind nur in der Begründung der Klage eingetreten, diese sind aber bei Klagen gegen Steuerbescheide von der Einhaltung einer Frist unabhängig. Bei der Klage gegen Steuerbescheide befinden sich die Herangezogenen überwiegend in einer Verteidigungsstellung. Soweit sie über die Abwehr der Steuerforderung nicht hinausgehen, insbesondere nicht etwa nachträglich andere Steuerforderungen in den Streit ziehen, kann neues Vorbringen so lange nicht als unzulässig gelten, als überhaupt neue Tatsachen nach den Vorschriften über das Streitverfahren geltend gemacht werden können.

Nr. 5. Entsch. v. 27. Mai 1913 (OVG. **64** 111) VII C 697/12.

Dem nach § 29 Abs. 2 ZuwStG. zur Steuer herangezogenen Erwerber eines Grundstücks stehen hiergegen die Rechtsmittel nach § 44 aaO. iVerb. mit § 2 AGZuwStG. v. 14. VII. 11 zu.

Die Haftung des Erwerbers für die Steuer ähnelt in gewisser Weise der bürgerlich-rechtlichen Haftung des Bürgen (§§ 771 bis 773 BGB.) und steht mit der Steuerpflicht des Veräußerers insofern auf gleicher Stufe, als beide dem öffentlich-rechtlichen Anspruch auf Berichtigung der gesetzlichen — gegebenenfalls nur dem Umfange nach verschiedenen — Steuerschuld entspringen. Ist, wie unstreitig hier, die Voraussetzung der Haftpflicht des Erwerbers, die Nichtbeitreibbarkeit der Steuer gegenüber dem Veräußerer, erfüllt und infolgedessen der Erwerber von der Steuerbehörde in Anspruch genommen, so ist daher nunmehr der Rechtsschutz, der bisher nach dem G. lediglich dem Veräußerer als dem Steuerpflichtigen zukam, auch dem Erwerber nicht mehr vorzuenthalten. Ein innerer Grund, ihm trotz seiner nunmehrigen Haftung den Rechtsmittelweg zu verschließen, ist nicht ersichtlich; vielmehr wird durch die naheliegende Befürchtung, daß der steuerpflichtige Veräußerer, weil vermögenslos, die Anbringung oder sachgemäße Durchführung selbst begründeter Anfechtungen der Steuerforderung verabsäumen wird, die Gewährung der gesetzlichen Rechtsgarantien auch an den zufolge seiner Haftpflicht in Anspruch genommenen Erwerber in besonderem Maße gerechtfertigt. Daher ist beim Vorliegen der Voraussetzung für die Haftpflicht des Erwerbers ihm aus Anlaß seiner steuerlichen Inanspruchnahme der gegen den Veräußerer erlassene Zuwachssteuerbescheid mitzuteilen, und eröffnet sich alsdann für ihn der Rechtsmittelweg gemäß der allgemeinen Bestimmung in § 44 ZuwStG., § 2 AG. dazu, und zwar ohne Rücksicht darauf, ob im gegebenen Falle der Steuerbescheid auch von dem steuerpflichtigen Veräußerer angefochten war oder diesem gegenüber rechtskräftig geworden ist.

Nr. 6. Entsch. v. 6. Jan. 1914 (OVG. **66** 14) VII C 227/13.

Der Verwaltungsrichter darf selbständige Steuerfälle, die zwar mit anderen, seiner Entscheidung unterworfenen Steuerfällen in Verbindung stehen, bezüglich deren es jedoch an allen Vorbedingungen für eine Entscheidung (Zuwachssteuerbescheid, Einspruch, Einspruchsbescheid und Klage) fehlt, nicht zum Gegenstande des Verwaltungsstreitverfahrens machen.

Nr. 7. Entsch. v. 13. Febr. 1914 (DIZ. **19** 1115) VII C 233/13.

Der Vorsitzende des Kreisausschusses ist nicht zuständig, über den gegen die Heranziehung zu einer Steuer eingelegten Einspruch allein Entscheidung zu treffen; zuständig ist vielmehr nur der Kreisausschuß.

Nr. 8. Entsch. v. 19. Mai 1914 (OVG. **68** 17) VII C 581/13.

ReichsZuwStG. § 34.|

§ 34 ZuwStG. iVerb. mit den §§ 29 bis 31 ABest. unterscheidet zwischen Fällen, in denen die Zuwachssteuer erlassen werden kann, und solchen, in denen sie zu erlassen ist, erlassen werden muß. In § 34 Abs. 2 ZuwStG. heißt es: „Die Abgabe muß erlassen werden, wenn die Rückübertragung innerhalb zweier Jahre seit der Veräußerung erfolgt."

In den Fällen, wo die Steuer erlassen werden kann, ist der Erlaß der Steuer eine bloße Angelegenheit des Ermessens der zuständigen Verwaltungsbehörde; gegenüber einer Ablehnung ist daher überhaupt kein Raum für Erhebung einer Klage des Herangezogenen. Das Gegenteil gilt für die Fälle, in denen die Steuer erlassen werden muß, u. a. also auch in dem Falle des § 34 Abs. 2 Satz 2 ZuwStG. iVerb. mit § 30 Abs. 1b 3 ABest. Eine Wortfassung, wie sie in diesen Vorschriften enthalten ist, bringt das Bestehen eines Anspruchs des Herangezogenen auf Steuererlaß zum Ausdrucke. Der Regel nach ist mit einem Anspruche, namentlich, wenn er sich auf vermögensrechtlichem Gebiete bewegt, auch das Recht verknüpft, ihn nötigenfalls im Wege der Klage durchzusetzen; fehlt das Klagerecht, so ist dem Anspruche seine volle Wirksamkeit genommen. Der Zweck des § 34 aaO. würde nicht sicher zu erreichen sein, wenn die endgültige Entscheidung über das Vorliegen der Voraussetzung des Steuererlasses lediglich in die Hand von — durchweg auch an der Besteuerung interessierten — Verwaltungsbehörden gelegt worden wäre. Aus der Entstehungsgeschichte des ZuwStG. ergibt sich die Zulässigkeit des Verwaltungsstreitverfahrens für Fälle der vorliegenden Art.

2. Zufolge der Bestimmungen in § 2 AG. ist die Zuwachssteuer durchweg wie eine Kommunalsteuer zu behandeln. Der in § 2 aaO. ausdrücklich miterwähnte § 69 KommAbgG. umfaßt aber mit dem dortigen Worte „Einspruch" nach ständiger Rechtsprechung des Gerichtshofs auch die Beschwerde nach § 18 ZustG. Nach § 18 aaO. und der dazu ergangenen gleichmäßigen Rechtsprechung des Gerichtshofs findet die Klage im Verwaltungsstreitverfahren gerade auch gegenüber der Ablehnung einer Beschwerde statt, welche die Beseitigung oder Abänderung einer Heranziehung zu einer Gemeindeabgabe aus dem Grunde verlangt, weil nachträglich eingetretene Umstände die Heranziehung ganz oder teilweise ungerechtfertigt erscheinen ließen. Um einen von einer solchen Beschwerde betroffenen Fall handelt es sich, wenn auf Grund des § 34 Abs. 2 Satz 2 ZuwStG. geltend gemacht wird, die an die Veräußerung geknüpfte Abgabe sei nicht mehr gerechtfertigt, weil nachträglich eine den Steuererlaß rechtfertigende Rückübertragung erfolgt sei. Demgemäß ist die Klage im Verwaltungsstreitverfahren zulässig.

Nr. 9. Entsch. v. 15. Mai 1914 (DJZ. 20 929) VII C 533/13.

Es entsteht die Frage, ob der Mangel: die unzulässige einheitliche Zusammenfassung einer Mehrheit von steuerpflichtigen Veräußerungsfällen durch das Zuwachssteueramt, im Verwaltungsstreitverfahren zu beseitigen ist oder dazu führen muß, den Zuwachssteuerbescheid und die ihm gleichstehende, eine Mithaftung aussprechende Heranziehungsverfügung außer Kraft zu setzen. Diese Frage ist in letzterem Sinne zu beantworten. Denn ein Steuerbescheid, der nicht den gesetzlich allein in Betracht kommenden steuerpflichtigen Rechtsvorgang zum Gegenstande der Steuerbehandlung macht, entbehrt des Hauptserfordernisses, das an jeden Steuerbescheid zu stellen ist, und baut auf einer völlig unrichtigen, rechtlich ganz auszuscheidenden Unterlage auf. Er ist daher mit einem so wesentlichen Mangel behaftet, daß er überhaupt keinen Bestand behalten kann. Überdies würde auch eine bloße Richtigstellung durch den Verwaltungsrichter, da dessen Entscheidung sich nur im Rahmen des erlassenen Steuerbescheids halten darf, oft schwer oder gar nicht durchzuführen sein und durch die Zulassung einer solchen Richtigstellung den Herangezogenen entgegen der klaren Absicht des G. (vgl. §§ 39, 40 ZuwStG., § 2 AGZuwStG. und die dort angeführten Gesetzesbestimmungen) die Möglichkeit entzogen, in bezug auf jeden Steuerfall schon in einem dem Verwaltungsstreitverfahren vorausliegenden Verfahren, gegenüber dem Zuwachssteueramte selbst, seinen Standpunkt darzulegen und zu vertreten.

Nr. 10. Entsch. v. 16. Juni 1914 (OVG. 68 23) VII C 452/13.

ReichsZuwStG. §§ 43, 44.

Die Annahme des Klägers, daß die in § 43 ZuwStG. für den Steuerbescheid gegebene Vorschrift über die Aufnahme einer Rechtsmittelbelehrung auch für den Einspruchsbescheid gelten müsse, entbehrt der rechtlichen Grundlage. Das ReichsZuwStG. beschränkt sich darauf, einerseits das mit der Festsetzung des Steuerbetrags durch die Steuerbehörde abschließende eigentliche

Veranlagungsverfahren zu regeln. Die Ordnung der Rechtsmittel überläßt es grundsätzlich der Landesgesetzgebung.

Preußen hat den Weg gewählt, die Zuwachssteuer hinsichtlich ihrer äußeren Handhabung, insbesondere auch hinsichtlich der Rechtsmittel ganz wie eine Kommunalsteuer zu behandeln; dementsprechend hat es die Beschwerde iS. des § 44¹ ZuwStG. ausgeschlossen und nur den für Kommunalsteuern zugelassenen Weg des Verwaltungsstreitverfahrens mit vorangehendem Einspruchsverfahren zugelassen. Dieser Weg wurde auch sowohl im Reichstag als auch im Preußischen Landtag als der nach Lage der Verhältnisse gegebene anerkannt.

Ist aber der Einspruch ein zulässigerweise vor die Klage im Verwaltungsstreitverfahren eingeschobenes Rechtsmittel, so ist die Anwendbarkeit der Vorschriften des § 43 auf den Einspruchsbescheid zu verneinen und auch für Zuwachssteuersachen eine Rechtsmittelbelehrung als gesetzliches Erfordernis des Einspruchsbescheids nicht anzusehen. Das Rechtsmittel, das im Steuerbescheid anzugeben ist und dessen alleinige Angabe auch genügt, ist in Preußen lediglich der Einspruch. Der Zweck jeder derartigen Rechtsmittelbelehrung ist die Belehrung darüber, was zur unmittelbaren Anfechtung des Bescheids, in dem sie sich befindet, zulässig ist; die Belehrung darüber, welche ferneren Instanzen angerufen werden können, ist Sache der Entscheidung der jeweils vorangehenden Instanz, soweit auch für diese eine solche Belehrung vorgeschrieben ist. Wenn in § 43 ZuwStG. der Wortlaut „die zulässigen Rechtsmittel" gewählt ist, so erklärt sich der Gebrauch der Mehrzahl ohne weiteres dadurch, daß, wo die Landesgesetzgebung nicht, wie in Preußen, die Beschwerde ausgeschlossen hat, der Steuerpflichtige nach § 44 in der Tat ein Wahlrecht zwischen zwei erstinstanzlichen Rechtsmitteln hat.

Nr. 11. Entsch. v. 3. Juli 1914 (DJZ. **21** 445) VII C 477/13.

Für die Anfechtung eines Vergleichs über Zahlung der Zuwachssteuer sind neben § 23 ABest. des Bundesrats zum ZuwStG. die §§ 119, 121 und 143 BGB. maßgebend.

Nr. 12. Entsch. v. 10. Juli 1914 (PrVerwBl. **36** 295) VII C 279/14.

Eine besondere Form des Einspruchs gegen die Heranziehung zur Zuwachssteuer ist gesetzlich nicht vorgeschrieben. Das Verlangen der Unterschrift hat die Bedeutung, daß der Verfasser eines Schreibens sich zu dessen Inhalt ausdrücklich bekennt. Wenn also hierüber Zweifel obwalten können, so kann der Mangel der Unterschrift schwer ins Gewicht fallen. Ob solche Zweifel begründet sind, ist nach den Umständen des einzelnen Falles zu entscheiden. Der Mangel der Unterschrift unter dem Einspruch ist bedeutungslos, wenn der Einspruchserhebende den in Betracht kommenden Brief offensichtlich selbst geschrieben und sich auf der Außenseite als Absender bekannt hat.

Nr. 13. Entsch. v. 16. Okt. 1914 (OVG. **68** 38) VII C 432/14.

1. § 70 KommAbgG. schreibt vor, daß über den Einspruch der Gemeindevorstand beschließt. Gemeindevorstand für die Stadt P. ist der Magistrat. Die StO. enthält keine Bestimmung, wonach dem einzelnen Dezernenten die Befugnisse des Magistratskollegiums beim Erlasse von Einspruchsbescheiden erteilt werden könnten.

Die StO. handelt in § 56 von den Geschäften des Magistrats, bei deren Erledigung durch Beschluß nach § 57 mindestens die Hälfte bzw. ein Drittel der

Magistratsmitglieder zugegen sein muß. Für die Fälle, in denen „die vorherige Beschlußnahme durch den Magistrat einen nachteiligen Zeitverlust verursachen würde", legt § 58 aaO. dem Bürgermeister die Pflicht auf, die dem Magistrat obliegenden Geschäfte vorläufig allein zu besorgen, vorbehaltlich demnächstigen Berichts an den Magistrat. Außer diesen Fällen kennt die StO. eine Entlastung des Magistratskollegiums nur in der Form der Bildung von dauernden oder vorübergehenden Deputationen nach § 59 aaO.

Bestimmungen über eine Entlastung des Magistrats dadurch, daß den einzelnen Dezernenten die Befugnis erteilt werden könnte, Sachen, über die das Kollegium zu beschließen hat, allein zu erledigen, enthält die StO. nicht. Es erhellt nirgends, daß sie neben dem Hilfsmittel der Bildung besonderer Deputationen noch die Übertragung der dem Magistrat obliegenden Geschäfte auf einzelne Magistratsmitglieder habe zulassen wollen.

2. Auch aus § 8 Instr. für die Stadtmagistrate v. 25. V. 1835 kann diese Befugnis nicht abgeleitet werden.

Die Delegation von Befugnissen des Magistrats auf einzelne seiner Mitglieder bedarf einer im vorliegenden Falle fehlenden gesetzlichen Grundlage und kann einzig und allein auf § 8 der genannten Instruktion nicht gestützt werden. Hiernach kann der Beschluß über Einsprüche gegen Gemeindeabgaben, der nach § 70 KommAbgG. dem Gemeindevorstande zusteht, im Gebiete der StO. nur den in den §§ 56 bis 59 bezeichneten Organen, nicht aber den einzelnen Dezernenten zugestanden werden.

3. Wenn der Vorderrichter von der Ansicht ausging, daß der Einspruchsbescheid eines Magistratsmitglieds unwirksam sei, so mußte er ihn, da dieser Bescheid sich dem Steuerschuldner gegenüber äußerlich als ein Bescheid des Magistrats (Zuwachssteueramt) darstellte, außer Kraft setzen, um den Kläger von den formellen Wirkungen desselben zu befreien. Es genügte nicht, in den Gründen auszusprechen, daß ein den gesetzlichen Erfordernissen entsprechender Gemeindebeschluß nicht vorhanden sei; die Außerkraftsetzung mußte in der Urteilsformel ausgesprochen werden, weil der Beklagte dadurch erst in die Lage gebracht wird, einen neuen Einspruchsbescheid erlassen zu müssen.

Nr. 14. Entsch. v. 1. Dez. 1914 (PrVerwBl. 36 618) VII C 605/14.

1. Soweit die Veranlagung zur Zuwachssteuer dem Kreisausschuß obliegt, ist dieser, nicht dessen Vorsitzender zuständig, über den Einspruch gegen die Veranlagung zur Zuwachssteuer Beschluß zu fassen.

2. Entscheidend für die Zulässigkeit einer Klage gegen einen Einspruchsbescheid ist nicht die Frage, ob er von der zuständigen Behörde wirklich erlassen war, sondern ob er sich dem Steuerpflichtigen gegenüber als ein von der zuständigen Behörde erlassener äußerlich darstellte; im letzteren Falle ist dem Steuerpflichtigen das Klagerecht gegeben, das aber nur dann sachlich erfolgreich sein kann, wenn zugleich die erstere Voraussetzung vorliegt. Denn anderenfalls kann die — zulässige — Klage nur zur Außerkraftsetzung des Einspruchsbescheids, nicht zu einer sachlichen Entscheidung führen.

In dem hier vorliegenden Falle ließ der Einspruchsbescheid nicht erkennen, daß er kein vom Kreisausschußkollegium erlassener Bescheid war. Er wies den an den Kreisausschuß gerichteten Einspruch in einer Form zurück, die den Einspruchsbescheid dem Steuerpflichtigen gegenüber als einen von zuständiger Stelle erlassenen Bescheid äußerlich erscheinen ließ. Demnach muß dem Steuerpflichtigen hier das Recht zustehen, sich mit der Klage gegen diesen Bescheid zu wehren; allein die Klage kann nur zur Außerkraftsetzung des in Wirklichkeit von unzuständiger Stelle ergangenen Bescheids und noch nicht zu einer sachlichen Entscheidung führen.

Nr. 15. Entsch. v. 14. Jan. 1916 (PrVerwBl. 37 555) VII C 623/14.

Pr. AGReichsZuwStG. v. 14. II. 11, §§ 1. 2.

Nach § 1 Abs. 1 Pr. AGZuwStG. wird grundsätzlich und der Regel nach in Landgemeinden die Zuwachssteuer durch den Kreisausschuß veranlagt. Daß alsdann gegen die über die Klage des Herangezogenen gemäß § 2 AG. befindende Entscheidung des Bezirksausschusses nur das Rechtsmittel der Revision zulässig ist, ist in dem in § 2 AG. miterwähnten § 11 Abs. 4 KrProvAbgG. v. 23. IV. 06 ausdrücklich ausgesprochen. Eine abweichende Regelung in der Gestaltung dieses Rechtsmittels für den in § 1 Abs. 3 AGZuwStG. vorgesehenen — hier vorliegenden — Ausnahmefall, wonach unter gewissen Voraussetzungen auf Antrag einer Landgemeinde die Veranlagung durch den Kreisausschuß dem Gemeindevorstande zu überweisen ist, würde der inneren Berechtigung entbehren und ist nicht erfolgt; vielmehr spricht der Sache nach § 2 AG. ebendenselben Grundsatz aus, wenn er bestimmt, daß auf die Rechtsmittel gegen die Veranlagung durch den Gemeindevorstand die Vorschriften der §§ 69, 70 (und 75) KommAbgG. mit der Maßgabe Anwendung finden, daß in erster Instanz stets der Bezirksausschuß zuständig ist. Denn nach § 70 KommAbgG. — iVerb. mit den einschlägigen Bestimmungen des LVG. §§ 82, 83, 93 das. — war ein Angehen des OVG. als Berufungsinstanz unter allen Umständen ausgeschlossen, und jene den Bezirksausschuß für die ausschließliche erste Instanz erklärende Maßnahme des § 2 AGZuwStG. beseitigte den in § 70 Abs. 2 Satz 2 KommAbgG. in dieser Hinsicht zwischen Land- und Stadtgemeinden gemachten Unterschied, indem sie dasjenige Verfahren, das bisher nur für die Stadtgemeinden galt, auch auf die Landgemeinden erstreckte, also ein und dasselbe Verfahren für sämtliche Gemeinden einfügrte. Infolgedessen haben auch in dem Satze 4 des Abs. 2 des § 70 KommAbgG. „Gegen die Entscheidung des Bezirksausschusses bei Stadtgemeinden ist nur das Rechtsmittel der Revision zulässig" — (für Landgemeinden ergab sich bis dahin dasselbe aus § 93 LVG.) — die Worte „bei Stadtgemeinden" jede Bedeutung verloren, und gilt vielmehr der dort ausgesprochene Grundsatz zufolge jener Maßgabe und der daraus sich ergebenden dementsprechenden Anwendung des § 70 KommAbgG. nunmehr unterschiedslos für alle Gemeinden, Stadt- und Landgemeinden.

Zweiter Abschnitt.

Provinzialabgaben.

Nr. 1. Entsch. v. 5. März 1915 (OVG. 68 50) II A 10/14.

KrProvAbgG. § 25.

Bereits im Urt. v. 23. I. 13 — PrVerwBl. 34 806, ErgBd. i. St. IV 20 — ist dahin entschieden, daß in Stadtkreisen bei Berechnung des Einkommensteuersolls für die Verteilung der Provinzialsteuern der dem gesamten, das volle Diensteinkommen mitumfassenden Einkommen der nach dem 1. IV. 09 in das Amtsverhältnis getretenen Beamten (G. v. 16. VI. 09) entsprechende Steuersatz in Anrechnung zu bringen ist. Dasselbe muß auch für Landkreise gelten. Nach § 25 Abs. 2 KrProvAbgG. ist das Steuersoll zugrunde zu legen, wie es nach den Vorschriften dieses G. in Landkreisen der Kreisbesteuerung zugrunde zu legen ist. Der Kreisbesteuerung ist aber nach § 7 Abs. 2 aaO. das Steuersoll zugrunde zu legen, wie es nach dem KommAbgG. usw. der Gemeindebesteuerung zugrunde zu legen ist. Es gilt also für Landkreise dasselbe wie für Stadtkreise. Daran kann es auch nichts ändern, daß bei der Verteilung der Kreissteuern im Kreise L. das Steuersoll der Gemeinden entsprechend dem jetzigen Klageantrage geringer angenommen und so der Verteilung der Kreissteuern zugrunde gelegt ist. Zwar kann der § 25 Abs. 2 des G. iVerb. mit Abs. 4 nicht anders ausgelegt werden, als der mit ihm dem Wortlaute nach im wesentlichen übereinstimmende § 7 Abs. 2 iVerb. mit dem Abs. 5 das., und diesen hat der Gerichtshof stets dahin verstanden, daß bei der Oberverteilung der Kreisabgaben dasjenige Soll, das in den Gemeinden und Gutsbezirken festgestellt ist, auch wenn es in Einzelheiten unrichtig sein sollte, nicht verändert werden darf; deshalb könnte man versucht sein, auch hier für die Provinzialbesteuerung dasjenige Soll für maßgebend zu erklären, das der Kreis L. seiner Verteilung der Kreisabgaben auf die Gemeinden und Gutsbezirke zugrunde gelegt hat. Allein jener Ausspruch des Gerichtshofs über die Auslegung des § 7 bezieht sich auf die Einzelveranlagungen. Darüber, ob sie richtig erfolgt sind, ob ihre Beträge mit Recht am 1. 1. noch zum Solle gestellt oder aus ihm ausgeschieden sind, ist eine Nachprüfung der Kreise ausgeschlossen. Ebensowenig steht umgekehrt den Gemeinden und Gutsbezirken eine Anfechtung der Oberverteilung mit der Begründung zu, daß Beträge, die bei ihnen am 1. 1. zum Solle gestanden, unrichtig veranlagt oder zu Unrecht zum Solle gestellt seien. Hier handelt es sich nun nicht um eine Veranlagung, sondern darum, daß der Kreis Gemeindesteuersolls, die er seiner Oberverteilung zugrunde zu legen hatte, nicht so, wie sie in der Gemeinde feststanden, in seine Rechnung eingestellt, sondern verändert hat. Er hat, anstatt die Gemeindesteuersolls unverändert zu übernehmen, selbstständig andere Solls geschaffen, indem er an Stelle der für gewisse Pflichtige (Beamte) veranlagten und zum Solle stehenden Prinzipalsteuersätze andere Sätze mit Rücksicht darauf einstellte, daß von jenen Pflichtigen niedrigere Zuschläge als von den übrigen erhoben würden. Damit hat er gegen den Grundsatz verstoßen, daß das Prinzipalsteuersoll des 1. I. die unabänderliche Grundlage der Kreisbesteuerung bildet. Deshalb konnte der Provinzialverband nicht durch das Verfahren des Kreises gebunden werden; er hat vielmehr mit Recht auf das wirkliche Soll der Gemeinden als die für das Soll der Kreise und der Provinz maßgebende Größe zurückgegriffen.

Nr. 2. Entsch. v. 7. März 1916 (PrVerwBl. 37 458) II A 9/15.

KrProvAbgG. §§ 7, 25.

1. Nach § 25 Abs. 2 u. 4 KrProvAbgG. dient als Maßstab zur Verteilung der Provinzialsteuern auf die einzelnen Land- und Stadtkreise das Soll der Einkommensteuer und der vom Staate veranlagten Realsteuern, wie es in Landkreisen nach den Vorschriften dieses G., in Stadtkreisen nach dem KommAbgG., nach Gemeindebeschlüssen und Vereinbarungen mit Steuerpflichtigen der Kreis- bzw. Gemeindebesteuerung zugrunde zu legen ist, und zwar ist maßgebend für die Verteilung in den Stadtkreisen das Steuersoll des jeweilig vorangegangenen Rechnungsjahrs nach dem Stande des 1. I. unter Berücksichtigung der bis zu diesem Zeitpunkt endgültig eingetretenen Berichtigungen und Veränderungen. Derartige Veränderungen vollziehen sich nicht von selbst, sondern nur durch dahingehende Maßnahmen der zuständigen Gemeindebehörde. Sie erfolgen insbesondere nicht etwa ohne weiteres auf Grund des § 70 EinkStG. Denn dessen Vorschrift, daß die veranlagte Steuer von den zu höchstens 3000 ℳ veranlagten Unteroffizieren und Mannschaften des Beurlaubtenstandes nicht zu erheben ist für diejenigen Monate, in denen sie sich im aktiven Dienste befinden, bezieht sich nur auf die staatliche Einkommensteuer, und ihre Anwendung auf dem Gebiete der Gemeindeeinkommensteuer ist auch nicht etwa im Hinblick auf den § 36 KommAbgG. geboten. Denn dieser Paragraph erklärt nur die staatliche Veranlagung (Abs. 1) und die für die Veranlagung der Staatseinkommensteuer geltenden Vorschriften (Abs. 2) für maßgebend, die Bestimmung des § 70 EinkStG. bezweckt aber, wie

schon ihre Stellung im Abschnitte „Steuererhebung" zeigt, keine Abänderung der Veranlagung, sondern nur einen zeitweiligen Erlaß der veranlagten Steuer, liegt also auf dem Gebiete der Steuererhebung, das für die Gemeinden durch das KommAbgG. selbst erschöpfend geregelt wird.

2. Eine gemäß § 25 Abs. 4 KrProvAbgG. bei der Verteilung der Provinzialsteuern zu berücksichtigende Veränderung des Steuersolls wird aber auch durch einen Gemeindebeschluß dann nicht unmittelbar bewirkt, wenn dieser den Erlaß der Einkommensteuer der eingezogenen Pflichtigen nur grundsätzlich für den Fall des Vorliegens gewisser Voraussetzungen (z. B. daß das Einkommen nicht ganz oder teilweise aus Grundeigentum oder Kapitalvermögen fließe) ausspricht. Ein solcher Beschluß ist zu betrachten als eine Norm des objektiven Gemeinderechts, das erst noch der Anwendung auf die einzelnen Fälle bedarf. Hier erfolgt also regelmäßig der Erlaß bestimmter Steuerbeträge erst durch Verfügung der ausführenden Behörde, die zunächst ermitteln wird, ob und inwieweit bei den einzelnen Pflichtigen die gedachten Voraussetzungen erfüllt sind. Anders könnte die Sache liegen, wenn ein Gemeindebeschluß den Steuererlaß etwa für die im § 70 EinkStG. bezeichneten Pflichtigen vorbehaltlos ausspräche. In einem solchen Falle würde es wohl auf die Berichtigung der Listen und Rechnungen, die dann als eine Äußerlichkeit erscheinen würde, nicht durchaus ankommen.

3. Wie in der Rechtsprechung des OVG. wiederholt hervorgehoben ist, hängt nach § 25 Abs. 4 und § 7 Abs. 6 des genannten G. die Ausschaltung erlassener Gemeindesteuern bei der Verteilung der Provinzialsteuern (und der Kreissteuern) lediglich davon ab, daß tatsächlich die erlassenen Beträge vor dem 1. I. des jeweilig vorangegangenen Rechnungsjahrs endgültig von dem Steuersoll der Gemeinde abgesetzt worden sind, gleichviel ob dabei gegen bestehende Vorschriften verstoßen wurde, und ob als Folge davon ein Vorteil oder ein Nachteil der Gemeinde bei Verteilung der Steuern des höheren Kommunalverbandes eintritt. Folglich wäre es sogar ohne Belang, wenn in einem Falle wie hier ein Gemeindebeschluß überhaupt nicht ergangen wäre, wohl aber der Gemeindevorstand (z. B. in der irrigen Meinung, der § 70 EinkStG. verlange solches) die Steuern von dem Soll endgültig abgesetzt hätte.

Dritter Abschnitt.

Kreisabgaben.

Literatur: Illiger: Schankerlaubnis und Schankerlaubnissteuer (Berlin 1915).

I.

Allgemeines. Mehr- oder Minderbelastung.

Nr. 1. Entsch. v. 14. Okt. 1913 (OVG. 66 31) II C 16/13.

KrProvAbgG. §§ 10, 19.

1. Voraussetzung für die Mehrbelastung nach § 10 KrProvAbgG. ist lediglich, daß die Veranstaltung ausschließlich oder in besonders hervorragendem oder geringem Maße einzelnen Kreisteilen zustatten kommt. Allerdings wird bei der Anwendung dieser Vorschrift verlangt werden müssen, daß die Mehrbelastung in einem angemessenen Verhältnisse zu den Vorteilen steht, die den betreffenden Kreisteilen aus der Veranstaltung erwachsen. Es ist aber keineswegs ausgeschlossen, daß auch eine Gemeinde oder ein Gutsbezirk, die Grund und Boden unentgeltlich hergegeben haben, einen Vorteil aus der Veranstaltung haben, der

den Wert des unentgeltlich hergegebenen Grund und Bodens weit übersteigt. Die Frage, ob neben der unentgeltlichen Hergabe des Grund und Bodens noch eine Mehrbelastung zulässig ist, liegt auf dem Gebiete der nach den tatsächlichen Verhältnissen des Einzelfalls vorzunehmenden Prüfung der Angemessenheit und Zweckmäßigkeit. Sie ist deshalb nach feststehender Rechtsprechung des Gerichtshofs im Beschlußverfahren zu entscheiden, und der Verwaltungsrichter darf nur prüfen, ob die Beschlußbehörden sie dem G. entsprechend einer Prüfung unterzogen haben. Die Frage nach den Vorteilen ist im Beschlußverfahren in ausreichender Weise geprüft worden.

2. Die Genehmigung eines Mehrbelastungsbeschlusses des Kreistags erfolgt gemäß § 19 KrProvAbgG. durch den Bezirksausschuß. Gegen seinen Beschluß ist, wie sich auch aus § 19 Abs. 2 aaO. ergibt, nach den allgemeinen für das Beschlußverfahren gegebenen Vorschriften des § 121 LVG. die Beschwerde an den Provinzialrat zulässig. Eine ausdrückliche Vorschrift darüber, wer diese Beschwerde mit der Wirkung einlegen kann, daß dadurch die Zuständigkeit des Provinzialrats begründet wird, ist weder in den §§ 10 u. 19 KrProvAbgG. noch im § 121 LVG. enthalten. Da die Mehrbelastungsbeschlüsse nach feststehender Auffassung des OVG. als Beschlüsse über die Belastung mit direkten Steuern aufzufassen sind, so müssen hinsichtlich des Beschwerderechts dieselben Grundsätze Platz greifen, die bei der Genehmigung sonstiger die direkten Steuern betreffenden Beschlüsse maßgebend sind. Dabei ist davon auszugehen, daß die Genehmigung derartiger Beschlüsse, ebenso wie in den Gemeinden nicht von jedem Steuerpflichtigen, so auch in den Kreisen nicht von den als Träger der direkten Kreissteuern in Frage kommenden Gemeinden und Gutsbezirken angefochten werden kann.

Nr. 2. Entsch. v. 18. Juni 1915 (OVG. **69** 57) II C 22/15.

Unter Veranstaltungen iS. der §§ 4, 5 u. 10 KrProvAbgG. und der §§ 4, 9 u. 20 KommAbgG. sind solche Unternehmen zu verstehen, die von dem Kreise bzw. der Gemeinde selbst oder unter deren Beteiligung in das Leben gerufen sind oder gerufen werden sollen, nicht aber bloße Verwaltungsmaßnahmen, die lediglich als Unterlagen zur Beschlußfassung darüber dienen sollen, ob ein Unternehmen herzustellen, in das Leben zu rufen ist. Um eine solche Verwaltungsmaßnahme aber handelt es sich hier. Die Aufstellung des Projekts diente dem Zwecke der Beschlußfassung darüber, ob eine Veranstaltung, der Bahnbau, hergestellt werden sollte. Sie selbst ist keine Veranstaltung, sondern war nur eine vorbereitende Verwaltungsmaßnahme zu dem gedachten Zwecke. Bei einer solchen vorbereitenden Verwaltungsmaßnahme kann auch nicht die Rede davon sein, daß sie einzelnen Kreisteilen besonders zustatten kommt. Die Kosten einer derartigen Maßnahme können allerdings zu einem Teile der Kosten der herzustellenden oder hergestellten Veranstaltung werden, nicht aber können sie für sich allein in dem Falle, daß von der Herstellung (Ausführung) des Unternehmens selbst Abstand genommen wird, als selbständige Veranstaltung betrachtet und einzelnen Kreisteilen im Wege der Mehrbelastung auferlegt werden.

Nr. 3. Entsch. v. 22. Juni 1915 (OVG. **69** 59) II C 194/14.

KrProvAbgG. § 5.

1. Die Staatsregierung hat zwei neue Bahnstrecken ausgeführt. Bei dem Baue dieser Bahnen wurde der schon vorhandene Bahnhof in A. entsprechend erweitert. Vorher hatte sich der Kreis der Eisenbahnverwaltung gegenüber in Ausführung der EisenbAnleiheG. v. 29. V. 07 (GS. 103) und v. 14. V. 08 (GS. 117) vertraglich verpflichtet, innerhalb der Grenzen des Kreises für die Grunderwerbs-

kosten einschließlich derjenigen für Wirtschaftserschwernisse aufzukommen, wohingegen ihm staatlicherseits zu den erwachsenden Kosten gewisse Zuschüsse zugesichert wurden. Es wäre zulässig gewesen, die finanzielle Beteiligung des Kreises an der Ausführung der erwähnten beiden staatlichen Bahnlinien als eine Veranstaltung des Kreises zu behandeln, und der Kreistag hätte zur Deckung der dadurch verursachten Ausgaben die Erhebung von Beiträgen von den beteiligten Grundbesitzern nach Maßgabe der ihnen erwachsenden Vorteile auf Grund des § 5 KrProvAbgG. beschließen können. So ist indessen hier nicht verfahren worden. Vielmehr hat der Kreisausschuß mit Rücksicht darauf, daß der Fiskus in unmittelbarer Nähe des Bahnhofs A. einen großen Truppenübungsplatz besitzt, beschlossen, den Militärfiskus als Grundbesitzer, dem durch den Erweiterungsbau des Bahnhofs in A. besondere wirtschaftliche Vorteile erwachsen seien, gemäß § 5 aaO zu einem Beitrage von 50 000 *M* heranzuziehen.

2. Dies Verfahren des Beklagten läßt sich mit den gesetzlichen Vorschriften nicht in Einklang bringen. Zunächst besteht die Veranstaltung des Kreises in der finanziellen Beteiligung an der Ausführung der beiden staatlichen Bahnlinien, während eine besondere Veranstaltung, die nur die Erweiterung des Bahnhofs A. betrifft, vom Kreistage niemals beschlossen ist. Unter diesen Umständen war es unzulässig, die nur im Rahmen der Ausführung der beiden Bahnlinien erfolgte Bahnhofserweiterung aus diesem Zusammenhange herauszunehmen und die finanziellen Zuschüsse des Kreises an die Eisenbahnverwaltung, insoweit sie auf die Bahnhofserweiterung entfielen, als eine besondere Veranstaltung des Kreises zu dem Zwecke zu behandeln, den Kläger allein mit einem Beitrage zu belasten. Schon hiernach war das Verfahren des Beklagten unzulässig. Dazu kommt folgendes: Die Kreisverwaltung geht davon aus, daß dem Kläger wegen der Möglichkeit, die zu dem Truppenübungsplatze hinziehenden oder von dort abrückenden Truppen auf dem Bahnhof A. schneller zu verladen, Ersparnisse von jährlich mindestens 2000 *M* erwachsen, und er bemißt den Beitrag auf das 25fache dieser Summe, kapitalisiert also jenen Jahresvorteil nach Art eines immerwährenden Gefälles. Eine derartige Festsetzung eines Beitrags würde nur dann angängig sein, wenn die Vorteile dauernd beständen, und zwar als Vorteile des Grundstücks dergestalt, daß sie auch anderen Erwerbern desselben verblieben, die je nach dem geltenden Rechte die Beitragspflicht überkommen würden, soweit eine Heranziehung des gegenwärtigen Besitzers noch nicht stattgefunden hätte. Es leuchtet aber ohne weiteres ein, daß die Vorteile, die der Kreis hier im Auge gehabt hat, nicht dem Grundstücke erwachsen, sondern für den Kläger, wenn überhaupt, nur infolge seiner besonderen derzeitigen Einrichtungen und seines zur Zeit bei der Truppenausbildung beobachteten Verfahrens entstehen. Es kann aber nicht einmal die Rede davon sein, daß er infolge der Verbesserung des Bahnhofs in A. irgendein Mehr aus dem Truppenübungsplatz als Grundstück zöge.

III.

Indirekte Kreissteuern.

A. Umsatz- und Wertzuwachssteuer.

Nr. 1. Entsch. v. 11. März 1913 (PrVerwBl. 35 260) VII C 354/12.

Daß der Eigentumserwerb auf Grund zweier das Recht auf Auflassung begründender lästiger Rechtsgeschäfte erfolgt ist, daß also die beiden Erwerbspreise für die Berechnung der Steuer maßgebend sind, ist unstreitig. Streit herrscht nur über die Höhe des Steuersatzes. Für die Steuer ist nach den Bestimmungen der SteuerO. entscheidend, daß nicht der obligatorische Veräußerungsvertrag, sondern der abgeleitete Eigentumserwerb eines Grundstücks der Steuer unterworfen wird. Für die Bemessung der auf den Eigentumswechsel entfallenden Steuer sollen dann allerdings die Erwerbspreise der Rechtsgeschäfte zusammengerechnet werden, auf welchen der Eigentumsübergang beruht. Hiermit wird die Steuer nicht auf das obligatorische Rechtsgeschäft gelegt, sondern dies soll lediglich für die Berechnung des auf den Eigentumswechsel entfallenden Steuersatzes in der vorgeschriebenen Weise in Betracht kommen. Hieraus und da die SteuerO. ausdrücklich bestimmt, daß die Erwerbspreise der sämtlichen Rechtsgeschäfte zusammengerechnet und daß von diesem Gesamtbetrage die Steuer entrichtet werden soll, folgt, daß der Prozentsatz, nach welchem die Steuer für den Eigentumswechsel festzustellen ist, nicht verschieden hoch nach den dem Eigentumswechsel zugrunde liegenden Rechtsgeschäften, sondern lediglich nach dem Eigentumsübergange selbst zu bemessen ist. Es kann sich also nur fragen, welche Steuer von dem Betrage der in den beiden Rechtsgeschäften vereinbarten Preise von zusammen 28 000 *M* zu entrichten ist. Für diese Frage ist entscheidend, daß der Eigentumswechsel der Steuer unterworfen worden ist, daß also, wenn nach der SteuerO. der Steuersatz verschieden bemessen werden soll, je nachdem die Veräußerung innerhalb eines Jahres bzw. später als nach einem Jahre usw. nach einer vorhergehenden Veräußerung erfolgt, hierunter nur der Eigentumswechsel verstanden werden kann.

Nr. 2. Entsch. v. 1. Juli 1913 (PrVerwBl. 35 361) VII C 510/12.

Nach § 1 der örtlichen SteuerO. unterliegt jeder abgeleitete Eigentumserwerb eines im Landkreise Wehlau belegenen Grundstücks einer Steuer von 1% des Wertes des erworbenen Grundstücks. In denjenigen Städten des Kreises, in welchen von diesen bereits eine Umsatzsteuer erhoben wird, beträgt die vorstehende, vom Kreise zu erhebende Erwerbssteuer nur ½%. Dieser § 1 Abs. 1 hat durch den zweiten Nachtrag zur SteuerO. v. 18. III. 10 folgenden Zusatz erhalten:

„Wird ein Grundstück innerhalb drei Jahren von dem Zeitpunkte der Erwerbung an, ganz oder in Teilen (Parzellen), freiwillig weiter veräußert, so erhöht sich die nach Maßgabe dieser SteuerO. für die betreffenden Veräußerungsgeschäfte zu zahlende Umsatzsteuer auf 2%. Der Kreisausschuß ist jedoch berechtigt, in besonderen Fällen und aus Billigkeitsrücksichten von der Erhebung der erhöhten Steuer abzusehen."

Der Bezirksausschuß hat zutreffend ausgeführt, daß der Kläger das Grundstück zwar auf Grund einer freiwilligen Veräußerung erworben habe, daß dagegen ein Rückerwerb als freiwillige weitere Veräußerung nicht aufzufassen sei; durch das Wort „weitere" wird zum Ausdruck gebracht, daß die Veräußerung an eine andere Person als den ersten Veräußerer geschehen soll. Wenn der Beklagte demgegenüber in der Revision meint, ausschlaggebend sei, daß innerhalb dreier Jahre ein weiterer Verkauf stattfinde, welche Person bei dem weiteren Verkaufe als Käufer figuriere, komme als ausschlaggebendes Moment nicht in Frage, so kann dem nicht beigetreten werden. Die SteuerO. bemißt die Umsatzsteuer auf 2%, läßt also einen höheren Steuersatz eintreten, wenn ein Grundstück innerhalb drei Jahren von dem Zeitpunkte der Erwerbung ab freiwillig weiterveräußert wird. Schon dieser Wortlaut läßt die Auslegung des Bezirksausschusses als richtig erscheinen; denn nach der allgemeinen Auffassung im wirtschaftlichen Leben wird zwischen Rückerwerb eines Grundstücks durch den früheren Eigentümer und einer Weiterveräußerung des Grundstücks durch den neuen Eigentümer unterschieden. Der Rückerwerb durch den früheren Eigentümer wird niemals als eine Weiterveräußerung im geschäftlichen Leben und in der allgemeinen Anschauungsweise bezeichnet werden, und es kann nicht unterstellt werden, daß die SteuerO. einen hiervon abweichenden Begriff der Weiterveräußerung angenommen hat.

Nr. 3. Entsch. v. 11. März 1914 (OVG. **66** 37) II HC 48/14.

1. Unzutreffend ist die Annahme der Klägerin, daß die SteuerO. auf den vorliegenden Fall nicht angewendet werden könne, weil die rechtliche Bindung (das schuldrechtliche Geschäft) zu einer Zeit eingegangen sei, in der die SteuerO. noch nicht bestanden habe.

Die bisherige Gewerkschaft und die aus ihr hervorgegangene Aktiengesellschaft sind zwei voneinander verschiedene Rechtspersönlichkeiten. Das G. bietet keinen Anhalt dafür, daß beide wie ein einziges Rechtssubjekt, nur unterschieden durch verschiedene Namen und eine abweichende äußere Form, zu behandeln sind. Wenn eine Gesellschaftsform in eine andere „umgewandelt" wird, so kann das regelmäßig nur in der Weise geschehen, daß die eine Gesellschaft aufgelöst, die andere neu begründet und auf diese das Vermögen jener übertragen wird. Im vorliegenden Falle wurde bei der „Umwandlung" der Gewerkschaft in die Aktiengesellschaft vereinbart, daß das gesamte Vermögen der Gewerkschaft auf die Aktiengesellschaft übergehen sollte. Wenngleich es in dem Vertrage heißt, daß das Gewerkschaftsvermögen als Ganzes eingebracht werde, so konnte sich der Übergang dennoch nicht im Wege der Gesamtrechtsnachfolge (Universalsuccession) vollziehen, weil dieses Rechtsverhältnis nur da besteht, wo es vom G. besonders zugelassen ist, wie z. B. bei Verstaatlichung einer Aktiengesellschaft und bei der Verschmelzung (Fusion) zweier Aktiengesellschaften (§§ 304, 305 HGB.). Wird abgesehen von solchen Fällen der Übergang eines Vermögens als eines Ganzen vereinbart, so greift § 419 BGB. Platz, wonach an und für sich nur die Verbindlichkeiten ohne weiteres auf den neuen Inhaber des Vermögens übergehen. Zum Übergange des Aktivvermögens sind besondere Übertragungshandlungen erforderlich, z. B. bei beweglichen Sachen die Übergabe, bei Liegenschaften die Auflassung iVerb. mit der Grundbucheintragung.

Demgemäß konnte die Klägerin das Eigentum nur durch Auflassung erlangen. Eine solche hat auch tatsächlich stattgefunden, und zwar zu einer Zeit, als die SteuerO. schon in Kraft war. Die Ansicht der Klägerin, daß in Wirklichkeit nur eine Berichtigung des Grundbuchs vorliege, trifft nicht zu.

2. Es kommt weiter noch darauf an, ob der dingliche Eigentumserwerb von der Steuer ergriffen werden konnte, obwohl die schuldrechtliche Verpflichtung zur Übereignung schon übernommen war, ehe die SteuerO. Kraft hatte. Das KrProvAbgG. hat den Kreisen die Befugnis verliehen, auf den „Erwerb" von Grundstücken und grundstücksgleichen Rechten indirekte Steuern zu legen. Damit ist der dingliche Erwerbsvorgang gemeint. Es ist nirgends bestimmt, daß hierbei auf den Zeitpunkt des schuldrechtlichen Geschäfts Rücksicht zu nehmen sei. Erforderlich ist nur, daß die Grundsätze, nach denen eine Steuer zu erheben ist, der Willkür des Steuergläubigers im Einzelfall entrückt und durch die Satzung im voraus allgemein und ein für allemal bis zu deren Abänderung festgelegt sind; die Steuer soll im voraus (d. h. vor dem steuerpflichtigen Vorgange) nach festen Normen bestimmt sein (OVG. **57** **133**). Diesen Erfordernissen genügt die vorliegende SteuerO., und sie entbehrt auch nicht derjenigen Klarheit, Durchsichtigkeit und Unzweideutigkeit, die im Interesse der Rechtssicherheit geboten ist und insbesondere von den Steuerpflichtigen verlangt werden kann.

Nr. 4. Entsch. v. 14. März 1914 (OVG. **66** 44) II HC 29/14.

1. Der E. Bergwerksverein (Aktiengesellschaft) verkaufte von dem ihm gehörigen Steinkohlenbergwerk M. durch notariellen Vertrag $^1/_{100}$ an den Ingenieur N. In einer weiteren notariellen Verhandlung erklärten der Bergwerksverein und N.: „Wir sind als Miteigentümer des im Grundbuch von G. eingetragenen Bergwerks M. eingetragen. Durch diese Eintragung ist eine Gewerkschaft entstanden, welche den Namen M. führt. Eigentümerin ist daher diese Gewerkschaft. Zur Berichtigung des Grundbuchs durch Eintragung des wahren Eigentümers bewilligen und beantragen wir, daß die Gewerkschaft M. als Eigentümerin im Grundbuch eingetragen werde." Auf einen vom Repräsentanten der Gewerkschaft beim Grundbuchamt gestellten Antrag erfolgte sodann die Umschreibung des Eigentums an dem Bergwerk vom E. Bergwerksverein auf die Gewerkschaft M. Auf Grund dieser Eigentumsumschreibung fand die Heranziehung zur Kreisumsatzsteuer statt.

2. Unrichtig ist die Ansicht der Klägerin, der Gewerkschaft M., daß ein abgeleiteter Eigentumserwerb ausgeschlossen ist, wenn der Übergang sich unmittelbar kraft Gesetzes vollzieht; denn abgeleitet ist ein Erwerb stets dann, wenn das Eigentum von einer Person auf die andere übergeht und wenn diese ihr Recht aus dem Rechte des bisherigen Eigentümers herleitet.

Es trifft ferner nicht zu, daß der E. Bergwerksverein und N. Eigentümer des Bergwerks gewesen sind. Ihnen ist zwar vor dem Notar die Auflassung erteilt worden (vgl. AGBGB. Art. 26). Der Auflassung ist aber nicht die zum Eigentumsübergange nach §§ 873, 925 BGB. erforderliche Grundbucheintragung gefolgt. Es könnte sogar in Frage kommen, ob auf die Klägerin das Eigentum übergegangen und ob deren Steuerpflicht nicht wegen Fehlens eines Erwerbsvorganges zu verneinen ist; denn wenn auch grundbuchmäßig ein Eigentumsübergang vom E. Bergwerksverein auf die Klägerin stattgefunden hat, so ist doch nicht ohne weiteres klar ersichtlich, ob eine vorschriftsmäßige Auflassung erfolgt ist Eine solche muß jedoch in der oben wiedergegebenen Erklärung erblickt werden, die der E. Bergwerksverein und N. „zur Berichtigung des Grundbuchs" abgegeben haben. Der E. Bergwerksverein war eingetragener Eigentümer des Bergwerkes, und beide waren als alleinige Gewerken berechtigt, die Gewerkschaft, die mit dem Eigentumsübergang entstand, zu vertreten. Daß der Rechtsvorgang nicht als Auflassung gedacht war, ist unerheblich; es kommt nur darauf an, daß in ihm die materiellen und formellen Erfordernisse einer Auflassung enthalten waren, und das trifft zu.

Demgemäß ist die Klägerin auf Grund einer freiwilligen Veräußerung Eigentümerin des Bergwerkes geworden und ihre Eintragung in das Grundbuch beruhte nicht etwa nur auf einer Grundbuchberichtigung.

3. Der Bezirksausschuß nimmt zwar an, daß die Gewerkschaft schon vor der Eintragung im Grundbuche bestanden habe. Diese Auffassung ist irrig; denn eine Gewerkschaft kann erst zu dem Zeitpunkt entstehen, in dem zwei oder mehr Personen das Bergwerkseigentum erwerben. Der Irrtum des Bezirksausschusses ändert jedoch an dem Ergebnisse nichts und kann deshalb nicht zur Aufhebung der Entscheidung führen.

Nr. 5. Entsch. v. 25. März 1914 (OVG. **66** 48) II HC 57/14.

1. Der Preußische Staat (Staatsbauverwaltung) erwarb im Jahre 1908 vom Kossäten B. eine Fischereigerechtigkeit für 8000 *M* und wurde am 24. VI. 12 als Inhaber des Rechtes auf einem besonderen Grundbuchblatt eingetragen. Dies gab dem Kreisausschusse zu N. Veranlassung, den Kläger zu einer Kreisumsatzsteuer heranzuziehen. Der Bezirksausschuß hat erwogen, daß die Fischereigerechtigkeit, wenn sie subjektiv-persönlich gewesen sei, nicht zu den Rechten gehört habe, für die iS. des § 1 der maßgebenden SteuerO. die auf Grundstücke bezüglichen Vorschriften gelten, und daß es deshalb für die Besteuerung

an der gesetzlichen Grundlage fehle. Er folgert dies mit Recht aus Art. 40 AGBGB. mit dem Hinweise darauf, daß die Gerechtigkeit kein Grundbuchblatt erhalten hatte.

Der Bezirksausschuß hat auch den Fall ins Auge gefaßt, daß das Fischereirecht subjektiv-dinglicher Natur war. Es trifft zu, daß ein dauernd mit einem Grundstücke verbundenes Fischereirecht nicht ohne das Grundstück veräußert werden konnte. Diese Rechtsauffassung ist auch in der Begründung des preußischen G. v. 2. IX. 11 über den Erwerb der Fischereiberechtigungen durch den Staat als die richtige bezeichnet worden. Nach § 2 dieses G., der lautet:

„Die Fischereiberechtigungen können als selbständige Gerechtigkeiten ganz oder für Teile der Gewässer auf den Staat übertragen werden.

Zu der Übertragung ist die Einigung des Fischereiberechtigten und des Staates über die Rechtsänderung und Eintragung der Rechtsänderung im Grundbuch erforderlich",

ist es jetzt zulässig, subjektiv-dingliche Fischereiberechtigungen vom Grundstücke loszutrennen und als selbständige Gerechtigkeiten auf den Staat zu übertragen.

2. Es fragt sich, welche Bedeutung dem § 16 aaO., wonach die Vorschriften der §§ 2 bis 6 auch dann Anwendung finden, wenn die Einigung vor dem Inkrafttreten des G. zustande gekommen ist, für den vorliegenden Fall beizumessen ist. Das G. hatte den Zweck, den Staat in die bestehenden Rechte der Fischerei eintreten zu lassen, insbesondere den Heimfall in das Regal zu verhindern. Es sieht deshalb den Übergang der Rechte auf den Staat vor in derselben Weise, wie Grundstücke auf einen Anderen übertragen werden, indem es die Auflassung ermöglichte und die Eintragung als selbständige Gerechtigkeit zuließ, also den Erwerb als einen abgeleiteten kennzeichnete. Im vorliegenden Falle sind die Voraussetzungen der rückwirkenden Kraft gegeben; denn der Vt. v. 19. IX. 08 enthält die Merkmale der Auflassung (§ 2 Abs. 2 des G.), und nach § 16 aaO. konnte deshalb auf Grund des Vertrags die Eintragung in das Grundbuch stattfinden mit der Wirkung, daß es so anzusehen war, als sei mit der Eintragung die Berechtigung auf den Staat als selbständige Gerechtigkeit übergegangen. Das G. von 1911 hat also dem Vertrage von 1908 nachträglich eine Bedeutung und Wirkung beigelegt, die ihm ursprünglich nicht zukam. Bürgerlichrechtlich betrachtet ist also die Fischereigerechtigkeit erst mit der Eintragung des Staates, nämlich am 24. VI. 12, auf diesen übergegangen; und dieser Rechtsvorgang war an sich geeignet, die Steuerpflicht auszulösen. Damit ist jedoch nicht gesagt, daß ein Vorgang, der ursprünglich steuerfrei war, nachträglich zu einem steuerpflichtigen geworden ist.

Wie vom Kläger schon vor dem Bezirksausschuß ohne Widerspruch des Beklagten behauptet ist, hatte er sich schon vor Erlaß des G. v. 2. IX. 11 des Fischereirechts zugunsten des Staates entledigt, und zwar in einer Weise, die zur Erhebung einer Umsatzsteuer keine Handhabe bot.

Nr. 6. Entsch. v. 16. Sept. 1914 (OVG. **68** 56) II HC 204/14.

KrO. § 3.

Der Bezirksausschuß hat ohne Rechtsirrtum und Verfahrensmangel festgestellt, daß die Umgemeindung des hier fraglichen Grundstücksteils nach der Stadtgemeinde Posen durch den ordnungsmäßig gefaßten und im Regierungsamtsblatte bekanntgemachten Beschl. v. 20. IV. 99 rechtswirksam erfolgt sei. Daß diese Umgemeindung auch die Veränderung der Kreisgrenzen ohne weiteres nach sich gezogen habe, hat der Bezirksausschuß gleichfalls mit Recht angenommen. Er verkennt nicht, daß die Bestimmung im § 3 Abs. 3 KrO., wonach „Veränderungen solcher Gemeinde- oder Gutsbezirksgrenzen, welche zugleich Kreisgrenzen sind, ... die Veränderung der betreffenden Kreisgrenzen . . . . ohne weiteres nach sich ziehen", in der Provinz Posen nicht gilt und daß die KrO. für die Provinz Posen v. 20. XII. 28 eine gleiche Bestimmung nicht enthält. Wenn er dann fortfährt: „Gleichwohl folgt die Anwendung desselben Grundsatzes auch für die Provinz Posen aus der Natur der Sache; denn es kann nicht ein Bestandteil einer Gemeinde, die einem Kreise nicht angehört, doch Bestandteil dieses Kreises sein", so will er damit das Bestehen eines allgemein gültigen Rechtssatzes des Inhalts zum Ausdrucke bringen, daß die Kreise normalerweise aus geschlossenen Kommunalbezirken sich zusammensetzen, so daß einer Grenzveränderung dieser Bezirke die Kreisgrenzen ohne weiteres zu folgen haben. Einem solchen Ausspruch ist beizupflichten. Hiernach gehörte das von der Stadtgemeinde Posen erworbene Grundstück am Tage des Eigentumserwerbs nicht mehr dem Kreise Posen-Ost an; die Heranziehung der Stadtgemeinde zur Kreis-Umsatzsteuer ist daher zu Unrecht erfolgt.

Nr. 7. Entsch. v. 21. Okt. 1914 (OVG. **68** 59) II HC 300/14.

Durch notariellen Überlassungsvertrag überließen die Eheleute H. den in Betracht kommenden Hof ihrer Tochter, der Ehefrau N. Th. In derselben Urkunde vereinbarte N. Th. mit seiner Ehefrau die allgemeine Gütergemeinschaft. Es fragt sich, ob die Auflassung auf Grund zweier das Recht auf Auflassung begründender lästiger Rechtsgeschäfte stattgefunden hat.

Der Ehevertrag, durch den die Eheleute N. Th. unter sich die Gütergemeinschaft einführten, ist zwar ein Rechtsgeschäft, aber kein „lästiges"; denn lästig (oder entgeltlich) ist ein Geschäft nur dann, wenn auf beiden Seiten Leistungen einander gegenüberstehen, die nach dem Willen der Beteiligten gegeneinander ausgetauscht werden sollen, dergestalt, daß das, was jeder Teil durch die Leistung des andern erlangt, an die Stelle des durch seine eigene Leistung dem anderen Gewährten tritt (RGZ. **83** 52, vgl. auch OVG. v. 21. IV. 10, PrVerwBl. **32** 119). Bei Verträgen über Einführung der allgemeinen Gütergemeinschaft kann aber von Austausch gegenseitiger Leistungen nicht die Rede sein. Solche Verträge folgen vielmehr als familienrechtliche besonderen Regeln. Da hiernach nur ein „lästiges" Rechtsgeschäft der Auflassung zugrunde gelegen hat, fehlt es an einer für die Erhebung der erhöhten Steuer notwendigen Voraussetzung.

Nr. 8. Entsch. v. 4. Nov. 1914 (OVG. **68** 62) II HC 322/14.

1. Der § 1 der maßgebenden SteuerO. lautet:

„Jeder abgeleitete Eigentumserwerb eines im Landkreise R. belegenen Grundstücks ... unterliegt einer Steuer von 1% des Wertes des erworbenen Grundstücks ... Wird ein Grundstück innerhalb dreier Jahre von dem Zeitpunkte der Erwerbung an durch den Eigentümer in Teilen (Parzellen) weiterveräußert, so erhöht sich für die diese Teile betreffenden Erwerbsgeschäfte die Steuer auf 3%."

2. Das OVG. hat für SteuerO. der vorliegenden und ähnlicher Art (vgl. OVG. **59** 12) wiederholt entschieden, daß nicht jede Veräußerung von Teilen eines eine wirtschaftliche Einheit bildenden Grundbesitzes der erhöhten Steuer unterliegt, sondern lediglich eine solche, die sich als ein — wirtschaftlich unerwünschter — Parzellierungsverkauf darstellt. Dies verkennt auch der Bezirksausschuß nicht. Er nimmt aber weiter Bezug auf einen Ausspruch des OVG. v. 20. II. 11, wonach zur Steuererhöhung Anlaß gibt nur eine „Veräußerung von Teilen einer wirtschaftlichen Einheit, wenn durch sie der die wirtschaftliche Einheit bildende Grundbesitz in einer Weise zerteilt wird, daß entweder der ganze Grundbesitz in einzelnen Teilen in andere Hände übergeht, oder daß dem früheren Eigentümer nur ein Rest verbleibt, der als solcher nicht mehr denselben wirtschaftlichen Charakter trägt, wie der frühere gesamte Grundbesitz." Der Bezirksausschuß führt aus, daß der dem P. verbliebene Restbesitz nicht mehr denselben wirtschaftlichen Charakter

trage, wie der frühere gesamte Grundbesitz, und daß er nicht mehr derselben wirtschaftlichen Zweckbestimmung dienen könne und diene. Er übersieht aber hierbei, daß das OVG. in jener Entsch. nur über den Fall zu entscheiden hatte, daß der bisherige Eigentümer zunächst nur einzelne Parzellen veräußert, den Kern des Grundbesitzes aber, insbesondere die Hofstelle, zurückbehält oder ebenfalls schließlich abgibt. Zur Berücksichtigung eines Falles der vorliegenden Art hatte es damals keine Veranlassung. Jetzt liegt die Sache so, daß P. den weitaus größeren Teil des Besitzes mit den Wirtschaftsgebäuden an die Kläger veräußerte, ferner ein verhältnismäßig kleines Teilstück an Frau Pl. abgab und nur einen nicht sehr erheblichen Teil für sich zurückbehielt. Bei dieser Sachlage mußte geprüft werden, ob der in den Besitz der Kläger übergegangene Teil die nach der genannten Entscheidung für die Steuererhöhung erforderlichen Voraussetzungen erfüllt. Es ist ohne weiteres anzunehmen, daß der auf die beiden Kläger übergegangene Grundbesitz den wirtschaftlichen Charakter des bisherigen ganzen Gutes trägt und daß in Hinblick auf die verhältnismäßig kleinen Restgrundstücke die Zerteilung des Gutes keine wirtschaftlich unerwünschte Maßregel war. Deshalb konnte vom Häusler H. keine erhöhte Steuer erhoben werden.

Nr. 9. Entsch. v. 10. Febr. 1915 (OVG. **68** 74) II HC 389/14.

Ob sich bei der Weiterveräußerung eines Grundstücks der Kaufpreis erhöht hat, kann nur geprüft werden, wenn das Grundstück für den Zeitpunkt der Veräußerung in dem gleichen Zustand in Betracht gezogen wird, den es bei dem Erwerbe hatte. Nur ohne Zutun des Veräußerers eingetretene Veränderungen dieses Zustandes sind zu berücksichtigen; dagegen folgt daraus, daß Beschaffenheit und Wert eines Grundstücks wesentlich verschieden sind, je nachdem beispielsweise eine Aussaat darin steckt beziehungsweise die Ernte aufsteht oder nicht, die Notwendigkeit, vor Anwendung der hier fraglichen ortsrechtlichen Bestimmung die Preise zu vergleichen, die zu den verschiedenen Zeitpunkten des Erwerbs und der Veräußerung für das Grundstück in gleicher Beschaffenheit, also namentlich ohne Aussaat und ohne aufstehende Ernte erzielt worden sind. Die Nichtbeachtung dieses Grundsatzes würde dann, wenn Erwerb und Veräußerung auf verschiedene Zeitpunkte des Wirtschaftsjahrs fallen und das eine Mal Aussaat oder Ernte stattgefunden hat, das andere Mal nicht, zur Grundlage des Vergleichs zwei verschieden beschaffene Grundstücke machen, die sich eben darum der Vergleichsmöglichkeit entziehen.

Nr. 10. Entsch. v. 21. April 1915 (OVG. **68** 78) II HC 215/14.

1. Das OVG. hat seit der Entsch. **58** 13 in ständiger Rechtsübung daran festgehalten, daß unter einem „Übergabevertrag" iS. des § 6 Abs. 1[1] KrProvAbgG. und der auf dieser Vorschrift beruhenden SteuerO. nicht jeder die Übereignung eines Grundstücks zwischen Verwandten auf- und absteigender Linie bezweckende schuldrechtliche Vertrag zu verstehen ist, sondern nur ein solcher, bei dem eine Beziehung auf die erbrechtlichen Verhältnisse besteht und diese bei der Ausgestaltung des Vertrags dahin berücksichtigt sind, daß die Gegenleistungen nicht den üblichen Verkehrswert des übertragenen Vermögensgegenstandes (Grundstücks) darstellen. Hierbei ist der Gerichtshof auch bereits in einer Reihe von Entscheidungen verblieben, nachdem durch RGZ. **81** 311 der Begriff der „Überlassungsverträge" iS. der Befreiungsvorschrift Nr. 2 Tarif-Nr. 11a ReichsStempG. dahin bestimmt worden ist, daß mit dieser Bezeichnung alle Verträge getroffen werden, welche die Übertragung von Grundstücken von Eltern an Abkömmlinge zum Gegenstande haben. Die gegenwärtige Streitsache gibt keinen Anlaß, von dieser Rechtsprechung abzugehen.

2. Im vorliegenden Falle haben die Vertragschließenden bei der notariellen Verhandlung den Vertrag als Schenkung bezeichnet, der vom Vorderrichter erhobene Beweis ergibt jedoch, daß diese im Streitverfahren von den Klägern selbst für unrichtig erklärte Bezeichnung in der Tat nicht zutreffend ist. Nach der vom Bezirksausschusse für glaubwürdig erachteten Aussage des Zeugen B. ist dem Baumeister S. bei seiner Verheiratung von seinem Vater, dem Mitkläger J. S., der in Rede stehende Grundstücksanteil überlassen worden, nachdem vorher seine Schwester, die verstorbene Ehefrau des Zeugen, bei ihrer Verheiratung vom Vater ein gleichwertiges Grundstück zur Ausstattung erhalten hatte. Bei der Übergabe hat der Vater ausdrücklich bestimmt, daß der Sohn bei einer späteren Erbauseinandersetzung sich die Zuwendung auf seinen Erbteil anrechnen lassen müsse. Ein (sonstiges) Entgelt für die Überlassung des Grundstücks ist nicht geleistet worden. Nach diesen näheren Umständen des Falles erscheint es unbedenklich, daß die in der Überlassung des Grundstücks liegende Zuwendung unter Lebenden als Gewährung einer Ausstattung iS. des § 1624 BGB. aufzufassen ist. Die Ausstattung stellt sich aber, wenn sie auch idReg. nicht als Schenkung gilt, so doch grundsätzlich als unentgeltliche Zuwendung seitens des gewährenden Elternteils dar.

3. Aber auch abgesehen von der Rechtsnatur der Grundstücksübertragung als Ausstattung würde die Entgeltlichkeit des Geschäfts zu verneinen sein, weil sie lediglich auf Grund des allein dafür in Betracht kommenden Umstandes, daß der Vater die Anrechnung auf den künftigen Erbteil des Sohnes angeordnet und der Sohn sich stillschweigend damit einverstanden erklärt hat, nicht bejaht werden kann. Erklärt sich der Erwerber eines ihm im übrigen ohne Gegenleistungen von seiner Seite zu übertragenden Grundstücks bereit, sich den Wert dieses Grundstücks auf seinen zukünftigen Erbteil anrechnen zu lassen, so liegt hierin keine eine Leistung des Erwerbers begründende Verpflichtung, sondern die Erklärung des Einverständnisses mit einer Anordnung des Veräußerers, die dieser als zukünftiger Erblasser nach § 2050 Abs. 3 BGB. auch einseitig treffen könnte. Insbesondere wird durch eine solche Erklärung nicht etwa eine auf den zukünftigen Erbfall verschobene Zahlungspflicht statuiert; denn durch die Notwendigkeit, eine Zuwendung bei einem zukünftigen Erbfalle zur Ausgleichung zu bringen, wird zwar der zukünftige Erbteil geschmälert, eine Zahlungspflicht des zukünftigen Erben aber in keinem Falle begründet, wie dieser denn auch, wenn sein Erbteil niedriger ist als die Zuwendung, nichts herauszugeben hat.

Nr. 11. Entsch. v. 10. Juni 1913 (OVG. **64** 159) VII C 511/12.

Wenn der Käufer eines Grundstücks nach dem Veräußerungsvertrage den hierauf entfallenden Reichs- und Landesstempel übernimmt, so ist dies keine Leistung, die dem Kaufpreise hinzugerechnet werden muß. Allerdings sind dem Reiche und dem Staate gegenüber zur Entrichtung des Reichs- und Landesstempels kraft gesetzlicher Vorschrift beide Vertragsparteien als Gesamtschuldner verpflichtet (§ 83 ReichsStempStG., § 12c PrStempStG.), und nach § 426 BGB. sind in ihrem Verhältnisse zueinander die Gesamtschuldner zu gleichen Anteilen verpflichtet, soweit nicht etwas anderes bestimmt ist. Hier greift aber eine solche anderweitige gesetzliche Bestimmung durch; denn § 449 BGB. regelt für den Fall eines Grundstückskaufs im Innenverhältnisse der Vertragschließenden die Kostenpflicht dahin, daß die Kosten der Beurkundung des Kaufes, der Auflassung und der Eintragung von dem Käufer des Grundstücks zu tragen sind, und zu diesen Kosten gehören nach der Verkehrsauffassung (vgl. §§ 157, 242 BGB.) auch die aus Anlaß jener Rechtsvorgänge zu entrichtenden Stempelbeträge. Folglich war hier im Verhältnisse der Vertragsparteien gesetzlich von vornherein einzig die Klägerin die Schuldnerin der Stempelbeträge und daher die Vertragsbestimmung wegen Übernahme der Stempelkosten durch die Klägerin nicht geeignet, eine Leistung, die vertraglich oder gesetzlich dem Veräußerer obgelegen hätte, auf die Erwerberin übergehen zu lassen, sondern nur die vertragliche Wiederholung dessen, was ohnedies schon kraft G. Rechtens war.

Nr. 12. Entsch. v. 11. Febr. 1914 (OVG. **66** 36) II HC 11/14.

Die Bestimmung einer UmsatzsteuerO., wonach zur Zahlung der Steuer der Erwerber und der Veräußerer verpflichtet sind, ist nach ständiger Rechtsprechung des OVG. dahin auszulegen, daß beide als Gesamtschuldner haften. Nach § 4 Nr. 3 der hier maßgebenden SteuerO. darf in keinem Falle ein geringerer Wert versteuert werden, als der zwischen dem Veräußerer und dem Erwerber bedungene Preis mit Einschluß der vom Erwerber übernommenen Lasten und Leistungen usw. Unter „übernommener Leistung" iS. dieser Vorschrift ist nur die Leistung zu verstehen, die der Erwerber als Gegenleistung für die Überlassung des Grundstücks zu entrichten hat. Eine solche Leistung liegt aber nicht vor, wenn es sich um Übernahme von Abgaben handelt, die auf den Eigentumswechsel an einem Grundstücke gelegt worden sind, für deren Entrichtung beide Vertragschließende haften. Bei der Bemessung der Umsatzsteuer ist daher dem Werte des veräußerten Grundstücks die vom Ersteher vertragsmäßig übernommene Umsatzsteuer nicht hinzuzurechnen.

Nr. 13. Entsch. v. 19. Dez. 1912 (OVG. **64** 157) VII C 390/12.

Die Sicherungshypothek ist auch iS. der UmsatzsteuerO. eine Hypothek. Sie begründet ein dingliches Recht wie jede andere Hypothek und unterscheidet sich von dieser hauptsächlich dadurch, daß sich das Recht des Gläubigers nur nach der Forderung bestimmt und daß der Gläubiger sich zum Beweise der Forderung nicht auf die Eintragung berufen kann (§ 1184 BGB.).

Nr. 14. Entsch. v. 9. Dez. 1914 (OVG. **68** 64) II HC 326/14.

1. Nach der maßgebenden SteuerO. soll bei Erwerbungen im Zwangsversteigerungsverfahren der Zuschlagspreis mit der Maßgabe zugrunde gelegt werden, daß, wenn der Ersteher Hypotheken- oder Grundschuldgläubiger ist, die Steuer nur von dem Betrage des Meistgebots erhoben wird, der den Gesamtbetrag der Hypotheken- und Grundschuldforderung des Erwerbers und der dieser vorhergehenden Forderungen übersteigt. Es liegt kein Anhalt dafür vor, daß die SteuerO. das Wort „Forderung" mit „Stammforderung" gleichsetzen wollte. Unter den Begriff „Forderung" fallen vielmehr auch Zinsen und Kosten, für die das Grundstück haftet. Hypothekenzinsen und Kosten, das heißt Kosten der Kündigung und der die Befriedigung aus dem Grundstücke bezweckenden Rechtsverfolgung, sind Nebenleistungen. Das Grundstück haftet „kraft der Hypothek" auch für sie (für vertragsmäßige Zinsen freilich nur iF. ihrer Eintragung, §§ 1115, 1118 BGB., ZVG. § 10 Abs. 2). Hauptanspruch und Nebenleistungen entspringen einem und demselben „Rechte" (ZVG. § 12); wenn auch für Zinsen und Kosten bürgerlichrechtlich einige Besonderheiten gelten (§§ 1145 Abs. 2, 1158, 1159, 1178 BGB.), so vermag das doch an der rechtlichen Natur der Nebenansprüche nichts zu ändern. Vielmehr ist daran festzuhalten, daß Hauptanspruch und Nebenforderungen im allgemeinen das gleiche rechtliche Schicksal teilen.

2. Spricht diese bürgerlichrechtliche Betrachtung schon zugunsten des Klägers, so kommt noch hinzu, daß sie auch mit dem Geiste und Sinne der SteuerO. sehr

wohl zu vereinigen ist; denn durch § 2 Abs. 2 Satz 2 soll der Ersteher in dem Falle begünstigt werden, daß er das Grundstück ersteht, um Verluste von sich abzuwenden. Dieses Ziel erreicht ein Hypothekengläubiger aber mit Sicherheit nur dann, wenn er soweit mit seinem Gebote geht, daß seine sämtlichen Forderungen gedeckt werden, also auch die Nebenforderungen, zumal da diese im Range sogar dem Hauptanspruche vorgehen (ZVG. § 12).

Nr. 15. Entsch. v. 19. Dez. 1914 (OVG. **68** 66) II HC 107/14.

1. Den Klägern ist die Hypothek von dem im Grundbuch eingetragenen früheren Gläubiger P. durch notariell beglaubigte Erklärung abgetreten worden. Da die SteuerO. für die im § 1 Abs. 6 vorgesehene Steuerermäßigung bzw. Befreiung nur voraussetzt, daß der Ersteher im Zeitpunkte des Eigentumserwerbes, also der Erteilung des Zuschlags (§ 90 ZVG.) Hypothekengläubiger ist, so kommt es, da die den Klägern abgetretene Hypothek mindestens teilsweise ausgefallen, ein überschießender Betrag des Meistgebots mithin nicht vorhanden ist, für die Steuerpflicht der Kläger lediglich darauf an, ob am 12. VIII. 13 die für ihren Rechtserwerb an der Hypothek gesetzlich erforderlichen Umstände sämtlich vorlagen. Die Kläger wollen im Versteigerungstermine die notariell beglaubigte Abtretungserklärung zu den Akten überreicht und den Antrag gestellt haben, die Eintragung zu bewirken und „sie als Hypothekengläubiger anzusehen". Außerdem behaupten sie, es sei in der Eintragungsbewilligung gesagt und im Grundbuche selbst vermerkt, daß auf Verlangen des Gläubigers jederzeit ohne Einwilligung des Grundstückseigentümers ein Hypothekenbrief gebildet werden könne, auch sei zwischen ihnen und ihrem Zedenten P. noch besonders vereinbart worden, daß sie sich einen Brief bilden lassen sollten.

2. Das BGB. stellt in den §§ 1153 ff. für die Abtretung einer Hypothek verschiedene Voraussetzungen auf, je nachdem die Erteilung des Hypothekenbriefs ausgeschlossen ist oder nicht. Bei der Briefhypothek, die das G. als die Regel ansieht, ist Erteilung der Abtretungserklärung in schriftlicher Form und Übergabe des Hypothekenbriefes erforderlich; die Schriftform kann durch die Eintragung der Abtretung in das Grundbuch ersetzt werden, an die Stelle der körperlichen Übergabe des Briefes können nach den im § 1154 Abs. 1 in bezug genommenen Vorschriften des § 1117 unter Umständen andere rechtliche Vorgänge treten. Bei der sogenannten Buchhypothek vollzieht sich die Abtretung in Gemäßheit der allgemeinen Vorschriften über die rechtsgeschäftliche Übertragung von Rechten an Grundstücken, also durch Einigung der Beteiligten über den Eintritt der Rechtsänderung und durch deren Eintragung in das Grundbuch (§ 1154 Abs. 3 iVerb. mit §§ 873, 878 BGB.).

Hiernach würden die Kläger ohne weiteres dann, wenn die ihnen abgetretene Hypothek eine Buchhypothek war, bei Erteilung des Zuschlags nicht Hypothekengläubiger gewesen sein; denn eine Eintragung der Abtretung in das Grundbuch ist nicht erfolgt. Aber auch dann, wenn die Hypothek als Briefhypothek anzusprechen ist, hat eine wirksame Abtretung an die Kläger nicht stattgefunden. Vermöge des im § 1154 Abs. 1 angezogenen § 1117 Abs. 2 aaO. kann auch bei der Abtretung der Hypothek die Übergabe des Briefes durch die Vereinbarung ersetzt werden, daß der (neue) Gläubiger berechtigt sein soll, sich den Brief vom Grundbuchamt aushändigen zu lassen. Die Kläger machen geltend, diese Vereinbarung sei zwischen ihrem Zedenten P. und ihnen getroffen worden, indem P. ihnen mit der Hypothek auch seinen Anspruch aus der Vereinbarung mit dem Grundstückseigentümer abgetreten habe, wonach auf Verlangen des Gläubigers jederzeit ohne Einwilligung des Grundstückseigentümers ein Hypothekenbrief gebildet werden könne. Überdies habe P. auch unmittelbar mit ihnen abgesprochen, daß sie sich einen Hypothekenbrief bilden lassen sollten. Da die Vereinbarung zwischen P. und dem Grundstückseigentümer (wie eingehend erörtert wird) nicht nichtig, sondern nur mangels dinglicher Wirkung nicht eintragungsfähig war, so ist eine Abtretung des durch sie begründeten Rechtes an sich möglich. Der § 1117 Abs. 2 aaO. ist jedoch in seiner Anwendung auf den Fall der Abtretung der Hypothek (§ 1154 Abs. 1) einschränkend dahin auszulegen, daß der Vereinbarung zwischen Zedent und Zessionar nur dann die Bedeutung und Wirkung eines Ersatzes der körperlichen Briefübergabe zukommt, wenn der Hypothekenbrief dem Grundbuchamte (zwecks Umschreibung der Post im Grundbuch und entsprechenden Vermerkes auf dem Briefe nach §§ 42, 62 GBO. oder bei einer Teilabtretung zwecks Herstellung eines Teilbriefs, § 61 aaO.) eingereicht worden ist, so daß dieses an ihm den unmittelbaren Besitz für den neuen Gläubiger als mittelbaren Besitzer (§ 868 BGB.) erlangt hat. Dies ist in RGZ. **64** 308 ff., **65** 64, **66** 210, **69** 43/44 und in RG. **35** A 289, **40** 281 wiederholt ausgesprochen worden. Die Einschränkung beruht insbesondere auf der Erwägung, daß, wenn die bloße Vereinbarung ohne jedes tatsächliche Moment für ausreichend erachtet würde, damit für viele Fälle der Zweck nicht erreicht werden würde, den das BGB. mit der Einführung des Erfordernisses der Briefübergabe verfolgt hat, nämlich den Schwierigkeiten und Gefahren vorzubeugen, die sich im früheren Rechte aus der Möglichkeit einer mehrmaligen Abtretung der Hypothek mit und ohne Briefübergabe ergeben haben. Solange ein Brief tatsächlich nicht gebildet ist, besteht diese Gefahr an sich nicht. Wird der Brief nachträglich gebildet, so hat ihn zunächst das Grundbuchamt im Besitz, und zwar für denjenigen, der in dem Antrage des Zedenten auf die nachträgliche Briefbildung als der neue Gläubiger bezeichnet ist oder sich in dem seinerseits gestellten Antrage durch eine beglaubigte Abtretungserklärung des bisherigen Gläubigers als der gewollte neue Gläubiger ausweist. Diese Verfügungsmacht des Grundbuchamts über den noch zu bildenden Brief muß hier genügen, um der Vereinbarung nach § 1117 Abs. 2 BGB. für die Abtretung der Hypothek die Bedeutung eines Ersatzes der körperlichen Briefübergabe zu verleihen. Dabei wird aber immer vorausgesetzt, daß bereits der Antrag auf Erteilung des Briefes bei dem Grundbuchamte gestellt worden ist; denn erst mit der wirklichen Stellung dieses Antrags ist die Gewähr dafür gegeben, daß das Grundbuchamt alsbald tatsächlich den für den Erwerber der Hypothek auszuübenden Besitz an dem Briefe erhält.

Im vorliegenden Falle ist weder ein Hypothekenbrief gebildet worden noch behaupten die Kläger, daß auch nur der Antrag auf Bildung des Briefes bei dem Grundbuchamte gestellt worden sei. Daß sie nach ihrer Behauptung im Versteigerungstermine die beglaubigte Abtretungsurkunde überreicht und bei dem Vollstreckungsrichter den Antrag gestellt haben, die Eintragung der Abtretung zu bewirken, ist ohne Bedeutung; denn, abgesehen davon, daß es zum mindesten zweifelhaft ist, ob der Antrag damit bei dem Grundbuchamt eingegangen war (Art. 4 PrAGGBO.), daß auch im Grundbuchverfahren nur schriftlich oder zu Protokoll gestellte Anträge zulässig sind, ist der Antrag auf Eintragung der Abtretung der Hypothek nicht identisch mit dem Antrag auf nachträgliche Bildung eines Hypothekenbriefs. Die Vorschrift des früheren preußischen Rechtes (§ 129 Abs. 2 GBO.), daß bei jeder späteren Eintragung einer Veränderung, also auch der Abtretung einer brieflosen Hypothek, nachträglich ein Brief gebildet werden müsse, ist dem heutigen Grundbuchrechte fremd. Der angeblich noch gestellte Antrag der Kläger, sie als Hypothekengläubiger anzusehen, hat für sich allein überhaupt keine Bedeutung.

Hiernach sind die Kläger, gleichviel ob die Hypothek als Buch- oder als Briefhypothek angesehen wird, zu der Zeit, als sie das belastete Grundstück in der Zwangsversteigerung erstanden, nicht Hypothekengläubiger gewesen. Es steht ihnen daher die Befreiungsvorschrift des § 1 Abs. 6 Satz 2 der SteuerO. nicht zur Seite.

Nr. 16. Entsch. v. 21. April 1915 (OVG. **68** 76) II HC 215/14.

Nach § 1 Abs. 6 der hier fraglichen UmsatzsteuerO. wird bei Erwerbungen im Zwangsversteigerungsverfahren, wenn der Ersteher Hypotheken- oder Grundschuldgläubiger ist, die Steuer nur von dem Betrage des Meistgebots erhoben, der den Gesamtbetrag seiner Hypotheken- oder Grundschuldforderung und der dieser vorgehenden Forderungen übersteigt. Der Kläger ist der Meinung, daß das Recht auf die Überbaurente den Hypotheken- und Grundschuldrechten gleich zu behandeln sei. Der Bezirksausschuß läßt es unentschieden, ob § 1 Abs. 6 der SteuerO. eng auszulegen und nur auf eigentliche Hypotheken und Grundschulden zu beschränken sei. Er führt aus, daß eine Ausdehnung nur für den Fall in Betracht komme, daß der Inhaber eines anderen dinglichen Rechtes das Grundstück erstehe, um den drohenden ersatzlosen Untergang seines Rechtes zu vermeiden. Dieser Fall könne bei einer Überbaurente nicht eintreten, weil sie nach § 914 Abs. 2 BGB. allen Rechten an dem belasteten Grundstücke vorgehe und nach § 52 Abs. 2 ZVG. trotz der Versteigerung bestehen bleibe, auch wenn sie nicht in das geringste Gebot aufgenommen sei. Dies gelte auch für eine in das Grundbuch eingetragene Überbaurente dann, wenn ihre vereinbarte Höhe dem gesetzlichen Betrag entspreche, was hier zutreffe. Diesen Darlegungen war im allgemeinen beizutreten. Nicht vollständig einwandfrei ist nur der Satz, daß der Rentenberechtigte nie in die Lage kommen könne, das Grundstück erstehen zu müssen, um Verluste zu vermeiden. Dieser Fall ist denkbar, wenn Rentenrückstände vorhanden sind (§§ 914 Abs. 3, 1107 BGB., ZVG. § 10⁴). Nun hat aber der Kläger selbst behauptet, daß die Rente stets gezahlt worden sei. Es handelte sich also bei der Zwangsversteigerung nur um das Stammrecht, und um an diesem, sofern es dem gesetzlichen Betrag entspricht, keinen Schaden zu erleiden, ist es allerdings nie erforderlich, das Grundstück zu erstehen.

Nr. 17. Entsch. v. 5. Mai 1915 (OVG. **68** 82) II HC 310/14.

Die maßgebende KreisumsatzsteuerO. bestimmt, daß die Umsatzsteuer 1 % des Wertes des erworbenen Grundstücks betrage, sich aber auf 2 % verdoppele, wenn ein Grundstück innerhalb dreier Jahre wieder veräußert werde. Unter einer „Wiederveräußerung" iS. dieser Vorschrift ist der Übergang des Eigentums durch Zuschlag im Zwangsversteigerungsverfahren nicht zu verstehen.

Nr. 18. Entsch. v. 29. April 1914 (OVG. **67** 53) II HC 109/14.

Kauft eine Gemeinde ein Grundstück, so kann sie nur dann die Steuerbefreiung aus § 5 f StempStG. in Anspruch nehmen, wenn sie das Grundstück zu einem bestimmten von dem StempG. begünstigten Zwecke, der bereits zu greifbarer Gestalt gediehen ist, erworben hat und wenn die Erreichung des Zweckes hinreichend, das heißt, soweit es billigerweise verlangt werden kann, gesichert ist. Die bloße Tatsache, daß der Grundbesitz in späterer Zeit einmal Armen- oder Schulzwecken dienstbar gemacht werden soll, genügt nicht, selbst wenn die Gemeinde schon einen allgemeinen Plan über die spätere Verwendung gefaßt haben sollte.

Nr. 19. Entsch. v. 17. Juni 1914 (OVG. **67** 56) II HC 154/14.

1. Die maßgebende UmsatzsteuerO. bestimmt in § 8:

„Steht einem der Beteiligten nach den landesstempelgesetzlichen Vorschriften ein Anspruch auf Befreiung von der Abgabe zu, so ist von dem anderen Teile die Steuer voll zu entrichten. Wird indes das Grundstück oder Recht nachweisbar zu einem öffentlichen, gemeinnützigen oder wohltätigen Zwecke erworben, so gelangt nur die Hälfte der Steuer zur Erhebung."

2. Es ist zunächst anzunehmen, daß der vom Beklagten besteuerte Erwerb zu einem öffentlichen Zwecke erfolgt ist. Das Grundstück ist aber auch zu einem gemeinnützigen Zwecke erworben worden. Nach der Auskunft der Königlichen Eisenbahndirektion in P. ist das Grundstück noch Eigentum des Staates und es soll auch im Eigentum des Staates bleiben. Es besteht nur der Plan, das Grundstück dem Eisenbahn-Bauverein in P., eingetr. Gen. m. b. H., zum Zwecke der Errichtung von Kleinwohnungen für Beamte und Arbeiter zu überweisen, ohne diesem jedoch das Eigentum zu übertragen. Was die SteuerO. unter „gemeinnützig" versteht, ist nicht ohne weiteres klar. Dieser Begriff ist in der Gesetzgebung mehrfach verwendet. In erster Linie ist das G. v. 2. III. 67, betr. die den gemeinnützigen Aktien-Baugesellschaften bewilligte Sportel- und Stempelfreiheit, zu nennen. Nach diesem G. waren unter „gemeinnützigen Aktien-Baugesellschaften" solche Aktiengesellschaften zu verstehen, deren durch das Statut bestimmter Zweck ausschließlich darauf gerichtet ist, unbemittelten Familien gesunde und zweckmäßig eingerichtete Wohnungen in eigens erbauten oder angekauften Häusern zu billigen Preisen zu verschaffen, und deren Statut die an die Gesellschafter zu verteilende Dividende auf höchstens 5% ihrer Anteile beschränkt, auch den Gesellschaftern für den Fall der Auflösung der Gesellschaft nicht mehr als den Nennwert ihrer Anteile zusichert, den etwaigen Rest des Gesellschaftsvermögens aber für gemeinnützige Zwecke bestimmt. Das G. ist zwar durch § 35 PrStempStG. aufgehoben worden; es ist aber seinem wesentlichen Inhalte nach in § 5 Abs. 1g dieses G. übergegangen, und darin ist auch durch die neue Fassung des G. (30. VI. 09) nichts von Belang geändert. Wenn auch das Wort „gemeinnützig" im StempStG. an dieser Stelle nicht vorkommt, so ist die Sache doch dieselbe geblieben wie früher, und man kann demnach die Errichtung von Arbeiter-Wohnhäusern als einen gemeinnützigen Zweck bezeichnen, wenn ein Gewinn über die landesübliche Verzinsung des aufgewendeten Kapitals hinaus nicht erstrebt wird.

Weiter enthält § 180 HGB. die Bestimmung, daß für ein gemeinnütziges Unternehmen die Ausgabe von Aktien gewisser Art zugelassen werden kann. In den Motiven zum AktienG. von 1884 sind als gemeinnützige Unternehmungen genannt: Sekundärbahnen, Kanäle, Wasser- und sonstige Verkehrsverbindungen, Gas-, Wasser- und Badeanstalten. Daraus ergibt sich, daß der Begriff der Gemeinnützigkeit nicht zu eng gefaßt werden darf.

In demselben Sinne ist die Tarifstelle 25a (4) StempStG. idFass. v. 30. VI. 09 zu verstehen, wo für Gesellschaftsverträge gewisser „gemeinnütziger" Gesellschaften Stempelermäßigungen vorgesehen sind; denn in der Begründung dieses G. ist auf § 180 HGB. ausdrücklich verwiesen, und es ist dort auch auf die für „gemeinnützige Baugesellschaften" gegebene Bestimmung des § 5g Bezug genommen.

3. Da die hier maßgebende SteuerO. sich mehrfach an das StempStG. anlehnt, so ist unter einem gemeinnützigen Zwecke iS. des § 8 das zu verstehen, was stempelrechtlich damit gemeint ist, und danach kann es keinem Bedenken unterliegen, den hier besteuerten Erwerb als gemeinnützig zu bezeichnen, da, wie man für den vorliegenden Fall annehmen darf, der Staat dadurch, daß er auf Herstellung von Kleinwohnungen für Beamte und Arbeiter hinwirkt, die Gesundheit und Wohlfahrt seiner Beamten und Arbeiter fördern, nicht aber seine Einkünfte oder sein Vermögen vermehren will. Der Umstand, daß der Fiskus den erworbenen Grundbesitz dem Eisenbahn-Bauvereine zum Zwecke der Errichtung von Kleinwohnungen für Beamte und Arbeiter überweisen will, kommt als besonderer Beweisgrund für die Gemeinnützigkeit des Erwerbszwecks in Betracht.

Nr. 20. Entsch. v. 23. Sept. 1914 (PrVerwBl. **36** 445) II HC 79/14.

1. Die hier in Betracht kommende UmsatzsteuerO. bestimmt im § 6:

„Wegen der sachlichen und persönlichen Steuerbefreiungen und Steuerermäßigungen, ... finden die §§ 4 und 5 StempStG. mit folgenden Maßgaben entsprechende Anwendung:

1. Gemeinden (Gutsbezirke) und Verbände von solchen bleiben wegen aller Erwerbsgeschäfte von der Steuer befreit. ..."

Die Ansicht des Beklagten, daß auf Grund dieser Bestimmung der Provinzialverband schlechthin steuerfrei sei, ist zutreffend. Die rechtliche Eigenschaft der Provinz als „Verband von Gemeinden" folgt schon aus ihrer Bezeichnung als „Kommunalverband", d. h. als Verband von Kommunen, in § 1 Abs. 1 KrProvAbgG., sie folgt aber auch aus dem Abs. 2 des § 1, wo es heißt:

„Zum Kommunalverbande der Provinz (Provinzialverband) gehören alle innerhalb der Grenzen derselben belegenen Kreise und alle zu diesen Kreisen gehörenden Ortschaften."

Der Wortlaut „Gemeinden (Gutsbezirke) und Verbände von solchen" in § 6 Abs. 1[1] der SteuerO. schließt sich an § 5 f StempStG. an, die SteuerO. geht aber über die Bestimmung des StempStG. hinaus, das den Gemeinden und Gemeindeverbänden Steuerfreiheit nur „in Armen-, Schul- und Kirchenangelegenheiten" zugesteht, während sie nach der SteuerO. schlechthin steuerfrei sind. Jedenfalls ist die in Rede stehende Bestimmung der SteuerO. eine bewußte Anlehnung an das StempStG. und daher aus diesem zu erklären. Aus der Entstehungsgeschichte des StempStG. ergibt sich, daß die Befreiung auch Kommunalverbänden zuteil werden sollte.

2. Der Kläger hat zwar in seinem Einspruche völlige Steuerfreiheit verlangt, in der Klage aber nur Ermäßigung der Steuer um 75 ℳ. Da die Frist für die Klageerhebung eine Ausschlußfrist ist (§ 11 Abs. 4, § 16 Abs. 1 KrProvAbgG., § 52 LVG.), so wird trotz der grundsätzlichen Zulässigkeit einer Änderung und Ergänzung der Klage (§ 71 LVG.) der Heranziehungsbeschluß unanfechtbar, soweit er nicht innerhalb der Klagefrist durch die Klageerhebung oder einen rechtzeitig gestellten Erweiterungsantrag angefochten ist. Der erst nach Ablauf der Klagefrist vom Kläger gestellte Antrag auf Zubilligung der Steuerfreiheit ist daher unzulässig.

Nr. 21. Entsch. v. 20. Okt. 1915 (OVG. **69** 64) II HC 71/15.

§ 3 Abs. 3 einer Kreis-UmsatzsteuerO. sieht eine sachliche Steuerbefreiung zunächst für den Fall vor, daß der Ansiedlungsfiskus ein Grundstück kauft oder verkauft, d. h. — bei Berücksichtigung des § 1 —, daß er es auf Grund eines Kaufgeschäfts erwirbt oder veräußert. Wäre hier nicht der dingliche Erwerbsvorgang gemeint, so würde die Befreiungsvorschrift gegenstandslos sein, weil Kauf oder Verkauf nach § 1 der SteuerO. überhaupt nicht Gegenstand der Besteuerung sind. Zweifelhaft kann sein, was die Worte „auch durch Mittelspersonen" bedeuten. Es könnte in Frage kommen, daß sie die Fälle treffen sollen, in denen sich die Ansiedlungskommission beim Erwerb oder bei der Veräußerung eines Vermittlers oder eines Vertreters bedient hat. Wäre dies der Sinn, so würden die Worte überflüssig sein; denn wenn schlechthin von Erwerb und Veräußerung die Rede ist, so schließt das die Mitwirkung von Vermittlern oder Vertretern nicht aus. Da man nun annehmen muß, daß die SteuerO. mit den Worten „auch durch Mittelspersonen" nichts Selbstverständliches hat ausdrücken wollen, so ist nach einer anderen Auslegung zu forschen, und eine solche bietet sich dar, wenn man berücksichtigt, daß sich die Umwandlung von Grundstücken in Ansiedlungsrentengüter in eigenartiger Weise zu vollziehen pflegt. Die Ansiedlungskommission kauft nämlich das Gut von dem Ansiedler und läßt es sich von ihm übertragen, um es ihm nach Vornahme gewisser Rechtshandlungen zurückzuübertragen. (Vgl. OVG. **54** 26.) Beim ersten Erwerbe des Grundstücks handelt also der Ansiedler — vorausgesetzt, daß damals schon der Regulierungsantrag gestellt und genehmigt war — als Mittelsperson in der Absicht, sein Eigentumsrecht auf den Fiskus zu übertragen. Die Rechtslage ist ähnlich der, wie sie bei der sogenannten mittelbaren Stellvertretung besteht, bei welcher der Vertreter ebenfalls im eigenen Namen handelt, aber verpflichtet ist, sein Recht auf den Machtgeber zu übertragen, im Gegensatze zur unmittelbaren Stellvertretung, bei der der Vertreter im Namen des Machtgebers handelt und diesen unmittelbar berechtigt oder verpflichtet.

Nach den unbestrittenen Behauptungen der Kläger ist deren Besitzbefestigungsantrag schon lange vor dem Erwerbe der hier in Rede stehenden Trennstücke angenommen worden. Die Ansiedlungskommission ist demnach verpflichtet und auch bereit, die Regulierung zu vollziehen. Der Umstand, daß die Kläger schon vor der Antragstellung den Kaufvertrag über die Trennstücke geschlossen hatten, ist belanglos, weil es nach der SteuerO. nur von Bedeutung ist, ob die Kläger beim Erwerb, also bei der Auflassung, Mittelspersonen der Ansiedlungskommission waren, und diese Frage ist zu bejahen. Da hiernach die Voraussetzungen des § 3 Abs. 3 der SteuerO. zutreffen, waren die Kläger von der Steuer freizustellen.

B. Schankerlaubnissteuer.

Nr. 1. Entsch. v. 29. April 1913 (PrVerwBl. 35 643) II C 3/13.

Wenn in einer SchankkonzessionssteuerO. der Betrag der Steuer davon abhängig gemacht wird, in welche Gewerbesteuerklasse der Konzessionsinhaber „gehört“, so ist diese Bestimmung regelmäßig so aufzufassen, daß hiermit die staatliche Veranlagung des Konzessionsinhabers zur Gewerbesteuer als maßgebend erklärt wird. In dem Urt. v. 19. II. 12 VII. C. 461. 11. hat der Gerichtshof diese Auffassung wie folgt begründet: Nach der SteuerO. ist die Voraussetzung der Besteuerung, daß der zu besteuernde Gewerbebetrieb entweder wegen geringen Ertrags und Kapitals von der Gewerbesteuer frei ist, oder daß er zu einer der vier Gewerbesteuerklassen „gehört“. Die Darlegung des Beklagten, daß diese Voraussetzung nicht eine Entscheidung der die Gewerbesteuer veranlagenden Behörde verlange, sondern daß es genüge, wenn nach Ansicht der die Erlaubnissteuer veranlagenden Gemeindebehörde der Betrieb ein Gewerbebetrieb sei und in eine der vier Gewerbesteuerklassen gehöre oder wegen geringen Ertrags und Kapitals von der Gewerbesteuer freizustellen sei, geht fehl. Denn die Frage, ob ein Betrieb ein Gewerbebetrieb ist und in welche der vier Gewerbesteuerklassen er gehört, oder ob er wegen geringen Ertrags und Kapitals von der Gewerbesteuer freizustellen ist, kann nur von den gesetzlich zur Entscheidung dieser Fragen berufenen staatlichen Veranlagungsbehörden und Rechtsmittelinstanzen entschieden werden. Hätte der Beklagte mit den fraglichen Bestimmungen seiner SteuerO. einen anderen, beschränkteren Sinn verbinden wollen, dahingehend, daß er bei der Heranziehung zur Schankerlaubnissteuer darüber, welcher Gewerbesteuerklasse der Betrieb bzw. ob er den wegen geringen Ertrags und Anlage- und Betriebskapitals gewerbesteuerfrei zu lassenden zuzurechnen sei, selbständig und ohne an die staatliche Veranlagung zur Gewerbesteuer gebunden zu sein, zu befinden habe, so hätte dies in der SteuerO. deutlich zum Ausdrucke gebracht werden müssen. Diese Darlegungen treffen auch im vorliegenden Falle zu.

Nr. 2. Entsch. v. 28. Okt. 1913 (PrVerwBl. 35 700) II C 127/13.

1. Wenn mit Bezug auf den neu begonnenen Schankwirtschaftsbetrieb eine Veranlagung des Konzessionars zur Gewerbesteuer stattfindet, so ist für die

Berechnung der Schankerlaubnissteuer diese Veranlagung maßgebend, und zwar ohne Rücksicht darauf, ob ihr außer der Schankwirtschaft auch noch andere in der Hand des Steuerpflichtigen vereinigte Gewerbebetriebe zugrunde liegen.

2. Das Ergebnis der Veranlagung zur Gewerbesteuer als einer Grundlage der Heranziehung zur Erlaubnissteuer muß endgültig feststehen, ehe die Heranziehung erfolgen darf. Nun ist im vorliegenden Falle die Veranlagung des Klägers zur vierten Gewerbesteuerklasse allerdings vor Erteilung des Bescheides des Beklagten auf den Einspruch gegen die Heranziehung zur Erlaubnissteuer endgültig geworden. Zur Zeit des Einspruchsbescheides des Beklagten und der Erhebung der Klage stand also die der Besteuerung zugrunde zu legende Gewerbesteuerklasse rechtskräftig fest. Es könnte danach in Frage kommen, ob der Mangel der vorzeitigen Heranziehung des Klägers zur Erlaubnissteuer etwa als durch die späteren Ereignisse geheilt angesehen werden darf. Eine solche Heilung hat das OVG. in früheren ähnlichen Fällen auch wiederholt angenommen. Aber diese Auffassung hat bei nochmaliger Erwägung nicht aufrechterhalten werden können. Die SteuerO. macht ausdrücklich die Höhe der Steuerforderung davon abhängig, wie der Steuerpflichtige zur Gewerbesteuer veranlagt ist. Die den Umfang der Steuerpflicht bestimmende Voraussetzung tritt also erst durch die Veranlagung zur Staatssteuer ein. Erst dann ist auch der Steuerpflichtige in der Lage, seinerseits die Rechtmäßigkeit der Steuerforderung nachzuprüfen und sich darüber schlüssig zu machen, ob er die Heranziehung anfechten soll oder nicht. Er hat das Recht zu verlangen, daß er bis dahin mit der Heranziehung verschont wird, und daß diese, wenn sie trotzdem erfolgt, auf Kosten des voreiligen Steuergläubigers beseitigt wird. Der von ihm vor den Verwaltungsgerichten verfolgte Streit dreht sich nicht darum, ob der Herangezogene nach Eintritt aller Voraussetzungen die Steuer zu entrichten hat, sondern darum, ob die Heranziehungsverfügung so, wie sie ergangen ist, und zu der Zeit, wo sie ergangen ist, gerechtfertigt war; nicht die Forderung, sondern die Verfügung bildet also den Streitgegenstand. Wenn auch die Anforderung nach Freistellung von der vorzeitigen Heranziehung sofort erneuert werden kann, so ist doch die Freistellung nicht, wie ein früheres Urteil des OVG. meint, ein bloßes Formale; denn einmal hat sie zur Folge, daß der vorzeitig in Anspruch Genommene wenigstens vor den Kosten des Prozesses bewahrt bleibt, sodann aber stellt sie das Unrecht des Steuergläubigers fest und bietet so, wenn auch nicht unmittelbar, einen gewissen Schutz gegen ein Verfahren, durch das dem Betroffenen mindestens ungerechtfertigte Zinsverluste erwachsen.

3. Teilheranziehungen, noch ehe überhaupt eine Gewerbesteuerveranlagung stattgefunden hat, mithin ehe die in der SteuerO. selbst aufgestellten Merkmale für die Besteuerung vollständig gegeben sind, können um so weniger als zulässig betrachtet werden, als, wie vorstehend ausgeführt ist, selbst eine vorhandene Gewerbesteuerveranlagung erst, nachdem sie rechtskräftig geworden, die Grundlage für eine Heranziehung zur Erlaubnissteuer bilden kann.

Nr. 3. Entsch. v. 19. Dez. 1913 (PrVerwBl. 35 877) II C 51/13.

§ 4 einer KreisschanksteuerO. lautete:

Für die Erlaubnis zur Vergrößerung bzw. Vermehrung der konzessionspflichtigen Räume sowie bei der zeitlichen Ausdehnung der für eine Sommerwirtschaft erteilten Erlaubnis ist die Steuer entsprechend der neuen Veranlagung zur Gewerbesteuer gemäß § 2 dieser O. zu entrichten; der früher bereits bezahlte Steuersatz wird jedoch von der zu entrichtenden Steuer in Abzug gebracht.

Gegen die Gültigkeit des § 4 ergeben sich erhebliche Bedenken. Die Vorschrift geht von einer unzutreffenden Voraussetzung aus, wenn bei ihrem Erlasse, wie es den Anschein hat, angenommen sein sollte, daß die Vergrößerung oder Vermehrung der konzessionspflichtigen Räume und die hierzu erteilte Erlaubnis eine sofortige neue Veranlagung zur Gewerbesteuer zur Folge haben müsse. Das ist nicht der Fall, weil § 24 letzter Abs. GewStG. bestimmt, daß während des Steuerjahrs eintretende Änderungen erst bei der Besteuerung für das folgende Jahr zu berücksichtigen sind. Eine neue Veranlagung wird also idReg. erst für das nächste Steuerjahr vorgenommen und ist alsdann nicht die Folge der inzwischen erteilten neuen Erlaubnis oder der vorgenommenen Vergrößerung, sondern lediglich die Folge des Ablaufs des Steuerjahrs. Dabei wird die Einreihung des Steuerpflichtigen in die Gewerbesteuerklasse nicht allein durch die inzwischen vorgenommene Vergrößerung der Schankwirtschaft, sondern durch alle sonstigen Änderungen beeinflußt, die die Schankwirtschaft und etwaige andere Gewerbebetriebe des Inhabers erfahren haben. Infolgedessen entsteht nun der Zweifel, ob die SteuerO. eine erneute Schankerlaubnissteuer nur dann vorschreiben will, wenn die Veranlagung zu einer höheren Gewerbesteuerklasse lediglich die Folge der Vergrößerung der Räume ist, oder ob der höhere Satz stets dann erhoben werden soll, wenn der Pflichtige bei der ersten Veranlagung, die zeitlich auf die Vergrößerung der Räume folgt, gleichviel aus welchen Gründen zu einer höheren Gewerbesteuerklasse veranlagt wird als zu derjenigen, in der er zur Zeit der ersten Konzessionserteilung veranlagt war. Dieser Zweifel wird besonders dann hervortreten, wenn der Pflichtige bereits vor der Erweiterung eine höhere Gewerbesteuerklasse erreicht hatte als diejenige, nach der die Erlaubnissteuer bei der ersten Konzessionierung zu berechnen war, und wenn er dann nach der Erweiterung nicht zu einer noch höheren Klasse veranlagt wird. Es ist daher fraglich, ob angenommen werden kann, daß der § 4 klar und bestimmt genug zum Ausdrucke bringt, was vorgeschrieben sein soll, und ob eine Regelung, wie sie in den vorstehenden Ausführungen in zweiter Linie als möglicher Inhalt des § 4 bezeichnet worden ist, gesetzlich zulässig sein würde.

Indessen braucht über diese Zweifel nicht entschieden zu werden, da die Vorschrift des § 4, wenn sie überhaupt gültig sein sollte, nur in einem Sinne ausgelegt und angewendet werden kann, der im vorliegenden Streitfalle die Freistellung des Klägers ergibt. Die Vorschrift kann nämlich nur dann als gültig anerkannt werden, wenn der letzte Satz des § 4 dahin ausgelegt wird, daß von der nach § 4 zu entrichtenden Steuer auch derjenige Betrag abgesetzt werden soll, der hätte veranlagt werden müssen, wenn die SteuerO. bereits in Geltung gewesen wäre, als der Betrieb in seinem ursprünglichen Umfange zum ersten Male genehmigt wurde. Andernfalls würde die SteuerO. die Betriebsvergrößerungen ungleichmäßig besteuern, je nachdem die erste Erlaubnis für den Betrieb in seiner früheren Gestalt vor oder nach Erlaß der SteuerO. erteilt worden ist. Diese Ungleichmäßigkeit würde um so mehr unzulässig sein, weil die Vorschrift bei den Betrieben älterer Art ebenso wirken würde, wie wenn die SteuerO. sich für diese Betriebe rückwirkende Kraft beigelegt hätte, wobei die Rückwirkung dann wiederum nicht alle älteren Betriebe, sondern nur diejenigen treffen würde, die nach Erlaß der SteuerO. vergrößert werden.

Nr. 4. Entsch. v. 31. März 1914 (OVG. **66** 55) II C 284/13.

1. Dem Kläger war die Erlaubnis erteilt, den Bürgersteig vor seinem Hause durch Aufstellung von Tischen und Stühlen in einer Ausdehnung von 24 qm zu Zwecken der von ihm betriebenen Schankwirtschaft zu benutzen. Von der daraufhin von ihm geforderten Schankkonzessionssteuer stellte der Bezirks-

ausschuß den Kläger mit der Begründung frei, daß der in der Heranziehungsverfügung angezogene § 5³ᵃ der SteuerO. keine Anwendung finden könnte, weil diese Bestimmung sich nur auf die Ausdehnung eines Wirtschaftsbetriebs auf einen Garten oder eine Kegelbahn bezöge. Dies Urteil wurde rechtskräftig. Auf die Klage gegen die demnächst ergangene auf § 5³ der SteuerO. gestützte erneute Heranziehung erkannte der Bezirksausschuß wiederum auf Freistellung des Klägers, weil „unter den im § 5³ bezeichneten Betriebsräumen nur solche Räume verstanden werden könnten, die mindestens von gewissen Vorrichtungen zum Schutze des Publikums gegen die Einflüsse der Witterung gebildet würden." In der sachlichen Beurteilung der Frage der Anwendbarkeit des § 5³ᵇ der SteuerO. trat das OVG. dem Bezirksausschuß bei.

2. Der Bezirksausschuß hätte aber schon deshalb auf Freistellung erkennen müssen, weil die erneute Heranziehung rechtswidrig war. Durch das erste Urt. des Bezirksausschusses ist der Beklagte verurteilt worden, den Kläger von der geforderten Konzessionssteuer freizustellen. Damit war entschieden, daß die Forderung einer Erlaubnissteuer wegen Wirtschaftserweiterung für den der Heranziehung unterliegenden Tatbestand ungerechtfertigt sei. Dem Beklagten war die Steuerforderung für die Genehmigung zur Ausdehnung des Wirtschaftsbetriebs des Klägers auf den Bürgersteig abgesprochen; denn dem Bezirksausschusse war mit dem Klageantrage die Frage zur Entscheidung unterbreitet worden, ob die Genehmigung, die in der Heranziehungsverfügung v. 24. X. 12 als steuerpflichtig bezeichnet war, den Beklagten zu einer Steuerforderung wegen Ausdehnung der Wirtschaft berechtigte. Der Bezirksausschuß durfte sich hiernach bei seiner Beurteilung des Falles nicht auf die Frage beschränken, ob die Bestimmung des § 5³ᵃ Anwendung fände, sondern mußte auch weiter prüfen, ob die Steuerforderung des Beklagten etwa nach der jetzt vom Beklagten angewendeten Bestimmung unter 3 b gerechtfertigt wäre. Wenn er diese Prüfung nicht angestellt hat, so mag das ein den Beklagten beschwerender Fehler gewesen sein, der eine Revision gerechtfertigt haben würde. Diese aber ist damals nicht eingelegt worden, und so ist durch das erste Urteil, wonach der Kläger von der geforderten Konzessionssteuer freizustellen war, rechtskräftig entschieden, daß dem Beklagten ein Recht auf Steuer wegen der Wirtschaftserweiterung nicht gegeben war.

Nr. 5. Entsch. v. 19. Mai 1914 (OVG. 67 64) II C 25/14.

Zutreffend ist allerdings, daß schon die Erlangung der Erlaubnis zum ständigen Betriebe der Gastwirtschaft nach der maßgebenden SteuerO. der Steuer unterliegt. Deshalb würde die Tatsache der Erlangung einer solchen Erlaubnis die Steuerforderung rechtfertigen, ohne daß es darauf ankommt, ob ein von dem Herangezogenen bisher ausgeübter Betrieb nach Art und Umfang konzessionspflichtig war oder nicht. Die Erlangung einer Erlaubnis setzt aber voraus nicht nur, daß die Erlaubnis erteilt ist, sondern auch, daß die erteilte Erlaubnis nachgesucht ist, oder doch wenigstens, daß derjenige, dem sie erteilt ist, sein Einverständnis mit der Erteilung zu erkennen gegeben hat, die erteilte Erlaubnis haben will; denn das Wort „erlangen" bezeichnet sprachlich das Erreichen eines Erstrebten, die Erfüllung eines Verlangens. An dieser Voraussetzung aber fehlt es hier. Der Kläger hat, veranlaßt durch die öffentlichen Bekanntmachungen des Kreisausschusses, geglaubt, einer Erlaubnis zum Vermieten von Zimmern an Sommergäste, wie er es seit längerer Zeit betrieben hatte, zu bedürfen, weil die Zahl der von ihm in dieser Weise jährlich beherbergten Sommergäste auf mehr als 10 gestiegen war. Deshalb hat er in seinen Gesuchen an den Kreisausschuß lediglich eine Erlaubnis zum Vermieten von Zimmern an Sommergäste erbeten und dabei ausdrücklich bemerkt, daß er nur Zimmer vermiete, aber weder Speisen noch Getränke verabreiche. Daraufhin hat ihm der Kreisausschuß die Erlaubnis zum Betriebe der Gastwirtschaft mit der Beschränkung erteilt, daß sich die Schankerlaubnis nur auf die in dem Logierhause wohnenden Logiergäste erstreckt, und ihm, unter gleichzeitiger Heranziehung zu der Steuer von 75 *M*, hiervon mit dem Bemerken Mitteilung gemacht, daß er zur Ausübung des Betriebs erst nach Empfang des Erlaubnisscheins, welcher alsbald nach Eingang der erforderten Steuer ausgefertigt werden würde, berechtigt sei. In dem sodann rechtzeitig eingelegten Einspruche hat der Kläger nochmals hervorgehoben, daß er lediglich möblierte Zimmer ohne Betten und Bedienung vermiete und weiter vermieten wolle, und gebeten, ihm hierzu, wenn es dessen bedürfen sollte, die Erlaubnis zu erteilen. In der nach Zurückweisung des Einspruchs erhobenen Klage hat er deutlich zu erkennen gegeben, daß er die ihm erteilte Erlaubnis nicht nachgesucht habe und auch nicht haben wolle. Danach fehlt es an den oben angegebenen Voraussetzungen für die Erlangung der Erlaubnis zum Betriebe der Gastwirtschaft.

Nr. 6. Entsch. v. 2. Okt. 1914 (PrVerwBl. **36** 790) II C 103/14.

1. Es ist unstreitig, daß die Mutter des Klägers die Wirtschaft bis zu dem Zeitpunkte betrieben hat, in dem Kläger den Betrieb übernommen hat. Beklagter hält dies für belanglos, weil die Mutter des Klägers nicht im Besitz einer Konzession gewesen, ihr Wirtschaftsbetrieb also ein gesetzwidriger gewesen sei. Tatsächlich ist der Mutter des Klägers eine Erlaubnis zum Wirtschaftsbetriebe niemals erteilt worden, und die im Jahre 1867 ihrem Schwiegervater erteilte Konzession gab ihr keine Rechte. Ein Wirtschaftsbetrieb ist aber, wie der Gerichtshof bereits mehrfach entschieden hat, dann nicht als ein unerlaubter zu behandeln, wenn er, obwohl nicht ordnungsmäßig genehmigt, nach allseitiger Annahme, d. h. sowohl von dem Betriebsinhaber wie von der zuständigen Behörde, als ein erlaubter betrachtet worden ist. Das ist hinsichtlich des von der Mutter des Klägers ausgeübten Schankwirtschaftsbetriebs der Fall gewesen.

2. Mit Recht hat der Vorderrichter auch die Steuerpflicht des Klägers nach § 3 der SteuerO. — Übernahme einer bestehenden Wirtschaft — verneint. Kläger ist als Abkömmling des bisherigen Inhabers der Wirtschaft gemäß § 5^1 der SteuerO. steuerfrei.

Nr. 7. Entsch. v. 26. März 1915 (PrVerwBl. **37** 55)

Nach § 1 der in Betracht kommenden SteuerO. unterliegt der Erwerb der Erlaubnis zum ständigen Betriebe einer Gast- oder Schankwirtschaft einer Steuer, wenn der Gewerbebetrieb

a) zu einer Betriebssteuer von 10 *M* veranlagt ist, von 100 *M*,

b) zu einer Betriebssteuer von 15 *M* veranlagt ist, von 200 *M* usw.

Unter dem Gewerbebetrieb, von dessen Betriebssteuersatz die Höhe der Erlaubnissteuer abhängt, kann hier nur der Betrieb desjenigen verstanden werden, der die Erlaubnis erlangt hat und dafür die Steuer entrichten soll, also der Betrieb des Klägers, nicht der seines Vorgängers, wie der Bezirksausschuß angenommen hat. Da der Betrieb des Klägers zur Zeit seiner Heranziehung zu der geforderten Abgabe überhaupt noch nicht zur Betriebssteuer veranlagt war, so fehlte es damals an derjenigen Voraussetzung, von der die SteuerO. selbst die Heranziehung zur Erlaubnissteuer abhängig macht. Dieser Mangel der Heranziehung vermochte die nach ihr erfolgte Veranlagung zur Betriebssteuer nicht zu heilen.

Nr. 8. Entsch. v. 18. Jan. 1916 (PrVerwBl. **37** 568) II C 100/15.

KrProvAbgG. § 6².

Ein ständiger Betrieb der Schankwirtschaft liegt nicht vor, wenn die Schankerlaubnis für vorübergehende Zwecke von mehr oder minder kurzer Dauer erteilt worden ist, wie z. B. bei Festen und Truppenzusammenziehungen, bei einem nicht auf lange Zeit bemessenen Bau u. dgl. Ein derartiger vorübergehender Zweck kann auch sehr wohl in der Einrichtung eines Gefangenenlagers im gegenwärtigen Kriege erkannt werden. Ob er im Einzelfalle vorliegt, das ist nach denjenigen Umständen zu beurteilen, die bei der Erteilung der Erlaubnis bestanden. Wenn der Betrieb länger dauert, als ursprünglich anzunehmen war, so ist das belanglos.

IV.

Direkte Kreissteuern.

Nr. 1. Entsch. v. 23. Sept. 1913 (OVG. **65** 42) II C 2/13.

KrProvAbgG. §§ 7, 13, 16; KommAbgG. §§ 84, 87.

1. Eine Heranziehung, die nicht erkennen läßt, ob der Gutsbezirk im Wege der Oberverteilung oder der Gutsbesitzer als Gutsinsasse im Wege der Unterverteilung herangezogen werden soll, ist keine ordnungsmäßige und hat die Freistellung von den geforderten Abgaben zur Folge. Denn eine Heranziehungsverfügung muß klar und bestimmt erkennen lassen, wer herangezogen wird, und welcher Art die geforderte Abgabe ist.

2. Der Beklagte sucht im Gegensatze zu OVG. **57** 1 darzulegen, daß bei der Oberverteilung der direkten Kreissteuern Nachveranlagungen der Gemeinden und Gutsbezirke zulässig seien. Selbst wenn dies, — was nicht anerkannt werden kann, — richtig wäre, würde doch eine Nachveranlagung von Gemeinden oder Gutsbezirken für Fälle der hier vorliegenden Art nicht gegeben sein; denn es handelte sich hier darum, daß das Kreissteuerkontingent des Gutsbezirkes der Klägerin erhöht werden sollte, weil für die Klägerin im Wege der Unterverteilung Steuerbeträge für Vorjahre veranlagt worden waren. Für solche Fälle ist die Bestimmung des § 7 Abs. 5 Satz 3 KrProvAbgG. gegeben, wonach derartige Steuerbeträge „dem Steuersolle des Jahres, in dem die Veranlagung erfolgt ist, oder dem des nächsten Jahres hinzugerechnet werden, je nachdem die Veranlagung vor oder nach dem 1. I. erfolgt ist." Es wäre also, wenn die Heranziehungen vom 18. XII. 11 als Unterverteilung der Klägerin erfolgt und rechtskräftig geworden wären, weiter darauf angekommen, ob die Rechtskraft vor oder nach dem 1. I. 12 eingetreten wäre. Im ersten Falle wären die dadurch veranlagten Steuerbeträge dem Steuersolle des Jahres 1911 hinzuzusetzen, also bei der Oberverteilung für das Jahr 12 anzurechnen gewesen; im zweiten Falle hätten sie dem Solle des Jahres 1912 hinzutreten und demgemäß bei der Oberverteilung für 1913 berücksichtigt werden müssen. Nur auf diese Weise können Beträge, die bei der Unterverteilung nachträglich veranlagt werden, für die Heranziehung des Gutsbezirkes als solchen zur Geltung gebracht werden; denn die Sondervorschrift des § 7 Abs. 5 würde eine Nachveranlagung des Gutsbezirkes in den von ihr getroffenen Fällen selbst dann ausschließen, wenn diese im übrigen zugelassen wäre.

3. Was die Frage betrifft, ob die Klägerin persönlich im Wege der Unterverteilung noch zu den geforderten Steuerbeträgen nachveranlagt werden konnte, so ist in dieser Beziehung dem Bezirksausschusse nicht beizutreten; denn obwohl daran festgehalten werden muß, daß die Unterverteilung in den Gutsbezirken ihrem Wesen nach nichts anderes ist als die Veranlagung zu

direkten Gemeindesteuern, daß daher für sie dieselben Grundsätze gelten müssen wie für jene und demgemäß für die Nachveranlagung in den Gutsbezirken nicht die Vorschriften in § 16 KrProvAbgG. und § 87 KommAbgG., sondern diejenigen des § 84 KommAbgG. Platz greifen, so kommt doch in Betracht, daß im vorliegenden Falle eine Nachveranlagung auch nach § 84 aaO. noch zulässig gewesen wäre. Nach Lage der Akten war die Klägerin in den Vorjahren, auf die der Streit sich bezieht, nur nach der Grund- und Gebäudesteuer, dagegen nicht nach einem fingierten Einkommensteuersatze zur Kreissteuer herangezogen. Nun schließt nach § 84 KommAbgG. in den Gemeinden die Tatsache der Veranlagung eines Pflichtigen zu einer Steuerart (etwa zu der Gemeindeeinkommensteuer) nur die spätere Veranlagung zu derselben Steuerart für das gleiche Rechnungsjahr aus, nicht aber die Veranlagung zu anderen Steuerarten (etwa Realsteuern), auf die sich jene Veranlagung nicht bezog. In Anwendung dieses Grundsatzes müssen auch bei der Unterverteilung in den Gutsbezirken die Kreiseinkommensteuer und die Kreisrealsteuern als verschiedene Steuerarten angesehen werden, und ebensowenig, wie die Gemeinde durch die Unzulässigkeit einer Nachforderung wegen zu geringen Ansatzes gezwungen ist, die Veranlagung zur Gemeindeeinkommensteuer und zu den verschiedenen Realsteuern einheitlich und gleichzeitig vorzunehmen, besteht ein solcher Zwang für den Kreisausschuß bei der Unterverteilung in den Gutsbezirken.

Nr. 2. Entsch. v. 13. Febr. 1914 (PrVerwBl. **36** 154) II C 265/13.

Nach § 7 Abs. 2 und 5 Satz 1 KrProvAbgG. ist für die Oberverteilung der Kreisabgaben in den Gutsbezirken das für die Unterverteilung veranlagte Soll des vorangegangenen Rechnungsjahrs nach dem Stande des 1. I. unter Berücksichtigung der bis zu diesem Zeitpunkt endgültig eingetretenen Berichtigungen und Veränderungen maßgebend. Nach diesen klaren Bestimmungen des G. kann es keinem Zweifel unterliegen, daß das Soll früherer Jahre als das des unmittelbar vorangegangenen Rechnungsjahrs und Veränderungen in diesem letzteren Soll, die nach dem 1. I. endgültig eingetreten sind, überhaupt keine Berücksichtigung bei der Oberverteilung finden dürfen. Das führt allerdings dazu, daß den Gutsbezirk als Träger der Steuerlast der Ausfall trifft, der sowohl durch Abgänge in der Zeit zwischen dem 1. I. und 31. III. als durch Berichtigungen des unterverteilten Steuersolls des Vorjahrs im Rechtsmittelwege, die erst nach dem 1. I. endgültig erfolgen, eintritt. Dieser Folgerung war sich aber der Gesetzgeber bei diesen — abgesehen von der Änderung des Stichtags (1. I. anstatt 1. II.) — aus dem Regierungsentwurf unverändert in das G. übernommenen Bestimmungen wohl bewußt.

Die Bestimmungen im zweiten Satze des Abs. 5 § 7 sind durch die Kommission des Abgeordnetenhauses dem Gesetzentwurf eingefügt worden. Durch sie sollte nach der Begründung die Möglichkeit gewährt werden, auch solche Steuerbeträge der Kreisbesteuerung zu unterwerfen, die trotz des schon vor dem 1. I. erfolgten Eintritts der Steuerpflicht erst nach dem 1. I. zur Veranlagung gelangen, und ferner solche, die auf Grund des § 84 KommAbgG. für Vorjahre nachveranlangt werden. Sie werden aber dem Steuersoll des nächsten Rechnungsjahrs bzw. im zweiten Falle dem Steuersoll des Jahres, in dem die Veranlagung erfolgt ist, jedoch nur, wenn die Veranlagung vor dem 1. I. erfolgt ist, sonst, d. h. wenn die Veranlagung nach dem 1. I. erfolgt ist, ebenfalls dem des nächsten Rechnungsjahrs hinzugerechnet. Durch diese Bestimmungen bleibt also die Vorschrift, daß das Steuersoll des Vorjahrs nach dem Stande am 1. I. für die Oberverteilung maßgebend ist, unberührt, sie geben nur die Möglichkeit, nachveranlagte Steuerbeträge der bezeichneten Arten diesem Soll bzw. dem des nächsten Rechnungsjahrs hinzuzurechnen. Eine Anwendung dieser Vorschriften in der Weise, daß nach dem 1. I. endgültig eingetretene Berichtigungen des veranlagten und unterverteilten Solls des Vorjahrs oder gar noch früherer Jahre bei der Oberverteilung Berücksichtigung zu finden haben, ist ausgeschlossen.

Nr. 3. Entsch. v. 3. Nov. 1914 (PrVerwBl. 36 846) II C 86/14.

Allerdings sind die Gemeinden verpflichtet, die behufs Veranlagung der Kreisabgaben erforderlichen Unterlagen dem Kreisausschusse vorzulegen. Kommen sie aber dieser Verpflichtung nicht oder nach der Ansicht des Kreisausschusses nicht in gehöriger Weise nach, so berechtigt dies den Kreisausschuß nicht, nach seinem Belieben Sollbeträge einzusetzen, vielmehr bleibt ihm, falls er sonst den maßgebenden Steuerbetrag nicht ermitteln kann, nur übrig, die Gemeinde durch die Aufsichtsbehörde zur Vorlegung der erforderlichen Unterlagen anzuhalten.

Nr. 4. Entsch. v. 17. Nov. 1914 (OVG. 68 85) VIII C 141/14.

KrProvAbgG. § 13; KommAbgG. § 26.

1. Nach § 13 KrProvAbgG. iVerb. mit § 26 Abs. 1 KommAbgG. konnten die Steuerpflichtigen des Gutsbezirkes nur „in Prozenten der vom Staate veranlagten Grund- und Gebäudesteuern“ zu den Kreisabgaben herangezogen werden. War im Einzelfalle für ein Grundstück oder ein Gebäude ein Grund- oder Gebäudesteuerbetrag vom Staate nicht veranlagt, so konnten auch bei der akzessorischen Natur des prozentualen Zuschlags vom Beklagten insoweit keine Prozente „der vom Staate veranlagten Grund- und Gebäudesteuern“ erhoben werden. Dies hat der Vorderrichter verkannt. Seine Bezugnahme auf § 26 Abs. 3 KommAbgG. und § 4 StStAufhG. kann den von ihm gezogenen Schluß, daß alle nicht nach § 24 aaO. von der Steuer vom Grundbesitze befreiten Grundstücke, auch soweit sie von der staatlichen Veranlagung freigeblieben sind, bei der Gemeinde- und Kreisbesteuerung veranlagt werden müßten und steuerpflichtig seien, für das Zuschlagssystem nicht rechtfertigen. Die in jenen Vorschriften getroffene Anordnung, daß sich die staatliche Veranlagung der Grund- und Gebäudesteuer für die Zwecke der kommunalen Besteuerung auf sämtliche Grundstücke und Gebäude, die nach den Bestimmungen des KommAbgG. der Gemeindebesteuerung unterliegen, zu erstrecken hat, enthält nur ein Gebot für die staatliche Veranlagungsbehörde, dessen Befolgung durch Beschwerde im Aufsichtsweg erzwungen werden kann. Keineswegs aber berechtigen jene Bestimmungen die kommunale Veranlagungsbehörde oder im Streitfalle den Verwaltungsrichter, bei unterbliebener staatlicher Veranlagung eines Gebäudes oder Grundstücks ihrerseits einen Prinzipalsatz zu veranlagen; denn beim Zuschlagssystem erfolgt die Besteuerung lediglich „in Prozenten der vom Staate veranlagten Grund- und Gebäudesteuern“. Wenn, wie der Kläger behauptet, die staatliche Veranlagung der Dienstgehöfte und Dienstländereien bereits in dem Zeitpunkt, als der Kreisausschuß die Kreisabgaben auf die Steuerpflichtigen des Forstgutsbezirkes A. unterverteilte, in Abgang gestellt war, so ist der Kläger freizustellen. Ist dagegen die Löschung des Steuersatzes im Kataster erst nach der Unterverteilung erfolgt, so blieb die bereits erhobene Steuerforderung von ihr unberührt. Durch die Erklärung der Rückwirkung der Inabgangstellung vom 1. IV. 13 ab konnte der Heranziehung die bei ihrem Erlasse vorhanden gewesene formelle rechtliche Grundlage nicht nachträglich entzogen werden.

2. Die Inabgangstellung der für die Dienstgehöfte und Dienstländereien staatlich veranlagt gewesenen Grund- und Gebäudesteuer, gleichviel in welchem

Zeitpunkte des Steuerjahrs 1913 sie erfolgt sein mag, bleibt ohne Einfluß auf die Höhe des bei der Oberverteilung endgültig festgestellten Anteils des Gutsbezirkes an dem Kreissteuerbedarfe; denn nach § 7 Abs. 5 KrProvAbgG. ist für die Oberverteilung der Kreissteuern auf die Gemeinden und Gutsbezirke maßgebend das Steuersoll des dem jedesmaligen Etatsjahre vorangegangenen Rechnungsjahrs nach dem Stande des 1. I. und zwar unter Berücksichtigung der bis zu diesem Zeitpunkt eingetretenen Berichtigungen und Veränderungen. Abgänge, die an dem der Berechnung des Kreissteuerkontingents zugrunde gelegten Steuersoll im Laufe des Steuerjahrs eintreten, hat, unbeschadet der teilweisen Erstattung in den Fällen des § 15 Abs. 1 aaO., der Gutsbezirk zu tragen, der dem Kreise gegenüber für die Aufbringung des Kreissteuerkontingents verhaftet bleibt.

Nr. 5. Entsch. v. 9. Febr. 1915 (OVG. **69** 71) VIII C 188/14.

KrProvAbgG. § 11.

1. Es handelt sich um Einspruch und Klage gegen die Oberverteilung des Kreissteuerbedarfes auf den Forstgutsbezirk C. Gegen die Oberverteilung steht nach § 11 Abs. 2 KrProvAbgG. den Gemeinden und Gutsbezirken der Einspruch und die Klage zu. Der Einspruch und die Klage sind damit begründet, daß die Kreis-Grundwertsteuer für die fiskalischen Liegenschaften im Gutsbezirke zu hoch bemessen sei. Wenn auch nach § 11 Abs. 3 aaO. an sich mit dem Einspruche gegen die Oberverteilung die Veranlagung der einzelnen Steuerbeträge, aus denen sich das der Kreisbesteuerung zugrunde gelegte Steuersoll zusammensetzt, nicht angegriffen werden darf, so ist doch dort eine Ausnahme für den Fall des § 8, d. h. insoweit gemacht, als vom Kreistage beschlossen worden war, die der Verteilung der direkten Kreissteuern auf Gemeinden und Gutsbezirke zu grunde zu legende Grund- und Gebäudesteuer durch eine nach dem Maßstabe des Wertes zu veranlagende Steuer vom Grundbesitze zu ersetzen. Dieser Ausnahmefall liegt hier vor; daher war die Begründung des Einspruchs und der Klage gegen die Oberverteilung mit einem Angriffe gegen die Höhe der veranlagten Grundwertsteuer zulässig.

2. Nach § 7 Abs. 2 aaO. dient als Maßstab der Verteilung der Kreissteuern auf die Gemeinden und Gutsbezirke des Kreises das Soll der Einkommensteuer und der vom Staate veranlagten Realsteuern. Die Realsteuern sind idReg. mit dem gleichen Prozentsatze heranzuziehen, mit welchem die Einkommensteuer belastet wird; das auf Grund einer Grundwertsteuer zu erhebende Steuersoll ist nach der Steuersumme zu bemessen, mit welcher die Grund- und Gebäudesteuer im Kreise herangezogen werden darf (§ 9 aaO.). Aus diesen Bestimmungen ist allerdings zu entnehmen, daß der Kreistagsbeschluß über die Verteilung der direkten Kreissteuern auf die verschiedenen Steuerarten das Belastungsverhältnis nach Prozenten der Einkommensteuer und der staatlich veranlagten Realsteuern zu bestimmen hat, mögen nun Zuschläge zur Grund- und Gebäudesteuer erhoben werden oder mag eine besondere Kreis-Grundwertsteuer eingeführt sein. Aber im vorliegenden Falle war auch dieses Belastungsverhältnis vom Kreistage bestimmt worden. Nach § 9 Abs. 3 aaO. kann der Kreistag den festgestellten Maßstab einer Revision unterwerfen, wenn seit der letzten Feststellung mindestens fünf Jahre verstrichen sind; in Ausnahmefällen ist die frühere Vornahme einer Revision zulässig. Eine solche Revision hat hier nicht stattgefunden. Daher blieb es auch für das Rechnungsjahr 1912 bei dem durch den Kreistagsbeschluß v. 21. XII. 06 festgestellten Maßstabe. Auf Grund dieses Beschlusses läßt sich die Höhe der Belastung der verschiedenen Steuerarten für die einzelnen Steuerjahre ohne weiteres rechnerisch ermitteln. Wenn einerseits der Betrag des Kreissteuerbedarfes feststeht, und anderseits bestimmt ist, daß er auf das Soll

der Einkommensteuer und der staatlich veranlagten Realsteuern nach gleichen Prozentsätzen zu verteilen ist, so ergibt sich die Höhe der auf die einzelnen Steuerarten entfallenden Prozentsätze durch eine einfache Rechnungstätigkeit. Es genügt aber zur Rechtswirksamkeit des Kreistagsbeschlusses, daß auf seiner Grundlage die Höhe der Prozentsätze ohne weiteres zu errechnen ist. Daß der Kreistag den Betrag der Prozentsätze in jedem einzelnen Steuerjahre auf Grund jenes Maßstabs selbst ausrechnen müsse, ist weder irgendwo vorgeschrieben noch mittelbar aus einer gesetzlichen Bestimmung zu entnehmen. Mit der Bemessung der Tausendsätze, die auf die Grundstückswerte entfallen, hat der Kreistag überhaupt nichts zu tun. Es ist dies lediglich Aufgabe des Kreisausschusses bei der Verteilung des Kreissteuerbedarfes auf die Gemeinden und Gutsbezirke. Auch dies ist nur eine rein rechnerische Tätigkeit. Gemäß § 9 Abs. 1 aaO. ist das durch eine Grundwertsteuer zu erhebende Steuersoll nach der Steuersumme zu bemessen, mit welcher die Grund- und Gebäudesteuer im Kreise herangezogen werden darf. Das Grundwertsteuersoll darf hiernach nicht höher sein, als die Summe, die in Zuschlägen zur staatlich veranlagten Grund- und Gebäudesteuer aufzubringen ist. Wenn also letztere Summe in Vergleich gesetzt wird zum Gesamtbetrage der veranlagten Grundstückswerte, so ergibt sich ohne weiteres, mit welchem Tausendsatze die Grundstückswerte behufs Aufbringung jener Summe zu belasten sind.

Nr. 6. Entsch. v. 29. Juni 1915 (PrVerwBl. 37 233) VIII C 39/15.

KrProvAbgG. §§ 11, 14; KommAbgG. § 24c.

1. Dem Beklagten war vom Bezirksausschusse zur Rechtfertigung der Revision eine Nachfrist bis zum 21. VIII. 14 bewilligt worden. Unter dem 19. VIII. 14 bat der Beklagte „mit Rücksicht auf den ausgebrochenen Krieg und die dadurch bedingte Mehrarbeit“ um eine weitere Nachfrist. Dieser Antrag gelangte nach dem amtlichen Eingangsstempel erst am 2. X. 14, also nach dem Endpunkte der ersten Nachfrist, beim Bezirksausschusse zur Vorlage. Am 26. X. 14 gewährte dann der Bezirksausschuß eine weitere Nachfrist bis zum 10. XI. 14. Innerhalb dieses Zeitraums wurde die Revision gerechtfertigt. Dies muß als rechtzeitig geschehen angesehen werden. Wie gemeinkundig, erfolgte in den letzten Tagen der ersten Nachfrist der Einbruch des russischen Heeres in die Provinz Ostpreußen. Nach der Meldung des Generalquartiermeisters vom 24. VIII. 14 waren damals die russischen Truppen schon bis in die Gegend von Insterburg gelangt, Gumbinnen war also damals vom Feinde schon besetzt. Die amtliche Tätigkeit der preußischen Behörden hatte mithin zu jener Zeit dort aufgehört. Nach §§ 245, 249 ZPO. wird, wenn infolge eines Krieges die Tätigkeit des Gerichts aufhört, für die Dauer dieses Zustandes das Verfahren unterbrochen. Die Unterbrechung des Verfahrens hat die Wirkung, daß der Lauf einer jeden Frist aufhört und daß nach Beendigung der Unterbrechung die volle Frist von neuem zu laufen beginnt. Diese Vorschriften sind für das Verwaltungsstreitverfahren entsprechend anzuwenden. Danach war infolge der Unterbrechung des Verfahrens die erste Nachfrist beim Eingange des Antrags vom 19. VIII. 14 noch nicht abgelaufen und der Bezirksausschuß konnte auf diesen Antrag rechtswirksam eine andere Nachfrist bewilligen, wenngleich dies, soweit keine längere Nachfrist als die ursprüngliche (wie hier) in Frage kam, nicht erforderlich war, da die ursprüngliche Frist von 4 Wochen kraft gesetzlicher Bestimmung von neuem voll zu laufen begann.

2. Nach § 14 Abs. 2 KrProvAbgG. steht „gegen die Heranziehung zur Kreissteuer in den Gutsbezirken den Steuerpflichtigen“ Einspruch und Klage zu. Der Domänenfiskus war aber im vorliegenden Falle gar nicht zur Entrichtung der Grund- und Gebäudesteuerzuschläge herangezogen worden. Wie die Hebelisten über die Unterverteilung des auf die genannten drei Gutsbezirke ent-

fallenden Teiles des Kreissteuerbedarfs vom 15. VIII. 13 ergeben, war von der Domänenverwaltung nur der Zuschlag zur Einkommensteuer (der hier nicht streitig ist) erfordert worden, während hinsichtlich der Grund- und Gebäudesteuerzuschläge die Militärverwaltung, also der Reichsfiskus, an den die Domänen für Zwecke der Remontehaltung verpachtet waren, als „Beitragspflichtiger" aufgeführt worden ist. In dessen Vertretung Einspruch und Klage zu erheben, war die Domänenverwaltung nicht zuständig.

3. Die Anwendbarkeit des § 24c KommAbgG. bei der Unterverteilung des Kreissteuerbedarfs in den Gutsbezirken wird vom Beklagten mit Unrecht bestritten. Denn nach § 13 Abs. 1 KrProvAbgG. ist in den Gutsbezirken der auf sie entfallende Teil des Kreissteuerbedarfs gemäß den für die direkten Gemeindesteuern geltenden Bestimmungen des KommAbgG. vom Kreisausschusse durch Veranlagung der Steuerpflichtigen unterzuverteilen. Damit ist auch der § 24 aaO. auf die Unterverteilung für anwendbar erklärt worden. (Vergl. OVG. **55** 20/21).

4. Bei der Unterverteilung, die allein hier als Gegenstand des Streits in Betracht kommt, handelt es sich niemals „um die Besteuerung der Gutsbezirke selbst". Der auf die Gutsbezirke entfallende Teil des Kreisausgabebedarfs wird vom Kreisausschusse gemäß § 11 KrProvAbgG. im Wege der Oberverteilung festgestellt. Die Unterverteilung dieses Anteils innerhalb der Gutsbezirke gemäß § 13 aaO. erfolgt „durch Veranlagung der Steuerpflichtigen" im Gutsbezirk, also derjenigen Personen, die nach den Bestimmungen des KommAbgG. beitragspflichtig sind. Eine Heranziehung im Wege der Unterverteilung ist daher begrifflich immer eine Heranziehung der einzelnen Steuerpflichtigen, niemals aber eine Heranziehung des Gutsbezirks.

5. Allerdings setzt die — hiernach nicht zu bezweifelnde — Anwendbarkeit des § 24c aaO. voraus, daß das betreffende Grundstück unmittelbar zu einem öffentlichen Dienste oder Gebrauche benutzt sein muß. Eine solche unmittelbare Benutzung liegt auch dann vor, wenn der Staat ein ihm gehöriges Grundstück dem Reiche zu dem Zwecke überläßt, damit es von diesem zu einem öffentlichen Dienste verwendet werde. Es ist unrichtig, daß die Verpachtung eines Grundstücks sich stets als dessen mittelbare Benutzung darstelle. Die Verpachtung eines Grundstücks schließt seine unmittelbare Benutzung zum öffentlichen Dienste nur dann aus, wenn bei dieser Maßnahme der Zweck der finanziellen Verwertung des Grundstücks im Vordergrunde steht, nicht aber dann, wenn seine Hauptbestimmung nach dem Willen des Eigentümers in der Verwendung des Grundstücks zu einem öffentlichen Dienste besteht und die Absicht der Erzielung finanzieller Erträge dahinter zurücktritt.

6. Schließlich sei noch darauf hingewiesen, daß zu den Kreissteuerzuschlägen von der staatlich veranlagten Grund- und Gebäudesteuer des domänenfiskalischen Besitzes rechtswirksam nur der Domänenfiskus als Grundeigentümer, nicht aber der Reichsfiskus als Pächter herangezogen werden kann. Wie das OVG. hinsichtlich der Besteuerung des Grundbesitzes nach Maßgabe des KommAbgG. in ständiger Rechtsprechung dargelegt hat, liegt die öffentlichrechtliche Verpflichtung zur Zahlung der Gemeindegrundsteuer allein dem Grundeigentümer ob, weil nur dieser das Grundstück der Substanz nach vollständig vertritt. Dieser für die Gemeindegrundsteuer geltende Rechtsgrundsatz muß auch bei der Besteuerung des Grundbesitzes in den Gutsbezirken seitens der Kreise Platz greifen.

Nr. 7. Entsch. v. 15. Okt. 1915 (OVG. **69** 63) II C 35/15.

Aus dem Wortlaut des § 7 Abs. 2 KrProvAbgG. ist mit Bestimmtheit zu entnehmen, daß in Gemeinden, in denen besondere Steuern z. B. vom Gewerbebetriebe erhoben werden, nicht das Soll dieser, sondern das Soll der staatlich veranlagten Steuern, wie es nach dem KommAbgG. umlagefähig ist, also das Prinzipalsoll der staatlich veranlagten Steuer vom Gewerbebetriebe, der Kreissteuerverteilung zugrunde gelegt werden muß. Diese Auslegung entspricht nicht allein dem Wortlaute des G., sondern ebenso dessen Absicht, die offensichtlich dahin geht, daß für alle dem Kreise steuerpflichtigen Gemeinden und Gutsbezirke der gleiche Maßstab, das vom Staate veranlagte Soll der bezeichneten Steuern, zur Anwendung kommen soll.

Nr. 8. Entsch. v. 16. Dez. 1915 (PrVerwBl. 37 461) I HC 248/14.

KrProvAbgG. §§ 7, 12, 13.

1. Allerdings ist der Kreis seit dem Inkrafttreten des KrProvAbgG. v. 23. IV. 06 (G. S. 159) infolge des dadurch zur Herrschaft gelangten Systems der reinen Kontingentierung der Kreissteuerpflicht nicht mehr Steuergläubiger der ihm angehörigen Kreisunterworfenen (§ 7 Abs. 1 aaO.). Aber wenn auch das G. dem Kreise die Gemeinden und Gutsbezirke als die zunächst Steuerpflichtigen gegenüberstellt, so beseitigt es damit doch nicht bei den direkten Kreissteuern die Kreissteuerpflicht der Kreisunterworfenen vollständig, sondern es wandelt sie nur gegenüber dem Kreise aus einer unmittelbaren in eine mittelbare, welche direkt nur gegenüber der Gemeinde und dem Gutsbezirke besteht (§§ 12 und 13 aaO.), dergestalt, daß sie in den Gemeinden zusammenfällt mit der Gemeindesteuerpflicht und in den Gutsbezirken, die der Gesetzgeber wegen des Mangels eines allgemeinen, ihnen zustehenden Steuererhebungsrechts (§ 122 LGemO.) für seine Zwecke den Gemeinden insofern gleichstellen mußte, das Wesen einer der Gemeindesteuerpflicht ähnlichen Abgabenpflicht annimmt.

2. Soweit es sich um eine einheitliche, sich über mehrere Gemeindebezirke erstreckende gewerbliche Unternehmung handelt, betrachtet das KommAbgG. auch das darin erzielte Einkommen als ein einheitliches, in jeder subjektiv steuerberechtigten Gemeinde der Besteuerung unterliegendes Einkommen und beugt einer Doppelbesteuerung durch die Vorschriften in §§ 47ff. über die Verteilung dieses Einkommens unter die Betriebsgemeinden nach den dort bezeichneten Maßstäben vor. Gerade weil die wirtschaftliche Einheitlichkeit des Unternehmens begrifflich einer Ermittelung des in den einzelnen Betriebsteilen geschaffenen Gewinns entgegensteht, eine solche vielfach auch tatsächlich unmöglich ist oder für einzelne Betriebsteile einen Verlust ergeben müßte, sieht das G. von der Ermittelung des örtlichen Gewinns ab und faßt die steuerberechtigten Gemeinden zu einer Art Steuergesellschaft zusammen, die sich in das gesamte Betriebseinkommen zu teilen haben. Es kommt daher nicht darauf an, wo dieses Einkommen errechnet wird und durch seine Ausschüttung an den oder die Bezugsberechtigten äußerlich in die Erscheinung tritt. Da das KommAbgG. ferner in § 33 Abs. 1² auch die Gesellschafter einer Ges. m. b. H. der Gemeindebesteuerung unterwirft, und dabei nach feststehender Rechtsprechung von der Unterstellung ausgeht, daß die einzelnen Gesellschafter steuerrechtlich diejenigen seien, die das gewerbliche Unternehmen einer Ges. m. b. H. betreiben, als ob sie Mitglieder einer offenen Handelsgesellschaft wären, so besteht ihr steuerpflichtiges Einkommen nicht nur aus der an sie ausgezahlten Dividende, sondern aus ihrem Anteil an dem gesamten von der Gesellschaft erzielten Gewinn und ist steuerpflichtig in allen denjenigen Gemeinden, in welchen das gewerbliche Unternehmen betrieben wird.

3. Es fragt sich jedoch, ob diese Vorschriften des KommAbgG. auch auf die Unterverteilung der Kreisabgaben im Gutsbezirk anwendbar sind. Der Wortlaut des G. könnte Zweifeln in dieser Hinsicht Raum lassen. Indem

§ 13 Abs. 1 KrProvAbgG. die Unterverteilung der Kreissteuerquote im Gutsbezirke durch Veranlagung der Steuerpflichtigen gemäß den Vorschriften des KommAbgG. anordnet, könnte das G. auch nur diejenigen als Kreissteuerpflichtige im Auge gehabt haben, die nach den einzelnen KrO. der Kreissteuerpflicht unterliegen, also für das Gebiet der Östl. KrO. die in §§ 9 und 14 das. aufgeführten natürlichen und juristischen Personen. Dafür ließe sich insbesondere geltend machen, daß das KrProvAbgG. die Kreisabgabenpflicht der Kreisangehörigen als solche ja nicht vollständig beseitigt, sondern nur aus einer unmittelbaren in eine mittelbare umgewandelt hat. Dann würden der Fiskus, die eingetragenen Genossenschaften, auch soweit sie durch das KommAbgG. der Gemeindesteuerpflicht unterworfen sind, und die Gesellschafter einer Ges. m. b. H., die im Gutsbezirke nicht ihren Wohnsitz haben, bei der Unterverteilung steuerfrei zu lassen sein. Dem könnte auch nicht mit dem Hinweis auf die Heranziehung der gleichen Steuerpflichtigen bei der Aufbringung des Anteils der Gemeinden am Kreissteuerbedarfe begegnet werden, weil diese auf einer wesentlich anders gefaßten Vorschrift des KrProvAbgG. (§ 12) beruht. Aus der „Begründung" des G. geht jedoch hervor, daß der Gesetzgeber, indem er die Unterverteilung im Gutsbezirke durch Veranlagung der Steuerpflichtigen „gemäß den Vorschriften des KommAbgG." bestimmte, nicht nur diejenigen Vorschriften gemeint hat, die sich auf die Ermittelung der objektiven Steuerpflicht beziehen, sondern auch die auf die Feststellung der subjektiven Steuerpflicht bezüglichen. Unter den „Steuerpflichtigen" des § 13 KrProvAbgG. sind also alle diejenigen zu verstehen, die nach den Rechtssätzen über Gemeindebesteuerung im Gutsbezirke zu veranlagen sein würden, sofern es sich um Gemeindeabgaben handelte, mithin auch die Gesellschafter einer Ges. m. b. H. wegen des ihnen dort aus ihrer Beteiligung an dem Unternehmen einer solchen zufließenden Einkommens. Damit hat das G. allerdings eine Erweiterung des Begriffs der Kreissteuerpflichtigen über die Grenzen der §§ 9 und 14 KrO. hinaus geschaffen.

Nr. 9. Entsch. v. 30. Sept. 1913 (OVG. 65 46) II C 6/13.

KrProvAbgG. § 7.

Die Ab- und Zugänge aus der Zeit zwischen dem 1. IV. und dem 1. I. des Vorjahrs sind bei der Berechnung des der Verteilung der Kreissteuern zugrunde zu legenden Steuersolls mit dem vollen veranlagten Prinzipal-Jahresbetrag in Rechnung zu stellen. Zu dieser Auffassung zwingt der Zusammenhang, in dem die Bestimmung des § 7 Abs. 5 KrProvAbgG. mit den übrigen Vorschriften des G. steht. Diejenigen Steuern, die nach § 7 Abs. 2 der Veranlagung zu den direkten Kreisabgaben zugrunde gelegt werden, sind sämtlich Jahressteuern, die Prinzipalsteuersätze also Jahressteuersätze. Aus diesen prinzipalen Jahressteuersätzen werden die Jahressätze der Gemeindesteuern erst durch Festsetzung der Zuschläge zur Einkommensteuer und der zu erhebenden Prozentsätze von den Realsteuern berechnet, und nur von den so ermittelten Gemeindesteuersätzen kommen bei Zugängen und Abgängen Teilbeträge zur Hebung. Keineswegs wird hierbei von Teilen der Prinzipalsätze ausgegangen, und von ihnen der Zuschlag oder Prozentsatz genommen; vielmehr bleibt der Prinzipalsatz des Zuganges oder des Abganges stets ein Jahressatz, deshalb kann in dem Absatze 2 des § 7 unter dem „Solle, wie es der Gemeindebesteuerung zugrunde zu legen und in Gutsbezirken für die Unterverteilung zu veranlagen ist", nur die Gesamtsumme der prinzipalen Jahressätze verstanden werden. Dementsprechend kann auch der Absatz 5 des § 7 nur das Soll der Jahressteuersätze im Auge haben, und seine Vorschrift geht lediglich dahin, daß das im Absatze 2 bezeichnete Soll der Jahressteuersätze nicht nach dem Bestande zum Beginne des Rechnungsjahrs, sondern nach dem Stande des 1. I. des vorangegangenen Rechnungsjahrs, und zwar unter Berücksichtigung der bis zu diesem Zeitpunkt endgültig eingetretenen Berichtigungen und Veränderungen, zugrunde gelegt werden soll.

Nr. 10. Entsch. v. 24. Sept. 1914 (OVG. **68** 89) I HC 252/13.

KrProvAbgG. § 13.

Nach § 13 KrProvAbgG. wird in den Gutsbezirken der auf sie entfallende Teil des Kreissteuerbedarfs durch Veranlagung der Steuerpflichtigen seitens des Kreisausschusses unterverteilt. Gegen diesen richtet sich auch nach § 14 aaO. der Einspruch und eine nach seiner Erledigung erhobene Klage (vgl. OVG. **55** 11). Das muß auch für die Zugangsveranlagung gelten. Zwar enthält das KrProvAbgG. keine ausdrückliche Vorschrift, wer die Zugänge an Kreissteuern im Gutsbezirke zu veranlagen hat; der Wortlaut des § 15 Abs. 1 des G. läßt aber keinen Zweifel darüber, daß es mit dem Neueintritt in die Kreissteuerpflicht im Laufe des Jahres rechnet, und daß es diese Zugänge dem Besteuerungsrechte des Gutsbezirkes unterwerfen will. Es wäre unverständlich, wenn für diese Zugänge bei ihrer Wesensgleichheit mit den regelmäßigen, im Wege der Unterverteilung festgestellten Einzelveranlagungen im Gutsbezirk eine andere Behörde zur Veranlagung berufen sein sollte als für jene. Der Gutsvorsteher hat daher niemals das Recht, einen Pflichtigen zur Kreissteuer heranzuziehen, auch nicht etwa als Organ des Kreisausschusses; denn er ist eine von diesem verschiedene und unabhängige Behörde.

Nr. 11. Entsch. v. 27. Okt. 1914 (OVG. **67** 61) VIII C 121/14.

Die Unterverteilung der Kreisabgaben in den Gutsbezirken ist ihrem Wesen nach nichts anderes, als die Veranlagung zu direkten Gemeindesteuern. Es gelten daher für sie dieselben Grundsätze wie für jene, und es müssen demgemäß hinsichtlich der Nachveranlagung in den Gutsbezirken die Vorschriften des § 84 KommAbgG. Platz greifen. Danach ist, wenn der Kreisausschuß im Wege der Unterverteilung einen Steuerpflichtigen im Gutsbezirke zu den Kreisabgaben von einer bestimmten Steuerart veranlagt hatte, eine nachträgliche höhere Heranziehung von derselben Steuerart ausgeschlossen. Nachdem der Kreisausschuß den Eisenbahnfiskus mit Zuschlägen zur staatlich veranlagten Gebäudesteuer in Höhe von 20,42 M für das Rechnungsjahr 1913 zu den Kreisabgaben des Gutsbezirkes veranlagt hatte, war hiernach das Besteuerungsrecht des Gutsbezirkes hinsichtlich der Kreisabgaben diesem Steuerpflichtigen gegenüber für das genannte Rechnungsjahr und die bezeichnete Steuerart derart erschöpft, daß eine anderweitige erhöhte Heranziehung des Fiskus von der Gebäudesteuer wegen zu geringen Ansatzes der unterverteilten Kreisabgaben ausgeschlossen war.

Nr. 12. Entsch. v. 23. Febr. 1915 (OVG. **68** 91) II C 47/14.

KrProvAbg. § 7.

Ebenso wie Zugänge aus der Zeit zwischen dem 1. IV. und dem 1. I. des Vorjahrs bei der Berechnung des der Verteilung der Kreissteuern zugrunde zu legenden Steuersolls mit den vollen veranlagten Prinzipal-Jahresbeträgen einzustellen sind (OVG. **65** 46, oben Nr. 9), müssen auch die im § 7 Abs. 5 Satz 2 KrProvAbgG. bezeichneten, dem Solle des dort bestimmten Rechnungsjahrs hinzuzurechnenden Steuerbeträge mit den vollen veranlagten Prinzipal-Jahresbeträgen, nicht mit den Jahresteilbeträgen, mit denen sie bei der Gemeindebesteuerung in Anrechnung gekommen sind, eingestellt werden.

V.
Rechtsmittel.

Nr. 1. Entsch. v. 3. Okt. 1913 (OVG. **65** 48) II C 206/12.

Durch eine in den Jahren 1874/76 getroffene Bestimmung des Kreisausschusses über die streitige Eigenschaft eines Gutes als Gutsbezirk steht die ihm hiernach beigelegte Eigenschaft bis zur anderweitigen Entscheidung hierüber im Verwaltungsstreitverfahren fest und ist für das gesamte öffentliche Rechtsgebiet, insbesondere auch bei einem Streite über Kreisabgaben, maßgebend. Gemäß § 26 ZustG., § 4 LGO. unterliegen Streitigkeiten über die Eigenschaft einer Ortschaft als Landgemeinde oder eines Gutes als selbständigen Gutsbezirkes der Entscheidung des Kreisausschusses in einem besonderen Verwaltungsstreitverfahren. Nach Absatz 2 aaO. beschließt er vorläufig über diese Angelegenheiten, sofern das öffentliche Interesse es erheischt. Bei dem Beschlusse behält es bis zur rechtskräftigen Entscheidung im Verwaltungsstreitverfahren sein Bewenden. Diese vorläufigen Festsetzungen sind bis zu ihrer Beseitigung für alle öffentlichen Rechte und Pflichten der beteiligten kommunalen Bezirke maßgebend. Während des Bestehens der vorläufigen Festsetzung steht die dem Bezirke beigelegte kommunale Eigenschaft für alle Beteiligten rechtswirksam fest. Es ist daher unzulässig, in einem Abgabenstreit über jene Frage inzidenter anderweit zu befinden.

Nr. 2. Entsch. v. 6. Jan. 1914 (OVG. **66** 52) II C 189/13.

1. Dem Steuerpflichtigen steht gegen die Heranziehung zu Gemeindeabgaben nicht nur der Einspruch nach § 69 KommAbgG., sondern auch die an keine Frist gebundene Beschwerde nach § 18^2 ZustG. zu. Während der an die Frist von vier Wochen gebundene Einspruch stattfindet, wenn der Steuerpflichtige seine Heranziehung als von Anfang an ganz oder teilweise unberechtigt anfechten will, kann mit der fristenlosen Beschwerde geltend gemacht werden, daß die Heranziehung ungerechtfertigt geworden sei durch Tatumstände, die später eingetreten sind, auf die sich der Steuerpflichtige also während der Einspruchsfrist nicht berufen konnte. So liegt die Sache hier. Der Kläger ist am 4. IV. 12 zur Schankerlaubnissteuer herangezogen worden, und erst im November 1912 war seine rechtskräftige steuerfreie Veranlagung zur Gewerbesteuer bewirkt. Diesen nach der Heranziehung und nach dem Ablaufe der Einspruchsfrist eingetretenen Umstand hat er zur Begründung seines Antrags auf anderweitige Veranlagung geltend gemacht. Der Antrag ist deshalb nicht als Einspruch, sondern als fristenlose Beschwerde zu behandeln und trotz Ablaufs der Einspruchsfrist sachlich zu prüfen. Er ist auch sachlich begründet; denn die Heranziehung zu einer Steuer von 600 *M* setzt nach § 2a und § 3 der SteuerO. eine Veranlagung zur Gewerbesteuerklasse IV voraus, sie ist also infolge der Freistellung des Klägers von der Gewerbesteuer insoweit rechtswidrig geworden, als sie den aus § 2a und § 3 der SteuerO. sich ergebenden Steuersatz von 300 *M* übersteigt. Der Antrag des Klägers auf Ermäßigung der Steuer um den Betrag von 300 *M* ist also gerechtfertigt.

2. Gegen die Zulässigkeit der fristenlosen Beschwerde erhob sich allerdings das Bedenken, daß der Kläger seine Freistellung schon durch Einlegung und Verfolgung des Einspruchs hätte erreichen können. Seine Heranziehung war nämlich von vornherein rechtswidrig, weil nach § 2 der SteuerO. die staatliche Veranlagung zur Gewerbesteuer eine unumgängliche Voraussetzung der Erhebung der Schankerlaubnissteuer bildet, und der Kläger zur Zeit der Heranziehung überhaupt noch nicht zur Gewerbesteuer veranlagt war (vgl.

Urt. v. 21. X. 13, PrVerwBl. Jahrg. **35** 212 — ErgBd. i. St. IV 28 —). Allein das erwähnte Bedenken ist nicht gerechtfertigt; denn mit dem in dieser Weise begründeten Einspruche hätte der Kläger die Heranziehung nur als verfrüht anfechten, seine Freistellung von der Steuer nur auf Zeit erreichen können, da nach Vollzug seiner Veranlagung zur Gewerbesteuer eine erneute Heranziehung stattfinden konnte. Die Gründe für Ermäßigung der Steuer, die er jetzt vorgebracht hat und die seine endgültige Freistellung bis zum Betrage von 300 M rechtfertigen, konnte er während der Einspruchsfrist nicht geltend machen.

Nr. 3. Entsch. v. 12. Mai 1914 (OVG. **67** 51) II C 295/13.

KrProvAbgG. § 11.

Der Beklagte nimmt unrichtigerweise an, es handle sich hier um die durch Abs. 3 des § 11 KrProvAbgG. den Gemeinden und Gutsbezirken versagte Anfechtung der Veranlagung einzelner Steuerbeträge, aus denen sich das für die Verteilung der Kreissteuern maßgebende Steuersoll (§ 7 Abs. 2 bis 5 aaO.) zusammensetzt. Vielmehr macht der Kläger geltend, daß der Betrag einer an sich richtigen einzelnen Veranlagung zu Unrecht in das der Oberverteilung der Kreisabgaben zugrunde gelegte Soll aufgenommen worden sei. Ein solcher Einspruch ist aber gemäß § 11 Abs. 2 aaO. zulässig.

Nr. 4. Entsch. v. 17. Nov. 1914 (OVG. **69** 68) VIII C 131/14.

KrProvAbgG. § 11.

1. Eine Klage des Fiskus als steuerpflichtiger Grundbesitzer im Gutsbezirke gegen die ihn betreffende Unterverteilung des bei der Oberverteilung dem Gutsbezirke auferlegten Kreisausgabebedarfsanteils mit dem Antrag auf Freistellung von der Unterverteilung ist zulässig; die Rechtsmittel gegen die Einzelveranlagung zu den Kreisabgaben haben ihrem Wesen nach gerade den Zweck und Inhalt, diejenige Überbürdung des Einzelsteuerpflichtigen zu beseitigen, die durch die zu Unrecht erfolgte Belastung der staatlich veranlagten Steuerbeträge mit Kreissteuerzuschlägen bei der Unterverteilung für ihn eingetreten ist. Daß die betreffenden staatlich veranlagten Einzelsteuerbeträge in dem bei der Oberverteilung zugrunde gelegten, staatlich veranlagten Steuersolle des Gutsbezirkes enthalten sind, steht einer solchen Freistellungsklage eines Einzelsteuerpflichtigen im Gutsbezirke nicht entgegen; denn die Klage gegen die Unterverteilung bezweckt weder eine Änderung der Oberverteilung, noch kann sie eine solche bewirken. Wenn auch der Einzelsteuerpflichtige auf seine Klage gegen die Unterverteilung von dem ihm angesonnenen Kreisabgabenbetrage freigestellt wird, ändert sich dadurch das bei der Oberverteilung auf den Gutsbezirk umgelegte Kreissteuerkontingent in keiner Weise. Ebenso wie dem Gutsbezirke die Zugänge zu dem der Oberverteilung zugrunde gelegten staatlich veranlagten Steuersolle zugute kommen, hat er, unbeschadet der teilweisen Erstattung in den Fällen des § 15 KrProvAbgG., die entstehenden Abgänge und Ausfälle an diesem Solle zu tragen: er haftet dem Kreise gegenüber, ohne Rücksicht auf den Erfolg der gegen die Unterverteilung geltend gemachten Rechtsmittel, für die Aufbringung des davon unberührt bleibenden, bei der Oberverteilung auf den Gutsbezirk gelegten Kreissteuerbedarfsanteils.

2. Rechtsirrig ist daher auch die Ansicht des Beklagten, der Kläger (hier ist er offenbar als Vertreter des Gutsbezirkes gemeint) habe zuvor die Oberverteilung anfechten müssen. Die Abänderung des im Wege der Oberverteilung festgestellten Kreissteuerkontingents des Gutsbezirkes ist keine Vorbedingung für die Zulässigkeit der von einem Einzelsteuerpflichtigen gegen die ihn treffende Unterverteilung erhobenen Freistellungs-

oder Ermäßigungsklage. § 11 Abs. 3 aaO. bestimmt außerdem ausdrücklich, daß mit dem Einspruche gegen die Oberverteilung — abgesehen von gewissen hier nicht vorliegenden Fällen — die Veranlagung der einzelnen Steuerbeträge, aus denen sich das der Kreisbesteuerung zugrunde gelegte Steuersoll zusammensetzt, nicht angegriffen werden kann.

Nr. 5. Entsch. v. 29. April 1914 (PrVerwBl. **36** 298) II HC 149/14.

1. Der Rechtsbehelf aus § 18 ZustG. unterscheidet sich von dem Einspruch dadurch, daß bei diesem die ursprüngliche Rechtmäßigkeit der Veranlagung bestritten wird, während bei der Beschwerde von der ursprünglichen Richtigkeit und von der Unanfechtbarkeit der Veranlagung ausgegangen und deren Abänderung auf Grund eines später eingetretenen Ereignisses, das die Veranlagung als unrichtig erscheinen läßt, verlangt wird. Dem Bezirksausschuß ist dahin beizustimmen, daß die fristlose Beschwerde auch für Veranlagungen zur Kreis-Umsatzsteuer gegeben ist, wenngleich sich § 18 ZustG. seinem Wortlaut nach nur auf Gemeindesteuern bezieht. Da aber durch § 16 KrProvAbgG. das Rechtsmittelsystem des KommAbgG. auf die indirekten Kreissteuern ausgedehnt ist, so muß auch der außerordentliche Rechtsbehelf der fristlosen Beschwerde für diese Abgaben zugelassen werden.

2. Mit Unrecht sieht jedoch der Bezirksausschuß die sachlichen Voraussetzungen des § 18 aaO. als gegeben an. Richtig ist zwar, daß eine nichtige Auflassung einen Eigentumserwerb nicht zur Folge haben und deshalb die an einen solchen geknüpfte Steuerpflicht nicht auslösen kann. Es fehlt jedoch vom Standpunkte des Bezirksausschusses aus an einer neuen, das heißt nach Ablauf der Einspruchsfrist eingetretenen Tatsache, die die Veranlagung als unrichtig erscheinen läßt. Als eine solche Tatsache kann das gerichtliche Urteil, durch das die Nichtigkeit festgestellt wurde, nicht angesehen werden, da es keine konstitutive Bedeutung hatte, sondern nur aussprach, was von vornherein bereits Rechtens war. Wenn der Kläger selbst die Nichtigkeit der Auflassung nicht sofort erkannt hat, so beruhte das lediglich auf Rechtsirrtum. Ist er später durch Rechtskundige oder durch das gerichtliche Urteil über die Rechtslage belehrt worden, so kann jedenfalls in dieser Aufklärung keine Tatsache erblickt werden, wie sie Voraussetzung für den Erfolg einer Beschwerde aus § 18 aaO. ist. Der Kläger war auch ohne Hinzutritt eines neuen Ereignisses in der Lage, innerhalb der Einspruchsfrist die Nichtigkeit der Auflassung geltend zu machen.

Fünfter Abschnitt.

Gemeindabgaben.

Gesetzliche Grundlagen: Vereinbarung v. 7./14. I. 16, betr. die Vermeidung von Doppelbesteuerungen bei der Heranziehung von Arbeitern zu direkten Kommunalsteuern in Preußen und im Fürstentum Schwarzburg-Rudolstadt (MBl. 42). Gleiche Vereinbarungen sind geschlossen: unter dem 31. VII. 15./4. II. 16 mit Schwarzburg-Sondershausen (MBl. 63); unter dem 8./9. IV. 16 mit Reuß j. L. (MBl. 86); unter dem 6. XII. 15/29. V. 16 mit Sachsen-Altenburg (MBl. 117).

II.

Gebühren und Beiträge.

Literatur: Moll: Über Gebühren unter besonderer Berücksichtigung der kommunalen Verbände Preußens (Berlin 1916).

A. Gebühren.

1. Allgemeines; Begriff der Gebühren.

Nr. 1. Entsch. v. 22. Okt. 1912 (DJZ. 18 591) II C 42/12.

Öffentlich-rechtliche Gebühren können nur erhoben werden, wenn mit der Veranstaltung die Förderung des öffentlichen Interesses bezweckt wird. Mit der Einräumung des Benutzungsrechts muß dasjenige öffentliche Interesse verfolgt werden, das für die Herstellung der Gemeindeanstalt überhaupt maßgebend gewesen ist. Ihre Straßen unterhält die Gemeinde zwar im öffentlichen Interesse, jedoch lediglich zu dem Zwecke, daß sie dem Verkehr dienen, nicht aber, um mit Vorbauten besetzt zu werden. Das Besetzen der Straße mit Vorbauten widerspricht an sich dem Wesen der öffentlichen Straße und entzieht sie insoweit ihrer Bestimmung. Durch den Einbau einer Freitreppe, die zu einem Hause führt, wird nicht die Straße als Verkehrsanstalt, sondern das Straßengelände benutzt, und die Gemeinde gestattet die Benutzung nicht mit Rücksicht auf das öffentliche Verkehrsinteresse, das gerade die Freihaltung der öffentlichen Straße von Hindernissen erfordern würde, sondern im Privatinteresse des Hausbesitzers und vielleicht auch im eigenen finanziellen Interesse. Es geht dies schon daraus hervor, daß der Kläger berechtigt sein würde, den Zugang zu seinem Hause und damit auch den Verkehr von der Straße über die Freitreppe zu dem Hause, den der Beklagte für einen öffentlichen Verkehr hält, jederzeit zu sperren. Die fragliche GebO. geht denn auch selbst davon aus, daß es sich nicht um Benutzung der Straße, sondern des Straßengeländes handelt. Sie bezieht sich auch auf vorübergehende Anlagen, zB. Plätze für Gastwirtschaftsbetrieb im Sommer auf der Straße. Es wird nicht behauptet werden können, daß auch solche Anlagen im öffentlichen Interesse, dem die Straße dienen soll, gestattet werden. Hiernach handelt es sich um privatrechtliche Vergütungen. Da sie als öffentlichrechtliche Gebühren auf Grund der GebO. vom Beklagten gefordert sind, ist der Kläger wegen Ungültigkeit der Bestimmungen der GebO. mit Recht freigestellt worden.

Nr. 2. PlEntsch. v. 22. Febr. 1913 (OVG. **64** 371) VIII C 170/11.

1. Das Schulgeld für den Besuch einer von der Gemeinde unterhaltenen höheren Lehranstalt ist eine Gebühr iS. der §§ 4 und 69 KommAbgG. Danach ist also das Verwaltungsstreitverfahren gegen die Heranziehung zu derartigem Schulgelde zulässig.

2. Dem Klageanspruche, der in erster Linie auf das Vorhandensein eines besonderen Rechtstitels und in zweiter auf den zum Bestandteile der Ortsschulverfassung gewordenen Schuleinrichtungsplan gestützt ist, ist ohne weiteres der Erfolg zu versagen. Für eine Befreiung von Schulgeld auf Grund besonderer Rechtstitel oder einer Ortsschulverfassung ist gesetzlich überhaupt kein Raum, da das KommAbgG. derartige Befreiungen von Gebühren nicht kennt. Es verordnet vielmehr im § 7, daß die Gebühren im voraus nach festen Normen und Sätzen zu bestimmen sind, und daß eine Berücksichtigung Unbemittelter nicht ausgeschlossen ist. Andere Befreiungsgründe läßt es mithin nicht zu. Besondere schulrechtliche Vorschriften, deren fortdauernde Geltung als sonderrechtliche Vorschriften neben denjenigen des KommAbgG. in Frage käme und aus denen sich die Zulässigkeit der behaupteten Befreiungsgründe ergäbe, sind auch nicht vorhanden. Wenn in OVG. **49** 201 etwa davon ausgegangen sein sollte, es sei eine ortsschulverfassungsmäßige Befreiung von Schulgeld — abgesehen von dem hier nicht in Betracht kommenden Falle des § 96 Abs. 4 KommAbgG. — auch jetzt noch rechtlich möglich, so bedürfte die Entscheidung insoweit der Einschränkung.

3. Auch das KommAbgG. ordnet eine öffentliche Bekanntmachung von GebO. nicht an. Die Bestimmung im Art. 4[3] Abs. 2 AAnwKommAbgG., wonach die GebO. in ortsüblicher Weise bekannt zu machen sind, hat danach nur die Bedeutung einer aus Zweckmäßigkeitsgründen erlassenen Dienstanweisung, von deren Beobachtung die Verbindlichkeit der GebO. für die Pflichtigen nicht abhängig ist.

Nr. 3. Entsch. v. 8. April 1913 (OVG. 64 238) II C 221/12.

Das Recht der Angehörigen der reformierten Gemeinde zu P. auf „freie Erde", das nach der Auffassung des Vorderrichters auf Observanz beruhte und in der Kgl. Order v. 4. III. 1773 anerkannt wurde, gab den Berechtigten den Anspruch auf unentgeltliche Überweisung einer Grabstätte gegenüber den zu jener Zeit zur Vorhaltung der Friedhöfe Verpflichteten, d. h. gegenüber den Kirchengemeinden der Stadt P. Friedhöfe der politischen Gemeinde P. gab es damals nicht. Die Auffassung des Klägers, daß dies Sonderrecht ohne weiteres auch gegenüber der politischen Gemeinde P. gelte, nachdem diese die Vorhaltung der Friedhöfe übernommen habe, ist irrig; denn durch die Übernahme der Friedhofsunterhaltung seitens der politischen Gemeinde ist eine Rechtsnachfolge der politischen Gemeinde in die Verpflichtungen der Kirchengemeinden nicht begründet worden. Nachdem die politische Gemeinde einen Friedhof angelegt hatte, wurde jeder Gemeindeangehörige, auch die Angehörigen der reformierten Kirchengemeinde, ohne Rücksicht auf die früher den Kirchengemeinden gegenüber bestehenden Rechte kraft öffentlichen Rechtes befugt, den Gemeindefriedhof zu benutzen (vgl. ALR. § 190 II 11). Bei dieser Benutzung unterliegen die Gemeindeangehörigen der von der Gemeinde kraft ihrer Autonomie für die öffentlich-rechtliche Benutzung eingeführten Gebührenpflicht. Dafür, daß die politische Gemeinde die Verpflichtung übernommen hätte, den Angehörigen der reformierten Gemeinde die Beerdigung unentgeltlich zu gewähren, fehlt ein genügender Anhalt. Insbesondere kann sich der Kläger nicht auf den „Neuen Stolgebührentarif für die Schulkasse zu P. v. 22. IX. 54" berufen. Wenn dieser Tarif von dem Magistrat als Aufsichtsbehörde über die Kirchengemeinden erlassen worden ist, wofür die Unterschrift: „der Magistrat als Patron" spricht, so konnte er eine Verpflichtung der gedachten Art für die politische Gemeinde nicht begründen. Ist der Stolgebührentarif aber als eine ortsstatutarische Regelung einer Angelegenheit der politischen Gemeinde zu betrachten, so war die Gemeinde kraft ihrer Autonomie befugt, mit der gesetzlich vorgeschriebenen Genehmigung der staatlichen Aufsichtsbehörde jederzeit eine Änderung dieser Bestimmungen vorzunehmen; denn ihr stand bei dieser Regelung ihres Abgabenwesens eine gesetzliche Beschränkung nicht entgegen, und eine unwiderrufliche Beschränkung dieser Befugnis ist auch durch einen Beschluß der Gemeinde selbst nicht möglich. Die Gemeinde P. war daher befugt, die Gebührenpflicht für die Benutzung der städtischen Friedhöfe ohne Rücksicht auf frühere Gemeindebeschlüsse für alle Benutzenden gleichmäßig zu regeln.

Nr. 4. Entsch. v. 24. Juni 1913 (OVG. 64 242) II C 200/12.

KommAbgG. § 4.

1. Der von der Dorfgemeinde angelegte Brunnen stellt eine öffentliche Gemeindeanstalt iS. des **§ 4 KommAbgG.** dar, für deren Benutzung Gebühren erhoben werden können. Auch ist der Maßstab — 10 Pf. für den Monat und jede Haushaltung — bei den einfachen örtlichen Verhältnissen kein durchaus ungeeigneter und deshalb willkürlicher. Die Frage, ob die Voraussetzung der Gebührenerhebung, nämlich eine Benutzung iS. des G. vor-

handen ist, ist zu bejahen. Der Gemeindebrunnen ist Anfang der neunziger Jahre anläßlich der damaligen Choleragefahr auf behördliche Anordnung erbaut worden, weil vier Wohngehöfte ohne eigenen Brunnen waren. Sie sind es auch noch heute, und von ihren Bewohnern wird der Brunnen seit seiner Errichtung fast ausschließlich benutzt, da die Besitzer aller anderen Gehöfte ihren eigenen Brunnen haben und deshalb des Gemeindebrunnens nicht bedürfen. Die Kläger sind mangels eigener Brunnen für viele Zwecke auf den Gemeindebrunnen angewiesen und benutzen ihn entsprechend. Für solche regelmäßige Benutzung aber sollen Gebühren erhoben werden, und das ist zulässig. Die Frage, ob eine gebührenpflichtige Benutzung vorliegt, wird vom Gemeindevorsteher entschieden und steht unter dem Schutze des Verwaltungsstreitverfahrens. Gegen die Gültigkeit des Ortsrechts sind daher Bedenken nicht zu erheben.

2. Der Gebührenbeschluß der Gemeinde ist vom Kreisausschuß am 28. X. 10 genehmigt worden, stellte also vom November ab eine geeignete Grundlage für die Gebührenforderung dar. Daran ändert auch nichts der Umstand, daß mehrere Gemeindeangehörige gegen den Genehmigungsbeschluß des Kreisausschusses Beschwerde erhoben hatten, vom Bezirksausschuß aber erst am 23. II. und 27. IV. 11 abgewiesen worden sind. Denn der Genehmigungsbeschluß unterlag nicht der Anfechtung durch Beschwerde, war vielmehr sofort rechtsbeständig, so daß durch ihn das Ortsrecht sogleich vollendet wurde und in Kraft trat.

Nr. 5. Entsch. v. 19. Dez. 1913 (PrVerwBl. 35 747) II C 148/13.

KommAbgG. § 4.

Der Berufungsrichter hält es für zweifelhaft, ob die von der Gemeinde angeordnete Bewachung der Strandkörbe als eine Veranstaltung iS. des § 4 KommAbgG. anerkannt werden könne, weil diese Bewachung an sich zur Erfüllung der polizeilichen Pflichten gehöre, deren Kosten die Gemeinde nach dem PolVerwG. ohne weiteres zu tragen hätte, und weil es nicht angängig sei, daß die Gemeinde zwecks Aufbringung der Vergütungen für die im Dienste der Gemeinde nötigen Beamten und Angestellten Gebühren erhebe. Hierzu ist zu bemerken, daß es an sich wohl nicht ausgeschlossen ist, daß eine Gemeinde auf Grund des § 4 KommAbgG. eine außerhalb der polizeilichen Einrichtungen stehende Veranstaltung trifft, durch die neben der polizeilichen Bewachung der Personen und des Eigentums eine besondere Bewachung für besondere Verhältnisse bewirkt wird. Wenn eine derartige Veranstaltung im öffentlichen Interesse von der Gemeinde unterhalten wird, würde es zulässig sein, für eine kraft öffentlichen Rechts stattfindende Benutzung Gebühren zu erheben. Voraussetzung für das Recht auf die Gebühr ist aber, daß eine solche Benutzung, und zwar eine der Gemeinde gegenüber freiwillige, von dem Inanspruchgenommenen stattgefunden hat. Das ist seitens des Klägers nicht der Fall. Wie unbestritten ist, hat er alsbald nach Einrichtung der Bewachung erklärt, daß er von ihr für seinen Strandkorb keinen Gebrauch machen wolle. Mit Rücksicht auf diese Erklärung ist auch in dem allgemein und seit langer Zeit üblichen Stehenlassen seines Strandkorbes außerhalb der Gebrauchszeit eine Benutzung der Gemeindeveranstaltung nicht zu finden. Deshalb war die Gebührenerhebung jedenfalls ungerechtfertigt.

2. Gebühren für Wasserleitungen und Entwässerungsanlagen.

Nr. 1. Entsch. v. 13. Febr. 1914 (OVG. **66** 159) II C 289/13.

1. Die Bestimmung einer WassGebO., die jedes, nach den polizeilichen Vorschriften, anschlußpflichtige Grundstück ohne Rücksicht darauf, ob es

tatsächlich angeschlossen ist oder nicht, der Gebührenpflicht unterwirft, ist gesetzwidrig und hat die Unwirksamkeit der ganzen GebO. zur Folge.

2. Das OVG. hat stets daran festgehalten, daß die Gebühren grundsätzlich nach dem Umfange der Benutzung zu bemessen sind. Das müßte streng genommen dahin führen, daß stets eine genaue Feststellung der Leistung der Gemeinde (des Verbrauchs) erforderlich wäre, damit hiernach die Gebühr berechnet werden könnte. Aber eine derartige genaue Feststellung ist oft schwer möglich oder doch unverhältnismäßig schwierig. Deshalb ist in solchen Fällen der sogenannte Wahrscheinlichkeitsmaßstab zugelassen. Aber auch bei dieser Zulassung gilt der Grundsatz, daß für jede Gebühreneinheit eine Leistungseinheit (an Wasser) zu gewähren ist, und daß nur durch die Leistung (der Einheit) der Anspruch auf die entsprechende Gebühreneinheit entsteht. Nur der Beweis der Leistung einer gewissen Einheit darf durch die „Wahrscheinlichkeit" ersetzt werden. Das gilt in erster Linie für Verbrauchsgebühren da, wo der wirkliche Wasserverbrauch gar nicht festgestellt oder doch nicht mitbestimmend bei der Festsetzung der Gebühr verwertet wird (OVG. **51** 59). Es gilt aber auch für die Anschlußgebühren. Das Haben des Anschlusses stellt ebenfalls eine Benutzung der Gemeindeanstalt dar. Dafür darf eine — auch die Entnahme einer gewissen Wassermenge gestattende — Grund- oder Mindestgebühr nach dem Wahrscheinlichkeitsmaßstab und für die in der Mehrentnahme von Wasser liegende weitere Benutzung eine Zusatzgebühr nach dem wirklichen (durch Wassermesser ermittelten) Verbrauche gefordert werden. Aber auch das Haben des Anschlusses besteht nicht um seiner selbst willen, sondern zum Zwecke und mit der Ermächtigung zur Wasserentnahme. Und deshalb wird auch bei der Bemessung der Gebühr für das Haben des Anschlusses der Umfang der Benutzung — die Wahrscheinlichkeit — von Bedeutung sein müssen.

3. Wenn nun ein Wahrscheinlichkeitsmaßstab eingeführt wird, so muß verlangt werden, daß bei seiner Anwendung die Gleichmäßigkeit auch wirklich wahrscheinlich ist, d. h. daß diejenigen Grundstücke, auf die ein gleich großer Teil des Maßstabs (zB. ein gleich hoher Betrag des Nutzungswerts) fällt, wahrscheinlich auch in gleichem Umfange benutzen (gleich viel Wasser verbrauchen). Diese Wahrscheinlichkeit besteht hinsichtlich der Wasserentnahme bei Zugrundelegung des Nutzungswerts oder auch der Gebäudesteuer, soweit es sich um die Deckung des Bedarfes von Wohngebäuden an Wirtschaftswasser handelt; bei ihnen kann damit gerechnet werden, daß der Wasserverbrauch der Größe der Wohnung und der besseren Ausstattung mit Bequemlichkeiten entspricht. Mag das in Einzelfällen auch nicht zutreffen, so bleibt doch, worauf es ankommt, die Gleichmäßigkeit grundsätzlich gewahrt. Dagegen erheben sich gewichtige Bedenken gegen die Gleichheit des Maßes, wenn der Nutzungswert bestimmend sein soll für die Höhe der Abgabe gewerblicher Betriebe im Verh. zueinander oder iVerh. zu Wohngebäuden; denn hier soll das Wasser für verschiedenartige Zwecke gebraucht werden und bei dem Bedarfe gewerblicher Betriebe spielt der Nutzungswert ihrer Gebäude im allgemeinen keine große Rolle; er kann in Anlagen von geringem Nutzungswerte sehr groß sein und umgekehrt. Dazu kommt, daß die Wahrscheinlichkeit auch da entfällt, wo keine Notwendigkeit besteht, den Wasserbedarf ganz oder gleicherweise zu einem bestimmten Teile aus der Leitung der Gemeinde zu entnehmen. Durch den Anschlußzwang allein wird diese Notwendigkeit nicht immer herbeigeführt. Bei dem Maßstabe der Gebäudesteuer ist noch zu berücksichtigen, daß sie bei Wohngebäuden 4% des Nutzungswerts, bei gewerblichen Gebäuden nur die Hälfte beträgt, und daß landwirtschaftlich genutzte Gebäude von ihr völlig frei sind; der Maßstab wird also schwerlich da passen, wo die Wasserleitung auch für landwirtschaftliche Betriebe benutzt wird.

4. Ob ein Wahrscheinlichkeitsmaßstab für die Gebührenerhebung sich eignet, darüber hat der Verwaltungsrichter nicht zu entscheiden, soweit nur die Zweckmäßigkeit und Angemessenheit in Betracht kommt. Ist aber als Wahrscheinlichkeitsmaßstab ein Maßstab gesetzt, bei dem die Wahrscheinlichkeit offenbar nicht grundsätzlich besteht, der vielmehr notwendigerweise zu Ungleichmäßigkeiten führen muß, dessen Wahl wohl gar unter Hintansetzung der Grundsätze des Gebührenrechts hauptsächlich von steuerlichen Gesichtspunkten aus erfolgt ist, so hat der Verwaltungsrichter ihn als unzulässig und die GebO. als gesetzwidrig zu erkennen.

Nr. 2. Entsch. v. 31. März 1914 (PrVerwBl. **36** 280) II C 258/13.

KommAbgG. § 7.

In einer GebO. für die Benutzung eines städtischen Wasserwerks war bei gewerblichen Räumen und Betrieben der Wasserzins für jeden Raum oder Betrieb auf 1—15 *M* mit der Maßgabe vorgeschrieben, daß er je nach der Größe der Räume und Einrichtungen oder nach Art und Umfang des Betriebes auf das Dreifache erhöht werden könne. Eine solche GebO. verstößt gegen § 7 KommAbgG. Indem § 7 die Erhebung nach im Voraus fest bestimmten Normen und Sätzen vorschreibt, will das G. das Ermessen der veranlagenden Behörde über die Höhe der Gebühren ausschließen; die Höhe der Gebühren soll im Voraus für jeden gleichliegenden Fall fest bestimmt sein, nicht aber darf es von dem Ermessen der Veranlagungsbehörde abhängen, die Gebühr auch in gleichliegenden Fällen verschieden hoch zu bemessen. Ist dies der Fall, so fehlt sowohl dem Pflichtigen als auch dem Verwaltungsrichter die Möglichkeit der Nachprüfung, ob die in gleichem Umfang benutzenden Pflichtigen auch gleich hoch pflichtig gemacht werden. Das soll durch die Vorausbestimmung fester Normen und Sätze gewährleistet werden; es geschieht aber nicht, wenn nur Grenzen bestimmt sind, innerhalb deren die Höhe der Gebühr — wenn auch nach gewissen, aber nicht festen Normen — festzusetzen ist oder gar festgesetzt werden kann. Dadurch, daß die bezeichneten Bestimmungen gesetzwidrig sind, wird die ganze Ordnung rechtsungültig, weil die Unanwendbarkeit dieser Bestimmungen zur Freilassung gewisser Pflichtigen führt, was unzulässig ist.

Nr. 3. Entsch. v. 21. April 1914 (PrVerwBl. **36** 507) II C 306/13.

1. Die Gebührenerhebung für die Entnahme von Wasser ist so geregelt, daß die Abnehmer (Mieter, Grundstückseigentümer usw.) nach dem Mietwerte der Wohnungen mit einem bestimmten Betrage, für den sie eine bestimmte Wassermenge zu entnehmen berechtigt sind, gebührenpflichtig sind, daß aber, soweit der Gesamtwasserverbrauch in einem Grundstück oder Gebäude die Wassermenge überschreitet, deren Entnahme durch das nach dem Mietwerte der Wohnungen zu bemessende Wassergeld abgegolten sein soll, den Mehrverbrauch der Grundstückseigentümer mit 15 Pf. für das Kubikmeter vergüten soll. Die Abgabe des Wassers soll in solchen Grundstücken, in denen der angegebene Mehrverbrauch zu erwarten steht, oder in denen sich gewerbliche Betriebe befinden, durch Wassermesser erfolgen, jedoch steht die Entscheidung darüber, in welchen Grundstücken Wassermesser aufgestellt werden sollen, dem Magistrate zu. Indem hiernach die Gebühr für Wohnungen nach deren Mietwerte, dagegen für Grundstücke, auf denen sich gewerbliche Betriebe befinden, grundsätzlich nach dem durch Wassermesser zu ermittelnden wirklichen Verbrauche bemessen wird, trägt sie dem richtigen Gedanken Rechnung, daß der Mietwert als Wahrscheinlichkeitsmaßstab zwar für Wohnungen geeignet ist, für gewerblich benutzte Räume aber insofern nicht paßt, als deren Mietwert mit dem Verbrauche von Wasser für gewerbliche Zwecke in keinem Zusammenhange zu stehen braucht und vielfach nicht stehen wird.

2. Schwere Bedenken aber erheben sich gegenüber der in den §§ 13, 14 GebO. erfolgten Festsetzung einer Mindestgebühr und der für sie freigegebenen Wassermenge. Nach diesen Bestimmungen sollen zB. monatlich bezahlen bzw. erhalten Inhaber von Wohnungen usw. mit einem Mietwerte

bis 72 *M*	an Gebühr	0,60 *M*,	an Wasser	3,5 cbm,	also pro cbm zahlen ca.	20 Pf.,
451— 600	„ „	3,60	„ „	12	„ „ „ „ „	30 „
1201—1500	„ „	6,10	„ „	16	„ „ „ „ „	38 „
3001 *M* u. mehr	„ „	9,10	„ „	20	„ „ „ „ „	45 „

während bei Mehrverbrauch für das Kubikmeter 15 Pf. und weniger bis herab zu 12 Pf. zu entrichten sind.

Gegen eine derartige Steigerung der auf die Einheitsleistung fallenden Gebühreneinheit würden selbst dann Einwendungen erhoben werden können, wenn die Steigerung den Wohnungsinhabern selbst zur Last fallen sollte. Beabsichtigt ist hier offenbar eine Abstufung mit Rücksicht auf die Leistungsfähigkeit. Aber nach der Rechtsprechung des OVG. ist durch das sogenannte DeklG. v. 24. VII. 06 eine solche Abstufung nur in der Weise zugelassen, daß die Gebühr die normale Leistungsfähigkeit als Ausgangspunkt nimmt und sich dann zugunsten der abnehmenden Leistungsfähigkeit stufenweise ermäßigt. Wenn nun wirklich der Mietwert einer Wohnung einen Maßstab für die Leistungsfähigkeit des Inhabers abgäbe (was er nicht tut), so wäre doch das Normalmaß der Leistungsfähigkeit sicher schon weit früher als bei einem Mietwerte von mehr als 3000 *M* erreicht, zumal wenn als normal diejenige Leistungsfähigkeit gelten dürfte, die es ermöglicht, für Wasser, das gewöhnlichste und notwendigste Lebensbedürfnis, einen normalen Preis zu entrichten. Den hiernach an eine gesetzmäßige Abstufung zu stellenden Forderungen würden die §§ 13, 14 GebO. nicht gerecht werden, und in ihnen würden wohl auch Elemente der verbotenen Mietsteuern erkannt werden können (vgl. OVG. **62** 145). Diese Einwendungen würden, wie gesagt, auch dann zu erheben sein, wenn die Wohnungsinhaber selbst für den Mehrverbrauch an Wasser aufkommen müßten. Nun macht aber die GebO. wegen des Mehrverbrauchs nur die Grundstückseigentümer und die ihnen nach § 2 Abs. 2 gleichzuachtenden Personen pflichtig (§14 Abs. 3, §15 Abs. 4), so daß die Steigerung der Einheitssätze im § 14 (die Verminderung der auf jede Gebühreneinheit fallenden Wassermenge) gar nicht die Mieter usw. je nach ihrer vermeintlichen Leistungsfähigkeit, sondern den Hauseigentümer treffen würde. Dieser hat nämlich als Mehrverbrauch um so mehr zu bezahlen, je weniger infolge der Progression der einzelne Mieter für die auf ihn fallende Gebühr verbrauchen darf. Die Mieter dagegen würden für ihre Gebühr ihren vollen Wasserbedarf entnehmen können wie bei Anwendung des reinen Wahrscheinlichkeitsmaßstabs. Abgesehen aber auch von der soeben erörterten, den Hauseigentümer beschwerenden Progression, ist es unzulässig, daß für den Mehrverbrauch an Wasser überhaupt der Hauseigentümer pflichtig sein soll. In OVG. **62** 137 hat der Senat eine GebO., die das Verhältnis zwischen der Gemeinde einerseits und dem Mieter sowie dem Hauseigentümer anderseits im wesentlichen ebenso konstruierte wie die hier vorliegende, für ungültig erklärt. Zu den dort dargelegten Erwägungen sei nur bemerkt, daß die hier fragliche GebO. im § 13 zwar die Mieter usw. als Abnehmer bezeichnet, sie aber in Wirklichkeit wegen des Anschlusses — nicht wegen der wirklichen Wasserentnahme und nach deren Umfange — pflichtig macht. Schon hiernach erscheint also die GebO. unhaltbar.

Nr. 4. Entsch. v. 8. Dez. 1914 (OVG. **68** 161) II C 76/14.

KommAbgG. § 4.

1. Die Verbindung des Maßstabs des wahrscheinlichen Verbrauchs und des Maßstabs des wirklichen Verbrauchs ist bei der Regelung

der Gebührenpflicht für die Benutzung einer Wasserleitung allerdings unzulässig; das steht aber der Erhebung einer Mindestgebühr nicht unbedingt entgegen. Eine solche ist insbesondere dann für zulässig erklärt worden, wenn sie nicht lediglich wegen des Verbrauchs von Wasser, sondern ganz oder teilweise wegen des gleichzeitig eine Benutzung der Wasserleitung darstellenden „Habens eines Anschlusses" zu entrichten ist. Hier ist nach § 1 Abs. 1 GebO. die Mindestgebühr ausdrücklich auch als Entgelt „für den Hausanschluß", also für das Haben des Anschlusses bestimmt. Die GebO. ist also, da auch sonstige Bedenken nicht vorliegen, rechtsgültig.

2. Dagegen ist der Gebührenanspruch deshalb nicht berechtigt, weil durch die vom Beklagten vorgenommene Absperrung des Zuleitungsrohrs dem Kläger die Entnahme von Wasser aus der Wasserleitung unmöglich gemacht worden ist. Voraussetzung der Gebührenpflicht ist nach § 4 KommAbgG. die Benutzung der Veranstaltung durch den Pflichtigen. Eine Benutzung der Wasserleitung liegt hier nicht vor. Der Gerichtshof hat zwar in ständiger Rechtsprechung ausgesprochen, daß auch ohne Entnahme von Wasser die Benutzung einer Wasserleitung unter Umständen schon dann stattfindet, wenn ein Anschluß des Grundstücks an die Wasserleitung vorhanden ist, weil schon das Haben des Anschlusses eine Benutzung darstellen kann. Es ist aber dann erforderlich, daß der Anschluß ein wirksamer ist, d. h. daß er die Entnahme von Wasser ermöglicht. Dazu gehört zweierlei, nämlich auf seiten der Gemeinde Anlagen, die die Zuführung von Wasser auf das Grundstück bewirken, und auf seiten des Grundbesitzers Einrichtungen, durch die er Wasser zu seinem Gebrauch abfüllen kann. Hier liegt die Sache folgendermaßen: In das Haus des Klägers, und zwar in den Keller, führt ein Anschlußrohr, an dessen Ende ein Abschlußhahn angebracht ist; hinter ihm befindet sich als Anfang der Hausleitung eine Wasseruhr und wiederum hinter dieser ein kurzes offenes Rohrstück, der sogenannte Anschlußstutzen, von dem aus die Hausleitung weitergeführt werden kann. Diese Einrichtung würde an sich einen genügenden Anschluß auf seiten des Hausbesitzers darstellen, da durch Aufdrehen des Absperrhahns die Entnahme von Wasser in einer Weise stattfinden könnte, die den bestehenden Vorschriften nicht zuwiderliefe. Die entnommene Menge würde dabei durch die Wasseruhr angezeigt werden. Aber der Beklagte hat, indem er durch Vordrücken des Schiebers in dem Zuleitungsrohre den Zufluß des Wassers verhindert, die Anschlußanlagen von denjenigen städtischen Anlagen, die das Wasser zuführen, mit derselben Wirkung getrennt, wie wenn eine Verbindung überhaupt nicht bestände. So lange der Schieber vorgezogen ist, wird also von seiten des Beklagten kein die Benutzung ermöglichender Anschluß an seine Wasserführungsanlagen gewährt, und deshalb ist auch keine Gebührenpflicht des Klägers begründet.

Nr. 5. Entsch. v. 24. Juni 1913 (PrVerwBl. 35 382) II C 23/13.

Das G. hat die Erhebung öffentlich-rechtlicher Gebühren nur für die Benutzung der von den Gemeinden im öffentlichen Interesse unterhaltenen Veranstaltungen zugelassen. Die Benutzung einer städtischen Kanalisation kann nun bestehen in der Zuführung von Abwässern und in dem Nehmen oder Haben eines Anschlusses. In Remscheid wird eine einmalige Gebühr nicht für eine derartige Benutzung der Entwässerungsanlage, sondern als Entgelt dafür gefordert, daß die Gemeinde (nach Art eines Installateurs) die Herstellung des Anschlusses des Grundstücks oder der Privatstraße an die Kanalisation bewirkt. Derartige Vergütungen sind privatrechtlicher Natur; sie könnten vielleicht dann die Eigenschaft von Gebühren erhalten, wenn die Stadt im öffentlichen Interesse eine Installationsanstalt errichtete und sie der Benutzung kraft öffentlichen Rechts freigäbe. Ob das überhaupt möglich ist, steht dahin. In

Remscheid ist es jedenfalls nicht geschehen; vielmehr sollen dort die Vergütungen als einmalige Gebühren für die Benutzung der Kanalisationsanlage (neben laufenden Gebühren) entrichtet werden, obwohl das, wofür sie zu entrichten sind (die Arbeitsleistung der Stadt), keine Benutzung der Kanalisation durch den Besitzer des Grundstücks oder den Erbauer der Privatstraße darstellt. Sollte aber die Absicht der Stadt wirklich dahin gegangen sein, die Abgabe für das Nehmen des Anschlusses zu erheben und nur deren Höhe nach den durch die Herstellung des Anschlusses entstehenden Kosten zu bestimmen, so hätte sie hiermit einen Maßstab gewählt, der mit dem Umfange der Benutzung nichts zu tun hat, folglich völlig ungeeignet für eine Benutzungsgebühr ist. Auch in diesem Falle wäre also das Ortsrecht unhaltbar.

Nr. 6. Entsch. v. 3. Okt. 1913 (PrVerwBl. 35 601) II C 84/13.

KommAbgG. § 4.

Es steht fest, daß der Kläger die Benutzung des städtischen Kanals, um die es sich hier allein handelt, auf Grund privatrechtlicher Abmachungen mit der Stadt begonnen und bis jetzt fortgesetzt hat. Da die vom Beklagten geforderte Gebühr nach § 4 KommAbgG. nur auf Grund Benutzung, die kraft öffentlichen Rechts erfolgt, erhoben werden kann, besteht eine Gebührenpflicht des Klägers nicht, so lange er die Benutzung nicht auf Grund öffentlichen Rechts, sondern auf Grund des behaupteten und bisher ihm nicht abgestrittenen Rechtstitels vornimmt. Ob die Stadt ihm das behauptete Recht zur Benutzung mit Grund bestreiten oder ihm das etwaige Recht einseitig — durch Widerruf — entziehen kann, darauf kommt es nicht an. Der Kläger befindet sich im Besitze der Benutzung auf Grund des erwähnten Übereinkommens, und es genügt, festzustellen, daß die Stadt jedenfalls diesen Rechtsgrund nicht einfach durch die Erklärung, sie wolle die Benutzung als öffentlich-rechtliche ansehen, beseitigen und durch einen anderen ersetzen konnte.

Nr. 7. Entsch. v. 5. Okt. 1915 (OVG. 69 187) II C 84/15.

1. Die zur Entrichtung von Gebühren verpflichtende Benutzung einer Kanalisation liegt nur vor, wenn das von dem Grundstück abfließende Wasser auch durch die Kanalisation dem Grundeigentümer endgültig abgenommen wird, nicht aber, wenn es in eine an keine zur städtischen Kanalisation gehörige Vorflutanlage angeschlossene Straßenrinne geleitet wird, ohne daß dadurch die endgültige Abführung (Beseitigung) erfolgt.

2. Die Bestimmung in einer GebO., daß jede Benutzung einer Straßenrinne die Gebührenpflicht begründet ohne Rücksicht darauf, ob dadurch auch die Beseitigung der Abwässer erfolgt, ist ungültig.

Nr. 8. Entsch. v. 28. Sept. 1915 (PrVerwBl. 37 282) II C 25/15.

Bei Entscheidung der Frage, ob eine gebührenpflichtige Benutzung der städtischen Kanalisation durch den Kläger vorliegt, kommt es darauf an, ob dem Kläger ein Recht zusteht, die Abwässer seines Grundstücks oder einen Teil davon auf das Grundstück seines Nachbars abzuleiten, oder ob er nur das Recht hat, das Regenwasserrohr des Nachbargrundstücks zur Ableitung seines Regenwassers in den städtischen Kanal zu benutzen. Im ersteren Falle liegt eine Benutzung der Kanalisation für das Grundstück des Klägers nicht vor. Im letzteren Falle würde das Regenwasser des klägerischen Grundstücks über ein anderes Grundstück mittels des von diesem ausgehenden Anschlusses in den städtischen Kanal abgeführt, und dann würde hierdurch die Kanalisation auch vom Kläger benutzt werden. Welcher Art das Recht des Klägers ist, ist unter den Parteien streitig. Der Kläger behauptet, auf Grund der bestehenden Vereinbarung sei der Nachbar verpflichtet, das Wasser auf sein Grundstück aufzunehmen. Dem hat der Beklagte widersprochen. Zur Entscheidung der Sache bedarf es noch weiterer Aufklärung über die Natur und den Inhalt des zwischen dem Kläger und seinem Nachbarn bestehenden Rechtsverhältnisses.

Nr. 9. Entsch. v. 6. Mai 1913 (PrVerwBl. **35** 305) II C 79/12.

1. Eine die Rechtsungültigkeit der ganzen KanalGebO. nach sich ziehende nach dem KommAbgG. unzulässige Verschiedenheit in der Bemessung der Gebühren für ein und dieselbe Leistung der Gemeinde liegt vor, wenn bei staatlich veranlagten Gebäuden und Räumen die staatlichen Grundsätze, insbesondere § 6 GebStG. und die zugehörigen ABest. maßgebend sein sollen — mittlerer Mietwert nach durchschnittlichen Mietpreisen der letzten zehn Jahre —, bei staatlich nicht veranlagten Gebäuden und Räumen dagegen nicht die Grundsätze der staatlichen Veranlagung zur Anwendung kommen sollen, sondern vom Magistrat ein Jahresmietzins ermittelt werden soll, der für Räume gleicher Benutzungsart, Lage und Beschaffenheit zu zahlen sein würde, also ein Jahresmietzins, der sich nicht, wie bei der staatlichen Veranlagung, aus dem durchschnittlichen Mietpreise der letzten zehn Jahre ergeben, sondern durch die Lage des Wohnungsmarktes im gegebenen Zeitpunkte bestimmt werden würde. Diese Verschiedenheit der Veranlagung könnte sogar bei einem und demselben Gebäude wirksam werden, zB. einem Dienstgebäude, das auch staatlich veranlagte Dienstwohnungen enthält. Das muß notwendig zu wesentlich verschiedenen Ergebnissen für Gebäude sonst gleicher Art, also zu einer grundsätzlich verschiedenen Bemessung des Nutzungswerts und damit der Gebühren führen, ohne daß die Verschiedenheit ihren Grund in dem unterschiedlichen Umfang der Benutzung hätte, und ohne daß überhaupt eine innere Notwendigkeit für die Verschiedenheit vorläge. Das aber führt notwendigerweise zu Ungleichmäßigkeiten, und deshalb wird die ganze GebO. ungültig.

2. Gesetzwidrig ist auch die Bestimmung in § 9 Abs. 2 der gegenwärtigen GebO. noch insofern, als sie die Haftung späterer Eigentümer für eine Vierteljahrsrate der Gebühren eintreten lassen will. Eine Gebührenpflicht tritt nur durch eigne Benutzung ein, deshalb haftet ein späterer Eigentümer für die von seinem Vorbesitzer vorgenommene Benutzung und die auf sie entfallende Gebühr an sich überhaupt nicht. Wohl aber kann es kommen, daß jeder der beiden Besitzer die Gebühr für einen und denselben Zeitraum schuldig wird, und zwar tritt dies dann ein, wenn innerhalb einer und derselben zeitlichen Benutzungseinheit jeder von ihnen benutzt hat. Nach § 8 GebO. würde die Benutzungseinheit der Monat sein, und deswegen würde sowohl der frühere wie der spätere Besitzer für denjenigen Monat pflichtig werden, in dem der Besitz gewechselt hat, also die die Gebührenpflicht für diese Zeiteinheit begründende Benutzung durch jeden von ihnen stattgefunden hat. Es wird dann aber jeder wegen seiner eigenen Benutzung die Gebühreneinheit (mit dem anderen) schuldig.

Nr. 10. Entsch. v. 10. Juni 1913 (OVG. **64** 203) II C 33/13.

Die Bestimmung einer KanalisationsGebO., daß bei Berechnung der Gebühr Geschäftsräume öffentlicher Behörden, öffentliche Unterrichtsräume usw. mit 4% des Nutzungswerts zu veranlagen sind, während bei staatlich zur Gebäudesteuer veranlagten Grundstücken die staatliche Veranlagung maßgebend sein soll, ist gesetzwidrig; sie macht die ganze Ordnung ungültig, und zwar auch dann, wenn sie in einem späteren Nachtrage zur Ordnung getroffen ist.

Denn der Nachtrag schafft für öffentliche Räume der gedachten Art eine grundsätzliche Ungleichmäßigkeit gegenüber den zur Gebäudesteuer staatlich veranlagten Privatgrundstücken gleicher Art, zB. gewerblichen Unterrichtsanstalten, deren veranlagte und nach der Ordnung maßgebende Steuer nur 2% beträgt. Es besteht aber offenbar überhaupt kein Grund dafür, daß die öffentlichen Gebäude, zB. solche, die nur Geschäftsräume enthalten, stärker (mit 4%) belastet werden müßten als gewerblich genutzte Privatgebäude (deren Steuer sich nur auf 2% beläuft); denn während viele der letzteren — zB. Schankwirtschaften — die Kanalisation besonders stark zu benutzen (und darum in vielen GebO. mit einer höheren Abgabe als gewöhnliche Gebäude belegt zu werden) pflegen, wird eine Kanalisation für die bezeichneten öffentlichen Räumlichkeiten regelmäßig in besonders geringem Maße in Anspruch genommen. Die in dem Nachtrage vorgeschriebene Veranlagung dieser Räume zu 4 % des Nutzungswertes widerspricht demnach dem Grundsatze des KommAbgG., daß die Gebühr dem Umfange der Benutzung entsprechen soll. Die Gesetzwidrigkeit des Nachtrags hat aber die Ungültigkeit der ganzen GebO. zur Folge.; denn in dem Nachtrage hat der örtliche Gesetzgeber seinen Willen klar dahin zum Ausdrucke gebracht, daß das Ortsrecht nicht in seiner ursprünglichen, sondern nur in der durch den Nachtrag geschaffenen Fassung Geltung haben soll. Danach ist es ebenso zu halten, wie wenn die Ordnung von Anfang an die durch den Nachtrag ihr eingefügte Bestimmung enthalten hätte, d. h. wie in diesem Falle die ganze Ordnung wegen der grundsätzlichen Ungleichmäßigkeit von Anfang an ungültig gewesen wäre, so ist sie es durch den Nachtrag geworden.

Nr. 11. Entsch. v. 4. Juli 1913 (PrVerwBl. 35 416) II C 147/12.

Wenn die KanalGebO., was zulässig ist, grundsätzlich davon ausgeht, daß für Wohnungen mit eigenem Anschluß nur der Inhaber der Benutzende ist und deshalb gebührenpflichtig sein soll, so darf sie nicht für kleine Wohnungen im Mietwert von weniger als 165 *M* mit eigenem Kanalanschluß nur den Grundstückseigentümer gebührenpflichtig machen. Es ist zwar zulässig, die Inhaber solcher Wohnungen von Gebühren überhaupt freizulassen. Dagegen ist nach dieser grundsätzlichen Anschauung bei angeschlossenen Wohnungen der Grundstückseigentümer als solcher nicht der Benutzer und deshalb kann er nicht um deswillen pflichtig gemacht werden, weil der Mietzins weniger als 165 *M* beträgt. Die getroffene Regelung führt zu der Ungleichmäßigkeit, daß bei gleicher Benutzung durch die Inhaber der angeschlossenen Wohnungen in dem einen Falle der Inhaber, in dem anderen der Hauseigentümer pflichtig wird. Diese Ungleichmäßigkeit in der Heranziehung ist aber nicht zulässig und macht nicht nur die betreffende Bestimmung, sondern infolge ihrer grundsätzlichen Bedeutung die ganze GebO. ungültig.

Nr. 12. Entsch. v. 12. Dez. 1913 (PrVerwBl. 35 746) II C 163/13.

Der Vorderrichter ist der Ansicht, daß für die Berechnung des Nutzungswertes eines Hauses ausschließlich Größe und Beschaffenheit der Wohnräume maßgebend sei und es nicht darauf ankomme, ob wegen besonderer Umstände im einzelnen Falle die Vermietung der Wohnungen an sich und zu dem der Größe und Beschaffenheit entsprechenden Preise erschwert sei. Diese Auffassung ist rechtsirrtümlich. Der Nutzungswert eines Hauses, das nur Mietwohnungen und Läden enthält, deckt sich mit dem Mietwerte der Wohnungen und Läden. Dieser Wert ist nicht allein von der Beschaffenheit der Wohnungen und Läden, sondern auch davon abhängig, inwieweit und zu welchen Preisen unter den bestehenden Verhältnissen eine Vermietung möglich und wahrscheinlich ist. Dabei sind insbesondere solche Umstände, wie Rauchbelästigung durch benachbarte Grundstücke, geschäftlich ungünstige Lage der Läden, Überproduktion von Wohnungen derselben Art und in derselben Ortslage, zu berücksichtigen. Solche Umstände sind ebenfalls objektive Merkmale des Mietwertes.

Nr. 13. Entsch. v. 10. Febr. 1914 (OVG. 66 143) II C 225/13.

Nach einer KanalisationsGebO. galt als Ertrag des Grundstücks der vereinbarte Mietzins, aber für diejenigen Zeitabschnitte der maßgebenden Periode, in welchen ein Grundstück oder Grundstücksteil von dem Steuerpflichtigen entweder selbst benutzt oder ohne Entgelt an andere zur Nutzung oder zum Gebrauch überlassen war, der ortsübliche Mietwert. Im vorliegenden Falle sind die Räume der Polizeiwachen in den drei Stadtbahnhöfen von der Eisenbahnverwaltung der Polizeiverwaltung ohne Entgelt zum Gebrauch überlassen worden. Es unterliegt keinem Bedenken, hier mit der unentgeltlichen Überlassung der Räume an einen anderen zu rechnen, obwohl die Bahnhöfe im Eigentume des Staates stehen und auch die Polizeiverwaltung staatlich ist; denn der Grundsatz von der Einheitlichkeit des Fiskus würde möglicherweise — vielleicht aber selbst dann nicht — Anstände ergeben, wenn andere stationes fisci die Beteiligten wären. Hier aber kommt die Verwaltung der staatlichen Eisenbahnen in Betracht, und diese haben das Wesen einer gewerblichen Unternehmung, die jedenfalls hier iVerh. zur Polizeiverwaltung nicht streng nach dem gedachten Grundsatze behandelt werden kann, vielmehr hinreichend selbständig erscheint, um als „anderer" zu gelten. Eine solche Auffassung ist auf dem Gebiete des Gemeindeabgabenwesens um so mehr zulässig, als der Grundsatz der Einheitlichkeit des Staatsfiskus, insofern er gewerbliche Unternehmen betrifft, von dem KommAbgG. selbst durchbrochen wird. Dieses spricht zB. in seinem § 33 Abs. 3 aus, daß jeder steuerpflichtige Grundstückskomplex und jede steuerpflichtige Unternehmung des Staatsfiskus (sogar innerhalb derselben statio) in Beziehung auf die Einkommensteuerpflicht als selbständige Person gilt.

Nr. 14. Entsch. v. 17. März 1914 (PrVerwBl. 36 281) II C 233/13.

1. Nach der Rechtsprechung des Gerichtshofs ist es nicht unzulässig, für die Bemessung der Kanalgebühren in der GebO. den staatlich veranlagten Nutzungswert als Maßstab zugrunde zu legen. In solchen Fällen kann allerdings die rechtskräftige staatliche Veranlagung des Gebäudesteuernutzungswertes im Streitverfahren über die Höhe der Kanalgebühren nicht mehr angefochten werden, aber das ist ohne Belang. Es ist nicht abzusehen, warum nicht die in dem gesetzlichen Verfahren festgestellte Größe hier, wie für andere öffentliche Zwecke, sollte verwertet werden dürfen.

2. Die GebO. für Bocholt v. 1. X. 12 leidet indessen an sonstigen Mängeln, die das Ortsrecht ungültig machen. Sie enthält u. a. folgende Bestimmungen:

§ 1.

Für die Benutzung der Kanalisationsanlage werden von den Eigentümern der unmittelbar oder mittelbar, d. h. durch Vermittlung der Straßenrinne oder eines Rinneneinlasses an die Kanalisation angeschlossenen Grundstücke Gebühren erhoben.

§ 2.

Die Gebührenpflicht beginnt mit dem ersten Tage des auf die Herstellung des Grundstücksanschlusses folgenden Monats. Sie erlischt mit dem Ablaufe desjenigen Monats, in dem der Anschluß an die Kanalisation mit Zustimmung der Polizeibehörde beseitigt ist.

§ 3.

Die Gebühr wird bemessen nach Prozentsätzen des staatlich veranlagten Nutzungswertes der Gebäude. Sie beträgt 1,3 % vom staatlich veranlagten Nutzungswerte der Gebäude, bei Wirtschaften, Fabriken und öffentlichen Gebäuden — mit Ausnahme der Kirchen und Synagogen — werden 2 % vom Nutzungswert erhoben.

Als Nutzungswert der vom Staate nicht, noch nicht oder nur teilweise veranlagten bebauten Grundstücke gilt ein vom Gemeindevorstande nach Anhörung des für die Veranlagung zur Gemeindegrundsteuer eingesetzten Steuerausschusses unter sinngemäßer Anwendung der staatlichen Vorschriften für die Veranlagung zur Grund- und Gebäudesteuer zu bestimmender Wert.

Die Bestimmung in § 1 über den mittelbaren Anschluß an die Kanalisation ist aufgenommen, weil es bei Außenstraßen öfter vorkommt, daß am Ende eines Straßenkanals noch verschiedene Gebäude ihre Abwässer (Küchen- und Spülabwässer) durch die Straßenrinne bis zum nächsten Rinneneinlaß und von da in die Kanalisation schicken. Sie hat also Verhältnisse im Auge, die es sogar zweifelhaft erscheinen lassen, ob überhaupt noch von einer gebührenpflichtigen Benutzung des Kanals iS. des KommAbgG. die Rede sein kann. Jedenfalls würde es sich aber, auch wenn man eine solche Benutzung noch annehmen wollte, offensichtlich um eine weniger vollkommene Art der Abführung der Abwässer als bei dem unmittelbaren Anschlusse der Grundstücke durch Röhren handeln, und zwar selbst dann noch, wenn — was schwerlich zutreffen wird — auch die Abführung von Fäkalien durch Vermittlung der Straßenrinne bei den erwähnten Grundstücken der Außenstraßen geschehen sollte. Trotzdem sollen aber nach § 3 auch diese nur mittelbar angeschlossenen Grundstücke Gebühren in derselben Höhe entrichten, wie diejenigen Grundstücke, die einen unmittelbaren Anschluß durch Röhren an die Kanalisation besitzen und diese voll ausnutzen können. Dasselbe Mißverhältnis zwischen Leistung und Gegenleistung tritt für solche Grundstücke ein, die zwar einen unmittelbaren Anschluß an die Kanalisation besitzen, ihn aber wegen ihrer tiefen Lage zur Abführung von Grund- und Kellerwässern nicht ausnützen können. Auch diese Grundstücke müssen nach der GebO. die volle Gebühr zahlen. Diese grundsätzlichen Ungleichmäßigkeiten in der Bemessung der Gebühren machen aber, da nach dem KommAbgG. die Höhe der Gebühr dem Maße der Benutzung entsprechen soll, allein schon die ganze GebO. ungültig.

Auffällig ist ferner, daß bei öffentlichen Gebäuden eine erhöhte Gebühr (2 %) erhoben werden soll, obwohl bei öffentlichen Gebäuden idReg. die Abführung der Haus- und Wirtschaftswässer, für deren Beseitigung die Kanalisation mitbestimmt ist, in Fortfall kommt, und die Benutzung der Kanalisation auf gewisse Tagesstunden beschränkt ist, auch diese Gebäude meistens mit einem verhältnismäßig hohen Nutzungswerte veranlagt werden (s. auch OVG. **64** 202). Unbedenklich ist es endlich auch nicht, daß der Nutzungswert den Maßstab für die Gebührenbemessung unterschiedslos auch bei allen gewerblich benutzten Gebäuden abgeben soll. Ähnliche Bestimmungen finden sich zwar in vielen GebO. und sind auch vom OVG. zugelassen worden. Aber neuerdings sind mehr und mehr Fälle hervorgetreten, in denen der Maßstab in seiner Anwendung bei gewerblich benutzten Räumen zu Ungleichmäßigkeiten führte, so daß sich Zweifel darüber aufdrängen, ob er nicht — außer bei Wohnungen — wenigstens idReg. für die Gebührenbemessung ungeeignet ist. Denn der Nutzungswert ist als Wahrscheinlichkeitsmaßstab nur dann für die Gebührenbemessung geeignet, wenn die Nutzung der in Betracht kommenden Grundstücke von Einfluß ist auf die Inanspruchnahme der Kanalisation oder sonstigen Gemeindeanstalt. Wenn ein Wahrscheinlichkeitsmaßstab eingeführt wird, so muß verlangt werden, daß bei seiner Anwendung die Gleichmäßigkeit auch wirklich wahrscheinlich ist, d. h. daß diejenigen Grundstücke, auf die ein gleich großer Teil des Maßstabs (zB. ein gleich hoher Betrag des Nutzungswertes) fällt, wahrscheinlich auch in gleichem Umfang benutzen (gleichviel Abwässer abführen usw.). Ist aber als Wahrscheinlichkeitsmaßstab ein Maßstab gesetzt, bei dem die Wahrscheinlichkeit offenbar nicht grundsätzlich besteht, der vielmehr notwendigerweise zu Ungleichmäßigkeiten führen muß, dessen Wahl wohl gar unter Hintansetzung der Grundsäße des Gebührenrechts hauptsächlich von steuerlichen Gesichtspunkten aus erfolgt ist, so hat der Verwaltungsrichter ihn als unzulässig und die GebO. als gesetzwidrig zu erkennen.

Nr. 15. Entsch. v. 26. Okt. 1915 (PrVerwBl. **37** 296) II C 12/15.

1. In der Stadt C. werden die Kanalisationsgebühren als Zuschlag zur staatlich veranlagten Gebäudesteuer der angeschlossenen Grundstücke erhoben, doch soll nach ortsstatutarischer Bestimmung für Gebäude, die gar nicht oder nur teilweise zur Gebäudesteuer veranlagt sind, die Gebührenberechnung nach einer vom Magistrat entsprechend den Vorschriften des GebStG. vorzunehmenden fingierten Veranlagung zur Gebäudesteuer erfolgen. Auf Grund dieser Bestimmung wurde der Kläger zu Kanalgebühren herangezogen, nachdem die Realschule vom Magistrat fingiert zur Gebäudesteuer veranlagt war.

2. Kläger meint, daß für ein Schulgebäude ein Nutzungswert iS. des GebStG. nicht ermittelt werden könne, weil es an Grundsätzen dafür fehle, und daß aus demselben Grunde die Frage, ob die Gebäudesteuer auf 4 oder 2 % des Nutzungswertes zu bemessen sei, nicht beantwortet werden könne. Diese Ausführungen gehen fehl. Daß auch Schulgebäude einen Nutzungswert haben können, kann nicht zweifelhaft sein und ist vom Gerichtshofe wiederholt angenommen worden. Es fehlt auch nicht an Grundsätzen, nach denen die fingierte Gebäudesteuerveranlagung vorgenommen werden kann. Die ministeriellen Vschr. v. 20. XII. 06 reichen auch für Fälle der vorliegenden Art aus. Wenn in ihnen öffentliche Schulgebäude nicht ausdrücklich erwähnt werden, so hat dies seinen Grund nur darin, daß sie staatlicherseits nicht zu veranlagen sind. Öffentliche Schulräume sind mit 4 % des Nutzungswertes zu veranlagen, weil sie dazu bestimmt sind, „gewisse weitergehende persönliche Bedürfnisse geistiger .... Ausbildung .... zu befriedigen" (§ 23 Grundsätze v. 20. XII. 06), wie dies auch bei den aaO. unter Nr. 1 ausdrücklich genannten Privatunterrichtsanstalten der Fall ist. Daß die erwähnten ministeriellen Veranlagungsgrundsätze mit dem GebStG. (§ 5) in dieser Richtung übereinstimmen, ist schon in OVG. **34** 25 für die gleichlautenden Bestimmungen der damaligen Veranlagungsgrundsätze v. 7. V. 92 angenommen worden.

Nr. 16. Entsch. v. 21. Sept. 1915 (OVG. **69** 183) II C 234/14.

Wenn für die Berechnung der Gebühr für den Anschluß eines Grundstücks an die Kanalisation das laufende Meter derjenigen Linie, mit der das Grundstück an die Straße grenzt, bestimmt ist, so kommen nur solche Straßen in Betracht, die kanalisiert sind. Müßte die Bestimmung dahin ausgelegt werden, daß auch nicht kanalisierte Straßen in Betracht kommen sollen, so wäre sie ungültig.

Das Frontmeter als Maßstab für den Umfang einer solchen Benutzung rechtfertigt sich nur von dem Gesichtspunkt aus, daß die Inanspruchnahme der städtischen Kanalisation durch das Grundstück mit der Ausdehnung seiner Front wachsen kann. Diese Annahme — die Wahrscheinlichkeit — läßt sich aber nur aufrecht erhalten, insoweit die Straße, an der das Grundstück liegt, kanalisiert ist; insbesondere wird sie zutreffen, wenn bei langen Grundstücksfronten mehrere Anschlüsse genommen werden. Dann wird die städtische Leitung an mehreren Stellen durch Anschlüsse in Anspruch genommen, also in höherem Maße benutzt. Inwiefern aber die Kanalleitung dadurch in höherem Maße in Anspruch genommen werden soll, daß das Grundstück noch an weitere Straßen grenzt, die der Kanalisation entbehren, ist nicht erkennbar. Eine „Front" an einer nicht kanalisierten Straße hat für die Benutzung der Kanalisation keine andere Bedeutung wie die Grenze an einem anderen städtischen (oder fremden) Grundstück, und es wäre eine Ungleichmäßigkeit, wenn man ein Grundstück wegen seines Angrenzens an eine nicht kanalisierte Straße oder Straßenstrecke höher belasten wollte, als ein sonst gleiches, dessen Grenze an einem anderen Grundstücke verläuft.

Nr. 17. Entsch. v. 14. Okt. 1913 (PrVerwBl. 35 657) II C 121/13.

1. Bei der Regelung der Gebührenerhebung für die Benutzung von Entwässerungsanlagen ist es rechtlich nicht ausgeschlossen, daß geeignetenfalls eine Gemeinde auch miteinander technisch nicht verbundene Kanalisationsanlagen (voneinander technisch unabhängige Kanalisationssysteme) als eine einheitliche Veranstaltung behandelt und die Erhebung von Gebühren nach einem für alle Benutzer gleichen Maßstabe so bestimmt, daß durch das Gesamtaufkommen aus den Gebühren die gesamten Aufwendungen für alle der Entwässerung der Grundstücke dienenden Anlagen gedeckt werden. Wenn sich gegen die Zweckmäßigkeit und Angemessenheit einer solchen Regelung im einzelnen Falle Bedenken ergeben, so ist es Aufgabe der zur Genehmigung der GebO. berufenen Behörden, diese bei der Genehmigung zu prüfen und darüber zu befinden; dem Verwaltungsrichter steht aber die Prüfung der Angemessenheit und Zweckmäßigkeit nicht zu.

2. Die KanalisationsGebO. für R. v. 8. VIII. 07 ist aber aus anderen Gründen ungültig. Sie bestimmt im § 1 neben dem Maßstabe der Gebäudesteuer den der Gewerbesteuer, zu welcher die auf dem angeschlossenen Grundstücke betriebenen Gewerbe veranlagt sind, und zwar nach Abs. 3 nur für solche Betriebe, von denen eine vermehrte Ableitung von Haus- und Wirtschafts- oder gewerblichem Wasser stattfindet. Der Maßstab der Gewerbesteuer ist für die Bemessung von Entwässerungsgebühren unzulässig, weil der Umfang der Benutzung einer Entwässerungsanlage mit den Merkmalen, nach denen sich die Höhe der Gewerbesteuer richtet, in keinem Zusammenhange steht. Der Maßstab der Gewerbesteuer ist nun zwar hier nur für die Zuschlagsgebühr bei Grundstücken, in denen sich Gewerbebetriebe der bezeichneten Art befinden, bestimmt. Die Ordnung selbst geht aber danach davon aus, daß solche Grundstücke allein durch die Bemessung der Gebühr nach dem Maßstabe der Gebäudesteuer nicht entsprechend dem Umfange der Benutzung gegenüber anderen Grundstücken, auf denen sich solche Gewerbebetriebe nicht befinden, belastet werden; um auch für diese Fälle eine dem Umfange der Benutzung entsprechende Gebühr zu erheben, hat sie die Zuschlagsgebühr für notwendig erachtet. Die Bemessung der Zuschlagsgebühr nach einem unzulässigen Maßstabe hat die Unzulässigkeit der Erhebung dieser Gebühren zur Folge und damit auch, daß diese Grundstücke nicht entsprechend dem Maße der Benutzung der Entwässerungsanlagen zu Gebühren herangezogen werden können.. Dieser Mangel macht deshalb die ganze GebO. ungültig.

3. Die GebO. weist aber noch eine weitere Bestimmung auf, die sie ebenfalls ungültig macht. Sie bestimmt im § 1 Abs. 3 Satz 2 an Stelle des Maßstabes der Gebäudesteuer für solche Grundstücke, die zu dieser nicht veranlagt sind, das „laufende Meter der kanalisierten Grundstücks- und Straßenfront" als Maßstab. Indem sie für zur Gebäudesteuer veranlagte Grundstücke diese, für zur Gebäudesteuer nicht veranlagte Grundstücke die kanalisierte Grundstücks- und Straßenfront bestimmt, führt sie für die gleiche Benutzung zwei verschiedene Maßstäbe ein, die miteinander nichts zu tun haben, völlig ungleichwertig sind; denn die Höhe der Gebäudesteuer richtet sich nach dem Nutzungswerte (bzw. durchschnittlichen Mieterträgen), während die Frontlänge eines Grundstücks, mit der es an eine kanalisierte Straße grenzt, in keiner Beziehung zu dem Nutzungswerte steht. Die völlige Verschiedenheit dieser beiden Maßstäbe muß deshalb zu Ungleichmäßigkeiten bei der Bemessung der Gebühren für Grundstücke mit gleicher Inanspruchnahme der Entwässerungsanlagen führen. Das verstößt gegen den Grundsatz, daß die Gebühren — abgesehen von einer Abstufung nach der Leistungsfähigkeit — gleichmäßig bestimmt werden müssen.

Nr. 18. Entsch. v. 18. Sept. 1914 (PrVerwBl. 36 379) II C 271/13.

1. Der § 13 EmscherGenG. v. 14. VII. 04 versagt den Gemeinden als Beteiligten nicht die Erhebung von Gebühren nach § 4 KommAbgG.

Die entgegengesetzte Meinung beruht auf dem Irrtum, daß die Gemeinden erst durch § 13 die Befugnis erhalten hätten, wegen der Genossenschaftslasten auf ihre Angehörigen zurückzugreifen. In Wirklichkeit stand das den Gemeinden schon auf Grund des KommAbgG. jedenfalls insoweit zu, als die Genossenschaftsanlagen einer Gemeindekanalisation dienen. Insoweit gehören die von den Gemeinden als Beteiligten zu entrichtenden Beiträge zu den Kosten ihrer Kanalisation und können von den Gemeinden in derselben Weise gedeckt werden, wie es durch das KommAbgG. zugelassen ist. Es bedurfte also nicht des § 13, um den Gemeinden die Möglichkeit der Erhebung zunächst von Beiträgen und Vorausteuern wegen der Genossenschaftslasten zu geben, der § 13 stellt zweckmäßigerweise dieses Recht außer Frage, seine Hauptabsicht geht aber dahin, die schon unmittelbar als Beteiligte mit Genossenschaftsbeiträgen belegten Bergwerke usw. vor einer Doppelbelastung zu schützen. Im übrigen geht das G. nicht auf eine Einschränkung der Gemeinde aus, und deshalb ist es ohne Belang, daß es den § 4 KommAbgG. unerwähnt läßt.

2. Gebühren kann die Stadt Herne allerdings nur erheben von denjenigen, die die Kanalisation kraft eines ihnen durch die Gemeinde verschafften öffentlichen Rechts benutzen, und ob dieser Grundsatz in der KanalGebO. v. 9. VII. 12 genügend gewahrt ist, darüber waren Zweifel möglich. Zunächst fällt auf, daß § 1 Abs. 2 GebO. der Benutzung städtischer Kanäle diejenige von solchen Entwässerungsanlagen, die von Dritten angelegt sind, dann gleichstellen will, wenn sie nach den Anforderungen des Magistrats und der Polizeiverwaltung angelegt sind und für die Entwässerung der angrenzenden Grundstücke unter den gleichen Bedingungen wie die städtischen Kanäle benutzt werden können. Wäre hier eine Benutzung gemeint, die der Eigentümer des Kanals privatrechtlich unter den gleichen Bedingungen einräumt, wie die Stadt für die Benutzung ihrer Kanäle stellt, so könnte die Vorschrift nicht gehalten werden. Allein der Magistrat will sie nur beziehen auf solche Entwässerungsanlagen, die ihm nach den mit den Eigentümern getroffenen Abmachungen dergestalt zur Verfügung stehen, daß er den Anliegern die Benutzung kraft öffentlichen Rechts und auch sonst in gleicher Weise wie bei städtischen Anlagen einräumt. Danach würden unter den „gleichen Bedingungen" die öffentlich-rechtlichen Modalitäten der Benutzung, insbesondere die Benutzung kraft öffentlichen, durch die Stadt geschaffenen Rechts zu verstehen sein. Eine solche Auslegung ist mit dem Wortlaute der Vorschrift sehr wohl vereinbar und deswegen ist diese nicht weiter zu beanstanden.

Dem Anschluß an die städtischen Kanäle soll ferner gleichstehen der Anschluß an die für das Herner Stadtgebiet von der Emschergenossenschaft ausgeführten Entwässerungsanlagen. Wenn hier nur die Rede sein sollte von solchen Entwässerungsanlagen, die die Genossenschaft nach Art eines Unternehmers für die Stadt Herne ausgeführt hätte, so würde es sich um rein städtische Anlagen handeln und die Vorschrift der GebO. wäre vollständig einwandfrei. Zweifel sind nur dann möglich, wenn es sich handelt um Anlagen, die die Genossenschaft als eigene in Ausführung des Genossenschaftsprojektes für das räumliche Stadtgebiet hergestellt hat. Aber auch hier schwinden die Bedenken, insofern der Anschluß genommen war von Grundeigentümern, die selbst kein Recht auf Benutzung der Genossenschaftsanlagen besitzen; denn ihnen gegenüber stehen die Genossenschaftsanlagen ebenso da wie die rein städtischen und ähnlich wie die oben behandelten Anlagen von Privatunternehmern. Die Grundeigentümer erhalten den Anschluß auf Grund ihres öffentlichen Verhältnisses zu der

Stadt durch diese, so daß die Voraussetzung der Gebührenpflicht gegenüber der Stadt vorliegt.

Dagegen fehlt die Voraussetzung für diejenigen Grundbesitzer (Bergwerke und Großindustriellen), die städtische Anlagen überhaupt nicht benutzen und ihren Anschluß an die Anlagen der Emschergenossenschaft erlangen als „Beteiligte" iS. des § 6 G. v. 14. VII. 04. Nach § 8 GebO. macht es den Eindruck, als sollten auch diese Bergwerke usw. gebührenpflichtig gemacht werden. Ganz klar ist das nicht, es ist vielmehr möglich, daß man an den Anschluß oder die sonstige Mitbenutzung solcher Anlagen und Einrichtungen gedacht hat, die nur nicht von der Stadt selbst gebaut, sondern von der Genossenschaft außerhalb ihres engeren Programms zufolge besonderen Abkommens für die Stadt hergestellt worden sind und die deshalb möglicherweise als städtische Anlagen in Betracht kommen können. Einer Aufklärung hierüber bedurfte es nicht, denn wenn auch wirklich die GebO. mit der Pflichtigkeit von Beteiligten, die nicht städtische Anlagen und nicht auf Grund städtischen Rechts Genossenschaftsanlagen benutzen, gerechnet haben sollte, so würde das zwar hinfällig sein, aber nicht die Ungültigkeit der ganzen GebO. nach sich ziehen, denn es würde keine von ihren grundlegenden Bestimmungen infolge jenes Umstandes hinfällig werden. Nur die Unanwendbarkeit einiger Vorschriften gegenüber jenen Beteiligten würde sich daraus ergeben.

Schließlich konnte noch in Frage kommen, ob nicht der GebO. ein wesentlicher Mangel deswegen anhafte, weil nach ihr die angeschlossenen unbebauten Grundstücke, auch wenn auf ihnen ein Gewerbebetrieb stattfände, freibleiben müßten. Sie zerlegt nämlich die Gebühr in eine Grundgebühr und in Zuschläge, die Grundgebühr aber soll nach dem Gebäudesteuernutzungswerte, kann also nur von bebauten Grundstücken erhoben werden. Auch diese Bedenken waren hinfällig. Der Zuschlag für gewerbliche Betriebe ist so gestaltet, daß er unabhängig von der Grundgebühr erhoben werden kann. Die Ausdrücke Grundgebühr und Zuschlag sind insofern nicht ganz zutreffend; bei ihrer Wahl ist wohl an den seltenen Fall, daß unbebaute Grundstücke gewerblich benutzt und an die Kanalisation angeschlossen werden, nicht gedacht worden.

3. Straßenreinigungsgebühren.

Nr. 1. Entsch. v. 6. Mai 1913 (Recht 18 34) II C 203/12.

Wenn in einem Ortsstatut betr. die Reinigung der Straßen die Stadtgemeinde nur für die an sich der Polizei gegenüber bisher Verpflichteten und ihr auch verpflichtet Bleibenden die Ausführung der Straßenreinigung übernommen hat, so ist die Erhebung von Gebühren von denjenigen, die die städtische Veranstaltung der Straßenreinigung benutzen, zulässig. Voraussetzung der Gebührenpflicht ist aber, daß der Stadtgemeinde gegenüber eine Inanspruchnahme (Benutzung) der städtischen Veranstaltung, sei es aus eigenem freien Willen oder infolge eines polizeilich ausgeübten Zwanges, seitens des Pflichtigen stattfindet. Von einer solchen Benutzung kann aber da nicht die Rede sein, wo ohne oder gar gegen den Willen desjenigen, von dem die Gebühr gefordert wird, die Reinigung vorgenommen ist.

Nr. 2. Entsch. v. 27. März 1914 (Recht 18 569) II C 260/13.

Straßenreinigungskosten sind vom ortsstatutarisch verpflichteten Grundbesitzer nur dann beitreibbar, wenn dieser sich freiwillig zur Benutzung der städtischen Reinigungsanstalt verpflichtet hat oder durch polizeilichen Zwang zu deren Benutzung verpflichtet ist.

Nr. 3. Entsch. v. 4. Juni 1915 (PrVerwBl. **37** 182) II C 287/14.

KommAbgG. § 4.

1. Nach § 4 KommAbgG. können die Gemeinden für die Benutzung der von ihnen im öffentlichen Interesse unterhaltenen Veranstaltungen (Anlagen, Anstalten und Einrichtungen) besondere Vergütungen (Gebühren) erheben. Voraussetzung für die Erhebung von Gebühren ist also, daß die Gemeinde eine von ihr im öffentlichen Interesse unterhaltene Veranstaltung zur Benutzung kraft öffentlichen Rechtes zur Verfügung stellt und daß für eine Benutzung kraft dieses Rechtes Gebühren auferlegt werden. Diese Voraussetzungen liegen hier vor; denn die Gemeinde hat nicht die Pflicht zur Straßenreinigung an Stelle der hierzu observanzmäßig verpflichteten Grundeigentümer der Polizei gegenüber als eigene dergestalt übernommen, daß die observanzmäßig Verpflichteten ihrer Verpflichtung ledig werden, sondern sie besorgt nur die Ausführung der Reinigung für die Verpflichteten auf deren Antrag durch die von ihr errichtete und unterhaltene Reinigungsanstalt, stellt also diese im öffentlichen Interesse unterhaltene Anstalt denen, die sich ihrer bedienen wollen, zur Benutzung kraft öffentlichen Rechtes zur Verfügung und erhebt für die nach Stellung des Antrags durch die Gemeindeanstalt erfolgende Reinigung Gebühren. Ob die Polizeiverordnung, insbesondere die in ihr angeordnete Verpflichtung zur Stellung des Antrags, die Straßenreinigung durch die Gemeindeanstalt auszuführen, rechtsgültig ist, ist dabei ohne Belang, denn das Recht zur Erhebung von Gebühren ist unabhängig von dem Bestehen einer derartigen Polizeiverordnung und der Rechtswirksamkeit eines polizeilich vorgeschriebenen Zwanges zur Benutzung der Gemeindeveranstaltung.

2. Die GebO. sieht allerdings im § 5 einen festen Satz nur für die im Jahre 1909 zu erhebende Gebühr vor und bestimmt, daß sonst (für die späteren Jahre) alljährlich durch Gemeindebeschluß die Höhe der Gebühr festzusetzen ist. Dies ist zulässig.

3. Unter einer freiwilligen Benutzung einer Gemeindeanstalt ist eine solche zu verstehen, die mit dem ausdrücklich erklärten Willen oder wenigstens mit dem Einverständnisse desjenigen, von dem die Gebühr erfordert wird, erfolgt; es genügt dagegen nicht, daß die Gemeindeanstalt wider oder auch nur ohne den Willen des Verpflichteten für ihn tätig wird. Auf die Beweggründe, aus denen der Gebührenpflichtige seinen Willen zur Benutzung der Gemeindeanstalt zu erkennen gegeben hat, kommt es nicht an. Das hat der Gerichtshof schon in OVG. **26** 43 ausgesprochen und in ständiger Rechtsprechung eine — der Gemeinde gegenüber — freiwilligen Benutzung selbst da angenommen, wo die Benutzung durch die Polizei erzwungen war.

4. Gebühren für die Abfuhr von Abfallstoffen.

Nr. 1. Entsch. v. 30. Sept. 1913 (PrVerwBl. **35** 620) II C 215/12.

Der Gerichtshof hat in der Entsch. v. 8. III. 10 II C 423/09 den Beschluß, betr. die Erhebung einer Gebühr für die Abfuhr des Hausmülls in der Residenzstadt Cassel, v. 2. 1. 08 als keine rechtswirksame Grundlage für die Erhebung von Gebühren erachtet, und zwar aus zwei Gründen, einmal, weil im § 5 des Beschlusses der gemeine Wert von Grundstücken als Hilfsmaßstab für die Gebühr bei gewissen Grundstücken bestimmt sei und dies unzulässig, und sodann, weil in dem Ortsstatute, betr. die Übernahme der Straßenreinigung und der Müllabfuhr durch die Stadt Cassel, v. 22. III. 01 die Stadtgemeinde der Polizei gegenüber die Verpflichtung zur Abfuhr des Hausmülls unter Befreiung der Hausbesitzer oder Mieter von dieser Verpflichtung übernommen habe, die Stadtgemeinde also die Veranstaltung der Abfuhr getroffen habe, um die von ihr übernommene Verpflichtung zu erfüllen, und deshalb eine Benutzung dieser Veranstaltung seitens Dritter, der Grundstücksbesitzer oder Mieter, nicht stattfinde. Wenn der Beklagte sich jetzt darauf beruft, daß im Jahre 1901 eine Verpflichtung der Hausbesitzer oder Mieter zur Abfuhr des Hausmülls nicht bestanden habe und auch damals nicht neu habe begründet werden sollen, daß vielmehr nur die aus der städtischen Gemeinschaft sich ergebende allgemeine öffentlich-rechtliche Verpflichtung eines jeden bestanden habe, dafür zu sorgen, daß die in Hausstands- und ähnlichen Betrieben sich ergebenden Abfälle in einer dem öffentlichen und gesundheitlichen Interesse einer städtischen Gemeinschaft entsprechenden Weise verwahrt und unschädlich gemacht werden, so kann dem im allgemeinen beigetreten werden; daraus folgt aber nicht, daß die Stadtgemeinde nicht die Verpflichtung zur Abfuhr solcher Abfälle als eigene der Polizei gegenüber übernehmen konnte und übernommen hat. Die Regelung, wie die allgemeine öffentlich-rechtliche Verpflichtung zur Aufbewahrung und Beseitigung (Unschädlichmachung) von Müll und anderen Abfällen zu erfüllen ist, liegt der Polizeibehörde ob. Die Regelung kann von ihr auch dahin getroffen werden, daß ihr gegenüber Grundeigentümer und andere Personen ihre Verpflichtung schon dadurch erfüllen, daß sie die auf den Grundstücken und in Betrieben sich ergebenden Abfälle in von ihr vorgeschriebenen Behältnissen sammeln und an einem bestimmten Platze auf oder vor dem Grundstück zur Abholung bereitstellen. Es steht dann aber auch nichts im Wege, daß die Stadtgemeinde mit der Polizeibehörde ein Übereinkommen dahin trifft, daß sie die Abholung (und weitere Unschädlichmachung) des so gesammelten und bereitgestellten Mülls besorgen soll, dergestalt, daß sie der Polizeibehörde gegenüber hierzu allein verpflichtet wird. Eine solche Regelung hat hier durch das Ortsstatut und die PolV. v. 22. III. 01 stattgefunden. Dabei kann von der Neubegründung einer Verpflichtung der Hauseigentümer oder Mieter zur Abfuhr des Mülls keine Rede sein, und ebensowenig ist das Bestehen einer solchen Verpflichtung Voraussetzung für jenes Abkommen zwischen der Polizei und der Stadt, durch welches die Verpflichtung zur Abfuhr des bestimmungsgemäß bereitgestellten Mülls durch die Stadtgemeinde der Polizei gegenüber begründet wird. Die Hauseigentümer und Mieter erfüllen vielmehr die ihnen obliegende Verpflichtung zur Unschädlichmachung des Mülls schon durch die Bereitstellung zur Abholung in den vorgeschriebenen und bestimmungsmäßig aufgestellten Behältnissen, und die Stadtgemeinde hat auf Grund der von ihr der Polizei gegenüber öffentlich-rechtlich übernommenen Verpflichtung zur Abholung (Abfuhr) diese zu besorgen. Bei einer derartigen Regelung braucht noch nicht allgemein festgesetzt zu werden, wie die Stadtgemeinde diese Verpflichtung erfüllen soll, vielmehr kann ihr die Polizei die Art und Weise der Erfüllung zunächst überlassen, um erst einzuschreiten, wenn sich Mißstände ergeben. Aus dem Fehlen derartiger allgemeiner Vorschriften in der PolVd. v. 22. III. 01 kann deshalb nicht geschlossen werden, daß die Stadtgemeinde in dem Ortsstatute von demselben Tage nicht der Polizei gegenüber die Verpflichtung zur Müllabfuhr in dem dargelegten Sinne übernommen hat.

Die Frage, ob hierin durch den zweiten Nachtrag v. 22. VI./4. VIII. 10 zu dem Ortsstatut eine rechtswirksame Änderung eingetreten ist, ist zu verneinen.

Nr. 2. Entsch. v. 27. März 1914 (PrVerwBl. **36** 248) II C 278/13.

Nach der GebO. für die Abfuhr von Hauskehricht in Coblenz v. 13. III. 12 ist gebührenpflichtig jeder Inhaber einer Wohnung oder sonstiger Räumlichkeiten, der Hauskehricht durch die städtische Kehrichtabfuhranstalt abholen läßt. Für die Höhe der Gebühr ist maßgebend der Mietwert — der vereinbarte Mietzins (§ 4) bzw. der ortsübliche Mietwert (§ 5) bzw. der 20. Teil des gemeinen Wertes des

Grundstücks oder Grundstücksteils (§ 6) — der Räume, und zwar sämtlicher, von einem Inhaber in ein und demselben Hausgrundstücke benutzten Räumlichkeiten. Für diese Gebühr werden nur die Haushaltungsabfälle, dagegen nicht die gewerblichen und anderen Abfälle (§ 3 Abs. 2) abgefahren. Der sogenannte Wahrscheinlichkeitsmaßstab des Mietwertes ist für die Bemessung von Gebühren, insbesondere auch von solchen für die Abfuhr von Hauskehricht, in vielen, dem Gerichtshof unterbreiteten Ordnungen bestimmt und an sich — d. h. abgesehen von besonderen Fällen (vgl. zB. OVG. **62** 141) — nicht für durchaus unzulässig erachtet worden. Für jeden Wahrscheinlichkeitsmaßstab muß aber, wie in OVG. **66** 159 dargelegt ist, der für Benutzungsgebühren als öffentlich-rechtliche Vergütungen für eine Leistung der Gemeinde maßgebende Grundsatz gelten, daß die Gebühr, wenn auch nur der Wahrscheinlichkeit nach, dem Umfange der Leistung — abgesehen von der zugelassenen Abstufung nach der Leistungsfähigkeit des Benutzers — entspricht, d. h. daß — der Wahrscheinlichkeit nach — auf eine dem Umfange der Benutzung nach gleiche Leistung der Gemeinde auch eine gleich hohe Gebühr entfällt. Der Maßstab des Mietwertes trägt diesem Grundsatze Rechnung, wenn der Umfang der Benutzung der Gemeindeveranstaltung mit der Höhe des Mietwertes im Zusammenhange steht, wenn wenigstens grundsätzlich die Höhe des Mietwertes auf den Umfang der Benutzung von Einfluß ist, der Umfang der Benutzung mit der Höhe des Mietwertes steigt. Das wird der Fall sein, sofern, wie es bei Wohnungen zutrifft, der Umfang der Benutzung von der Größe, Zahl und Beschaffenheit der für die Leistung der Gemeinde in Betracht kommenden Räume abhängt; denn die Räume sind im allgemeinen für den Mietwert bestimmend und insoweit wird die Leistung der Gemeinde (entsprechend dem wahrscheinlichen Umfange der Benutzung) mit dem Mietwerte steigen oder fallen. Soweit es sich um die Abfuhr des Hauskehrichts aus Wohnungen handelt, kann hiernach die Höhe ihres Mietwertes einen geeigneten Maßstab bilden; ob er nach den örtlichen Verhältnissen — zB. der verschiedenen Bemessung der Mietwerte je nach der örtlichen Lage der Wohnung im Gemeindebezirk — angemessen und zweckmäßig ist, darüber hat der Verwaltungsrichter nicht zu befinden. Die Wahrscheinlichkeit einer dem Mietwert in gleichmäßiger Weise entsprechenden Benutzung fehlt aber dann, wenn es sich um Räume handelt, die verschiedenartigen Zwecken dienen, während doch der Umfang der Erzeugung von Kehricht in ihnen durch die Art ihrer Benutzung (für die verschiedenen Zwecke) bedingt ist. Deshalb erscheint es ohne weiteres bedenklich, Läden und andere gewerbliche Räume bei Veranlagung einer Abfuhrgebühr nach dem Mietwert ebenso zu behandeln wie Wohnräume, und dieses Bedenken besteht selbst dann, wenn auch die in jenen Räumen entstehenden gewerblichen Abfälle von der Abfuhranstalt entfernt werden sollen. Vollends willkürlich wird das aber dann, wenn die Anstalt gewerbliche Abfälle überhaupt nicht abführt, während der Mietwert der gewerblichen Räume, namentlich der Läden, vielfach bedeutend höher ist als der von Wohnräumen. Von diesem Gesichtspunkt leuchtet es ein, daß in Coblenz unzulässigerweise der Mietwert ohne Rücksicht auf die Leistung der Gemeinde als Maßstab für die Bemessung der Gebühr bestimmt ist. Dort soll der Mietwert sämtlicher, von einem Inhaber auf demselben Grundstücke benutzten Räume maßgebend sein, ohne Rücksicht darauf, wie viele von diesen Räumen für die Kehrichtabfuhr überhaupt in Betracht kommen, und obwohl nur Haushaltungsabfälle, nicht aber auch gewerbliche Abfälle abgefahren werden. Hat also zB. jemand in demselben Grundstück eine Wohnung im Mietwerte von 300 *M* und gewerblich benutzte Räume im Mietwerte von 3000 *M*, so muß er die Gebühr nach dem Gesamtwerte von 3300 *M* entrichten, wenn auch nur die Abfuhr des Kehrichts aus der Wohnung stattfindet und stattgefunden hat, weil in den gewerblich benutzten Räumen Haushaltungsabfälle iS. der Ordnung überhaupt nicht entstehen oder, wenn sie entstehen, doch nicht von den gewerblichen Abfällen getrennt werden können. Diese Regelung nimmt keinerlei Rücksicht darauf, daß die Gebühr dem Umfange der Benutzung entsprechen muß, und führt grundsätzlich dazu, daß einerseits trotz völlig verschiedenem Benutzungsumfange die gleiche Gebühr und anderseits bei gleichem Benutzungsumfange verschieden hohe Gebühren zu entrichten sind. Damit verstößt die Regelung gegen das G. Gesetzwidrig ist auch die Bestimmung des gemeinen Wertes als Maßstab im § 6 (OVG. **62** 137).

Nr. 3. Entsch. v. 11. Jan. 1916 (PrVerwBl. **37** 553) II C 121/15.

1. Wenn eine Gemeinde durch Gemeindebeschluß die Verpflichtung zur Abfuhr des Hausmülls unter Zustimmung der Polizei übernommen hat, so kann diese Verpflichtung auch nur durch beiderseitiges Einverständnis, also nur durch einen Gemeindebeschluß unter Zustimmung der Polizeibehörde wieder aufgehoben werden.

2. Der Gerichtshof hat in OVG. v. 8. III. 10 — I C. 423/09 — den Beschluß, betr. die Erhebung einer Gebühr für die Abfuhr des Hausmülls für Cassel, v. 2. I. 08 als keine rechtswirksame Grundlage für die Erhebung von Gebühren erachtet, einmal, weil im § 5 des Beschlusses unzulässigerweise der gemeine Wert von Grundstücken als Hilfsmaßstab für die Gebühr bei gewissen Grundstücken bestimmt sei, und sodann, weil in dem Ortsstatute, betr. die Übernahme der Straßenreinigung und der Müllabfuhr durch die Stadt Cassel, v. 5. III. 01 die Stadtgemeinde der Polizei gegenüber die Verpflichtung zur Abfuhr des Hausmülls unter Befreiung der Hausbesitzer oder Mieter von dieser Verpflichtung übernommen habe, die Stadtgemeinde also die Veranstaltung der Abfuhr getroffen habe, um die von ihr übernommene Verpflichtung zu erfüllen, und deshalb eine Benutzung dieser Veranstaltung seitens dritter, der Grundstückseigentümer oder der Mieter, nicht stattfinde. Daß die Stadtgemeinde die Verpflichtung zur Müllabfuhr der Polizeibehörde gegenüber als eigene übernommen habe, wurde aus den Bestimmungen des genannten Ortsstatuts iVerb. mit der PolVd. v. 22. III. 01 und dem Gebührenerhebungsbeschlusse v. 2. I. 08 gefolgert, insbesondere daraus, daß in dem Ortsstatute die Stadtgemeinde unbestritten die Verpflichtung zur Straßenreinigung als eigene übernommen hat, mit dem Ausdruck „übernehmen" aber nicht bei der Müllabfuhr etwas anderes als bei der Straßenreinigung gemeint sein könne. In der gegenwärtigen Streitsache hat der Beklagte in erster Linie darzulegen unternommen, daß die Stadtgemeinde der Polizeibehörde gegenüber keine Verpflichtung zur Müllabfuhr übernommen habe, indes haben seine Ausführungen dem Gerichtshofe keine Veranlassung geboten, den früher vertretenen Standpunkt aufzugeben. Aber inzwischen ist die Rechtslage, wie sie bis zum Ortsstatute v. 5. III. 01 bestand, durch einen Nachtrag wieder hergestellt worden.

Darin ist die Willenserklärung der Stadtgemeinde zu erblicken, daß sie sich der früher übernommenen Verpflichtung zur Müllabfuhr wieder entschlägt und künftig nur noch eine von ihr eingerichtete Müllabfuhranstalt zur Benutzung kraft öffentlichen Rechtes freigibt. Allerdings genügte dieser Nachtrag zunächst nicht für den beabsichtigten Zweck, da das zwischen der Stadtgemeinde und der Polizei wegen der Müllabfuhr getroffene Übereinkommen (die Übernahme der Beseitigung seitens der Stadt) nur durch beiderseitiges Einverständnis wieder aufgehoben werden konnte, es vorläufig aber an der Zustimmung der Polizei fehlte. Nachdem jedoch der Polizeipräsident der Wiederaufhebung jenes Übereinkommens ausdrücklich zugestimmt hatte, war der Rechtszustand wieder hergestellt, wie er bis zum Ortsstatute v. 5. III. 01 bestanden hatte, und nach welchem diejenigen, die es angeht, für eine Beseitigung ihres Mülls, soweit sie zur Herstellung eines ordnungsmäßigen Zustandes nötig wird, nach allgemeinen Rechtsgrundsätzen selbst zu sorgen haben. Hierbei sei hervorgehoben, daß eine auf Observanz oder sonstiger besonderer Rechtsvorschrift beruhende Verpflichtung zur Müllbeseitigung in Cassel nicht bestand, daß also hier die Frage, ob durch die Zurückziehung des Eintretens der Gemeinde in eine derartige besondere Verpflichtung (zB. die observanzmäßige Verpflichtung der Straßenreinigung) diese wieder auflebt, nicht vorgegriffen wird. Aber die Wiederherstellung des früheren Rechtszustandes in Cassel konnte nicht mit rückwirkender Kraft geschehen, sondern nur Rechtswirkungen für die Zukunft äußern.

5. Schlachthausgebühren.

Nr. 1. Entsch. v. 11. April 1913 (OVG. **64** 240) II C 46/12.

AGFleischbeschauG. § 14.

1. Die Klägerin wurde, wie sie sich ausdrückt, „durch Ergreifung polizeilicher Maßregeln gezwungen", von auswärts eingeführtes, vom Laienfleischbeschauer untersuchtes Fleisch im Schlachthaus untersuchen zu lassen. Für die Untersuchung wurden ihr Gebühren abgefordert. Hiergegen erhob sie nach fruchtlosem Einspruche Klage auf Freistellung.

Unter den Parteien herrscht kein Streit darüber, daß das Fleisch im Schlachthaus untersucht worden ist, sei es in Befolgung einer allgemeinen polizeilichen Anordnung, sei es infolge besonderer polizeilicher Maßregeln. Die Klägerin behauptet nur, die Untersuchung sei gesetzlich nicht notwendig gewesen, sie sei zu Unrecht dazu gezwungen worden. Hiermit kann sie aber im gegenwärtigen Verfahren nicht durchdringen. Mit der Vornahme der Untersuchung war die Gebührenpflicht der Klägerin gegeben. Aus welchen Gründen sie die Untersuchung hat vornehmen lassen, ist in einem Gebührenstreit unerheblich. Hielt sich die Klägerin dazu nicht verpflichtet, so wäre es ihre Sache gewesen, die Untersuchung abzulehnen und gegen einen etwaigen Zwang in geeigneter Weise vorzugehen. Für die Gebührenberechtigung der Gemeinde genügt, daß die Untersuchung stattgefunden hat, und die Klägerin muß diese Tatsache gegen sich gelten lassen.

2. Die Frage, ob etwa ein Verbot der Erhebung von Schaugebühren für eingeführtes Fleisch besteht, hat das OVG. angesichts des § 14 preuß.AGFleischbeschauG. v. 28. VI. 02 verneint.

6. Baupolizeigebühren.

Nr. 1. Entsch. v. 27. Juni 1913 (OVG. **64** 245) II C 226/12.

KommAbgG. § 6; VerunstG. § 4.

Nach § 4 des Ortsstatuts gegen die Verunstaltung der Stadt H. bedarf die Anbringung von Reklameschildern, Schaukästen, Aufschriften, Tafeln, Abbildungen u. dgl. der Genehmigung der Baupolizeibehörde.

Auf Grund dieser Vorschrift erhielt der Färbermeister S. auf seinen Antrag die polizeiliche Genehmigung zur Anbringung einer Firmenaufschrift an seinem Färbereigebäude. Darauf zog der Magistrat ihn zu einer Baugebühr von 1,50 ℳ heran. Das Anmalen einer Firmenaufschrift an eine Hauswand gehört aber nicht zu den baulichen Herstellungen iS. des § 6 KommAbgG. Die Frage, ob nicht das VerunstG., auf das sich das Ortsstatut stützt, für sein Anwendungsgebiet den Begriff der baulichen Herstellungen erweitert, und ob das nicht auch für die Gebührenpflichtigkeit gemäß § 6 KommAbgG. maßgebend ist, ist zu verneinen.

Während das VerunstG. im übrigen von Bauten und baulichen Änderungen spricht, behandelt sein § 4 Reklameschilder, Schaukästen, Aufschriften und Abbildungen, also Dinge, die im allgemeinen mit Bauen nichts zu tun haben.

Ihre Anbringung kann ortsstatutarisch von der Genehmigung der Polizeibehörde, und zwar, entsprechend dem ganzen Inhalte des G., von der Genehmigung der Baupolizeibehörde abhängig gemacht werden. Es mag deshalb vielleicht sogar möglich sein, von diesen Dingen als von baulichen Herstellungen iS. des VerunstG. zu sprechen. JS. des § 6 KommAbgG. sind sie es aber nicht. Gewiß hat dieser Paragraph, der die Genehmigung und Beaufsichtigung von Neubauten, Umbauten und anderen baulichen Herstellungen gebührenpflichtig macht, das jeweilig geltende Baurecht im Auge, und es mag zutreffen, daß mit der weiteren Ausbildung dieses Rechtes immer weitere bauliche Maßnahmen in die Gebührenpflichtigkeit einbezogen werden. Anderseits ist § 6 eng auszulegen. Deshalb darf der von ihm gebrauchte Ausdruck „bauliche Herstellungen" nur von solchen Herrichtungen verstanden werden, die das Baurecht als bauliche Herrichtungen behandelt und einer Genehmigung und Überwachung nach Maßgabe seiner Vorschriften unterwirft. Dagegen fallen unter den § 6 nicht Veranstaltungen, die zwar durch besondere Vorschriften der Genehmigung der Baupolizeibehörde unterworfen werden, bei denen aber die Genehmigung nicht von dem Ausfall einer baupolizeilichen und bautechnischen Prüfung abhängig ist. Von diesem Gesichtspunkt aus gehören die im § 4 VerunstG. genannten Dinge nicht zu den baulichen Herstellungen des § 6 KommAbgG.

Nr. 2. Entsch. v. 23. Jan. 1914 (PrVerwBl. **35** 858) II C 130/13.

Der Gerichtshof hat für Fälle, in denen keinerlei Ausnahmen für Staatsbauten bestanden, ausgesprochen, daß die Baugebühr mit Erteilung der Genehmigung fällig wird, auch wenn die Polizeibehörde bei Erteilung der Genehmigung nicht in allen Stücken ordnungsmäßig verfahren ist, wenn namentlich die vorgelegten Projektstücke seitens der Baupolizei nicht ordnungsmäßig geprüft worden sind (Entsch. v. 3. V. 12, PrVerwBl. **34** 116). Derselbe Grundsatz, daß es nämlich nicht darauf ankommt, was im Einzelfalle geschehen ist, sondern darauf, was vorgeschrieben ist, muß auch auf den umgekehrt liegenden Fall zur Anwendung kommen. Wenn BauO. oder Anweisung vorschreibt, daß die staatlichen Projekte nicht mehr in bautechnischer, sondern nur noch in baupolizeilicher Hinsicht zu prüfen sind, so kann im Geltungsbereiche dieser Vorschrift eine Gebührenpflicht des Fiskus nicht entstehen. Prüft also die Polizeibehörde das Projekt auch bautechnisch, so ist das gegenüber jenen Bestimmungen nicht geeignet, eine Gebührenberechtigung der Gemeinde zur Entstehung zu bringen. Die Meinung des Beklagten, daß die mit ministerieller Ermächtigung erlassene Anw. v. 9. V. 00 gegenüber der anders gearteten BauO. keine Beachtung zu finden habe, wird vom Gerichtshofe nicht geteilt. Für die Frage der Gebührenpflicht ist die Anweisung in gleicher Weise maßgebend, wie es die Bestimmungen einer BauO. sind.

Nr. 3. Entsch. v. 23. Jan. 1914 (PrVerwBl. **36** 102) II C 240/13.

Wie in der gleichzeitig verhandelten Streitsache derselben Parteien (II C 130/13) dargelegt ist, sind für die Genehmigung und Beaufsichtigung der Staatsbauten in der Potsdamer RegBauO. v. 1. XII. 94 keinerlei Ausnahmen vorgesehen. Der Kläger ist also zur Entrichtung von Baugebühren verpflichtet, soweit nicht die allgemeine Anw. des RegPräs. v. 9. V. 00 entgegensteht. Das aber ist im Gegensatze zu jener anderen Entscheidung für den hier vorliegenden Fall nicht anzuerkennen. Es handelt sich um eine Anlage zur Abführung der Grundstücksabwässer in die städtische Kanalisation. Darüber enthält die BauO. im § 24 nur wenige, für eine zentrale Kanalisationsanlage nicht bestimmte Vorschriften. Deshalb werden nach § 44² die hierüber bestehenden Ortspolizeiverordnungen durch die Vorschriften der BauO. nicht berührt und können neu erlassen und verändert werden. Insofern besteht die OrtsPolVd. v. 27. VIII. 96 über die Schwemmkanalisation in Brandenburg unabhängig von der BauO. Sie verlangt für die Entwässerungsanlagen eine vollständige polizeiliche Genehmigung und Beaufsichtigung. Für die Anlagen des Reiches und Staates bestehen keine Ausnahmevorschriften. Sie unterliegen vielmehr der gleichen Prüfung, Genehmigung und Beaufsichtigung wie die Anlagen von Privatpersonen. Deshalb sind auch die fiskalischen Anlagen gebührenpflichtig, wenn nicht etwa die Anw. v. 9.V.00 auf sie anwendbar ist. Nach ihr sind die staatlichen Bauprojekte nicht mehr in bautechnischer, sondern nur noch in baupolizeilicher Hinsicht zu prüfen. Rohbau- und Gebrauchsabnahmeprüfungen sind wesentlich eingeschränkt, wiederkehrende Revisionen der Bauten aber schlechthin verboten. Es kann nicht angenommen werden, daß die Anweisung sich auch auf Anlagen der vorliegenden Art erstrecken soll. Bei ihnen handelt es sich nicht wie bei anderen baulichen Anlagen nur um baupolizeiliche Interessen (im weiteren Sinne) — Standfestigkeit, gesundheits- und feuerpolizeiliche Interessen, Schutz der Arbeiter, des Publikums und des Verkehrs, Nachbarschutz usw. — Es handelt sich vielmehr auch um die Interessen der Gesamtkanalisation der Stadt. An sie den Anschluß zu finden, ihr die Grundstücksabwässer zuzuführen, sind diese Anlagen bestimmt. Es ist nicht anzunehmen, daß der Wille des Regierungspräsidenten dahin gegangen ist, das Recht der Polizeibehörde auszuschließen, innerhalb des Rahmens der Polizeiverordnung solche Anlagen nach jeder, insbesondere auch nach der bautechnischen Richtung zu prüfen, zu genehmigen und zu beaufsichtigen, bevor sie in Benutzung genommen werden und die Abwässer dem städtischen Kanalsystem zuführen. Sollte es anders sein, so hätte es in der Anweisung irgendwie zum Ausdruck kommen müssen.

Nr. 4. Entsch. v. 1. Mai 1914 (PrVerwBl. **36** 663) II C 299/13.

KommAbgG. § 6.

Nach der Rechtsprechung des Gerichtshofs ist eine Gebührenerhebung nach § 6 KommAbgG. für die Erteilung von Baugenehmigungen dann unzulässig, wenn nach dem örtlichen Baurecht oder den dazu ergangenen Anweisungen der zuständigen Behörden nicht eine umfassende Prüfung des Bauvorhabens, namentlich auch in bautechnischer Beziehung stattfindet, weil nur eine solche Prüfung auch im Interesse des Bauenden liegt und nach der gesetzgeberischen Absicht des KommAbgG. die Voraussetzung der Erhebung von Verwaltungsgebühren ist, daß die gebührenpflichtig gemachte Tätigkeit der Gemeindebehörden auch im Interesse des Abgabepflichtigen liegt. In dem hier maßgebenden örtlichen Baurechte, der BauO. für die Städte des RegBez. Potsdam v. 1. XII. 94, wird hinsichtlich der mit dem Baugesuche vorzulegenden Unterlagen und hinsichtlich der von der Baupolizeibehörde vorzunehmenden Prüfung kein Unterschied zwischen staatlichen und privaten Bauten gemacht; auch für staatliche Bauten ist eine bautechnische Prüfung vorgeschrieben. Nun war allerdings durch eine allgemeine Anw. des RegPräs. v. 9. V. 00 angeordnet worden, daß Bauprojekte staatlicher Behörden von den kommunalen Baupolizeibehörden einer Prüfung in bautechnischer Beziehung nicht unterzogen werden sollten. Mit Rücksicht auf diese Anweisung hat der Gerichtshof in anderen Fällen die Erhebung von Gebühren bei Genehmigung fiskalischer Bauten für unzulässig erklärt. Inzwischen hat aber der Regierungspräsident am 10.V.13, also vor der hier im Streite befindlichen Gebührenerhebung, eine neue Anweisung erteilt, mit der die Anw. v. 9. V. 00 in ihrem wesentlichen Inhalt aufgehoben ist. Denn nunmehr soll, wie ausdrücklich angeordnet wird, auch eine „bautechnische" Prüfung stattfinden. Daß der Baupolizeibehörde in der neuen Anweisung die Befugnis gegeben wird, von dem rechnungsmäßigen Nachweise der Tragfähigkeit der Konstruktionen abzusehen, ist ohne Bedeutung. Denn wenn auch die Prüfung einen nicht unwesentlichen Bestandteil der bautechnischen Prüfung bildet, so besteht letztere doch nicht ausschließlich in der Prüfung der Tragfähigkeit der Konstruktionen, wie das in der Verfügung des Regierungspräsidenten zutreffend dargelegt wird. Die Anw. v. 9. V. 00 wegen Handhabung der baurechtlichen Vorschriften ist durch die neue Anweisung rückgängig gemacht, und es steht daher gegenwärtig der Erhebung von Baugenehmigungsgebühren auch bei fiskalischen Bauten nichts im Wege.

B. Beiträge nach § 9 KommAbgG.

Nr. 1. Entsch. v. 4. April 1913 (OVG. **64** 205) II C 106/12.

Die im § 9 Abs. 3 KommAbgG. vorgeschriebene Offenlegung des Planes nebst Kostennachweises der Veranstaltung braucht zwar nicht notwendig mit der Frist zur Erhebung von Einwendungen zeitlich zusammenzufallen, muß aber während einer angemessenen Zeit erfolgen. Die Offenlegung während einer nach den Umständen des einzelnen Falles unzureichenden Zeit macht die BeitragsO. rechtsungültig.

Welche Frist angemessen ist, wird im Einzelfalle von den Umständen, namentlich von den örtlichen Verhältnissen abhängen. Keinesfalls kann im vorliegenden Falle die Frist von drei Tagen, während der die Offenlegung stattgefunden hat, als angemessen anerkannt werden, zumal, wenn berücksichtigt wird, daß von dem Plane in erheblichem Umfange Grundstücke betroffen wurden, deren Eigentümer außerhalb des Gemeindebezirks, zT. in beträchtlicher Entfernung, wohnten.

Nr. 2. Entsch. v. 5. Mai 1914 (PrVerwBl. **36** 664) II C 234/13.

KommAbgG. § 9.

Die Prüfung der Frage, ob und in welcher Höhe ein Grundstückseigentümer Vorteil von dem Unternehmen hat, findet in dem in § 9 KommAbgG. vorgesehenen Verfahren statt, in welchem die Beteiligten gegen die Beitragsbeschlüsse Einwendungen erheben und diese nötigenfalls im Beschwerdewege weiter verfolgen können. Eine Nachprüfung dieser Frage oder gar eine anderweite Bestimmung der Höhe des Beitrags im Verwaltungsstreitverfahren ist dagegen nicht zulässig.

Nr. 3. Entsch. v. 9. Juni 1914 (PrVerwBl. **36** 510) II C 10/14.

KommAbgG. § 9.

1. Für die Erhebung von Beiträgen zu Veranstaltungen, die nicht in Erfüllung der allgemeinen wegerechtlichen Unterhaltungspflicht der Gemeinde vorgenommen werden, sondern darüber hinausgehen, insbesondere eine Umgestaltung von Wegen zum Gegenstand haben, ist eine Regelung durch ein allgemeines sich auch auf andere Veranstaltungen als die besonderen beziehendes Ortsstatut nicht erforderlich.

2. Nach § 9 KommAbgG. dürfen die Beiträge nur Grundeigentümern auferlegt werden, die zur Zeit der Heranziehung Eigentümer sind. Ein gegen diesen Grundsatz verstoßendes Ortsstatut ist rechtsungültig.

Nr. 4. Entsch. v. 4. Juni 1915 (OVG. **69** 181) II C 268/14.

KommAbgG. §§ 4, 8, 9.

Wenn die Gemeinde die Erhebung von Beiträgen behufs Deckung der Kosten für die Herstellung der städtischen Kanalisation gemäß § 9 KommAbgG. beschlossen hat, die Aufsichtsbehörde aber die Genehmigung dieses Beschlusses in der Meinung, daß nur die Erhebung von Gebühren, nicht aber von Beiträgen zulässig sei, auf Grund der §§ 4, 8 aaO. erteilt hat, fehlt es sowohl für die Erhebung von Beiträgen als auch von Gebühren an einem rechtswirksamen Ortsrechte.

Voraussetzung für die Erhebung von Beiträgen ist, daß den Grundbesitzern oder Gewerbetreibenden Vorteile aus der Veranstaltung entstehen, und die Höhe der Beiträge hat sich nach dem Umfange der Vorteile zu richten. Voraussetzung für die Erhebung von Gebühren dagegen ist die Benutzung der Gemeindeanstalt, und für ihre Höhe ist im wesentlichen der Umfang der Benutzung maßgebend. Der Bezirksausschuß gibt denn auch in der angefochtenen Entscheidung als Grund für seine abweichende Genehmigung an, daß er die Abgabe nur als Gebühr gemäß § 4, d. h. als Entgelt für die im Anschlusse der Grundstücke zu erblickende Benutzung der gedachten Gemeindeanstalt, nicht dagegen als Beitrag wegen der den angeschlossenen Grundeigentümern aus dem Anschluß an die Kanalisation erwachsenden besonderen wirtschaftlichen Vorteile gemäß § 9 aaO. für zulässig erachtet habe. Er hat also in der Meinung, daß Beiträge überhaupt nicht erhoben werden dürften, nicht nachgeprüft, ob die beabsichtigten Beiträge den besonderen wirtschaftlichen Vorteilen der pflichtig erklärten Grundbesitzer entsprechen. Eine solche Prüfung durch die Aufsichtsbehörde ist aber die unerläßliche Voraussetzung für die Rechtsbeständigkeit ihres Genehmigungsbeschlusses. Mangels ordnungsmäßiger Genehmigung hat der Gemeindebeschluß nicht Rechtswirksamkeit erlangt, und darum können die beschlossenen Beiträge nicht erhoben werden. Aber auch als Gebühren, als welche sie der Bezirksausschuß genehmigen wollte, können die geplanten Abgaben nicht erhoben werden, da die Erhebung von Gebühren seitens der Gemeinde nicht beschlossen worden ist.

Nr. 5. Entsch. v. 17. Sept. 1915 (PrVerwBl. **37** 280) II C 80/15.

KommAbgG. § 9.

Nach § 9 KommAbgG. sind die Gemeinden berechtigt, für Veranstaltungen, die durch das öffentliche Interesse erfordert werden, von denjenigen Grundeigentümern, denen hierdurch besondere Vorteile erwachsen, Beiträge zu den Kosten der Veranstaltung zu erheben, und diese Beiträge sollen nach den Vorteilen bemessen werden. Die zur Vertretung der Gemeinde berufenen Körperschaften müssen sich also in jedem einzelnen Falle darüber schlüssig machen, ob die Veranstaltung den zu Beiträgen heranzuziehenden Grundeigentümern Vorteile bringt, welcher Kostenanteil nach Maßgabe dieser Vorteile angemessenerweise durch Beiträge aufgebracht und in welcher Weise er mit Rücksicht auf die den Einzelnen erwachsenen Vorteile verteilt werden soll. Diesen Anforderungen genügt aber der hier in Betracht kommende Beschluß der städtischen Körperschaften nicht. Denn aus der Fassung des letzten Absatzes:

„Die von den Anliegern zu zahlenden Beiträge sind, da der Fall des § 2² des zit. Ortsstatuts [betr. die Beitragsleistung der Grundeigentümer zu Veranstaltungen der Gemeinde] vorliegt, nach Verhältnis der Frontlänge ihrer Grundstücke in Höhe von 50 % der Gesamtkosten, also auf 9,35 *M* pro laufenden Meter Frontlänge zu bemessen"

geht hervor, daß die städtischen Körperschaften hiermit nicht eine neue selbständige Anordnung über die Höhe des durch die Beiträge aufzubringenden Kostenanteils und über den Verteilungsmaßstab treffen und zum Gegenstande des Auslegungs- und Einwendungsverfahrens nach § 9 Abs. 3 KommAbgG. machen wollten, sondern daß sie in der Meinung, durch die Bestimmungen jenes Ortsstatuts sei für alle daselbst vorgesehenen Fälle ein für allemal bindendes Recht geschaffen, nur die Bestimmungen des Ortsstatuts anwenden wollten.

Hiernach kann in dem Gemeindebeschlusse eine rechtsgültige Regelung der durch die Beschlußfassung der Gemeinde zu entscheidenden Fragen nicht gefunden werden. Die Heranziehung des Klägers zu den Kosten der Neupflasterung der R.-Straße war also mangels eines gültigen Ortsrechts ungerechtfertigt.

Nr. 6. Entsch. v. 3. Juli 1913 (OVG. **64** 217) IV C 239/12.

KommAbgG. § 9; BauflG. § 15.

Was das Verhältnis des § 9 KommAbgG. zu § 15 BauflG. anbelangt, so ist zunächst die Ansicht des Beklagten rechtsirrig, die Gemeinde habe ein freies Wahlrecht, ob sie Anliegerbeiträge zu den Kosten des Ausbaues neuer Straßen auf Grund des § 9 KommAbgG. oder auf Grund des § 15 BauflG. erheben wolle, nur sei sie an die einmal getroffene Wahl gebunden. Bei den unter § 15 BauflG. fallenden Straßen ist die Beitragserhebung nur nach § 15 aaO., nicht auch nach § 9 KommAbgG. zulässig. Der Kläger nimmt an, die im vorliegenden Falle einmal erfolgte und unanfechtbar gewordene Veranlagung nach § 9 KommAbgG. schließe jede weitere Heranziehung nach § 15 BauflG. schon deswegen aus, weil die Veranlagung nach § 9 KommAbgG. zu erkennen gebe, daß damals die Straße als nicht unter § 15 BauflG. fallend angesehen worden, und ein späteres Abgehen von dieser Auffassung unzulässig sei. Diese Ansicht ist rechtsirrig. Wenn der Beklagte auch früher infolge seines Irrtums über die rechtliche Eigenschaft der Straße Beiträge für diese auf Grund des § 9 KommAbgG. erhoben hat, so hindert ihn das nicht, nachdem sich jetzt der Irrtum als solcher herausgestellt hat, vom Kläger noch dasjenige im Wege der Heranziehung gemäß § 15 BauflG. zu fordern, was er hiernach zu fordern berechtigt war, aber noch nicht erhalten hat. Da im vorliegenden Falle die Voraussetzungen des § 15 BauflG. vorliegen, so ist eine Heranziehung jedenfalls an sich gerechtfertigt. Nur insoweit würde sie nicht mehr zulässig sein, als die Anliegerbeitragsforderung bereits getilgt, oder ein rechtsgültiger Verzicht darauf erklärt worden wäre. Es durfte danach also nicht nochmals dasjenige als Anliegerbeitrag gemäß § 15 aaO. gefordert werden, was bereits auf die früher nach § 9 KommAbgG. erfolgte Heranziehung gezahlt worden ist. Da feststeht, daß in der jetzt streitigen Forderung der durch die frühere Heranziehung bereits getilgte Teil des von dem Kläger beanspruchten Anliegerbeitrags nicht mitenthalten ist, besteht also die Anliegerbeitragsforderung in der jetzt verlangten Höhe noch zu Recht.

Nr. 7. Entsch. v. 31. Okt. 1913 (PrVerwBl. **35** 777) II C 201/12.

KommAbgG. § 9.

1. Im Falle der Eingemeindung einer Landgemeinde in eine Stadtgemeinde kann die letztere, sofern nicht das EingemeindungsG. anderes bestimmt, nicht für vor der Eingemeindung liegende Jahre die Erhebung von Beiträgen zu den Straßenreinigungskosten im Gebiete der eingemeindeten Landgemeinde beschließen.

2. Durch G. v. 31. III. 10 sind G. und mehrere andere Landgemeinden vom 1. IV. 10 ab mit der Stadtgemeinde K. nach Maßgabe der abgeschlossenen Eingemeindungsverträge vereinigt worden. G. hatte bereits durch Ortsstatut v. 29. IV. 07 die Reinigung der Ortsstraßen vom 1. VII. 07 ab übernommen (§ 1). Zu den Kosten sollten die angrenzenden Grundbesitzer prozentuale Beiträge entrichten, bemessen nach den Reinigungsflächen und der Anzahl der Tage, an welchen die Reinigung beschafft ist (§ 6).

Solche Beiträge sind bis zur Eingemeindung nicht erhoben. Die Gemeindevertretung hat nur deren Höhe auf je 30 % festgesetzt: für 1907 durch Beschl. v. 29. IV. 07 und 26. I. 09 nebst Kostennachweis vom letzteren Tage, für 1908 und 1909 durch zwei Beschl. v. 22. III. 10 nebst Kostennachweis von demselben

Tage. Das Verfahren gemäß § 9 KommAbgG. ist am 27. III. 10 eingeleitet, war also bei der Eingemeindung noch nicht abgeschlossen. Der Antrag des Magistrats auf Genehmigung jener Beitragsbeschlüsse wurde vom Bezirksausschuß abgelehnt, weil die Ortsstatute der früheren Landgemeinde G. seit dem 1. IV. ihre Geltung verloren hätten, auf sie also eine Heranziehung zu Beiträgen nicht mehr gestützt werden könne. Die dagegen erhobene Beschwerde wies der Provinzialrat ab, weil die älteren unfertigen Beschlüsse der untergegangenen Gemeinde nicht mehr nachträglich genehmigt und dadurch in Kraft gesetzt werden könnten. Wohl aber sei K. als Rechtsnachfolger von G. befugt, auf Grund des Ortsstatuts für die bis zum 1. IV. 10 entstandenen Kosten Beitragsbeschlüsse zu fassen und das Verfahren gemäß § 9 KommAbgG. zur Durchführung zu bringen. Auf den hier gewiesenen Standpunkt stellten sich die städtischen Kollegien von K., indem sie unter Aufhebung der Beitragsbeschlüsse von G. beschlossen, daß zu den Kosten der Straßenreinigung in der früheren Gemeinde G. in den Rechnungsjahren 1907, 1908, 1909 Beiträge von den Anliegern in Höhe von 50 % dieser Kosten erhoben werden. Darauf wurde das Verfahren gemäß § 9 durchgeführt und der Beschluß vom Bezirksausschusse mit der Maßgabe genehmigt, daß für das Jahr 1907 nur 30 % der entstandenen Kosten erhoben werden dürften, weil für 1907 bereits durch § 8 des Ortsstatuts das Recht zur Beitragserhebung in dieser Höhe beschränkt sei. Das so zustande gekommene Ortsrecht bildet keine rechtswirksame Grundlage für die Heranziehung der Kläger.

Nr. 8. Entsch. v. 13. März 1914 (PrVerwBl. 36 196) II C 211/13.

KommAbgG. § 9.

1. Das Recht der Gemeinde, nach § 9 KommAbgG. Beiträge zu den Kosten des Ausbaues einer Straße zu erheben, ist nicht davon abhängig, daß die Straße im Eigentum der Gemeinde steht und daß die Gemeinde zur Unterhaltung der Straße gesetzlich verpflichtet ist. Voraussetzung des Rechts der Gemeinde ist allerdings, daß die Veranstaltung im öffentlichen Interesse erfolgt.

2. Der fernere Einwand des Klägers, daß aus der Veranstaltung den Anliegern keine wirtschaftlichen Vorteile erwachsen wären, kann im Verwaltungsstreitverfahren nicht berücksichtigt werden. Wenn die nach § 9 Abs. 3 zur Genehmigung des Gemeindebeschlusses berufene Behörde, wie es ihre Pflicht ist, die Vorteilsfrage den gesetzlichen Bestimmungen entsprechend geprüft hat, ist über diese Voraussetzung der Beitragserhebung in einer für den Verwaltungsrichter bindenden Weise entschieden. Daß eine solche Prüfung pflichtmäßig stattgefunden hat, ist anzunehmen, wenn nicht aus besonderen Umständen das Gegenteil hervorgeht. Es ist aber nicht erforderlich, daß die Prüfung der Vorteilsfrage in den Verhandlungen oder dem Beschlusse der Genehmigungsbehörde hervortrete. Das gleiche gilt von der Behauptung, das Verfahren nach § 9 Abs. 3—5 sei insofern nicht gesetzmäßig durchgeführt, als in der Bekanntmachung des Genehmigungsbeschlusses nicht das zulässige Rechtsmittel und die Rechtsmittelfrist mitgeteilt worden wären. Denn das G. enthält keine Vorschrift, durch die eine solche Mitteilung angeordnet wäre.

3. Diese Einwendungen des Klägers sind also hinfällig. Er folgert aber die Unzulässigkeit der Beitragserhebung auch daraus, daß die Kosten der Veranstaltung zur Zeit der Heranziehung der Anlieger zu Beiträgen bereits „etatsmäßig gedeckt" gewesen seien. Der Beklagte bestreitet nicht, daß, wie er sagt, „zur vorläufigen Deckung" der hier in Betracht kommenden Kosten Anleihemittel verwendet worden sind. Wenn die Gemeinde bei Beschlußfassung über die Anleihe beabsichtigte, unter Abweichung von den Grundsätzen des Ortsstatuts die gesamten Kosten der Herstellung des Bürgersteigs in der K.-Straße durch eine An-

leihe zu bestreiten, so war mit Aufnahme der Anleihe die Beschaffung der Mittel und damit die Deckung der Ausgabe (die auch im voraus erfolgen konnte) bewirkt und daher eine Heranziehung der Anlieger mit Beiträgen zu der unmittelbaren Kostendeckung nicht mehr angängig. Daß vielleicht nachträglich die Gemeinde beschlossen hat, die Gelder der Anleihe anderweit zu verwenden, kann hieran nichts ändern. Denn eine solche Verwendung war ohne Genehmigung der Aufsichtsbehörde, die die Anleihe nur zu dem ersten Verwendungszwecke genehmigt hatte, unzulässig. Wenn zur Zeit der Beitragserhebung etwa noch ein dem Gesamtbetrage der Beiträge gleicher Betrag der Anleihe ungedeckt war, so hätten allerdings Beiträge zur Abstoßung dieses Anleihebetrags erhoben werden dürfen. Ebenso hätte es der Gemeinde freigestanden, zur Deckung der Zins- und Tilgungsraten der Anleihe laufende (Jahres-) Beiträge zu erheben.

C. Anliegerbeiträge.

Literatur: Hecker: Die Baufluchtlinien im Straßenraum und die preuß. Baugesetzgebung (Berlin 1915).

1. Entstehung und Umfang der Beitragspflicht.

Nr. 1. Entsch. v. 2. Jan. 1913 (PrVerwBl. **36** 460) IV C 233/12.

BauflG. § 15.

Es ist ein feststehender Grundsatz, daß durch einen Bau vor Erlaß eines Ortsstatuts keine Beitragspflicht entsteht. Nach der Fassung des § 15 BauflG. wird die Beitragspflicht durch das Ortsstatut, nicht schon durch die Gesetzesvorschrift begründet und besteht ohne ein solches nicht. Daraus folgt, daß, wenn ein Ortsstatut eine Beitragspflicht mit Beschränkungen begründet, ein späteres aber die Beschränkungen zum Teil oder ganz wegfallen läßt und die Erstattungspflicht im vollen gesetzlichen Umfang einführt, dieses letztere auf alle Baufälle zwischen den beiden Statuten keine Anwendung finden kann. Für sie hat das erste Statut die Grundlage dafür geschaffen, ob ihretwegen eine Beitragspflicht besteht oder nicht. Die neue erweiterte Grundlage kann mangels einer rückwirkenden Kraft des zweiten Statuts auf sie nicht angewendet werden. Das zweite Statut ist für jene Baufälle in seiner Erweiterung der Grundlage der Beitragspflicht das erste, und sie haben insoweit überhaupt nicht unter einem Statut stattgefunden.

Nr. 2. Entsch. v. 15. Mai 1913 (DJZ. **18** 1502) IV C 235/12.

BauflG. §§ 12, 15.

Die §§ 12, 15 BauflG. schreiben für die auf ihrer Grundlage zu erlassenden Ortsstatute nichts besonderes vor; sie verlangen für die Rechtsgültigkeit nur die Bestätigung durch den Bezirksausschuß und die ortsübliche Bekanntmachung. Es kommen daher im übrigen die allgemeinen Bestimmungen über den Erlaß von Ortsstatuten in Betracht. Eine Beschränkung der gedachten Art ist in dem § 11 RhLGemO. v. 23. VII. 45 nicht enthalten. Dagegen finden sich in einzelnen G. Vorschriften, die die Beschränkung einer ortsstatutarischen Regelung auf einzelne Gemeindeteile ausdrücklich vorsehen. So erklärt es § 16 OstprWegeO. v. 10. VII. 11 für zulässig, daß die Gemeinde die ihr obliegende Wegebaulast ganz oder teilweise, für die ganze geschlossene Ortslage oder einzelne Teile derselben, oder für einen oder mehrere bestimmte Wege oder Wegeteile auf die Eigentümer der angrenzenden Grundstücke oder einzelne Klassen derselben überträgt. Eine gleichartige Übertragung der ganzen oder teilweisen Pflicht sieht auch

§ 5 Abs. 1 G. über die Reinigung öffentlicher Wege v. 1. VII. 12 vor. Aus dem Wesen des Anliegerbeitrags kann aber ebenfalls kein Bedenken gegen die Beschränkung der ortsstatutarischen Einführung und Regelung der Beitragspflicht für einzelne Teile des Gemeindegebiets entnommen werden. Es wird vielmehr oft sachgemäß sein, wenn eine Gemeinde, in deren kommunalem Gebiete nur an einzelnen Stellen ein straßenmäßiger Anbau stattfindet oder zu erwarten ist, sich darauf beschränkt, das Ortsstatut gemäß § 15 BauflG. bloß für diese Teile zu erlassen.

Nr. 3. Entsch. v. 5. März 1914 (PrVerwBl. **37** 167) IV C 180/13.

BauflG. § 15.

1. Den Klägern ist das fragliche Grundstück, auf dem zugunsten der Stadtgemeinde B. eine Sicherungshypothek in Höhe der Straßenbaukosten nebst 4 % Jahreszinsen eingetragen stand, im Zwangsversteigerungsverfahren zugeschlagen worden. Der Gemeindevorstand hatte zum Verteilungsverfahren die rückständigen Zinsen angemeldet. Die Kläger sind nun der Meinung, daß es unzulässig sei, sie, nachdem ihnen der Zuschlag erteilt worden, noch zu den Straßenbaukosten heranzuziehen. Es hätte die Forderung zum Teilungsverfahren angemeldet werden müssen, und weil dies nicht geschehen, sei die Forderung erloschen.

2. Mit der Sicherungshypothek hat die lediglich auf Grund des § 15 BauflG. geltend gemachte, unter die öffentlichen Abgaben fallende Straßenbaukostenforderung an sich nichts zu tun. Die Eintragung einer solchen Hypothek ist eine besondere Angelegenheit der Stadtgemeinde, die ihren Anspruch aus § 15 aaO. unberührt und unverändert läßt. Die Frage, ob die auf Grund des § 15 aaO. der Stadtgemeinde erwachsene Forderung als solche nach § 10³ ZVG. zum Verteilungsverfahren anzumelden war und, falls dies geschah, gemäß § 52 aaO. erlosch, ist zu verneinen. Nach dem § 10³ sind anzumelden die Ansprüche auf Entrichtung der öffentlichen Lasten des Grundstücks wegen der laufenden und der aus den letzten zwei Jahren rückständigen Beträge. Von einer laufenden öffentlichen Abgabe ist hier nicht die Rede. Indessen auch zu den rückständigen öffentlichen Lasten gehörte der Anspruch auf Erstattung der Straßenbaukosten zur Zeit des Zwangsversteigerungsverfahrens noch nicht. Rückständig ist eine Straßenbaukostenforderung erst dann, wenn sie zur Hebung gestellt, wenn also der Eigentümer zu diesen Kosten bereits herangezogen worden ist. Eine solche Heranziehung ist jedoch erst nach Beendigung des Zwangsversteigerungsverfahrens, und zwar erst den Klägern als den Erstehern des Grundstücks gegenüber, erfolgt. Hiernach war der Gemeindevorstand zur Anmeldung der streitigen Forderung zum Teilungsverfahren weder verpflichtet noch berechtigt, und es ist das ganze Zwangsversteigerungsverfahren auf die Forderung der Stadt ohne Einfluß geblieben (vgl. PrVerwBl. **33** 769). Die nach Grund und Höhe nicht bestrittene Forderung ist nach obigen Ausführungen nicht erloschen, noch ist sie getilgt oder verjährt. Die Heranziehung der Kläger war also als gerechtfertigt anzusehen.

Nr. 4. Entsch. v. 5. März 1914 (OVG. **67** 148) IV C 72/13.

Nach ständiger Rechtsprechung des OVG. bilden Heranziehung, Einspruch und Einspruchsbescheid für die Heranziehung zu Anliegerbeiträgen feste Grenzen, innerhalb deren sich das Streitverfahren zu bewegen hat. Deshalb kann die Beitragsforderung während des Verwaltungsstreitverfahrens nicht auf eine neue tatsächliche oder rechtliche Grundlage gestellt werden. Im Einspruchsbescheide kann der Gemeindevorstand aber die Beitragsforderung noch erhöhen oder sie auf einen anderen tatsächlichen oder rechtlichen Grund insofern stützen, als die Forderung in diesem wegen eines anderen auf demselben Grundstück errichteten Gebäudes, das bei der Heranziehung nicht erwähnt war, aufrecht erhalten oder auf ein zwar erst nach der

Heranziehung, aber vor dem Einspruchsbescheid errichtetes anderes Gebäude gegründet wird (OVG. **41** 130). Dies folgt aus dem Wesen des Einspruchsverfahrens. Der Einspruch bezweckt, eine Nachprüfung der geltend gemachten, aber vom Pflichtigen beanstandeten Beitragsforderung herbeizuführen, und der Einspruchsbescheid setzt auf Grund dieser Nachprüfung fest, was nun endgültig Rechtens sein soll. Im Einspruchsbescheide kommt demnach die endgültige Heranziehung zur Erscheinung, und deshalb ist es folgerichtig, daß es zu berücksichtigen ist, wenn sich in der Zeit seit der Heranziehung zu einem Anliegerbeitrage bis zum Einspruchsbescheide die tatsächlichen Verhältnisse geändert haben. Spätestens in diesem Zeitpunkte muß in tatsächlicher Beziehung die Geltendmachung der Beitragsforderung möglich sein; sie muß entstanden sein, d. h. die Straße — oder iF. einer Spaltungsvorschrift im Ortsstatute die abspaltbare Einrichtung — muß fertig hergestellt sein mit der Möglichkeit, die entstandenen Kosten zu berechnen, und ein Gebäude muß an der Straße errichtet sein.

Nr. 5. Entsch. v. 28. Mai 1914 (OVG. **67** 151) IV C 50/13.

Eine Heranziehungsverfügung, welche die Festsetzung des Fälligkeitstags für die Entrichtung eines Anliegerbeitrags späterer Bestimmung vorbehält, mithin die Heranziehung erst von einem unbestimmten Zeitpunkt ab wirksam werden läßt, entbehrt der Rechtsgültigkeit.

Nr. 6. Entsch. v. 7. Okt. 1915 (PrVerwBl. **37** 521) IV C 22/15.

Für die Auslegung der G., insbesondere auch der LokalG., ist in erster Linie der gemeinverständliche Sinn der Worte entscheidend, und ein Zurückgehen auf die mutmaßlichen Absichten des Gesetzgebers ist ausgeschlossen, sofern die Bedeutung der Worte zu Zweifeln keinen Raum gibt. Aus der Verpflichtung des Publikums, die Ortsgesetze zu kennen und die aus der etwaigen Unkenntnis und dem Mißverständnisse der Bestimmungen ihm erwachsenden Schädigungen zu tragen, ergibt sich für die Gemeinden die Verpflichtung, ihren Ortsgesetzen eine gemeinverständliche und einwandfreie Wortfassung zu geben. Hier war der Erlaß eines völlig neuen Statuts, lediglich zwecks Einführung der Kostenspaltung, nicht erforderlich, es hätte der Erlaß eines Nachtrags genügt. Wird an Stelle eines älteren Ortsstatuts ein neues erlassen und sollen Bestimmungen des alten in das neue Statut übernommen werden, dann bedarf es einer sorgfältigen Prüfung, ob die alten Bestimmungen in den neuen Rahmen hineinpassen. Versehen bei der Redaktion, wie sie hier vom Beklagten behauptet werden, lassen sich nicht einfach durch die Behauptung, daß es nur Versehen seien, aus der Welt schaffen, und es ist nicht Sache der Gerichte, solche Versehen zu heilen.

Nr. 7. Entsch. v. 28. April 1913 (OVG. **65** 144) IV C 22/13.

BauflG. § 15.

1. Die Anlieger sind nach § 15 BauflG. nicht verpflichtet, iF. eines Wertzuwachses ihrer an der Straße liegenden Grundstücke erhöhte Straßenkostenbeiträge zu zahlen. Ebensowenig ist die Gemeinde gehalten sich den Wertzuwachs des an der neuen Straße belegenen städtischen Geländes von den Straßenkosten in Abrechnung bringen zu lassen.

2. Die Bestimmung darüber, welcher Straße eine auf der Grenze mehrerer Straßen liegende Fläche zuzulegen ist, hat die Gemeinde zu treffen. Der Verwaltungsrichter hat nur ihren Willen festzustellen; diese Feststellung ist tatsächlicher Art und insoweit von dem Revisionsrichter nicht nachzuprüfen. Nur wenn diese Feststellung auf einem Rechtsirrtum beruht, ist sie zu beanstanden.

Nr. 8. Entsch. v. 18. Mai 1914 (DJZ. **20** 1039) IV C 197/13.

BauflG. § 15.

Ein Bauprogramm für eine Straße kann, solange es noch nicht im ganzen zur Durchführung gelangt, solange demnach die Straße noch nicht fertiggestellt ist, jederzeit von der Gemeinde abgeändert werden. Dieser Grundsatz bezieht sich auch auf Einzeleinrichtungen, selbst wenn sie bereits völlig fertiggestellt sind. Nur dürfen dann nicht die Kosten der aufgegebenen Einzeleinrichtung noch den Anliegern zur Last gelegt werden. Da die D.straße noch keine fertiggestellte Straße ist, so war somit die Stadt N. ohne weiteres in der Lage, an Stelle der Azetylenbeleuchtung die elektrische Beleuchtung einzuführen. Nur wenn etwa die Stadt, was jedoch nicht geschehen ist, schon vorher von ihrer Abspaltungsbefugnis Gebrauch gemacht und die Kosten der Azetylenbeleuchtung von den Anliegern eingefordert und zur Hebung gestellt hätte, würde sie die Kosten der elektrischen Beleuchtung nicht außerdem den Anliegern als Kosten der ersten Einrichtung haben in Rechnung stellen können.

Nr. 9. Entsch. v. 28. Mai 1914 (DJZ. **20** 1138) IV C 3/13.

BauflG. § 15.

Da die Sache sich im zweiten Rechtsgange befindet, so fragt es sich, ob der Gerichtshof durch § 101 LVG. gehindert ist, auf die vorgedachten Ausführungen (Ungültigkeit der Spaltungsbestimmung im Ortsstatut) zurückzugreifen. Bei der ersten Entscheidung handelte es sich um einen anderen Aufhebungsgrund, und die Sache ist zurückverwiesen worden, um alles von neuem zu untersuchen. Damals ist auch die Frage nach der vorhandenen Straße als nicht spruchreif beiseite gelassen worden. Die Gültigkeit oder Ungültigkeit jener Satzungsbestimmung insbesondere ist weder unmittelbar noch mittelbar erörtert oder auch nur erwähnt worden. Es steht daher nichts im Wege, sie jetzt noch zu untersuchen, und auch der Vorderrichter mußte dies tun. Letzteres ist nicht geschehen. Deshalb unterliegt die angefochtene Entscheidung der Aufhebung. Bei der eintretenden freien Beurteilung führt der Aufhebungsgrund zur Freistellung der Kläger. Da die Spaltungsvorschrift des Statuts ungültig ist, so mangelt es an einer solchen, und es können die Straßenherstellungskosten erst eingefordert werden, wenn die Straße vollständig fertiggestellt ist und die Möglichkeit vorliegt, die Kosten zu berechnen; die jetzige Teilforderung ist verfrüht.

Nr. 10. Entsch. v. 25. Juni 1914 (OVG. **67** 154) IV C 33/14.

BauflG. § 15.

Für die Stadt Berlin besaß das Regul. v. 31. XII. 38 die rechtliche Bedeutung eines die Anliegerbeitragspflicht begründenden und regelnden Ortsstatuts, solange noch kein solches auf Grund des § 15 BauflG. erlassen war. Von einem Ortsstatut iS. § 15 aaO. unterscheidet sich das Regulativ in zwei wesentlichen Punkten. Es beschränkt in Ziff. 4 die Forderung der Gemeinde hinsichtlich des Umfanges dahin, daß nur die Kosten der Legung des ersten Straßenpflasters von den angrenzenden Eigentümern zu ersetzen sind. Insoweit enthält es eine dem § 15 gegenüber zulässige Einschränkung. Anderseits geht es über den Rahmen eines nach § 15 ergangenen Ortsstatuts hinaus, indem es die Forderung der Pflasterungskosten ganz unabhängig von der Errichtung eines Gebäudes entstehen, es für den Anspruch der Gemeinde also bedeutungslos sein läßt, ob unter seiner Herrschaft ein Gebäude errichtet worden ist oder nicht. Darum kann auf das Regulativ als auf ein einem Ortsstatute nach dem § 15 gleichstehendes Statut zurückgegangen werden, soweit die Heranziehung Kosten des ersten Straßenpflasters zum Gegenstande hat.

Nr. 11. Entsch. v. 14. Jan. 1915 (OVG. **69** 173) IV C 63/14.

BauflG. § 15.

Es hängt von dem Willen der Gemeinde ab, ob und wie sie eine Straße ausbauen will, in letzterer Beziehung insbesondere auch, ob die Straße gleich in ihrer ganzen Ausdehnung oder in einzelnen örtlichen Teilen (Strecken) ausgebaut werden soll. Von den Schranken, die diese Willensfreiheit begrenzen, kommt hier keine in Frage, insbesondere ist keine beschränkende Statutbestimmung vorhanden. Auch für das sogenannte Bauprogramm der Gemeinde in seiner weiteren Bedeutung, das nicht bloß die technische Art des Ausbaues (Pflasterung, Bürgersteigherstellung, Entwässerung, Beleuchtung u. dgl.) betrifft, sondern das auch die Entschließung über die alsbaldige Ausdehnung des Ausbaues auf die ganze Straße oder seine Ausführung nur in Teilen (Strecken) der Straße mitumfaßt, gilt der Grundsatz, daß die Gemeinde den ursprünglichen Willen, solange er noch nicht vollständig durchgeführt ist, ändern darf, namentlich also an die Stelle des Willens, die Straße als Einheit auszubauen, den Willen, sie in Teilen auszubauen, setzen kann. Daß solches dem Kläger nachteilig ist, zum wenigsten insofern, als er ohne den Beschluß wegen der Unfertigkeit der Straße vorläufig überhaupt nicht zu einem Anliegerbeitrage herangezogen werden durfte oder doch nicht herangezogen sein würde, ist ohne Bedeutung; denn die Gemeinde braucht bei ihrem Willen, eine Straße im ganzen oder in Teilen auszubauen, und daher auch bei einer Änderung ihres ursprünglichen Willens auf die Anlieger und darauf, ob ihnen das eine oder das andere vorteilhafter ist, keine Rücksicht zu nehmen. Selbst das ist ohne Einfluß, daß die Gemeinde offenbar bei ihrem Beschlusse geradezu die Absicht gehabt hat, sich durch ihn die sonst mangelnde Möglichkeit zu verschaffen, schon jetzt einen Teil der Anlieger der Straße heranzuziehen.

Nr. 12. Entsch. v. 4. Nov. 1915 (PrVerwBl. **37** 568) IV C 193/14.

BauflG. § 15.

Die Bestimmung im § 15 Abs. 2 BauflG., daß die Kosten den Eigentümern nach Verhältnis der Länge ihrer die Straße berührenden Grenze zur Last zu legen sind, kann durch das Ortsstatut eingeschränkt werden, indem die für die Beitragspflicht zu berücksichtigende Grundfläche zB. auf Gebäude-, Hof- und Hausgartenflächen beschränkt wird. Denn § 15 setzt nur den Rahmen fest, innerhalb dessen sich die Vorschriften des Ortsstatuts zu halten haben, und überläßt es der freien Entschließung der Gemeinden, ob sie die Beitragspflicht der Anlieger nach dem im G. vorgeschriebenen Maßstabe bis zu der gesetzlich zugelassenen Höchstgrenze oder niedriger festsetzen wollen.

Nr. 13. Entsch. v. 10. Juli 1913 (OVG. **65** 147) IV C 25/13.

BauflG. § 15.

Die Berechtigung, mehrere Eigentümer zu dem Anliegerbeitrage für dasselbe Grundstück heranzuziehen und insbesondere die Beitragsforderung auch noch gegenüber dem geltend zu machen, der durch ein Rechtsgeschäft unter Lebenden das an der Straße oder dem Straßenteile liegende Grundstück vor Tilgung des Anliegerbeitrags erworben hat, hat das OVG. aus der Eigenartigkeit der Entstehung der Beitragspflicht hergeleitet, gleichviel ob hierin eine Dinglichkeit im gewöhnlichen Sinne dieses Begriffs zu finden sei oder nicht. Dabei ist betont worden, daß hinsichtlich des anderen, der auf Grund eines Rechtsgeschäfts vor der Tilgung des Beitrags das Grundstück erworben hat, bei der gesetzlichen Eigenart der Beitragsforderung nur die Möglichkeit vorliegt, ihn von neuem heranzuziehen, als hätte er selbst das Gebäude errichtet, daß aber keinesfalls die durch die Heranziehung dem Vorbesitzer gegenüber fällig gewordene Forderung ohne weiteres auf den Rechtsnachfolger übergeht. Dessen Haftung besteht nur in der Weise, daß er lediglich zu dem Beitrag auf dem für die Veranlagung vorgeschriebenem Wege herangezogen werden kann und herangezogen werden muß. Dabei wird ein selbständiges Veranlagungsverfahren vorausgesetzt.

Nr. 14. Entsch. v. 6. Febr. 1913 (PrVerwBl. **36** 559) IV C 230/12.

BauflG. § 15.

Der § 6 des maßgebenden Ortsstatuts läßt die Beitragspflicht für Grundstücke, die noch unbebaut sind, mit dem Eintritte jeder Bebauung entstehen, die nach den Vorschriften des § 15 BauflG. diesen Anspruch für die Gemeinde begründet. Hinsichtlich der Grundstücke, die bei Beginn der Straßenanlegung bereits mit Gebäuden besetzt waren, tritt die Beitragspflicht erst dann ein, wenn die früheren Gebäude durch einen Neubau ersetzt werden, oder wenn weitere Baulichkeiten an der Straße errichtet werden, und wenn diese weiteren Baulichkeiten den bisherigen Gebäudesteuernutzungswert bei Gebäuden mit einem Nutzungswert bis zu 1000 *M* um mehr als 100 *M*, bei Gebäuden mit höherem Nutzungswert um mehr als 10 % erhöhen. Nach der Fassung dieser Bestimmung und den bei ihrer Annahme gepflogenen Verhandlungen muß als zweifellos angesehen werden, daß die Beitragspflicht auch dann eintreten sollte, wenn auf einem bebauten Grundstücke mehrere Bauten nicht gleichzeitig, sondern in zeitlichen Abständen errichtet würden und ihr zusammengerechneter Gebäudesteuernutzungswert die in dem § 6 unter **a** und **b** vorgesehene Höhe erreichte.

Nr. 15. Entsch. v. 3. April 1913 (OVG. **64** 207) IV C 6/13.

BauflG. § 15.

1. Wird eine Heranziehungsverfügung zu einem Anliegerbeitrag zurückgenommen so ist der Gemeindevorstand, auch wenn ein Einspruchsbeschluß ergangen war, berechtigt, den Pflichtigen anderweitig wegen desselben Anspruchs heranzuziehen, und seine Verfügung hierbei auf die Errichtung eines Gebäudes zu stützen, die früher liegt, als die Errichtung desjenigen Gebäudes, auf welche die zurückgenommene Heranziehungsverfügung gestützt war.

Wenn die Beitragspflicht, wie das OVG. in gleichbleibender Rechtsprechung angenommen hat, durch jede Errichtung eines neuen Gebäudes von neuem begründet wird, so ist nicht abzusehen, warum dieser Grundsatz nur Geltung haben soll, wenn später, in der Zeit nach einem beendeten Verwaltungsstreitverfahren oder auch ohne ein solches, neue Gebäude errichtet werden, und nicht Anwendung finden soll für die frühere Zeit. Die Beitragsforderung entsteht unabhängig davon, ob sie Gegenstand eines Verwaltungsstreitverfahrens wird, sie entsteht auch neu, wenn schon vorher ein die gleiche Pflicht zur Entstehung bringendes Gebäude errichtet war. Das neue Gebäude begründet alsdann eine neue Pflicht, die nur insofern mit der früher entstandenen Verpflichtung in Verbindung steht, als beide auf denselben Gegenstand gerichtet sind und folglich durch die Tilgung der einen auch die andere erlischt.

2. Auch der Angriff des Revisionsklägers, es sei der Grundsatz verletzt, daß das Heranziehungs- und Verwaltungsstreitverfahren nicht zu Ungunsten des Abgabepflichtigen vervielfältigt werden dürfe, geht fehl. So allgemein ist ein solcher Grundsatz nicht anzunehmen, auch bisher in der Rechtsprechung nicht angenommen worden. Es ist zwar anerkannten Rechtes, daß — von der Vorschrift der Spaltung abgesehen —, der beitragspflichtige Grundeigentümer nicht zu Teilbeträgen der Erstattungsforderung herangezogen werden soll, andernfalls ihm der Einwand zur Seite steht, daß die Heranziehung verfrüht sei. Dagegen ist eine Pflicht des Gemeindevorstandes, die Heranziehung, falls der Pflichtige mehrere

Gebäude errichtet hat, auf alle diese Gebäude gleichzeitig zu stützen, dem BauflG. nicht zu entnehmen.

Nr. 16. Entsch. v. 17. April 1913 (PrVerwBl. 36 85) IV C 184/12.

BauflG. § 15.

1. Es kann dahingestellt bleiben, ob die Wegschaffung des Aborts von seinem bisherigen Standort nach seinem neuen an dem Nachbargebäude in der Weise bewirkt ist, daß die Steine aus dem Gerüst herausgenommen wurden, dann das Gerüst nach der Wand des Nachbargebäudes geschafft, dort ohne Herstellung einer bisher nicht vorhanden gewesenen Hinterwand über einer neu gemauerten Grube aufgestellt und schließlich die Steine wieder eingesetzt wurden, oder ob es sich so zugetragen hat, daß der Abort als Ganzes auf seinen neuen Platz fortgerollt oder getragen ist. Denn ob man die eine oder die andere Angabe zugrunde legt, in jedem Falle handelt es sich um die Errichtung des Aborts an einer neuen Stelle. Es liegt nämlich die Beseitigung eines Bauwerks an einer Stelle und seine Loslösung von der Grundfläche einerseits und anderseits seine Aufstellung und Verbindung mit dem Boden an einer anderen Stelle vor. Dies ist ein Wiederaufbau, und ein solcher ist die Errichtung eines Gebäudes, die beitragspflichtig macht. Aus welchem Anlaß der Wiederaufbau vorgenommen ist, ist ohne Einfluß, in gleicher Weise auch die Geringwertigkeit des Gebäudes. Auch das ist ohne Bedeutung, daß der Abortbau keine selbständige Hinterwand hat, denn auch ohne das Nachbarhaus würde er ein Gebäude iS. des § 15 BauflG. bilden.

2. Es ist eine irrige Annahme der Kläger, daß der Abort, um sie beitragspflichtig zu machen, unmittelbar an der Straße liegen müsse. Notwendig sind nur Verkehrsbeziehungen zur Straße. Solche sind aber für den Abort ohne weiteres gegeben, wenn das Hauptgebäude, zu dem der Abort als Nebengebäude gehört, und dessen Zwecken er dient, wie im vorliegenden Fall an der Straße liegt.

3. Über die Kosten war nach § 103 LVG. zu entscheiden, und zwar waren die Anteile der einzelnen Kläger nach Maßgabe ihrer Erbanteile in ziffernmäßigen Bruchteilen, nicht bloß — wie es der Vorderrichter getan hat — durch Bezugnahme auf den Erbschein zu bestimmen.

Nr. 17. Entsch. v. 10. Juli 1913 (PrVerwBl. 36 365) IV C 21/13.

BauflG. § 15.

Ein Bau an einer in der Anlegung begriffenen Straße erzeugt keine Beitragspflicht, wenn er vor der Entstehung der Beitragspflicht wieder beseitigt worden ist. Wird also ein Bau vor Vollendung der Straße und vor dem Zeitpunkte, in dem die Abrechnung seitens der Gemeinde hat erfolgen können, wieder beseitigt, so können die Anlieger nicht herangezogen werden. Denn wenn ein Anlieger ein Gebäude an einer Straße errichtet, während sie noch in der Anlegung begriffen ist, so entsteht seine Beitragspflicht nicht schon mit der Errichtung des Gebäudes, sondern erst, sobald der Ausbau der Straße beendigt ist und die Möglichkeit vorliegt, die Kosten zu berechnen.

Nr. 18. Entsch. v. 4. Dez. 1913 (OVG. 66 146) IV C 149/13.

BauflG. § 15.

1. Es trifft nicht zu, daß die Anliegerbeitragsforderung stets schon entsteht, wenn während der Anlegungszeit ein Gebäude auf dem Grundstück an der Straße errichtet und die betreffende Straße oder Straßenstrecke fertiggestellt ist. Nach der ständigen Rechtsprechung muß auch die Möglichkeit hinzutreten, die Ausbaukosten berechnen und verteilen zu können.

2. Es beruht auf einer Verkennung des Begriffs der fertiggestellten Straße, wenn der Vorderrichter allgemein ausspricht, daß es für die Feststellung, ob die Straße fertiggestellt sei, nur darauf ankomme, daß der Grund und Boden innerhalb der Fluchtlinien der Straße freigelegt und dem öffentlichen Verkehre gewidmet worden sei. Es muß, wenn das Ortsstatut keine zwingende Vorschrift nach dieser Richtung hin enthält, in jedem Einzelfalle geprüft werden, was das Bauprogramm hinsichtlich der Erwerbung des für die Freilegung und den Ausbau benötigten Landes vorsieht und ob dessen Erwerbung und grundbuchmäßige Überschreibung für die Stadtgemeinde nach deren Willen zu der Fertigstellung der Straße oder des Straßenteils gehörten.

Nr. 19. Entsch. v. 18. Juni 1914 (PrVerwBl. 37 313) IV C 32/14

BauflG. § 15

Jede Errichtung eines Gebäudes an der Straße erzeugt die Beitragspflicht iS. des § 15 BauflG. von neuem auch dann, wenn die gleiche Pflicht schon vorher durch die Errichtung eines anderen Gebäudes entstanden war.

Diese Grundsätze sind klargelegt in OVG. 40 100. Dort ist auch schon die Folge gezogen, daß die alte und die neue Pflicht selbständig nebeneinander bestehen und selbständig verjähren, so daß die Verjährung der einen Forderung die andere ganz unberührt läßt, daß also durch den Ablauf der Verjährungsfrist aus § 87 Abs. 1² KommAbgG. für ein Gebäude nicht die Beitragspflicht des Grundstücks überhaupt verjährt, sondern die Gemeinde durch den Ablauf der Frist nur behindert wird, den Eigentümer wegen dieses einzelnen Gebäudes zu einem Anliegerbeitrage ferner heranzuziehen, dagegen berechtigt bleibt, den Beitrag bei Errichtung eines weiteren Gebäudes auf demselben Grundstück von neuem einzufordern. Alle diese Folgen ergeben sich ohne weiteres aus dem § 15 BauflG. Indem dieser Paragraph den Eigentümer des Grundstücks zur Entrichtung des Beitrags verpflichtet, sobald er darauf an der Straße ein Gebäude errichtet, schließt er den Besitznachfolger in die Pflicht ein, d. h., dieser kann dann wegen jenes Gebäudes, nur mit der Einschränkung innerhalb der Verjährungsfrist, zu demselben Beitrag herangezogen werden, als wenn er seinerseits das Gebäude errichtet hätte. Baut er aber selbst, gleichviel wann, und der Gemeinde sind die Straßenbaukosten für das Grundstück noch nicht erstattet, so wird er nach § 15 selbst pflichtig, und er kann nicht einwenden, daß die Forderung seinem Besitzvorgänger gegenüber verjährt sei.

2. Begriff und Berechnung der Anliegerbeiträge (Freilegung, erste Einrichtung, Entwässerung).

Nr. 1. **Entsch. v. 3. April 1913** (PrVerwBl. **36** 24) IV C 166/12.

BauflG. § 15.

1. Für die Abrechnung der Grunderwerbskosten und der übrigen Ausbaukosten mit verschiedenen Straßenstrecken zu rechnen, ist unzulässig und mit der Vorschrift des § 15 BauflG. nicht vereinbar. Hiernach sollen der Regel nach bei Berechnung der Kosten die Kosten der gesamten Straßenanlage zusammengerechnet werden, was natürlich nicht ausschließt, daß eine Gemeinde eine Straße in Abschnitte zerlegt, von denen jeder einzelne als selbständige Straße gilt, und sie auch abschnittweise ausbaut. Dann aber gilt für jeden Abschnitt der Grundsatz, daß für die Abrechnung die Gesamtkosten zusammenzurechnen sind. Daran ändert sich auch nichts, wenn ein Ortsstatut, wie dies in der Rechtsprechung auf Grund des § 15 Abs. 3 aaO. zugelassen ist, die Spaltung der Kosten für statthaft erklärt. Das hat nur zur Folge, daß von den Gesamtkosten

der Straße oder des besonderen Straßenteils die Kosten bestimmter Einzeleinrichtungen vorweg nach Fertigstellung dieser Einrichtungen von den Anliegern eingezogen werden dürfen, nicht jedoch, daß es im Belieben der Gemeinde stände, der Abrechnung beispielsweise der Grunderwerbskosten oder der Ausbaukosten verschiedene Straßenstrecken zugrunde zu legen.

2. Was den Ansatz von Anleihezinsen betrifft, so kommt es nicht darauf an, daß die Anleihe besonders für den Ausbau der A.straße, sondern darauf, daß sie überhaupt für Straßenanlagen aufgenommen worden und der Magistrat ermächtigt gewesen ist, die für den Grunderwerb oder Ausbau der A.straße entstehenden Kosten auf den Anleihefonds anzuweisen.

3. Für der Möglichkeit einer Abspaltung unterliegende Kosten gibt es, so lange als sie nicht tatsächlich abgespalten worden sind, keine besondere Verjährung; die Verjährungsfrist konnte auch für diese Kosten erst zu laufen beginnen, nachdem die Straße in allen ihren Teilen fertiggestellt und die Berechnung der Kosten im ganzen möglich war.

4. Desgleichen steht den Anliegern ein Einwand, die Straße sei unter Aufwendung zu großer Kosten ausgebaut worden, das Straßenland sei zu teuer bezahlt, nicht zu. Die Gemeindebehörde ist bei der Anlegung einer Straße nicht Geschäftsführer der Anlieger, sondern sie handelt lediglich als Verwalter einer Gemeindeangelegenheit, und die Anlieger haben gegen die Art und Weise, wie eine Straßenanlage ausgeführt wird, kein Widerspruchsrecht. Daß die Vermessungs- und Nebenkosten, die mit dem Erwerb des Straßenlandes in Zusammenhang stehen und notwendig aufgewendet sind, zu den der Erstattung unterliegenden Straßenbaukosten gehören, ist nach der ständigen Rechtsprechung des Gerichtshofs niemals zweifelhaft gewesen.

Nr. 2. Entsch. v. 18. Sept. 1913 (OVG. 65 149) IV C 99/13.

BauflG. § 15.

1. Die Bestimmung eines Ortsstatuts, wonach die Fahrdammkosten getrennt eingefordert werden dürfen, und zwar zunächst die Kosten der Herstellung des Planums und der provisorischen Befestigung der Unterbettung für das zukünftige Pflaster, alsdann später die Kosten der Pflasterung oder der sonstigen endgültigen Befestigung, ist unzulässig. Die Fahrdammkosten dürfen nicht nochmals gespalten werden. Dies hat zur Folge, daß die ganze Bestimmung über die Abspaltung der Fahrdammkosten rechtsunwirksam ist, und mithin die Fahrdammkosten überhaupt nicht abgespalten werden durften. Der Gemeindevorstand muß daher mit ihrer Einziehung warten, bis die ganze Straße fertiggestellt ist.

Bei der eintretenden freien Beurteilung war der Kläger auf Grund vorstehender Ausführungen von dem von ihm geforderten Beitrage freizustellen, weil die Heranziehung in Ermangelung einer gültigen Spaltungsvorschrift verfrüht ist. Insbesondere war auch die Auffassung zurückzuweisen, daß, wenn nur für eine von den gesetzlich zugelassenen Spaltungsmöglichkeiten eine Spaltungsvorschrift im Ortsstatute nicht vorgesehen sei, die Abspaltung der durch diese Einrichtung entstandenen Kosten dennoch ohne weiteres erfolgen könne. Im übrigen war von einem Eingehen auf die Frage, wie es sich mit der Rechtswirksamkeit der Spaltungsvorschrift in § 1 des Ortsstatuts v. 17. IV. 12, abgesehen von den Fahrdammkosten, verhält, abzusehen. Ebenso konnte dahingestellt bleiben, ob etwa die Entstehung der Forderung hinter den Zeitpunkt des Inkrafttretens des Ortsstatuts v. 17. IV. 12 zurückzuverlegen sein würde, und deshalb noch das Ortsstatut v. 20. IV. 91 zur Anwendung zu bringen gewesen wäre; denn, da dieses Ortsstatut eine Spaltungsvorschrift noch nicht kennt, würde die Freistellung des Klägers gleichfalls haben erfolgen müssen.

2. Ist nur für eine von den zugelassenen Spaltungsmöglichkeiten eine Spaltungsvorschrift ortsstatutarisch nicht vorgesehen, so ist die Einziehung der durch die nicht abspaltbare Einrichtung erwachsenen Kosten im Wege der Spaltung unzulässig.

Nr. 3. Entsch. v. 23. Febr. 1914 (OVG. **66** 150) IV C 170/13.

BauflG. § 15.

Mit Recht hat der Vorderrichter das Verlangen zurückgewiesen, die der Stadt in Gemäßheit des VorLeistG. regelmäßig zufließenden Vorausleistungsbeiträge von den Gesamtstraßenbaukosten in Abzug zu bringen. Jene Vorausleistungsbeiträge werden der Stadt nicht für den Ausbau der Straße, sondern dafür gewährt, daß ihre Straßen teilweise infolge der Anlegung von Fabriken, Bergwerken usw. vorübergehend oder durch deren Betrieb dauernd in erheblichem Maße abgenutzt werden. Es handelt sich hierbei also um eine Vermehrung der Unterhaltungslast, für die der Wegeunterhaltungspflichtige entschädigt werden soll und nicht um die Deckung der Ausbaukosten, die durch jene Beiträge nicht vermindert werden.

2. Es handelt sich hier um zwei sich in spitzem Winkel kreuzende Straßen. Wohin in solchem Falle die Kreuzungsflächen gehören, kann nur das pflichtmäßige Ermessen der Gemeinde bestimmen. Dies hängt von den besonderen örtlichen Verhältnissen, von der Bemessung der Frontlängen der Anliegergrundstücke u. dgl. ab.

3. Unbeachtlich ist auch der Einwand der Kläger, sie könnten nicht zu den Kosten der Verbreiterung der M.straße über das sonst für O. übliche Maß hinaus herangezogen werden. Die einzige Begrenzung ist im G. selbst gegeben, indem nach § 15 Abs. 1 BauflG. die angrenzenden Eigentümer, wenn die Straße breiter als 26 m ist, nicht für mehr als 13 m der Straßenbreite zu den Straßenbaukosten herangezogen werden können. Im übrigen steht ihnen ein Einwand gegen die Ausgestaltung der Straße überhaupt nicht zu. Darüber zu bestimmen ist Sache der Gemeinde, und den Anliegern ist auf deren Entschließung kein Einfluß eingeräumt.

Nr. 4. Entsch. v. 7. Mai 1914 (OVG. **68** 149) IV C 202/13.

BauflG. § 15.

Nach dem maßgebenden Ortsstatut ist es „zur bedingungsmäßigen und vollständigen Herstellung einer neuen Straße erforderlich, daß der Straßendamm durch ein Kopfsteinpflaster, das in 0,04 m starker Bettung von scharfen Schlacken oder Rheinkies und guten, scharf gekippten Kohlensandsteinen unter der Kontrolle der Baukommission auszuführen und mit Seitenrinnen zu versehen ist, befestigt wird. Insbesondere auf diese Vorschrift hatte sich der Beklagte dafür berufen, daß die Ende der neunziger Jahre erfolgte Chaussierung der W.straße noch nicht als die erste Einrichtung der Straße angesehen werden könne. Vielmehr gehöre die Pflasterung der Straße nach jener ortsstatutarischen Bestimmung zum Bauprogramme der Gemeinde, und dieses sei daher zu jener Zeit noch nicht erfüllt gewesen. Dem war beizupflichten. Wenn der Vorderrichter dagegen ausführt, daß die Stadt, weil sie das Ortsstatut selbst erlassen habe, auch im Einzelfalle befugt sein müsse, in Abweichung von dem im Statute festgelegten Programme geringere Anforderungen für den Straßenbau aufzustellen, die Stadt sei demnach in diesem Punkte nicht an ihr Ortsstatut gebunden, so ist das rechtsirrig und widerspricht der gleichbleibenden Rechtsprechung des Gerichtshofs. Die Stadt kann sich in ihrem Ortsstatute die Freiheit, das Bauprogramm beliebig zu bestimmen, wahren. Hat sie sich aber einmal in ihrer Freiheit beschränkt, so kann sie davon nicht abweichen, so lange nicht ein anderes Ortsstatut beschlossen und genehmigt worden ist.

Nr. 5. Entsch. v. 24. Sept. 1914 (OVG. 68 151) IV C 136/13.

BauflG. § 15.

1. Der Kläger hat den Standpunkt vertreten, daß die Überführung einer Straße über die Eisenbahn von so erheblichem Umfang und weitreichender wirtschaftlicher Bedeutung, wie sie hier zur Ausführung gelangt ist, mit einer Überspannung von sieben Gleisen, nicht mehr unter den § 15 BauflG. falle. Eine dies aussprechende gesetzliche Vorschrift hat er nicht angeführt. Die vom Kläger angeführten Erwägungen können nicht dahin führen, einen Rechtssatz anzunehmen, wonach die in Rede stehende Überführung als Teil oder Zubehör der Straße ausscheiden müsse. Auch dem in D. geltenden Ortsstatute läßt sich solches nicht entnehmen. Der § 3[1] bestimmt schlechthin, ohne Unterschiede aufzustellen, daß die Kosten der Eisenbahn-Unter- und Überführungen zu den nach § 15 des G. zu erstattenden Straßenbaukosten gehören. Ebenso ist der Vergleich mit den Brücken über öffentliche Ströme verfehlt; denn soweit in Preußen die Brücken über öffentliche Ströme keinen Teil des die beiden Ufer verbindenden Weges bilden, beruht solches auf besonderer gesetzlicher Bestimmung (vgl. § 53 ALR. II 15). Hiernach ist die Feststellung des Vorderrichters, daß die Überführung einen Teil der Straßenstrecke zwischen Y.- und H.straße darstelle, ohne Rechtsirrtum getroffen.

2. Es handelt sich ferner um die Frage, ob zu den von den Anliegern zu erstattenden Überführungskosten auch die Abfindungssummen zu rechnen sind, welche die Stadt dafür zu zahlen hatte, daß an der Straße liegende Grundstücke infolge Erhöhung der Straßenoberfläche eine Wertverminderung erlitten haben, und ob die bei dem Streite hierüber der Stadt erwachsenen Prozeßkosten als erstattungspflichtig anzusehen sind. Der Vorderrichter hat dies verneint. Er hat angenommen, daß hierbei nicht mehr Kosten der Freilegung und ersten Einrichtung der Straße in Frage kämen, sondern Kosten, die erst infolge der Freilegung und ersten Einrichtung der Straße entstanden seien. Der § 15 BauflG. sichert den Gemeinden die Erstattung der gesamten ihnen durch den Ausbau einer neuen Straße erwachsenen Ausgaben zu. Grenzen hat das G. nach dieser Richtung nicht gezogen, und sofern das Ortsstatut die Erstattungspflicht nicht einschränkt, muß daher der Grundsatz zu seiner vollen Geltung gelangen. Der Gerichtshof ist insbesondere nicht der Ansicht, daß unterschieden werden dürfe, ob die Schäden, deren Ersatz gefordert wird, erst infolge der Freilegung oder der ersten Einrichtung der Straße eingetreten, nur deren mittelbare Folge sind. Eine solche Unterscheidung läßt sich aus dem G. nicht ableiten. Es kommt demgemäß nur auf die Feststellung an, welche Kosten der Gemeinde, sei es bei dem Erwerbe des Straßenlandes, sei es sonst durch den Ausbau der Straße, erwachsen sind. Hat sie dabei Entschädigungen für Entwertung der Anliegergrundstücke zahlen müssen, so gehören diese ebenso zu den Aufwendungen, für die sie Erstattung verlangen kann, wie die gezahlten Erwerbspreise und die Ausbaukosten selbst. Dasselbe muß von den der Stadt erwachsenen Prozeßkosten gelten.

Nr. 6. Entsch. v. 17. Dez. 1914 (OVG. 68 155) IV C 108/14.

BauflG. § 15.

1. Von dem Kläger werden neben den Kosten der ersten Einrichtung des Fahrdamms diejenigen der fünfjährigen Unterhaltung der Straße in der Weise gefordert, daß als Unterhaltungskosten für jedes der fünf Jahre 4 % der aufgewendeten Fahrdammkosten berechnet worden sind. Nach der Rechtsprechung des Gerichtshofs steht fest, daß die Forderung auf Anliegerbeiträge die Eigen-

schaft eines Erstattungsanspruchs hat. Das gilt auch für die Kosten der fünfjährigen Unterhaltung. Als solche können daher nur Beträge gefordert werden, welche die Unterhaltung der Straße wirklich verursacht hat (vgl. OVG. **41** 107). Ob das der Fall war, ist nicht ersichtlich, auch kaum wahrscheinlich. Der Vorderrichter hätte daher untersuchen müssen, ob es sich bei den begehrten Unterhaltungskosten um bereits aufgewendete Kosten handelte.

2. Ferner war zwar nach der Spaltungsvorschrift in § 6 des Ortsstatuts die Heranziehung zu den Kosten der ersten Einrichtung des Fahrdamms zulässig. Wenn indessen in § 11 Abs. 2 aaO. von der Stadtgemeinde wegen der Unterhaltungskosten so, wie geschehen, gespalten worden ist, daß nämlich die Kosten der fünfjährigen Unterhaltung denjenigen Teilkosten hinzugerechnet werden, zu denen sie ihrer Natur nach gehören, so ist diese Vorschrift ungültig. Die aufgewendeten Unterhaltungskosten dürfen nur für die ganze Straße, nicht für einzelne Teileinrichtungen ihres Ausbaues besonders verlangt werden. Der § 15 BauflG. trifft weiter allein Bestimmung über die fünfjährige Unterhaltungsleistung. Daraus entnimmt der Gerichtshof, daß letztere nur einmal und nicht in teilbaren Beträgen, zB. solchen für jedes der fünf Jahre, von dem beitragspflichtigen Anlieger zu erstatten, sondern erst zu entrichten ist, nachdem seit Fertigstellung der Straße der Zeitraum von fünf Jahren abgelaufen ist.

3. Begriff der Straßenanlage iS. des § 15 BauflG.

Nr. 1. Entsch. v. 6. Jan. 1913 (PrVerwBl. 35 602) IV C 150/12.

BauflG. § 15.

1. Um die Eigenschaft einer Straße als vorhandener anzuerkennen, erscheint es unerläßlich, daß entweder ausdrücklich oder stillschweigend die Gemeinde sich mit der Bestimmung zu einer dem inneren Verkehr und Anbau dienenden Ortsstraße einverstanden erklärt hat und dies nachgewiesen wird. Wenn die Kläger dem Vorderrichter vorwerfen, nicht beachtet zu haben, daß die Landgemeinde Wik und die dazu gehörige Dorfschaft Kämpen seit Jahrhunderten als Ortschaft bestanden hätten und die Auffassung des Bezirksausschusses dahin führen müsse, das Bestehen einer Ortschaft zuzugeben, in der es keine vorhandene Straße gebe, so ist hieraus nichts herzuleiten. Die Annahme, daß jede Ortschaft eine vorhandene Straße in dem hier in Betracht kommenden Sinne haben müsse, ist irrig. Es gibt Dörfer, in welchen die Wohnplätze zerstreut liegen, und in denen es an solchen Straßen fehlt, und dasselbe muß von Ausbauten oder Ansiedelungen außerhalb der Ortslage gelten. Aus dem Bestehen dieser allein kann weder auf das Vorhandensein einer Straße noch auf den Willen der Gemeinde, einen bisherigen Kommunikationsweg in eine Ortsstraße umzuwandeln und zu einer vorhandenen Ortsstraße zu machen, geschlossen werden.

2. Zur Entstehung der Forderung auf die Leistung von Anliegerbeiträgen gehört die Fertigstellung der Straße und die Möglichkeit, die Straßenbaukosten zu berechnen. Dasjenige Ortsstatut ist dann für die Berechnung der Beiträge das maßgebende, welches in jenem Zeitpunkt in Geltung war.

Nr. 2. Entsch. v. 12. Juni 1913 (OVG. 64 213) IV C 70/13.

BauflG. § 15.

1. Ein Weg erlangt die rechtliche Eigenschaft einer vorhandenen Straße nur durch den hierauf gerichteten Willen der Gemeinde, in deren Bezirk er belegen ist. Es muß also erkennbar sein, daß die Gemeinde eine Straße, obwohl sie in dem maßgebenden Zeitpunkte noch nicht in allen Einzelheiten fertiggestellt war, sondern damals noch Unvollkommenheiten aufwies, schon zu den in ihren Einrichtungen abgeschlossenen Ortsstraßen gerechnet und

sie danach behandelt hat, so daß die Straße als eine neue nicht mehr in Betracht kam. Alle späteren Ergänzungen der Straßeneinrichtungen oder Regulierungen fallen dann nicht mehr unter den Begriff der Anlegung einer neuen Straße iS. des § 15 BauflG., sondern stellen sich als Verbesserungen dar, welche die Beitragspflicht der Anlieger nicht begründen.

2. Auch eine Dorfstraße kann eine vorhandene oder neue Straße iS. des § 15 aaO. sein. Es kommt nur darauf an, ob die Gemeinde schon mit ihr als einer in ihren straßenmäßigen Einrichtungen zu einem gewissen Abschlusse gelangten Straße gerechnet hat. Allerdings betont noch der Vorderrichter, davon habe damals keine Rede sein können, daß etwa Einrichtungen, wie ein gepflasterter Straßendamm, kunstgerecht gepflasterte oder befestigte Bürgersteige, eine planmäßige Beleuchtung und eine ordnungsmäßige Entwässerung vorhanden gewesen seien. Davon, daß diese Einrichtungen in der bezeichneten Beschaffenheit bestanden haben, hängt es nicht ab, ob das Vorhandensein bejaht werden kann, wie auch eine vorhandene Straße ein von der Gemeinde vorher gewolltes bestimmtes Bauprogramm nicht voraussetzt. Zwar hat das OVG. wiederholt ausgesprochen, daß eine vorhandene Straße wesentlicher Einrichtungen einer Straße nicht entbehren dürfe. Dies ist aber immer nicht ohne Berücksichtigung der Lage des einzelnen Falles und nur dann geschehen, wenn die Voraussetzung zutraf, daß daraus der Wille der betreffenden Gemeinde zu entnehmen war, Straßen mit solchen Mängeln zu den vorhandenen Straßen nicht zu rechnen.

Nr. 3. Entsch. v. 27. Nov. 1913 (DJZ. 19 831) IV C 67/13.

BauflG. § 15.

In seiner Entscheidung geht der Vorderrichter zutreffend von der Prüfung der Frage aus, ob die B.straße z. Z. des Inkrafttretens des ersten Ortsstatuts von 1886 eine vorhandene war. Dies bejaht er auf Grund der tatsächlichen Beschaffenheit als Kiesfahrweg, den die Gemeinde unterhielt, sowie der weiteren Tatsachen, daß an den beiden Enden einige Häuser standen, und daß sich über sie ein Verkehr von der Vorstadt R. nach dem Bahnhofe bewegt hat. Das genügt aber nicht. Wesentlich für die Feststellung einer vorhandenen Straße ist nach der feststehenden, in zahlreichen Urteilen zum Ausdrucke gekommenen Rechtsprechung des OVG. der Wille der Gemeinde, der, soweit er nicht ausdrücklich bekundet ist, aus den obwaltenden Umständen zu ermitteln ist. Eine vorhandene Straße ist eine solche, die nach dem Willen der Gemeinde eine für den Anbau und den inneren Ortsverkehr bestimmte Straße bildet. Das hat der Vorderrichter übersehen, und deshalb muß seine Entscheidung aufgehoben werden.

Nr. 4. Entsch. v. 12. Febr. 1914 (OVG. 66 147) IV C 118/13.

BauflG. § 15.

1. Wenn der Vorderrichter ausführt, die Rechtsprechung stehe grundsätzlich auf dem Standpunkte, daß in Städten eine Straße als eine vorhandene anzusehen ist, wenn ihre Herstellung programmäßig, d. h. nach den für den Bau städtischer Straßen aufgestellten Grundsätzen und Bestimmungen erfolgt ist, so verkennt er den Begriff der vorhandenen Straße und verwechselt diese insbesondere mit der programmäßig fertiggestellten Straße. Unter einer vorhandenen Straße iS. des § 15 BauflG. versteht die Rechtsprechung des OVG. eine solche Ortsstraße, die noch nicht fertiggestellt, aber trotz ihrer teilweisen Unfertigkeit nach dem Willen der Gemeinde bereits für den inneren Verkehr und den Anbau bestimmt ist.

2. Es besteht kein Rechtssatz, nach dem für die Einforderung der Straßenherstellungskosten im Wege der Spaltung irgend eine bestimmte Reihenfolge ein-

zuhalten wäre. Insbesondere können die Kosten der ersten Einrichtung vor den Freilegungskosten einschließlich der Grunderwerbskosten gefordert werden, wenn und sobald die erste Einrichtung in dem für die Spaltung in Betracht kommenden Umfange fertiggestellt ist.

Nr. 5. Entsch. v. 18. Juni 1914 (OVG. **67** 152) IV C 17/14.

BauflG. § 15.

Eine Straße iS. des § 15 BauflG. muß, gleichviel was im übrigen darunter zu verstehen ist, weil das G. ein preußisches ist, stets eine in Preußen liegende Straße sein. Wenn und soweit es hieran fehlt, hat man es für die Anwendung des § 15 nicht mit einer Straße zu tun. Dieser Grundsatz muß, da er eine notwendige rechtliche Folge aus dem G. selbst darstellt, auch dann gelten, wenn die nicht in Preußen liegende Fläche ebenfalls ein öffentlicher Weg ist, dem gleichen Verkehrszwecke dient, dieselbe tatsächliche Beschaffenheit hat, äußerlich im engsten Zusammenhange mit der angrenzenden preußischen Fläche steht und mit ihr einen einheitlichen Namen führt. Selbst dann bestehen immer noch zwei Straßen, nicht eine Straße.

Hieraus folgt weiter, daß als Straßenbreite iS. des § 15 aaO. nur die Breite der in Preußen liegenden Straße in Betracht kommt.

Nr. 6. Entsch. v. 11. Febr. 1915 (OVG. **68** 157) IV C 172/14.

BauflG. § 15.

Zwar bestimmt über die Zerlegung einer Straße in Teile mit der Wirkung, daß schon die Fertigstellung des Straßenteils den Anspruch auf Anliegerbeiträge rücksichtlich dieses Teiles zur Entstehung bringen kann und demgemäß der Magistrat zur Heranziehung der Anlieger berechtigt ist, innerhalb der Grenzen des BauflG. und des Ortsstatuts der freie Wille der Gemeinde dergestalt, daß dieser Wille im Streitfalle maßgebend dafür ist, ob und in welcher Ausdehnung ein Straßenteil anzunehmen ist (vgl. OVG. **55** 79). Darüber jedoch, für welche Strecken die Heranziehung der Anlieger zu Straßenbaukostenbeiträgen vorzunehmen ist, ob solche für einen Straßenteil gesondert oder für mehrere Straßenteile zusammen oder endlich erst für die ganze Straße erfolgen soll, hat wenigstens in erster Linie der Magistrat als diejenige Behörde zu entscheiden, welche die Finanzhoheit der Gemeinde ausübt und die Veranlagung zu verfügen hat. Freilich darf sich der Magistrat bei der Bestimmung der Straßenstrecke, die der Heranziehung zugrunde zu legen ist, nicht mit ihn bindenden Beschlüssen der Stadtverordnetenversammlung oder mit Vorschriften des Ortsstatuts oder mit dem Begriffe des Straßenteils im Gegensatze zu einem unselbständigen Straßenstück in Widerspruch setzen. Die Bestimmung in § 12 Abs. 1 des maßgebenden Ortsstatuts, die lautet: „Für die Verteilung der Gesamtkosten gilt derjenige zusammenhängende Teil der Straße als Einheit, dessen Regulierung zu derselben Zeit erfolgt", ist aber nicht, wie der Bezirksausschuß angenommen hat, dahin zu verstehen, daß der Magistrat verpflichtet und nicht bloß befugt sei, für solchen gleichzeitig regulierten Teil der Straße die Beitragserhebung gesondert vorzunehmen. In dieser Bestimmung ist keine Einschränkung der der Gemeinde und dem Magistrate nach § 15 BauflG. zustehenden Rechte zu finden. Mit ihr sollte nur eine Grenze nach unten gezogen und darauf hingewiesen werden, daß aus der gesamten Straßenanlage nicht willkürlich beliebige Straßenstücke herausgegriffen werden dürfen, die als Straße gar keine eigene Bedeutung haben können. Wenn beabsichtigt gewesen wäre, dem Magistrate zu verbieten, der gesetzlichen Regel entsprechend, die Kosten der ganzen Straße, oder, wie hier, diejenigen mehrerer zu verschiedenenen Zeiten ausgebauter Teilstrecken zusammenzurechnen, so hätte dies deutlicher gesagt werden müssen (vgl. OVG. **52** 106).

Nr. 7. Entsch. v. 4. Febr. 1915 (OVG. **69** 176) IV C 9/14.

BauflG. §§ 12, 15.

Auch in einem Gutsbezirke kann es vorhandene Straßen geben, ebenso wie es dort nach OVG. v. 1. V. 14 (IX B 84/13) historische Straßen geben kann. In beiden Beziehungen greifen die gleichen Erwägungen Platz. Ebenso wie in Beziehung auf § 12 BauflG. der Begriff der historischen Straße, hat allerdings der Begriff der vorhandenen Straße, wie er in der Rechtsprechung des OVG. festgestellt und angewendet worden ist, rechtliche Bedeutung nur in Beziehung auf ein gemäß § 15 aaO. erlassenes Ortsstatut und die darin geregelte Beitragspflicht zu den Straßenbaukosten. Da für einen Gutsbezirk ein Ortsstatut nach § 15 nicht erlassen werden kann, weil es in ihm an hierfür zuständigen Organen fehlt, dem Gutsbezirk auch das Besteuerungsrecht nicht zusteht, so bleibt der Begriff insoweit außer Anwendung, solange der Gutsbezirk besteht und nicht nach Aufhebung der Gutsbezirkseigenschaft überhaupt oder für den betreffenden Teil ein auf § 15 beruhendes Ortsstatut zur Einführung gelangt. Daraus folgt aber nicht, daß nicht der Sache nach das, was unter einer vorhandenen Straße verstanden wird, in einem Gutsbezirke gegeben sein oder zur Entstehung gelangen kann. Eine vorhandene Straße ist nichts weiter als eine nicht erst noch in der Entwickelung begriffene und in ihrer baulichen Ausgestaltung noch zu ergänzende, sondern in ihrem derzeitigen Zustande bereits für den inneren Verkehr und den Anbau bestimmte Ortsstraße. Da nun im Gutsbezirk unzweifelhaft Ortschaften entstehen können und auch tatsächlich vielfach in mehr oder weniger großer Ausdehnung vorhanden sind, und da das Gutsbezirksgelände, sei es zum Zwecke der Koloniegründung, sei es im Anschluß an die fortschreitende Erweiterung angrenzender Gemeinden, der Bebauung vom Eigentümer erschlossen werden kann, so sind in ihm auch Ortsstraßen und folglich auch sogenannte vorhandene Straßen möglich. Maßgebend ist hierbei der Wille des Gutseigentümers in seiner Eigenschaft als Gutsherr. Ob für die Straßen Fluchtlinien bestehen, oder — was für Straßen innerhalb eines Gutsbezirkes zu verneinen ist (vgl. OVG. **55** 244) —, überhaupt auf Grund des BauflG. festgestellt werden können, ist für die Frage der Entstehung vorhandener Straßen ohne Bedeutung.

4. Begriff des „Gebäudes" an der Straße.

Nr. 1. Entsch. v. 16. Jan. 1913 (PrVerwBl. **35** 541) IV C 86/12.

BauflG. § 15.

Die Eigenschaft als Abort steht der Gebäudeeigenschaft nicht entgegen, ebensowenig Holzkonstruktion und Pappbedachung. Es kommt lediglich darauf an, ob das Bauwerk nach Konstruktion und Bestimmung einem selbständigen Gebäude gleichzuachten ist. Dies schließt auch die Mitbenutzung einer vorhandenen Abortgrube nicht aus.

Nr. 2. Entsch. v. 18. Sept. 1913 (PrVerwBl. **37** 8) IV C 96/13.

BauflG. § 15.

Rechtsirrig ist die Ausführung des Vorderrichters, daß, weil der Lagerschuppen, an dessen Stelle gegenwärtig das Abortgebäude getreten ist, ohne baupolizeiliche Genehmigung erbaut sei, ein Umbau nicht angenommen werden könne, vielmehr die in Betracht kommende Baufläche als unbebaut zu gelten habe und es für die Entscheidung lediglich darauf ankomme, ob das Abortgebäude an sich ein „Gebäude" iS. des § 15 BauflG. darstelle. Darauf, ob zur Errichtung des die Beitragspflicht begründenden Gebäudes die baupolizeiliche Genehmigung erteilt ist, kommt es nicht an, nur die Tatsache der Errichtung ist von Bedeutung. Der § 15 aaO. erwähnt auch solche Genehmigung nicht, und es ist nicht angängig, etwas in das G. hineinzutragen, wenn kein Anhalt gegeben ist, daß der Gesetzgeber daran gedacht, geschweige denn es gewollt hat.

III.
Indirekte Gemeindesteuern.
A. Verbrauchssteuern.

Nr. 1. Entsch. v. 13. März 1914 (PrVerwBl. 35 779) VII C 466/12.

KommAbgG. §§ 13, 14, 18, 20, 96.

1. Die Berliner Braumalzsteuer ist eine kommunale Braumalzabgabe, da sie als eine solche bewilligt worden und an ihrer rechtlichen Eigenschaft durch den Wandel der Brausteuergesetzgebung und durch das KommAbgG. nichts geändert worden ist. § 13 Abs. 1 KommAbgG. bestimmt, daß die Gemeinden zur Erhebung indirekter Steuern innerhalb der durch die ReichsG. gezogenen Grenzen befugt sind. Das ReichsG. v. 31. V. 72 gestattete aber iVerb. mit Art. 5 II § 7 des Zollvereinigungsvertrags das Fortbestehen der kommunalen Bierabgabe. Wenn daneben in § 14 Abs. 2 aaO. eine ausdrückliche Bestimmung hinsichtlich der Forterhebung der Schlachtsteuer getroffen ist, so hat diese nicht die Bedeutung eines neben dem § 13 erforderlichen Ausspruchs über die Zulässigkeit dieser Steuer, sondern im Gegenteil die, daß entgegen der allgemeinen Regel des § 13 hinsichtlich der Schlachtsteuer die in dem G. v. 25. V. 73 gezogenen Schranken bestehen bleiben. Da hinsichtlich der Brausteuer andere als die reichsgesetzlichen Schranken nicht gezogen sind, bedurfte es hinsichtlich ihrer einer ähnlichen Bestimmung, wie sie in § 14 Abs. 2 das KommAbgG. bezüglich der Schlachtsteuer getroffen hatte, nicht. § 18 KommAbgG. greift ebenfalls nicht Platz; denn er schreibt den Gemeinden nur bei Einführung neuer oder Veränderung bestehender indirekter Gemeindesteuern den Erlaß von SteuerO. vor. Bestehende indirekte Gemeindesteuern bleiben also bis auf weiteres in Kraft, solange sie nicht verändert werden, und zwar auch dann, wenn sie nicht auf einer Ordnung beruhen. Auf § 20 KommAbgG. kann sich die Klägerin schon deshalb nicht berufen, weil er sich nur auf direkte Steuern bezieht. Auch die Bestimmungen des § 96 KommAbgG. stehen der Weitererhebung der durch die KabO. v. 22. XII. 20 für Berlin bewilligten kommunalen Braumalzsteuer nicht entgegen. Nach Abs. 4 des § 96 bleiben die vor Inkrafttreten des KommAbgG. in Geltung gewesenen „Ordnungen" bis zur Abänderung durch rechtsgültigen Gemeindebeschluß oder Anordnung der Aufsichtsbehörde bestehen. Da unter „Ordnungen" in Abs. 2 aaO. auch „Observanzen, Statuten, Regulative, Gemeindebeschlüsse usw." mitverstanden werden, so muß dieses Wort auch in Abs. 4 eine umfassende Auslegung erfahren, so daß auch der vorliegende Fall davon getroffen wird. Es kann dahingestellt bleiben, ob die Aufsichtsbehörde auf Grund des § 78 und § 96 Abs. 2 KommAbgG. den Erlaß einer BrausteuerO. hätte verlangen können; jedenfalls hat sie es bis zum Jahre 1911 nicht getan, und die Gemeinde hat an dem bisherigen Zustand aus eigener Entschließung nichts geändert. Auch auf Art. 10 AAnwKommAbgG. kann die Klägerin sich nicht berufen. Soweit diese Bestimmung überhaupt auf die Braumalzsteuer bezogen werden kann, enthält sie nur eine Wiederholung der im Zollvereinigungsvertrage bereits enthaltenen Grundsätze. Außerdem hat die Ausführungsanweisung nicht Gesetzeskraft.

2. Was die nach § 69 KommAbgG. erforderliche Heranziehung anlangt, so kommt für den vorliegenden Fall folgendes in Betracht. Das RBrauStG. v. 15. VII. 09 enthält in § 58 Abs. 6 die Bestimmung: „Für die Fälligkeit, Einzahlung oder Stundung der von Gemeinden erhobenen Abgaben von Bier ... gelten die im § 8 festgesetzten Fristen." § 8 wiederum bestimmt: „Die Steuer für die in einem Monate verwendeten Braustoffe wird am letzten Tage dieses Monats fällig und ist spätestens am siebenten Tage des nächstfolgenden Monats bei der Hebestelle einzuzahlen." Durch diese gesetzlichen Bestimmungen über die Fälligkeit und Einzahlung der Steuer kann die grundsätzliche Heranziehungspflicht des

Steuergläubigers unter Umständen gegenstandslos werden. Der Inhalt der Heranziehungspflicht ist im allgemeinen der, daß der Steuergläubiger seinerseits dasjenige getan haben muß, was nötig ist, damit der Steuerschuldner wisse oder wenigstens wissen könne, daß und zu welchem Betrag eine Steuer von ihm erhoben werden solle. Erst wenn der Steuerschuldner von der seitens des Steuergläubigers behaupteten Steuerpflicht und von dem zu leistenden Steuerbetrag unterrichtet ist oder als unterrichtet zu gelten hat, liegt eine Heranziehung vor. Der Zweck der Heranziehung ist also, dem Steuerschuldner autoritativ mitzuteilen, daß ein bestimmter Steuerbetrag von ihm gefordert werde, ferner, wer diesen fordere, und aus welchem Rechtsgrunde dies geschehe. Wenn jedoch der Steuerschuldner die Aufforderung zur Zahlung nicht abwartet, sondern nach eingetretener Fälligkeit der Steuer diese in der gesetzlich bestimmten Höhe zahlt, so würde eine Aufforderung zur Zahlung seitens des Steuergläubigers überflüssig und gegenstandslos sein, so daß sich der Steuerschuldner auf das Fehlen dieser Aufforderung nicht mehr berufen kann. Die tatsächliche Zahlung tritt dann an die Stelle der nicht abgewarteten Aufforderung zur Zahlung. Sie eröffnet daher auch die Möglichkeit, das Anrecht des Steuergläubigers auf den ihm gezahlten Betrag mit dem Rechtsbehelfe des Einspruchs anzugreifen. Durch die Einlegung des Einspruchs liefert der Steuerschuldner den Beweis, daß er nur deshalb gezahlt habe, weil er eine Heranziehung als unausbleiblich ansah, daß er jedoch seine rechtliche Verpflichtung zu dieser Steuerzahlung nicht anerkenne.

Nr. 2. Entsch. v. 30. April 1915 (PrVerwBl. 37 134) II C 235/14.

RBrauStG. § 58.

Die Revision rügt Verletzung des § 58 Abs. 3 RBrauStG. v. 15. VII. 09. Sie behauptet, daß nach dessen Wortlaut höhere als die in dem Abs. 2 daselbst vorgesehenen Abgaben nur „auf Grund der bisherigen Vorschriften", nicht aber, wie es seitens des Beklagten geschehen, auf Grund neuer SteuerO. erhoben werden dürften. Damit gibt Kläger den Wortlaut der genannten Gesetzesbestimmung unrichtig wieder, und sein Einwand ist hinfällig.

§ 58 aaO. bestimmt im Abs. 2, daß für Bier mit einem Alkoholgehalt von höchstens $1^3/_4$ % der Menge, wie solches den Gegenstand der streitigen Abgabe bildet, die Abgabe an die Gemeinden nicht mehr als 30 ₰ für 1 hl betragen darf. Abs. 2 lautet dann wörtlich:

„Soweit auf Grund der bisherigen Vorschriften Gemeinden höhere Abgaben von den Braustoffen oder dem Bier erheben, dürfen diese höheren Abgaben bis zum 1. X. 15 forterhoben werden."

Voraussetzung für die Forterhebung höherer als der im Abs. 2 begrenzten Abgaben ist danach nur, daß diese beim Inkrafttreten des genannten G. bereits von den Gemeinden erhoben wurden, und daß diese Erhebung in den bisherigen Vorschriften auch ihre rechtliche Begründung hatte. Beides trifft hier unbestritten zu. Die Gemeinde R. erhob beim Inkrafttreten des RBrauStG. bereits von allem eingeführten Bier, auch von solchem mit einem Alkoholgehalt von $1^3/_4$ und weniger % der Menge, eine Steuer von 65 ₰ für das Hektoliter und war dazu durch § 5 der örtlichen SteuerO. berechtigt. Danach entbehrt auch der § 3 ihrer neuen SteuerO., wonach von dem in den Gemeindebezirk eingeführten Bier ohne Rücksicht auf seinen Alkoholgehalt eine Steuer von 65 ₰ für 1 hl zu erheben ist, iVerb. mit dem § 12, der vom 1. X. 15 ab die Steuer für Bier mit einem Alkoholgehalt von höchstens $1^3/_4$ % der Menge auf 30 ₰ für 1 hl herabsetzt, nicht der Rechtswirksamkeit. Die Annahme des Klägers, daß die Forterhebung der bisherigen Steuersätze auf Grund einer neuen SteuerO. unzulässig sei, findet weder im G. noch in den auf sein Zustandekommen bezüglichen Verhandlungen einen Anhalt.

B. Lustbarkeitssteuern.

Literatur: Illiger: Die Besteuerung der Lustbarkeiten in Preußen (Berlin 1914).

Nr. 1. Entsch. v. 20. Jan. 1913 (PrVerwBl. 35 229) VII C 419/12.

Wenn die örtliche LustbarkeitssteuerO. die Steuerfreiheit auf solche Lustbarkeiten beschränkt, die zur Feier patriotischer Feste veranstaltet werden, so bringt sie damit zum Ausdruck, daß nicht jede beliebige Lustbarkeit durch eine äußerliche Verbindung mit einem patriotischen Gedenktage Steuerbefreiung erlangen soll, sondern daß die Befreiung nur für solche Lustbarkeiten eintreten soll, die nach der ganzen Art der Veranstaltung und dem Inhalte der Feier in einer erkennbaren inneren Beziehung zu dem betreffenden Gedenktage stehen. Ob dies zutrifft, hat der Verwaltungsrichter im Einzelfalle festzustellen.

Nr. 2. Entsch. v. 9. Mai 1913 (OVG. 64 228) VII C 794/12.

KommAbgG. §§ 13, 15.

Die in Betracht kommende SteuerO. lautet in ihrem Eingang und in § 1:

„Auf Grund des Beschlusses der Gemeindeversammlung von O. vom heutigen Tage wird hierdurch in Gemäßheit der §§ 13, 18, 82 KommAbgG. v. 14. VII. 93 nachstehende Ordnung, betr. die Erhebung einer Billett-(Karten-)steuer im Bezirke der Gemeinde O. erlassen:

§ 1.

Bei allen im Bezirk der Gemeinde O. stattfindenden Lustbarkeiten und sonstigen Veranstaltungen (auch Pferderennen), zu denen Eintrittskarten gegen Entgelt abgegeben werden, gelangt neben der etwa zu zahlenden Lustbarkeitssteuer eine Billett-(Karten-)steuer zur Erhebung."

Sie ist also nicht nur materiell ausschließlich auf § 13 KommAbgG. gestützt, sondern bringt auch in unzweideutiger Weise die Absicht des örtlichen Steuergesetzgebers zum Ausdrucke, nicht nur Lustbarkeiten, sondern auch „sonstige Veranstaltungen, zu denen Eintrittskarten gegen Entgelt abgegeben werden", der Steuer zu unterwerfen. Es handelt sich somit nicht um die Frage, ob die besteuerten Pferderennen „Lustbarkeiten" sind, sondern um die, ob der § 13 aaO. den Gemeinden die Befugnis gibt, auch Veranstaltungen, die nicht Lustbarkeiten sind und daher nach § 15 aaO. nicht besteuert werden können, einer indirekten Steuer zu unterwerfen. Nun hat der Gerichtshof wiederholt (vgl. OVG. 55 108, 58 132) ausgesprochen, daß der § 13 aaO. den Gemeinden ganz allgemein das Recht gibt, soweit nicht reichsgesetzliche Vorschriften entgegenstehen, indirekte Steuern zu erheben, sofern sie die Genehmigung und Zustimmung der Aufsichtsbehörden zu ihren SteuerO. finden, daß also der § 13 der Gemeindeautonomie landesgesetzliche Schranken nicht zieht. Diese Tragweite des § 13 wird auch durch den die Besteuerung von Lustbarkeiten ausdrücklich für zulässig erklärenden § 15 nicht eingeschränkt in der Richtung, daß etwa die Besteuerung von Darbietungen, die von einem weiteren oder engeren Kreise des Publikums aufgesucht werden, um durch das Dargebotene sich unterhalten, belehren oder erbauen zu lassen oder Gelegenheit zu anderen immateriellen oder materiellen Annehmlichkeiten oder Vorteilen zu finden, unzulässig wäre, wenn es sich nicht um eine ergötzende Unterhaltung, d. h. um Lustbarkeiten handelt. Es mag sein, daß der Gesetzgeber bei dem § 13 aaO. vorzugsweise an Verbrauchssteuern gedacht hat; ausschließlich kann er wenigstens während der parlamentarischen Verhandlungen über das KommAbgG. nur solche nicht im Auge gehabt haben; denn es sind damals schon die Umsatzsteuern als zulässige indirekte Gemeindesteuern bezeichnet worden; sie finden aber im KommAbgG. keine andere gesetzliche Grundlage als eben den § 13. Mag aber die ursprüngliche Absicht der Staatsregierung bei Ausarbeitung des Entwurfes des KommAbgG.

gewesen sein, welche sie will, jedenfalls hat eine auf Beschränkung der Bedeutung des § 13 auf gewisse Arten von indirekten Steuern gerichtete Absicht im G. keinen Ausdruck gefunden. Ein gesetzliches Hindernis gegen eine auf § 13 aaO. gestützte Besteuerung anderer Darbietungen als Lustbarkeiten bildet also der § 15 aaO. nicht.

Nr. 3. Entsch. v. 13. Nov. 1913 (Recht 18 74).

KommAbgG. § 15.

Sportliche Wettkämpfe, die nicht veranstaltet werden, um dem Ergötzen und der Unterhaltung zu dienen, sondern um den Teilnehmern Gelegenheit zu geben, ihre Fertigkeit an dem Gegner zu messen, sind steuerfrei. Wenn die SteuerO. Wettspiele für steuerpflichtig erklärt, so ist das unerheblich. Eine SteuerO. kann nicht fingieren, daß eine Veranstaltung eine Lustbarkeit sei, wenn sie tatsächlich eine solche nicht ist.

Nr. 4. Entsch. v. 1. Mai 1914 (PrVerwBl. **36** 679) II C 324/13.

☞ Nach dem MinErl. v. 27. II. 90 (MBl. 43) und v. 17. VIII. 97 (MBl. 189) ist darauf zu halten, daß die Lustbarkeitssteuersätze nicht unverhältnismäßig hoch sind und nicht auf eine in der Sache nicht begründete Unterdrückung der Lustbarkeiten hinauslaufen. Diese Erlasse bilden aber nur Richtlinien für die Gemeinden und für die Genehmigungsbehörden. Sache der letzteren ist es, gegebenenfalls einer SteuerO., die gegen jene Erlasse verstößt, die Genehmigung zu versagen. Ist aber eine SteuerO. einmal formell gültig zustande gekommen, so ist deren Inhalt, soweit er nicht gegen gesetzliche Vorschriften verstößt, für den Verwaltungsrichter bindend. Aus den Ministerialerlassen kann letzterer einen Grund zur Ungültigerklärung von Bestimmungen der SteuerO. nicht entnehmen. Daß die vielleicht hohen Sätze im einzelnen Falle einen Gewerbetreibenden bedrücken mögen, genügt nicht, um die Erdrosselung anzunehmen. Eine gleiche Wirkung könnte auch eine Forensal-Einkommensteuer haben. Daß sonst die Bestimmungen darauf abzielten, die für steuerpflichtig erklärten Vorführungen und so die Ausübung des Gewerbes unmöglich zu machen, ist im vorliegenden Falle nicht erkennbar. Deshalb braucht nicht erörtert zu werden, ob und unter welchen Umständen etwa eine auf Erdrosselung ausgehende Steuer unzulässig sein möchte wegen der Vorschrift im § 1 GewO., daß der Betrieb eines Gewerbes jedermann gestattet ist, soweit nicht durch die GewO. selbst Ausnahmen oder Beschränkungen vorgeschrieben oder zugelassen sind. Der gleichfalls vom Kläger angezogene § 7⁶ das. steht ihm nicht zur Seite, denn mit den dort aufgehobenen Abgaben sind solche gemeint, die als Leistung für die Befugnis zum Betrieb eines Gewerbes zu entrichten sind (OVG. **52** 8/9), nicht solche, die zufolge eines Gewerbebetriebs gefordert werden. Zu ihnen gehört die Lustbarkeitssteuer aber nicht.

Nr. 5. Entsch. v. 16. Juni 1914 (DJZ. **20** 1240) II C 37/14.

Von einer Erdrosselung kann nur die Rede sein, wenn die Steuer nach ihrer Gestaltung und Höhe die Absicht erkennen läßt, die für steuerpflichtig erklärten Vorgänge unmöglich zu machen. Wenn eine SteuerO. darauf ausginge, nicht sowohl die Besteuerung von gewerblichen Veranstaltungen vorzusehen, als vielmehr die Unterdrückung gewerblicher Betriebe herbeizuführen und damit die Gewerbefreiheit zu beeinträchtigen, könnte ihre Gesetzwidrigkeit in Frage kommen. Eine Erschwerung des Gewerbebetriebs wird durch jede Besteuerung einzelner Veranstaltungen eines solchen ebenso wie durch eine Besteuerung des Gewerbebetriebs selbst oder des aus ihm fließenden Einkommens herbeigeführt. Dadurch wird aber die Besteuerung nicht gesetzwidrig, und sie wird es auch nicht dadurch, daß manche Gewerbebetriebe infolge der Besteuerung einen erheblichen Rückgang des Reingewinns oder wohl gar dessen Fortfall erleiden. Dafür, daß die Steuer darauf abzielte, den Gewerbebetrieb von Kinotheatern in G. völlig unmöglich zu machen, fehlt es an einem Anhalte.

Nr. 6. Entsch. v. 2. Okt. 1914 (PrVerwBl. **36** 348) II C 256/13.

1. Nach der LustbarkeitsO. der Stadt F. ist es bei zahlreichen Lustbarkeiten in das völlig freie Ermessen des Magistrats (der Veranlagungsbehörde) gestellt, in welcher Höhe im einzelnen Steuerfalle zwischen den zum Teil weitgezogenen Grenzen der Steuersatz festzusetzen ist. Auch die Bestimmung der SteuerO., wonach die Steuer für gewisse Lustbarkeiten „nach dem zu erwartenden Gewinne des Unternehmers" ermittelt werden soll, gibt nur eine Richtlinie, schließt aber keineswegs das Belieben des Magistrats aus, da sie keine bestimmte Norm darüber enthält, in welcher Weise das angegebene Merkmal (der Gewinn) die Bestimmung (Staffelung) des Steuersatzes von Fall zu Fall beeinflussen soll. Eine derartige Ordnung einer Gemeindesteuer kann nicht für zulässig erachtet werden.

Wie bereits in OVG. **57** 131 ausgeführt ist, verlangt das KommAbgG., daß jede indirekte und nicht in Prozenten einer Staatssteuer bestehende direkte Gemeindesteuer durch eine SteuerO. geregelt werden müsse (§§ 18, 23 aaO.). Damit soll offenbar das gewährleistet werden, was man in der Wissenschaft als Bestimmtheit oder Gesetzmäßigkeit der Besteuerung bezeichnet, d. h. das Erfordernis, daß die Grundsätze, nach denen eine Steuer zu erheben ist, der Willkür des Steuergläubigers im Einzelfall entrückt, vielmehr durch verfassungsmäßig zustande gekommene Satzung im voraus allgemein und ein für allemal bis zu deren Abänderung festgelegt werden, so daß jeder Pflichtige die von ihm zu tragende Last voraus weiß und genau nachrechnen kann. Es soll mit der SteuerO. dasselbe erreicht werden wie bei den Gebühren mit dem Erfordernis, daß sie „im voraus nach festen Normen . . . zu bestimmen" sind (§ 7), womit das G. nach der Begründung „ungleichartige Forderungen . . . im Einzelfall" ausschließen will.

Danach ist es wesentliches Erfordernis einer SteuerO., daß sie die Voraussetzungen der Steuerpflicht und die Höhe der Steuer durch objektive Normen im voraus fest bestimmt. Eine SteuerO., die die Ermittelung des Steuersatzes dem freien Ermessen der Veranlagungsbehörde überläßt, enthält insoweit keine objektiven festen Normen und ermöglicht dadurch, wie es an der angezogenen Stelle der Begründung des G. heißt, „ungleichartige Forderungen im Einzelfalle".

2. SteuerO., die in weitem Umfange Mindest- und Höchstbeträge der Steuer mit sehr beträchtlichen Spannungen ohne Angabe eines objektiven, praktisch brauchbaren Maßstabes für den einzelnen Steuerfall vorsehen, ermangeln der vom G. geforderten Bestimmtheit und sind darum rechtsungültig. Daß es möglich ist, genügend bestimmte Vorschriften zu treffen, das beweisen die zahlreichen dem Gerichtshofe vorgelegten SteuerO., in denen entweder feste oder nach festen Maßstäben (Zahl der Besucher, Höhe des Eintrittspreises, Dauer der Veranstaltung, Flächengehalt des Versammlungsraumes, der erzielte Gewinn und dergleichen mehr) abgestufte Steuersätze vorgesehen waren und wo häufig die zweckmäßige allgemeine Bestimmung beigefügt war, daß der Magistrat in besonderen Fällen zur Vermeidung von Härten usw. zur ausnahmsweisen Ermäßigung der nach der SteuerO. geschuldeten Steuerbeträge ermächtigt sein solle.

Nr. 7. Entsch. v. 23. Sept. 1913 (PrVerwBl. **35** 480) II C 83/13.

Ist bei Konzerten, die in einer Schankwirtschaft regelmäßig von 4½ Uhr nachmittags bis 2 Uhr nachts stattfinden, anzunehmen, daß der

Wirt für die Veranstaltungen am Nachmittag und am Abend auf verschiedene Zuhörerschaft rechnet, so liegen zwei selbständige Veranstaltungen vor, deren jede zur Lustbarkeitssteuer herangezogen werden kann. Denn es bilden musikalische Darbietungen jedenfalls dann keine einheitliche Veranstaltung, wenn sie nicht für dasselbe Publikum bestimmt sind. Bei unentgeltlichen Kaffee- und Bierkonzerten pflegt ein beständiges Kommen und Gehen der Gäste stattzufinden. Die musikalischen Darbietungen des Nachmittags sind nach der Auswahl der Stücke und der Art ihrer Wiedergabe für einen anderen Geschmack berechnet, wie diejenigen des Abends. Es ist deshalb höchst unwahrscheinlich, daß das am Nachmittag erschienene Publikum während der langen Abendpause aushält oder nach ihr zurückkehrt, vielmehr ist anzunehmen, daß das Publikum meist wechselt.

Nr. 8. Entsch. v. 3. Okt. 1913 (PrVerwBl. **35** 523) II C 10/13.

Wenn nach der örtlichen SteuerO. die Kartensteuer in der Weise berechnet wird, daß von dem Preise der Eintrittskarten 10 % der Stadt als Steuer zufallen, so stellt das, was für die Erlangung des Zutritts gezahlt werden muß, den Kassenpreis — Preis der Eintrittskarten — dar. Zu diesem ist deshalb das hinzuzurechnen, was die Besucher des Theaters neben dem eigentlichen Preise der Eintrittskarten als Schadloshaltung für die Steuer zu entrichten haben.

Nr. 9. Entsch. v. 3. Febr. 1914 (PrVerwBl. **36** 24) II C 98/13.

KommAbgG. § 15.

Der Bezirksausschuß hat tatsächlich festgestellt, daß die Vorstellungen, zu denen die Abonnementskarten gelöst und ausgegeben waren, stattgefunden haben, zustande gekommen sind. Gegen diese Feststellung kann nicht eingewendet werden, daß die zustande gekommenen Vorstellungen als identisch mit den von C. geplanten nicht hätten erklärt werden dürfen, weil C., bevor es zu der Aufführung gekommen ist, flüchtig geworden sei. Denn es ist, um eine Veranstaltung als zustande gekommen erscheinen zu lassen, nicht durchaus erforderlich, daß die Ausführung gerade durch denjenigen erfolgt, der sie geplant und vorbereitet hatte. Ob bei einem Wechsel des Unternehmers noch Identität der geplanten und der zustande gekommenen Veranstaltung besteht, das hängt von den Umständen ab. Hier sind die Theateraufführungen erfolgt durch den Theaterdirektor H., der unmittelbar nach C.s Flucht das Stadttheater übernommen, die C.sche Vorbereitung zu Ende geführt und auch den Käufern der von C. verausgabten Karten den Eintritt gestattet hat. Unter diesen Umständen trifft den Vorderrichter kein Vorwurf, wenn er festgestellt hat, daß die Vorstellungen, für die C. die besteuerten Einlaßkarten verausgabt hatte, stattgefunden haben. Damit aber entfällt die Voraussetzung, unter der eine Zurückerstattung bereits entrichteter bzw. eine Befreiung von nicht gezahlten Steuerbeträgen nach der SteuerO. stattfindet.

Nr. 10. Entsch. v. 21. April 1914 (PrVerwBl. **36** 442) II C 69/13.

Wie der Gerichtshof wiederholt ausgesprochen hat, ist mit Lustbarkeiten dann zu rechnen, wenn der Veranstalter die Besucher zu ergötzen und zu unterhalten beabsichtigt. Dazu gehören auch diejenigen Veranstaltungen, die ein ästhetisches Bedürfnis zu befriedigen bestimmt sind, wie Musik- und Theateraufführungen — auch ernsten Inhalts — unter Umständen auch Kirchenkonzerte. Keine Lustbarkeit aber veranstaltet derjenige, dessen unmittelbare Absicht auf religiöse Erbauung gerichtet ist.

Dafür, daß die unmttelbare Absicht des Klägers nicht auf Ergötzung und Unterhaltung, sondern auf religiöse Erbauung gerichtet war, spricht unter anderem das, was er bei Einführung der geistlichen Musikaufführungen in der St. Ulrichskirche als deren Zweck hingestellt und woran er in den verflossenen zehn Jahren festgehalten hat. Dafür spricht, daß dieser Charakter in der Kirchengemeinde und darüber hinaus seit zehn Jahren allgemein anerkannt ist, daß nur ein Entgelt von 20 ₰ (durch Programmverkauf) gefordert wird, daß die Aufführungen programmgemäß mit einem allgemeinen Schlußgesange der Gemeinde enden, und daß der Gemeindekirchenrat seinem Pfarrer zur Durchführung der geistlichen Musikaufführungen einen jährlichen Garantiefonds aus der Kirchenkasse zur Verfügung gestellt hat, woraus die Einfügung jener Aufführungen in das kirchliche Leben der Gemeinde klar erhellt.

Nr. 11. Entsch. v. 1. Mai 1914 (PrVerwBl. 36 600) II C 308/13.

Die von dem Bezirksausschuß an die Spitze der Gründe gestellte Erwägung, daß der Hauptzweck der Aufführungen der gewesen sei, die — an der Aufführung mitwirkenden — Seminaristen in ihrer literarischen und allgemeinen Bildung durch eine bei der Aufführung eines Bühnenwerks besonders starke Vertiefung in den Stoff zu fördern und ihnen Gelegenheit zu geben, ihr künstlerisches Empfinden zu vertiefen und sich in der künstlerischen Wiedergabe der Gedanken anerkannter Dichter zu vervollkommnen, würde für sich allein allerdings nicht geeignet sein, die Annahme, daß bei den Aufführungen ein höheres wissenschaftliches oder Kunstinteresse obgewaltet habe, zu rechtfertigen; denn der Zweck, der für die Darsteller mit einer Aufführung verfolgt wird, ist hierfür jedenfalls nicht allein entscheidend. Einer Aufführung, die im wesentlichen zu dem Zwecke der Übung oder Prüfung der Darsteller erfolgt, fehlt überhaupt die Eigenschaft einer Lustbarkeit; zu einer solchen wird sie dadurch, daß sie einer Zuschauerschaft zum Zwecke der Ergötzung geboten wird, und dann kommt es für die Frage, ob ein höheres Kunstinteresse vorliegt, namentlich auf den Zweck an, der mit der Darbietung für die Besucher beabsichtigt ist, und weiter auf die objektive Beschaffenheit der Darbietung selbst nach Inhalt, Form und Technik, sowie auf die äußeren Umstände, unter denen die Darbietung erfolgt. Daß die Technik der Darstellung den höchsten künstlerischen Anforderungen entspricht, ist nicht erforderlich; es genügt, wenn die Darstellung dazu bestimmt und geeignet war, unter den gegebenen Umständen der höheren Kunst insofern zu dienen, als das Interesse des Publikums an guter Kunst geweckt und gefördert, das Bedürfnis nach einem ästhetischen Genuß edlerer Art befriedigt wurde.

Nr. 12. Entsch. v. 26. Juni 1914 (DJZ. 21 347) II C 152/14.

Das Garderobengeld soll eine Vergütung für die Benutzung der Garderobe sein, die Gegenleistung für die Aufbewahrung der abgegebenen Kleidungsstücke. Wenn aber, wie hier, ein Garderobengeld ohne Rücksicht darauf, ob eine Benutzung der Garderobeneinrichtungen tatsächlich stattfindet, von jedem Besitzer erhoben wird, wenn also der Zutritt zu der Vorstellung von der Entrichtung des sogenannten Garderobengeldes abhängig gemacht wird, so gewinnt dieses trotz der Bezeichnung als Garderobengeld das Wesen eines Entgelts für die Darbietungen des Theaters, und zwar ohne Unterschied, ob ein Zwang zum Ablegen der Garderobe besteht oder nicht. Es ist also gerechtfertigt, in einem solchen Falle das Garderobengeld als Teil des Eintrittsgeldes zu behandeln. Das tut die B.er SteuerO.

Nr. 13. Entsch. v. 17. Nov. 1914 (OVG. 68 199) II C 111/14.

1. Nach § 18 KommAbgG. kann die Einführung neuer und die Veränderung bestehender indirekter Steuern nur durch SteuerO. erfolgen, die der Genehmigung

des Kreis- bzw. Bezirksausschusses (§ 77 Abs. 1 aaO.) und außerdem bei der Neueinführung oder grundsätzlichen Veränderung noch der Zustimmung der Minister des Innern und der Finanzen bzw. der höheren Aufsichtsbehörde, der von ihnen die Erteilung der Zustimmung übertragen worden ist, bedürfen (§ 77 Abs. 3 aaO.). Eine SteuerO., durch die indirekte Steuern neu eingeführt werden, kommt also wirksam nur zustande, wenn über ihren Inhalt die städtischen Körperschaften, der Bezirksausschuß und die Minister bzw. die höhere Aufsichtsbehörde (der Oberpräsident) einig sind. Solange es an dieser Übereinstimmung in einem wesentlichen Punkte fehlt, liegt eine rechtswirksame SteuerO. nicht vor. Wesentlich aber ist bei Lustbarkeitssteuern, welche Lustbarkeiten der Besteuerung unterliegen oder freibleiben sollen. Die Genehmigung des Bezirksausschusses betraf die Ordnung in der ursprünglichen Fassung, in der auch Pferderennen — soweit sie überhaupt Lustbarkeiten sind — der Besteuerung unterworfen waren. Die Ordnung in der Fassung, die sie durch Streichung der Pferderennen erhalten und zu der der Oberpräsident im voraus die Zustimmung erteilt hatte, war von dem Bezirksausschusse zur Zeit der Heranziehung der Kläger nicht genehmigt, also wirksam noch nicht zustande gekommen. Schon aus diesem Grunde entbehrte die Heranziehung der Kläger der rechtlichen Grundlage.

2. Der § 5 Abs. 1 SteuerO. lautet: „Die Steuer wird erhoben in der Form 1. der Kartensteuer, soweit die Teilnahme an der Veranstaltung von der Zahlung eines Eintrittsgeldes abhängig gemacht wird, 2. der Raumsteuer in allen übrigen Fällen.“ Im Abs. 2 sind dann einige Ausnahmen davon bestimmt. Die Ordnung unterwirft also alle in ihr bezeichneten Lustbarkeiten der Besteuerung und will die Steuer erheben in der Form der Kartensteuer und der Raumsteuer, beschränkt aber nicht, wie vielfach in SteuerO. vorgesehen ist, die Besteuerung in der Form der Kartensteuer auf die Fälle, in denen der Zutritt zu der Lustbarkeit von Ausweisen (Karten) abhängig ist, sondern bestimmt diese Form für alle Fälle, in denen die Teilnahme an der Veranstaltung von der Zahlung eines Eintrittsgeldes abhängig gemacht wird. Das würde eine Besteuerung derjenigen Lustbarkeiten unmöglich machen, bei denen zwar die Teilnahme von der Zahlung eines Eintrittsgeldes abhängig ist, Karten aber nicht ausgegeben werden. Deshalb ist im § 5 der Ordnung bestimmt: „Wird für die Veranstaltung ein Eintrittsgeld erhoben, so ist der Veranstalter verpflichtet, Eintrittskarten auszugeben und die Teilnahme an der Veranstaltung nur gegen Lösung einer Eintrittskarte zu gestatten.“ Diese Vorschrift überschreitet die den Gemeinden zustehende Macht. Es ist zwar zulässig, daß in SteuerO. sogenannte Kontrollvorschriften, welche die Hinterziehung der Steuern verhüten sollen, vorgesehen werden, wie z. B. in HundesteuerO. die Vorschrift, daß die Hundehalter die Hunde anzumelden haben, in BiersteuerO. die Vorschrift, daß Nachweisungen über das eingeführte oder abgesetzte Bier einzureichen sind, in UmsatzsteuerO., daß der Erwerb eines Grundstücks anzuzeigen ist, und daß für Zuwiderhandlungen Strafen angedroht werden (§ 82 KommAbgG.). Bei der Vorschrift im § 5 SteuerO. handelt es sich aber nicht um eine derartige bloße Kontrollmaßnahme, sondern um eine Vorschrift zu dem Zwecke, die Besteuerung für Lustbarkeiten, die sonst, mangels Ausgabe von Karten, der Besteuerung nach der Gestaltung der Ordnung nicht unterworfen werden könnten, überhaupt erst zu ermöglichen, und sie greift zu diesem Zwecke in die Gestaltung des Gewerbebetriebs in beschränkender, also unzulässiger Weise ein. Fehlt mithin dieser Vorschrift die verbindliche Kraft, so bleiben alle die Lustbarkeiten, für deren Teilnahme zwar Eintrittsgeld erhoben wird, aber keine Karten ausgegeben werden, von der Steuer frei, da nur von den ausgegebenen Karten nach § 6 eine Steuer erhoben wird. Die SteuerO. vermag also das von ihr selbst aufgestellte Ziel der Besteuerung aller Lustbarkeiten, für deren Teilnahme Eintrittsgeld erhoben wird, nicht zu erreichen. Sie wird damit hinfällig.

Nr. 14. Entsch. v. 17. Sept. 1915 (PrVerwBl. 37 247) II C 11/15.

Der Kläger hat eine Sammlung anatomischer Darstellungen gegen Entgelt vorgezeigt, die vorzugsweise die Krankheiten der männlichen und weiblichen Geschlechtsorgane des Menschen sowie Hautkrankheiten zum Gegenstande hatten („Deutsche Modellausstellung für Volksbelehrung"). Es mag zwar richtig sein, daß die Ausstellung wissenschaftlichen Wert besitzt sowie, daß sie durch die Deutsche Gesellschaft zur Bekämpfung von Geschlechtskrankheiten wiederholt geliehen und dem Publikum vorgeführt worden ist und insoweit zur Belehrung des letzteren an sich wohl geeignet erscheint. Dadurch aber wird nicht der Begriff der Lustbarkeit für die hier in Betracht kommende Schaustellung ausgeschlossen. Denn auch solche Schaustellungen, die zur wissenschaftlichen Belehrung geeignet sind, können zur Befriedigung der Schaulust, also zur ergötzenden Unterhaltung dienen. Von Bedeutung ist zunächst die Art und Weise, in der die Darbietung erfolgt. In dieser Richtung hat der Vorderrichter festgestellt, daß die Ausstellungsgegenstände den Besuchern nicht von sachverständigen Personen erläutert wurden, und daß die Einladung zum Besuche der Ausstellung durch Ausrufer erfolgte. Hieraus und aus dem Umstande, daß ein vorzugsweise aus jugendlichen Personen beiderlei Geschlechts bestehendes Publikum herangezogen wurde, hat der Vorderrichter den Schluß gezogen, daß es dem Kläger bei seiner Veranstaltung auf die Befriedigung der Schaulust des Publikums ankam, und hat deshalb den Begriff der Lustbarkeit insoweit für gegeben erachtet. Diese Auffassung des Vorderrichters läßt einen Rechtsirrtum nicht erkennen. Denn wie der Gerichtshof schon in OVG. **32** 104 ausgeführt hat, kommt es für die Frage, ob eine Darbietung als Lustbarkeit veranstaltet ist, darauf an, welche Wirkung der Veranstalter der Darbietung oder Vorführung bei dem Publikum, auf dessen Besuch er rechnet, hervorzurufen beabsichtigt, an welche Neigungen des Publikums er sich wendet. Will er dessen Verlangen nach Ergötzung, seine Schau- und Unterhaltungslust reizen, so veranstaltet er eine Lustbarkeit selbst dann noch, wenn er voraussetzen darf, daß ein Teil der Besucher durch ihr Streben nach Belehrung bestimmt werden mag, die Veranstaltung zu besuchen. Ob eine solche Absicht bei dem Veranstalter vorgelegen hat, ist Tatfrage des einzelnen Falles. Die Schaustellung des Klägers war ferner auch zur ergötzenden Unterhaltung geeignet. Die Empfindung einer solchen kann, wie der Vorderrichter mit Recht hervorhebt, bei manchen Menschen auch durch den Anblick einer ekelhaften oder grausigen Darstellung hervorgerufen werden. Es fehlt also auch in dieser Hinsicht nicht an dem Tatbestande einer Lustbarkeit.

Nr. 15. Entsch. v. 15. Febr. 1916 (PrVerwBl. 37 599) II C 88/15.

1. Zum Begriff einer selbständigen Kinematographenvorstellung gehört, daß von vornherein objektiv feststeht, welche und wie viele Bilder dem Besucher für sein Eintrittsgeld vorgeführt werden sollen.

Der Bezirksausschuß geht im vorliegenden Falle davon aus, daß an den Sonn- und Feiertagen zwei Vorführungen veranstaltet worden sind, von denen eine jede das halbe Wochentagsprogramm umfaßte. Jede weise ein besonderes Programm auf, dessen Nummern auf dem Eintrittsnachweis angegeben waren; für jede sei ein besonderes Eintrittsgeld erhoben; jede bilde daher für sich eine Vorstellung, welche nicht steuerpflichtig sei, weil sich das Eintrittsgeld unter 30 ₰ gehalten habe. Das stimmt aber nicht mit dem Tatbestand überein. Von zwei oder mehreren Vorstellungen könnte dann die Rede sein, wenn der Veranstalter von vornherein (auf dem Programme, durch Aushang oder dgl.) festgesetzt hätte, welche bestimmte Reihenfolge der auf dem Programme verzeichneten Bilder, oder welchen Abschnitt aus dem Programme der Besucher für sein Eintrittsgeld anzusehen das Recht habe. Dann würde jede Vorstellung programmäßig durch objektive Momente umgrenzt sein; der Veranstalter hätte von vornherein bestimmt, wie viele und welche Bilder die einheitliche, in sich abgeschlossene Vorstellung umfassen soll. So aber liegt die Sache hier nicht. Der Kläger hat sich vielmehr das Recht vorbehalten, jeden einzelnen Besucher bis zum Abrufe seiner auf das Billet aufgedruckten Nummer im Theater zu dulden. Es war seinem Belieben überlassen, die einzelnen Besucher eine größere oder eine geringere Anzahl von Bildern sehen zu lassen, und er machte davon je nach dem Andrange des Publikums einen ganz verschiedenen Gebrauch, so daß Teile der gleichzeitig anwesenden Zuschauer ganz verschiedene Abschnitte aus dem Programme zu sehen bekamen und auf ihre Vorführung ein Recht hatten. Er hat also nicht eine Mehrheit von „Vorstellungen" veranstaltet. Keine dieser sogenannten Vorstellungen war objektiv abgegrenzt, sie waren für die einzelnen Besucher ganz verschieden. Das ist mit dem Begriffe der Vorstellung nicht vereinbar. Der Kläger hat also nur eine Vorstellung veranstaltet, die das ganze Programm, die sämtlichen Bilder umfaßte, die er an den Wochentagen für 25 ₰ und 29 ₰ zeigte. Er hat aber dafür das doppelte Eintrittsgeld erhoben und damit seine Veranstaltungen steuerpflichtig gemacht

2. Dann entsteht die weitere Frage, ob der Beklagte berechtigt war, in Anwendung des § 5 der Ordnung die Steuer unter Zugrundelegung aller vorhandenen Plätze zu berechnen. Der Bezirksausschuß verneint die Frage, weil § 5 der Rechtsgültigkeit entbehre. Er steht auf dem Standpunkte, daß im Gegensatze zu direkten Steuern (§ 63 KommAbgG.) bei indirekten Steuern eine Pflicht des Zensiten zur Auskunfterteilung nicht besteht, und daß in dem Erhebungsrechte nicht das Recht enthalten ist, die zur Durchführung des Besteuerungsrechts geeigneten Maßnahmen zu treffen (vorzuschreiben). Damit setzt sich der Bezirksausschuß in Gegensatz zu den KG. v. 21. III. 07 u. 9. III. 08 (DJZ. **12** 661 und PrVerwBl. **29** 1033), wo das Gegenteil ausgesprochen ist. Auch der erkennende Gerichtshof ist der Ansicht, daß Kontrollvorschriften, wie sie in § 5 SteuerO. enthalten sind, rechtswirksam erlassen werden dürfen.

C. Umsatzsteuern.

Literatur: Loewenfeld: Die Ermäßigung der Besitzwechselabgaben (Spandau 1916).

1. Zustandekommen und rechtliche Wirksamkeit der SteuerO.

Nr. 1. Entsch. v. 3. Okt. 1913 (OVG. **65** 154) VII C 8/13.

Eine für ungültig erklärte UmsatzsteuerO. besteht formell weiter, bis sie aufgehoben oder abgeändert wird. Die Ungültigkeit betrifft nur ihren inneren Bestand, beeinträchtigt aber nicht ihre äußere Geltung. Die Abänderung ist im vorliegenden Falle durch einen Nachtrag herbeigeführt worden. Einer erneuten Beschlußfassung über den von dem Nachtrage nicht betroffenen Teil der SteuerO. bedurfte es nicht. Die Rechtslage ist dieselbe, wie wenn auch eine innerlich fehlerfreie SteuerO. durch einen Nachtrag abgeändert wird.

Nr. 2. Entsch. v. 23. Dez. 1913 (**PrVerwBl. 35** 581) VII C 31/13.

Am 5. XI. 09 beschloß die Stadtverordnetenversammlung zu O. den Erlaß einer SteuerO., die am 2. XII. 09 vom Bezirksausschusse genehmigt wurde und am 25. I. 10 die Zustimmung des Oberpräsidenten mit einigen Maßgaben erhielt.

Die vom Oberpräsidenten verlangten Abänderungen wurden von der Stadtverordnetenversammlung beschlossen und vom Bezirksausschusse genehmigt. Die vom G. vorgeschriebene Willenseinigung aller in Betracht kommenden Faktoren war damit erzielt. Trotzdem muß ihrem Ergebnisse die Rechtswirksamkeit abgesprochen werden.

§ 21 SteuerO. lautet nämlich:

„Diese SteuerO. tritt mit dem Tage ihrer Verkündigung in Kraft. Mit dem gleichen Zeitpunkte tritt die UmsatzsteuerO. v. 25. XI. 99/9. VIII. 04 außer Kraft."

Für das Inkrafttreten der SteuerO. ist demnach ihre Verkündigung zur Voraussetzung gemacht. An einer ordnungsmäßigen Verkündigung aber fehlt es. In dem Lokalblatte, in dem die Verkündigung erfolgte, wurde der Text der SteuerO. unter Bezugnahme auf den Beschl. der Stadtverordnetenversammlung v. 25. XI. 99/9. VIII. 04 idFass. des Beschl. v. 5. XI. 09 veröffentlicht, und dieser Veröffentlichung ein Vermerk über die Genehmigung des Bezirksausschusses v. 2. XII. 09 und die Zustimmungserklärung des Oberpräsidenten v. 25. I. 10 hinzugefügt. Nun kann es dahingestellt bleiben, ob es überhaupt zulässig ist, daß ein Gesetz von vornherein nicht aus sich selbst heraus verständlich ist, sondern die Geltung seiner Normen aus anderweitigen Angaben, auf die im Gesetz nicht verwiesen ist, erforscht werden muß. Keinesfalls aber ist ein solches Verfahren für statthaft zu erachten, wenn nicht ohne weiteres und unzweideutig erkennbar ist, daß der mitgeteilte Gesetzestext in der Tat aus derartigen anderweiten Angaben ergänzt und berichtigt werden muß. Dies ist bei der Art der hier vorgenommenen Veröffentlichung nicht der Fall. Weder sind die in der Zustimmungserklärung des Oberpräsidenten enthaltenen und demnächst von der Stadtverordnetenversammlung beschlossenen Maßgaben in das OrtsG. hineingearbeitet, noch ist — was dem gleichwertig wäre — ersichtlich gemacht, daß die vom Oberpräsidenten verlangten Änderungen von der Stadtverordnetenversammlung beschlossen worden sind und deshalb in den vorher mitgeteilten Text nachgetragen werden müssen. Diese Unklarheit wirkt um so verwirrender, als im Eingang der SteuerO. auf Beschlüsse der Stadtverordnetenversammlung Bezug genommen wird, die vor dem Zeitpunkt der Erklärung des Oberpräsidenten liegen, und es an jedem Hinweise darauf fehlt, daß auch nach letzterem Zeitpunkte Beschlüsse derselben Körperschaft über die Gestaltung der SteuerO. ergangen sind.

Nr. 3. Entsch. v. 3. Nov. 1914 (PrVerwBl. **36** 413) VII C 707/13.

Ist über die Art der Veröffentlichung einer SteuerO. in dieser selbst nichts verordnet worden, so muß die Bekanntmachung in ortsüblicher Weise geschehen. Als ortsüblich muß aber durchweg eine Bekanntmachung gelten, die in dem für die betreffende Gemeinde bestimmten amtlichen Blatte erfolgt ist. Daß darüber hinaus im gegebenen Falle nach einem für die Gemeinde G. maßgeblichen Ortsgebrauche noch weitere Bekanntmachungen üblich seien, haben die Kläger nicht einmal behauptet. Es bedurfte deshalb auch keines näheren Eingehens auf die Bedeutung der von dem Beklagten behaupteten und seitens der Kläger ebenfalls nicht bestrittenen weiteren Bekanntmachung der SteuerO. in der „G. Zeitung". Daß außerdem die SteuerO. selbst über die Art ihrer Bekanntmachung eine Bestimmung enthalten müsse, wie die Kläger behaupten, ist eine haltlose Annahme, die nirgends in einem G. eine Stütze findet. Die Anordnung in § 20 Abs. 1 „diese Ordnung tritt mit dem Tage ihrer Verkündigung in Kraft" ist auch eine hinreichende Klarstellung des Zeitpunkts, von wann ab die Satzung gelten soll. Danach ist die SteuerO. nicht mit dem in seinen Einzelphasen kaum feststellbaren Augenblick ihrer Bekanntmachung in dem bezeichneten amtlichen Blatte, sondern mit dem Beginn des Tages ihrer Veröffentlichung in Kraft getreten. Auch die Reichs- und LandesG., sofern sie eine gleiche Bestimmung wie jener § 20 Abs. 1 enthalten, treten mit dem Beginne desjenigen Tages in Kraft, an dem das betreffende Stück des RGBl. oder der PrGS. erschienen ist.

Nr. 4. Entsch. v. 19. Dez. 1914 (PrVerwBl. **36** 381) II HC 341/14.
WestfKrO, § 29. KommAbgG. §§ 69, 70.

Die Befugnis des Amtmanns, eine indirekte Gemeindesteuer zu veranlagen, ist in OVG. v. 9. III. 06/VIII. C. 122/05 bejaht worden. Der Gerichtshof ging davon aus, daß dem Amtmann durch § 29 WestfKrO. die Pflicht auferlegt sei, nach Maßgabe des § 49 WestfLGemO. v. 19. III. 56 zur Unterstützung des Gemeindevorstehers mitzuwirken, und daß das KommAbgG. keine Grundlage für die Annahme gewähre, es habe die Befugnisse des Amtmanns, soweit die Anwendung und Ausführung seiner Bestimmungen in Frage ständen, einschränken wollen. Es könne dahingestellt bleiben, ob der § 61 KommAbgG., der die Veranlagung zu Steuern dem Gemeindevorstande oder einem besonderen Steuerausschusse der Gemeinde zuweise, die Mitwirkung des Amtmanns bei einer solchen Veranlagung ausschließe, denn der genannte Paragraph beziehe sich nur auf direkte Steuern, für indirekte Steuern — eine Lustbarkeitssteuer stand in Frage — fehle es an einer entsprechenden Bestimmung. Es soll dahingestellt bleiben, ob an dieser Auffassung bei nochmaliger Prüfung festgehalten werden kann. Jedenfalls enthält die SteuerO. Vorschriften, die sie in ihrem ganzen Umfange ungültig machen. Es ist nämlich bestimmt, daß der Einspruch beim Amtmann anzubringen ist, und daß über ihn die Gemeindevertretung beschließt. Das läuft den auch auf indirekte Steuern sich beziehenden §§ 69, 70 KommAbgG. zuwider, wonach das Rechtsmittel des Einspruchs bei dem Gemeindevorstand einzulegen ist und der Gemeindevorstand über den Einspruch zu beschließen hat. Die unrichtigen formellen Bestimmungen der SteuerO. sind geeignet, die Veranlagten irrezuführen und zu verwirren; sie können namentlich Versäumnis der Einspruchsfrist oder Vorzeitigkeit der Klageerhebung zur Folge haben. Sie sind daher in der praktischen Anwendung von solcher Einwirkung auf das materielle Recht, daß ihre Aufnahme in die SteuerO. deren Ungültigkeit im ganzen Umfange nach sich zieht.

Nr. 5. Entsch. v. 24. Febr. 1915 (OVG. **68** 176) II HC 143/14.

1. Die UmsatzsteuerO. für S. trägt das Datum vom 18. IV. 95 und beruht nach ihrem Eingang auf einem Beschl. der Stadtverordnetenversammlung v. 17. IV. 95. Im § 15 ist bestimmt, daß die Ordnung am 1. IV. 95 in Kraft trete. Das OrtsG. wollte sich mithin rückwirkende Kraft beilegen. Die Genehmigung seitens des Bezirksausschusses ist unter dem 7. V. 95 mit der Maßgabe erteilt, daß es im § 15 statt „am 1. IV. 95" heißen müsse: „sofort nach erfolgter Veröffentlichung". Nachdem die zuständigen Minister zu dieser Genehmigung unter dem 5. VI. 95 ihre Zustimmung erteilt hatten, ist die SteuerO. auf Anordnung des Bürgermeisters der Stadt S. am 19. VI. 95 in den dortigen Ortsblättern veröffentlicht worden, ohne daß ein die verlangte Änderung gutheißender Beschluß der Stadtverordnetenversammlung ergangen ist. Die Veröffentlichung ist mit dem ursprünglichen Texte des § 15, jedoch unter gleichzeitiger Mitteilung der der Genehmigung beigefügten Maßgabe erfolgt.

2. Daß eine SteuerO., die eine indirekte Gemeindesteuer festsetzt, sich nicht rückwirkende Kraft beilegen kann, hat der Gerichtshof seit längerer Zeit in ständiger Rechtsübung angenommen. So mit eingehender Begründung in OVG. **38** 100 für die Umsatzsteuer und in dem Urt. v. 17. I. 02 (PrVerwBl. **24** 361) für die Biersteuer. Die SteuerO. für S. enthielt hiernach im § 15 eine ungesetzliche und deswegen von vornherein unheilbar ungültige Bestimmung. Es fragt sich nun, ob in einem Falle, wenn die zur Genehmigung vorgelegte SteuerO. eine derartige ungesetzliche Bestimmung enthält, die einerseits zwar nicht den Bestand der ganzen Ordnung gefährden, anderseits aber trotz erfolgter Genehmigung selbst ungültig bleiben würde, die ungesetzliche Bestimmung von der

Aufsichtsbehörde gestrichen oder sogar durch eine andere Bestimmung ersetzt werden kann, ohne daß es zur Gültigkeit des OrtsG. noch eines zustimmenden Beschlusses der Gemeindeorgane bedarf. Das OVG. hat verschiedentlich in Fällen, in denen die Aufsichtsbehörde die Anordnung der rückwirkenden Kraft nicht beanstandet hatte, so daß ein zustimmender Beschluß der Gemeindevertretung überhaupt nicht in Frage kam, demnächst aber im Verwaltungsstreitverfahren jene Anordnung für ungültig erklärt wurde, den Zeitpunkt, in dem das letzte zur Gültigkeit der SteuerO. notwendige Formerfordernis erfüllt, also die Zustimmung der Ministerialinstanz oder der von ihr dazu ermächtigten höheren Aufsichtsbehörde (§ 77 Abs. 3 KommAbgG.) ausgesprochen wird, als denjenigen des Inkrafttretens angesehen. Das gleiche ist unbedenklich dann anzunehmen, wenn die Genehmigungsbehörde die ungesetzliche Bestimmung ersatzlos gestrichen hat; denn mit der Streichung wird derselbe Zustand hergestellt, wie wenn das OrtsG. eine Bestimmung über den Zeitpunkt seines Inkrafttretens von vornherein nicht enthalten hätte, in welchem Falle es, da eine Verkündung nach feststehender Rechtsprechung nicht Voraussetzung der Gültigkeit ist, mit dem Eintritte des letzten formellen Erfordernisses, also der Zustimmung der höheren Aufsichtsbehörde, in Kraft tritt. Daß die städtischen Körperschaften das Zustandekommen der SteuerO. von der ihrerseits beabsichtigten Rückwirkung oder von dem Inkrafttreten gerade zu einem bestimmten nahen Termine hätten abhängig machen wollen, ist für die Regel nicht anzunehmen. Ausnahmefälle, in denen das OrtsG. etwa gerade auf die Erfassung eines einzelnen Steuerfalls zugeschnitten ist, verdienen keine Beachtung. Daraus ist weiter zu folgern, daß die gleiche rechtliche Beurteilung auch dann Platz greifen muß, wenn die Genehmigungsbehörde, statt sich auf die Streichung der die Rückwirkung anordnenden oder herbeiführenden Bestimmung zu beschränken, sie durch die Vorschrift ersetzt, daß die SteuerO. mit der Zustimmung seitens der Aufsichtsbehörde in Kraft treten solle; denn damit wird nur ausgesprochen, was sich auch ohnedies ergeben würde.

3. Es bleiben hiernach die Fälle übrig, in denen die Genehmigungs- oder Aufsichtsbehörde an Stelle der beanstandeten Anordnung entweder ein bestimmtes anderes Datum des Inkrafttretens einfügt oder sich mit der Maßgabe einverstanden erklärt, daß die SteuerO. mit dem Zeitpunkt ihrer Veröffentlichung in Kraft trete. Von Verfügungen der ersteren Art kann aus Anlaß des vorliegenden Falles abgesehen werden. Was jedoch die Unterlegung des Zeitpunkts der Verkündigung betrifft, so ist hier kein Anlaß ersichtlich, weshalb die Gemeindeorgane mit der darin liegenden kurzen Hinausschiebung des Inkrafttretens nicht einverstanden sein sollten. An dem Erfordernisse der Willensübereinstimmung zwischen den zur Mitwirkung bei der Schaffung des OrtsG. berufenen Stellen ist festzuhalten, und der maßgebende Wille der Gemeindeorgane, insbesondere der Stadtverordnetenversammlung, kann nur aus den von ihnen tatsächlich und formgerecht gefaßten Beschlüssen entnommen werden. Der in der Entsch. v. 17. I. 02 (PrVerwBl. 24 361) unternommene Versuch, eine nachträgliche Erklärung des Einverständnisses in der Weise zu begründen, daß in der Hinnahme der Abänderung iVerb. mit der Bewirkung der Veröffentlichung ein Ausdruck des Einverständnisses seitens „der Stadt" zu finden sei, kann nicht gebilligt werden. Wenn auch in der Vornahme der Veröffentlichung, wenigstens da, wo nicht ein kollegialer Magistrat, sondern ein Bürgermeister den Gemeindevorstand bildet, die Zustimmung des letzteren erblickt werden könnte, so ist es doch nicht angängig, aus dem bloßen Stillschweigen der Stadtverordneten, die mit der Veröffentlichung nichts zu tun haben, von der Abänderung seitens der Genehmigungsbehörde möglicherweise amtlich überhaupt keine Kenntnis erhalten und nur durch einen Mehrheitsbeschluß ihrer Versammlung dazu würden Stellung nehmen können, den Schluß zu

ziehen, daß auch sie als Gemeindevertretung sich rechtsgültig mit der Änderung einverstanden erklärt hätten. Es bedarf aber auch dieses Konstruktionsversuchs nicht, vielmehr ist die Zustimmung der Gemeindeorgane aus ihrem vermutlichen Willen zur Zeit der tatsächlich erfolgten, also vor der Abänderung durch die Genehmigungsbehörde liegenden Beschlußfassung zu entnehmen. Daß Gemeindevorstand und Gemeindevertretung das von ihnen beschlossene OrtsG. auch dann wollen, wenn es einige Wochen oder einige Monate nach dem ihrerseits in Aussicht genommenen Termin in Kraft tritt, darf als Regel angesehen werden, und zwar um so mehr, als die Genehmigungsbehörde tatsächlich in der Lage ist, durch bloßes Liegenlassen der Angelegenheit einen Aufschub herbeizuführen, mit dem die Gemeindeorgane also von vornherein rechnen müssen (vgl. § 77 Abs. 4 KommAbgG., wonach die Genehmigung einer SteuerO. unter Beifügung eines Endtermins erfolgen kann). Soweit aber in der verlangten Veröffentlichung der SteuerO. ein weiteres formell s Erfordernis liegt, das nach dem G. an sich nicht bestehen würde und von von den Gemeindeorganen vielleicht nicht beabsichtigt war, liegt hierin sicher kein Hindernis für die Annahme eines der Forderung der Genehmigungsbehörde entgegenkommenden eventuellen Willens der Gemeindeorgane; denn einerseits sind Umstände und Kosten einer Veröffentlichung des OrtsG. so unerheblich, daß sie nicht ins Gewicht fallen, und anderseits ist in der AAnwKommAbgG. v. 10. V. 94 durch die Ordnungsvorschrift des Art. 9[4] Abs. 2 vorgesehen, daß SteuerO. in ortsüblicher Weise bekannt zu machen sind; es besteht also innerdienstlich bereits eine Verpflichtung der Gemeindorgane zur Vornahme der Handlung, an die die Genehmigungsbehörde das Inkrafttreten des OrtsG. knüpft.

Nach alledem kann nicht als richtig anerkannt werden, daß eine SteuerO. für ihr Zustandekommen an dieselben starren Rechtsgrundsätze gebunden sei, wie sie bei der Entstehung von Reichs- oder LandesG. gelten. Die SteuerO. für S. ist hiernach, da keine besonderen Umstände dargetan sind, die eine von den vorstehenden Grundsätzen abweichende Auffassung rechtfertigen, als gültig anzusehen.

2. Entstehung der Umsatzsteuerpflicht.

Nr. 1. Entsch. v. 11. Juli 1913 (DJZ. **19** 311) VII C 669/12.

Rechtsgeschäfte, die geschlossen sind, um Steuern zu sparen, können nicht ohne nähere Begründung als gegen die guten Sitten verstoßend und deshalb als nichtig behandelt werden. Denn jeder kann seine Angelegenheiten so regeln, daß ihm möglichst geringe Unkosten entstehen. Sache der SteuerO. wäre es, derartige „Umgehungen" durch zweckmäßige Bestimmungen unschädlich zu machen. Überdies ist § 138 BGB. nur dann anwendbar, wenn der Inhalt des Geschäfts gegen die guten Sitten verstößt. Auf die Beweggründe eines der Beteiligten kommt es nicht an.

Nr. 2. Entsch. v. 23. Juni 1915 (OVG. **69** 192) II HC 43/15.

Wenn eine Stadtgemeinde, die zur Erhebung einer Umsatzsteuer an sich berechtigt ist, ein Grundstück erwirbt und in dem Erwerbsvertrage sämtliche Kosten übernimmt, so darf der Veräußerer davon ausgehen, daß die Stadtgemeinde eine Umsatzsteuer nicht zu erheben beabsichtigt, auf deren Erhebung also verzichtet; denn wenn sie schon die eigentlichen „Kosten" übernimmt, so liegt die Annahme nahe, daß sie den Vertragsgegner nicht gerade mit der Umsatzsteuer ganz oder teilweise belasten will, daß sie diese vielmehr bei Festsetzung ihrer Gegenleistung bereits berücksichtigt hat. Demgemäß sind solche Abmachungen dahin auszulegen, daß der Veräußerer von der Steuer frei sein soll, es sei denn, daß die Umstände zu einer anderen Auffassung nötigten.

Nr. 3. Entsch. v. 30. Sept. 1914 (OVG. **68** 164) II HC 287/14.

Nach § 1 der maßgebenden SteuerO. unterliegt jeder Übergang des Eigentums an Grundstücken der Umsatzsteuer. Es fragt sich, ob hier ein solcher Eigentumsübergang stattgefunden hat. Die Klägerin, eine katholische Kirchengemeinde, glaubt dies um deswillen verneinen zu müssen, weil ihr Eigentum durch den öffentlich-rechtlichen Staatsakt einer Zuweisung entstanden sei. Es kann ihr zugegeben werden, daß die Abzweigung einer neuen Kirchengemeinde und deren Ausstattung mit Grundbesitz der Muttergemeinde auf einer Handlung der Staatshoheit beruht und dem öffentlichen Rechte angehört. Daraus folgt aber nicht, daß für den Übergang des Eigentums die privatrechtlichen Vorschriften ganz ausgeschaltet sind. Der Bezirksausschuß weist zutreffend darauf hin, daß die Klägerin eine von der St. M.-Gemeinde verschiedene Rechtspersönlichkeit sei, daß sich also ein Eigentumswechsel von dieser auf jene vollzogen habe. Ob zu einem solchen Eigentumsübergang Auflassung und Eintragung im Grundbuch erforderlich war, ist unerheblich; diese Frage muß aber auch bejaht werden. Der Eigentumserwerb vollzieht sich nach den Regeln des BGB. In anderer Weise kann er nur dann vor sich gehen, wenn es reichs- oder landesrechtlich zugelassen ist. Ein ReichsG. kommt hier nicht in Frage, aber auch im Landesrechte findet die Auffassung der Klägerin keine Stütze. Die früheren LandesG. sind durch das BGB. aufgehoben, soweit sie privatrechtliche Natur haben und nicht durch besondere Vorschriften aufrecht erhalten sind. Wenngleich nun das Kirchenrecht im allgemeinen dem öffentlichen Rechte angehört, so richtet sich doch das kirchliche Eigentum nach privatrechtlichen Grundsätzen (vgl. Entw. eines EGBGB. nebst Mot. [zu Art. 32] S. 151). Aus Art. 126 EGBGB. und dessen Begründung (aaO. S. 193) ergibt sich deutlich, daß in sonstigen Fällen die LandesG. den Eigentumsübergang nicht anders regeln können, als es im BGB. geschehen ist. Nach diesem vollzieht sich aber der Eigentumserwerb regelmäßig durch Übertragung, das heißt bei Grundstücken durch Auflassung iVerb. mit der Eintragung im Grundbuche (§§ 873, 925). Bei dieser Rechtslage hat die obrigkeitliche Zuweisung von Grundeigentum der Muttergemeinde an die Tochtergemeinde nur die Bedeutung, daß jene im Innenverhältnisse verpflichtet wird, das Eigentum auf diese zu übertragen. Der Eigentumsübergang selbst vollzieht sich in gewöhnlicher Weise. So ist auch im vorliegenden Falle verfahren worden, da die St. M.-Gemeinde die Grundstücke an die Klägerin aufgelassen hat.

2. Der Bezirksausschuß hat weiter auch zutreffend die Behauptung für unerheblich erklärt, daß die St. M.-Gemeinde die Grundstücke als Geschäftsführerin ohne Auftrag für die Klägerin erworben habe. § 8 Abs. 3 SteuerO., auf die sich die Klägerin stützt, bezieht sich jedoch nur auf den Fall, daß das Eigentum vom ursprünglichen Eigentümer unter Umgehung des Geschäftsführers ohne Auftrag unmittelbar auf den schließlichen Erwerber übertragen wird, nicht aber auf den Fall, daß, wie hier, der Geschäftsführer ohne Auftrag den Grundbesitz auf seinen Namen erwirbt und ihn dann auf den Geschäftsherrn überträgt. Die sich an das StempStG. T.stelle 32 (1) und den dort verwendeten Begriff des lästigen Veräußerungsgeschäfts anknüpfende Rechtsprechung, nach der sogenannte Realisationsgeschäfte nicht dem Kaufstempel unterliegen, ist für den Geltungsbereich der UmsatzsteuerO. von S. nicht maßgebend, da deren Wortlaut eine entsprechende Anwendung nicht zuläßt. Irrtümlich ist allerdings die Ansicht des Bezirksausschusses, daß eine Geschäftsführung für eine noch nicht bestehende Kirchengemeinde nicht möglich sei (OVG. **58** 23).

Nr. 4. Entsch. v. 22. Sept. 1915 (OVG. **69** 202) II HC 18/15.

1. Nicht die einzelnen dem Eigentumserwerbe zugrunde liegenden Geschäfte unterliegen der Umsatzsteuer, sondern der Erwerb selbst. Die einzelnen

Zwischengeschäfte sind nur Bedingungen für die Bemessung der Steuerhöhe. Ist aber eines dieser Zwischengeschäfte nichtig, so kann es als nicht vorhanden keine steuererhöhende Wirkung haben. Deshalb ist zu prüfen, ob die Abtretung der Rechte aus dem Meistgebote wirklich der Nichtigkeit verfallen ist oder nicht. Die Abtretung würde nichtig sein, wenn der Kläger sie gemäß § 119 BGB. rechtzeitig und mit Erfolg angefochten hätte. In dieser Hinsicht führt der Bezirksausschuß aus: „Das Abtretungsgeschäft hat zum Gegenstande die Abtretung der Rechte aus dem Meistgebote, d. h. die Abtretung des Anspruchs auf Erteilung des Zuschlags (§ 81 ZVG.), und die Übernahme der Verpflichtungen aus dem Meistgebote durch den Kläger, d. h. Übernahme der Haftbarkeit gegenüber den Subhastationsbeteiligten. Inwiefern sich Kläger bei der Abgabe der Erklärung in bezug auf die Übernahme der Verpflichtungen aus dem Meistgebot in einem Irrtum befand, der ihn zur Anfechtung gemäß § 119 BGB. berechtigte, ist nicht ersichtlich. Daß er sich etwa über die Höhe des Meistgebots oder des durch Zahlung zu berichtigenden Betrags geirrt hat, ist nicht behauptet worden, ebensowenig, daß er über seine Haftbarkeit gegenüber den Subhastationsbeteiligten im Irrtume war. Wenn er aber geltend macht, daß er zur Annahme der Abtretung und zur Übernahme der Verpflichtungen aus dem Meistgebote bestimmt worden ist durch einen Irrtum bei Abschluß des obligatorischen Verhältnisses, das diesem Abtretungsgeschäfte zugrunde lag, insbesondere über die Sache, welche den Gegenstand dieses obligatorischen Verhältnisses bildete und über andere Umstände, so ist dies ein Irrtum im Beweggrunde, da der Gegenstand der Abtretungserklärung nicht das Grundstück selbst, sondern das Recht aus dem Meistgebote bildete. Bei Irrtum im Beweggrund ist jedoch die Erklärung nur anfechtbar, wenn der Erklärende durch arglistige Täuschung zur Abgabe der Erklärung bestimmt worden ist (§ 123 BGB.).

Diese Ausführungen sind rechtsirrig. Allerdings findet sich in der Rechtslehre die Ansicht vertreten, daß iF. der Abtretung des Rechtes aus dem Meistgebote, da es sich nicht um Übertragung einer Sache, sondern eines Rechtes handelt, der Irrtum über Eigenschaften des Grundstücks nur den Beweggrund treffe und deshalb nicht unter § 119 falle. Indessen sprechen doch überwiegende Gründe gegen diese Ansicht. Das RG. hat wiederholt ausgesprochen (Urt. v. 3. III. 10, RGZ. **73** 136), daß unter „Sachen" iS. des § 119 Abs. 2 aaO. wie in § 90 nur körperliche Gegenstände, nicht auch Rechte (zB. das Recht aus dem Meistgebote) zu verstehen seien. Zutreffend führt dagegen Planck (BGB. § 119 Anm. 6 **ca**) aus, es sei kein innerer Grund dafür erkennbar, daß das BGB. von der Anfechtung wegen Irrtums Rechte ausgenommen hätte. Überdies habe das RG. den Begriff der Sache schon beim Kaufe auf den Erwerb eines Handelsgewerbes oder anderen Geschäftsbetriebs mit Kundschaft usw. ausgedehnt und darauf die Vorschriften der §§ 459 ff. angewendet. Auch in den Erörterungen der II. Kommission sei das Wort Sache in § 119 Abs. 2 gleichlautend mit „Geschäftsgegenstand" gebraucht worden. Dem praktischen Bedürfnisse werde nur diese ausdehnende Auslegung völlig entsprechen können. Fällt aber die Abtretung des Rechtes aus dem Meistgebot und das dieser Abtretung zugrunde liegende Geschäft unter § 119 Abs. 2, so liegt ein Irrtum im Gegenstande des Geschäfts vor, wenn der Irrtum das Grundstück betrifft; denn das Geschäft wird wesentlich durch die Beschaffenheit des Grundstücks beeinflußt. Es bedarf daher keiner Erörterung, ob nicht auch § 119 Abs. 1 allein zu dem gleichen Ergebnisse führen würde.

2. Der Umstand, daß beide Vertragsparteien über die Nichtigkeit der Abtretung einig waren, überhebt das Gericht nicht der Notwendigkeit, die Frage der Nichtigkeit nachzuprüfen; denn ein gültiges Geschäft kann nicht durch Parteivereinbarung zu einem nichtigen werden. Die Parteien können lediglich ein Geschäft aufheben oder unter sich die Rechtsfolgen der Nichtigkeit vereinbaren.

Gegenüber Dritten, die aus der Nichtigkeit Rechte herleiten, haben diese Vereinbarungen aber keine Bedeutung.

Nr. 5. Entsch. v. 6. März 1914 (PrVerwBl. **35** 658) VII C 222/13.

1. Gegenüber Gewerkschaften gilt nicht immer die Sondervorschrift des § 54 Abs. 2 HGB. über den Umfang der Handelsvollmacht; die dort vorgesehene besondere Ermächtigung kann auch stillschweigend erteilt werden.

2. Bei den Gewerkschaften alten Rechts (§ 226 BergG.) stellen die Kuxe ideelle Anteile am Bergwerke dar, die selbständig nach den für Grundstücke geltenden Vorschriften übertragbar sind, und es beschränkt sich daher beim Hinzuerwerbe von Kuxen durch einen Kuxinhaber der Erwerb — Umsatz — auf die betreffenden hinzukommenden Kuxe.

Ohne Belang ist, daß die der OVG. v. 16. XII. 12 (PrVerwBl. **35** 197) zugrunde liegende örtliche SteuerO. — (die der Stadt Myslowitz) — in ihrem Wortlaute von der vorliegenden SteuerO. der Stadt Essen insofern abweicht, als sie der Steuer jeden „abgeleiteten Eigentumserwerb" eines Grundstücks oder grundstücksgleichen Rechts unterwirft, während die Essener SteuerO. von „Wechsel des Eigentums" an solchen Vermögensstücken spricht. Denn sachlich begründet diese abweichende Wortfassung keinen Unterschied, vielmehr besagt auch die letztere Fassung rechtlich nichts anderes, als daß ein — abgeleiteter — Eigentumserwerb Voraussetzung der Steuerpflicht sei. Auch auf den vorliegenden Fall treffen daher die Ausführungen der OVG. v. 16. XII. 12 vollkommen zu. Bereits dort hat der Gerichtshof hervorgehoben, daß bei einer Gewerkschaft alten Rechts — deren Sonderrechtsstellung auch schon die einschränkende Fassung des § 226 BergG. zum Ausdrucke bringt — die Gewerken in einem eigenartig geregelten Miteigentumsverhältnisse stehen und in den Kuxen Bruchteile an dem Bergwerke, nicht ideelle Anteile an dem Gesamtvermögen der Gewerkschaft besitzen, wenn mit ihnen auch ein entsprechender Anteil an dem Gesamtvermögen der Gewerkschaft verbunden ist. Aus jener Eigenart der Gewerkschaft und der gewerkschaftlichen Verhältnisse erklärt es sich auch, wenn trotz jener ideellen Bruchteilgemeinschaft nicht der einzelne Gewerke die Teilung, und damit Aufhebung der Gewerkschaft, verlangen kann und die Gewerkschaft als solche der Vertretung durch einen Repräsentanten bedarf. Diese rechtlichen Einschränkungen stehen also keineswegs im Widerspruche mit der grundsätzlichen Annahme in den Kuxen verkörperter ideeller Miteigentumsrechte der Gewerken an dem Bergwerke. Völlig unzutreffend ist anderseits auch die Ansicht des Beklagten, die grundbuchrechtliche Behandlung der Kuxe habe nur formelle Bedeutung. Die Bestimmung, daß für die Kuxe alten Rechts grundsätzlich die Vorschriften des BGB. über den Erwerb des Eigentums an Grundstücken gelten, die einzelnen Kuxe also durch Auflassung und Grundbuchumschreibung übertragen werden (§ 231 BergG. idFass. des Art. 37 Ziff. XIII AGBGB; §§ 873, 925 BGB.), hat vielmehr einen ausgeprägten materiell-rechtlichen Charakter, indem sie die rechtliche Selbständigkeit der einzelnen Kuxe und ihre grundstücksgleiche Eigenschaft klarstellt. Inwiefern weiterhin der — nach §§ 226, 227 BergG. auch für die alten Gewerkschaften geltende — § 99 BergG. über die Haftung der Gewerkschaft mit ihrem Vermögen eine Stütze für den Rechtsstandpunkt des Beklagten bietet, ist nicht abzusehen. Gemäß der Eigenart der Gewerkschaft alten Rechts besteht, trotzdem sie keine juristische Person ist, selbstverständlich auch bei ihr neben den sich auf einen Anteil beschränkenden Rechten der einzelnen Kuxinhaber, die daher als einzelne keinerlei Verfügungsbefugnis über das ganze Bergwerk haben, als Ganzes betrachtet auch eine geschlossene Vermögensmasse der Gewerkschaft als solcher, und umfaßt diese Vermögensmasse auch das Bergwerk als Ganzes, so daß „Trägerin des Eigentums des ganzen Bergwerks die

Gewerkschaft ist". Dieser Gesichtspunkt, daß das Bergwerk als Ganzes zum Vermögen der Gewerkschaft selbst gehört, steht aber in keinem rechtlichen Zusammenhange zu der hier allein zu beantwortenden Frage nach der rechtlichen Bedeutung der Übertragung von einzelnen Kuxen durch deren bisherigen Inhaber auf einen anderen, insbesondere einen anderen bereits alle übrigen Kuxe besitzenden einzelnen Gewerken.

Nr. 6. Entsch. v. 14. April 1915 (OVG. 68 187) II HC 17/15.

1. Die Witwe J. verkaufte das in Betracht kommende Grundstück an die Witwe R. zu einem ursprünglich auf 36000 *M*, später durch besonderen Vertrag auf 30000 *M* festgesetzten Preise. Vertragsgemäß sollte der Antritt erst 14 Tage nach dem dereinstigen Ableben der Verkäuferin erfolgen, sofern diese nicht schon vorher den Besitzantritt durch die Witwe R. verlangt habe. Beide Vertragschließenden starben kurz nacheinander, ohne daß der Besitzantritt durch die R. von der Verkäuferin gefordert war. Eine Auflassung des Grundstücks und die Eintragung der R. als Eigentümerin im Grundbuch war nicht erfolgt. Die Erben der Witwe R., die in Erfüllung einer der Erblasserin gegenüber eingegangenen vertraglichen Verpflichtung in notarieller Verhandlung zu einer Ges. m. b. H. zusammentraten, ließen in derselben Verhandlung auch das fragliche Grundstück an die in der Bildung begriffene Gesellschaft auf, die im Grundbuch als Eigentümerin eingetragen wurde. Daraufhin wurde die Gesellschaft zu einer Umsatzsteuer von 600 *M* herangezogen in der Annahme, daß die Auflassung auf Grund des Kaufvertrages zwischen J. und R. und der Gründungsverhandlung erfolgt sei und daß bei jedem dieser Geschäfte der Erwerbspreis 30000 *M* betragen habe.

2. Der § 1 Abs. 2 der maßgebenden örtlichen SteuerO. bestimmt:

„Erfolgt eine Auflassung auf Grund mehrerer, das Recht auf Auflassung begründender lästiger Rechtsgeschäfte von dem ersten Veräußerer an den letzten Erwerber, so werden die Erwerbspreise dieser sämtlichen Rechtsgeschäfte zusammengerechnet und ist die Steuer von diesem Gesamtbetrage zu entrichten."

Die vom Bezirksausschusse seiner Entscheidung gegebene Begründung muß dahin verstanden werden, daß er den Kaufvertrag J.-R. und die in Erfüllung des Vt. v. 10. IV. 12 sowie mit Einwilligung der Erben J. geschehene Einbringung des Grundstücks in die Gesellschaft als das Recht auf Auflassung begründende lästige Rechtsgeschäfte ansieht, und daß er den Eigentumswechsel als auf Grund dieser beiden Geschäfte erfolgt erachtet. Ein Rechtsfehler ist hierbei nicht zu erkennen. Die Revisionsrüge, daß der Kaufvertrag außer Betracht bleiben müsse, da der Eigentumswechsel sich lediglich auf Grund der mit Zustimmung der Erben J. von den Erben R. erteilten Auflassung vollzogen habe, geht fehl. Sie haftet am Wortlaute der ortsgesetzlichen Bestimmung und verkennt deren Sinn. Das OrtsG. knüpft die Steuer an den Eigentumserwerb. Dieser vollzieht sich aber nicht schon durch die Auflassung; es muß vielmehr auch die Eintragung hinzukommen (§ 873 Abs. 1 BGB.). Deshalb ist § 1 Abs. 2 SteuerO. aufzufassen, als wenn er lautete: Erfolgt der Eigentumserwerb infolge Auflassung und Eintragung auf Grund mehrerer, das Recht auf Auflassung begründender lästiger Rechtsgeschäfte von dem ersten Veräußerer auf den letzten Erwerber usw.

Das Gewicht liegt also nicht darauf, daß die Auflassung, sondern darauf, daß der Eigentumsübergang von dem ersten Veräußerer auf den letzten Erwerber stattfindet. Das letzte trifft hier zu, indem das Eigentum am Grundstücke von den Erben J. auf die Klägerin übergegangen ist. Dem Eigentumsübergange lagen aber zwei steuererhebliche Rechtsgeschäfte, nämlich der Kaufvertrag und der Einbringungsvertrag, zugrunde. Die Zustimmungserklärung der Erben J. kommt hierbei nicht in Betracht. Daß bei der Auflassung auf den Kaufvertrag nicht Bezug genommen wurde, ist gleichgültig. Zutreffend hat auch der Bezirksausschuß den Einwand zurückgewiesen, daß der Kaufvertrag außer Betracht bleiben müsse, da er vor Inkrafttreten der SteuerO. abgeschlossen sei. Der Kaufvertrag ist nicht selbst Gegenstand der Besteuerung, sondern hat nur Bedeutung für die Berechnung der Steuer.

Nr. 7. Entsch. v. 12. Mai 1915 (PrVerwBl. **37** 203) II HC 23/15.

Ist der Eigentumserwerb infolge Anfechtung nichtig, so kann eine Umsatzsteuer nicht erhoben werden.

Es ist regelmäßig anzunehmen, daß eine arglistige Täuschung, durch welche die Vornahme des Grundgeschäfts beeinflußt war, auch bei der Erfüllung nachgewirkt hat, und daß, wenn jemand nur das Grundgeschäft anficht, auch das Erfüllungsgeschäft von der Anfechtung getroffen werden soll.

Nr. 8. Entsch. v. 8. April 1914 (DIZ. **20** 722) II HC 54/14.

Die Auffassung des Bezirksausschusses, daß die Steuerveranlagung deshalb an einem wesentlichen Mangel leide, weil sie keinen Hinweis auf das zwischen der Erwerberin und dem Veräußerer bestehende Gesamtschuldverhältnis bezüglich der Steuerpflicht enthalte, beruht auf einem Rechtsirrtum. Das OVG. hat ein solches Erfordernis bisher nur für den Fall ausgesprochen, daß beide Gesamtschuldner tatsächlich zur Steuer herangezogen werden. Es hat ausgeführt, daß die Kenntlichmachung der Gesamthaftung nötig sei, um die Auffassung zu verhindern, daß nach Inhalt der Heranziehung gegen jeden Pflichtigen eine unbeschränkte Forderung erhoben werde, statt einer Solidarforderung, die durch Leistung auch eines anderen Gesamtschuldners untergehe. Es müsse verhindert werden, daß formell zwei Steuerforderungen ungültig würden, während materiell nur eine Schuld bestehe. Jedenfalls laufe der Herangezogene Gefahr, unnützen Weiterungen zu begegnen. Diese Gesichtspunkte treffen nicht zu, wenn zunächst nur einer der beiden Gesamtschuldner in Anspruch genommen wird. Erst wenn später der andere herangezogen wird, ist es zum Schutze des Pflichtigen geboten, die tatsächliche Heranziehung zur Gesamthaft ersichtlich zu machen. Daß rechtlich eine Gesamtschuld besteht, ist aus SteuerO. und G. zu entnehmen.

Nr. 9. Entsch. v. 10. Juli 1915 (OVG. **69** 197) II HC 360/14.

Die Umsatzsteuer, die den Klägern dadurch erwachsen ist, daß ihr Testamentsvollstrecker mit Nachlaßmitteln für sie ein Grundstück erstand, das alsdann seiner Verwaltung unterworfen wurde, ist eine Nachlaßverbindlichkeit, für deren Berichtigung der Testamentsvollstrecker zu sorgen hat und die gegenüber dem Erben der Haftungsbeschränkung nach den §§ 1975 ff. BGB. und § 3 Vd. v. 15. XI. 99, betr. das Verwaltungszwangsverfahren wegen Beitreibung von Geldbeträgen, unterliegt. Hieraus folgt aber keineswegs, daß nur der Testamentsvollstrecker zur Umsatzsteuer veranlagt werden darf. Aus den Vorschriften des bürgerlichen Rechtes über die Erbenhaftung und die Testamentsvollstreckung ist vielmehr zu folgern, daß in Fällen der vorliegenden Art sowohl die Erben als auch der Testamentsvollstrecker veranlagt werden dürfen, und zwar auch nebeneinander, natürlich so, daß die Steuer nur einmal zu zahlen ist. Dies entspricht dem Grundsatze des § 2213 BGB. über die Passivlegitimation in bürgerlichen Rechtsstreitigkeiten. Der Erbe ist und bleibt trotz der Testamentsvollstreckung materiell Schuldner der Umsatzsteuer, wenn es auch Sache des Vollstreckers ist, für deren Berichtigung aus den seiner Verwaltung unterliegenden Nachlaßgegenständen Sorge zu tragen. Geschädigt wird der Erbe durch seine Heranziehung nicht; denn er kann den Zugriff auf sein Privatvermögen dadurch abwenden, daß er gemäß § 3 Vd. v. 15. XI. 99 und §§ 781 ff. ZPO. Einwendungen gegen die Zwangsvollstreckung erhebt, wozu es eines Vorbehalts in der Heranziehungsverfügung nicht bedarf, da der § 780 aaO. im § 3 der Vd. — offenbar absichtlich — nicht mit angezogen ist. Außerdem kann der Erbe nach den §§ 2216, 2218 (vgl. auch §§ 2219, 2220) BGB. von dem Vollstrecker verlangen, daß er für die rechtzeitige Entrichtung der Steuer sorgt. Auf der anderen Seite gewinnt der

Steuergläubiger durch die Veranlagung des Erben den Vorteil, daß er die Zwangsvollstreckung auch gegen diesen richten kann, was für die Fälle von Bedeutung ist, wenn die Testamentsvollstreckung überhaupt oder in Ansehung einzelner Nachlaßgegenstände (§ 2217 BGB.) beendigt ist, oder wenn der Erbe das Recht auf Beschränkung seiner Haftung verloren hat und dem Steuergläubiger daher endgültig auch mit seinem eigenen Vermögen haftet (§§ 1994, 2005, 2006, 2013 aaO.).

3. Umsatzsteuerpflicht bei Zwangsversteigerungen.

Nr. 1. Entsch. v. 9. Mai 1914 (OVG. **67** 156) II HC 191/14.

Die Ansicht des Beklagten, daß nach der maßgebenden UmsatzsteuerO. beim Erwerb in der Zwangsversteigerung das Meistgebot schlechthin maßgebend sei, gleichviel welche Sachen und Rechte Gegenstand des Verfahrens waren, ist irrig. Wird durch eine SteuerO. der Umsatz von Grundstücken (grundstücksgleichen Rechten) einer Abgabe unterworfen, so sind für den Abgabenbetrag die nicht zum unbeweglichen Vermögen gehörenden Gegenstände auszuscheiden. Allerdings würde kein gesetzliches Hindernis bestehen, etwas anderes in der SteuerO. zu bestimmen. Die hier maßgebende GemO. enthält aber keine abweichende Vorschrift.

Es handelt sich um eine sogenannte vererbliche und veräußerliche Apothekenkonzession, wie sie für die seit dem Ed. v. 2. XI. 1810, jedoch vor der AhKabO. v. 30. VI. 94 (MBl. 119) begründeten Apotheken in Betracht kommt. Danach ist die Apothekenbetriebserlaubnis des Apothekers T. nicht Gegenstand der Zwangsversteigerung geworden; denn derartige Konzessionen sind nicht (wie vielfach die vor 1810 verliehenen Privilegien) selbständige Gerechtigkeiten und gehören nicht zum unbeweglichen Vermögen, kommen insbesondere nicht als Bestandteile eines Grundstücks in Betracht. Sie können seit dem 1. I. 00 auch nicht mehr Zubehör eines Grundstücks sein; denn nach § 97 BGB. kann sich die Zubehöreigenschaft nur an „bewegliche Sachen" knüpfen; unter Sachen versteht das BGB. (§ 90) aber nur körperliche Gegenstände, also nicht Rechte. Apothekenkonzessionen der in Rede stehenden Art sind also auch nicht „bewegliche Sachen". Sie werden demnach von der Beschlagnahme und von dem Zuschlag im Versteigerungsverfahren über das Grundstück nicht erfaßt. Auch durch Vereinbarung unter den Beteiligten können sie der Grundstücksversteigerung nicht unterworfen werden. War die Betriebserlaubnis hiernach nicht Gegenstand des Zuschlags, so kann für sie auch nichts vom Meistgebotsbetrag abgezogen werden. Dagegen bedarf es noch der Feststellung, welche beweglichen Sachen (Inventar, Warenvorräte) als Zubehör gemäß §§ 97, 98, 1120 BGB., §§ 20, 90 Abs. 2 ZVG. mit Gegenstand des Zuschlags waren. Ein entsprechender Betrag ist vom Meistgebot abzuziehen in der Weise, daß der Wert des Zubehörs zum gemeinen Werte des Grundstücks selbst in ein Verhältnis gesetzt und danach der auf das Grundstück fallende Teil des Preises (Meistgebots) festgestellt wird.

Nr. 2. Entsch. v. 24. Juni 1914 (PrVerwBl. **36** 282) II HC 256/14.

Der Begriff „Veräußerung" setzt ein freies Handeln dessen voraus, der sich seines Eigentums entledigt. Eine Grundstücksveräußerung ist deshalb überall da ausgeschlossen, wo der Wille des bisherigen Eigentümers für den Eintritt des Eigentumsverlustes ohne Bedeutung ist. Dies trifft insbesondere bei der Zwangsversteigerung zu, durch die dem Vollstreckungsschuldner das Grundstück ohne und sogar gegen seinen Willen entzogen wird.

Etwas anderes kann nur dann angenommen werden, wenn sich hinreichend deutlich ergibt, daß der maßgebenden SteuerO. ein anderer Begriff der Veräußerung und des Veräußerers zugrunde liegt.

Nr. 3. Entsch. v. 17. März 1915 (OVG. 68 184) II HC 192/14.

1. Der Begriff „Veräußerung" setzt ein freies Handeln dessen voraus, der sich seines Eigentums entledigt. Eine Grundstücksveräußerung ist deshalb überall da ausgeschlossen, wo der Wille des bisherigen Eigentümers für den Eintritt des Eigentumsverlustes ohne Bedeutung ist. Dies trifft sowohl bei der Zwangsversteigerung als auch bei der Enteignung zu; in beiden Fällen wird dem bisherigen Eigentümer das Grundstück ohne und sogar gegen seinen Willen entzogen (vgl. OVG. v. 21. XI. 13, **M. 1914** 55), in beiden Fällen ist also begriffsmäßig ein „Veräußerer" nicht vorhanden. Hinsichtlich der Zwangsversteigerung hat die hier maßgebende SteuerO. die Bestimmung getroffen, daß die Steuer von demjenigen zu entrichten ist, dem der Zuschlag erteilt ist. Aus dem Fehlen einer Bestimmung, von wem bei Grundstücksenteignungen die Steuer zu entrichten ist, kann nicht der Schluß gezogen werden, daß die SteuerO. abweichend von dem Begriffe der „Veräußerung" und des „Veräußerers" die früheren Eigentümer als Veräußerer angesehen wissen will. Hierzu hätte es um so mehr einer ausdrücklichen Bestimmung bedurft, als es nicht der Billigkeit entspricht, demjenigen, der durch den Eigentumsverlust geschädigt wird und nicht in der Lage ist, sich dem Erwerber gegenüber wegen Erstattung der Steuer zu sichern, eine solche aufzuerlegen.

2. Bietet hiernach die SteuerO. mangels einer besonderen Bestimmung keine Handhabe, die früheren Eigentümer zur Umsatzsteuer heranzuziehen, so kommt für den vorliegenden Fall noch folgendes in Betracht.

Nach § 1 EnteignG. kann das Grundeigentum nur aus Gründen des öffentlichen Wohles gegen vollständige Entschädigung entzogen werden, und dem Unternehmer liegt die Pflicht der Entschädigung nach § 7 aaO. ob. Zur vollständigen Entschädigung gehört aber auch, daß der Unternehmer die auf den Eigentumsübergang gelegte Umsatzsteuer zu tragen und, soweit sie von dem früheren Eigentümer eingezogen worden ist, diesem zu erstatten hat. Hieraus folgt freilich nicht, daß der Steuergläubiger nicht befugt ist, sich wegen der ihm kraft öffentlichen Rechtes zustehenden Steuerforderung an den früheren Eigentümer zu halten, weil hierbei die Privatrechtsverhältnisse, die zwischen den bei dem Eigentumsübergange Beteiligten obwalten, nicht in Betracht kommen. Anders liegt jedoch die Sache, wenn der kraft öffentlichen Rechtes zur Erhebung der Steuer Berechtigte selbst verpflichtet ist, die Steuer zu tragen oder dem Herangezogenen zu ersetzen. Nach dieser Richtung hat das OVG. bereits in OVG. **53** 119 ausgesprochen, daß eine Gemeinde durch privatrechtliches Abkommen mit öffentlich-rechtlicher Wirkung auf eine einzelne bestimmte Abgabe verzichten könne, daß sie demnach nicht berechtigt sei, eine ihr kraft öffentlichen Rechtes zustehende Abgabe zu erheben, wenn sie durch privates Abkommen hierauf verzichtet habe. Hierin ist der allgemeine Grundsatz zu finden, daß, wenn auch der Verwaltungsrichter darüber zu entscheiden hat, ob nach öffentlichem Rechte der Anspruch auf die Steuererhebung begründet ist, hierbei doch Verpflichtungen des Steuerberechtigten, die im Privatrecht ihren Grund haben und geeignet sind, den öffentlich-rechtlichen Anspruch im Ergebnisse zu beseitigen, in Betracht gezogen werden müssen. Es muß bei der Prüfung des von dem Steuergläubiger geltend gemachten Anspruchs auf eine bestimmte Steuerforderung untersucht werden, ob diese Steuerforderung in dem einzelnen Falle deshalb ungerechtfertigt ist, weil der Steuergläubiger kraft G. oder privatrechtlichen Abkommens verpflichtet sein würde, die abverlangte und eingezogene Steuer dem Herangezogenen zu erstatten. Da im vorliegenden Falle die Stadtgemeinde B. die Unternehmerin ist und als solche verpflichtet sein würde, den früheren Eigentümern die Umsatzsteuer zu erstatten, so kann sie nicht für berechtigt erachtet werden, die Umsatzsteuer von diesen einzuziehen.

Nr. 4. Entsch. v. 28. Okt. 1914 (PrVerwBl. 36 619) II HC 316/14.

Die hier in Betracht kommende Vorschrift einer UmsatzsteuerO. lautet:

„Diese Ermäßigung tritt jedoch nur dann ein, wenn der Steigerer die betreffende Hypotheken- oder Grundschuldforderung mindestens drei Monate vor dem ersten Zwangsversteigerungstermine oder — wenn eine solche vorangegangen ist — vor Anordnung der Zwangsverwaltung erworben hat."

Streit besteht darüber, ob sich die Worte „mindestens drei Monate" nur auf die unmittelbar darauf folgenden Worte „vor dem ersten Zwangsversteigerungstermin" beziehen oder ob sie den ganzen Absatz beherrschen. Im letzteren Falle würde zur Steuerbefreiung erforderlich sein, daß der Ersteher die Hypothek

a) drei Monate vor dem Versteigerungstermin und

b) drei Monate vor der Anordnung der Zwangsverwaltung erworben hat.

Im anderen Falle besteht zu b keine Fristbeschränkung.

Nach dem Wortlaute der Vorschrift sind beide Auffassungen möglich. Es kommt deshalb auf Zweck und Sinn der Bestimmung an. Der Zweck geht dahin, zu verhindern, daß jemand in Erwartung einer Zwangsversteigerung eine Hypothek oder Grundschuld erwirbt, um iF. der Ersteigerung bei Veranlagung zur Umsatzsteuer begünstigt zu werden. Diesen Zweck sucht die SteuerO. dadurch zu erreichen, daß sie eine Zeitgrenze für den Erwerb des Rechts setzt. Die Grenze ist für den Fall, daß nur eine Zwangsversteigerung stattfindet, auf drei Monate vor dem ersten Versteigerungstermin gezogen. Da den gesetzlichen Vorschriften entsprechend und der bestehenden Übung gemäß, der erste Versteigerungstermin idReg. zwei bis drei Monate nach Anordnung der Versteigerung stattfindet, so fällt die durch die SteuerO. gezogene Grenze ungefähr mit dem Zeitpunkte dieser Anordnung zusammen. Das ist auch insofern sachgemäß, als die Anordnung der Zwangsversteigerung die Notlage des Eigentümers offenbart und die Wahrscheinlichkeit eröffnet, daß die Versteigerung auch tatsächlich stattfindet.

Aber auch die Anordnung der Zwangsverwaltung macht die Notlage des Eigentümers in weiteren Kreisen bekannt und hat die Zwangsversteigerung gewöhnlich im Gefolge. Es ist deshalb kein Grund ersichtlich, daß ein dinglicher Gläubiger, wenn eine Zwangsverwaltung der Versteigerung vorangeht, der Steuererleichterung nur dann teilhaftig werden soll, wenn er die Hypothek schon wenigstens drei Monate vor Anordnung der Zwangsverwaltung erworben hat, während beim Fehlen einer Zwangsverwaltung der Zeitpunkt des Erwerbes viel später liegen kann.

Aus diesem Grunde muß der Auslegung, wonach die Frist sich nur auf den Zwangsversteigerungstermin bezieht, der Vorzug gegeben werden.

Nr. 5. Entsch. v. 14. April 1915 (OVG. 68 190) II HC 418/14.

Eine ausländische juristische Person, der im Zwangsversteigerungsverfahren der Zuschlag erteilt wird, erwirbt hiermit das Eigentum an dem Grundstücke nicht, wenn die zum Eigentumserwerb erforderliche Genehmigung versagt wird. Der Zuschlagbeschluß ist kein Rechtsgeschäft, sondern steht einem richterlichen Urteil im wesentlichen gleich. Er ist für die Gestaltung der infolge des Zuschlags zwischen den Beteiligten eintretenden Rechtswirkungen unbedingt maßgebend. Es kommt dabei nicht darauf an, ob er sich mit dem G. in Einklang befindet oder ob er grobe Rechtsverstöße enthält (RGZ. **67** 383). Dieser Satz ist indessen nicht ohne Ausnahme. Zutreffend weist die Klägerin darauf hin, daß nicht jeder äußerlich einwandfreie Zuschlagbeschluß rechtliche Wirkungen ausübt, so in dem Falle, daß das versteigerte Grundstück ganz oder wenigstens in wesentlichen Teilen untergegangen ist. Hierüber ist man in der Rechtslehre im allgemeinen einig, indem man sich namentlich auf eine Bemerkung der Motive zum G. beruft, nach welcher der Zuschlag eines vor der Entscheidung untergegangenen Grundstücks ebenso nichtig sein würde wie die Versteigerung einer nicht vorhandenen Sache. Man wird diesen Satz auf den Fall ausdehnen können, daß der Zuschlag an eine nicht vorhandene oder an eine rechtsunfähige Person erteilt wird. Nun ist zwar die Klägerin an sich rechts- und damit auch erwerbsfähig. Diese Erwerbsfähigkeit ist jedoch für preußische Grundstücke nicht vorhanden, es sei denn, daß die staatliche Genehmigung hinzukäme. Die Vorschriften, auf denen dies beruht, sind der Sorge um das Wohl des Staates entsprungen. Insbesondere haben die Erwerbsbeschränkungen den Zweck, den Gefahren vorzubeugen, die übermäßige Anhäufung von Grundbesitz in der Hand juristischer (und namentlich ausländischer) Personen für das Gesamtwohl haben kann (Entw. eines EGBGB. nebst Mot. S. 172). Die Privatbeteiligten haben gewöhnlich kein Interesse daran, daß diese Vorschriften befolgt werden. Hat also der Richter, dem die Wahrung des öffentlichen Wohles obliegt, bei der Erteilung des Zuschlags das VerbotG. übersehen, so besteht idReg. keine Möglichkeit, den Fehler im Beschwerdeverfahren wieder gutzumachen und damit dem öffentlichen Wohle gerecht zu werden. Letzteres ist nur dadurch möglich, daß der Erwerb als nicht geschehen angesehen wird. Da das öffentliche Wohl stärker ist als das Wohl des einzelnen, so muß als der Sinn des G. der betrachtet werden, daß die Erwerbsunfähigkeit einer ausländischen juristischen Person — in Ermangelung der Genehmigung — eine absolute ist, d. h. daß ein Zuschlag an sie so behandelt werden muß, als wäre sie überhaupt nicht vorhanden. Damit erledigt sich der Einwand des Beklagten, daß die SteuerO. die Steuerpflicht lediglich an die Erteilung des Zuschlags knüpfe.

4. Steuerpflicht beim Erwerbe von Grundstücken aus einem gemeinsamen Nachlaß und durch Auseinandersetzung zwischen Miteigentümern.

Nr. 1. Entsch. v. 13. Mai 1914 (PrVerwBl. **36** 366) II HC 169/14.

1. Die Vorschrift einer UmsatzsteuerO., wonach die Steuer nicht erhoben wird, wenn ein Grundstück von einem Veräußerer auf einen Abkömmling auf Grund eines lästigen Vertrags übertragen wird, findet auf Adoptivkinder keine Anwendung. Unter „Abkömmlingen" iS. dieser Bestimmung sind nur leibliche Deszendenten zu verstehen.

2. Ist in einem Testamente des Erblassers die Witwe als Vorerbin, das Adoptivkind als Nacherbe eingesetzt, so erhält letzteres nur eine Anwartschaft auf spätere Erbfolge. Eine Erbengemeinschaft wird dadurch nicht begründet und ein „gemeinsamer Nachlaß" besteht nicht.

7. Befreiungen.

Nr. 1. Entsch. v. 16. Sept. 1914 (PrVerwBl. **36** 332) II HC 193/14.

Nach § 4[6] UmsatzsteuerO. für Berlin v. 4. III. 10 bleiben von der nach § 1 den Erwerb des Eigentums an einem Grundstücke betreffenden Gemeindeumsatzsteuer befreit:

„Rückübertragungen des Eigentums an den Veräußerer auf Grund eines gesetzlichen Anspruchs auf Wandelung, sofern der frühere Veräußerer den Mangel nicht arglistig verschwiegen hat."

Hiernach kann Steuerbefreiung nur stattfinden, wenn ein gesetzlicher Anspruch auf Wandelung vorliegt. Diese Voraussetzung trifft im gegebenen Falle nicht zu. Wandelung kann nach § 462 BGB. der Käufer wegen eines Mangels verlangen, den der Verkäufer nach den Vorschriften der §§ 459, 460 zu vertreten hat. Da es sich hier um die Geltendmachung des Mangels zugesicherter Eigenschaften handelt, kommt der § 459 Abs. 2 in Betracht, wonach der Verkäufer auch dafür haftet, daß die Sache zur Zeit des Überganges der Gefahr die zugesicherten Eigenschaften hat. Die Gefahr geht aber nach § 446 mit der Übergabe der verkauften Sache auf den Käufer über. Die Zusicherung der Klägerin, daß das Grundstück jährlich 4500 M. reinen Überschuß abwerfe, hätte daher für den Zeitpunkt der Übergabe nicht zutreffend gewesen sein müssen, um den Wandelungsanspruch zu begründen. Der Bezirksausschuß hat das übersehen. Dieser Fehler führt zur Aufhebung der Vorentscheidung. Bei freier Beurteilung war die Sache spruchreif. B. hat ohne Widerspruch bekundet, daß die Angaben der Klägerin sich als richtig erwiesen hätten und daß nur spätere Ereignisse, nämlich Erhöhung der Grundsteuer und der Kanalisationsgebühr, sowie der Umstand, daß ein Mieter einen Teil der Miete schuldig blieb, den Ertrag gemindert hätten. Zusicherungen, daß eine zur Zeit des Gefahrüberganges vorhandene Eigenschaft auch in Zukunft fortdauern werde, sind nun nicht Eigenschaftszusicherungen iS. des § 459 Abs. 2 BGB.; sie können einen Garantievertrag enthalten, der aber anderen Regeln folgt.

Nr. 2. Entsch. v. 24. Febr. 1915 (OVG. **68** 176) II HC 143/14.

Nach § 7 der maßgebenden UmsatzsteuerO. finden wegen der sachlichen und persönlichen Befreiungen von der Steuer die Bestimmungen der LandesG. über den Urkundenstempel, insbesondere also des StempStG. und des dazugehörigen Tarifs entsprechende Anwendung. Letzterer bestimmt unter Nr. 25c Abs. 2: „Befreit ist das Einbringen von Nachlaßgegenständen in eine ausschließlich von den Teilnehmern an einer Erbschaft gebildete Ges. m. b. H." Die Klägerin nimmt diese Befreiungsvorschrift für sich in Anspruch und es ist nicht ausgeschlossen, daß sie ihr zustatten kommt. Nach der Feststellung des Vorderrichters hat das an die Klägerin aufgelassene Grundstück vorher im Eigentume der Firma Gebrüder L., offene Handelsgesellschaft, gestanden, deren Inhaber die Miterben L. oder einige von ihnen waren. Erklärt sich dies so, daß die fraglichen Miterben nach dem Erbfalle zu der offenen Handelsgesellschaft zusammengetreten sind, so kann das aus dem Nachlasse herrührende, aber in das Gesellschaftsvermögen übergegangene Grundstück als ein „Nachlaßgegenstand" nicht mehr bezeichnet werden; denn, wenn auch die Übertragung eines zu einem ungeteilten Nachlasse gehörenden Grundstücks auf eine von sämtlichen Miterben und nur von ihnen gebildete offene Handelsgesellschaft nicht der Umsatzsteuer unterliegt, weil der Übergang von der Erbengemeinschaft auf die von denselben Personen gebildete Gemeinschaft der Gesellschafter wegen der Identität der Berechtigten und der Rechtsähnlichkeit des Gesamthandsverhältnisses im Steuersinne nicht als Eigentumswechsel angesehen wird, so deckt sich doch — auch abgesehen davon, ob im vorliegenden Falle tatsächlich sämtliche Miterben Gesellschafter der offenen Handelsgesellschaft geworden sind — die Gemeinschaft der Gesellschafter nicht ohne weiteres mit der Erbengemeinschaft (vgl. KGJ. **22** A 280, RGZ. **84** 108), und es kann von einem Nachlaßgrundstücke nicht mehr gesprochen werden, sobald mit dem Übergang in das Gesellschaftsvermögen die Beziehung des Grundstücks zu dem Nachlaß erloschen ist (§ 124 Abs. 2 HGB.). Die Tatsache, daß das Grundstück der offenen Handelsgesellschaft gehörte, diese vielleicht auch als dessen Eigentümerin im Grundbuch eingetragen war, kann sich aber auch so erklären, daß bereits der Erblasser als Einzelkaufmann Inhaber einer Firma „Gebrüder L., offene Handelsgesellschaft" gewesen ist (§ 22 HGB., Art. 22 Abs. 1 EGHGB.) und das Handelsgeschäft mit der Firma auf seine Kinder vererbt hat. In diesem Falle würde das Grundstück zum Nachlasse des Erblassers gehören und iS. des zur Erörterung stehenden StempG. ein „Nachlaßgegenstand" sein, da, wie die eben erwähnte Entscheidung des RG. darlegt, bei Fortführung des Geschäfts eines Einzelkaufmanns durch seine mehreren Erben eine offene Handelsgesellschaft unter diesen nur dann entsteht, wenn ein wirksamer Vertrag der Erben über die Errichtung einer solchen Gesellschaft vorliegt. Bis zur etwaigen Schließung eines solchen Vertrags und zur Auflassung an die neugebildete Gesellschaft war daher das Grundstück Nachlaßgegenstand, wenn auch vielleicht im Grundbuch eine Firma mit der Bezeichnung „offene Handelsgesellschaft" als Eigentümerin eingetragen stand.

8. Wertermittelung.

Nr. 1. Entsch. v. 27. Juni 1914 (OVG. **67** 160) II HC 144/14.

Nach der örtlichen SteuerO. besitzt für die Umsatzsteuerveranlagung, die grundsätzlich nach dem gemeinen Werte zur Zeit des Erwerbsaktes zu erfolgen hat, ein vereinbarter Kaufpreis die Bedeutung einer unverrückbaren Mindestgrenze. Der Bezirksausschuß hat an der Hand des Wortlautes des in Rede stehenden Abkommens ohne Rechtsirrtum oder Verfahrensmangel festgestellt, daß darin ein Kaufpreis auch für die gegenwärtig in Betracht kommende Teilfläche vereinbart worden sei.

Die Vertragsabrede:

> „In dem Kaufpreise" — d. h. dem Einheitssatze von 3,25 M für das Quadratmeter — „ist die Entschädigung für Wirtschaftserschwernisse, für etwaigen Minderwert der an das Bahngelände anstoßenden Flächen usw. mit einbegriffen, so daß Verkäufer mit dem Kaufpreis abgefunden ist und irgendwelche weiteren Forderungen beim Käufer nicht geltend machen darf,"

bietet keine geeignete Grundlage für die Annahme, daß in der vertragsmäßigen Leistung des Erwerbers etwas begrifflich anderes als die Gegenleistung für die Übertragung des Eigentums, bemessen nach den besonderen preisbildenden Umständen des Einzelfalls, d. h. also etwas anderes als der Kaufpreis zu erkennen sei. Wenn die Höhe der betreffenden Summe nicht nach dem objektiven Werte des Kaufgegenstandes — diesen lediglich für sich betrachtet — abgewogen ist, vielmehr auch Erwägungen Rechnung trägt, die den besonderen Wert gerade dieses Flächenteils in den Händen seines bisherigen Eigentümers berücksichtigen, so verträgt sich auch das sehr wohl mit dem Zwecke des Kaufpreises, die mit dem Eigentumswechsel eintretende Veränderung in dem Vermögensstande der Beteiligten vereinbartermaßen auszugleichen. Hat auf die Vereinbarung dieser Ausgleichssumme, dieses Entgelts, die Rücksicht auf eine mit einer Teilveräußerung verbundene Wertminderung des Restgrundstücks erhöhenden Einfluß geübt, so verliert dadurch gleichwohl das Entgelt nicht seine Einheitlichkeit derart, daß es nun etwa zulässig wäre, in ihm zwischen dem „reinen" Kaufpreis und einer nebenherlaufenden, selbständig zu beurteilenden Entschädigung zu unterscheiden.

Nr. 2. Entsch. v. 6. Jan. 1915 (OVG. **68** 169) II HC 90/14.

1. Der Kaufpreis des von der Landgemeinde T. vom Reichsmilitärfiskus erworbenen Geländes ist vertraglich auf 72000000 M festgesetzt und soll in 20 aufeinanderfolgenden jährlichen zinsfreien Raten bar bezahlt werden. Zwei Trennstücke des Gesamtgeländes liegen im Gebiete der Stadtgemeinde S. und der Magistrat dieser Stadt veranlagte die Landgemeinde T. wegen dieses Eigentumserwerbs zu einer Umsatzsteuer. Das OVG. hat die vom Vorderrichter verneinte Frage, ob § 7 der örtlichen UmsatzsteuerO., wonach für die Berechnung der Steuer von dem gemeinen Wert des Grundstücks zur Zeit des Eigentumsübergangs (Abs. 1) der höhere bedungene Preis (Abs. 2) maßgebend ist, im vorliegenden Falle anwendbar sei, bejaht.

2. Die Ermittelung des auf die Streitflächen entfallenden anteiligen Kaufpreises ist in der Weise vorzunehmen, daß der Gesamtpreis nach dem Verhältnisse der Größe der gesamten verkauften Fläche zu der Größe der beiden Teilflächen zerlegt wird. Je nachdem der danach ermittelte Preisanteil höher oder niedriger ist als der gemeine Wert der Teilflächen, ist der Preis oder der Wert der Besteuerung zugrunde zu legen. Hierbei kann, da ausschließlich das Größenverhältnis in Betracht kommt, für die Entscheidung der Vorfrage, ob Preis oder Wert den Ausschlag gibt, bei der Vergleichung von Preis und Wert statt von den Trennstücken auch von der ganzen verkauften Fläche ausgegangen werden. Der gemeine Wert der ganzen Fläche beläuft sich nach dem Gutachten des D. auf ungefähr 49000000 ℳ. Streitig und nicht unzweifelhaft ist jedoch, wie hoch der Kaufpreis anzusetzen ist. Der Beklagte steht auf dem Standpunkte, daß entsprechend dem Wortlaute des Kaufvertrags der Preis auf 72000000 ℳ anzunehmen sei, die Klägerin dagegen vertritt die Ansicht, es müsse mit Rücksicht auf die weit hinausgeschobene Fälligkeit und die inzwischen bestehende Unverzinslichkeit der einzelnen Kaufgeldraten ein Abzug des Zwischenzinses stattfinden, wobei dann ein wirklicher Kaufpreis von 49000000 ℳ verbleibe.

Die Auffassung des Beklagten ist als die richtige anzuerkennen. Wenn in einer Reihe von gesetzlichen Vorschriften, in denen es sich um den gegenwärtigen Wert einer vorzeitig fällig werdenden betagten unverzinslichen Forderung oder anderer erst künftig zu verwirklichender Vermögenswerte handelt, ein Abzug von Zwischenzinsen vorgesehen ist, sei es in der Weise, daß der Betrag zu ermitteln ist, der mit Hinzurechnung gesetzlicher Zinsen bis zu dem fraglichen späteren Zeitpunkte dem vollen Nennbetrage gleichkommt, sei es auf andere Art — vgl. § 1133 Satz 3, § 1217 Abs. 2 Satz 2 BGB.; § 65 Abs. 2, § 70 KonkO.; § 111 Satz 2 ZVG.; § 17 RErbschStG.; § 13 IV, § 14 ErgStG.; §§ 21, 25 des WehrBeitrG. —, so kann aus diesen Einzelvorschriften wohl ein allgemeiner Satz des Inhalts abgeleitet werden, daß ein sich erst später verwirklichendes Vermögensrecht, insbesondere eine noch nicht fällige unverzinsliche Forderung um den Betrag des Zwischenzinses (Interusuriums) weniger Wert hat, als ein sogleich zu verwirklichendes Recht bzw. eine fällige Forderung. Anders verhält es sich aber mit dem Preise. Unter „Preis" versteht der Verkehr und versteht die Gesetzessprache, insbesondere auch die SteuerO., die von den Vertragschließenden tatsächlich vereinbarte Gegenleistung. Diese kommt für die Umsatzsteuer freilich nur insoweit in Betracht, als sie geleistet wird für das veräußerte Grundstück. Allein diese Voraussetzung trifft in voller Höhe des im Vertrage ziffermäßig festgesetzten Kaufpreises zu. Die Vorstellung, daß nur ein Teil des vereinbarten Betrags für das Grundstück, ein anderer Teil dagegen als Entgelt für die Stundung jenes ersten Teilbetrags entrichtet werde, ist vom rechtlichen Standpunkt aus unbedingt abzulehnen. Das OVG. hat in einer neueren Entsch. v. 20. XI. 14, (VII C 132/14), zu der Frage folgendes ausgeführt: „Der Gesamtbetrag der Gegenleistung iS. des § 8 Abs. 2 ZuwStG. besteht in dem zwischen dem Veräußerer und dem Erwerber für die Grundstücksüberlassung vereinbarten (vgl. auch § 11 Abs. 1) Preise. Ist für diese Grundstücksüberlassung eine bestimmte Summe vereinbart, so ist daher rechtlich schlechtweg und einzig von dieser Summe als dem Veräußerungspreis auszugehen, und jeder auf vermeintliche Billigkeitsgründe gestützte Abzug — soweit es sich um die Entscheidung des Verwaltungsrichters handelt — ausgeschlossen (OVG. **65** 1ff., **M. 1913** 231, **1914** 120). Zinsen sind rechtlich lediglich die Erträgnisse — Früchte — einer Geldforderung (§ 99 BGB.) und kommen daher in einem Falle der vorliegenden Art niemals als Gegenleistung für die Grundstücksüberlassung selbst, sondern einzig insofern in Betracht, als es von ihrer Ausbedingung oder Nichtausbedingung abhängt, ob für die dem Erwerber gewährte Stundung der Forderung auf Zahlung des Überlassungspreises ein besonderes Entgelt zu zahlen ist oder nicht (vgl. OVG. **58** 19). Die Frage der Verzinsung oder Nichtverzinsung betrifft infolgedessen ausschließlich die nähere Regelung der Erfüllungsweise, die sogenannten Zahlungsbedingungen, die für die Preisbestimmung selbst rechtlich stets auszuscheiden haben (vgl. OVG. **64** 110). Die Unverzinslichkeit kann für die Vertragschließenden höchstens den — rechtlich gleichgültigen — Beweggrund dafür abgegeben haben, den Grundstückspreis höher als sonst vielleicht geschehen wäre, zu bemessen. So wenig wie die Ausbedingung von Zinsen zu einer Erhöhung des Veräußerungspreises führen kann, ebensowenig kann folglich die Nichtausbedingung von Zinsen zu einer Kürzung dieses Preises führen."

Der erkennende Senat hält an dieser Rechtsauffassung, die auch von dem bayerischen Verwaltungsgerichtshof (M. **1913** 128, **1914** 260) wiederholt gebilligt worden ist, auch nach erneuter Prüfung fest. Sie wird auch nicht durch die Erwägung erschüttert, daß nach heutigem wie nach früherem Rechte (§ 452 BGB.; §§ 109, 227, 291 ALR. I 11) der Käufer nicht wider den Willen des Verkäufers Sache und Kaufgeld zugleich nutzen darf; denn dieser Satz beruht darauf, daß in Ermangelung einer gegenteiligen Abrede die Übergabe der Sache, mit der die Nutzungen auf den Käufer übergehen, und die Zahlung des Kaufpreises Zug um Zug zu erfolgen haben, daß deswegen der Käufer, der die Übergabe vor der Zahlung des Preises erhält, letzteren zu verzinsen hat, sofern ihm nicht, wie § 452 BGB. ausdrücklich hervorhebt, der Kaufpreis gestundet ist. Auf den Begriff und die Höhe des Preises ist diese von den Vereinbarungen der Vertragschließenden abhängige Verpflichtung ohne Einfluß. Soweit es daher nach der SteuerO. auf den vereinbarten Preis ankommt, muß der in dem Kaufvertrage ziffermäßig festgesetzte Preis von 72000000 *M* ohne Abzug zugrunde gelegt werden.

Hiernach ist der für die ganze verkaufte Fläche bedungene Preis (72000000 *M*) höher als deren nach dem Gutachten des D. ungefähr 49000000 *M* betragender gemeiner Wert. Da der Wert der in S. gelegenen Teilstücke dem Durchschnittswerte der ganzen Fläche gleichzusetzen und auch der auf sie entfallende Preisanteil nur nach dem Größenverhältnisse zu bestimmen ist, so besteht für sie das gleiche Verhältnis zwischen Preis und Wert wie für die ganze Fläche, der Preis ist also höher und daher nach § 7 Abs. 2 der SteuerO. der Berechnung der Umsatzsteuer zugrunde zu legen.

Nr. 3. Entsch. v. 1. Dez. 1915 (PrVerwBl. **37** 473) II HC 89/15.

1. Wenn das OVG. die Weisung erteilt hat, den Wert der Aktien zu ermitteln, so hat es dabei den Wert im Sinne gehabt, der für die Aktien im Verkehr erzielt werden konnte, das heißt den Verkehrswert, den gemeinen Wert. Für den Grundstücksverkehr hat das OVG. in ständiger Rechtsprechung angenommen, daß der gemeine Wert seinen zutreffendsten Ausdruck in dem gezahlten Preise finde, und daß deshalb die tatsächlich für das abzuschätzende oder ähnliche Grundstücke vereinbarten Preise den sichersten Maßstab für den Wert bilden. Ähnlich ist es bei Gegenständen, die einen Markt- oder Börsenwert haben, so auch bei Aktien, die zum Börsenhandel zugelassen sind. Bei diesen findet eine amtliche Kursfeststellung statt, und wenn der Kursvermerk den Zusatz **b** oder **bz** trägt, so bedeutet das, daß zu dem angegebenen Betrage tatsächlich Umsätze stattgefunden haben. Ein derartiger Kursvermerk kennzeichnet also idReg. den Verkehrswert der Aktien. Handelt es sich um die Bewertung eines außerordentlich hohen Aktienbetrages, so darf doch nicht von dem Preise ausgegangen werden, der etwa erzielt worden wäre, wenn alle Aktien zu gleicher Zeit auf den Markt gebracht würden. Denn die Aktien bildeten kein einheitliches Ganzes, auf dessen gleichzeitige Veräußerung es den Inhabern ankommen konnte.

2. Nun waren die hier in Betracht kommenden neuen Aktien zur fraglichen Zeit noch nicht zum Börsenhandel zugelassen. Dies war auch wegen der mit ihnen verbundenen Beschränkungen nicht möglich, und sie konnten demnach keinen Börsenkurs haben. Aus diesem Grunde muß ihr Wert im Wege der Schätzung festgestellt werden. Bei dieser Schätzung ist aber von dem Börsenkurse der alten Aktien auszugehen, da dieser die Wertgrenze nach oben bildet und ferner der einzige sichere Stützpunkt ist, an den sich eine Schätzung anlehnen kann.

Auch der Sachverständige D. nimmt die alten Aktien zum Ausgangspunkt seiner Schätzung. Er legt indessen nicht den Kurs zugrunde, sondern den selbständig geschätzten Wert. Bei seiner Schätzung befindet er sich wiederum im Rechtsirrtum, weil er den Substanz- und den Rentenwert des Gesamtvermögens der Aktiengesellschaft zu ermitteln sucht. Keiner von diesen beiden Werten ist dem Verkehrswert notwendig gleich, und beide können unter sich verschieden sein, wie auch der Sachverständige nicht verkennt. Der Verkehrswert ergibt sich aber aus der Berücksichtigung nicht nur der inneren Festigkeit einer Gesellschaft und des Ertrages der Aktien, sondern auch noch einer Reihe anderer Umstände, von denen Angebot und Nachfrage, sowie auch die berechtigte Spekulation eine Rolle spielen. Es ist aber die Hoffnung auf zukünftigen Gewinn keineswegs außer Betracht zu lassen; denn gerade sie ist es, die oft einem Gegenstande erst Wert verleiht.

Nr. 4. Entsch. v. 18. März 1914 (OVG. **66** 153).

Es handelt sich um die Frage, ob die Übernahme der Reichszuwachssteuer durch den Erwerber eine Gegenleistung für die Übereignung des Grundstücks darstellt und demgemäß dem Kaufpreise zuzurechnen ist. Der Gerichtshof hat über die Streitfrage in anderen Sachen folgendes ausgeführt:

„Zutreffend geht der Bezirksausschuß davon aus, daß der Begriff des Veräußerungserlöses, da ihn die SteuerO. selbst nicht umschreibt, nach den Ergebnissen der Rechtslehre und der Rechtsprechung unter Berücksichtigung der Verkehrssitte bestimmt werden muß. Unter Veräußerungspreis versteht man aber bei einem Grundstückskaufvertrage die Gesamtheit derjenigen Leistungen, die als Entgelt für die Übertragung des Eigentums ausbedungen sind. Zu diesem Entgelte gehört im vorliegenden Falle nicht nur der im Vertrage festgesetzte Barbetrag, sondern auch die vom Käufer übernommene Wertzuwachssteuer; denn nach § 6 Abs. 1 SteuerO. ist der Veräußerer allein der Schuldner der Wertzuwachssteuer. Wenn der Erwerber also die Bezahlung der Steuer übernimmt, so verpflichtet er sich dem Veräußerer gegenüber zu einer Leistung, die an und für sich diesem obliegt. Diese Verpflichtung stellt eine Gegenleistung für Überlassung des Grundstücks dar und ist deshalb ein Teil des Preises.

Ob etwa das ReichsZuwStG. von einer anderen Anschauung beherrscht ist und diese Anschauung namentlich in § 24 zum Ausdrucke gebracht hat, kann hier unerörtert bleiben. Ebenso wird an dem Ergebnisse nichts dadurch geändert, daß für die Übernahme der Veräußerungskosten und der Umsatzsteuer teilweise andere Grundsätze Geltung haben; denn die Wertzuwachssteuer ist eine eigenartige Abgabe, die ihrer Natur nach den Veräußerer treffen soll. Wenn sie vom Erwerber übernommen wird, so besteht im allgemeinen nicht die Auffassung, als handle es sich nur um Kosten der Veräußerung, sondern der Erwerber ist zufolge bestehender Verkehrssitte regelmäßig von der Anschauung beherrscht, daß er eine von dem Kostenpunkt unabhängige Verbindlichkeit des anderen Teiles übernimmt (RGZ. **72** 395)."

Die mit diesen Ausführungen entschiedenen Streitfälle weichen nur insofern von dem vorliegenden Falle ab, als die übernommene Zuwachssteuer eine kommunale war, während es sich jetzt um die Reichszuwachssteuer handelt. Aber auch für diese haftet gesetzlich der Veräußerer (§ 29 Abs. 1 ZuwStG.). Der Erwerber kann nur hilfsweise herangezogen werden und auch dann nicht immer zum vollen Betrage der Steuer (§ 29 Abs. 2). Der Gerichtshof hat sich deshalb nicht veranlaßt gesehen, im vorliegenden Falle den Preis nach anderen Grundsätzen zu bemessen, als er dies in jenen Fällen getan hat.

Nr. 5. Entsch. v. 5. Jan. 1916 (PrVerwBl. **37** 538) II HC 128/15.

Wenn der Bürge einer hypothekarisch gesicherten Forderung den Gläubiger befriedigt, so geht mit der Forderung auch die Hypothek auf den Bürgen kraft G. über; der Bürge wird Hypothekengläubiger, ohne daß es einer besonderen Abtretung oder Umschreibung im Grundbuch bedarf (§§ 774, 412, 401 BGB.). Wird letztere bewirkt, so bedeutet das nur eine Berichtigung des Grundbuchs. Um sie herbeizuführen, bedarf es allerdings eines urkundlichen Nachweises. Als solchen bezeichnet das G. (BGB. § 1155 aE. und GBO. § 40 Abs. 2) ein öffentlich beglaubigtes Anerkenntnis, dessen Stelle indessen auch eine Abtretungsurkunde, wie sie hier hergestellt worden ist, ersetzen kann.

D. Wertzuwachssteuer und Währschaftsabgabe für Frankfurt a. M.

Literatur: Haerecke: Der Wertzuwachsgedanke in Deutschland (Berlin 1915).

Nr. 1. Entsch. v. 8. April 1913 (OVG. **64** 221) VII C 583/12.

1. Nach den Erklärungen der Parteien steht fest, daß die der Veranlagung zu einer Wertzuwachssteuer von 2784 ℳ zugrunde gelegten Merkmale insofern unrichtig waren, als das betreffende Grundstück nicht 1749 qm, sondern 1872 qm Fläche umfaßte. Bei Zugrundelegung der zutreffenden Merkmale würde sich eine geringere Steuer ergeben. Der Bezirksausschuß hat die auf Freistellung von der Steuer gerichtete Klage zurückgewiesen und damit die Steuer auf 2784 ℳ festgesetzt. Hierin liegt ein wesentlicher Mangel des Verfahrens.

2. Wenn der Bezirksausschuß in Übereinstimmung mit der vom Beklagten zum Ausdrucke gebrachten Ansicht angenommen haben sollte, die Ermäßigung der Steuer trete erst nach Erledigung der Klage ein, so würde diese Annahme mit dem entscheidenden Teile, wonach die Klage abgewiesen worden ist, in Widerspruch stehen; denn nach eingetretener Rechtskraft würde für ein nochmaliges, die Ermäßigung der festgesetzten Steuer bezweckendes Verfahren kein Raum sein. Bei dieser Annahme hätte also im entscheidenden Teile zum Ausdruck gebracht werden müssen, daß die Abweisung der Klage nur insoweit erfolgt sei, als sie sich gegen den bei der Ermittelung des Wertzuwachses in Ansatz gebrachten Erwerbswert des veräußerten Grundstücks richtet. Dies ist nicht geschehen. Wenn aber der Bezirksausschuß angenommen haben sollte, dies sei zulässig gewesen, es sei auch im vorliegenden Falle unschädlich, daß der entscheidende Teil nicht so gefaßt sei, weil aus den Gründen erhelle, daß nur so habe entschieden werden sollen, so würde dies rechtsirrig sein; denn der Streit über die Heranziehung zu einer Steuer muß durch das Verwaltungsstreitverfahren zu einem erschöpfenden Abschlusse gebracht werden. Es ist nicht zulässig, über einzelne für die Festsetzung der Steuer wesentliche Punkte Entscheidung zu treffen und die endgültige Festsetzung der Steuer einem weiteren Verfahren vorzubehalten. Diese Auffassung hat der Gerichtshof in ständiger Rechtsprechung zur Geltung gebracht (vgl. OVG. **60** 110, 113). Abreden der Parteien aber, die diesen Grundsätzen entgegenstehen, sind für den Verwaltungsrichter unbeachtlich.

Nr. 2. Entsch. v. 11. Juli 1913 (OVG. **64** 225) VII C 752/12.

Der Bezirksausschuß hat den gemeinen Wert der veräußerten Parzelle, der von dem Beklagten auf 1,50 ℳ für das Quadratmeter angenommen war, auf 2 ℳ für das Quadratmeter heraufgesetzt und dies damit begründet, in dem eingeholten sachverständigen Gutachten sei ebenso wie bei der Berechnung des Klägers nicht berücksichtigt, daß das fragliche Grundstück mit der D.-Chaussee unmittelbar in Verbindung stehe, wodurch es gegenüber anderen Parzellen, die nur von Landwegen aus zugänglich seien, sehr gewinne. Dieser Mehrwert sei von den Sachverständigen auf ungefähr 5000 ℳ ermittelt. Der Bezirksausschuß hat offenbar angenommen, der Wert sei deshalb um diesen Betrag höher zu veranschlagen, weil die zwischen der veräußerten Parzelle und der D.-Chaussee liegende Parzelle am 1. IV. 05, dem für die Berechnung des Wertzuwachses maßgebenden Zeitpunkt, *demselben Eigentümer* gehört hat. Auf den *gemeinen* Wert eines Grundstücks sind aber *Umstände, die nur in der Person des Eigentümers liegen, ohne Einfluß*. Dadurch, daß die jetzt veräußerte Parzelle und die zwischen dieser und der D.-Chaussee gelegene Parzelle am 1. IV. 05 *demselben Eigentümer gehörten*, und daß durch dieses *subjektive* Verhältnis die jetzt veräußerte Parzelle durch einen — nicht öffentlichen — Weg über die vorliegende Parzelle oder durch sonstige Maßnahmen des Eigentümers in eine unmittelbare Verbindung mit der D.-Chaussee gebracht werden konnte, *wird der objektive Wert*, d. h. *der Wert der veräußerten Parzelle, nicht beeinflußt*. Dieser Wert würde seinen Ausdruck gefunden haben in dem Preise, der bei einem Verkaufe der fraglichen Parzelle am 1. IV. 05 *unter gemeingewöhnlichen Verhältnissen* erzielt worden wäre. Bei einem solchen Verkaufe würden die *subjektiven* Momente aber *nicht in Betracht kommen*, soweit es sich lediglich um die Bildung des *Preises für die Übereignung der Parzelle selbst* handelt. Allerdings würde die Möglichkeit nicht ausgeschlossen sein, daß der Veräußerer dem Käufer der hinterliegenden, jetzt veräußerten Parzelle gleichzeitig mit dem Verkaufe *Rechte* auf die in seinem Eigentume verbleibende, an der D.-Chaussee belegene Parzelle *einräumt*, die den Zweck haben, die verkaufte Parzelle von der D.-Chaussee aus zugängig zu machen. Wenn aber der Preis mit Rücksicht auf die Einräumung solcher Rechte vereinbart wird, so würde er nicht *nur die Gegenleistung für die Übereignung der veräußerten Parzelle* sein, sondern auch die *Gegenleistung für die Einräumung der besonderen Rechte*.

Nr. 3. Entsch. v. 18. Nov. 1913 (OVG. **65** 151) VII C 611/12.

1. Im § 8 Abs. 3 der örtlichen WertzuwachssteuerO. heißt es: „. . . Von dem Wertzuwachse des einen Teiles ist der etwaige *Wertverlust* bei Übertragung des Eigentums eines anderen Teiles *in Abzug zu bringen*, falls die verlustbringende *Übertragung innerhalb* eines *vorhergehenden* oder *nachfolgenden dreijährigen Zeitraumes* erfolgt ist. Diesesfalls ist die etwa zuviel gezahlte Steuer bei der verlustbringenden Übertragung zurückzuzahlen."

Unter Berufung auf diese Vorschrift hat der Kläger auf Grund einer mit Verlust verbundenen Teilveräußerung die Zurückzahlung eines früher von ihm erhobenen Steuerbetrages begehrt. Es fragt sich, ob die Bestimmung des § 8³ der örtlichen SteuerO. auch nach dem Inkrafttreten des ZuwStG. noch Anwendung finden kann.

2. Dem Bezirksausschusse ist dahin beizustimmen, daß durch § 72 Abs. 2 ZuwStG. die örtliche SteuerO. mit Wirkung vom 1. I. 11 aufgehoben ist, soweit nicht die Voraussetzungen des § 63 zutreffen. Die SteuerO. kann deshalb auf Vorgänge, die sich seit dem 1. I. 11 zugetragen haben, nicht mehr angewendet werden. Hierum handelt es sich im vorliegenden Falle aber nicht. Vielmehr steht zur Ent-

scheidung, ob die frühere Veranlagung zur Zuwachssteuer jetzt noch zutrifft, oder ob sie nachträglich zu ändern ist.

Der Wortlaut des § 8 Abs. 3 läßt hinreichend klar erkennen, daß bei Teilveräußerungen die Heranziehung zur Zuwachssteuer nur unter dem Vorbehalte nachträglicher Berichtigung stattfindet für den Fall, daß innerhalb der nachfolgenden drei Jahre eine verlustbringende Übertragung eines anderen Teilstückes erfolgt. Dies ist insbesondere daraus zu folgern, daß bei gewinnbringender Veräußerung die Steuer sofort unmittelbar kraft Ortsrechts um den Betrag gemindert wird, der sich aus bereits bekannten, mit Verlust verbundenen Geschäften ergibt. Man muß deshalb annehmen, daß auch bei späterem Eintritte verlustbringender Veräußerungen die in § 3 Abs. 2 vorgesehene Minderung sich unmittelbar kraft Ortsrechts vollzieht, daß also die Veranlagung, die ursprünglich dem OrtsG. entsprach und unanfechtbar geworden war, nachträglich unrichtig wird. Für die Frage aber, ob eine ursprünglich richtige Veranlagung nachträglich zu ändern ist, kann nur das Recht gelten, das für die Veranlagung selbst maßgebend war. Deshalb kommt das ReichsZuwStG. überhaupt nicht in Betracht.

Nr. 4. Entsch. v. 9. Dez. 1913 (PrVerwBl. **35** 542) VII C 104/13.

Eine Zahlung, die jemand leistet, um sich von früheren hinsichtlich des Grundstücks eingegangenen Verbindlichkeiten zu befreien und sich in den Stand zu setzen, das Grundstück zu veräußern, hat weder das Wesen einer Vermittlungsgebühr, noch gehört sie zu den Kosten der Veräußerung.

Nr. 5. Entsch. v. 27. März 1914 (PrVerwBl. **35** 844) VII C 254/13.

Als Veräußerungserlös iS. einer WertzuwachssteuerO. ist die Gesamtheit der Leistungen zu verstehen, die als Entgelt für die Übertragung des Eigentums ausbedungen sind. Dabei kommt als Veräußerungserlös nicht nur das in Betracht, was in die Hände des Veräußerers gelangt oder in ihnen verblieben, sondern das, was rechtsgültig vereinbart worden ist.

Ein Überpreis, den ein mit der Veräußerung beauftragter Agent als Provision für seine Bemühungen erzielt und bezogen hat, gilt als Teil des Veräußerungserlöses.

Nr. 6. Entsch. v. 1. Mai 1914 (PrVerwBl. **36** 70) VII C 696/13.

1. Für die Frage, ob durch eine örtliche SteuerO. auch der originäre Eigentumserwerb getroffen werden darf, hat der erkennende Senat in seiner, eine Umsatzsteuerangelegenheit betreffenden Entsch. v. 2. III. 11 (VII. C 293/10) bereits entschieden, daß für die Gemeinden kein gesetzliches Hindernis besteht, auch diejenigen Fälle, in denen ein bisher noch nicht vorhandenes Grund- oder Bergwerkseigentum neu zur Entstehung gelangt, einer Steuer zu unterwerfen. Der § 13 KommAbgG. gibt ihnen ganz allgemein das Recht, soweit nicht reichsgesetzliche Vorschriften entgegenstehen, indirekte Steuern zu erheben, d. h. iF. des Eintritts eines bestimmten Ereignisses eine Abgabe zu fordern. Damit aber abweichend von den MustersteuerO. für die Erhebung einer Gemeindesteuer bei dem Erwerbe von Grundstücken, die lediglich den „Umsatz" von Grundstücken, also den Eigentumswechsel der Steuer unterwerfen, nicht nur der Eigentumswechsel, sondern auch jeder Eigentumserwerb, bei dem ein früherer Eigentümer nicht in Betracht kommt, wie der Erwerb des Bergwerkseigentums durch staatliche Verleihung, zum Gegenstande der Besteuerung gemacht werden kann, muß in der SteuerO. der dahingehende

Wille des Steuergläubigers einen unzweideutigen Ausdruck gefunden haben. Die SteuerO. ist dabei lediglich aus sich selbst zu interpretieren, und kommt es in Ermangelung eines solchen Ausdrucks des Willens auf das Vorhandensein des Willens bei dem Gesetzgeber nicht an.

2. Der § 1 der hier maßgebenden SteuerO. macht, weitergehend als der § 1 MustersteuerO. älterer Fassung, der nur jeden auf Grund einer freiwilligen Veräußerung erfolgenden Eigentumserwerb der Steuer unterwarf, jeden nicht unmittelbar auf Grund einer Erbschaft erfolgenden Eigentumserwerb zum Gegenstande der Besteuerung. Dieser Wortlaut würde an sich die Deutung zulassen, daß auch jeder Eigentumserwerb, bei dem ein früherer Eigentümer nicht in Betracht kommt, steuerpflichtig sein soll, die SteuerO. also nicht nur den Umsatz von Grund- bzw. Bergwerkseigentum besteuern will. Während nun in der letzteren Entscheidung weiter ausgeführt ist, daß nach dem Inhalte der für jenen Fall maßgeblich gewesenen SteuerO. angenommen werden müsse, daß lediglich die Fälle des (abgeleiteten) Eigentumswechsels zum Gegenstande der Besteuerung gemacht worden seien und ein etwa weitergehender Wille des Steuergesetzgebers in jener SteuerO. einen hinreichenden Ausdruck nicht gefunden habe, trifft das Gegenteil nach dem Wortlaute des § 1 SteuerO. der Stadt Gelsenkirchen v. 3. XI. 10 iVerb. mit dessen Entstehungsgeschichte hinsichtlich dieser SteuerO. zu.

Nr. 7. Entsch. v. 1. Mai 1914 (PrVerwBl. 35 924) VII C 336/13.

ReichsZuwStG. §§ 60, 72.

1. Nach §§ 60 Abs. 2, 72 ReichsZuwStG. sind mit dem 1. I. 11 an und für sich alle WertzuwachssteuerO. in Preußen hinfällig geworden, und es ist nur dem Reichskanzler die Befugnis verliehen, einzelnen Gemeinden (Gemeindeverbänden) ihre SteuerO. zu belassen. Geschieht dies, so bleibt das in dem betreffenden Bezirke bestehende Zuwachssteuerrecht unverändert. Daraus folgt jedoch nicht, daß die Anordnung des Reichskanzlers keine konstitutive, sondern eine deklaratorische Bedeutung hat. Denn ihr kommt nicht die Bedeutung zu, daß sie feststellt, was auch ohnehin Rechtens ist, sondern sie setzt das ReichsG. für einen bestimmten Bezirk und für eine gewisse Zeit außer Kraft. Erst durch die Anordnung tritt diese Wirkung ein; ohne sie würde das Reichsrecht in dem Bezirke voll zur Geltung gekommen sein.

Eine solche Anordnung (Bestimmung) stellt sich als sogenannte Rechtsverordnung dar, das heißt als eine Verordnung, die gegenüber jedermann, den es angeht, objektives Recht schafft. Sie wendet sich nicht etwa nur an die Verwaltungsbehörden, ohne nach außen hin in die Erscheinung zu treten. Allerdings enthält § 60 Abs. 2 ebenso wie Abs. 1 und 3 auch reine Verrechnungsvorschriften, die nur iVerh. des Reichs zu den Gemeinden Bedeutung haben. Dadurch erschöpft sich aber der Inhalt der Vorschrift nicht. Vielmehr betrifft sie in erster Linie das Verhältnis des Steuerpflichtigen zu den Gemeinden, sie läßt es zu, daß die Grundbesitzer vom 1. I. 11, anstatt nach Reichsrecht besteuert zu werden, einer Gemeindesteuer unterworfen sind. Erst in zweiter Linie kommt in Betracht, wie die so erhobenen Steuerbeträge zwischen Reich und Gemeinden verrechnet werden. Der Umstand, daß die Vorschriften des § 60 äußerlich wie reine Verrechnungsvorschriften gefaßt sind, darf nicht zur Verkennung ihres wahren Inhalts führen.

2. Rechtsverordnungen des Reichskanzlers müssen aber von Reichswegen veröffentlicht werden. Dies ergibt sich aus dem allgemeinen Grundsatze, daß geschriebene Rechtsnormen denen, die es angeht, zugänglich gemacht werden müssen.

Freilich hat das OVG. für das Gebiet des PrKommAbgG. die Notwendigkeit der Verkündung von Gemeindesatzungen verneint. Indessen beruht diese

Rechtsprechung auf den Besonderheiten des Kommunalsteuerrechts und auf der Geschichte des KommAbgG. und keineswegs etwa auf allgemeinen Rechtsgrundsätzen.

Auch durfte nicht deshalb von einer Bekanntmachung der Anordnungen des Reichskanzlers abgesehen werden, weil sie sich nur auf ein kleines Gebiet des Reichs erstrecken. Ist eine Bekanntmachung an sich nötig, so muß sie bewirkt werden, gleichviel, ob das örtliche oder sachliche Anwendungsgebiet der Verordnung gering ist oder nicht.

3. Nun ist aber durch das ReichsG. über Änderungen im Finanzwesen v. 3. VII. 13 § 1 Abs. 4 [2] bestimmt worden:

„Für entschädigungsberechtigte Gemeinden (Gemeindeverbände) der in § 60 Abs. 2 ReichszuwStG. erwähnten Art kann die Landeszentralbehörde anordnen, daß die Satzungen, die vor dem 1. I. 11 bestanden haben, mit Wirkung von diesem Tage ab weitere Geltung haben."

Auf Grund dieser Vorschrift haben die Minister des Innern und der Finanzen unter dem 19. VII. 13 angeordnet, daß die WertzuwachssteuerO. der Stadtgemeinde Gelsenkirchen v. 4. XI. 10 mit Wirkung vom 1. I. 11 weiter gelte. Diese Anordnung ist in der PrGS. (S. 365) veröffentlicht worden. Eine derartige Bekanntmachung in der für die Veröffentlichung in Preußen hinsichtlich der G. und Verordnungen in Betracht kommenden PrGS. genügte, um den Zweck der allgemeinen Bekanntmachung zu erfüllen. Einer weiteren Veröffentlichung jenes Erlasses im RGBl. bedurfte es nicht, weil es sich nicht um die Anordnung einer Reichsbehörde, vielmehr nur um die Verordnung der nach der angezogenen reichsgesetzlichen Bestimmung zuständigen Landeszentralbehörden handelt. Ferner war auch nicht erforderlich, daß mit dem Erlasse der Minister des Innern und der Finanzen die SteuerO. v. 3. XI. 10 nochmals veröffentlicht wurde. Der Erlaß bestimmt lediglich, daß die SteuerO. mit Wirkung vom 1. I. 11 weiter gelten soll. Da nun die SteuerO. bereits in der Nr. 260 der Gelsenkirchener Allgemeinen Zeitung, dem amtlichen Kreisblatte für den Stadtkreis Gelsenkirchen, veröffentlicht worden ist und jener Erlaß nur ihre fernere Geltung anordnet, so war eine erneute Veröffentlichung der SteuerO., um ihre Fortdauer zu sichern, nicht geboten.

4. Eine Anordnung der Landeszentralbehörden ist nun nach dem mitgeteilten Wortlaute des § 1 Abs. 4 [2] ReichsG. v. 3. VII. 13 allein dahin zulässig, daß diejenigen Satzungen entschädigungsberechtigter Gemeinden der in § 60 Abs. 2 ReichsZuwStG. erwähnten Art weiter Geltung haben sollen, die vor dem 1. I. 11 bestanden haben. Diese Voraussetzung ist hinsichtlich der SteuerO. v. 3. XI. 10 erfüllt, da sie als solche schon vor dem 1. I. 11 bestanden hat. Wenn nun in § 60 Abs. 2 ReichsZuwStG. bestimmt ist, daß „den Gemeinden (Gemeindeverbänden) .... nach Bestimmung des Reichskanzlers .... an Stelle der Vorschriften dieses G. die bisherige Satzung weiterhin belassen werden kann mit der Maßgabe ....", so kann diese Bestimmung in ihrem inneren Zusammenhange mit dem Inhalte des Abs. 1 desselben Gesetzesparagraphen nur dahin verstanden werden, daß lediglich die Gemeinden (Gemeindeverbände) in Frage kommen können, bei denen die fernere Voraussetzung erfüllt ist, daß in ihrem Bezirk „eine Zuwachssteuer vor dem 1. IV. 09 beschlossen und vor dem 1. I. 11 in Kraft getreten war".

5. Es bedarf hier keiner näheren Erörterung, ob und welche einzelne Bestimmung jener SteuerO. der Rechtsgültigkeit und eventuell aus welchem Grunde entbehrte. Mag dies auch im Hinblick auf eine Einzelbestimmung jener SteuerO. zutreffen, so hat doch eine derartige teilweise Ungültigkeit nur zur Folge, daß die betreffende Rechtsnorm in einem konkreten Falle nicht zur Anwendung gelangen kann. Wie schon im Urt. v. 2. V. 12 (VII C 65/12) ausgesprochen ist, ist ein Begehren, „eine SteuerO. allgemein für

ungültig zu erklären, unzulässig. Denn eine Klage auf Ungültigkeitserklärung einer SteuerO. ist überhaupt nicht gegeben. Wenn eine SteuerO. an einem wesentlichen Mangel leidet, so kann der Verwaltungsrichter allerdings in die Lage kommen, ihre Ungültigkeit festzustellen. Dies ist jedoch nur zulässig, wenn die Entscheidung über einen Antrag auf Freistellung (oder Herabsetzung der Steuer) von der Gültigkeit der SteuerO. abhängt, und die Feststellung der Ungültigkeit bezieht sich dann stets nur auf den einzelnen entschiedenen Fall; allgemeine formale Wirkung hat sie nicht; vielmehr muß in etwaigen späteren Fällen über die Gültigkeit der SteuerO. von neuem entschieden werden".

6. Gegeben ist auch die fernere Voraussetzung des § 60 Abs. 1 ReichsZuwStG., daß die SteuerO. v. 9. VIII. 05 zugleich als eine WertzuwachssteuerO. damals bestanden hat. Nach der Zweckbestimmung des § 60 Abs. 1 und 2 cit. sollen die in Frage kommenden Gemeinden vor Ausfällen geschützt werden, die sie im Hinblick auf ihre früheren autonomen Satzungen erleiden würden, wenn jene reichsgesetzliche Bestimmung nicht vorgesehen wäre. Deshalb ist aber auch folgerichtig im ReichsZuwStG. als weitere Voraussetzung einer Belassung autonomer Steuernormen die Regelung vorgesehen, daß in dem betreffenden Gemeindebezirke zu den im G. vorgesehenen Terminen die Besteuerung eines Wertzuwachses schon bestanden hat. Dies ist aber hinsichtlich der allgemein als „Ordnung für die Erhebung einer Gemeindesteuer bei dem Erwerbe von Grundstücken und Bergwerkseigentum im Bezirke der Stadtgemeinde Gelsenkirchen" bezeichneten SteuerO. v. 9. VIII. 05 inhaltlich der Fall gewesen.

Nr. 8. Entsch. v. 22. Sept. 1914 (PrVerwBl. 37 231) VII C 797/13.

1. Die Preisvereinbarung ist ein Rechtsgeschäft und als solches daher nicht nach wirtschaftlichen, sondern nach rechtlichen Gesichtspunkten zu beurteilen. Die Ges. m. b. H. ist in ihrer Eigenschaft als juristische Person rechtlich durchaus verschieden von ihren Gesellschaftern, den Inhabern der Geschäftsanteile; der Geschäftsanteil stellt lediglich ein besonderes Vermögensrecht des betreffenden Gesellschafters dar, mit dem ein anteilmäßiges Recht an den einzelnen Vermögensstücken der Gesellschaft, insbesondere also auch ihren Grundstücken, nicht verknüpft ist (OVG. **58** 122). Auch der Erwerb sämtlicher Geschäftsanteile einer Ges. m. b. H. gewährt daher dem Erwerber keine rechtliche Verfügungsmacht über das Gesellschaftsvermögen, das vielmehr nach wie vor der Gesellschaft als solcher verbleibt, sondern nur die tatsächliche Möglichkeit, über das Vermögen im wesentlichen nach seinen Wünschen zu verfügen (vgl. **M. 1914** 206). Demgemäß ist auch der Vertrag zwischen der Gesellschaft und dem alle Geschäftsanteile besitzenden Gesellschafter über die Überlassung des Gesellschaftsvermögens, darunter der Gesellschaftsgrundstücke, an diesen Gesellschafter ein Vertrag zwischen zwei verschiedenen selbständigen Persönlichkeiten, der wie jeder andere Veräußerungsvertrag auch eine Preisvereinbarung zuläßt, und ist die Übereignung des Vermögens der Gesellschaft an den Gesellschafter, insbesondere die Grundstücksauflassung, von rechtsbegründender Bedeutung, nicht etwa nur die Verwirklichung eines schon bestehenden Rechts.

2. In der maßgebenden notariellen Verhandlung ist nach Hervorhebung der Tatsache, daß sich sämtliche Geschäftsanteile der Klägerin im Eigentume der fraglichen Terrain-Aktiengesellschaft befänden, von dem gesetzlichen Vertreter der letzteren die Auflösung und Liquidation der klagenden Ges. m. b. H. und ferner beschlossen worden, daß jene Aktiengesellschaft „das gesamte Vermögen der Gesellschaft, die jetzt als Klägerin auftritt, als ihr Sondereigentum übernimmt und hiermit für ihre gesellschaftlichen Rechte abgefunden wird"; im Anschluß hieran ist dort von dem gleichzeitig ernannten Liquidator

der Ges. m. b. H. erklärt worden, in dieser seiner Eigenschaft übertrage und übereigne er das gesamte Vermögen der Ges. m. b. H., insbesondere die hier fraglichen ihr gehörigen Grundstücke, der Aktiengesellschaft, indem zugleich die beiderseitigen gesetzlichen Vertreter die entsprechende Grundbuchumschreibung bewilligen und beantragen. Hiernach kann also von einem zwischen dem Veräußerer — der Ges. m. b. H. in Liquidation — und dem Erwerb r — der Aktiengesellschaft — bedungenen Preise iS. der örtlichen WertzuwachssteuerO. keine Rede sein. Es kommt hier — entsprechend dem Wesen des bedungenen Preises — einzig darauf an, ob die tatsächlich getroffene Vereinbarung der Beteiligten eine für die Grundstücksüberlassung dem Veräußernden zu gewährende Gegenleistung vorsieht. Nun ist nicht nur eine solche Gegenleistung in der die Willenserklärungen der Beteiligten enthaltenden Urkunde nicht vereinbart, sondern es würde auch die Unterstellung des Beklagten, daß es sich hier um Leistung gegen Gegenleistung handle, dem erklärten und wirklichen Willen der Beteiligten völlig zuwiderlaufen, der vielmehr gerade dahin ging, daß die Aktiengesellschaft, indem sie Vermögenswerte zwar von der Ges. m. b. H. in Liquidation empfing, ihrerseits dieser aber keine zu gewähren hatte, zufolge dieser einseitigen Vermögenszuwendung wegen ihrer auf dem Besitz sämtlicher Geschäftsanteile fußenden Ansprüche an die Ges. m. b. H. in Liquidation abgefunden sein sollte.

In Ermangelung eines bedungenen Preises war demnach hier allerdings auf den Wert der Grundstücke zur Zeit der Veräußerung zurückzugehen. Da dieser Wert nicht höher war wie seiner Zeit der Erwerbspreis der Klägerin, liegt ein Wertzuwachs nicht vor.

Nr. 9. Entsch. v. 25. Nov. 1914 (PrVerwBl. **36** 367) II HC 331/14.

1. Der Bezirksausschuß ist zutreffend davon ausgegangen, daß nach § 89 KommAbgG. und Art. 57 Abs. 1 der dazu ergangenen AAnw. diejenigen Kosten, die durch die gelegentlich eines Einspruchs erfolgenden Ermittlungen veranlaßt werden, von dem Abgabenpflichtigen zu erstatten sind, wenn sich seine Angaben in wesentlichen Punkten als unrichtig erweisen, daß ferner diese Festsetzung in der Entscheidung über den Einspruch zu erfolgen hat und daß sie mittels der Klage im Verwaltungsstreitverfahren anfechtbar ist. Der Antrag auf Freistellung von der Wertzuwachssteuer begreift auch das Begehren in sich, von den Kosten frei zu kommen, die im Einspruchsverfahren durch die Ermittlung, ob ein Wertzuwachs vorlag, entstanden sind.

2. Daß die Klägerin unter den „sämtlichen Kosten des Verfahrens" nicht nur die Kosten des Verwaltungsstreitverfahrens, sondern auch die im Einspruchsverfahren erwachsenen Kosten verstanden hat, ist gleichfalls mit dem Bezirksausschuß anzunehmen, da im anderen Falle die Klägerin ihr Verlangen auf die Kosten des Verwaltungsstreitverfahrens eingeschränkt haben würde. Weil nun der Beklagte nur mit der Übernahme der gerichtlichen Kosten einverstanden war, ist zwischen den Parteien ein Einvernehmen über den Kostenpunkt nicht erzielt worden und der Bezirksausschuß hat richtig angenommen, daß eine Klagezurücknahme zwar hinsichtlich der veranlagten Steuern, nicht aber in bezug auf den Kostenpunkt stattgefunden hat, so daß hierüber das Streitverfahren fortzuführen war. Nun geht allerdings der Antrag der Klägerin, über die Tragung „der in Einspruchsverfahren auf beiden Seiten entstandenen Kosten" Entscheidung zu treffen, zu weit, da nach § 89 aaO. nur die durch die gelegentlich eines Einspruchs erfolgenden Ermittlungen veranlaßten Kosten Gegenstand des Streites sein können und in dieser Richtung nur die Kosten des vom Beklagten eingeholten Gutachtens in Betracht kommen. Weil nun die Klägerin offenbar nur das Interesse hatte,

von diesen Kosten frei zu kommen, hat der Bezirksausschuß zutreffend nur über sie entschieden. Die Feststellung des Bezirksausschusses, daß nach dem Ergebnisse der im Einspruchsverfahren angestellten Ermittlung die Angaben der Klägerin sich nicht in wesentlichen Punkten als unrichtig erwiesen hätten, ist gleichfalls ohne Rechtsfehler getroffen worden. Denn diese Feststellung war im Hinblick darauf möglich, daß sich im Laufe des Verfahrens die Behauptung der Klägerin, ein steuerpflichtiger Wertzuwachs habe nicht stattgefunden, als richtig herausgestellt hat und daß sich das vom Beklagten eingeholte Gutachten nur über den Erwerbspreis verhalten hat, während die Klägerin auch mit dem eingesetzten Veräußerungspreise nicht einverstanden war und auch hierfür die Vornahme einer Abschätzung des Grundstücks in Anregung gebracht hatte.

E. Hundesteuer.

Nr. 1. Entsch. v. 17. Febr. 1914 (OVG. **66** 157) II C 221/13.

KommAbgG. § 16.

Die Hundesteuer kann nur von demjenigen gefordert werden, der einen Hund „hält", nicht auch von demjenigen, der ihn „verwahrt", sofern unter dem Verwahren etwas anderes als unter Halten zu verstehen ist, denn die Gemeinden sind nach § 16 KommAbgG. nur berechtigt, das Halten von Hunden zu besteuern.

Nr. 2. Entsch. v. 16. Febr. 1915 (PrVerwBl. **37** 106) II C 289/14.

KommAbgG. § 16.

Nach OVG. **66** 157 kann gemäß § 16 KommAbgG. mit Rechtswirkung nur derjenige, der einen Hund „hält", für steuerpflichtig erklärt werden, wenn unter „Verwahren" etwas anderes verstanden werden soll als das Halten. Wie erwiesen, hat Kläger zwei ihm nicht gehörige räudekranke Hunde zwecks Heilung vorübergehend in seinem Hause verpflegt. Darin ist kein „Halten" der Hunde zu finden. Denn nur derjenige „hält" einen Hund, der ihn für seine — oder unter Umständen seiner Haushaltungsangehörigen — Zwecke und Interessen in seine Wirtschaft oder seinen Betrieb für eine gewisse Dauer nimmt und unterhält.

Nr. 3. Entsch. v. 20. Juni 1913 (PrVerwBl. **35** 322) II C 72/13.

Wenn eine HundesteuerO. von Warenvorräten spricht, „die im Freien gelagert werden müssen", so ist der Sinn dieser Worte zu verstehen als: „Warenvorräte, die bei wirtschaftlich zweckmäßigem Betriebe des Gewerbes im Freien gelagert werden müssen". Die Darlegung, daß eine Aufbewahrung der Vorräte von Lumpen, altem Zinkblech, altem Eisen u. dgl. in geschlossenen Räumen im Gewerbebetriebe nur mit einem Kostenaufwande möglich sei, dessen Aufwendung im Betriebe unwirtschaftlich sein würde, ist ohne weiteres glaubhaft.

Nr. 4. Entsch. v. 2. Juni 1914 (DJZ. **20** 1138) II C 22/14.

An der Auffassung, daß eine Bestimmung, derzufolge das Ermessen des Magistrats über die Unentbehrlichkeit eines Hundes entscheide, rechtsungültig sei, daß die Ungültigkeit aber nur hinsichtlich der Worte „nach dem Ermessen des Magistrats" bestehe, daß also diese Worte als nicht vorhanden zu gelten hätten, hält der jetzt erkennende Senat fest.

F. Schankerlaubnissteuer.

Literatur: Illiger: Schankerlaubnis und Schankerlaubnissteuer (Berlin 1915).

Nr. 1. Entsch. v. 19. Dez. 1913 (PrVerwBl. **35** 809) II C 251/13.

Die Vorschrift einer SchankkonzessionssteuerO., wonach eine Steuer nicht erhoben wird, wenn die Wirtschaft (der Kleinhandel) auf einen Abkömmling übertragen wird", setzt einen rechtlich bestehenden Kleinhandel nicht voraus. Der Kläger Louis G. hat im Jahre 1888 das Geschäft und damit zugleich den Kleinhandel von dem früheren Inhaber der Firma, seinem Vater, übernommen. Dieser hatte die Konzession. Dadurch, daß der Kläger nicht sofort, wie es hätte geschehen müssen, die Erlaubnis zum Kleinhandel erbeten und erhalten hat, sondern diesen Kleinhandel ungestört ohne eine solche Erlaubnis weiter betrieben hat, wird an der Tatsache nichts geändert, daß ihm 1888 ein rechtmäßig bestehender Kleinhandel „übertragen" worden ist. Auch der Kläger Max G. kann zu einer Erlaubnissteuer schon aus folgendem Grunde nicht herangezogen werden. Er ist im Jahre 1906 von seinem Vater (Louis G.) als Mitinhaber in das Geschäft aufgenommen. Keiner der Fälle der SteuerO. ist auf ihn anwendbar. Allerdings unterliegt gemäß § 1 die „Erlangung der Erlaubnis" einer Steuer; aber nur nach näherer Vorschrift der §§ 2 und 3. § 2, der von einer neuen Wirtschaft (einem neuen Kleinhandel) spricht, scheidet aus. § 3 Abs. 1 behandelt den Fall, daß für einen bestehenden Betrieb, auf dessen Ausübung der bisherige Inhaber unter Rückgabe des Erlaubnisscheines endgültig verzichtet hat, einem anderen Gewerbetreibenden die Erlaubnis erteilt wird. Auch das trifft nicht zu.

Nr. 2. Entsch. v. 20. Jan. 1914 (PrVerwBl. **35** 908) II C 207/13.

Nach § 5[1] einer SchankerlaubnissteuerO. wird die Steuer nicht erhoben, wenn die Wirtschaft von dem bisherigen Inhaber auf einen Abkömmling übertragen worden ist. Im vorliegenden Falle ist die Wirtschaft von dem bisherigen Inhaber auf einen Abkömmling — seine Tochter — übertragen worden, und diese Übertragung ist der Anlaß zu der Erlaubniserteilung an deren Ehemann, den Kläger, gewesen. Denn da dem Kläger gesetzlich die Verwaltung des Vermögens seiner Ehefrau zusteht, war die Erlaubniserteilung an den Kläger dadurch notwendig geworden, daß die Wirtschaft der Ehefrau übertragen worden war. Damit ist der Tatbestand der Befreiungsvorschrift erfüllt. Der Vorderrichter hat die Befreiungsvorschrift nicht für anwendbar gehalten, weil nicht der Abkömmling des früheren Inhabers der Wirtschaft die Erlaubnis erlangt habe. Dieser Umstand ist aber nicht entscheidend. Das würde nur dann der Fall sein, wenn die SteuerO. eine solche Voraussetzung für die Bewilligung der Steuerfreiheit aufstellte. Die enge Auslegung entspricht nicht dem Wortlaut, und gegen sie fällt auch schwer die Bestimmung unter § 5 Nr. 2 ins Gewicht, wonach die Steuerbefreiung ohne weitere Voraussetzung sogar dann eintritt, wenn der zweite Ehemann einer Witwe die Erlaubnis für eine Wirtschaft erhält, die der erste Ehemann betrieben hatte.

Nr. 3. Entsch. v. 28. April 1914 (PrVerwBl. **36** 559) II C 264/13.

Die Klägerin meint, § 2 SteuerO., der die Steuersätze regelt, finde deshalb hier nicht Anwendung, weil diese Regelung ausdrücklich nur für den Fall getroffen sei, daß „zum ersten Male für eine Betriebsstätte die Erlaubnis erteilt wird", der Fall liege aber hier nicht vor, weil bereits in dem alten Hause, das im Frühjahr 1913 niedergelegt wurde, von ihrem Pächter B., an den auch die Wirtschaft in dem Neubau wieder verpachtet werde, eine Gastwirtschaft betrieben worden sei. Der Einwand ist hinfällig. Unter der Betriebsstätte iS. der SteuerO. ist nicht die Grundfläche, auf der ein zur Gast- oder Schankwirtschaft benutztes Gebäude steht, sondern das Gebäude mit seinen der Wirtschaft dienenden Räumlichkeiten selbst verstanden. Die Räumlichkeiten aber, für die der Klägerin der Betrieb der Gastwirtschaft erlaubt wurde, bestanden bisher nicht, sie sollten erst noch hergestellt werden, für sie wurde sonach die Wirtschaftserlaubnis zum ersten Male erteilt. Aus demselben Grunde kann auch der weiterhin von der Klägerin angerufene § 3, der eine Ermäßigung der Steuer für den Fall vorsieht, daß die Erlaubnis für eine Betriebsstätte erteilt wird, in der schon unmittelbar vorher Wirtschaft derselben Art und desselben Umfanges betrieben worden ist, nicht eine Herabsetzung der geforderten Steuer rechtfertigen. Klägerin hat sich dann noch auf § 7¹ SteuerO. berufen. Danach wird die Steuer nicht erhoben, wenn die Erlaubnis dem Inhaber einer Erlaubnis derselben Art und desselben Umfanges, unter Verzicht auf diese, für einen Neubau auf demselben Grundstück erteilt wird. Indes sind auch die Voraussetzungen dieser Vorschrift hier nicht erfüllt. Denn nicht die Klägerin, sondern allein deren Pächter B. war Inhaber der Erlaubnis zum Betriebe der Wirtschaft in dem niedergelegten Hause.

Nr. 4. Entsch. v. 16. Juni 1914 (PrVerwBl. 36 378) II C 253/13.

1. Eine der Voraussetzungen für die Erhebung der Schankerlaubnissteuer bildete nach der SteuerO., daß der Gewerbetreibende entweder von der Gewerbesteuer wegen geringen Ertrags und Kapitals frei oder in einer der Gewerbesteuerklassen rechtskräftig veranlagt ist. Der Beklagte hat nun die frühere Heranziehung des Klägers zur Erlaubnissteuer lediglich deshalb aufgehoben, weil er sich überzeugt hatte, daß für sie die Voraussetzungen noch nicht vollständig vorlagen. Es fehlte die staatliche Veranlagung des Klägers zur Gewerbesteuer. Darin liegt kein Verzicht auf den Steueranspruch. Beklagter blieb vielmehr berechtigt, die Heranziehung zu wiederholen, nachdem die früher fehlenden tatsächlichen Voraussetzungen inzwischen eingetreten waren.

2. Ist sonach die angefochtene neue Heranziehung an sich nicht zu beanstanden, so fragt sich nur noch, ob sie auch in voller Höhe aufrecht erhalten werden kann. In dieser Hinsicht kann sie nicht mit der Behauptung angefochten werden, daß die staatliche Veranlagung zur Gewerbesteuer zu hoch sei. Diese Veranlagung ist durch Zurücknahme des gegen sie eingelegten Einspruchs rechtskräftig geworden und bildet danach den unangreifbaren Maßstab für die Schankerlaubnissteuer.

Es kommt aber weiter in Frage, ob dem Kläger etwa die Bestimmung des § 3 SteuerO. zur Seite steht und demgemäß der einer Gewerbesteuerveranlagung in der 4. Gewerbesteuerklasse nach der SteuerO. entsprechende Betrag der Erlaubnissteuer von 500 *M* auf die Hälfte herabzusetzen ist. § 3 lautet:

„Es gelangt nur die Hälfte der Sätze des § 2 zur Anwendung, wenn derjenige, welcher bereits eine Erlaubnis inne hatte, unter Verzicht auf diese Erlaubnis und Einstellung des Betriebes auf dem bisher von ihm benutzten Grundstücke eine neue Erlaubnis derselben Art und desselben Umfanges für ein anderes Grundstück im Stadtbezirk erhält (Betriebsverlegung)."

Diese Ausnahmebestimmung setzt indessen, wie das Schlußwort in der Klammer „Betriebsverlegung" deutlich macht, voraus, daß der frühere Betrieb von der alten Stelle auf eine neue verlegt wird, d. h. an der bisherigen Stelle eingeht und an der neuen Stelle neu eingerichtet wird. Dieser Fall liegt hier nicht vor.

Nr. 5. Entsch. v. 20. Juni 1913 (OVG. **64** 231) II C 60/13.

Es fragt sich, ob in dem gegebenen Tatbestande die Übernahme einer bestehenden Wirtschaft iS. des § 3 der örtlichen SteuerO. gefunden werden durfte. Die Bestimmung des § 3 ist der amtlichen MustersteuerO. entnommen. Der innere Grund für die geringere Besteuerung der Wirtschaftserlaubnis bei Übernahme einer bestehenden Wirtschaft liegt darin, daß durch die höhere Besteuerung neuer Wirtschaften der Vermehrung der Schankwirtschaften entgegengewirkt werden soll. Von diesem Gesichtspunkt ist also bei Auslegung der gesetzlichen Bestimmungen auszugehen. Wenn nun auch zuzugeben ist, daß das Wort „Übernahme" die Auslegung möglich macht, daß hiermit nur der Fall eines vertragsmäßigen Überganges des Betriebes von dem bisherigen Inhaber auf den neuen Inhaber bezeichnet sein sollte, so ist doch mit Rücksicht auf die angegebene gesetzgeberische Absicht diese Auslegung abzulehnen; denn die Beziehungen zwischen diesen beiden Personen sind für die gesetzgeberische Absicht belanglos. Es kommt an erster Stelle darauf an, ob die neue Erlaubnis tatsächlich an die Stelle einer erloschenen Erlaubnis tritt. Diese Auslegung erscheint um so mehr gerechtfertigt, als der die Steuerpflicht erzeugende Vorgang nicht die Übernahme des Betriebs seitens des neuen Inhabers, sondern die Erteilung der Wirtschaftserlaubnis ist und dieser Vorgang der vertragsmäßigen Verfügung der Beteiligten entzogen ist. Es handelt sich also bei Anwendung der Ausnahmebestimmung des § 3 SteuerO. darum, ob die dem neuen Wirtschaftsinhaber erteilte Erlaubnis dergestalt an die Stelle einer früheren, nunmehr erloschenen Erlaubnis getreten ist, daß die Wirtschaft unter dem neuen Inhaber als Fortsetzung oder Wiederaufnahme eines alten Betriebs erscheint. Ob dies zutrifft, ist Frage des einzelnen Falles. Der gedachte Zusammenhang mit einem alten Betriebe wird stets dann vorliegen, wenn auf Grund eines Vertrags zwischen dem bisherigen Inhaber der Erlaubnis und dem neuen Erwerber der Erlaubnis der Betrieb in den alten Räumen auf den letzteren übergegangen ist, wie auch in diesen Fällen die neue Erlaubnis nur dann erteilt wird, wenn der bisherige Wirtschaftsinhaber auf seine Erlaubnis verzichtet hat. Ebenso wird der Zusammenhang idReg. dann anzunehmen sein, wenn ein Wirtschaftsinhaber seine Wirtschaft ohne sonstige wesentliche Veränderung des Betriebs in andere Räume verlegt und nunmehr die Erlaubnis für die neuen Räume erhält, während der Betrieb in den alten Räumen eingeht. Der Zusammenhang kann aber unter Umständen auch dann als vorhanden gelten, wenn die Erlaubnis zu einem Wirtschaftsbetrieb aus anderen Gründen als wegen Verzichts des Inhabers erlischt, zB. weil der Wirtschaftsinhaber stirbt oder die Verfügung über die Räume, für welche die Erlaubnis erteilt ist, verliert, und wenn nunmehr eine andere Person die Erlaubnis für die Räumlichkeiten, in denen die Wirtschaft betrieben wurde, erlangt. Ob in einem solchen Falle mit einem Fortbestehen der alten Wirtschaft gerechnet werden darf, das wird von den tatsächlichen Verhältnissen abhängen. Jedenfalls ist das rechtlich nicht ausgeschlossen, und daher ist in der Feststellung des Vorderrichters, daß vorliegendenfalls vom Kläger die alte Wirtschaft wieder aufgetan sei, kein Rechtsirrtum zu erkennen. Der Beklagte scheint auch nicht bestreiten zu wollen, daß die Voraussetzungen der Bestimmung des § 3 SteuerO. trotz des Neubaues und trotz der in den Personen eingetretenen Veränderung vorliegen könnten; er meint aber, die Wirtschaft des Klägers müsse trotzdem als eine neue angesehen werden, weil die Wirtschaftsräume erheblich vergrößert und anders eingerichtet worden seien, und weil unter der Leitung des Klägers die Schankwirtschaft in anderer Art als früher betrieben werde. Auf Grund der von ihm angestellten Ermittlungen hat der Vorderrichter verneint, daß der Kläger eine neue bisher nicht vorhandene Wirtschaft begründet habe.

Nr. 6. Entsch. v. 4. Mai 1915 (OVG. 69 188) II C 113/14.

1. Aus der Entstehungsgeschichte der fraglichen SteuerO., der Bezugnahme auf die §§ 13, 18 KommAbgG. und der Zusammenstellung mit der Erlaubnissteuer geht unzweifelhaft hervor, daß die Steuer für das Offenhalten der Lokale über die Polizeistunde hinaus als eine indirekte Steuer beabsichtigt ist. Für diese hat das OVG. wiederholt ausgesprochen, daß der § 13 den Gemeinden ganz allgemein das Recht gibt, soweit nicht reichsgesetzliche Vorschriften entgegenstehen, indirekte Steuern zu erheben, sofern sie die Genehmigung und Zustimmung der Aufsichtsbehörden finden, daß also § 13 der Gemeindeautonomie landesgesetzliche Schranken nicht zieht (vgl. OVG. **64** 227). Ob hiernach für die Erlangung der Erlaubnis zum Offenhalten einer Wirtschaft über die Polizeistunde hinaus eine indirekte Steuer erhoben werden darf, braucht nicht untersucht zu werden; denn die hier fragliche Steuer ist keine indirekte, sondern eine direkte.

2. In der Finanzwissenschaft stehen Begriff und Einteilung der direkten und indirekten Steuern keineswegs fest. Ausschlaggebend kann deshalb nur sein, was nach preußischem Rechte und preußischer Verwaltungsübung darunter zu verstehen ist. Hiernach werden die direkten Steuern in gewissen regelmäßigen Zwischenräumen den Steuerpflichtigen auferlegt; die indirekten Steuern dagegen kommen infolge eines nicht zuvor bestimmbaren, vom Willen der Gemeinde unabhängigen Ereignisses nach einem feststehenden Tarif auf. Dieses Unterscheidungsmerkmal wird in manchen Fällen, wie zB. bei gewissen Luxussteuern, nicht zu einem sicheren Ergebnisse führen, so daß es weiterer Untersuchung bedarf, wohin die Steuer ihrem Wesen nach gehört. Im vorliegenden Falle ist der Gerichtshof nicht zweifelhaft, daß die streitige Steuer eine direkte Steuer, und zwar eine Gewerbesteuer ist. Gewiß sind Gewerbesteuern nicht alle diejenigen Steuern, die die Gewerbetreibenden oder gewisse Klassen von ihnen treffen. Gewerbesteuer ist vielmehr eine Steuer, die an den Betrieb des Gewerbes geknüpft ist und als Realsteuer von diesem Betrieb als solchem erhoben wird. Gerade das trifft hier zu. Es ist allerdings versucht worden, die Steuer in die Form einer indirekten Steuer zu kleiden, indem man als ihren Gegenstand den Besitz der polizeilichen Erlaubnis zum Offenhalten des Lokals bezeichnet hat. Dabei scheint man diesen Besitz als ein Vermögensstück angesehen zu haben. Allein abgesehen von der Frage, ob, wenn dem gefolgt werden könnte, eine Steuer, die auf den Besitz eines Rechtes gelegt wird, nicht gleich anderen Besitzsteuern als direkte angesprochen werden müßte, handelt es sich hier nicht um den Besitz eines Rechtes als eines Vermögensstücks oder etwas ähnlichen. Das, was in der SteuerO. als besessenes Recht angesehen wird, ist zu betrachten wie eine Bestimmung des objektiven Rechtes, durch welches der Betrieb des Gewerbes geregelt wird. Die allgemeine Vorschrift, daß Wirtschaften für gewöhnlich zu einer bestimmten Stunde — nämlich um 11 Uhr nachts — geschlossen werden müssen, hat eine von ihr selbst vorgesehene Ergänzung dadurch erfahren, daß die Ortspolizeibehörde für gewisse Wirtschaften eine andere Stunde bestimmt oder die Beschränkung völlig aufgehoben, so die zulässige Einrichtung des Wirtschaftsbetriebs in dieser Hinsicht anderweit geregelt hat.

Die Auffassung des Bezirksausschusses, daß die dem Kläger gewährte Erlaubnis wegen ihrer Widerruflichkeit als eine sich täglich erneuernde anzusehen sei, ist unzutreffend. Der Widerruf kann keineswegs ohne weiteres, sondern nur aus solchen polizeilichen Gründen ausgesprochen werden, die in dem Gewerbebetriebe des Klägers selbst liegen. Jene Verfügung der Polizeibehörde hat also einen dauernden Rechtszustand geschaffen. Mit Rücksicht auf die diesem objektiven Rechtszustand entsprechende Geschäftsführung des Klägers wird von ihm eine fortlaufend zu entrichtende Abgabe verlangt, die demnach eine dauernde, nach Art und Einrichtung des Gewerbebetriebs von diesem Betrieb erhobene Steuer darstellt. Die Sache liegt nicht wesentlich anders, als wenn zB. eine Gemeinde dazu übergehen wollte, eine Steuer zu erheben wegen und nach der Anzahl derjenigen Stunden, für welche Gewerbetreibende die Erlaubnis zur Einschränkung der Sonntagsruhe, zur Verlängerung der Beschäftigungszeit jugendlicher Arbeiter und dergleichen mehr erhalten haben. Auch in solchen Fällen würde der in dieser bestimmten Art zugelassene Betrieb des Gewerbes einer Besteuerung unterworfen werden.

Ist aber die geforderte Steuer eine Gewerbesteuer, so ist sie rechtlich unzulässig. In T. sind im übrigen besondere Gewerbesteuern nicht eingeführt; die Gemeindesteuer vom Gewerbebetriebe wird in Prozenten der staatlich veranlagten Gewerbesteuer erhoben. Die Gastwirtschaften sind dieser Zuschlagssteuer unterworfen, und sie sollen außerdem mit dieser besonderen Gewerbesteuer belastet werden. Das aber ist, wie Art. 20 AAnwKommAbgG. mit Recht hervorhebt, unzulässig.

IV.
Direkte Gemeindesteuern.

Literatur: Bauer: Das Tantiemerecht der Vorstands- und Aufsichtsratsmitglieder von Aktiengesellschaften (Leipzig 1915). — Esser: Die Frage der Berechnung der Gewinnanteile (Tantiemen) des Vorstandes und des Aufsichtsrats einer Aktiengesellschaft (Bonn 1916). — Falk: Die Reform des Aufsichtsrats der deutschen Aktiengesellschaften (Frankfurt a. M. 1915). — Fränkel: Die Ges. m. b. H. (Tübingen 1915). — Gerstner: Bilanzanalyse (Berlin 1915). — Güldenstein: Das Aktienbezugsrecht (München 1914). — Parisius u. Crüger: Das ReichsG., betr. die Ges. m. b. H.[13] (Berlin 1914). — Dieselben: Das ReichsG., betr. die Erwerbs- und Wirtschaftsgenossenschaften[8] (Berlin 1915). — Pinzger: Das G., betr. die Ges. m. b. H. (Stuttgart 1914). — Schmidt: Die Buchhaltung für die gewerblichen Betriebe der Gemeinden (Berlin 1914). — Schurr: Der Streit um die Berechnung der Gewinnanteile bei der Aktiengesellschaft (Mannheim 1915). — Walb: Dasselbe (Bonn 1916). — Ullmann: Die Veräußerung des Vermögens einer Aktiengesellschaft (Fusion) (München 1915).

A. Realsteuern.

1. Vom Grundbesitz.

a) Allgemeines.

Nr. 1. Entsch. v. 20. Juni 1913 (PrVerwBl. 35 504) VIII C 25/13.

KommAbgG. §§ 20, 23; DellG. v. 25. VII. 06 (GS. 376).

1. Durch eine Vereinbarung, die zwischen mehreren Gemeinden mit Rücksicht auf eine bevorstehende Eingemeindung getroffen wird, können die gesetzlichen Vorschriften über die Gemeindeabgabenerhebung in der vergrößerten Gemeinde nicht abgeändert werden. Selbstverständlich kann dies durch ein besonderes G. geschehen und ist vielfach bei Eingemeindungen in Stadtgemeinden derart geschehen, daß ein vor der Eingemeindung zwischen den beteiligten Gemeinden geschlossener Vertrag zum Bestandteile des die Eingemeindung aussprechenden G. gemacht worden ist. Dagegen können selbst durch die Kgl. Genehmigung einer Eingemeindung dem G. widersprechende Vereinbarungen zwischen den beteiligten Gemeinden keine Rechtsgültigkeit erlangen, weil die Genehmigung des Königs nur den Akt der Eingemeindung selbst zum Gegenstande haben kann.

2. Eine Erhebung der Gemeindegrundsteuer in verschiedenen Teilen desselben Gemeindebezirks nach verschiedenen Maßstäben auf Grund eines Vertrags zwischen Gemeinden kennt das KommAbgG. nicht.

Eine verschiedene Belastung der Abgabepflichtigen in derselben Gemeinde kann nur unter den im § 20 Abs. 2 KommAbgG. bestimmtem Voraussetzungen und auf dem dort bezeichneten Wege eingeführt werden. Hierzu bedarf es bei Landgemeinden einer Genehmigung des Kreisausschusses.

3. Auch eine sich auf das DeklG. v. 24. VII. 06 (GS. 376) stützende Heranziehung der Grundstücke zur Grundsteuer in mehreren Ortsteilen nach verschiedenen Normen hätte nur durch eine der Genehmigung bedürfende SteuerO. (§ 23 KommAbgG.) eingeführt werden können. Nach dem DeklG. v. 24. VII. 06 ist es zwar zulässig, einzelne Grundstücksarten oder Besitzgruppen mit verschiedenen Sätzen und nach verschiedenen Normen zu den Steuern vom Grundbesitz heranzuziehen. Es können aber die in einem bestimmten Ortsteile belegenen Grundstücke nicht als eine besondere „Grundstücksart" oder als „Besitzgruppe" angesehen werden. Die Belegenheit eines Grundstücks in einem gewissen Teile des Gemeindebezirks bestimmt nicht die „Art" des Grundstücks, wie sie zB. von dessen landwirtschaftlicher oder industrieller Nutzung, dem bebauten oder unbebauten Zustande abhängen kann, und begründet auch nicht seine Zugehörigkeit zu einer „Besitzgruppe", da die Merkmale hierfür nur in bestimmten rechtlichen oder tatsächlichen Eigenschaften des Grundstücks gefunden werden können.

Nr. 2. Entsch. v. 4. Juli 1913 (PrVerwBl. 35 524) VIII C 286/12.

1. Im Anschluß an OVG. **41** 88 ist anzunehmen, daß die die Solidarhaftung der Miteigentümer für die staatliche Grund- und Gebäudesteuer aussprechende Vorschrift des § 45 Abs. 2 G. v. 8. II. 67, betr. die Unterverteilung usw. der Grundsteuer usw. (GS. 185), die nur für die sechs östlichen Provinzen und auf Grund des G. v. 11. II. 70 (GS. 85) für die Provinzen Schleswig-Holstein, Hannover und Hessen-Nassau sowie im Kreise Meisenheim galt, hinsichtlich der betreffenden Gemeindesteuern, die durch das KommAbgG. geregelt worden sind, keine Geltung hat. Maßgebend für die Art der Veranlagung von Miteigentümern und deren Haftung für die Gemeindegrundsteuern sind, soweit das KommAbgG. in dieser Hinsicht keine Bestimmungen enthält, die allgemeinen Rechtsgrundsätze. Hierbei kommt folgendes in Betracht.

2. Im vorliegenden Falle handelt es sich um Miteigentum nach Bruchteilen. Bei Beantwortung der Frage, in welcher Weise in einem solchen Falle die Veranlagung der Miteigentümer zu erfolgen hat und wie es mit deren Haftung für die Grundsteuern steht, ist davon auszugehen, daß nur der Eigentümer des Grundstücks zur Gemeindegrundsteuer herangezogen werden kann. Das Eigentum steht im vorliegenden Falle Mehreren nach Bruchteilen zu (§ 1008 BGB.). Geteilt ist dabei nicht die Sache, jeder Eigentümer ist demnach an der ganzen Sache berechtigt. Daher kann auch jeder Miteigentümer für die Grundsteuer bezüglich der ganzen Sache herangezogen werden, wobei aber selbstverständlich die Zahlung der Steuer durch einen Miteigentümer die übrigen von der Zahlungspflicht befreit. Es liegt somit ein Gesamtschuldverhältnis der Miteigentümer iS. des § 421 BGB. vor. Der Kläger nimmt zwar ebenfalls eine Gesamtschuldverbindlichkeit der Miteigentümer bezüglich der Grundsteuer an, will jedoch zwischen Veranlagung und Einziehung der Steuer unterscheiden. Dies ist verfehlt. Kann die Grundsteuer von jedem Miteigentümer ganz eingezogen werden, so kann sie auch jedem Miteigentümer gegenüber ganz veranlagt werden.

3. Sind hiernach Miteigentümer zu Bruchteilen gesamtschuldnerisch für Grund- und Gebäudesteuern verhaftet, so kommt in Frage, wie die Veranlagung der einzelnen Miteigentümer vorzunehmen ist. Bei Umsatz- und Wertzuwachssteuern, bezüglich deren ebenfalls ein Gesamtschuldverhältnis der Bruchteileigentümer angenommen worden ist, hat das OVG. ausgeführt, in der

Veranlagungsverfügung müsse zum Ausdruck gebracht werden, daß der Herangezogene im Gesamtschuldverhältnisse mit den anderen bestimmt bezeichneten Mitverpflichteten pflichtig sei; wenigstens ist dies für den Fall ausgesprochen worden, daß alle Mitverpflichteten eine Heranziehungsverfügung erhalten haben. Sei ein Hinweis dieser Art unterblieben, so müsse die Heranziehung außer Kraft gesetzt werden (OVG. **35** 48 und **62** 277). Diese Entscheidungen sind indessen hinsichtlich der Grundsteuer nicht maßgebend. Wird ein Miteigentümer, der zu einem Bruchteile berechtigt ist, zur ganzen Grundsteuer herangezogen, so kann er aus der Heranziehung unmittelbar ersehen, daß es sich um ein gesamtschuldnerisches Verhältnis handelt, auch wenn dies dort nicht ausdrücklich erklärt worden ist. Es ist nicht nötig, daß die anderen Mitverpflichteten in der Heranziehungsverfügung mitgenannt werden. Der Gemeindevorstand braucht die anderen nicht gleichzeitig heranzuziehen; der Herangezogene kann sich nicht darauf berufen, es seien noch andere Verpflichtete vorhanden, und kann nicht verlangen, daß auch sie herangezogen werden.

Nr. 3. Entsch. v. 13. April 1915 (PrVerwBl. **36** 665) VIII C 217/14.

1. Steuerobjekt kann immer nur ein einzelnes bestimmtes, bebautes oder unbebautes Grundstück sein, und zwar beim Zuschlagssystem in dem Umfange, wie diesen die Grundsteuermutterrolle oder die Gebäudesteuerrolle nachweist. Der Vorderrichter hätte also feststellen müssen, welche nach dem Kataster als Steuereinheiten staatlich veranlagten Grundstücke und Gebäude in den unstreitig zum Gemeindebezirke gehörigen 13 **ha** enthalten sind. Eine Verteilung des Gesamtbetrags an Grund-, Gebäude- und Einkommensteuer, der vom Beklagten für einen vermeintlich größeren Grundbesitz des Klägers in der Gemeinde veranlagt worden war, auf die 13 **ha** nach Maßgabe der Fläche, wie sie dem „Anerkenntnis" des Klägers zugrunde lag und vom Vorderrichter übernommen worden ist, war unzulässig, da jedes Steuerobjekt besonders nach seinen eigenen Steuermerkmalen für jede Steuerart zu veranlagen ist. Es hätte also die Gemeindegrund- und Gebäudesteuer für jedes einzelne, in der Grundsteuermutterrolle oder in der Gebäudesteuerrolle staatlich veranlagte, im Gemeindebezirke belegene Grundstück oder Gebäude in der Weise ermittelt werden müssen, daß zu den dort nachgewiesenen einzelnen Grund- oder Gebäudesteuerbeträgen die für die Steuerverteilung genehmigten Gemeindesteuerzuschläge festgesetzt wurden. Hinsichtlich der Gemeindesteuer vom Einkommen war der dem Zuschlage zugrunde zu legende Steuersatz einheitlich für den ganzen in der Gemeinde belegenen Grundbesitz des Klägers gemäß § 36 Abs. 2 KommAbgG. selbständig zu ermitteln.

2. Wie anerkannten Rechts, hat die Gemeindeveranlagungsbehörde die Grundlagen des von ihr beanspruchten Steuerrechts — hier die Zugehörigkeit von Grundstücken des Klägers zum Gemeindebezirke sowie deren örtliche Lage und Begrenzung — beim Bestreiten des Klägers zu beweisen. Die Wirkung der Entscheidung in einem Steuerprozesse beschränkt sich auf den Ausspruch, ob die einzelne, damals zur Hebung gestellte und durch Einspruch und Klage angefochtene Steuerforderung vom Steuergläubiger mit Recht erhoben worden ist, erstreckt sich aber nicht etwa auf eine für die Zukunft maßgebende Feststellung über das Bestehen und den Umfang der Steuerpflicht oder das Vorhandensein ihrer Voraussetzungen. Insbesondere kann über die Zugehörigkeit eines Grundstücks zu einer Gemeinde grundsätzlich und mit maßgebender Wirkung für die Zukunft nicht in einem derartigen Streitverfahren entschieden werden, an dem nur der betreffende Grundstückseigentümer als Steuerschuldner und die Veranlagungsbehörde teilgenommen haben, sondern nur in einem Streitverfahren zwischen denjenigen Gemeinden und Gutsbezirken,

deren Grenzen von der Feststellung der kommunalrechtlichen Zugehörigkeit jenes Grundstücks abhängen (vgl. § 4 LGemO.). In den vormals kursächsischen Landesteilen hatten auf Grund der erbländischen Steuerverfassung die Rittergüter nach dem Umfang, in welchem sie in früheren Zeiten mit Ritterdiensten belastet waren, an Stelle der landesüblichen Grundsteuern einen bestimmten Geldbeitrag — die sogenannten Donativgelder — für ein Ritterpferd, oder einen Bruchteil davon zu leisten. Diese Befreiung von den landesüblichen Grundsteuern haftete demnach auf den ehemals ritterdienstpflichtigen Flächen, dem Rittergut im steuerlichen Sinne, wie solches nach § 5 [1] G. v. 21. V. 61, betr. die für die Aufhebung der Grundsteuerbefreiungen und Bevorzugungen zu gewährende Entschädigung (GS. 327), an dem nach § 4 aaO. vom Staate ausgesetzten Entschädigungskapital teilzunehmen hatte. Keineswegs aber ist der Schluß gerechtfertigt, daß sich der kommunalrechtliche Bestand des Ritterguts, also der Umfang des aus ihm gebildeten heutigen selbständigen Gutsbezirks, auf jene ehemals grundsteuerfreien Flächen beschränkt. Zum heutigen Gutsbezirk können auch Grundstücke gehören, die beim Erlaß des oben genannten G. nicht grundsteuerfrei waren und deshalb an dem Entschädigungskapital nicht teilnahmen. So können in ihm etwaige vom Gutsbesitzer nicht verbotswidrig eingezogene Bauerländereien enthalten sein; solche wurden zwar Bestandteile des herrschaftlichen Vorwerkslandes und demnächst des späteren Gutsbezirks, nahmen aber nicht an der Grundsteuerfreiheit des Ritterguts teil, da diese auf den Flächen des ursprünglichen herrschaftlichen Besitzes ruhte. Auch können in späterer Zeit noch Grundstücke durch öffentlich-rechtlichen Akt in den Gutsbezirk eingemeindet worden sein. Der § 10 Abs. 3 G. v. 21. V. 61 bestimmte deshalb auch, daß die den bisher befreiten oder bevorzugten Gütern einverleibten, der vollen landesüblichen Grundsteuer bereits unterliegenden Grundstücke bei der Ermittlung der Gesamtfläche der bisher befreiten oder bevorzugten Grundstücke außer Ansatz zu lassen seien, wenn sie ihrer örtlichen Lage und ihrem Flächeninhalte nach mit Bestimmtheit nachgewiesen werden könnten.

Nr. 4. Entsch. v. 23. Jan. 1914 (OVG. **66** 174) VIII C 217/13.

Die Wirkung der Zwangsverwaltung erschöpft sich dem Grundstückseigentümer gegenüber in Beschränkungen zugunsten der Berechtigten: mit der Anordnung der Zwangsverwaltung erfolgt zugunsten des Gläubigers die Beschlagnahme, die die Wirkung eines Veräußerungsverbots hat und damit dingliche Verfügungen des Grundstückseigentümers dem Gläubiger gegenüber unwirksam macht (§§ 146, 20, 23 ZVG., §§ 136, 135 BGB.); dem Grundstückseigentümer wird die Verwaltung und Benutzung des Grundstücks entzogen, und der von dem Gerichte bestellte Zwangsverwalter erhält das Recht und die Pflicht, alle Handlungen vorzunehmen, die erforderlich sind, um das Grundstück in seinem wirtschaftlichen Bestande zu erhalten und ordnungsmäßig zu benutzen; er hat die Ansprüche, auf die sich die Beschlagnahme erstreckt, geltend zu machen und die für die Verwaltung entbehrlichen Nutzungen in Geld umzusetzen (§§ 148 Abs. 2, 150, 152 Abs. 1 ZVG.). Danach ist der Zwangsverwalter zu Verfügungen über das Grundstück, d. h. zu Veräußerungen und Belastungen, nicht berechtigt; der Grundstückseigentümer ist zu solchen Verfügungen, trotz des durch Anordnung der Zwangsverwaltung zugunsten des Gläubigers wirkenden, also nur den Schutz einer bestimmten Person bezweckenden Veräußerungsverbots (§§ 20, 23 aaO., § 135 Abs. 1 BGB.), und trotz der Entziehung der Verwaltung und Benutzung berechtigt geblieben. Er ist es daher, der nach wie vor das Grundstück seiner Substanz nach vertritt; und er, nicht aber der Zwangsverwalter, ist derjenige, an den die Heranziehung zur Gemeindegrundsteuer zu richten ist. Eine Vertretung des Grundstückseigentümers durch den Zwangsverwalter in dem Verfügungsrechte des ersteren findet nach dem G. nicht statt.

Nr. 5. Entsch. v. 23. Jan. 1914 (OVG. **66** 177) VIII C 264/13.

Der Nachlaßverwalter ist nicht gesetzlicher Vertreter der Personen der Erben, er vertritt aber das zum Nachlasse gehörige Grundstück seiner Substanz nach. Allerdings ist die gemäß § 1981 Abs. 1 BGB. vom Nachlaßgericht angeordnete Nachlaßverwaltung (§ 1975 aaO.) als eine „Nachlaßpflegschaft zum Zwecke der Befriedigung der Nachlaßgläubiger" und deshalb als eine Unterart der Nachlaßpflegschaft (§ 1960 aaO.) anzusehen. Aus ihrem besonderen Zwecke folgt jedoch, daß sie nicht allen Regeln der Nachlaßpflegschaft unterliegt. Insbesondere kommt dem Nachlaßverwalter nicht, wie dem Nachlaßpfleger (RGZ. **50** 394), die Rechtsstellung eines gesetzlichen Vertreters der Erben zu.

Mit der Nachlaßverwaltung wird den Erben die Befugnis zur Verwaltung und Verfügung über den Nachlaß entzogen, wie iF. der Konkurseröffnung dem Gemeinschuldner hinsichtlich der Konkursmasse; ihre Rechtshandlungen sind den Nachlaßgläubigern gegenüber in der gleichen Weise unwirksam, wie die des Gemeinschuldners den Konkursgläubigern gegenüber (§ 1984 BGB., §§ 6, 7 KonkO.). Die abgesonderte Nachlaßmasse unterliegt lediglich der Verwaltung und Verfügung des Nachlaßverwalters, wie die Konkursmasse derjenigen des Konkursverwalters. Er vertritt die Masse gerichtlich und außergerichtlich, auf ihre Ausantwortung haben die Erben erst nach Berichtigung der Nachlaßverbindlichkeiten wieder Anspruch (§§ 1985, 1986 BGB.). Sind daher die Wirkungen des Erbschaftserwerbes während der Nachlaßverwaltung derart aufgehoben, daß der den Gläubigern mitverantwortliche Nachlaßverwalter auch Rechte gegen die Erben geltend zu machen hat, so kann der Nachlaßverwalter nicht mehr als Vertreter der Erben angesehen werden; seine Stellung zum Nachlaß und den dazu gehörigen Gegenständen entspricht vielmehr derjenigen des Konkursverwalters zur Konkursmasse und den sie bildenden Gegenständen. In diesen Ergebnissen hat sich der Gerichtshof den Annahmen des RG. (RGZ. **65** 287) angeschlossen. Der Nachlaßverwalter vertritt hiernach auch ein zum Nachlasse gehöriges Grundstück seiner Substanz nach. Eine Heranziehung zur Gemeindegrundsteuer hat also während der Nachlaßverwaltung dem Nachlaßverwalter gegenüber zu erfolgen, gerade so wie die Grundsteuer wegen eines zu einer Konkursmasse gehörenden Grundstücks dem Konkursverwalter gegenüber geltend zu machen ist (OVG. **52** 139).

Nr. 6. Entsch. v. 15. Mai 1914 (OVG. **67** 171) VIII C 240/13.

Die Heranziehung zur Grundsteuer wegen eines Nachlaßgrundstücks ist an den Testamentsvollstrecker zu richten, wenn ihm die Befugnis zusteht, das Grundstück der Substanz nach zu vertreten. Durch die Einrichtung einer Testamentsvollstreckung werden die Erben beschränkt. Geht diese Beschränkung so weit, daß der Testamentsvollstrecker ein zum ungeteilten Nachlasse gehöriges Grundstück der Substanz nach zu vertreten hat, dann ist er und nicht mehr die Gemeinschaft der Miterben derjenige, an den die Heranziehung zur Grundsteuer zu richten ist. Nach dem Rechte des BGB. umfaßt aber, soweit nicht nach dem Willen des Erblassers etwas anderes anzunehmen ist, das Recht des Testamentsvollstreckers auch die Befugnis, das Grundstück der Substanz nach zu vertreten; denn er ist berechtigt, über das Grundstück als über einen Nachlaßgegenstand zu verfügen (§§ 2205, 2208 BGB.). Nach dem Rechte des Landrechts bestimmte sich der Umfang der Rechte des Testamentsvollstreckers nach der „Vollmacht und Instruktion" des Erblassers (§ 557 ALR. I 12). Der Inhalt des Testaments des Erblassers A. läßt über den Willen des Testators, daß die Verfügung über das Grundstück den Testamentsvollstreckern zustehen solle, keinen Zweifel. Ob BGB. oder ALR. anzuwenden ist, kann hiernach dahingestellt bleiben; denn in jedem Falle sind die Testamentsvollstrecker, nicht aber die Erben, berechtigt, das im ungeteilten Nachlasse befindliche Grundstück der Substanz nach zu vertreten. Sie sind deshalb mit Recht herangezogen worden.

Nr. 7. Entsch. v. 1. Dez. 1914 (OVG. **68** 213) VIII C 220/13.

Die Vertretung des Fiskus hinsichtlich seiner Nutzungsrechte am Meeresstrand auf Norderney liegt der Domänenverwaltungsbehörde, nicht der Wasserbauverwaltung ob.

Nach § 3[1] RegInstr. gehören zum Geschäftsbereiche der zweiten Abteilung der Regierung, an deren Stelle nach Buchst. D Ziff. II[3] der AhKabO. v. 31. XII. 25 die Abteilung für die Verwaltung der direkten Steuern, Domänen und Forsten getreten ist, unter anderem sämtliche Angelegenheiten, welche die Verwaltung der Domänen, Forsten und Regalien betreffen, insofern für einzelne Zweige nicht besondere Verwaltungsbehörden ausdrücklich angestellt sind. Nach § 21 ALR. II 14 ist das Ufer des Meeres ein gemeines Eigentum des Staates. Die Nutzungsrechte dieser Art des Staatseigentums werden niedere Regalien genannt (§ 24 aaO.). Die Verwaltung der Nutzungsrechte am Strande steht daher der Abteilung der Regierung für direkte Steuern, Domänen und Forsten zu, da für diesen Zweig keine besondere Verwaltungsbehörde bestellt ist. Liegt hiernach die Vertretung des Fiskus hinsichtlich seiner Nutzungsrechte am Strande der Domänenverwaltungsbehörde ob, so ist sie auch zu seiner Vertretung hinsichtlich der aus diesem Grundeigentume sich ergebenden Lasten berufen, wie denn auch nach § 25 aaO. das gemeine Staatseigentum am Strande selbst den Domänen völlig gleich zu achten ist.

Der Beklagte hatte daher die Regierungsabteilung für direkte Steuern und Domänen zu Aurich mit Recht als Vertreterin des Fiskus zur Grundsteuer vom Strande herangezogen.

b) Die KabO. v. 8. VI. 34 (GS. 87).

Nr. 1. Entsch. v. 30. März 1915 (OVG. **69** 208) VIII C 5/15.

KommAbgG. § 24 Abs. 3.

Als Zeitpunkt der „Erwerbung zu öffentlichen oder gemeinnützigen Zwecken" iS. der KabO. v. 8. VI. 34 (GS. 87) muß derjenige gelten, in welchem bei einem bisher zu anderen Zwecken verwendeten Grundstücke seine tatsächliche Benutzung zu öffentlichen Zwecken begonnen hat. Werden die einzelnen Teile des Grundstücks nicht gleichzeitig zu öffentlichen Zwecken in Benutzung genommen, so gilt für jeden der Teile die Erwerbung zu öffentlichen Zwecken iS. der KabO. erst in dem Zeitpunkt als eingetreten, in welchem tatsächlich seine Benutzung für den öffentlichen Zweck begonnen hat. Obwohl das Grundstück an sich ein einheitliches ist, müssen dann doch seine einzelnen Teile je nach dem Beginn ihrer Benutzung zu dem öffentlichen Zwecke gemäß § 24 Abs. 3 KommAbgG. als verschiedene Steuerobjekte behandelt werden. Wird also das Grundstück zunächst nur zu einem bestimmten Teile für den öffentlichen Dienst benutzt, so tritt nur bezüglich dieses Teiles die Besteuerung nach Maßgabe der KabO. ein, die Steuer wird also nur bezüglich dieses Teiles auf ihren bisherigen Betrag für die Zukunft festgelegt, während der übrige Teil der ordentlichen Steuerpflicht unterliegt. Wird später auch dieser Teil für den öffentlichen Dienst in Gebrauch genommen, so ist für ihn die Steuer auf Grund der KabO. erst nach diesem späteren Zeitpunkt auf den Betrag festzulegen, zu welchem dieser Teil bis dahin veranlagt war.

Nr. 2. Entsch. v. 29. Juni 1915 (OVG. 69 210) VIII C 25/15.
KommAbgG. § 24 Abs. 3.

1. Unter der „Erwerbung zu öffentlichen Zwecken" iS. der KabO. v. 8. VI. 34 (GS. 87) ist die tatsächliche Widmung von Gebäuden zu jenen Zwecken zu verstehen. Die Anwendung der KabO. setzt aber nicht voraus, daß die beim Eigentumsübergang auf dem Grundstücke vorhandenen, also in diesem Sinne „erworbenen" Gebäude zu einem die Steuerfreiheit begründenden Zwecke tatsächlich benutzt würden. Der Begriff des Eigentumserwerbes und der Begriff der „Erwerbung (d. h. der tatsächlichen Widmung) zu öffentlichen Zwecken" iS. der erwähnten KabO. sind auseinander zu halten. Die KabO. fordert für den Eintritt der durch sie bestimmten außerordentlichen Steuerpflicht lediglich, daß auf einem Grundstücke Gebäude zu steuerfreien Zwecken tatsächlich gewidmet werden und daß im Zeitpunkte der Widmung von dem Grundstücke „vermöge des Kommunalverbandes Realverpflichtungen geleistet worden sind". Selbst wenn also die auf einem Grundstücke beim Eigentumsübergange vorhandenen Gebäude nicht zu jenen Zwecken benutzt, vielmehr abgebrochen und durch neue, dieser Zweckbestimmung gewidmete Gebäude ersetzt worden sind, müssen die im Zeitpunkte der Widmung von dem Grundstücke geleisteten Realverpflichtungen nach der KabO. auch fernerhin erfüllt werden. Der einzige Unterschied, den die Verschiedenheit des Tatbestandes, je nachdem etwaige beim Eigentumsübergange vorhandene Gebäude in unmittelbarem Anschluß an ihn oder neuerrichtete Gebäude später öffentlichen Zwecken gewidmet werden, zur Folge hat, besteht in der Verschiedenheit des Zeitpunktes, nach dem der Umfang der fernerhin zu erfüllenden Realverpflichtungen festgelegt wird. Im ersteren Falle fällt der Eigentumsübergang und die Widmung in einen Zeitpunkt zusammen; die weiter zu leistenden Realabgaben sind daher in diesem Falle nach dem Zeitpunkte des Eigentumsüberganges zu bemessen. Wenn dagegen der Eigentumsübergang und die tatsächliche Benutzung zu öffentlichen Zwecken, insbesondere wie hier iF. einer Zwischennutzung, zeitlich auseinanderfallen, so ist als Zeitpunkt der „Erwerbung zu öffentlichen Zwecken" derjenige Zeitpunkt anzusehen, in dem die tatsächliche Benutzung der Gebäude zu öffentlichen Zwecken eintritt.

2. Abgesehen davon, daß der Vorderrichter hiernach zu Unrecht die Anwendbarkeit der KabO. verneint hat, durfte er jedenfalls den Kläger nicht völlig von der Gemeindegrundsteuer freistellen; denn in dem besteuerten Gebäude befindet sich unstreitig die Dienstwohnung des Postdirektors. Wie das Plenum des OVG. in der Sitzung v. 20. VI. 14 entschieden hat, unterliegen die Dienstwohnungen von Beamten — abgesehen von gewissen hier nicht in Betracht kommenden Räumen — der Gemeindesteuer vom Grundbesitze. Dieser Entscheidung folgt der Gerichtshof auch in der vorliegenden Sache. Hinsichtlich des danach jedenfalls steuerpflichtigen Teiles des Gebäudes, der jene Dienstwohnung enthält, mußte der Vorderrichter gemäß § 24 Abs. 3 KommAbgG. eine entsprechende Steuer festsetzen. Auch hätte er prüfen müssen, ob die Voraussetzungen der ordentlichen Steuerpflicht nicht gleichfalls auf die im Gebäude befindliche Wohnung des Hauswarts zutrafen.

Der Vorderrichter wird zunächst den Betrag des gemeinen Wertes, der auf die Dienstwohnung des Postdirektors entfällt, zu ermitteln und danach die von ihr zu entrichtende Gemeindegrundsteuer zu berechnen und festzusetzen haben. Da sich diese Dienstwohnung nicht in einem abgesonderten Gebäude, sondern im räumlichen Zusammenhange mit dem einheitlichen Postgebäude befindet, wird die Ermittlung ihres gemeinen Wertes zweckmäßig nach dem Verhältnis ihres Rauminhalts zum Rauminhalte des ganzen Gebäudes zu erfolgen haben. Sodann ist zu prüfen, ob der Hauswart Beamteneigenschaft hat. Ist dies der Fall, so ist seine Wohnung hinsichtlich der Steuerpflicht ebenso zu behandeln, wie diejenige des Postdirektors. Ist der Hauswart dagegen kein Beamter, so ist seine Wohnung nicht schlechthin steuerpflichtig; denn die Entscheidung des Plenums bezieht sich nur auf die im § 24 Abs. 2 aaO. genannten Dienstwohnungen der Beamten. Es kommt dann darauf an, ob nach der Art, wie der Dienst im Postbetriebe tatsächlich geregelt ist, die unausgesetzte Anwesenheit des Hauswarts im Postgebäude zur ordnungsmäßigen Erledigung des Betriebs erforderlich ist oder nicht. Im ersteren Falle ist die Wohnung des Hauswarts als zum öffentlichen Dienste unmittelbar bestimmt anzusehen und daher steuerfrei, anderenfalls dagegen nicht. Die bis zur Widmung des Gebäudes zu dienstlichen Zwecken entrichtete Steuer hat der Kläger, obwohl sie an sich einen festen Betrag darstellt, doch nicht mehr in der ganzen Höhe zu zahlen. Der Teil des Gebäudes, der der ordentlichen Steuerpflicht unterliegt, ist nicht mehr der KabO. unterworfen und hat daher zu der gemäß dieser Order festgelegten Realverpflichtung nicht weiter beizutragen. Hieraus folgt, daß nur noch der Teil der Realverpflichtung beansprucht werden kann, der auf die anderen, d. h. die nach § 24 Abs. 1 KommAbgG. befreiten, aber zugleich der KabO. unterliegenden Räume entfällt. Die bis zum Zeitpunkte der Widmung von dem Grundstück entrichtete Gemeindegrundsteuer ist daher nach dem Verhältnisse des Rauminhalts der grundsteuerfreien Räume zum Rauminhalte des ganzen Gebäudes herabzusetzen. Dem Beklagten kann kein höherer Betrag zuerkannt werden, als er an Realabgaben für das Grundstück, gleichviel mit welcher Begründung, veranlagt hatte.

c) Befreiungen.

α) Nach Buchstabe c und d des § 24 KommAbgG.

Nr. 1. Entsch. v. 30. Mai 1913 (PrVerwBl. 35 442) VIII C 65/13.

KommAbgG. § 24 c.

1. Auch wenn die Dienstwohnung einem Beamten überwiesen ist, der seine dienstliche Tätigkeit nicht in der Wohnung selbst, sondern in deren Nähe auszuüben hat, kann die Dienstwohnung unmittelbar zu dem öffentlichen Dienst bestimmt sein. Dies ist dann der Fall, wenn die Art der Dienstobliegenheiten die ständige Bereitschaft des Beamten zu deren Erfüllung erfordert und der Beamte daher, um möglichst ohne Zeitverlust oder zu jeder Tages- und Nachtzeit ohne Beschränkung bestimmter Dienststunden seine Dienstobliegenheit in der gebotenen Art erfüllen zu können, die Dienstwohnung erhalten hat. Dann stellt schon die ständige Bereitschaft zum Dienst einen Dienst dar, der sich in der Dienstwohnung vollzieht. Unter einer ständigen Bereitschaft ist aber keine ununterbrochene zu verstehen. Sie besteht auch schon dann, wenn ein Beamter den größten Teil seiner von regelmäßigen Dienstverrichtungen freien Zeit in seiner Wohnung zubringt, wenn er außerhalb der Zeit, in der er an seiner Arbeitsstätte tätig ist, sein Heim in der Dienstwohnung hat. Die Unterbrechungen, die dieser Aufenthalt mit Rücksicht auf den Grund und Umfang, in welchem die Dienstbereitschaft erforderlich ist, auf die Lebensgewohnheiten eines Beamten in der betreffenden Dienststellung erfährt, nehmen dem Aufenthalt in der Wohnung nicht die Eigenschaft eines ständigen.

2. Der Verwaltungsrichter darf sich der selbständigen Beurteilung des Sachverhalts in dieser Richtung nicht entziehen. Er kann die Bescheinigung der Zentralinstanz über die Notwendigkeit der Überweisung von Dienstwohnungen nur dann zur Grundlage für seine Entscheidung nehmen, wenn die Bescheinigung eine Begründung enthält, die dem Verwaltungsrichter ihre Nachprüfung ermöglicht.

3. Sollte sich aus der Art der Regelung der den Beamten zugewiesenen dienstlichen Aufgaben ergeben, daß ihre Wohnungen in unmittelbarem räumlichen

Zusammenhange mit gewissen Diensträumen, etwa wegen der dort aufbewahrten Materialien, Werkzeuge, Pläne usw. stehen müssen, damit den besonderen Anforderungen, die der Eisenbahndienst stellt, genügt werden kann, so würde es auf die Behauptung des Beklagten, daß in der Nähe der Dienststelle eine hinreichende Zahl von Privatwohnungen vorhanden sei, nicht ankommen.

Nr. 2. Plenar-Entsch. v. 20. Juni 1914 (OVG. 68 207) II C 164/12.

KommAbgG. § 24.

1. Nach dem alten Grundsteuerrechte (vgl. § 8² GrStG. für die westl. Prov. v. 21. I. 39, § 2 c G. über die Aufhebung der Grundsteuerbefreiungen v. 24. II. 50, § 3² GebStG. v. 21. V. 61) waren unter anderen befreit die Gebäude, die dem Staate usw. gehören, insofern sie zu einem öffentlichen Dienste oder Gebrauche bestimmt sind, insonderheit also die zum Gebrauch öffentlicher Behörden oder zu Dienstwohnungen für Beamte bestimmten Gebäude, als Militär-, Regierungs-, Justiz- usw. Gebäude. Hiernach galten die Beamtendienstwohnungen stets als zum öffentlichen Dienste oder Gebrauche bestimmt und waren steuerfrei. Ferner galt, weil dem früheren Rechte die getrennte Veranlagung einzelner Räume eines Gebäudes unbekannt war, der Grundsatz: Die Hauptbestimmung des Gebäudes ist maßgebend; hiernach ist das Ganze entweder steuerpflichtig oder frei.

Dieser Rechtszustand hat durch § 24 KommAbgG. zwei wesentliche Änderungen erfahren, nämlich: 1. Die Befreiungen der Dienstgrundstücke und Dienstwohnungen der Beamten sind aufgehoben (Abs. 2). 2. Ist ein Grundstück oder Gebäude nur teilweise zu einem öffentlichen Dienste oder Gebrauche bestimmt, so bezieht sich die Befreiung nur auf diesen Teil (Abs. 3). § 24 will es also so angesehen wissen, daß die Dienstwohnungen der Beamten nicht mehr zum öffentlichen Dienste oder Gebrauche bestimmt sind. Deshalb wird ihre Steuerfreiheit aufgehoben.

Daß dem so ist, ergibt die Entstehungsgeschichte des G., wie sie in Anl. B zu Nr. 128 DruckſAH., V. Sess. 92/93 zusammengestellt ist. Es kommt in Betracht § 10 der drei dem AH. vorgelegten Entwürfe eines KommAbgG. aus den Jahren 1877 bis 1879, die sämtlich nur bis zum Kommissionsberichte gediehen sind. Bei ihnen bildete die Frage der Steuerpflichtigkeit oder Freiheit der Beamtendienstwohnungen einen der Streitpunkte zwischen Staatsregierung und Kommission des AH. Die erstere vertrat den Standpunkt, daß nach preußischer Gesetzgebung und Verwaltungsübung die Dienstwohnungen der Beamten in erster Linie nicht dem privaten Wohnungsbedürfnisse der Inhaber, sondern dem öffentlichen Interesse dienten und daß sie deshalb als zum öffentlichen Dienste oder Gebrauche bestimmt wie bisher steuerfrei bleiben müßten. Die Kommission aber wollte, daß iS. dieses G. die Beamtendienstwohnungen nicht mehr als zum öffentlichen Dienste oder Gebrauche bestimmt gelten sollen, und daß sie deshalb steuerpflichtig werden. Sie erkannte nur an, daß manche Wohnungen zugleich Bureaus oder andere einem öffentlichen Dienste gewidmete Räume „in sich schließen". Diese mit den Dienstwohnungen verbundenen Amtsräume sollten ebenso wie die sonstigen zum öffentlichen Dienste bestimmten Teile der Staatsgebäude steuerfrei bleiben. Die Wohnungen selbst aber sollten pflichtig werden, auch wenn sie, wie zB. Kastellanswohnungen, für den öffentlichen Dienst unentbehrlich seien. Demgemäß wurde die bis dahin unbekannte Teileinschätzung der Gebäude vorgesehen, je nachdem die einzelnen Räume als Bureaus usw. zu öffentlichem Dienste oder Gebrauche bestimmt sind oder nicht. Diesen Standpunkt hat sich die Staatsregierung bei Einbringung des KommAbgG. zu eigen gemacht, indem sie zu § 24

(§ 19 Entw.) unter Hinweis auf die früheren Verhandlungen kurz bemerkte, daß sich die Bestimmungen im wesentlichen dem § 17 KrO. v. 13. XII. 72 anschlössen, daß aber die Befreiung der Dienstgrundstücke und Dienstwohnungen der Beamten in Fortfall gekommen sei, wodurch den Gemeinden neue Objekte der Besteuerung freigestellt würden. Hiermit waren die beiden Häuser des Landtags einverstanden, so daß in den parlamentarischen Verhandlungen von den Beamtendienstwohnungen nicht weiter die Rede war. Und so ist § 24 Gesetz geworden.

Seitdem sind die Beamtendienstwohnungen in der Verwaltungsübung und Rechtsprechung stets als steuerpflichtig behandelt worden, auch wenn sie für den öffentlichen Dienst unentbehrlich waren (vgl. zB. AAnw-KommAbgG. Art. 16[1a], OVG. **29** 41, PrVerwBl. **18** 102, **19** 390).

2. Da aber der Abs. 2 des § 24 nur von den Dienstwohnungen der Beamten spricht, sind in der früheren Rechtsprechung auch nur diese als schlechthin steuerpflichtig angesehen worden. Dagegen wurde bei den Dienstwohnungen der Offiziere und nichtbeamteten Angestellten gemäß Abs. 1 untersucht, ob sie zu einem öffentlichen Dienste oder Gebrauche bestimmt und deshalb steuerfrei seien oder nicht (OVG. **30** 81, PrVerwBl. **20** 480). Diese Unterscheidung hielt die neuere Rechtsprechung des OVG. für unrichtig, indem sie meinte, beide Arten von Dienstwohnungen seien gleich zu behandeln. Sie untersuchte daher in jedem Falle, also nicht nur bei den Nichtbeamten, sondern auch bei den Beamten, ob ihre Dienstwohnungen zu einem öffentlichen Dienste oder Gebrauche bestimmt seien oder nicht, und erklärte sie danach für steuerfrei oder pflichtig (vgl. zB. OVG. **55** 17, PrVerwBl. **32** 104, **33** 315 und 504, OVG. **62** 103).

Der erkennende Senat hat deshalb gemäß Art. 1 G. v. 27. V. 88 (GS. 226) dem Plenum des OVG. die Frage unterbreitet:

> ob die Dienstwohnungen der Beamten nach § 24 Abs. 2 KommAbgG. schlechthin als nicht zu einem öffentlichen Dienste oder Gebrauche bestimmt gelten müssen und deshalb grundsteuerpflichtig sind.

Diese Frage hat das Plenum bejaht.

Nr. 3. Entsch. v. 18. Nov. 1913 (OVG. **65** 166) VIII C 228/13.

KommAbgG. § 24 c.

1. Hinfällig ist zunächst die Bemängelung des Beklagten, daß es überhaupt keinen Reichsmilitärfiskus gebe, in dessen Namen die Kgl. Direktion der Militäreisenbahn in Schöneberg klagen könne. Nach § 1 REigG. v. 25. V. 73 steht das Eigentum an allen dem dienstlichen Gebrauch einer verfassungsmäßig aus Reichsmitteln zu unterhaltenden Verwaltung gewidmeten Gegenständen dem Deutschen Reiche zu. Aus den Art. 62, 67 und 72 RV. geht hervor, daß das gesamte deutsche Heer sowie die zu ihm gehörigen Einrichtungen aus Reichsmitteln nach Maßgabe des Etats zu unterhalten sind, daß Ersparnisse nur der Reichskasse zufallen und daß über die Verwendung aller Einnahmen des Reichs dem Bundesrat und dem Reichstage durch den Reichskanzler jährlich Rechnung zu legen ist. Daher sind sämtliche für das deutsche Heer und seine Einrichtungen aufzuwendenden Leistungen und so auch die jetzt nach Maßgabe des § 3 RBesteuerG. v. 15. IV. 11 zu entrichtenden Gemeindesteuern vom Reichsfiskus zu bestreiten, der insoweit als Reichsmilitärfiskus bezeichnet zu werden pflegt. Dessen gesetzliche Vertretung steht, wie aus Art. 63 Abs. 5 RV. zu folgern ist, den Kontingentsverwaltungen der einzelnen Bundesstaaten, in Preußen mithin dem Kriegsminister oder den diesem nachgeordneten Korpsintendanturen oder den für gewisse Zweige des Kriegswesens besonders hiermit beauftragten Behörden zu. Zu den Behörden, die für ihren Geschäftsbereich selbständig den Reichsmilitärfiskus zu vertreten berufen sind, gehört die Kgl. Direktion

der Militäreisenbahn in Schöneberg (AVBl. **90** 106). Diese war daher im vorliegenden Falle zur Klageerhebung befugt.

2. Unbestritten hat die Militärbahn den Zweck, für den Kriegsfall Militärpersonen zum Eisenbahndienste heranzubilden. Diese Ausbildung dient dem öffentlichen Zwecke der Verteidigung des Vaterlandes. Demgegenüber fällt der vom Beklagten hervorgehobene Umstand rechtlich nicht ins Gewicht, daß auf der Bahn auch Personen und Güter in erheblichem Umfange gegen Entgelt befördert werden; denn die aus dieser Beförderung erzielten Einnahmen sollen nicht dazu dienen, um Gewinn zu erzielen, sondern nur um die notwendigen Ausgaben zu verringern. Sämtliche der Militäreisenbahn gewidmete Einrichtungen sind daher durchweg zu dem öffentlichen Zwecke der Militärbahn, also zu einem öffentlichen Dienste bestimmt. Dies gilt auch für das hier in Betracht kommende Grundstück, sofern es iS. des KommAbgG. zu diesem Zwecke tatsächlich „bestimmt" ist, d. h. hierzu unmittelbar benutzt wird. Diese Bestimmung liegt nach der Annahme des Klägers schon deshalb vor, weil das Grundstück zum Zwecke einer späteren Erweiterung des Militärbahnhofs und der Vermehrung der Gleise angeschafft worden sei und diese Zweckbestimmung des Grundstücks noch heute obwalte. Der Kläger verkennt nicht, daß er sich mit seiner Auffassung in Widerspruch zu der Rechtsprechung des OVG. setzt, nach der das in der gedachten Gesetzesstelle vorgeschriebene Erfordernis des „Bestimmtseins" dem „Benutztwerden" gleichzustellen ist. Er hält aber diese Rechtsprechung für unrichtig und meint, daß der Gerichtshof in einer Entsch. v. 13. X. 12 sich bereits der von ihm selbst vertretenen Auffassung genähert habe. Hierin irrt er. In jener nicht veröffentlichten Entscheidung ist den bereits im OVG. **38** 165 enthaltenen Rechtsausführungen entsprechend ein zum Schutze einer militärischen Pulverniederlage gegen Explosionsgefahr vom Fiskus angekauftes Gelände deshalb für steuerfrei erklärt worden, weil es demselben öffentlichen Dienste gewidmet sei, wie das Pulverhaus selbst, und daher ebenso wie jenes unmittelbar für diesen Zweck benutzt werde.

Da im vorliegenden Falle das gedachte Grundstück zur Zeit der Heranziehung noch nicht zu dem Zwecke tatsächlich benutzt wurde, für den es erworben worden war, so ist der Anspruch des Klägers auf Freistellung von der Steuer nur dann gerechtfertigt, wenn das Grundstück als Ganzes zu einem andern, die Steuerfreiheit begründenden Zwecke benutzt wurde. Dies ist aber tatsächlich geschehen. Die Anordnung, das Grundstück als Lagerplatz für dem Fiskus gehörige Eisenbahnmaterialien zu verwenden, war bereits im Dezember 1911 von der zuständigen Dienststelle getroffen worden. Mit der Belegung des Platzes in Ausführung jener Anordnung ist alsbald danach begonnen worden, zur Zeit der Heranziehung war zwar in dieser Weise nur ein Teil des Grundstücks belegt, den der Beklagte auf ein Zehntel angegeben hat. Hieraus darf aber nicht gefolgert werden, daß der Kläger nur einen Teil des Grundstücks als Lagerplatz benutzt und daher gemäß § 24 Abs. 3 KommAbgG. nur einen Anspruch auf Befreiung von der Grundsteuer im Maße eines jenem Teile entsprechenden Zehntels habe; denn die Anordnung der zuständigen Behörde, das Grundstück zum Lagerplatze zu benutzen, bezog sich nicht auf dieses Zehntel, sondern auf das ganze Grundstück und hatte den Sinn, daß dieses als Lagerplatz jederzeit, auch schon gegenwärtig, gleichviel in welchem Umfange, bereitzuhalten sei. Diese Bereitschaft für Lagerzwecke ist der öffentliche Dienst, zu dem das Grundstück bestimmt worden war. Auch dann liegt eine unmittelbare Benutzung zu einem bestimmten Zwecke vor, wenn ein Raum dazu bestimmt ist, bei Eintritt eines Bedürfnisses je nach dessen verschiedenem Umfange zu diesem Zwecke benutzt zu werden und hierzu zur Verfügung gestellt worden ist. Wäre es anders, so würden die zeitweilig nicht belegten Krankenzimmer eines Garnisonlazaretts, die leer gewordenen Lagerräume der Proviantämter, die zeitweise mit Truppen nicht belegten Truppenübungsplätze während dieser Zeiträume innerhalb eines Steuerjahrs steuerpflichtig sein. Diese Steuerpflicht hat der Gerichtshof auch in dem Falle verneint, in dem es sich um Seuchenställe für erkrankte Militärpferde handelte. Ihnen ist Steuerfreiheit schon von dem Zeitpunkt ab zugesprochen worden, in dem sie für ihren Zweck, die Aufnahme erkrankter Pferde, bereitgestellt worden waren (OVG. v. 15. XI. 10, PrVerwBl. **32** 647).

Nr. 4. Entsch. v. 3. März 1914 (OVG. **66** 180) VIII C 286/13.

KommAbgG. § 24 c.

1. Nach § 1 Abs. 2 G. über die Rechtsverhältnisse der zum dienstlichen Gebrauch einer Reichsverwaltung bestimmten Gegenstände v. 25. V. 73 sollten hinsichtlich der Befreiung von Steuern und sonstigen dinglichen Lasten die im Eigentume des Reichs befindlichen Gegenstände den im Eigentume des einzelnen Staates befindlichen gleichartigen Gegenständen gleichgestellt sein. Da in Preußen nach § 24 KommAbgG. die dem Staate gehörigen Grundstücke und Gebäude, sofern sie zu einem öffentlichen Dienste oder Gebrauche bestimmt sind, von der Besteuerung vom Grundbesitz innerhalb der Gemeinde befreit sind, so galt das gleiche auch für die dem Reiche gehörigen Grundstücke und Gebäude, sofern sie zu einem öffentlichen Dienste oder Gebrauche bestimmt waren. Das RBesteuerG. v. 15. IV. 11 hat aber im § 12 Abs. 2 die erwähnte Bestimmung des G. v. 25. V. 73, soweit diese sich auf die Befreiung des Reichs von Steuern bezieht, aufgehoben. Diese Aufhebung hat aber, wie sich aus der Entstehungsgeschichte des G. ergibt, lediglich formale Bedeutung. Hinsichtlich der „Realsteuern vom Grundbesitz" ist im § 3 RBesteuerG. das bis dahin geltende Recht aufrecht erhalten worden. Der Streit dreht sich auch nur darum, welche Bedeutung die Bestimmung des § 4 aaO. für die hier zur Entscheidung stehende Frage der kommunalen Besteuerung reichseigner Grundstücke hat. § 4 lautet: „Die §§ 2 und 3 finden keine Anwendung auf Militärspeiseeinrichtungen und ähnliche Anstalten, welche nicht auf Kosten des Reichs betrieben werden." Der Bezirksausschuß hat dieser Bestimmung die Deutung gegeben, daß Militärspeiseeinrichtungen und ähnliche Anstalten nur dann des aus § 3 fließenden Vorteils teilhaftig sind, wenn sie auf Kosten des Reichs betrieben werden, und aus diesem Satze gefolgert, daß das in Rede stehende Grundstück, weil auf ihm sich eine nicht vom Reiche betriebene Militärspeiseeinrichtung befindet, der Besteuerung vom Grundbesitze durch die Gemeinde unterliege. Diese Folgerung ist rechtsirrig.

Der § 4 aaO. bezieht sich lediglich auf den Betrieb von Militärspeiseeinrichtungen und ähnlichen Anstalten und hat somit keinerlei Beziehung zu dem hier allein in Betracht kommenden und im § 3 geregelten Verhältnisse des Reichs zur kommunalen Besteuerung des Besitzes oder des Umsatzes von Grundstücken. § 4 enthält überhaupt keine selbständige Bestimmung über die Steuerpflicht des Reichs gegenüber den Kommunen oder den Einzelstaaten, sondern soll lediglich das Mißverständnis abwenden, als wenn die in den §§ 2 und 3 aufgestellten Vorrechte des Reichs auch den selbständigen nicht auf Reichskosten arbeitenden Unternehmern von Militärspeiseeinrichtungen und ähnlichen Anstalten zugute kommen dürften. Das ergibt der Wortlaut, wird aber auch durch die Entstehungsgeschichte des § 4 bestätigt.

2. Nach der ständigen Rechtsprechung des Gerichtshofs, an der festzuhalten war, ist der gemeinschaftliche Mittagstisch der Offiziere als ein öffentlicher Dienst anzusehen. Zur Aufrechterhaltung dieses Betriebs hat das Reich das in Rede stehende Grundstück bestimmt. Danach kommt diesem gemäß § 24 Abs. 1 c KommAbgG. iVerb. mit § 3 RBesteuerG. die Freiheit von der kommunalen Besteuerung des Grundbesitzes zu.

Nr. 5. Entsch. v. 19. Mai 1914 (PrVerwBl. **36** 40) VIII C 322/13.

1. Bei zeitweiliger Aufhebung des Verfügungsrechts des Reichsmilitärfiskus über Teile eines Exerzierplatzes wird die Hauptbestimmung als Exerzierplatz für die fraglichen Grundflächen aufgehoben und diese sind nicht steuerfrei.

2. Der Fiskus stand im vorliegenden Falle in Kaufverhandlungen mit der Stadt Berlin; er hatte also in Aussicht genommen, die Fläche ganz ihrer Bestimmung als Exerzierplatz dadurch zu entziehen, daß er sie veräußerte. Gerade diese Fläche verpachtete er. Der Pächter beabsichtigte, darauf seinen Zirkus aufzubauen. Damit wurde die Benutzung der Fläche als Exerzierplatz ausgeschlossen; und zwar um so mehr, als der Pächter die Fläche sofort bei der Übernahme mit gut kenntlichen Pfählen abzustecken und mit einem kräftigen Bretterzaune zu umgeben hatte, um den Andrang des Publikums auf das übrige Gelände zu verhindern und Störungen der militärischen Übungen zu vermeiden. Sehr deutlich wird damit die Hauptbestimmung als Exerzierplatz für das übrige Gelände als fortdauernd, für den Zirkusplatz als fortfallend gekennzeichnet.

Die Hauptbestimmung wurde für den Zirkusplatz aufgehoben, sie sollte nicht etwa bloß ruhen. Damit stimmt überein, daß, so lange die Kaufverhandlungen mit der Stadt Berlin schwebten, der Fiskus auf die Bestimmung des verpachteten Landstücks keinerlei Einfluß ausüben, und ihm erst, wenn sich die Kaufverhandlungen zerschlagen haben würden, ein Kündigungsrecht zustehen sollte. Dafür wurde eine sechswöchige Frist bestimmt.

Nr. 6. Entsch. v. 8. Jan. 1915 (PrVerwBl. **36** 562) VIII C 110/14.

Nach § 24 Abs. 1c KommAbgG. sind die zum Gebrauche von öffentlichen Behörden bestimmten Grundstücke und Gebäude nur insoweit steuerfrei, als auch der von jenen Behörden wahrzunehmende Dienst ein öffentlicher ist.

Die Satzungen des Brandenburgischen Pfandbriefamts, insbesondere deren § 1 und die von der Verwendung der Überschüsse handelnden §§ 28ff. ergeben, daß der Hauptzweck des Unternehmens in der Beschaffung eines dauernden Realkredits für die Hausbesitzer in der Provinz Brandenburg besteht, wie denn auch in der Begründung zu § 3 EntwGewStG. von den landschaftlichen Kreditverbänden, bei denen die gleichen Verhältnisse obwalten, gesagt worden ist, daß sie an erster Stelle auf die Beförderung der öffentlichen Wohlfahrt und des gemeinen Nutzens gerichtet seien und die Erzielung eines Erwerbes nur als Nebenzweck verfolgten. Die Absicht der Gewinnerzielung tritt auch bei dem Brandenburgischen Pfandbriefamte hinter den Zweck der Beförderung des Gemeinwohls zurück. Daher sind seine Geschäftsräume als zu einem öffentlichen Dienst bestimmt anzusehen.

Nr. 7. Entsch. v. 23. Nov. 1915 (PrVerwBl. **37** 487) VIII C 74/15.

KommAbgG. § 24c, k.

1. Die Geistlichen der dem Ministerium des Innern unterstellten Strafanstalten und größeren Gefängnisse sind „Beamte". Wenn auch bei ihrer Anstellung eine Vermittlung durch die kirchliche Aufsichtsbehörde und insbesondere eine Mitwirkung des Generalsuperintendenten stattfindet, und wenn auch eine regelmäßige Prüfung ihrer Tätigkeit in Hinsicht des Gottesdienstes, der Seelsorge und des Religionsunterrichts durch die Kirchenbehörde verordnet ist, so werden sie doch durch die Aufsichtsbehörde der Strafanstalt, den Regierungspräsidenten, mit Genehmigung des Ministers des Innern als „Beamte bei der Anstalt" angestellt und gehören zu der Gruppe derjenigen Oberbeamten, die nicht Oberbeamte „der Verwaltung" sind.

2. Dem Strafanstaltsgeistlichen ist die Dienstwohnung in seiner Eigenschaft als Beamter und nicht in seiner Eigenschaft als Geistlicher überwiesen worden; sie ist deshalb die Dienstwohnung eines Beamten und nicht die Dienstwohnung eines Geistlichen. Da eine Dienstwohnung im gesetzlichen Sinne dann besteht, wenn dem Stelleninhaber die Wohnungsbenutzung auf Grund seines öffentlich-rechtlichen Dienstverhältnisses nach Bestimmung seiner vorgesetzten Dienstbehörde als Teil seines Diensteinkommens überwiesen worden ist, so kann die Frage, ob die Dienstwohnung eines Angestellten, der zugleich Beamter und Geistlicher ist, als die eines Beamten oder die eines Geistlichen anzusehen ist, nur danach entschieden werden, welches öffentlich-rechtliche Dienstverhältnis des Wohnungsinhabers der Überweisung der Wohnung durch die vorgesetzte Dienstbehörde zugrunde liegt. Dies ist aber im vorliegenden Falle allein das Beamtenrechtsverhältnis gegenüber der vorgesetzten staatlichen Dienstbehörde. Das öffentlich-rechtliche Dienstverhältnis, auf Grund dessen die Dienstwohnung dem Anstaltsgeistlichen überwiesen worden ist, ist das gleiche wie das der anderen Anstaltsbeamten, denen Dienstwohnungen überwiesen worden sind. Sind die Dienstwohnungen der letzteren aber steuerpflichtig, so ist dies auch die Dienstwohnung des Anstaltsgeistlichen.

γ) Nach Buchstabe f—i des § 24 KommAbgG.

Nr. 1. Entsch. v. 7. Febr. 1913 (OVG. **64** 260) VIII C 290/12.

KommAbgG. § 24g, i.

Die Frage, ob unter dem Gesichtspunkte des § 24 Abs. 1g KommAbgG. nach preußischem Staatsrecht als „katholische Kirche" deren Gesamtorganisation oder jede „einzelne selbständige Organisation der Gesamtkirche" innerhalb des preußischen Staates zu gelten habe, ist im ersten Sinne zu beantworten, da die katholische Kirche durch das ReligionsEd. v. 9. VII. 1788 in ihrer „bisherigen Verfassung" in Preußen aufgenommen worden ist, woran auch die spätere Gesetzgebung nichts geändert hat. Wenn es sich bei einer Entscheidung über die Grundsteuerfreiheit nach § 24i aaO. um die Frage nach den „Zwecken" der katholischen Kirche handelt, so kommt diese hierbei als Gesamtorganisation in Betracht. Zu ihren Zwecken gehört auch die Verbreitung des katholischen Glaubens unter den Heiden. Sie hat diese Aufgabe planmäßig in die Hand genommen und zu ihrer Erfüllung verfassungsmäßige Einrichtungen getroffen, insbesondere durch die im Jahre 1622 zur Beaufsichtigung des ganzen Missionswesens gegründete congregatio de propaganda fide in Rom, von der auch die Vollmachten für die zur Heidenbekehrung berufenen Orden und ordensähnlichen Kongregationen ausgehen. Gehört nun die Mission unter den Heiden zu den Zwecken der katholischen Kirche, so ist dies auch hinsichtlich der Ausbildung der zur Missionstätigkeit berufenen Personen, seien es Priester oder Laienbrüder, anzunehmen. Geschieht deren Ausbildung in einem hierfür bestimmten Gebäude, so dient dieses Gebäude den Zwecken der katholischen Kirche.

Nr. 2. Entsch. v. 10. Nov. 1914 (PrVerwBl. **36** 601) VIII C 126/14.

KommAbgG. § 24g, i.

1. Die Einbeziehung eines zur künftigen Vergrößerung eines Friedhofs angekauften Grundstücks in das bereits mit Gräbern belegte Friedhofsgelände mittels eines Zaunes schließt allein noch keine unmittelbare Benutzung dieser Fläche für Friedhofszwecke in sich. Anderseits ist es hierfür aber auch nicht erforderlich, daß auf der Erweiterungsfläche bereits tatsächlich Gräber angelegt seien. Vielmehr genügt es, um eine solche unmittelbare Benutzung als vorliegend anzunehmen, wenn wegen vorgeschrittener Belegung des bisherigen Begräbnisplatzes die zu dessen Vergrößerung in Aussicht genommene Fläche zur Be-

legung mit Gräbern in naher Zeit bereitgestellt wird. Hierfür kann unter anderem die Erstreckung des Friedhofszauns um diese Fläche ein bedeutsames Erkenntnis- und Beweismittel sein.

2. Das Grundstück „In den sieben Ruten" ist anscheinend zur Belegung mit Gräbern nicht bestimmt, wofür auch der Umstand zu sprechen scheint, daß es, wenn auch innerhalb der Friedhofsumzäunung belegen, doch von dem Gräberfeld des Friedhofs durch eine Mauer getrennt ist. Auf diesem Grundstück wird unstreitig eine Friedhofsgärtnerei betrieben, und zwar, wie sich aus der Beerdigungs- und FriedhofsO. für die Jüdische Gemeinde ergibt, seitens dieser Gemeinde selbst. Ob hierin eine unmittelbare Benutzung des Grundstücks für die Friedhofszwecke der Jüdischen Gemeinde zu finden ist, hängt davon ab, in welchem Rahmen die Friedhofsgärtnerei betrieben wird. Es ist zu unterscheiden, ob das Unternehmen sich beschränkt auf die ordnungsmäßige gärtnerische Unterhaltung des Friedhofs oder ob darüber hinaus auch Pflanzen für die Ausschmückung der Gräber durch die Angehörigen der Verstorbenen gezüchtet und feilgehalten werden. Im ersten Falle würde eine unmittelbare Benutzung des Grundstücks für Friedhofszwecke anzunehmen und deshalb seine Steuerfreiheit anzuerkennen sein. Im zweiten Falle dagegen wäre das Grundstück insoweit steuerpflichtig, als es ausschließlich oder überwiegend für jene zweite Bestimmung benutzt wird. Denn zu den Friedhofszwecken gehört die ordnungsmäßige Unterhaltung des Friedhofs. Im Rahmen einer solchen Unterhaltung liegt die Besorgung alles dessen, was die Rücksicht auf ein würdiges Äußere des Friedhofs, also eine diesem entsprechende Herstellung und Erhaltung der Gräber und des sonstigen Friedhofsgeländes erfordert. Darüber hinaus geht jedoch die gärtnerische Ausschmückung der Gräber im Privatinteresse durch Verkauf oder Einpflanzen von Blumen und Bäumen. Sie stellt einen gewerblichen Betrieb dar. Aus der FriedhofsO. geht hervor, daß den Gegenstand der Friedhofsgärtnerei im vorliegenden Falle nicht nur die Fürsorge für die sachgemäße Unterhaltung des Friedhofs, sondern auch die Übernahme gärtnerischer Leistungen und Lieferungen im Privatinteresse des Publikums (gärtnerische Ausschmückung der Bethalle und der Gräber) bildet. Es werden diejenigen Flächen und Gebäude, die ausschließlich oder überwiegend für den gewerblichen Teil des Unternehmens benutzt werden, als steuerpflichtig anzusehen sein.

3. Die Klägerin hat nun ausgeführt, die Steuerfreiheit des ganzen Gärtnereigrundstücks sei unter allen Umständen begründet, denn die Benutzung eines verhältnismäßig kleinen Teils des einheitlichen Friedhofsgrundstücks zur Gärtnerei stelle lediglich eine Nebenbenutzung dar, welche die Hauptbestimmung des Friedhofs nicht berühre. Lediglich dieser Hauptzweck sei für die Steuerfreiheit entscheidend. Diese Auffassung ist jedoch unzutreffend. Eine die Steuerfreiheit eines Grundstücks nicht ausschließende Nebenbenutzung besteht nur dann, wenn dieselbe Fläche einem die Steuerfreiheit bedingenden Zwecke dient und daneben noch gleichzeitig oder zeitweise für einen die Steuerfreiheit nicht begründenden Zweck verwendet wird, der aber hinter jene erste — hauptsächliche — Zweckbestimmung zurücktritt (vgl. OVG. **88** 165). Anders liegt der Fall aber, wenn ein Teil des betreffenden Grundstücks von dessen Hauptbestimmung überhaupt nicht erfaßt, vielmehr von ihr ausgenommen ist und allein zu einem die Steuerfreiheit nicht begründenden Zwecke verwendet wird. Dann kommt eine Nebenbenutzung dieses Teiles nicht in Frage, vielmehr ist er nach § 24 Abs. 3 KommAbgG. grundsteuerpflichtig.

4. Der Vorderrichter hat den Wert von Baulichkeiten ohne Grundfläche als Faktor bei Berechnung der Steuer eingesetzt. Dies war nicht richtig.

Als steuerpflichtiger Grundstücksteil kann nur die Baulichkeit nebst der Grundfläche, auf der sie errichtet ist, in Betracht kommen. Denn insoweit ein Gebäude keinem die Steuerfreiheit bedingenden Zwecke dient, wird auch die Grundfläche, auf der es steht, zu keinem steuerfreien Zwecke verwendet.

Nr. 3. Entsch. v. 20. Juni 1913 (OVG. **64** 257) VIII C 9/13.

KommAbgG. § 24c, f.

1. Die Landwirtschaftskammern gehören nicht zu den im § 24 Abs. 1c KommAbgG. genannten „kommunalen Verbänden", denn darunter sind nur solche öffentlich-rechtliche Körperschaften zu verstehen, die alle Bewohner eines bestimmt abgegrenzten Teiles des Staatsgebiets umfassen (Gebietskörperschaften) und öffentliche (staatliche) Angelegenheiten in Form der Selbstverwaltung zur Aufgabe haben. Die Landwirtschaftskammern umfassen zwar ein bestimmtes räumliches Gebiet, aber nicht dessen sämtliche Bewohner, sondern nur diejenigen von ihnen, die dem landwirtschaftlichen Beruf angehören (§ 1 LwKamG.). Die Freistellung der Landwirtschaftskammer von der Gemeindegrund- und Gebäudesteuer für das Grundstück der von ihr in G. unterhaltenen landwirtschaftlichen Haushaltungsschule war daher nicht auf Grund des § 24 Abs. 1c KommAbgG. gerechtfertigt.

2. Zutreffend hat aber der Bezirksausschuß die Freistellung von der verlangten Steuer auf die Bestimmung des § 24 Abs. 1f aaO. gegründet. Hiernach sind die zum öffentlichen Unterrichte bestimmten Gebäude von der Gemeindesteuer befreit. Öffentlich ist ein Unterricht dann, wenn er im Rahmen der staatlich gestellten Aufgaben dessen, der den Unterricht darbietet, und im öffentlichen Interesse erteilt wird. Beide Voraussetzungen liegen hier vor. Daß der Unterricht nach dem Plane sich im Rahmen der staatlich gestellten Aufgaben hält, hat der Bezirksausschuß auf Grund der geltenden G. mit Recht angenommen; denn der Staat hat nach dem DotG. v. 8. VII. 75 (GS. 497) § 14 die Unterstützung der niederen landwirtschaftlichen Schulen, zu denen die Haushaltungsschulen zählen, den Provinzialverbänden überwiesen. Einwandfrei hat daher der Bezirksausschuß angenommen, daß der Provinzialverband der Provinz Schleswig-Holstein in Verfolg dieser Aufgabe gehandelt habe, wenn er die Errichtung der Haushaltungsschule, die von der Landwirtschaftskammer der Provinz zum Zwecke der Erfüllung der diesen Kammern durch § 2 LwKamG. aufgegebenen Pflichten in Aussicht genommen war, durch Gewährung eines Beitrags ermöglichte. Mit Recht hat der Bezirksausschuß auch darauf Gewicht gelegt, daß diese Schule allen die vorgeschriebenen Voraussetzungen erfüllenden Personen zugänglich ist; denn daraus ergab sich, daß der dort gewährte Unterricht im öffentlichen Interesse erteilt wird.

δ) Nach Buchstabe k des § 24 KommAbgG.

Nr. 1. Entsch. v. 21. Okt. 1913 (OVG. **65** 157) VIII C 355/12.

KommAbgG. § 24k.

1. Die Dienstgrundstücke eines Geistlichen gehören zum Pfarrvermögen, an dem nach landrechtlicher Vorschrift (§§ 772, 778 ALR. II 11) dem Geistlichen die Befugnis der Verwaltung und des Nießbrauchs zusteht. Das Pfarrvermögen aber bildet einen Teil des Kirchenvermögens (OVG. **35** 360); also ist Eigentümerin des Dienstgrundstücks die Kirchengemeinde. Unerheblich ist, daß die Eintragung nicht auf den Namen der Kirchengemeinde, sondern der Pfarrstelle oder des Stelleninhabers lautet. Der Kirchengemeinde und nicht dem Stelleninhaber kommen die einem eingetragenen Eigen-

tümer kraft der Eintragung zustehenden Befugnisse zu. Nach OVG. 56 178 (ErgBd. i. St. III 115) ist als Merkmal des Dienstgrundstücks eines Geistlichen anzusehen, daß das Grundstück unmittelbar zur Unterhaltung des Stelleninhabers bestimmt und dieser über Nutzungsart und Erträgnisse zu befinden befugt ist. Daran war festzuhalten.

2. Nach § 24 Abs. 1 k KommAbgG. sind die Dienstgrundstücke der Geistlichen steuerfrei, soweit ihnen bis zum Inkrafttreten di ses G. Steuerfreiheit zugestanden hatte. Letzteres ist für ein Dienstgrundstück eines Geistlichen in der Stadt B. nach § 4 Abs. 7 StO. der Fall gewesen.

Diese Steuerfreiheit ist auch nicht erloschen, wenn und soweit der Pfarrnießbrauch infolge der neueren PfarrBesG. aufgehört hat. Das folgt aus Art. 8 des PfarrBesG. v. 2. VII. 98, Art. 10 PfarrBesG. v. 26. V. 09, wonach die in allgemeinen oder besonderen G. begründeten Rechte des Pfarrvermögens, insonderheit steuerliche Vorrechte, die mit dem Stellenvermögen verknüpft sind, bestehen bleiben sollen, auch wenn das Stellenvermögen auf Grund der Vorschriften der gleichzeitig erlassenen KirchenG. sich nicht mehr im Nießbrauche des Stelleninhabers befindet.

3. Daß die beiden hier fraglichen Grundstücke ursprünglich unmittelbar zum Unterhalte von Geistlichen bestimmt waren und diesen das Befinden über Nutzungsart und Erträgnis zustand, ist zweifellos. Es fragt sich aber, ob die „Neuregelung der Dienst- und Einkommensverhältnisse der Geistlichen von St. Katharinen" v. 17. XI. 93 einen Einfluß auf die rechtliche Natur der streitigen Grundstücke ausgeübt hat.

Durch diese in verfassungsmäßiger Weise, nämlich durch Beschluß der Vertretung der Kirchengemeinde unter Zustimmung der zum Nießbrauche berechtigten Geistlichen und Genehmigung der geistlichen Oberen zustande gekommene „Neuregelung" ist, wie näher ausgeführt wird, den Geistlichen der Nießbrauch an den Grundstücken entzogen.

Dadurch wurde dem Grundstücke Neustadt, das im Pfarrnießbrauche von zwei Geistlichen der Katharinengemeinde, nämlich des Archidiakons und des Diakons, gestanden hatte, der Charakter des Dienstgrundstücks genommen. Es kann deshalb hinsichtlich dieses Grundstücks Steuerfreiheit nicht beansprucht werden.

3. Das Grundstück Altstadt hatte im Pfarrnießbrauche der drei Geistlichen an Katharinen und der beiden Geistlichen an Pauli zu gleichen Teilen gestanden. Die Geistlichen der Paulikirche waren an der Neuregelung, die allein die drei Geistlichen der Katharinengemeinde und ausschließlich die Verfassung dieser Kirchengemeinde betraf, nicht beteiligt. An diesem Grundstücke hörte also der den drei Geistlichen an Katharinen zu je einem Fünftel zustehende Pfarrnießbrauch auf; er blieb aber hinsichtlich der beiden Pfarrer zu Pauli zu je einem Fünftel bestehen; der Charakter des Dienstgrundstücks würde danach nur noch hinsichtlich zweier ideeller Fünftel und nicht mehr hinsichtlich der restlichen drei Fünftel bestanden haben.

In einem solchen Falle ist die Steuerfreiheit des Grundstücks nicht fortgefallen. Besteht der Pfarrnießbrauch der Geistlichen von Pauli auch nur zu zwei ideellen Fünfteln, so besteht er doch bezüglich jeder der beiden ideellen Anteile an dem ganzen Grundstücke. Das ganze Grundstück ist „Dienstgrundstück eines Geistlichen", weil es, auch wenn nur ein Nießbrauch zu einem ideellen Anteile besteht, gleichwohl diesem Bruchteilsnießbrauch als Ganzes unterworfen ist. Darauf aber kommt es allein an; denn das „Grundstück" ist nach dem KommAbgG. (§ 24 Einl.) der Gegenstand der Besteuerung und entsprechend auch der Steuerbefreiung. Teile eines Grundstücks können freilich auch zur Steuer herangezogen werden; dies betrifft aber lediglich räumliche Teile (aaO. Abs. 3). Die Heranziehung ideeller Teile eines Grundstücks kennt das G. nicht. Hiernach ist das Grundstück Altstadt, ungeachtet der in den Jahren 1893 und 1894 getroffenen Neuregelung, ein steuerfreies Grundstück iS. § 24k aaO. geblieben.

Nr. 2. Entsch. v. 28. Nov. 1913 (OVG. **66** 165) VIII C 92/13.

KommAbgG. § 24k.

1. Über den Begriff des Dienstgrundstücks eines Geistlichen iS. des § 24 Abs. 1k KommAbgG. ist aus diesem G. nichts zu entnehmen; es setzt der Begriff als gegeben voraus. Daher ist die Rechtsprechung auf den Begriff der Pfarrgüter in den §§ 772 ALR. II 11 zurückgegangen. Hiernach gehören Pfarrgüter zwar zum Kirchenvermögen, müssen aber von dessen sonstigen Bestandteilen, weil sie unmittelbar zum Unterhalte des Pfarrers bestimmt sind, unterschieden werden; die Verwaltung und der Nießbrauch der Pfarrgüter gebührt nach § 778 aaO. dem Pfarrer. Als Dienstgrundstück eines Geistlichen ist danach ein Pfarrgrundstück, an welchem dem Geistlichen Verwaltung und Nießbrauch zusteht, bezeichnet worden. In neuerer Zeit sind in der Rechtsprechung des OVG. als Dienstgrundstücke eines Geistlichen solche angesehen worden, die unmittelbar zur Unterhaltung des Stelleninhabers bestimmt sind, und über deren Nutzungsart und Erträgnis der Stelleninhaber zu befinden befugt ist (PrVerwBl. **25** 195, **26** 162, OVG. **56** 180). Damit ist indessen der grundsätzliche Standpunkt nicht verändert worden.

Die Pfarrgüter gehören zum Kirchenvermögen. Davon stellen sie einen „besonderen Teil dar, dessen Verhältnisse mit Rücksicht auf den besonderen Zweck, dem er gewidmet ist, besonders geregelt sind" (PrVerwBl. **21** 302). Das Kirchenvermögen und also auch das Pfarrvermögen steht im Eigentume der Kirchengemeinde. Nur ihr gebührt daher auch über die Pfarrgüter, insbesondere die Dienstgrundstücke das Recht der Verfügung. Die Annahme: zum Begriffe des Dienstgrundstücks eines Geistlichen gehöre, daß diesem ein „unmittelbares Verfügungsrecht" über das Grundstück zustehen müsse, ist irrig. Wohl aber ist erforderlich, daß dem Stelleninhaber an dem Grundstücke der Pfarrnießbrauch zustehe. Zu den Zwecken des Nießbrauchs ist ein gewisses Maß von Verwaltung unentbehrlich. Das zeigt sich in den §§ 786, 787, 799, 800, 823 aaO. — Dies ist es, was im § 778 als „Verwaltung" bezeichnet wird. Daneben besteht für die Kirchengemeinde die allgemeine aus dem Rechte des Eigentums folgende Verwaltungsbefugnis des Eigentümers des Pfarrguts, wie denn nach den landrechtlichen Vorschriften (§§ 619 bis 621 aaO.) „überall, wo es sich um einen Einfluß auf die Substanz des Pfarrvermögens handelt, die Kirchenvorsteher und der Patron, als die eigentlichen Verwaltungsorgane der Kirche und so auch der Pfarre eintreten" (vgl. §§ 782, 779, 780, 807, 808, 811, 788, 796, 650 aaO.). Nach dem derzeitigen Rechtsstande steht dem Stelleninhaber an dem zu seinem Unterhalte bestimmten Dienstgrundstücke, neben dem Nießbrauche, die für dessen Zwecke unentbehrliche Verwaltung zu, d. h. der Stelleninhaber hat, wie über die Erträgnisse, so auch über die Nutzungsart des Grundstücks zu befinden. Dagegen gebührt die der Kirchengemeinde als der Eigentümerin zustehende allgemeine Verwaltung dem die Kirchengemeinde vertretenden Organe, in einer katholischen Kirchengemeinde dem Kirchenvorstande.

2. Die Bestimmung eines Grundstücks zum Unterhalte bleibt auch dann eine unmittelbare, wenn der Stelleninhaber das Grundstück durch Vermietung oder Verpachtung nutzt. Die Verpachtung ist eine Art der Ausübung des Nießbrauchs. Dagegen besteht eine unmittelbare Bestimmung des Grundstücks zum Unterhalte des Stelleninhabers nicht, wenn die unmittelbare Nutzung, sei es durch Selbstbewirtschaftung, sei es durch Vermietung oder Verpachtung, rechtlich der Kirchengemeinde und nicht dem Stelleninhaber zusteht, dieser aber von der Kirchenkasse mit dem Ertrage des Grund-

stücks besoldet wird. Dieses Rechtsverhältnis kommt nicht selten vor. Namentlich ist bei Dienstgrundstücken evangelischer Geistlichen vom OVG. mehrfach sowohl der Fall erörtert worden, daß Dienstgrundstücke der Geistlichen ihre Eigenschaft in verfassungsmäßiger Weise, nämlich durch Beschluß der Vertretung der Kirchengemeinde, unter Zustimmung der zum Nießbrauche berechtigten Geistlichen und Genehmigung der geistlichen Oberen verloren haben, sowie auch der Fall, daß durch die neueren PfarrBesG. v. 2. VII. 98 und v. 26. V. 09 der Pfarrnießbrauch auf die Kirchengemeinde übergegangen ist, in welch letzterem Falle, trotz des Verlustes der Eigenschaft eines Dienstgrundstücks, ausnahmsweise durch besondere gesetzliche Bestimmung die Steuerfreiheit aufrecht erhalten worden ist. Die PfarrBesG. v. 2. VII. 98 und v. 26. V. 09 kennen die Vorschrift vom Übergange des Pfarrnießbrauchs auf die Kirchengemeinde nicht. Davon, daß in der katholischen Kirchengemeinde Z. verfassungsmäßig der Nießbrauch der Stelleninhaber an Pfarrgrundstücken aufgehoben worden sei, ist keine Rede.

Nr. 3. Beschd. v. 29. Sept. 1914 (PrVerwBl. **36** 629) VIII C 120/14.
u. **Entsch. v. 2. März 1915** (PrVerwBl. **36** 630) VIII C 120/14.

1. Richtig ist, daß, wenn Äcker den Charakter von Dienstgrundstücken eines Geistlichen gehabt haben und infolge der neueren PfarrBesG. v. 2. VII. 98 (GS. 155) und v. 26. V. 09 (GS. 113) der Pfarrnießbrauch auf die Kirchengemeinde übergegangen ist, die Steuerfreiheit, trotz des Verlustes der Eigenschaft eines solchen Dienstgrundstücks, durch besondere gesetzliche Vorschrift aufrecht erhalten ist (OVG. **66** 165).

2. Die Klägerin weist nur darauf hin, daß die Grundstücke im wesentlichen aus Mitteln des Landdotationsfonds angekauft worden seien, und daß alle aus diesem Fonds angekauften Grundstücke die Natur solcher Dienstgrundstücke hätten. Aus den „Statuten des Landdotationsfonds für die evangelischen Pfarreien der Provinz Schlesien" v. 3. V 55 ist zu entnehmen, daß der bezeichnete Fonds begründet worden ist, „um denjenigen evangelischen Pfarreien Schlesiens, deren Einkommen gering und wenig gesichert ist, und die insbesondere entweder gar nicht oder nicht in zureichender Weise mit Landdotationen versehen sind, diese letzteren je nach Zeit und Umständen zu verschaffen" (§§ 1, 11). Nach diesen und den weiteren Bestimmungen der Statuten ist es darauf abgesehen, Ländereien zu beschaffen, deren Nutznießung die Pfarrer haben, über deren Nutzungsart und Erträgnis sie zu befinden befugt sein, und die zum unmittelbaren Unterhalte der Pfarrer dienen sollen. Ein einer Kirchengemeinde gehöriges, mit den Mitteln des Landdotationsfonds erworbenes, dem Pfarrer gemäß § 17 der Statuten zur Nutznießung übergebenes Grundstück hat danach die Eigenschaft eines Dienstgrundstücks. Der Pfarrer kann die Nutzungsart nach seinem Befinden bestimmen, insbesondere das Grundstück selbst bewirtschaften oder durch Verpachtung nutzen. Er zieht die Nutzungen und hat darüber zu verfügen. Daran ändert die ihm auferlegte Rückzahlungspflicht nichts. Dem Landdotationsfonds steht an den Erträgnissen des Grundstücks nicht ein Anspruch in Höhe der Rückzahlungsbeträge zu, er hat vielmehr gegen den Pfarrer nur einen persönlichen Anspruch auf Zahlung jener Beträge. Deren Höhe bestimmt sich nicht einmal nach dem tatsächlichen Ertrage des Grundstücks, sondern nach einem angenommenen, vorher festgesetzten „Nutzungsertrage".

3. Die Statuten des Landdotationsfonds kommen aber hier überhaupt nicht in Betracht, denn es ist nicht nach ihnen verfahren worden. Von einem Nießbrauche des Pfarrers ist nirgend die Rede; daß die Grundstücke dem Pfarrer zur Nutznießung übergeben worden seien, ist nicht behauptet; dem Pfarrer ist die Verpflichtung zur Zahlung der Tilgungsbeträge nicht auferlegt worden. Über

die Erträgnisse hat nicht er, sondern die Kirchengemeinde zu befinden. Sie verwendet sie in Höhe von 45 ℳ, indem sie insoweit den Pfarrer entschädigt, der aus dem früheren Dienstgrundstücke 45 ℳ Pacht eingenommen hatte: deshalb „erhält" der Pfarrer die 45 ℳ „als Pachtersatz". Die Kirchengemeinde behält sich für zwei Fälle besondere Bestimmungen über eine spätere Erhöhung der 45 ℳ vor, welche als „vorläufig akzeptiert" bezeichnet wurden, mit denen also der Pfarrer sich einverstanden erklärt hatte. Den „Rest der Erträgnisse" „erhält" nicht einmal der Pfarrer, sondern der Rest soll nach dem Beschlusse der Kirchengemeinde zur Amortisation des beim Landdotationsfonds aufzunehmenden Darlehens verwendet werden. Danach haben die Grundstücke nicht die Eigenschaft von „Dienstgrundstücken eines Geistlichen" erhalten. Sie waren nicht unmittelbar zur Unterhaltung des Stelleninhabers bestimmt, dieser war nicht befugt, über ihre Nutzungsart und Erträgnisse zu befinden. Waren sie aber beim Inkrafttreten des G. v. 2. VII. 98 nicht Dienstgrundstücke, so genießen sie auch keine Steuerbefreiung nach § 24 Abs. 1 k KommAbgG.

Nr. 4. Entsch. v. 12. Dez. 1913 (OVG. **65** 175) VIII C 93/13.

KommAbgG. § 24 i, k.

1. Unbestritten beruht die Anstellung des Gemeindehelfers auf einem Beschlusse der Gemeindeorgane der M.-Kirchengemeinde, der dem Konsistorium unterbreitet und von dieser kirchlichen Aufsichtsbehörde genehmigt worden ist. Handelt es sich danach bei dem Dienste des Gemeindehelfers um eine Einrichtung, die unter obrigkeitlicher Zustimmung geschaffen worden ist, so liegen anderseits die Dienstpflichten des Gemeindehelfers innerhalb des Wirkungskreises des Gemeindekirchenrats. Der letztere hat in erster Linie den Beruf, in Unterstützung der pfarramtlichen Tätigkeit nach bestem Vermögen zum religiösen und sittlichen Aufbaue der Gemeinde zu helfen und die christlichen Gemeindetätigkeiten zu fördern. Insbesondere liegt ihm ob, christliche Gesinnung und Sitte in der Gemeinde, sowohl durch eigenes Vorbild, als auch durch besondere Anwendung aller dazu geeigneten Mittel aufrechtzuerhalten und zu fördern (§§ 13, 14 KGSynO.). Dem entsprechen nach dem Dienstvertrag und der Dienstanweisung die Aufgaben des Gemeindehelfers. Seine Hauptaufgabe ist die Unterstützung der Geistlichen in der Seelsorge. Es wird von ihm erwartet, daß er seine ganze Kraft an den Aufbau der Kirchengemeinde wendet und alle ihm zu solchem Zwecke übertragenen Arbeiten in Wort und Tat zur Durchführung bringt. Er hat auf dem Grunde der heiligen Schrift und des Bekenntnisses der evangelischen Landeskirche in Kraft persönlichen Glaubenslebens und unter Beobachtung der kirchlichen Ordnungen seinen Dienst in der M.-Kirchengemeinde treu auszurichten und mit seiner ganzen Familie das Vorbild eines christlichen Hauses zu geben. Er wird vom Gemeindekirchenrate berufen und erhält, abgesehen von freier Wohnung im Pfarrhaus, ein „Gehalt", darf Nebenämter, die mit Verdienst oder Einkommen verbunden sind, nur mit Einwilligung des Gemeindekirchenrats übernehmen, ist zur strengsten Amtsverschwiegenheit verpflichtet und ist unter die Aufsicht des Gemeindekirchenrats gestellt; dieser übt die Aufsicht durch seinen Vorsitzenden aus. Der Vorsitzende ist bei Ausübung der Aufsicht vorkommendenfalls zu Mahnung, Tadel und Warnung befugt. Der Gemeindehelfer erhält eine Dienstanweisung, welche der Bestätigung durch das Konsistorium unterliegt.

Danach ist der Gemeindehelfer in eine mit kirchenregimentlicher Genehmigung eingerichtete Stelle berufen, mit seiner Tätigkeit in den kirchlichen Organismus eingegliedert und der kirchlichen Dienstaufsicht unterstellt. Die Vertragsteile haben ein Dienstverhältnis begründet, in dem sich nicht beide Teile gleichberechtigt gegenüberstehen, sondern bei dem der Gemeindehelfer sich der öffentlich-rechtlichen Korporation der Kirchengemeinde gegenüber in ein Gewaltverhältnis begeben hat, vermöge dessen er zu dem ihn Annehmenden in ein besonderes **Gehorsams-, Treue- und Dienstverhältnis getreten ist.** Der **Gemeindehelfer steht daher zur Kirchengemeinde in einem öffentlich-rechtlichen Dienstverhältnisse.** Da er nicht zu den Geistlichen gehört, und da sein Dienstverhältnis nicht ehrenamtlicher Art ist, so ist er iS. des § 24 Abs. 1k „**Kirchendiener**".

Da ihm die Wohnung im Pfarrhause, für welche die Grundsteuer gefordert wird, auf **Grund des öffentlich-rechtlichen Dienstverhältnisses** nach Bestimmung der ihm vorgesetzten Behörde, des Gemeindekirchenrats, als Teil **seines Diensteinkommens** überlassen worden ist, so handelt es sich um die **Dienstwohnung eines Kirchendieners,** für welche **Steuerfreiheit** besteht (OVG. **57** 159).

2. In bezug auf die Wohnung der Gemeindeschwestern wird der Befreiungsanspruch nicht auf die Bestimmung des Buchst. **k** aaO., sondern die des Buchst. **i** gestützt. Die Liebesarbeit, mit deren Betätigung die Schwestern betraut sind, gehört zu den **christlichen Gemeindetätigkeiten,** die in den Wirkungskreis des Gemeindekirchenrats gehören, und es werden mit ihr Zwecke der Kirche verfolgt (OVG. **57** 157f. — ErgBd. i. St. IV 122 —). Kann diese Liebesarbeit in dem gebotenen Umfange nur wahrgenommen werden, wenn die Schwestern im Pfarrhause wohnen, und ist ihnen die Wohnung daselbst gerade zu dem Zwecke überwiesen, um ihnen die Erfüllung ihrer Aufgabe in dem erforderlichen Umfange zu ermöglichen, so liegen die Voraussetzungen der Steuerfreiheit nach Buchst. **i** aaO. vor. Daß im vorliegenden Falle die Voraussetzungen vorhanden sind, kann nicht zweifelhaft sein. Die **Steuerfreiheit besteht daher auch hinsichtlich der Schwesternwohnung.**

Nr. 5. Entsch. v. 16. Dez. 1913 (OVG. **67** 163) VIII C 85/13.

KommAbgG. § 24 k.

1. Nach § 24 Abs. 1**k** KommAbgG. sind die Dienstgrundstücke und Dienstwohnungen der Kirchendiener der Gemeindesteuer vom Grundbesitze nicht unterworfen, soweit ihnen bisher (d. i. am 1. IV. 95) Steuerfreiheit zugestanden hat. Als das maßgebende G., aus dem die Frage nach der bisherigen Steuerfreiheit jener Dienstgrundstücke und Dienstwohnungen zu beantworten ist, kommt, da es sich hier um eine Stadt von mehr als 10000 Einwohnern handelt, die RhStO. v. 15. V. 56 in Betracht. Der § 4 Abs. 7 **regelt die Realsteuerbefreiungen erschöpfend.** Er bestimmt:

„Die in dem G., betr. die Aufhebung der Grundsteuerbefreiungen, v. 24. II. 50 § 2 (GS. 62) bezeichneten ertragsunfähigen oder zu einem öffentlichen Dienste oder Gebrauche bestimmten Grundstücke sind nach Maßgabe der KabO. v. 8. VI. 34 (GS. 87) von den Gemeindeauflagen befreit."

Das G. v. 24. II. 50 erklärt im § 2 für grundsteuerfrei

„diejenigen Grundstücke, welche dem Staate, den Provinzen, den Kreisen oder den Gemeinden gehören, insofern sie zu einem öffentlichen Dienste oder Gebrauche bestimmt sind, insonderheit also:

e) Die Diensthäuser der Erzbischöfe, der Bischöfe, der Dom- und Kurat- oder Pfarrgeistlichen und sonstiger mit geistlichen Funktionen bekleideten Personen der verschiedenen Religionsgesellschaften; ferner der Gymnasial-, Seminar- und Schullehrer, der Küster und anderer Diener des öffentlichen Kultus."

Nun gewinnt es allerdings nach den Eingangsworten dieses § 2 den Anschein, als sollten alle unter **a** bis **g** aufgeführten Grundstücksarten nur dann Steuerfreiheit genießen, wenn sie dem Staate, den Provinzen, den Kreisen oder den Gemeinden gehörten. Diese Auslegung trifft nicht zu (dies wird eingehend begründet).

Hiernach waren die Dienstwohnungen „**der Küster und anderer Diener des öffentlichen Kultus**", also der **unteren Kirchendiener** gemäß § 2

G. v. 24. II. 50 — abgesehen von den Vorschriften der hier nicht in Frage kommenden KabO. v. 8. VI. 34, betr. die Heranziehung derjenigen Grundstücke zu Kommunalsteuern, welchen wegen ihrer Bestimmung zu öffentlichen oder gemeinnützigen Zwecken die Befreiung von Staatssteuern zusteht (GS. 87) — schlechthin von der staatlichen Grundsteuer befreit. War dies der Fall, so waren sie nach § 4 Abs. 7 RhStO. auch von den Gemeindeauflagen befreit; dann sind sie aber auch jetzt noch in der Rheinprovinz nach § 24 Abs. 1k KommAbgG. von der Gemeindegrundsteuer befreit, da sie nach dieser Bestimmung insoweit steuerfrei sind, als ihnen bisher schon die Steuerfreiheit (von Gemeindesteuern) zustand.

2. Auf Grund dieser Darlegungen ist der Gerichtshof zu der Auffassung gelangt, daß der § 4 Abs. 12 RhStO. sich nur auf die persönlichen Gemeindesteuern der Geistlichen, Elementarlehrer und Kirchendiener bezieht, wofür auch seine Fassung spricht. Nun ist allerdings bisher die Rechtsprechung des Gerichtshofs (OVG. **39** 133 und **56** 174) dahin gegangen, daß der § 4 Abs. 12 auch die Realsteuerbefreiungen der Dienstgrundstücke der Geistlichen, worunter die Dienstwohnungen einbegriffen sind, regle. Daran kann indes nach der erneut vorgenommenen Prüfung nicht mehr festgehalten werden.

d) Besondere direkte Steuern vom Grundbesitz; Bestimmung des gemeinen Wertes.

Nr. 1. Entsch. v. 31. Jan. 1913 (OVG. **64** 247) VIII C 245/12.

KommAbgG. §§ 54, 57, 77; DeklGKommAbgG. v. 24. VII. 06.

1. Der zur GemGrundsteuerO. der Stadt Königsberg v. 1. 1. 05 erlassene Nachtrag v. 1. VII. 10 ist ordnungsmäßig zustande gekommen. Er beruht auf den Beschlüssen der städtischen Gemeindebehörden und ist von dem nach § 77 Abs. 1 KommAbgG. zuständigen Bezirksausschusse genehmigt. Dieser Genehmigung hat der Oberpräsident zugestimmt. Hierzu war er auf Grund der ihm gemäß § 77 Abs. 3 aaO. durch den Minister des Innern und den Finanzminister in dem Erl. v. 26. VI. 07 (MBl. 236) erteilten Ermächtigung zuständig. Die Vorschrift in Nr. IV[1] des Erlasses, daß in den Fällen der Einführung einer neuen oder der grundsätzlichen Veränderung einer bestehenden direkten oder indirekten Gemeindesteuer vor Erteilung der Zustimmung an die Minister zu berichten ist, falls es sich um einen ersten Fall handelt und die von der Gemeinde beschlossene SteuerO. sich nicht einem geltenden Muster anschließt, ist lediglich instruktioneller Natur und schränkt nicht die den Oberpräsidenten in der Nr. I ganz allgemein übertragene Zuständigkeit derart ein, daß nur eine nach Bericht an die Minister erteilte Zustimmung rechtsgültig ist; die in Nr. IV geforderte Berichterstattung ist vielmehr ein Internum der Verwaltung, das für die Rechtsgültigkeit der von dem an sich zuständigen Oberpräsidenten erteilten Zustimmung ohne Bedeutung ist.

2. Die auf Grund des Nachtrags zur Erhebung gelangende sog. Vorsteuer ist keine verschleierte Zwecksteuer. Zwecksteuern sind Steuern, die bei ihrer Ausschreibung nur zur Deckung im einzelnen bezeichneter Aufwendungen bestimmt werden. Sie sind nach dem Systeme des KommAbgG. im Bereiche der direkten Steuern unzulässig. Hier handelt es sich zwar um eine direkte Steuer, jedoch nicht um eine Zwecksteuer, da die sog. Vorsteuer zur Deckung allgemeiner Gemeindebedürfnisse ausgeschrieben und bestimmt ist. Nach dem KommAbgG. kann derselbe finanzielle Zweck und dasselbe finanzielle Ergebnis, zu denen früher die Zwecksteuern dienten, durch Erhebung von Beiträgen gemäß § 9 aaO., durch eine Mehrbelastung auf Grund des § 20 Abs. 2 und durch Abstufung der Steuersätze (DeklGKommAbgG. v.

24. VII. 06, GS. 376) erreicht werden. Letzteres ist hier beabsichtigt. Der Nachtrag kennzeichnet sich nach seiner Überschrift und nach den Einleitungsworten als Bestandteil der örtlichen GrundsteuerO. Einen solchen zu schaffen, war auch die Absicht des Magistrats bei Einbringung der Vorlage an die Stadtverordnetenversammlung, wie sich aus der ihr beigegebenen Begründung ergibt. Es wird dort ausgeführt, daß die außerordentliche Wertsteigerung, die das Vorland einer Festung durch die Aufhebung der Rayonbeschränkungen iS. einer Entfestigung erfahre, an und für sich schon den Gedanken und den Wunsch besonders nahelegen müsse, den von den Rayonbeschränkungen befreiten Grundbesitz zu entsprechenden Gegenleistungen zugunsten der Gemeinde heranzuziehen. Dieser Wunsch sei um so berechtigter und werde geradezu zu einer unabweisbaren Forderung ausgleichender Gerechtigkeit, wenn die Gemeinde die Entfestigung bzw. die Aufhebung der Rayonbeschränkungen erkaufen und zu diesem Zwecke so weitgehende Verpflichtungen und ein so großes Risiko auf Kosten der Allgemeinheit übernehmen solle, wie es in Königsberg der Fall sei. Indem dann die zur Erreichung dieses Zweckes gesetzlich zulässigen Mittel, insbesondere die Beitragserhebung auf Grund des § 9 KommAbgG. und die Mehrbelastung gemäß § 20 Abs. 2 aaO. erwogen und als ungeeignet zurückgewiesen werden, gelangt die Begründung schließlich zu dem Ergebnisse, daß es nicht nur billig, sondern auch gesetzlich zulässig sei, die Grundstücke im Festungsrayon mit einer Differenzialsteuer zu belasten, zu welchem Zwecke der Nachtrag zur GrundsteuerO. vorgelegt werde. Diesen hat die Stadtverordnetenversammlung unverändert angenommen. Hiernach ist davon auszugehen, daß es sich um eine einheitliche, in den Steuersätzen abgestufte Grundsteuer handelt. Der Nachtrag stuft die Steuersätze zunächst ab nach bebauten und unbebauten Grundstücken, mithin nach Grundstücksarten, sodann danach, ob die Grundstücke bis zur Aufhebung der Rayonbeschränkungen innerhalb des I. oder II. Festungsrayons der inneren Stadtumwallung belegen waren, mithin nach Besitzgruppen. Dies ist nach dem DeklGKommAbgG. zulässig. Daß alle wirtschaftlichen Verhältnisse der einzelnen zu derselben Besitzgruppe gehörigen Grundstücke im wesentlichen gleich sein müssen, ist für die Abgrenzung der Besitzgruppen nicht erforderlich; es genügt vielmehr, daß bei den Grundstücken derselben Besitzgruppe ein einzelnes durch die SteuerO. bestimmtes objektives Merkmal zutrifft. Dies ist hier der Fall, da die Zugehörigkeit eines Grundstücks zu dem I. oder II. Festungsrayon ein solches Merkmal darstellt.

3. Die Bemessung der sogenannten „Vorsteuer" erfolgt bei unbebauten Grundstücken in Zuschlägen, die nach dem gemeinen Werte des Grundstücks, bei bebauten durch Zuschläge, die nach dem Werte festgesetzt werden, den das Grundstück ohne Berücksichtigung der darauf stehenden Gebäulichkeiten haben würde, mithin nach einem nur fingierten Werte. Auch dies widerspricht keiner gesetzlichen Vorschrift. Wie das OVG. in ständiger Rechtsprechung angenommen hat, unterliegen der Gemeindebesteuerung vom Grundbesitze nur diejenigen Objekte, die der staatlichen Grundsteuergesetzgebung unterworfen sind (OVG. **34** 39); die Gemeinden können daher die Liegenschaftsbesteuerung nicht auf Gegenstände ausdehnen, die nicht Gegenstände der Besteuerung nach dem GrStG. sind. Die Autonomie der Gemeinden ist jedoch nicht in der Bestimmung darüber beschränkt, daß gewisse, an sich der staatlichen Grund- und Gebäudesteuer unterliegende Bestandteile von Grundstücken, insbesondere also auch die auf den Grundstücken befindlichen Baulichkeiten, bei der Veranlagung zur Gemeindegrundsteuer als nicht vorhanden gelten sollen, dergestalt, daß sie von der Besteuerung ausgeschlossen bleiben. Hiernach war die Stadtgemeinde Königsberg rechtlich nicht behindert, im § 2 des Nachtrags zu bestimmen, daß für die Bemessung des

Zuschlags, der sogenannten Vorsteuer, bei bebauten Grundstücken die auf ihnen befindlichen Gebäulichkeiten als nicht vorhanden zu gelten hätten und infolgedessen bei der Bewertung des Grundstücks nicht zu berücksichtigen seien.

4. In den §§ 1 und 2 des Nachtrags sind ferner die ein für allemal festgesetzten Promillesätze, nach denen die Zuschläge berechnet werden sollen, verschieden bemessen, je nachdem es sich um bebaute oder unbebaute Grundstücke handelt. Für letztere betragen sie im I. bzw. II. Rayon 8 bzw. 4 ‰ des gemeinen Wertes, für erster (die bebauten) sollen sie dagegen um 8 bzw. 4 ‰ höher sein, als der Promillesatz, der außerhalb der bezeichneten Rayongebiete von dem gemeinen Werte der städtischen Grundstücke erhoben wird. Der Magistrat ist nun der Ansicht, daß bei Erlaß der SteuerO. nicht die Absicht obgewaltet habe, bei den bebauten und unbebauten Grundstücken einen verschiedenen Promillesatz für die Berechnung der Vorsteuer festzusetzen, daß vielmehr der Zuschlag für beide Arten von Grundstücken der gleiche, nämlich 8 bzw. 4 ‰ sein sollte und daß eine hiervon abweichende Auslegung lediglich der unklaren Wortfassung des § 2 des Nachtrags, aber nicht der Absicht des Gesetzgebers entsprechen würde. Dieselbe Ansicht hat auch der Bezirksausschuß in seiner Entscheidung ausgesprochen. Dem kann jedoch nicht beigetreten werden. Die Fassung des § 2 aaO. ist klar und läßt keine andere Auslegung zu, als die oben angegebene. Bei einer klaren Wortfassung kommt es nicht darauf an, welche Absichten der Gesetzgeber beim Erlaß einer Vorschrift gehabt hat, sondern darauf, was er tatsächlich ausgesprochen hat. Es ist daher zu prüfen, ob die Bestimmung des § 2 in der vorliegenden Wortfassung gesetzlich zulässig ist. Dies ist zu bejahen, da die dortige Abstufung der Steuersätze nach Grundstücksarten keiner gesetzlichen Vorschrift widerspricht, sogar durch das DeklG. ausdrücklich für zulässig erklärt ist. Würde diese Abstufung in der Tat nicht den Absichten des Magistrats entsprechen, so muß es ihm überlassen bleiben, durch Gemeindebeschluß eine Änderung des § 2 des Nachtrags herbeizuführen, zu der die Genehmigung der Aufsichtsbehörden erforderlich sein würde.

5. Auch die in §§ 1 und 2 des Nachtrags erfolgte Normierung ein für allemal feststehender Promillesätze für die Bemessung der „Vorsteuer" ist rechtlich nicht als unzulässig zu erachten. Die Gemeindegrundsteuern sind trotz dieser Normierung derart bewegliche, daß sich ihr Sollaufkommen nach dem jährlich wechselnden Steuerbedarf iVerb. mit den Gemeindebeschlüssen über dessen Verteilung auf die einzelnen Steuerarten bestimmt. Bei der Verteilung des Steuerbedarfes auf die verschiedenen Steuerarten ist den Aufsichtsbehörden durch die Möglichkeit der Erteilung oder Versagung der Genehmigung ein ausreichendes Mitwirkungsrecht eingeräumt. Dieses Rechtes haben sich die Aufsichtsinstanzen dadurch nicht begeben, daß sie die Erhebung fester Promillesätze für die Vorsteuer genehmigt haben; denn diese Sätze kommen nur bei der Unterverteilung der Geldsumme, deren Aufbringung mittels Grundsteuern von den Aufsichtsbehörden genehmigt worden ist, auf die Steuerpflichtigen zur Geltung. Die Genehmigung muß ebenso wie die Beschlußfassung der städtischen Behörden auch dort, wo besondere Realsteuern erhoben werden, Prozentsätze der staatlich veranlagten Steuern zum Gegenstande haben (§ 57 KommAbgG.); erst der sich hieraus ergebende Gesamtbetrag der betreffenden Realsteuer ist nach Maßgabe der Vorschriften der örtlichen SteuerO. auf die Steuerpflichtigen unterzuverteilen. Hieraus folgt einerseits, daß die Unterverteilung des genehmigten Steuerbetrags auf die Steuerpflichtigen nach Maßgabe des örtlichen Steuerrechts keiner Genehmigung auf Grund der §§ 54ff. aaO. unterliegt, anderseits, daß nur der auf Grund der §§ 54ff. genehmigte Betrag auf die Steuerpflichtigen unterverteilt werden darf, daß somit im vorliegenden Falle auch der auf Grund des Nachtrags

aufzubringende Betrag der „Vorsteuer" gemäß § 57 aaO. auf denjenigen Teil des Steuerbedarfes zu verrechnen ist, der durch Prozente der vom Staate veranlagten Grund- und Gebäudesteuer aufzubringen ist.

Nr. 2. Entsch. v. 28. Mai 1913 (PrVerwBl. **35** 402) VIII C 46/13.

KommAbgG. §§ 24, 25.

1. Die Ansicht des Beklagten und des Vorderrichters, daß die Veranlagung des Eigentümers eines auf fremdem Grund und Boden errichteten Gebäudes ohne den dazu gehörigen Grund und Boden zulässig sei, ist rechtsirrig. Sie stützen ihre Auffassung darauf, daß § 4 StStAufhG. eine Ausdehnung der kommunalen Grundsteuerveranlagung auf Gebäude ausdrücklich zulasse und § 25 KommAbgG. den Gemeinden, die besondere Grundsteuern einführten, für deren Umlegungsmaßstab den weitesten Spielraum gebe, jedenfalls auch die Möglichkeit zulasse, eine Bestimmung zu treffen, wonach das Eigentum an einem Gebäude die Grundsteuerpflicht begründe. Zunächst schreibt § 4 StStAufhG. nur vor, daß die vom Staat vorzunehmende Veranlagung (§ 3 aaO.) auch auf diejenigen Liegenschaften und Gebäude auszudehnen ist, die von der Staatssteuer freigeblieben, aber gemäß den Bestimmungen des KommAbgG. der Kommunalsteuerpflicht unterworfen sind; er trifft somit nicht Bestimmungen darüber, was als Gegenstand der Liegenschaftsbesteuerung anzusehen ist, sondern verweist in dieser Beziehung auf die Vorschriften des KommAbgG. Dasselbe gilt auch hinsichtlich der Vorschrift des § 25 Abs. 2 KommAbgG., der lediglich die Wahl des Besteuerungsmaßstabes den Gemeinden überläßt. Der Gegenstand der Besteuerung von Grundbesitz kann durch SteuerO. nicht abweichend von den gesetzlichen Bestimmungen d. i. von dem GrStG. und dem KommAbgG. geregelt werden. Die örtliche SteuerO. schreibt nun vor, daß der Besteuerung der jährliche Nutzungswert der steuerpflichtigen Grundstücke zugrunde gelegt wird. Der Begriff des Grundstücks in diesem Sinne ist daher aus § 24 KommAbgG. zu entnehmen. § 24 aaO. bezeichnet nun als Gegenstand der Steuer vom Grundbesitz die bebauten und unbebauten Grundstücke. Unter einem bebauten Grundstück iS. dieser Vorschrift ist die aus dem Grund und Boden und dem darauf errichteten Gebäude gebildete Einheit zu verstehen. Daher kann ein Gebäude nicht selbständig, sondern nur zusammen mit dem zugehörigen Grund und Boden besteuert werden. Dies gilt auch dann, wenn das Eigentum am Grund und Boden einer anderen Person zusteht, als das Eigentum an dem Gebäude; denn die Teilung des Eigentums ändert nichts an der Tatsache der Verbindung des Gebäudes mit dem Grund und Boden. Dementsprechend ist in OVG. **34** 182 ausgeführt, daß ein Gebäude zusammen mit dem Grund und Boden auch dann ein einheitliches Steuerobjekt bilde, wenn das Eigentum an der Grundfläche und das Eigentum am Gebäude verschiedenen Personen zustehe.

2. Durch den Einspruchsbescheid kann die Veranlagung auf bisher nicht veranlagte Gebäude nicht ausgedehnt werden.

Nr. 3. Entsch. v. 2. Dez. 1913 (OVG. **65** 172) VIII C 160/13.

KommAbgG. § 24.

1. Die örtliche GrundsteuerO. bezeichnet im § 1 in Übereinstimmung mit § 24 Abs. 1 KommAbgG. als Gegenstand der Steuer vom Grundbesitze die bebauten und unbebauten Grundstücke. Unter einem bebauten Grundstück iS. dieser Vorschriften ist die aus dem Grund und Boden und dem darauf errichteten Gebäude gebildete Einheit zu verstehen. Daher kann ein Gebäude nicht selbständig, sondern nur zusammen mit dem zugehörigen Grund und Boden besteuert werden. Ob das Eigentum am Grund und Boden einer anderen Person als das Eigentum am Gebäude zu-

steht, ändert hieran nichts; denn dadurch wird die Verbindung des Gebäudes mit dem Grund und Boden und also auch die Einheitlichkeit des das Steuerobjekt bildenden, aus Grund und Boden und Gebäude bestehenden Grundstücks nicht berührt. Dementsprechend hat der Gerichtshof bereits im OVG. **34** 182, 184ff. ausgeführt, daß ein Gebäude zusammen mit dem Grund und Boden auch dann ein einheitliches Steuerobjekt bildet, wenn das Eigentum an der Grundfläche und das Eigentum am Gebäude verschiedenen Personen zusteht.

2. Nach § 8 Abs. 3ª SteuerO. haften, wenn das Eigentum einerseits am Grund und Boden, anderseits an den darauf errichteten Gebäuden verschiedenen Personen zusteht, diese verschiedenen Personen für die Gemeindegrundsteuer solidarisch. Diese Bestimmung, die sich auch in den beiden MustersteuerO. findet, ist rechtsungültig. Das folgt aus den Grundsätzen, die in der Rechtsprechung dahin geführt haben, die Heranziehung von Nießbrauchern, Mietern und Pächtern anstatt oder neben den Eigentümern für unzulässig zu erklären. Die Grundstücke selbst, also ihrer Substanz nach, werden nach dem G. als pflichtig bezeichnet; es kann also für die Steuer nur derjenige haftbar gemacht werden, der das Grundstück der Substanz nach vollständig vertritt, nicht aber jemand, der nur im begrenzten Umfange Rechte daran ausüben darf (vgl. OVG. **41** 88, **47** 153, **56** 164). Nur der Grundstückseigentümer vertritt aber das Grundstück seiner Substanz nach auch in dem Falle, daß das auf dem Grundstück errichtete Gebäude nicht in seinem Eigentume steht. Das Recht des Grundstückseigentümers zur Verfügung über das Grundstück wird dadurch nicht berührt, daß ein Gebäude mit dem Grund und Boden nur zu einem vorübergehenden Zwecke oder in Ausübung eines Rechtes an dem Grundstücke mit diesem verbunden worden ist; denn ein solches Gebäude wird weder in dem einen noch dem anderen Falle Bestandteil des Grundstücks (§ 95 Abs. 1 BGB.). Der Gebäudeeigentümer erhält in keiner Beziehung das Recht, das Grundstück seiner Substanz nach zu vertreten. Der Eigentümer des auf fremdem Grund und Boden errichteten Gebäudes ist daher für die Grundsteuer nicht verhaftet.

Nr. 4. Entsch. v. 16. März 1915 (OVG. **68** 222) VIII C 221 b/14.

1. Nach § 27 Abs. 1 KommAbgG. sind die Steuern vom Grundbesitz nach gleichen Normen und Sätzen zu verteilen. Allerdings steht dieser Vorschrift nach der Auslegung, die sie durch das DeklG. v. 24. VII. 06 erfahren hat, eine Abstufung der Steuersätze nicht entgegen, und es ist danach insbesondere zulässig, „einzelne Grundstücksarten oder Besitzgruppen mit verschiedenen Sätzen zu den Steuern vom Grundbesitze heranzuziehen". Allein die Gesichtspunkte, unter denen hiernach eine verschiedene steuerliche Behandlung der Grundstücke nach „Grundstücksarten oder Besitzgruppen" der Selbstbestimmung der Gemeinden überlassen ist, sind immer durch das Wesen der „Steuern vom Grundbesitz" als Sachsteuern bedingt. Demgemäß darf durch die Bestimmungen einer SteuerO. die Verschiedenheit der Abstufungen der kommunalen Grundsteuern, gleichviel ob die Abstufung sich auf Grundstücksarten oder auf Besitzgruppen bezieht, immer nur an Eigenschaften geknüpft werden, die den Grundstücken selbst zukommen, nicht aber an Voraussetzungen, die sich auf die Person des jeweiligen Eigentümers der Grundstücke beziehen. Andernfalls würden die Steuern vom Grundbesitz ihren Charakter von Sachsteuern verlieren und den von Personalsteuern annehmen. Deshalb sind SteuerO. für rechtsgültig erachtet worden, in denen zwischen bebauten und unbebauten Grundstücken und innerhalb jeder dieser Grundstücksarten wieder zwischen verschiedenen Besitzgruppen, zB. nach dem Gesichtspunkte der örtlichen Lage der Grundstücke, unter-

schieden wird (OVG. **62** 311, **64** 247). Auch ist eine steuerliche Abstufung je nach der sachlichen Benutzungsmöglichkeit der Grundstücke statthaft, zB. nach der Eigenschaft der unbebauten Grundstücke als Acker, Forst, Weide oder als Bleiche, Spielplatz, Steingrube, und der bebauten Grundstücke als Landhaus, Arbeiterwohnhaus und dergleichen. Dieser Auffassung entspricht der zweite Nachtrag zur örtlichen SteuerO. nicht, wenn er einen besonderen Steuersatz für diejenigen Eigentümer unbebauter Grundstücke vorsieht, die ihre Grundstücke selbst gewerblich gärtnerisch benutzen; denn danach hängt die verschiedene Heranziehung der Grundstückseigentümer zur Gemeindegrundsteuer nicht nur von der sachlichen Eigenschaft der Grundstücke als Gärtnereien, sondern auch davon ab, ob der auf ihnen stattfindende Betrieb einer Kunst- oder Handelsgärtnerei durch den Grundstückseigentümer selbst ausgeübt wird. Es würde eine verschiedene Besteuerung dieser Grundstücke stattfinden, je nachdem die Gärtnerei auf ihnen von dem Eigentümer selbst oder einem Pächter betrieben wird, und hiermit eine persönliche Bevorzugung derjenigen Eigentümer, die das Gärtnereigewerbe selbst betreiben, vor denen, welche ihre Gärtnerei verpachtet haben, hinsichtlich der Grundsteuer herbeigeführt sein. Eine solche verschiedenartige Besteuerung desselben Grundstücks je nach der Person, die auf ihm das gleiche Gewerbe betreibt, ist auch nach dem DeklG. nicht zulässig. Die gedachte Bestimmung des Nachtrags zur SteuerO. ist daher rechtsungültig.

2. Durften hiernach diejenigen Grundbesitzer, die auf ihrem Grundstücke die Gärtnerei gewerbsmäßig betrieben, nicht mit einem anderen Steuersatze herangezogen werden, als die übrigen Eigentümer unbebauter Grundstücke, so war die hiervon abweichende, nach der rechtsungültigen Vorschrift der SteuerO. erfolgte Veranlagung geeignet, eine höhere Belastung des Klägers mit Gemeindegrundsteuer herbeizuführen, als sie ihn bei einer gesetzmäßigen Veranlagung der Grundstücke jener Gewerbetreibenden getroffen haben würde. Bei einer gesetzmäßigen Verteilung des durch Grundsteuern aufzubringenden Gemeindebedarfes auf die Grundsteuerpflichtigen würde nämlich auf jene das Gärtnereigewerbe betreibenden Grundbesitzer ein höherer Teil der gesamten Grundsteuer entfallen sein, als bei der tatsächlich gemäß der ungültigen Vorschrift erfolgten Steuerverteilung. Der Kläger ist mithin durch die Anwendung der ungültigen Vorschrift bei der Umlegung des aufzubringenden Steuerbedarfes benachteiligt.

Nr. 5. Entsch. v. 21. Sept. 1915 (PrVerwBl. **37** 267) VIII C 52/15.

KommAbgG. § 24 f.

Nach § 24 Abs. 1 KommAbgG. sind der Steuer vom Grundbesitz alle in der Gemeinde belegenen bebauten und unbebauten Grundstücke unterworfen, sofern sie nicht unter die daselbst aufgeführten Ausnahmen fallen, und nach § 20 Abs. 1 aaO. sind die direkten Gemeindesteuern auf alle der Besteuerung unterworfenen Pflichtigen nach festen und gleichmäßigen Grundsätzen zu verteilen. Macht daher eine Gemeinde von der ihr durch § 25 Abs. 1 aaO. gewährten Befugnis Gebrauch, besondere Steuern vom Grundbesitz einzuführen, so muß sie in der SteuerO. selbst Bestimmung treffen, in welcher Weise die Besteuerung sämtlicher Grundstücke, mithin sowohl der unbebauten als der bebauten, zu erfolgen hat. An einer solchen Vorschrift fehlt es jedoch in der hier maßgebenden SteuerO., da in ihr nur die Besteuerung der unbebauten Grundstücke, nicht aber auch der bebauten, geregelt ist (vgl. OVG. **40** 72). Die auf Grund des ungültigen örtlichen Steuerrechts ergangene Veranlagung des Klägers wäre daher aufzuheben gewesen, wenn der Kläger dies beantragt hätte. Da der Kläger jedoch im Einspruche nur Herabsetzung des gemeinen Werts und Ermäßigung der Steuer beantragt hatte und gegen die seinen Anträgen nicht völlig stattgebende Vorentscheidung ein Rechtsmittel nicht eingelegt hat, so muß es bei der Entscheidung des Bezirksausschusses verbleiben; keinesfalls kann dieselbe zugunsten des Beklagten mit der Revision abgeändert werden.

Nr. 6. Entsch. v. 24. Okt. 1913 (PrVerwBl. 35 660) VIII C 23/13.

1. Der Vorderrichter hat den Kläger von der Gemeindegrundsteuer für eine Flußbadeanstalt freigestellt, weil Teile eines öffentlichen Flusses einen gemeinen Wert, d. i. einen allgemeinen Verkehrswert (Kaufwert), nicht besäßen. Die im gemeinen — nicht privaten — Eigentume des Staates stehende Wasserfläche eines öffentlichen Flusses sei eine **res publica**, eine **res extra commercium**. Es bleibt zunächst unklar, ob der Bezirksausschuß die Wassermasse des Flusses, das fließende Wasser, oder die vom Wasser überströmte Erdoberfläche, das Wassergrundstück, als Gegenstand der Veranlagung angesehen hat. Es kann aber dahingestellt bleiben, ob er das eine oder das andere gemeint hat, denn in jedem Falle hat er den Gegenstand der Veranlagung verkannt: nach deren Inhalt ist weder die Wasserfläche iS. des fließenden Wassers noch die vom Wasser überströmte Erdoberfläche, das Wassergrundstück, sondern allein die Baulichkeit der Badeanstalt ohne Grundfläche besteuert. Der Inhalt der Veranlagungszuschrift läßt daran keinen Zweifel. In ihr wird als steuerpflichtig die superfiziarische Baulichkeit bezeichnet, deren gemeiner Wert festgesetzt und von ihm die Steuer berechnet.

2. Falls aber aus dem Inhalte der Heranziehungsverfügung sich klar ergibt, welches Objekt der Besteuerung unterzogen worden ist, so sind nachträgliche Erläuterungen, durch die der Gegenstand der Besteuerung richtig gestellt werden soll, ohne rechtliche Wirkung. Sie ergeben höchstens, was nach Absicht des Steuergläubigers zur Besteuerung hätte herangezogen werden sollen, aber nicht, was herangezogen worden ist.

3. Die Besteuerung der superfiziarischen Baulichkeit war unzulässig. Die GrundsteuerO. für Berlin v. 20. IV. 07 bezeichnet im § 1 übereinstimmend mit § 24 KommAbgG. als Gegenstand der Steuer vom Grundbesitze die bebauten und unbebauten Grundstücke. Unter einem bebauten Grundstück iS. dieser Vorschriften ist die aus dem Grund und Boden und den darauf errichteten Baulichkeiten gebildete Einheit zu verstehen. Daher kann ein Gebäude nicht selbständig, sondern nur zusammen mit dem zugehörigen Grund und Boden besteuert werden, und zwar auch dann, wenn das Eigentum am Grund und Boden einer anderen Person zusteht als das Eigentum an den Baulichkeiten; denn die Teilung des Eigentums ändert nichts an der Verbindung der Gebäude mit dem Grund und Boden.

Nr. 7. Entsch. v. 22. April 1913 (PrVerwBl. 35 261) VIII C 348/12.

Nach der örtlichen SteuerO. ist als einziger Maßstab der Besteuerung für alle bebauten und unbebauten Grundstücke in der Gemeinde lediglich der gemeine Wert vorgesehen. Daß hierunter derjenige Nutzen zu verstehen ist, welchen eine Sache einem jeden Besitzer gewähren kann, mithin der gemeine Wert gleichbedeutend ist mit dem Verkaufswert der Sache, hat der Gerichtshof in zahlreichen Entscheidungen dargelegt. Hiernach hätten sämtliche in der Gemeinde Diedersdorf belegenen Grundstücke nur nach dem Verkaufswert veranlagt werden dürfen, den sie zur Zeit der Veranlagung für das Rechnungsjahr hatten. Das ist aber nicht geschehen. Vielmehr hat der Gemeindevorsteher zunächst zwei Gruppen von Grundstücken unterschieden: Die noch im bäuerlichen Besitze befindlichen, landwirtschaftlich genutzten und die zu anderen als landwirtschaftlichen Zwecken veräußerten Grundstücke. Die letzteren, zu welchen er das dem klagenden Verbande gehörige Gelände zählt, hat er zum Verkaufswerte, die ersteren dagegen nach einem anderen, erheblich abweichenden Maßstabe, vermutlich dem landwirtschaftlichen Ertragswerte, veranlagt, den er irrtümlicherweise auch als gemeinen Wert bezeichnet. Infolge der zu niedrigen Bewertung des bäuerlichen Besitzes ist der Anteil, mit dem der Kläger wegen seines nach dem gemeinen Werte geschätzten Grundbesitzes an dem Aufbringen aus der Grundsteuer beteiligt ist, höher, als sie sich bei gleichmäßiger Bewertung aller Grundstücke hätte stellen müssen. Der Kläger ist mithin dadurch beschwert, daß das örtliche Steuerrecht nicht gegenüber sämtlichen Steuerpflichtigen gleichmäßig angewendet worden ist. Eine gegen diesen Grundsatz verstoßende Veranlagung ist rechtswidrig.

Nr. 8. Entsch. v. 6. März 1914 (PrVerwBl. 35 879) VIII C 291/13.

In Entsch. v. 30. III. 09 (PrVerwBl. **31** 227) hat der Gerichtshof ausgesprochen, daß es in Ansehung der Grundsteuer auf den Wert ankomme, den das Grundstück nach seiner objektiven, natürlichen Beschaffenheit, ohne Rücksicht auf rechtliche Verhältnisse, insbesondere ohne Berücksichtigung etwaiger auf dem Grundstücke ruhender Dienstbarkeiten oder Nießbrauchsrechte habe, und daß daher als gemeiner Wert derjenige Preis anzusehen sei, der für gleichartige unbelastete Grundstücke unter normalen Verhältnissen erzielt werde. Diese Auffassung konnte bei erneuter Prüfung nicht in vollem Umfang aufrechterhalten werden. Wenn es auch zutrifft, daß die Grundsteuer ihrer Natur und ihrem Zwecke nach nicht anders als nach objektiven Merkmalen bemessen werden kann und wenn daher in OVG. **49** 54 die Behinderung des zeitigen Fideikommißbesitzers, Grundstücke zu veräußern, als ein rein subjektiver Umstand angesehen wird, der den Wert des Grundstücks an sich in keiner Weise beeinflussen könne, so ist für die Frage, was das Grundstück objektiv wert sei, dennoch erheblich, ob solche rechtlichen Verhältnisse vorliegen, welche die Gebrauchsfähigkeit und Ausnutzungsmöglichkeit des Grundstücks mindern. Denn der gemeine Wert iS. des § 25 KommAbgG. und der auf ihm beruhenden örtlichen SteuerO. deckt sich mit dem gemeinen Werte iS. der §§ 111, 112 ALR. I 2, wonach der Nutzen, welchen eine Sache einem jeden Besitzer gewähren kann, ihr gemeiner Wert ist. Wenn also infolge einer auf einem Grundstücke lastenden Nutzungsbeschränkung sich der Nutzen, den das Grundstück einem jeden Besitzer gewähren kann, verringert, so verringert sich damit sein gemeiner Wert, wie er in dem für das Grundstück zu erzielenden Kaufpreise zum Ausdrucke kommt. Kein verständiger Käufer wird für ein Grundstück, das infolge einer auf ihm ruhenden Belastung nur in eingeschränktem Maße ausgenutzt werden kann, denselben Preis zahlen wie für ein gleichartiges unbelastetes Grundstück. Würde hier der für gleichartige unbelastete Grundstücke unter normalen Verhältnissen zu erzielende Kaufpreis als gemeiner Wert angesehen werden, so würde es sich um die Bewertung eines fingierten Grundstücks handeln, während das Steuerobjekt in seiner tatsächlichen Beschaffenheit den Gegenstand der Wertsermittlung zu bilden hat. Ob eine Beschränkung der Benutzungs- und Bebauungsmöglichkeit, wie sie die in Rede stehende Last iF. ihrer Rechtsbeständigkeit für das fragliche Grundstück enthalten würde, den Verkaufswert dieses Grundstücks beeinflußt, wird der Bezirksausschuß zu prüfen haben. Ohne Belang ist, daß die als Grunddienstbarkeit sich darstellende Last auf dem jetzigen Grundbuchblatte des fraglichen Grundstücks nicht eingetragen ist; denn eine am 1. I. 00 bereits bestehende Grunddienstbarkeit bedarf zu ihrer Erhaltung, auch gutgläubigen Dritten gegenüber, der Eintragung nicht (EGBGB. Art. 187). War sie aber auf dem früheren Grundbuchblatte des Grundstücks eingetragen und nur versehentlich auf dessen jetziges Grundbuchblatt nicht mit übertragen worden, so kann dieser Mangel durch Berichtigung des Grundbuchs beseitigt werden.

Nr. 9. Entsch. v. 5. Okt. 1915 (PrVerwBl. 37 430) VIII C 41/15.

KommAbgG. § 64.

1. Nach einer auf Grund des § 64 KommAbgG. erfolgten Feststellung des gemeinen Wertes eines Grundstücks für mehrere aufeinanderfolgende Rechnungsjahre kann von dem Steuerpflichtigen gegen die späteren alljährlich stattfindenden Heranziehungen zu einem bestimmten Steuerbetrag Einspruch und Klage behufs Herabsetzung des gemeinen Wertes nicht erhoben werden. Vgl. OVG. **50** 107.

2. Die Klägerin ist nun der Ansicht, daß in OVG. **50** 107 unter Prinzipalsatz oder Prinzipalsteuersatz nicht der für eine mehrjährige Veranlagungsperiode festgestellte gemeine Wert des einzelnen Grundstücks, sondern der von diesem Werte in dem einzelnen Rechnungsjahre als Steuer zur Hebung gelangende Bruchteil (Promillesatz) verstanden werden müsse. Dies ist verfehlt. Vorweg mag darauf hingewiesen werden, daß in der Begründung des Urteils nur der Ausdruck „Prinzipalsatz" gebraucht ist und daß allein in der Überschrift von einem „Prinzipalsteuersatz" gesprochen wird. Letzterer Ausdruck ist nicht genau, da die Ausdrücke „Prinzipalsteuersatz" und „Prinzipalsatz" nicht ganz gleichbedeutend sind. Prinzipalsteuersätze sind die Sätze direkter Staats- und staatlich veranlagter Steuern, die der Bemessung der in Gestalt von Bruchteilen dieser Steuern erhobenen Kommunalsteuern zugrunde gelegt werden, während unter Prinzipalsätzen diejenigen Grundbeträge zu verstehen sind, die bei besonderen Gemeinderealsteuern gemäß dem in der SteuerO. aufgestellten Besteuerungsmerkmale für das einzelne Steuerobjekt festgesetzt werden, und von welchen der durch Gemeindebeschluß für das einzelne Rechnungsjahr bestimmte Bruchteil als Steuer erhoben wird. Bei besonderen Gemeindegrundsteuern nach dem gemeinen Wert bildet somit die für das einzelne Grundstück getroffene Wertfestsetzung den Prinzipalsatz, während der durch Gemeindebeschluß für das einzelne Rechnungsjahr festgesetzte Promillesatz der Bruchteil ist, der von dem Steuerpflichtigen in dem betreffenden Rechnungsjahr als Gemeindesteuer erhoben wird.

Nr. 10. Entsch. v. 16. Juni 1914 (OVG. 67 174) VIII C 51/14.

Es fragt sich, ob die dem Besitzvorgänger gegenüber unanfechtbar festgestellte Gemeindegrundsteuer auch dem Besitznachfolger gegenüber wirksam ist. Dies ist aus denselben Gründen zu bejahen, aus denen dies in OVG. **58** 163 (ErgBd. i. St. IV 174) für die Gemeindegewerbesteuer ausgesprochen worden ist. Ebenso wie die Gewerbesteuer ist auch die Grundsteuer eine Objektsteuer. Veranlagt wird bei ihr das Grundstück; zahlungspflichtig für die veranlagte Grundsteuer ist der Eigentümer des Grundstücks. Tritt ein Wechsel im Eigentume des Grundstücks ein, so findet nicht eine Neuveranlagung des Grundstücks, sondern nur eine Heranziehung des neuen Eigentümers zu der bereits veranlagten Jahressteuer statt; der neue Eigentümer tritt bis zum Ablaufe des Steuerjahrs in die Steuerpflicht des früheren Eigentümers nach Maßgabe der Veranlagung des letzteren ein. Hieraus folgt einmal, daß stets eine Heranziehung des neuen Eigentümers zu der dem früheren Eigentümer gegenüber unanfechtbar festgesetzten Grundsteuer erforderlich ist, und sodann, daß dem neuen Eigentümer gegen diese Heranziehung zwar die Rechtsmittel der §§ 69ff. KommAbgG. zustehen, daß er jedoch materiell mit ihnen nicht mehr die Richtigkeit der Veranlagung des Grundstücks, sondern nur die rechtliche Zulässigkeit seiner eigenen Heranziehung zu der auf das Grundstück gelegten Steuer und die Übereinstimmung des Betrags dieser Steuer mit dem Betrage der ihm selbst abgeforderten Steuer in Abrede stellen kann.

Nr. 11. Entsch. v. 4. Dez. 1914 (OVG. **68** 215) VIII C 161/14.

1. Gemäß § 64 Satz 2 KommAbgG. erfolgt die Veranlagung zu einer Gemeindeabgabe regelmäßig für ein Rechnungsjahr, wenn nicht durch SteuerO. bestimmt ist, daß die Veranlagung eine mehrjährige Rechnungsperiode umfassen soll. Eine solche Bestimmung ist in der örtlichen SteuerO. nicht getroffen. Demnach hat die dem früheren Eigentümer des Grundstücks zugegangene Veranlagung nach einem gemeinen Werte von 27000 *M* ihre Bedeutung für das ganze Rechnungsjahr 1912 behalten, obwohl in dessen Verlauf ein Wechsel im Eigentum an dem Grundstücke stattgefunden hat. Nur dem früheren Eigentümer hätte das Recht des Einspruchs gegen die Veranlagung nach deren ordnungsmäßig erfolgten Bekanntmachung gemäß § 69 aaO. zugestanden. Da er aber von seinem Rechte keinen Gebrauch gemacht hat, so hätte der Kläger seine Heranziehung zu dem unangefochten gebliebenen Steuerbetrage nur anfechten können, wenn, was nicht der Fall war, das Grundstück selbst eine wesentliche Veränderung erfahren gehabt hätte (OVG. v. 30. IV. 12, PrVerwBl. **34** 30).

2. Richtig ist allerdings, daß zur Grundsteuer für ein Grundstück, das zu einer Konkursmasse gehört, nicht der Gemeinschuldner, sondern nur der Konkursverwalter herangezogen werden darf, weil der Gemeinschuldner mit der Eröffnung des Konkursverfahrens die Befugnis zur Verwaltung und Verfügung hinsichtlich des zur Konkursmasse gehörigen Vermögens verliert und diese Befugnis auf den Konkursverwalter übergeht (OVG. **66** 177, 179, oben 224). Daher wäre die Heranziehung des H. rechtsunwirksam gewesen, wenn das Grundstück zur Zeit der Veranlagung zur Konkursmasse gehört hätte. Dies war aber nicht der Fall. Wie sich aus dem Schreiben des Konkursgerichts an das Grundbuchamt vom 18. IV. 11 ergibt, hatte damals der Konkursverwalter, wozu er (§ 114 KonkO.) gesetzlich befugt war, das Grundstück freigegeben und es hiermit aus der Konkursmasse ausgeschieden. Hierdurch und nicht erst durch die demnächst erfolgte Löschung des Konkurseröffnungsvermerkes im Grundbuche, hatte der Gemeinschuldner H. das Verwaltungs- und Verfügungsrecht hinsichtlich des freigegebenen Grundstücks wiedererlangt. Mithin konnte ihm auch die Veranlagung zur Gemeindegrundsteuer rechtswirksam zugestellt werden.

3. Unzutreffend ist auch die Meinung des Klägers, nach § 26 KommAbgG. sei die Gemeinde verpflichtet gewesen, die veranlagte Steuer zu ermäßigen. § 26 aaO. betrifft nicht eine besondere Gemeindegrundsteuer, wie die hier veranlagte, sondern nur solche Gemeindegrundsteuern, die als Zuschläge zu den staatlich veranlagten Steuern erhoben werden.

2. Vom Gewerbebetriebe.

b) Besondere Gemeindegewerbesteuern.

Nr. 1. Entsch. v. 6. Juni 1913 (PrVerwBl. **35** 460) VIII C 57/13.

KommAbgG. § 29.

Nach § 29 KommAbgG. sind die Gemeinden in der Wahl des Maßstabs bei der Einführung einer besonderen Besteuerung der Gewerbe nicht beschränkt, auch ist ihnen die Verbindung mehrerer Maßstäbe freigestellt. Eine solche ist in der örtlichen SteuerO. für Flensburg durchgeführt, indem neben dem Maßstabe der staatlichen Veranlagung zur Gewerbesteuer noch ein von der Kopfzahl der Angestellten und Arbeiter ausgehender Maßstab zur Grundlage der Besteuerung gemacht ist. Da die SteuerO. die vorgeschriebene Genehmigung erhalten hat, ist sie geltendes Ortsrecht geworden. Die Ungültigkeit desselben kann nicht daraus hergeleitet werden, daß seine Anwendung im einzelnen Falle angeblich zu Härten führe. Dieser Folge vorzubeugen, wäre lediglich

Sache der staatlichen Aufsichtsbehörde gewesen, die für die Genehmigung der kommunalen SteuerO. zuständig war. Dem Verwaltungsrichter steht eine Prüfung in dieser Richtung nicht zu. Hiernach kommt nur noch in Frage, ob die in der SteuerO. festgesetzten Voraussetzungen für die Veranlagung eines Kopfsteuergrundbetrags bei dem Unternehmen der Klägerin (einer Automatengesellschaft) vorliegen. Das war zu verneinen. Nach § 3 SteuerO. soll eine Besteuerung nach der Kopfzahl der in den Flensburger Betrieben beschäftigten Angestellten und Arbeiter eintreten, wenn der Unternehmer in seinen sämtlichen Betrieben „durchschnittlich" 100 oder mehr Angestellte und Arbeiter beschäftigt. Für die Berechnung dieser Durchschnittszahl soll aber nach § 4 SteuerO. nicht etwa die Zahl der tatsächlich beschäftigten Angestellten und Arbeiter maßgebend sein, sondern die Zahl von Arbeitern und Angestellten, die sich aus der Teilung der von diesen im Laufe des Jahres tatsächlich verrichteten Tagewerke durch 300 ergibt. Die Einheit von 300 Arbeitstagen soll mithin als volle Beschäftigung eines Arbeiters in einem Jahre gelten. Hieraus folgt, daß als Angestellte und Arbeiter iS. des § 3 nur solche Personen in Frage kommen können und sollen, deren Tätigkeit sich nach dem Einheitsmaß eines Tagewerks bestimmen läßt. Eine Person, die bei dem Unternehmen überhaupt nicht nach Tagewerken (vollen Arbeitstagen) beschäftigt wird, kann daher nicht zu jenen Angestellten oder Arbeitern, nach deren Zahl sich die Steuer bemißt, gezählt werden.

Nr. 2. Entsch. v. 23. Mai 1913 (PrVerwBl. 35 385) VIII C 40/13.

KommAbgG. § 28.

Der Streit der Parteien dreht sich lediglich um die Frage, ob der Kläger auch in Höhe des Ertrages, der ihm aus der Lohnweberei zufließt, der Gewerbesteuerpflicht unterliegt. Der Bezirksausschuß hat diese Frage bejaht, indem er ausführt, daß der Kläger nach der Sachlage seinen Auftraggebern gegenüber wirtschaftlich und persönlich selbständig und daher nicht als Arbeiter, sondern als selbständiger Gewerbetreibender anzusehen sei. Das Gegenteil folge auch nicht schon aus dem Umstande, daß die dem Kläger von seinen Auftraggebern gezahlte Vergütung als Lohn bezeichnet werde; denn in dieser Vergütung sei nicht nur das Entgelt für die körperliche Arbeitsleistung, sondern auch die Entschädigung für die Hergabe der Arbeitsgeräte und der mechanischen Kraft enthalten. Der Kläger macht hiergegen geltend, daß er Lohnarbeiter und nicht Gewerbetreibender sei, da er „neben seinem Lohne keine Vergütung für seine Gerätschaften erhalte". Damit wird er aber den Ausführungen des Vorderrichters nicht gerecht. Denn von diesem ist nicht gesagt worden, daß der Kläger neben seinem Lohne noch eine Vergütung erhalte, sondern vielmehr, daß in dem „Lohn" genannten Entgelte bereits eine Vergütung für die Hergabe der Gerätschaften enthalten sei. Sodann wird in der Revision ausgeführt, daß der Kläger wohl in dem Falle, wenn er „von dem Kaufmann Kette und Einschlag bezogen, d. h. gekauft, daraus Ware hergestellt und diese verkauft hätte", als Gewerbetreibender angesehen werden müßte, nicht aber in seinem Falle, wo ihm der Kaufmann Kette und Einschlag zum Verweben gebe und er die fertige Ware abliefere. Allerdings sind die tatsächlichen Verhältnisse innerhalb der sogenannten Hausindustrie ungemein verschieden geartet. Eine feste Grenze zwischen dem eigentlichen Heimarbeiter, der sich von dem gewöhnlichen Lohnarbeiter nur dadurch unterscheidet, daß er im eigenen Heim, anstatt an einer vom Arbeitgeber hergerichteten Betriebsstätte, seine Lohnarbeit verrichtet, und dem selbständigen Hausgewerbetreibenden läßt sich daher begrifflich schwer ziehen. Somit ist hier lediglich an der Hand der festgestellten Tatsachen die Rechtsfrage zu prüfen, ob der Vorderrichter den Begriff der Selbständigkeit im gewerbesteuerrechtlichen Sinne verkannt hat, indem er ihn bei dem vorliegenden Sachverhalt als gegeben angesehen hat. Die Selbständigkeit, die Voraussetzung für die Annahme eines nach § 28 KommAbgG. in der Gemeinde steuerpflichtigen Gewerbebetriebs ist, muß nach zwei Richtungen gegeben sein, nach der persönlichen und nach der sachlichen Seite. In ersterer Hinsicht ist erforderlich, daß die gewerblich tätige Person für eigene Rechnung und unter eigener Verantwortung arbeitet. Dies ist der Fall, wenn die Person, wie hier der Kläger in seinem eigenen Heim, mit eigenem Gerät und mit der von ihm selbst in Bewegung zu setzenden mechanischen Kraft arbeiten kann, wann er will, an bestimmte Arbeitsstunden nicht gebunden und keiner Disziplin eines Arbeitgebers unterworfen ist. Die sachliche Selbständigkeit besteht in der Ausgestaltung der eigenen gewerblichen Tätigkeit zu einer in sich abgeschlossenen, für sich bestehenden Beteiligung an dem allgemeinen wirtschaftlichen Verkehr. In dieser Hinsicht kommt es nicht darauf an, ob die betreffende Person für eine oder für mehrere andere Unternehmer tätig ist, ob sie den zu verarbeitenden Rohstoff oder das fertigzustellende Halbfabrikat von diesen oder anderen Personen erst kauft oder von jenen geliefert erhält, sondern lediglich darauf, ob die aufzuwendende gewerbliche Tätigkeit einen wesentlichen technischen oder wirtschaftlichen Abschnitt in dem mit der Ware vorzunehmenden Arbeitsprozesse bildet, der nicht gleichzeitig die gewerbliche Tätigkeit anderer bedingt. Daß die Hausarbeit des Klägers einen solchen Abschnitt in dem Arbeitsprozesse der Weberei darstelle, hat der Vorderrichter auf Grund des festgestellten Sachverhaltes unterstellt. Demzufolge hat er den Kläger ohne Rechtsirrtum als wirtschaftlich (sachlich) und persönlich selbständig bezeichnet und deshalb als gewerbesteuerpflichtig erachtet. Wenn der Kläger schließlich darauf hinweist, daß er, wenn er jetzt für gewerbesteuerpflichtig gehalten werde, schon vor mehreren Jahren von dem Gemeindevorstande hätte herangezogen werden müssen, so ist dieser Einwand unerheblich. Auf den Umstand, daß der Kläger früher zu Unrecht steuerfrei geblieben ist, würde nicht ein Anspruch auf Steuerfreiheit auch in späterer Zeit gestützt werden können.

Nr. 3. Entsch. v. 17. Febr. 1914 (PrVerwBl. 35 844) VIII C 159/13.

KommAbgG. § 29.

1. Ob die Rechtsungültigkeit einer einzelnen Vorschrift die Rechtsungültigkeit der ganzen SteuerO. herbeiführt oder ob die an sich rechtsungültige Vorschrift nur als nicht vorhanden zu betrachten ist, die Rechtsgültigkeit der übrigen Bestimmungen aber unberührt bleibt, hängt davon ab, ob jene Vorschrift für den Bestand der SteuerO. derart wesentlich ist, daß bei ihrem Ausscheiden die übrigen Bestimmungen der SteuerO. die ihnen von den Gemeindeorganen und der bestätigenden Aufsichtsbehörde beigelegte Bedeutung verlieren, oder ob deren Inhalt ein selbständiges Fortbestehen auch ohne die ungültige Vorschrift zuläßt. Im vorliegenden Falle muß letzteres angenommen werden, da die Vorschriften der SteuerO. auch bei Fortfall des im § 6 Abs. 6 vorgesehenen Steuerermäßigungsfalles vollkommen schlüssig sind.

2. Eine Jahressteuer kann, wie in OVG. **54** 128 und **57** 173 dargelegt ist, auch dann schon vom Beginne des Rechnungsjahres ab gefordert werden, wenn sie erst durch eine im Laufe des Rechnungsjahres zustande gekommene SteuerO. eingeführt worden ist.

3. Die ferneren Einwendungen der Klägerin, die darauf hinzielen, die Nichtübereinstimmung der Vorschriften der SteuerO. mit denen des WarhsStG. v. 18. VII. 00 (GS. 294) darzutun und daraus die Rechtsungültigkeit der SteuerO. herzuleiten, beruhen auf dem grundsätzlichen Irrtume der Klägerin, daß es sich hier um eine nach dem WarhsStG. zu erhebende Warenhaussteuer handele. Die Klägerin ist aber nicht zu einer solchen Warenhaussteuer, sondern zu einer besonderen Gemeindegewerbesteuer herangezogen worden, der nach § 14

WarhsStG. auch **warenhaussteuerpflichtige** Betriebe unterworfen werden dürfen. Die Vorschriften des WarhsStG. v. 18. VII. 00 finden auf die gemäß § 29 KommAbgG. erlassenen besonderen GemeindegewerbesteuerO. überhaupt, sofern diese nicht auf jene Vorschriften ausdrücklich verweisen, **keine Anwendung**.

4. Die Klägerin rügt schließlich noch, daß die Vorschriften der SteuerO. den Vorschriften der §§ 54ff. KommAbgG. zuwiderlaufen. Auch dies ist verfehlt. Weder die **Normierung fester Prozentsätze** noch der Umstand, daß die **Erhebung der sogenannten Kopfsteuer nur unter bestimmten Voraussetzungen** eintritt, ist rechtlich unzulässig. Trotz der in § 6 SteuerO. erfolgten Normierung fester Prozentsätze für die sogenannte Warenhaussteuer ist die Gemeindegewerbesteuer insofern beweglich, als sich ihr Sollaufkommen nach dem jährlich wechselnden Steuerbedarf iVerb. mit den Gemeindebeschlüssen über dessen Verteilung auf die einzelnen Steuerarten bestimmt.

Nr. 4. Entsch. v. 20. Jan. 1916 (PrVerwBl. 37 444) I HC 377/14.

1. Der Bezirksausschuß geht zwar von dem in ständiger Rechtsprechung des OVG. festgehaltenen Begriffe des Betriebsorts aus, wenn er einen solchen für die Gemeinde als gegeben ansieht, in der nach dem allgemeinen Gewerbebegriff und den konkreten Verhältnissen des Einzelfalls ein Gewerbe betrieben wird, insbesondere sich auch dauernde Anlagen oder Einrichtungen des Betriebs befinden. Trotzdem lassen seine weiteren Ausführungen erkennen, daß er die wesentlichen Erfordernisse eines Betriebsorts verkannt hat. Zur Begründung einer Gewerbesteuerpflicht der Klägerin fordert er nämlich, daß in Neukölln ein „**Zentralpunkt** vorhanden sei, von dem aus zB. die Wagen in die einzelnen Straßen gewiesen würden. Das sei nicht der Fall, weil die Wagen nur zu bestimmten Zeiten an bestimmten Stellen verkehrten, damit sich dort die Kunden sammelten und die Waren in Empfang nähmen. Diese Orte könnten aber **nicht als Betriebsstätte** gelten, da ihnen dauernde Einrichtungen und Anlagen fehlten. Da somit die Straße für die Klägerin keine Betriebsstätte sei, könne Neukölln auch nicht als Betriebsort gelten". Hieraus ist zu entnehmen, daß der Bezirksausschuß innerhalb des Betriebsorts (der Gemeinde) noch das **Bestehen einer Betriebsstätte** verlangt. Das ist **rechtsirrig**. Der Begriff einer Betriebsstätte kommt auf dem Gebiete der Gemeindebesteuerung nur bei der Veranlagung gewerblichen Einkommens nach Maßgabe des § 35 KommAbgG. in Betracht. Voraussetzung der **Gemeindegewerbesteuer ist, daß die Gemeinde einen Betriebsort darstellt**. Beide Begriffe sind auseinander zu halten. Die Betriebsstätte iS. der erwähnten Gesetzesbestimmung ist jede feste örtliche Anlage oder Einrichtung, die der Ausübung des Gewerbebetriebs des Steuerpflichtigen dient und innerhalb der Gemeinde liegt, sich aber nicht mit dieser deckt. **Der Betriebsort ist die Gemeinde selbst und setzt nur örtliche Anlagen oder Einrichtungen des Betriebs voraus**, an die sich der Gewerbebetrieb anlehnt. Der Gewerbebetrieb vollzieht sich hiernach bei der Betriebsstätte innerhalb der örtlichen, abgegrenzten Anlage, bei dem Betriebsort über die Anlage hinaus in der ganzen Gemeinde. Deshalb ist es nicht erforderlich, daß der Betriebsort einen festen „Zentralpunkt" des Gewerbes umfaßt; es **genügt eine dem Betriebe dauernd gewidmete räumliche Verbindung oder Anlehnung an Einrichtungen oder Anlagen**.

2. Ein Gewerbetreibender hat aber nur dann **Veranstaltungen seines Betriebs in einer Gemeinde, wenn er an dem Raume, wo diese sich befinden, irgendein Verfügungsrecht**, sei es direkt oder indirekt, hat. Ebensowenig wie ein Betriebsort durch angestellte Handlungsreisende, welche für die Firma Bestellungen aufsuchen, begründet wird, wenn nicht letztere indirekt an

der Wohnung, dem Bureau o. dgl des Angestellten ein Verfügungsrecht hat und hierdurch räumlich dauernd mit der Gemeinde verbunden wird, ebensowenig vermag eine Betriebseinrichtung in einer Gemeinde die Gewerbesteuerpflicht zu begründen, wenn es dem Gewerbetreibenden an den der Gemeinde gehörenden Straßen oder Plätzen an einem dauernden Verfügungsrechte gebricht. Eine Eisenbahn, die die öffentlichen Straßen benutzt, ein Elektrizitätswerk, das die Leitungskabel in den Straßenkörper legt, ein Gewerbetreibender, der in einer Markthalle einen Verkaufsstand hat, hat ein Recht auf die Benutzung der Straße oder des Markthallenplatzes, und nach Lage des Einzelfalls wird auch dann mit einem dauernden Zustand, also einem Betriebsorte, zu rechnen sein. Ein Gewerbetreibender dagegen, dem es seitens der Wegepolizei nur gestattet ist, regelmäßig zu bestimmten Zeiten einen Wagen zum Milchverkauf auf der Straße halten zu lassen, erlangt damit überhaupt kein Verfügungsrecht an der Straße; denn einmal kann das Aufstellen der Wagen jederzeit im Verkehrsinteresse untersagt werden, dann aber ist auch ein genau bestimmter Straßenteil dem Gewerbetreibenden nicht eingeräumt. Einer Betriebseinrichtung aber, die bald hier, bald dort auf einer Straße Aufstellung findet, fehlt es an der dauernden räumlichen Beziehung zu der Gemeinde.

Nr. 5. Entsch. v. 20. Dez. 1912 (OVG. **64** 263) VIII C 294/12.

KommAbgG. § 63; GewStG. § 24.

1. Wie im OVG. v. 16. VI. 11 (PrVerwBl. **33** 265, ErgBd. I. St. IV 161) dargelegt worden ist, hat allerdings die Erteilung einer gemäß § 63 KommAbgG. geforderten Auskunft nicht nur die Folge, daß die Veranlagungsbehörde nicht ohne Beanstandungsverfahren von den Angaben des Steuerpflichtigen abweichen darf, sondern auch, daß der Steuerpflichtige an seine Angaben, sofern er sie nicht vor der Veranlagung berichtigt, gebunden bleibt. Dieser Rechtsgrundsatz kann aber hier keine Anwendung finden, weil die formularmäßige Anfrage des Magistrats, auf die der Vorstand der Genossenschaft Auskunft über die Höhe des Anlage- und Betriebskapitals erteilt hat, von der rechtsirrigen Annahme ausgegangen ist, das Anlage- und Betriebskapital umfasse nach der örtlichen SteuerO. (anders als nach der Bestimmung im § 23 GewStG.) nicht nur die dauernd, sondern auch die nur vorübergehend dem Betriebe gewidmeten Werte. Gehörten die Vermögensbestandteile, deren Angabe der Magistrat erfordert hatte, gesetzlich nicht zum Anlage- und Betriebskapitale, so konnten sie durch die Auskunft der Klägerin auf jene Frage nicht als Bestandteile ihres Anlage- und Betriebskapitals mit bindender Wirkung für die Veranlagung festgelegt werden.

2. Über die Frage, wann ausnahmsweise Spareinlagen als Teile des Anlage- und Betriebskapitals anzusehen sind und nicht der Regel gemäß als nur vorübergehend dem Betriebe gewidmete Werte zu gelten haben, hat sich der Gerichtshof in OVGSt. **3** 298 ausgesprochen. An der dort dargelegten Rechtsauffassung ist bisher in ständiger Rechtsprechung festgehalten; es liegt auch kein Anlaß vor, von ihr im gegenwärtigen Falle abzuweichen. Hiernach wäre es Sache des Beklagten gewesen, die besonderen Umstände anzugeben, nach denen die bei der klagenden Genossenschaft gemachten Spareinlagen nicht den Charakter von vorübergehend dem Betriebe gewidmeten Werten haben.

3. Nach § 24 GewStG. ist für die Steuerveranlagung maßgebend das Anlage- und Betriebskapital nach seinem mittleren Stande im abgelaufenen Jahre. Für die Veranlagung des Steuerjahrs 1908 war das abgelaufene Jahr das Geschäftsjahr 1907. Die Gewinnüberweisungen am Schlusse des Jahres 1907 waren für dieses Jahr noch nicht Anlage- und Betriebs-

kapital, sondern Teile des Reingewinns. Wenn also das Anlage- und Betriebskapital des abgelaufenen Jahres 1907 für die Veranlagung des Steuerjahrs 1908 maßgebend sein soll, so können jene Gewinnüberweisungen aus 1907 nicht dem Anlage- und Betriebskapitale des Steuerjahrs 1908 hinzugerechnet werden. Sie werden erst Anlage- und Betriebskapital mit dem Beginne des Steuerjahrs 1908 und kommen also steuerlich erst bei Veranlagung des Anlage- und Betriebskapitals für das Jahr 1909 in Betracht. Dasselbe findet entsprechend auf das Jahr 1910 Anwendung. Soweit Dividenden am Schlusse des Geschäftsjahrs 1907 den noch nicht voll gedeckten Geschäftsanteilen von Mitgliedern zugeschrieben worden sind, kommen sie im Geschäftsanteilkonto des Geschäftsjahrs 1908 erst als Anlage- und Betriebskapital dieses Jahres in Erscheinung, und das dadurch erhöhte Geschäftsanteilkonto wird steuerlich als Anlage- und Betriebskapital erst für das Steuerjahr 1909 erfaßt.

Nr. 6. Entsch. v. 24. April 1914 (OVG. **67** 177) VIII C 323/13.

GewStG. § 7

1. Der Begriff des Anlage- und Betriebskapitals iS. des § 7 GewStG. kann, da dort etwas Abweichendes nicht bestimmt ist, nur denselben Inhalt haben, den er sonst im GewStG. hat. Danach ist der Wert der zum Gewerbebetriebe benutzten Mieträume nicht zum Anlage- und Betriebskapital iS. des GewStG. (§ 23) zu rechnen. Der § 28 Abs. 1 [1] KommAbgG. nimmt auf § 7 GewStG. Bezug, indem er ausspricht, daß den Gewerbesteuern in den Gemeinden, in denen der Betrieb stattfindet, die nach dem GewStG. zu veranlagenden stehenden Gewerbe unterliegen und somit die nach dem GewStG. nicht zu veranlagenden Gewerbe auch von der Gemeindegewerbesteuerpflicht befreit sind. Er überträgt die Vorschrift des § 7 in das Kommunalabgabenrecht und schreibt hiernach vor, daß gewerbliche Betriebe mit einem nach den Vorschriften des GewStG. bemessenen Anlage- und Betriebskapitale von weniger als 3000 *M* der Gemeindegewerbesteuer nicht unterliegen, vorausgesetzt, daß der jährliche Ertrag unter 1500 *M* bleibt. Diese gesetzliche Befreiungsvorschrift ist zwingendes Recht: sie kann nicht durch die Autonomie der Gemeinden beseitigt oder eingeschränkt werden. Durch eine SteuerO. darf also nicht bestimmt werden, daß für die Frage, ob ein Gewerbebetrieb der Gemeindegewerbesteuer unterworfen sei, ein gegenüber dem Begriffe des GewStG. erweiterter Begriff des Anlage- und Betriebskapitals zugrunde gelegt werde. Die vorliegende SteuerO. enthält eine derartige Bestimmung nicht.

2. Eine ganz andere Frage ist es, ob die Gemeinden für Betriebe, die an sich nach den Vorschriften des KommAbgG. der Besteuerung unterliegen, den Umfang des Anlage- und Betriebskapitals als eines Merkmals der Besteuerung abweichend vom GewStG. bemessen dürfen. Lediglich diese Frage ist in OVG. **39** 80 bejaht worden, und zwar mit Rücksicht darauf, daß gemäß § 29 KommAbgG. die besonderen Gewerbesteuern außer nach den dort einzeln aufgeführten Maßstäben, insbesondere dem Anlage- und Betriebskapital im gesetzlichen Sinne, auch nach sonstigen Merkmalen für den Umfang des Betriebs bemessen werden können.

Der Vorderrichter hat festgestellt, daß der Wert des Anlage- und Betriebskapitals des Klägers ohne Hinzurechnung des Mietwerts der Geschäftsräume weniger als 3000 *M* beträgt. Zur Freistellung des Klägers war allerdings noch erforderlich, daß auch der jährliche Ertrag hinter 1500 *M* zurückblieb. Dies hat der Vorderrichter nicht ausdrücklich festgestellt. Eine Nötigung hierzu lag aber auch für ihn nicht vor. Sache des Beklagten als des Steuergläubigers wäre es gewesen, nachzuweisen, daß der Ertrag des Betriebs des Klägers 1500 *M* übersteige und er daher aus diesem Grunde gewerbesteuerpflichtig sei.

Nr. 7. Entsch. v. 14. Febr. 1913 (OVG. **64** 275) VIII C 314/12.

1. Nach der örtlichen SteuerO. sind Bergbaubetriebe, die in der Gemeinde H. zwar keinen Förderschacht, wohl aber Betriebsanlagen besitzen, die der Gemeinde die Eigenschaft eines Betriebsorts geben, nach dem Maßstabe des in der Gemeinde „verwendeten Anlage- und Betriebskapitals ohne Rücksicht darauf, ob es dem Gewerbebetriebe direkt oder nur indirekt dient", gewerbesteuerpflichtig.

Da die Klägerin, eine Bergbau-Aktien-Gesellschaft, dort eine Kläranlage für den Betrieb der Zeche G. in O. besitzt, ist die Gemeinde H. für die Gesellschaft zum Betriebsorte geworden (OVG. v. 26. IV. 10, PrVerwBl. **32** 532, OVG. **57** 438, 440). Was die Höhe des in H. zur Verwendung gelangten Anlage- und Betriebskapitals anlangt, so ist nach den eigenen Angaben der Klägerin der Wert der Kläranlage auf 25000 *M* und der der Wohnhäuser auf 74000 *M* angenommen worden. Die von der Klägerin unter Bezugnahme auf OVG. **39** 80 vertretene Rechtsauffassung, daß von diesen Werten wiederum 25000 *M* als kreditierte und 50000 *M* als hypothekarisch eingetragene Schuldsumme in Abzug zu bringen sei, ist rechtsirrig. Die örtliche SteuerO. spricht von dem „gesamten in der Gemeinde H. verwendeten Anlage- und Betriebskapital", umschreibt mithin nicht anderweitig, etwa wie in dem in OVG. **39** 80 behandelten Falle, den Begriff dieses Kapitals dahin, daß zu ihm „sämtliche (also auch die nur vorübergehend) dem Gewerbebetriebe gewidmeten Werte" zu rechnen seien, sondern setzt diesen Begriff als gegeben voraus. Danach können zum Anlage- und Betriebskapitale gemäß § 23 GewStG. im vorliegenden Falle nur die „dauernd dem Gewerbebetriebe gewidmeten Werte" gerechnet werden. Übrigens hat der Gerichtshof in OVG. **62** 350, 353f. (ErgBd. i. St. IV 188) die frühere Rechtsauffassung aufgegeben und sich auf den Standpunkt gestellt, daß, wenn durch die SteuerO. bestimmt ist, es umfasse das Anlage- und Betriebskapital sämtliche dem Gewerbebetriebe gewidmeten Werte, Geschäftsschulden keiner Art abgezogen werden dürfen. Im vorliegenden Falle dagegen würde allerdings ein Abzug von Schulden statthaft sein, indessen nur von Schulden, die sich aus den laufenden Geschäften ergeben, nicht aber von denen, die „zur Begründung, Verbesserung oder Erweiterung des Gewerbebetriebs" gemacht worden sind, wie dies in Übereinstimmung mit der Rechtsprechung Art. 17 Abs. 3 AAnwGewStG. v. 4. XI. 95 ausspricht. Daß aber die von der Klägerin behaupteten Schuldverhältnisse im laufenden Betrieb entstanden seien, ist nicht behauptet worden.

2. Daß das Bergwerkseigentum als ein dauernder Anlagewert anzusehen sei, hat der Gerichtshof in OVG. **58** 168 (ErgBd. i. St. IV 184) dargelegt. Nur bedarf der Sinn des vorletzten Satzes in diesem Erkenntnis, in dem es heißt, daß das unter dem Gemeindebezirke „liegende Kohlenfeld" dem Anlagekapitale zuzurechnen sei, einer Klarstellung. Es handelt sich dabei nicht um den Wert des unterirdisch belegenen Grundeigentums an dem Kohlenfelde. Das Bergwerkseigentum besteht nach § 54 BergG. in der ausschließlichen Befugnis, nach den Bestimmungen dieses G. das in der Verleihungsurkunde benannte Mineral in seinem Felde aufzusuchen und zu gewinnen, sowie alle hierzu erforderlichen Vorrichtungen unter und über Tage zu treffen. Hiernach ist unter dem Bergwerkseigentume nicht etwa das Eigentum an einer Sache, sondern ein absolutes Recht zu verstehen, das sich als der Inbegriff derjenigen Gerechtsame bezeichnen läßt, die dem gemeinsamen Zwecke der bergmännischen Förderung gewisser Minerale in einem bestimmten räumlichen Bezirke, dem „Felde", dienen sollen (RGZ. **63** 190, 192). Mithin ist das einzelne Bergwerkseigentum lokalisiert durch das „Feld", für das es verliehen ist und das der Regel nach „von geraden Linien an

der Oberfläche und von senkrechten Ebenen in die ewige Teufe begrenzt wird" (§ 26 aaO.). Demgemäß besteht Bergwerkseigentum in denjenigen Gemeindebezirken, unter denen das verliehene Feld liegt (OVG. **16** 196, 198); das das Bergwerkseigentum bildende Recht selbst ist zu dem ideellen Teile, der durch den Wert des innerhalb einer Gemeinde belegenen Teiles des verliehenen Feldes bestimmt wird, zu dem in dieser Gemeinde belegenen und in ihr dem Gewerbebetriebe besonders gewidmeten Teile des Anlagekapitals des Bergwerkseigentümers zu rechnen. In diesem Sinne ist in OVG. **58** 168 das unter dem Gemeindebezirke „liegende Kohlenfeld" als das in Betracht kommende, in der Gemeinde belegene Anlagekapital des Bergwerkseigentümers zu verstehen.

Nr. 8. Entsch. v. 24. Jan. 1913 (OVG. **64** 269) VIII C 256/12.

1. Vom Magistrat in W. ist die Gewerkschaft M., die in R. ihren Sitz hat, unter der Annahme eines Betriebsorts in W. wegen des angeblich dort stattfindenden Teilbetriebs zu Händen der dort eingerichteten „Abteilung für Sandversatz" zur Gemeindegewerbesteuer veranlagt und die Veranlagung sowie der Einspruchsbescheid einem Angestellten des dortigen Bureaus behändigt worden. Daß die „Abteilung für Sandversatz" die Gewerkschaft nicht vertreten kann, liegt auf der Hand, da diese Abteilung keine physische Person ist und abgesehen davon die Berggewerkschaften nach dem G. durch Repräsentanten vertreten werden. Es fällt hierbei nicht ins Gewicht, daß es sich hier um eine Gewerkschaft des älteren Rechtes handelt; denn auch sie müssen nach außen durch Repräsentanten vertreten sein (vgl. §§ 226, 227, 117ff., 233 BergG.). Dies war schon nach §§ 13, 18 des früheren G. v. 12. V. 51 (GS. 265) zwingendes Recht. Repräsentant der Gewerkschaft M. ist der Fabrikbesitzer E. B. in T. Nun kann zwar ein Repräsentant die ihm durch das BergG. zugewiesene gesetzliche Vertretungsbefugnis nicht allgemein durch Generalvollmacht auf einen Dritten übertragen. Er ist aber befugt, für einzelne Geschäfte oder Geschäftszweige Bevollmächtigte zu bestellen. Der Fabrikbesitzer E. B. hat nun in seiner Eigenschaft als Repräsentant der Gewerkschaft M. durch eine notarielle Generalvollmacht den Bergrat X. und den Bergwerksdirektor Y. bevollmächtigt, „die genannte Gewerkschaft in allen Angelegenheiten zu vertreten, die die von ihr zu errichtende Sandgewinnungsanlage, einschließlich der anzulegenden Sandtransportbahn und der anzukaufenden Sandlager, betreffen". Nach dem näheren Inhalt der Generalvollmacht waren X. und Y. befugt, namens der Gewerkschaft deren Veranlagung zur Gemeindegewerbesteuer hinsichtlich ihres Teilbetriebs in W. in Empfang zu nehmen sowie gegen diese Veranlagung Einspruch und Klage zu erheben. Nun ist zwar in der Veranlagungszuschrift die „Abteilung für Sandversatz" als Vertreterin der Gewerkschaft bezeichnet. Dies ist jedoch dahin auszulegen, daß mit dieser Bezeichnung die Leiter der Abteilung für Sandversatz, X. und Y., als Vertreter der Gewerkschaft gemeint waren. Die „Gewerkschaft", und nicht die einzelnen Gewerken, konnte auch bei einer Gewerkschaft des älteren Rechtes zur Steuer veranlagt werden. Zwar ist die Gewerkschaft des älteren Rechtes keine juristische Person, sondern eine Gemeinschaft der Gewerken zur gesamten Hand. Sie ist jedoch nach außen hin derart korporativ gestaltet und der juristischen Person angenähert, daß ihre selbständige Veranlagung zur Steuer keinem rechtlichen Bedenken unterliegt.

2. Unter den im § 226 BergG. genannten „vertragsmäßigen Verabredungen" sind diejenigen Vereinbarungen zu verstehen, die bereits beim Inkrafttreten des BergG. getroffen waren. Daß etwa beim Inkrafttreten des BergG. derartige Vereinbarungen bestanden hätten, auf Grund deren die Überlassung

der Ausbeute des Bergwerkes an einen der Gewerken rechtsgültig durch privatschriftlichen Vertrag der Gewerken hätte vorgenommen werden können, hatte die Klägerin nicht behauptet. Da auch die §§ 227—239 aaO. nichts anderes bestimmen, war für das Zustandekommen einer rechtsgültigen Willenserklärung der Gewerkschaft über die Verpachtung des Bergwerkes die Beobachtung der im vierten Titel des BergG. hierfür vorgeschriebenen Formen notwendig. Daß etwa unter der Herrschaft des BergG. gemäß § 133 aaO. die Rechtsverhältnisse der Mitbeteiligten des Bergwerkes durch Vertrag oder sonstige Willenserklärung in notarieller oder gerichtlicher Form anderweitig geregelt seien und deshalb die Bestimmungen des vierten Titels nicht zur Anwendung kämen, hatte die Klägerin gleichfalls nicht geltend gemacht. Sie konnte deshalb, ebenso wie eine Gewerkschaft des neuen Rechtes, die Verpachtung des Bergwerkes rechtswirksam nur in einer vom Repräsentanten einberufenen Gewerkenversammlung durch einen förmlichen Gewerkenbeschluß vornehmen (§§ 227, 233 Abs. 2, 122, 111—114 aaO.). Der privatschriftliche Vertrag der Gewerken vom Jahre 1899 stellte mithin keine Willenserklärung der Gewerkschaft dar, gleichviel ob es sich um eine Gewerkschaft des alten oder des neuen Rechtes handelte. Hat aber die Gewerkschaft die Ausbeutung des Bergwerkes nicht in rechtsgültiger Weise von sich auf einen Dritten übertragen, so gilt der dort umgehende Bergbaubetrieb als ihr gewerblicher Betrieb, zumal sie ja auch durch den von ihr zur Verlängerung des abbauwürdigen Zustandes des Bergwerkes und Herbeiführung seiner besseren Ausbeutungsmöglichkeit ins Werk gesetzten Sandversatz dort selbst tatsächlich Betriebshandlungen vornimmt.

Nr. 9. Entsch. v. 3. Okt. 1913 (OVG. 65 188) VIII C 106/13.

Bei der Kommanditgesellschaft ist es ebensowenig, wie bei der offenen Handelsgesellschaft, begrifflich ausgeschlossen, daß zwischen der Gesellschaft und einzelnen ihrer Mitglieder ein Dienstvertrag bestehen und daß auf Grund dieses Dienstvertrags einzelnen Mitgliedern die Geschäftsführung übertragen werden kann. Denn wenn auch die Kommanditgesellschaft, ebensowenig wie die offene Handelsgesellschaft, eine besondere neben ihren Mitgliedern bestehende Rechtsperson ist, so hat doch ihr Vermögen, ebenso wie das der offenen Handelsgesellschaft, gegenüber dem Sondervermögen der einzelnen Gesellschafter eine derartige Selbständigkeit, daß zwischen der Gesellschaft als solcher und ihren Mitgliedern Rechte und Pflichten begründet werden können. Falls aber von der Kommanditgesellschaft mit einzelnen Gesellschaftern ein besonderer Dienstvertrag über die Geschäftsführung abgeschlossen und diesen darin eine Vergütung hierfür zugesichert sein sollte, so würde diese als Teil der Betriebskosten auch bei der Kommanditgesellschaft vom Ertrage des Gewerbebetriebs abzuziehen sein.

Nr. 10. Entsch. v. 21. April 1914 (PrVerwBl. 35 927) VIII C 324/13.

1. Eine offene Handelsgesellschaft kann durch eine Ges. m. b. H., als ihr Organ, ihr eigenes Gewerbe betreiben.

2. Rechtsirrtümlich ist im vorliegenden Falle die Ansicht des Vorderrichters, die Umwandlung der Zweigniederlassung einer offenen Handelsgesellschaft in eine Ges. m. b. H. sei nur zum Schein erfolgt, weil der Zweck der Gründung der Ges. m. b. H. nicht der gewesen sei, durch sie selbständig Handelsgeschäfte zu betreiben, sondern der, durch ihre Gründung bei der bevorstehenden Umwandlung der offenen Handelsgesellschaft in eine Aktiengesellschaft eine Kostenersparnis hinsichtlich der gerichtlichen Gebühren der Eintragungen in das Handelsregister herbeizuführen. Für die Beurteilung der Frage, ob ein Scheingeschäft iS. des § 117 BGB. vorliegt, kommt es jedoch ent-

scheidend nicht darauf an, welche Zwecke durch das Geschäft verfolgt werden, sondern darauf, ob die **Vertragschließenden beiderseits** den Abschluß des **Geschäfts ernstlich gewollt** haben.

Nr. 11. Entsch. v. 4. Juli 1913 (OVG. 64 279) VIII C 54/13.

KommAbgG. §§ 32, 33, 47, 48.

1. **Zum gewerbesteuerpflichtigen Ertrage gehört nicht der Gewinn des Gewerbetreibenden aus seiner Beteiligung an einer Kommanditgesellschaft, wohl aber derjenige aus seinen Geschäftsanteilen an einer Ges. m. b. H.**

Im Gegensatze zu den Kommanditgesellschaften und offenen Handelsgesellschaften, bei denen die einzelnen Gesellschafter das Gewerbe betreiben, ist die Ges. m. b. H. ein **von den einzelnen Mitgliedern und deren Gesamtheit verschiedenes, selbständiges Rechtssubjekt**, das als solches das gewerbliche Unternehmen betreibt (OVG. 8 397). Hieraus ergibt sich, daß, wenn ein Gewerbetreibender Geschäftsanteile einer Ges. m. b. H. erworben hat, **diese Anteile**, ebenso wie erworbene Aktien einer Aktiengesellschaft, **Teile des gewerblichen Anlage- und Betriebskapitals** des von dem Erwerber **ausgeübten Gewerbebetriebs** werden. Alle Erträgnisse des Anlage- und Betriebskapitals, also hier der auf die Geschäftsanteile der Ges. m. b. H. entfallende **Geschäftsgewinn**, gehören aber **zum steuerpflichtigen Ertrage** des **gewerblichen Unternehmens**, das jene **Geschäftsanteile als Anlage- und Betriebskapital** erworben hat. Eine Doppelbesteuerung auf dem Gebiete des Gewerbesteuerrechts ist durch kein G. untersagt. Eine solche findet aber hier auch nicht statt. Es handelt sich bei jenen Bezügen, soweit die klagende Aktiengesellschaft in Frage kommt, nicht etwa um ihre Beteiligung an dem fremden Gewerbebetriebe der Ges. m. b. H. selbst und dem Ertrage hieraus. Der Betrieb der fremden Gesellschaft ist nicht der Betrieb der Klägerin. Die Gewerbesteuerpflichtigkeit der Bezüge in der Hand der Klägerin beruht vielmehr darauf, daß sie jene **Geschäftsanteile dauernd ihrem Betriebe gewidmet**, damit **zu Bestandteilen ihres gewerblichen Anlage- und Betriebskapitals gemacht** hat und daß die Erträge des gesamten Anlage- und Betriebskapitals einer lediglich gewerbliche Zwecke verfolgenden Aktiengesellschaft zum gewerblichen Ertrage ihres Gesamtbetriebs gehören.

2. Die Klägerin weist demgegenüber darauf hin, daß nach dem im § 5 der örtlichen GewerbesteuerO. angezogenen § 32 Abs. 2 KommAbgG. die **Veranlagung eines sich über mehrere Gemeinden erstreckenden Gewerbebetriebs** zu einer besonderen Gewerbesteuer nur nach **Maßgabe des in der Gemeinde belegenen Teiles des Gewerbebetriebs**, und zwar bei besonderen Steuern nach dem Ertrag unter sinngemäßer Anwendung der in den §§ 47, 48 aaO. getroffenen Bestimmungen, zu erfolgen habe. Das OVG. habe in der **wegen Verteilung des gemeindesteuerpflichtigen Einkommens** der Klägerin schwebenden Streitsache gemäß § 47 dahin entschieden, daß die gewerblichen Unternehmungen, an denen die Klägerin als Teilhaberin von Ges. m. b. H. beteiligt sei, als „von dem eigentlichen Bankbetriebe getrennte und selbständige Unternehmungen" zu behandeln und demzufolge das der Klägerin aus diesen besonderen Quellen zufließende Einkommen bei der Verteilung aus dem gesamten steuerpflichtigen Einkommen nach dem Verhältnis auszuscheiden sei, in dem dieses zu den gesamten bilanzmäßigen Überschüssen stehe. Diese Auffassung müsse auch für die **Verteilung des gewerbesteuerpflichtigen Ertrags** Platz greifen, da § 32 Abs. 2 aaO. auch hierfür auf die Vorschrift des § 47 verweise.

Dies **trifft nicht zu**. Die in der Gemeindeeinkommensteuerverteilungssache vom OVG. getroffene Entscheidung beruht auf der nur **für die Besteuerung** des gemeindesteuerpflichtigen Einkommens getroffenen besonderen Bestimmung des § 33 Abs. 1 [3] KommAbgG., wenn auch diese Vorschrift in jener Entscheidung nicht ausdrücklich angezogen worden ist. Die aus dem § 33 Abs. 1 [3] sich für § 47 ergebende Beschränkung des Umfanges des gemeindesteuerpflichtigen Einkommens aus dem Betrieb einer sich über mehrere Gemeinden erstreckenden Gewerbeunternehmung kann auf die Verteilung des gewerbesteuerpflichtigen Ertrags sinngemäß nicht angewendet werden; denn, wie der Gerichtshof in ständiger Rechtsprechung dargelegt hat, sind Aktiengesellschaften, wenn sie einen rein gewerblichen Gesamtbetrieb haben, nicht in der Lage, gewisse Teile ihres Anlage- und Betriebskapitals als nicht dem Gewerbebetriebe dienend auszusondern, vielmehr bleibt ihr gesamtes Anlage- und Betriebskapital einheitlich dem Betriebe gewidmet. Der Gewerbebetrieb der Klägerin besteht im Betriebe von Bankgeschäften. In den durch diese gebildeten einheitlichen Gesamtbetrieb fallen daher auch ihre Beteiligungen an den Ges. m. b. H. Die darin angelegten Beträge gehören zu ihrem einheitlichen Anlage- und Betriebskapital und dessen Erträge zu ihrem einheitlichen gewerbesteuerpflichtigen Gesamtertrage.

3. Der von einer Kommanditgesellschaft erzielte und bei dieser besteuerte Ertrag darf bei den ein besonderes Gewerbe betreibenden Kommanditisten, die ihn erhalten, nicht nochmals als Ertrag ihres Gewerbes besteuert werden. Es muß also der Gewinn, den die klagende Aktiengesellschaft aus ihren Beteiligungen an Kommanditgesellschaften bezogen hat, bei Berechnung ihres gewerbesteuerpflichtigen Ertrags ganz ausscheiden. Dieser Geschäftsgewinn ist in steuerlichem Sinne gar kein Ertrag des Gewerbebetriebs der Aktiengesellschaft. Er ist daher bei der Ermittelung ihres steuerpflichtigen Ertrags vorweg unverkürzt aus ihrem bilanzmäßigen Reingewinn auszuscheiden.

Nr. 12. Entsch. v. 28. Nov. 1913 (OVG. 65 184) VIII C 131/12.

1. Die Bestimmung in § 40 Abs. 1 KleinBG., daß die Kleinbahnen „der Gewerbesteuer auf Grund des GewStG." unterworfen sind, bedeutet, daß sie nach Maßgabe der Vorschriften dieses G. gewerbesteuerpflichtig sind, falls ihr Betrieb sich als ein in Preußen betriebenes stehendes Gewerbe darstellt (§ 1 Abs. 1 des G.). Hierzu ist erforderlich, daß bei ihrem Betrieb eine mit der Absicht der Gewinnerzielung unternommene, selbständige, berufsmäßige und erlaubte Arbeitstätigkeit ausgeübt wird, die sich als Beteiligung am allgemeinen wirtschaftlichen Verkehre darstellt. Trifft diese Voraussetzung bei einer Kleinbahn nicht zu, so unterliegt sie auch nicht der Gewerbesteuer.

2. Der Vorderrichter stützt seine Entscheidung aber auch auf die Erwägung, daß der Betrieb der Kleinbahn vom Kläger mit Gewinnabsicht unternommen worden sei. Nach Lage der Verhältnisse sei nicht anzunehmen, daß die Absicht, einen Überschuß zu erzielen, gänzlich fehle. Der KreistagsBeschl. v. 15. IV. 12 könne nur dahin verstanden werden, daß das Erzielen von Überschüssen nicht der Hauptzweck des Betriebs sein solle. Hiernach nimmt der Vorderrichter einen gewerblichen Charakter des Unternehmens schon dann an, wenn die Absicht der Gewinnerzielung dabei eine nur untergeordnete und nebensächliche Bedeutung hat. Diese Auffassung entspricht nicht dem Begriffe des Gewerbebetriebs, wie er den gesetzlichen Vorschriften des GewStG. zugrunde liegt. Danach ist es ein wesentliches Merkmal des Gewerbebetriebs, daß die Erzielung eines Gewinns Hauptzweck der Arbeitstätigkeit oder doch ein neben dem Hauptzwecke verfolgter wesentlicher Zweck des Unternehmens ist.

Nr. 13. Entsch. v. 20. März 1914 (OVG. **66** 188) VIII C 319/13.

1. Nach §§ 3 und 5 G., betr. die Ges. m. b. H., besteht das Stammkapital einer solchen Gesellschaft aus der Summe der Stammeinlagen der Gesellschafter. Wenn es im § 14 aaO. weiter heißt: „Der Geschäftsanteil jedes Gesellschafters bestimmt sich nach dem Betrage der von ihm übernommenen Stammeinlage" und im § 15 die Veräußerlichkeit und Vererblichkeit der „Geschäftsanteile" ausgesprochen wird, so erhellt, daß damit, ebenso wie mit dem Worte „Aktie" bei der verwandten Form der Aktiengesellschaft, der Umfang des Mitgliedschaftsrechts des Gesellschafters an der Gesellschaft hat umschrieben werden sollen. Der „Geschäftsanteil" stellt somit einen eigenen Wert dar. Die Stammeinlagen dürfen nach § 19 des G. den Gesellschaftern weder erlassen noch gestundet werden; ihre Summe, das Stammkapital, muß nach § 42 [4] unter den Passiven der Bilanz erscheinen. Da somit die Stammeinlagen Forderungen der Gesellschaft darstellen, die jederzeit zu erfüllen sind, so hat das OVG. in OVGSt. **15** 448 gefolgert, daß sie zum Anlage- und Betriebskapitale der Gesellschaft gehören. Wenn dagegen das G., betr. die Erwerbs- und Wirtschaftsgenossenschaften, vom „Geschäftsanteile" spricht, so umschreibt es diesen Begriff im § 7 [2] als „den Betrag, bis zu welchem sich die einzelnen Genossen mit Einlagen beteiligen können". Hiernach ist unter „Geschäftsanteil" iS. dieses G. nicht ein eigener Wert, sondern nur eine Wertgrenze zu verstehen, der „Höchstbetrag der jeweiligen Geschäftseinlagen" (RGZ. **64** 193). Das Maß der genossenschaftlichen Rechte an der Gewinnverteilung wird daher auch nicht durch die Höhe des Geschäftsanteils bestimmt, sondern nach § 19 für das erste Geschäftsjahr nach dem Verhältnisse der auf den Geschäftsanteil geleisteten Einzahlungen und für jedes folgende nach dem Verhältnisse der durch Zuschreibung vom Gewinn oder Abschreibung vom Verluste zum Schlusse des vorhergegangenen Geschäftsjahrs ermittelten Geschäftsguthabens. Dabei tritt dann die Bestimmung des „Geschäftsanteils" als Höchstgrenze der Beteiligung wieder insoweit in Geltung, als ein die Grenze übersteigender Gewinn nicht mehr auf den Geschäftsanteil, sondern nur als Darlehen gebucht werden darf. Auch für die Haftsumme der Genossen bei Gen. m. b. H. hat der Geschäftsanteil nach § 131 nur die Bedeutung einer unteren Grenze, stellt also auch hier keinen eigenen Wert dar. Es ergibt sich hieraus, daß bei den Erwerbs- und Wirtschaftsgenossenschaften der „Geschäftsanteil" niemals einen Kapitalwert darstellt und deshalb auch seine Vielheit, nach der Zahl der Genossen gemessen, als Anlage- und Betriebskapital der Genossenschaft nicht angesprochen werden kann.

2. Wenn der Vorderrichter den Bilanzposten „Geschäftsanteile", mit 45797 *M* bewertet, zum Anlage- und Betriebskapitale gerechnet hat, so handelt es sich hierbei offenbar nur um ein Vergreifen im Ausdrucke. Der Bezirksausschuß hat nicht „Geschäftsanteile" der Genossen, sondern deren Geschäftsguthaben iS. der §§ 19, 21, 22, 66, 76, 138 usw. in Rechnung gezogen, wie auch die Klägerin selbst diesen Posten in ihrem Einspruch als „Geschäftsguthaben" und nicht, wie später in der Klageschrift, als „Geschäftsanteile" bezeichnet hat. Diese Geschäftsguthaben bestehen aber nicht nur aus den tatsächlich von den Genossen gemachten Einzahlungen auf den Geschäftsanteil, sondern auch aus den inzwischen auf diesen zugeschriebenen Gewinnen, vermindert um die etwaigen Abschreibungen. Die Geschäftsguthaben bilden den Grundstock des Anlage- und Betriebskapitals einer Genossenschaft. Der Vorderrichter hat sie daher zutreffend hinzugerechnet.

Nr. 14. Entsch. v. 17. Juni 1915 (PrVerwBl. **37** 522) II HC 296/14.

Für die Beurteilung der Frage, ob das Gehalt eines Geschäftsführers einer Ges. m. b. H. Einkommen aus Gewerbebetrieb oder gewinnbringender Beschäftigung ist, kommt es entscheidend darauf an, ob das Rechtsverhältnis zwischen dem Gesellschafter-Geschäftsführer und der Gesellschaft so innig ist, daß ein untrennbarer innerer Zusammenhang zwischen der Geschäftsführung und der gesellschaftlichen Beteiligung besteht und das Ausscheiden aus der Geschäftsführerstellung nur unter Abänderung des bisherigen Gesellschaftsvertrages möglich ist oder eine völlige Aufhebung des letzteren nach sich zieht. Es muß hiernach das Recht und die Pflicht des Gesellschafters, Geschäftsführer zu sein, zu den Rechten und Pflichten gehören, die ihm aus dem Gesellschaftsvertrage neben dem Rechte auf Gewinnauszahlung und neben der Pflicht zur Kapitalseinzahlung erwachsen. Daß dieser unlösbare Zusammenhang zwischen Geschäftsführer- und Gesellschafterstellung nicht nur in dem eigentlichen Gesellschaftsvertrage, sondern auch durch jeden späteren Ergänzungs- oder Abänderungsvertrag, sofern ein solcher nur rechtlich einen Bestandteil des Gesellschaftsvertrages bildet, geschaffen werden kann, bedarf keiner weiteren Ausführung (vgl. Urt. v. 3. VII. 13 HC 336/12). Daraus folgt, daß die Bestellung eines Gesellschafters zum Geschäftsführer außerhalb des Gesellschaftsvertrages, und zwar durch einen Anstellungsvertrag zwischen dem vertretungsberechtigten Organe der Gesellschaft und dem als Geschäftsführer anzustellenden Gesellschafter letzterem über sein aus seiner Beteiligung an der Gesellschaft ihm zustehendes Recht kein weiteres Recht in der Gesellschaft geben kann. Das kann immer nur durch die Übereinstimmung sämtlicher Gesellschafter geschehen, weil die Erweiterung der Gesellschaftsrechte für einen einzelnen Gesellschafter einen inneren Vorgang der Gesellschaft bildet. Nur in diesem Sinne ist auch im OVG. v. 8. I. 12 HC 34/11, der Rechtssatz aufgestellt, daß die Verleihung eines Sonderrechts eines Gesellschafters auf das Amt eines Geschäftsführers eine das Gesellschaftsverhältnis regelnde Bestimmung des Gesellschaftsvertrages darstelle und eine unlösliche Verbindung der Geschäftsführerstellung mit der Gesellschaftsbeteiligung begründe. Bei einem Rechtsstreite über die rechtliche Natur des Geschäftsführergehalts eines Gesellschafters einer Ges. m. b. H. muß der Verwaltungsrichter daher, wenn er zu einem gewerblichen Einkommen gelangen will, die Feststellung treffen können, daß nach dem Gesellschaftsvertrag und unter Berücksichtigung etwaiger Abänderungs- oder Ergänzungsverträge der Gesellschafter als Ausfluß seiner Beteiligung an der Gesellschaft einen Rechtsanspruch auf die Geschäftsführung hat und daß dieser Anspruch nur durch eine abändernde Beschlußfassung der Gesellschafterversammlung oder durch Auflösung der Gesellschaft beseitigt werden kann. Dem zuwider hat der Bezirksausschuß aus den Bestimmungen des Anstellungsvertrages das Recht des Klägers auf die Geschäftsführerstellung hergeleitet und dessen Bestellung zum Geschäftsführer als eine das Gesellschaftsverhältnis regelnde Bestimmung des Gesellschaftsvertrages angesehen, die ihm ein Recht auf dieses Amt verlieh. Das war rechtsirrig.

C. Gemeindeeinkommensteuern.

1. Steuerpflicht.

a) Allgemeines, Wohnsitz und Aufenthalt.

Nr. 1. Entsch. v. 25. Juni 1914 (PrVerwBl. 36 41) I HC 224/13.

1. Nach den Bestimmungen des bürgerlichen Rechts (§ 11 BGB.) teilt ein eheliches Kind allerdings den Wohnsitz des Vaters, behält ihn aber nach seinem Tode weiter bei, bis es ihn rechtsgültig aufhebt; den Wohnsitz der Mutter teilt ein eheliches Kind nach diesen Bestimmungen niemals, so daß der Ausspruch, ein minderjähriges Kind teile den Wohnsitz der Eltern, schon nach den Bestimmungen des BGB. nicht richtig ist. Aber die Vorschriften des bürger-

lichen Rechts über den Wohnsitz kommen bei der Frage, wo jemand im steuerlichen Sinne einen Wohnsitz hat, überhaupt nicht zur Anwendung. Für das Gebiet der Einkommensteuer hat nach § 1 Abs. 2 DoppBestG. v. 22. III. 09 iVerb. mit § 1[1] EinkStG. ein Deutscher einen Wohnsitz an dem Orte, wo er eine Wohnung unter Umständen innehat, die auf die Absicht der dauernden Beibehaltung einer solchen schließen lassen. Das gilt, da es in dem DoppelBestG. an einer Vorschrift, wie sie der § 11 BGB. enthält, fehlt, ohne jede Einschränkung, also auch für Minderjährige. Auch bei diesen muß daher, wenn festzustellen ist, ob sie an einem Orte einen Wohnsitz haben, geprüft werden, einmal, ob sie dort eine Wohnung inne haben, und ferner, ob die Absicht der dauernden Beibehaltung einer solchen — und zwar bei ihrem gesetzlichen Vertreter — besteht.

2. Bei der erneuten Verhandlung der Sache ist unter Beachtung des zuvor Ausgeführten festzustellen, ob die Pflichtige im Steuerjahr 1912 in B. und in P. einen Wohnsitz im steuerlichen Sinne hatte.

a) Trifft das für beide Orte zu, so kommt es nach § 50 Abs. 3 KommAbgG. für das Besteuerungsrecht darauf an, ob die Pflichtige sich im Rechnungsjahre 1911 an beiden Orten an 90 Tagen aufgehalten hat. Hierbei ist der Aufenthalt der Pflichtigen selbst entscheidend. Wo sich ihre Mutter, die sich nach dem Tode des Vaters der Pflichtigen wieder verheiratet hat, oder deren jetziger Ehemann aufgehalten haben, kommt rechtlich nicht in Betracht. Wenn der § 50 KommAbgG. im letzten Satze des dritten Absatzes von einem „Sich aufhalten" spricht, so ist darunter ein Aufenthaltsverhältnis zu verstehen, das trotz zeitweiliger Abwesenheit fortbestehen kann.

b) Wird festgestellt, daß die Pflichtige nur an einem der beiden Orte einen Wohnsitz hatte, so besteht ihre Steuerpflicht an dem anderen Orte gemäß § 33 Abs. 4 KommAbgG. nur soweit, als ihr Aufenthalt dort im Steuerjahr 1912 die Dauer von drei Monaten überstiegen hat, und auch nur bei dem Vorliegen eines die Besteuerung wegen Aufenthalts aussprechenden Beschlusses, wobei hinsichtlich des Kreisausschusses auf § 13 Abs. 2 KrProvAbgG. v. 23. IV. 06 hinzuweisen ist. Dabei ist zu beachten, daß die Heranziehung zur Gemeinde- bzw. Kreissteuer auf Grund des § 33 Abs. 4 KommAbgG. nur wirksam ist, einerseits, wenn zu der Zeit, als sie erfolgte, der Aufenthalt der Pflichtigen bereits drei Monate überstiegen hatte, anderseits, wenn der Aufenthalt zu der Zeit, als die Heranziehung erfolgte, noch bestand. Wegen des Erfordernisses des 90tägigen Aufenthalts in dem voraufgegangenen Rechnungsjahre gilt, da die Aufenthalts- und Wohnsitzgemeinden in allen Fällen gleichgestellt sind, auch für diesen Fall das zu a Gesagte.

c) Ergeben die anzustellenden Ermittlungen endlich, daß die Pflichtige weder in B. noch in P. einen Wohnsitz hatte, so kann sie an beiden Orten nur gemäß § 33 Abs. 4 KommAbgG. wegen Aufenthalts zur Steuer herangezogen werden. Für diesen Fall kommt ihr Aufenthalt im Steuerjahre 1911 nicht in Betracht. Im übrigen sind auch hier die Ausführungen zu b zu beachten.

Nr. 2. Entsch. v. 11. Febr. 1915 (PrVerwBl. **36** 415) I HC 250/13.

KommAbgG. § 60.

Der Kläger war in B. für das Steuerjahr 1910 wegen seines Wohnsitzes zur Gemeindeeinkommensteuer herangezogen und diese Heranziehung von dem Beklagten trotz der Beschwerde des Klägers bis zum Ablaufe des Steuerjahres aufrecht erhalten worden. Der Verwaltungsrichter ist nicht befugt, an Stelle einer Veranlagung auf Grund Wohnsitzes, wenn sie sich als unberechtigt erweist, selbst eine Veranlagung auf Grund eines andern Steuertitels auszusprechen; er muß daher einen Steuerpflichtigen, der den Wohnsitz in der Gemeinde aufgegeben hat, freistellen, auch wenn der Gewerbebetrieb in der Gemeinde fortdauert (PrVerwBl. **33** 725 unter Nr. 3, **34** 713 unter

Nr. 3). Der Bezirksausschuß hatte daher nur darüber zu entscheiden, ob die Steuerpflicht des Klägers in B., soweit sie von seinem Wohnsitze dort abhing, noch fortbestand oder erloschen war, und diese Entscheidung konnte nur nach Maßgabe der Bestimmung des § 60 KommAbgG. getroffen werden.

2. Darüber, daß der Kläger seinen Wohnsitz in B. schon im Monat Januar 1911 aufgegeben hat, besteht kein Streit mehr. Die Frage, ob seine Steuerpflicht auf Grund Wohnsitzes in B. schon mit dem 1. II. oder aber erst mit dem 1. III. erloschen ist, ist daher nach der Vorschrift des § 60 KommAbgG. allein davon abhängig, ob der Gemeindebehörde in B. von dem Aufgeben des Wohnsitzes in B. vor dem 1. II. 11 Anzeige erstattet worden ist. Ist dies der Fall, so ist der Kläger vom 1. II. ab, ist es nicht der Fall, so ist er vom 1. III. ab in B. wegen Wohnsitzes nicht mehr steuerpflichtig; er muß deshalb entweder von diesem oder von jenem Tage ab von der Gemeindesteuer in B. freigestellt werden.

Nr. 3. Entsch. v. 29. Jan. 1914 (PrVerwBl. 35 781) I HC 55/13.

KommAbgG. §§ 33 Abs. 4, 50 Abs. 3.

Die Ansicht, daß es steuerrechtlich nur darauf ankomme, ob der Aufenthalt freiwillig genommen sei, nicht auch, ob er freiwillig fortgesetzt werde, ist nicht zutreffend. Der Aufenthalt ist ein Zustand, ein Verhältnis von einer gewissen — wenn auch nur vorübergehenden — Dauer, und zwar sowohl derjenige iS. des § 33 Abs. 4, wie der gemäß § 50 Abs. 3 KommAbgG. Daher genügt bloße körperliche Anwesenheit weder, um einen Aufenthalt zu begründen, noch um ihn zu erhalten; der Aufenthalt muß vielmehr während seiner ganzen Dauer auf dem Willen der Person beruhen. Der Wille einer Person hört aber nicht schon deswegen auf, der Grund für den Beginn oder die Fortsetzung ihres Aufenthalts an einem Orte zu sein, weil äußere Verhältnisse seine Entwicklung nach einer bestimmten Richtung bedingen. Die Befürchtung, daß ein Kranker durch seine Beförderung nach einem anderen Ort sein Leben gefährdet, kann bestimmend für seinen Willen oder für den seines Vertreters sein, von einer Ortsveränderung abzusehen. Immer aber bildet der eigene freie Wille, zu bleiben, den Grund für die Fortsetzung des Aufenthalts, ebenso wie er den Grund für die Begründung eines solchen oder eines Wohnsitzes bei einem Kranken darstellt, den sein Leiden veranlaßt, einen bestimmten Badeort aufzusuchen, oder bei einem Beamten, der sich infolge seiner Versetzung an einen neuen Dienstort begibt. Nur wo ein äußerer Zwang vorliegt, der verhindert, daß ein eigener Entschluß des davon Betroffenen, den Aufenthalt zu nehmen oder fortzusetzen, zur Entstehung gelangt oder wenigstens äußerlich in die Erscheinung tritt, wie zB. bei einem Gefangenen, kann von dem Mangel der Willensbetätigung bei der Wahl oder der Beibehaltung des Aufenthaltsortes die Rede sein.

Nr. 4. Entsch. v. 26. März 1914 (PrVerwBl. 35 861) I HC 57/13.

KommAbgG. § 33.

1. Die Annahme des Bezirksausschusses, daß die Wahl des Aufenthaltsorts, wenigstens teilweise, eine vermögensrechtliche Angelegenheit bilde, daß demgemäß ein auf Grund des § 1910 Abs. 2 BGB. nur zur Besorgung der Vermögensangelegenheiten eines Volljährigen bestellter Pfleger auch über den Aufenthalt des Pfleglings Bestimmung zu treffen habe, verstößt gegen das geltende Recht. In den §§ 1627ff. BGB. wird bei der elterlichen Gewalt des Vaters zwischen der Sorge für die Person und für das Vermögen des Kindes unterschieden, und nach § 1631 umfaßt die Sorge für die Person des Kindes das Recht und die Pflicht, seinen Aufenthalt zu bestimmen. Nach § 1800 bestimmt sich das Recht und die Pflicht des Vormunds, für die Person des Mündels zu sorgen, nach den für die elterliche Gewalt geltenden Vorschriften der §§ 1631 bis

1633. Auf die Pflegschaft finden nach § 1915 die für die Vormundschaft geltenden Vorschriften entsprechende Anwendung, soweit sich nicht aus dem G. ein anderes ergibt. Da abweichende Vorschriften nicht erlassen sind, ist mithin für die Pflegschaft der Unterschied zwischen der Sorge für die Person und für das Vermögen ebenfalls so abzugrenzen, daß die Aufenthaltsbestimmung nur unter den ersteren Begriff fällt.

2. Von einem Aufenthalt iS. des vierten Absatzes des § 33 KommAbgG. kann nur dann die Rede sein, wenn das Ankommen und Verweilen an dem Ort auf der freien Entschließung der in Betracht kommenden Person beruht und nicht durch äußeren Zwang herbeigeführt worden ist. Nach dem Gutachten des Sanitätsrats Dr. L. fehlt der Klägerin infolge ihrer Gemütskrankheit die freie Willensbestimmung, namentlich auch in betreff der Festsetzung ihres Aufenthaltsorts. Die Klägerin selbst konnte daher trotz ihres Verweilens in Z. nicht den Willen haben, sich dort aufzuhalten. Ein Aufenthaltsverhältnis iS. des § 33 Abs. 4 konnte aber auch durch den Willen des Vertreters der Klägerin nicht begründet werden, weil ihr weder ein Vormund noch ein Pfleger für ihre Person bestellt worden war.

Nr. 5. Entsch. v. 30. März 1914 (PrVerwBl. **36** 219) I HC 239/13.

KommAbgG. § 33 Abs. 4.

Der Bezirksausschuß schließt sich in seiner Begründung den rechtlichen Ausführungen des Kreisausschusses an, der den Rechtssatz aufgestellt hat, daß der die Steuerpflicht begründende Aufenthalt nicht ununterbrochen zu sein brauche, vielmehr der einmal begonnene Aufenthalt fortgesetzt werde, wenn ein Arbeiter die Woche hindurch außerhalb der Wohnsitzgemeinde sich am Arbeitsort aufhalte und dort wohne, jedoch regelmäßig an den Sonnabenden nach seiner Wohnsitzgemeinde zurückkehre und von dort erst wieder am folgenden Montag morgen die Arbeitsstätte aufsuche. Bei dieser Rechtsauffassung befindet der Vorderrichter sich in Übereinstimmung mit der Rechtsprechung des OVG. (PrVerwBl. **33** 317). In den dort angezogenen Entscheidungen ist unter ausführlicher Begründung dargelegt worden, daß ein Aufenthaltsverhältnis durch zeitweilige körperliche Entfernung aus dem Aufenthaltsbereiche keine Unterbrechung erfahre, wenn aus den Umständen die Absicht der Beibehaltung des Aufenthaltsorts hervorgehe. Voraussetzung sei aber, daß der steuerlich in Anspruch Genommene eine Beziehung zu einer Wohnung in der Aufenthaltsgemeinde habe, wozu auch das Wohnen in einem Arbeiterhause oder Schlafhause gemeinschaftlich mit mehreren anderen Arbeitern genüge. Nun liegt zwar der Sachverhalt im vorliegenden Falle von dem jenen Entscheidungen zugrunde liegenden Tatbestande insofern verschieden, als der Kläger nicht nur an den Sonnabenden von B. nach seiner Wohnsitzgemeinde fährt und von dort an den Montagen zu seiner Arbeitsgemeinde zurückkehrt, sondern entsprechend auch die Feiertage und jede Woche einmal an einem Tage (Mittwochs) sich nach E. begibt. Diese erweiterte Unterbrechung des Aufenthaltsverhältnisses ist mit dem Begriffe des Aufenthalts iS. des KommAbgG. wohl vereinbar. In seiner Entsch. v. 4. XI. 12 (vgl. PrVerwBl. **34** 243) hat der erkennende Senat bereits ausgesprochen, daß die Aufenthaltsunterbrechung regelmäßig vom Sonnabend abend bis Montag morgen und entsprechend an den Feiertagen das Steuerrecht der Aufenthaltsgemeinde nicht aufhebe. Das gleiche muß gelten, wenn der betreffende Arbeiter, wie hier der Kläger, noch an einem weiteren Tage in der Woche sich auswärts aufhält; denn den bei weitem überwiegenden Teil der Woche hat er dann noch immer in der Aufenthaltsgemeinde, wo er auch noch die meisten Nächte zubringt, seinen Aufenthalt. Ob diese regelmäßigen Unterbrechungen, wenn noch ein weiterer Tag und eine Nacht auswärtigen Aufenthalts hinzutreten würde, der Annahme eines ununterbrochenen Aufenthalts iS. des § 33 letzter Absatz des KommAbgG. entgegenstehen könnten, braucht hier nicht untersucht zu werden.

c) Einkommen aus Grundvermögen.

Nr. 1. Entsch. v. 4. Nov. 1915 (PrVerwBl. 37 384) I HC 366/14.

Es bedarf der Feststellung, zu welchem Zwecke die einzelnen Ges. m. b. H. errichtet worden sind; dieser Zweck ist maßgebend für die Entscheidung der Frage, ob es sich bei dem dem Pflichtigen aus seiner Beteiligung an den Gesellschaften zufließenden Einkommen um gewerbliches oder um Grundbesitzeinkommen handelt. Aus den vorgelegten Gesellschaftsverträgen iVerb. mit den Erklärungen des Steuerpflichtigen geht nun hervor, daß es sich bei den sämtlichen in Betracht kommenden Gesellschaften um den Erwerb und die Ausnutzung je eines Grundstücks handelt, und daß auf allen diesen Grundstücken zu dem Zeitpunkt, in dem der Pflichtige sie erwarb und in welchem die Gesellschaften errichtet wurden, bereits mit der Erbauung von Häusern begonnen worden war. Der Pflichtige hatte in allen diesen Fällen das Baugeld gegeben und zur Rettung seiner Forderungen die Grundstücke in der Zwangsversteigerung erstanden mit der Absicht, die Bauten fertigzustellen und sie dann durch Vermietung zu nutzen, bis die Grundstücke verkauft werden würden. Bei einem mit einem Miethause bebauten Grundstücke kommt ein Verkauf von einzelnen Teilen (Parzellen) regelmäßig nicht in Frage; der Zweck der einzelnen Gesellschaften kann daher nur dahin gehen, das eine Grundstück, zu dessen Erwerb und Ausnutzung jede der Gesellschaften errichtet worden ist, im ganzen zu verkaufen. Bei dieser Sachlage aber kann bei den einzelnen Gesellschaften von dem Betrieb eines Gewerbes keine Rede sein. Der Begriff des Gewerbebetriebs setzt eine fortgesetzte, berufsmäßige Tätigkeit mit der Absicht der Gewinnerzielung voraus, und eine nur einmalige, ohne die Absicht der Wiederholung, wenn auch behufs Gewinnerzielung, erfolgte Veräußerung eines Grundstücks ist keine gewerbliche Tätigkeit. Die einzelnen Gesellschaften nehmen keine andere Stellung ein als eine physische Person, die ihr Grundstück verkaufen will und es so lange, bis dies gelingt, durch Vermietung nutzt. Ein Gewerbebetrieb liegt in solchen Fällen nicht vor; das durch die Vermietung erzielte Einkommen ist deshalb nicht gewerbliches, sondern Einkommen aus Grundvermögen.

Nr. 2. Entsch. v. 16. Jan. 1913 (OVG. 64 288) HC 187/12.

1. Die Eheleute K. leben im Güterstande der Fahrnisgemeinschaft (§§ 1549ff. BGB.). Mit Recht hat es der Vorderrichter abgelehnt, das Grundvermögen der Ehefrau des Klägers als Vorbehaltsgut anzusehen. Er verkennt aber das G. (§ 1551 BGB.), wenn er daraufhin ohne weiteres das Grundvermögen der Ehefrau für eingebrachtes Gut erklärt; denn er übersieht dabei die Möglichkeit, daß die Grundstücke von der Frau während der Ehe durch entgeltliches Rechtsgeschäft oder bei einer Erbteilung als Ersatz für anteilig ererbte bewegliche Sachen erworben und so ganz oder teilweise Gesamtgut geworden sind. Unrichtig ist auch die Annahme, das Eingebrachte der Ehefrau unterliege beim Güterstande der Fahrnisgemeinschaft dem Nießbrauche des Mannes, die Mieterträge der von der Frau eingebrachten Grundstücke gehörten also ganz zum Einkommen des Mannes. Sie fallen vielmehr dem Gesamtgute zu, das nicht nur dem Manne, sondern auch der Frau, und zwar gemeinschaftlich, zur gesamten Hand gehört. Der Mann hat also, was das Eigentum an diesen Nutzungen angeht, nicht mehr Rechte als die Frau, er wird nicht Alleineigentümer der Nutzungen, wie der Nießbraucher und wie der Ehemann, der im gesetzlichen Güterstande lebt. Daß der

Ehemann bei der Gütergemeinschaft die freie Verwaltung und Verfügung über das Gesamtgut hat, gibt ihm nicht die Stellung des Alleineigentümers an den Nutzungen.

2. Es steht fest, daß Vorbehaltsgut nicht in Frage kommt. Dann hat die Ehefrau des Klägers kein besonderes Einkommen, das nach Abzug ihrer Schuldenzinsen zunächst gesondert ermittelt werden müßte, bevor es einem Einkommen des Mannes gemäß § 10 EinkStG. hinzuzurechnen wäre. Vielmehr fallen alle in Betracht kommenden Erträge, sowohl das Diensteinkommen des Klägers und seine Nebeneinnahme aus gewinnbringender Beschäftigung, wie das Einkommen aller Grundstücke, gleichviel ob sie zum Gesamtgut oder zum Eingebrachten des Mannes oder zum Eingebrachten der Frau gehören, dem Gesamtgute zu (§§ 1549, 1550, 1525, 1438 BGB.). Aus ebendemselben Gesamtgut aber sind auch alle Schuldenzinsen und sonstigen Ausgaben zu entrichten, deren Abzug in Frage steht, gleichviel ob sie den Kläger oder seine Frau nur persönlich belasten oder ein Grundstück des Klägers, seiner Frau oder des Gesamtguts (§§ 1549, 1550, 1529, 1530, 1459 BGB.). Um das steuerpflichtige Reineinkommen zu ermitteln, muß man also, da Vorbehaltsgut der Frau K. nicht besteht, unterschiedslos die Erträge der gewinnbringenden Tätigkeit des Klägers, seines Grundbesitzes, des Grundbesitzes seiner Frau und des gemeinschaftlichen Grundbesitzes zusammenzählen und hiervon die sämtlichen abzugsfähigen Ausgaben abrechnen. So erhält man das dem Gesamtgute zufallende Reineinkommen. Das Gesamtgut ist jedoch nicht eine juristische Person, die Steuerträger sein könnte, sondern gehört beiden Ehegatten zur gesamten Hand derart, daß sie während der Ehe nicht über einen bestimmten Anteil verfügen können, nach Auflösung der Ehe aber, selbst oder in ihren Erben, die Hälfte zugewiesen erhalten (§§ 1438, 1442, 1471, 1476, 1549 BGB.). Das Gesamtgut steht also dem Gesellschaftsvermögen, insbesondere iF. einer offenen Handelsgesellschaft, gleich (§§ 718, 719, 725 Abs. 2 BGB., § 105 HGB.). Wie aber die Mitglieder einer offenen Handelsgesellschaft während bestehender Gesellschaft einzeln zur Besteuerung des dem Gesellschaftsvermögen zugewachsenen gewerblichen Jahreseinkommens herangezogen werden, gleich als wären sie anteilsmäßige Eigentümer des Gesellschaftsvermögens, so müssen auch gütergemeinschaftliche Ehegatten steuerlich so behandelt werden, als wären sie schon während der Ehe Miteigentümer des Gesamtguts je zur Hälfte (OVGSt. 13 18). Es ist also von dem in das Gesamtgut fallenden Reineinkommen die eine Hälfte als Einkommen des Ehemanns, die andere als Einkommen der Frau zu behandeln, und nach § 10 EinkStG. ist das Einkommen der Frau dem des Mannes zuzurechnen, so daß der Mann das gesamte Reineinkommen zu versteuern hat.

Nr. 3. Entsch. v. 18. Febr. 1915 (PrVerwBl. **36** 462) I HC 253/14.

EinkStG. § 8.

Streitig ist, ob der Kläger berechtigt ist, von dem Rohertrage seiner Einkommensquelle einen Betrag von 150 ℳ für Ausgaben an Deckwerksbauten als Werbungskosten in Abzug zu bringen. Der Vorderrichter hat dies mit der Begründung verneint, daß nach Art. 15, II AAnwEinkStG. v. 25. VII. 06 von dem Einkommen des Verpächters nur die diesem vertragsmäßig verbliebenen Lasten, soweit sie gemäß Art. 11, II aaO. überhaupt abzugsfähig seien, abgezogen werden könnten. Er erkennt den Ausgaben für die Deckwerksbauten zwar die Eigenschaft von Werbungskosten zu, hält deren Abzug von dem Bruttoeinkommen aber für nicht angängig, weil es sich bei ihnen nicht um vertraglich übernommene Leistungen des Klägers handele. Darin liegt eine Verkennung der Bedeutung der AAnw. und eine daraus folgende Verletzung des § 8 EinkStG. Wäre die Annahme des Vorderrichters zutreffend, so würde die letzterwähnte Gesetzesbestimmung, die für alle Steuerpflichtigen gleichmäßig bestimmt, was an Werbungskosten dem Abzuge von dem Quellenrohertrag unterliegt, durch die AAnw. hinsichtlich der Einkommensermittlung für die Verpächter eine Einschränkung erfahren haben. Daß diese Folge nicht möglich ist, liegt auf der Hand. Nach § 88 EinkStG. ist der Finanzminister mit der Ausführung dieses G. beauftragt worden. Eine weitere Machtbefugnis hat der Gesetzgeber ihm nicht eingeräumt. Daraus ergibt sich ohne weiteres, daß eine Ausführungsbestimmung, die über den Rahmen des G. hinaus oder dieses einschränkend selbständig Normen für die Einkommensermittelung träfe, für die Veranlagungsbehörden unverbindlich sein müßte. Selbst wenn daher die Bestimmung des Art. 15, II AAnw. eine Auslegung iS. der Vorentscheidung zulassen sollte, hätte der Vorderrichter die Abzugsfähigkeit der Auslagen für die Deckwerksbauten an der Hand der gesetzlichen Bestimmungen prüfen müssen. Es kann aber nicht anerkannt werden, daß die ministerielle Anweisung hinsichtlich der Verpächter den Umfang der Werbungskosten hat einschränken wollen. Daß die AAnw. in Art. 11 nicht erschöpfend ist, sondern nur die hauptsächlichsten Arten von Einkünften und Werbungskosten aufführt, ist anerkannten Rechts. Dasselbe gilt für die Bestimmung in Art. 15, II, wenn es dort heißt, daß von dem Einkommen des Verpächters in Abzug zu bringen sind die ihm vertragsmäßig verbliebenen Lasten, soweit dieselben gemäß Art. 11, II überhaupt abzugsfähig sind. Nach §§ 582ff. BGB. fallen dem Pächter kraft G. eine Reihe von Ausgaben zur Last, die sich ohne weiteres als Werbungskosten iS. des § 8 EinkStG. darstellen. So hat der Pächter eines landwirtschaftlichen Grundstücks die gewöhnlichen Ausbesserungen, insbesondere die der Wohn- und Wirtschaftsgebäude, der Wege, Gräben und Einfriedigungen, auf seine Kosten zu bewirken. Vertraglich kann der Verpächter nicht nur diese, sondern überhaupt jede Art von Lasten übernehmen, mithin auch die Bezahlung von Werbungskosten, die in Art. 11, II nicht aufgeführt sind, wie zB. die Auslagen für Verbesserungen an Gräben und Einfriedigungen. Weil der Finanzminister unmöglich die sämtlichen nur denkbaren Werbungskosten in Art. 11, II aufzählen konnte und wollte, sondern als Anleitung für die Einkommensermittelung sich auf die Aufzählung der im wirtschaftlichen Verkehr am häufigsten vorkommenden beschränken mußte, so kann die Vorschrift des Art. 15 nur die Bedeutung haben, daß zunächst die Bestimmungen des Pachtvertrags dafür entscheidend sein sollen, ob der Pächter oder der Verpächter die im einzelnen bezeichneten Werbungskosten zu übernehmen und demgemäß bei seinem Einkommen abzuziehen hat. Denn das trifft den Regelfall. Handelt es sich jedoch um Werbungskosten, bezüglich deren eine vertragliche Übernahme von der einen oder anderen Seite nicht erfolgt ist, und die zB. kraft G. nicht vom Pächter, sondern von dem Verpächter als Eigentümer zu tragen sind, so kann letzterer dieselben selbstverständlich bei seinem Einkommen abziehen. Vom Standpunkte des Vorderrichters aus, der den Ausgaben für die Deckwerksbauten die Eigenschaft von Werbungskosten zuerkannte, hätte deshalb der Abzug jener 150 M vorgenommen werden müssen.

Nr. 4. Entsch. v. 9. Okt. 1913 (StrietArch. 17 67).

Die Auffassung, daß die Grundbucheintragung unbedingte Voraussetzung der steuerrechtlichen Wirksamkeit einer Nießbrauchseinräumung sei, ist rechtsirrig. — Das Einkommen aus Grundvermögen iS. des § 33² KommAbgG. fällt zusammen mit dem Einkommen aus Grundvermögen iS. des § 12 EinkStG. Wenn das Einkommen aus dem Grundstück infolge einer „Berechtigung irgendeiner Art" einem anderen als dem Grundeigentümer zufließt, so ist der Berechtigte und nicht der Grundeigentümer steuerpflichtig (vgl. § 12 Abs. 1 EinkStG.). Zu den Berechtigungen in diesem Sinne gehört, wie aus

§ 12 Abs. 3 aaO. hervorgeht, auch das Recht des Nutznießers. Zu der Frage, ob die Eintragung im Grundbuche notwendige Voraussetzung des Erwerbes der Rechtsstellung des „Nutznießers" sei, hat der Senat bereits in der Entsch. v. 29. IV. 12 Stellung genommen. Es ist dort ausgeführt:

„Allerdings erfordert der § 873 BGB. zur Bestellung des Nießbrauchs an einem Grundstück außer der Einigung des Grundstückseigentümers und des Erwerbers darüber, daß dem Erwerber der Nießbrauch zustehen soll, auch die Eintragung des Nießbrauchs in das Grundbuch. Aber das EinkStG. enthält keine Vorschrift dahin, daß unter dem ‚Nutznießer' iS. des § 12 Abs. 3 nur der zu verstehen sei, der das Nutzungsrecht nach den Vorschriften des Zivilrechts erworben hat. Nutznießer eines Grundstücks iS. des EinkStG. ist der, dem das Nutzungsrecht an dem Grundstücke rechtlich zusteht und der dieses Recht auch tatsächlich ausübt."

An diesem Grundsatz ist festzuhalten.

Es wird übrigens bemerkt, daß ein Verteilungsantrag nicht mit der Begründung zurückgewiesen werden darf, daß die Steuern richtig berechnet seien, daß vielmehr die Beschlußbehörde immer die richtigen Steuerbeträge angeben muß, auch wenn sie sich mit den veranlagten Beträgen decken.

d) Einkommen aus Handel und Gewerbe.

γ) Berechnung des Einkommens.

Nr. 1. Entsch. v. 18. Dez. 1913 (OVG. 66 205) HC 28/13.

Es handelt sich um die Frage, ob in der Bilanz einer Ges. m. b. H. wegen der in Aussicht stehenden Änderung der für Kontingent und Brennrecht festgelegten Abgabevergünstigungen Abschreibungen auf die Aktivposten „Branntwein-Kontingent" und „Brennrecht" gemacht werden durften. Darüber, daß eine Abschreibung auf den durch das Kontingent und Brennrecht bedingten Mehrwert der Brennereigrundstücke und Gebäude in der Höhe vorgenommen werden durfte, wie sich der Unterschied zwischen dem Werte bei Beginn und zum Schlusse des Geschäftsjahrs bezifferte, kann ein Zweifel nicht bestehen. Es war auch keineswegs die Möglichkeit ausgeschlossen, daß trotz des Bestehens der für das Branntweingewerbe geltenden Gesetzesbestimmungen eine in Aussicht stehende, in das Branntweingewerbe scharf eingreifende Änderung der Gesetzgebung nach den Verkehrsanschauungen der Branntweinbrenner eine tatsächliche Wertminderung der Brennereien schon hervorgerufen hatte; denn der Ertrag der kontingentierten Brennereien war durch die ihnen gewährten Vergünstigungen wesentlich beeinflußt. Die bloße Möglichkeit einer Wertverminderung, ohne daß eine solche bereits eingetreten ist, berechtigt allerdings niemals zu einer Abschreibung. Zukünftige Ereignisse können aber schon im voraus auf den Wert einzelner Sachen tatsächlich mindernd einwirken.

Der Bezirksausschuß wird also ermitteln müssen, ob die Brennerei der Ges. m. b. H. zu Ende der in Betracht kommenden Geschäftsjahre nach den damals im Branntweingewerbe bestehenden Verkehrsanschauungen mit Rücksicht auf die von den Brennereien befürchtete Änderung der Gesetzgebung in ihrem Werte vermindert worden ist. Auf ein etwaiges bei der Führung der Geschäftsbücher von den Brennereibesitzern im allgemeinen geübtes Verfahren, schon mit Rücksicht auf die bevorstehende Änderung in der Gesetzgebung eine Abschreibung auf das Kontingent und Brennrecht zu machen, kommt es nicht an. Wird festgestellt, daß und in welcher Höhe eine Wertminderung der Brennerei eingetreten war, so bildet der Unterschied zwischen den Werten zu Beginn und zum Schlusse des Geschäftsjahrs das zulässige Maß der Abschreibungen.

δ) Die Gesellschaften m. b. H.

Nr. 1. Entsch. v. 18. Dez. 1913 (PrVerwBl. 35 506) HC 372/12.

KommAbgG. § 33.

1. Der Bezirksausschuß hält die Rechtsprechung des OVG., wonach bei der Gemeindebesteuerung die Gesellschafter einer ein Gewerbe betreibenden Ges. m. b. H. als die Gewerbetreibenden angesehen werden, ihr Einkommen aus der Beteiligung an der Gesellschaft demnach als gewerbliches gilt und nicht nur aus den Anteilen an den verteilten, sondern auch an den zur Reservebildung, Schuldentilgung usw. verwendeten Reinerträgen der Gesellschaft besteht, für unrichtig. Er ist der Meinung, daß auf die Entstehungsgeschichte der Vorschrift des § 33² KommAbgG., soweit darin von der Besteuerung der Gesellschafter einer Ges. m. b. H. die Rede ist, nicht zurückgegriffen werden dürfe, weil die gedachte Vorschrift weder unklar, noch zweifelhaft sei. In letzterer Hinsicht irrt der Bezirksausschuß. Zwar steht außer Frage, daß das Einkommen der Gesellschafter einer Ges. m. b. H., das ihnen aus der Beteiligung an der Gesellschaft zufließt, im Rechtssinne Einkommen aus Kapitalvermögen ist, und so ist es auch von jeher bei der Veranlagung der Gesellschafter zur Staatseinkommensteuer behandelt worden. An sich wäre es daher sehr wohl möglich, dieses Einkommen bei Anwendung der Bestimmung des § 33² KommAbgG. ebenfalls als Einkommen aus Kapitalvermögen zu behandeln. Dem steht aber die Erwägung entgegen, daß dies eine so große Abweichung von der die Gemeindebesteuerung von jeher beherrschenden Regel, daß das Einkommen aus Kapitalvermögen bei physischen Personen in der Wohnsitzgemeinde der Besteuerung unterliegt, bedeuten würde, daß Zweifel darüber entstehen müssen, ob der Gesetzgeber wirklich eine so weitgehende Änderung des geltenden Rechts hat vornehmen wollen. Dazu kommt, daß dann, wenn das Einkommen der Gesellschafter einer Ges. m. b. H. aus ihrer Beteiligung an der Gesellschaft bei der Gemeindebesteuerung als solches aus Kapitalvermögen angesehen wird, derjenige Teil des Einkommens, der nicht an die Gesellschafter ausgezahlt, sondern zur Bildung von Reserven, zur Schuldentilgung usw. verwendet wird, von jeder Steuer frei bleibt. Auch dieser Umstand muß das Bedenken wachrufen, ob wirklich die Absicht des Gesetzgebers dahin gegangen ist, daß das fragliche Einkommen als solches aus Kapitalvermögen behandelt werden soll. Schon alles dieses muß es als zweifelhaft erscheinen lassen, ob die Behandlung des Einkommens, das den Gesellschaftern einer gewerbetreibenden Ges. m. b. H. aus ihrer Beteiligung an dieser zufließt, als Einkommen aus Kapitalvermögen von dem Gesetzgeber beabsichtigt worden ist. Das Unzureichende der Wortfassung der Bestimmung zeigt sich aber ferner auch besonders darin, daß sie die Frage ungelöst läßt, welche Gemeinde steuerberechtigt sein soll, wenn Gegenstand des Unternehmens der Ges. m. b. H. nicht ein Gewerbe ist, sondern in der Verwaltung von Grundeigentum oder Kapitalvermögen besteht, oder aber der Gewerbebetrieb der Gesellschaft sich über mehrere Gemeinden erstreckt. Soll die von der Belegenheitsgemeinde des Grundeigentums verschiedene Sitzgemeinde, oder die Belegenheitsgemeinde steuerberechtigt sein? Welche Gemeinde soll es sein, wenn, was immerhin möglich ist, eine nur Kapitalvermögen verwaltende Ges. m. b. H. ihre Tätigkeit in verschiedenen Gemeinden ausübt (zB. eine von Miterben gebildete Ges. m. b. H.). Vor allem erhellt nicht, wie die Verteilung des Gewinnanteils auf mehrere Betriebsgemeinden bewirkt werden soll, wenn die Ges. m. b. H. ein Gewerbe betreibt.

2. Ist sonach die rechtliche Natur der in Frage kommenden Einkommensquelle nicht ohne Zweifel, so ist es erlaubt und geboten, bei der Auslegung dieser Bestimmung auf die Verhandlungen der gesetzgebenden Körperschaften zurückzugehen. Daß aber die Heranziehung dieser Verhandlungen zu dem Ergebnis führen muß, daß die Gesellschafter der Ges. m. b. H. gegebenen-

falls als die Gewerbetreibenden und ihr desfallsiges Einkommen als gewerbliches anzusehen ist, wie dies in OVG. 33 51 des näheren dargelegt ist, kann einem begründeten Bedenken nicht unterliegen. Wenn endlich der Bezirksausschuß darzutun sucht, es widerstreite dem Begriffe des „Einkommens", wenn als Einkommen der Gesellschafter einer Ges. m. b. H. aus der Beteiligung an der Gesellschaft nicht nur die von der Gesellschaft bezogenen Zinsen und Dividenden, sondern auch der darüber hinausgehende rechnungsmäßige Anteil an dem bilanzmäßigen Reineinkommen angesehen werde, so braucht demgegenüber nur auf die Besteuerung der Mitglieder einer offenen Handelsgesellschaft hingewiesen zu werden, wo die gleichen Verhältnisse obwalten.

Nr. 2. Entsch. v. 9. Juli 1914 (PrVerwBl. 36 60) I HC 177/14.

1. Zwar ist Träger des Dividendenrechts bei einer Ges. m. b. H. der Geschäftsanteil selbst und der Gesellschafter als solcher ist dividendenberechtigt. Rechtlich steht aber nichts entgegen, daß das Dividendenrecht besonders und ohne den Geschäftsanteil abgetreten wird. Hat eine besondere Übertragung des Dividendenrechts stattgefunden, dann kann der Inhaber des Dividendenrechts auch von der Gesellschaft die Dividende verlangen und der Abtretende ist nicht mehr steuerpflichtig. Denn dann tritt gemäß § 398 BGB. der neue Gläubiger mit dem Abschlusse des Abtretungsvertrags an die Stelle des bisherigen Gläubigers. Für die Wirksamkeit der Abtretung gegenüber dem Schuldner oder einem sonstigen Dritten sind keine weiteren gesetzlichen Erfordernisse vorgeschrieben. Solche lassen sich auch nicht aus der Vorschrift des § 410 Abs. 2 aaO. herleiten, da die dort vorgesehene Anzeige des bisherigen Gläubigers an den Schuldner nicht Voraussetzung der Wirksamkeit der Abtretung, sondern nur ein Mittel ist, den guten Glauben des Schuldners bei einer etwaigen Zahlung an den bisherigen Gläubiger auszuschließen. Gegenstand der Abtretung kann aber jede Forderung sein, soweit sie der Pfändung unterworfen ist (§ 400 aaO.), mag sie bereits fällig sein oder erst zukünftig fällig werden. Hinsichtlich der Abtretung einer zukünftigen Forderung ist nur Vorbedingung, daß sie schon so genügend bestimmt ist, daß es nur noch ihrer Entstehung bedarf, um die Übertragung von da ab ohne weiteres wirksam werden zu lassen. Da die zukünftige Dividende einer Ges. m. b. H. in diesem Sinne genügend bestimmt ist, steht deshalb nichts im Wege, auch das Bezugsrecht auf die zukünftige Dividende zum Gegenstand eines Abtretungsvertrags zu machen. Mit dem Vertragsabschlusse geht dann das Recht auf den Bezug später fällig werdender Dividende unmittelbar auf den neuen Gläubiger über.

2. Der Fortfall des Rechts auf einen wesentlichen Teil des Reingewinns hatte für den Kläger die Folge, daß die Einkommensquelle seiner Beteiligung an der Ges. m. b. H. eine wesentliche Veränderung erfuhr. Deshalb kann der Bezirksausschuß bei der nochmaligen Verhandlung nicht mehr das steuerpflichtige Einkommen nach der Vergangenheit berechnen, sondern er müßte, da vor dem Steuerjahr ein Jahresgeschäftsabschluß der Gesellschaft für die veränderte Quelle nicht vorliegt, das Ergebnis des Steuerjahrs an sich schätzen. Da dieses aber bereits abgelaufen ist, würde der wirkliche Ertrag an Stelle der Mutmaßung zu treten haben. Das setzt aber voraus, daß das Ergebnis des Steuerjahrs — das sich aus zwei Perioden, nämlich neun Monaten des Geschäftsjahrs 1913 (1. IV. bis 31. XII. 13) und drei Monaten des Geschäftsjahrs 1914 (1. I. bis 31. III. 14) zusammensetzt — feststeht. Für den Fall, daß deshalb zur Zeit der demnächstigen Entscheidung das Ergebnis des Steuerjahrs für diese beiden Perioden feststeht, ist das Einkommen hiernach zu berechnen; ist dies nicht der Fall, so muß der mutmaßliche Ertrag des Steuerjahrs eingesetzt werden, wobei das Ergebnis jener ersten Periode nicht unberücksichtigt bleiben darf.

Nr. 3. Entsch. v. 12. Nov. 1914 (PrVerwBl. 36 350) I HC 322/13.

1. Der Vorderrichter hält die Eintragung in die Liste der Gesellschafter, die gemäß § 40 G., betr. die Ges. m. b. H., alljährlich zum Handelsregister einzureichen ist, für einen die Mitgliedschaft Dritten gegenüber rechtswirksam begründenden Akt, dem diese rechtschaffende Kraft auch durch Bestimmungen der Satzung über die Stellung des Eingetragenen zur Gesellschaft nicht entzogen werden könne, selbst wenn dieser danach als von der Beteiligung an der Gesellschaft ausgeschlossen gelten müßte. Das ist rechtsirrig. Der Gesellschafterliste wohnt weder rechterzeugende noch rechtbeweisende Kraft inne; sie hat keine rechtserhebliche Bedeutung und genießt insbesondere keinen öffentlichen Glauben gemäß § 15 HGB. Ob jemand Gesellschafter iS. des G. geworden, ist vielmehr nach dem Inhalte der Abreden, die seinem Verhältnis zu der Ges. m. b. H. zugrunde liegen, iVerb. mit dem der Satzungen und der gesetzlichen Vorschriften zu beurteilen. Eine Unterscheidung zwischen der Stellung eines an einer Ges. m. b. H. beteiligten Dritten gegenüber („nach außen hin") und iVerh. zu der Gesellschaft kann auf steuerlichem Gebiete jedenfalls nicht gemacht werden.

2. Voraussetzung für die Beteiligung an einer Ges. m. b. H. als Gesellschafter ist lediglich, daß jemand, es sei bei der Gründung der Gesellschaft oder im Wege der späteren Rechtsfolge, Inhaber eines Geschäftsanteils (letzterenfalls unter Umständen auch nur eines Teiles eines solchen Anteils) geworden ist (§§ 1—5, 14—18 des G.). Nun hat die Klägerin unstreitig 80000 ℳ Vorzugsanteile an der August S. Ges. m. b. H. erworben. Nur dann würde die Klägerin nicht als Gesellschafterin anzusehen sein, wenn diesen Vorzugsanteilen wegen der besonderen Bestimmungen der Satzung über die mit ihnen verbundenen Rechte die Eigenschaft von Geschäftsanteilen abgesprochen werden müßte. Das ist aber nicht der Fall.

Nr. 4. Entsch. v. 16. Febr. 1914 (OVG. 66 212) I HC 10/13.

KommAbgG. § 33.]

Da die Liquidation des Unternehmens der Ges. m. b. H. bereits im Februar 1912 beendet war, kam eine Beteiligung des Klägers an einem Unternehmen der Gesellschaft zu Beginn des Steuerjahrs 1912 überhaupt nicht mehr in Betracht, selbst wenn die Gesellschaft im Gesellschaftsregister damals noch nicht gelöscht war. Besteuerungstitel ist auf dem Gebiete des Kommunalabgabenrechts nach § 33² KommAbgG. dem einzelnen Gesellschafter gegenüber seine Beteiligung an dem Unternehmen einer Ges. m. b. H. Diese bildet seine Einkommensquelle und die Grundlage seiner Steuerpflicht; besteht sie zu Beginn des Steuerjahrs nicht mehr, so ist auch eine Besteuerung des Gesellschafters nicht mehr zulässig, gleichviel, welcher rechtlichen Natur das Einkommen der Gesellschaft ist (Einkommen aus Kapitalvermögen, Grundbesitz, Gewerbebetrieb, gelegentlicher Spekulationsgewinn).

Nr. 5. Entsch. v. 18. Juni 1914 (PrVerwBl. 35 894) I HC 154/13.

1. Im Urt. v. 29. V. 13 HC 245/12 ist bereits ausgesprochen, daß ein Grundstück erst von dem Zeitpunkt ab eine Steuerquelle bildet, von dem ab es wirtschaftlich genutzt wird. Wie in § 60 Abs. 2 zu Ziff. 1 o KommAbgG. der Hinweis auf § 33² aaO. zeigt, soll diese letztere Vorschrift für die Beantwortung der Frage maßgebend sein, unter welcher Voraussetzung die Steuerpflicht durch Grundvermögen bedingt ist. Nach § 33² sind diejenigen Personen, die in der Gemeinde, ohne dort einen Wohnsitz zu haben, Grundvermögen haben, hinsichtlich des ihnen aus dieser Quelle in der Gemeinde zufließenden Einkommens der Gemeindeeinkommensteuer unterworfen. Das führt zur Erörterung der Frage, ob ein Grundstück für seinen Eigentümer usw. unter allen Umständen eine Einkommensquelle darstellt, oder nur dann, wenn das Grund-

stück wirtschaftlich genutzt wird, und diese Frage ist in letzterem Sinne zu beantworten. Mit Recht weist der Kläger in dieser Hinsicht auf die Gleichartigkeit mit dem Einkommen aus Kapitalvermögen hin. Ein Kapital bildet an und für sich keine Einkommensquelle, das ist vielmehr erst dann der Fall, wenn es wirtschaftlich nutzbar gemacht wird, indem es zinstragend ausgeliehen oder zum Erwerbe zinstragender Papiere usw. verwendet wird. Ebenso liegt die Sache beim Grundvermögen. Wer ein Grundstück erwirbt und es weder selbst in Benutzung nimmt noch gegen Entgelt an einen anderen überläßt, hat daraus kein Einkommen, das Grundstück bildet also für ihn keine Einkommensquelle; denn unter einer solchen ist nur das zu verstehen, was für die Einkommensberechnung Einkünfte liefert. Im Gegensatz hierzu bildet der Betrieb von Handel oder Gewerbe immer eine Einkommensquelle, weil für diesen Betrieb die Absicht der Gewinnerzielung ein wesentliches Erfordernis ist.

2. Der Zweck der Gesellschaft ist der Erwerb, die Bebauung und die Verwertung von Grundstücken. Die Rechtsprechung steht auf dem Standpunkte, daß die Vermietung von Grundstücken, die von einer Handel mit Grundstücken treibenden (physischen oder juristischen) Person mit der Absicht demnächstiger Veräußerung, also als Ware, erworben sind, nur eine Art Zwischennutzung bildet, die die Grundstücke ihrer eigentlichen Bestimmung als Betriebsmittel nicht entfremdet und die daraus fließenden Einnahmen der Eigenschaft als Ertrag des gewerblichen Unternehmens nicht entkleidet. Wenn die Ges. m. b. H. zu dem Zwecke gegründet worden ist, die Grundstücke zu verkaufen, so hat die Ges. m. b. H. ohne Zweifel den Grundstückshandel betreiben wollen. An dieser Absicht wird aber dadurch, daß sie die Baustellen nicht als solche weiterverkauft, sondern sie, weil sie als Baustellen nicht verkäuflich waren, bebaut und sie, immer mit der Absicht, sie sobald wie möglich zu verkaufen, einstweilen vermietet, nichts geändert. Es handelt sich bei dem Vermieten nur um eine Zwischennutzung. Eine Ausscheidung der bebauten Grundstücke aus dem sonstigen als Ware dienenden Grundbesitze der Gesellschaft ist nicht erfolgt.

Nr. 6. Entsch. v. 31. März 1913 (**OVG. 64** 301) HC 259/12.

KommAbgG. § 33.

1. In OVG. **62** 394 (ErgBd. i. St. IV 242) ist bereits dahin entschieden, daß iF. der Beteiligung einer offenen Handelsgesellschaft an einer Ges. m. b. H. die einzelnen Mitglieder der offenen Handelsgesellschaft ebenso zur Gemeindeeinkommensteuer heranzuziehen seien, als wären sie einzeln für sich an der Ges. m. b. H. beteiligt.

Nicht anders wie die Mitglieder einer offenen Handelsgesellschaft sind die Mitglieder einer Kommanditgesellschaft iF. der Beteiligung dieser Gesellschaft an einer Ges. m. b. H. steuerlich zu behandeln. Die einfache Kommanditgesellschaft — im Gegensatze zu der Kommanditgesellschaft auf Aktien — ist nur eine Abart der offenen Handelsgesellschaft. Sie ist ebenso wie die letztere keine juristische Person, es fehlt ihr die volle Selbständigkeit, da den persönlich haftenden Gesellschaftern die unbeschränkte, den Kommanditisten eine beschränkte Haftung unmittelbar den Gläubigern gegenüber obliegt. Die handelsrechtlichen Besonderheiten, die für die Kommanditgesellschaften abweichend von dem Rechte der offenen Handelsgesellschaften gelten, haben für die hier zu entscheidende Frage keine Bedeutung. Es steht demnach nichts entgegen, die Kommanditisten iF. der Beteiligung der Kommanditgesellschaft an einer Ges. m. b. H. bei Anwendung des § 33 KommAbgG. auf das Einkommen aus der Ges. m. b. H. ebenso wie die persönlich haftenden Gesellschafter zu behandeln.

2. Daß der § 124 HGB. den offenen Handelsgesellschaften und der § 161 Abs. 2 aaO. auch den Kommanditgesellschaften in gewissen Beziehungen Selbständigkeit gegenüber dem Vermögen der einzelnen Gesellschafter beilegt, berechtigt nicht

dazu, diese Gesellschaften nun schlechthin als selbständige Rechtssubjekte zu behandeln, insbesondere sie und nicht ihre Mitglieder als Gewerbetreibende iS. des § 33 Abs. 1² KommAbgG. zu betrachten. In OVGSt. **7** 435, **12** 141, **13** 190 ist ausdrücklich betont, daß die offene Handelsgesellschaft kein besonderes, neben ihren Mitgliedern bestehendes Rechtssubjekt sei, und es ist nur eine Selbständigkeit des Vermögens der Gesellschaft dahin angenommen, daß zwischen der Gesellschaft und ihren Mitgliedern voll wirksame Verträge geschlossen werden können. Wieweit die den offenen Handelsgesellschaften usw. vom Rechte gewährte Selbständigkeit reicht, muß für die einzelnen Rechtsbeziehungen dieser Gesellschaften besonders geprüft werden, die Frage läßt sich nicht nach allen Richtungen hin einheitlich beantworten. Wenn in OVGSt. **15** 104 zur Begründung der dort vertretenen Auffassung angeführt wird, daß einer offenen Handelsgesellschaft, die auf Grund des § 124 HGB. unter ihrer Firma einen Geschäftsanteil einer Ges. m. b. H. erworben habe, auch selbst (im Gegensatze zu den einzelnen Mitgliedern) die Mitgliedschaft zustehe, so kann dem Bedeutung nur für die Behandlung des Einkommens aus der Ges. m. b. H. nach dem StaatsEinkStG. beigemessen werden. Die hier zur Entscheidung stehende Frage nach der Anwendbarkeit des § 33 KommAbgG. liegt auf einem anderen Gebiete. Für die staatliche Besteuerung wird das Einkommen aus der Beteiligung an einer Ges. m. b. H. nach der Vorschrift des § 11 Abs. 2b EinkStG. als Kapitaleinkommen behandelt, und es kann sich hier nur fragen, ob solches Einkommen zunächst dem mit einer gewissen Selbständigkeit versehenen Vermögen der an der Ges. m. b. H. beteiligten offenen Handelsgesellschaft oder unmittelbar den Teilhabern dieser letzteren Gesellschaft zufließt, mit anderen Worten, ob die Selbständigkeit des Vermögens der offenen Handelsgesellschaft so weit reicht, daß es selbst als Empfänger des Gewinnanteils aus der Ges. m. b. H. angesehen werden kann. Nur diese Frage lag auch der vorerwähnten Entscheidung zugrunde. Für die Gemeindebesteuerung dagegen wird die Fiktion aufgestellt, daß die Gesellschafter der Ges. m. b. H. trotz des korporativen Charakters der letzteren selbst die Gewerbetreibenden sind, und hier handelt es sich um die Frage, ob die offene Handelsgesellschaft, die keine juristische Person ist, oder deren einzelne Mitglieder als die Gewerbetreibenden anzusehen sind. Diese letztere Frage kann aus den Bestimmungen des StaatsEinkStG., das nach dem Gesagten mit ganz anderen steuerlichen Verhältnissen zu tun hat, nicht beantwortet werden.

Nr. 7. Entsch. v. 29. März 1915 (OVG. **68** 243) I HC 32/14.

1. Die Auffassung des Klägers, daß nach § 1367 BGB. das aus der Beteiligung seiner Ehefrau an der Ges. m. b. H. fließende Einkommen als Vorbehaltsgut zu gelten habe, ist unzutreffend. Es ist allerdings in der Rechtsprechung anerkannt, daß für eine Ehefrau, die zu den Gesellschaftern einer offenen Handelsgesellschaft gehört, stets der selbständige Betrieb eines Erwerbsgeschäfts iS. des § 1367 BGB. angenommen werden muß (OVG. **56** 189ff.). Die Beteiligung einer Ehefrau als Gesellschafterin an einer Ges. m. b. H. kann aber nicht in gleicher Weise beurteilt werden. Die größere rechtliche Selbständigkeit, die das G. der Ges. m. b. H. einräumt, bei der insbesondere im Gegensatze zur offenen Handelsgesellschaft den Gesellschaftsgläubigern nur das Gesellschaftsvermögen haftet, führt vielmehr dazu, daß hier iS. des bürgerlichen Rechtes nicht von einem Betriebe des Geschäfts durch die Gesellschafter gesprochen werden kann. Die an einer Ges. m. b. H. beteiligte Ehefrau kann ebensowenig wie zB. eine Kommanditistin, mit der sie die Beschränkung ihrer Haftung auf eine bestimmte Vermögenseinlage gemein hat, als Unternehmerin des Geschäfts bezeichnet werden. Mit der hier dargelegten Rechtsauffassung steht es auch im Einklange, daß bei der Ge-

meindebesteuerung, um die einzelnen Mitglieder der Ges. m. b. H. heranziehen zu können, zu der Unterstellung gegriffen wird, daß die Gesellschafter es seien, die das Gewerbe betrieben, gleich als ob sie Mitglieder einer offenen Handelsgesellschaft wären. Dieser Unterstellung bedürfte es nicht, wenn nach den maßgebenden privatrechtlichen Rechtssätzen die Mitglieder der Ges. m. b. H. als die das Geschäft Betreibenden anzusehen wären. Die Revision will nun die erwähnte Unterstellung dahin ausgedehnt wissen, daß auch für die Frage, ob ein Betrieb des Erwerbsgeschäfts durch die Ehefrau iS. des § 1367 BGB. vorliege, das Mitglied einer Ges. m. b. H. dem Gesellschafter einer offenen Handelsgesellschaft gleichzustellen sei. Sie beruft sich hierfür insbesondere auf OVG. **50** 120ff., in dem gesagt ist: „Diese Fiktion, aus welcher die Steuerpflicht der Gesellschafter in der Forensalgemeinde abgeleitet ist, muß für die gesamte Kommunalbesteuerung, auch für die in der Wohnsitzgemeinde gelten." Hiermit geht die Revision fehl. Die in Rede stehende rechtliche Annahme dient zur Begründung der Gemeindesteuerpflicht der Gesellschafter im Gegensatze zur Gesellschaft. Eine Ausdehnung über diesen Zweck hinaus erscheint unzulässig, insbesondere ist es durch nichts gerechtfertigt, sie auf das durch die Vorschriften des bürgerlichen Rechtes geregelte eheliche Güterrecht auszudehnen. Die Frage, ob das Einkommen aus der Beteiligung an der Ges. m. b. H. als Einkommen der zur Gesellschaft gehörigen Ehefrau oder ihres Ehemanns anzusehen ist, liegt auf einem völlig anderen Gebiete wie die Frage nach der Steuerpflicht der einzelnen Gesellschaftsmitglieder im Gegensatze zur Gesellschaft. Die Bemerkung in dem angeführten Urteile, daß die Fiktion „für die gesamte Kommunalbesteuerung gelten müsse", ist nach dem Zusammenhange nur dahin aufzufassen, daß die Geltung der Fiktion sich nicht auf die Forensalgemeinde beschränke, sondern auch für die Besteuerung in den Wohnsitzgemeinden maßgebend sei.

Der Beklagte und der Vorderrichter haben hiernach mit Recht das Einkommen aus der Ges. m. b. H. nicht als Vorbehaltsgut der Ehefrau des Klägers, sondern als der ehemännlichen Nutznießung gemäß § 1363 BGB. unterliegendes Einkommen behandelt. Die Einbeziehung dieses Einkommens in das gemeindesteuerpflichtige Gesamteinkommen des Ehemanns und die dementsprechende Anwendung des § 49 Abs. 1 KommAbgG. bei Ermittelung des Steuerbetrags ist daher gerechtfertigt und ebenso die Einbeziehung in das bei Verteilung der Abzüge zu berücksichtigende Gesamteinkommen.

2. Nach den Vorschriften des EinkStG. in der geltenden Fassung sind die von dem Steuerpflichtigen zu zahlenden Schuldenzinsen von dem Gesamteinkommen in Abzug zu bringen (§ 8 II¹ EinkStG.), sofern es sich nicht um Werbungskosten (§ 8 I aaO.) handelt. Unter Schuldenzinsen in diesem Sinne sind insbesondere auch die Zinsen der auf dem Grundbesitz eingetragenen Verbindlichkeiten zu verstehen. Bei den Schuldenzinsen dieser Art kann die rechtliche Verpflichtung eine verschiedene sein; es kann allein das Grundstück dinglich haften oder daneben auch der Besitzer persönlich verpflichtet sein; es kann eine Einzelschuld oder eine Mehrheitsschuld und letztere kann wieder eine einfache Mitschuld oder eine Gesamtschuld sein. Die rechtliche Eigenschaft der Zinsen der Verbindlichkeiten als „Schuldenzinsen" iS. des § 8 II¹ EinkStG. wird durch diese Unterschiede nicht berührt und es besteht demnach insbesondere kein Anlaß, die Zinsen von Grundschulden von der Vorschrift des § 8 II¹ aaO. auszunehmen.

3. Im vorliegenden Falle handelt es sich um Zinsen von Hypotheken und Grundschulden, die auf einem zu ungeteilter Erbschaftsmasse gehörigen Grundstücke lasten. Wie das OVG. bereits in mehreren Fällen ausgesprochen hat, kennt das EinkStG — und mit ihm das KommAbgG. — eine ungeteilte Erbmasse als besondere Einkommensquelle nicht; das Einkommen fließt vielmehr nach richtiger steuerrechtlicher Auffassung aus den zu der Erbmasse gehörigen einzelnen Einkommensquellen,

hinsichtlich welcher unterstellt wird, daß die einzelnen Erben an ihnen anteilmäßig berechtigt sind. Dies folgt mit Notwendigkeit schon daraus, daß sich unter diesen Einkommensquellen solche befinden können, die in Preußen gesetzlich der Steuerpflicht nicht unterworfen sind, wie zB. außerpreußischer Grundbesitz oder Gewerbebetrieb (§ 5 1, 2 EinkStG.). Diese Annahme hat zur Folge, daß auch die auf dem ungeteilten Nachlasse ruhenden Verpflichtungen als anteilige Verpflichtungen der einzelnen Erben anzusehen sind, so daß die Schuldenzinsen und Lasten, die auf der Erbmasse ruhen, den eigenen Schuldenzinsen der Erben gleichstehen und — zugleich mit den etwa sonst noch zu berücksichtigenden Abzügen — von dem Gesamteinkommen der einzelnen Erben abgezogen werden müssen.

4. Unrichtig sind die Ausführungen des Klägers, die dahin zielen, daß die in Rede stehenden Schuldenzinsen als Werbungskosten anzusehen seien. Das Vorliegen von Werbungskosten würde voraussetzen, daß es sich um Aufwendungen zur Erwerbung, Sicherung oder Erhaltung des Ertrags der Einkommensquelle handelte (§ 8 I EinkStG.). Derartige Aufwendungen kommen aber hier nicht in Betracht. Auch wenn anerkannt wird, daß die Erben des Vaters des Klägers die Hypotheken und Grundschulden ganz oder teilweise übernehmen mußten, um die Einkommensquelle im Erbwege zu erhalten, handelt es sich doch bei der Zahlung der Zinsen nicht um eine Aufwendung zur Erwerbung, Sicherung oder Erhaltung des Ertrags der Quelle; denn dieser wird ganz unabhängig davon erzielt, ob für den Erwerb, die Sicherung oder Erhaltung der Quelle die Last übernommen ist und getragen wird oder nicht (OVG. **53** 163). Nicht zutreffend ist auch die Berufung des Klägers auf die steuerliche Behandlung der von einer offenen Handelsgesellschaft zu zahlenden Schuldenzinsen. Daß diese Zinsen vom Rohertrage der Quelle des gewerblichen Einkommens und nicht vom Gesamteinkommen des Steuerpflichtigen in Abzug zu bringen sind, hängt mit der Vorschrift des § 13 Abs. 1 EinkStG. zusammen, wonach als Einkommen aus Handel und Gewerbe der Geschäftsgewinn gilt, der nur durch Gegenüberstellung aller Einnahmen und Ausgaben der Gesellschaft ermittelt werden kann.

e) Einkommen aus Bergbau und Privateisenbahnunternehmungen.

Nr. 1. Entsch. v. 10. Dez. 1914 (PrVerwBl. 37 367) I HC 170/14.

1. Allerdings wird in § 9⁶ EinkStG. für die Berechnung des Einkommens der nichtphysischen Personen das durchschnittliche Ergebnis bei der Veranlagung festgesetzt. Das findet bei der staatlichen Ermittlung seine Erklärung in der Verpflichtung der nichtphysischen Personen zur Abgabe einer Steuererklärung. Eine solche kennt das KommAbgG. nicht; vielmehr haben die Gemeinden iF. einer nach § 36 Abs. 2 aaO. vorzunehmenden Einkommensermittlung diese selbständig zu bewirken. Aus diesem Grunde sind, wie das OVG. in ständiger Rechtsprechung betont hat, auf dem Gebiete der Gemeindebesteuerung die tatsächlichen und rechtlichen Verhältnisse maßgebend, die zu Beginn des Steuerjahres obwalten. In Ansehung der gemeindlichen Veranlagung haben deshalb die in der ersten Klammer des § 9⁶ EinkStG. angezogenen Bestimmungen die Bedeutung, daß nur die staatssteuerpflichtigen nichtphysischen Personen nach der Vorschrift der Ziff. 6 zu veranlagen sind, während der in der zweiten Klammer ausgesprochene Hinweis auf Ziff. 3 besagt, daß als der Veranlagung unmittelbar vorangegangen diejenigen Geschäftsjahre zu gelten haben, deren Ergebnis zu Beginn des Steuerjahrs festgestellt war. Nach dem eigenen Vortrage der Klägerin war das Ergebnis des Geschäftsjahrs 1911 von dem zuständigen Organe der Gewerkschaft, der Gewerkenversammlung, erst am 26. IV. 12, mithin nach Beginn des

streitigen Steuerjahrs 1912 genehmigt und festgestellt worden. Das Geschäftsjahr 1911 konnte somit bei der Durchschnittsberechnung nicht berücksichtigt werden.

2. Rechtlich einwandfrei war es schließlich auch, daß der Vorderrichter für das Geschäftsjahr 1908 die ursprüngliche und nicht die nachträglich vom Gewerkschaftsvorstand abgeänderte Geschäftsbilanz bei der Feststellung des Einkommens verwertet hat. In OVGSt. **15** 192 (ErgBd. i. St. IV 360) ist im Anschluß an die bisherige Rechtsprechung dargelegt, daß auch für Gewerkschaften — mögen diese nun auf Grund von Jahresbilanzen oder, was wohl am häufigsten vorkommt, nach sogenannten Anschnittrechnungen im Laufe des Geschäftsjahrs Ausbeute verteilen — der Grundsatz gilt, daß eine nachträgliche Abänderung der Bilanz ohne Ausführung der neuen Bilanz steuerlich nicht in Betracht kommt. Von diesem Grundsatze dem Wunsche der Anschlußrevision gemäß abzuweichen, liegt kein Anlaß vor. Es wird zwar hierfür geltend gemacht, daß nach der Rechtsprechung des RG. (RGZ. **11** 163) eine Bilanzfeststellung, die sich nachträglich als unrichtig erweist, jederzeit wieder aufgehoben werden könne. Für zivilrechtliche Ansprüche mag das zutreffen; auf dem Gebiete des Steuerrechts haben diese Grundsätze jedenfalls keinen Platz. Ganz abgesehen davon, daß eine nur von dem Vorstand einer Gewerkschaft aufgestellte Bilanz für die Berechnung des steuerpflichtigen Einkommens der letzteren unverbindlich ist und lediglich ein Geschäftsabschluß, der von dem zuständigen Organe der Gewerkschaft, der Gewerkenversammlung, genehmigt und damit festgestellt ist, den Erfordernissen des § 9[6] EinkStG. entspricht, hat der Steueranspruch des Staates und der Gemeinden nach § 15 aaO. den in gewisser Weise verteilten Gewinn zum Gegenstande, und dieser darf nicht durch eine anderweite Beschlußfassung über einen bereits verteilten Gewinn, zu dessen Erstattung die Gewerken nicht verpflichtet sind, in Frage gestellt werden. Eine nachträgliche Änderung der Bilanz ohne Ausführung ihres Ergebnisses nur für Steuerzwecke hat keinen Wert. Dabei ist es unerheblich, ob die Ausbeuten nach dem Ergebnisse der Jahresbilanz oder auf Grund von Anschnittrechnungen zur Auszahlung gelangen; denn auch diese im Laufe des Geschäftsjahrs ausgeworfenen Beträge müssen in der Jahresbilanz irgendwie zum Ausdrucke kommen, sei es, daß sie über Gewinn- und Verlustkonto laufen oder sonstwie auf einem anderen Konto (zB. Kapitalkonto) verrechnet werden.

f) Aktiengesellschaften und Kommanditgesellschaften auf Aktien.

Nr. 1. Entsch. v. 8. Jan. 1914 (OVG. **66** 208) I HC 128/13.

EinkStG. § 9.

1. § 9[6] EinkStG. lautet:

Die Veranlagung der nichtphysischen Personen (§ 1[4, 5, 6], §§ 15, 16) erfolgt nach dem durchschnittlichen Ergebnisse der drei der Veranlagung unmittelbar vorangegangenen Geschäftsjahre (Nr. 3) und, wenn das Unternehmen noch nicht so lange besteht, nach dem Durchschnitte der kürzeren Zeit, für welche Geschäftsabschlüsse vorliegen.

In Ansehung der Gemeindebesteuerung haben die in der ersten Klammer angezogenen Paragraphen die Bedeutung, daß nur die staatssteuerpflichtigen nichtphysischen Personen nach der Vorschrift der Ziff. 6 zu veranlagen sind (OVG. **60** 185), während die in der zweiten Klammer angezogene Nr. 3 besagt, daß als der Veranlagung unmittelbar vorangegangen diejenigen Geschäftsjahre zu gelten haben, deren Ergebnis zur Zeit der Veranlagung, d. h. zu Beginn des Steuerjahrs festgestellt werden konnte (OVG. v. 3. I. 11 — PrVerwBl. **32** 481). Im übrigen läßt der Wortlaut dieses ersten Satzes keinen Zweifel darüber, daß, wenn vor dem Steuerjahre der Abschluß eines Geschäftsjahrs liegt, niemals mit einem Geschäftsergebnisse, das erst im

Laufe des Steuerjahrs festgestellt wird, gerechnet werden kann. Stehen die Ergebnisse für zwei oder drei Geschäftsjahre fest, so ist eine Durchschnittsberechnung nach diesen Jahren vorzunehmen. Liegt nur der Geschäftsabschluß für ein Jahresergebnis vor, so hat nach diesem die Veranlagung zu erfolgen. Umfaßt das erste vor der Veranlagung liegende Geschäftsjahr einen kürzeren Zeitraum als zwölf Monate, was bei neu gegründeten Aktiengesellschaften, deren Geschäftsjahr sich mit dem Kalenderjahre deckt, vielfach zutrifft, so muß ein dem Geschäftsabschlusse für die kürzere Zeit verhältnismäßig entsprechender Jahresbetrag eingestellt werden (OVGSt. **14** 236).

2. Es würde der ausdrücklichen Vorschrift des ersten Satzes der Ziffer 6 direkt zuwiderlaufen, wenn trotz Vorliegens eines Geschäftsergebnisses am 1. IV. des Steuerjahrs die Veranlagung nicht nach Maßgabe des feststehenden Ergebnisses vorgenommen, sondern ein späteres Geschäftsjahr in eine Durchschnittsberechnung hineingezogen würde. Darauf zielen aber die Angriffe der Revision hin, die indes auf einer mißverständlichen Auffassung des zweiten Satzes der Ziff. 6 beruhen, der vorschreibt:

Die Steuerpflicht der nichtphysischen Personen tritt erst ein, wenn ein das Vorhandensein von Überschüssen ergebender Abschluß vorliegt; die Veranlagung geschieht alsdann von dem Beginne des Monats ab, der auf den Zeitraum folgt, für welchen dieser Abschluß gemacht ist.

Es mag zugegeben werden, daß die Ausdrucksweise dieses Satzes wenig glücklich ist. Jedenfalls ist es ausgeschlossen, daß zwischen dem zweiten und ersten Satze ein innerer Widerspruch bestehen kann. Das würde aber der Fall sein, wenn die Veranlagungsbehörde trotz des Vorhandenseins eines oder mehrerer Geschäftsabschlüsse zur Zeit der Veranlagung (Beginn des Steuerjahrs) die letztere so lange aussetzen könnte, bis nach einer Durchschnittsberechnung unter Zuhilfenahme eines späteren in das Steuerjahr fallenden Geschäftsabschlusses ein versteuerbarer Gewinn vorliegen würde. Deshalb muß der Wille des Gesetzgebers dahin verstanden werden, daß er mit dem zweiten Satze die Fälle treffen wollte, in denen vor Beginn des Steuerjahrs ein Geschäftsabschluß noch nicht vorliegt, ein solcher vielmehr erst im Laufe des Steuerjahrs festgestellt werden kann. Das entspricht auch der Terminologie des G. Während § 9³ eine Veranlagung der dort bezeichneten physischen Personen bei dem Nichtvorhandensein von Jahresabschlüssen nach dem mutmaßlichen Jahresertrage zuläßt, will Ziff. 6 Satz 2 den Veranlagungsbehörden ein ähnliches Besteuerungsrecht gegenüber den nichtphysischen Personen, bei denen eine Schätzung nicht stattfindet, in der Weise geben, daß eine Veranlagung auf Grund eines im Laufe des Steuerjahrs erfolgten Geschäftsabschlusses, vorausgesetzt, daß ein Überschuß vorhanden ist, vom Beginne des Monats erfolgen kann, der auf den Zeitraum folgt, für den dieser Abschluß gemacht ist. Das kann aber nur für das erste Geschäftsjahr zutreffen, dessen Abschluß in das Steuerjahr fällt, und ist deshalb nur bei neu entstehenden nichtphysischen Personen möglich (OVGSt. **6** 216).

Nr. 2. Entsch. v. 18. Juni 1914 (PrVerwBl. **36** 120) I HC 209/13.

1. Weder der preußisch-österreichische StaatsVt. v. 21. VI. 99, noch das ihm nachträglich Gesetzeskraft beilegende G. v. 18. IV. 00 (GS. 259) verleiht den Zensiten ein selbständig verfolgbares Recht, eine Beachtung der darin festgelegten Besteuerungsgrundsätze oder gar den Abschluß entsprechender besonderer zwischenstaatlicher Abkommen über ihre Steuerveranlagung zu fordern. Selbstverständlich ist es ihnen unbenommen, ihre noch nicht rechtskräftig gewordene staatliche Veranlagung mit dem ordentlichen Rechtsmittel der Berufung auch unter der Begründung anzufechten, daß sie gegen jenen

Vertrag verstoße. Ist das aber nicht geschehen, so bleibt ihnen nur übrig, im allgemeinen Verwaltungswege durch Vorstellungen oder Dienstaufsichtsbeschwerden auf eine nachträgliche Änderung ihrer Veranlagung hinzuwirken.

2. Wenn der Vorderrichter dagegen den Standpunkt vertritt, aus dem Wortlaute des § 36 Abs. 3 KommAbgG. sei eine Ausschließung anderer Fälle einer Änderung der Staatssteuer, als der dort ausdrücklich genannten (Änderung infolge von Rechtsmitteln oder auf Grund der §§ 62, 63 EinkStG.), von der Einwirkung auf die Gemeindesteuer nicht zu entnehmen, so kann dem nicht beigepflichtet werden. Weder grammatisch noch logisch macht es einen Unterschied, ob der Gesetzgeber die von ihm gewählte Fassung („die auf Grund der Einlegung von Rechtsmitteln ... erfolgte Erhöhung oder Ermäßigung der ... Staatseinkommensteuer zieht die entsprechende Abänderung des Gemeindezuschlags nach sich") oder die vom Vorderrichter für den Fall einer beabsichtigten erschöpfenden Regelung als geboten erachtete gebrauchte („Die Erhöhung oder Ermäßigung der ... Staatseinkommensteuer zieht die entsprechende Abänderung des Gemeindezuschlags nach sich, wenn sie auf Grund der Einlegung von Rechtsmitteln ... erfolgt"). Im übrigen würde, selbst wenn der Wortlaut Zweifeln darüber Raum ließe, ob das G. den Einfluß der Änderung der Staatssteuer auf die erfolgte Veranlagung zur Gemeindeeinkommensteuer abschließend hat regeln wollen, das Vorliegen dieser Absicht sich schon aus der Entstehungsgeschichte des § 36 Abs. 3 KommAbgG. ergeben. Damit erledigt sich auch die weitere Ausführung des Vorderrichters, daß auch außerhalb der im § 36 Abs. 3 aufgestellten Voraussetzungen in Fällen, wie dem vorliegenden, wo der Minister kraft der ihm durch das G. v. 18. IV. 00 übertragenen unbeschränkten Ermächtigung die Staatssteuerveranlagung für die Vergangenheit berichtigt habe, die Änderung der staatlichen Veranlagung auf Grund des allgemein herrschenden Prinzips der Abhängigkeit der Gemeinde- von der Staatseinkommensteuer, aus dem bereits § 36 Abs. 3 hervorgegangen sei, nachträglich die seinerzeit zutreffend vorgenommene Gemeindesteuerveranlagung hinfällig mache. Es ist aber nicht richtig, daß der Grundsatz der Abhängigkeit der Gemeinde- von der Staatseinkommensteuer das Kommunalabgabenrecht unbeschränkt beherrscht.

3. Ebenso unzutreffend ist es, wenn die Klägerin die verbindliche Kraft der nachträglichen Abänderung der Staatssteuerveranlagung für die Gemeinde C. auf den allgemeinen Rechtssatz stützen zu können glaubt, daß das Besteuerungsrecht der Gemeinden aus dem Steuerhoheitsrechte des Staates abgeleitet ist. Aus diesem Rechtssatze folgt lediglich, daß der Staat, als er das Kommunalabgabenrecht regelte, den Gemeinden keine weiterreichenden Befugnisse übertragen konnte, als er nach Verfassungs- und internationalem Staatsrechte selbst besaß. Wäre also bei Erlaß des KommAbgG. der StaatsVt. mit Österreich v. 21. VI. 99 schon in Geltung gewesen und hätte er die Bedeutung gehabt, daß durch ihn die Steuerhoheit des preußischen Staates über österreichische Untertanen oder in Österreich domizilierte Gesellschaften eingeschränkt werden sollte, so hätte das G. den Gemeinden ohne Verstoß gegen völkerrechtliche Grundsätze diesen Pflichtigen gegenüber weiterreichende Besteuerungsrechte nicht gewähren dürfen und etwaige Zweifel über die Bedeutung des G. wären unter Berücksichtigung dieser Rechtslage zu lösen gewesen. Keineswegs folgt aus jenem Grundsatz aber, daß Beschränkungen, die der Staat sich etwa später selbst hinsichtlich seiner Steuerhoheit auferlegt, ohne weiteres auch den Machtbereich der Gemeinden auf steuerlichem Gebiete, der ihnen vom Staate früher als Ausfluß seiner noch uneingeengten Steuerhoheit durch G. eröffnet worden ist, zu verringern vermögen. Dazu wäre vielmehr erforderlich, daß entweder das allgemeine, die Gemeindesteuerbefugnisse regelnde G. (hier also das KommAbgG.) einen ausdrücklichen Vorbehalt in dieser Richtung enthielte, oder daß der zwischenstaatliche Vertrag (bzw. das ihm Kraft verleihende G.) nach der klar erkennbaren Ab-

sicht der Vertragschließenden (oder des Gesetzgebers) auch für das Gebiet der Gemeindebesteuerung Geltung erlangen sollte. Weder das eine noch das andere trifft hier zu. Wie schon der Vorderrichter anerkannt hat, bezieht sich das G. v. 18. IV. 00 nur auf die Staatssteuern. Weder die Vorschriften über die subjektive Steuerpflicht physischer Personen auf Grund des Titels des Wohnsitzes oder Aufenthalts, noch diejenigen über die objektive Steuerpflicht des radizierten Einkommens physischer und juristischer Personen sind solche, die eine unmittelbare Anwendung auf die Gemeindebesteuerung in Preußen gestatten, denn in beiden Richtungen ist die Materie bereits im KommAbgG. nach ganz anderen Gesichtspunkten erschöpfend geregelt.

4. Wenn die Klägerin für ihre Ansicht endlich die Bestimmung in § 33³ Schlußsatz KommAbgG. anführt und meint, daß diese iVerb. mit § 36 (Abs. 2²) daselbst die Pflicht der Gemeinde zur Abänderung des Gemeindezuschlags begründe, so übersieht sie, daß beide Vorschriften sich zunächst nur auf die ursprüngliche Veranlagung durch die Gemeinde beziehen; die Gemeinde soll durch sie verhindert werden, wenn sie zur Veranlagung einer bereits von der staatlichen Besteuerung betroffenen Erwerbsgesellschaft schreitet, ihrer Schätzung ein anderes Einkommen als das zu jener Zeit vom Staate festgestellte zugrunde zu legen. Ist die Gemeinde dem Staate einmal gefolgt, so können spätere Berichtigungen der staatlichen Veranlagung für sie nur noch insoweit Bedeutung erlangen, als das G. nachträglichen Änderungen der Staatssteuer überhaupt einen Einfluß auf die Veranlagung zur Gemeindeeinkommensteuer zugesteht, also nur in den durch § 36 Abs. 3 gezogenen Grenzen. Gegen diese Folge will die Klägerin sich durch die Behauptung schützen, daß die staatliche Veranlagung eine definitive sein müsse und daß sie da, wo sie an die Zustimmung zweier Staaten gebunden sei, erst dann als zustandegekommen gelten könne, wenn beide Staaten zugestimmt hätten. Beide Einwendungen sind verfehlt. Auch soweit die Gemeinde an die Ergebnisse der staatlichen Veranlagung gebunden ist, kann sie einen Zensiten jedenfalls dann zur Gemeindesteuer veranlagen, wenn die staatliche Veranlagung überhaupt stattgefunden hat; daß diese noch nicht rechtskräftig geworden ist und noch der Anfechtung im Rechtsmittelwege unterliegt, hat nur zur Folge, daß die Gemeinde, wenn die letztere zu einer Abänderung der staatlichen Veranlagung führt, dieser Veränderung unter den gesetzlich vorgesehenen Voraussetzungen Rechnung tragen muß. Abwegig ist ferner die Annahme, daß die Veranlagung der Klägerin zur Staatseinkommensteuer in Preußen der Zustimmung der österreichischen Staatsregierung bedurfte und so lange diese nicht erteilt war, nur als ein Provisorium zu gelten hatte. Der StaatsVt. v. 21. VI. 99 stellt nur die Grundsätze auf, die bei der Besteuerung der beiderseitigen Untertanen bzw. der beiden Vertragsstaaten steuerlich unterworfenen Einkommen von jedem von ihnen eingehalten werden sollten, macht aber die Wirksamkeit der innenstaatlichen Veranlagungen nicht von einer Zustimmung des anderen Vertragsteils abhängig. Verstöße gegen den Vertragsinhalt im Einzelfalle können daher wohl den Gegenkontrahenten zu Vorstellungen und dem Verlangen nach Änderung der einzelnen Veranlagung berechtigen, aber nicht deren Verbindlichkeit dem Zensiten gegenüber berühren.

Nr. 3. Entsch. v. 3. Dez. 1914 (PrVerwBl. 36 398) I HC 266/14.

KommAbgG. §§ 33, 36, 47, 48, 48a.

1. Nach feststehender Rechtsprechung ist für das Anwendungsgebiet des § 48a KommAbgG. zu unterscheiden, ob eine Veranlagung der Aktiengesellschaft seitens des Staates stattgefunden hat oder nicht. Ersterenfalls ist auch das von ihr außerhalb Preußens erworbene Einkommen, sofern es in dem staatlich veranlagten Einkommen enthalten ist, in Preußen gemeinde-

steuerpflichtig und eine Ausscheidung eines Teiles des der staatlichen Besteuerung unterliegenden Einkommens für außerpreußische Gemeinden nicht angängig. Das folgt ohne weiteres aus der Bestimmung des § 33[3 Abs. 2] aaO., wo jede selbständige Veranlagungstätigkeit der Gemeinde ausgeschaltet und das Veranlagungsergebnis des Staates (zuzüglich 3½% des Aktienkapitals) ohne Nachprüfung zu übernehmen ist. Dieses Verbot, das Gesamtergebnis des Staates auf seine Zusammensetzung und Richtigkeit zu erörtern, läßt deshalb eine Feststellung nach der Richtung nicht zu, ob das staatlich veranlagte Einkommen etwa einen Quellenertrag von außerpreußischen Gemeinden umfaßt. Vielmehr ist das vom Staate zur Besteuerung in Anspruch genommene Einkommen (+ 3½% des Aktienkapitals) das Verteilungsobjekt für die beteiligten preußischen Gemeinden und auf diese nach den in den einzelnen Betriebsstätten gezahlten Löhnen zu verteilen.

2. Davon verschieden ist die Rechtslage, falls der Staat nicht veranlagt hat und die Gemeinde nach § 36 Abs. 2 aaO. das ihr steuerpflichtige Einkommen selbständig ermitteln muß. Dann ist von dem Gesamteinkommen der Aktiengesellschaft auszugehen und derjenige Teil, der außerhalb Preußens erfließt, steuerfrei zu lassen (nach dem Grundsatze des § 33 Abs. 1[3], der die Gemeindesteuerpflicht auf das in der Gemeinde entstehende Einkommen beschränkt). Die hierdurch notwendig werdende Ausscheidung des steuerfrei bleibenden Einkommens für die nichtpreußischen Gemeinden findet bei Aktiengesellschaften, deren Betrieb sich einheitlich auf preußische und außerpreußische Betriebsstätten erstreckt, zufolge der ausdrücklichen Vorschrift der §§ 47, 48, 48a aaO. unter Berücksichtigung sämtlicher, auch der außerpreußischen Lohnausgaben statt. Der Umfang des Steuerrechts der preußischen Gemeinden an dem Gesamteinkommen wird hiernach in dem Verhältnisse der in den einzelnen Gemeinden erwachsenen Gehälter und Löhne zu den Gesamtlöhnen ermittelt. Eine andere Auslegung läßt der klare Wortlaut des gedachten § 48a nicht zu. Ob die Anwendung dieser Vorschrift in Einzelfällen zu Härten führt, ist hier nicht zu erörtern. Der Verwaltungsrichter hat die bestehenden G. zu befolgen und ist nicht dazu berufen, etwaige durch die Befolgung des G. eintretende Unbilligkeiten durch eine falsche Gesetzesanwendung zu beseitigen.

3. Nach § 36 Abs. 2 KommAbgG. iVerb. mit § 9[6] EinkStG. erfolgt die Veranlagung einer Aktiengesellschaft nach dem durchschnittlichen Ergebnisse der drei der Veranlagung unmittelbar vorangegangenen Geschäftsjahre, wenn die Aktiengesellschaft so lange oder noch länger bestanden hat. Diese dreijährige Durchschnittsperiode kann aber das letzte der dem Steuerjahr voraufgegangenen Geschäftsjahre nur dann mitumfassen, wenn durch die Generalversammlung die Bilanz vor dem Beginn des Steuerjahrs genehmigt worden ist; denn erst mit dieser Genehmigung werden die zu verteilenden Überschüsse (Dividenden usw.) festgestellt und hierdurch wird steuerpflichtiges Einkommen gewissermaßen erst geschaffen (vgl. U. v. 2. VI. 13 HC 396/12).

4. Was den Teilungsfaktor, d. s. die in den preußischen und außerpreußischen Betriebsstätten erwachsenen lokalisierten Lohnausgaben, anlangt, so ist zu bemerken, daß eine Veranlagung nach den Durchschnittsjahren 1908—1910 nicht auch die Einsetzung der Löhne aus diesen Jahren bedingt. Wenn § 48 KommAbgG. die Ermittelung der Ausgaben an Löhnen und Gehältern in dreijährigem Durchschnitt fordert, so ist zwar über die Art dieser Durchschnittsberechnung im KommAbgG. keine Bestimmung getroffen. Nach ständiger Rechtsprechung des OVG. seit dem Inkrafttreten der NovEinkStG. v. 19. VI. 06 müssen aber die Vorschriften des § 9 über die Berechnung des gewerblichen Einkommens zur Ergänzung herangezogen werden. Danach genügt es, wenn der Jahresabschluß eines Geschäftsjahres vor dem Beginne des Steuerjahres vorliegt. Eine Feststellung der Lohnausgaben ist dann ohne weiteres

aus den Geschäftsbüchern möglich und von einer Bilanzaufstellung oder Beschlußfassung seitens der Generalversammlung völlig unabhängig (vgl. die oben zitierte Entsch. v. 2. VI. 13).

h) Die juristischen Personen.

Nr. 1. Entsch. v. 20. April 1914 (PrVerwBl. 35 910) I HC 98/13.

1. Die Haubergsgenossenschaften des Kreises Siegen besitzen juristische Persönlichkeit. (Vgl. OVG. **57** 167.) Aus der Begründung zu § 2 HaubergO. ist zu entnehmen, daß der Entwurf die Rechtsfähigkeit der Genossenschaft hat anerkennen und nur den Ausdruck juristische Persönlichkeit durch die Aufführung der einzelnen Befugnisse, in welchen die Rechtsfähigkeit zur Geltung kommt, hat ersetzen wollen. Aus der Summe dieser Befugnisse muß aber, wie in der erwähnten Entscheidung geschehen ist, der Schluß gezogen werden, daß das mit ihr ausgestattete Rechtsgebilde eine juristische Person ist.

2. Die fernere Voraussetzung des § 33 Abs. 1³ KommAbgG., daß die juristische Person in der steuerfordernden Gemeinde „Grundvermögen hat", ist ebenfalls gegeben. Wie in OVG. **57** 167 ausgeführt ist, stehen der Genossenschaft die im Eigentumsrecht enthaltenen Verfügungs- und Verwaltungsbefugnisse an dem im Gesamteigentum der Genossen stehenden Hauberge zu; sie muß daher auch steuerrechtlich als Trägerin der aus dem Eigentum erwachsenden Verpflichtungen gelten.

3. Bei der Beantwortung der Frage, ob der Genossenschaft im gegebenen Falle aus dem genossenschaftlichen Vermögen ein Einkommen zugeflossen ist, handelt es sich darum, ob den Nutzungsbefugnissen der Genossen für die steuerliche Behandlung der Charakter von dinglichen Rechten an fremder Sache beizumessen ist, oder ob diese Befugnisse als Mitgliedschaftsrechte zu behandeln sind. Ersterenfalls würde die Steuerpflicht gemäß § 12 Abs. 1 EinkStG. nur die Genossen treffen, während im zweiten Falle die Genossenschaft als Einkommensberechtigte zu gelten hat und die Verteilung des Einkommens unter die Genossen als innerer Vorgang im Kreise der Teilnahmeberechtigten die Steuerpflicht der Genossenschaft nicht berührt (vgl. OVG. **64** 325). Der letztere Standpunkt ist der zutreffende. Die Rechte der Genossen am Gesamteigentum haben eine eigenartige rechtliche Natur, die im G. nicht scharf bestimmt ist; sie wurzeln im alten deutschen Rechte und haben sowohl eine sachenrechtliche wie eine körperschaftsrechtliche Seite. Um für die steuerliche Behandlung ein Ergebnis zu gewinnen, hat man das wesentlichste dieser beiden Elemente den Ausschlag geben zu lassen, und das ist das körperschaftsrechtliche. Die der Genossenschaft und ihren Organen insbesondere in den §§ 2, 3, 4, 6, 14, 17 und 18 HaubergO. v. 17. III. 79 (GS. 228) eingeräumten Befugnisse haben so einschneidende Bedeutung, daß die Genossenschaft als selbständiges Zwischenglied zwischen den Genossen und dem zu nutzenden Grundvermögen erscheint und die Nutzungsrechte der Genossen des Charakters der Unmittelbarkeit in bezug auf dieses Vermögen entbehren. Für die Richtigkeit dieser Ansicht zeugt auch der § 164 EGBGB., auf welchem die Aufrechterhaltung der privatrechtlichen Vorschriften der HaubergO. gegenüber dem BGB. beruht. Darin werden aufrecht erhalten „die landesgesetzlichen Vorschriften über die ... Realgemeinden und ähnliche Verbände, deren Mitglieder als solche zu Nutzungen an land- und forstwirtschaftlichen Grundstücken ... berechtigt sind". Wenn damit auch über die juristische Gestaltung der Nutzungsrechte im einzelnen nichts gesagt ist, so läßt das G. doch erkennen, daß es die Rechte der Teilhaber grundsätzlich als Mitgliedschaftsrechte ansieht, was gleichfalls dafür spricht, in Ermangelung einer entgegenstehenden besonderen gesetzlichen Regelung das Hauptgewicht auf die körperschaftsrechtliche Seite zu legen. Demnach ist die Klägerin jedenfalls hinsichtlich derjenigen Einnahmen als steuerpflichtig anzusehen, die zunächst in die Genossenschaftskasse geflossen sind.

Nr. 2. Entsch. v. 7. Okt. 1915 (OVG. 69 222) I HC 275/14.

KommAbgG. § 33.

Auch die juristischen Personen des Privatrechts unterliegen der Gemeindebesteuerung. Ob die Aktiengesellschaften, Berggewerkschaften und eingetragenen Genossenschaften überhaupt im weiteren Sinne unter den Begriff der juristischen Personen fallen, ist in der Rechtswissenschaft vielfach umstritten. Hier bedarf es nicht einer Stellungnahme zu dieser Frage, da die Gesetzgeber des KommAbgG. jedenfalls diejenigen nichtphysischen Rechtssubjekte, die in besondere gesetzlich festgelegte Formen gekleidet Träger von Einkommen wurden, in erster Linie steuerpflichtig erklären wollte, weil sie die im wirtschaftlichen Leben gebräuchlichsten Rechtsformen darstellten. Daneben wurden die juristischen Personen hervorgehoben, und zwar ausnahmslos die privat- und öffentlich-rechtlichen. Eine Einschränkung auf die letzteren findet in dem Wortlaute des G. keine Stütze und erscheint willkürlich. Die Einschaltung des Zusatzes „insbesondere auch Gemeinden und weitere Kommunalverbände" ist nicht geeignet, die Ansicht der Revision zu stützen. An sich würde dieser Zusatz ebensogut haben fortbleiben können. Sein Verbleiben findet in der Entstehungsgeschichte ihre Erklärung. In dem Entwurfe des KommAbgG. wurden als einkommensteuerpflichtig bezeichnet „die juristischen Personen, jedoch mit Ausnahme . . . 3. der Gemeinden und der weiteren Kommunalverbände". Die Kommission des Abgeordnetenhauses beschloß jedoch gerade das Gegenteil, indem sie die Gemeinden und weiteren Kommunalverbände gleichfalls einkommensteuerpflichtig erklärte. Bei diesem Kommissionsbeschluß ist es in der Folge geblieben, so daß aus der ursprünglichen Gegeneinanderstellung eine Nebeneinanderstellung wurde. Gerade durch die Beibehaltung dieser eingeschalteten Worte wurde unzweideutig zum Ausdrucke gebracht, daß außer den privatrechtlichen juristischen Personen auch die öffentlich-rechtlichen juristischen Personen der Gemeinden und weiteren Kommunalverbände der Besteuerung ihres Einkommens in den Gemeinden unterworfen sein sollten. Bei den Verhandlungen der gesetzgebenden Körperschaften ist auch stets mit der Besteuerung der privatrechtlichen juristischen Personen gerechnet worden.

Nr. 3. Entsch. v. 23. Juni 1913 (OVG. 64 322) HC 310/12.

1. Der § 6 ErrichtungsG. der Preußischen Zentral-Genossenschafts-Kasse idFass. des G. v. 13. VII. 09 (GS. 640) bestimmt:

„Von dem beim Jahresschlusse sich ergebenden Reingewinne der Anstalt wird, vorbehaltlich etwaiger besonderer Rückstellungen:

1. a) zunächst $^1/_5$ zur Bildung eines Reservefonds, $^4/_5$ zur Verzinsung der Einlagen (§§ 3 und 5) bis zu 3% verwendet;
   b) ein etwaiger Überrest zur weiteren Verzinsung der von Vereinigungen usw. eingezahlten Vermögenseinlagen (§ 5), sowie des von dem Staate nach diesem G. (G. v. 13. VII. 09) bereitzustellenden Erhöhungskapitals von 25 Mill. ℳ bis zu $3\frac{1}{2}$% bestimmt;
   c) der dann noch verbleibende Überrest aber ebenfalls dem Reservefonds zugeführt;
2. sobald der Reservefonds ein Viertel der Einlagen beträgt, eine Verzinsung der Einlagen bis zu 4% gewährt und der Rest dem Reservefonds zugeführt."

2. Es ist zu prüfen, ob die von der Preußischen Zentral-Genossenschafts-Kasse an den Staat und die beteiligten Verbandskassen abzuführenden Beträge zum Geschäftsgewinne der Preußischen Zentral-Genossenschafts-Kasse iS. des § 13 EinkStG. gehören. Für die Beurteilung dieser Frage ist entscheidend, ob die Ansprüche des Staates und der Verbandskassen die Natur von Mitgliedschaftsrechten haben, oder ob Staat und Verbandskassen der Preußischen Zentral-Genossenschafts-Kasse als Gläubiger wie nicht zugehörige Personen gegenüberstehen. — Wäre ersteres der Fall, handelte es sich bei den

in Rede stehenden Zahlungen um Ausschüttung von Gewinnanteilen auf Grund von Mitgliedschaftsrechten, dann bildeten diese Gewinnanteile einen Bestandteil des Geschäftsgewinns der Anstalt und die Verteilung wäre nur ein innerer Vorgang im Kreise der Teilnahmeberechtigten. Stehen dagegen Staat und Verbandskassen der Preußischen Zentral-Genossenschafts-Kasse als Gläubiger wie nicht zugehörige Personen gegenüber, dann kann der an diese Gläubiger abzuführende Teil des Ertrags nicht als Geschäftsgewinn der Schuldnerin gelten; denn derjenige Teil des geschäftlichen Ertrags, den ein Gewerbetreibender nach G. oder Vertrag an einen anderen abzuführen verpflichtet ist, gehört nicht zu seinem Geschäftsgewinn und kommt für seine Besteuerung nach § 13 EinkStG. nicht in Betracht.

3. Bei Beurteilung der rechtlichen Natur der in Frage stehenden Ansprüche des Staates und der Verbandskassen ist zunächst der Begriff des Darlehns für die gewährten Einlagen auszuscheiden. Dem entspricht auch die Fassung des G. (§§ 3, 5, 6), in dem von „Einlagen" des Staates und der Vereinigungen und nicht von „Darlehn" die Rede ist.

Um die Natur der aus der Gewährung der „Einlagen" folgenden Rechte zu erkennen, ist auf den Rechtscharakter der Preußischen Zentral-Genossenschafts-Kasse einzugehen. Nach § 1 ErrichtungsG. ist sie eine „Anstalt" mit der Eigenschaft einer juristischen Person. Es fragt sich, was unter Anstalt im Rechtssinne zu verstehen ist. Der Begriff ist kein fest bestimmter. Das ALR. behandelt, der älteren gemeinrechtlichen Lehre folgend, die juristische Person als gleichbedeutend mit Korporation und gibt daneben einzelne Bestimmungen über Stiftungen sowie über „Armenanstalten und andere milde Stiftungen".

Das BGB. kennt auf dem Gebiete des Privatrechts als Arten der juristischen Personen nur Vereine (§§ 21 ff.) und Stiftungen (§§ 50 ff.). Dagegen sind in § 89 unter den öffentlich-rechtlichen juristischen Personen neben den Körperschaften, dem Fiskus und den Stiftungen auch die Anstalten besonders erwähnt. Dies beruht auf der Erwägung der Kommission für die zweite Lesung, daß sich auf dem Gebiete des öffentlichen Rechtes nicht selten Zweifel darüber erhoben, ob eine Anstalt den Körperschaften oder den Stiftungen zuzurechnen sei.

Aus dem Gesagten ist zu entnehmen, daß die gesetzliche Bezeichnung einer juristischen Person als „Anstalt" das Vorhandensein korporativer Rechte nicht schlechthin ausschließt, daß also die „Anstalt" nicht unter allen Umständen der Stiftung rechtlich gleichsteht, die keine „Mitglieder" haben kann.

4. Die Frage, ob die Ansprüche finanziell bei einer Anstalt beteiligter Personen den Charakter von „Mitgliedschaftsrechten" haben, ist demnach im Einzelfall aus der Verfassung der Anstalt heraus zu beantworten. Dabei muß entscheidendes Gewicht darauf gelegt werden, ob die in Betracht kommenden Personen als Ausfluß ihrer finanziellen Beteiligung bei der Bildung der Organe der Anstalt verfassungsmäßig beteiligt sind. Nur wo eine solche Beteiligung gegeben ist, können körperschaftliche Rechte als vorhanden angesehen werden. Wenn dagegen die Anstaltsverfassung den finanziell Beteiligten keine Rechte in bezug auf die Organbildung beilegt, so können ihre Ansprüche nur als Gläubigerrechte gegenüber der als selbständiges Rechtssubjekt für sich bestehenden Anstalt angesehen werden.

Bei der Preußischen Zentral-Genossenschafts-Kasse ist das Vorhandensein von „Mitgliedschaftsrechten" des Staates und der beteiligten Verbandskassen zu verneinen. Zunächst stehen den Verbandskassen keinerlei Rechte in bezug auf die Organbildung oder Verwaltung der Anstalt zu. Der Staat ist allerdings zur Bildung der Anstaltsorgane berufen; ihm steht die Ernennung des Direktoriums und die Zusammensetzung des Ausschusses zu. Aber diese Befugnisse sind nicht als Ausfluß der Kapitalbeteiligung des Staates anzusehen, sondern auf das Hoheitsrecht des Staates zurückzuführen. Mit der Auffassung der staatlichen Verwaltungsbefugnisse als Ausfluß der Staatshoheit steht es im Einklange, daß dem Direktorium der Preußischen Zentral-Genossenschafts-Kasse, weil es unter öffentlicher Autorität für die Herbeiführung der Zwecke des Staates tätig ist, die Eigenschaft einer öffentlichen Behörde zuerkannt wird.

5. Es können also die Ansprüche des Staates und der beteiligten Verbandskassen auf die in Rede stehenden Geldleistungen nicht als Mitgliedschaftsrechte aufgefaßt werden; vielmehr handelt es sich um Gläubigerrechte, und die zur Befriedigung dieser Rechte verwendeten Kapitalbeträge können nach dem oben Gesagten nicht als Teil des „Geschäftsgewinns" der Preußischen Zentral-Genossenschafts-Kasse behandelt werden. Dem steht auch nicht der Umstand entgegen, daß das G., betr. die Errichtung der Anstalt, im § 6 anordnet, daß die in Betracht kommenden Zahlungen aus dem „Reingewinne" der Anstalt zu leisten sind. Dieser Ausdrucksweise des G., das hier unter „Reingewinn" den gesamten Reinertrag des in § 2 aaO. abgegrenzten Geschäftsbetriebs der Anstalt versteht, kann für die Auslegung des steuerrechtlichen Begriffs des „Geschäftsgewinns" (§ 11 EinkStG.) keine Bedeutung beigemessen werden.

Die von der Preußischen Zentral-Genossenschafts-Kasse an den Staat und die Verbandskassen abzuführenden Geldbeträge gehören demnach zu den abzugsfähigen Aufwendungen iS. des § 8 EinkStG. idF. v. 19. VI. 06.

Nr. 4. Entsch. v. 2. Juli 1914 (OVG. **67** 187) I HC 218/13.

1. Die Zahlungen der Reichsbank an das Reich nach § 24 [3] BankG. v. 14. III. 75/7. VI. 99/1. VI. 09, um deren Abzug es sich hier handelt, bilden nach den Darlegungen in OVG. **60** 185 (ErgBd. i. St. IV. 207) eine auf dem BankG. beruhende Abgabe öffentlichen Rechtes, die unter die Werbungskosten (§ 8 1 Abs. 1 EinkStG.) zu rechnen ist. Für Werbungskosten gilt es als Regel, daß sie nach ihrer Entstehung innerhalb der für die Ertragsermittelung der Quelle maßgebenden Frist aus dem Rohertrage der Quelle auszusondern sind. Als Zeitpunkt der Entstehung der hier in Rede stehenden periodischen Betriebsausgaben kann für die Einzelleistungen immer nur die Zeit angesehen werden, zu der die Jahresabgabe fällig wird, d. h. berechnet und gefordert werden kann. Die Anwendung der erwähnten Regel auf den vorliegenden Fall ergibt demnach ohne weiteres die Richtigkeit des von der Klägerin vertretenen Standpunkts, daß der an das Reich abzuführende Gewinnanteil nicht von dem Ertrage des Geschäftsjahrs, nach dessen Ergebnis er berechnet ist, sondern von dem des folgenden in Abzug zu bringen ist. Daß diese Regel hier aus besonderen Gründen eine Ausnahme zu erleiden hätte, kann nicht anerkannt werden.

2. Eine solche Ausnahme läßt sich zunächst nicht aus den Vorschriften des vom Beklagten in Bezug genommenen § 13 EinkStG. herleiten, die, wie in OVG. **60** 185 des näheren dargelegt ist, für die Berechnung des Geschäftsgewinns der Reichsbank maßgebend sind. Gemäß § 13 Abs. 1 Satz 2 aaO. ist bei Steuerpflichtigen, die Handelsbücher nach §§ 38ff. HGB. führen, der Gewinn unter Beobachtung der Vorschriften in §§ 7 und 8 EinkStG. nach den Grundsätzen zu berechnen, wie solche für die Inventur und Bilanz durch das HGB. vorgeschrieben sind und sonst dem Gebrauch eines ordentlichen Kaufmanns entsprechen. Wäre aus den Vorschriften des HGB. oder den diesen hier gleichzustellenden besonderen gesetzlichen Bestimmungen über die Bilanzführung der Reichsbank (§ 8 und § 40 [4] BankG. v. 14. III. 75, § 13 Statut der Reichsbank v. 21. V. 75, RKzlBek. v. 15. I. 77, RGBl. 24) zu entnehmen, daß die in Rede stehende Abgabe bilanzmäßig jedesmal den Betriebsunkosten des Jahres zugerechnet werden müßte, nach dessen Gewinnergebnisse sie berechnet ist, so würde ein gleiches auch für die steuerliche Behandlung

Platz greifen müssen. Dasselbe würde gelten, wenn sich innerhalb des durch die gesetzlichen Bilanzvorschriften gelassenen Spielraums ein diese Buchungsart erfordernder „Gebrauch eines ordentlichen Kaufmanns" nachweisen ließe. Dem würde auch nicht der Umstand entgegenstehen, daß der angeführte § 13 in erster Linie Beachtung der Vorschriften des § 8 verlangt. Der § 8 bestimmt selbst über die Zeit der Anrechnung der Werbungskosten nichts, sondern gibt nur die zulässigen Abzüge an. Die obenerwähnte Regel, daß die Zeit der Entstehung der betreffenden Ausgaben für die Anrechnung bestimmend ist, bildet nur einen auf allgemeinen Erwägungen beruhenden Auslegungsgrundsatz, der zu durchbrechen sein würde, wenn die bezeichneten handelsrechtlichen Vorschriften oder Handelsgebräuche im Einzelfall eine abweichende Behandlung erheischten. Letzteres ist aber hier nicht der Fall. (Das wird eingehend begründet.)

3. Wenn sich der Beklagte auf die steuerrechtliche Behandlung der von Aktiengesellschaften aus dem Gewinn eines Geschäftsjahrs zu leistenden Zahlungen beruft, so geht er damit auch aus einem anderen Grunde fehl. Für die Berechnung des steuerpflichtigen Einkommens von Aktiengesellschaften gelten die besonderen Vorschriften des § 15 EinkStG., während, wie bereits erwähnt, der Geschäftsgewinn der Reichsbank, die keine Aktiengesellschaft iS. der Handels- und Steuergesetzgebung ist, nach den in § 13 aaO. enthaltenen allgemeinen Bestimmungen über das gewerbliche Einkommen zu berechnen ist. Nach § 15 richtet sich die Besteuerung nicht wie in den Fällen des § 13 nach dem berechneten Geschäftsgewinne, sondern es werden die verteilten Überschüsse unter Hinzurechnung gewisser weiterer Beträge versteuert. Die Zahlungen aus den Überschüssen, die nicht unter diese im G. ausdrücklich bestimmten steuerbaren Verwendungen fallen, treten nicht als „Abzüge" in die Erscheinung, sondern bleiben bei Berechnung des zu versteuernden Einkommens einfach außer Betracht. Daraus folgt, daß diese Zahlungen stets das steuerpflichtige Einkommen des betreffenden Gewinnjahrs schmälern. Auf die dem § 13 unterstehenden Fälle läßt sich diese Berechnungsart nicht übertragen.

4. Wenn schließlich der Beklagte geltend macht, daß der Gewinnanteil des Reichs deswegen notwendigerweise von dem Rohertrage des betreffenden Gewinnjahrs abgezogen werden müsse, weil die Abgabe als Aufwendung zur Erhaltung des Ertrags dieses Geschäftsjahrs zu betrachten sei, so ist das gleichfalls unzutreffend. Die in periodischen Zahlungen zu leistende Reichsabgabe belastet einheitlich die ganze Quelle, die Zahlungen dienen zur Erhaltung des Ertrags überhaupt und nicht nur desjenigen bestimmter Geschäftsjahre.

Nr. 5. Entsch. v. 15. Dez. 1913 (PrVerwBl. 35 445) HC 382/12.

KommAbgG. §§ 24, 34; EinkStG. §§ 6², 12 Abs. 3.

1. Bei Heranziehung einer Landesversicherungsanstalt als Eigentümerin einer Heilstätte zur Gemeindeeinkommensteuer sind die Vorschriften in §§ 6², 12 Abs. 3 EinkStG. auf die Veranlagung der Anstalt nicht anwendbar, da diese eine juristische Person darstellt.

Von einem der Gemeindeeinkommensteuer unterliegenden Einkommen der Anstalt kann nur hinsichtlich derjenigen Räume gesprochen werden, die sie gegen Geldmiete oder andere geldwerte Leistungen an Dritte überlassen hat. Der Betrag der Geldmiete oder der Geldwert der sonstigen Gegenleistung bildet bei solchen Räumen den Gegenstand der Besteuerung, niemals aber erfaßt diese den Mietwert als solchen.

Der Vorderrichter wird bei der von ihm neu zu treffenden Entscheidung zur Annahme einer Steuerpflicht der Anstalt nur dann gelangen können, wenn festgestellt wird, daß Geldzahlungen oder Leistungen von Geldeswert der Klägerin als Entgelt für die Wohnungen zugekommen sind. Als Gegenleistungen der letzteren Art können Dienste der Angestellten in Betracht kommen, sofern sie ein in Geld veranschlagbares wirtschaftliches Verkehrsgut bilden, und wenn derjenige Teil des Geldwertes der Dienste, der auf die Räume entfällt, nach allgemeinen wirtschaftlichen Anschauungen bestimmbar ist. Von vornherein auszuscheiden haben hierbei Dienstleistungen, welche Angestellte mit Beamteneigenschaft auf Grund ihres Dienstverhältnisses verrichtet haben. Die Erfüllung der Amtspflicht durch einen Beamten der Landesversicherungsanstalt kann nicht als eine Vergütung angesehen werden, die der Beamte für seine dienstlichen Einnahmen, insbesondere für die Benutzung der Wohnung, leistet. Es ist auch nicht angängig, die Ausübung des Amtes als eines der in Geld zu veranschlagenden wirtschaftlichen Verkehrsgüter zu behandeln. In einer Ersparnis, welche die Klägerin infolge der Hingabe der Wohnungen etwa an den Ausgaben für Gehalt oder Wohnungsgeld der Beamten erzielt hat, kann ein „Einkommen" nicht erblickt werden.

2. Ergibt sich, daß der Klägerin aus den Wohnungen ein Einkommen in dem dargelegten Sinne erwachsen ist, so wird die Klägerin von der Steuerpflicht doch nur dann betroffen, wenn für dieses Einkommen nicht aus den §§ 24, 34 KommAbgG. die Steuerfreiheit folgt. Die staatliche Veranlagung zur Gebäudesteuer ist für die Veranlagung zur Gemeindeeinkommensteuer hinsichtlich der Frage, ob und inwieweit Steuerfreiheit bestehe, nicht maßgebend. Das OVG. hat hinsichtlich der Gemeindegebäudesteuer schon mehrfach ausdrücklich hervorgehoben, daß die staatliche Veranlagung nicht dafür entscheidend sei, ob das Gebäude zu den nach § 24 KommAbgG. ganz oder teilweise befreiten gehöre, daß diese Frage vielmehr nur von der veranlagenden Gemeindebehörde und auf erhobene Klage von den Verwaltungsgerichten entschieden werden könne. In gleicher Weise ist auch für die Gemeindeeinkommensteuer die nach § 34 KommAbgG. zu berücksichtigende Frage, ob und inwieweit das Grundvermögen nach § 24 aaO. der Steuer vom Grundbesitz unterworfen ist, von der Gemeindebehörde und gegebenenfalls vom Verwaltungsrichter selbständig zu entscheiden.

3. Von den in § 24 aaO. angeführten Fällen kann es sich hier nur um diejenigen zu h und i handeln. Die Vorschrift zu h betrifft die Gebäude, in welchen die Krankenpflege usw. betrieben wird (das Krankenhaus), die Bestimmung zu i bezieht sich auf solche Grundstücke (bebaute oder unbebaute), welche nicht die Anstalt selbst sind, sondern nur zu ihr gehören. Die Anwendung der beiden erwähnten Gesetzesbestimmungen setzt voraus, daß die in Frage kommenden Grundstücke für die Zwecke der Anstalt unmittelbar benutzt werden. Das ist für die zu i erwähnten Grundstücke im G. ausdrücklich ausgesprochen; für die Anstalten selbst (zu h) folgt es ohne weiteres aus dem Anstaltsbegriff, so daß es keiner besonderen Hervorhebung im G. bedurfte. Eine unmittelbare Benutzung für die Anstaltszwecke hat stattgefunden, wenn das Wohnen der Angestellten in den ihnen überlassenen Wohnungen erforderlich war, um die Zwecke der Anstalt in dem nach der Sachlage gebotenen Umfange zu erreichen, und wenn die Wohnungen den Inhabern aus diesem Grunde überwiesen waren. Dabei ist nicht nachzuprüfen, ob der Dienstbetrieb in der Anstalt sachgemäß geregelt war, maßgebend für die Frage nach der Notwendigkeit des Wohnens in der Anstalt ist vielmehr nur die Gestaltung des Dienstbetriebs, die von der zuständigen Stelle tatsächlich getroffen war. Wenn also zB. von der zuständigen Stelle eine eigene Feuerwehr für die Heilstätten zum Schutze der Kranken eingerichtet worden war, so ist nicht nachzuprüfen, ob diese Einrichtung notwendig oder zweckmäßig war, sondern nur, ob die Einrichtung, wie sie getroffen war, das Wohnen von Angestellten auf dem Anstaltsgelände erforderlich machte. — Für die Entscheidung über die Notwendigkeit des Wohnens auf dem Anstaltsgelände kann auch die mangelnde Möglichkeit zu anderweiter Unterkunft

von Bedeutung sein. Wenn für Angestellte, deren die Anstalt zur Erreichung ihrer Zwecke bedurfte, deren Wohnen auf dem Anstaltsgelände aber für die Erreichung dieser Zwecke an und für sich nicht notwendig war, die Möglichkeit fehlte, eine anderweite Unterkunft in einer für die Verrichtung des ihnen obliegenden Dienstes angemessenen Nähe der Anstalt zu finden, so bestand für die Anstaltsleitung die Notwendigkeit zur Beschaffung der Wohnungen; sie hätte des für die Anstaltszwecke erforderlichen Personals entbehren müssen, wenn sie nicht für dessen Unterkunft gesorgt hätte. — Die Erzielung eines Geldgewinns aus den Wohnungen durch die Klägerin würde der Annahme einer unmittelbaren Benutzung für die Anstaltszwecke nur dann entgegenstehen, wenn nicht die Förderung des Wohles der Kranken, sondern die Erzielung des Geldgewinns den Hauptgrund für die Überlassung der Wohnungen an die Angestellten gebildet hätte.

Nr. 6. Entsch. v. 30. April 1914 (PrVerwBl. **36** 11) I HC 29/13.

1. Die klagende jüdische Gemeinde hat auf ihrem Friedhofsgrundstücke für eigene Rechnung die Gärtnerei betrieben. Der Beklagte hat sie mit Rücksicht auf diesen Gärtnereibetrieb wegen gewerblichen Einkommens in der Weise zur Gemeindeeinkommensteuer herangezogen, daß er der Einkommensberechnung die gesamten Einnahmen aus der Gärtnerei in der in Betracht gezogenen Durchschnittsperiode zugrunde gelegt hat. Streitig war, ob derjenige Teil der Einnahmen der Klägerin aus der Gärtnerei steuerpflichtig ist, den sie in Anwendung des genehmigten „Gebührentarifs für die Gärtnereiinspektion des Friedhofs Weißensee" erzielt hat. Das OVG. verneinte die Frage. Daß es den Synagogengemeinden gestattet ist, besondere Abgaben als Entgelt für besondere Leistungen der Gemeinde innerhalb der gesetzlichen Schranken einzuführen, ist bereits in OVG. **49** 218 dargelegt. Im besonderen ist auch die Erhebung von Abgaben für Gräberpflege im Rahmen der Friedhofsunterhaltung nicht anzuzweifeln, da die Einrichtung und Unterhaltung der Begräbnisplätze nach § 58 aaO. zu den Aufgaben der Synagogengemeinden gehört. Daß solche Gebühren als öffentlich-rechtliche eingeführt werden können, folgt aus der Herrschaftsstellung, die in ähnlicher Weise, wie sie bei den politischen Gemeinden besteht, den Synagogengemeinden gegenüber ihren Mitgliedern hinsichtlich der Besteuerung vom G. eingeräumt ist (vgl. die ungedruckte Entsch. v. 15. X. 08 VII B 8/08).

Daß der Gebührentarif formell richtig zustande gekommen ist, darüber herrscht kein Streit. Was die materielle Gültigkeit anbetrifft, so ist als notwendige Voraussetzung anzusehen, daß die Gebührenerhebung im Rahmen der öffentlichen Aufgabe der Friedhofsunterhaltung stattfindet. Zu dieser Aufgabe ist nur die dem öffentlichen Interesse, d. h. der Rücksicht auf ein würdiges Äußere des Friedhofs entsprechende Herstellung und Unterhaltung der Gräber, nicht aber eine darüber hinausgehende Ausschmückung im Privatinteresse zu rechnen. Im vorliegenden Falle nötigt der Umstand, daß der Tarif sich nicht auf eine Art der Bepflanzung beschränkt, sondern die Bepflanzung mit Efeu oder Sedum, mit grünem Rasen und mit verkehrtem Rasen vorsieht und für die einzelnen Bepflanzungsarten verschiedene Gebührensätze aufstellt, nicht zu der Auffassung, daß es sich um eine über die Grenzen der öffentlichen Aufgabe hinausgehende Ausschmückung handelt. Zur Wahrung der Angemessenheit der Gebührensätze dient das gesetzliche Erfordernis der Genehmigung der Staatsbehörde. Ob die Gebühr der Gegenleistung wirklich angemessen ist und ob es zur Deckung der Unkosten erforderlich war, eine Gebühr von der bestimmten Höhe einzuführen, sind Fragen, die auf den rechtlichen Charakter der einmal genehmigten Gebühr von keinem Einflusse sind.

2. Die Quelle der auf einem öffentlich-rechtlichen Hebungsrechte beruhenden Einnahmen ist eben dieses außerhalb des Gebiets der Privat-

wirtschaft liegende Recht und nicht ein gewerblicher Betrieb. Solche Einnahmen sind deshalb nicht gewerbliches Einkommen.

3. Im Geltungsbereiche des JudenG. v. 23. VII. 47 kann für die jüdischen Gemeinden ein Recht zur Erhebung öffentlich-rechtlicher Abgaben als Entgelt für die der Rücksicht auf ein würdiges Äußere des Friedhofs entsprechende Herrichtung und Unterhaltung der Gräber begründet werden.

k) Die Steuerpflicht der Forensen.

Nr. 1. Entsch. v. 11. Juli 1912 (OVG. **64** 284) HC 364/11.

EinkStG. §§ 2, 8; KommAbgG. § 33.

1. Ruht auf dem preußischen gewerblichen oder Grundeinkommen eines außerhalb des preußischen Staatsgebiets wohnhaften Steuerpflichtigen eine Schuld, die zu der preußischen Einkommensquelle wirtschaftlich in Beziehung steht, so sind die Zinsen dieser Schuld von dem gesamten (preußischen wie außerpreußischen) Einkommen abzuziehen. Das gleiche gilt für den Fall, daß die Schuld zu einer außerpreußischen Einkommensquelle eines außerhalb des preußischen Staatsgebiets wohnhaften Steuerpflichtigen wirtschaftlich in Beziehung steht.

Der Ausdruck „Gesamteinkommen" iS. des § 8 II EinkStG. bezeichnet in seiner gewöhnlichen Bedeutung das Einkommen, das dem Steuerpflichtigen aus sämtlichen inländischen und ausländischen Quellen zufließt, so daß zur Deckung der Schuldenzinsen an sich auch das aus einer nichtpreußischen Einkommensquelle stammende Einkommen Verwendung finden müßte. Aber der Abs. 2 der Vorschrift zu II trifft von dieser Regel zwei Ausnahmen.

Was den ersten Ausnahmefall (Satz 1) betrifft, wonach eine Abrechnung der Schuldenzinsen von dem Gesamteinkommen dann nicht stattfinden soll, wenn die Verbindlichkeiten wirtschaftlich in Beziehung zu Einnahmequellen stehen, die bei der Veranlagung außer Betracht zu lassen sind, so ist in OVG. **59** 162 (ErgBd. i. St. IV 197) die Unanwendbarkeit der Vorschrift bei der Gemeindebesteuerung nachgewiesen worden.

Für den zweiten Ausnahmefall (Satz 2) ist bestimmt, daß, wenn sich die Besteuerung nur auf das im § 2 EinkStG. bezeichnete Einkommen erstreckt, der Abzug der Zinsen nur insoweit statthaft ist, als sie zu den inländischen Quellen wirtschaftlich in Beziehung stehen. Auch dieser Ausnahmefall kann für das KommAbgG. keine Geltung haben, denn es würde eine Durchbrechung des Grundgedankens des KommAbgG. enthalten und unter Umständen zu einer unbilligen Härte führen, wenn nicht der gleiche Grundsatz des Abzugs der Schuldenzinsen vom Gesamteinkommen auch in dem Falle zur Anwendung kommen müßte, wenn nur preußisches Forensaleinkommen iS. des § 2 aaO. zu versteuern ist und Schuldenzinsen zu dieser inländischen Quelle wirtschaftlich in Beziehung stehen. Es fehlt auch an einem inneren Grunde, bei der Gemeindebesteuerung die Abzugsfähigkeit der Schulden iF. der beschränkten Steuerpflicht des § 2 EinkStG. so zu regeln, wie es der in Rede stehende Satz 2 für die staatliche Veranlagung getan hat. Der Staat mußte sich nach seinen Veranlagungsgrundsätzen im Interesse seines Steuereinkommens durch den Satz 2 sichern. Bestände er nicht, so könnte sich ein nach § 2 Steuerpflichtiger, z. B. ein Ausländer, der nur wegen seines in Preußen belegenen Grundbesitzes herangezogen werden kann, von dem ihm hieraus zufließenden Einkommen seine sämtlichen Schuldenzinsen, auch solche von Schulden, die zu dem inländischen Grundbesitze wirtschaftlich nicht in Beziehung stehen oder solche sogar, die auf ausländischem Grundbesitze ruhen und für dessen Erwerb aufgenommen worden sind, in vollem Betrag abziehen.

Deshalb sollte der Fall des Satzes 2 des zweiten Absatzes einer solchen Folgerung vorbeugen. Die hier vorgesehene Möglichkeit einer Schädigung des staatlichen Steuerinteresses kann aber bei der Kommunalbesteuerung nicht hervortreten; weil hier grundsätzlich die Schuldenzinsen, auch die mit der preußischen Einkommensquelle in wirtschaftlicher Beziehung stehenden, anteilig von dem Gesamteinkommen zum Abzuge gelangen. Hieraus ergibt sich, daß dieselbe Vorschrift des Satzes 2, die bei der Staatsbesteuerung als etwas Notwendiges erscheint, wodurch sich der Staat schützen wollte und mußte, auf das KommAbgG. angewendet, zu einem unlösbaren Widerspruche führen müßte. Es wären nämlich Zinsen von Schulden, die nicht mit dem preußischen Grundbesitze wirtschaftlich in Beziehung stehen, überhaupt nicht abzugsfähig, und Schuldenzinsen, bei denen dies der Fall ist, nur unter anteilmäßiger Verrechnung auf preußisches und außerpreußisches Einkommen abzusetzen.

2. Daß der in Rede stehende Satz 2 sich in das Kommunalsteuersystem überhaupt nicht einfügen läßt und deshalb ebenso wie Satz 1 nicht angewendet werden kann, ergibt sich übrigens auch aus der Beschränkung der Vorschrift auf das im § 2 bezeichnete Einkommen. Dieser Paragraph hat in das KommAbgG. keine Aufnahme gefunden. Er trifft auch keine für die Veranlagung zur Staatseinkommensteuer geltende Vorschriften, die einer selbständigen Ermittlung des gemeindesteuerpflichtigen Einkommens nach § 36 KommAbgG. zugrunde zu legen sind, sondern regelt den Umfang der subjektiven Steuerpflicht. Allerdings deckt sich die Vorschrift im § 2 unter b, wonach ohne Rücksicht auf Wohnsitz usw. alle Personen mit dem Einkommen aus preußischem Grundbesitz und aus preußischen Gewerbe- und Handelsanlagen oder sonstigen gewerblichen Betriebsstätten der Einkommensteuer unterliegen, mit einem wesentlichen Teile des von der Forensalsteuerpflicht handelnden § 33 Abs. 1² KommAbgG. Dagegen sind die in § 2 unter a aufgeführten Einkommen aus Besoldungen usw. keineswegs ohne Rücksicht auf Wohnsitz gemeindesteuerpflichtig.

l) Die Steuerpflicht der Beamten.

α) Zugehörigkeit zu den unmittelbaren Staatsdienern.

Nr. 1. Entsch. v. 23. Jan. 1913 (OVG. **64** 291) HC 233/12.

Vd. v. 23. IX. 67 § 2; G. v. 16. VI. 09 § 2.

1. Der Kläger, ein Schutzmann, begehrte im Klagewege für das Steuerjahr 1911 die Einräumung des älteren Steuervorrechts iS. der Vd. v. 23. IX. 67, weil er in den Jahren 1907 bis 1910 bei der Landespolizei in Deutsch-Südwestafrika angestellt war. Nach § 19 RBG. idFass. v. 18. V. 07 sind auf die reichsgesetzlich nicht geregelten Rechtsverhältnisse der Reichsbeamten diejenigen G. anzuwenden, die an ihrem Wohnorte, nämlich an ihrem dienstlichen Wohnsitze, für die Staatsbeamten gelten, und, soweit sich dieser Wohnort außerhalb der Bundesstaaten befindet, kommen die G. des Heimatsstaats zur Anwendung. Zu den reichsgesetzlich nicht geregelten Rechtsverhältnissen gehört auch das den Beamten etwa zustehende Steuervorrecht. Nachdem das G. v. 16. VI. 09 ergangen ist, sind zwei Fragen zu unterscheiden: zunächst, ob der Kläger in einem früheren Zeitpunkte, nämlich irgendeinmal vor dem 1. IV. 09 Beamter gewesen und, wenn dies der Fall, ob er im Steuerjahre 1911 als ein bevorrechtigter Beamter iS. der Vd. v. 23. IX. 67 anzusehen ist. Die zweite Frage ist hier ohne weiteres zu bejahen, da der Kläger unstreitig im Jahre 1911 preußischer Beamter mit fester Besoldung war. Was die erste Frage betrifft, so wird zwar nicht im G. (§ 2 Abs. 2) vorgeschrieben, daß der jetzige Beamte schon vor dem 1. IV. 09 bevorrechtigter Beamter, also Beamter iS. der Vd. v. 23. IX. 67 gewesen sein müsse; es genügt, daß er vor diesem Tage

überhaupt Beamter war, um ihm das ältere Steuervorrecht zuzusprechen. So ist wiederholt vom OVG. solchen jetzt fest besoldeten Beamten das ältere Vorrecht bewilligt worden, die vor dem 1. IV. 09 als Referendare, Supernumerare, Justizanwärter u. dgl. Beamte geworden, damals aber mangels einer Besoldung noch nicht bevorrechtigt waren. Anderseits aber kann unter einem Beamten in der preußischen Beamtengesetzgebung nur ein preußischer Beamter verstanden werden. Der Beamte eines außerdeutschen Staates ist für das preußische Beamtenrecht kein Beamter, ebensowenig aber auch der Beamte eines anderen deutschen Bundesstaats. Der preußische Beamte, der früher in außerpreußischen Diensten war und erst nach dem 1. IV. 09 übergetreten ist, kann also das ältere Steuervorrecht nicht verlangen. Da aber ein Reichsbeamter, der in Preußen den dienstlichen Wohnsitz hat oder, im Auslande beschäftigt, die preußische Staatsangehörigkeit besitzt, auf dem Gebiete des Steuervorrechts nach den für preußische Beamte geltenden Bestimmungen beurteilt werden soll (§ 19 RBG.), so muß man es zur Gewinnung des älteren preußischen Steuervorrechts auch genügen lassen, wenn der Beamte vor dem 1. IV. 09 einmal ein solcher Reichsbeamter gewesen ist. Dagegen kann es nicht genügen, wenn der jetzt in Preußen das ältere Steuervorrecht fordernde (preußische oder Reichs-) Beamte vor dem 1. IV. 09 ein Reichsbeamter war, dessen reichsgesetzlich nicht geregelte Rechtsverhältnisse sich nach außerpreußischem Beamtenrechte richteten, sei es, daß er in einem anderen Bundesstaate den dienstlichen Wohnsitz hatte, oder daß er bei einer Beschäftigung im Auslande nicht preußischer Staatsangehöriger war.

2. Dem Bezirksausschusse ist darin beizutreten, daß der Kläger, als er vor dem 1. IV. 09 Beamter der Landespolizei in Deutsch-Südwestafrika war, Reichsbeamter gewesen ist oder wenigstens bei Anwendung des § 19 RBG. wie ein Reichsbeamter zu behandeln war. Das ergibt sich aus der Vd. v. 4. X. 07, betr. die Rechtsverhältnisse der Landespolizei in Deutsch-Südwestafrika (RGBl. 736) und aus derjenigen v. 9. VIII. 96, betr. die Rechtsverhältnisse der Landesbeamten in den Schutzgebieten (RGBl. 691). Die Beamten in den Kolonien sind, mindestens nach der neueren Auffassung, wie sie dem KolonialbeamtenG. v. 8. VI. 10 zugrunde liegt, Reichsbeamte, wenn auch die angeführte Vd. v. 9. VIII. 96 noch den Ausdruck „Landesbeamte" gebraucht.

Jedenfalls ist auf den Kläger das RBG. und somit auch dessen § 19 anwendbar. Er hatte in der hier maßgebenden Zeit, vor dem 1. IV. 09, seinen dienstlichen Wohnsitz außerhalb der Bundesstaaten; aber er war preußischer Staatsangehöriger. Deshalb unterlag er, soweit seine Rechtsverhältnisse nicht reichsgesetzlich geregelt waren, dem preußischen Beamtenrecht und steht für die Anwendung des G. v. 16. VI. 09 (§ 2) ebenso wie ein Beamter, der vor dem 1. IV. 09 in Preußen bereits (Staats- oder Kommunal-) Beamter gewesen ist. Ihm kommt das ältere, durch die Vd. v. 23. IX. 67 bestimmte Steuervorrecht zu.

Nr. 2. Entsch. v. 15. Dez. 1913 (OVG. **66** 200) HC 12/13.

G. v. 16. VI. 09 §§ 1, 2.

1. Wie der Gerichtshof in OVG. **64** 291 (oben S. 290) ausgesprochen hat, stehen den Beamten der Schutzgebiete jedenfalls die Rechte von Reichsbeamten zu und sie sind bei Anwendung des § 19 RBG. als solche zu behandeln. Das ergibt sich ohne weiteres aus der AhVd., betr. die Rechtsverhältnisse der Landesbeamten in den Schutzgebieten v. 9. VIII. 96, die in Art. I unter anderem bestimmt, daß das RBG. auf die Rechtsverhältnisse der Beamten, die ihr Diensteinkommen aus den Fonds eines Schutzgebiets beziehen, entsprechende Anwendung finden solle. Die vorerwähnte, zwar nur für die damals unter dem Schutze des Deutschen Reichs stehenden Kolonien geltende Verordnung ist dann später durch die Vd.

v. 23. V. 01 auf alle Schutzgebiete ausgedehnt worden. Diese von dem Kaiser als dem Träger der Schutzgewalt des Reichs erlassenen Vorschriften sind Bestandteile des Reichsrechts und haben nicht etwa die Natur einer landesrechtlichen Vorschrift. Hiernach kann den Rechtsausführungen des Vorderrichters jedenfalls mit der Einschränkung zugestimmt werden, daß den Beamten der Schutzgebiete (seit dem KolonialbeamtenG. „Kolonialbeamte" genannt) kraft Reichsrechts die Rechte und Pflichten von Reichsbeamten zustehen.

2. Geirrt hat der Vorderrichter indessen, wenn er davon ausgegangen ist, daß jedem Kolonialbeamten, der vor dem 1. IV. 09 (wie der Kläger) die Rechte und Pflichten eines Reichsbeamten hatte, das Steuervorrecht der älteren Beamten zustehe. Nach § 19 RBG. finden auf die Rechtsverhältnisse der Reichsbeamten, soweit nicht eine reichsgesetzliche Regelung erfolgt ist, diejenigen gesetzlichen Vorschriften Anwendung, die an ihrem dienstlichen Wohnorte gelten und, wenn sich der Wohnort außerhalb der Bundesstaaten befindet, die gesetzlichen Bestimmungen des Heimatstaats. Die Frage der Steuervergünstigungen der Beamten ist nun nicht zum Gegenstande der Reichsgesetzgebung gemacht worden. Deshalb kommen für die Besteuerung eines in Preußen wohnenden Reichsbeamten die Bestimmungen des G., betr. die Heranziehung der Beamten usw. zur Gemeindeeinkommensteuer v. 16. VI. 09 zur Anwendung. Zur wirksamen Geltendmachung des Steuervorrechts in dem Umfange der Vd. v. 23. IX. 67 wird nach ständiger Rechtsprechung des OVG. für die preußischen Beamten ein doppeltes Erfordernis aufgestellt: einmal, daß der Steuerpflichtige überhaupt einmal vor dem 1. IV. 09 (besoldeter, daher schon bevorrechtigter oder nicht besoldeter und deshalb auch nicht bevorrechtigter) preußischer Beamter gewesen ist, und zweitens, daß er zu Beginn oder zu einem anderen Zeitpunkt innerhalb des Steuerjahrs Beamter iS. der preußischen Vd. v. 23. IX. 67 war. Daraus folgt, daß jemand, der zwar am 1. IV. 09 oder später preußischer Beamter geworden ist, vor diesem Stichtag aber nicht preußischer, sondern etwa Beamter eines Bundesstaats oder des Reichslandes war, gleich einem außerdeutschen Beamten zu behandeln ist und daher nicht nach § 2 Abs. 2, sondern nach § 1 G. v. 16. VI. 09 veranlagt werden muß. Überträgt man diese Grundsätze des preußischen Rechtes auf die Reichsbeamten, so ergibt sich folgendes. Da ein Reichsbeamter, der in Preußen den dienstlichen Wohnsitz hat oder, im Auslande beschäftigt, die preußische Staatsangehörigkeit besitzt, auf dem Gebiete des Steuervorrechts nach den für preußische Beamte geltenden Vorschriften beurteilt werden soll, so muß man es zur Gewinnung des älteren preußischen Steuervorrechts auch genügen lassen, wenn der Beamte vor dem 1. IV. 09 einmal ein solcher Reichsbeamter gewesen ist.

Der Vorderrichter mußte daher, um dem Kläger das beanspruchte Steuervorrecht zuzubilligen, feststellen, ob dieser zu irgendeiner Zeit vor dem 1. IV. 09 (preußischer oder Reichs-)Beamter mit dem dienstlichen Wohnsitz in Preußen war oder außerhalb der Bundesstaaten die Rechte eines Reichsbeamten mit preußischer Staatsangehörigkeit besaß. Rechtsirrig war es, dem Antrage des Klägers lediglich wegen dessen Reichsbeamteneigenschaft stattzugeben.

Nr. 3. Entsch. v. 4. Jan. 1914 (StArch. 17 213).

Ein nichtpreußischer (bayerischer) Oberzahlmeister a. D., der in seinem Ruhestand in Preußen lebt, wurde von seiner Wohngemeinde ohne Rücksicht auf seine Beamtenstellung zur Kommunalsteuer herangezogen. Er beantragte als Beamter, dem das Gemeindesteuerprivileg zustehe, Freistellung, soweit sein Diensteinkommen in Frage kam. Die Veranlagungsbehörde aber wies ihn ab. Er klagte darauf im Verwaltungsstreitverfahren, jedoch gleichfalls ohne Erfolg. Der Bezirksausschuß wies ihn mit folgender Begründung ab: Beamten anderer

Bundesstaaten als Preußens stehe das Beamtenvorrecht nicht zu, wohl aber Reichsbeamten. Es sei also die Frage zu prüfen gewesen, ob der Kläger Reichsbeamter sei. Sie sei zu verneinen. Reichsbeamter würde er nur sein, wenn er entweder vom Kaiser angestellt sei (RV. Art. 18), oder wenn er den Anordnungen des Kaisers nach den Vorschriften der Reichsverfassung als bayerischer Oberzahlmeister Folge zu leisten habe (§ 1 RBG.). Beides sei nicht der Fall. Er sei von seinem Kontingentsherrn angestellt, und dessen Anordnungen habe er im Frieden Folge zu leisten, den Anordnungen des Kaisers nur im Kriege. Aus diesen rechtlichen Beziehungen könne der Kläger nicht seine Eigenschaft als Reichsbeamter herleiten. Das OVG. bestätigte die Vorentscheidung.

Nr. 4. Entsch. v. 15. Jan. 1914 (PrVerwBl. 35 560) I HC 184/13.

1. Es gibt keinen Rechtssatz des Inhalts, daß Beamte eines deutschen Bundesstaats nicht zum Reiche in ein öffentliches Beamtenverhältnis treten können.

2. Nach § 4 RBG. erhält jeder Reichsbeamte bei seiner Anstellung eine Anstellungsurkunde. Nur im Wege der Aushändigung einer solchen kann also die Eigenschaft eines Reichsbeamten verliehen werden.

3. Zu Unrecht glaubt die Revision, daß mit dieser Ansicht die Rechtsprechung im Widerspruch stehe, wonach bei Volksschullehrern zum Erwerb des Steuervorrechts die Anstellung nicht erforderlich sei, sondern die Erteilung eines Auftrags genüge. Die in Betracht kommenden Entscheidungen gehen ebenfalls von dem Rechtssatze aus, daß nur derjenige das ältere Steuervorrecht der Beamten geltend machen könne, dem vor dem 1. IV. 09 Beamteneigenschaft rechtswirksam beigelegt worden sei. Wie sich der Erwerb dieses Charakters vollzieht, richtet sich nach den besonderen Normen, die für die Rechtsverhältnisse der einzelnen Beamtenkategorien gelten. Elementarlehrer erhalten die Beamteneigenschaft durch die Übertragung eines Lehramts, auch wenn diese nur auf Zeit, Widerruf oder Probe geschieht, und über die dabei zu beobachtende Form bestehen keine gesetzlichen Vorschriften. Dagegen verlangt das G. zur Begründung des Rechtsverhältnisses eines Reichsbeamten eine Anstellungsurkunde und in Ermangelung dieses formellen Erfordernisses wird selbst durch Übertragung amtlicher Funktionen die Reichsbeamteneigenschaft nicht verliehen. Im Reichsdienst ist ebenfalls die Anstellung eines Beamten auf Probe, Zeit oder Widerruf zulässig, aber auch in dieser Beschränkung kann das Beamtenverhältnis ohne die Form der Anstellungsurkunde nicht entstehen.

4. Der Kläger scheint ferner der Ansicht zu sein, auch wenn er sich vor dem 1. IV. 09 nicht in dem Verhältnis eines Reichsbeamten befunden habe, stehe ihm das Vorrecht zu, weil er doch immerhin im Reichsdienste beschäftigt gewesen sei. Das ist aber offenbar verfehlt. Denn das ältere Steuervorrecht setzt voraus, daß der Beamte die Beamteneigenschaft — im preußischen Staats- oder im Reichsdienste — vor dem 1. IV. 09 besessen hat; die bloße Tätigkeit im Dienst einer öffentlichen Behörde genügt nicht.

5. Weil die steuerliche Vergünstigung sich nur auf solche Personen erstreckt, deren Bezugsrechte auf einem Staatsdienerverhältnisse zum Preußischen Staate oder zum Deutschen Reiche beruhen und in der Beziehung zwischen dem Rechtszustande vor und nach dem Inkrafttreten des G. v. 16. VI. 09 kein Unterschied besteht, so kann endlich die durch § 2 dieses G. den schon vor dem 1. IV. 09 angestellten Beamten eingeräumte Vorzugstellung nur denjenigen Reichs- oder preußischen Staatsbeamten zukommen, die sich in einem Staatsdienstverhältnis einer dieser beiden Arten befunden haben. Dem Kläger kommt es also nicht zugute, daß er vor dem 1. IV. 09 im hessischen Staatsdienste gestanden hat.

Nr. 5. Entsch. v. 17. Mai 1915 (OVG. **69** 215) I HC 37/14.

Bis zum Erlasse der KabO. v. 8. XII. 04 (AVBl. 358) gehörten die Militärintendanturbureaudiätare zu den Zivilbeamten der Militärverwaltung, weil sie bis dahin keinen militärischen Rang besaßen. Die Zivilbeamten der Militärverwaltung werden zwar nicht vom Kaiser, sondern von den Landesbehörden angestellt; sie haben jedoch nach der Reichsverfassung den Anordnungen des Kaisers Folge zu leisten, da sie nach § 38 A und C RMilG. v. 2. V. 74 (RGBl. 45) zum aktiven Heere gehören und nach Art. 63 und 64 RV. alle deutschen Truppen verpflichtet sind, dem Befehle des Kaisers unbedingt Folge zu leisten. Sie sind deshalb Reichsbeamte iS. des § 1 RBG. (sog. mittelbare Reichsbeamte). Demnach findet auf sie auch der § 4 RBG. Anwendung, der sich seinem Wortlaute nach sowohl auf die unmittelbaren als auch auf die mittelbaren Reichsbeamten bezieht und vorschreibt, daß jeder Reichsbeamte bei seiner Anstellung eine Anstellungsurkunde erhält. Die Bedeutung dieser Bestimmung ist in der Wissenschaft und in der Rechtsprechung streitig. Der Streit dreht sich darum, ob das „Erhalten" der Anstellungsurkunde die Reichsbeamteneigenschaft begründet oder ob es nur die Anstellung kundmacht. Das OVG. hat sich in ständiger Rechtsprechung dahin ausgesprochen, daß die Aushändigung der Anstellungsurkunde wesentlich für die Begründung der Eigenschaft eines Reichsbeamten ist. An diesem Standpunkt ist nach nochmaliger Prüfung festzuhalten. Schon der Wortlaut der Bestimmung spricht dafür, daß die Anstellungsurkunde nicht nur ein urkundlicher Nachweis über die erfolgte Anstellung als Reichsbeamter sein soll. Wenn sie nur diesen Sinn haben sollte, hätte die Fassung „jeder Reichsbeamte erhält über seine Anstellung eine Anstellungsurkunde", näher gelegen. Die vom G. gewählte Fassung „jeder Reichsbeamte erhält bei seiner Anstellung eine Anstellungsurkunde" deutet darauf hin, daß der Gesetzgeber etwas anderes und mehr hat zum Ausdrucke bringen wollen, als bloß die Schaffung einer Beweisurkunde über die Anstellung. Das bestätigt auch die Entstehungsgeschichte der Vorschrift.

Nr. 6. Entsch. v. 19. Febr. 1914 (OVG. **66** 215) I HC 8/13.

Die Witwen preußischer Beamten sind von den direkten Kommunalauflagen nur hinsichtlich ihrer aus Staatsfonds oder öffentlichen Versorgungskassen zahlbaren Pensionen befreit. Zu diesen gehören nicht die sich auf der Zugehörigkeit zu der Bahnwitwenkasse der Oberschlesischen Eisenbahn gründenden Pensionen.

β) Zugehörigkeit zu den mittelbaren Staatsdienern.

Nr. 1. Entsch. v. 5. Dez. 1911 (PrVerwBl. **33** 534) II C 498/10.

KommBG. §§ 1, 2.

Die Eigenschaft eines Kommunalbeamten wird nach §§ 1 und 2 KommBG. nur durch die Aushändigung einer Anstellungsurkunde erlangt. Die Aushändigung einer Anstellungsurkunde hat hier nach der ständigen Rechtsprechung des Gerichtshofs konstitutive Bedeutung dergestalt, daß es für die Zeit nach dem Inkrafttreten des bezeichneten G. von dem formalen Akte der Aushändigung einer Anstellungsurkunde allein abhängt, ob jemand Kommunalbeamter ist oder nicht. Das gilt in gleicher Weise für endgültig wie für auf Probe, zur Vorbereitung und zu vorübergehenden Dienstleistungen angestellte Beamte, denn auch die Anstellung der letztgenannten Personen als Kommunalbeamte erfolgt nach § 2 aaO. durch Aushändigung einer Anstellungsurkunde. Dagegen kommt es darauf nicht an, ob die dem Kläger während seiner probeweisen Beschäftigung übertragenen Obliegenheiten solche gewesen sind, wie sie nur einem

Beamten übertragen werden sollen, und ob danach der Kläger durch die Aushändigung einer Anstellungsurkunde als Beamter auf Probe hätte angestellt werden sollen.

Nr. 2. Entsch. v. 2. April 1914 (OVG. **66** 222) I HC 45/14.

LGemO. §§ 6, 88, 117f.; G. v. 16. VI. 09 § 2.

1. § 88 Abs. 4[7] LGemO. bestimmt, daß es dem Gemeindevorsteher obliege, die Gemeinde nach außen zu vertreten und namens derselben mit Behörden und Privatpersonen zu verhandeln. Wenn im Anschlusse hieran verordnet wird, daß Urkunden über Rechtsgeschäfte, die die Gemeinde gegen Dritte verbinden sollen, unter Anführung des betreffenden Gemeindebeschlusses und der dazu etwa erforderlichen Genehmigung oder Entschließung der zuständigen Aufsichtsbehörde im Namen der Gemeinde von dem Gemeindevorsteher und einem der Schöffen unterschrieben und mit dem Gemeindesiegel versehen sein müssen, so bezieht sich diese Formvorschrift nur auf Urkunden über Privatrechtsgeschäfte (vgl. OVG. **31** 131). Zu den Handlungen des Privatrechtsverkehrs gehört die Anstellung eines Gemeindebeamten nicht.

2. Ebenso ist die Ansicht des Vorderrichters von einem Rechtsirrtume beherrscht, daß nach dem Ortsstatute der Gemeinde L., betr. die Anstellung der Gemeindebeamten, die Anstellungsurkunden für Gemeindebeamte außer von dem Gemeindevorsteher oder seinem Stellvertreter von einem Schöffen unterzeichnet und mit dem Gemeindesiegel versehen sein müßten; denn eine solche Bestimmung zu treffen, liegt im Geltungsgebiete der LGemO. außerhalb der Befugnis der Gemeinden. Allerdings verordnet die AAnwKommBG. v. 12. X. 99 in Art. I[3]: „Was die Form der Anstellungsurkunden anbelangt, so ist es erwünscht, daß dieselbe, sofern es nicht schon anderweitig geschehen ist, durch das die Beamtenverhältnisse des Kommunalverbandes ordnende Ortsstatut . . . festgestellt werde." Diese Bestimmung würde aber, falls sie in einem der oben vertretenen Ansicht entgegengesetzten Sinne zu verstehen ist, weil mit dem G. unvereinbar, der Gültigkeit entbehren. Dies ergibt sich aus folgender Erwägung:

Die gesetzliche Grundlage für das Selbstbestimmungsrecht der Landgemeinden bildet § 6 LGemO., der in seinem ersten Absatze lautet:

„Die Landgemeinden sind zum Erlasse besonderer statutarischer Anordnungen über solche Angelegenheiten der Gemeinde, hinsichtlich deren das G. Verschiedenheiten gestattet oder auf ortsstatutarische Regelung verweist, sowie über solche Angelegenheiten, deren Gegenstand nicht durch G. geregelt ist, befugt."

Die hier aufgestellten Voraussetzungen, unter denen allein für den Erlaß statutarischer Anordnungen Raum ist, sind bei der in Rede stehenden Bestimmung des Statuts der Gemeinde L. nicht erfüllt. Zunächst besteht zweifellos eine gesetzliche Bestimmung, die hier auf ortsstatutarische Regelung verweist, nicht. Im übrigen können die dem Gemeindevorsteher durch die zwingenden Vorschriften der LGemO. eingeräumten Befugnisse weder durch einfachen Beschluß der Gemeindeversammlung oder Gemeindevertretung (vgl. OVG. **37** 118), noch im Wege eines Ortsstatuts beschränkt werden. Das geschieht aber durch ein Ortsstatut des in Rede stehenden Inhalts, das sich dadurch in die Verwaltungsführung des Gemeindevorstehers regelnd einmischt und ihm vorschreibt, in welcher Weise er eine bestimmte Art von Verwaltungsakten vornehmen solle. Nach § 117 LGemO. sind die Landgemeinden zwar befugt, die Anstellung besoldeter Gemeindebeamten für einzelne Dienstzweige oder Dienstverrichtungen zu beschließen, und nach §18 KommBG., der an die Stelle des § 118 Abs. 1 LGemO. getreten ist, können die Anstellungs-, Besoldungs- und Pensionsverhältnisse der Beamten der Landgemeinden durch Ortsstatut geregelt werden. Dagegen ist nach § 88 Abs. 4[5] LGemO. die Auswahl der zu Berufenden und ihre Anstellung Sache allein des Gemeindevorstehers, und ebenso überläßt es dieses G. ihm, in welcher Form er die Anstellung bewirken will. Bedient er sich dabei, wie es das KommBG. jetzt verlangt, der Aushändigung einer Anstellungsurkunde, so hat er diese allein zu vollziehen. Diese Ausschließung einer Beschränkung des Gemeindevorstehers in seinen Befugnissen ist eine bewußte und somit ist diese Materie in erschöpfender Weise geregelt, wie aus der erwähnten Vorschrift über die Urkundsform bei Privatrechtsgeschäften (§ 88 Abs. 4[7, Abs. 2]) folgt. Indem es hier den Gemeindevorsteher von der Mitwirkung eines Schöffen abhängig macht und die Beidrückung des Gemeindesiegels verlangt, bringt das G. zum Ausdruck, daß der Gemeindevorsteher bei der Vollziehung anderer, ihm allein obliegender Willenserklärungen oder Verwaltungsakte weiteren Beschränkungen nicht unterworfen sein soll. Die in Rede stehende Bestimmung des Ortsstatuts der Gemeinde L. ist hiernach ein unzulässiger Eingriff in die von der LGemO. dem Gemeindevorsteher übertragenen und in erschöpfender Weise geregelten Befugnisse und Obliegenheiten.

3. Zu dem nämlichen Ergebnisse der Ungültigkeit der Vorschrift führt eine andere Betrachtung. Die LGemO. enthält sich einer Bestimmung darüber, in welcher Form eine Anstellungsurkunde ausgestellt werden muß, um wirksam zu sein. Indem sie die mehrfach erwähnte Vorschrift über die Beurkundungen im Privatrechtsverkehre trifft, zeigt sie, daß sie für Urkunden anderer Art nicht etwa eine Lücke lassen, sondern in erschöpfender Regelung der Frage die allgemeinen Normen über die Form schriftlicher Urkunden zur Geltung bringen will, und macht so diese Normen zum Bestandteile des G. selbst. Nach diesen aber wird zur Rechtswirksamkeit einer solchen Urkunde ein mehreres, als daß die Willenserklärung eigenhändig mit dem Namen des Erklärenden unterzeichnet wird, nicht verlangt. Weitergehende Anforderungen vorzuschreiben, wie es in dem streitigen Statute geschieht, wäre also als Regelung einer durch das G. unter Ausschluß von Verschiedenheiten geordneten Angelegenheit (§ 6 LGemO.) unzulässig. Durch den Erlaß des KommBG. ist das Selbstbestimmungsrecht der Gemeinde auf diesem Gebiete nicht erweitert worden. Es schreibt — in Abweichung von der LGemO. — die Aushändigung einer Anstellungsurkunde als konstitutiven Akt der Verleihung der Beamteneigenschaft vor, besagt aber nichts über die Form, in die solche Urkunden zu kleiden sind, und beläßt es somit bei dem bisherigen Rechte über den Urkundenbegriff, sei es den allgemeinen Grundsätzen, sei es, wie hier, den Vorschriften der LGemO., die diese Grundsätze in sich aufgenommen hat. Auch unter der Herrschaft des KommBG. handelt es sich also bei einer ortsstatutarischen Regelung der an eine rechtswirksame Anstellungsurkunde in formeller Beziehung zu stellenden Anforderungen um eine durch das G. bereits geordnete und deshalb der Selbstbestimmung der Gemeinde nicht unterworfene Frage.

4. Ebenso hinfällig ist der zweite Grund, den der Vorderrichter gegen die Verwertbarkeit des hier fraglichen Schreibens als Anstellungsurkunde anführt, daß es nämlich den nach dem Ortsstatut über den materiellen Inhalt einer Anstellungsurkunde bestehenden Vorschriften nicht genüge. Die in Betracht kommende Bestimmung des Art. II Abs. 2 besagt:

„In ihnen" (den Anstellungsurkunden) „ist die anzustellende Person genau zu bezeichnen und zu bestimmen, ob die Anstellung auf Lebenszeit, auf Kündigung, auf Probe, zu vorübergehenden Dienstleistungen oder zur Vorbereitung erfolgt und welches Gehalt der Beamte erhalten soll. Ferner ist darin Bestimmung zu treffen über die Kündigungsfrist, die der Beamte innezuhalten hat, wenn er seine Stellung verlassen will."

Die hier vorgeschriebenen Angaben enthält das Schreiben, so daß die Gültigkeit der ortsstatutarischen Bestimmung nicht untersucht zu werden brauchte; denn es bezeichnet die auf den Kläger zu übertragende Dienststelle als die eines Supernumerars und nimmt dabei ausdrücklich auf die §§ 3 und 8 des Ortsstatuts, betr. die Beschäftigung von Zivilanwärtern im Bureau- und Kassendienste der Gemeinde L. Bezug. Aus diesem Statut aber ergibt sich unzweideutig, daß es sich bei dem Dienste der Supernumerare um eine Ausbildung, und zwar für den Bureau- und Kassendienst handelt, und daß ein Supernumerar jederzeit ausscheiden und ohne Angabe von Gründen entlassen werden kann. Allerdings ist die letztbezeichnete Bestimmung im § 5 des Statuts enthalten, den das Einberufungsschreiben nicht ausdrücklich erwähnt. Das ändert aber an der Beurteilung nichts. Durch den Hinweis auf das Ortsstatut ist zum Ausdrucke gebracht, daß der Kläger, der als Supernumerar angenommen wird, Supernumerar iS. jenes Ortsstatuts werden soll, und die für solche daselbst getroffenen Bestimmungen auf ihn Anwendung finden sollen.

Daß die Form des Schreibens seiner Anerkennung als Anstellungsurkunde nicht entgegensteht, ist oben bereits gezeigt worden, ebenso, daß sein Inhalt nicht mit dem Ortsrecht unvereinbar ist. Aber auch im übrigen erfüllt es die an eine Anstellungsurkunde zu stellenden Anforderungen; denn es bringt in nicht mißzuverstehender Weise zum Ausdrucke, daß der Kläger mit der Eigenschaft eines öffentlichen Beamten in den Dienst der Gemeinde übernommen werde. Diese Beilegung der Beamteneigenschaft zeigt sich in der Bezeichnung des Klägers als Supernumerar und der Erwähnung des Ortsstatuts, dessen § 7 bestimmt, daß Supernumerare Beamte iS. des KommBG. seien.

Somit ist erwiesen, daß der Kläger vor dem 1. IV. 09 öffentlicher Beamter geworden ist. Nach § 2 G. v. 16. VI. 09 steht ihm deshalb das ältere Steuervorrecht der Beamten nach der Vd. v. 23. IX. 67 zu, wenn er bei Beginn des Steuerjahrs ebenfalls Beamter war. Das ist unstreitig der Fall.

Nr. 3. Entsch. v. 29. Nov. 1912 (PrVerwBl. **34** 433) VIII C 147/12.

Nach § 2 G. v. 16. VI. 09 (GS. 489) bewendet es nur hinsichtlich der schon vor dem 1. IV. 09 angestellten Beamten bei den Steuervorrechten der Vd. v. 23. IX. 67. Der Kläger ist aber vor dem 1. IV. 09 noch nicht als Beamter angestellt gewesen, vielmehr ist seine Anstellung erst im November 1910 erfolgt. Bis dahin stand er zur Stadtgemeinde Berlin lediglich in einem privatrechtlichen Vertragsverhältnis. Wenn es in OVG. v. 16. V. 11 (HMBl. 332) heißt, daß dem damaligen Kläger durch Verfügung des Beklagten „die Unterrichtserteilung an der gewerblichen Fortbildungsschule" — übertragen worden sei und daß in dieser Berufung eine Anstellung liege, wobei es ohne Belang sei, daß sie nur auf Zeit und Widerruf erfolgte, so traf dies auf den damals entschiedenen Fall zu. Falls nämlich schlechthin die Übertragung der Obliegenheiten eines Lehrers an einer städtischen Unterrichtsanstalt ausgesprochen wird, so ist darin allerdings die Begründung eines Amtsverhältnisses zu finden. Es steht der städtischen Behörde jedoch frei, im Einzelfalle die Ausübung der Lehrtätigkeit im Vertragswege derart zu regeln, daß ein Beamtenverhältnis ausgeschlossen wird. Diesen Weg hatte der Magistrat im vorliegenden Falle gewählt.

Nr. 4. Entsch. v. 15. Juni 1914 (OVG. **67** 180) I HC 79/13.

1. Keinesfalls ist die Seminarpräparandenanstalt zu A. nach ihrer Entstehung und Organisation als eine Privatanstalt anzusehen. Sie ist im Jahre 1902 als eine staatliche Präparandie, die mit einem ebenfalls zu errichtenden Königlichen Seminare verbunden sein sollte, gegründet worden und war zunächst in einem vom Staate der Stadtgemeinde A. abgemieteten vorhandenen Gebäude untergebracht. Noch bevor der Neubau, den die Stadt für die Anstalt herzustellen und mietweise zu überlassen vertraglich übernommen hatte, beendet war, beschloß der Unterrichtsminister, die Anstalt in eine „Seminarpräparandenanstalt" um-

zuwandeln. Der Staat blieb aber Mieter des im Baue befindlichen Gebäudes, dessen Miete aus diesem Anlasse sogar noch erhöht wurde, und stellte es auch weiterhin für die Anstalt zur Verfügung. In Ausführung der Umwandlung schloß das Provinzialschulkollegium auch nicht einen Vertrag mit dem damaligen Seminardirektor ab, sondern beauftragte die „Seminardirektion", vom Zeitpunkte der Umwandlung ab die Leitung und Verwaltung der Anstalt zu übernehmen, und wies den bisherigen Vorsteher an, das gesamte Eigentum der Anstalt der Seminardirektion zu übergeben. Die Besetzung der übrigen Lehrerstellen wurde vom Minister vorläufig geregelt. Dabei wurden die Remunerationen für den Leiter und die Gehälter für die Lehrer selbständig und einseitig vom Minister festgesetzt. Später vollzog sich die Ernennung der Lehrer (der Anstaltsleiter hat noch nicht gewechselt) in der Art, daß bis 1907 das Provinzialschulkollegium sie unmittelbar unter gleichzeitiger Regelung des Gehalts verfügte, ebenso wie es anfangs auch die Entlassung selbst erteilte, von da ab aber den Seminardirektor zur Berufung neuer Lehrer ermächtigte, nachdem es selbst die geeigneten Bewerber ausgesucht hatte und diese auf seinen Antrag von ihren bisherigen Dienstbehörden (Regierungen) „überwiesen" oder „zur Verfügung gestellt" (beurlaubt) waren, während es sich die Genehmigung von Entlassung von Lehrern vorbehielt. Die Festsetzung der Gehälter scheint nach einem allgemeinen Besoldungsplane geschehen zu sein, die Akten enthalten jedenfalls später keine behördlichen Gehaltsfestsetzungen mehr. Daß zwischen dem Seminardirektor und den einzelnen Lehrern private Verträge geschlossen worden wären, ist nicht ersichtlich. Im Falle einer kommissarischen Verwaltung einer Lehrerstelle (durch einen Schulamtsbewerber) ist sogar noch 1910 die „Überweisung" an den Seminardirektor vom Provinzialschulkollegium unmittelbar verfügt und die Remuneration für diese Tätigkeit festgesetzt worden. Gleichzeitig erhielt der Seminardirektor Anweisung, den Kandidaten zu vereidigen.

Hiernach fehlt bei der Seminarpräparandenanstalt zu A. die wesentliche Voraussetzung, auf die in OVG. **20** 46 und **40** 55 die Annahme, daß es sich um private Anstalten handle, gestützt ist, daß nämlich die staatlichen Zuwendungen an sie auf Grund jederzeit kündbarer Verträge als feste Gegenleistung gegen die von ihnen zu übernehmenden bestimmten Leistungen einerseits und die den Staatsbehörden einzuräumenden Rechte anderseits gewährt werden, und daß die Lehrer an ihnen von den Inhabern der Anstalten durch Privatvertrag angenommen werden. Auch fehlt es an der regelmäßigen Voraussetzung, daß die Anstalt zu A. sich im Besitz einer Privatperson befindet, sie wird vielmehr von dem Seminardirektor zu A. in dieser seiner amtlichen Eigenschaft infolge eines ihm erteilten Staatsauftrags fortgeführt, ist also auch jetzt noch eine vom Staate eingerichtete und unterhaltene Anstalt. Zu beachten ist ferner, daß der Unterricht jedem Zöglinge, der sich dafür eignet, zugänglich ist, soweit nicht die Bestimmungen über die Schüleranzahl der Anstalt und der Klassen dem entgegenstehen. Daß der an den Seminarpräparandenanstalten erteilte Unterricht ein öffentlicher ist, kann hiernach nicht zweifelhaft sein, da er im Rahmen der staatlich gestellten Aufgaben dessen, der den Unterricht darbietet, und im öffentlichen Interesse erteilt wird (vgl. OVG. **64** 259).

2. Nun wäre allerdings möglich, daß trotz der Eigenschaft der Anstalt als öffentlicher Schule die Anstellung des Klägers nicht die Übertragung eines öffentlichen Lehramts, sondern nur eine private Beschäftigung darstellte. Schon in dem Vorprozesse hatte der Kläger behauptet, daß seine Anstellung nicht durch einen Privatdienstvertrag erfolgt, sondern der Seminardirektor durch das Provinzialschulkollegium ermächtigt worden sei, ihn einzuberufen. Damit hatte der Kläger nicht das Bestehen eines Anstellungsvertrags zugeben und diesem nur die Eigenschaft einer privatrechtlichen Vereinbarung absprechen, sondern geltend machen wollen, daß ein Dienstvertrag überhaupt nicht zustande

gekommen, Kläger vielmehr durch einseitigen Willensakt des Seminarleiters den Lehrauftrag erhalten habe. Nach den Vorgängen, die der Kläger im jetzigen Rechtsstreit in der Revisionsinstanz über seine Anstellung vorgelegt hat, ist der Kläger, nachdem der Seminardirektor ihm mitgeteilt hatte, daß er zu seiner Einberufung als Lehrer vom Provinzialschulkollegium ermächtigt sei, und gleichzeitig bei ihm angefragt hatte, ob er zur Annahme der Stelle bereit sei, ohne jede weitere Vereinbarung am 1. I. 11 in sein Amt eingetreten. Unter solchen Umständen kann von dem Abschluß eines Privatdienstvertrags keine Rede sein.

3. Weil der Vorderrichter hiernach sowohl die rechtliche Eigenschaft der Seminarpräparandenanstalt zu A. wie den des Dienstverhältnisses, in dem der Kläger zu ihr gestanden, verkannt hat, unterlag seine Entscheidung der Aufhebung. Bei freier Beurteilung erschien nach dem Vorhergesagten der Kläger berechtigt, das Steuervorrecht nicht nur der jüngeren Beamten gemäß § 1 G. v. 16. VI. 09, sondern, da er vor dem 1. IV. 09 bereits Elementarlehrer, also Staatsbeamter gewesen war, auch das der älteren Beamten gemäß § 2 Abs. 2 dieses G. in Anspruch zu nehmen.

Nr. 5. Entsch. v. 10. Juni 1912 (DJZ. **18** 414) HC 41/12.

Die Frage, ob Kläger durch seinen Eintritt in den Bureaudienst der Handelskammer die Eigenschaft eines öffentlichen Beamten erworben hat, war zu bejahen. Die Handelskammern gehören zu den im § 69 II 10 ALR. erwähnten, dem Staate untergeordneten Kollegien oder Korporationen und sind berechtigt, nicht nur einen Sekretär (Syndikus) als öffentlichen Beamten anzustellen, sondern andere Beamtenstellen zur ordnungsmäßigen Erledigung ihrer Bureaugeschäfte zu schaffen. Es war deshalb zu prüfen, ob dem Kläger die Eigenschaft eines öffentlichen Beamten seitens der Handelskammer durch einen Akt verliehen worden ist, der erkennen läßt, daß er über die privatrechtliche Pflicht zur Erfüllung der im Dienstvertrage bestimmten Leistungen hinaus die allgemeinen, öffentlich-rechtlichen Pflichten eines Beamten übernehmen sollte. Ein solcher Akt ist in dem Abschlusse des Anstellungsvertrags zu erblicken; denn in ihm wird auf die für die Kanzleibeamten der Handelskammer erlassene DienstO. Bezug genommen, die die Rechte und Pflichten gewisser Beamten der Handelskammer regeln soll und dabei voraussetzt, daß diese öffentliche Beamte sind.

Nr. 6. Entsch. v. 2. Juni 1913 (OVG. **64** 316) HC 210/12.

1. Daß die Beamten der Handwerkskammern mittelbare Staatsbeamte sind, der Kläger also, wenn er Beamter der Handwerkskammer zu Berlin wäre, Anspruch auf das Steuervorrecht der Beamten — des neuen gemäß §§ 1 und 2 Abs. 1 G. v. 16. VI. 09 oder des älteren auf Grund des § 2 Abs. 2 dieses G. und der §§ 2 und 4 Vd. v. 23. IX. 67 — haben würde, läßt sich nicht bezweifeln. Nach ihrer öffentlich-rechtlichen Stellung gehören die Handwerkskammern zu den im § 69 II 10 ALR. erwähnten, dem Staate untergeordneten Kollegien oder Korporationen. Das sind nach feststehender Rechtsprechung solche Korporationen, die als Behörden organisch in die Verfassung des Staates eingreifen oder doch Zwecke zu erfüllen haben, die in direkter Beziehung zu den Aufgaben des Staates stehen. Die staatsrechtliche Stellung der Handwerkskammern und ihre Zweckbestimmung ist gleichartig derjenigen der Handels- und der Landwirtschaftskammern, die nach feststehender Rechtsprechung Korporationen iS. des § 69 II 10 ALR. sind.

2. Der Vorderrichter hat anderseits aus zutreffenden Gründen verneint, daß der Kläger Beamter der Handwerkskammer zu Berlin geworden sei. Maßgebend für diese Frage sind in erster Reihe die dienstpragmatischen

Bestimmungen, die zur Zeit der Einstellung des Klägers in den Dienst der Kammer bestanden, d. h. die DienstO. v. 29. XII. 04. Nach dieser (§ 2) sind als „Beamte" alle diejenigen dauernd im Dienste der Handwerkskammer stehenden Personen anzusehen, die mit fester Besoldung auf Grund eines entsprechenden Dienstvertrags in der Regel in Anlehnung an das der DienstO. beigefügte Formular 39 angestellt sind; alle sonst bei der Handwerkskammer beschäftigten Personen sind dagegen nur als auf Grund eines Privatvertrags (nach Formular 40 und 41) in den Dienst Eingestellte zu betrachten. Der mit dem Kläger abgeschlossene Dienstvertrag entspricht aber nicht dem Formulare 39, sondern dem Formulare 40. Allerdings schließt die DienstO. nach ihrem Wortlaute („in der Regel") nicht aus, daß eine Anstellung als Beamter auch in anderer Form als in derjenigen eines Dienstvertrags nach Formular 39 erfolgen kann, wie denn überhaupt die Beamteneigenschaft, sofern nicht besondere, dieses ausdrücklich ausschließende dienstpragmatische Vorschriften bestehen (wie zB. § 1 Abs. 1 Satz 2 KommBG.), im Einzelfall auch in Abweichung von den Anstellungsvorschriften der Dienstbehörde verliehen werden kann. Allein dann muß der Wille der Behörde, dem Angestellten ein Amt zu übertragen, in klarer, unzweideutiger Form zum Ausdrucke gelangt sein. Das ist hier jedoch nicht der Fall.

Nr. 7. Entsch. v. 10. April 1913 (OVG. **64** 306) HC 192/12.

1. Nach der zur Zeit der Anstellung des Klägers noch in Kraft gewesenen Satzung der Landfeuersozietät der Provinz Brandenburg v. 27. II./3. VI. 01 (§ 16⁵) haben die Sozietätsbeamten allerdings „die Pflichten und Rechte der Provinzialbeamten"; das bedeutet aber nicht, daß sie Provinzialbeamte im eigentlichen Sinne sind, der Wortlaut spricht vielmehr gerade dafür, daß ihnen diese Eigenschaft nicht hat beigelegt werden sollen. Die Landfeuersozietät ist zwar dem Provinzialverband angegliedert, sie kann aber nach ihrer Entstehungsgeschichte und ihrer Organisation nicht als eine Anstalt oder Einrichtung des Provinzialverbandes angesehen werden. Auch in der Satzung ist sie nirgends als ein Provinzialinstitut bezeichnet, die Beamten können daher nicht als Provinzialbeamte gelten.

2. Treffen auf die Landfeuersozietät der Provinz Brandenburg auch die allgemeinen Ausführungen im OVG. **56** 454 über die Entstehung und rechtliche Stellung der öffentlichen Feuerversicherungsanstalten zu, so kann sie doch nur im weitesten Sinne als ein kommunales Institut gelten.

Wohl aber ist sie eine „dem Staate untergeordnete" Korporation, deren Beamte mittelbare Staatsbeamte sind; denn sie ist eine Körperschaft des öffentlichen Rechtes, die nach ihrer geschichtlichen Entwicklung auf ursprünglichen Staatseinrichtungen fußt, deren gemeinnützige Aufgaben der Staat durch Verleihung mannigfacher Vorrechte fördert und die hinsichtlich ihrer Verwaltung und Beaufsichtigung dem Staatsorganismus eingefügt ist. Wie und wann jemand Beamter der Landfeuersozietät wird, regelt sich daher nicht nach § 22 iVerb. mit § 1 KommAbgG., sondern nach den jeweiligen dienstpragmatischen Vorschriften der Korporation.

Dem Kläger muß zugegeben werden, daß er bereits vor dem 1. IV. 09 Sozietätsbeamter der Landfeuersozietät, also mittelbarer Staatsbeamter geworden und damit in den Genuß des Steuervorrechts gemäß §§ 2 und 4 Vd. v. 23. IX. 67 gelangt ist. In welcher Weise die Verleihung der Beamteneigenschaft, die Anstellung als Sozietätsbeamter bei der Landfeuersozietät zu erfolgen hat, sagen die Satzung und die Vorschriften über Annahme, Ausbildung usw. der Sozietätsbeamten nicht. Es genügte daher jede Willensäußerung der zur Annahme von Anwärtern zuständigen Stelle, d. h. des Generaldirektors

(§ 16[a] der Satzung), durch die dieser dem Kläger zu erkennen gab, daß er zum Zwecke seiner Ausbildung in den Sozietätsdienst eingestellt werde. Eine solche Willenserklärung kann unbedenklich in dem Auftrage des Generaldirektors v. 21. XII. 08 an den Kreisdirektor in Beeskow gefunden werden, kraft dessen dieser dem Kläger eröffnen sollte, daß er mit dem 1. I. 09 als Bureaudiätar übernommen werde.

γ) Berechnung des steuerpflichtigen Einkommens.

Nr. 1. Entsch. v. 22. Jan. 1914 (PrVerwBl. 35 644) I HC 446/12.

1. Bereits vor Erlaß des G. v. 11. VII. 1822, wo sich erstmalig die Vorschrift über die Freilassung der Sterbemonate von den Gemeindeabgaben vorfindet, ist an einen großen Teil der Beamten das Gehalt im voraus gezahlt worden. Für diesen Fall ist es aber unmöglich, unter dem „Sterbemonat" Bezüge zu verstehen, auf deren Zahlung die Hinterbliebenen des verstorbenen Beamten Anspruch haben. Die gezahlten Beträge sind vielmehr in das Eigentum des Beamten selbst übergegangen. Von diesem Standpunkt aus ist es zu erklären, daß die neueren G. v. 6. II. 81 (GS. 17) und v. 7. III. 08 (GS. 35) unter den Bezügen, die den Hinterbliebenen eines verstorbenen Beamten gewährt werden sollen, den „Sterbemonat" nicht mehr aufführen. Nach alledem kann die gleichlautende Bestimmung im G. v. 11. VII. 1822 und in der Vd. v. 23. IX. 67, wonach die Sterbemonate von allen Gemeindelasten befreit sind, nur den Sinn haben, daß wegen des Gehaltes, das auf den Monat entfällt, in dem ein Beamter gestorben ist, in keinem Falle eine Gemeindeabgabe zu entrichten ist, und bei dieser Bestimmung hat es hinsichtlich der vor dem 1. IV. 09 angestellten Beamten das G. v. 16. VI. 09 im § 2 Abs. 2 belassen.

2. Die Vorschrift im § 60[2a] KommAbgG., wonach die Steuerpflicht durch den Tod des Steuerpflichtigen mit dem Ablaufe des Monats erlischt, in dem der Tod erfolgt ist, steht dem nicht entgegen; denn diese Vorschrift gilt bei Beamten nur insoweit, als es sich um außerdienstliches Einkommen handelt. Soweit dienstliches Einkommen in Frage kommt, erlischt nach der Vd. v. 23. IX. 67 iVerb. mit § 41 KommAbgG., jetzt mit § 2 Abs. 2 G. v. 16. VI. 09, die Steuerpflicht schon vom Beginne des Monats ab, in dem der Beamte gestorben ist. Der Beklagte wendet hiergegen ein, es fehle eine besondere Bestimmung darüber, wie die Abgangstellung der Steuer bei dem Zusammentreffen von dienstlichem und außerdienstlichem Einkommen zu regeln sei. Einer solchen Bestimmung bedarf es indessen nicht. Wenn das Diensteinkommen steuerfrei zu bleiben hat, so ist, wie es sich von selbst versteht, das sonstige Einkommen zur Gemeindesteuer einzuschätzen und der so ermittelte Steuerbetrag von dem mit Einschluß des etwaigen Diensteinkommens berechneten Steuerbetrage in Abzug zu bringen. Die sich ergebende Differenz stellt dann die in Abgang zu stellende Steuer dar.

3. Wenn der Beklagte weiter darauf hinweist, daß nach § 6 G., betr. die Heranziehung von Militärpersonen zu Abgaben für Gemeindezwecke, v. 26. VI. 86 (GS. 181) die Abgabenpflicht, wie iF. des § 60 KommAbgG., mit dem Ende des Monats erlösche, in dem der Abgabenpflichtige versterbe, so übersieht er, daß dieses G. nur von dem außerdienstlichen Einkommen der im Offiziersrange stehenden Militärpersonen handelt, und daß das Diensteinkommen dieser Personen nach § 1 Vd. v. 23. IX. 67 überhaupt nicht zu den Gemeindeabgaben herangezogen wird.

4. Hiernach kommt nur noch in Frage, ob die Klägerin als Erbin ihres verstorbenen Ehemannes berechtigt ist, die Inabgangstellung der Gemeindesteuer, zu welcher der letztere veranlagt worden war, für den Monat April 1912 durch Einspruch und Klage aus §§ 69ff. KommAbgG. zu verlangen. Diese Frage ist aber

zu bejahen. Wenn die Besoldung eines verstorbenen Beamten für den Monat, innerhalb dessen er gestorben ist, von der Gemeindesteuer freigelassen werden soll, so muß den Erben notwendig ein Mittel zu Gebote stehen, diesem Rechte Geltung zu verschaffen, und zu diesem Zwecke sind ihnen die Rechtsbehelfe der §§ 69ff. aaO. gegeben.

Nr. 2. Entsch. v. 7. Mai 1914 (PrVerwBl. **35** 797) I HC 9/13.

Eine Entschädigungsrente, die der Fiskus auf Grund des HaftpflG. an die Witwe eines Beamten zahlt, gehört nicht zu den im § 1[5] Vd. v. 23. IX. 67 (GS. 1648) bezeichneten, von der Gemeindesteuer befreiten Pensionen und laufenden Unterstützungen.

Nach dem gemäß § 2 Abs. 2 G. v. 16. VI. 09, betr. die Heranziehung der Beamten usw. zur Gemeindeeinkommensteuer (GS. 489) hier Anwendung findenden § 1[5] der erwähnten Vd. genießen die Beamtenwitwen Steuerfreiheit hinsichtlich ihrer aus Staatsfonds oder aus einer öffentlichen Versorgungskasse zahlbaren Pensionen und laufenden Unterstützungen. Der von der Klägerin geltend gemachte Anspruch hat demnach zur Voraussetzung seiner Rechtmäßigkeit, daß die der Klägerin durch den Vergleich aus der Staatskasse zugesagte Rente zu den „Pensionen oder laufenden Unterstützungen" gehört. Der Erwerbsgrund der Rente schließt die Annahme, daß sie den Charakter einer Pension trägt, ohne weiteres aus. Sie ist aber auch zu den laufenden Unterstützungen iS. der angezogenen Bestimmung nicht zu rechnen. Dazu sind nur solche Leistungen des Staates an die Witwen seiner Beamten zu zählen, die sich auf das Beamtenverhältnis des Ehemanns der Empfängerin stützen. Denn nur auf das Einkommen der Staatsdiener als solcher soll sich nach dem Grundgedanken der Verordnung die Steuerfreiheit erstrecken. Die der Klägerin durch den Vergleich zugebilligte Rente steht aber mit der Beamtenstellung ihres verstorbenen Ehemanns in keinem Zusammenhange. Denn der der Klägerin zuerkannte Schadensersatzanspruch ist auf die privatrechtliche Haftpflicht des Staates für Eisenbahnunfälle gegründet und aus dem Umstande hergeleitet, daß der Ehemann der Klägerin außerhalb des Dienstes verunglückt ist. Die vom Staate in Erfüllung dieses Anspruchs gemachten Aufwendungen sind daher nicht in Rücksicht und mit Bezug auf die Staatsdienereigenschaft des Ehemanns der Klägerin vom Staate zu tragende, sondern ihm ganz unabhängig davon obliegende Leistungen.

m) Die Steuerpflicht der Geistlichen und Kirchendiener.

Nr. 1. Entsch. v. 6. Febr. 1913 (OVG. **64** 294) HC 27/12.

Im OVG. v. 29. II. 96 — II C 315/95 — ist die Steuerfreiheit der unteren Kirchendiener der evangelisch-lutherischen Kirche der Provinz Schleswig-Holstein hinsichtlich ihres Diensteinkommens aus den Bestimmungen der KirchO. v. 9. III. 1542 abgeleitet worden. Es wurde stillschweigend angenommen, daß die „Kerkendener", denen die KirchO. Freiheit von allen Abgaben (Beschattinge unde beschweringe) gewährt, gleichbedeutend seien mit den „unteren Kirchendienern" iS. des § 1[3] Vd. v. 23. IX. 67 und den „unteren Kirchenbeamten" iS. des § 46 SchlHolstKGSynO. v. 4. XI. 76. Eine genauere Prüfung des Inhalts der KirchenO. von 1542 ergibt jedoch, daß diese Annahme nicht haltbar ist, daß die KirchO. vielmehr unter den „Kerkendenern" hier wie anderwärts lediglich die Geistlichen in ihren verschiedenen Abstufungen (Vikare, Kaplane, Prediger, Pfarrer — Kerkenherren — usw.) versteht. (Dies wird eingehend dargelegt.)

Den unteren Kirchendienern in Kiel würde gemäß § 24 SchlHolstStO. die Befreiung ihres Diensteinkommens von der Gemeindeeinkommensteuer nur zustehen, wenn sie nach der Vd. v. 23. IX. 67 einen Anspruch darauf besaßen.

Dort aber ist den unteren Kirchendienern die Freilassung von allen direkten Kommunalabgaben hinsichtlich ihrer Besoldungen und Emolumente nur soweit eingeräumt worden, als ihnen diese Befreiung seither rechtsgültig zugestanden hatte (§ 1³ aaO.). Wie oben ausgeführt ist, erstreckt sich das in der SchlHolstKirchO. von 1542 begründete Steuervorrecht der „Geistlichen und anderen Kirchendiener" nicht auf diejenigen Personen, die heute unter den Begriff der „unteren Kirchendiener" fallen.

Nr. 2. Entsch. v. 18. Febr. 1915 (OVG. 68 231) I HC 194/13.

1. Unstreitig und unzweifelhaft ist der Kläger als Bureauassistent der evangelisch-lutherischen Kirchengemeinde zu H. „unterer Kirchendiener" iS. des § 1³ Vd. v. 23. IX. 67. Die Frage, ob dem Kläger etwa deswegen ein Recht auf gänzliche Befreiung seines Diensteinkommens von den direkten Gemeindeabgaben zusteht, obwohl der Kläger selbst ein solches nicht geltend gemacht hat, ist vom Bezirksausschuß aus zutreffenden Gründen verneint worden. Nach der angeführten Gesetzesvorschrift iVerb. mit § 2 Abs. 2 G. v. 16. VI. 09 steht den unteren Kirchendienern Gemeindesteuerfreiheit hinsichtlich ihres Diensteinkommens auch jetzt nur zu, falls sie sich bereits früher in deren Besitz befunden haben. Für die Provinz Hannover ist maßgebend die StO. v. 24. VI. 58, die in § 13 bestimmt, daß jedes Mitglied der Stadtgemeinde durch seinen Eintritt in diese die Pflicht des Beitrags zu den städtischen Lasten übernimmt, vorbehaltlich der durch das VerfG. v. 5. IX. 48 begründeten Ausnahmen. Eine solche Ausnahme ist für die unteren Kirchendiener durch das VerfG. nicht geschaffen (vgl. § 14 aaO.); dieses hat vielmehr die für sie hinsichtlich der Kommunalbesteuerung etwa bestehenden Vorrechte beseitigt. Sie würden ihnen, was die Heranziehung zu den persönlichen Gemeindeabgaben angeht, auch nicht durch das G. v. 5. VII. 56 zurückgegeben worden sein.

2. Zu Unrecht beruft sich der Kläger darauf, daß die unteren Kirchendiener im § 1³ Vd. v. 23. IX. 67 ausdrücklich als unter Umständen ganz steuerfrei besonders erwähnt sind, und daß diese Verordnung sich in ihrer Überschrift als „die Heranziehung der Staatsdiener zu den Kommunalauflagen in den neu erworbenen Landesteilen betreffend" bezeichnet. Der Begriff der „Staatsdiener" ist weiter als derjenige der „Staatsbeamten" (öffentlichen, unmittelbaren oder mittelbaren Staatsbeamten) iS. des § 2 Vd.; er umfaßt, wie gerade aus § 1¹ aaO. hervorgeht, auch die Militärpersonen, die zweifellos zu den letzteren, abgesehen von den Militärbeamten im engeren Sinne (Zivilbeamten der Militärverwaltung), nicht gehören. Mag also der Gesetzgeber in jenem weiteren Sinne auch die unteren Kirchendiener, wie die Geistlichen und Lehrer, zu den Staatsbediensteten gerechnet oder ihnen gleichgestellt haben, so folgt daraus nichts für die Frage, ob ihnen das Vorrecht der im § 2 der erwähnten Vd. genannten öffentlichen Beamten zusteht. Eher ließe sich umgekehrt aus der besonderen Regelung, die ihre steuerrechtliche Stellung zu den Gemeinden in § 1³ aaO. gefunden hat, schließen, daß der Gesetzgeber sie nicht als solche Beamte angesehen hat. Aber auch die sonstigen Ausführungen, mit denen der Kläger seine Zugehörigkeit zu der letzteren Gruppe von Steuerbevorrechtigten dartun will, erscheinen verfehlt.

3. Wie das OVG. in ständiger Rechtsprechung hinsichtlich des Verhältnisses von Staat und evangelischer Kirche in den älteren Provinzen angenommen hat, sind die Beziehungen zwischen diesen beiden Organisationen jedenfalls seit Erlaß der Verfassungsurkunde (Art. 12ff.) und der kirchlichen Reformgesetzgebung (StaatsG. v. 25. V. 74 und v. 3. VI. 76) nicht derartige, daß die evangelischen Kirchengemeinden als in die Verfassung des Staates organisch eingegliedert angesehen werden können. Mag die Stellung als „Staats-

kirche" oder die fürsorgende Tätigkeit, die der Staat der evangelischen Kirche durch seine Behörden zuwendete, früher ein so enges Verhältnis zwischen beiden begründet haben, daß den mit der kirchlichen Verwaltung betrauten Personen die Eigenschaft mittelbarer Staatsbeamten damals nicht abzusprechen gewesen wäre, so ist doch durch die eingetretene Veränderung die Stellung der Kirche so selbständig und losgelöst von der Mitwirkung des Staates in der Verwaltung aller ihrer Angelegenheiten geworden, daß ihre gegenseitigen Beziehungen nur noch nach den Rücksichten der Staats- und Kirchenhoheit bestimmt sind. Nicht anders ist das Verhältnis, das sich im Laufe der geschichtlichen Entwicklung zwischen der evangelisch-lutherischen Landeskirche in Hannover und dem Staate gebildet hat. (Das wird eingehend nachgewiesen.) Auch die evangelisch-lutherische Landeskirche in Hannover ist nach der geschichtlichen Entwicklung heute eine vom Staate verschiedene, nicht durch seinen Willen und in seinem Interesse bestehende Macht, die lediglich ihre eigenen Lebenszwecke zu verfolgen hat, sie verrichtet keine Staatsgeschäfte, auf ihre Diener findet daher der staatsrechtliche Beamtenbegriff keine Anwendung.

4. Was der Kläger sonst noch zum Nachweis eines besonderen Zusammenhanges zwischen dem Staate und der evangelischen Kirche angeführt hat, ist ohne rechtliche Bedeutung. Die Fürsorge für das Begräbniswesen ist, weil das Begräbnis, soweit es unter Hinzutritt der Kirche stattfindet, einen religiösen Vorgang darstellt, eine überwiegend kirchliche Angelegenheit; eine Kirchengemeinde besorgt also damit nicht staatliche Geschäfte. Eine grundsätzliche Pflicht des Staates, für die Beerdigung seiner Angehörigen zu sorgen, besteht nicht. Daß durch jene Fürsorge staatliche, insbesondere sanitätspolizeiliche Interessen berührt werden, ist richtig; aber die Wahrnehmung dieser Interessen wird vom Staate idReg. selbst überwacht und durch von ihm bestellte Organe ausgeübt. Daß sie in H. etwa der dortigen Kirchengemeinde übertragen worden ist, hat der Kläger nicht geltend gemacht, ist auch nicht anzunehmen. Es ist daher ohne Belang, daß die evangelisch-lutherische Kirchengemeinde in H. Eigentümerin der dortigen Friedhöfe ist und das Begräbniswesen auf ihnen verwaltet. Dagegen ist anzuerkennen, daß die Kirchenbuchführung in Hannover, wie in Altpreußen, bis zum Inkrafttreten des PrPersStG. eine staatliche Angelegenheit war, im Auftrage des Staates erfolgte und durch staatliche G. geregelt war. Allein die Führung der Kirchenbücher war nicht den Kirchengemeinden als solchen, sondern den Geistlichen zur Pflicht gemacht, die sie in Hannover nur ausnahmsweise mit höherer (staatlicher) Genehmigung anderen Personen übertragen durften. Daß die Kirchengemeinden ihre Geistlichen oder sonstigen Beamten zu diesem Zwecke zur Verfügung stellen und die Kosten der Kirchenbuchführung tragen mußten, erklärt sich ohne weiteres aus dem dringenden eigenen kirchlichen Interesse, das sie an der ordnungsmäßigen Einrichtung und Fortführung der Kirchenbücher hatten. Dadurch wurden die Verrichtungen der mit der Kirchenbuchführung betrauten Personen aber ebensowenig zu Aufgaben der Kirchengemeinden, wie die Verwaltung der örtlichen Polizei in den Städten durch den Bürgermeister und die Verpflichtung der Stadtgemeinden, die dadurch erwachsenden Kosten zu tragen, das Polizeiwesen in den Städten zu einer den Stadtgemeinden obliegenden Aufgabe gemacht haben. Wäre aber auch das Gegenteil der Fall gewesen, so würde dieser Rechtszustand doch durch das PrPersStG. bzw. das an seine Stelle getretene ReichsPersStG. beseitigt worden sein, da seit deren Inkrafttreten besondere Personenstandsregister durch vom Staate bestellte Standesbeamte geführt werden, die Kirchenbücher ihre frühere Bedeutung also verloren haben. Daß nach § 73 des letzteren (Reichs-) G. die mit der Führung der Kirchenbücher bisher betraut gewesenen Beamten berechtigt und verpflichtet bleiben über die bis zur Wirk-

samkeit dieses G. eingetragenen Geburten, Heiraten und Sterbefälle Zeugnisse zu erteilen, ist insoweit ohne Bedeutung.

5. Mit Recht hat der Vorderrichter auch die Frage verneint, ob der Kläger etwa kraft des besonderen, ihm verliehenen Amtes öffentlicher Beamter geworden sei. Dazu genügt noch nicht die Ausübung einzelner Obliegenheiten im Staatsinteresse, vielmehr muß der damit Beauftragte mittelbar oder unmittelbar zum Staate in einem Dienstverhältnisse stehen. Ein solches ist nicht dadurch geschaffen worden, daß der Kläger in seiner Eigenschaft als Bureaubeamter der evangelisch-lutherischen Kirchengemeinde in H. die auf das Beerdigungswesen in dieser Gemeinde bezüglichen Bureaugeschäfte zu erledigen hat. Einmal ist das Beerdigungswesen selbst, wie oben gezeigt wurde, keine Angelegenheit des Staates, und daß ihm polizeiliche Befugnisse in dieser Hinsicht übertragen worden seien, hat der Kläger nicht behauptet; es fehlt aber auch an jedem Anhalte dafür, daß zwischen ihm und dem Staate nach der gedachten Richtung ein besonderes Dienstverhältnis begründet worden wäre. Dagegen ließe sich vielleicht sagen, daß der früher den Kirchenbuchführern erteilte staatliche Auftrag, soweit es sich um die ihnen nach § 73 des ReichsPersStG. belassenen Geschäfte handelt, aufrecht erhalten und daß die Kirchenbuchführer insoweit noch staatliche Urkundspersonen geblieben seien. Damit würde übereinstimmen, daß die Leitung der Kirchenbuchführung in diesem Umfange den Staatsbehörden überwiesen ist (§ 2[5] G. v. 6. V. 85 und Art. 23[4] G. v. 3. VI. 76), während im übrigen die Konsistorien die Aufsicht übernommen haben. Man könnte auch vielleicht geneigt sein, die Schaffung eines besonderen Dienstverhältnisses zum Staate in der von der Kgl. Regierung erteilten Genehmigung zur Übertragung der Kirchenbuchführung auf den Kläger zu finden. Zweifeln in dieser Richtung braucht jedoch nicht nachgegangen zu werden, da das etwa in jenem Auftrag enthaltene Amt mit einer besonders festgesetzten Besoldung nicht verbunden ist, auch nicht angenommen werden kann, daß das Gehalt des Klägers als Bureaubeamter eine solche mitumfasse, weil die Kirchenbuchführung ihm erst später übertragen worden ist.

n) Die Steuerpflicht der Elementarschullehrer.

Nr. 1. Entsch. v. 12. Febr. 1914 (St.Arch. 17 181) I HC 264/13.

Der seit langen Jahren im Blindenschuldienst stehende Direktor G. in Stettin, der die Ausbildung als Volksschullehrer genossen hat, fühlte sich darüber beschwert, daß ihn der Magistrat hinsichtlich des dienstlichen Einkommens nicht völlig von der Gemeindeeinkommensteuer freigelassen hat. Das OVG. trat ihm nicht bei. Nach dem G. v. 16. VI. 09 werden diejenigen Beamten, Elementarlehrer und unteren Kirchendiener, die nach dem 31. III. 09 in das Amtsverhältnis eingetreten sind, in den Gemeinden zur Einkommensteuer gleich den übrigen dieser Steuer unterworfenen Personen herangezogen, sofern nicht mehr als 125 % Zuschläge erhoben werden. Der Bezirksausschuß erkannte nicht an, daß der Angeklagte bereits vor dem 1. IV. 09 die Eigenschaft eines Elementarlehrers besessen habe. Er verwies darauf, wie nach unseren gesetzlichen Bestimmungen als Elementarlehrer nur die Lehrpersonen an Volksschulen, d. h. an den zur Erfüllung der allgemeinen Schulpflicht dienenden Schuleinrichtungen, zu verstehen seien. Die Schulpflicht für blinde und taubstumme Kinder, sofern sie genügend entwickelt seien und bildungsfähig erscheinen, sei aber erst durch das G. v. 7. VIII. 11 eingeführt worden. Das unterrichtliche Ziel, das die Blindenanstalten verfolgten, könne nicht für die Entscheidung der Frage, ob ein Blindenlehrer bereits vor dem 1. IV. 09 als Elementarlehrer habe gelten können, von Bedeutung sein. Der Auffassung war beizutreten.

Nr. 2. Entsch. v. 16. Febr. 1914 (Recht 18 335).

Durch das G. von 1909 sind für die nach dem 31. III. 09 Beamte usw. werdenden Personen die Kommunalsteuerprivilegien beseitigt. Elementarlehrer iS. der Vd. v. 23. IX. 67 sind nur diejenigen, die an öffentlichen Schulen mit Schulzwang tätig sind. Zu den öffentlichen Schulen gehören die Blinden- und Taubstummenanstalten aber erst nach dem Inkrafttreten des G. v. 7. VIII. 11. Der Kläger (Direktor einer solchen Schule) war also am 31. III. 09, dem nach dem G. von 1909 für die Beseitigung des Privilegs maßgebenden Stichtage, kein Elementarlehrer.

Nr. 3. Entsch. v. 19. Okt. 1914 (PrVerwBl. **36** 184) I HC 195/13.

Nach § 6 Abs. 1 G. v. 7. VIII. 11, betr. die Beschulung blinder und taubstummer Kinder, sind die Kommunalverbände nur verpflichtet, die schulpflichtigen taubstummen und blinden Kinder, für deren Unterricht nicht in ausreichender Weise gesorgt wird, in einer Blinden- oder Taubstummenanstalt oder an einem Ort unterzubringen, von welchem aus sie eine unterrichtliche Veranstaltung der bezeichneten Art besuchen können. Es liegt ihnen also, wie es in der Einleitung der AAnw. v. 21. XII. 11 (ZBlUV. **12** 233) heißt, die Verpflichtung ob, dafür zu sorgen, daß ausreichende Anstalten für die unterrichtliche Versorgung der schulpflichtigen taubstummen und blinden Kinder vorhanden und mit dem nötigen Lehr- und Erziehungspersonal besetzt sowie auch sonst ihrer Aufgabe entsprechend ausgestattet sind. Es bleibt ihnen jedoch überlassen, ob sie eigene Anstalten einrichten oder ihrer Verpflichtung durch Unterbringung der Kinder in den Königlichen Anstalten oder in Anstalten von Privatpersonen, Vereinigungen oder öffentlichen Verbänden, welche von der Schulaufsichtsbehörde genehmigt worden sind, genügen wollen. Hiernach können die Kommunalverbände nicht gezwungen werden, Schulen, in welchen blinde und taubstumme Kinder unterrichtet werden, ihrerseits zu errichten und zu unterhalten, während die Errichtung und Unterhaltung öffentlicher Volksschulen von den bürgerlichen Gemeinden und selbständigen Gutsbezirken, denen die Verpflichtung hierzu nach § 1 VolksschulUG. v. 28. VI. 06 obliegt, erzwungen werden kann. Mit Recht hat daher der Bezirksausschuß angenommen, daß die von den Provinzialverbänden errichteten Blindenschulen keine Elementarschulen sind und demgemäß der an einer solchen Schule angestellte Kläger nicht Elementarlehrer ist.

Nr. 4. Entsch. v. 9. Juli 1914 (PrVerwBl. **36** 140) I HC 163/14.

Die Lehrer der öffentlichen Fortbildungsschulen sind nicht Elementarlehrer iS. der Vd. v. 23. IX. 67 (GS. 1648). Sie fallen deshalb nicht unter die von der Gemeindeeinkommensteuer befreiende Vorschrift des § 1[3] daselbst. Wenn in der Rechtsprechung des OVG. ausgesprochen ist, daß die Lehrer an öffentlichen Fortbildungsschulen wie alle Lehrer an öffentlichen Lehranstalten die Rechte und Pflichten der Beamten hätten und, auch wenn die Fortbildungsschule, an der sie unterrichten, von einer Gemeinde unterhalten wird, nicht Gemeindebeamte seien, so folgt daraus nur, daß die Lehrer an öffentlichen Fortbildungsschulen auch in steuerlicher Beziehung den Staatsbeamten gleichstehen, nicht aber, daß die Begriffsmerkmale der besonderen Beamtenkategorie der Elementarlehrer auf sie zutreffen. Wer, wie Kläger, Elementarlehrer war und Fortbildungsschullehrer geworden ist, ist unzweifelhaft öffentlicher Beamter geblieben. Sein Verhältnis zum Staate ist insofern unverändert, wie dasjenige eines anderen Staatsbeamten, dem an Stelle des bisher von ihm bekleideten ein neues Amt übertragen wird. Das Steuervorrecht der Elementarlehrer beruht aber nicht auf ihrem allgemeinen Beamtencharakter, sondern auf der Vorzugsstellung, die mit dem besonderen Amte eines Elementarlehrers verknüpft ist. Nur wer ein solches innehat, kann gänzliche Steuerfreiheit beanspruchen zum Unterschiede von dem beschränkten Vorrechte der sonstigen Beamten. Wenn aber der Kläger die Auffassung des Beklagten bekämpft, wonach die Elementarlehrer unmittelbare Staatsbeamte seien, und meint, mit dieser Ansicht falle auch der Gegensatz zu den in dem Verhältnisse nur mittelbarer Staatsdiener stehenden Lehrern öffentlicher Fortbildungsschulen, so bedarf es eines Eingehens auf diese Frage nicht. Wie man auch die Beziehungen der Dienststellung der Elementarlehrer zum Staatsorganismus beurteilen mag: ihre Gemeindesteuerfreiheit beruht auf der positiven Anordnung des G., das nur sie für gänzlich steuerfrei erklärt und die Wohltat in diesem Umfang auf andere Kategorien von Beamten, mögen sie nun mittelbare oder unmittelbare Staatsdiener sein, nicht ausdehnt.

o) Steuerpflicht der Militärpersonen.

Nr. 1. Entsch. v. 26. Febr. 1914 (OVG. **66** 219) I HC 211/13.

Zu den Militärpersonen des aktiven Dienststandes, denen der § 1 Vd. v. 23. IX. 67 eine steuerliche Sonderstellung einräumt, werden diejenigen des Beurlaubtenstandes, mögen sie nun zu den Offizieren gehören oder nicht, nicht gerechnet (vgl. OVG. **48** 63). Auch steht der gegenteiligen Auffassung des Klägers der § 70 EinkStG. nicht zur Seite. Dieser bestimmt:

„Die veranlagte Steuer ist nicht zu erheben: von den Unteroffizieren und Mannschaften des Beurlaubtenstandes, welche mit einem Einkommen von nicht mehr als 3000 ℳ veranlagt sind, für diejenigen Monate, in denen sie sich im aktiven Dienste befinden",

und bezieht sich nur auf die staatliche Einkommensteuer. Eine Anwendung der Vorschrift auf dem Gebiete der Gemeindeeinkommensteuer ist auch nicht etwa im Hinblick auf den § 36 KommAbgG. geboten, mögen, was in Ansehung des Klägers nicht erhellt, das staats- und das gemeindesteuerpflichtige Einkommen des Steuerpflichtigen sich decken oder nicht; denn § 36 erklärt nur die staatliche Veranlagung (Abs. 1) und die für die Veranlagung der Staatseinkommensteuer geltenden Vorschriften (Abs. 2) für maßgebend; die Bestimmung des § 70 EinkStG. bezweckt aber, wie schon ihre Stellung im Systeme, nämlich im Abschnitte „Steuererhebung", zeigt, keine Abänderung der Veranlagung, sondern nur einen zeitweiligen Erlaß der veranlagten Steuer, liegt also auf dem Gebiete der Steuererhebung, das für die Gemeinden durch das KommAbgG. selbst erschöpfend geregelt wird.

Nr. 2. Entsch. v. 14. Okt. 1915 (PrVerwBl. **37** 155) I HC 154/15.

EinkStG. § 5; KommAbgG. §§ 36, 42.

1. Allerdings ist in § 5[3] EinkStG. idFass. der Nov. v. 19. VI. 06 vorgeschrieben, daß das Militäreinkommen aller Angehörigen des aktiven Heeres oder der aktiven Marine während der Zugehörigkeit zu einem in der Kriegsformation befindlichen Teile des Heeres oder der Marine von der Besteuerung ausgeschlossen ist, und es unterliegt auch keinem Zweifel, daß der Teil des Heeres, dem der Kläger zugehört, sich seit dem Monat August 1914 in der Kriegsformation befindet; denn in der Kriegsformation befinden sich nach dem Erl. des KrMin., betr. Einstellung der Erhebung der Einkommensteuer von denjenigen Personen, welche zu einem in der Kriegsformation befindlichen Teile des Heeres gehören, v. 2. VIII. 14 (AVBl. 291) nicht nur die in das Feld rückenden Teile (Feldheer), sondern auch die übrigen Teile der Armee (Besatzungsheer), gleichviel, ob letztere mobil oder immobil sind. Der Kläger ist daher auch vom 1. VIII. 14 ab von der staatlichen Einkommensteuer freigestellt worden. Aber auf dem Gebiete der Ge-

meindebesteuerung kommt die Bestimmung des § 5³ aaO. nicht zur Anwendung.

Zwar findet sich in dem Erl. v. 28. IV. 15 — IV a 519 und F. M. II 4006 —, mit dem der MdJ. und der FinMin. die Eingabe des Vorstandes des PrStädtetags v. 10. III. 15 beantwortet haben, die Meinung ausgesprochen, daß das Militäreinkommen der Angehörigen des aktiven Heeres während des Krieges auch gemeindeeinkommensteuerfrei zu lassen sei, und daß sowohl den Zivilbeamten der Militärverwaltung als auch den unmittelbaren und mittelbaren Staatsbeamten, die als Reserve- und Landwehroffiziere Dienst tun, die aus § 5³ EinkStG. folgenden steuerlichen Vergünstigungen zuzugestehen seien. Denn diese Bestimmung enthalte nicht, wie zB. die Bestimmung zu Ziff. 1 aaO., eine singuläre, ihrem Sinne nach nur die Staatseinkommensteuer betreffende Vorschrift; vielmehr handele es sich bei ihr um einen sachlichen Steuerbefreiungsgrund, der infolge des akzessorischen Charakters der Gemeindeeinkommensteuer (§ 36 KommAbgG.) auch für diese gelten müsse. Anders würde es nur dann sein, wenn das Gemeindeabgabenrecht das Gegenteil bestimmen würde; das sei aber nicht der Fall. Das KommAbgG. halte zwar im § 42 Vorschriften über die Besteuerung der Militärpersonen, die von den Bestimmungen des EinkStG. abwichen, aufrecht; aber dabei handele es sich, wie allgemein anerkannt sei, nur um die Besteuerung der Militärpersonen des aktiven Dienststandes. Für die Militärpersonen des Beurlaubtenstandes und die Zivilbeamten der Militärverwaltung fehlten dagegen im Gemeindeabgabenrechte Sonderbestimmungen; für sie bleibe es daher bei der Anwendbarkeit der Grundsätze des Staatssteuerrechts.

2. Die Meinung, daß die Grundsätze des Staatssteuerrechts auf dem Gebiete der Gemeindebesteuerung überall da Anwendung finden, wo das Gemeindeabgabenrecht nicht abweichende Vorschriften enthält, findet indessen im G. keine Stütze. Es gibt weder eine Bestimmung in dem Sinne, daß die gesetzlichen Befreiungen von der Staatseinkommensteuer die entsprechende Befreiung von der Gemeindeeinkommensteuer zur Folge haben, noch ist an irgendeiner Stelle allgemein angeordnet, daß die Vorschriften des EinkStG. bei dem Fehlen abweichender Vorschriften im Gemeindeabgabenrechte dort gelten sollen. Eine derartige allgemeine Anordnung ist namentlich nicht im § 36 Abs. 2 KommAbgG. zu finden, wonach unter der dort angegebenen Voraussetzung der dem Zuschlage zugrunde zu legende Steuersatz nach den für die Veranlagung der Staatseinkommensteuer geltenden Vorschriften zu ermitteln ist. Denn diese Bestimmung bezieht sich, wie das OVG. in ständiger Rechtsprechung angenommen hat, nur auf die sogenannten Veranlagungsgrundsätze, welche die Ermittlung des steuerpflichtigen Einkommens, die Steuerstufen und die Steuersätze betreffen, nicht aber auf das die subjektive und objektive Steuerpflicht regelnde materielle Steuerrecht, dem die Vorschriften des § 5 EinkStG. angehören; hierfür sind allein die Bestimmungen des KommAbgG. maßgebend.

3. Die Frage, ob der Kläger seinen Anspruch auf Freilassung von der Gemeindeeinkommensteuer auf die Bestimmung des § 1 AhVd. v. 23. IX. 67 stützen kann, wonach die servisberechtigten Militärpersonen des aktiven Dienststandes hinsichtlich des dienstlichen Einkommens von der Gemeindeeinkommensteuer befreit sind, ist zu verneinen. Als Beamter der Lazarettverwaltung ist der Kläger „Zivilbeamter der Militärverwaltung" iS. des § 38 RMilG. unter Buchstabe C. Diese gehören allerdings nach der ausdrücklichen Bestimmung im § 38 RMilG. zum aktiven Heere, sie sind aber nicht „Militärpersonen des aktiven Dienststandes" iS. des § 11 der Vd. v. 23. IX. 67. Im aktiven Dienste stehen nur die im § 38 RMilG. unter A aufgeführten „Militärpersonen des Friedensstandes", dagegen weder die unter B das. erwähnten Offiziere, Ärzte, Militärbeamten und Mannschaften noch die Zivilbeamten der

Militärverwaltung, von denen zu C die Rede ist. In dieser Hinsicht genügt es, auf die eingehenden Ausführungen in OVG. **48** 63ff. hinzuweisen. In diesen Verhältnissen tritt auch im Kriege keine Veränderung ein. Denn wenn auch nach der AhVd., betr. die Klasseneinteilung der Militärbeamten des Reichsheeres und der Marine, v. 1. VIII. 08 (RGBl. 483) Zivilbeamte der Militärverwaltung im Kriege und während des mobilen Zustandes die Eigenschaft als Militärbeamte (und hiermit in Strafsachen den Militärgerichtsstand) erhalten, so verwandeln sie sich, wie in der oben erwähnten Eingabe des Vorstandes des Preußischen Städtetages zutreffend bemerkt wird, doch dadurch, daß sie Militärbeamte werden, nicht in Militärpersonen des Friedensstandes, denen nach der obigen Darlegung allein die in Frage kommende Steuerbefreiung zusteht.

Nr. 3. Entsch. v. 24. Okt. 1915 (Recht **20** 53) I HC 154/15.

Die Vorschrift des § 5³ EinkStG., nach welchem das Militäreinkommen nicht bloß der Militärpersonen des Friedensstandes, sondern aller Angehörigen des aktiven Heeres oder der aktiven Marine während der Zugehörigkeit zu einem in der Kriegsformation befindlichen Teile des Heeres oder der Marine von der Besteuerung ausgeschlossen ist, findet auf dem Gebiete der Gemeindebesteuerung keine Anwendung. Für die Militärpersonen des Friedensstandes gilt § 1 Vd. v. 23. IX. 67. Die Vorschrift des § 36 Abs. 2 KommAbgG., wonach der dem Zuschlage zugrunde zu legende Steuersatz nach der für die Veranlagung der Staatseinkommensteuer geltenden Vorschriften zu ermitteln ist, bezieht sich nur auf die sogenannten Veranlagungsgrundsätze, die die Ermittlung des steuerpflichtigen Einkommens, die Steuerstufen und die Steuersätze betreffen, nicht aber auf das die subjektive und objektive Steuerpflicht regelnde materielle Steuerrecht, dem die Vorschriften des § 5 aaO. angehören. Reichs-, unmittelbare und mittelbare Staatsbeamte, auf deren Zivilgehalt $^7/_{10}$ der ihnen als Offizieren oder oberen Militärbeamten zustehenden Kriegsbesoldung angerechnet werden, die also insoweit Militäreinkommen beziehen, sind zu ihrem vollen Zivilgehalt, nicht zu dem um $^7/_{10}$ der Kriegsbesoldung gekürzten, zur Gemeindeeinkommensteuer zu veranlagen.

Nr. 4. Entsch. v. 11. Mai 1916 (PrVerwBl. **37** 600) II C 227/16.

Den zur Disposition gestellten Offizieren, die auch nach ihrer Stellung zur Disposition noch Berufssoldaten sind und sich dadurch von den Offizieren außer Dienst unterscheiden, ist im G. steuerlich eine wesentlich andere Stellung eingeräumt als den verabschiedeten Offizieren. Während die letzteren unter allen Umständen sowohl hinsichtlich der Hälfte ihrer Pension, sofern diese mindestens 750 ℳ beträgt (vgl. § 3 und § 1⁴ Vd. v. 23. IX. 67), als auch hinsichtlich ihres gesamten sonstigen Einkommens von dem Gemeindevorstande zur Gemeindeeinkommensteuer herangezogen werden dürfen, ist das Gleiche nach § 9 G., betr. die Heranziehung von Militärpersonen zu Abgaben für Gemeindezwecke, v. 29. VI. 86 hinsichtlich der mit Pension zur Disposition gestellten Offiziere nur so lange der Fall, als sie nicht zum aktiven Dienste wieder herangezogen werden. Geschieht dies, so stehen sie steuerlich den Offizieren des Friedensstandes (aktiven Dienststandes) in jeder Hinsicht gleich. Sie sind also, wie diese, nach § 1¹ Vd. v. 23. IX. 67 hinsichtlich ihres dienstlichen Einkommens von den Gemeindesteuern befreit und haben von ihrem außerdienstlichen Einkommen zwar auch insoweit, als dieses nicht aus Grundbesitz oder Gewerbebetrieb fließt, eine Abgabe zu Gemeindezwecken zu entrichten (§ 1 G. v. 29. VI. 86), diese Abgabe wird aber nicht von der Gemeindebehörde veranlagt, sondern von dem Vorsitzenden der Einkommensteuerveranlagungskommission festgestellt (§ 4 aaO.). Die Annahme des Bezirksausschusses, daß die Offiziere zur Disposition unter die Bestimmung zu B des § 38 RMilG. v. 2. V. 74 fallen, ist irrig. Unter diese Vorschrift fallen allerdings die in Kriegszeiten zum Heeresdienst aufgebotenen oder freiwillig eingetretenen Offiziere außer Dienst; diese gehören daher auch während des Krieges nicht zu den servisberechtigten Militärpersonen des aktiven Dienststandes und haben auf die Vergünstigung des § 1¹ Vd. v. 23. IX. 67 keinen Anspruch. Die zur Disposition gestellten Offiziere dagegen stehen, wie bereits hervorgehoben, sobald sie — sei es im Frieden oder im Kriege — wieder zum aktiven Dienste herangezogen werden, in jeder Hinsicht den Offizieren des Friedensstandes gleich, sie fallen daher unter die Bestimmung A in § 38 RMilG.

2. Vermeidung von Doppelbesteuerung.

b) Verteilung des steuerpflichtigen Einkommens aus einer über mehrere preußische Gemeinden sich erstreckenden Gewerbe- oder Bergbauunternehmung.

Nr. 1. Entsch. v. 17. Nov. 1913 (OVG. **65** 197) HC 334/12.

KommAbgG. §§ 35, 73.

1. Nach § 73 KommAbgG. hat der Steuerpflichtige binnen der Frist von vier Wochen vom Tage der Bekanntmachung der bezüglichen Steuerforderung ab gerechnet deren Einbeziehung in das schwebende Verfahren bei derjenigen Behörde zu beantragen, bei der die Sache anhängig ist. Da der Einbeziehungsantrag bei dem OVG. erst nach Ablauf der vierwöchigen Frist eingegangen ist, so kommt es darauf an, ob die Sache bei dem Bezirksausschusse, dem der Antrag innerhalb der Frist eingereicht ist, zur Zeit der Antragstellung noch „anhängig" war. Nach den Vorschriften der §§ 86, 95 LVG. erlischt die Zuständigkeit des Gerichts, dessen Entscheidung mit der Berufung oder Revision angefochten wird, nicht ohne weiteres mit der Einlegung des Rechtsmittels. Dieses Gericht hat sich vielmehr in der durch § 86 Abs. 2 bis 4 aaO. vorgeschriebenen Weise zunächst noch weiter mit der Sache zu befassen; die Sache ist also bei ihm vorerst noch anhängig. Die Rechtsmitteleinlegung begründet daneben von vornherein die Anhängigkeit bei dem Berufungs- oder Revisionsgerichte, dessen Entscheidung der Rechtsmittelkläger angerufen hat. Demnach ist die Sache zunächst bei beiden Instanzen anhängig. Die Anhängigkeit bei der unteren Instanz endet, wenn die Parteien gemäß § 88 aaO. von der Einreichung der Verhandlungen an das Rechtsmittelgericht benachrichtigt sind, die der Vorinstanz nach dem G. obliegende Tätigkeit also ihren Abschluß gefunden hat. Von diesem Zeitpunkt an kann also der Einbeziehungsantrag mit Wirksamkeit nur noch bei dem höheren Gerichte gestellt werden.

2. Es fragt sich, ob die Anschlagsäulen in den steuerfordernden Forensalgemeinden Betriebsstätten iS. des § 35 KommAbgG. bilden. Als Betriebsstätte ist diejenige der Verfügung des Gewerbetreibenden unterstehende Stelle anzusehen, auf der als einem festen örtlichen Mittelpunkte der Arbeitstätigkeit die zu dem gewerblichen Unternehmen gehörige Arbeit ganz oder teilweise fortgesetzt geleistet wird (OVG. **51** 134). Die Anschlagsäulen bilden eine Stelle, auf der fortgesetzt das zum Gewerbebetriebe des Steuerpflichtigen gehörige Ankleben der Plakate durch die im Dienste desselben stehenden Kleber vollzogen wird. Ein umschlossener Raum, innerhalb dessen sich die Arbeitstätigkeit vollzieht, gehört nicht zu den notwendigen Begriffsmerkmalen einer Betriebsstätte. Daß die im Eigentume der Gemeinden stehenden Anschlagsäulen in der für die Zwecke des Gewerbebetriebs erforderlichen Weise der Verfügung des Steuerpflichtigen unterstellt sind, folgt ohne weiteres daraus, daß ihm das Anschlagwesen von den Ge-

meinden in Pacht gegeben ist. Nach den bisherigen unbestrittenen Angaben des Steuerpflichtigen über die Art seines Betriebs kann auch davon ausgegangen werden, daß an den Anschlagsäulen in solchem Maße ständig Betriebshandlungen vollzogen sind, daß die einzelnen Säulen sich als feste örtliche Mittelpunkte der Betriebstätigkeit darstellen. Der Umstand, daß sich in jeder Gemeinde eine Mehrzahl von Anschlagsäulen befindet, steht dieser Annahme nicht entgegen.

3. Nach den unbestrittenen Angaben des Steuerpflichtigen vollzog sich in den Wohnungen der Kleber fortgesetzt eine zu seinem Gewerbebetriebe gehörige Arbeitstätigkeit, nämlich die Entgegennahme von Aufträgen und das Vorbereiten der Anschläge. Die Wohnungen, die feste örtliche Mittelpunkte der Betriebstätigkeit bildeten, unterstanden auch in der für den Begriff der Betriebsstätte erforderlichen Weise der Verfügungsgewalt des Steuerpflichtigen. Das ergibt sich für L. ohne weiteres daraus, daß der Steuerpflichtige die Wohnung selbst gemietet hat. In P. und W. haben zwar die Kleber die Wohnungen gemietet, sie haben aber von dem Steuerpflichtigen einen Zuschuß zur Miete erhalten, um die für die Vorbereitung des Anklebens erforderlichen Räume halten zu können. Dadurch, daß sie die Räume für diesen Zweck ständig benutzt haben, was ihrem Vertragsverhältnis entsprach, haben sie dem Steuerpflichtigen die für die Betriebszwecke erforderliche Verfügungsgewalt über die Stätten der Arbeitstätigkeit eingeräumt.

Nr. 2. Entsch. v. 16. Febr. 1914 (Recht 18 570) I HC 174/13.

Nach ständiger Rechtsprechung des OVG. kann mit dem Tatbestande der Betriebsstätte nach § 35 KommAbgG. nur da gerechnet werden, wo an einem festen örtlichen Mittelpunkte dauernd und bleibend der Hauptsache nach zufolge der Willensbestimmung des Unternehmers diejenige Tätigkeit wiederholt ausgeübt wird, die den Inbegriff des Gewerbes ausmacht. Wer also eine Betriebsstätte errichtet, in der er selbst oder durch andere sein Gewerbe ausüben will, muß von vornherein beabsichtigen, dort das Gewerbe fortgesetzt auszuüben und die Stätte solange zu benutzen, bis es ihn beliebt, das Gewerbe oder wenigstens die Stätte aufzugeben. Mit derartiger mehrfacher Betätigung des Gewerbebetriebes kann aber der nicht rechnen, dem nur die Herstellung eines einzelnen Werkes (opus), das sich im übrigen als Ausfluß des gewerblichen Unternehmens darstellt, obliegt; denn dann fehlt für die Begründung der Betriebsstätte die Dauer, da der Gewerbebetrieb nur vorübergehend ist. Daran ändert auch nichts, wenn die Vollendung eines einzelnen Werks sich über einen längeren Zeitraum erstreckt und umfangreiche Betriebsanlagen notwendig macht, die — rein äußerlich betrachtet — dem Gewerbebetriebe den Anschein eines dauernden Zustandes geben. Da hier der Pflichtige in K. nur die (einmalige) Herstellung der Ausschachtungsarbeiten von Los Nr. x bei der Kanalerweiterung übernommen hat, so ist die Folgerung, daß dem Gewerbebetriebe in K. die „Stabilität" mangele, also dort eine Betriebsstätte fehle, richtig. Hieran würde es auch nichts ändern, wenn der Pflichtige durch Übernahme der Kanalarbeiten einen ganz neuen Zweig seines Unternehmens in K. eröffnet hätte; denn auch dann würde es sich nicht um einen von vornherein beabsichtigten fortgesetzten Gewerbebetrieb dieses neuen Unternehmens, sondern immer nur um ein im voraus geplantes Werk handeln.

Nr. 3. Entsch. v. 25. Juni 1914 (**OVG. 68** 226) I HC 226/13.

KommAbgG. §§ 35, 47.

Die Verteilung des Einkommens aus gewerblichen Unternehmungen, die sich über mehrere Gemeinden erstrecken, soll nach dem G., sofern die beteiligten Gemeinden und der Steuerpflichtige nicht einen anderen Maßstab vereinbaren, nach dem Verhältnisse der in den einzelnen Gemeinden erwachsenen

Ausgaben an Gehältern und Löhnen stattfinden, es müßte sich denn um Versicherungs-, Bank- und Kreditgeschäfte handeln, für die das G. einen anderen Verteilungsmaßstab vorsieht. Das KommAbgG. läßt also insoweit eine besondere Berücksichtigung der Bedeutung, die der geistigen Leitung für das gesamte Unternehmen zukommt, nicht zu, diese kann vielmehr höchstens mittelbar und abgeschwächt durch die Höhe der Gehälter, die den Kopfarbeitern gewährt werden und die Löhne der Handarbeiter zu übersteigen pflegen, bei der Verteilung zum Ausdrucke gelangen. Die geistige Arbeit, die der Unternehmer selbst für seinen Betrieb leistet, findet in solchen Fällen überhaupt keine Würdigung, und die Sitzgemeinde ist gegenüber derjenigen, in der sich lediglich mechanische Betriebsarbeit vollzieht, grundsätzlich nicht bevorrechtigt. Dies gilt jedoch nur für die Verteilung des Einkommens zwischen mehreren Gemeinden unter der regelmäßigen Voraussetzung, daß sich in jeder von ihnen wenigstens eine selbständige, in sich abgeschlossene gewerbliche Einrichtung oder Anlage befindet, die ihre Steuerberechtigung gemäß § 35 KommAbgG. begründet (Hauptzweigniederlassung, Betriebs-, Werk-, Verkaufsstätte, Agentur, Station). Greift der seltenere Fall Platz, daß sich eine Betriebsstätte (im weitesten Sinne), Station u. dgl., in der Ausgaben an Gehältern und Löhnen erwachsen, über den Bezirk mehrerer Gemeinden erstreckt und daß die Steuerberechtigung dieser Gemeinden nur auf dem Vorhandensein dieser einen einheitlichen Anlage oder Einrichtung beruht, so hat zwar die Verteilung zunächst nach Maßgabe der in jeder Betriebsgemeinde erwachsenen Ausgaben an Gehältern und Löhnen zu erfolgen, wobei die vorher erwähnten Gemeinden, die zusammen eine Betriebsstätte umfassen, wie eine einzelne Gemeinde zu behandeln sind; der auf sie entfallende Einkommensteil aber ist demnächst zwischen ihnen laut der Sondervorschrift im § 47b Abs. 2 aaO. nach einem anderen Maßstab unterzuverteilen, nämlich nach Lage der örtlichen Verhältnisse unter Berücksichtigung des Flächenverhältnisses und der diesen Gemeinden durch das Vorhandensein der Betriebsstätte erwachsenen Kommunallasten. Dasselbe muß nach der Absicht des Gesetzgebers stattfinden, wenn das gewerbliche Unternehmen nur eine einzige Betriebsanlage besitzt, die sich räumlich über mehrere Gemeinden ausdehnt, wie es im vorliegenden Falle hinsichtlich der Ges. m. b. H. T. zuzutreffen scheint. Dann ist eine Verteilung nach den gezahlten Gehältern und Löhnen von vornherein ausgeschlossen, und es sind lediglich die örtlichen Verhältnisse maßgebend. Die dabei stattfindende Berücksichtigung des Flächenverhältnisses erlaubt aber, wie aus der Entstehungsgeschichte des G. klar hervorgeht, eine verschiedene Bewertung der Flächen, und zwar nicht nur je nachdem sie bebaut oder unbebaut sind, sondern auch innerhalb der ersteren Gattung nach der größeren oder geringeren Wichtigkeit, welche die auf ihnen befindlichen Gebäude für das Unternehmen haben. Dadurch ist die Möglichkeit geboten, der Bedeutung, die der geistigen Arbeit im Betriebe der Geschäftsleitung zukommt, in erhöhtem Maße Rechnung zu tragen. Eine solche Berücksichtigung des Sitzes der geistigen Leitung steht bei der Sondernatur der einschlägigen Verhältnisse mit den allgemeinen Grundsätzen des § 47a und b Abs. 1 nicht im Widerspruche.

c) Verteilung des steuerpflichtigen Einkommens zwischen Wohnsitzgemeinden und Forensalgemeinden und zwischen mehreren Wohnsitzgemeinden.

Nr. 1. Entsch. v. 13. Nov. 1913 (OVG. 65 190) HC 76/13.

1. Der sogenannte Grundkux oder Erbkux, den das ältere Bergrecht dem Grundeigentümer für die Pflicht, den Bergbau zu dulden, als Ausgleich einräumte, besteht in

einem Anteil an dessen Erträgnissen. Die Freikuxberechtigten, zu denen die Inhaber der Grundkuxe gehören, haben weder Zubuße zu leisten, noch Stimmrecht in der Versammlung der Gewerken. Ihr Recht ist daher nicht das eines Gewerken, sondern stellt sich als ein — dinglicher — Anspruch eines Dritten auf einen Teil des Reingewinns des Bergwerkes — eine Realberechtigung — dar; die Inhaber der Freikuxe sind nicht Mitbeteiligte, Mitglieder, Gewerken. Das ergibt sich ohne weiteres aus § 224 BergG. und deshalb ist die vom Vorderrichter vertretene Ansicht, die Freikuxe seien Miteigentumsanteile, die Freikuxberechtigten Miteigentümer des Bergwerkes, unhaltbar. Berechtigt zum Grundkux ist der Eigentümer des Ortes der Fundgrube, und der Grundkux ist mit dem Grundeigentum untrennbar verbunden. Dieser nach altem Rechte anerkannte Grundsatz ist von der neueren Gesetzgebung unberührt geblieben. Aus dieser Untrennbarkeit des subjektiv-dinglichen Rechtes des Grundkuxes und des Grundstücks des Berechtigten, mit dem es verbunden ist, folgt die Unmöglichkeit der gesonderten rechtsgeschäftlichen Übertragung des Kuxes einerseits und des Grundstücks anderseits.

Diese rechtliche Natur des Grundkuxes bringt es mit sich, daß die Eigenschaft des darauf entfallenden Ausbeuteanteils als eines Einkommens aus Kapitalvermögen nicht aus § 11 Abs. 2b EinkStG. hergeleitet werden kann; denn wenn hier Gewinnanteile und Ausbeuten von Gewerkschaften für Kapitaleinkommen erklärt werden, so ist damit nur das gemeint, was § 15 des G. als Einkommen der Berggewerkschaften und der sonstigen dort aufgeführten nichtphysischen Personen bezeichnet, nämlich die Überschüsse, die unter deren Mitglieder verteilt werden. Die Gewährung des den Grundkuxberechtigten zustehenden Anteils am Gewinn ist nicht die Verteilung von Überschüssen als Dividende o. dgl. an ein Mitglied, sondern die Erfüllung einer die Verteilung der Überschüsse mindernden Verpflichtung gegenüber einem Dritten. Erst wenn diese erfüllt ist, wenn der Anteil der Grundkuxe wie der sonstigen Freikuxe von der Einnahme abgezogen ist, sind verteilbare Überschüsse vorhanden

2. Aus der Unanwendbarkeit des § 11 EinkStG. folgt indes noch nicht, daß die auf den Grundkux zu verteilenden Ausbeutebeträge Einkünfte aus der Steuerquelle des Grundvermögens sind. Diese Natur hätte jenes Einkommen vielmehr nur dann, wenn es unter die Bestimmung des § 12 Abs. 1 fiele, die lautet:

„Das Einkommen aus Grundvermögen umfaßt die Erträge sämtlicher Grundstücke, welche dem Steuerpflichtigen eigentümlich gehören, oder aus denen ihm infolge von Berechtigungen irgendwelcher Art ein Einkommen zufließt."

Ist hier der Ausdruck „Berechtigungen" nicht nur iS. von Gerechtsamen an fremden Grundstücken gebraucht, so daß darunter auch subjektiv-dingliche Rechte fallen, die mit dem eigenen Grundstücke des Steuerpflichtigen verbunden sind, so würde nach dem über die rechtliche Natur der Grundkuxe Ausgeführten die auf solche entfallende Ausbeute ohne weiteres sich als Einkommen aus Grundvermögen darstellen. Allein diese Auslegung erscheint nicht unbedenklich, wenn man sich vergegenwärtigt, daß in dem G. den Erträgen solcher Grundstücke, die infolge von Berechtigungen des Steuerpflichtigen ein Einkommen liefern, die Erträge der dem Steuerpflichtigen eigentümlich gehörigen Grundstücke gegenübergestellt werden, und es liegt daher die Annahme nahe, daß unter den zuerst bezeichneten Grundstücken nur fremde Grundstücke gemeint seien.

Mag hiernach immerhin die zweite in § 12 Abs. 1 EinkStG. vorgesehene Voraussetzung, der Ursprung des Einkommens in einer dinglichen „Berechtigung" zum Unterschiede von dem Eigentume, nicht zutreffen, so fallen die Einkünfte des Grundkuxberechtigten doch jedenfalls unter die Erträge der Grundstücke, die „dem Steuerpflichtigen eigentümlich gehören". Ob das ohne weiteres, wie die Revision meint, aus § 96 BGB. folgt, wonach Rechte, die mit dem Eigentum an einem Grundstücke verbunden sind, als Bestandteile des Grundstücks gelten, kann dahingestellt bleiben. Die subjektiv-dinglichen Rechte sind nicht Bestandteile des Grundstücks und gehören nicht dazu. Der Bestandteilsbegriff paßt auf sie ebensowenig wie der Zubehörbegriff, und nur auf Grund gesetzlicher Unterstellung sind diese Rechte als Bestandteile des Grundstücks anzusehen. Die für das privatrechtliche Gebiet geltende Unterstellung hat aber für das des kommunalen Steuerrechts nicht bindende Kraft.

3. Allein auch wenn man von der Anwendung des § 96 BGB. absieht, gelangt man für die vorliegende Streitfrage zu dem Ergebnisse jener Unterstellung, indem man in Ermangelung einer ausdrücklichen, den Begriff des Grundeinkommens erläuternden Gesetzesvorschrift hierüber den gewöhnlichen Sprachgebrauch auf dem Gebiete des wirtschaftlichen Verkehrs entscheiden läßt. Dabei kommt es nicht darauf an, ob die Verkehrsanschauung bei einem mit einem Grundkuxe verbundenen Grundstück unter dem Ausdrucke Grundstück auch dieses subjektiv-dingliche Recht mitbegreift, die Frage ist vielmehr so zu stellen, ob die Auffassung des Lebens die Einkünfte aus dem Grundkux als Ertrag des Grundstücks selbst ansieht. Die Frage muß bejaht werden. Zwar widerstrebt es der Verkehrssitte wie dem geltenden Rechte (OVG. **49** 144), schlechthin in jeder Einnahme, zu deren Erzielung der Grundbesitz eine zufällige oder selbst notwendige Voraussetzung bildet, Grundeinkommen zu finden. Einnahmen jedoch, für deren Gewinnung das Eigentum an einem Grundstücke die einzige und unerläßliche Voraussetzung ist, werden als aus der Quelle des Grundvermögens fließend betrachtet. Dieses Erfordernis ist hier erfüllt.

Nr. 2. Entsch. v. 4. Dez. 1913 (OVG. **66** 192) HC 454/12.

KommAbgG. § 49.

1. Wenngleich § 10 Abs. 1 EinkStG. noch eine Gesamtbesteuerung der Ehegatten in der Person des Ehemanns vorsieht, so ist doch dabei die Grundauffassung maßgebend geblieben, daß die Ehefrau selbst es ist, die dem Staate subjektiv steuerpflichtig ist, soweit sie eigenes Einkommen hat, und daß die dazu gehörigen Quellen auch während der Ehe ihre eigenen verbleiben und nicht solche des Ehemanns werden. Das ergibt sich klar aus der Fassung der Vorschrift, die von einer eigenen Steuerpflicht der Ehefrau hinsichtlich ihres Einkommens spricht („das in Preußen steuerpflichtige Einkommen der Ehefrau") und nicht verlangt, daß das Einkommen der Frau als Teil des ehemännlichen behandelt, dem Ehemann angerechnet, sondern daß es dem seinigen hinzugerechnet werde, also die selbständige Feststellung des der staatlichen Besteuerung unterworfenen Fraueneinkommens fordert. Das G. hat durch seine Bestimmung in § 10 Abs. 1 nur herbeigeführt, daß die Steuerpflicht der Ehefrau idReg. nicht formell selbständig in die Erscheinung tritt. Dem Staate ist dadurch lediglich untersagt, die der subjektiven Steuerpflicht entsprechende objektive Steuerpflicht der Ehefrau in Gestalt einer konkreten Steuerforderung gegen sie zum Ausdrucke zu bringen, er soll diese vielmehr bei der Veranlagung des Ehemanns mit zur Berechnung ziehen.

Eine sinngemäße Anwendung dieses Grundsatzes auf die Gemeindeeinkommensteuer, wie solche durch § 36 Abs. 2 KommAbgG. geboten ist, führt dahin, daß auch der Gemeinde gegenüber eine subjektive und objektive Steuerpflicht der Ehefrau besteht, selbst wenn sie in der Form einer selbständigen Veranlagung zu einem Steuerbetrage nicht zum Ausdrucke kommt. Auch die Gemeinde hat danach das dieser Steuerpflicht unterliegende eigene Einkommen der Ehefrau selbständig zu ermitteln, bevor sie es demjenigen des Ehemanns hinzurechnet. Diese Ermittlung, die Feststellung der Grenzen für die subjektive und die objektive Steuerpflicht der Ehefrau, kann nur nach den Vorschriften erfolgen, die für die Veranlagung physischer Personen zur Gemeindeeinkommensteuer allgemein maßgebend sind. Dann muß aber auch der Gemeinde, in der die Ehefrau ihren Wohnsitz hat, das Recht zustehen, das durch § 49 Abs. 2 KommAbgG. der Wohnsitzgemeinde verliehene Besteuerungsvorrecht, wonach sie, wenn das steuerpflichtige Einkommen weniger als ein Viertel des Gesamteinkommens beträgt, durch Gemeindebeschluß ein volles Viertel des Gesamteinkommens für sich in Anspruch nehmen darf, der Ehefrau gegenüber in der Person des Steuerträgers, des Ehemanns, geltend zu machen.

Nach dem oben Gesagten erscheint es ferner folgerichtig, wenn bei der Feststellung des „Gesamteinkommens", auf das sich das Steuerrecht der Wohnsitzgemeinde erstreckt, zunächst von dem Einkommen des Ehemanns ganz abgesehen und die Wohnsitzgemeinde so behandelt wird, als ob sie zur selbständigen Veranlagung der Ehefrau berechtigt wäre. Die Forensalgemeinde, in der einer Ehefrau allein selbständiges Einkommen oder mehr als drei Viertel solchen Einkommens erwächst, muß also der Wohnsitzgemeinde der Ehefrau das zur Erreichung eines Viertels dieses Einkommens Erforderliche zur Besteuerung abtreten, ohne Rücksicht darauf, ob und in welcher Höhe der Besteuerung der Wohnsitzgemeinde bereits Einkommen des Ehemanns unterworfen ist.

2. Anderseits folgt aus dem für die Wohnsitzgemeinde in vollem Umfange gültigen Grundsatze des § 10 Abs. 1 EinkStG., daß in dieser zum Zwecke der Steuerberechnung stets das selbständige Einkommen der Ehefrau demjenigen des Ehemanns hinzugerechnet und der tarifmäßige Steuersatz nach der Summe beider ermittelt werden muß. Beide Einkommen bilden deswegen, weil das G. den Ehemann zum Steuerträger auch für das Fraueneinkommen macht, dieses durch ihn mitvertreten läßt, für die steuerliche Veranlagung eine Einheit, die subjektive Steuerpflicht der Ehegatten fließt bei der Berechnung der zu entrichtenden Steuer zusammen. Nun hat aber das Gemeindesteuerrecht (§ 49 Abs. 1 KommAbgG.) die Wohnsitzgemeinden dem Steuerpflichtigen gegenüber noch dadurch begünstigt, daß es nicht völlige Nichtberücksichtigung des Forensaleinkommens von ihnen fordert, sondern ihnen gestattet, bei der Ermittlung des ihrer Besteuerung zugrunde zu legenden Normalsteuersatzes zunächst von dem Gesamteinkommen des Steuerpflichtigen auszugehen, und sie nur verpflichtet, diesen Satz soweit zu ermäßigen, als es dem Verhältnisse des ihnen nicht steuerpflichtigen Einkommenteils zum Gesamteinkommen entspricht. Wendet man diesen Grundsatz sinngemäß auf die Besteuerung des zusammengerechneten Einkommens der Ehegatten in ihrer Wohnsitzgemeinde an, so ergibt sich, daß diese auch dann, wenn das gemeindesteuerpflichtige Einkommen der Ehefrau allein aus einer auswärtigen Quelle fließt und daher selbst in der Wohnsitzgemeinde nicht der Besteuerung unterliegt, doch berechtigt ist, zunächst das Fraueneinkommen demjenigen des Ehemanns hinzuzurechnen und danach den ursprünglich zugrunde zu legenden Steuersatz aus dem Tarife des § 17 EinkStG. zu entnehmen.

Nr. 3. Entsch. v. 11. Dez. 1913 (OVG. 66 197) HC 151/13.

KommAbgG. §§ 49, 50.

Der § 49 KommAbgG. regelt das Verhältnis von Wohnsitzgemeinde zu Forensalgemeinde und umfaßt alle Fälle, in denen auf beiden Seiten nur eine oder auf beiden Seiten mehrere oder schließlich auf der einen oder anderen Seite nur eine oder mehrere Wohnsitz- oder Forensalgemeinden stehen. Abs. 1 unterstellt, daß in den Wohnsitz- und Forensalgemeinden Einkommen fließt. Dann soll das radizierte Einkommen den Forensalgemeinden zur Besteuerung verbleiben, während für die Wohnsitzgemeinden der Steuerbetrag nach dem für das Gesamteinkommen zu berechnenden Steuersatz iVerh. des außer Berechnung zu lassenden Einkommens zu dem Gesamteinkommen festzusetzen ist. Abs. 2 geht davon aus, daß in der einzigen, allen oder nur einzelnen Wohnsitzgemeinden das steuerpflichtige Einkommen weniger als ein Viertel des Gesamteinkommens beträgt und daß diese Gemeinden beschlossen haben, ein volles Viertel des Gesamteinkommens zur Besteuerung in Anspruch zu nehmen. Dann muß die einzige oder es müssen sämtliche Forensalgemeinden verhältnismäßig so viel von dem bei ihnen erwachsenden Einkommen freilassen, daß den Wohnsitzgemeinden ein volles Viertel des Gesamteinkommens zur Besteuerung eingeräumt ist. Anteilsberechtigt an diesem, von den Forensalgemeinden zu überlassenden Einkommen sind aber begrifflich nur diejenigen Wohnsitzgemeinden, die einen Rechtsanspruch auf Grund eines rechtsgültigen Viertelbeschlusses haben. Deshalb scheiden die Wohnsitzgemeinden, die entweder überhaupt keinen oder einen ungültigen Viertelbeschluß gefaßt haben, bei der Besteuerung des Einkommens aus den Forensalgemeinden aus. Das ergibt sich unzweideutig aus dem Schlußsatze des § 49, der nur von anspruchsberechtigten Wohnsitzgemeinden spricht, deren gegenseitiges Verhältnis bei der Zuteilung eines Bruchteils von dem Vierteleinkommen in § 50 geregelt wird. Deshalb wird durch die Vorschrift des § 50 auch das Verhältnis der Wohnsitzgemeinden zu den Forensalgemeinden gar nicht berührt. Nur die Mehrheit der Wohnsitzgemeinden, der ein Anspruch auf das Viertel zusteht, wird dort auf die Regelung in § 50 verwiesen, während der Anspruch einer einzigen Wohnsitzgemeinde gegenüber den Forensalgemeinden nach § 49 geregelt wird. Daraus folgt, daß, wenn von mehreren Wohnsitzgemeinden nur eine Anspruch auf Ausübung des Viertelrechts hat, dieses ihr unter allen Umständen verbleibt, selbst wenn sie in anderer Hinsicht mit den übrigen Wohnsitzgemeinden in Konkurrenz treten muß. Darüber trifft der § 50 Bestimmung, der nur das Verhältnis von Wohnsitzgemeinden zu Wohnsitzgemeinden ordnet. Hier haben die Wohnsitzgemeinden, in denen mehr als drei Viertel des Gesamteinkommens radiziert sind, gegenüber einem Viertelbeschlusse der Wohnsitzgemeinden, in denen das steuerpflichtige Einkommen weniger als ein Viertel des Gesamteinkommens beträgt, den überschießenden Teil bis zur Auffüllung auf ein volles Viertel freizulassen. Wohnsitzgemeinden, in denen ein solcher Quartbeschluß nicht ergangen ist, haben keinen Anteil an dem außerhalb ihrer Gemeinde erfließenden Einkommen. Nicht qualifizierte Wohnsitzgemeinden, d. h. solche, in denen der Steuerpflichtige sich im Laufe des voraufgegangenen Rechnungsjahrs überhaupt nicht oder nur kürzere Zeit als neunzig Tage aufgehalten hat, werden durch qualifizierte Wohnsitzgemeinden von einer Beteiligung an dem Viertel völlig ausgeschlossen. Hieraus folgt für den vorliegenden Fall, daß die qualifizierte Wohnsitzgemeinde C., die keinen oder einen ungültigen Beschluß über die Inanspruchnahme eines Viertels des Gesamteinkommens gemäß § 49 Abs. 2 aaO. gefaßt hat, das ihr nach § 50 Abs. 3 Satz 2 aaO. zustehende Steuervorrecht gegenüber der nicht qualifizierten Wohnsitzgemeinde E., die einen gültigen Beschluß über die Inanspruchnahme jenes Viertels gefaßt hat, behält. Der Forensalgemeinde B. gegenüber kann die nicht qualifizierte Wohnsitzgemeinde E. das Recht auf Besteuerung des Viertels geltend machen, sie muß aber von dem Viertel das Einkommen in Abzug bringen, das schon in der qualifizierten Wohnsitzgemeinde C. besteuert wird.

Nr. 4. Entsch. v. 4. Febr. 1915 (PrVerwBl. **36** 533) I HC 40/14.

KommAbgG. § 50.

Nach dem klaren Wortlaute des § 50 Abs. 4 KommAbgG. (idFass. der Nov. v. 30. VII. 95) soll bei der Verteilung des Einkommens eines Steuerpflichtigen zwischen mehreren Wohnsitzgemeinden stets von dessen Gesamteinkommen bei der Ermittlung des einer jeden von ihnen zustehenden Steuerbetrages ausgegangen und der diesem Gesamteinkommen entsprechende Steuersatz nur dem Verhältnisse des außer Berechnung zu lassenden Einkommens zum Gesamteinkommen entsprechend herabgesetzt werden („In allen Fällen ist usw."). Dieser Grundsatz ist also nach dem Wortlaute des G. auch in dem Falle anzuwenden, wenn eine nicht qualifizierte Wohnsitzgemeinde einer qualifizierten gegenübersteht und durch sie in ihrem Besteuerungsrecht auf dasjenige Einkommen beschränkt wird, das dem Steuerpflichtigen aus in ihr befindlichen Quellen zufließt. Das entspricht auch dem Grundgedanken des KommAbgG. Die nicht qualifizierte Gemeinde bleibt eben dem Steuerpflichtigen gegenüber, soweit sie nicht dem stärkeren Rechte der qualifizierten Gemeinde weichen muß, Wohnsitzgemeinde; für sie muß daher insoweit auch der im § 33 Abs. 1[3] KommAbgG. ausgesprochene allgemeine Grundsatz Geltung behalten, daß der Wohnsitzgemeinde das gesamte innerhalb und außerhalb des preußischen Staatsgebiets gewonnene Einkommen des Steuerpflichtigen unterworfen ist und von der Besteuerung nur diejenigen Einkommensteile freizulassen sind, für die das G. dieses ausdrücklich anordnet. Auch die Entstehungsgeschichte des § 50 aaO. in seiner ursprünglichen Fassung und seiner durch die Nov. v. 30. VII. 95 vorgenommenen Abänderung steht dieser Auffassung zur Seite.

Nr. 5. Entsch. v. 4. März 1915 (OVG. **68** 239) I HC 258/14.

KommAbgG. §§ 49 f.

Die §§ 50 und 49 KommAbgG. verfolgen einen doppelten Zweck. In erster Linie soll das Einkommen aus Grundvermögen, Handels- und gewerblichen Anlagen, einschließlich der Bergwerke, aus Handel oder Gewerbe, einschließlich des Bergbaues, sowie aus der Beteiligung an dem Unternehmen einer Ges. m. b. H. der Belegenheits- bzw. der Betriebsgemeinde verbleiben. Damit ist als oberster Grundsatz ausgesprochen, daß das radizierte Einkommen ausschließlich den Quellengemeinden als Steuerobjekt dienen soll. Das liegt in der Natur der Sache, da die Quellengemeinden die mit der Quelle verbundenen erheblichen Lasten zu tragen haben und deshalb vornehmlich auch auf die Besteuerung des aus ihr fließenden Einkommens angewiesen sind. Bei der Konkurrenz einer Forensalgemeinde mit einer oder mehreren Wohnsitzgemeinden (§ 49) soll deshalb ebenso wie bei der Konkurrenz mehrerer Wohnsitzgemeinden der Schwerpunkt auf den Ursprungsort des Einkommens gelegt werden. Eine Ausnahme von diesem Grundsatze bietet § 49 Abs. 2 und der ihm nachgebildete, denselben Zweck verfolgende § 50 Abs. 1 Satz 2. Wie in OVG. **52** 1 ausgeführt ist, würde die ausnahmslose Durchführung der Besteuerung des radizierten Einkommens nur in der Belegenheits- oder Betriebsgemeinde die Wohnsitzgemeinden, denen besondere Lasten auf dem Gebiete der Volksschule, des Armenwesens, der Polizei u. dgl. erwachsen, erheblich benachteiligen. Um dies zu verhüten — und darin liegt der weitere Zweck jener Bestimmung —, wurden die Wohnsitz- (und die ihnen nach § 50 Abs. 2 gleichgestellten Aufenthalts-) Gemeinden für berechtigt erklärt, falls in ihnen ein geringes oder gar kein Einkommen erwächst, das Steuerrecht der bessergestellten Gemeinden mit radiziertem Einkommen zu ihren Gunsten zu beschränken. Dieses Recht fand aber, wie der Wortlaut und der Sinn des G. zweifelsfrei ergibt, seine Begrenzung darin, daß der Belegenheits- und Betriebsgemeinde stets drei Viertel des radizierten Einkommens überlassen und nur was „mehr als drei Viertel des Gesamteinkommens" war, genommen werden konnte. Dies und nichts weiteres enthalten die Bestimmungen in § 49 Abs. 1 und 2 Satz 1 sowie in § 50 Abs. 1 und 2.

Nr. 6. Entsch. v. 6. Jan. 1916 (PrVerwBl. 37 401) I HC 262/14.

KommAbgG. §§ 49, 50.

1. Wenn eine Gemeinde innerhalb des Steuerjahrs einen Quartbeschluß (§ 49 Abs. 2 KommAbgG.) faßt, so wird dadurch eine Änderung des Steuerrechts der Gemeinde herbeigeführt. Daraus folgt ohne weiteres, daß jede Veranlagung nach Einführung des neuen Rechts nur unter Beachtung des geltenden Rechtszustandes erfolgen kann; denn für die Veranlagung im Laufe des Steuerjahrs ist nicht der Rechtszustand zu Beginn des Steuerjahrs, sondern der zur Zeit der Veranlagung maßgebend (vgl. OVG. **54** 135). Die Heranziehung des Steuerpflichtigen ist nach Inkrafttreten des neuen örtlichen Steuerrechts erfolgt; es mußte deshalb auch der Quartbeschluß Berücksichtigung finden. Die Veranlagung mußte aber auch das ganze Steuerjahr umfassen, da im Steuerrechte das Rechnungsjahr eine unteilbare Zeiteinheit bildet (OVG. **60** 256). Darin liegt nicht etwa die Zuerkennung einer rückwirkenden Kraft für den das neue Steuerrecht schaffenden Quartbeschluß, weil das Inkrafttreten des neuen Rechtszustandes nicht auf den Beginn des Steuerjahrs zurückverlegt wird.

2. Einen Rechtsverstoß enthält die Vorentscheidung insofern, als der Gemeinde F. nicht ein volles Viertel des Gesamteinkommens zur Besteuerung überlassen worden ist. Der Bezirksausschuß ist der Ansicht, daß bei dem Zusammentreffen von zwei Wohnsitzgemeinden die Betriebs (Wohnsitz-) Gemeinde, in der das gesamte Einkommen radiziert ist, nicht ein volles Viertel des Gesamteinkommens der quartberechtigten zweiten Wohnsitzgemeinde zur Besteuerung überlassen müsse, sondern ihrerseits in ihrer Eigenschaft als Wohnsitzgemeinde wieder zur Hälfte an dem Viertel teilnehme. In Verfolg dieser Rechtsauffassung hat der Bezirksausschuß der Gemeinde S. außer den ihr zufallenden drei Vierteln des Gesamteinkommens noch die Hälfte der Quart als Steuerobjekt zugesprochen. Das beruht auf einer Verkennung der Bestimmung des § 50 KommAbgG. Hat ein Steuerpflichtiger mehrere Wohnsitze und erfließt ihm sein Gesamteinkommen als radiziertes in einer einzigen Wohnsitzgemeinde, so muß diese ein volles Viertel des Gesamteinkommens für die andere oder, wenn solche vorhanden sind, für die mehreren anderen Wohnsitzgemeinden freilassen. Letztere müssen sich nach ihrer Zahl in die freigelassene Quart teilen. Etwas anderes kann unmöglich aus dem Wortlaute des G. gefolgert werden.

Nr. 7. Entsch. v. 17. Jan. 1916 (PrVerwBl. 37 603) I HC 273/14.

KommAbgG. § 49.

1. Die einzelnen Mitglieder einer Gesellschaft, die eigene Rechtspersönlichkeit hat, können nicht als die das gewerbliche Unternehmen der Gesellschaft selbst Betreibenden angesehen werden, mögen ihre Gesellschafterrechte auch noch so ausgedehnt, und mag die Verwaltung des Gesellschaftsvermögens noch so sehr rechtlich und wirtschaftlich in ihre Hand gegeben sein. Der § 49 Abs. 1 KommAbgG. bezieht sich nur auf die Ges. m. b. H. des deutschen Rechts nach dem ReichsG. v. 20. IV. 92, nicht auf Gesellschaften ausländischen Rechts ähnlicher oder gleicher Art.

2. Der Kläger glaubt seine Beteiligung an der Firma Conrad Wm. Sch. (F. A. G.) limited deswegen als eigenen Gewerbebetrieb bezeichnen zu dürfen, weil die Gesellschaft nach ihrer Entstehungsgeschichte und ihren Satzungen keine Aktiengesellschaft im deutschrechtlichen Sinne sei und er dabei eine Stellung einnehme und eine Tätigkeit ausübe, die iS. des Verkehrs als ein Gewerbebetrieb anzusehen sei. Abgesehen davon, daß einzelne der Behauptungen des Klägers mit den vorgelegten Verträgen, Satzungen und Gesellschaftsbeschlüssen in Widerspruch stehen oder doch darin keine Unterlage finden, kommt es für die Beurteilung der Frage, ob der Kläger in seiner Eigenschaft als Teilhaber und Vorstandsmitglied

(Direktor) oder Geschäftsführer (geschäftsleitender Direktor) der Gesellschaft als der das gewerbliche Unternehmen der Gesellschaft selbst Betreibende anzusehen ist, nicht darauf an, wie das Verhältnis der Gesellschafter untereinander und insbesondere die Stellung des Klägers innerhalb der Gesellschaft geregelt ist. Entscheidend ist vielmehr, daß die Gesellschaft entsprechend der allgemeinen gesetzlichen Vorschrift für alle companies limited by shares, sowohl die private wie die public durch die Bescheinigung ihrer Einregistrierung eigene Rechtspersönlichkeit (Korporationsrechte) erlangt hat; denn dadurch wird es begrifflich ausgeschlossen, daß die einzelnen Mitglieder der Gesellschaft, mögen ihre Gesellschafterrechte auch noch so ausgedehnt und mag die Verwaltung des Gesellschaftsvermögens noch so sehr rechtlich und wirtschaftlich in ihre Hand gegeben sein, diejenigen sein können, welche das Unternehmen der Gesellschaft für eigene Rechnung und unter eigener Verantwortlichkeit Dritten gegenüber betreiben.

3. Der Kläger irrt aber auch, wenn er meint, daß die private companies limited by shares des englischen Rechts als unter den Ges. m. b. H. in § 49 Abs. 1 KommAbgG. mitbegriffen betrachtet werden müßten. Die Entstehungsgeschichte dieser Gesetzesbestimmung läßt nämlich deutlich erkennen, daß der Gesetzgeber bei der Ausschließung des Einkommens, das außerhalb der Wohnsitzgemeinde aus der Beteiligung an einer Ges. m. b. H. erzielt wird, von der Besteuerung in dieser Gemeinde nur die Gesellschaften deutschen Rechts (G. v. 20. IV. 92) im Auge hatte. Demgegenüber ist es ohne Bedeutung, daß in der Rechtsprechung bei Beurteilung der forensalen Steuerpflicht nichtphysischer Personen (§ 33³ aaO.) den deutschen Aktiengesellschaften die außerdeutschen verwandten Erwerbsgesellschaften (société anonymes, companies limited by shares usw.) gleichgestellt worden sind.

d) Das Verteilungsverfahren gemäß §§ 71ff. KommAbgG.

Nr. 1. Entsch. v. 23. Sept. 1912 (PrVerwBl. 35 307) HC 217/12.

KommAbgG. §§ 71ff.

1. Nicht jeder Steuerverteilungsantrag tritt an die Stelle des Einspruchs und schließt damit die weitere Verfolgung dieses Einspruchs im Einspruchs- und Verwaltungsstreitverfahren aus, sondern nur ein solcher, der eine sachliche Entscheidung über die mit dem Einspruch angefochtene Steuerforderung ermöglicht. Allerdings bestimmt der § 71 Abs. 2 KommAbgG. ganz allgemein, daß der Antrag des Steuerpflichtigen auf Verteilung seines gemeindesteuerpflichtigen Einkommens unter mehrere Gemeinden an die Stelle des Einspruchs gegen die Heranziehung (Veranlagung) zu den bezüglichen Steuern in jeder der beteiligten Gemeinden tritt. Der Zweck dieser Vorschrift ist aber, dem Steuerpflichtigen im Gegensatze zu dem früheren Rechtszustande, wo der Streit um jede Steuerforderung einzeln ausgetragen werden mußte, die Möglichkeit zu bieten, zur Vermeidung einer Doppelbesteuerung sämtliche gegen ihn erhobenen Steueransprüche in einem Verfahren nachprüfen zu lassen. Dieses Ziel kann nur erreicht werden, wenn der Verteilungsantrag eine sachliche Entscheidung zuläßt, also wenn er binnen der Frist von vier Wochen, vom Tage der Bekanntmachung der Steuer seitens der zweiten oder einer weiteren eine Steuerforderung erhebenden Gemeinde ab gerechnet, gestellt worden ist. Ein verspätet gestellter Antrag läßt eine gesetzmäßige, eine Doppelbesteuerung verhindernde Verteilung der Steueransprüche nicht zu und muß aus dem formellen Grunde der Fristversäumnis der Zurückweisung unterliegen. Der Gesetzgeber kann deshalb mit der Bestimmung des § 71 Abs. 2 nur den Fall im Auge gehabt haben, daß unter dem „Antrage des Steuerpflichtigen" ein rechtzeitig gestellter Antrag zu verstehen ist. Bei dieser Annahme ist es dem Steuerpflichtigen nicht verwehrt, iF. der Zurückweisung seines Verteilungsantrags wegen

Versäumung der Antragsfrist auf seinen früheren Einspruch zurückzugreifen und die streitige Steuerforderung im Einspruchsverfahren durch Herbeiführung eines anfechtbaren Einspruchsbescheids und im demnächstigen Verwaltungsstreitverfahren zur Entscheidung zu bringen.

2. Verfehlt ist die Rechtsauffassung des Klägers, daß ihm nicht das Recht zur Stellung eines Verteilungsantrags zugestanden habe, weil die Steuerforderung des Beklagten für die Rechnungsjahre 1907, 1908, 1909 und 1910 ihm erst am 25. I. 11 mitgeteilt worden sei. Gerade die mehrerwähnte Vorschrift des § 71 aaO. setzt den Steuerpflichtigen, der für dasselbe Steuerjahr von mehreren Gemeinden veranlagt wird, in die Lage, durch die Stellung des Verteilungsantrags eine Doppelbesteuerung zu vermeiden. Dabei macht es keinen Unterschied, ob die Heranziehung der verschiedenen Gemeinden in ein und demselben Steuerjahre oder in einem späteren Jahre erfolgt. Wollte daher der Kläger eine mehrfache Versteuerung des Einkommens aus seinem W.er Hause vermeiden, so wäre es seine Sache gewesen, binnen vier Wochen nach seiner Heranziehung durch den Beklagten den Antrag auf Verteilung zu stellen. Diese Frist hat er nicht eingehalten. Hiermit ergibt sich ohne weiteres auch die Unhaltbarkeit seines weiteren Einwandes, daß nicht er, sondern der Beklagte den Verteilungsantrag habe stellen müssen. Nach dem klaren Wortlaut des G. hat der Steuerpflichtige das Recht, die Verteilung zu beantragen. Den steuerfordernden Gemeinden, die im übrigen auch keinerlei Interesse an einer Verteilung haben, steht ein solches Recht nicht zu.

Nr. 2. Entsch. v. 3. Nov. 1913 (PrVerwBl. 35 246) HC 52/13.

KommAbgG. §§ 71 ff.

1. Allerdings muß das Mieteinkommen in erster Linie als eine Form der Nutzung des Grundbesitzes gelten. Deshalb können auch Aktiengesellschaften, selbst die auf gewerblicher Grundlage errichteten, nicht nur Einkommen aus Handel und Gewerbe, sondern auch aus Grundvermögen haben. Bei gewerblichen Aktiengesellschaften streitet aber die Vermutung dafür, daß alle Geschäfte zum Betriebe des Handelsgewerbes gehören. Das trifft insbesondere bei Aktiengesellschaften zu, die das Bankgewerbe treiben; denn deren Zweck ist nicht darauf gerichtet, das Geld dem Verkehre zu entziehen und im Grundbesitze festzulegen, vielmehr bringt es die Natur dieses Gewerbes mit sich, daß das Geld leicht greifbar angelegt und tunlichst flüssig gehalten wird. Erwirbt daher eine solche Aktiengesellschaft notgedrungen ein Grundstück, um Geschäftsverluste zu vermeiden, so geschieht das nicht, um das Guthaben gegen den bisherigen Besitzer in Grundbesitz anzulegen, sondern um möglichst bald das erworbene Grundstück zu veräußern und den Kaufpreis dem Geldumlaufe wieder zuzuführen. Die Nutzung des Grundstücks während der Besitzzeit ist daher nichts anderes als ein Hilfsbetrieb des Bankgewerbes und deshalb der Mietertrag auch Einkommen aus Handel und Gewerbe. Auch der Erwerb der Bankgebäude erfolgt nicht in der Absicht, um Einkommen aus Grundvermögen zu erzielen, sondern um jene dem Gewerbebetriebe zu widmen. Wenn die Bauten, was mehrfach der Fall ist, über das Bedürfnis des zeitigen Geschäftsumfangs hinausgehen oder aus anderen Rücksichten in einer Weise ausgeführt werden, wie es durch das Gewerbeunternehmen nicht ohne weiteres geboten ist, so ändert dies nichts an dem Umstande, daß die Gebäude nach ihrer Hauptbestimmung dem Betriebe des Bankgewerbes dienen sollen. Dieser Hauptzweck gibt dem Einkommen aus den Bankgebäuden auch sein rechtliches Gepräge als gewerbliches. Die Vermietung der geschäftlich nicht benutzten Räume ist lediglich ein Nebenzweck, der sich dem Hauptzweck unterordnen muß. Daraus folgt, daß auch die Mieteinnahmen gewerblicher Natur sind.

2. Nach der Rechtsprechung des OVG. erstreckt sich ein auf Grund des § 71 KommAbgG. gestellter Antrag auf Verteilung des gemeindesteuerpflichtigen Einkommens nur auf die Steuerforderungen der Gemeinden, die im Antrage namentlich bezeichnet sind oder, falls es an einer solchen Bezeichnung fehlt, die vor der Stellung des Antrags den Steuerpflichtigen veranlagt haben. Während des schwebenden Beschluß- oder sich anschließenden Verwaltungsstreitverfahrens umfaßt die Verteilung dann noch die Heranziehungen, bezüglich deren ein fristzeitiger Einbeziehungsantrag (§ 73 aaO.) gestellt wird. Dagegen ist es der Verteilungsbehörde untersagt, auch solche Gemeinden als Partei an dem Verfahren zu beteiligen und für sie eine Steuer festzusetzen, deren Forderungen nicht unter den Verteilungsantrag fallen und auch nicht in das Verfahren einbezogen sind. Die Steueransprüche dieser Gemeinden sind nur bei der Berechnung des auf die übrigen Gemeinden entfallenden Einkommens rechnerisch zu berücksichtigen.

3. Die Gemeinden sind nicht befugt, wenn gegen denselben Steuerpflichtigen und für dasselbe Jahr bereits eine Forderung von direkten Steuern derselben Art erhoben war, eine Nachbesteuerung vorzunehmen, es sei denn, daß der Steuerpflichtige der Gemeinde gegenüber eine Hinterziehung begangen hat (§§ 79, 83 aaO.). Voraussetzung für die Anwendbarkeit des § 83 ist hiernach, daß der Steuerpflichtige die Gemeinde durch eine der im § 79 mit Strafe bedrohten Handlungen in ihrem Steuerrechte verkürzt hat. Der Tatbestand dieser Steuerdelikte ist aber nur dann gegeben, wenn der Steuerpflichtige an zuständiger Stelle auf die an ihn gerichteten Fragen oder bei Begründung eines Einspruchs unrichtige oder unvollständige Angaben gemacht hat.

Nr. 3. Entsch. v. 13. Nov. 1913 (PrVerwBl. 35 322) HC 205/13.

KommAbgG. §§ 71 ff.

Einspruch und Verteilungsantrag sind begrifflich voneinander verschieden; wie der Verteilungsantrag nicht etwa als das weniger weitgehende Rechtsmittel im Einspruch enthalten ist, stellt ein Verteilungsantrag nicht gleichzeitig einen Einspruch dar, und ebensowenig wahrt die Einlegung des einen Rechtsmittels die Frist für das andere. Aus der begrifflichen Verschiedenheit der beiden Rechtsbehelfe folgt aber ferner, daß ein rechtzeitiger, unzweideutiger Verteilungsantrag nicht wirksam vom Steuerpflichtigen nach Ablauf der vierwöchigen Frist in einen Einspruch umgedeutet werden kann, gleichviel ob die Umdeutung von der Verteilungsbehörde angeregt worden war oder nicht.

Nr. 4. Entsch. v. 22. Jan. 1914 (PrVerwBl. 35 582) I HC 361/12.

KommAbgG. § 71.

1. Die Frist zur Stellung des Verteilungsantrags wurde nach § 71 Abs. 2 KommAbgG. durch die Heranziehung der Steuerpflichtigen seitens der Gemeinde H. hinsichtlich dieser Heranziehung und aller vorher für dasselbe Steuerjahr bewirkten Heranziehungen eröffnet. Der Umstand, daß die erwähnte Heranziehung von H. eine nach § 84 KommAbgG. unzulässige Nachforderung bildete, ändert hieran nichts, da der § 71 aaO. für den Fristbeginn eine materiell gültige Veranlagung nicht voraussetzt. Zur Wahrung der Frist genügt es, wenn der Verteilungsantrag binnen vier Wochen vom Fristbeginn an bei einer zuständigen Stelle einging. Eine solche Stelle war hier, da die im Verteilungsantrage benannten Gemeinden in verschiedenen Provinzen liegen, der gemäß § 71 Abs. 4 KommAbgG. iVerb. mit § 58 LVG. zur Bestimmung der Beschlußbehörde berufene Minister des Innern. Bei dem Minister des Innern ist der Verteilungsantrag innerhalb der eröffneten Frist eingegangen. Allerdings hatte der Kreisausschuß des Landkreises R. seinem rechtzeitig beim

Minister eingegangenen Berichte nicht das an den Kreisausschuß gerichtete Schreiben der Steuerpflichtigen beigefügt, in welchem die Steuerverteilung beantragt wurde. Wohl aber lag dem Berichte der von der Steuerpflichtigen miteingereichte Verteilungsplan bei. Aus diesem Schriftstücke, das die Bezeichnung „Plan über die Verteilung des gemeindesteuerpflichtigen Einkommens der Gewerkschaft E. zu H." trägt, war für die entgegennehmende Behörde mit Sicherheit zu ersehen, daß seitens der Steuerpflichtigen die Steuerverteilung gemäß § 71 KommAbgG. begehrt wurde. Damit war in Ermangelung gesetzlicher Formvorschriften den an den Verteilungsantrag zu stellenden Anforderungen genügt. Es kann insbesondere dahingestellt bleiben, ob der Verteilungsplan, als er dem Minister vorgelegt wurde, bereits eine Namensunterschrift trug. Wenn sich aus dem eingereichten Schriftstück ohnehin zweifelsfrei erkennen läßt, daß es von dem in Betracht kommenden Steuerpflichtigen ausgeht, so kann aus dem Fehlen der Unterschrift die Unwirksamkeit des Antrags nicht hergeleitet werden. Gegen die Zulässigkeit des Verteilungsantrags kann auch nicht geltend gemacht werden, daß die Steuerpflichtige zu der Zeit, als der Antrag verfaßt und abgeschickt wurde, die erwähnte Heranziehungsverfügung des Gemeindevorstehers zu H. noch nicht in Händen gehabt hat; entscheidend ist vielmehr allein der Umstand, daß in dem Zeitpunkt, wo der Verteilungsantrag bei einer zuständigen Stelle einging, die fernere Heranziehung bereits erfolgt war. Die Revision will schließlich noch Gewicht darauf gelegt wissen, daß der Verteilungsantrag von der Steuerpflichtigen nicht an den Minister des Innern, sondern an den Kreisausschuß gerichtet und abgesandt worden ist. Darauf kommt es aber nicht an; erheblich ist vielmehr nur, ob der Antrag innerhalb der gesetzlichen Frist bei einer zuständigen Stelle eingegangen ist. Ist das geschehen, so hat der Antrag als rechtzeitig gestellt auch dann zu gelten, wenn er vorher bei einer anderen Behörde gestellt war und diese ihn weitergegeben hat. Die den Zwecken des Antragstellers fördersame Behandlung, welche seiner Eingabe seitens der zunächst angegangenen Behörde zuteil wird, muß als seinem Willen entsprechend angesehen werden.

2. An sich ist die Benennung der betroffenen Gemeinden kein wesentliches Erfordernis des Verteilungsantrags. Ein vorbehaltloser Antrag auf Verteilung trifft vielmehr ohne weiteres alle diejenigen Steuerforderungen, die bis zur Einleitung des Verfahrens erhoben worden sind. Nur wenn der Wille des Antragstellers zu einer Beschränkung des Verfahrens auf einzelne Steuerforderungen kundgegeben ist, greift eine solche Beschränkung Platz.

3. Der Vorderrichter hat unter der Voraussetzung, daß sich durch den Hinzutritt der Zeche Ei. keine wesentliche Veränderung im Betriebe der Steuerpflichtigen vollzogen habe, der Steuerverteilung hinsichtlich der Betriebsstätten in den Gemeinden H., B. und R. die Ausgaben an Gehältern und Löhnen aus den mit den Kalenderjahren zusammenfallenden Geschäftsjahren der Steuerpflichtigen 1901, 1902 und 1903 zugrunde gelegt. Das entspricht nicht den gesetzlichen Bestimmungen, vorausgesetzt, daß die Ausgaben an Gehältern und Löhnen des Jahres 1904 zu Beginn des Steuerjahres 1905 bereits festgestellt werden konnten, womit hier in Ermangelung entgegenstehender Erklärungen zu rechnen ist. Nach § 48 KommAbgG. erfolgt die Ermittlung der Ausgaben an Gehältern und Löhnen bei der Verteilung des Einkommens aus dem Betrieb einer sich über mehrere Gemeinden erstreckenden Gewerbeunternehmung „in dreijährigem Durchschnitte". Da das KommAbgG. keine Bestimmungen darüber enthält, welche Geschäftsjahre der Durchschnittsberechnung zugrunde zu legen sind, so muß auf die für die Ermittlung des Einkommens geltenden gesetzlichen Vorschriften zurückgegangen werden. Maßgebend ist für das hier in Betracht kommende Steuerjahr 1905 der § 10 EinkStG., der in Abs. 1 bestimmt, daß unbestimmte oder

schwankende Einnahmen usw. nach dem Durchschnitt der drei der Veranlagung unmittelbar vorangegangenen Jahre zu berechnen sind. Diese Vorschrift erforderte also — unter der oben erwähnten Voraussetzung der Feststellbarkeit zu Beginn des Steuerjahrs — die Zugrundelegung der Ausgaben aus den Jahren 1902, 1903, 1904 hinsichtlich der älteren Betriebsstätten der Gewerkschaft.

D. Verpflichtung von Betriebsgemeinden zur Leistung von Zuschüssen.

Nr. 1. Entsch. v. 5. Jan. 1914 (PrVerwBl. 35 826) III B 38/13.

KommAbgG. § 53.

Ein gegen die Realgemeinde X. gerichteter Antrag auf Gewährung eines Zuschusses ist ohne weiteres als gegen die Stadtgemeinde X. erhoben anzusehen, wenn offensichtlich nur eine auf einem Versehen beruhende falsche Bezeichnung vorliegt.

Nr. 2. Besch. v. 22. Jan. 1914 (OVG. 66 231).

KommAbgG. § 53.

Wenn die Klägerin behauptet, eine auf § 53 KommAbgG. gestützte Anmeldung des Zuschußanspruchs könne nur durch den gesetzlichen Vertreter einer Gemeinde oder durch einen legitimierten Bevollmächtigten gestellt werden, so ist diese Behauptung unrichtig, sofern damit gesagt werden soll, daß nur ein Bevollmächtigter, der gleichzeitig seine Vollmacht nachweist, rechtsgültig eine derartige Erklärung abgeben könne; denn es fehlt an einer Bestimmung dieses Inhalts für den Bereich des § 53. Die Sondernatur des § 53 berechtigt nicht zu einem abweichenden Schlusse. Eine Sondernatur hat der § 53 iVerh. zu den übrigen Vorschriften des KommAbgG., aber nicht iVerh. zu den Rechtsbehelfen des Verwaltungsrechts im allgemeinen ihrer formalen Natur nach.

Die Rechtswirkung der durch einen Bevollmächtigten ohne Vorlegung der Vollmacht bewirkten Anmeldung aus § 53 Abs. 5 KommAbgG. ist nicht anders zu beurteilen, als die Rechtswirkung einer in der gleichen Form erhobenen Klage. Danach kann die Rechtsgültigkeit der Anmeldung nicht bezweifelt werden. In OVG. **17** 69 hat das OVG. die nachträgliche Beschlußfassung, die eine Ermächtigung zur Prozeßführung aussprach, für ausreichend erklärt, mit der Rechtswirkung, daß, obwohl das Rechtsmittel vor der nachträglichen Beschlußfassung eingelegt war, es noch als rechtzeitig gelte. In OVG. **41** 456 wird dargelegt, daß durch die nachträgliche Einreichung der vorher nur mündlich erteilten Vollmacht die Klagefrist gewahrt werde. In OVG. **47** 65 wird sogar die schriftliche Erteilung der Vollmacht nach Ablauf der Rechtsmittelfrist als eine Genehmigung der Einlegung des Rechtsmittels durch den Geschäftsführer ohne Auftrag und die Rechtzeitigkeit des Rechtsmittels in dieser Form der Einlegung anerkannt. Endlich hat sich durch Urteil v. 31. I. 13, PrVerwBl. **34** 788, das OVG. allgemein dahin schlüssig gemacht, daß eine erst nach Ablauf der Ausschlußfrist von dem Vertretenen erklärte Genehmigung den vorher ohne Auftrag oder Vollmacht für den Vertretenen abgegebenen Erklärungen und Prozeßhandlungen des Vertretenen Rechtswirksamkeit verleiht. Danach würde die durch den Rechtsanwalt H. bewirkte Anmeldung selbst dann rechtswirksam sein, wenn er nicht schon, wie unbestritten der Fall war, bereits im März 1908 mündliche Vollmacht und ein vom Bürgermeister von H. unterschriebenes unausgefülltes Vollmachtmuster erhalten hätte.

Nr. 3. Entsch. v. 29. Jan. 1914 (DJZ. 19 999) III C 74/13.

Die Anmeldung des Anspruchs aus § 53 KommAbgG. ist ebenso zu beurteilen wie die prozessualischen Akte, für die es zur Wahrung einer Frist genügt, wenn der betreffende Brief bis zum Ablaufe des letzten Tages der Frist, also vor 12 Uhr nachts, in den für amtliche Briefe bestimmten Briefkasten im Geschäftsgebäude gelegt ist.

Nr. 4. Entsch. v. 9. Febr. 1914 (OVG. 66 235) III B 119/13.

KommAbgG. § 53.

Die Vorschrift im § 53 Abs. 5 KommAbgG., daß der Anspruch auf Zuschußleistung erlischt, wenn er nicht vor Ablauf des bezüglichen Rechnungsjahrs erhoben wird, ist nicht dahin zu verstehen, daß der Antrag innerhalb derselben Frist auch begründet werden muß.

Wenn der Vorderrichter meint, der Gesetzgeber verlange einen Antrag, der die Grundlage von Einigungsverhandlungen zwischen den beteiligten Gemeinden bilden könne, so ist dem entgegenzuhalten, daß zwar allerdings die Absicht des G. in erster Linie auf die Herbeiführung einer Einigung gerichtet ist, daß es aber zu diesem Zwecke nicht der sofortigen Begründung des Antrags bedarf, dessen Stellung vor Ablauf des Rechnungsjahrs der § 53 aaO. fordert. Wenn ein ohne Begründung gestellter Antrag den Antragsgegner zur Ablehnung nötigt, sofern die Begründung für den Antrag nicht nachträglich beigebracht wird, so ist doch damit nicht die Erreichung einer gütlichen Einigung ausgeschlossen; denn eine solche ist auch nach ursprünglicher Ablehnung immer noch möglich, sobald nachträglich die Unterlagen für den Antrag beigebracht worden sind. Daß das nicht ungebührlich verzögert werde, dazu dient die Frist von drei Monaten, innerhalb deren nach Ablehnung des Antrags bei dem Kreis- oder Bezirksausschusse die Entscheidung beantragt werden muß. Die Sache wird sogar in den meisten Fällen so liegen, daß eine brauchbare Begründung des Antrags vor Ablauf des Rechnungsjahrs überhaupt nicht beigebracht werden kann, weil die maßgebenden Zahlen alsdann noch nicht feststehen.

Nr. 5. Entsch. v. 23. April 1914 (OVG. 67 192) III B 180/13.

KommAbgG. § 53.

Die behufs der Erhaltung des Zuschußanspruchs nach § 53 Abs. 5 KommAbgG. notwendige Anmeldung innerhalb des Rechnungsjahrs kann nicht nur ohne Begründung, sondern auch ohne zahlenmäßige Angabe der Höhe des Anspruchs wirksam erfolgen. In dem sich hieran anschließenden Beschlußverfahren muß jedoch die Höhe der Forderung ziffernmäßig bezeichnet werden. Im § 53 ist ein Antrag vorausgesetzt, über den ein Beschluß gefaßt werden kann. Das trifft aber nur auf einen ziffernmäßig bestimmten Antrag zu. Die Befugnis, den Zuschuß frei zu ermitteln und unabhängig von jedem Antrage der Wohnsitzgemeinde festzusetzen, ist der Beschlußbehörde nicht eingeräumt. Bei dem Fehlen zahlenmäßiger Bestimmtheit der Forderung muß daher die Beschlußbehörde, unbeschadet ihrer Pflicht, den Sachverhalt aufzuklären und die Parteien zu dem Stellen sachgemäßer Anträge zu veranlassen, die Beschlußfassung ablehnen. Ist aber, wie hier, im Beschlußverfahren eine bestimmte Forderung erhoben, so darf die Beschlußbehörde nicht darüber hinausgehen. Das folgt aus dem den § 53 beherrschenden Gesichtspunkte, daß es durchaus in dem Belieben der Wohnsitzgemeinde steht, ob sie einen Zuschußanspruch überhaupt erheben und wie hoch sie ihn bemessen will. Innerhalb des Beschlußverfahrens stehen der Erhöhung der ursprünglich gestellten Zuschußforderung grundsätzliche Bedenken nicht entgegen;

innerhalb des Verwaltungsstreitverfahrens ist sie unzulässig, weil dieses sich nach § 53 Abs. 5 lediglich gegen den Beschluß richtet.

Nr. 6. Entsch. v. 5. März 1914 (OVG. 67 195) III C 38/13.

KommAbgG. § 53.

Für die Bemessung des im § 53 Abs. 2 KommAbgG. bestimmten Höchstbetrages des vom Gewerbetreibenden zu leistenden Zuschusses ist, wenn der Betrieb sich über mehrere Gutsbezirke erstreckt und gewerbesteuerpflichtig ist, soweit die Gewerbesteuer in Betracht kommt, die vom zuständigen Steuerausschusse gemäß § 38 GewStG. bewirkte Zerlegung des Gewerbesteuersatzes maßgebend.

Nr. 7. Entsch. v. 19. April 1915 (PrVerwBl. 37 74) III C 113/14.

KommAbgG. § 53.

1. In der Weise, wie es der Vorderrichter tut, die Unbilligkeit der Mehrbelastung iS. des § 53 KommAbgG. als vorliegend anzuerkennen, weil sie gerichtskundig sei, geht nicht an. Es handelt sich hierbei um einen des Beweises bedürfenden Punkt, und es muß den Beteiligten die Möglichkeit gegeben werden, zu dem Ergebnisse der Beweiswürdigung Stellung zu nehmen. Gerichtsnotorisch sind diejenigen Dinge, die dem Gericht auf Grund seiner eigenen, in seiner Eigenschaft als Gericht gemachten Wahrnehmungen und Feststellungen bekannt sind, so daß es einer besonderen Beweiserhebung nicht bedarf. Die einzelnen für die Feststellung der unbilligen Mehrbelastung maßgebenden Verhältnisse müßten, selbst wenn sie gerichtsnotorisch sind, näher mitgeteilt werden. Das aber ist in dem angefochtenen Urteile nicht geschehen. Es erhellt nicht aus den Akten, daß und welche Verhandlungen vor dem Vorderrichter geschwebt hätten, aus denen sich das Verhältnis der Mehrbelastung der Wohngemeinden, die sich in ähnlicher Lage befinden wie die Klägerin, zu den ihnen von den Betriebsarbeitern und Betrieben zufließenden Vorteilen hätte ergeben können. Die Frage, ob die Mehrbelastung der Beklagten eine unbillige sei, kann nur entschieden werden, indem den Mehrausgaben, die der Beklagten insgesamt durch alle in anderen Gemeinden beschäftigten, aber in ihrem Gemeindebezirke wohnenden Betriebsarbeiter erwachsen, diejenigen Vorteile gegenübergestellt werden, die ihr aus den von allen diesen Betriebsarbeitern überhaupt zu entrichtenden Gemeindeabgaben und durch die S.er Betriebe, einschließlich der über die Gemeindebezirke R. und S. sich erstreckenden, ein einheitliches Unternehmen bildenden Betriebe, zugeflossen sind, und zwar in dem Verhältnisse, wie sich die Gesamtgemeindeausgaben zu den Ausgaben für Polizei, Armen- und Volksschulwesen stellen. Dieser Prüfung hat sich der Vorderrichter gänzlich entschlagen.

2. Wenn eine Mehrheit von Betriebsgemeinden der Wohngemeinde als eine Gemeinschaft gegenübersteht und die Belastung der Wohngemeinde durch die mehreren Betriebsgemeinden zusammen nach der Richtung beurteilt werden muß, ob die Gesamtbelastung sich als erheblich und als unbillig darstellt, so steht es der einzelnen, im Verwaltungsstreitverfahren in Anspruch genommenen Betriebsgemeinde frei, alle der Wohngemeinde von der Gesamtheit der Betriebsgemeinden zufließenden Vorteile geltend zu machen.

3. Die Klägerin will alle diejenigen im Gebiete der Beklagten wohnenden Arbeiter nicht als Betriebsarbeiter anerkennen, die zwar auf S.er Gebiet, aber in solchen Betrieben beschäftigt sind, die sich über den Gemeindebezirk von R. miterstrecken. Sie führt unter Hinweis auf das in derartigen Fällen der Wohn-

gemeinde zustehende Besteuerungsrecht aus, daß solche Arbeiter „nicht als auswärts beschäftigt" zu zählen seien. Diese Auffassung findet aber weder im G. noch in der Rechtsprechung eine Stütze. § 53 KommAbgG. spricht nur von dem Betrieb in einer anderen Gemeinde. Die Beschäftigung in einer anderen Gemeinde liegt aber vor, sobald die Arbeitsstätte, auf der der Arbeiter beschäftigt ist, im Bezirke der anderen Gemeinde liegt. Ob die Wohngemeinde gegen den Betriebsinhaber ein Besteuerungsrecht hat, fällt nach der gegenwärtigen Fassung des § 53 nicht ins Gewicht. Nur muß sich die Wohngemeinde die Vorteile, die sie von dem Betriebe hat, gegen ihre Mehraufwendungen für Schul- und Polizeilasten usw. aufrechnen lassen.

E. Zuschüsse des Reichs zu den Gemeindeausgaben auf Grund des § 6 RBesteuerG.

Nr. 1. Entsch. v. 20. Okt. 1914 (OVG. 68 203) II C 46/14.

RBesteuerG. § 6.

1. Der Bezirksausschuß hat aus der Entstehungsgeschichte des RBesteuerG. gefolgert, daß die dem Reiche auferlegten Zuschüsse den Gemeinden zugebilligt worden seien, soweit sie eine Schädigung ihrer Steuerkraft durch die Reichsbetriebe erlitten. Er hat dann weiter ausgeführt, eine Berechtigung der Gemeinden, Steuern zu erheben, bestehe nur insoweit, als ihnen der § 2 KommAbgG. die Befugnis hierzu erteile; diese Befugnis bestehe nur in dem Maße, wie die Gemeinden nicht imstande seien, ihre Bedürfnisse aus eigenen Einnahmen zu decken, d. h. in erster Linie seien die eigenen Einnahmen der Gemeinde zur Deckung ihres Geldbedarfes heranzuziehen; zu den eigenen Einnahmen gehörten namentlich die Erträgnisse aus zinsbar angelegten Kapitalien, aus Grundstücken und aus gewerblichen Betrieben, die in der Gemeinde T. unbestritten 26028 ℳ betragen hätten; diese Einnahmen müßten in Abzug gebracht werden, ehe der Steuerbedarf festgestellt werden könne; der festgestellte Steuerbedarf sei maßgebend für die Berechnung des anzufordernden Reichszuschusses. Diese Ausführungen sind rechtsirrtümlich.

2. Das RBesteuerG. gewährt durch den § 6 den Gemeinden einen Rechtsanspruch auf Zuschüsse zu den Ausgaben der Gemeinden, und zwar legt es im Abs. 2 der Berechnung des Zuschusses nur bestimmte Ausgaben zugrunde, nämlich solche, die, wie es in der Begründung zu § 5 des Gesetzentwurfes (§ 6 des G.) heißt, durch den Zusammenfluß von zahlreichen Arbeitern eine wesentliche Steigerung erfahren. Zu diesen Ausgaben rechnete der Entwurf nur die allgemeinen Verwaltungskosten, die Volksschul- und Armenlasten. Dazu sind durch die parlamentarischen Verhandlungen im G. selbst noch die fortdauernden Ausgaben für die Unterhaltung der Decke von öffentlichen Straßen, Wegen und Plätzen gekommen. Daß diese Ausgaben nur insoweit zum Ansatze zu bringen sind, als zu ihrer Deckung die Erhebung von Steuern notwendig ist oder ihre Deckung durch Steuern erfolgt ist, ergibt weder der Wortlaut noch die Entstehungsgeschichte des G. Aus dem Wortlaute des G. selbst ist vielmehr das Gegenteil zu entnehmen; denn er spricht nur von Ausgaben, die aufzubringen gewesen sind, und zwar ohne bei den fortdauernden ausdrücklich zu sagen, aus welchen Mitteln sie aufzubringen gewesen sind, während bei den einmaligen Ausgaben unterschieden ist zwischen solchen, die aus ordentlichen Mitteln, und solchen, die aus Anleihen (d. h. außerordentlichen) Mitteln gedeckt sind. Wenn aber bei den fortdauernden Ausgaben nicht ausdrücklich ein Unterschied je nach den Mitteln, aus denen sie aufzubringen waren, gemacht wird, so ist gerade aus diesem Fehlen einer Einschränkung auf bestimmte Mittel (Steuern) zu folgern, daß hierbei alle

Mittel in Betracht kommen, durch welche die Ausgaben aufgebracht worden sind. Aus der Begründung des Gesetzentwurfes aaO. ergibt sich, daß man an eine Deckung der Ausgaben durch andere, aus den Mitteln der Gemeinde aufgebrachte Einnahmen nicht gedacht hat, und das entspricht auch dem Grundsatze, daß regelmäßig zur Deckung des gesamten Ausgabenbedarfes einer Gemeinde die gesamten Einnahmen aus deren ordentlichen Mitteln bestimmt sind. Zutreffend ist deshalb auch in den Ausführungsbestimmungen des Bundesrats zu § 6 RBesteuerG. unter XIV gesagt: „In Ansatz kommen die allgemeinen Verwaltungskosten, Volksschul- und Armenkosten sowie die zu XIII bezeichneten Wegeunterhaltungskosten nur insoweit, als sie aus ordentlichen Mitteln aufzubringen gewesen sind. Es sind demnach von den Bruttoausgaben diejenigen sogenannten Verwaltungseinnahmen in Abzug zu bringen, die, sei es gesetzlich, sei es durch Privatverfügung, mit zur Bestreitung dieser Lasten bestimmt sind, so insbesondere Einnahmen an Schulgeld, Einnahmen aus Stiftungen, Erstattungen gehabter Auslagen, freiwillige Spenden, ferner Einnahmen aus Anleihen, aus Veräußerungen von Gemeindevermögen und aus besonderen Gemeindefonds, endlich die gesetzlich vom Staate zu leistenden Zuschüsse und Beiträge." Zu den ordentlichen, zur Deckung des Gemeindebedarfes bestimmten Mitteln gehören aber nach § 2 KommAbgG. die Steuern erst in letzter Linie, in erster die sonstigen Einnahmen, insbesondere aus Gemeindevermögen, Gebühren, Beiträge, vom Staate oder weiteren Kommunalverbänden der Gemeinde überwiesene Mittel. Daß die im § 6 des G. bezeichneten Ausgaben nicht mit den Bruttobeträgen, sondern unter Abzug der sogenannten Verwaltungseinnahmen, also der durch G. oder Privatverfügung Dritter zur Bestreitung gerade dieser Lasten (nicht des gesamten Ausgabenbedarfes) mitbestimmten Einnahmen und der innerhalb dieses Zweiges von Ausgaben entstehenden eigentlichen und besonderen Verwaltungseinnahmen, einzusetzen sind, folgt daraus, daß nur Ausgaben zur Anrechnung kommen, die aus den ordentlichen Mitteln der Gemeinde aufzubringen gewesen sind, die Gemeinde aber aus ihren ordentlichen Mitteln jene Ausgaben nur in dem gedachten Umfang aufzubringen hatte und aufgebracht hat.

Aus diesen Erwägungen ist die Auslegung des Bezirksausschusses, daß die im § 6 des G. bezeichneten Ausgaben nur insoweit anzusetzen seien, als sie durch Steuern zu decken waren, und daß darum Einnahmen der Gemeinde aus zinsbar angelegten Kapitalien, aus Grundstücken und gewerblichen Betrieben in Abzug kommen müßten, rechtsirrtümlich.

Nr. 2. Entsch. v. 13. Juni 1913 (OVG. 64 331) II C 20/13.

RBesteuerG. v. 15. IV. 11 § 6.

1. Für die Berechnung des auf Grund des § 6 RBesteuerG. geforderten Reichszuschusses zu den Gemeindeausgaben wegen eines aus Reichsmitteln unterhaltenen fabrikmäßigen oder fabrikähnlichen Reichsbetriebes (Artilleriewerkstatt) will der Beklagte die gesamten von der Stadtgemeinde L. zu entrichtenden Kreis- und Provinzialabgaben angerechnet wissen, indem er ein Viertel zu den allgemeinen Verwaltungskosten, ein Viertel zu den Armenlasten und die zweite Hälfte zu den Kosten zählt, die für die dem Kreise bzw. der Provinz obliegende Unterhaltung der im Stadtbezirke L. belegenen Straßen und Chausseen aufzubringen sind. Das ist abwegig. Die von den Kreisen und Provinzen von den Abgabepflichtigen (Gemeinden und Gutsbezirken, Land- und Stadtkreisen) erhobenen Abgaben werden zur Deckung ihrer Ausgaben für die Erfüllung der ihnen obliegenden gesamten Aufgaben erfordert, ohne daß dabei — abgesehen von den besonderen Fällen der §§ 10 und 27 ProvAbgG. — ein bestimmter oder auch nur ein auszusondernder Teil auf solche Ausgaben entfällt, die dem Kreise oder der Provinz durch die Erfüllung ihrer Auf-

gaben innerhalb des Gebiets eines einzelnen Abgabepflichtigen erwachsen. Es ist deshalb nicht nur willkürlich, sondern auch unmöglich, die Abgaben, die der einzelne Abgabepflichtige (Gemeinde- oder Gutsbezirk, Stadt- oder Landkreis) zur Bestreitung des gesamten Kreis- und Provinzialsteuerbedarfs entrichtet, ganz oder teilweise als zu den diesem einzelnen Abgabepflichtigen erwachsenden, im § 6 Abs. 2 RBesteuerG. aufgeführten Kosten zu rechnen. Hierunter sind vielmehr nur solche Kosten zu verstehen, die der Gemeinde unmittelbar durch die Erfüllung ihrer Aufgaben erwachsen, nicht aber solche, die ihr von weiteren Kommunalverbänden zur Erfüllung der diesen obliegenden Aufgaben auferlegt werden. Diese Abgaben werden im übrigen den Gemeinden nach Maßgabe ihrer Steuerkraft auferlegt; deshalb würde es der Absicht des G., den Gemeinden einen Zuschuß zu denjenigen Ausgaben zu gewähren, die durch den Zusammenfluß von zahlreichen Arbeitern ohne ausreichende Steuerkraft eine wesentliche Steigerung erfahren, auch nicht entsprechen, Abgaben zu berücksichtigen, die nur nach Maßgabe der wirklichen Steuerkraft der Gemeinde auferlegt sind. Der Umstand, daß Kreis oder Provinz in dem Stadtbezirk oder sonst zugunsten der Gemeinde Aufgaben erfüllen, die anderenfalls der Gemeinde obliegen würden, und daß die Gemeinde zu den Aufwendungen hierfür durch die ihr auferlegten Kreis- und Provinzialabgaben beiträgt, kann dem G. gegenüber nicht in Betracht kommen.

2. Unter den nach § 6 Abs. 2 aaO. anrechnungsfähigen allgemeinen Verwaltungskosten sind nur diejenigen zu verstehen, die für die Einrichtung und Unterhaltung der Gesamt- (Zentral-) Verwaltung der Gemeinde, im Gegensatze zu den Kosten, die für die auf bestimmte Sachgebiete beschränkte Sonder- (Spezial-) Verwaltungen aufzubringen sind. Die Begründung des Gesetzentwurfes (vgl. S. 15 aaO.) rechnete deshalb von den Polizeikosten zu den allgemeinen Verwaltungskosten auch nur die unmittelbaren, d. h. diejenigen Polizeikosten, die durch Einstellung und Unterhaltung des Personals und durch dessen Ausrüstung mit allem zum Dienstbetrieb Erforderlichen erwachsen (vgl. §§ 1 und 2 PrPolKostG.). Ebenso hat bei der Kommissionsberatung der Kommissar des Bundesrats erklärt, die verbündeten Regierungen seien bei der Vorlage davon ausgegangen, daß als allgemeine Verwaltungskosten nur diejenigen zu verstehen seien, die durch Einstellung und Unterhaltung von Beamten und durch deren Ausrüstung mit allem zum Dienstbetrieb Erforderlichen entständen, und zwar insoweit, als ihre Aufwendung mehreren städtischen Zwecken zugleich diene; dagegen seien außer Betracht geblieben alle Kosten, die aus speziellen Aufgaben der Polizei entständen. Dasselbe ist bei der zweiten Beratung des Gesetzentwurfes im Reichstage zum Ausdrucke gebracht worden. Anträge, die darauf abzielten, die Polizeikosten im weiteren Umfange der Berechnung des Zuschusses zugrunde zu legen, sind denn auch erfolglos geblieben. Die Entstehung des G. bestätigt also die oben dem Begriffe der „allgemeinen Verwaltungskosten" gegebene Auslegung.

Die in Betracht kommenden Posten „Gehalt des Friedhofwärters, Servizulage für den Bezirksfeldwebel, Vergütung für den Schleusenmeister" gehören hiernach nicht zu den allgemeinen Verwaltungskosten in dem dargelegten Sinne, da sie nicht für die allgemeine Verwaltung, sondern für besondere Verwaltungszweige aufgewendet werden. Insbesondere gehört auch die Entschädigung an den Kreistierarzt für Überwachung der Viehmärkte nicht zu den unmittelbaren Polizeikosten iS. des § 2 PolKostG.

3. Den unter der Bezeichnung „Wasserverbrauch der Hospitäler" aufgeführten Betrag will der Beklagte zu den Armenlasten gerechnet wissen. Es handelt sich dabei darum, daß die Stadtgemeinde an einige Hospitäler (milde Anstalten) aus der städtischen Wasserleitung Wasser ohne Vergütung liefert. Den dadurch entstehenden Ausfall glaubt der Beklagte deshalb zu den Armenlasten rechnen

zu dürfen, weil anderenfalls die Stadtgemeinde für die von ihr in den Hospitälern untergebrachten Kranken, Waisen usw. höhere Verpflegungssätze würde entrichten müssen. Dadurch wird aber der Ausfall an Vergütungen nicht zu einer Armenlast, d. h. einer Last, welche die Gemeinde für Arme tatsächlich aufbringt.

4. Den Betrag „für ärztliche Untersuchung der Volksschüler" hat der Bezirksausschuß ebenfalls mit Recht nicht als eine *Volksschullast* iS. des § 6 Abs. 2 angesehen; denn darunter ist nur das zu verstehen, was zur Aufbringung der Kosten für die Errichtung und Unterhaltung der Volksschulen (VolksschulUG. § 1) notwendig ist, d. h. die Gewährung alles *im öffentlichen Unterrichtsinteresse Erforderlichen*. Was eine Gemeinde *darüber hinaus* aus sozialen oder sonstigen Rücksichten im Interesse der Gesundheit und des Wohlbefindens der Volksschüler aufwendet, ohne daß es im öffentlichen Unterrichtsinteresse erforderlich ist, *fällt nicht unter den Begriff der Volksschullast*.

5. Verschiedene Beträge rechnet der Beklagte zu den „Kosten zur Unterhaltung der Decke von öffentlichen Straßen und Plätzen", weil diese Aufwendungen der Unterhaltung der Straßen und Plätze, auch ihrer Decke, dadurch *zugute kämen*, daß für diesen Zweck geringere Kosten aufzubringen wären, als es sonst der Fall sein würde. Das G. will aber nach dem klaren Wortlaute nur diejenigen Kosten anrechnen, die zur Unterhaltung der Decke öffentlicher Straßen und Plätze in dem dem laufenden Rechnungsjahre vorangegangenen Rechnungsjahr aufzubringen gewesen sind, die also *für den angegebenen Zweck und nur für diesen wirklich verausgabt* sind. Darum handelt es sich bei keiner der bezeichneten Aufwendungen. Auch Beträge für die *Verzinsung und Tilgung* einer zu *Straßenbauzwecken aufgenommenen* Anleihe fallen nicht unter Kosten *zur Unterhaltung der* Decke von Straßen und Plätzen in dem dargelegten Sinne.

G. Zeitliche Begrenzung der Steuerpflicht.

Nr. 1. Entsch. v. 4. April 1913 (PrVerwBl. 35 246) VIII C 255/12.

KommAbgG. § 60.

Nach § 5 Abs. 1 der örtlichen GrundsteuerO. beginnt die *Steuerermäßigung bei den in ihrer Substanz verminderten Grundstücken erst nach Ablauf des Steuerjahres*, in dem die Substanzverminderung erfolgt ist. Im übrigen treten mit dem Beginne des auf die Veränderung folgenden Vierteljahres Ermäßigungen der Steuern dann ein, wenn bisher steuerpflichtige Grundstücke oder Grundstücksteile in die Klasse der steuerfreien übergehen (§ 5 Abs. 2 aaO.).

Gegen diese Vorschriften walten *rechtliche Bedenken* nicht ob, insbesondere stehen sie nicht mit § 60^{2c} KommAbgG. im Widerspruche. Wenn dort bestimmt ist, daß bei besonderen Grundsteuern die Steuerpflicht durch die Veräußerung *des Grundvermögens* mit dem Ablaufe des Monats, in dem die Veräußerung stattgefunden hat, erlischt, so bezieht sich diese Vorschrift auf die Veräußerung *des ganzen*, das Steuerobjekt bildenden Grundstücks, nicht aber auf die Verringerung seiner Substanz durch Abverkauf. Wann die Steuerpflicht in *anderen* als den unter § $60^{2a \text{ bis } c}$ bezeichneten Fällen, also auch in denen einer Substanzverringerung, erlöschen soll, bestimmt sich zufolge der hierin nicht beschränkten Autonomie der Gemeinden nach den Vorschriften der örtlichen SteuerO.

Nr. 2. Entsch. v. 9. Jan. 1914 (OVG. 66 171) VIII C 277/13.

KommAbgG. § 24 c.

Streitig ist die Frage der Rechtsgültigkeit der Bestimmung der SteuerO., wonach die Steuerbefreiung eines Grundstücks gemäß § 24 Abs. 1 c KommAbgG.

iF. der Versäumnis der im § 5 der SteuerO. vorgeschriebenen Anzeige erst mit dem Beginne des auf die spätere Anzeige folgenden Monats eintreten soll. Der Gerichtshof hat die Rechtsgültigkeit der Bestimmung anerkannt und diese Auffassung auch in einer nicht abgedruckten Entsch. v. 26. IX. 02 (II C 33/02) in bezug auf die ebenso lautende Vorschrift der GrundsteuerO. der Stadt Kiel folgendermaßen begründet: „Der § 60 KommAbgG. verweist zunächst, soweit sich Gemeindesteuern den Staatssteuern anschließen und etwas anderes nicht bestimmt ist — wie dies in § 26 geschehen ist —, für die zeitliche Begrenzung der Steuerpflicht auf die Staatssteuervorschriften. Im übrigen aber, also in allen anderen Fällen, sind bezüglich des Erlöschens der Steuerpflicht nur Regeln aufgestellt, 1. wenn der Steuerpflichtige stirbt, 2. wenn der Wohnsitz, Sitz oder Aufenthalt aufgegeben wird, und 3. wenn Grundvermögen veräußert oder ein Betrieb eingestellt wird. Während die Steuerpflicht zu 1 und 3 ohne weiteres erlischt, wird zu 2 noch eine besondere Anzeige erfordert; es läßt sich also nicht ein allgemeiner Grundsatz dahin, daß das Ereignis selbst das Erlöschen der Steuerpflicht zu dem bestimmten Zeitpunkt immer herbeiführe, ableiten. Vielmehr fehlt es an einer weiteren gesetzlichen Regelung, insbesondere auch für die in § 5 der örtlichen Ordnung zu 2 bis 4 vorgesehenen Fälle — vorausgesetzt, daß sie sämtlich eine Erhöhung oder eine Ermäßigung der Steuer herbeiführen —, und es erscheint daher die Autonomie der Gemeinden, abgesehen von der Bedingung einer Genehmigung durch die Aufsichtsbehörden, durch § 60 KommAbgG. nicht beschränkt. Daher ist der Vorwurf einer Gesetzwidrigkeit des § 7 Abs. 2 der besonderen SteuerO. für Kiel nicht begründet."

Nr. 3. Entsch. v. 17. März 1914 (OVG. **66** 185) VIII C 216/13.

KommAbgG. §§ 60, 64.

Nach § 60 Abs. 1 KommAbgG. haben in dem Falle des Anschlusses der Gemeindesteuer an die Staatssteuer für den Zeitpunkt des Beginns und des Erlöschens der Steuerpflicht die für die entsprechende Staatssteuer bestehenden Vorschriften zu gelten. Für die staatliche Gebäudesteuer ist nach den §§ 15 bis 17 GebStG. angeordnet, daß beim Wechsel im Eigentum eines Gebäudes die Gebäudesteuer von dem bisher in der Rolle eingetragenen Eigentümer bis für den Monat einschließlich forterhoben wird, in dem die zur Fortschreibung und Berichtigung der Rolle erforderliche Anzeige dieses Eigentümers über den Eigentumswechsel selbst erfolgt, ohne daß dadurch der neue Besitzer von der auch ihm gesetzlich obliegenden Verhaftung für die Gebäudesteuer entbunden wird. Rechtsirrig ist die Annahme, daß da, wo die Gemeinde die Steuern vom Grundbesitz in Form von Zuschlägen zu den staatlich veranlagten Steuern erhebt, auch die Gemeindeabgabe von dem bisher im Kataster eingetragenen Eigentümer in gleicher Weise bis zu dem bezeichneten Zeitpunkte fortzuentrichten sei. — Nach § 64 KommAbgG. hat, sofern nicht für die Realsteuern etwas anderes durch SteuerO. festgesetzt ist, in dem auch hier zutreffenden Regelfalle für die Zwecke der Gemeindebesteuerung die Veranlagung für je ein Rechnungsjahr zu erfolgen. Wenn daher in § 60 aaO. die „zeitliche Begrenzung der Steuerpflicht", wie die Überschrift dieses Paragraphen lautet, einer Regelung unterzogen wird, so bezieht sich diese nur auf die Begrenzung der Steuerpflicht innerhalb des Rechnungsjahrs. Nur insoweit hat auch für den Fall, wo das Zuschlagssystem im Gemeindesteuerrechte maßgeblich ist, die Bezugnahme des § 60 Abs. 1 auf die Vorschriften für die entsprechenden Staatssteuern rechtliche Bedeutung. Darüber hinaus können die Bestimmungen über die staatlich veranlagte Grund- und Gebäudesteuer für die Gemeindegrund- und Gebäudesteuer nicht in Frage kommen, weil die staatliche Veranlagung zur Grundsteuer ein für alle Male feststeht und die staatliche Veranlagung zur Gebäudesteuer nach § 20 GebStG. nur in Perioden von 15 Kalenderjahren einer Revision unterworfen wird. Deshalb heißt es auch in § 17 des letztgedachten G., daß die „veranlagte" Gebäudesteuer von dem in der Rolle eingetragenen Eigentümer bis für den Monat einschließlich forterhoben werde, in dem die erforderliche Anzeige geschieht. Von der Forterhebung einer „veranlagten" Gebäudesteuer, die über das Rechnungsjahr hinausgeht, kann aber im Gemeindesteuerrecht überhaupt nicht gesprochen werden. Der Umstand, daß im vorliegenden Falle der Kläger am 1. IV. 11 in der staatlichen Gebäudesteuerrolle noch als Eigentümer der Gebäude eingetragen war, kann mithin für seine kommunale Gebäudesteuerpflicht in der Gemeinde S. für die Zeit nach dem 1. IV. 11 nicht entscheidend sein. Vielmehr hing das Bestehen dieser Steuerpflicht davon ab, ob der Kläger noch am 1. IV. 11 tatsächlich Eigentümer der Grundstücke und als solcher zur Vertretung dieser ihrer Substanz nach verpflichtet gewesen war. Gerade dies hatte der Kläger bestritten.

Nr. 4. Entsch. v. 31. März 1914 (OVG. **67** 169) VIII C 256/13.

Für den Beginn der Rechtswirksamkeit einer nach KabO. eintretenden Bezirksveränderung ist in Betracht zu ziehen der Tag, an dem die KabO. durch die vorgesetzte Behörde amtlich der letzten der beiden beteiligten Gemeinden mitgeteilt worden ist, und der Tag der Ausgabe des Amtsblatts, in dem die KabO. ihrem Wortlaut oder ihrem Inhalte nach veröffentlicht worden ist; entscheidend ist derjenige dieser beiden Tage, der zeitlich vorangeht.

Nr. 5. Entsch. v. 14. Okt. 1915 (OVG. **69** 225) I HC 308/14.

Da der Kläger wegen seiner Pension das Steuervorrecht nach der Vd. v. 23. IX. 67 genießt, so greift für seine Heranziehung das selbständige Veranlagungsrecht der Gemeinde nach § 36 Abs. 2 KommAbgG. Platz. Eine im Laufe des Steuerjahrs eingetretene Erhöhung des Einkommens zufolge Verheiratung des Steuerpflichtigen begründet — abgesehen zunächst von einer Erhöhung der staatlichen Veranlagung — kein Recht der Gemeinde zu einer Nachforderung. Die in OVG. **62** 401 im Hinblick auf eine Einkommenserhöhung durch Erbfall gemachten Ausführungen treffen auch hier zu. Der im Einspruchsbescheid angezogene § 60 KommAbgG., der die zeitliche Begrenzung der Steuerpflicht regelt, ist für die Frage nach der Zulässigkeit einer nachträglichen Steuererhöhung nicht maßgebend. Es fragt sich nur, ob nicht etwa die nach der Verheiratung des Klägers bewirkte Erhöhung der Staatseinkommensteuer gemäß § 36 Abs. 3 KommAbgG. für die Gemeinde das Recht zur Steuererhöhung begründet hat. Der § 36 Abs. 3 will lediglich die Folgen regeln, die eine Abänderung der Staatssteuer da nach sich zieht, wo diese für die Gemeindesteuer nach den Vorschriften des KommAbgG. maßgebend oder von Einfluß ist. Dies ist aber nur da der Fall, wo die veranlagte Staatseinkommensteuer, sei es durch den Steuersatz (§ 36 Abs. 1) oder durch den staatlicherseits festgestellten Einkommensbetrag (§ 33³ Schlußs.) oder endlich nur durch die Grenze der staatlichen Steuerstufe (§ 51 Abs. 1), die Höhe der Gemeindesteuer beeinflußt. Der Vorderrichter hat nun zwar das gleiche Erfordernis für den § 36 Abs. 3 aufgestellt, ist aber nicht weiter darauf eingegangen, inwieweit das Erfordernis im vorliegenden Falle erfüllt ist. Die Fälle der Beeinflussung der Gemeindesteuer nach § 36 Abs. 1 und § 33³ Schlußs. scheiden hier ohne weiteres aus, und es kann sich nur fragen, ob eine Beeinflussung gemäß § 51 Abs. 1 vorliegt. Das muß gleichfalls verneint werden.

J. Veranlagung und Erhebung.

Nr. 1. Entsch. v. 5. Mai 1913 (PrVerwBl. **35** 748) I HC 285/12.

1. Die den preußischen Staatsbeamten auf Grund des G. v. 26. V. 09 (GS. 85) im Jahre 1909 für die Zeit vom 1. IV. bis 31. XII. 08 nachbezahlten Dienst-

bezüge sind als bereits im Jahre 1908 zur rechtlichen Entstehung gelangt und fällig geworden anzusehen, weil sich das G. (§ 1[1], § 2 Abs. 1) rückwirkende Kraft bis zurück zum 1. IV. 08 beilegt. Auf den Tag der tatsächlichen Auszahlung des Gehalts kommt es bei solcher Rechtslage nicht an. Vielmehr ist die im Sommer 1909 erfolgte Gehaltsnachzahlung, soweit sie für das Kalenderjahr 1908 geschehen ist, nicht dem Ergebnisse des Kalenderjahrs 1909, sondern dem des Kalenderjahrs 1908 zuzurechnen und mithin bei der nach erfolgter Gehaltsnachzahlung zu bewirkenden Veranlagung für das Steuerjahr 1909 miteinzubeziehen. Eine allgemeine Befreiung der Gehaltsnachzahlungen für 1908 von der Steuerpflicht folgt aus keiner gesetzlichen Vorschrift.

2. Bei der Berechnung des Einkommens des Klägers aus dem von ihm im August 1909 erworbenen Hause ist der Vorderrichter davon ausgegangen, daß als Roheinkommen der mutmaßliche Jahresbetrag an Mieten unter Berücksichtigung des Mietwerts der eigenen Wohnung des Klägers einzustellen sei. Von der Summe von 5442 ℳ, die die Jahreseinkünfte des Hauses bei voller Verwertung darstellt, hat er den Betrag von 660 ℳ abgesetzt, da mit der Möglichkeit des Leerstehens von Wohnungen zu rechnen sei und ein Mietausfall von 660 ℳ im Sommer 1909 tatsächlich stattgefunden habe. — Dieses Verfahren entspricht nicht dem geltenden Rechte. Richtig ist, daß auch bei einer erst im Laufe des Steuerjahrs erforderlich werdenden Veranlagung zwecks Gewinnung des Steuersatzes stets ein „Jahreseinkommen" gefunden werden muß. Zur Festsetzung dieses Jahreseinkommens durfte der Vorderrichter aber nicht in der Weise gelangen, daß er abschätzte, welches Einkommen dem Kläger aus dem Hause während eines ganzen Jahres mutmaßlich zugeflossen wäre. Vielmehr war das Einkommen, das dem Kläger während der von der Steuerpflicht betroffenen Zeit (1. X. 09 bis 31. III. 10) aus dem Hause tatsächlich zugeflossen ist, nach dem Verhältnisse des erwähnten Zeitraums zum ganzen Jahre in ein Jahreseinkommen umzurechnen, also zu verdoppeln. Der Jahresteil, auf den sich die Steuerpflicht noch erstreckt, bildet für die Fälle der Zugangsveranlagung die Veranlagungsperiode; das darin erwachsene Einkommen ist die Grundlage für die in der eben angegebenen Weise rechnerisch zu bewirkende Feststellung des „Jahreseinkommens". Da die Veranlagungsperiode zur Zeit des Erlasses der angefochtenen Entscheidung schon abgelaufen war, so hatte die Ermittlung des Einkommens aus dieser Periode nicht im Wege der Schätzung zu erfolgen, vielmehr war das tatsächliche Ergebnis zugrunde zu legen. Für eine Berücksichtigung von Mietausfällen, die vor dem 1. X. 09 stattgefunden hatten, war demnach kein Raum.

3. Bei Berechnung der für das Einkommen aus Grundbesitz in Betracht kommenden Werbungskosten darf gleichfalls nicht in der Weise vorgegangen werden, daß schätzungsweise Ausgabenbeträge für ein volles Jahr ermittelt werden. Es ist vielmehr der Betrag an Ausgaben zu ermitteln, der von dem Kläger während der Veranlagungsperiode (1. X. 09 bis 31. III. 10) tatsächlich aufgewendet ist. Dieser Betrag ist dann entsprechend dem oben dargelegten Grundsatze bei Berechnung des Jahreseinkommens der Quelle in der Weise zu berücksichtigen, daß ebenfalls mittels Verhältnisrechnung ein Jahresergebnis gewonnen wird. Soweit Ausgaben für Malerarbeiten sich in der Tat als Kosten der Instandhaltung darstellen, sind sie in vollem Umfange als Werbungskosten für die Veranlagungsperiode einzustellen, in der der Steuerpflichtige die Ausgabe tatsächlich gehabt hat. Die Abzugsfähigkeit der Aufwendungen für die Unterhaltung eines Gebäudes hängt von deren regelmäßiger Wiederkehr in jedem Jahre nicht ab. Im vorliegenden Falle ist allerdings noch die Prüfung erforderlich, inwieweit sich die Ausgaben für Malerarbeiten als Kosten der Instandhaltung und nicht als solche der Instandsetzung darstellen, da die Kosten der letzteren Art nicht zu den abzugsfähigen Werbungskosten gehören.

Der Anspruch des Klägers auf die Zinsen der von ihm erworbenen Hypothek von 5000 ℳ kann bei Berechnung des steuerpflichtigen Einkommens dann nicht miteinbezogen werden, wenn die Zinsforderung von vornherein unbeitreiblich war, der Nichteingang der Zinsen also nicht etwa auf Säumigkeit des Klägers in der Beitreibung zurückzuführen ist. Darauf, ob die Unbeitreiblichkeit schon zu Beginn der Veranlagungsperiode erkennbar war, kommt es nicht an; es entscheidet die Wirklichkeit, die sich vor endgültiger Steuerfestsetzung herausgestellt hat.

Nr. 2. Entsch. v. 31. Okt. 1913 (PrVerwBl. 35 717) VIII C 151/13.

1. Es ist zulässig, innerhalb des Steuerjahrs nach Zurücknahme der ersten Veranlagung noch eine zweite Veranlagung vorzunehmen. Mit ihr darf jedoch nicht mehr gefordert werden, als mit der ersten Veranlagung gefordert worden war.

2. Wenn nach der örtlichen SteuerO. die Ausübung der Pflicht zur Beanstandung der von dem Steuerpflichtigen auf Erfordern erteilten Auskunft an keine Frist gebunden ist, so kann sie zu jeder Zeit ausgeübt werden, solange das Veranlagungsverfahren noch nicht seinen endgültigen Abschluß gefunden hat.

Nr. 3. Entsch. v. 3. Nov. 1913 (StArch. 17 68).

1. Die fortgesetzte Gütergemeinschaft ist eine Gemeinschaft zur gesamten Hand zwischen dem überlebenden Ehegatten und den gemeinschaftlichen Abkömmlingen. Alle an der Gemeinschaft beteiligten Personen haben schon während des Bestehens der Gemeinschaft als ihr Einkommen den jährlichen Ertrag der gemeinsamen Quelle nach bestimmten Verhältnissen oder Maßstäben zu versteuern. Es ist dabei gleichgültig, ob ein derartiges Einkommen sich als Erfüllung eines Ausstattungsversprechens darstellt oder nicht.

2. Die staatliche Zugangsveranlagung zieht nicht etwa gemäß § 36 Abs. 3 KommAbgG. eine Erhöhung der Gemeindeeinkommensteuer nach sich. Allerdings betrifft der § 36 Abs. 3 auch den Fall einer Erhöhung der staatlichen Veranlagung zufolge Erbanfalls, wie die (in § 36 Abs. 3 enthaltene) Heranziehung des § 62 EinkStG. in der jetzigen Fassung ergibt. Es ist aber ein in der Rechtsprechung des OVG. anerkannter Satz, daß der § 36 Abs. 3 den Gemeinden ein Recht zur Nachveranlagung bei Erhöhung des Einkommens aus einem Erbanfalle dann nicht gibt, wenn die ursprüngliche Veranlagung zur Gemeindesteuer in Gemäßheit des § 36 Abs. 2 frei und unabhängig von der Staatssteuer erfolgte. Im vorliegenden Falle hatte aber die Gemeinde den Steuerpflichtigen mit Rücksicht auf das ihm in Ansehung seiner Pension zustehende Steuervorrecht selbständig gemäß § 36 Abs. 2 zu veranlagen und hat dies nach ihrer eigenen Angabe auch getan.

3. Selbst wenn aber auch die Nachforderung an sich zulässig gewesen wäre, so würde doch die mit der Klage begehrte Ermäßigung deshalb eintreten müssen, weil der § 36 Abs. 3 zugunsten des Steuerpflichtigen Anwendung zu finden hat. — Die für die Steuerjahre 1908, 1909 und 1910 veranlagte Staatseinkommensteuer ist zufolge der von dem Steuerpflichtigen eingelegten Berufungen, also „auf Grund der Einlegung von Rechtsmitteln" ermäßigt. Nun zieht allerdings nicht jede Ermäßigung der Staatssteuer, die auf Grund der Einlegung eines Rechtsmittels erfolgt ist, eine Ermäßigung der Gemeindeeinkommensteuer nach sich; das ist vielmehr nur da der Fall, wo die veranlagte Staatssteuer, sei es durch den Steuersatz (§ 36 Abs. 1) oder durch den staatlicherseits festgestellten

Einkommensbetrag (§ 33³ Schlußs.) oder durch die Grenze der staatlichen Steuerstufe (§ 51 Abs. 1) die Höhe der Gemeindesteuer beeinflußt.

Im vorliegenden Falle liegt aber ein Einfluß der letztgedachten Art (§ 51 Abs. 1) vor. Der durch die staatliche Veranlagung zunächst für die Gemeinde gelassene Spielraum ist durch die im Rechtsmittelweg erfolgte Herabsetzung der staatlichen Veranlagung dergestalt eingeschränkt, daß die Veranlagung der Gemeinde, soweit sie die vom Steuerpflichtigen zugegebenen Sätze übersteigt, gegen das G. (§ 51) verstößt. Daß die Vorschrift des § 51 Abs. 1 auch dann zur Anwendung zu bringen ist, wenn die Steuerpflicht nur in einer Gemeinde besteht, ist in der Rechtsprechung des Gerichtshofs anerkannt. Ebenso entspricht es der Rechtsprechung, daß die Vorschrift des § 51 Abs. 1 auch zugunsten eines Steuerpflichtigen Anwendung zu finden hat, dessen gemeindesteuerpflichtiges Einkommen infolge eines gesetzlichen Steuervorrechts hinter dem staatssteuerpflichtigen zurückbleibt.

Nr. 4. Entsch. v. 8. Juli 1915 (PrVerwBl. 37 42) I HC 61/14.

KommAbgG. §§ 36, 83 ff.

1. Der Beklagte hat zur Begründung des von ihm gestellten Antrags auf Klageabweisung geltend gemacht, daß bei Ausfertigung des Steuerzettels über die vom Kläger zu entrichtenden Staatssteuern irrtümlich seitens der Stadtkasse ein Gemeindesteuerbetrag von 299,20 *M* (170 % des zur Hebung stehenden Staatssteuersatzes) eingetragen sei, ohne daß dieser Betrag in dem Hebebuch oder der Kommunalsteuerliste Aufnahme gefunden habe. Da der Kläger Mitglied einer Ges. m. b. H. sei, so habe seine Veranlagung gemäß § 36 Abs. 2 KommAbgG. seitens der Gemeinde selbständig vorgenommen werden müssen, und diese Veranlagung habe sich der Gemeindevorstand für den späteren Verlauf des Steuerjahrs vorbehalten.

Allerdings hat das OVG. in gleichmäßiger Rechtsprechung eine rechtswirksame Veranlagung auch in der Übermittlung eines Steuerzettels erblickt, der inhaltlich den Anforderungen an eine ordnungsmäßige Heranziehung entspricht. Voraussetzung ist aber dabei, daß die Heranziehung tatsächlich von dem Gemeindevorstand ausgegangen ist. Dem Gemeindevorstande steht also gegenüber einem äußerlich den an eine Heranziehung zu stellenden Anforderungen genügenden Steuerzettel der Nachweis frei, daß dem äußeren Anscheine zuwider die Zustellung des Steuerzettels nicht auf seine Entschließung zurückzuführen sei.

Die Behauptung des Beklagten, daß die Eintragung des Gemeindesteuerzuschlags in den Steuerzettel über die Staatssteuern nur versehentlich seitens der Stadtkasse erfolgt sei, und daß sich der Gemeindevorstand die Veranlagung des Klägers gemäß § 36 Abs. 2 aaO. für später vorbehalten habe — wie er sie ja auch demnächst tatsächlich vorgenommen hat —, sind unbestritten geblieben und können demnach der Entscheidung ohne weiteres zugrunde gelegt werden. Danach ergibt sich, daß die Übersendung des Steuerzettels keine rechtswirksame Heranziehung zur Gemeindeeinkommensteuer enthielt und daß die durch Vf. v. 10. X. 12 bewirkte Heranziehung zum Betrage von 765 *M* sich nicht als Nachveranlagung darstellt.

2. In der Vf. des Beklagten v. 24. X. 12, die eine Erhöhung der Veranlagung v. 10. X. 12 wegen Erbfalls bezweckte, ist nun gesagt, daß die bisherige Veranlagung aufgehoben werde und die „vorliegende" Veranlagung an ihre Stelle trete. In der Vf. des Beklagten v. 24. X. 12 ist aber trotz der angeführten Wortfassung nicht eine Aufhebung der Veranlagung v. 10. X. 12, sondern nur eine Erhöhung dieser Veranlagung mit Rücksicht auf die Einkommensvermehrung durch den Erbfall zu erblicken. Es ist in der Vf. v. 24. X. lediglich das Einkommen aus dem Erbanfalle dem „veranlagten" Ein-

kommen hinzugerechnet worden, und damit steht es auch im Einklange, daß in der Verfügung von „Erhöhung Ihrer Veranlagung" die Rede ist, sowie, daß der Beklagte keine Inabgangstellung des Betrags von 765 ℳ sondern nur die Übernahme des Differenzbetrags von 42,50 ℳ auf die Zugangsliste verfügt hat.

3. Die Heranziehung zum Betrage von 765 ℳ ist nach dem Gesagten rechtswirksam erfolgt und rechtsbeständig geblieben. Zu der Erhöhung dieser Steuerforderung um 42,50 ℳ war der Beklagte aber nicht befugt. Wie in OVG. **62** 401ff. dargelegt ist, können die Gemeinden aus den Vorschriften der §§ 83ff. KommAbgG. ein selbständiges Nachbesteuerungsrecht in Erbfällen nicht herleiten. Die daneben allein in Betracht kommende Vorschrift des § 36 Abs. 3 KommAbgG. (iVerb. mit dem darin angezogenen § 62 EinkStG.) gelangt nur da zur Anwendung, wo die veranlagte Staatseinkommensteuer durch den Steuersatz (§ 36 Abs. 1) oder durch den staatlicherseits festgestellten Einkommensbetrag (§ 33³ Schlußs.) oder endlich nur durch die Grenze der staatlichen Steuerstufe die Höhe der Gemeindesteuer beeinflußt (§ 51 Abs. 1). Keine dieser Voraussetzungen liegt hier vor, insbesondere ist die Anwendung des § 51 Abs. 1 ausgeschlossen, da das Einkommen des Klägers zum Teil der Beteiligung an einer Ges. m. b. H. entspringt und somit die für den Staat und die Gemeinde geltenden Veranlagungsvorschriften verschiedene sind.

Nr. 5. Entsch. v. 5. Jan. 1914 (PrVerwBl. 35 461) I HC 230/13.

EinkStG. §§ 9, 63.

1. Ein Gewerbebetrieb des Gesellschafters einer Ges. m. b. H., von dem das KommAbgG. ausgeht, kann begrifflich erst von dem Zeitpunkte, seit dem der Gesellschafter der Gesellschaft angehört, nicht aber von da ab zurückgerechnet für die Vergangenheit angenommen werden, sei es auch, daß dem Gesellschafter für diese ein Anspruch auf Gewinn zusteht.

2. Die Vorentscheidung verletzt aber den § 63 EinkStG. Der Vorderrichter verwirft den hierauf gegründeten Einwand weil § 63, soweit er hier überhaupt in Betracht kommen könne, nur iF. des Wegfalls einer Einnahmequelle eine Herabminderung der veranlagten Steuer kenne, in dem Verkauf der Geschäftsanteile ein solcher Fortfall einer Einnahmequelle aber nicht erblickt werden könne. Diese Rechtsansicht hat der Vorderrichter nicht begründet. Die Beteiligung des Klägers an der Gesellschaft bildete eine Einkommensquelle, die Quelle ist also erloschen, wenn der diese Beteiligung in sich schließende Besitz von Geschäftsanteilen aufgehört hat. Auf die Ursache des Fortfalls der Quelle kommt es nicht an.

3. Bei Prüfung der Voraussetzungen für die Ermäßigung einer Kommunalsteuerforderung gemäß § 63 ist, wie aus der Natur der Sache folgt, entscheidend, ob das zur Gemeindeeinkommensteuer veranlagte Einkommen um mehr als den fünften Teil vermindert worden ist.

Nr. 6. Entsch. v. 20. Febr. 1914 (PrVerwBl. 35 764) VIII C 199/13.

Dahingestellt bleiben kann es, ob die Veranlagung zur Gemeindegrundsteuer wegen eines zu einem ungeteilten Nachlasse gehörigen, von dem ernannten Testamentsvollstrecker verwalteten Grundstücks dem Testamentsvollstrecker gegenüber vorgenommen werden muß, oder ob auch die Erbengemeinschaft zu Händen der einzelnen Miterben veranlagt werden darf, und ob im letzteren Falle der Testamentsvollstrecker für die Erbengemeinschaft Einspruch und Klage erheben darf, weil im vorliegenden Falle nicht die in ungeteilter Erbengemeinschaft stehenden H.schen Erben zur Gemeindegrundsteuer veranlagt worden waren. Wie in OVG. **62** 315 dargelegt ist, muß in einem solchen Falle die Heranziehung an alle Miterben gemeinschaftlich wegen der ganzen Grundsteuer gerichtet werden, was in der Weise geschieht, daß jeder Miterbe eine Heranziehungsverfügung erhält, aus der die Mitheranziehung der übrigen Miterben erkennbar ist. In dieser Form ist jedoch hier die Heranziehung der H.schen Erben nicht erfolgt, sie sind vielmehr als Miteigentümer der Grundstücke veranlagt mit dem Hinweise, daß sie für die Steuer als Gesamtschuldner haften. Hieraus ergibt sich, daß sie nicht als Miterben gemeinschaftlich, sondern persönlich als Miteigentümer der Grundstücke gesamtschuldnerisch zur Steuer herangezogen worden sind. Da jedoch die Rechtsbehelfe der §§ 69f KommAbgG. nur dem Herangezogenen zustehen, so hätten die veranlagten Miteigentümer persönlich Einspruch und Klage erheben müssen. Der Bezirksausschuß hat daher mit Recht die von dem Testamentsvollstrecker unzulässigerweise aus eigenem Rechte und in eigenem Namen erhobene Klage abgewiesen.

Nr. 7. Entsch. v. 6. Okt. 1914 (PrVerwBl. **36** 156) VIII C 61/14.

1. Wenn in einer Gemeinde die Besteuerung des Grundbesitzes durch Erhebung von Prozenten der vom Staate veranlagten Grund- und Gebäudesteuer erfolgt, bildet die staatliche Veranlagung einer Liegenschaft oder eines Gebäudes die notwendige Voraussetzung für ihre Heranziehung zur Gemeindegrund- oder Gebäudesteuer. Denn Prozente der staatlich veranlagten Steuern können nur erhoben werden, wenn staatlich veranlagte Steuern bestehen. Dies ergibt sich ohne weiteres aus der akzessorischen Natur des Zuschlags. Das Erfordernis der staatlichen Veranlagung braucht aber, um die Erhebung des prozentualen Zuschlags rechtswirksam zu machen, nur in dem Zeitpunkt der Heranziehung zu der Gemeindesteuer vom Grundbesitz vorhanden gewesen zu sein. Eine im Laufe des Steuerjahrs mit Wirkung von dessen Beginn ab erfolgte Inabgangstellung der staatlich veranlagten Grund- und Gebäudesteuer würde der einmal rechtswirksam geschehenen Heranziehung nachträglich nicht die rechtliche Grundlage mit Rückwirkung vom Beginn des Steuerjahrs ab entziehen können.

2. Hat die Gemeinde aber eine neue, materiell abgeänderte Veranlagung vorgenommen, die bestimmt war, an die Stelle der ersten Steuerforderung zu treten und diese zu ersetzen, so ist letztere damit beseitigt. Die neue Steuerforderung ist daher rechtsunwirksam, wenn im Zeitpunkt ihres Erlasses ein staatlich veranlagter Prinzipalsatz der Gebäudesteuer für das Oberförstergehöft nicht mehr vorhanden war. Ob der Katasterkontrolleur sich bei der Inabgangstellung der staatlich veranlagten Steuer im Rahmen seiner Dienstvorschriften gehalten hat, oder ob dies nicht der Fall war, kommt demgegenüber nicht in Betracht. Der Beklagte hätte, wenn er mit der Inabgangstellung nicht einverstanden war, hiergegen vor der Vornahme der Heranziehung Beschwerde im Aufsichtswege erheben müssen und erst, wenn sie von Erfolg begleitet war, zur Veranlagung schreiten dürfen. Es ist daher auch rechtlich unerheblich, daß er nach geschehener Veranlagung, im Laufe des Streitverfahrens, die Beschwerde erhoben hat und daß infolgedessen vom Finanzminister die Wiedereintragung der Dienstwohnung des Oberförsters in die Gebäudesteuerrolle angeordnet worden ist. Denn durch diese nachträgliche Entscheidung konnte die Tatsache, daß es zur Zeit der Heranziehung an einem staatlich veranlagten Prinzipalsatz gefehlt hatte, nicht ungeschehen gemacht und die daraus sich ergebende Rechtsunwirksamkeit des Veranlagungsakts nicht rückwärts beseitigt werden.

Nr. 8. Entsch. v. 10. Dez. 1914 (OVG. **68** 229) I HC 192/13.

KommAbgG. § 36.

In dem Urt. des II. Senats v. 30. IV. 09 (PrVerwBl. **31** 344) ist hinsichtlich einer eingetragenen Genossenschaft, insofern deren Geschäftsbetrieb über den Kreis ihrer Mitglieder hinausgeht (Konsumverein mit offenem Laden), angenommen worden, daß sich ihr staats- und gemeindeeinkommensteuerpflichtiges Einkommen decken und der Gemeinde deshalb ein selbständiges Veranlagungsrecht nach § 36 Abs. 2 KommAbgG. nicht zusteht. Dieser Entscheidung des II. Senats vermag der jetzt zuständige Senat indessen nicht zu folgen, da nach seiner Ansicht in Fällen der vorliegenden Art eine Deckung des staats- und gemeindesteuerpflichtigen Einkommens nicht anzunehmen ist; denn das staatssteuerpflichtige Einkommen der hier fraglichen Steuerpflichtigen wird nach § 15 EinkStG. idFass. der Bek. v. 19. VI. 06 in der dort bezeichneten Weise, jedoch nach Abzug von $3^1/_2$% des eingezahlten Aktienkapitals bzw. bei eingetragenen Genossenschaften der Summe der eingezahlten Geschäftsanteile der Mitglieder ermittelt. Der Kommunalbesteuerung aber ist nach Abs. 4 aaO. das ermittelte Einkommen ohne den Abzug von $3^1/_2$% zugrunde zu legen. Beide Einkommen sind also von wesentlicher Verschiedenheit und decken sich keineswegs, und deshalb muß nach § 36 Abs. 2 KommAbgG. der Gemeinde das Recht selbständiger Veranlagung des gemeindesteuerpflichtigen Einkommens für den Fall zustehen, daß eine Veranlagung des Steuerpflichtigen zu einem Staatseinkommensteuersatze (§ 15 Abs. 5 EinkStG.) nicht stattgefunden hat.

Nr. 9. Entsch. v. 5. Jan. 1915 (OVG. **68** 218) VIII C 178/14.

1. „Zur Hebung gestellt" ist eine Steuerforderung nicht schon dann, wenn sie materiell rechtlich entstanden ist; es muß vielmehr zur Erfüllung jenes Begriffs von der Gemeindeveranlagungsbehörde noch eine bestimmte Tätigkeit, nämlich diejenige des „in Hebung stellens", entfaltet worden sein. Diese Tätigkeit kann sich nur gegen denjenigen richten, von welchem die Steuer erhoben wird, also gegen den Steuerschuldner. Eine Gemeindeabgabe ist mithin iS. des § 88 KommAbgG. erst dann „zur Hebung gestellt", wenn sie gegen den Steuerschuldner geltend gemacht, d. h. wenn er zu der Steuer herangezogen worden ist (OVG. **33** 130, **37** 49).

2. Eine Heranziehung des Klägers zu der streitigen Steuer, also deren „zur Hebung stellen", hatte aber vor der jetzt angefochtenen Heranziehung nicht stattgefunden. Eine solche liegt nicht in der vom Beklagten vorgenommenen Veröffentlichung der zu erhebenden Prozentsätze der staatlich veranlagten Steuern auf Grund des § 65 Abs. 1 KommAbgG. Wenn § 66 aaO. ausspricht, daß die Steuer nach erfolgter Bekanntmachung (§ 65) in den ersten acht Tagen eines jeden Monats oder der abweichend hiervon durch Gemeindebeschluß bestimmten Hebeperiode zu entrichten ist, so hat diese Vorschrift die Folge, daß der Steuerschuldner sich für die bevorstehende Abforderung der Steuer bereithalten muß; die Wirkung der Bekanntmachung der Prozentsätze ist also nur die einer Einleitung der Steuererhebung. Der Akt der Heranziehung (Veranlagung) des einzelnen Steuerpflichtigen erfolgt aber erst dadurch, daß von der Veranlagungsbehörde der ihn betreffende Besteuerungsbeschluß gefaßt und ihm in Gestalt der Zahlungsaufforderung mitgeteilt wird. Da die Heranziehung (Veranlagung) und damit das „zur Hebung stellen" hiernach in der Mitteilung des Veranlagungsergebnisses an den einzelnen Steuerpflichtigen besteht, genügt es für jenen Begriff auch nicht, wenn die Veranlagungsbehörde den auf den Abgabenpflichtigen entfallenden Steuerbetrag lediglich in die Steuermutterrolle eingetragen hat, ohne ihn dem Steuerschuldner bekanntzugeben.

3. Der Kläger bestreitet, im Rechnungsjahre 1913 ein Veranlagungsschreiben des Beklagten erhalten zu haben. Dieser kann den Beweis hierfür nicht erbringen. Daher muß davon ausgegangen werden, daß der Kläger ein solches Veranlagungs-

schreiben im Rechnungsjahre 1913 nicht erhalten hatte. Dann war aber der Beklagte auf Grund des § 84 KommAbgG. berechtigt, den Kläger noch im Rechnungsjahre 1914 für das abgelaufene Rechnungsjahr nachträglich zu veranlagen, da der Kläger übergangen war. JS. jener Vorschrift ist bei der Veranlagung nicht nur derjenige Steuerpflichtige übergangen, dessen Heranziehung bei dem allgemeinen Veranlagungsgeschäfte von der Steuerbehörde nicht beschlossen worden war, sondern auch derjenige, der zwar herangezogen werden sollte, dem aber die Heranziehungsverfügung nicht zugegangen ist (OVG. **57** 270).

V.

Naturaldienste.

Nr. 1. Entsch. v. 28. April 1914 (Recht **19** 373) II C 254/13.

Das KommAbgG. läßt die Androhung von Geldstrafen für den Fall der Säumnis nur in den SteuerO. (§ 82), nicht auch in den Gemeindebeschlüssen betreffend die Leistung von Naturaldiensten zu. Ungültig ist auch die Bestimmung einer in Geld zu leistenden Gemeindeabgabe für den Fall der Nichtleistung der Naturalleistung. In letzterem Falle hat der Gemeindevorstand lediglich die Befugnis, die Dienste durch Dritte leisten und die dadurch entstehenden Kosten von den Pflichtigen im Verwaltungszwangsverfahren beitreiben zu lassen.

VII.

Nachforderungen.

Nr. 1. Entsch. v. 31. Okt. 1913 (OVG. **65** 180) VIII C 250/12.

KommAbgG. §§ 79, 83.

1. Der Beklagte glaubt, zur Nachveranlagung zur Gemeindegewerbesteuer berechtigt zu sein, weil der Tatbestand des § 83 KommAbgG. vorliege. Der Bezirksausschuß stimmt ihm zu. Dabei geht er zutreffend davon aus, zum Tatbestande der Steuerhinterziehung iS. des § 83 aaO. genüge, wenn die Steuerhinterziehung auf Grund einer unvollständigen oder unrichtigen Angabe der im § 79 Abs. 2 aaO. angegebenen Art erfolgt ist. Nach § 79 Abs. 2 aaO. kommen nur Angaben in Betracht, die der Steuerpflichtige „an zuständiger Stelle auf die an ihn gerichteten Fragen oder bei der Begründung eines Einspruchs" gemacht hat. Dem zuwider begnügt sich der Vorderrichter damit, daß Angaben von der Klägerin gemacht worden seien; er unterläßt aber die Prüfung, ob die Angaben an zuständiger Stelle auf die an die Bergwerksgesellschaft gerichteten Fragen oder bei Begründung von Einsprüchen gemacht worden sind. Hält er diese Prüfung für nicht erforderlich, glaubt er vielmehr, im § 79 sei der Abs. 2 für sich allein auszulegen, und dieser habe Angaben jeder Art und nicht nur solche im Auge, die an zuständiger Stelle auf Fragen oder bei Begründung eines Einspruchs gemacht werden, so versteht er das G. unrichtig. Seine Entscheidung beruht dann auf Rechtsirrtum. Hat er aber trotz richtiger Auffassung des G. die Prüfung unterlassen, ob diese Voraussetzungen zutreffen, so liegt ein wesentlicher Verfahrensmangel vor. Die Entscheidung war daher aufzuheben.

2. Zu demselben Ergebnisse führt auch die nachfolgende Darlegung:

Die Angaben, auf die der Beklagte die Nachveranlagung gründet, waren nach den bedenkenfreien Feststellungen des Vorderrichters unrichtig, sie waren auch geeignet, eine Verkürzung der Steuer herbeizuführen, und haben solche auch tatsächlich herbeigeführt. Der Tatbestand des § 79 Abs. 2 aaO. erfordert jedoch weiter, daß die unrichtige Angabe „wissentlich" erfolgt ist. Wird dies nicht dargetan, so ist nicht nur eine Bestrafung ausgeschlossen, sondern es kann auch eine Nachveranlagung auf Grund des § 83 aaO. nicht stattfinden. In der Auffassung darüber, wann eine Angabe „wissentlich" unrichtig erfolgt ist, irrt der Bezirksausschuß. Wissentlich unrichtig ist die auf eine Frage oder zur Begründung eines Einspruchs gemachte Angabe nur dann, wenn der Angebende die Unrichtigkeit kennt. Wer nach bestem Gewissen die gestellte Frage richtig beantworten und eine richtige Angabe machen will und danach verfährt, antwortet nicht „wissentlich" unrichtig; ob er dabei die Frage mißversteht oder nicht, und ob er bei Betrachtung der Frage oder bei der Angabe sich in einem Rechtsirrtume befindet oder nicht, bleibt ohne Bedeutung. Da, wie im einzelnen dargelegt wird, nicht erwiesen ist, daß die Angaben der Klägerin „wissentlich" unrichtig erfolgt sind, so fehlt ein Erfordernis des Tatbestandes des § 79 Abs. 2 KommAbgG.; der Tatbestand liegt also nicht vor. Dann aber bedarf es einer Prüfung nicht weiter, ob die Angaben der Klägerin „an zuständiger Stelle auf die an sie gerichteten Fragen oder bei der Begründung eines Einspruchs" gemacht sind. Denn wäre dies auch zu bejahen, so würde der bezeichnete Tatbestand doch nicht erfüllt sein. Die weitere Folge ist, daß eine Nachforderung nach § 83 aaO. nicht begründet werden kann.

Nr. 2. Entsch. v. 28. Mai 1914 (DJZ. **20** 1137) I HC 98/14.

Der Vorderrichter hat angenommen, daß den Gemeinden — abgesehen allein von dem Falle der Steuerhinterziehung gegenüber der kommunalen Einschätzungsbehörde (§ 83 KommAbgG.) — ein Recht zur Nachforderung direkter Steuern wegen zu niedriger Veranlagung niemals zusteht, und befindet sich damit im Einklange mit dem geltenden Rechte. Auch dann greift keine Ausnahme von diesem Grundsatze Platz, wenn lediglich Zuschläge zu dem Staatssteuersatz erhoben waren und die staatliche Nachveranlagung wegen zu geringen Ansatzes erfolgt und die Einziehung einer hinterzogenen Steuer (§ 73 EinkStG.) darstellt.

VIII.
Rechtsmittel.

A. Allgemeines.

Nr. 1. Entsch. v. 15. Mai 1913 (OVG. **64** 312) HC 299/12.

KommAbgG. § 36.

Unter „Rechtsmitteln" iS. des § 36 Abs. 3 KommAbgG. sind nur die durch die preußische Einkommensteuergesetzgebung gegebenen Rechtsbehelfe, nicht auch die auf Grund des DoppBestG. v. 13. V. 70/22. III. 09 erhobenen Beschwerden wegen staatlicher Doppelbesteuerung zu verstehen. Die Vorschrift des § 36 Abs. 3 dient dem Zwecke, einer verschiedenfachen Handhabung der Bestimmungen des EinkStG. für die staatliche Besteuerung und die Gemeindebesteuerung vorzubeugen. Eine etwaige Berichtigung, die in der Anwendung der Veranlagungsvorschriften für die Staatssteuer im Rechtsmittelwege Platz greift, soll da, wo die staatliche Veranlagung für die Gemeindebesteuerung nach gesetzlicher Regel von Einfluß gewesen ist, auch für die Gemeindebesteuerung Geltung gewinnen. Dieser Zweck der Wahrung einer gleichmäßigen Anwendung der Veranlagungsvorschriften auf die Besteuerung durch den Staat und die Gemeinde beschränkt sich aber naturgemäß auf diejenigen gesetzlichen Bestimmungen, die sowohl der Veranlagung durch den Staat als auch der Veranlagung durch die Gemeinde zur Grundlage zu dienen haben. Letzteres trifft aber auf die reichsgesetzlichen Vorschriften wegen Beseitigung der Doppelbesteuerung nicht zu.

Nr. 2. Entsch. v. 2. Jan. 1914 (PrVerwBl. 35 558) VII C 108/13.

Die fristlose Beschwerde ist für diejenigen Fälle gegeben, wo die Abänderung einer ursprünglich rechtmäßigen oder jedenfalls mit den befristeten Rechtsmitteln der §§ 69, 70 KommAbgG. nicht mehr anfechtbaren Veranlagung mit der Behauptung verlangt wird, die Steuerforderung sei durch den Eintritt späterer Umstände nachträglich ganz oder teilweise zu einer rechtswidrigen geworden.

Im vorliegenden Falle handelt es sich jedoch nicht um ein später eingetretenes Ereignis, das die Rechtswirksamkeit der Heranziehung erst beseitigte, sondern nur um die höchstrichterliche Feststellung, daß der § 3 Abs. 2 der SteuerO., der der Heranziehung zugrunde lag, der rechtlichen Gültigkeit entbehre und von Anfang an entbehrt habe. Die Heranziehung des Klägers war also von Anfang an nicht rechtsgültig gewesen und hätte mittels fristgemäßen Einspruchs angefochten werden können. Später eingetreten ist lediglich die Kenntnis des Steuerpflichtigen von der nunmehr gerichtlich festgestellten Unwirksamkeit des Ortsrechts, nicht aber ist das Ortsrecht erst nachträglich unwirksam geworden. Für einen solchen Fall kann die fristlose Beschwerde nicht zugelassen werden.

Nr. 3. Entsch. v. 3. März 1914 (OVG. **66** 180) VIII C 286/13.

Der Direktor der Gewehrfabrik in Spandau ist zur Erhebung des Einspruchs und der Klage gegen die Heranziehung des dem Reichsfiskus gehörenden Grundstücks des Offizierkasinos der technischen Institute zur Gemeindegrundsteuer berechtigt, da die Intendanturen von der Vertretung des Reichsmilitärfiskus ausgeschlossen sind, wenn es sich um Angelegenheiten der technischen Institute handelt. In diesem Falle liegt die Vertretung des Fiskus den Direktoren dieser Institute ob.

B. Rechtsmittelfristen.

Nr. 1. Entsch. v. 28. Febr. 1913 (PrVerwBl. 35 112) VIII C 297/12.

KommAbgG. §§ 69, 70.

1. Der unstreitig zu Schulabgaben herangezogene Kläger erwiderte in einem bei dem Gutsvorsteher am folgenden Tage eingegangenen urschriftlichen Schreiben, daß er zur Zahlung von Schulabgaben nicht verpflichtet sei. Damit hatte er gegen seine Heranziehung Einspruch erhoben. Er erhielt dieses urschriftliche Schreiben vom Gutsvorsteher mit einem Schreiben folgenden Inhalts zurück:

„U. Herrn Lehrer K., hier,
zurück mit der nochmaligen Aufforderung, Ihren fälligen Beitrag zu den Schulabgaben rechtzeitig hierher einzusenden, da Schulabgaben nicht zu den Kommunalabgaben gehören, von denen Sie befreit sind. Falls Sie jedoch ferner darauf bestehen, daß Sie zu Unrecht herangezogen werden, bleibt es Ihnen überlassen, deswegen Beschwerde beim Schulvorstand und ev. weiterhin Klage zu erheben."

In diesem Schreiben muß ein dessen Einspruch zurückweisender Bescheid erblickt werden.

2. Die im § 70 KommAbgG. bestimmte Frist zur Erhebung der Klage gegen den Beschluß des Gemeindevorstandes bzw. Gutsvorstehers hat eine förm-

liche Zustellung dieses Beschlusses zur Voraussetzung, die den Vorschriften der Art. 43 und 45² AAnw. zu jenem G. entspricht. Hat eine solche Zustellung nicht stattgefunden, so hatte die zweiwöchige Ausschlußfrist zur Erhebung der Klage nicht zu laufen begonnen.

Nr. 2. Entsch. v. 16. Febr. 1915 (PrVerwBl. **37** 87) II C 227/14.

RBesteuerG. § 10.

Die Frist zur Erhebung der Klage gegen den Einspruchsbescheid des Gemeindevorstehers wegen Einforderung eines Zuschusses nach dem RBesteuerG. beträgt in Preußen gemäß § 10 Abs. 1 aaO. zwei Wochen.

Nr. 3. Entsch. v. 12. Mai 1915 (PrVerwBl. **37** 203) II HC 23/15.

Die maßgebende UmsatzsteuerO. bestimmt, daß dem Steuerpflichtigen ein schriftlicher Veranlagungsbescheid zuzustellen ist und schreibt für den Einspruch eine Frist von 4 Wochen nach Zustellung des Veranlagungsbescheids vor. Bestimmungen dieser Art hat das OVG. stets dahin ausgelegt, daß nur eine vorschriftsmäßige Zustellung den Lauf der Einspruchsfrist eröffnet. Der bloße Nachweis des Empfanges genügt nicht, es muß auch eine Zustellungsurkunde vorliegen, die den vorgeschriebenen Erfordernissen entspricht. Wenn im vorliegenden Falle nun zwar nach den Behauptungen des Beklagten angenommen werden kann, daß der Steuerbescheid dem Kläger „zugestellt" ist, so kann doch eine ordnungsmäßige Urkunde über die Zustellung nicht vorgelegt werden. Deshalb muß der — anscheinend verspätete — Antrag des Klägers als rechtzeitiger Einspruch angesehen werden.

C. Einspruchsverfahren.

Nr. 1. Entsch. v. 29. Nov. 1912 (PrVerwBl. **34** 433) VIII C 147/12.

Eine förmliche Zustellung ist für die Behändigung der Heranziehungsverfügungen gesetzlich nicht vorgeschrieben. Die Bestimmung im Art. 43 Abs. 5 AAnwKommAbgG. v. 10. V. 94 hat nur instruktionelle Bedeutung. Es genügt, um den Lauf der Einspruchsfrist beginnen zu lassen, daß ein Heranziehungsschreiben, das sich in seiner äußeren Form als amtliches Schriftstück der zur Veranlagung gesetzlich berufenen Behörde zu erkennen gibt, an einem bestimmt nachweisbaren Tage derart in die Hände des Herangezogenen gelangt ist, daß er von seinem Inhalt Kenntnis nehmen konnte. Unterläßt er dies, so kann ein solches Verhalten den Heranziehungsakt nicht in Frage stellen: der Herangezogene gilt gleichwohl als von dem Inhalt der Heranziehung unterrichtet. Der Einwand des Klägers, in der Zurücksendung des Heranziehungsschreibens sei die Erhebung des Einspruchs zu finden, ist verfehlt. Selbst wenn eine Einspruchserhebung durch schlüssige Handlungen rechtlich möglich wäre, würde mit einer solchen im vorliegenden Falle nicht gerechnet werden können, da nur schlüssige Handlungen, die sich gegen den Inhalt des Heranziehungsschreibens richten, in Betracht kommen könnten. Von solchen kann aber keine Rede sein, da der Kläger das Schreiben, ohne von seinem Inhalt überhaupt Kenntnis zu nehmen, durch seine Wirtschafterin zurückgesandt hat. Nach den Akten des Beklagten hat die Wirtschafterin die Heranziehung mit einem Schreiben von demselben Tage zurückgereicht, in dem sie lediglich erklärt, daß sie kein Recht habe, Briefe gegen Behändigungsschein anzunehmen. Der Kläger hat also in keiner Weise zu erkennen gegeben, daß und inwieweit er mit dem Inhalt der Heranziehung unzufrieden sei.

Nr. 2. Entsch. v. 2. Mai 1913 (PrVerwBl. **35** 306) VII C 476/12.

Eine Erklärung, daß man von einer bestimmten Art von Steuern, zB. von der Gemeindeabgabe für eingeführtes Wildbret, für die Zukunft frei sein wolle, ist kein Einspruch iS. des § 69 KommAbgG. Der Einspruch muß sich gegen eine geschehene Heranziehung richten.

Ob der Kläger von der Ansicht beherrscht gewesen ist, er habe mit seinem Schreiben einen rechtswirksamen Einspruch eingelegt, ist unerheblich, weil es nicht auf dessen subjektive Ansicht, sondern lediglich darauf ankommt, ob ein Schreiben nach den Vorschriften des KommAbgG. als ein Einspruch anzusehen ist, ob also nach der objektiven Sachlage das Vorhandensein eines Einspruchs zu bejahen ist. Wollte man einen „Protest" gegen die zukünftige Erhebung von Steuern als einen Einspruch iS. des § 69 aaO. ansehen, so würde dies zu unanehmbaren Folgen führen. Denn wenn der Protest sofort zurückgewiesen werden und diese Zurückweisung als Einspruchsbescheid angesehen würde, so würde die Klage sich gegen die Möglichkeit einer zukünftigen Heranziehung richten, es würde also das Besteuerungsrecht der Gemeinde an sich zum Gegenstande der richterlichen Entscheidung gemacht werden. Eine solche Klage ist aber dem LVG. fremd. Nimmt man aber an, daß der Protest bei jeder einzelnen Heranziehung als Einspruch gegen sie wirksam werde, so legt man dem Protest eine Wirkung bei, die er nach den Bestimmungen des G. nicht haben kann, die auch mit einer geordneten Finanzverwaltung unvereinbar sein würde. Denn es würde hiermit der Grundsatz aufgestellt werden, daß jeder Steuerpflichtige mit einer Eingabe des Inhalts, daß er eine bestimmte Art von Steuern oder alle von einer Gemeinde von ihm abzufordernden Steuern unter Protest zahlen werde, gegen jede einzelne demnächst erfolgende Heranziehung zur Steuer einen rechtswirksamen Einspruch einlegen kann.

Nr. 3. Entsch. v. 28. April 1914 (DJZ. **20** 722) II C 254/13.

Bei einem Einspruch gegen die Heranziehung zu Gemeindelasten ist der Mangel einer Unterschrift unerheblich, da tatsächlich über die Person des Widersprechenden ein Zweifel nicht obwaltete.

Nr. 4. Entsch. v. 3. April 1913 (PrVerwBl. **36** 8) IV C 7/13.

KommAbgG. §§ 69, 70, 87; BauflG. § 15.

Die §§ 69, 70 KommAbgG. berechtigen nicht zu der Annahme, daß im Einspruchsbescheid irrtümlich oder aus sonstigen Gründen übergangene Teile einer Forderung nachgefordert werden könnten. Dazu ist der § 87 gegeben. Wollte aber der Beklagte gleichzeitig und iVerb. mit dem Einspruchsbescheide die Nachforderung geltend machen, so mußte er eine ganz neue Heranziehungsverfügung erlassen, die die ganze Forderung umfaßte. Im Wege der Erhöhung des ursprünglich geforderten Betrages war solches ausgeschlossen. Auch in OVG. **41** 128 ist die Zulässigkeit einer Abänderung von Anliegerbeiträgen ihrem Betrag und Grunde nach keineswegs unbeschränkt bejaht, vielmehr es nur für statthaft erklärt, falls nach der Heranziehung in der Zwischenzeit bis zum Einspruchsbescheide ein neues Gebäude auf dem pflichtigen Grundstück errichtet worden ist, im Einspruchsbescheide die Forderung zugleich auf dieses Gebäude zu stützen. Das entsprach der schon bis dahin zur Anwendung gekommenen Rechtsprechung, wonach es auch für zulässig erachtet worden ist, im Einspruchsbescheide ganz allgemein die Beitragsforderung auf Gebäude zu gründen, die auf demselben Grundstück errichtet worden sind, gleichwohl sie in der Heranziehungsverfügung nicht erwähnt worden waren. Aus diesen in der Rechtsprechung zugelassenen Fällen ist indessen für die hier zu treffende Entscheidung nichts zu entnehmen.

Nr. 5. Entsch. v. 27. Mai 1913 (DJZ. **19** 174) II C 26/13.

Wie der Gerichtshof in OVG. **42** 110 ausgeführt hat, ist allerdings der Einspruchsbescheid keine zwischen zwei Parteien ergehende und der Rechtskraft im eigentlichen Sinne fähige Entscheidung; er bildet aber einen Teil eines vom G. geregelten Verfahrens, das bestimmt ist, über die Abgabenpflicht des Herangezogenen eine Entscheidung herbeizuführen, und es ist deshalb anzunehmen, daß er, einmal erlassen, von der Gemeindebehörde nicht mehr zum Nachteile des Steuerpflichtigen außer acht gelassen werden darf. Er wird, wie zum Nachteile des Steuerpflichtigen mit dem Ablaufe der Klagefrist, so zu dessen Gunsten schon mit seinem Erlaß unabänderlich. Der Gerichtshof hatte deshalb die Frage, ob die Gemeindebehörde, nachdem sie den Steuerpflichtigen auf seinen Einspruch beschieden hat, befugt ist, von diesem Bescheide zum Nachteile des Steuerpflichtigen wieder abzugehen, verneint und nur unentschieden gelassen, ob und inwieweit der aufgestellte Grundsatz eine Abänderung in dem Falle erleidet, daß der Einspruchsbescheid nicht auf materiellrechtlichen Erwägungen beruht, zB. wenn der Steuerpflichtige freigestellt wird, weil die Heranziehung verfrüht war. Eine hiervon abweichende Auffassung ist allerdings in dem auszugsweise in OVG. **48** 33 abgedruckten Urteile desselben Senats v. 12. VI. 06 zum Ausdrucke gekommen. Der Gerichtshof hält aber an der von ihm in dem ersten Urteil vertretenen Auffassung fest. Wenn demgegenüber der Beklagte die Zulässigkeit der erneuten Heranziehung durch Berufung auf § 87 KommAbgG. zu begründen versucht, weil nach dieser Bestimmung eine erneute Veranlagung innerhalb der gesetzlichen Frist ausdrücklich für statthaft erklärt sei, und es deshalb keinen Unterschied machen könne, ob das vorangegangene Veranlagungsverfahren durch einen Einspruchsbescheid abgeschlossen gewesen sei oder nicht, so verkennt er die von dem Gerichtshof in OVG. **42** 110 dem Einspruchsbescheide beigelegte Bedeutung. Eine Nachforderung ist allerdings nach § 87 bei indirekten Steuern, Gebühren und Beiträgen ohne Unterscheidung, ob die Abgabe gar nicht oder mit einem zu geringen Betrag erhoben worden ist, innerhalb der bestimmten Fristen zulässig, und sie kann auch in der Form der Zurückziehung der ersten Heranziehung und deren Ersetzung durch eine neue geschehen. Sobald aber die Gemeinde durch einen Einspruchsbescheid die Freistellung des Abgabenpflichtigen angeordnet hat, ist damit formell eine Berechtigung der Abgabenforderung jedenfalls dann, wenn die Freistellung aus einem materiell-rechtlichen Grunde erfolgt ist, endgültig entschieden, und eine nochmalige Heranziehung zu derselben Abgabe ist unzulässig. Dabei ist es auch unerheblich, ob die Freistellung durch den Einspruchsbescheid wegen einer später als unzutreffend erachteten Annahme rechtlicher oder tatsächlicher Art erfolgt ist.

Nr. 6. Entsch. v. 20. Jan. 1914 (OVG. **66** 140) II C 198/13.

Wenn dem Einspruche gegen die Heranziehung zu Kanalisationsgebühren nicht nur nicht stattgegeben, sondern die anfänglich geforderte Gebühr sogar erhöht wird, kann die Klage auch auf die Erhöhung der Gebühr erstreckt werden, ohne daß es des vorherigen Einspruchs gegen die Erhöhung bedarf. Die Meinung, daß eine Erhöhung der Forderung im Einspruchsbescheide stets das Wesen einer neuen Heranziehung habe, erscheint schon deswegen als irrig, weil Einsprüche auch mit dem Ziele einer Erhöhung der Heranziehung eingelegt werden können. Verliert eine Verfügung, die einem solchen Antrage stattgibt, nicht lediglich deswegen, weil sie die Forderung erhöht, das Wesen eines Einspruchsbescheids, so tut das auch nicht ein Bescheid, der die Erhöhung im Gegensatze zu dem gestellten Antrage vornimmt. Der Steuergläubiger ist nicht durch den Einspruch gebunden, weder hinsichtlich der gestellten Anträge noch hinsichtlich der Begründung. Er hat eine Ermäßigung vorzunehmen, wenn seine Prüfung ergibt, daß der Einsprechende in anderer als der von ihm gerügten Weise beschwert ist, und so steht es ihm formell (abgesehen von der materiellen Frage der Zulässigkeit einer Nachforderung) auch frei, seine Heranziehung zum Nachteile des Einsprechenden zu berichtigen.

Nr. 7. Entsch. v. 2. März 1914 (OVG. **66** 221) I HC 281/13.

KommAbgG. § 70.

1. Über das auf völlige Freistellung von der ihm abverlangten Gemeindeabgabe gerichtete Einspruchsverlangen des Klägers mußte der Beklagte befinden, sei es, daß er seine Steuerforderung auf einen geringeren Betrag herabsetzte oder den Einspruch in vollem Umfange zurückwies oder aber das klägerische Begehren als berechtigt anerkannte und seine Veranlagung aufhob. Statt dessen ist in dem Einspruchsbescheide lediglich über den Grund des Anspruchs entschieden und die Beschlußfassung über die Höhe der Steuerforderung vorbehalten worden. Ein derartiger Einspruchsbescheid entspricht nicht der Vorschrift des § 70 KommAbgG. Nach anerkannter Rechtsprechung muß der Gemeindevorstand über den von dem Steuerpflichtigen gegen seine Heranziehung gerichteten Angriff abschließend befinden. Ebensowenig, wie er nur über einen Teil der bestrittenen Steuerforderung entscheiden und den Rest in der Schwebe lassen kann, ebensowenig ist es ihm gestattet, nur über den Grund seines Anspruchs zu befinden und erst später durch einen neuen Bescheid zu der Frage, in welcher Höhe die Steuerforderung aufrecht erhalten wird, Stellung zu nehmen.

2. Obwohl hiernach ein über den Einspruch in vollem Umfang abschließender Bescheid des Beklagten nicht vorlag, war es dem Kläger nicht verwehrt, die Verwaltungsklage zu erheben. Würde dem Herangezogenen das Recht zur Klage in diesem Falle abgeschnitten sein, so liefe er Gefahr, daß ihm später der Einwand entgegengehalten werde, die Entscheidung des Gemeindevorstandes über den Grund des Steueranspruchs sei rechtskräftig geworden und nur noch eine Entscheidung über die Höhe der Steuer angängig. Deshalb ist nach der Rechtsprechung des Gerichtshofs dem Steuerpflichtigen das Klagerecht auch gegen einen unvollständigen, nur über einen Teil der Steuerforderung oder den Grund derselben befindenden Bescheid gegeben. Eine Entscheidung in der Sache kann dann allerdings nicht ergehen, der Verwaltungsrichter muß sich vielmehr auf die Beseitigung des ungesetzlichen Einspruchsbescheids beschränken.

Nr. 8. Entsch. v. 24. Nov. 1914 (PrVerwBl. **37** 74) II C 105/14.

Dem Rechtsmittel mußte der Erfolg versagt werden, weil Beklagter den Kläger wegen derselben Schankerlaubniserteilung bereits unter dem 11. XI. 12 zur Steuer herangezogen und auf seinen Einspruch gemäß der Befreiungsvorschrift des § 4 a der örtlichen SteuerO. durch Bescheid vom 27. dess. M. freigestellt hatte. Denn sobald die Gemeinde durch einen Einspruchsbescheid die Freistellung des Abgabepflichtigen angeordnet hat, ist damit über die Berechtigung der Abgabenforderung jedenfalls dann, wenn die Freistellung, wie im vorliegenden Falle, aus einem materiell-rechtlichen Grunde geschehen, endgültig entschieden; es ist die formelle Erledigung der Angelegenheit in dem besonderen vom G. geforderten Verfahren erfolgt, so daß eine nochmalige Heranziehung zu derselben Abgabe, eine nochmalige formelle Begründung der Forderung unzulässig wird (vgl. auch OVG. **42** 110).

Nr. 9. Entsch. v. 7. Dez. 1915 (PrVerwBl. 37 520) II C 34/15.

Ein Einspruchsbescheid bei Gemeindelasten, dem kein Beschluß des Magistrats zugrunde liegt, der vielmehr vom Magistratsdezernenten erlassen ist, entbehrt der gesetzlichen Grundlage. Ein solcher Einspruchsbescheid ist, wenn er nach außen hin als ein Bescheid des Magistrats erscheint, vom Verwaltungsrichter außer Kraft zu setzen.

D. Verwaltungsstreitverfahren.

Nr. 1. Entsch. v. 19. Sept. 1913 (DJZ. 19 382) VIII C 72/13.

Der Bezirksausschuß durfte sich nicht auf die Außerkraftsetzung des Einspruchsbescheids beschränken, was mit der Zurückverweisung an den Magistrat zur nochmaligen Beschlußfassung gleichbedeutend war; er hatte vielmehr in eine sachliche Prüfung des Anspruchs einzutreten. Denn die vor den Verwaltungsrichter gebrachten Streitigkeiten über die Heranziehung zu Gemeindelasten müssen von diesem durch eine erschöpfende sachliche Entscheidung über den Anspruch selbst erledigt werden.

Nr. 2. Entsch. v. 22. Sept. 1914 (PrVerwBl. 37 265) VII C 242/13.

Im entscheidenden Teile seines Urteils läßt der Bezirksausschuß die ihm obliegende Steuerfestsetzung vermissen. Der Wertzuwachs ist zwar die wesentlichste Grundlage der Steuer, aber mit dieser nicht gleichbedeutend. War der Bezirksausschuß der Meinung, daß die Steuer noch nicht festgesetzt werden konnte, so hätte er die hierzu erforderlichen Ermittlungen vornehmen müssen. Das hat er aber nicht getan.

Nr. 3. Entsch. v. 7. Juli 1915 (OVG. 69 194) II HC 330/14.

Die Abtretung des Anspruchs auf Rückforderung der gezahlten Umsatzsteuer hat nicht zur Folge, daß an Stelle des Herangezogenen und Einsprechenden der Zessionar als Kläger im Verwaltungsstreitverfahren auftreten kann. Zwar besteht gegen die materiell-rechtliche Wirksamkeit der Abtretung kein Bedenken und es kann dahingestellt bleiben, ob es zulässig ist, in dem über die Rechtmäßigkeit einer Steuerveranlagung angestrengten Verwaltungsstreitverfahren den Klageantrag auf die Erstattung des Gezahlten zu erstrecken; denn auch bei Bejahung letzterer Frage würde die Klage auf Rückerstattung nur von dem Herangezogenen mit dem Antrag auf Rückzahlung an den Zessionar erhoben werden können. Die Annahme, daß der Zessionar an Stelle des Herangezogenen im eigenen Namen die Klage im Verwaltungsstreitverfahren erheben könne, wird durch die feste Ausgestaltung, die das Einspruchs- und das Streitverfahren in den §§ 69, 70 KommAbgG. erhalten hat, ausgeschlossen. Wenn Einspruch und Klage ausdrücklich dem Abgabepflichtigen zugesprochen werden, so bedeutet dies, daß Herangezogener, Einsprechender und Kläger notwendig eine und dieselbe Person sind. Die Fälle einer Gesamtnachfolge — Erbgang, Eintritt einer Gütergemeinschaft, Verschmelzung von Aktiengesellschaften, Eingemeindung der zur Steuer herangezogenen Gemeinde in eine andere — müssen natürlich davon ausgenommen werden, die Einzelnachfolge durch Abtretung des Rückforderungsanspruchs kann dagegen die Gestaltung des Streitverfahrens nicht beeinflussen.

Nr. 4. Entsch. v. 15. Mai 1914 (OVG. **67** 171) VIII C 240/13.

Nur dem vom Revisionskläger eingelegten Rechtsmittel kann sich der Gegner in der Revisionsinstanz anschließen (OVG. **56** 226). Die von den Testamentsvollstreckern eingelegte Revision hatte aber nur die ihre Klage abweisende Entscheidung zum Gegenstande. Wegen der auf die Klagen der Erben erlassenen Entscheidung hatten die Kläger Revision nicht eingelegt; es konnte daher insoweit eine Anschließung nicht erfolgen.

Nr. 5. Entsch. v. 21. Sept. 1915 (PrVerwBl. 37 267) VIII C 52/15.

LVG. §§ 103, 108.

Der Anspruch des Beklagten auf Herabsetzung der von dem Bezirksausschusse dem Sachverständigen zugebilligten Gebühren kann in dem vorliegenden Verfahren der Prüfung nicht unterzogen werden, da in ihm nach § 103 LVG. nur über die Verpflichtung der Parteien zur Tragung der Kosten an sich zu entscheiden ist. Die Festsetzung des Betrages der Kosten und baren Auslagen des Verfahrens erfolgt nach § 108 aaO. in einem besonderen, mit Rechtsmitteln ausgestatteten Verfahren.

Siebente Abteilung.

Entscheidungen in Staatssteuersachen.

Erster Abschnitt.

Einkommensteuer.

Gesetzliche Grundlagen (nebst Materialien): G., betr. die Erhöhung der Zuschläge zur Einkommensteuer und zur Ergänzungssteuer, v. 8. VII. 16 (GS. 109). VhdlAH. 1916: Drucks. Nr. 24, 165, 167, 176, 177, 187, 191, 264, 267, 268; StenBer. 33, 2040, 2153, 2322. — VhdlHH. 1916: Drucks. Nr 69, 80[4], 88; StenBer. 208, 238.

Literatur: Bedall: Steuerveranlagung während des Krieges (Miesbach 1915). — Buck: Die Ermittlung des steuerpflichtigen Einkommens und Vermögens (Berlin 1914). — Fernow: ErgStG.[5] (Berlin 1914). — Fuisting: Die direkten Steuern, Bd. I, Kommentar z. EinkStG.[8] (bearbeitet v. Strutz) (Berlin 1915). — Fuisting-Strutz: Das preuß. EinkStG.[5] (Berlin 1914). — Kamm: Die Steuerdeklaration der Ärzte und Zahnärzte[4] (Breslau 1914). — Laue: Die Staatseinkommensteuer, Rechtsprechung des OVG.[5] (Berlin-Wilmersdorf 1914). — Maatz-Jakobi u. a.: Handwörterbuch der preußischen Einkommensteuer u. Ergänzungssteuer (Hannover 1915). — Statistik der preuß. Einkommensteuerveranlagung für das Steuerjahr 1914 u. der Ergänzungssteuerveranlagung 1914/16. Bearbeitet v. Königl. Preuß. Statistischen Landesamt (Berlin 1915). Dasselbe für 1915 (Berlin 1916). — Strutz: Einkommensteuerpflicht und Einkommensteuerveranlagung im Kriege (Berlin 1915). — v. Wilmowski: Das preuß. EinkStG. (Breslau 1915). — Wunsch: ErbschStG. (Berlin 1915).

I.

Steuerpflicht der physischen Personen.

A. Unbeschränkte subjektive Steuerpflicht.

Nr. 1. Entsch. v. 2. Nov. 1912 (OVGSt. **16** 1) IV A 171/12.

EinkStG. § 1.

Der § 1 EinkStG. regelt die subjektive Steuerpflicht. Nach Abs. 1 dieses Paragraphen unterliegen ihr alle preußischen Staatsangehörigen mit alleiniger Ausnahme der unter a, b und c aufgeführten. Für preußische Staatsangehörige, die ihren Wohnsitz in dem Heimatsstaat aufgeben und sich in das Ausland begeben, dauert daher die subjektive Steuerpflicht in Preußen noch zwei Jahre lang fort. Diese Fortdauer ist in dem G. nicht an die Voraussetzung geknüpft, daß sie schon vor ihrem Verzug ins Ausland in Preußen zur Einkommensteuer veranlagt waren. Das Maß ihrer Besteuerung richtet sich vielmehr für sie, wie für alle anderen Preußen, nach den Bestimmungen über die objektive Steuerpflicht in den §§ 4 bis 14 EinkStG. Hiernach bleibt nicht etwa der bei ihrem Fortzug auf sie veranlagte Steuersatz zwei Jahre lang unverändert bestehen, sondern es findet für jedes Steuerjahr eine neue Veranlagung statt, für die der Stand der Einkommensquellen zu Beginn des Steuerjahrs maßgebend ist.

Nr. 2. Entsch. v. 25. Sept. 1912 (OVGSt. 16 3) XIIId 74/11.

Unter den Verträgen des Reichs, in denen den fremden Konsularbeamten die meisten Vorrechte in steuerlicher Beziehung gewährt werden, kommt neben der Konsularkonvention mit den Vereinigten Staaten v. 11. XII. 71 (RGBl. **72** 95) vor allem der Konsularvertrag mit Griechenland v. 26. XI. 81 (RGBl. **82** 101) in Betracht. Ein von einem italienischen Generalkonsul oder Konsul ernannter Vizekonsul italienischer Staatsangehörigkeit hat demzufolge auf Grund der Meistbegünstigungsklausel Anspruch darauf, von den direkten Staatssteuern in Preußen freigestellt zu werden, soweit sie nicht seinen in Preußen belegenen Grundbesitz oder eine außeramtliche Erwerbstätigkeit sowie das aus diesen Quellen herrührende Einkommen betreffen.

Nr. 3. Entsch. v. 30. Juli 1913 (StArch. 18 68) IXa 37/13.

Die Steuerpflicht eines Preußen, der mehr als zwei Jahre sich im Ausland aufgehalten hat, lebt ohne weiteres mit der Aufgabe des dauernden Aufenthalts im Auslande wieder auf, ohne daß es darauf ankommt, wann er in Preußen tatsächlichen oder dienstlichen Wohnsitz genommen hat.

B. Beschränkte subjektive Steuerpflicht.

Nr. 1. Entsch. v. 29. März 1913 (DJZ. 19 311) V A 127/12.

Die beschränkte subjektive Steuerpflicht in Preußen hat für eine gewerbetreibende Aktiengesellschaft zur Voraussetzung, daß in Preußen Betriebsstätten zur Ausübung des stehenden Gewerbes unterhalten werden. Das ist der Fall, wenn die Aktiengesellschaft an einem preußischen Orte Erzeugnisse befreundeter Fabriken lagert, Beamte beschäftigt und eine Fabrik betriebsfähig erhält. Die objektive Steuerpflicht in Preußen ist gegeben, wenn die preußischen gewerblichen Anlagen oder Betriebsstätten ein Einkommen bringen. Hat sich die Aktiengesellschaft als solche einem Generalsyndikat angeschlossen, so kann der Gewinn daraus nicht auf die Tätigkeit einer einzelnen Betriebsstätte zurückgeführt, sondern muß dem ganzen Unternehmen gutgerechnet werden, zumal wenn er nicht von der Tätigkeit an einer einzelnen Betriebsstätte abhängig ist, sondern lediglich in einer Quote des Gesamtgewinns des Generalsyndikats besteht.

Nr. 2. Entsch. v. 18. April 1914 (OVGSt. 16 9) VIa 120/13.

EinkStG. § 2.

Nach der vorgelegten Stiftungsurkunde handelt es sich um ein teils aus Grundstücken, teils aus Kapitalien gebildetes Fideikommiß. Die Mobilien sind zwar als Zubehör des Ritterguts G. erklärt, nirgends aber ist bestimmt, daß die Kapitalien Zubehör eines Grundstücks sein sollen. In der Urkunde ist vielmehr ausdrücklich von dem Geldfideikommisse die Rede. Das Fideikommißvermögen bildet allerdings ein Sondervermögen; daraus folgt aber nicht, daß die Einkünfte aus den dazu gehörigen Kapitalien steuerlich nicht anders als das Einkommen aus den Grundstücken behandelt werden dürfen. Ist aber nicht dargetan, daß das Geldfideikommiß Bestandteil oder Zubehör des preußischen Grundbesitzes ist, so ergibt sich hieraus und aus §§ 1, 2 EinkStG. Art. 1, 2 StaatsVt. mit Österreich v. 21. VI. 99, daß das Einkommen des Steuerpflichtigen, eines österreichischen Staatsangehörigen, der in Preußen keinen Wohnsitz hat, aus dem Geldfideikommiß in Preußen nicht einkommensteuerpflichtig ist und bei der Veranlagung außer Ansatz bleiben mußte.

II.

Einkommen der physischen Personen.

A. Allgemeine Grundsätze.

2. Berechnungsart.

a) Allgemeine Grundsätze.

Nr. 1. Entsch. v. 24. Mai 1911 (OVGSt. 16 54) E XII b 1/11.

EinkStG. §§ 9, 62; ErgStG. §§ 7, 8, 13, 39.

1. Wenn § 9¹ EinkStG. bestimmt, für die Veranlagung der physischen Personen sei der Bestand der einzelnen Einkommensquellen bei Beginn des Steuerjahrs oder bei Veranlagungen von einem späteren Zeitpunkte des Steuerjahrs an der Bestand in diesem Zeitpunkte maßgebend, so bezieht sich diese Bestimmung lediglich auf den Bestand, d. h. das Vorhandensein der einzelnen Einkommensquellen in dem maßgebenden Zeitpunkte. Es kann dem Steuerpflichtigen Einkommen nur aus solchen Quellen angerechnet werden, die in diesem Zeitpunkte vorhanden sind, nicht aber auch aus schon früher untergegangenen oder aus erst später entstehenden Einkommensquellen. Für die Feststellung des Einkommens, d. h. für die Berechnung oder sonstige Ermittlung des Ertrags der einzelnen Einkommensquellen, die in dem maßgebenden Zeitpunkte vorhanden waren, schreibt § 9² aaO. als Regel vor, daß diese nach dem Ergebnisse des dem Steuerjahr unmittelbar vorangegangenen Kalender- oder Wirtschaftsjahrs und, insoweit für eine Einkommensquelle ein Jahresergebnis nicht vorliege, nach dem mutmaßlichen Jahresertrage zu erfolgen habe. Was hier für die Einkommensquellen bestimmt ist, gilt auch bei den nach § 8 II aaO. vom Gesamteinkommen abzuziehenden Beträgen und den ihnen zugrunde liegenden Verpflichtungen.

2. Die Berufungskommission hätte daher im Hinblick auf § 9¹ aaO. in erster Linie prüfen müssen, ob die Verpflichtungen, auf denen die in den beiden letztwilligen Verfügungen der Eltern des Steuerpflichtigen angeordneten Leistungen zugunsten dritter Personen und zu wohltätigen Zwecken beruhen, bei Eintritt der Steuerpflicht am 1. XII. 09 bereits bestanden, und bei Bejahung dieser Frage die Beträge dieser Leistungen nach § 9² aaO. ermitteln und in Abzug bringen müssen, während sie bei Verneinung der Frage nicht zu berücksichtigen waren.

3. Für die Ergänzungssteuer ist der Kapitalwert dieser Leistungen nach Vorschrift der §§ 7 zu c, 8² und 13 II ErgStG. zu ermitteln und von dem steuerbaren Vermögen abzusetzen.

Nr. 2. Entsch. v. 11. Febr. 1914 (OVGSt. 16 59) VII C 163/13.

Für die Entscheidung der Frage, in welcher Höhe die auf einem Privatrechtstitel beruhenden dauernden Lasten (hier eine Wittumsrente) abzuziehen sind, ist der Stand der Verpflichtung zu Beginn des Steuerjahrs maßgebend. Hat die Verpflichtung während des diesem vorangegangenen Kalenderjahrs unverändert bestanden, so kommen die Beträge, die in diesem fällig waren und zu deren Entrichtung der Steuerpflichtige verpflichtet war, in Abzug. Rückständige Leistungen, deren Zahlung später erfolgt, sind nicht abzugsfähig; ihre Zahlung stellt Tilgung von Kapitalschulden dar.

Nr. 3. Entsch. v. 29. Jan. 1916 (StArch. 19 148) E XII b 16/15.

EinkStG. § 8.

Der wirtschaftliche Grund und die wirtschaftliche Bedeutung der im § 8 Abs. 1[4] EinkStG. zugelassenen regelmäßigen jährlichen Absetzungen für Abnutzung von Gebäuden, Maschinen, Betriebsgerätschaften u. dgl. liegen darin, daß am Schlusse einer Wirtschaftsperiode aus der Roheinnahme einer Einkommensquelle derjenige Betrag, um den sich der Wert des Stammvermögens durch Verwendung von einzelnen Bestandteilen zur Erzielung der Roheinnahme seit dem Beginne der Periode tatsächlich verringert hat, ausgesondert werden muß, bevor sich Reineinkommen ergeben kann; dieser Betrag ist nur scheinbar Einkommen, in Wirklichkeit vielmehr nur ein Ausgleich für den durch die Verwendung der betreffenden Gegenstände zur Einkommenserzielung verbrauchten Teil des Stammvermögens. Hieraus folgt, daß der Anspruch auf Berücksichtigung derartiger Abschreibungen bei der Feststellung des steuerpflichtigen Einkommens nur demjenigen zustehen kann, dessen Stammvermögen durch die Verwendung der betreffenden Gegenstände zur Einkommenserzielung vermindert worden ist, also regelmäßig nur dem Eigentümer. Der Nießbraucher hat, da bei ihm diese Voraussetzung nicht zutrifft, nach dem G. einen Anspruch darauf nicht. Aber auch der Eigentümer hat dann keinen Anspruch auf Abzug für Abnutzung seiner Grundstücke, wenn diese, wie hier, für ihn keine Einkommensquelle bilden, er vielmehr nur Einkommen aus anderen Quellen versteuert. Denn die vom EinkStG. zugelassenen jährlichen Absetzungen für Abnutzung gehören nach § 8 Abs. 1 und Abs. 2[4] aaO. zu den „Aufwendungen zur Erwerbung, Sicherung und Erhaltung des Ertrages" aus einer der im § 6 ebendort bezeichneten steuerpflichtigen Einkommensquellen, zu den sogenannten Werbungskosten. Diese aber dürfen nur vom Roheinkommen aus einer dieser Quellen abgezogen werden. Fehlt es, wie hier, an einer solchen Quelle, innerhalb deren sie entstanden sind, so muß ihr Abzug als unzulässig versagt werden. Der Umstand, daß im vorliegenden Falle auch die für den Substanzverbrauch nicht ersatzpflichtige Nießbraucherin einen solchen Abzug nicht machen darf, ist nicht geeignet, dem Eigentümer das Recht auf einen solchen zu verleihen. Die Versagung auf beiden Seiten liegt an gesetzlichen Vorschriften, von denen abzuweichen der Gerichtshof nicht befugt ist.

b) Berechnung des Einkommens aus Kapitalvermögen.

Nr. 1. Entsch. v. 19. Febr. 1913 (StArch. 17 37).

Die Steuerpflichtige hatte in ihrer Steuererklärung ein Einkommen aus Kapitalvermögen an Zinsen und Dividenden von 16664 ℳ und nach Abzug von 250 ℳ für dauernde Last bzw. Lebensversicherungsprämie ein steuerpflichtiges Einkommen von 16414 ℳ deklariert. Auf S. 3 der Steuererklärung hatte die Steuerpflichtige erläuternd bemerkt, sie habe schenkungsweise Kapitalvermögen an ihr nahestehende Personen weggegeben, wodurch ein Einkommenausfall von 1100 ℳ jährlich entstanden sei. Dem Ersuchen, die betreffenden Personen und die Höhe der weggegebenen Kapitalbeträge anzugeben, ist die Steuerpflichtige nicht nachgekommen, sie hat aber ein spezielles Verzeichnis des noch in ihrem Besitze befindlichen Kapitalvermögens und des Einkommens daraus eingereicht. Von diesen Angaben durfte die Berufungskommission nur abweichen, wenn sie das Bestehen einer weiteren, nicht zugestandenen Quelle des Kapitalvermögens beim Beginne des Steuerjahres der Steuerpflichtigen nachweisen konnte. Der Steuerpflichtigen lag es nicht ob, nachzuweisen, daß eine Einkommensquelle nicht oder nicht mehr in dem früheren Umfange bestehe.

Nr. 2. Entsch. v. 8. Okt. 1913 (StArch. 18 11).

EinkStG. § 9.

Gemäß § 9² EinkStG. ist das Einkommen aus Aktien, die dem Steuerpflichtigen schon während des ganzen Kalenderjahres 1911 gehört haben und am 1. IV. 12 noch gehörten, nach dem Ergebnis des Kalenderjahres 1911 zu berechnen. Dabei ist als Ergebnis die Dividende anzusehen, deren Auszahlung von der in diesem Jahre abgehaltenen Generalversammlung beschlossen ist. Ihr Beschluß allein begründet für die Aktionäre einen rechtlichen Anspruch auf die Dividende. Eine etwaige Bekanntmachung über die Höhe der zu erwartenden Dividende vor der Sitzung der Generalversammlung ist für die Besteuerung bedeutungslos, da sie noch keinen rechtlichen Anspruch erzeugt.

Nr. 3. Entsch. v. 8. Nov. 1913 (OVGSt. 16 79) IV a 311/12.

EinkStG. § 11.

Die Vorschrift im § 11 Abs. 2 c EinkStG., wonach Zinsen, die in unverzinslichen Kapitalforderungen, bei denen ein höheres als das ursprünglich gegebene Kapital zurückgewährt wird, einbegriffen sind, als steuerpflichtige Einnahme anzurechnen sind, ist in der Weise auszuführen, daß die Zinsbeträge, die für jedes einzelne Jahr zu berechnen sind, als Einkommen desselben Jahres in Ansatz gebracht werden. Der bedungene Kapitalzuwachs ist als ein auf den betreffenden Zeitraum zu verteilendes Einkommen zu behandeln.

Nr. 4. Entsch. v. 17. Jan. 1914 (StArch. 18 251).

Die bloße Möglichkeit der Vermeidung des Konkurses und der Besserung der Vermögenslage genügt nicht, um die Forderung des Steuerpflichtigen auf Kapital und Zinsen noch als wirtschaftlich fortbestehend zu erachten; es kommt dabei überhaupt nicht auf eine künftige Besserung der Vermögensverhältnisse des Schuldners, sondern darauf an, ob jene Forderung des Steuerpflichtigen beim Beginn des Steuerjahres noch beitreiblich war oder nicht.

Nr. 5. Entsch. v. 14. März 1914 (OVGSt. 16 81) III 94/13.

Ist ein Hypothekengläubiger vertragsmäßig gegenüber einem anderen verpflichtet, die Beitreibung seiner Forderung im Wege der Immobiliarzwangsvollstreckung zu unterlassen, und ist die ihm nur gestattete Mobiliarzwangsvollstreckung fruchtlos, so ist der Zinsanspruch nicht zu verwirklichen und daher der Zinsbetrag nicht anzurechnen. Daß nach dem Range der Hypothek und dem Werte des Grundstücks die Vornahme der Immobiliarzwangsvollstreckung, wenn sie dem Gläubiger gestattet wäre, ihm Aussicht auf Befriedigung gewähren würde, ist nicht entscheidend. Denn der Gläubiger, der sich vertragsmäßig verpflichtet hat, die Immobiliarzwangsvollstreckung zu unterlassen, darf von ihr keinen Gebrauch machen.

Nr. 6. Entsch. v. 28. März 1914 (StArch. 17 212) IV a 329/13.

EinkStG. §§ 9, 11, 13.

1. Wie für die Veranlagung der physischen Personen der Bestand der einzelnen Einkommensquellen bei Beginn des Steuerjahrs nach § 9¹ EinkStG. maßgebend ist, so ist auch für die Feststellung der vom Gesamteinkommen abziehbaren Beträge der Stand der diesen zugrunde liegenden Verpflichtungen bei Beginn des Steuerjahrs maßgebend.

2. Wie der Steuerpflichtige selbst in der Steuererklärung angegeben hat, ist das Einkommen, das er als Mitglied einer Ges. m. b. H. an Gewinnanteil bezogen

hat, nach dreijährigem Durchschnitt berechnet. Nach § 11 Abs. 2 b EinkStG. gelten jedoch die Gewinnanteile von Ges. m. b. H. als Kapitaleinkommen, für die eine Durchschnittsberechnung im § 9 EinkStG. nicht zugelassen ist. Allerdings können auch Geschäftsanteile an einer Ges. m. b. H. zu dem gewerblichen „Anlagekapital" eines Kaufmanns iS. des § 13 EinkStG. gehören, so daß alsdann der auf die Anteile entfallende Gewinnanteil den Geschäftsgewinn vermehren würde, der nach dreijährigem Durchschnitt unter den Voraussetzungen des § 9[3] aaO. zu berechnen sein würde. Hier ist indessen ein Einkommen aus Handel und Gewerbe überhaupt nicht ermittelt. Auch wenn der Steuerpflichtige alleiniger Gesellschafter und Geschäftsführer einer Ges. m. b. H. ist, liegt doch kein Gewerbebetrieb des Steuerpflichtigen, sondern nur ein solcher der ein selbständiges Rechtssubjekt bildenden Ges. m. b. H. vor.

c) Berechnung des Einkommens aus Grundvermögen.

Nr. 1. Entsch. v. 20. Mai 1911 (OVGSt. **16** 24) VIII c 15/10.

1. Die Ermittelung des Einkommens nach einem oder mehreren Wirtschafts- (Betriebs-) jahren ist nur bezüglich des Einkommens aus der selbst auf eigenem oder gepachtetem Grundbesitze betriebenen Land- und Forstwirtschaft sowie aus Handel, Gewerbe und Bergbau zulässig. Das Einkommen aus anderen Quellen ist, falls es nicht mit dem mutmaßlichen Betrage des Steuerjahrs angesetzt werden muß, nach dem Ergebnisse des letzten, der Veranlagung (Steuererklärung) vorangegangenen Kalenderjahrs festzustellen. Das Einkommen eines Gutsbesitzers, der einen Steinbruch zur Ausbeutung an einen Dritten verpachtet hat, aus dieser Verpachtung ist daher in dieser Weise zu ermitteln.

2. Für die Feststellung der zulässigen Abschreibung wegen Substanzverringerung des Steinbruchs wird auf OVGSt. **10** 99ff. verwiesen. Aufgabe der Berufungskommission wird es hiernach sein, zu ermitteln, welchen Verkaufswert das verpachtete Grundstück im ganzen, einschließlich des darin enthaltenen zur Ausbeutung verpachteten Steinmaterials, beim Beginn und am Schlusse des Kalenderjahrs 1909 hatte. Die Differenz beider Werte ergibt die zulässige Abschreibung wegen Substanzverringerung.

Nr. 2. Entsch. v. 10. Febr. 1913 (OVGSt. **16** 102) Vb 36/12.

1. Im Jahre 1897 war zwischen dem Steuerpflichtigen und seinem Vater ein Vertrag abgeschlossen worden, durch welchen der Vater die dauernde selbständige Verwaltung seines Gutes A. dem Sohne, als seinem Bevollmächtigten, übertrug, jedoch mit der Einschränkung, daß Holz nur für den Bedarf der Wirtschaft geschlagen werden dürfe. Mit dem im Juni 1910 erfolgten Tode des Vaters ging das Gut A. durch Erbgang auf den Steuerpflichtigen über. Die Berufungskommission hat angenommen, daß unter den angegebenen Verhältnissen eine wesentliche Veränderung der Einkommensquelle vorliege.

2. Die Annahme ist gerechtfertigt. Denn, mag auch die Bewirtschaftung von A. vor dem Tode des Vaters im Juni 1910 einer eigentumsgleichen ähnlich gewesen sein, so hatte sich doch die Einkommensquelle mit diesem Zeitpunkte rechtlich wie tatsächlich geändert. Rechtlich insofern, als der Steuerpflichtige von diesem Zeitpunkt ab das Gut als Eigentümer besaß, während er vorher daran nur eine Nutzungsberechtigung gehabt hatte, und tatsächlich insofern, als er von da ab eine uneingeschränkte Nutzung und Bewirtschaftung ausüben konnte, während er sich vorher bezüglich der Holzung in einer wirtschaftlichen Gebundenheit befand.

Nr. 3. Entsch. v. 6. Dez. 1913 (OVGSt. 16 109) XIb 12/13.

1. Bildet eine Holzung eine besondere Einkommensquelle, so erlischt diese mit der völligen Abholzung behufs Überganges zu einer anderen Kulturart. Bei nur teilweiser Abholzung in der Absicht, die abgetriebene Fläche nicht mehr aufzuforsten, und jedenfalls bei Änderung der Kulturart ist zu prüfen, ob eine wesentliche Veränderung der Einkommensquelle eintritt. Diese Frage ist in der Regel zu bejahen.

2. Bildet eine Holzung mit dem übrigen Areal eines Gutes einen einheitlichen Landwirtschaftsbetrieb, so ist zu prüfen, ob ein endgültiger Abtrieb der ganzen Holzung oder eines Teiles davon geeignet ist, die Höhe des Ertrags der ganzen wirtschaftlichen Einheit erheblich zu beeinflussen und demgemäß eine wesentliche Änderung der einheitlichen Einkommensquelle herbeizuführen. Es werden aber besondere Verhältnisse vorliegen müssen, um diese Annahme zu rechtfertigen.

Nr. 4. Entsch. v. 26. Nov. 1913 (OVGSt. 16 14) XIIIa 12/13.

EinkStG. § 8.

1. Der Steuerpflichtige beschwert sich insofern über unrichtige Anwendung des bestehenden Rechtes, als der von ihm beanspruchte Abzug von 500 *M* für Aufwendungen zur Erhaltung der Erbschaft seines verstorbenen Schwiegervaters für unzulässig erklärt ist.

2. Da bei Entscheidung der Sache davon auszugehen ist, daß der Anteil der Ehefrau des Steuerpflichtigen an den Nachlaßgrundstücken dem Nießbrauch ihrer Mutter unterliegt, so hat die Berufungskommission den von ihm beanspruchten Abzug der 500 *M* insoweit richtig beurteilt, als sie seine Zugehörigkeit zu den Werbungskosten (§ 8 I EinkStG.) verneint. Denn ein Grundstück des Steuerpflichtigen oder seiner Ehefrau bildet, wenn es mit dem Nießbrauch eines Dritten belastet ist, für keinen der Eheleute eine Einkommensquelle. Es dürfen daher Ausgaben, die zu den Aufwendungen zur Erwerbung, Sicherung oder Erhaltung des Ertrags des Grundstücks gehören, bei der Besteuerung keinem der Eheleute in Abzug gebracht werden.

3. Demnach kann nur in Frage kommen, ob der beanspruchte Abzug unter eine der im § 8 II aaO. behandelten Arten der Abzüge vom Gesamteinkommen fällt. Nach dieser Richtung hat aber die Berufungskommission das Ergebnis der Ermittelungen in unzureichender Weise gewürdigt und namentlich nicht geprüft, ob der verlangte Abzug ganz oder wenigstens teilweise nach Maßgabe der Vorschriften unter Nr. 1 oder 2 II dieses Paragraphen zulässig ist. Sie hat sich in dieser Beziehung vielmehr auf die Erwägung beschränkt, daß die Vereinbarung der Erben, zur Vermeidung der Zwangsvollstreckung der erwähnten Grundstücke Zuschüsse zu leisten, lediglich die Erhaltung von Vermögensteilen, aber nicht die Ertragserzielung betreffe und bezwecke, danach aber die Abzugsfähigkeit nicht rechtfertigen könne. Diese Erwägung ist nicht geeignet, die getroffene Entscheidung zu tragen. Denn nach den Erklärungen des Steuerpflichtigen und seiner Schwägerin liegt die Annahme nahe, daß sich die fünf Geschwister P. und die Ehemänner der verheirateten Schwestern untereinander verpflichtet haben, bis zur Beendigung des Nießbrauchs der Witwe P. das sich bei der Verwaltung der Nachlaßgrundstücke ergebende Defizit alljährlich durch von ihnen in bestimmter Höhe zu leistende Beiträge zu decken. Es wäre daher zu prüfen gewesen, ob durch eine derartige Vereinbarung zwischen den Beteiligten ein Gesellschafts- oder sonstiger gegenseitiger Vertrag zustande gekommen ist, wonach jeder Beteiligte gegen die anderen einen klagbaren Anspruch auf Zahlung der bedungenen Beiträge an die Gesamtheit oder an die Witwe P. erworben hat. Denn bei dem Vorliegen eines solchen gegenseitigen Vertrags, der zu seiner Gültigkeit einer besonderen Form nicht bedarf, wäre der Steuerpflichtige infolge einer auf einem

Privatrechtstitel beruhenden dauernden Last zur Leistung der versprochenen Beiträge verpflichtet und danach auf Grund der Vorschrift im § 8 II² zum Abzuge der Beiträge (§ 9² aaO.) von seinem Gesamteinkommen berechtigt.

4. Außerdem hat aber die Berufungskommission übersehen, daß der Ehefrau des Steuerpflichtigen als Miteigentümerin der Pfandgrundstücke trotz des Nießbrauchs ihrer Mutter den Gläubigern gegenüber die Verpflichtung obliegt, zu einem ihrem Eigentumsanteil entsprechenden Teile die Zinsen der eingetragenen Schulden zu zahlen. Allerdings ist die Witwe P. als Nießbraucherin der Grundstücksanteile ihrer Kinder diesen gegenüber auf Grund der §§ 1047, 1066, 1085 ff., 1089 BGB. zur Tragung der auf diese entfallenden Teile der Zinsen verpflichtet, und zwar gleichviel, ob die Erträge der Grundstücke zur Deckung der Zinsen und sonstigen Ausgaben ausreichen oder nicht. Es steht daher auch dem Steuerpflichtigen, soweit die Witwe P. die Zinsen aus ihrem gesamten Vermögen zahlen kann, ein Recht auf Erstattung der von ihm gezahlten Zinsen zu, und er ist infolgedessen nicht berechtigt, sie von seinem steuerpflichtigen Einkommen in Abzug zu bringen. Soweit aber die Witwe P. dazu nicht imstande und der Anspruch ihrer Kinder auf deren Zahlung an die Gläubiger oder Erstattung der von ihnen an letztere gezahlten Beträge unbeitreiblich ist, wäre der Steuerpflichtige zum Abzuge der von ihm gezahlten Zinsenbeträge berechtigt. Diese Befugnis steht dem Steuerpflichtigen aber nur unter der Voraussetzung zu, daß nicht, wie es den Anschein hat, die Kinder und Schwiegersöhne gegenüber der Witwe P. auf ihr gesetzliches Recht, von dieser als Nießbraucherin die Zahlung der Zinsen an die Gläubiger zu verlangen, insoweit verzichtet haben, als die Erträge der Grundstücke zur Bestreitung der Zinsen und sonstigen Ausgaben nicht ausreichen sollten. Denn der § 1047 BGB. enthält kein zwingendes Recht, es sind also davon abweichende Vereinbarungen zulässig. Die Berufungskommission hätte demnach feststellen müssen, ob und wann eine derartige Vereinbarung mit der Witwe P. getroffen ist. Erst wenn diese Voraussetzung nicht zutraf, wäre weiter zu ermitteln gewesen, inwieweit die Grundstückseinnahmen die Ausgaben in dem maßgebenden Jahre überstiegen haben und die Witwe P. zur Deckung des Defizits aus ihrem gesamten Vermögen außerstande war. Letzteres wird kaum anzunehmen sein, da ihr die Grundstücke nach dem Grundbuche zur Hälfte gehören.

Nr. 5. Entsch. v. 14. März 1914 (OVGSt. 16 18) IVa 340/13.

EinkStG. § 8.

Der Steuerpflichtige ist Eigentümer von Grundstücken, an denen ein Nießbrauchsrecht für andere Personen begründet ist. Daher bilden diese Grundstücke keine Einkommensquelle für den Steuerpflichtigen. Hieraus folgt weiter, daß er einen Abzug für Abnutzung der auf diesen Grundstücken befindlichen Gebäude gemäß § 8 I⁴ aaO. nicht geltend machen kann. Denn die im § 8 I aaO. für abzugsfähig erklärten Werbungskosten, zu denen auch die regelmäßigen jährlichen Absetzungen für Abnutzung von Gebäuden gehören, dürfen nach der ausdrücklichen Bestimmung im § 8 I aaO. nur von dem Rohertrag einer Einkommensquelle abgezogen werden. Es muß also eine Einkommensquelle vorhanden sein, innerhalb welcher sie entstanden sind.

Nr. 6. Entsch. v. 24. Juni 1914 (Recht 18 672) IX 1/14.

Der Pflichtige hatte ein Grundstück, auf dem eine Hypothek für ihn lastete, am 16. I. 12 in der Zwangsversteigerung erstanden, nachdem ihm bereits seit 1. I. 12 die Grundstücksmieten für rückständige Hypothekzinsen abgetreten worden waren. Er wünscht für die Einkommenbesteuerung des Steuerjahrs 1913 Zugrundelegung des Ergebnisses des Kalenderjahrs 1912, nicht des mutmaßlichen

Ertrags des Steuerjahrs 1913. Dieses Begehren ist ungesetzlich. Er nutzte das Grundstück am 1. IV. 13 kraft Eigentumsrechts. Diese Quelle ist aber erst im Laufe des Kalenderjahrs 1912 entstanden, kann also kein Jahresergebnis für 1912 abgeworfen haben. Dies rechtfertigt Ansetzung des mutmaßlichen Jahresertrags. Die Annahme, die Nutzung kraft Eigentums stehe der Nutzung aus Nießbrauchsrecht oder kraft Abtretung der Einnahmen gleich, ist irrig; das folgt schon daraus, daß bei der Einkommensermittlung aus der Grundstücksquelle der Eigentümer sich einen Betrag für Abnutzung der Gebäude abziehen darf (§ 8 I⁴ EinkStG.), der Nießbraucher oder Zessionar aber nicht.

Nr. 7. Entsch. v. 28. April 1911 (OVG.St 16 119) VIIa 174/10.

1. Vermieten und Selbstbewohnen eines Gebäudes verfolgen einen und denselben wirtschaftlichen Zweck, nämlich die bloße Gebäudenutzung. Anders läge die Sache, wenn der Steuerpflichtige das Gebäude zum Teil vermietet, zum anderen Teile für seinen Gewerbebetrieb benutzt hätte. Dann würde das Gebäude, soweit es vermietet wäre, eine Einkommensquelle der Gebäudenutzung bilden, im übrigen aber der besonderen Quelle des Gewerbebetriebs dienen. Da aber im vorliegenden Falle das Haus nur dem einzigen wirtschaftlichen Zwecke der reinen Gebäudenutzung gewidmet ist, so bildet es nur eine einzige wirtschaftliche und steuerrechtliche Quelle, gleichviel ob es vermietet oder vom Eigentümer ganz oder teilweise selbst bewohnt wird.

2. Mit dem Einzuge des Steuerpflichtigen in eine leerstehende Wohnung seines Hauses ist keine Änderung in den für die Gebäudenutzung bestehenden Einrichtungen eingetreten. Deshalb hat sich auch die Quelle „Gebäudenutzung" nicht verändert.

Nr. 8. Entsch. v. 25. April 1914 (Recht 18 569) IX 81/13.

EinkStG. § 12.

Das OVG. hat auch bei nochmaliger Erwägung und bei Würdigung der abweichenden Auffassung des RG. keinen Anlaß gefunden, seinen die Steuerpflicht der Bordellgrundstücke (Vermietung für Bordellzwecke) bejahenden Standpunkt (OVGSt. 14 123) aufzugeben. Hier handelt es sich nur um Grundeinkommen, da der Pflichtige kein Bordell betreibt, sondern die Räume zu diesem Zwecke vermietet hat. Ob dieser Mietvertrag rechtsgültig ist, entscheidet die Frage nach der Steuerpflichtigkeit der Mieteinnahmen nicht. Denn er äußert selbst bei Nichtigkeit nach § 138 BGB. doch wirtschaftlich seine Wirkung, als die Beteiligten zu seiner Erfüllung bereit sind. Dieser Gesichtspunkt ist steuerlich ausschlaggebend.

Nr. 9. Entsch. v. 28. März 1914 (OVGSt. 16 32) VIIIc 8/13.

EinkStG. § 9.

Nach § 9² EinkStG. erfolgt die Veranlagung der physischen Personen aus der Einkommensquelle des Grundvermögens, sofern diese schon solange besteht und ein landwirtschaftlich genutzter Grundbesitz nicht in Frage kommt, nach dem Ergebnisse des dem Steuerjahr unmittelbar vorangegangenen Kalenderjahrs. Entscheidend für die Anrechnung der Mietforderungen ist hierbei deren Fälligkeit. Es dürfen dem Steuerpflichtigen nur die Mieten angerechnet werden, die in dem dem Steuerjahr unmittelbar vorangegangenen Kalenderjahre fällig geworden sind, und es ist unerheblich, für welche Zeit die Zahlung erfolgt ist. Da im vorliegenden Falle die ganze Miete für zehn Jahre sofort nach dem Einzuge des Gendarmen im Jahre 1908 fällig geworden ist und der Steuerpflichtige in dem dem Steuerjahre vorangegangenen Kalenderjahr 1912 keinen Anspruch auf Zahlung einer Mietrate mehr hatte, so durften ihm die zwar auf das Jahr 1912 entfallenden, aber schon 1908 fällig gewesenen 400 ℳ nicht angerechnet werden.

Nr. 10. Entsch. v. 29. April 1914 (StArch. 17 318) XIIb 54/13.

Vermietet der Steuerpflichtige die in seinem Hause bisher von ihm zu gewerblichen Zwecken selbst benutzten Räume, so stellt diese teilweise Änderung der Benutzungsart eines Hauses nur dann eine wesentliche Änderung der Einkommensquelle dar, wenn dadurch der Rohertrag des Hauses erheblich beeinflußt wird.

Nr. 11. Entsch. v. 17. Dez. 1913 (Recht 19 253).

Steuerpflichtig sind die Erträge sämtlicher Grundstücke, die dem Steuerpflichtigen eigentümlich gehören, oder aus denen ihm „infolge von Berechtigungen irgendwelcher Art" Einkommen zufließt. Letzterer Ausdruck ist offenbar so allgemein gewählt, um alle Fälle zu fassen, wo nicht der Grundstückseigentümer, sondern ein Dritter den Grundstücksertrag in berechtigter Weise ohne Entgelt bezieht. Denn es ist zweifellos beabsichtigt, die nicht dem Eigentümer zufließenden Erträge in der Person desjenigen zu besteuern, der sie tatsächlich in irgendwie berechtigter Weise für längere Zeit unentgeltlich für sich bezieht. Daher ist schon vor dem BGB. mehrfach entschieden, daß bei Grundstücksveräußerung die Ertragsanrechnung nicht von den bürgerlichrechtlichen Vorschriften über den Eigentumsübergang durch Auflassung, sondern vom tatsächlichen Eigentumsbesitz abhängig ist. Gleiches gilt, wo der Eigentümer darein willigt, daß ein — nicht zu seinem Haushalt gehöriger — Dritter an seiner Stelle die Nutzungen des Grundstücks unentgeltlich zieht, selbst dann, wenn jener sie diesem schenkweise durch mündliche oder auch nur stillschweigende Erklärung und widerruflich überlassen hat; denn auch hier geschieht der Nutzungsbezug bis Widerruf „berechtigterweise". Der Eigentümer, der tatsächlich nichts bezieht und beziehen will, ist dann billigerweise nicht zu besteuern. Wenn § 12 Abs. 3 nur vom „Nutznießer" spricht, so ist dies im weitesten Sinne zu verstehen, nämlich von jeder Person außer dem Eigentümer, der nicht bloß vorübergehend kurze Zeit das Grundstück berechtigterweise unentgeltlich nützt. Vorliegendenfalls ist sogar die unentgeltliche Überlassung des Hauses des Schwiegervaters an den Steuerpflichtigen als stillschweigend abgeschlossener „Leihvertrag" anzusehen, so daß die Wohnung jederzeit zurückgefordert werden kann (§ 604 Abs. 3 BGB.).

d) Berechnung des Einkommens aus Handel und Gewerbe.

Nr. 1. Entsch. v. 28. Sept. 1912 (OVGSt. 16 27) VIIIb 58/11.

EinkStG. §§ 9, 62.

1. Die Berufungskommission hätte das allein streitige gewerbliche Einkommen nicht nach dem Durchschnitte der mit den Kalenderjahren übereinstimmenden Geschäftsjahre 1905 bis 1907, sondern 1906 bis 1908 berechnen müssen, weil der Steuerpflichtige zur Zeit der Einreichung der Steuererklärung — am 26. II. 09 — bereits seinen Jahresabschluß für 1908 fertiggestellt hatte (§ 9³ EinkStG.). Unerheblich ist es hierbei, daß der Steuerpflichtige früher immer nur das vorletzte der dem Steuerjahr unmittelbar vorangegangenen Geschäftsjahre zur Zeit der Steuererklärung hatte abschließen und in die Durchschnittsberechnung einbeziehen können, zumal hierfür auch eine ausreichende Erklärung gegeben ist. Auch aus Art. 5 III Abs. 3 AAnwEinkStG. v. 25. VII. 06 läßt sich die Unzulässigkeit einer Unterbrechung in der Reihenfolge der der Veranlagung zugrunde zu legenden Geschäftsjahre keineswegs folgern, da diese Vor-

schrift die Veranlagungsbehörden nur anweist, „tunlichst darauf hinzuwirken", daß eine solche Unterbrechung, die an sich gesetzlich zulässig ist, nicht stattfindet, und dies insbesondere durch eine Versagung der von den Steuerpflichtigen erbetenen Fristverlängerung für Abgabe der Steuererklärung zu verhindern (vgl. Art. 56¹ aaO.).

2. Die Berufungskommission hatte in der aufgehobenen Entscheidung mit Recht festgestellt, daß die Einkommensquelle des Grundstückshandels auch beim Beginne des Steuerjahrs im wesentlichen unverändert fortbestanden hat. Denn die Veräußerung eines Teiles der Grundstücke, welche die Waren des Handels bilden, verändert den Gewerbebetrieb als solchen noch nicht, sofern die Absicht einer gewinnbringenden Veräußerung des Restbestandes weiter bestehen bleibt.

3. Unter Überlassungsverträgen sind solche Verträge zu verstehen, durch welche die Eltern ihren Kindern bei Lebzeiten ein Vermögensstück überlassen, um sie hiermit für ihre spätere Erbschaft schon im voraus ganz oder teilweise abzufinden.

Nr. 2. Entsch. v. 15. Jan. 1913 (OVGSt. **16** 44) VIII b 66/12.

EinkStG. § 9.

Die Berufungskommission hat das gewerbliche Einkommen schätzungsweise nach dreijährigem Durchschnitt ermittelt, weil der Steuerpflichtige jede Mithilfe zur Klärung der Verhältnisse abgelehnt und sich geweigert habe, das Einkommen nach den einzelnen Quellen gesondert anzugeben und die Geschäftsbücher und Abschlüsse zur Einsicht vorzulegen. Eine Schätzung nach dreijährigem Durchschnitt ist aber gesetzlich unzulässig. Das gewerbliche Einkommen darf gemäß § 9³ EinkStG. nur nach dreijährigem Durchschnitt berechnet werden, wenn eine ordnungsmäßige Buchführung vorhanden ist. Die Berufungskommission hätte daher bei dem von ihr festgestellten Tatbestande, wenn sie eine Berechnung des gewerblichen Einkommens nach § 9³ aaO. für nicht angängig erachtete, das gewerbliche Einkommen gemäß § 9² nur nach dem Ergebnisse des dem Steuerjahr unmittelbar vorangegangenen Wirtschaftsjahrs ermitteln dürfen.

Nr. 3. Entsch. v. 16. April 1913 (OVGSt. **16** 30) VIIa 145/12.

Maßgebend für die Beantwortung der streitigen Frage, ob die im April 1911 mit rückwirkender Kraft vom 1. I. 11 an erworbenen Kuxe des Steuerpflichtigen Einkommensquellen sind, für die bei Beginn des Steuerjahres 1912 bereits ein Jahresergebnis vorlag, ist, ob die Einkommensquelle für den Steuerpflichtigen bereits in dem ganzen gemäß § 9² EinkStG. für die Veranlagung maßgebenden Kalender- oder Wirtschaftsjahre bestanden hat oder ob eine solche Quelle erst in dessen Laufe für ihn entstanden ist. Nur im ersteren Falle kann sie ein Jahresergebnis im obigen Sinne gezeitigt haben. Dieser Fall liegt zweifellos nicht vor, da die Kuxe erst im Laufe des Kalenderjahrs 1911 von dem Steuerpflichtigen erworben sind. Unerheblich ist dabei die vertragsmäßig bestimmte rückwirkende Kraft des Erwerbes. Ihr kann ebensowenig Gewicht beigelegt werden, wie zB. bei der Ermittelung des Einkommens aus einem Landgute dem Umstande, daß es im Laufe des Kalenderjahrs mit voller Ernte und den aus früherer Zeit herrührenden Beständen erworben ist. Damit ist der Zeitpunkt des Erwerbes der Quelle, auf den es allein ankommt, in keiner Weise geändert. Derartige Bedingungen des dem Erwerbe zugrunde liegenden Vertrags sind nur von Erheblichkeit für die Festsetzung des Erwerbspreises.

Nr. 4. Entsch. v. 2. Okt. 1912 (OVGSt. 16 45) VIIa 34/12.

Streitig ist nur, ob durch die am 1. X. 10 in Kraft getretene „Ortspolizeiliche Taxe für die Gebühren der gewerbsmäßigen Stellenvermittler in A.", die die Gebührensätze der bis dahin geltenden Taxe erheblich herabgesetzt hat, eine wesentliche, die Einkommensfeststellung nach der Vergangenheit ausschließende Änderung der Einkommensquelle (§ 9³ EinkStG. und Art. 5 III Abs. 2 AAnw. v. 25. VII. 06) eingetreten ist. Die Berufungskommission hat diese Frage mit Recht verneint. Als Änderungen einer gewerblichen Einkommensquelle können nur solche in Betracht kommen, die in den Vorgängen des Einzelbetriebs begründet sind; sei es, daß seine objektive Beschaffenheit sich ändert, sei es, daß die persönlichen Beteiligungsverhältnisse andere werden. Nicht in Betracht kommen Veränderungen der allgemeinen Konjunktur, der Verkehrs- und Preisverhältnisse oder andere nicht in den Vorgängen des Einzelbetriebs begründete Erscheinungen des Wirtschaftslebens (Art. 5 III Abs. 2 Satz 2 aaO.).

Nr. 5. Entsch. v. 28. Febr. 1914 (OVGSt. 16 47) IVa 303/13.

1. Für die Feststellung einer wesentlichen Änderung der im Betriebe von Handel und Gewerbe bestehenden Einkommensquelle kommt es nur darauf an, ob eine Änderung in den Betriebseinrichtungen oder in dem persönlichen Beteiligungsverhältnisse vorliegt, die die Höhe des Ertrags oder den Anteil des Steuerpflichtigen am Ertrag erheblich zu beeinflussen geeignet ist.

2. Wenn im Art. 5 III Abs. 2 AAnw. v. 25. VII. 06 hinter den Worten „Änderung in dem persönlichen Beteiligungsverhältnisse" hinzugefügt ist „Eintritt oder Austritt von Geschäftsteilhabern", so wird damit nur ein besonders wichtiger Fall hervorgehoben. Es kann daher eine wesentliche Quellenänderung auch eintreten infolge des Ausscheidens eines mit einem erheblichen Prozentsatz am Gewinne beteiligten Angestellten oder eines stillen Gesellschafters, zB. in dem Ausscheiden eines zur Hälfte am Reingewinn beteiligten Reisenden.

Nr. 6. Entsch. v. 11. Dez. 1912 (OVGSt. 16 50) VIb 66/12.

Die Berufungskommission hat das gewerbliche Einkommen nach dem mutmaßlichen Ertrage für das Steuerjahr veranschlagt, weil durch den Fortfall der Ladenmiete im Betrage von 1000 *M* infolge Verlegung des Geschäftslokals in das eigene Haus bei dem Umfange des Betriebs eine wesentliche Änderung der Einkommensquelle eingetreten sei. Mit dem Fortfall einer einzelnen Ausgabe allein kann aber die Quellenänderung nicht begründet werden. Denn eine solche ist nach Art. 5 III Abs. 2 AAnw. nur anzunehmen, wenn derartige Änderungen in den bestehenden Verhältnissen des einzelnen Betriebs eingetreten sind, daß dadurch die Höhe des Ertrags erheblich beeinflußt wird.

Nr. 7. Entsch. v. 5. März 1913 (OVGSt. 16 51) IVa 346/12.

Nach § 84 HGB. ist derjenige, der, ohne als Handlungsgehilfe angestellt zu sein, ständig damit betraut ist, für das Handelsgewerbe eines anderen Geschäfte zu vermitteln oder im Namen des anderen abzuschließen, ein Handlungsagent. Dieser Gewerbebetrieb ist ein einheitlicher, so daß der Hinzutritt oder Wegfall eines Geschäftsherrn für den Agenten keine Änderung seiner Einkommensquelle, die im Gewerbebetrieb als solchem besteht, herbeiführen kann.

Nr. 8. Entsch. v. 6. Nov. 1912 (OVGSt. 16 136) XIIId 57/12.

Tritt eine wesentliche Änderung in der Einkommensquelle von Handel und Gewerbe durch Aufgabe einer Geschäftsfiliale ein, so sind trotzdem Verluste aus Forderungen, die aus dem aufgegebenen Zweiggeschäfte herrühren und nach dem Zeitpunkte der wesentlichen Änderung der Quelle entstanden sind, von dem für die Zeit nach der Quellenänderung zu berechnenden Einkommen aus Handel und Gewerbe abzuziehen, falls diese Forderungen nicht nachweislich aus dem gewerblichen Anlage- und Betriebskapitale des Geschäftsinhabers ausgeschieden sind.

Nr. 9. Entsch. v. 21. Dez. 1912 (OVGSt. 16 21) IVa 173/12.

1. Die Anrechnung eines Gewinns aus einem gelegentlichen Spekulationsgeschäft ist nur dann zulässig, wenn ein solcher (entweder von dem Steuerpflichtigen selbst zugestanden ist oder die tatsächlichen Unterlagen für ein bestimmtes, erfolgreiches Spekulationsgeschäft ermittelt sind. Eine Anrechnung auf Grund einer bloßen Vermutung, daß Spekulationsgeschäfte betrieben seien, ist unzulässig.

2. Im Depositenverkehre mit den Banken stellt nicht das Guthabenverhältnis die Einkommensquelle dar, sondern das jeweilige Guthaben selbst. Da nach § 9¹ EinkStG. der Bestand der einzelnen Einkommensquellen zu Beginn des Steuerjahrs maßgebend ist, so ist auch für den Depositenverkehr als Einkommensquelle das jedesmal zu diesem Zeitpunkte vorhandene Bankguthaben anzusehen. Hat dieses schon unverändert während des ganzen dem Steuerjahr unmittelbar vorangegangenen Kalenderjahrs bestanden, so sind als Einkommen die für dies Kalenderjahr aufgekommenen Zinsen anzusetzen. Sind aber, wie es wohl immer der Fall sein wird, in der genannten Zeit Gutschriften und Belastungen des Kontos erfolgt, so ist das Einkommen aus dem Bankguthaben nach dem Stande des Guthabens zum Beginne des Steuerjahrs und dem mutmaßlichen Zinsertrage, den dies Guthaben im Steuerjahre voraussichtlich bringen wird oder, wenn das Steuerjahr, wie hier, bereits abgelaufen ist, tatsächlich gebracht hat, festzustellen.

Nr. 10. Entsch. v. 15. März 1913 (DJZ. 19 175) VIIa 97/12.

Für die steuerliche Behandlung von Zinsen des Gewinnanteils eines Pflichtigen aus seiner Beteiligung an einer offenen Handelsgesellschaft kommt es darauf an, ob der Gewinnanteil als weitere Kapitaleinlage im Gesellschaftsvermögen verblieben ist oder nach Ausscheidung aus diesem und Überführung in das Sondervermögen des Pflichtigen von ihm der Gesellschaft als Darlehn gegeben ist. Im letzteren Falle bildet die Darlehnsforderung eine selbständige Einkommensquelle des Kapitalvermögens, während im ersteren Falle nur gewerbliches Einkommen erzielt wird, zu welchem auch die dem Pflichtigen auf seine Gesellschaftseinlage berechneten Zinsen gehören.

Nr. 11. Entsch. v. 5. April 1913 (DJZ. 19 511) XIb 14/12.

Wird aus einem Gewerbebetriebe noch vor Beginn des Steuerjahrs ein Teil des Geschäftsvermögens herausgezogen und als privates Kapitalvermögen angelegt, so muß der Pflichtige mit zwei nebeneinander bestehenden selbständigen Quellen rechnen. Sein gewerbliches Einkommen ist dann, sofern ein Jahresergebnis bereits vorliegt, mit dem in der Vergangenheit erzielten Ertrag, und sein Einkommen aus Kapitalvermögen, weil diese Quelle noch kein Jahresergebnis geliefert hat, mit dem mutmaßlichen Ertrage des Steuerjahres in Ansatz zu bringen. Von diesem gesetzlich vorgeschriebenen Maßstabe darf, selbst aus Billigkeitsrücksichten, nicht abgewichen werden.

Nr. 12. Entsch. v. 25. Okt. 1913 (OVGSt. **16** 19) XIII c 46/13.

1. Für die Frage, welchem Jahre der Anteil des Gesellschafters einer Ges. m. b. H. am Gewinne der Gesellschaft bei seiner Einkommenbesteuerung zuzurechnen ist, kommt es nicht darauf an, wann der Beschluß der Gesellschafterversammlung über die Feststellung der Bilanz der Gesellschaft gefaßt worden ist, sondern vielmehr darauf, wann für den Gesellschafter ein Rechtsanspruch auf einen Gewinnanteil in bestimmter Höhe entstanden ist. Ein solcher Anspruch entsteht aber noch nicht durch die Feststellung der Bilanz, sondern nach §§ 45, 46[1] ReichsG., betr. die Ges. m. b. H., in Ermangelung besonderer Bestimmungen des Gesellschaftsvertrags erst durch den Beschluß der Gesellschafterversammlung über die Verteilung des bilanzmäßigen Gewinns auf die Gesellschafter. Wird eine solche Verteilung für ein Geschäftsjahr nicht beschlossen, sondern durch einen vom Steuerpflichtigen nicht angefochtenen Beschluß der Gesellschafterversammlung eine anderweite Verwendung des Gesellschaftsgewinns, etwa zu Rücklagen, zum Vortrage für das nächste Geschäftsjahr o. dgl. angeordnet, so muß dieser Beschluß auch in steuerlicher Beziehung als maßgebend gelten, und es darf daher dem Steuerpflichtigen für das betreffende Jahr ein Gewinnanteil auch nicht als steuerpflichtiges Einkommen in Ansatz gebracht werden.

2. Ein Verlust der ein selbständiges Rechts- und Steuersubjekt bildenden Ges. m. b. H. ist nicht auch ein Verlust des einzelnen Gesellschafters; demnach ist ein Gesellschafter nicht befugt, bei der Berechnung seines Einkommens aus der Beteiligung an der Gesellschaft irgendeinen Teil des von dieser in einem Geschäftsjahr erlittenen Verlustes gegen seinen Anteil an dem Gesellschaftsgewinn eines anderen Geschäftsjahrs zu verrechnen.

Nr. 13. Entsch. v. 29. Nov. 1913 (OVG.St **16** 141) III 78/13.

1. Die Gewerbsmäßigkeit des Betriebs von Damnogeschäften kann aus der Tatsache allein, daß der Steuerpflichtige zwei mit ihm befreundeten Grundstückseigentümern Hypotheken auf ihre beiden Grundstücke gewährt hat gegen Eintragung von 5 % Zinsen sowie gegen Eintragung desjenigen kapitalisierten Mehrbetrags, der sich aus der Berechnung von zwei weiteren jährlichen Prozenten für die Zeit bis zur Fälligkeit der Hypotheken ergab, nicht gefolgert werden. Wie in OVGSt. **9** 133 ausgeführt ist, ist auch für den steuerlichen Gewerbebegriff wesentlich nicht nur eine Mehrheit gleichartiger, auf Gewinnerzielung gerichteter Handlungen, sondern die Absicht, diese Handlungen zu einem berufsmäßig abgegrenzten Wirkungskreise zu vereinigen und daraus eine dauernde Einnahmequelle zu machen. Dazu ist insbesondere erforderlich, daß die bezeichnete Absicht dem Publikum gegenüber manifestiert wird, daß also der Handelnde dem „Publikum gegenüber als Geschäftsmann hervortritt".

2. Die Berufungskommission wird zu prüfen haben, ob die sogenannten „Damnogeschäfte" im Betriebe des Handelsgewerbes in Firma „Chemische Fabrik N." geschlossen sind. Hierfür spricht die Vermutung des § 344 HGB. sowie der Umstand, daß die Hypothekenkapitalien nur an Apotheker gegeben sind, während der Gegenstand des Handelsgewerbes die Herstellung und der Vertrieb von Apothekerwaren war. Es wird zu erörtern sein, ob der Steuerpflichtige unter seiner Firma mit den Empfängern der Hypothekenkapitalien in Geschäftsverbindung stand. Es ist ferner auf OVGSt. **6** 117ff. hinsichtlich der Frage zu verweisen, ob die ausgeliehenen Hypothekenkapitalien etwa zum gewerblichen Anlage- oder Betriebskapitale gehörten. Danach werden Forderungen, die aus dem

Betriebe von Handel und Gewerbe herrühren, nicht etwa dadurch zu Kapitalvermögen iS. des § 11 EinkStG., daß sie zur Sicherung hypothekarisch eingetragen werden.

Sofern die Hypothekengeschäfte zu dem Betriebe des Handelsgewerbes in Firma „Chemische Fabrik N." gehören, ist zu beachten, daß nach § 13 EinkStG. auch ein Zuwachs des Anlagekapitals als steuerpflichtiges Einkommen in Betracht kommt. Für die Frage, inwieweit in der Eintragung eines höheren Hypothekenkapitals als des Betrags der gezahlten Valuta eine Vermögensvermehrung liegt, ist aber noch von Bedeutung, ob der wirkliche Wert der Hypothek (unter Berücksichtigung der ihr vorgehenden Hypotheken und des Grundstückswerts) den Betrag der gezahlten Valuta übersteigt.

Auch wenn die Berufungskommission zu dem Ergebnisse gelangen sollte, daß die Hypotheken zum Kapitalvermögen iS. des § 11 aaO. gehören, würde noch zu prüfen sein, ob etwa die Vereinbarung zwischen dem Steuerpflichtigen und den Grundstückseigentümern dahin ging, daß er zwar als Valuta den Betrag der Hypothek zu gewähren hätte, auf die Valuta aber den kapitalisierten Betrag des sechsten und siebenten Prozents Zinsen anrechnen sollte. Alsdann würden ihm die Grundstückseigentümer den kapitalisierten Betrag des sechsten und siebenten Prozents durch Aufrechnung auf die von ihm zu gewährende Valuta geleistet haben. Auch würde zu prüfen sein, ob der Sachverhalt so gestaltet ist, daß auf ihn die Vorschrift des § 11 c aaO. entsprechende Anwendung finden könnte. Danach gelten als Einkommen aus Kapitalvermögen: „Zinsen, welche in unverzinslichen Kapitalforderungen, bei denen ein höheres als das ursprünglich gewährte Kapital zurückgewährt wird, einbegriffen sind." Diese Vorschrift ist in OVGSt. **15** 80 dahin ausgelegt, daß solche Zinsen als steuerpflichtiges Einkommen desjenigen Jahres, für welches sie zu berechnen sind, und mit dem hiernach zu bestimmenden Betrag in Ansatz kommen. Es könnte in Frage kommen, ob dies hier von dem sechsten und siebenten Prozente zu gelten hätte.

Nr. 14. Entsch. v. 29. Nov. 1913 (OVGSt. **16** 146) III 64/13.

Nach § 1 des zwischen dem Steuerpflichtigen und seinem früheren Teilhaber geschlossenen Vertrags waren beide darüber einig, daß der Steuerpflichtige das Geschäft nach der Auflösung der offenen Handelsgesellschaft für eigene Rechnung weiterführen sollte. Deshalb sind alle für ihn im Betriebe der Firma eintretenden Verluste geschäftlicher Art und mindern das gewerbliche Einkommen. Es kann hierbei keinen Unterschied machen, ob sie aus den schon vor dem Austritte des Teilhabers abgeschlossenen oder aus späteren Geschäften herrühren. Denn da der Steuerpflichtige die Fortführung der Firma auf eigene Rechnung übernommen hatte, so hatte er nach außen hin als Alleininhaber auch alle für die Firma laufenden Geschäfte zu vertreten. Hiernach sind die hieraus entstehenden Gewinne und Verluste für ihn sämtlich gewerblicher Natur; er war allein Inhaber der Einkommensquelle „Handel und Gewerbe".

Nr. 15. Entsch. v. 10. Dez. 1913 (OVGSt. **16** 34) III 12/12.

1. Nach § 13 Abs. 2³ EinkStG. „gelten als Einkommen aus Handel und Gewerbe auch die Tantiemen der persönlich haftenden Gesellschafter einer Kommanditgesellschaft auf Aktien und die Gewinnanteile dieser Gesellschafter für ihre nicht auf das Grundkapital gemachten Einlagen". In OVGSt. **15** 54 hatte der erkennende Senat diese Vorschrift als eine singuläre aufgefaßt, die einschränkend auszulegen sei, eine Stellungnahme, für die damals die Erwägung maßgebend gewesen sei, daß nach dem HGB. die Aktienkommanditgesellschaft ein selbständiges Rechtssubjekt und daher In-

haberin des Gewerbes sei, so daß die Komplementare nicht zugleich Betriebsinhaber sein könnten. Indes ist auch nach dem HGB. gerade die Kaufmannseigenschaft letzterer streitig geblieben. Widerspruchslos hat der Regierungsvertreter in der Kommissionsverhandlung des AH. (Drucks. **259** 37) zur Einkommensteuernovelle sich der herrschenden Meinung angeschlossen, wonach die persönlich haftenden Gesellschafter als Inhaber des Betriebes anzusehen und ihre Tantiemen und Gewinnanteile als Einkommen aus Handel und Gewerbe anzusehen seien. Der neue § 13³ war wegen des abweichenden Standpunktes des OVG. nötig, also nicht als „singuläre" Vorschrift im Gegensatz zu feststehenden Grundsätzen des HGB., sondern um diesen entsprechend die steuerliche Behandlung des Einkommens der Komplementare zu gestalten. Dem steht Art. 2 RV., daß ReichsG. den LandesG. vorgehen, nicht entgegen. Denn nicht verordnet etwa die Landesgesetzgebung, daß das reichsrechtliche HGB., dessen Auslegung im Punkte der Rechtsstellung der Komplementare streitig ist, in bestimmtem Sinne angewandt werden solle, wohl aber — ganz zulässigerweise —, daß auf dem ihr vorbehaltenen, vom HGB. nicht geregelten Gebiete der Landessteuer, daß hier einer als zutreffend erachteten Auslegung einer im übrigen streitigen Frage des HGB. gefolgt werde, nämlich daß „einkommensteuerlich" Tantiemen und Gewinnanteile der als Gewerbemitinhaber anzusehenden Komplementare als Gewerbeeinkommen gelten sollen. Hiernach sind die neuen §§ 13³, 11²ᵇ, 15 Abs. 2 der Novelle geschaffen, deren Zusammenhang ergibt, daß das Komplementareinkommen überhaupt, nicht nur in bezug auf die Gegenüberstellung der Einnahmen und Ausgaben Gewerbeertrag sein soll. Daraus folgt einmal der für die Veranlagung maßgebliche Zeitraum nach § 9³, nicht § 9², indem die Handelsbücher der Gesellschaft auch als solche der Gesellschafter gelten (entsprechend bei offener Handelsgesellschaft und deren Gesellschaftern, OVGSt. **15** 531); ferner, daß steuerlich zu erfassen ist, was der Gesellschafter „in" dem, nicht „für" den maßgeblichen Zeitraum an Tantieme erhalten hat, daß endlich bei gesellschaftlichem Gewerbebetriebe zugleich in Preußen und anderen Bundesstaaten Gesellschafter mit preußischem Wohnsitz mit der Tantieme nur anteilig zu besteuern sind (§ 3 Abs. 3 DoppBestG.), Einschränkungen des Besteuerungsrechts vorzunehmen, auf die nach DoppBestG. zulässige Besteuerung irgendwelchen Einkommens zu verzichten, ist Preußen durch das DoppBestG. nicht gehindert; daher ist nicht zu erörtern, ob die Tantieme auch iS. des letzteren als Gewerbeeinkommen zu gelten hat. — Dagegen sind die besonderen Grundsätze des EinkStG. für die Veranlagung der Aktienkommanditgesellschaft als nicht physischer Person auf diejenige der Gesellschafter nicht anwendbar, also nicht § 9⁶ (alle ordnungsmäßig festgestellten Geschäftsabschlüsse), sondern § 9³ (nur „Jahresabschlüsse", d. h. Abschlüsse für zwölf Monate).

2. Mutmaßlicher Jahresertrag sollte schon nach dem für das EinkStG. ergangenen OVGSt. **12** 43 derjenige des Steuerjahrs sein; wenn die Novelle denselben Begriff verwendet, so hat ihr bei ihrer Beratung unbeanstandet gebliebener Sinn auch jetzt noch zu gelten (vgl. aaO. **13** 48). Dies bedeutet hier im Sonderfalle den Ansatz von $^3/_4$ Tantieme des Geschäfts- und Kalenderjahrs 1911 und $^1/_4$ Tantieme des Geschäfts- und Kalenderjahrs 1912.

3. Wenn im Laufe des Steuerjahrs die Quoten der einzelnen Gesellschafter am Gesellschaftsvermögen sich geändert haben, so ist dies unbeachtlich, da nur der Bestand am Beginne des Steuerjahrs maßgeblich ist.

Nr. 16. Entsch. v. 28. Febr. 1914 (OVGSt. 16 41) IVa 16/14.

EinkStG. § 9.

Das Urteil wiederholt die Rechtsgrundsätze der vorstehenden Entscheidung Nr. 15 und fährt dann fort:

Die Berufungskommission hat angenommen, daß die sich für den Steuerpflichtigen aus seiner Stellung als persönlich haftender Gesellschafter einer Kommanditgesellschaft auf Aktien ergebende Einkommensquelle zum Beginne des Steuerjahrs 1911 wesentlich verändert worden sei. Bisher ist indessen der Eintritt einer solchen Quellenänderung nicht einwandfrei festgestellt. Die Berufungskommission hat dahingestellt gelassen, auf „welches tatsächliche Ereignis" die „tatsächliche Erhöhung der Gewinnquote des Steuerpflichtigen" zurückzuführen sei; jedenfalls habe sie sich um 20 % erhöht. Was diese „Erhöhung um 20 %" betrifft, so soll nach Angaben des Steuerpflichtigen für das Steuerjahr 1912 nur eine „Belastung" seiner Quote mit einer Abgabe an einen ausländischen Filialleiter bei dessen Ausscheiden zum 31. XII. 11 fortgefallen sein; die Quote selbst soll unverändert geblieben sein. Der Fortfall der auf einer Gewinnquote ruhenden Belastung würde überhaupt noch keine Veränderung der Einkommensquelle bedeuten. Der Annahme einer Quellenänderung würde der Umstand entgegenstehen, daß die Gewinnquote selbst sich nicht geändert hat. Aber hiervon abgesehen, müßte eine erst zum 31. XII. 11, also erst innerhalb des Steuerjahrs 1911, eingetretene Quellenänderung schon deshalb außer Betracht bleiben, weil nach § 9¹ EinkStG. der Bestand der Quelle zum Beginne des Steuerjahrs für die Veranlagung maßgebend ist.

Nr. 17. Entsch. v. 27. Juni 1914 (StArch. 18 11) XIIb 14/14.

Werden Bücher geführt, die zwar den Vorschriften des HGB. nicht entsprechen, aber regelmäßig abgeschlossen werden, so ist der Veranlagung nicht das Ergebnis des letzten Kalenderjahres, sondern des letzten Geschäftsjahres zugrunde zu legen. Zur Ermittelung des gewerblichen Einkommens sind die das maßgebende Geschäftsjahr betreffenden Bücher ordnungsmäßig einzusehen. Nur soweit diese genügende Unterlagen für die Einkommensfeststellung nicht bieten, darf zur Schätzung geschritten werden. Will der Steuerpflichtige Schätzung auf Grund amtlicher Ermittelungen vermeiden, so wird er den Nachweis für seine Angaben zu erbringen haben.

Nr. 18. Entsch. v. 3. Juli 1915 (StArch. 18 300) XIIb 3/15.

1. Für die Einkommensquelle Handel und Gewerbe ist auch für den Fall, daß Handelsbücher nach Vorschrift der §§ 38ff. HGB. nicht geführt werden, das letzte Wirtschaftsjahr, sofern ein solches eingeführt ist, maßgebend (§ 9² EinkStG.). Das Wirtschaftsjahr des Steuerpflichtigen lief bisher vom 1. IV. bis 31. III. und ist erst durch den Abschluß vom 31. XII. 13 auf das Kalenderjahr verlegt worden. Da mithin das letzte Wirtschaftsjahr des Steuerpflichtigen, das ist der Zeitraum vom 1. IV. bis 31. XII. 13, ein Jahresergebnis nicht aufweist, so hätte nach der Vorschrift im § 9² EinkStG. das gewerbliche Einkommen nach dem mutmaßlichen Ergebnisse des Steuerjahres ermittelt werden müssen.

2. Es ist ferner unrichtig, wenn die Berufungskommission bei einer Gegenüberstellung der Verkäufe und Einkäufe für die Ermittelung des Rohgewinns außer der Vermehrung oder Verminderung der Warenvorräte noch weitere Zahlen heranzieht, wie zB. die Veränderung in dem Bestand der Warenschulden. Die Sache liegt nicht anders, als wenn der Rohgewinn nach Prozenten des Verkaufsumsatzes geschätzt wird. Beide Rechnungsweisen haben das Ziel, von dem Verkaufsumsatze die sämtlichen Kosten, welche durch die Anschaffung der verkauften Waren entstanden sind, abzuziehen und so den Rohgewinn an diesen Waren zur Darstellung zu bringen, nur daß dies in ersterem Falle im Wege ziffermäßiger Berechnung, in letzterem Falle durch Schätzung geschieht.

3. Nachdem nunmehr das Steuerjahr abgelaufen ist, hat die Berufungskommission den wirklichen Ertrag dieses Zeitraums aus der Quelle Handel und Gewerbe in Ansatz zu bringen. Hierbei wird eine Entwertung der unverkauft gebliebenen Waren durch Zulassung einer entsprechenden Abschreibung zu berücksichtigen sein, sofern ihr nicht bereits durch die Gegenüberstellung der Warenvorräte am Anfang und am Ende des Jahres Rechnung getragen wird, indem die wirklichen Werte dieser Vorräte unmittelbar ermittelt und eingestellt werden.

Nr. 19. Entsch. v. 9. Juli 1915 (Recht 20 54) IX 47/14.

Nach dem Gesellschaftsvertrage der parteipolitischen Zwecken (Zeitungsdruck und Verlag) dienenden offenen Handelsgesellschaft ist der sich aus der jährlichen Inventur und Bilanz ergebende Reingewinn „sofort zu sozialpolitischen Zwecken zu verwenden". Der Pflichtige hat bei Eintritt in die Gesellschaft der ihn hierzu berufenden Körperschaft von Parteivertrauensmännern erklärt, nur sog. „Firmenträger" sein und auf allen Geschäftsgewinn — abgesehen von baren Auslagen — oder Teilhaberschaft am Gesellschaftsvermögen verzichten zu wollen; sein Mitgliedschaftsrecht — so behauptet er — sei also von vornherein durchaus beschränkt. Der Bezirksorganisation der hier in Rede stehenden Partei, eines nicht eingetragenen Vereins, dessen Treuhänder der Pflichtige und die anderen „Firmenträger" nur seien, stehe das klagbare Recht auf Auskehrung des Gesellschaftsgewinnes zu. Wenn diese Abmachung auch im Gesellschaftsvertrage fehle, so gründe sie sich doch auf die dauernde Übereinstimmung aller Beteiligter. Die Verwendung des Gesellschaftsgewinns zur Ansammlung eines Rücklagefonds spreche nicht hiergegen, da jenes mit ausdrücklicher Genehmigung der „Machtgeber" der Gesellschaft erfolgt sei. — Das OVG. ordnet die Prüfung an, ob der Pflichtige „rechtsgültig" auf jeden Gesellschaftsgewinn verzichtet hat. Trifft dies zu, so wäre die Gesellschaft in der Tat nur Treuhänderin des Handelsbetriebs; nach außen wäre sie seine Inhaberin, während Dritte nach innen Ansprüche auf Gewinn und Vermögen der Gesellschaft haben. Für das Steuerrecht entscheidet aber das Innenverhältnis.

e) Berechnung des Einkommens aus gewinnbringender Beschäftigung.

Nr. 1. Entsch. v. 26. Febr. 1913 (OVGSt. 16 12) XIIIb 101/12.

EinkStG. § 5[a].

Bei den auf Grund des Art. XI Abs. 2 G. v. 27. V. 07 (GS. 35) anderweit festgesetzten Pensionen handelt es sich nicht um den Kriegs- oder Friedensinvaliden gewährte Pensionserhöhungen, sondern um anderweite Pensionsfestsetzung für alle vor dem 1. IV. 07 in den Ruhestand getretenen Beamten, die an einem der von deutschen Staaten vor dem Jahre 1871 oder von dem Deutschen Reiche geführten Kriege teilgenommen haben. Diese Pensionserhöhungen sind daher steuerpflichtig.

Nr. 2. Entsch. v. 15. März 1913 (Recht 18 570) IVa 339/12.

EinkStG. § 14.

Bei Staats- und Gemeindebeamten bildet das ihnen übertragene Amt die Einkommensquelle. Ändert es sich seinem Charakter nach, so liegt eine die Einkommensberechnung nach der Vergangenheit ausschließende wesentliche Änderung vor. Der Pflichtige, als städtischer Oberassistent etatsmäßig gegen Kündigung angestellt, ist am 1. Juli 1911 zum Stadtsekretär mit höherem Gehalt, aber ebenfalls nur auf Kündigung, befördert worden. Da in den dienstlichen Funktionen eine Änderung nicht eingetreten ist, so ist der Charakter des Amtes der gleiche wie vorher. Bloße Gehaltserhöhung und Titelerhöhung bilden für sich keine wesentliche Quellenänderung.

Nr. 3. Entsch. v. 29. März 1913 (DJZ. **19** 239) IIb 73/12.

Wird einem bei Beginn des Steuerjahres bereits pensionierten Beamten das infolge Amtssuspension einbehaltene Gehalt wegen Aufhebung des Disziplinarverfahrens nachgezahlt, so kann es ihm nicht mehr als Einkommen angerechnet werden, weil die Quelle, aus der es fließt, das Amt, zu dem für die Berechnung des Einkommens maßgebenden Zeitpunkte, dem Beginne des Steuerjahres, nicht mehr bestand.

Nr. 4. Entsch. v. 27. Sept. 1913 (StArch. 18 10).

1. In der Suspension und der damit nach § 51 DiszG. verbundenen Einbehaltung der Hälfte des Diensteinkommens lag keine Veränderung der Einkommensquelle selbst, d. i. des vom Steuerpflichtigen bekleideten Amts. Er blieb noch der berechtigte Inhaber des Amts, wenn er es auch einstweilen nicht ausüben durfte. Auch die Einbehaltung der einen Hälfte war zunächst nur eine vorläufige Maßnahme; ob der Betrag ihm später ganz oder teilweise oder überhaupt nicht nachgezahlt werden würde, hing von dem Ausgang des Disziplinarverfahrens ab. Auch zu Beginn des Steuerjahres bestand noch die Einkommensquelle, nämlich das Amt des Steuerpflichtigen als Polizeisekretär.

2. Ebensowenig wie die Suspension hatte die Ausübung des Zurückbehaltungsrechts an der anderen Gehaltshälfte, das der Fiskus wegen seines Schadensersatzanspruchs nach § 273 BGB. geltend machte, und dessen Aufrechnung eine Änderung der Einkommensquelle zur Folge. Der Steuerpflichtige blieb vielmehr als Inhaber des Amts auch Gläubiger der Forderung auf Auszahlung des Diensteinkommens. Allerdings hatte der Fiskus das Gehalt nur auszuzahlen Zug um Zug gegen Ersatz des durch die Unterschlagungen des Steuerpflichtigen verursachten Schadens (§ 274 BGB.). Die Ausübung des Zurückbehaltungsrechts kommt daher hier im Endergebnis darauf hinaus, daß das Gehalt zur Tilgung der Schulden des Steuerpflichtigen verwendet wird. Hierdurch wird aber die Steuerpflichtigkeit des Diensteinkommens nicht berührt, wie sich aus § 8 III¹ EinkStG. ergibt und vom OVG. schon für ähnlich liegende Fälle (Gehaltabzugsverfahren, Abtretung des Gehaltsanspruchs zur Tilgung von Schulden; OVGSt. **2** 465, **15** 34) ausgesprochen ist.

Nr. 5. Entsch. v. 15. Okt. 1913 (StArch. **17** 12) XIIb 9/13.

Der Steuerpflichtige, ein Ingenieur, ist als solcher bei der Eisenbahndirektion zu X. gegen Monatsgehalt auf Kündigung angestellt gewesen, im Januar 1912 zum Ablauf des Monats März 1912 aus diesem Dienste entlassen, bis zum 1. X. 12 stellungslos gewesen und erst vom 1. X. 12 wieder mit Monatsgehalt bei der genannten Eisenbahndirektion angestellt worden. Die Annahme, daß „mit Rücksicht auf das Fortbestehen der auf Wiedererlangung von Beschäftigung gegen Entgelt gerichteten Absicht des Steuerpflichtigen das mutmaßliche Einkommen des Steuerjahres 1912 in Ansatz zu bringen" sei, würde nach OVGSt. **8** 10/12 nur zutreffen, wenn der Steuerpflichtige zu denjenigen Personen gehörte, bei denen, wie bei gewöhnlichen Gewerbegehilfen und Lohnarbeitern, die Einkommensquelle der gewinnbringenden Beschäftigung trotz Aufgabe der Beschäftigung bei dem bisherigen Arbeitgeber fortbesteht. Dies trifft jedoch bei dem Steuerpflichtigen nicht zu. Er war als Ingenieur im Staatsdienste, wenn nicht als Beamter, so doch in beamtenähnlicher Stellung angestellt, und es bildete daher für ihn die jeweilig bekleidete Dienststellung die Einkommensquelle. Da diese vor Beginn des Steuerjahres erloschen und eine neue erst im Laufe des Steuerjahres entstanden war, so konnte dem Steuerpflichtigen nach § 9¹ EinkStG. beim Mangel anderweitiger Einkommensquellen ein steuerpflichtiges Einkommen nicht angerechnet werden.

Nr. 6. Entsch. v. 6. Dez. 1913 (OVGSt. **16** 52) VIa 179/13.

Die den Beamten in der Provinz Posen und in den gemischtsprachigen Kreisen der Provinz Westpreußen für treues Ausharren in ihrem Amte und bei völlig befriedigendem Verhalten gewährte sogenannte Ostmarkenzulage bildet ebensowenig wie die an deren Stelle für die Zeit vom 1. IV. bis 31. XII. 12 getretene Entschädigung eine besondere Einkommensquelle. Durch ihren Fortfall wird daher keine wesentliche Veränderung in der in dem betreffenden Amte für den Beamten bestehenden Einkommensquelle bewirkt.

Nr. 7. Entsch. v. 4. Juli 1914 (StArch. **17** 318) XIIb 3/14.

1. Die lebenslängliche Anstellung eines bisher auf Kündigung angestellten Stadtassistenten als Oberassistent bedeutet eine die Berechnung des Einkommens nach der Vergangenheit ausschließende wesentliche Änderung der Einkommensquelle, auch wenn die Tätigkeit dieselbe geblieben ist.

2. Abzüge für Straßenbahnfahrt und für Mehraufwendung an Kleidung sind mit Recht versagt worden, da mittelbare Staatsbeamte, zu denen der Steuerpflichtige gehört, nicht alle mit dem Dienste irgendwie zusammenhängenden aus dem Diensteinkommen zu bestreitenden Ausgaben in Abzug bringen dürfen, sondern nur den zur Bestreitung des Dienstaufwands bestimmten Teil davon (§ 14 Abs. 3 EinkStG.).

Nr. 8. Entsch. v. 23. Dez. 1914 (StArch. **18** 335).

EinkStG. § 9.

Bei Beginn des Steuerjahres, dem für die Veranlagung der physischen Personen betreffs des Bestandes der Einkommensquellen maßgebenden Zeitpunkte (§ 9[1] EinkStG.), war der Steuerpflichtige als Bautechniker angestellt. Die Stellung hatte er erst seit dem 15. IX. 13 inne. Da für diese Einkommensquelle ein Jahresergebnis nicht vorlag, mußte ihr mutmaßlicher Jahresertrag in Ansatz gebracht werden (§ 9[2]). Das Monatsgehalt betrug 255 *M*, der Jahresertrag also 12 × 255 *M* = 3060 *M*.

Nr. 9. Entsch. v. 17. April 1912 (OVGSt. **16** 11) XIc 19/12.

Diejenigen Provisionsbeträge, die einem Steuerpflichtigen für seine Tätigkeit vertragsmäßig am Ende eines jeden Monats zu zahlen sind, dürfen nur als Einkommen desjenigen Jahres angesetzt werden, in welchem der rechtliche Anspruch auf eine bestimmte oder bestimmbare Provision entstanden ist, ohne Rücksicht darauf, wann sie tatsächlich gezahlt worden sind.

Nr. 10. Entsch. v. 28. Sept. 1912 (OVGSt. **16** 159) IX 41/12.

EinkStG. § 7.

Der Bergelohn, den der Steuerpflichtige erhalten hat, kann als Einkommen aus der Quelle seiner Tätigkeit als Steuermann nicht angesehen werden, da nach den Vorschriften der §§ 740ff. HGB. nicht bloß Seeleute, sondern auch andere Personen einen Anspruch auf Bergelohn haben. Es handelt sich daher um eine außerordentliche Einnahme nach § 7 EinkStG., die nicht steuerpflichtig ist.

Nr. 11. Entsch. v. 10. Febr. 1913 (OVGSt. **16** 158) Vb 59/12.

EinkStG. § 6[4].

Unter der Einkommensquelle der gewinnbringenden Beschäftigung iS. des § 6[4] EinkStG. ist eine Beschäftigung zu verstehen, die dem Steuerpflichtigen Gewinn bringt. Es müssen sich also Leistung und Gegenleistung einander gegenüberstehen. Im vorliegenden Falle hat der Steuerpflichtige seine Tätigkeit bei der Firma N. schon im Februar 1912 aufgegeben; er ist zunächst überhaupt nicht beschäftigt gewesen. Wenn ihm trotzdem noch das Gehalt über diesen Zeitpunkt hinaus gezahlt ist, so ist dies nicht als Gegenleistung für eine Tätigkeit des Steuerpflichtigen geschehen, sondern die Zahlung stellt eine Abfindung für die vorzeitige Lösung des Vertragsverhältnisses dar. Eine Einkommensquelle der gewinnbringenden Beschäftigung bei der Firma N. hat daher für den Steuerpflichtigen zu Beginn des Steuerjahrs nicht bestanden.

Nr. 12. Entsch. v. 30. Juni 1913 (OVGSt. 16 350) IVa 11/13.

Führt der Geschäftsführer einer Ges. m. b. H. nach Ablauf der vereinbarten Dienstzeit mit Wissen der Gesellschaft deren Geschäfte weiter, weil der Abschluß eines neuen Dienstvertrags beabsichtigt ist, so gilt das Dienstverhältnis nach § 625 BGB. als auf unbestimmte Zeit verlängert und als vereinbartes Entgelt ist nach § 612 aaO. die übliche Vergütung anzusehen. Hiernach bestand zu Beginn des Steuerjahrs für den Beschwerdeführer eine Einkommensquelle der gewinnbringenden Beschäftigung von unbestimmter Dauer. Gemäß § 9ª EinkStG. muß deshalb für das Steuerjahr der mutmaßliche Jahresbetrag der üblichen Vergütung als steuerpflichtig herangezogen werden.

Nr. 13. Entsch. v. 27. Sept. 1913 (OVGSt. 16 168) IVb 46/12.

Das Amt des Steuerpflichtigen als Testamentsvollstrecker begann nach § 2202 Abs. 1 und 2 BGB. mit der von ihm dem Nachlaßgericht erstatteten Anzeige von der Annahme des Amtes. Seitdem hatte er nach § 2221 aaO. einen Anspruch auf angemessene Vergütung für die Führung des Amtes, da der Erblassers nicht anderes bestimmt hatte. Es bestand mithin die Einkommensquelle aus dem Amte als Testamentsvollstrecker schon bei Beginn des Steuerjahrs 1911, und zwar in Höhe der angemessenen Vergütung. Da der Anspruch auf angemessene Vergütung schon seit dem Beginne des Amtes gesetzlich begründet war, so ist es rechtsirrtümlich, wenn der Steuerpflichtige die Entstehung der Einkommensquelle erst seit der im Mai oder Juni 1911 getroffenen Abrede über die Höhe der Vergütung annimmt.

Nr. 14. Entsch. v. 20. Dez. 1913 (OVGSt. 16 163) III 24/13.
EinkStG. §§ 6, 7, 14.

1. Nach § 2221 BGB. hat der Testamentsvollstrecker für die Führung seines Amtes eine angemessene Vergütung zu beanspruchen, sofern nicht der Erblasser ein anderes bestimmt hat. Bestimmt der Erblasser in dem Testamente lediglich die Höhe der Vergütung für die Amtsführung, so bildet die so festgesetzte Vergütung kein Vermächtnis, sondern eine gewöhnliche Nachlaßverbindlichkeit, es sei denn, daß aus der übermäßigen Höhe der zugebilligten Vergütung ein „Vermächtniswille" erhellt. Was den Vermächtniswillen anlangt, so braucht die Zuwendung bei dem Vermächtnisse nicht notwendig, wie bei der Schenkung, eine unentgeltliche zu sein; das Vermächtnis muß aber die Zuwendung eines „Vermögensvorteils" (§ 1939 BGB.) für den Bedachten zum Zwecke haben und deshalb von Freigebigkeit wenigstens mitbeeinflußt sein. Daß im vorliegenden Falle die Zuwendung bei weitem über den Betrag einer angemessenen Vergütung hinausgeht, ergibt sich aus der von der Berufungskommission auf nur 1900 ℳ angenommenen Höhe der angemessenen Vergütung, während die Zuwendung 6255 ℳ beträgt. Es hat also bei der Zuwendung der „Vermächtniswille" bestanden. Vor allem aber hat die Erblasserin im vorliegenden Falle sich nicht darauf beschränkt, einen bestimmten

Betrag festzusetzen, sondern hat ausdrücklich angeordnet, daß die Zuwendung als Vermächtnis gelten solle. Denn sie hat in dem Testament erklärt, daß sie ihrem Neffen „dafür“ (nämlich für die übertragene Testamentsvollstreckung) das Kapital „als Legat vermache“. Auch hat sie diese Bestimmung hinsichtlich des ganzen Kapitals getroffen, nicht etwa nur hinsichtlich des den angemessenen Vergütungssatz übersteigenden Betrags.

2. Indem die Erblasserin erklärte, sie vermache ihrem Neffen das Kapital als Legat „dafür“ (nämlich dafür, daß er die Testamentsvollstreckung übertragen erhalte), hat sie zum Ausdrucke gebracht, ihr Neffe solle lediglich das Vermächtnis erhalten, nicht aber daneben noch die gesetzliche Vergütung für die Testamentsvollstreckung aus § 2221 BGB. zu beanspruchen haben; er solle also durch das Vermächtnis abgefunden sein. Der Unterschied zwischen „Vergütung“ und „Vermächtnis“ ist auch keineswegs nur ein formaler, sondern ist von praktischer Bedeutung. Insbesondere ist die Vergütung regelmäßig erst nach der Beendigung des Amtes bzw. bei länger dauernder Verwaltung periodisch (§ 2218 Abs. 2 BGB.) zu entrichten. Das Vermächtnis hat dagegen der Bedachte regelmäßig schon zur Zeit des Todes des Erblassers zu fordern (vgl. § 2176). Die Vergütung ist im Nachlaßkonkurse nach § 224[6] KonkO. eine Masseschuld, das Vermächtnis dagegen gemäß § 226 Abs. 2[5] das. erst nach allen übrigen Verbindlichkeiten zu berichtigen.

Allerdings wird man, da die Erblasserin das Kapital ihrem Neffen als Legat „dafür“ vermacht hat, daß er die Testamentsvollstreckung übertragen erhielt, hierin ihre Willenserklärung erblicken müssen, daß er das Vermächtnis nicht erhalten solle, wenn er das Amt ablehne. Gleichwohl ist das vermachte Kapital kein „Einkommen aus gewinnbringender Beschäftigung“ iS. des § 6[4], § 14 EinkStG., wie es die Vergütung aus § 2221 BGB. sein würde, sondern das Vermächtnis des Kapitals begründet eine „außerordentliche Einnahme“ iS. des § 7 EinkStG.

3. Die vom Steuerpflichtigen für das Vermächtnis entrichtete Erbschaftssteuer kann von den Zinsen nicht in Abzug gebracht werden, da diese Aufwendung sich nur auf die Einkommensquelle, aber nicht direkt auf den Ertrag bezieht.

4. Hinsichtlich der bei der Testamentsvollstreckung gemachten Auslagen hat der Steuerpflichtige nach §§ 2218, 670 BGB. einen Ersatzanspruch gegen die Erben. Aber auch diese Aufwendung bezieht sich nicht direkt auf den Ertrag, ist also nicht abzugsfähig.

Nr. 15. Entsch. v. 15. Okt. 1913 (StArch. 17 12) XIIb 12/13.

Der Steuerpflichtige gehört als Chemiker nicht zu den Personen, auf die OVGSt. 8 11 Anwendung findet, vielmehr zu denjenigen Privatangestellten, die regelmäßig für längere Zeit in die Dienste ein und desselben Unternehmers treten, und bei denen daher die jeweilige Dienststellung die Einkommensquelle der gewinnbringenden Beschäftigung bildet.

Da für den Steuerpflichtigen bei Beginn des Steuerjahres eine Einkommensquelle der gewinnbringenden Beschäftigung nicht bestand, eine solche vielmehr erst nach diesem Zeitpunkte entstanden war, so konnte dem Steuerpflichtigen nach § 9[1] EinkStG. beim Mangel anderweitiger Einkommensquellen ein steuerpflichtiges Einkommen nicht angerechnet werden.

Nr. 16. Entsch. v. 31. Jan. 1914 (OVGSt. 16 61) IVa 227/13.

EinkStG. § 10.

Die Einkommensquelle der gewinnbringenden Beschäftigung einer Frau, die im vorliegenden Falle bei einem Rechtsanwalt beschäftigt war, wird durch ihre Verheiratung an sich nicht wesentlich geändert. Das Einkommen daraus ist daher ihrem Ehemanne grundsätzlich nach dem Ergebnisse des der Veranlagung vorangegangenen letzten Kalenderjahrs anzurechnen, falls die Quelle während desselben unverändert bestanden hat und beim Beginne des Steuerjahrs noch vorhanden ist.

Wenn die Berufungskommission einen Unterschied macht in der Beschäftigung der Ehefrau des Steuerpflichtigen vor und nach ihrer Verheiratung und aus diesem Grunde die Beschäftigung von der Verheiratung ab als neue Einkommensquelle angesehen hat, so ist das rechtsirrtümlich. Denn die Einkommensquelle bildet die gewinnbringende Beschäftigung als solche; in dem Wesen dieser Quelle wird durch die Verheiratung der Beschäftigten nichts geändert.

Nr. 17. Entsch. v. 24. Juni 1914 (StArch. 17 276) VIIIa 21.

Die Berufungskommission hat mit Recht angenommen, daß sich die Einkommensquelle der gewinnbringenden Beschäftigung für den Steuerpflichtigen, einen Korrespondenzchef, durch den Wechsel der Stellung im Kalenderjahre 1912 wesentlich geändert hat. Denn bei den höheren Privatangestellten bildet die jeweilige Stellung die Einkommensquelle. Der Wechsel der Stellung bedingt stets eine wesentliche Änderung der Einkommensquelle, auch wenn die Tätigkeit als solche die gleiche geblieben ist.

Nr. 18. Entsch. v. 9. Jan. 1915 (StArch. 18 159) XIIb 47/14.

Die Einkommensquelle der gewinnbringenden Beschäftigung wird bei einem Privatangestellten erst durch den Antritt der Stellung begründet. Für die Annahme, daß der Steuerpflichtige, ein Chemiker, infolge seiner Anstellung bei der Firma X. u. Y. in Z. mit dem Beginne des Steuerjahres (1. IV. 13) eine neue Einnahmequelle der gewinnbringenden Beschäftigung erworben habe, fehlt es an einer ausreichenden Unterlage. Es kommt freilich nicht auf den Bestand der Einkommensquelle zur Zeit der Steuererklärung, sondern allein darauf an, welches Einkommen die bei Beginn des Steuerjahres bestehende Quelle abwirft (§ 9¹ EinkStG.). Aber es muß, wenn für die Veranlagung eine andere Quelle als die vom Steuerpflichtigen angegebene angenommen werden soll, zweifelsfrei festgestellt werden, daß diese neue Quelle zur Zeit des Beginns des Steuerjahres auch wirklich bestanden hat. In der Bescheinigung der Firma X. u. Y. v. 4. II. 14 ist nun zwar erklärt, daß der Steuerpflichtige seit dem 1. IV. 13 monatlich 450 M beziehe, aber der Zeitpunkt der Anstellung des Steuerpflichtigen bei der Firma, der für die Begründung der neuen Einkommensquelle wesentlich ist, ist nicht bezeichnet worden. Die Bezüge können dem Steuerpflichtigen seitens der Firma vom 1. IV. 13 ab bewilligt sein, auch wenn er erst nach diesem Tage eingetreten sein sollte. Der über diesen Punkt bestehende Zweifel hätte um so mehr Veranlassung zu weiteren Ermittlungen bieten müssen, als der Steuerpflichtige behauptet hatte, daß er die neue Anstellung „erst nach dem Beginn des Steuerjahres" gefunden habe.

Nr. 19. Entsch. v. 6. Okt. 1915 (StArch. 19 95) XIIb 24/15.

EinkStG. § 14.

Die Tätigkeit als Mitglied des Vorstandes einer Terraingesellschaft bedeutet für einen Architekten eine besondere Einkommensquelle. Es mag zutreffen, daß ihm die Stellung eines Vorstandsmitgliedes der Gesellschaft deshalb übertragen worden ist, weil er Architekt ist und ein Architekturbureau betreibt, und daß er in erster Linie für die Gesellschaft als Architekt tätig ist. Aber aus dieser Verbindung seines Gewerbebetriebs als Architekt mit seinen Geschäften als Vorstandsmitglied der Terrainaktiengesellschaft folgt nicht, daß steuerrechtlich das Einkommen aus beiden Tätigkeiten als Einheit zu behandeln ist; denn es handelt sich um verschiedene Arten gewinnbringender Beschäftigung, die keinen sachlichen Zusammenhang haben. Jeder selbständige Betrieb und jede selbständige gewinnbringende Beschäftigung bilden aber eine besondere Quelle. Der Abschluß des Vertrages mit der Gesellschaft eröffnete dem Steuerpflichtigen den Anspruch auf Einkünfte, die er bis dahin nicht bezogen hatte, nämlich auf 3000 *M* Fixum und Provision. Zu dem freien Beruf als Architekt, den er bis dahin allein ausgeübt hatte, trat nunmehr noch die Tätigkeit als Vorstandsmitglied der Terraingesellschaft. Beides sind verschiedene Quellen; eine dritte für Vermittler- oder Maklertätigkeit besteht daneben nicht. Was der Steuerpflichtige tut, um für die Gesellschaft Grundstücksverkäufe herbeizuführen, tut er als Angestellter der Gesellschaft, und es ist unwesentlich, daß die Gegenleistung der letzteren in einer Provision von den erzielten Kaufpreisen besteht. Die 3000 *M*, welche der Steuerpflichtige erhält, sind ein Pauschquantum für alle seine Aufwendungen im Dienste der Gesellschaft; den ihm verbliebenen Überschuß muß er als Privatbeamter, der keinen Dienstaufwand iS. des § 14 Abs. 3 EinkStG. hat, versteuern, wobei ihm der Abzug aller Ausgaben von den Einnahmen zusteht.

Nr. 20. Entsch. v. 16. Okt. 1915 (Recht **20** 110) IX 18/15.

Die Begründung des Berufungsbescheids ist insoweit rechtsirrtümlich, als es für die Besteuerung für 1914 nicht auf die im März 1914 für das Kalenderjahr 1913 erhaltenen Bezüge ankommt. Maßgeblich ist vielmehr der Betrag, den der Pflichtige innerhalb des Kalenderjahrs 1913 empfangen oder auf dessen Zahlung in bestimmter Höhe er einen Rechtsanspruch erlangt hat. Da er einen Anspruch auf 30 % des Jahresgewinns hat, dieser Gewinn aber im bestimmten Betrage erst im März des darauffolgenden Jahres festgestellt wird, so ist der im März 1913 festgesetzte Betrag der Besteuerung für 1914 zugrunde zu legen. Daß dieser Betrag rückwirkend mit dem 31. XII. 12 dem Konto des Pflichtigen gutgeschrieben wird, ist ohne Belang; es kommt nur auf die Feststellung in bestimmter Höhe an.

3. Einkommen der Haushaltungsangehörigen.

a) Kinder und Enkel.

Nr. 1. Entsch. v. 26. Jan. 1914 (OVGSt. **16** 65) XIa 65/13.

EinkStG. § 10.

Nach § 1602 Abs. 2 BGB. kann ein minderjähriges unverheiratetes Kind von seinen Eltern, auch wenn es Vermögen hat, die Gewährung des Unterhalts insoweit verlangen, als die Einkünfte seines Vermögens und der Ertrag seiner Arbeit zum Unterhalte nicht ausreichen. Konnte schon danach die 18jährige Tochter des Steuerpflichtigen von ihren Eltern Unterhalt verlangen, so konnte sie es auch deshalb, weil nach der nicht beanstandeten Erklärung des Steuerpflichtigen ihre Ausbildung noch nicht abgeschlossen war Sie sollte danach noch weitere Unterweisung in der Führung eines Haushalts erhalten. Einem minderjährigen, noch in der Vorbildung für einen Beruf befindlichen Kinde kann aber eine hiermit nicht verträgliche Erwerbstätigkeit nicht angesonnen werden.

Nr. 2. Entsch. v. 20. Dez. 1913 (OVGSt. **16** 67) Xb 2/13.

Die Berufungskommission hat die Abzugsfähigkeit der Zahlungen von monatlich 200 *M*, die der Steuerpflichtige seinem Sohne, einem Gerichtsassessor, durch Vertrag zugesichert hat, mit Recht verneint, weil sie diesen Sohn als wirtschaftlich unselbständig und somit die vertragsmäßig zugesicherten Zahlungen als Ausfluß der väterlichen Unterhaltspflicht angesehen hat. Für die in Betracht kommende Zeit kann als Regel behauptet werden, daß ein fertiger Jurist im Staatsdienst erst nach längerer unentgeltlicher Beschäftigung Aussicht auf eine Beschäftigung gegen Entgelt hat und daß es ihm nicht leicht fällt, anderweitig eine seiner Ausbildung und seinem Stande entsprechende entgeltliche Beschäftigung zu finden. Der Beschwerdeführer freilich glaubt, daß seine gesetzliche Unterhaltspflicht auch schon dadurch, daß sein Sohn als Kaufmann oder Buchhändler entgeltliche Beschäftigung finden könne, ausgeschlossen werde. Dies ist irrig, da der Sohn, wenn er mit dem Willen des Vaters Assessor geworden ist, nicht nötig hat, die erwählte Laufbahn zu verlassen, um den Vater von seiner gesetzlichen Unterhaltspflicht zu befreien.

Nr. 3. Entsch. v. 27. Sept. 1913 (OVGSt. 16 68) VIIIb 56/12.

EinkStG. § 8 II.

Nach dem G. würde der Steuerpflichtigen kraft der elterlichen Gewalt, die sie als Mutter nach dem Tode des Vaters hat, auch der Nießbrauch an dem Vermögen des Sohnes zustehen (§§ 1684¹, 1686, 1649 BGB.). Hätte der Erblasser es bei dieser gesetzlichen Regel belassen, so würden die Einkünfte aus dem Erbteile des Sohnes nicht dem letzteren, sondern der Mutter als der Nießbraucherin zugestanden haben; der Sohn aber hätte gegen seine Mutter den gesetzlichen Unterhaltsanspruch gehabt, da ihm selbst alsdann die „Einkünfte" des Erbteils nicht zugestanden hätten (§ 1602 Abs. 2 BGB.). Tatsächlich hat nun der Erblasser bestimmt, daß die vom Erbteile des Sohnes aufkommenden Zinsen dem Kapitale zuwachsen, also nicht der Mutter zustehen sollen, mithin das elterliche Nießbrauchsrecht der Steuerpflichtigen insoweit eingeschränkt sein soll (§ 1651² aaO.), und er hat ferner bestimmt, daß die Mutter, obwohl sie nicht (wie es dem G. entsprechen würde) die Zinsen des Erbteils des Sohnes erhält, doch aus ihren eigenen Mitteln den Sohn aufziehen soll.

Der durch das Testament geschaffene Rechtszustand unterscheidet sich also wesentlich von dem gesetzlichen und gibt dem Sohne einen für letzteren weit vorteilhafteren Privatrechtstitel. Der Sohn hätte nach dem G. zwar einen Unterhaltsanspruch gegen seine Mutter, doch müßte er nach dem G. seiner Mutter die Zinsen seines Erbteils überlassen. Das Testament beläßt ihm aber die Zinsen seines Erbteils und gibt ihm daneben — also trotz seiner ausreichenden Einkünfte — doch den Anspruch auf Unterhalt aus Mitteln der Mutter. Die Verpflichtung der Mutter beruht hiernach auf einem Privatrechtstitel; die durch diesen begründete dauernde Last ist nach § 8 II² EinkStG. abzugsfähig.

Nr. 4. Entsch. v. 30. Okt. 1913 (OVGSt. 16 71) E IX 1/13.

Nach § 1606 Abs. 2 BGB. ist der Vater vor der Mutter verpflichtet, den Kindern Unterhalt zu gewähren. Er kann dafür auf eine entsprechende Ermäßigung des Steuersatzes nach § 19 EinkStG. Anspruch erheben. Wenn er aber die ihm an sich gesetzlich zustehende Verpflichtung rechtsgültig auf die Mutter überträgt, so gewährt diese den Kindern den Unterhalt nicht gleichfalls auf Grund einer gesetzlichen Verpflichtung, sondern lediglich auf Grund des mit ihrem Ehemann abgeschlossenen Vertrags, also außerhalb des Bereichs einer gesetzlichen Unterhaltspflicht. Der Vertrag bildet für die Mutter einen Privatrechtstitel, durch den sie eine dauernde Last übernommen hat. Sie ist berechtigt, gemäß § 8 II² EinkStG. einen entsprechenden Abzug von ihrem Gesamteinkommen zu machen. Das ist zB. der Fall, wenn der dauernd von seiner

Ehefrau getrennt lebende Ehemann ihr vertragsmäßig eine verzinsliche Hypothekenforderung unter der Vereinbarung übereignet, daß von den Zinsen der Unterhalt der gemeinschaftlichen Kinder seitens der Mutter bestritten werden soll.

Nr. 5. Entsch. v. 5. Febr. 1913 (OVGSt. **16** 72) VIIb 21/12.

Die Nutznießung eines Kapitals besteht darin, daß der dazu Berechtigte über dessen Zinsen frei für sich verfügen kann. Das ist nicht der Fall, wenn der testamentarischen Bestimmung gemäß mindestens die Hälfte der Zinsen dem Kapitale bis zum vollendeten 21. Lebensjahre der Erben zugeschlagen, der Rest der Zinsen aber zu deren Unterhalte den Eltern bzw. Vormündern (Pflegern) zur Verfügung gestellt werden muß. Erstere sind in diesem Punkte nicht anders gestellt wie der Pfleger bzw. Vormund. Ein freies Verfügungsrecht für sich hat der Steuerpflichtige über die Zinsen somit nicht und deshalb auch keinen Nießbrauch an den betreffenden Kapitalien. Die testamentarische Bestimmung hat ihm vielmehr diesen im vollen Umfang ausdrücklich entzogen (§ 1651 Abs. 1[2] BGB.). Doch wird zu erwägen sein, ob iF. des Unterhalts der Kinder aus den dazu bestimmten Zinsen der Erbteile durch die Eltern etwaige dabei erzielte Überschüsse dem Steuerpflichtigen als Einkommen aus gewinnbringender Beschäftigung anzurechnen sind. Unterhaltsverpflichtet iS. des § 1602 Abs. 2 BGB. ist er gegenüber den Kindern nach Lage der Sache nicht.

Nr. 6. Entsch. v. 28. Sept. 1912 (OVG. **16** 74) E III 17/11.

Nach Nr. II des Testaments der Erblasserin sollen die Zinsen der den Kindern des Steuerpflichtigen zugefallenen Nachlaßhälfte „zum Kapitale geschlagen werden, bis je ein Kind das einundzwanzigste Jahr vollendet hat". Außerdem ist die Verwaltung des Erbteils der Kinder von vornherein nicht dem Vater, sondern einem Testamentsvollstrecker übertragen. Die Erblasserin wollte also die Nutznießung des Vaters bis zur Volljährigkeit der Kinder ausschließen und ihm die Verwaltung überhaupt entziehen. Hieraus ist zu folgern, daß sie den Kindern den Erbteil als freies Vermögen gemäß § 1651[2] BGB. zuwenden wollte. Einkommen aus freiem Vermögen der Kinder darf aber dem Vater nicht als steuerpflichtig angerechnet werden.

Nr. 7. Entsch. v. 6. Dez. 1913 (OVGSt. **16** 76) XIc 77/13.

Ein Steuerpflichtiger darf Leistungen an seine in seinem Geschäfte tätigen Kinder von den gewerblichen Einkünften nur dann in Abzug bringen, wenn das familienrechtliche Verhältnis (§ 1617 BGB.), wonach die Kinder gesetzlich zur Leistung von Diensten in einer ihren Kräften und ihrer Lebensstellung entsprechenden Weise im Hauswesen und im Geschäfte der Eltern verpflichtet sind, durch ein Vertragsverhältnis modifiziert ist, wonach den Kindern für bestimmte Leistungen im Wirtschaftsbetrieb ein klagbarer Anspruch auf gewisse Bezüge eingeräumt werden sollte.

Nr. 8. Entsch. v. 17. Mai 1913 (OVGSt. **16** 77) XIIb 92/12.

Der Umstand, daß ein Kind sich im Haushalt und während eines Teiles des Jahres im Gewerbebetriebe des Vaters nützlich macht, reicht nicht aus für die Annahme einer dauernden Tätigkeit in dem Gewerbe des Vaters und für dessen Nichtberücksichtigung bei der Feststellung der Anzahl der nach § 19 EinkStG. in Betracht kommenden Personen.

Nr. 9. Entsch. v. 16. Okt. 1915 (Recht **20** 110) IX 7/15.

Streitig ist die Anrechnung der Zinsen aus dem Großmuttererbteile des Kindes, d. h. ob es sich hier um freies oder nichtfreies Vermögen (§ 1651 BGB.) handelt. Nach der letztwilligen Verfügung ist für diesen Erbteil des Kindes ein Pfleger bestellt; die Zinsen sollen zur Erziehung des Kindes verwendet werden. Durch die Einsetzung des besonderen Pflegers ist dem Pflichtigen als Vater nach § 1628 BGB. das Recht, für das Vermögen des Kindes zu sorgen und daher auch daran die Nutznießung auszuüben, entzogen. Die weitere Bestimmung über die Zinsverwendung zur Erziehung gibt dem Pflichtigen kein eigenes Recht der Verfügung, sondern enthält nur eine Anweisung an den Pfleger.

b) Ehefrauen.

Nr. 1. Entsch. v. 30. Okt. 1913 (OVGSt. **16** 62) **Va** 29/13.

EinkStG. § 10.

Bei der Veranlagung zur Einkommensteuer ist dem Einkommen des Steuerpflichtigen das aus Kapitalvermögen und preußischem Grundbesitze fließende Einkommen seiner von ihm nicht getrennt lebenden Ehefrau hinzugerechnet worden. Gegen diese Entscheidung hat er das Rechtsmittel der Beschwerde eingelegt, in der zwar nicht bestritten wird, daß die Berufungskommission nach der zitierten Vorschrift des § 10 EinkStG. verfahren sei, wohl aber die Anwendbarkeit dieser landesgesetzlichen Steuervorschrift als dem Reichsrechte zuwiderlaufend in Abrede gestellt wird. Der Beschwerdeführer macht im wesentlichen folgendes geltend. Er lebe mit seiner Frau im Stande der Gütertrennung. Infolgedessen könne er nicht für Leistungen verantwortlich gemacht werden, die aus dem Einkommen und Vermögen der Ehefrau zu bestreiten seien, während anderseits die Frau auch nicht für Leistungen aufzukommen habe, die aus seinem Einkommen und Vermögen zu bestreiten wären. § 10 fordere indes eine aus dem Einkommen der Ehefrau zu bestreitende Leistung von dem Ehemanne selbst, auch wenn ihm die freie Verfügung über das Einkommen und Vermögen der Ehefrau oder der Nießbrauch hieran nicht zustehe. Hier liege ein Widerspruch landesgesetzlicher Vorschriften mit ReichsG. vor. Seine Ausführungen sind nicht geeignet, die Rechtsgültigkeit der Veranlagung zu erschüttern. Es ist ein Irrtum des Steuerpflichtigen, daß das EinkStG. im § 10 ihm einen Eingriff in das Vermögen seiner Ehefrau einräume. Davon ist dort mit keinem Worte die Rede. Vielmehr enthält der § 10 keinerlei materielle Bestimmungen über das Güterrecht der Ehegatten, sondern ordnet nur ohne Rücksicht darauf rein formell an, wie die Besteuerung des Einkommens der Ehegatten bewirkt werden soll. Dies ist eine Frage, die im BGB. nicht geregelt ist, beziehentlich gar nicht zu den Materien des BGB. gehört. Aus welchen Mitteln die Einkommensteuer zu bezahlen ist, darüber läßt sich das EinkStG. überhaupt nicht aus. Nicht bloß in dem geschilderten Falle der Ehe, sondern auch sonst kann es bei einer grundsätzlichen Besteuerung nach den Einkommensverhältnissen der Vergangenheit vorkommen, daß der Steuerzahler in dem Steuerjahre selbst gar kein Einkommen zur Bezahlung der Steuer hat. Woraus er die Steuer entrichtet, ist seine Sache. Daß es sich aber im vorliegenden Falle für den Beschwerdeführer um Bezahlung von Steuern seiner Frau handele, ist eine irrige Auffassung. Die Ehefrau ist gar nicht zur Steuer veranlagt worden, sondern nur der Ehemann, es handelt sich also nur um seine Steuern. Hiernach ist nicht zu erkennen, daß ein Widerspruch zwischen dem preußischen Landesrecht und dem Reichsrecht im § 10 EinkStG. geschaffen wäre.

Nr. 2. Entsch. v. 25. Febr. 1914 (StArch. 17 149) XIIb 40/13.

Kosten für eine Hilfe im Hausstande an Stelle der im Bureau ihres Ehemannes tätigen Ehefrau eines Gerichtsvollziehers sind von dessen Einkommen nicht abzugsfähig.

Nr. 3. Entsch. v. 28. Febr. 1914 (StArch. 18 301).

1. Dem Steuerpflichtigen ist das Einkommen seiner Ehefrau aus ihrer Tätigkeit als Hebamme angerechnet worden. Von dem Einkommen seiner Ehefrau hatte er die Aufwendungen für eine „Gewerbegehilfin" abgezogen. Letztere ist nach den Angaben der Ehefrau in dem Gewerbe der Ehefrau insofern tätig, als sie für die den ganzen Tag infolge des Berufes aus dem Hause abwesende Ehefrau Bestellungen entgegennimmt und das Telephon bedient. Im übrigen besorgt sie den Haushalt und sorgt insbesondere für das Kind der Steuerpflichtigen.

2. Für die Abzugsfähigkeit der Vergütung der Gehilfin kommt es darauf an, wofür in der Hauptsache die Gehilfin angenommen ist; falls aber bei der Annahme der Gehilfin nichts hierüber bestimmt worden, kommt es darauf an, wofür sie in der Hauptsache gehalten wird. Gelegentliche Verwendung eines für den Gewerbebetrieb angenommenen Gehilfen im Haushalt hindert die Abzugsfähigkeit der Aufwendungen für ihn als Werbungskosten nicht; umgekehrt bleiben die Aufwendungen für einen zu Haushaltungszwecken angenommenen Gehilfen vom Abzuge ausgeschlossen, auch wenn er gelegentlich in dem Gewerbe Aushilfe leistet. Erfolgt auf Grund ausdrücklicher oder stillschweigender Übereinkunft die Beschäftigung eines Gehilfen nebeneinander im Gewerbe und im Haushalt, so muß entsprechende Teilung der Kosten stattfinden.

B. Arten des Einkommens.

1. Einkommen aus Kapitalvermögen.

a) Im allgemeinen.

Nr. 1. Entsch. v. 2. Nov. 1912 (OVGSt. 16 78) III 11/12.

EinkStG. § 11.

Die Zinsen, die ein Reichstagsabgeordneter aus der verzinslichen Anlegung ersparter Reichstagsdiäten bezieht, bilden steuerpflichtiges Einkommen aus Kapitalvermögen, mögen auch die Diäten selbst der Besteuerung als Einkommen entzogen sein. Denn nach § 11 EinkStG. sind Zinsen aus Kapitalien steuerpflichtiges Einkommen ohne Unterschied, ob diese aus steuerfreien oder steuerpflichtigen Einkünften angesammelt sind.

Nr. 2. Entsch. v. 29. April 1914 (OVGSt. 16 83) XIII c 118—121/13.

1. Es kann darüber kein Zweifel bestehen, daß derjenige, der lediglich Unterbeteiligter eines Mitglieds einer offenen Handelsgesellschaft ist, nur zu diesem in einem obligatorischen Verhältnisse bezüglich des auf diesen entfallenden Anteils an dem finanziellen Ergebnisse des Geschäftsbetriebs der offenen Handelsgesellschaft steht, nicht aber Mitglied dieser Gesellschaft und folgeweise auch nicht Mitunternehmer des von dieser betriebenen gewerblichen Unternehmens ist.

Was von der offenen Handelsgesellschaft gilt, hat nach § 161 Abs. 2 HGB. auch von der einfachen Kommanditgesellschaft zu gelten, die nur eine Abart der ersteren Gesellschaftsform ist. Aus dem Vorstehenden ergibt sich unbedenklich, daß derjenige, der nur als Unterbeteiligter an dem Gesellschaftsanteil eines Kommanditisten beteiligt ist, kein gewerbliches

Einkommen hat, sondern Einkommen aus dem Vertragsverhältnis, in welchem er zu dem Kommanditisten steht.

2. Besteht zwischen dem Kommanditisten und dem an seinem Anteil Unterbeteiligten nach den getroffenen Vereinbarungen eine Gesellschaft des bürgerlichen Rechtes (§ 705 BGB.) und ist der Unterbeteiligte an dieser Gesellschaft nur mit einer Kapitaleinlage beteiligt, so bildet das Einkommen aus dieser Unterbeteiligung Einkommen aus Kapitalvermögen.

Nr. 3. Entsch. v. 27. Sept. 1913 (OVGSt. **16** 91) Xc 33/12.

Hat ein im Handelsregister als solches eingetragenes Mitglied einer offenen Handelsgesellschaft vertragsmäßig nur Anspruch auf eine feste Verzinsung seiner Kapitaleinlage, während es von jeder Teilnahme an dem Gewinn und Verluste der Gesellschaft ausgeschlossen ist, so bilden die ihm zustehenden Zinsen Einkommen aus Kapitalvermögen. Denn der Steuerpflichtige ist zwar noch im Handelsregister als Gesellschafter eingetragen und haftet den Gläubigern der Gesellschaft, als wenn er noch Gesellschafter wäre. In Wirklichkeit ist er aber nicht mehr Mitglied der offenen Handelsgesellschaft. Denn die Gesellschafter müssen auf jeden Fall an dem Gewinne des Betriebs beteiligt sein. Eine derartige Beteiligung fehlt im vorliegenden Falle. Der Umstand, daß der Beschwerdeführer die Bilanzen der Gesellschaft mitunterzeichnet, ist unerheblich.

Nr. 4. Entsch. v. 25. Sept. 1912 (OVGSt. **16** 93) E VIIb 3/12.

EinkStG. §§ 11, 13.

Streitig ist, ob das Einkommen des Steuerpflichtigen als Mitglied einer Genossenschaft mit unbeschränkter Haftpflicht, die selbst nicht steuerpflichtig ist, weil ihr Betrieb unstreitig nicht über den Kreis ihrer Mitglieder hinausgeht, als Einkommen aus Kapitalvermögen gemäß § 11 oder als Einkommen aus Handel und Gewerbe gemäß § 13 Abs. 2ᵃ aaO. zu berechnen ist.

Die Berufungskommission hat rechtsirrtümlich das letztere angenommen. Denn der § 13 Abs. 2ᵃ aaO. regelt nur die Berechnung und Schätzung des Einkommens aus Handel und Gewerbe, trifft aber keine Bestimmung darüber, was als Einkommen aus Handel und Gewerbe anzusehen ist; er findet vielmehr nur da Anwendung, wo solches nach den sonstigen Bestimmungen des EinkStG. als vorliegend anzunehmen ist. Nach § 12 Abs. 2 zu b EinkStG. in seiner ursprünglichen Fassung v. 24. VI. 91 galten Dividenden und Zinsen, Ausbeuten und sonstige Gewinnanteile von Erwerbs- und Wirtschaftsgenossenschaften als Einkommen aus Kapitalvermögen. Hieran sollte durch die Nov. v. 19. VI. 06 nichts geändert werden, was die Begründung ihres Entwurfes außer Zweifel stellt. Daß die betreffenden Gewinnanteile nicht mehr ausdrücklich angeführt sind, ist deshalb unerheblich.

Hiernach kann den einzelnen Genossenschaftern nur der in dem maßgebenden Jahre an sie verteilte oder ihnen gutgeschriebene Anteil an dem Gewinne der Genossenschaft als Einkommen aus Kapitalvermögen angerechnet werden.

Nr. 5. Entsch. v. 25. Febr. 1914 (OVGSt. **16** 95) XIIb 32/13.

Der Steuerpflichtige, ein wegen seines Wohnsitzes in Preußen gemäß § 1ᵃ EinkStG. der unbeschränkten subjektiven Steuerpflicht in Preußen unterliegender amerikanischer Staatsangehöriger behauptete, daß das Einkommen aus seiner Beteiligung an einem in N. (Staat Illinois) betriebenen gewerblichen Unternehmen nach § 5ᵃ von der Besteuerung in Preußen ausgeschlossen sei, weil es sich bei dieser Firma um einen persönlichen Gewerbebetrieb seinerseits und nicht um eine Aktiengesellschaft iS. des deutschen HGB. handele. Dies ist rechtsirrtümlich. Die Berufungskommission ist mit Recht davon ausgegangen, daß Unternehmer des in Rede stehenden Geschäfts, das in N. unter der erwähnten Firma betrieben wird, nicht der Steuerpflichtige, sondern eine juristische Person ist, und zwar eine handelsrechtliche Korporation, die nach dem G. des Staates Illinois, betr. Gesellschaften, v. 18. IV. 72, in ihrer rechtlichen Form und Organisation im wesentlichen einer Aktiengesellschaft iS. des HGB. (§§ 178 bis 319) entspricht. Das Einkommen, das der Steuerpflichtige aus seiner Beteiligung an der fraglichen Gesellschaft bezieht, stellt sich danach nicht dar als Einkommen aus Handel und Gewerbe, sondern als Einkommen aus Kapitalvermögen und ist deshalb nicht nach § 5² von der staatlichen Einkommenbesteuerung in Preußen ausgeschlossen.

Nr. 6. /Entsch. v. 28. Febr. 1914 (OVGSt. 16 99) IVa 3/14.

1. Der Steuerpflichtige besaß 150 Stück A. Mines Shares, die ihm im Jahre 1911 eine Einnahme von 1686,75 *M* brachten. Er beantragte bezüglich seiner Veranlagung für das Steuerjahr 1912, daß ihm hierauf 1224 *M* „abgeschrieben" und nur der Restbetrag von 462,75 *M* als steuerpflichtig angerechnet würden. Zur Begründung führte er u. a. aus, die A. Mines sei eine Gesellschaft, die sich damit beschäftigte, in Südafrika Gold zu graben und die hierzu gehörigen Terrains zu verwerten. Die Gesellschaft liquidiere in einer bestimmten Reihe von Jahren, nach deren Ablaufe keine Werte mehr übrig seien; die als „Dividende" erfolgenden jährlichen Auszahlungen seien dazu bestimmt, sowohl das Kapital zurückzuzahlen wie die Jahreserträgnisse der Gesellschaft zu übermitteln. Seine Auffassung ist irrig.

2. Nach der eigenen Sachdarstellung des Steuerpflichtigen handelt es sich um eine nicht in Liquidation getretene Aktiengesellschaft englischen Rechts, die im Kalenderjahr 1911, als sie die in Rede stehende „Dividende" verteilte, mit ihrem statutenmäßigen Erwerbszwecke noch fortbestand. Die Zahlung ist bilanzmäßig aus dem Gewinne der Aktiengesellschaft erfolgt. Der streitige Betrag muß daher in voller Höhe als ein iS. von § 11 Abs. 2b EinkStG. steuerpflichtiger „Gewinnanteil" gelten. Denn bei einer noch nicht in Liquidation getretenen Aktiengesellschaft bildet den Gewinn der Aktionäre alles, was sie von der Gesellschaft unbeschadet des Grundkapitals und ohne Verpflichtung der Anrechnung auf ihre Kapitaleinlage erhalten. Unerheblich ist es hierbei, ob die Gesellschaftsbilanz richtig aufgestellt ist, und insbesondere, ob sie der Entwertung ihrer Aktiva durch angemessene Abschreibung auch Rechnung getragen hat. Entscheidend ist es vielmehr nur, ob der Steuerpflichtige ein klagbares Recht auf die unbeschadet des Grundkapitals verteilte „Dividende" durch rechtswirksamen Gesellschafterbeschluß erlangt hatte. Dies ist nicht bestritten.

3. Wenn es in dem vom Steuerpflichtigen vorgelegten Gutachten heißt, jede Minendividende bedeute eine Verminderung der Substanz der betreffenden Gesellschaft und deshalb habe der Käufer generell in der Dividende nicht lediglich einen Zinsgenuß zu erblicken, sondern einen Teil derselben als Kapitalrückzahlung aufzufassen, so ist zu bemerken, daß lediglich die Aktiengesellschaft darüber zu befinden hat, ob eine von ihr geleistete Zahlung auf Kosten ihres Grundkapitals erfolgen soll, und daß es nicht angängig ist, eine „Dividende", die aus dem bilanzmäßigen Reingewinne der Gesellschaft gewährt ist, als eine Rückzahlung ihres Kapitals ganz oder teilweise aufzufassen. Ebensowenig kann dem Gutachten darin beigetreten werden, daß ein Aktionär auf den Einstandspreis seiner Aktien eine Abschreibung vornehmen dürfe; denn solche Absetzungen sind nach § 8 I⁴ EinkStG. nur für Abnutzung der Gebäude, Maschinen sowie des sonstigen toten Inventars zugelassen, also bei allen Gegenständen, die einer quantitativen Verringerung oder qualitativen Verschlechterung fähig sind, nicht aber beim Kapitalvermögen, das hier in Frage steht.

Nr. 7. Entsch. v. 8. Jan. 1913 (OVGSt. 16 88) E XIIb 12/12.

1. Das infolge Testaments den Erben angefallene Kapitalvermögen und dessen Erträge sind ihrem steuerbaren Vermögen und ihrem steuerpflichtigen Einkommen hinzuzurechnen, wenn auch die Auszahlung der Kapitalien an die Erben nach der Bestimmung des Erblassers erst nach Ablauf einer bestimmten Zeit erfolgen darf und während des Zeitraums von seinem Tode ab bis zu diesem Zeitpunkte die Zinsen zum Kapitale geschlagen werden sollen.

2. Die Berufungskommission ist bei der Feststellung des der Steuerpflichtigen aus dem Nachlaß ihres Vaters zugefallenen Vermögens und Einkommens von der Annahme ausgegangen, es habe dieser in seinen letztwilligen Verfügungen die Steuerpflichtige und ihren Bruder A. in der Weise zu Erben eingesetzt, daß sie von seinem Nachlaß, aus dem ihrer Schwester B. nur $^1/_6$ als Pflichtteil zugewiesen ist, sofort mit dem Eintritte des Erbfalls je $^2/_6$ zu ihrer freien Verfügung erhalten sollten, während das letzte Sechstel bis zum Ablaufe von 30 Jahren nach dem Tode des Erblassers von den Testamentsvollstreckern verwaltet und erst nach dem Eintritte dieses Zeitpunkts mit den bis dahin zum Kapitale zu schlagenden Zinsen zu gleichen Teilen unter sie verteilt werden, ihnen jedoch ebenso, wie die vorbezeichneten $^2/_6$ des Nachlasses, in dem Zeitpunkte seines Todes als Erbteil anfallen solle. Diese auf der Auslegung des von der Steuerpflichtigen mit der Beschwerde abschriftlich überreichten Testaments ihres Vaters beruhende Annahme bewegt sich wesentlich auf tatsächlichem Gebiet und kann deshalb wegen der beschränkten Natur des Rechtsmittels der Beschwerde mit dieser nur dann wirksam angefochten werden, wenn dabei ein Rechtsirrtum oder wesentlicher Verfahrensmangel erkennbar, insbesondere wenn diese Annahme mit dem Wortlaute der letztwilligen Verfügungen des Erblassers unvereinbar wäre. Dies ist aber nicht der Fall, es müßte vielmehr der Auslegung der Berufungskommission auch bei freier Beurteilung beigetreten werden. Denn in dem Testamente hat der Erblasser bezüglich seiner Tochter B. wörtlich folgendes bestimmt: „B. aber beschränke ich auf den gesetzlichen Pflichtteil, so daß dieselbe nur den Pflichtteil aus meinem Nachlaß erhalten soll." Damit ist von dem Erblasser unzweideutig angeordnet, daß seine Tochter B., abgesehen von ihrem Pflichtteile, der von ihm bei dem Vorhandensein von nur drei Kindern als gesetzliche Erben zutreffend (§§ 1924, 2303 BGB.) auf die Hälfte des gesetzlichen Erbteils, d. i. auf $^1/_6$ des Nachlasses, angenommen ist, von seinem Nachlaß unbedingt ausgeschlossen sein sollte. Ebenso zweifelsfrei erhellt aus den sonstigen Bestimmungen des Erblassers, daß die Steuerpflichtige und ihr Bruder den gesamten übrigen Nachlaß erhalten sollen. Mit diesen Bestimmungen ist unvereinbar die von der Steuerpflichtigen vertretene Annahme, es habe der Erblasser gewollt, daß das der Steuerpflichtigen und ihrem Bruder gemeinschaftlich zugewiesene Sechstel seines Nachlasses erst nach Ablauf von 30 Jahren nach seinem Tode auf die Bedachten übergehen solle, und es stehe deshalb bezüglich dieses Sechstels entweder die Anordnung eines Vorausvermächtnisses (§ 2150 BGB.) an diese beiden Kinder oder deren Ernennung zu Nacherben gemäß § 2105 Abs. 1 BGB. in Frage. Keine dieser Anordnungen ist aber mit dem Willen des Erblassers, seiner Tochter B. nur den gesetzlichen Pflichtteil von $^1/_6$ des Nachlasses, seinen beiden anderen Kindern dagegen den ganzen übrigen Nachlaß zuzuwenden, zu vereinigen. Ein Vorausvermächtnis zugunsten derselben kann der Erblasser schon deshalb nicht beabsichtigt haben, weil in diesem Falle die mit diesem Vermächtnisse Beschwerten und Bedachten dieselben Personen, nämlich diese beiden Kinder, sein würden. Dies wäre rechtlich unmöglich, weil die zu einer Leistung Berechtigten und Verpflichteten nicht dieselben Personen sein können. Der Anordnung einer Nacherbfolge iS. des § 2105 BGB. aber steht entgegen, daß dann die sämtlichen gesetzlichen Erben,

also alle drei Kinder des Erblassers, als Vorerben anzusehen wären, obgleich er unzweideutig ausgesprochen hat, daß seine Tochter B., abgesehen von ihrem Pflichtteil, an seinem Nachlasse keinen Anteil haben solle.

3. Auch ist es völlig gleichgültig, ob die Berufungskommission den Inhalt der letztwilligen Verfügungen des Erblassers festgestellt hat durch Einsicht oder auf Grund der Angaben, die die Steuerpflichtige und ihr Bevollmächtigter darüber gemacht haben. Wesentlich ist nur, daß die Berufungskommission, worüber nach Lage der Sache kein Zweifel besteht, den ganzen Inhalt gekannt und gewürdigt hat.

b) Gewinn aus Spekulationsgeschäften.

Nr. 1. Entsch. v. 14. Mai 1913 (StArch. 17 240).

Die Frage, ob ein Steuerpflichtiger ein reines Spekulationsgeschäft abgeschlossen hat, d. h. ob die maßgebende Ursache für den Abschluß eines Geschäfts die Absicht der Gewinnerzielung durch spätere Veräußerung des Geschäftsgegenstandes gewesen ist, liegt im wesentlichen auf tatsächlichem Gebiet. Die Berufungskommission hat angenommen, daß die betreffenden amerikanischen Eisenbahnaktien im Effektenverkehr nicht als Anlagewerte, sondern als Spielgewinn gelten und eine Rücksicht darauf, daß der Steuerpflichtige sie innerhalb Jahresfrist nach dem Erwerbe veräußert hat, einen Erwerb in spekulativer Absicht festgestellt, zumal die Anfrage, welche anderweite Kapitalerfordernisse durch die Veräußerung befriedigt werden mußten, unbeantwortet geblieben ist. In dieser Feststellung ist ein wesentlicher Mangel des Verfahrens nicht zu erblicken.

Nr. 2. Entsch. v. 17. Jan. 1914 (Recht 18 238) IX 13/13.

Streitig ist der Abzug eines bei einem Grundstücksverkaufe erlittenen Spekulationsverlustes, an dem der Steuerpflichtige beteiligt sein will. Die Berufungskommission hat den Abzug versagt, da der Pflichtige zur Zeit des Grundstückserwerbs noch nicht Mitinhaber der Firma X gewesen sei, und daß ein Vermögensverlust dieser Firma vorliege, der vom Einkommen des ersteren nicht abziehbar sei (§ 7 EinkStG.). Dagegen fällt nach der Ausführung des OVG., wenn der Erwerb tatsächlich „im Auftrage und auf Rechnung der Firma X" geschah, zur Deckung einer unsicheren Geschäftsforderung, dies zweifellos in den Rahmen ihres Geschäftsbetriebs, da die Befriedigung wegen einer geschäftlichen Forderung erstrebt wurde. Gewinn und Verlust aus diesem Erwerbe würden also den Geschäftsgewinn der Firma erhöhen oder mindern. Keine Rede wäre dann von einem nicht abziehbaren Vermögensverlust der Firma. Auch wenn der Pflichtige zur Zeit des Grundstückserwerbs noch nicht Firmenteilhaber war, so würde das seine Beteiligung an dem Verluste bei der Grundstücksveräußerung nicht ohne weiteres ausschließen. Übrigens wäre in Ansehung der Beteiligung an der Firma eine etwa erst später erfolgte handelsregisterliche Eintragung des Pflichtigen als Mitinhaber für das steuerliche „Innenverhältnis" nicht entscheidend. — Liegt aber ein Grundstückserwerb für die Firma nicht vor, so ist zu prüfen, ob der Erwerb ein gemeinsames Spekulationsgeschäft des Pflichtigen und der anderen Firmenbeteiligten darstellt, dessen Ergebnis nach § 13[4] zu berücksichtigen ist.

Nr. 3. Entsch. v. 20. Dez. 1915 (Recht 20 258) IX 28/15.

Bei Feststellung des steuerbaren Einkommens hat die Steuerbehörde mit Recht den vom Pflichtigen geltend gemachten Verlust in Aktien unberücksichtigt gelassen, indem sie zutreffend diesen Verlust nicht als das Ergebnis eines Gewerbebetriebs des Pflichtigen kennzeichnet. Wer durch Vermittlung eines Bankiers Wertpapiere aus den Beständen seines Vermögens zur Gewinnerzielung an- und verkauft, übt lediglich eine Tätigkeit seiner eigenen Vermögensverwaltung aus, nicht aber eine „vermittelnde" Tätigkeit zum Zwecke des Güterumlaufs und daher keinen Gewerbebetrieb. Solch vermittelnde Tätigkeit entwickelt nur der Bankier, der für den Auftraggeber Güter aus dem Verkehr erwirbt oder in ihn bringt, nicht der Auftraggeber selbst. Auch als Gelegenheitsspekulationsverlust nach § 11d EinkStG. ist nichts abzuziehen, da, wenn wirklich die Papiere aus dem Beweggrunde gewinnbringender Wiederveräußerung angekauft waren, die Aktien zwar entwertet, aber nicht veräußert worden sind; eine Gelegenheitsspekulation wird erst mit Veräußerung des Gegenstands vollendet. Wegen der übrigen Wertpapiere ist der Pflichtige beweisfällig geblieben, da er trotz Aufforderung nicht angegeben hat, wie sich der Verlust für jede einzelne Post ergibt.

2. Einkommen aus Grundvermögen.

a) Aus nicht verpachteten landwirtschaftlichen Besitzungen.

Nr. 1. Entsch. v. 20. Dez. 1911 (OVGSt. 16 105) IX 36/11.

EinkStG. § 9.

1. Das Verlangen des Steuerpflichtigen, sein landwirtschaftliches Einkommen nach der kaufmännischen Buchführung zu berechnen, ist nicht gerechtfertigt. Nach § 9³ u. ⁴ EinkStG. wird zwischen einer kaufmännischen Buchführung nach Vorschrift der §§ 38ff. HGB. zur Berechnung des Geschäftsgewinns aus Handel, Gewerbe und Bergbau und einer „geordneten, den Reinertrag ziffermäßig nachweisenden Buchführung" beim Ertrag aus Land- und Forstwirtschaft unterschieden. Im Art. 11 AAnw. v. 25. VII. 06 wird dann die Methode der Berechnung des Einkommens aus nicht verpachteten landwirtschaftlich benutzten Besitzungen näher angegeben; sie besteht in der Gegenüberstellung sämtlicher Einnahmen und Ausgaben unter Berücksichtigung des beim Beginn und am Schlusse des Wirtschaftsjahrs vorhandenen Bestandes an Wirtschaftserzeugnissen und Vorräten, die zum Verkauf oder Verbrauche bestimmt sind. Hiernach ist nach dem G. für eine Berechnung des landwirtschaftlichen Einkommens auf Grund kaufmännischer Buchführung kein Platz; sie würde auch zur Voraussetzung haben, daß der Grundbesitz selbst mit dem wirklichen Werte, d. i. mit dem Verkaufswert, in Ansatz käme. Es läßt sich aber auf Grund solcher Buchführung eine Berechnung des Landertrags durch Gegenüberstellung von Einnahmen und Ausgaben gemäß Art. 11 aaO. nachträglich aufstellen; diese wird nicht schon deshalb zur Berechnung des landwirtschaftlichen Einkommens untauglich, weil sie auf Grund kaufmännisch geführter Bücher angefertigt ist, denn auch bei kaufmännischer Buchführung enthält das Gewinn- und Verlustkonto eine Gegenüberstellung der Einnahmen und Ausgaben, und darüber hinaus findet noch eine Bewertung der Aktiv- und Passivposten statt. Es steht hiernach nichts im Wege, falls nachträglich aus der kaufmännischen Buchführung eine Berechnung des Einkommens nach Anleitung des Art. 11 gemacht und im einzelnen nachgewiesen wird, diese zu einer Feststellung nach dreijährigem Durchschnitte gemäß § 9⁴ EinkStG. zu verwenden. Darüber, ob eine solche Berechnung den Reinertrag ziffermäßig nachzuweisen geeignet ist, hat nach § 9⁵ aaO. die Berufungskommission endgültig zu entscheiden.

2. Wird diese Frage verneint, so ist nach § 9² aaO. das Ergebnis des dem Steuerjahr unmittelbar vorangegangenen Wirtschaftsjahrs allein maßgebend; auch dieses ist durch Gegenüberstellung der Einnahmen und Ausgaben gemäß Art. 11 zu berechnen, und erst wenn eine solche Berechnung nicht

möglich ist, was näher zu begründen ist, darf die Berufungskommission zur Schätzung schreiten. Sind nur einzelne Einnahme- oder Ausgabeposten nicht ziffermäßig angegeben, so hat eine ergänzungsweise Schätzung dieser Posten einzutreten.

Nr. 2. Entsch. v. 3. Juli 1912 (OVGSt. **16** 107) XIIIb 49/12.

Bei der Ermittelung des Einkommens aus Land- und Forstwirtschaft sind die Preise, die für auf Kredit veräußerte Erzeugnisse aus allen Wirtschaftszweigen erzielt worden sind, als Einnahmen desjenigen Wirtschaftsjahrs einzustellen, in dem die Veräußerung erfolgt ist. Ist die kreditierte Kaufpreisforderung (im vorliegenden Falle aus Holzverkauf) aber bis zum Zahlungstag unverzinslich, so darf sie nur mit ihrem wirklichen Werte am Schlusse des betreffenden Jahres, also mit dem Nennwert abzüglich vier Prozent Jahreszinsen bis zum Zahlungstag in Ansatz kommen.

Nr. 3. Entsch. v. 28. Mai 1913 (StArch. **17** 116).

EinkStG. § 8.

Allerdings hat der Gerichtshof in ständiger Rechtsprechung daran festgehalten, daß Kosten für die Beschaffung einer Hypothek nicht abzugsfähige Werbungskosten darstellen, weil sie unmittelbar der Erhaltung der Einkommensquelle, des Grundstücks selbst, dienen, und nur mittelbar das Einkommen hieraus beeinflussen. Dagegen ist hierbei immer selbstverständliche Voraussetzung gewesen, daß jene Kosten nicht als dem Gläubiger zu entrichtende, nach § 8 II¹ EinkStG. vom Gesamteinkommen zu kürzende Schuldenzinsen anzusehen sind. Hierunter aber sind alle diejenigen Geldbeträge zu verstehen, welche der Schuldner an den Gläubiger selbst für die Hingabe und Benutzung des Kapitals entrichtet. Unerheblich ist es hierbei, ob es sich um die Aufnahme einer neuen oder um die Belassung einer alten Schuld handelt, und ob der für die Überlassung des Kapitals zu entrichtende Preis unter der einheitlichen Bezeichnung „Zins" vereinbart oder zum Teil anders benannt wird, sofern nur erhellt, daß er lediglich das vom Schuldner zu zahlende Entgelt für die Nutzung des Kapitals bildet. War dies in den §§ 803, 810 und 811 ALR. I 11 für die preußischen Staaten ausdrücklich ausgesprochen, so muß es auch heute unter der Herrschaft von §§ 99 und 608 BGB. noch gelten, weil diese Auslegung, die hier keine Einschränkung erfahren hat, der Natur der Sache und insbesondere auch der Auffassung im Verkehrsleben entspricht.

b) Aus verpachteten Liegenschaften.

Nr. 1. Entsch. v. 14. Jan. 1911 (OVGSt. **16** 116) Va 25/10.

1. Vorschüsse sind im Gegensatze zur Zahlung nur vorläufige Leistungen, die nur in Rücksicht auf erst später zu erfüllende Vertragsverbindlichkeiten erfolgen und erst bei späterem Eintritt einer gewissen Bedingung oder Voraussetzung, nämlich der vertragsmäßigen Leistung des Vorschußempfängers, zu einer Erfüllung der Verbindlichkeit werden. Wenn die Pächterin eines Landguts dem Steuerpflichtigen Vorschüsse auf erst später fällig werdende Pachtbeträge leistete, so erfüllte sie hiermit noch nicht ihre Verbindlichkeit aus dem Pachtvertrage, sie zahlte die Pacht noch nicht, sondern gewährte ihm auf Grund eines besonderen Abkommens Kredit in der Erwartung späterer Verrechnung auf fällig werdende Pachtraten. Ob ein solcher Vorschuß im vorliegenden Falle die gesetzlichen Begriffsmerkmale eines Darlehens erfüllt, wofür die vereinbarte Verzinsung spricht, kann dahingestellt bleiben. Denn wenn die geleisteten Vorschüsse die Hingabe eines Darlehens darstellen, so sind die hierauf

im Jahre 1908 durch Verrechnung auf fällige Pachtraten erfolgten Rückzahlungen als Tilgungen von Schulden vom steuerpflichtigen Einkommen nicht abzusetzen. Stellen sie aber nur vorläufige Leistungen auf erst später zu erfüllende Verbindlichkeiten aus dem Pachtvertrage dar, so muß die Zahlung der Pachtraten, auf die sie im Kalenderjahr 1908 verrechnet sind, auch erst als in diesem Jahre erfolgt gelten. Dann bilden aber die auf den Vorschuß in Anrechnung gebrachten 27500 ℳ eine Einnahme dieses Jahres iS. von § 9² EinkStG.

2. Was ferner die 25000 ℳ betrifft, die als Pachtvorschuß gezahlt sind, deren Erstattung aber dem Steuerpflichtigen erlassen ist, so hat die Berufungskommission hierin mit Recht einen „Gewinn aus dem Pachtverhältnis" erblickt. Denn diese Summe ist als Abfindung oder Ersatz für die nach dem Pachtvertrage vorgesehene und infolge der neuen Verabredung wegfallende Erhöhung des Pachtzinses von der Pächterin dem Steuerpflichtigen gewährt worden; sie bildet daher ein nach § 12 EinkStG. steuerpflichtiges Einkommen aus Grundvermögen.

Nr. 2. Entsch. v. 19. Febr. 1913 (StArch. 17 52).

EinkStG. § 8.

Ist ein Steuerpflichtiger laut Pachtvertrag verpflichtet, sämtliche auf der gepachteten Parzelle ruhenden Abgaben und Steuern zu tragen, so sind auch diese Steuern als Werbungskosten voll abzugsfähig; dagegen ist die Gebäudesteuer für die von ihm auf dem gepachteten Lande errichteten Gebäude nur in Höhe des staatlich veranlagten Betrages abzugsfähig.

d) Aus Holzungen.

Nr. 1. Entsch. v. 1. März 1911 (OVGSt. **16** 111) X c 18/10.

Für die Ermittelung des Einkommens aus Holzungen ist entscheidend, ob eine planmäßige oder planlose Bewirtschaftung stattfindet, während es unerheblich ist, ob es sich um eine Privatforst oder um eine Interessentenforst handelt. Die nachträgliche Feststellung, daß eine Interessentenforst in Betracht kommt, während bei der Veranlagung mit einer Privatforst gerechnet worden ist, berechtigt daher nicht zu einer Nachsteuerveranlagung.

Nr. 2. Entsch. v. 28. Nov. 1912 (OVGSt. **16** 114) XIII c 23/12.

Eine Neubeforstung liegt nach der in Übereinstimmung mit Art. 13 Abs. 2 AAnw. v. 25. VII. 06 ergangenen Rechtsprechung des OVG. nur dann vor, wenn es sich um Besäen oder Bepflanzung einer bisher unbewaldeten Fläche behufs Erweiterung des Forstbestandes handelt. Das ist vorliegend nicht der Fall, da nur die Wiederaufforstung einer früheren Holzungsfläche in Frage steht. Die darauf verwendeten Kosten sind als zu den allgemeinen Kosten der Waldwirtschaft gehörig in vollem Umfang abzugsfähig (vgl. OVGSt. **5** 199ff. und das nicht abgedr. Urt. v. 28. IV. 09 V b 49/08).

f) Aus Gebäuden.

Nr. 1. Entsch. v. 26. Jan. 1914 (StArch. 17 163) XII b 35/13.

EinkStG. § 8.

Die Berufungskommission hat bei der Feststellung des Einkommens aus dem Hausbesitze den von der Steuerpflichtigen verlangten Abzug von 36 ℳ Beitrag zur Wach- und Schließgesellschaft versagt, ohne dabei die Angabe der Steuerpflichtigen zu würdigen, daß ihr Mieter die Bewachung des Hauses durch die Wach- und Schließgesellschaft zur Mietbedingung gemacht hätte. Wäre dies der Fall und die Steuerpflichtige vertraglich verpflichtet, das Haus durch jene Gesellschaft bewachen zu lassen, so würden die dafür aufgewendeten Kosten in unmittelbarem Zusammenhange mit der Erwerbung des Einkommens stehen und mithin als Werbungskosten gemäß § 8 I EinkStG. abzugsfähig sein.

Nr. 2. Entsch. v. 12. Mai 1914 (OVGSt. 16 121) XI c 99/13.

EinkStG. § 12.

Durch die unentgeltliche Nutzung der ihm von seiner früheren Dienstherrin überlassenen Wohnung entsteht für den Steuerpflichtigen nach dem EinkStG. eine steuerpflichtige Einnahme aus Grundvermögen. Nach § 12 dieses G. umfaßt nämlich das Einkommen aus Grundvermögen die Erträge sämtlicher Grundstücke, die dem Steuerpflichtigen eigentümlich gehören oder aus denen ihm infolge von Berechtigungen irgendwelcher Art ein Einkommen zufließt. Der Ausdruck „Berechtigungen irgendwelcher Art" ist offenbar so allgemein deshalb gewählt, damit er alle Fälle umfaßt, wo nicht der Eigentümer des Grundstücks, sondern eine von ihm verschiedene Person die Erträge eines Grundstücks in berechtigter Weise ohne Entgelt bezieht. Denn es muß ohne weiteres als die Absicht der gesetzgebenden Faktoren angesehen werden, die Erträge eines Grundstücks, die nicht dem Eigentümer zufließen, in der Person desjenigen zur Besteuerung heranzuziehen, der sie tatsächlich in irgendwie berechtigter Weise für längere Zeit ohne Entgelt für sich bezieht. Die Nichtbesteuerung der Erträge des Grundstücks bei dem Dritten würde den Anforderungen einer gerechten und vernünftigen Besteuerung um so weniger entsprechen, als in diesen Fällen der Eigentümer wegen der Grundstückserträge, die er tatsächlich nicht selbst bezieht und nicht beziehen will, nicht besteuert werden kann. Der hier vertretenen Auffassung steht auch nicht der Umstand entgegen, daß im Abs. 3 des § 12 nur von nicht vermieteten Grundstücken die Rede ist, die von dem Eigentümer oder Nutznießer selbst bewohnt werden. Es muß vielmehr angenommen werden, daß auch der Ausdruck „Nutznießer" im weitesten Sinne gemeint ist und darunter jede Person außer dem Eigentümer verstanden werden soll, der die Nutzungen eines Grundstücks nicht bloß vorübergehend für eine kurze, im voraus bestimmte Zeit in berechtigter Weise unentgeltlich zufließen.

Nr. 3. Entsch. v. 30. Okt. 1913 (OVGSt. 16 124) IIb 98/13.

In dem Testamente des im April 1910 verstorbenen W. ist bestimmt, daß der Steuerpflichtige auf Lebenszeit das Recht haben solle, „die Besitzung des Erblassers in P. zu bewohnen", „dafür aber die Lasten, insbesondere die Rente und etwaige Zinsen", tragen solle. Er sollte ferner berechtigt sein, die Besitzung zu veräußern und den Erlös bis auf 12000 ℳ, die er an die Erben abführen sollte, zu behalten. Dem Steuerpflichtigen ist hiernach im Testament ein Wohnungsrecht eingeräumt.

Die Lasten, die dem Steuerpflichtigen durch das Testament „dafür" auferlegt sind, daß er die Besitzung des Erblassers bewohnen darf, müssen ebenso wie dieses Recht bei der Berechnung des Einkommens berücksichtigt werden, und zwar auch insoweit als die jährlichen Lasten den Jahresertrag des Rechtes übersteigen.

Soweit der Steuerpflichtige Aufwendungen für Ausbesserungen und Erneuerungen über die Grenzen der gewöhnlichen Unterhaltung hinaus vornimmt, also über die Grenzen seiner Verpflichtung hinaus, insbesondere etwa nur zu dem Zwecke, einen möglichst hohen Erlös beim Verkaufe des Hauses zu erzielen, steht ihm ein Abzugsrecht nicht zu.

Nr. 4. Entsch. v. 29. März 1913 (OVGSt. 16 126) IIa 46/12.

Entscheidend für die Abzugsfähigkeit von Instandhaltungskosten ist ihre Fälligkeit. Diese tritt — von besonderen Vereinbarungen abgesehen — erst ein, wenn die Ausgaben ihrem Betrage nach feststehen, also idReg. erst, wenn der Unternehmer die Höhe seines Anspruchs in irgendeiner Weise, insbesondere durch Übersendung der Rechnung, dem Besteller mitgeteilt hat. Eine besondere Vereinbarung ist aber dann als vorliegend zu erachten, wenn Abschlagszahlungen zu bestimmten Zeitpunkten verabredet oder ohne Verabredung gefordert und geleistet werden. In solchen Fällen sind die abschläglich gezahlten Beträge entweder zu dem vereinbarten Zeitpunkt oder am Tage der Leistung als fällig anzusehen. Sie sind dementsprechend bei der Veranlagung zu berücksichtigen, wenn die Fälligkeit in das für diese maßgebende Jahr fällt.

Nr. 5. Entsch. v. 11. März 1914 (OVGSt. 16 127) VIIa 108/13.

EinkStG. §§ 8, 12.

Die von der Ehefrau des Steuerpflichtigen und ihrem Miteigentümer gezahlte Vertragsstrafe und die ihnen erwachsenen Prozeßkosten sind als abzugsfähige Werbungskosten anzusehen. Die Vertragsstrafe ist von den Vermietern zur Erzielung einer neuen Vermietung der vermieteten Gegenstände, also zur Erzielung des Mietertrags, übernommen worden, der Betrag der gezahlten Vertragsstrafe gehört mithin zu den Werbungskosten iS. des § 8 I EinkStG. Daß die Vermieter bezüglich der Verwirkung dieser Strafe ein Verschulden trifft, ist ebenso belanglos, wie der Umstand, daß durch den erwähnten Vertrag eine Erhöhung des Mietertrags gegenüber dem in dem früheren Mietvertrage vereinbarten Mietzinse herbeigeführt ist, zumal diese Erhöhung nach den Beschwerdeangaben ihren Grund in der Mitvermietung von Räumen hatte, die nach dem früheren Mietvertrage nicht mitvermietet waren. Auch die Prozeßkosten, die nicht allein durch den Streit um die Vertragsstrafe, sondern auch, und zwar etwa zur Hälfte, durch denjenigen um die von der Mieterin zur Sicherstellung des Mietertrags hinterlegte Sicherheit verursacht sind, haben ebenfalls die Eigenschaft von Werbungskosten.

Nr. 6. Entsch. v. 20. Dez. 1913 (OVGSt. 16 129) III 59/18.

EinkStG. §§ 8, 12.

1. Nach § 8 I⁴ EinkStG. sind von dem Rohertrage der Einkommensquellen „die regelmäßigen jährlichen Absetzungen für Abnutzung der Gebäude" abzuziehen. Die AAnw. v. 25. VII. 06 (Art. 16 I 2 c) erläutert dies dahin, daß „ein angemessener Prozentsatz des Bauwerts" abzuziehen sei. Der Vordruck auf S. 3 des Formulars zur Steuererklärung: „Für Abnutzung ..... Prozente vom Feuerkassenwerte (Bauwert)", erklärt sich dadurch, daß die Übereinstimmung beider Werte stillschweigend vorausgesetzt ist. Nur unter jener Voraussetzung ist der Feuerkassenwert zur Vereinfachung des Verfahrens zugelassen. Wenn aber im einzelnen Falle der Feuerkassenwert von dem Bauwerte wesentlich abweicht, so muß der Bauwert ermittelt werden. Die Berufungskommission hat die Schätzung des Wertes der Baulichkeiten durch das Katasteramt für zutreffend erachtet. Diese Beweiswürdigung liegt im wesentlichen auf tatsächlichem Gebiet und ist daher mit dem Rechtsmittel der Beschwerde bei der beschränkten Natur desselben (vgl. § 49 EinkStG.) nicht angreifbar. Dasselbe gilt von der Schätzung der Abnutzungsquote.

2. Bei Berechnung der Abnutzungsquote muß der Wert, den die Gebäude zum Beginne des für die Veranlagung nach § 9² EinkStG. maßgebenden Zeitraums hatten, zugrunde gelegt werden. Denn die Abnutzungsquote soll die Wertminderung ausdrücken, die die Gebäude durch die Abnutzung während dieses Zeitraums erlitten haben.

Nr. 7. Entsch. v. 15. März 1913 (OVGSt. **16** 132) XIIIb 85/12.

EinkStG. § 8.

1. Der Umstand, daß die fraglichen Häuser wegen der zahlreichen Bewohner in dem für die Veranlagung maßgebenden Jahre größere Reparaturkosten als Häuser mit weniger Bewohnern erfordert haben und daß diese höheren Kosten anstandslos zugelassen sind, schloß die Bewilligung der von dem Steuerpflichtigen beanspruchten höheren Abnutzungsquote, falls der Anspruch sonst begründet war, nicht ohne weiteres aus. Dazu hätte vielmehr dargetan werden müssen, daß ein bestimmter Teil der zugelassenen Reparaturkosten nicht abzugsfähig und die beanspruchte höhere Abnutzungsquote damit ausgeglichen sei.

2. Nach § 8 I[4] EinkStG. iVerb. mit Art. 4 I[4] AAnw. v. 25. VII. 06 und OVGSt. **5** 270ff., **9** 87 sollen Absetzungen für Abnutzung den Wertverminderungen entsprechen, die die Gebäude, Maschinen oder das Inventar durch den bestimmungsmäßigen Gebrauch im regelmäßigen Verlaufe der Dinge innerhalb der für die Veranlagung maßgebenden Zeitperiode erlitten haben. Es kann deshalb der Berufungskommission darin beigepflichtet werden, daß die bloße Lage eines Hauses im Bergbaubezirke für die Streitfrage, ob ein höherer Abzug als ½ % des Feuerkassenwerts für Abnutzung begründet ist, nicht in Betracht kommt, denn in vielen Fällen tritt eine Wertverminderung der Gebäude durch den unter ihnen betriebenen Bergbau überhaupt nicht ein. Ebensowenig darf, falls wirklich eine Beschädigung der Häuser durch den Bergbau eingetreten ist, die dadurch verursachte Wertverminderung bei der Bemessung der nach § 8 I[4] aaO. zulässigen regelmäßigen Absetzung für Abnutzung berücksichtigt werden, weil diese Wertverminderung mit der Verwendung des Hauses zur Einkommenserzielung oder, wie es im Art. 4 I[4 Abs. 2] aaO. heißt, mit seinem bestimmungsmäßigen Gebrauche nicht im Zusammenhange steht. Dagegen muß in einem solchen Falle, weil bei der Bemessung der Höhe der zulässigen Abschreibung von dem Zustande der Häuser beim Beginne des für die Veranlagung maßgebenden Jahres auszugehen ist, geprüft werden, ob durch die infolge des Bergbaues eingetretene Beschädigung der Bauzustand derselben, insbesondere ihre Standdauer, derartig verringert ist, daß für die Zukunft mit einer höheren Abnutzungsquote gerechnet werden muß. Eine solche ist dann zuzulassen, und zwar gleichviel, ob die Hauseigentümer Ersatz für die infolge des Bergschadens notwendig gewordenen Reparaturen und den dadurch herbeigeführten Minderwert erhalten haben oder nicht.

Nr. 8. Entsch. v. 30. Juni 1913 (OVGSt. **16** 350) IVa 11/13.

Für die Abzugsfähigkeit von Hausreparaturkosten ist nicht entscheidend, wann die Kosten dem Steuerpflichtigen bekannt geworden sind, sondern wann ihre Fälligkeit eingetreten ist. Sie gehören daher zu den Werbungskosten desjenigen Jahres, in dem sie fällig geworden sind.

Nr. 9. Entsch. v. 24. Okt. 1914 (StArch. **18** 26) IVa 95/14.

Betreffen die streitigen Ausgaben nur solche bauliche Änderungen, die zur Beseitigung des Hausschwammes nötig waren, und gehen sie nicht über diesen Zweck hinaus, so sind die betreffenden Ausgaben als Instandhaltungskosten abzugsfähig, weil es sich dann nur um die Beseitigung hervorgetretener Schäden in zweckentsprechender Weise handelt.

3. Einkommen aus Handel und Gewerbe einschließlich des Bergbaus.

b) Berechnung des steuerpflichtigen Einkommens aus Handel und Gewerbe.

Nr. 1. Entsch. v. 28. Okt. 1911 (OVGSt. 16 137) Xd 19—21/11.

1. Der Steuerpflichtige ist als Kommanditist der Kommanditgesellschaft A. & Co. im Bundesstaate B., die ihrerseits an der preußischen einfachen Kommanditgesellschaft L. & Co. als Kommanditistin beteiligt ist, nach § 2 EinkStG. in Preußen beschränkt steuerpflichtig. Sein Einkommen aus der indirekten Beteiligung an der Firma L. & Co. ist von der Berufungskommission nach dem Verhältnisse seiner Beteiligung als Kommanditist der Firma A. & Co. ermittelt. Hierbei hat die Berufungskommission mit einem Reingewinne dieser letzteren als Kommanditistin der Firma L. & Co. von 5500 ℳ gerechnet, während dieser Betrag nur ein Einnahmeposten der Firma A. & Co. ist, von dem ein verhältnismäßiger Teil der Unkosten der Firma in Abzug kommen muß, um ihr Reineinkommen aus der Kommanditbeteiligung, die einen Teil ihres gesamten Gewerbebetriebs bildet, zu finden. Erst dieser so ermittelte Reingewinn der Firma A. & Co. wäre dann nach dem Verhältnisse der Beteiligung des Steuerpflichtigen an ihr zu der Gesamtbeteiligung zu teilen gewesen.

2. Als Werbungskosten, die die Gewinnbeteiligung an der Firma L. & Co. in G. erfordert, kommen einmal die durch diese Beteiligung verursachten speziellen Kosten in Betracht und sodann ein verhältnismäßiger Teil der Generalunkosten, der nach Feststellung des Umfanges des Gewerbebetriebs sowie der gesamten Betriebskosten der Firma A. & Co. eventuell durch Schätzung zu ermitteln ist.

Nr. 2. Entsch. v. 16. März 1912 (OVGSt. 16 151) VIb 55/11.

Streitig ist nur, ob ein Beitrag von 20000 ℳ zum Reservefonds der Brauerei T. dem Steuerpflichtigen, der Miteigentümer der Brauerei ist, als steuerpflichtiges Einkommen angerechnet werden kann. Nach dem Testamente des verstorbenen Vaters des Steuerpflichtigen ist die Brauerei zu T., die Allod des Erblassers war, mit allem Zubehör und den zu Brauereizwecken allodifizierten und erworbenen Grundstücken sämtlichen Söhnen erster und zweiter Ehe als ein Prälegat zu gemeinschaftlichem Eigentume mit gleichen ideellen Anteilen vermacht. Im Interesse ihrer Erhaltung und Verwaltung sind im Testamente grundlegende Bestimmungen aufgestellt.

Die für die Fideikommisse ergangenen Entscheidungen des OVG., nach denen die Überweisungen an eine besondere, der Verwaltung und Nutznießung der Fideikommißbesitzer entzogene Masse auf Grund des § 8 II² EinkStG. abzugsfähig sind, können hier keine Anwendung finden. Die Überweisungen würden vielmehr nur dann als steuerfrei anzusehen sein, wenn sie entweder Werbungskosten nach § 8 I aaO. wären oder eine dauernde Last iS. von § 8 II² darstellen würden. Werbungskosten sind sie schon um deswillen nicht, weil sie einen Teil des Ertrags der Brauerei bilden. Die dauernde Last setzt aber einen Verpflichteten auf der einen und auf der anderen Seite eine als Rechtssubjekt anerkannte berechtigte Person voraus. Zwei Rechtssubjekte stehen sich jedoch hier nicht gegenüber. Der Reservefonds ist kein selbständiges Rechtssubjekt, sondern bildet nur einen Teil des Vermögens der Brauereieigentümer, das von dem Fideikommißinhaber verwaltet wird. Durch die testamentarischen Bestimmungen werden die Erben nur gehindert, den ganzen Ertrag der Brauerei in Anspruch zu nehmen, und gezwungen, einen Teil aufzusparen. Dadurch erhalten die Überweisungen aber nicht den Charakter einer dauernden Last iS. von § 8 II².

Nr. 3. Entsch. v. 19. Febr. 1913 (StArch. 17 52).

EinkStG. § 8.

Ausgaben einer neugegründeten Firma für ihre Eintragung in das Handelsregister sind nicht abzugsfähig. Denn sie betreffen die Einkommensquelle, sind nicht zur Erwerbung, Sicherung und Erhaltung des Ertrages dieser Quelle verwendet und gehören daher gemäß § 8 I Abs. 1 EinkStG. nicht zu den Werbungskosten des Handelsgewerbes.

Nr. 4. Entsch. v. 25. Okt. 1913 (OVGSt. 16 156) XI c 41/13.

EinkStG. § 8.

Die Umänderungen in den Wirtschaftsräumen sind dem Steuerpflichtigen von der Polizeibehörde als Bedingung für die von ihm nachgesuchte Schankerlaubnis auferlegt worden. Die für diese Umänderungen gemachten Ausgaben betreffen daher nicht unmittelbar die Erwerbung, Sicherung und Erhaltung des Ertrags aus seinem Gewerbebetriebe, sondern die Erwerbung der Einkommensquelle, nämlich die Ermöglichung des pachtweisen Betriebs der Schankwirtschaft, sind also keine Werbungskosten iS. des § 8 I EinkStG.

Nr. 5. Entsch. v. 28. März 1914 (OVGSt. 16 157) IVa 382/13.

EinkStG. § 8.

Die Beiträge zum Arbeitgeberschutzverbande sind als abzugsfähige Werbungskosten nach § 8 I EinkStG. anzusehen, wenn es, wie anzunehmen, richtig ist, daß der Verband bezweckt, den Mitgliedern die durch Ausstand und Boykott entstehenden Schäden zu ersetzen. Denn in diesem Falle ist der Beitritt erfolgt, um auch in solchen Zeiten den Ertrag des Betriebs zu sichern.

Nr. 6. Entsch. v. 7. Okt. 1911 (OVGSt. 16 139) IVa 119/11.

Schecks haben schon mit dem Tage ihrer Ausgabe unter den Passiven in der Bilanz des Ausstellers zu erscheinen und schmälern somit den Gewinnsaldo.

Nr. 7. Entsch. v. 15. März 1913 (StArch. 17 37).

Die Berufungskommission durfte nach den eigenen Erklärungen des Steuerpflichtigen annehmen, daß die in Rede stehenden Forderungen erst „nachträglich", d. h. nach dem für die Aufstellung der Bilanz entscheidenden Tage unsicher oder uneinziehbar geworden sind. Bei der Feststellung des Wertes der Außenstände kann aber nur von derjenigen Sach- und Rechtslage ausgegangen werden, die an dem für die Bilanzaufstellung entscheidenden Tage schon vorhanden war; später eintretende Unsicherheiten oder Verluste von Forderungen sind auch erst in den Bilanzen dieser späteren Zeiträume zu berücksichtigen. Die an sich mögliche nachträgliche Berichtigung der Bilanzen kommt daher hier nicht in Frage.

Nr. 8. Entsch. v. 29. März 1913 (DJZ. 19 444) XIII c 76/12.

Enthält der Gesellschaftsvertrag einer offenen Handelsgesellschaft die Bestimmung, daß für die Entnahmen eines Teilhabers auf sein Kapitalkonto bei der Gesellschaft und für seine Zuführungen zu diesem Konto wie im Kontokorrentverkehre Zinsen berechnet werden, so handelt es sich hierbei lediglich um Bestimmungen über die Berechnung und Verteilung des Geschäftsgewinns. Die Zinsen mindern dann oder erhöhen den auf den einzelnen Gesellschafter entfallenden Geschäftsgewinn und sind deshalb nach dem gleichen Zeitraume wie jener Gewinn in Ansatz zu bringen.

Nr. 9. Entsch. v. 16. April 1913 (DJZ. 19 511) XIIIc 99/12.

Führt ein Steuerpflichtiger ein bisher in offener Handelsgesellschaft mit einem anderen betriebenes Handelsgeschäft für seine alleinige Rechnung weiter, so darf er die seinem bisherigen Gesellschafter für dessen vorzeitigen Austritt gezahlte Abfindung nicht unter seinen Aktiven in der Eröffnungsbilanz aufführen, weil ein ihr entsprechender Vermögenswert nicht vorhanden ist; demgemäß ist er auch zu Abschreibungen auf einen solchen Aktivposten nicht berechtigt.

Nr. 10. Entsch. v. 16. April 1913 (DJZ. 19 888) XIc 1/13.

Nur solche Verluste an ausstehenden Forderungen, wie sie in jedem gleichartigen Betriebe vorzukommen pflegen, können bei der Schätzung des Rohverdienstes nach dem Umsatze mit veranschlagt werden, nicht aber außerordentliche Verluste, d. h. Verluste von ungewöhnlicher Höhe. Deshalb kann die Geltendmachung und der besondere Abzug eines außergewöhnlichen Verlustes seitens des Steuerpflichtigen auch keine Höherschätzung des Rohgewinns gegenüber einer früheren Schätzung begründen, sondern nur die Wirkung haben, daß von dem unter Berücksichtigung der gewöhnlichen Verluste geschätzten Rohertrage der außergewöhnliche Verlust noch besonders abgesetzt wird.

Nr. 11. Entsch. v. 15. Okt. 1913 (OVGSt. 16 154) VIIb 8/13.

Eine Forderung gilt allerdings als wirtschaftlich verloren schon dann, wenn sie unbeitreiblich ist, und als unbeitreiblich ist sie schon anzusehen, wenn der Gläubiger nach Lage der Sache sich sagen muß, daß ein Beitreibungsverfahren voraussichtlich ohne Erfolg sein würde. Eine förmliche Feststellung der Zahlungsunfähigkeit der Schuldner durch Zahlungseinstellung oder Konkurseröffnung ist danach nicht erforderlich. Anderseits aber müssen die Verhältnisse, die eine Beitreibung der Forderung verhindern, doch dergestalt in die äußere Erscheinung getreten sein, daß sie nicht nur von den dafür besonders interessierten Personen, wie berufsmäßigen Konkursverwaltern, bemerkt werden konnten, sondern auch innerhalb des Geschäftskreises des Schuldners, insbesondere seiner Geschäftsfreunde und Lieferanten, bemerkbar werden mußten. Erst dann waren letztere in der Lage, mit der Unbeitreiblichkeit ihrer Forderungen zu rechnen und diese dort, wo es darauf ankam, geltend zu machen.

Nr. 12. Entsch. v. 5. Nov. 1913 (StArch. 17 52) XIIb 18/13.

Auch wenn keine den Vorschriften der §§ 38ff. HGB. entsprechende Buchführung vorliegt, kann die fragliche Forderung nur mit ihrem wirklichen Werte am Schlusse des Geschäftsjahres in Ansatz gebracht werden, und zwar, wenn sie unverzinslich ist, unter Abzug der Zwischenzinsen gemäß § 14 ErgStG.

Nr. 13. Entsch. v. 14. März 1914 (OVGSt. 16 148) IIb 145/13.

Bei einer Berechnung des gewerblichen Einkommens durch Gegenüberstellung der Einnahmen und Ausgaben finden die für Inventur und Bilanz geltenden gesetzlichen Vorschriften zwar nicht als solche Anwendung, müssen aber doch insoweit berücksichtigt werden, als sie sich als allgemein gültige wirtschaftliche Grundsätze darstellen. Der steuerpflichtige Gewinn besteht hauptsächlich in dem Überschusse der Einnahmen über die Ausgaben. Daneben muß aber auch geprüft werden, wie sich die übrigen im Geschäfte befindlichen Vermögenswerte außer der Kasse, die die Entwicklung der Einnahmen und Ausnahmen wiedergibt, durch den Betrieb im Laufe des maßgebenden Geschäftsjahrs verändert haben.

Denn auch deren Veränderungen beeinflussen den geschäftlichen Ertrag und bilden einen Gegenfaktor gegenüber den Ausgaben für Warenanschaffungen. Aus diesem Grunde muß neben dem Kassenbestand auch der Bestand der übrigen Aktiva, also namentlich des Warenlagers und der Forderungen, sowie der Passiva, hauptsächlich also der Geschäftsschulden, am Ende des maßgebenden Jahres mit dem am Beginne verglichen werden. Die Differenz bildet Gewinn oder Verlust. Dieser Vergleich kann rechnerisch dadurch bewirkt werden, daß entweder der Bestand der Aktiva am Schlusse des Jahres und der Bestand der Passiva am Beginne desselben auf der Seite der Einnahmen und umgekehrt der Bestand der Aktiva am Beginne des Jahres und der Passiva am Schlusse auf der Seite der Ausgaben verrechnet werden, oder daß die Vermehrung der Aktiva und die Verminderung der Passiva während des maßgebenden Jahres den Einnahmen und umgekehrt die Verminderung der Aktiva und die Vermehrung der Passiva den Ausgaben hinzugerechnet werden. Hierdurch wird dasselbe Ergebnis erreicht, wie wenn man bei einfacher Buchführung die Inventur des maßgebenden Jahres mit der des vorhergehenden vergleicht und hiernach den geschäftlichen Gewinn ermittelt.

Nr. 14. Entsch. v. 15. Nov. 1913 (OVGSt. **16** 150) VIa 137/13.

Die Berufungskommission ist bei der Feststellung des gewerblichen Einkommens offenbar einem Sachverständigen gefolgt, der den Rohgewinn auf 30 % des vom Steuerpflichtigen angegebenen Umsatzes, des Verkaufsumsatzes, geschätzt hat. Dabei hat der Sachverständige aber den Rohgewinn in ein Verhältnis zum Einkaufspreise gebracht, während es hier auf das Verhältnis zwischen Verkaufspreis und Rohgewinn ankam. Der Sachverständige ist auch auf diesen Unterschied in der Schätzungsweise aufmerksam gemacht worden, hat aber darauf nur erklärt, er müsse bei seiner Schätzung auf 30 % des Umsatzes verbleiben, und die von ihm angeführten Beispiele hätten nur den Zweck gehabt, seine Schätzung näher zu begründen. War letzteres aber der Fall, so hat der Sachverständige auch den nach seiner Meinung 30 % betragenden Rohgewinn nach dem Einkaufspreise bemessen, während die Berufungskommission diesen Prozentsatz auf den Verkaufsumsatz bezieht. Auf den Verkaufspreis bezogen würde aber ein Rohgewinn von 30 % Aufschlag auf den Einkaufspreis nur rund 23 % betragen. Das hat die Berufungskommission übersehen.

Nr. 15. Entsch. v. 11. Nov. 1914 (StArch. **18** 47) XIIb 31/14.

ErgStG. § 14; EinkStG. § 13.

Die Vorschrift im § 14 ErgStG. bildet für die Bewertung der Außenstände eines Kaufmanns mit kaufmännischer Buchführung keine Schranke. Hier ist nach §§ 38ff. HGB., auf die im § 13 EinkStG. noch besonders hingewiesen ist, der wirkliche Wert der Forderung maßgebend, und dieser richtet sich jedenfalls nach der Zahlungsfähigkeit des Schuldners, der Fälligkeit und Verzinslichkeit der einzelnen Forderung und dem Stande des Geldmarktes. Unter diesem Gesichtspunkte hätte deshalb die Berufungskommission die Bewertung der in Betracht kommenden Forderungen prüfen müssen. Sie hätte sich fragen müssen, was für einen Geldwert jede einzelne Forderung unter den augenblicklichen Geldverhältnissen für das fortbestehende Geschäft an dem Tage, für den die Bilanz aufgestellt ist, gehabt hat.

Nr. 16. Entsch. v. 25. Nov. 1914 (StArch. **18** 53).

Eine offene Handelsgesellschaft muß die Bewertungen in der Bilanz bis zum Nachweis ihrer Unrichtigkeit gegen sich gelten lassen.

Eine nachträgliche Abschreibung für Abnutzung der Gebäude ist daher nur zulässig, wenn nachgewiesen wird, daß die in den Bilanzen eingestellten Werte der Häuser nicht die wirklichen Werte im Bilanzzeitpunkt sind.

Nr. 17. Entsch. v. 28. Dez. 1914 (StArch. 18 110) IVa 140/14.

1. Die Berufungskommission hat den vom Steuerpflichtigen beanspruchten Abzug des bei dem Verkaufe von Geschäftsanteilen der Ges. m. b. H. „X. X." erlittenen Verlustes versagt, ohne zu erörtern, ob die Geschäftsanteile zum gewerblichen Anlage- und Betriebskapital des Steuerpflichtigen gehörten. Im bejahenden Falle wäre der Verlust abzugsfähig, im verneinenden nicht.

2. Bezüglich des Rennstalles wird die Berufungskommission nochmals unter Beachtung des Beschwerdevorbringens tatsächlich festzustellen haben, ob er mit der Absicht der Gewinnerzielung oder nur aus Liebhaberei zu sportlichen Zwecken unterhalten wird (vgl. OVGSt. **7** 187, **13** 149).

Nr. 18. Entsch. v. 13. Febr. 1915 (StArch. 18 335).

Die behauptete Wertminderung des Verlagsrechtskontos ist in keiner Weise dargetan. Gegenüber dem Vorbringen der Gesellschaft, daß die betreffende Entwertung durch entstandene Konkurrenz verursacht sei, hatte die Berufungskommission auf die zunehmende Steigerung der Erträge hingewiesen. Die Folgerung, daß ein Verlagsrecht in einem Jahre, in dem sich seine Erträge auf mehr als das Doppelte gesteigert hatten, nicht an Wert verloren hat, ist an sich schlüssig und naheliegend. Die Beschwerde hat diese Erwägung der Berufungskommission nicht zu entkräften versucht. Überdies gehört sie im wesentlichen dem der Anfechtung mit der Beschwerde entzogenen tatsächlichen Gebiete an.

Nr. 19. Entsch. v. 9. Juli 1915 (StArch. 18 301) IVa 228/14.

Vertrauensspesen, die einem Kaufmanne gewährt werden, stellen abzugsfähige Werbungskosten dar, hinsichtlich welcher die Vermutung für alleinige Verwendung zu Reisezwecken spricht. Wenn aber, wie im vorliegenden Falle, feststeht, daß von den Spesen auch der ganze persönliche Unterhalt auf der Reise bestritten wird, so trifft diese Vermutung insoweit nicht zu, als durch die Reise Ersparnisse an Haushaltungskosten gemacht werden. Die Berufungskommission hat diese Ersparnis — wie es der Natur der Sache nach geschehen mußte — geschätzt und zwar bei 316 Reisetagen auf 300 *M.* Das Ergebnis dieser Schätzung beruht auf der Würdigung der tatsächlichen Verhältnisse und ist bei der beschränkten Natur des Rechtsmittels der Nachprüfung im Beschwerdeverfahren entzogen. Einen Nachweis dafür, daß die Ausgaben für Kleidung und Wäsche auf der Reise das persönliche Bedürfnis des Steuerpflichtigen überschreiten, hat er nicht erbracht.

4. Einkommen aus gewinnbringender Beschäftigung und aus Rechten auf periodische Hebungen und Vorteile irgendwelcher Art.

a) Aus gewinnbringender Beschäftigung.

α) Bei öffentlichen Beamten, Militärpersonen, Geistlichen und Lehrern.

Nr. 1. Entsch. v. 18. Nov. 1911 (StArch. 17 198).

Unbegründet ist zwar der auf die Vf. des FinM. v. 23. XI. 08 gestützte Beschwerdeangriff, daß zu Unrecht die gesamten im Jahre 1909 von dem Steuerpflichtigen vereinnahmten Gebührenanteile, statt nur 10 % davon, als steuerpflichtiges Einkommen angerechnet seien. Vielmehr bietet die genannte Verfügung keinen Anlaß, von der Rechtsprechung des Gerichtshofes abzuweichen, wonach die Anteile der Gerichtsvollzieher an den Gebühren aus Parteiaufträgen bei dem Einkommen aus gewinnbringender Beschäftigung in voller Höhe in Ansatz zu bringen sind. Denn einerseits regelt die Verfügung nicht die Besteuerung der Gerichtsvollzieher, sondern die für das Ruhen von Militärrenten oder Zivilpensionen vorzunehmende Berechnung ihres Diensteinkommens. Anderseits sind nach ihr 10 % der Gebührenanteile hierbei als Reineinkommen anzurechnen, während nach der Rechtsprechung des Gerichtshofes die vollen Gebührenanteile Roheinkommen bilden, von welchen und den sonstigen Amtsbezügen die Amtsunkosten in Abzug zu bringen sind. Trotzdem konnte aber der Beschwerde der Erfolg aus einem anderen Grunde nicht versagt werden. Außer den zutreffend in voller Höhe als Roheinkommen angerechneten Gebührenanteilen hat die Berufungskommission die Schreibgebühren voll als steuerpflichtiges Einkommen in Ansatz gebracht. Wollte sie dies tun, was der Gerichtshof unter den in OVGSt. 7 380 dargelegten Voraussetzungen nicht beanstandet hat, obwohl die Schreibgebühren streng genommen als Ersatz barer Auslagen (s. §§ 13, 14 GebO. für die Gerichtsvollzieher idFass. v. 20. V. 98) von der Berechnung der Einnahmen ausgeschlossen bleiben, so mußte sie anderseits auch die Auslagen für Schreibkräfte, Schreibmaterialien usw. durch Befragung des Steuerpflichtigen ermitteln und unter den abzugsfähigen Unkosten verrechnen. Der Umstand, daß der Steuerpflichtige solche Ausgaben nicht geltend gemacht hat, entband die Berufungskommission nicht von dieser Pflicht, da der Steuerpflichtige die Schreibgebühren mit Recht nicht als steuerpflichtiges Einkommen erachtet hat und demgemäß auch die durch Anfertigung von Schriftstücken entstandenen Ausgaben nicht abziehen konnte.

Nr. 2. Entsch. v. 27. Mai 1914 (OVGSt. 16 184) IVa 369/12.

EinkStG. § 14.

1. Nach § 22 Abs. 1 Satz 1 GerichtsvollzieherO. idFass. v. 12. VIII. 07, JMBl. 492 „beziehen die Gerichtsvollzieher ein festes Gehalt, den gesetzlichen Wohnungsgeldzuschuß, einen Anteil an den vereinnahmten Gebühren aus Parteiaufträgen (§ 23 Abs. 3), eine Vergütung für die Erhebung von Kosten und Geldstrafen usw. (§ 24 Abs. 2) sowie gewisse Entschädigungen zum Ersatze von baren Auslagen (§ 23 Abs. 2, § 24 Abs. 2, § 64 Abs. 5, § 71 Abs. 2)". Die letzterwähnten „Entschädigungen zum Ersatze von baren Auslagen" sind zur Bestreitung von Dienstaufwand bestimmt. Hierzu gehören im einzelnen folgende Bezüge:

a) die im § 23 Abs. 2 GerichtsvollzieherO. dem Gerichtsvollzieher als „Entschädigung für den Aufwand bei Erledigung von Parteiaufträgen" überlassenen Eingänge an „tarifmäßigen baren Auslagen (§§ 13ff. GebO. für Gerichtsvollzieher)", und zwar:
   - § 13^1: Schreibgebühren (aus Parteiaufträgen),
   - § 13^{2-7} interessieren hier nicht,
   - § 13^8: Reisekosten (aus Parteiaufträgen);

b) die nach § 24 Abs. 2 GerichtsvollzieherO. zum Ersatze der baren Auslagen bei Erledigung amtlicher Aufträge zu gewährende Entschädigung;

c) der nach § 64 Abs. 5 GerichtsvollzieherO. (idFass. v. 16. XII. 01, JMBl. 302) aus der Staatskasse zu leistende Ersatz für bare Auslagen in Armensachen;

d) die nach § 71 Abs. 2 GerichtsvollzieherO. (idFass. v. 6. I. 03, JMBl. 8) aus der Staatskasse bei amtlichen Aufträgen zu zahlende Reiseentschädigung.

Demnach sind insbesondere zur Bestreitung von Dienstaufwand bestimmt: die im § 13^1 GebO. erwähnten Schreibgebühren und die im § 13^8 GebO. und § 71 Abs. 2 GerichtsvollzieherO. erwähnten Entschädigungen für

Reisekosten. Dagegen gehört der Anteil von 31 % an den Gebühren aus Parteiaufträgen nicht zu den in der GerichtsvollzieherO. (§ 22 Abs. 1 Satz 1) bezeichneten „Entschädigungen zum Ersatze von baren Auslagen". Es kann auch nicht angenommen werden, daß dieser Gebührenanteil etwa stillschweigend zur Bestreitung des Dienstaufwandes bestimmt sei. Denn die GerichtsvollzieherO. führt die zum Ersatze von baren Auslagen bestimmten Bezüge ausdrücklich als solche auf; für die Annahme, daß noch andere Bezüge stillschweigend dazu bestimmt seien, fehlt daher die Grundlage.

Eine Vorschrift, daß der 10 % übersteigende Anteil an den Gebühren zur Bestreitung des Dienstaufwandes bestimmt sei, ist weder im Etat noch in der GerichtsvollzieherO. oder in der BesoldungsO. enthalten. Der Gebührenanteil von 31 % ist nach alledem ein gewöhnlicher Dienstbezug, der nicht zur Entschädigung von Dienstaufwand bestimmt ist.

2. Nach § 14 Abs. 3 EinkStG. ist bei „Militärpersonen, Reichsbeamten, unmittelbaren und mittelbaren Staatsbeamten, Geistlichen und Lehrern an öffentlichen Unterrichtsanstalten der zur Bestreitung des Dienstaufwandes bestimmte Teil des Diensteinkommens außer Ansatz zu lassen". Dies gilt auch dann, wenn der Beamte nicht die ganze Dienstaufwandsentschädigung für den bezeichneten Zweck verbraucht. Wie ferner in OVGSt. **12** 178ff. dargelegt ist, empfängt der Staatsbeamte seine Dienstbezüge idReg. nicht als Entgelt für einzelne Dienste, sondern als eine ihm für die Dauer seines Amtes gewährte Unterhaltsrente. Er kann daher bei der Veranlagung des Diensteinkommens regelmäßig keine Werbungskosten von den Dienstbezügen abziehen. Ist ihm eine Dienstaufwandsentschädigung zugebilligt, so bleibt diese zwar nach der Vorschrift des § 14 Abs. 3 außer Ansatz; er darf aber, selbst wenn die Dienstaufwandsentschädigung nicht hinreicht, doch keine weiteren Unkosten von dem steuerpflichtigen Diensteinkommen abziehen. Indessen ist schon in OVGSt. **12** 178 (184) auf den „Ausnahmefall" hingewiesen, daß ein Beamter „Gebühren für einzelne mit Kostenaufwendungen verbundene dienstliche Leistungen bezieht". Auf S. 188 der erwähnten Entscheidung ist hierzu ausgeführt, „daß es auch Staatsbeamte gibt, die, wie zB. die Gerichtsvollzieher, Gebühren für ihre einzelnen Dienstleistungen beziehen, und daß behufs Ermittelung ihres steuerpflichtigen Einkommens aus gewinnbringender Beschäftigung auch die ihnen durch diese Dienstleistungen entstehenden Ausgaben als Geschäftsunkosten in Abzug gebracht werden müssen". Im Anschluß an diese Ausführung ist in OVGSt. **12** 178 noch auf OVGSt. **7** 383, 384 verwiesen, das die Tätigkeit der Gerichtsvollzieher, ebenso wie die der Notare, als eine „werbende oder geschäftliche" bezeichnet und den Abzug der Geschäftsunkosten von den Einnahmen zugelassen hatte. Allerdings war dieses Urteil noch in der Zeit vor dem Erlasse der GerichtsvollzieherO. v. 31. III. 00 (JMBl. 345) ergangen. Nach §§ 17, 18 der letzteren beschränkt sich jetzt die Zuständigkeit des Gerichtsvollziehers idReg. auf den ihm allein zugewiesenen Gerichtsvollzieherbezirk. Damit entfällt jetzt der Umstand, daß die Zuständigkeit des Gerichtsvollziehers nach der damals geltenden GerichtsvollzieherO. v. 23. II. 85 den Landgerichtsbezirk umfaßte, innerhalb dessen er mit allen übrigen Gerichtsvollziehern dieses Landgerichtsbezirks im Wettbewerb um Parteiaufträge stand. Gleichwohl ist die Tätigkeit der Gerichtsvollzieher auch unter der GerichtsvollzieherO. v. 31. III. 00, die mit den dazu ergangenen Nachträgen für den gegenwärtigen Fall in Betracht kommt, noch als eine „geschäftliche" anzusehen. Durch den ihnen zustehenden Anteil an den Gebühren aus Parteiaufträgen, der nach § 23 Abs. 3 GerichtsvollzieherO. (idFass. v. 18. IV. 05, JMBl. 127) für die Orte der Servisklasse A 31 % beträgt, sind sie immer noch an der erfolgreichen Ausführung der Parteiaufträge erheblich interessiert.

Es ist daher auch für die Zeit nach dem Erlasse der GerichtsvollzieherO. v. 31. III. 00 die geschäftliche Natur der Tätigkeit des Gerichtsvollziehers, trotz seiner Beamteneigenschaft, anzuerkennen und daher die Abzugsfähigkeit der Geschäftsunkosten als Werbungskosten iS. des § 8 I EinkStG. anzunehmen.

3. Der sonst für Beamte geltende Grundsatz, daß neben einer Dienstaufwandsentschädigung keine Unkosten abgezogen werden dürfen, findet hiernach auf die Gerichtsvollzieher keine Anwendung. Dagegen gilt auch für sie der allgemeine Grundsatz, daß der Betrag der Dienstaufwandsentschädigung in voller Höhe selbst dann steuerfrei ist, wenn die Unkosten geringer als die Entschädigung sind, wenn also die letztere Ersparnisse ergibt. Reicht jedoch die Entschädigung nicht hin zur Deckung der Unkosten, für deren Bestreitung sie bestimmt ist, so dürfen die Gerichtsvollzieher, abweichend von anderen Beamten, den Mehrbetrag an Unkosten von den übrigen Einnahmen abziehen; dies kommt rechnerisch zum Ausdruck, indem zwar die niedrigere Entschädigung unter den Roheinnahmen mitaufgeführt wird, die höheren Unkosten aber in Gegenrechnung gestellt werden. Sind dagegen die Unkosten niedriger als die Entschädigung, welche zur Bestreitung der betreffenden Unkosten bestimmt ist, so ist die Entschädigung nicht unter den Einnahmen aufzuführen und daher auch der Betrag der Unkosten nicht den Einnahmen gegenüberzustellen.

4. Hinsichtlich der Zehrungskosten muß noch geprüft werden, ob sie in ursächlichem Zusammenhange mit der geschäftlichen Tätigkeit standen, ob sie nämlich dem Zwecke dienten, dem Steuerpflichtigen die Ausübung des Dienstbetriebs zu ermöglichen. Aufwendungen, die er nur gelegentlich der Dienstwege für Essen und Trinken machte, ohne daß sie dem bezeichneten Zwecke dienten, sind nicht abzugsfähig. Es kommt darauf an, ob durch den Dienstbetrieb erhöhte Aufwendungen bedingt wurden.

Nr. 3. Entsch. v. 27. Mai 1914 (OVGSt. 16 193) IVa 145/12.

EinkStG. § 14.

1. Soweit einem Gerichtsvollzieher durch die Ausübung seines Berufes ein Mehrverbrauch an Kleidung gegenüber den persönlichen Bedürfnissen außerhalb des Berufs erwächst, ist der Mehrverbrauch unter den Geschäftsunkosten zu berücksichtigen. Eine besondere Entschädigung für Mehrverbrauch an Kleidung ist unter den Dienstbezügen des Gerichtsvollziehers nicht enthalten. Eine „Dienstkleidung" ist für die Gerichtsvollzieher nicht mehr vorgeschrieben (vgl. die Abänderung des § 26 GerichtsvollzieherO. durch Erl. v. 18. IV. 05, JMBl. 127).

2. Die Kosten für ein Dienstmädchen, das zur Besorgung des Hausstandes an Stelle der im Bureau des Steuerpflichtigen tätigen Ehefrau des letzteren gehalten wird, sind nicht abzugsfähig. Denn diese Kosten dienen dazu, die Erschwernisse, die die Bureauarbeit der Ehefrau für den Haushalt mit sich bringt, zu vermindern oder aufzuheben. Sie gehören daher nicht zu den Geschäftsunkosten.

Nr. 4. Entsch. v. 5. März 1913 (DJZ. 19 105) VIa 331/12.

Beim Einkommen aus Schriftstellerei gehört die Miete für das Arbeitszimmer nur dann zu den Werbungskosten, wenn das Arbeitszimmer in der Hauptsache zu dem Zwecke gemietet ist, darin die schriftstellerischen Arbeiten anzufertigen. Das trifft nicht zu bei einem Beamten, der nur nebenbei schriftstellerisch tätig ist und sein Arbeitszimmer in der Hauptsache zur Erledigung seiner amtlichen Arbeiten braucht.

Nr. 5. Entsch. v. 5. April 1913 (DJZ. 19 511) VIIa 90/12.

Bei einem Regierungsassessor liegt in der Erlangung von fixierten Diäten gegenüber Tagegeldern eine erhebliche Änderung der Art der Dienstbezüge und demnach eine wesentliche Änderung der Einkommensquelle vor.

Nr. 6. Entsch. v. 27. Mai 1914 (Recht 18 672).

Wenn auch durch die Kur die Gesundheit, Dienst- und Erwerbsfähigkeit des Pflichtigen erhalten oder wiederhergestellt sein mag, so ist doch die Abziehbarkeit solcher Pflegekosten durch § 8 III² ausgeschlossen.

Nr. 7. Entsch. v. 29. Juni 1912 (Recht 17 640) IX 4/12.

Der Steuerpflichtige (Zivilökonom) ist vertraglich als Kellner für die Kommandanten- und die Offiziermesse eines Kriegsschiffs gegen einen festen Monatslohn, aus dem nach den „Bestimmungen über die Annahme von Köchen und Kellnern" gewisse Kosten einbehalten und gedeckt werden, angestellt und ist solange Person des Soldatenstandes im Maaten- (Unteroffizier-) Range. Er hat gegen weiter vereinbarte feste Sätze die Verpflegung der Messemitglieder zu besorgen und soll ferner an diese nach gleichfalls bestimmten Preisen den Verschleiß von Bier, Zigarren und Spirituosen erledigen. Alle erforderlichen Waren hat er auf seinen Namen und sein persönliches Konto einzukaufen, so daß der Gewinn und Verlust auf seine Rechnung und Gefahr geht. Hierin liegen die Begriffsmerkmale des Gewerbebetriebs; daher sind die Reinerträge steuerpflichtig. Als steuerfrei nach § 5³ auszuscheiden ist das Militäreinkommen. Der Umstand, daß nach einem früheren FinMErlasse die für Kriegsschiffe verpflichteten Kellner und Köche von der Klassensteuer in dem Umfange des § 5c G. v. 1. V. 51/25. V. 73 frei sein sollten, ist unerheblich, da dieses G. nicht mehr gilt.

Nr. 8. Entsch. v. 9. April 1914 (StArch. 17 211) XIIb 63/13.

Die Kosten, die einem Lehrer durch Fahrten von seiner Wohnung zur Schule entstehen, sind vom Einkommen nicht abzugsfähig. Als Lehrer an einer öffentlichen Volksschule ist der Steuerpflichtige nur berechtigt, von seinem Einkommen den zur Bestreitung des Dienstaufwandes bestimmten Teil des Diensteinkommens abzuziehen. Daß ihm eine Dienstaufwandsentschädigung bewilligt sei, hat er aber nicht dargetan.

Nr. 9. Entsch. v. 29. März 1913 (OVGSt. 16 197) Ic 63/12.

EinkStG. §§ 9, 14.

1. Die Ansicht der Beschwerde, daß das Einkommen aus dem Pfarrlande nicht Einkommen aus Grundvermögen, sondren lediglich Einkommen aus gewinnbringender Beschäftigung als Pfarrer sei und daß das ganze Diensteinkommen in Höhe seiner Festsetzung durch die Kirchenbehörde und den Regierungspräsidenten gemäß G. v. 26. V. 09 auch als steuerpflichtiges Einkommen zu gelten habe, ist rechtsirrig. Denn die Festsetzung des Diensteinkommens in Gemäßheit des PfarrBesG. v. 26. V. 09 (GS. 343) dient ganz anderen Zwecken als denen der staatlichen Einkommenbesteuerung. Für letztere sind die Bestimmungen des EinkStG. maßgebend. Nach diesen bildet das Einkommen aus den dem Pfarrer zur Nutzung überwiesenen Ländereien Einkommen aus Grundvermögen und ist nach den dafür geltenden Bestimmungen des EinkStG. zu ermitteln. Das neue PfarrBesG. von 1909 hat die bisherige Rechtslage in nichts geändert. Es liegt auch nicht etwa der Fall des Art. 21 ³ ᴬᵇˢ· ² AAnw. v. 25. VII. 06 bei dem Steuerpflichtigen vor, daß nämlich für das Dienstland ein Abzug an der Besoldung stattfände — wie es bei den Lehrern an den öffentlichen Volksschulen geschieht (§ 30 G. v. 26. V. 09, GS. 93) —, in welchem Falle einerseits kein Einkommen aus dem Dienstlande anzusetzen, anderseits aber auch der Besoldungsabzug nicht vom Einkommen abzurechnen ist.

2. Was im übrigen das Einkommen des Steuerpflichtigen als Pfarrer anlangt, so ist dies nach §§ 9 und 14 EinkStG. zu bemessen. Es kommt also nicht

auf die Zahlenangaben der bischöflichen Behörde an, sondern auf das Ergebnis des Kalenderjahrs 1910, insbesondere ist für den Mittags- und Abendtisch des Kaplans soviel abzurechnen, als der Steuerpflichtige tatsächlich dafür aufgewandt hat. Kann dieser Betrag nicht ziffermäßig nachgewiesen werden, so muß er durch Schätzung ermittelt werden.

β) Bei anderen Berufen.

Nr. 1. Entsch. v. 29. Juni 1912 (OVGSt. **16** 175) VIIIa 13/12.

EinkStG. § 14.

Der ortsübliche Mietwert kommt bei dem Einkommen aus gewinnbringender Beschäftigung nur bei Dienstwohnungen in Betracht, und Dienstwohnungen haben nur öffentliche Beamte. Das Einkommen der Privatbediensteten aus dem Rechte auf freie Wohnung ebenfalls nach dem ortsüblichen Werte der ihnen gewährten Wohnung zu bemessen, erscheint dagegen mangels einer gesetzlichen Vorschrift unzulässig. Nach dem im OVGSt. **12** 146 ausgesprochenen Grundsatze kommt es vielmehr in diesem Falle darauf an, welchen Wert die freie Wohnung für den Berechtigten hat.

Nr. 2. Entsch. v. 1. März 1911 (OVGSt. **16** 176) Ia 103/10.

EinkStG. §§ 8, 14.

Obwohl an sich die freie Wohnung, die als Entschädigung für eine gewinnbringende Beschäftigung gewährt wird, einen neben der baren Einnahme gemäß § 14 EinkStG. steuerpflichtigen Naturalbezug darstellen kann, so ist dies doch selbstverständlich dann nicht der Fall, wenn der Steuerpflichtige berechtigt erscheint, die Kosten der Beschaffung einer Wohnung als Werbungskosten in Abzug zu bringen. Ein solcher Fall liegt hier vor, da der Steuerpflichtige die Wohnung in K. lediglich zwecks Erwerbung seines Einkommens aus der gewinnbringenden Beschäftigung für sich allein braucht, während er mit seiner Familie seinen Wohnsitz in W. hat. Ebenso wie die Kosten der Beschaffung einer nur für die gewinnbringende Beschäftigung außerhalb seines Wohnorts bestimmten Wohnung zu den nach § 8 aaO. abzugsfähigen Werbungskosten gehören würden, darf auch der Wert der vom Arbeitgeber gewährten freien Wohnung in solchem Falle nicht als steuerpflichtiges Einkommen angesehen werden.

Nr. 3. Entsch. v. 6. Nov. 1912 (OVGSt. **16** 169) VIIa 65/12.

Nicht nur bei der Ermittelung des gewerblichen Einkommens, sondern auch bei der Ermittelung des Einkommens aus gewinnbringender Beschäftigung, zB. aus zahnärztlicher Tätigkeit, sind die Anschaffungskosten von Materialien zur Ausübung der Berufstätigkeit im letztvorangegangenen Kalenderjahre voll in Ausgabe zu stellen; daneben sind aber die am Ende dieses Jahres noch vorhandenen Materialien mit ihrem Werte in Einnahme und der Wert der aus den Vorjahren in das letzte Jahr übernommenen Materialien in Ausgabe zu bringen.

Nr. 4. Entsch. v. 17. Jan. 1914 (StArch. 18 26).

Die einem Angestellten aus Anlaß seines Geschäftsjubiläums gezahlte Gratifikation bildet steuerpflichtiges Einkommen aus gewinnbringender Beschäftigung.

Nr. 5. Entsch. v. 14. Febr. 1914 (OVGSt. **16** 177) Xb 30/13.

EinkStG. §§ 7, 14.

Entscheidend für die Frage der Steuerpflichtigkeit der Jubiläumsgratifikation ist, ob sie als eine Besoldung gemäß § 14 EinkStG. oder als eine außerordentliche Einnahme aus einer Schenkung nach § 7 aaO. anzusehen ist. Eine feste Grenze zwischen diesen beiden Auffassungen läßt sich für alle Fälle derartiger Zuwendungen nicht ziehen. Im vorliegenden Falle ließe sich die Steuerpflichtigkeit nur vom Gesichtspunkte der Besoldung aus rechtfertigen, worunter jede einem Steuerpflichtigen für seine Tätigkeit zugesicherte oder tatsächlich gewährte Gegenleistung zu verstehen ist (vgl. Art. 21² AAnw. v. 25. VII. 06).

Die Eigenschaft einer Gegenleistung für die Tätigkeit der Beamten und Angestellten der Bank trifft im vorliegenden Falle nicht zu. Schon die besondere Art der Aufbringung der Mittel für diese Jubiläumsgabe deutet auf einen außerordentlichen, einmaligen Akt der Schenkung hin. Die früher geleisteten Dienste mögen ein Beweggrund für die Jubiläumsgratifikation gewesen sein, da diese entsprechend der Art und Dauer der Beschäftigung der einzelnen Beamten und Angestellten bemessen ist. Dies genügt aber nicht, um die Zuwendung zu einer Gegenleistung für ihre Tätigkeit zu machen. Es ist auch nicht richtig, daß bei denjenigen Beamten und Angestellten der Bank, die in früheren Jahren regelmäßig eine Weihnachtsgratifikation erhalten haben, an die Stelle dieser die Jubiläumsgratifikation getreten ist; die Weihnachtsgratifikation ist vielmehr im Jahre 1911 ganz in Wegfall gekommen. Der rechtliche Charakter der Jubiläumszuwendung muß auch der gleiche sein, mag der Beamte oder Angestellte sonst eine Weihnachtsgratifikation erhalten haben oder nicht. Die Jubiläumsgratifikation stellt sich daher im vorliegenden Falle als eine außerordentliche Einnahme aus einer Schenkung dar, die nach § 7 EinkStG. als Vermehrung des Stammvermögens steuerfrei zu lassen ist.

Nr. 6. Entsch. v. 11. März 1914 (StArch. 17 241) XIc 21/14.

Der Umstand, daß die Dienstherrin des Steuerpflichtigen solchen Beamten, die das Dienstverhältnis vor Weihnachten gekündigt haben, die Weihnachtsgratifikation nicht zu gewähren pflegt, schließt keineswegs aus, daß es sich bei den tatsächlich gewährten Gratifikationen um ein Entgelt für geleistete Dienste handelt, wenngleich ein Rechtsanspruch auf sie nicht besteht. Dies ist nach Art. 21² AAnw. v. 25. VII. 06 nicht erforderlich. Die Entscheidungen des OVG., die der Steuerpflichtige in seiner Beschwerde anscheinend im Auge hat, beziehen sich auf Leistungen (Ruhegehälter oder Unterstützungen), die ein gewerblicher Unternehmer seinen früheren Angestellten nach Beendigung des Dienstverhältnisses gewährt, und für die es ohne besonderen Rechtsanspruch an einer Einkommensquelle fehlen würde, während hier Leistungen während des noch bestehenden Dienstverhältnisses in Betracht kommen, die auf diesem Verhältnis als Quelle beruhen. Welche Organe der Bergwerksgesellschaft H. über die Weihnachtsgratifikation zu entscheiden haben, ist für deren rechtlichen Charakter völlig belanglos.

Nr. 7. Entsch. v. 28. Mai 1913 (OVGSt. 16 171) XIIId 25/13.

1. Der Steuerpflichtige ist im März 1912 in T. zugezogen, um dort die Bauleitung bei einem Brückenbaue zu übernehmen. Nach seiner Angabe erhält er außer dem im Anstellungsvertrage festgesetzten Gehalte von 4800 M eine Bauzulage in Höhe von jährlich 1440 M als Ersatz der Unkosten, die dem Bauleiter durch Übernahme einer Bauleitung an einem vom Sitze der Firma entfernten Orte erwachsen. Die Hälfte der Zulage hat er als steuerpflichtiges Einkommen angegeben, die andere Hälfte sieht er als Werbungskosten in seinem Beruf an, die ihm nach seiner Behauptung a) durch den Umzug in Höhe

von 400 M, b) durch die infolge des Umzugs veranlaßte Möbelabnutzung im Betrage von 200 M, c) im übrigen durch den Mehraufwand an Kleidungsstücken erwachsen.

2. Was die Umzugskosten anlangt, so handelt es sich nach Angabe des Steuerpflichtigen nicht um solche zur Erwerbung der Stellung, also der Einkommensquelle, sondern um Ausgaben, die ihm innerhalb der Einkommensquelle aus Anlaß seiner von der Aktiengesellschaft bestimmten Verwendung an einem auswärtigen Orte entstehen. Die Berufungskommission hätte deshalb durch Erforderung einer Auskunft von der Prinzipalin des Steuerpflichtigen feststellen müssen, inwieweit es sich bei der in Rede stehenden Bauzulage um eine Entschädigung handelt, welche ihm seitens der Firma für die ihm durch die Bauleitung in T. entstehenden Unkosten gewährt wird. Denn die den Privatbeamten zur Bestreitung vertragsmäßiger Verrichtungen zugebilligten Entschädigungen sind gleich der Dienstaufwandsentschädigung der öffentlichen Beamten außer Ansatz zu lassen, wenn auch mit der Abweichung, daß die Privatbeamten auf Erfordern den Nachweis für die bestimmungsmäßige Verwendung der ihnen gewährten Entschädigungen in voller Höhe zu führen haben (Art. 22² AAnw. v. 25. VII. 06) und die ihnen aus dieser Veranlassung erwachsenden Ausgaben nicht als Dienstaufwand iS. des § 14 Abs. 3 EinkStG. anzusehen sind, vielmehr die Natur von Werbungskosten (§ 8 I des G.) haben.

3. Nach Rückgabe der bei freier Beurteilung nicht spruchreifen Sache zur anderweiten Entscheidung hat die Berufungskommission unter Beachtung der vorstehenden Ausführungen und Mitberücksichtigung des Beschwerdevorbringens über den Streitpunkt von neuem zu entscheiden. Will sie dem Antrage des Steuerpflichtigen nicht folgen, so wird sie in Verhandlung mit ihm zu ermitteln haben, welche Ausgaben und Verluste ihm durch den Umzug nach T. entstanden sind, wozu auch Beschädigungen an Möbeln zu rechnen sind, und welche Mehraufwendungen an Kleidung ihm durch seinen Beruf tatsächlich erwachsen.

Nr. 8. Entsch. v. 17. Mai 1913 (OVGSt. 16 173) VIIa 8/13.

Die Berufungskommission hat den vom Steuerpflichtigen beanspruchten Abzug von 900 M für Auslagen bei Reisen zu Ärzten zwecks Zuweisung von Patienten an ihn versagt, weil die Ausgabe als eine zur Erwerbung, Sicherung und Erhaltung des Einkommens erforderliche nicht angesehen werden könne. Es kommt aber für die Entscheidung der Frage, ob eine Ausgabe zu den Werbungskosten gehört, nicht darauf an, ob sie zur Erwerbung, Sicherung und Erhaltung des Einkommens erforderlich, sondern ob sie zu diesem Zwecke gemacht ist. Soweit dies zutrifft, sind die Werbungskosten, weil sie die Erwerbung und Erhaltung des Einkommens als Badearzt betreffen, nicht die Quelle allein.

Nr. 9. Entsch. v. 29. April 1914 (StArch. 17 317) XIIb 48/13.

EinkStG. § 8.

Der Beitrag eines Handlungsgehilfen für Versicherung gegen Stellenlosigkeit ist nicht abzugsfähig, denn er gehört weder zu den Werbungskosten der hier in Betracht kommenden Einkommensquelle der gewinnbringenden Beschäftigung iS. des § 8 I EinkStG., noch bildet er eine nach § 8 II² aaO. abzugsfähige dauernde Last, ist vielmehr als Aufwendung zur Befriedigung persönlicher Bedürfnisse (§ 8 III² aaO.) nicht abzugsfähig, weil der vorbezeichnete Verband nicht zu den in § 8 II² aaO. aufgeführten Kassen gerechnet werden kann.

Nr. 10. Entsch. v. 7. Nov. 1914 (StArch. 18 109) IVa 127/14.

1. Die Kosten für eine besondere Schutzkleidung bei der Arbeit sind Werbungskosten, selbst wenn durch die Schutzkleidung die andere Kleidung geschont wird.

2. Ferner hat die Berufungskommission nicht aufgeklärt, ob von den zum Abzuge beanspruchten Beiträgen zu der Versicherung im Verbande der deutschen Buchdrucker nicht wenigstens ein Teil abziehbar ist. In OVGSt. **12** 239 ist zwar die Zulässigkeit des Abzuges der Beiträge an den Verband der deutschen Buchdrucker auf Grund des Statuts dieses Verbandes vom Jahre 1899 verneint. Es fragt sich aber, ob der Verband inzwischen seine Statuten geändert hat, daß die Beitragspflichtigen einen Rechtsanspruch auf Gegenleistung iF. der Krankheit und Invalidität und seine Hinterbliebenen auf ein Sterbegeld haben. Um dies prüfen zu können, hätten die geltenden Statuten des Verbandes eingesehen werden müssen.

3. Die Frage, ob Fahrgelder von der Wohnung zur entfernten Arbeitsstelle und zurück abzugsfähige Betriebskosten sind oder nicht, ist danach zu entscheiden, ob der betreffende Steuerpflichtige aus wirtschaftlichen Gründen genötigt ist, an einem anderen Orte oder an demselben in so großer Entfernung von der Arbeitsstelle zu wohnen, daß er den Weg zu dieser zu Fuß zurückzulegen nicht imstande ist, oder ob er aus prsönlichen Rücksichten seine Wohnung in so entfernter Lage gewählt hat.

Nr. 11. Entsch. v. 29. Mai 1915 (StArch. 19 9) XIIb 7/15.

Wird dem Gesellschafter und Geschäftsführer einer Ges. m. b. H. alljährlich ein bestimmter Betrag gutgeschrieben, so bildet dieser Betrag steuerpflichtiges Einkommen, auch wenn der Steuerpflichtige über die gutgeschriebenen Beträge vor Ablauf eines gewissen Zeitraums nicht verfügen kann. Ob es sich hierbei um eine Gegenleistung für die Tätigkeit als Geschäftsführer oder um eine vertragsmäßige wiederkehrende Leistung seitens des anderen Gesellschafters an den Steuerpflichtigen handelt, ist ohne Belang; denn steuerpflichtiges Einkommen bildet der ihm vertragsmäßig zugesicherte Vorteil immer, entweder aus gewinnbringender Beschäftigung, oder aus Kapitalvermögen (aus der Quelle als Gesellschafter der Ges. m. b. H.), oder aus einem Rechte auf periodische Hebungen.

γ) Dienstaufwand.

Nr. 1. Entsch. v. 8. Nov. 1911 (OVGSt. 16 199) XIIb 4/11.

EinkStG. § 14.

1. Nach dem geltenden Rechte (§ 14 Abs. 2 EinkStG.) und dessen Auslegung (Art. 21³ Abs. 2–4 AAnw. v. 25. VII. 06; OVGSt. **1** 111ff.; Erl. v. 8. II. 97, Mitt. **34** 4) ist zu unterscheiden zwischen bezahlten und freien Dienstwohnungen, d. h. zwischen Dienstwohnungen, für die eine Vergütung durch einen Abzug von der Besoldung oder durch den Verlust des Wohnungsgeldzuschusses zu entrichten ist, und solchen, bei welchen dies nicht der Fall ist. Nur im ersteren Falle kommt nach § 14 Abs. 1 EinkStG. ein besonderes Einkommen aus Dienstwohnungen nicht in Ansatz, sondern es ist mit der vollen Besoldung einschließlich des tarifmäßigen Wohnungsgeldzuschusses zu rechnen. Im zweiten Falle dagegen ist nach § 14 Abs. 2 aaO. das Einkommen aus Dienstwohnungen nach dem ortsüblichen Mietwerte, jedoch nicht höher als mit 15 % des baren Gehalts in Ansatz zu bringen.

2. Anlangend die vom Steuerpflichtigen beanspruchten Abzüge für die bauliche Unterhaltung der Dienstwohnung wird bemerkt, daß, sofern

Art. 21 [3] Abs. 2 u. 3 AAnw. in Frage kommt, der Wohnungsgeldzuschuß in voller Höhe in Ansatz zu bringen ist, dagegen der Wert der Dienstwohnung sowie die etwaigen Auflagen überhaupt nicht zu berücksichtigen sind. Ist dagegen Art. 21 [3] Abs. 4 aaO. maßgebend, so ist der ortsübliche Mietwert unter Berücksichtigung der dem Inhaber der freien Dienstwohnung obliegenden Lasten zu ermitteln und mit höchstens 15 % des baren Gehalts in Ansatz zu bringen.

Nr. 2. Entsch. v. 14. Mai 1913 (OVGSt. **16** 201) Ib 31/13.

Der Steuerpflichtige bezieht nicht den ihm zustehenden Wohnungsgeldzuschuß, sondern hat an Stelle desselben eine Dienstwohnung inne. Demgemäß ist ihm nach § 14 Abs. 1 EinkStG. der volle Betrag des gesetzlichen Wohnungsgeldzuschusses als steuerpflichtig anzurechnen. Wenn die Berufungskommission den Mietwert der freien Wohnung als steuerpflichtig angesehen hat, so ist das rechtsirrig. Denn die Bestimmung im § 14 Abs. 2 aaO., nach welcher das Einkommen aus Dienstwohnungen nach dem ortsüblichen Mietwerte, jedoch nicht höher als mit 15 % des baren Gehalts in Ansatz zu bringen ist, bezieht sich nur auf die Fälle, in welchen ein Beamter eine freie Dienstwohnung inne hat. Entrichtet der Beamte dafür durch den Verlust des ihm zustehenden Wohnungsgeldzuschusses eine Vergütung, so ist nicht der Wert der Wohnung, wohl aber der volle Betrag des Wohnungsgeldzuschusses anzurechnen, und zwar ohne Rücksicht darauf, ob die Wohnung mehr oder weniger wert ist als der Wohnungsgeldzuschuß beträgt.

Nr. 3. Entsch. v. 17. Mai 1913 (DJZ. **19** 999) XIIa 66/12.

Für die Feststellung des derzeitigen Mietwerts der Dienstwohnung eines Bürgermeisters kommt der Betrag, zu welchem der pensionsfähige Wert der Wohnung angesetzt ist, nicht in Betracht. Die Entschädigung, die die zu Amtsanwälten ernannten Vorsteher der Gemeindeverwaltung am Sitze des Amtsgerichts erhalten, wird für die persönliche Mühewaltung und zur Deckung der sächlichen Unkosten als Pauschquantum gewährt.

Nr. 4. Entsch. v. 18. Febr. 1911 (OVGSt. **16** 202) III 29/10.

Die Berufungskommission hat einer dem Steuerpflichtigen neben seinem Gehalte für die Dauer der Ausübung seiner Funktion als Steuererheber zustehenden pensionsfähigen Zulage von 500 *M* jährlich den Charakter eines nach § 14 EinkStG. einkommensteuerfreien Dienstaufwandes mit der Begründung abgesprochen, daß es unerheblich sei, ob der Magistrat zu B. jene 500 *M* als Dienstunkostenentschädigung bezeichne, daß vielmehr die Tatsache ihrer Anrechnung bei Ermittelung des pensionsfähigen Einkommens für die Beurteilung als steuerpflichtiges Einkommen entscheidend sei. Sie hat dem Umstande der Pensionsfähigkeit jener 500 *M* eine zu weitgehende Bedeutung beigemessen. Wenn in OVGSt. **12** 178 unter anderem auch das PensG. in Bezug genommen ist und es am Ende heißt: „Dagegen wird dies (nämlich die Eigenschaft einer im Gehalte steckenden Dienstaufwandsentschädigung) zu verneinen sein, wenn trotzdem das ganze Gehalt bei der Berechnung des pensionsfähigen Einkommens jener Beamtenklasse zugrunde zu legen ist", so bezieht sich diese Erwägung nur auf Fälle, wo es zweifelhaft sein kann, ob dem Beamten ein Dienstaufwand bewilligt ist oder nicht. Zu solchem Zweifel geben aber die Akten keinen besonderen Anlaß, weil das darin befindliche Schreiben des Magistrats, in welchem dem Steuerpflichtigen die 500 *M* bewilligt wurden, sie ausdrücklich als „Dienstunkostenentschädigung" bezeichnete. Dieser Teil der Besoldung ist daher nicht zur Einkommensteuer heranzuziehen.

Nr. 5. Entsch. v. 10. Mai 1911 (Recht 18 177).

EinkStG. § 14.

Die Kassierer bei der Reichshauptbank fallen unter § 14 Abs. 3 EinkStG., dürfen also bei Ermittlung des steuerpflichtigen Betrags ihres Diensteinkommens nur den zur Bestreitung des Dienstaufwands ziffermäßig bestimmten Teil und mangels ziffermäßiger Festsetzung nur diejenigen Ausgaben abziehen, zu deren Bestreitung das Diensteinkommen ausdrücklich oder stillschweigend mitbestimmt ist. Laut Bescheinigung des Präsidenten des Reichsbankdirektoriums ist die hier in Rede stehende „Funktionszulage" in der Erwägung bewilligt, daß durch die Tätigkeit der Kassierer ein besonderer, im Verhältnisse zu anderen Beamten größerer Aufwand für Kleidung und Lebensunterhalt bedingt werde. Danach ist der Betrag steuerfreie Dienstaufwandsentschädigung, gleichgültig, ob er zu den gedachten Zwecken verbraucht wird. Dagegen hat OVGSt. **2** 131ff. den Fall im Auge, daß die mit dem Amte verbundenen höheren Ausgaben aus dem Gehalt zu bestreiten sind und nicht ein Teil davon als Dienstaufwand bestimmt ist.

Nr. 6. Entsch. v. 27. Mai 1914 (OVGSt. 16 194) IVa 218/13.

EinkStG. § 14.

1. Nach § 14 Abs. 3 EinkStG. ist bei unmittelbaren und mittelbaren Staatsbeamten der zur Bestreitung des Dienstaufwandes bestimmte Teil des Diensteinkommens außer Ansatz zu lassen. Nach der Auslegung dieser Vorschrift durch die vereinigten Steuersenate in OVGSt. **12** 178ff. kommt es darauf an, ob die zuständige Behörde hinsichtlich der Bezüge eines Beamten ausdrücklich oder stillschweigend die Bestimmung getroffen hat, daß dem Beamten mit seinen Bezügen zugleich eine Dienstaufwandsentschädigung zuteil werden solle. Die Berufungskommission hätte daher im vorliegenden Falle durch Benehmen mit dem Magistrate der Stadt N. feststellen müssen, ob hinsichtlich der Gebühren der städtischen Vollziehungsbeamten ausdrücklich oder stillschweigend die Bestimmung getroffen worden ist, daß die Gebühren in bezug auf entstehende Fehlgelder eine Entschädigung für Dienstaufwand enthalten sollten. Die Berufungskommission durfte aber nicht den Gebühren die Eigenschaft einer Dienstaufwandsentschädigung schon deshalb absprechen, weil sie nicht im Normalbesoldungsplan als derartige Entschädigung bezeichnet waren.

2. Der Steuerpflichtige hat sich noch auf die besonderen Rechtsgrundsätze berufen, welche für die Veranlagung des Diensteinkommens der Gerichtsvollzieher gelten. Indessen treffen diese Grundsätze nicht auf einen Vollziehungsbeamten zu, der lediglich Aufträge seiner vorgesetzten Dienstbehörde ausführt, also nicht, wie der Gerichtsvollzieher, die Aufträge von Parteien erledigt. Gerade in bezug auf die Aufträge der Parteien üben die Gerichtsvollzieher noch immer eine geschäftliche Tätigkeit aus, wenn auch die in der Berufungsentscheidung erwähnte Zuständigkeit aller Gerichtsvollzieher für den gemeinsamen Landgerichtsbezirk durch die GeschAnw. v. 31. III. 00 (§ 18 Abs. 1) beseitigt ist.

Nr. 7. Entsch. v. 24. Okt. 1914 (Recht 19 142) IX 83/13.

Was den Charakter der Bauzulage der bei der Erweiterung des Kaiser-Wilhelms-Kanals beschäftigten Beamten anderer Verwaltungen als Dienstaufwandsentschädigung anlangt, so war zu prüfen, ob dem Beamten mit der Bauzulage von 400 ℳ eine Dienstaufwandsentschädigung im festen Betrage der ganzen Summe oder ob ihm damit wenigstens gleichzeitig mit der Vergütung für seine Leistungen eine der Höhe nach unbestimmte Dienstaufwandsentschädigung für gewisse Aufwendungen aus Anlaß des Dienstes zuteil werden sollte. Die Auskunft des Reichskanzlers (Reichsamt des Innern) besagt, daß die Bauzulage nicht wohl eigentlich Dienstaufwandsentschädigung sei, immerhin außer einer Vergütung für die besonderen Arbeitsleistungen beim Kanalbau auch eine Entschädigung für die durch die Beurlaubung erwachsenden wirtschaftlichen und sonstigen Nachteile, die durch die vorübergehende Wohnsitzverlegung bedingt seien. Danach ist die Bauzulage teils Vergütung für Arbeitsleistungen, teils und insoweit steuerfrei — Dienstaufwandsentschädigung.

Nr. 8. Entsch. v. 7. April 1915 (StArch. 18 217).

Die bare Dienstaufwandsentschädigung der regulierten Oberförsterstellen soll nach Auskunft des Landwirtschaftsministers grundsätzlich alle Unkosten des Dienstes einschließlich der der Haltung des Dienstgespannes decken, während das Dienstland dieser Stellen nur einem notwendigen wirtschaftlichen Bedürfnis und nicht dem Zwecke dienen soll, dem Oberförster ein Einkommen oder einen Zuschuß zu den Aufwendungen für den Dienst zu gewähren. Das für die regulierten Dienstländereien von dem Stelleninhaber zu zahlende Nutzungsgeld ist demgemäß auch über den früher als Norm geltenden Grundsteuerreinertrag hinaus im Anhalt an die Pachtaufkommen festgesetzt worden, die von gleichwertigen und gleichbewirtschafteten Grundstücken der Nachbarschaft, u. a. auch von in der Nähe gelegenen Königlichen Domänen erzielt werden. Die Annahme einiger Oberförster, „daß seit den in neuerer Zeit erfolgten Regulierungen der Oberförsterstellen den Stelleninhabern die Nutzung von Dienstland in vollem Umfange als Dienstaufwandsentschädigung für die Kosten des Dienstfuhrwerks gewährt worden sei, so daß von da ab jenes Einkommen unterschiedslos in ganzer Höhe steuerfrei zu bleiben hätte", beruht auf einem Mißverstehen der Bestimmungen.

Hiernach ist von dem Diensteinkommen der Inhaber einer regulierten Stelle nur noch die bare Dienstaufwandsentschädigung steuerfrei zu lassen. Die in OVGSt. **2** 402, **6** 342 und **15** 169 aufgestellten Grundsätze für die Behandlung des Einkommens aus Dienstländereien als ergänzungsweisen Dienstaufwand haben für regulierte Stellen ihre Geltung verloren.

Ob der Steuerpflichtige mit der ihm zustehenden baren Dienstaufwandsentschädigung alle Unkosten des Dienstes bestreiten kann, ist unerheblich. Soweit ihm eine Dienstaufwandsentschädigung nicht zusteht, muß er die ihm durch den Dienst entstehenden Ausgaben aus seinem Diensteinkommen decken, ohne sich dafür bei seiner Veranlagung zur Einkommensteuer Abzüge von seinem Einkommen machen zu dürfen.

b) Aus Rechten auf periodische Hebungen und Vorteile irgendwelcher Art.

Nr. 1. Entsch. v. 20. Okt. 1913 (OVGSt. **16** 161) IVa 124/13.

EinkStG. §§ 8, 14.

1. Der einem Verletzten auf Grund des HaftpflG. zustehende Rentenanspruch entsteht nicht erst durch ein die Höhe der Jahresrente festsetzendes richterliches Urteil. Durch letzteres wird nur festgestellt, daß der Anspruch besteht. Die Rente bildet die fortlaufende Entschädigung für die durch den Unfall entstandene Erwerbseinbuße und ist als Einkommen aus einem Rechte auf periodische Hebungen nach § 14 EinkStG. beim Empfänger steuerpflichtig. Die Ansicht des Beschwerdeführers, daß es sich bei der Rente um eine „außerordentliche Einnahme" handele, die nach § 7 aaO. nicht als steuerpflichtiges Einkommen gelte, ist rechtsirrtümlich. Unzutreffend ist auch der Hinweis auf die

Steuerfreiheit der Verstümmelungszulagen (§ 5[6] EinkStG., § 40 Abs. 3 Mannschaftsversorgungs G. v. 31. V. 06 und Art. 18 ReichsG. v. 22. V. 93). Es sind hiervon nur militärische Versorgungsgebührnisse betroffen.

2. Mit Recht hat ferner die Berufungskommission die Abzugsfähigkeit der Prozeßkosten verneint. Es handelt sich um Kosten, die von dem Steuerpflichtigen nach den Urteilen des OVG. und des RG. zu tragen sind, weil er unbegründete Mehrforderungen gegen die Straßenbahngesellschaft erhoben hatte. Diese Kosten können nicht etwa als Werbungskosten in Abzug gebracht werden. Sie betreffen vielmehr die Einkommensquelle (vgl. § 8 III[1] EinkStG.).

Nr. 2. Entsch. v. 5. Juli 1913 (OVGSt. 16 179) XIIIb 41/13.

EinkStG. § 14.

1. Als steuerpflichtiges Einkommen gelten nur solche fortlaufende Hebungen, die auf einem besonderen Rechtstitel beruhen, auch wenn sie später widerrufen werden können. Zuwendungen, deren Entrichtung überhaupt oder deren Betrag von dem freien Willen des Gebers abhängt, sind, auch wenn sie sich tatsächlich wiederholen, zur Anrechnung nicht geeignet (Art. 23[2] AAnw. v. 25. VII. 06).

2. Daß der Pflichtige, ein Geschäftsführer einer Ges. m. b. H., das Ruhegehalt auf Grund seines Dienstvertrags zu fordern gehabt hätte, ist von keiner Seite behauptet worden. Wenn ferner dem Pflichtigen das Ruhegehalt in Anerkennung der der Dienstherrin während der Zeit seiner Arbeitsfähigkeit geleisteten Dienste bewilligt worden ist, so liegt darin noch kein nachträgliches Abkommen darüber, daß der Pflichtige das Ruhegehalt als eine von der Dienstherrin für die ihr geleisteten Dienste schuldige Gegenleistung erhalte. Schließlich kommt auch nicht etwa eine Abfindung für die vorzeitige Lösung des Dienstverhältnisses in Frage, weil eine solche Abfindung nicht einseitig von der Dienstherrin hätte bestimmt werden können. Das in der Bewilligung des Ruhegehalts liegende Rechtsgeschäft kann also nur eine Schenkung sein, und diese ist mangels der vorgeschriebenen Form nichtig (§§ 518 und 125 BGB.).

3. Es bestand beim Beginne des Steuerjahrs also kein Rechtstitel, auf dem die Ruhegehaltsbezüge beruhten, vielmehr war deren Entrichtung von dem freien Willen der Dienstherrin abhängig. Die tatsächlichen Ruhegehaltsbezüge stellen also kein steuerpflichtiges Einkommen dar.

Nr. 3. Entsch. v. 18. Juni 1913 (OVGSt. 16 182) XIIIb 66/13.

1. Ein „Entgelt" kann nur die Gegenleistung aus einem gegenseitigen Vertrage sein, der hier dahin hätte gehen müssen, daß die Vertragschließenden nachträglich, d. h. beim Ablaufe der Dienstzeit, darüber einig geworden seien, der Steuerpflichtige habe wegen der geleisteten Dienste noch etwas zu fordern und die Dienstherrin habe es zu leisten. Für die Annahme einer solchen nachträglichen Vereinbarung fehlt es aber an jedem Anhalte. Der Steuerpflichtige, ein Bergwerksdirektor a. D., hat ausdrücklich behauptet, daß er vor der ihm mündlich mitgeteilten Bewilligung der Pension nicht gehört worden sei und die Pension als etwas freiwillig Gewährtes angenommen habe, und der Grubenvorstand hat in seinen Schreiben auf die Anfragen des Vorsitzenden der Veranlagungskommission erklärt, daß er sich in keiner Weise zur Gewährung eines Pensionszuschusses für verpflichtet erachtet habe, diese vielmehr geschenkweise erfolgt sei.

Diese Angaben der Beteiligten sind durch nichts widerlegt. Danach waren also beide Teile gerade darüber einig, daß die Zuwendung unentgeltlich erfolge; damit aber war der Tatbestand der Schenkung erfüllt (§ 516 BGB.). Denn in jener den Rechtsgrund der Zuwendung bildenden Einigung liegt das für das Vorliegen einer Schenkung entscheidende Merkmal. Die Verkehrsanschauung, auf welche die Berufungskommission ausschließlich Gewicht legt, ist dafür nicht ausschlaggebend; sie kann vielmehr nur im Zweifelsfalle einen Anhalt bei der Ermittelung des Willens der Beteiligten bieten.

2. Ob ferner der Grubenvorstand mit der Gewährung des Pensionszuschusses an den Steuerpflichtigen lediglich eine nach den gegenwärtigen Verhältnissen dem Arbeitgeber gegenüber den Arbeitnehmern obliegende sittliche Pflicht erfüllt hat, kann dahingestellt bleiben. Denn die Annahme der Erfüllung einer bloßen sittlichen Verpflichtung schließt die Unentgeltlichkeit der Zuwendungen und damit das Vorhandensein einer Schenkung keineswegs aus. Das Gegenteil ergibt sich schon aus der Vorschrift im § 534 BGB., die ausschließlich gerade solche Schenkungen betrifft, durch die einer sittlichen Pflicht oder einer auf den Anstand zu nehmenden Rücksicht entsprochen wird.

3. Der Pensionszuschuß von 4500 ℳ beruht nach obigen Ausführungen auf keinem gültigen Vertrag, also auch auf keiner rechtsverbindlichen Verpflichtung und demnach auf keinem besonderen Rechtstitel. Deshalb darf nach der in Übereinstimmung mit § 14 EinkStG. erlassenen Anweisung (Art. 23² AAnw. v. 25. VII. 06) mit jener Einnahme nicht gerechnet werden.

Nr. 4. Entsch. v. 10. Febr. 1915 (StArch. 18 216) XIIb 50, 51/14.

EinkStG. § 14.

Das Recht auf periodische Hebungen erfordert:

1. Das Vorhandensein eines Rechtsanspruchs auf fortlaufende, in gewissen Zeitabschnitten wiederkehrende Einnahmen,
2. das Fehlen einer sonstigen Einkommensquelle, zB. von Kapitalvermögen, Grundvermögen, gewinnbringender Beschäftigung, aus der jene Einnahmen fließen.

Auch dürfen sich die periodischen Hebungen nicht etwa als Teilzahlungen auf eine Kapitalforderung darstellen. Ein nicht im gewerblichen Betrieb entstandener Kaufpreis zB. bleibt als steuerpflichtiges Einkommen nicht anrechenbares Kapitalvermögen, auch wenn er in Raten gezahlt wird.

Dafür, daß die halbjährlich zu berechnenden Provisionen der Steuerpflichtigen etwa Teile einer Kapitalforderung des Ehemannes der Steuerpflichtigen oder Einkommen aus einer anderen Quelle der Steuerpflichtigen darstellen, ist nichts angeführt. Dagegen liegen die oben dargelegten Voraussetzungen eines Rechtes auf periodische Hebungen vor. Steuerpflichtige hat halbjährlich festzustellende Provisionen zu fordern, solange die Verpflichtete bestimmte Waren anfertigt und für eine bestimmte Stelle liefert. Diese Provision hat sie nicht nur dann zu verlangen, wenn die Lieferungen eine bestimmte Höhe erreichen, wie die Beschwerde irrtümlich annimmt, sondern zu ermäßigtem Betrage auch dann, wenn die Lieferungen geringer sind. Eine andere Einkommensquelle ist nicht dargetan; insbesondere schuldet die Steuerpflichtige nicht etwa erkennbare Gegenleistungen. Das Recht der Steuerpflichtigen hat beim Beginne der Steuerjahre 1912 und 1913, nach den Akten auch noch bei Beginn des Steuerjahres 1914, unstreitig fortbestanden, wenn auch die Höhe der Provision im Steuerjahre von dem Umfange der Lieferungen der Verpflichteten abhing. Auf diese kam es überdies nicht an, da nach § 9² EinkStG. die in den vorangegangenen Kalenderjahren 1911 bzw. 1912 festgestellte und von der Steuerpflichtigen bezogene Provision, die unstreitig ist, der Veranlagung zugrunde zu legen war. Stellen hiernach die von der Steuerpflichtigen erhaltenen, der Höhe nach feststehenden Provisionen steuerpflichtiges Einkommen dar, so waren sie ihr auch anzurechnen.

C. Abzüge vom Gesamteinkommen.

1. Schuldenzinsen und dauernde Lasten.

Nr. 1. Entsch. v. 16. Okt. 1912 (OVGSt. 16 218) VIIc 56/12.

EinkStG. § 8.

1. In der neueren Rechtsprechung (vgl. OVGSt. **9** 203, **10** 186, **11** 190, **13** 95, **14** 86) ist der in OVGSt. **6** 192 aufgestellte Grundsatz,

der zum Besitz eines Familienfideikommisses Berufene nehme hinsichtlich der Fideikommißschulden die Stelle des wirklichen Schuldners ein, und durch die Abtragungen jener Schulden würden seine eigenen Schulden getilgt,

für den ehemaligen Geltungsbereich des ALR. aufgegeben, vielmehr ist für dieses Gebiet nach §§ 74, 105, 106 und 213 ALR. II 4 die Verpflichtung zur Tilgung von Fideikommißschulden zwischen der Familie als der Obereigentümerin und dem Fideikommißbesitzer als dem Inhaber des nutzbaren Eigentums dahin geregelt, daß letzterer als zur Tilgung von Fideikommißsubstanzschulden nicht verpflichtet erklärt ist. Damit entfällt aber auch die in jenem Urteile gezogene Folgerung,

daß von den Tilgungsbeiträgen, die der Fideikommißbesitzer an eine Landschaft auf Grund der betreffenden Statuten oder nach Anordnungen in der Stiftungsurkunde und in Familienschlüssen abzuführen habe, dasselbe zu gelten habe, was für jeden Besitzer eines verpfändeten Gutes bezüglich der Nichtabzugsfähigkeit der Tilgungsbeiträge von den Jahreseinkünften gelte.

Vielmehr kommt es gerade darauf an, ob der Fideikommißbesitzer der Familie gegenüber zur Tilgung der Fideikommißschulden verpflichtet ist; dagegen ist allerdings nicht entscheidend, ob er sich der Landschaft gegenüber zum Schuldner bestellt und zu den in ihren Statuten vorgeschriebenen laufenden Amortisationsbeiträgen verpflichtet hat. Denn es kann jemand auch im Auftrag eines anderen ein Schuldversprechen abgeben und die Tilgung der Schuld in bestimmter Weise versprechen. Dann vermindert aber weder die Schuld noch der einzelne Tilgungsbeitrag das Vermögen oder das Einkommen des Beauftragten, weil diesem in gleicher Höhe ein Erstattungsanspruch gegen den Auftraggeber erwächst. Der Auftraggeber könnte hier nur die Familie sein.

2. Besteht daher für den Fideikommißbesitzer die Verpflichtung, die landschaftliche Pfandbriefschuld nicht bloß, wie ihm nach dem G. obliegt, zu verzinsen, sondern auch, ohne einen Erstattungsanspruch gegen die Familie zu erhalten, durch gewisse Beiträge an einen nicht in seinem Eigentume stehenden Fonds zu tilgen, so kann das nur darin seinen Grund haben, daß ihm die Verpflichtung hierzu entweder durch die Stiftungsurkunde auferlegt oder von ihm durch Vertrag mit der Familie übernommen ist, ihm also jedenfalls auf Grund eines Privatrechtstitels obliegt. Da ferner eine in der angegebenen Weise begründete Verpflichtung so lange bestehen bleibt, bis die Schuld getilgt ist, so handelt es sich auch um eine dauernde Last. Die Amortisationsbeiträge des Fideikommißbesitzers an die Landschaft sind unter solchen Umständen zu ihrem vollen Betrage von seinem Einkommen nach § 8 II ² EinkStG. abzugsfähig. Hiernach muß bei jeder Schuld eines Fideikommißbesitzers untersucht werden, ob es sich um Substanzschulden handelt und aus welchem Rechtsgrunde der Fideikommißbesitzer verpflichtet ist, die jährlichen Beiträge zu ihrer Tilgung zu leisten.

Nr. 2. Entsch. v. 31. Jan. 1914 (OVGSt. 16 205) III 19/13.

EinkStG. § 8.

1. Wird für ein verzinsliches, für bestimmte Zeit gewährtes Darlehn ein Bruchteil des vereinbarten Zinssatzes im voraus dadurch gewährt,

daß durch Aufrechnung mit der zu zahlenden Darlehnsvaluta ein entsprechend geringerer Betrag vom Darlehn bezahlt wird, so ist dieser Zinsbetrag in demjenigen Jahre fällig, in welchem der Schuldner die Darlehnsvaluta gezahlt erhält.

2. Im vorliegenden Falle hatte der Steuerpflichtige im Steuerjahr 1912, und zwar am 1. IV. 12, das sechste Prozent mit rund 2000 ℳ für die fünf Jahre im voraus — durch Aufrechnung auf die von A. versprochene Valuta von 45000 ℳ — zu leisten. Er ist daher nach § 8 II¹ EinkStG. berechtigt, den von der Berufungskommission abgelehnten Abzug der 2000 ℳ von dem steuerpflichtigen Gesamteinkommen zu verlangen, und zwar neben dem von der Berufungskommission zugelassenen Abzuge der eingetragenen 5 % Zinsen.

Nr. 3. Entsch. v. 12. Mai 1915 (StArch. **18** 315) XIIb 6/15.

Die Prolongations- und Prüfungsgebühren, die ein Steuerpflichtiger für die weitere Belassung einer Hypothek an den Gläubiger gezahlt hat, gehören zu den abzugsfähigen Schuldenzinsen.

Nr. 4. Entsch. v. 20. Okt. 1915 (StArch. **19** 96) XIIb 14/15.

Nach den Darstellungen des Steuerpflichtigen wurde eine auf einem seiner Häuser eingetragene Hypothekenschuld am 1. IV. 13 fällig. Der Gläubiger verlangte Zahlung der Erhöhung des Zinsfußes von 5 auf 6 %. Schließlich einigte sich der Steuerpflichtige mit dem Gläubiger auf Vorauszahlung der Zinserhöhung auf 6 Jahre unter der üblichen Bewilligung eines Freijahres. Diese Vergütung (Damno) gehört zu den Schuldenzinsen (OVGSt. **10** 175, 179ff., **15** 185) und ist insofern an sich abzugsfähig. Trotzdem hat die Berufungskommission den allein streitigen Abzug mit Recht versagt, denn in der Vereinbarung des Steuerpflichtigen mit seinem Gläubiger liegt eine Änderung des Verzinsungsvertrags, die im Laufe des Kalenderjahrs 1913 eingetreten und wesentlich ist. Bei der Veranlagung für das Steuerjahr 1914 war deshalb der mutmaßlich im Steuerjahr fällig werdende Zinsenbetrag in Ansatz zu bringen (§ 9² EinkStG.). Für das Steuerjahr 1914 war aber vertragsmäßig nur eine Zinszahlung von 5 % zu leisten, die unter den Abzügen vom Gesamteinkommen Berücksichtigung gefunden hat.

Nr. 5. Entsch. v. 15. März 1913 (DJZ. **19** 106) IVa 261/12.

Für die Abzugsfähigkeit einer dauernden Last wird ihre unbegrenzte Dauer nicht verlangt; es genügt vielmehr, daß die Last auf einer rechtlichen Verpflichtung zu periodisch wiederkehrenden Leistungen beruht, und diese Wiederkehr braucht nicht einmal alljährlich zu erfolgen. Renten sind auch dann abzugsfähig, wenn sie unter bestimmten Voraussetzungen sich vermindern oder wegfallen; denn Verpflichtungen mit einer auflösenden Bedingung gelten bis zu deren Eintritt als unbedingte.

Nr. 6. Entsch. v. 29. März 1913 (DJZ. **19** 445) XIIIe 76/12.

Ein Geldbetrag, den ein Pflichtiger aus seinem Vermögen zu einem „Unterstützungsfonds" zugunsten eines Dritten bestimmt hat, ohne ihn dem Bedachten in rechtsverbindlicher Form zu übertragen, bleibt Bestandteil des Vermögens des Pflichtigen, so daß dieser mit späteren Zuführungen zu dem Fonds nur sein eigenes Vermögen vermehrt. Die dem Fonds zugeführten Beträge dürfen deshalb vom Einkommen nicht abgezogen werden. Das gleiche gilt von den Bezügen des Bedachten aus diesem Fonds, sofern das Bezugsrecht dem Bedachten nicht gerichtlich oder notariell zugesichert ist, weil die Schenkung einer Rente in Betracht kommt, die zu ihrer Gültigkeit jener Form bedarf.

Nr. 7. Entsch. v. 29. März 1913 (Recht 18 177) IVa 322/12.

Die Steuerpflichtige ist, da vom Ehemann geschieden, nach § 10 EinkStG. selbständig zu veranlagen. Die ihr von diesem zu zahlende Rente ist dann bei der Empfängerin nicht steuerpflichtig und entsprechend beim Geber nicht abziehbar, wenn es sich um solche Leistungen handelt, die auf gesetzlicher Unterhaltspflicht beruhen, auch wenn sie durch richterliches Urteil festgestellt sind (Art. 23² AAnw.). Die Berufungskommission hätte durch Einsicht des Scheidungsurteils feststellen müssen, ob die Rente nur zur Erfüllung der gesetzlichen Unterhaltspflicht zugesprochen ist oder nicht.

Nr. 8. Entsch. v. 18. April 1914 (StArch. 17 212) XIIb 37/13.

EinkStG. § 8.

Nach § 8 III² EinkStG. sind nicht abzugsfähig vom Einkommen des Steuerpflichtigen die „zum Unterhalt seiner Angehörigen gemachten Ausgaben, insbesondere alle Aufwendungen zur Befriedigung persönlicher Bedürfnisse wie die für Wohnung, Nahrung, Kleidung, Bedienung, Pflege" seiner Angehörigen. Angehörige in diesem Sinne bleibt auch die dauernd vom Ehemanne getrennt lebende, aber nicht gerichtlich geschiedene Ehefrau. Hat also der Steuerpflichtige in Ausführung eines Vergleichs im maßgebenden Kalenderjahre für den persönlichen Unterhalt der Ehefrau 2400 ℳ aufgewendet, so ist hiernach diese für den Unterhalt einer Angehörigen tatsächlich gemachte Ausgabe in ihrem ganzen Umfange nicht abzugsfähig, selbst dann nicht, wenn die Ehefrau ohne die vergleichsweise Festsetzung, insbesondere nach dem etwa für sie geltenden russischen Recht nur weniger hätte verlangen können. Es kommt nicht darauf an. Maßgebend ist die Zweckbestimmung der Leistung, die nach obiger Ausführung die Abzugsfähigkeit ausschließt.

Nr. 9. Entsch. v. 26. April 1913 (OVGSt. 16 210) VIa 200/12.

1. Wenn sich ein Steuerpflichtiger mit Verwandten zur Beschaffung der Mittel für das juristische Studium seines Bruders zu einer Gesellschaft iS. der §§ 705ff. BGB. vereinigt oder sich mit Verwandten durch einen anderen zweiseitigen Vertrag (§§ 320ff. aaO.) zur Zahlung bestimmter Beträge für den Unterhalt des Bruders verpflichtet hat, so ist hiermit für ihn gegenüber jenen Verwandten eine klagbare Verpflichtung zum teilweisen Unterhalte des Bruders begründet, auch wenn die Verabredungen nur mündlich erfolgt sind. Denn bei der grundsätzlichen Formfreiheit der Verträge nach dem BGB. bedarf es, von besonderen hier nicht in Betracht kommenden Ausnahmefällen abgesehen, für den Abschluß von Gesellschafts- oder sonstigen gegenseitigen Verträgen keiner besonderen Form. Ein gegenseitiger Vertrag liegt überall da vor, wo jeder Teil notwendig schon kraft des Schuldverhältnisses berechtigt wie verpflichtet, mithin zugleich Gläubiger und Schuldner ist, wo also die beiderseits versprochenen Leistungen, als Leistung und Gegenleistung, wechselseitig gegeneinander ausgetauscht werden, mithin jede Partei für ihre Leistung einen Ersatz in der Gegenleistung findet. Der Begriff der gegenseitigen Verträge iS. des BGB. ist demnach nicht beschränkt auf die darin besonders behandelten Arten, wie Kauf, Miete, Dienstvertrag usw., sondern überall da gegeben, wo die angeführten Merkmale zutreffen. Unter diesen Begriff fällt daher auch ein Vertrag, wonach sich jeder Teil in seinem Interesse von dem anderen Teile eine von diesem an einen Dritten zu machende Leistung versprechen läßt. Daraus ergibt sich, daß jeder Versprechensempfänger gegen den anderen Teil, falls der Vertrag nicht ausnahmsweise zu seiner Gültigkeit einer besonderen

Form bedarf, auch bei dem Vorliegen einer nur mündlichen Vereinbarung, einen klagbaren Anspruch auf Leistung an den Dritten hat.

2. Der Steuerpflichtige ist dann berechtigt, seine vertragsmäßigen Beiträge zum Unterhalte des Bruders von seinem Gesamteinkommen als dauernde Last in Abzug zu bringen.

Nr. 10. Entsch. v. 28. März 1914 (OVGSt. **16** 208) VIIIb 64/13.

EinkStG. § 8.

1. Der Steuerpflichtige hatte sich notariell verpflichtet, ein Kind seiner Schwester im Steuerjahr zu unterhalten, und beanspruchte im Hinblick auf diese Verpflichtung, deren jederzeitigen Widerruf er sich vorbehalten hatte, für das Steuerjahr den Abzug von 1000 *M* von seinem Gesamteinkommen.

2. Das Versprechen ist als ein formgerechtes Schenkungsversprechen gültig. Der Steuerpflichtige ist berechtigt, den Geldwert des Unterhalts seiner Nichte für den Zeitraum des Steuerjahrs gemäß § 8 II² EinkStG. als dauernde Last in Abzug zu bringen, da sich die Leistung des Unterhalts, wenn auch vorläufig auf ein Jahr beschränkt, doch täglich wiederholt.

Nr. 11. Entsch. v. 28. Sept. 1912 (OVGSt. **16** 215) Xb 10/12.

1. Der Steuerpflichtige hat sich durch Bewilligung der Zulage an seinen Sohn als Reserveoffizier damit einverstanden erklärt, daß sein Sohn diese Stellung einnimmt; er ist daher mangels eigenen Einkommens und Vermögens des Sohnes dazu verpflichtet, seinem wirtschaftlich unselbständigen und unterhaltsberechtigten Sohne den standesgemäßen Unterhalt als Reserveoffizier zu gewähren. Da das Regiment, dem der Sohn als Reserveoffizier angehört, eine Zulage von 2400 *M* für erforderlich erachtet, so stellt dieser Betrag den standesgemäßen Unterhalt als Reserveoffizier dieses Regiments dar (§ 1610 BGB.). Ob der Unterhalt als Reserveoffizier bei anderen Regimentern billiger ist, kommt nicht in Betracht, da der Spezialfall entscheidet. Die Zuschüsse der Eltern an die Söhne während ihrer Erfüllung der allgemeinen Militärpflicht als Einjährig-Freiwilliger und Reserveoffizier beruhen auf der durch G. begründeten Unterhaltspflicht; eine hierbei besonders eingegangene Verpflichtung ist nichts anderes, als die Anerkennung dieser bestehenden Pflicht und die Anerkennung der Bereitwilligkeit zu ihrer Erfüllung.

2. Die unterschiedliche Behandlung des Einjährig-Freiwilligen wie auch des Studenten, Referendars und des unbesoldeten Assessors einerseits und des Fahnenjunkers, Fähnrichs und Berufsoffiziers anderseits muß bei gleichem Grunde auch für den Reserveoffizier gegenüber dem letzteren Geltung haben; sie findet ihre Erklärung in der besonderen wirtschaftlichen Natur der Zulage an den im Militärdienst als Berufssoldat stehenden Sohn. Dieser bezieht ein zur Bestreitung des notdürftigen Lebensunterhalts bestimmtes Diensteinkommen und ist dadurch wirtschaftlich selbständig geworden. Wenn sich nach der Ansicht der Militärverwaltung mit diesem dienstlichen Einkommen nicht allen Ansprüchen genügen läßt, die sich gegenüber der Lebensstellung des Berufsoffiziers herausgebildet haben, und wenn die Militärbehörde diesem Umstande bis zu einem gewissen Grade Rechnung zu tragen für richtig findet und als Vorbedingung für die Aufnahme in den Heeresdienst ganz bestimmte, dem Einzelfall angepaßte Forderungen an die pekuniäre Leistungsfähigkeit des künftigen Offiziers stellt, deren Erfüllung seitens des Vaters im Gewähren bestimmter Zulagen zur Besoldung des Berufsoffiziers besteht, so ist damit der Rahmen des Unterhalts eines wirtschaftlich völlig unselbständigen Familienglieds verlassen. Der vorübergehend als Reserveoffizier Dienst tuende und damit nur der erweiterten allgemeinen Militärpflicht genügende Sohn

dagegen ändert durch diese Tätigkeit seine gewöhnliche wirtschaftliche Stellung auch dem Vater gegenüber ihrem Wesen nach in keiner Weise. Er bleibt in dieser Beziehung dasselbe, was er ohne die höhere militärische Ausbildung war; war er, wie als Referendar, unbesoldeter Assessor oder unbeschäftigter Rechtsanwalt, wirtschaftlich unselbständig, so mögen nunmehr die Kosten seines Unterhalts größer werden, sie verlieren aber damit nicht den Charakter wirklicher Alimente und können nicht als mehr oder weniger entbehrliche „Zulagen" erscheinen.

Nr. 12. Entsch. v. 8. Okt. 1913 (OVGSt. **16** 213) IVa 27/13.

1. Wenn die monatlichen Zulagen an den Sohn abzugsfähig sind, so sind sie es deshalb, weil sie eine durch Vertrag mit der Marinebehörde begründete dauernde Last darstellen und nach § 8 II² EinkStG. auf Privatrechtstiteln beruhende dauernde Lasten vom Gesamteinkommen abzuziehen sind. Bei der Offiziersequipierung liegt die Sache anders. Die Aufwendung für diese ist eine einmalige; ihr fehlt also die Eigenschaft der dauernden Wiederkehr; für solche nicht dauernden Passivleistungen fehlt es aber im EinkStG. an einer sie für abzugsfähig erklärenden Bestimmung. Auch wenn man die gesamten sich über vier Jahre erstreckenden Ausrüstungsgelder vom Seekadetten an bis zum Leutnant zur See als etwas nicht voneinander zu Trennendes ansehen wollte, würde diesen Aufwendungen doch nicht der Charakter einer dauernden Last zugesprochen werden können, da es sich bei ihnen dem inneren Grunde nach nur um eine einzige, in sich geschlossene und vorübergehende Ausgabe handelt, gleichviel ob sie auf einmal oder in vier Raten zu entrichten ist.

2. Übrigens würden die Ausgaben für die Offiziersausrüstung, selbst wenn sie mit den monatlichen Zulagen zusammen eine dauernde Last darstellten, bei der Veranlagung für das Steuerjahr 1912 auch aus dem Grunde nicht vom Gesamteinkommen abzugsfähig sein, weil sie bereits im Kalenderjahr 1911 vorgekommen sind, die Passivleistungen der Zuwendungen an den Sohn aber zweifellos mit dem Aufhören der Ausrüstungsgelder und der Erhöhung der Zulage für den Sohn als Offizier im Jahre 1911 eine wesentliche Veränderung erlitten hätten und sie deshalb nicht mit dem Betrage des letzten Kalenderjahrs, sondern mit dem Betrage für das Steuerjahr, also nur mit der Leutnantszulage, aber ohne Equipierungsgelder, in Ansatz kommen müßten.

2. Beiträge zu Kranken-, Unfallversicherungs-, Pensions- und ähnlichen Kassen; Lebensversicherungsprämien.

Nr. 1. Entsch. v. 3. Juli 1909 (Recht 17 811) IV 18/09.

EinkStG. § 8.

Die in OVGSt. **11** 194 angeführten Gründe, aus denen die Beiträge zu einer Beamtenpensionskasse für nicht abziehbar erklärt sind, treffen im wesentlichen auch für die Beiträge zur vorliegenden Fürsorgekasse zu. Auch hier handelt es sich nicht um Erstattung einer laufenden Rente, sondern um einmalige Kapitalzahlung mit der Maßgabe, daß nach 10jähriger Dienstzeit die Beamten die von ihnen und der Arbeitgeberin geleisteten Beiträge nebst aufgelaufenen Zinsen und Zinseszinsen zurückerhalten, während bei früherem Austritt der Beamte nur die von ihm selbst bewirkten Zahlungen ohne Zinsen zurückerhält. Nicht die Beiträge der Beamten gehen zur Unterstützungskasse, sondern nur die aufgelaufenen Zinsen und die Beiträge der Arbeitgeberin, so daß die Beamten ein Abzugsrecht nach § 8 II³ EinkStG. nicht haben. Aber auch nicht nach § 8 II⁴, da eine Kapitalversicherung auf den Erlebens- oder Todesfall nicht vorliegt. Denn der vertraglichen Pflicht der Beamten zur Zahlung der Beiträge steht die unbedingte Pflicht der Gesellschaft zu deren künftiger

Rückerstattung gegenüber; die Beiträge können den Beamten und ihren Erben nicht verloren gehen. Es fehlt also an einem mit dem Leben oder Tode der Beamten als Versicherungsnehmer verbundenen Risiko.

Nr. 2. Entsch. v. 4. Okt. 1913 (OVGSt. 16 227) XIIIe 117/12.

EinkStG. § 8 II[4].

1. Da das EinkStG. nirgends einen Aufschluß darüber gibt, welche Arten der Versicherungen auf den Todes- oder Lebensfall in § 8 II[4] gemeint sind, auch die Materialien keinen Anhalt dafür bieten, daß der Begriff der Versicherung auf den Todes- oder Lebensfall in einem anderen als in dem in der Praxis des Versicherungswesens feststehenden Sinne aufzufassen sei, so ergibt sich aus der Wortfassung dieser Vorschrift mit Notwendigkeit die Annahme, daß darunter *alle Versicherungen auf den Todes- oder Lebensfall in dem hergebrachten Sinne* ohne jede Ausnahme zu verstehen sind. Dazu gehören daher von den Versicherungen, die der Steuerpflichtige selbst als Versicherungsnehmer abgeschlossen hat, nicht bloß die Versicherung auf den Todesfall und die sogenannte abgekürzte Lebensversicherung, d. h. eine Versicherung, bei der die Leistung des Versicherers fällig wird, falls der Versicherte einen bestimmten Zeitpunkt erlebt oder *vor* diesem Zeitpunkte verstirbt, sondern auch *jede Versicherung auf den Erlebensfall*. Denn nach der Praxis des Versicherungswesens gilt als Lebensversicherung jede Form der Kapital- oder Rentenversicherung, bei welcher die Leistung des Versicherers in der Art von dem Leben einer Person abhängig gemacht wird, daß die seitens des Versicherers zu tragende Gefahr aus der Ungewißheit der Dauer dieses Lebens entspringt.

2. Unter die Vorschrift des § 8 II[4] fällt daher *auch eine Versicherung, bei der der Versicherer nur dann zu der vereinbarten Leistung* an den Versicherungsnehmer oder einen Dritten *verpflichtet* sein soll, wenn der Versicherungsnehmer einen *bestimmten Zeitpunkt erlebt*, während bei seinem früheren Tode alle von ihm gezahlten Prämien dem Versicherer verbleiben.

Derartige Versicherungen stellen sich als *Lebensversicherungen* auf den Lebensfall, und zwar als solche *auf den Erlebensfall*, dar. Dem steht keineswegs entgegen, daß die von dem Versicherer an den Bezugsberechtigten zu zahlende Summe in dem Versicherungsvertrage nicht ziffermäßig bestimmt ist. Denn für den Abschluß eines gegenseitigen Vertrags genügt es, daß die Verpflichtungen der Vertragschließenden bestimmbar sind; es ist also ausreichend, daß der Vertrag Festsetzungen enthält, wonach die Verpflichtungen jedes Teiles bemessen werden können. Für Versicherungsverträge, insbesondere auch für Verträge über eine Lebensversicherung gilt in dieser Beziehung nichts besonderes; auch das ReichsG. über den VersicherungsVt. v. 30. V. 08 (§§ 1, 159ff.) hat hierin nichts geändert. Daß die Summe, die der Versicherer an die Bezugsberechtigten einer Genossenschaft auf den Fall des Überlebens nach Ablauf der Genossenschaft zu zahlen verpflichtet ist, nach dem Versicherungsvertrage sich mit ausreichender Sicherheit bestimmen läßt, unterliegt keinem Bedenken. Dem *Begriff einer Kapitalversicherung* steht daher der Umstand *nicht entgegen*, daß die *Versicherungssumme nicht von vornherein feststeht*, der von dem Versicherer zu zahlende Betrag vielmehr erst *nach Eintritt des Versicherungsfalls* nach bestimmten, im Vertrage festgestellten Grundsätzen sich *berechnen läßt*.

3. Ebensowenig kann den Versicherungen der Mitglieder der Genossenschaften auf den Fall des Überlebens die Eigenschaft einer Versicherung auf den Lebensfall aus dem Grunde abgesprochen werden, weil jedes Risiko der Gesellschaft ausgeschlossen sei. Das von der Gesellschaft durch den Abschluß des Versicherungsvertrags mit jedem Mitglied übernommene *Risiko* liegt darin, daß sie nach Eintritt des Versicherungsfalls dem Bezugsberechtigten nicht bloß die von dem Versicherungsnehmer eingezahlten Prämien nebst Zinsen und Zinseszinsen, sondern

darüber hinaus auch einen entsprechenden Teil der Vermehrungen zahlen muß, die das Genossenschaftsvermögen durch das frühere Versterben anderer Mitglieder und den dadurch bedingten Wegfall der Ansprüche ihrer Bezugsberechtigten sowie aus sonstigen Gründen erfahren hat. Dem steht auch nicht entgegen, daß die Lebensversicherungsgesellschaft X. nach ihrem Statut einerseits juristische Persönlichkeit hat, also ein von der Gesamtheit ihrer Mitglieder verschiedenes selbständiges Rechtssubjekt ist, und anderseits die Versicherung ihrer Mitglieder nach dem Grundsatze der Gegenseitigkeit unter Bildung verschiedener Gruppen (§§ 15, 21 G. über die privaten Versicherungsunternehmungen) betreibt, also eine Versicherungsgesellschaft auf Gegenseitigkeit ist. Denn wenn auch das Merkmal derartiger Versicherungsgesellschaften vielfach darin gefunden wird, daß bei ihnen die Versicherungsnehmer zugleich die Versicherer seien, so läßt sich diese Ausdrucksweise nur vom wirtschaftlichen Standpunkte rechtfertigen. Rechtlich trifft sie nur in den seltenen Fällen zu, wo die Versicherung auf Gegenseitigkeit von einer gewöhnlichen Gesellschaft des Bürgerlichen Rechtes (§§ 705 ff. BGB.) betrieben wird. Rechtlich falsch ist sie dagegen überall da, wo eine Versicherungsgesellschaft auf Gegenseitigkeit mit juristischer Persönlichkeit in Frage steht. Denn bei einer derartigen Gesellschaft ist die Gesellschaft als selbständiges Rechtssubjekt Träger aller Rechte und Pflichten, insbesondere auch Eigentümerin des Gesellschaftsvermögens, und danach allein die Person, die aus den von der Gesellschaft abgeschlossenen Versicherungen als Versicherer berechtigt und verpflichtet ist. Die Versicherungsansprüche jedes Mitglieds richten sich daher gegen die Gesellschaft als solche, nicht gegen deren einzelne Mitglieder.

3. Steuern und andere öffentliche Abgaben sowie sonstige Abzüge.

Nr. 1. Entsch. v. 12. Febr. 1916 (StArch. **19** 132) XIIIb 34/15.

Bei Anlegung der Grundstücksentwässerung wird von den Gemeinden meist ein Ortsstatut über die Erhebung von Gebühren und Beiträgen für die Grundstücksentwässerung erlassen. Die Gemeinde baut die Kanäle, deren Eigentümer sie bleibt und hält sie in Betrieb. Sie erhebt hierfür bei bebauten Grundstücken je nach der Ausdehnung des Grundstücks verschieden hohe 1. „Beiträge" für den Bau des Kanals; 2. „Gebühren" für die Benutzung des Kanals. Erstere werden meist in Form einer sogenannten Kanalbaukostenrente auf 30 Jahre verteilt und sind zu entrichten, auch wenn das Gebäude nicht benutzt wird; letztere sind ebenfalls jährlich zu entrichten, fallen aber bei Nichtbenutzung während eines bestimmten Zeitraumes fort. Beide sind als Gemeindeabgaben erklärt, ruhen als dingliche Lasten auf dem Grundstück und werden im Verwaltungszwangsverfahren beigetrieben. Die Veranlagungskommission stellte sich auf den Standpunkt, daß die Benutzungsgebühren vom Einkommen abzugsfähig seien, die Baukostenrenten dagegen nicht. Das OVG. trat der Veranlagungskommission bei mit folgenden Gründen: „Der streitige Beitrag dient nicht unmittelbar der Erwerbung, Sicherung und Erhaltung des Ertrages (§ 8 Abs. 1 aaO.) aus den Grundstücken, sondern betrifft in erster Reihe diese selbst, also die Einkommensquelle. Dies ergibt sich daraus, daß durch den Anschluß der Häuser an die Kanalisation und durch die Kanalisationseinrichtung in diesen die Mieteinnahmen eine erhebliche Steigerung erfahren haben, danach aber, wie angenommen werden muß, eine Verbesserung und Erhöhung des Wertes der Häuser herbeigeführt worden ist. Dazu kommt noch, daß der Beitrag statutenmäßig selbst dann zu entrichten ist, wenn ein Grundstück nur an den kanalisierten Straßen liegt, aber zur Einkommenserzielung nicht benutzt wird. In Frage könnte noch kommen, ob der in Form einer Rente zu zahlende Beitrag vom Gesamteinkommen des Steuerpflichtigen gemäß § 8 Abs. 2² aaO. abzuziehen sei. Aber auch das ist zu verneinen. Nach dieser Vorschrift und Art. 24 Abs. 1 AAnw. v. 25. VII. 06 hierzu sind diejenigen Renten und dauernden Lasten „in Abzug zu bringen, welche ... auf Privatrechtstiteln ... beruhen". Eine öffentlich-rechtliche, nicht auf Privatrechtstiteln beruhende Rente, wie sie hier vorliegt, darf also nicht in Abzug gebracht werden.

III.

Steuerpflicht der nichtphysischen Personen.

A. Steuerpflichtige Unternehmungen.

1. Aktiengesellschaften und Kommanditgesellschaften auf Aktien.

Nr. 1. Entsch. v. 9. Dez. 1914 (StArch. 18 217) V A 72/14.

Nach § 9⁶ EinkStG. tritt die Steuerpflicht einer nichtphysischen Person ein, wenn ein Überschüsse nachweisender Abschluß vorliegt. Daß es sich bei dem Abschluß um einen zwölf Monate umfassenden Jahresabschluß handeln müsse, fordert das EinkStG. nicht.

Nr. 2. Entsch. v. 23. Okt. 1912 (OVGSt. 16 244) V A 75/12.

EinkStG. §§ 5, 15.

1. Die steuerpflichtige Aktiengesellschaft hat mit den drei in anderen deutschen Bundesstaaten domizilierten Aktiengesellschaften, in B., C. und D., Verträge abgeschlossen, wonach die Steuerpflichtige die Betriebe der genannten Gesellschaften für deren Rechnung zu führen hat und dafür eine bestimmte Vergütung erhält. Die steuerpflichtige Gesellschaft betreibt hiernach in Ausübung ihres eigenen Gewerbebetriebs für Rechnung der drei Aktiengesellschaften deren Gewerbe. Der stehende Betrieb an den drei genannten Orten und die örtlichen Einrichtungen gehören aber nicht der steuerpflichtigen Gesellschaft, sondern den drei Aktiengesellschaften. Auch die Angestellten und Arbeiter dieser drei Betriebe können nicht als Organe der steuerpflichtigen Gesellschaft angesehen werden, durch die sie an den Betriebsorten der drei Aktiengesellschaften einen stehenden Betrieb ausübt; denn die Angestellten und Arbeiter sind in einem fremden stehenden Betriebe tätig, werden für Rechnung dieses fremden Betriebs gelohnt und treten auch nach außen hin nicht als Beauftragte der steuerpflichtigen Gesellschaft auf. Die drei fremden Aktiengesellschaften selbst können auch nicht als Organe der steuerpflichtigen Gesellschaft gelten, weil sie ihren eigenen Betrieb unterhalten und diesen nur von der steuerpflichtigen Gesellschaft ausüben lassen, die hiernach umgekehrt als Organ jener drei Aktiengesellschaften anzusehen ist.

2. Hiernach können die Orte, an denen die drei auswärtigen Aktiengesellschaften ihren Betrieb haben, und ihre Betriebseinrichtungen nicht als Betriebsstätten der steuerpflichtigen Gesellschaft gelten. Es darf daher auch kein Teil ihres Einkommens wegen Ausübung eines stehenden Gewerbes in einem anderen deutschen Bundesstaate gemäß § 5¹ EinkStG. steuerfrei gelassen werden; die Vergütungen, die die steuerpflichtige Gesellschaft für die Führung der fremden Betriebe auf deren Rechnung erhält, bilden eine Einnahme der Gesellschaft aus ihrem eigenen preußischen Betriebe.

3. Der eingetragenen Genossenschaften (einschl. der Konsumvereine).

Nr. 1. Entsch. v. 30. Okt. 1915 (Recht 20 258) V A 89/15.

Die vorinstanzliche Begründung der Steuerpflichtigkeit, daß Nichtgenossen in erheblichem Umfange am „Genossenschaftszwecke teilnehmen", indem für sie

Scheckkonten eingerichtet seien und die Bank hierdurch hohe Zinsgewinne erziele ist unrichtig, da der satzungsmäßige Zweck die Beschaffung von Geldmitteln für die Genossen ist, Nichtgenossen aber keine Geldmittel und Kredit erhalten, sondern die Bank nur Gelder von ihnen annimmt. Für die Steuerpflichtigkeit ist jene Feststellung auch nicht nötig, sondern es genügt, daß der Geschäftsbetrieb über den Mitgliederkreis hinausgeht. Solches Hinausgehen liegt auf dem Gebiete der Annahme von Geldern von Nichtgenossen und beim Scheckverkehr mit solchen nur vor, wenn fremde Gelder gegen Verzinsung (Spareinlage, Depositen) angenommen werden, der Scheckverkehr mit Nichtmitgliedern eingerichtet ist zu anderem Zwecke als zur Befriedigung des Kreditbedürfnisses der Mitglieder, zB. für Gewinnerzielung aus der Spannung zwischen gezahltem und erhaltenem Zins. Diesen Beweis hat die Vorinstanz nicht geführt; sie folgert nur aus Angaben des Vorstandes, daß ein „Zwang" für Geldannahme von Nichtgenossen für das Kreditbedürfnis der Genossen nicht bestand, und belegt dies durch die Bestandsübersichten. Ihre Ausführung, ein Scheckverkehr mit Nichtgenossen begründe nur dann die Steuerpflicht nicht, wenn zum Kreditbedürfnisse der Mitglieder „dauernd" erforderlich, ist irrig; denn auch zu „vorübergehender" Kreditbefriedigung dient eine solche Maßnahme den gesellschaftlichen Bedürfnissen der Mitglieder, hat daher die Steuerpflicht nicht zur Folge. Auch die Feststellung, daß der Scheckverkehr bestehe, um „allen" Ansprüchen der Genossen auf Kredit zu genügen, würde die Steuerpflicht ausschließen. Wenn dazu bemerkt wird, daß dieser Kredit auch in anderer Weise befriedigt werden konnte, so fällt dies aus dem Rahmen der steuerlichen Prüfungsaufgabe heraus. Die Genossenschaft befindet selbständig, wie sie ihre Mittel beschaffen will.

4. Der Ges. m. b. H.

Nr. 1. Entsch. v. 14. Mai 1913 (StArch. 17 180).

Die Einstellung des Betriebes und der Eintritt in die Liquidation ist bei einer Ges. m. b. H. ohne Einfluß auf ihre Einkommensteuerpflicht. Diese erlischt vielmehr erst mit der Löschung der Gesellschaft im Handelsregister bzw. der völligen Auskehrung ihres Vermögens.

Nr. 2. Entsch. v. 13. März 1915 (StArch. 18 335).

Streitig ist lediglich die subjektive Steuerpflicht der Ges. m. b. H. Zutreffend hat die Berufungskommission geltend gemacht, daß diese Steuerpflicht solange bestehe, bis die Gesellschaft im Handelsregister gelöscht sei oder wenigstens die Liquidation beendigt, d. h. das Gesellschaftsvermögen vollständig ausgekehrt und die dazu erforderlichen Geschäfte abgewickelt seien. Irrig ist dagegen, daß letzteres nicht schon vor dem Ablaufe des Sperrjahres geschehen könnte. Inhalts der Akten ist nun von der Gesellschaft nicht nachgewiesen und es ist auch nicht feststellbar gewesen, daß die angegebenen Voraussetzungen für das Erlöschen der subjektiven Steuerpflicht bis zum Beginne des Steuerjahres eingetreten waren. Daher hat die Berufungskommission das Fortbestehen der subjektiven Steuerpflicht zu jenem Zeitpunkte mit Recht angenommen.

Nr. 3. Entsch. v. 7. Nov. 1914 (Recht 20 259) V A 105/14.

Die pflichtige Ges. m. b. H. ist von der Berliner offenen Handelsgesellschaft T. & Co. zum besonderen Zwecke der Fortführung ihrer bisherigen Zweigniederlassung in F. begründet worden, deren Bestand von jener als Sacheinlage miteingebracht wurde. Nach dem Vertrage soll die Zweigstelle als für Rechnung der neuen Ges. m. b. H. geführt gelten. Sie stellt eigene Abschlüsse auf und hat bisher Überschüsse erzielt. Wenn der Berufungsbescheid die Ges. m. b. H. lediglich als Filiale der Berliner offenen Handelsgesellschaft bezeichnet, ihr aber gleichwohl den ganzen Geschäftsgewinn anrechnet, so ist das ein unlösbarer Widerspruch. Eine Filiale arbeitet fürs Hauptgeschäft, in dessen Gewinn ihr Arbeitsgewinn einzubeziehen ist; sie selbst hat also „kein eigenes Einkommen". Nur soweit sie kein Teil jenes, sondern dessen Organ ist, kann sie selbständigen Gewinn erzielen, sofern ihr etwas als Entgelt für Besorgung der Filialgeschäfte zugestanden wird; alles andere hat sie herauszugeben. Es ist also festzustellen, ob sie ein selbständiges Gewerbe für sich, d. h. zum völlig eigenen Nutzen, betreibt oder nur ein im Dienste des Stammgeschäfts stehendes Organ, ein Bestandteil des Gewerbebetriebs jenes, ist. Dafür spricht, daß das Hauptgeschäft beschlossen hatte, sich selbst nur mit der Fabrikation zu befassen und den Verkauf den neuen Ges. m. b. H. in den verschiedenen Städten zu übergeben. Dann wäre nur steuerbar, was die Ges. m. b. H. nicht von ihrem Ertrage ans Hauptgeschäft herauszugeben braucht.

B. Steuerpflichtiges Einkommen.

1. Der Aktiengesellschaften und Kommanditgesellschaften auf Aktien.

a) Für die Besteuerung maßgebende Geschäftsjahre.

Nr. 1. Entsch. v. 14. Febr. 1914 (OVGSt. 16 263) V A 184/13.

1. Die steuerpflichtige Aktiengesellschaft hat ihren Sitz im Staate N. in Nordamerika und eine Zweigniederlassung in Preußen. Die Berufungskommission hat den in Preußen steuerpflichtigen Teil der Überschüsse nach dem Durchschnitte der Geschäftsjahre 1908, 1909 und 1910 berechnet. Indessen kann nach dem Inhalte der Akten nicht angenommen werden, daß die Bilanz für das Geschäfts- und Kalenderjahr 1910, und zwar die Bilanz für das Gesamtunternehmen der steuerpflichtigen Aktiengesellschaft, schon vor der Abgabe der Steuererklärung festgestellt gewesen wäre. Ein Geschäftsjahr, dessen Bilanz erst nach der Abgabe der Steuererklärung durch das zuständige Organ einer nichtphysischen Steuerpflichtigen festgestellt wird, kann nach § 9 [6 u. 8 Abs. 3] EinkStG. berücksichtigt werden. Die Berufungskommission hätte daher prüfen müssen, wann die Feststellung der Bilanz des Geschäftsjahrs 1910 durch das zuständige Organ der steuerpflichtigen Aktiengesellschaft erfolgt ist, und insbesondere auch, welches Organ nach dem am Sitze der Aktiengesellschaft in Nordamerika geltenden Rechte oder, soweit das dort geltende Recht eine statutarische Regelung gestattet, nach dem Statute der Steuerpflichtigen für die Feststellung der Bilanz zuständig ist.

2. In Borchardts „Handelsgesetzen des Erdballs" (T. XIII Bd. 1 Abt. 2: Huston, Die Aktiengesellschaften in den Vereinigten Staaten von Nordamerika, S. 67ff.) ist bemerkt, daß in den Vereinigten Staaten im allgemeinen die Festsetzung der Dividende den Direktoren zustehe, daß aber die G. einiger Staaten die Befugnis der Direktoren einschränkten und daß die meisten G. eine anderweite Regelung durch die Gründungsakte oder Regulative zuließen.

3. Bei der Ermittelung des in Preußen steuerpflichtigen Teils der Überschüsse ist der gleiche Verteilungsmaßstab für das Gesamtunternehmen und für die preußische Zweigniederlassung anzuwenden.

Nr. 2. Entsch. v. 27. Nov. 1915 (Recht 20 227) V A 8/15.

Die Steuererklärung für 1914 ist am 23. II. 14 abgegeben, der Geschäftsabschluß für das Geschäftsjahr 1913 am 2. V. 14 von der Generalversammlung genehmigt. Daß die Berufungskommission hiernach bei der Ermittlung des steuerbaren Einkommens seit den Jahren 1910, 1911, 1912 gerechnet hat, entspricht dem geltenden Rechte. Daß die Generalversammlung keine Änderung in dem durch den Vorstand aufgestellten Entwurfe der Gewinnrechnung vorgenommen hat, ist unerheblich. Als „festgestellt" kann die Bilanz immer erst gelten, wenn ihre Genehmigung durch die Generalversammlung erfolgt ist. Vom geltenden Rechte aus „Billigkeitsgründen" abzuweichen, ist das OVG. nicht befugt.

b) Begriff der Überschüsse und deren Berechnung.

Nr. 1. Entsch. v. 12. Okt. 1912 (OVGSt. 16 237) V A 3/12.

EinkStG. §§ 13, 15.

1. Als Überschüsse iS. von § 15 EinkStG. gelten die Überschüsse der Roheinnahmen der Aktiengesellschaften und der sonstigen nach § 1⁴ u. ⁵ aaO. subjektiv steuerpflichtigen Gesellschaften aus den im § 6 aaO. genannten Quellen über die gesetzlich zugelassenen Abzüge. Diese sind bei einer Gesellschaft, die Handel und Gewerbe betreibt, mit dem Geschäftsgewinn iS. von § 13 aaO. gleichbedeutend. Er wird bei denjenigen Steuerpflichtigen, die Handelsbücher nach §§ 38ff. HGB. führen, unter Beachtung der Vorschriften in den §§ 7 und 8 EinkStG. nach den Grundsätzen berechnet, die für die Inventur und Bilanz durch das HGB. vorgeschrieben sind und sonst dem Gebrauch eines ordentlichen Kaufmanns entsprechen. Hierbei kommen als gewerbliche Einnahmen alle diejenigen in Betracht, die entweder unmittelbar durch den Betrieb des Unternehmens dem Inhaber zugeflossen oder von ihm geschaffen sind oder sich mittelbar als Früchte des in dem Unternehmen werbenden Anlage- und Betriebskapitals darstellen. Nach der ausdrücklichen Vorschrift im letzten Satze des § 13 Abs. 1 bildet ferner auch der Zuwachs des Anlagekapitals eine bei der Ermittelung des Geschäftsgewinns zu berücksichtigende Einnahme.

2. Aus dieser Rechtslage folgt, daß alles, was die steuerpflichtige Aktiengesellschaft infolge des Überganges des Vermögens der liquidierenden Bank S. auf sie gegenüber der vorschriftsmäßigen Bewertung der dafür hingegebenen Aktien und dem für den Ankauf aufgewendeten Barbetrage gewonnen hat, zum Geschäftsgewinn und deshalb auch zu den Überschüssen iS. von § 15 EinkStG. zu rechnen ist. Denn dieser Vermögenszuwachs ist eine Folge geschäftlicher Maßnahmen der Steuerpflichtigen, nämlich des Ankaufs des Vermögens der Bank, und entstammt somit der Einkommensquelle Handel und Gewerbe. Seine Einverleibung in das Vermögen der Steuerpflichtigen und seine Zurückbehaltung in ihm kommt hiernach der Bildung eines Reservefonds gleich, so daß auch in solchem Falle eine steuerpflichtige Verwendung dieses Überschusses vorliegen würde.

3. Was ferner den von der Steuerpflichtigen beantragten Abzug eines Betrags betrifft, der in der Steuererklärung als Wertzuwachs ihrer Stammeinlage bei der Gesellschaft Z. in Liquidation bezeichnet ist, so kann es nach der oben geschilderten Rechtslage nicht zweifelhaft sein, daß ein solcher Zuwachs, wenn er nach handelsrechtlichen Grundsätzen in der Bilanz zu bewerten war, auch einen Teil der steuerpflichtigen Überschüsse bildet. Indem die Steuerpflichtige diesen Zuwachs des Anlagekapitals in der auf Grund der Bilanz aufgestellten Steuererklärung von dem berechneten Einkommen abzieht, erkennt sie an, daß er bilanzmäßig in ihrem Vermögen geblieben ist. In dieser Form hat die Bilanz auch die Genehmigung der Generalversammlung gefunden, und es muß daher angenommen werden, daß alle zuständigen Gesellschaftsorgane auch die in der Bilanz vorgenommene Höherbewertung der betreffenden Stammeinlage für richtig befunden haben, weshalb die Steuerpflichtige eine solche auch der Veranlagungsbehörde gegenüber gelten lassen muß.

Nr. 2. Entsch. v. 29. März 1913 (StArch. 17 180).

1. Die Berufungskommission ist berechtigt und verpflichtet, die einzelnen Besteuerungsmerkmale einer Aktiengesellschaft selbständig zu prüfen und festzusetzen, sie darf, wenn allein von der Steuerpflichtigen Berufung eingelegt ist, nur den veranlagten Steuersatz nicht erhöhen.

2. Es entspricht ferner den in ständiger Rechtsprechung vom Gerichtshof angenommenen Grundsätzen, daß die Berufungskommission den durch den Verkauf des alten Bankgrundstücks über dessen vorschriftsmäßige Bewertung in der letzten Bilanz hinaus erzielten Gewinn als Einnahme angesehen und den Überschüssen gemäß § 15 EinkStG. hinzugerechnet hat.

3. Auch die letzte Beschwerderüge bezüglich der Verteilung der steuerpflichtigen Gesamtüberschüsse auf Preußen und Sachsen ist unberechtigt. Die Gesellschaft hält eine Verhältnisordnung in betreff der Steuern und Verwaltungskosten für unzulässig, weil sie diese für Preußen und Sachsen getrennt angegeben habe. Eine genaue getrennte Feststellung dieser Debetposten erscheint aber nicht möglich. Der sich über Preußen und Sachsen erstreckende Betrieb der Gesellschaft ist ein einheitlicher, der von dem Sitz der Zentrale aus geleitet wird; es lassen sich daher die Verwaltungskosten, zB. die Gehälter der Direktoren, nicht getrennt für Preußen und Sachsen feststellen, weil die Betriebe miteinander verbunden sind. Ebensowenig trifft es zu, daß die in Preußen oder in Sachsen gezahlten Steuern genau auf die beiden Betriebe sich beziehen.

Nr. 3. Entsch. v. 27. Nov. 1915 (Recht **20** 228) V A 8/15.

Der Durchschnittsberechnung des steuerbaren Gesamteinkommens für 1914 sind zutreffend die Geschäftsjahre 1910, 1911, 1912 zugrunde gelegt worden. Ob die Gesellschaft im Jahre 1912 in einem anderen Bundesstaate außerhalb Preußens eine Betriebsstätte iS. des DoppBestG. gehabt hat und infolgedessen der auf diese Betriebsstätte entfallende Teil ihrer an sich steuerbaren Überschüsse hätte freibleiben müssen, ist unerheblich, da der Steuersatz hierdurch nicht geändert würde. Für die Verteilung des steuerbaren Einkommens im Jahre 1912 zwischen Preußen und dem nichtpreußischen Bundesstaate können als Verhältnismaßstab nur die in diesem Jahre gezahlten Gehälter und Löhne in Betracht kommen, weil nur diese mit der Einkommenserzielung in Beziehung stehen. Auf die Grundsätze der Gemeindeeinkommensversteuerung kann in diesem Verfahren nicht eingegangen werden.

Nr. 4. Entsch. v. 29. März 1913 (OVGSt. **16** 260) V A 30/13.

EinkStG. § 15.

1. Die Berufungskommission irrt, wenn sie eine Abschreibung auf ein erst im Baue begriffenes Gebäude nicht für zulässig erklärt, da es eine Wertverminderung nicht schon erlitten haben könne. Das OVG. hat schon in OVGSt. **10** 295ff. den Rechtssatz aufgestellt (S. 302), daß, wenn eine Aktiengesellschaft bei Betriebsgegenständen die bilanzmäßige Einstellung des wirklichen (gemeinen) Wertes, der niedriger ist als der Anschaffungspreis, wählt, sie unbedingt schon im ersten Betriebsjahre den Wert von neu angeschafften Gegenständen auf den wirklichen Wert herunterschreiben kann. Von diesem Grundsatz ist der Gerichtshof auch in seiner späteren Rechtsprechung nicht abgewichen; insbesondere sollte dies nicht durch OVGSt. **14** 227 geschehen. Denn hier ist nur ausgeführt worden, daß eine Abschreibung auf ein noch unvollendetes Gebäude nicht damit gerechtfertigt werden dürfe, daß sein erst künftig in die Erscheinung tretender „Gebrauchswert" die Herstellungskosten nicht erreicht. In vorliegender Sache ist dagegen von der Steuerpflichtigen behauptet worden, daß der gemeine

oder Verkaufswert des Neubaues hinter seinen Herstellungskosten zurückbleibt, und es ist nicht erfindlich, warum das nicht möglich sein soll. Besteht aber eine Differenz zwischen den Herstellungskosten und dem gemeinen Werte eines vollendeten oder unvollendeten Gebäudes, so hat die Steuerpflichtige einen effektiven Verlust erlitten, den sie dadurch berücksichtigen kann, daß sie entweder den wirklichen Wert des Gebäudes als Zugang im Aktivum bucht oder den Herstellungspreis, vermindert durch eine jener Differenz entsprechende Abschreibung. Hierbei fällt die Beweislast für einen geringeren gemeinen Wert allerdings der Steuerpflichtigen im vollen Umfange zu.

2. Endlich irrt die Berufungskommission auch, wenn sie die beantragte Abschreibung um deswillen ablehnt, weil eine bei einer Geschäftserweiterung eingetretene Wertminderung vor Ingebrauchnahme nicht abzugsfähig sei. Auch solche Neubauten, die einer Geschäftserweiterung des Unternehmens der Steuerpflichtigen dienen, dürfen, wenn nicht von der Bilanzierung nach § 261³ HGB. Gebrauch gemacht wird, nur zum gemeinen Werte, der den Herstellungspreis nicht übersteigt, in die Bilanz gestellt werden, und hieraus folgt, daß auch schon während der Bauzeit Abschreibungen zulässig sein müssen. Angemessene Abschreibungen mindern aber ebenso wie Werbungskosten stets den im § 15 EinkStG. bezeichneten Überschuß, so daß von der steuerpflichtigen Verwendung eines Teiles desselben nicht die Rede sein kann. Die in der Berufungsentscheidung behauptete Abweichung von den Bilanzvorschriften des § 261 HGB. ist also durch § 15 EinkStG. nicht geschaffen.

Nr. 5. Entsch. v. 30. April 1913 (StArch. 17 239).

EinkStG. § 8.

1. Nach dem Gründungsvertrage einer Aktiengesellschaft haben die Gesellschafter der in die Aktiengesellschaft übergegangenen offenen Handelsgesellschaft und diese selbst die Verpflichtung übernommen, die Aktiengesellschaft für alle nicht aus der Bilanz vom 31. XII. 05 hervorgehenden oder in den bis zur Eintragung der Aktiengesellschaft ins Handelsregister geführten Geschäftsbüchern enthaltene Forderungen schadlos zu halten. Diese Verpflichtung besteht nicht innerhalb des Gewerbebetriebes der offenen Handelsgesellschaft, und die im Jahre 1911 für den Steuerpflichtigen aus jener Verpflichtung entstandene Ausgabe ist keine gewerbliche Ausgabe, weil die offene Handelsgesellschaft als solche im Jahre 1911 nicht mehr bestand und daher ein Gewerbebetrieb, der als Quelle von Einkommen oder Verlusten in Betracht kommen könnte, von der Handelsgesellschaft nicht mehr ausgeübt wird. Es handelt sich also bei der Zahlung der streitigen Summe lediglich um Abtragung von Schulden, die dem Steuerpflichtigen aus seiner früheren Zugehörigkeit als Mitinhaber der fraglichen Handelsgesellschaft verblieben sind, da die Aktiengesellschaft sie nicht übernommen hatte. Solche Schuldübertragungen sind aber nach § 8 III¹ EinkStG. nicht abzugsfähig.

2. Die Ausgabe kann ferner auch unter dem Gesichtspunkte einer dauernden Last nicht zum Abzuge kommen. Von einer abzugsfähigen dauernden Last kann nach § 8 II² aaO. nur die Rede sein, wenn sie auf einem Privatrechtstitel beruht. Als ein solcher kann eine auf G. beruhende Verpflichtung, auch wenn sie in einem besonderen Vertrage nochmals übernommen wird, nicht angesehen werden. Im Gründungsvertrage haben aber die Inhaber der genannten Handelsgesellschaften, zu denen der Steuerpflichtige gehört, zu nichts weiterem sich verpflichtet, als zur Bezahlung der ihnen verbliebenen, von der Aktiengesellschaft nicht übernommenen eigenen Schulden. Hierzu waren und sind sie schon gesetzlich verpflichtet. Einen Unterschied bildet in dieser Beziehung der Umstand auch nicht, daß sie nicht ihren Gläubigern gegenüber, sondern einem Dritten, der neu gegründeten Aktiengesellschaft gegenüber diese ihre gesetzliche Verpflichtung zur

Tilgung ihrer eigenen Schulden anerkannt haben. Schuldabtragungen sind überdies nach § 8 III[1] aaO. nicht abzugsfähig.

Nr. 6. Entsch. v. 20. Okt. 1913 (StArch. **17** 11) V A 177/12.

Eine Rückstellung, die in der Bilanz erfolgt im Hinblick auf Verluste, die erst in kommenden Jahren bei der Begebung eigener Obligationen der Steuerpflichtigen möglicherweise für Spesen und Disagio erwachsen werden, bildet steuerpflichtiges Einkommen. Die eigenen Obligationen, die eine Aktiengesellschaft noch gar nicht begeben hat, bilden weder ein Aktivum noch ein Passivum der Gesellschaft. In OVGSt. **11** 210 ist dieser Grundsatz bereits für eigene Pfandbriefe einer Hypothekenbank ausgesprochen; er gilt aber ebenso für eigene Obligationen einer Aktiengesellschaft. In der Bilanz sind daher die eigenen Obligationen entweder gänzlich fortzulassen oder unter den Aktiven und den Passiven gleichmäßig (mit dem Nennwert) in Ansatz zu bringen. Hieraus ergibt sich zugleich, daß es nicht angängig ist, unter die Passiven der Bilanz ein Bewertungskonto aufzunehmen, das etwa zum Ausdruck bringen soll, um wieviel der von der Gesellschaft bei späterer Begebung der eigenen Obligationen zu erzielende Betrag hinter dem Nennwert zurückbleiben würde. Erst für dasjenige Geschäftsjahr, in dem die Begebung der eigenen Obligationen wirklich erfolgt, ist der Betrag der Begebungsspesen und des Disagios zu den Betriebsausgaben zu rechnen und daher von den Betriebseinnahmen abzuziehen, ehe sich der steuerpflichtige Überschuß ergibt.

Nr. 7. Entsch. v. 10. Dez. 1913 (OVGSt. **16** 247) V A 15/13.

EinkStG. § 15.

1. Die für die Veranlagung der Aktiengesellschaft maßgebenden Geschäftsjahre 1908, 1909 und 1910 haben, wie die von Jahr zu Jahr fortschreitende Verringerung des Debetsaldos erkennen läßt, sämtlich einen Ertrag gebracht, der zur teilweisen Tilgung des aus dem Vorjahre vorgetragenen Debetsaldos verwendet worden ist. Der Gerichtshof hat schon in OVGSt. **1** 288ff. ausgeführt, es stelle sich nicht als eine steuerpflichtige Verwendung des Überschusses dar, wenn er zur Deckung der Unterbilanz des Vorjahrs, also zur Ergänzung des teilweise verlorenen Aktienkapitals diene. Bei der Prüfung, ob wirklich ein Teil des Aktienkapitals verloren gegangen ist, dürfen jedoch die Reserven der Aktiengesellschaft nicht unberücksichtigt bleiben. Soweit ein bilanzmäßiger Verlust aus einem vorhandenen, sei es gesetzlich vorgeschriebenen, sei es freiwillig gebildeten, Reservefonds getilgt werden kann, bedeutet die Unterbilanz noch keinen Verlust des Aktienkapitals.

2. Hier war der Reservefonds höher als der aus dem Jahre 1907 in das Geschäftsjahr 1908 übernommene bilanzmäßige Verlust. Läßt man daher den vorgetragenen Debetsaldo außer Betracht, weil ihm der höhere Reservefonds gegenübersteht, so ergeben sich für 1908, 1909 und 1910 Gewinne. Indem die Steuerpflichtige diese in Wirklichkeit vorhandenen Überschüsse von der Verteilung ausschloß, bildete sie daraus einen Reservefonds iS. des § 15 EinkStG. Denn als solcher gilt jede aus den Überschüssen gebildete Ansammlung, die eine Vermehrung des Vermögens der Aktiengesellschaft darstellt (vgl. Art. 28[3] AAnw. v. 25. VII. 06). Die betreffenden Beträge sind daher steuerpflichtig.

3. Der Einwand, daß nicht das in den Bilanzen für 1908—1910 ausgewiesene Aktienkapital dem Abzuge von $3^1/_2$% zugrunde zu legen sei, sondern das ursprünglich höhere, das erst im Laufe der Zeit durch Zusammenlegung der Aktien vermindert worden sei, ist unzutreffend, da diese Zusammenlegung schon vor der hier maßgeblichen Durchschnittsperiode erfolgt ist.

Nr. 8. Entsch. v. 8. Nov. 1913 (OVGSt. 16 252) V A 9/13.

EinkStG. § 15.

1. In der Bilanz des Geschäftsjahrs 1910 sind unter den Passiven 100000 ℳ gebucht, die aus dem Ertrage dieses Geschäftsjahrs dem „Steuerreservefondskonto" überwiesen sind. Nach der Angabe der Steuerpflichtigen soll diese Überweisung dazu dienen, die Reichsstempelabgabe („Talonsteuer") zu decken, die von ihr bei der zukünftigen Ausgabe neuer Gewinnanteilscheinbogen zu entrichten sein würde.

2. In dem Geschäftsjahr 1910 bestand noch keine Verpflichtung der Steuerpflichtigen zur Entrichtung der Stempelabgabe. Erst in demjenigen Geschäftsjahr, in dem sie neue Gewinnanteilscheinbogen ausgeben wird, entsteht die Verpflichtung zur Entrichtung der Abgabe von 1 % des Nennwerts der Aktien, für welche alsdann die Bogen ausgegeben werden. Die Abgabe kann daher nicht zu den Betriebskosten eines früheren Jahres als desjenigen gehören, in dem die neuen Bogen zur Ausgabe gelangen werden. Behält hiernach die Steuerpflichtige von dem Ertrage des Geschäftsjahrs 1910 einen Teil zurück, um ihn zur Deckung der Betriebskosten eines späteren Jahres zu verwenden, so überweist sie ihn damit einem Reservefonds. Die aus den Überschüssen des Geschäftsjahrs 1910 erfolgte Überweisung zum Reservefonds ist nach § 15 EinkStG. steuerpflichtig.

Nr. 9. Entsch. v. 29. März 1913 (OVGSt. 16 255) V A 31/13.

EinkStG. § 15.

Die Baureserve einer Aktiengesellschaft ist seit der Bilanz für 1904 allmählich angesammelt, und die jährlichen Überweisungen an sie sind stets in den Steuererklärungen der steuerpflichtigen Aktiengesellschaft als steuerpflichtig aufgeführt worden. Es handelt sich also in der Tat um eine „echte, versteuerte Reserve". Die aus einer solchen für Betriebskosten oder angemessene Abschreibungen entnommenen Beträge mindern aber nach feststehender Rechtsprechung des Gerichtshofs die Überschüsse des Jahres, in dem die Entnahme erfolgt ist. Werden sie zu einer Abschreibung verwandt, so kann es hinsichtlich ihrer Steuerfreiheit keinen Unterschied machen, ob sie, wie hier, unmittelbar vom entwerteten Konto der Aktiva in der Bilanz abgesetzt oder zunächst über Gewinn- und Verlustrechnung geführt werden. Während aber im letzteren Falle der errechnete Bilanzgewinn des Jahres unmittelbar entsprechend vermindert wird, weil die Entnahmen dem Reservefonds gutzuschreiben, dem Gewinn- und Verlustkonto zur Last zu schreiben sind, so muß im ersteren Falle der Bilanzgewinn noch nachträglich um den Entnahmebetrag vermindert werden, weil erst hierdurch seine Steuerfreiheit verwirklicht wird. Unterläßt man dagegen diesen Abzug, so würde, weil sowohl auf der Passivseite der Bilanz beim Reservefonds als auch auf der Aktivseite beim entwerteten Konto eine gleich hohe Abbuchung erfolgt ist, der Bilanzgewinn ganz unberührt bleiben, während er doch um die für eine angemessene Abschreibung erfolgte Entnahme aus dem Reservefonds vermindert werden soll.

Nr. 10. Entsch. v. 12. Okt. 1912 (OVGSt. 16 258) V A 155/11.

EinkStG. § 15.

Die Aktiengesellschaften sind nach § 261 HGB. iVerb. mit § 40 ebenda verpflichtet, Aktien bei der Aufstellung des Inventars und der Bilanz nach dem Werte anzusetzen, der ihnen in dem Zeitpunkte beizulegen ist, für welchen die Aufstellung erfolgt; der Anschaffungswert darf dabei nicht überschritten werden. Die Berufungskommission hätte daher die Behauptung der steuerpflichtigen Aktiengesellschaft über die Entwertung der in ihrem Besitz befindlichen Aktien nötigenfalls durch Einholung des Gutachtens eines geeigneten

Sachverständigen nachprüfen sollen. Aus dem Umstande, daß die Aktien weder einen Börsen- noch Marktpreis haben, kann nicht geschlossen werden, daß ihr wirklicher Wert noch dem Nennwert entspricht.

Nr. 11. Entsch. v. 28. März 1914 (StArch. 17 304) V A 174/13.

Bei einer Abschreibung auf Grund handelsrechtlicher Buchführung ist jede, aus irgendwelchem Grunde in dem betreffenden Geschäftsjahr eingetretene Entwertung eines bilanzfähigen Vermögensgegenstandes zu berücksichtigen. Für Aktiengesellschaften besteht nur die Ausnahme, daß es ihnen nach § 261³ HGB. gestattet ist, bei den Betriebsgegenständen, welche nicht zur Veräußerung bestimmt sind, anstatt des geringeren Wertes den höheren Anschaffungspreis in die Bilanz einzustellen und davon nur einen der Abnutzung gleichkommenden Betrag abzuziehen. Hat aber die Aktiengesellschaft von jenem Rechte keinen Gebrauch gemacht, so muß sie auch die durch außerordentliche Vorkommnisse bedingten Wertverminderungen bei Aufstellung der Bilanz berücksichtigen und entsprechende Abschreibungen vornehmen, die deshalb auch steuerrechtlich abzugsfähig sind. Daß diese Grundsätze mit § 13 EinkStG. im Einklang stehen, ist in OVGSt. **15** 268 des näheren ausgeführt.

Nr. 12. Entsch. v. 2. Juni 1915 (StArch. **19** 65).

Bei der Veranlagung einer Aktiengesellschaft zur Einkommensteuer war eine Rückstellung von 30000 ℳ für den Wehrbeitrag als einkommensteuerpflichtig angerechnet. Das OVG. trat dem bei. In dem in Betracht kommenden Geschäftsjahre, 1. VII. 12/13, bestand noch keine Verpflichtung der Steuerpflichtigen zur Entrichtung eines Wehrbeitrags. Denn das G. über einen einmaligen außerordentlichen Wehrbeitrag ist erst am 3. VII. 13, also nach Ablauf des mit dem 30. VI. 13 endigenden Geschäftsjahres 1912/13 ergangen, stand also noch nicht in Kraft. Daß die Bilanz vom 30. VI. 13 erst nach dem Inkrafttreten von der Generalversammlung genehmigt ist, ändert daran nichts. Behält aber eine Aktiengesellschaft von dem Ertrage des Geschäftsjahres 1912/13 einen Teil zurück, um ihn zur Deckung der Betriebskosten eines späteren Jahres zu verwenden, so überweist sie ihn damit einem Reservefonds. Zuweisungen zu Reservefonds sind nach § 15 EinkStG. steuerpflichtig. In diesem Sinne hat das OVG. auch wegen der Rücklagen zur Deckung der Talonsteuer entschieden.

2. Der Berggewerkschaften.

Nr. 1. Entsch. v. 23. Okt. 1912 (OVGSt. **16** 268) V A 104/12.

Die Berufungskommission hat, gestützt auf ein Gutachten des Oberbergamts, angenommen, daß auch die unter 700 m Teufe anstehende Kohlenmenge abbauwürdig sei, und dem Abzug für Substanzverringerung nach einer abbauwürdigen Kohlenmenge bis zu 1000 m Teufe berechnet. Das betreffende Gutachten sagt aber ausdrücklich: „Ob diese Flöze abbauwürdig sein werden, kann nach den bisher vorliegenden Aufschlüssen mit Sicherheit nicht beurteilt werden.“ Es ist erforderlich, daß bestimmte Anhaltspunkte für die Annahme der Abbauwürdigkeit in einer Teufe bis zu 1000 m vorhanden sind, wenn damit gerechnet werden soll; eine bloße Vermutung genügt für die Annahme der Abbauwürdigkeit bis zu 1000 m Teufe dagegen nicht.

Nr. 2. Entsch. v. 28. Febr. 1914 (OVGSt. **16** 270) V A 196/13.

1. Für die Veranlagung der nicht physischen Personen, zu denen die steuerpflichtige Gewerkschaft gehört, sind die von den zuständigen Organen fest-

gesetzten Bilanzen solange maßgebend, als sie nicht von denselben Organen abgeändert sind, und es können ebensowenig wie Abschreibungen auch eigentliche Betriebskosten, die in der festgesetzten Bilanz bzw. in der Gewinn- und Verlustrechnung nicht zur Verrechnung gekommen sind, bei der Ermittelung der steuerpflichtigen Überschüsse Berücksichtigung finden.

2. Dagegen sind bei der zur Feststellung der Abschreibung wegen Substanzverringerung erforderlichen Ermittelung des wirklichen Wertes der Substanz alle tatsächlichen geleisteten Betriebsausgaben in Betracht zu ziehen, selbst wenn sie nicht zur bilanzmäßigen Verrechnung gelangt sind.

3. Der eingetragenen Genossenschaften.

Nr. 1. Entsch. v. 19. Juni 1912 (OVGSt. **16** 272) V A 164/11.

EinkStG. § 9.

Nach § 9⁶ EinkStG. erfolgt die Veranlagung der nichtphysischen Personen nach dem durchschnittlichen Ergebnisse der drei der Veranlagung unmittelbar vorangegangenen Geschäftsjahre und, wenn das Unternehmen noch nicht solange besteht, nach dem Durchschnitte der kürzeren Zeit, für welche Geschäftsabschlüsse vorliegen. Unter den Geschäftsabschlüssen sind die ordnungsmäßig festgestellten Ergebnisse jeder abgeschlossenen Geschäftsperiode zu verstehen. Im Gegensatze zu der Veranlagung der physischen Personen sind hierbei auch Abschlüsse zu berücksichtigen, die einen kürzeren Zeitraum als zwölf Monate umfassen. Wenn die nichtphysische Person schon 36 Monate oder länger vor dem letzten Tage des letzten in Betracht kommenden Geschäftsjahrs bestanden hat, so ist das durchschnittliche Einkommen nach dem Ergebnisse der letzten 36 Monate zu berechnen; es muß also, wenn eins der drei letzten Geschäftsjahre weniger als zwölf Monate umfaßt hat, noch ein entsprechender Zeitraum des sich vorher unmittelbar anschließenden Geschäftsjahrs in die Durchschnittsrechnung einbezogen werden. Wenn aber die nichtphysische Person noch nicht 36 Monate lang besteht, so ist das Ergebnis der für die kürzere Zeit vorliegenden Abschlüsse auf ein Jahresergebnis umzurechnen.

Nr. 2. Entsch. v. 12. Okt. 1912 (OVGSt. **16** 273 idAnm.) V A 83/12.

Die Berufungsentscheidung läßt sich schon aus dem Grunde nicht aufrecht erhalten, weil die Berufungskommissionen nur mit dem Durchschnitte der beiden Geschäftsjahre 1908 und 1909 gerechnet, das Geschäftsjahr 1907 aber von der Durchschnittsrechnung ausgeschlossen hat, weil am 1. XI. 07 ein Wechsel im Geschäftsjahr eingetreten sei, indem statt des Geschäftsjahrs vom 1. XI. bis 31. X. das Kalenderjahr als Geschäftsjahr angenommen und neben dem Geschäftsabschlusse vom 31. X. 07 ein zweiter Abschluß am 31. XII. 07 gemacht ist. Diese Auffassung ist rechtsirrtümlich. Bei nichtphysischen Personen, deren Unternehmen bereits länger als drei Jahre besteht, ist nach der Vorschrift im § 9⁶ EinkStG. stets mit einem Zeitraume von 36 Monaten zu rechnen. Die Berufungskommission hätte daher außer den Geschäftsabschlüssen für 1908 und 1909 noch den Geschäftsabschluß für die beiden Monate November und Dezember 1907 und von dem Ergebnisse für das Geschäftsjahr 1. XI. 06 bis 31. X. 07 noch $^{10}/_{12}$ in die Durchschnittsrechnung einbeziehen müssen.

Nr. 3. Entsch. v. 28. Sept. 1912 (OVGSt. **16** 275) V A 64/12.

Die im voraus erfolgende Zubilligung eines festen Rabatts enthält eine Minderung der Kaufpreise und bildet deshalb einen Teil der Preisfestsetzung. Diese gehört zur Führung der Geschäfte der Genossenschaft und unterliegt deshalb, soweit sie nicht im Statute dem Vorstand übertragen ist, nach § 43

27*

ReichsG., betr. die Erwerbs- und Wirtschaftsgenossenschaften, der Beschlußfassung durch die Generalversammlung. Sie ist hierbei nicht an die Marktpreise gebunden, sondern kann auch andere Preisfestsetzungen treffen und auch von vornherein einen bestimmten Rabatt festlegen oder die Festlegung einem anderen Organe der Genossenschaft, zB. dem Vorstand, übertragen. Der Beschluß vom September 1909, in welchem dies im vorliegenden Falle geschehen ist, ist daher rechtsgültig. Demzufolge ist der im voraus auf 5 % festgesetzte Rabatt als Kundengewinn im eigentlichen Sinne anzusehen und steuerfrei zu lassen.

Nr. 4. Entsch. v. 19. Nov. 1912 (OVGSt. 16 277) V A 12/12.

EinkStG. §§ 6, 13, 15.

1. Nach § 15 EinkStG. sind bei den steuerpflichtigen nichtphysischen Personen mit Ausnahme der Ges. m. b. H. steuerpflichtig die Überschüsse, die zu bestimmten Zwecken verwendet sind, nämlich: 1. zur Verteilung als Aktienzinsen oder Dividenden, 2. zur Tilgung der Schulden oder des Grundkapitals, 3. zur Verbesserung oder Geschäftserweiterung und 4. zur Bildung von Reservefonds. Es ist sonach eine doppelte Voraussetzung erforderlich, einmal, daß überhaupt Überschüsse vorhanden sind, und sodann, daß von diesen Überschüssen bestimmte Beträge zu einem der vier genannten Zwecke verwendet sind.

2. Unter den Überschüssen iS. des § 15 aaO. ist aber nichts anderes zu verstehen, als die Überschüsse der Roheinnahmen der steuerpflichtigen Gesellschaften aus den im § 6 EinkStG. genannten Einkommensquellen über die gesetzlich anerkannten Abzüge. Die Überschüsse einer Handel und Gewerbe treibenden Genossenschaft, bei der nur die Einkommensquelle Handel und Gewerbe in Frage steht (§ 6³, § 13 aaO.), sind daher gleichbedeutend mit ihrem geschäftlichen Reingewinn iS. des § 13 aaO. Die objektive Steuerpflicht ist daher nicht gegeben, solange eine solche Genossenschaft nach § 13 aaO. überhaupt keinen Reingewinn erzielt hat. Bei der Feststellung dieses Reingewinns kommen auch nur diejenigen Einnahmen in Betracht, die entweder durch den Betrieb des Unternehmens der Genossenschaft zugeflossen sind oder sich mittelbar als Früchte des in dem Unternehmen werbenden Anlage- und Betriebskapitals darstellen. Für nicht abgehobene verjährte Geschäftsanteile der Genossen treffen diese Bedingungen nicht zu. Sie können deshalb, selbst wenn sie einem Reservefonds überwiesen werden, nicht für steuerpflichtig nach § 15 EinkStG. erachtet werden.

Nr. 5. Entsch. v. 5. März 1913 (OVGSt. 16 279) V A 121/12.

EinkStG. § 15.

1. Zinsen von Geschäftsanteilen, die den Genossen nach statutarischer Bestimmung nur gewährt werden, wenn bei Verteilung des Reingewinns ein genügender Überschuß vorhanden ist und die Generalversammlung eine Gewährung von Zinsen beschließt, haben den Charakter einer Gewinnverteilung und sind deshalb mit Recht gemäß § 15 EinkStG. den steuerpflichtigen Überschüssen hinzugerechnet.

2. Auch die den Genossen zurückerstatteten Verwaltungskostenbeiträge sind mit Recht für steuerpflichtig erachtet worden. Denn die einbehaltenen und zu den Verwaltungskosten nicht verwendeten Beträge gehören zu den Überschüssen der Genossenschaft. Durch ihre Verteilung unter die Genossen findet daher eine Gewinnverteilung statt.

Nr. 6. Entsch. v. 5. Mai 1915 (Recht 19 493) V A 19/15.

Die steuerpflichtige landwirtschaftliche Hauptgenossenschaft, e. Gen. m. b. H., erhebt den Anspruch, die Warendividende bei Berechnung des Einkommens nicht zu berücksichtigen. Demgegenüber ist darauf hinzuweisen, daß sie im Rundschreiben v. 13. XI. 12 über Abschaffung der Warendividende noch ausdrücklich betont hat, ihre Genossenschaften und sonstigen Mitglieder hätten nicht mehr mit der „immerhin nicht ganz sicheren" Warendividende zu rechnen. Danach kann ein Rechtsanspruch der Genossen auf diese Dividende nicht bestanden haben.

4. Der Ges. m. b. H.

Nr. 1. Entsch. v. 12. Okt. 1912 (OVGSt. 16 281) V A 50/12.

EinkStG. § 16.

1. Nach § 16 EinkStG. gilt als steuerpflichtiges Einkommen der Ges. m. b. H. der erzielte, unter sinngemäßer Anwendung des § 13 zu berechnende Geschäftsgewinn. Bei der Steuerpflichtigen ist also der Gewinn unter Beachtung der Vorschriften im § 7 und § 8 nach den Grundsätzen zu berechnen, die für die Inventur und Bilanz durch das HGB. vorgeschrieben sind. Daß die streitige Einnahme bilanzmäßig als Einnahme erscheint, die den Gewinn erhöht hat, ist aus der Bilanz ersichtlich, weshalb also nur noch zu untersuchen bleibt, ob sie etwa gemäß § 7 EinkStG. als außerordentliche Einnahme nicht für steuerpflichtig erachtet werden darf. Dies hätte aber zur Voraussetzung, daß ihr der Charakter einer gewerblichen Einnahme überhaupt abzusprechen wäre. Als solche Einnahmen kommen bei der Ermittelung des gewerblichen Einkommens nur diejenigen in Betracht, die entweder unmittelbar durch den Betrieb des Unternehmens dem Inhaber zugeflossen oder von ihm geschaffen sind oder sich mittelbar als Früchte des in dem Unternehmen werbenden Anlage- und Betriebskapitals darstellen.

2. Zweifellos gehörte die Postlinie, für deren Aufgabe die streitige Entschädigung gezahlt worden ist, zum Gewerbebetriebe der Steuerpflichtigen, und hieraus folgt, daß alle Einnahmen, die hiermit im ursächlichen Zusammenhange stehen, auch zu den gewerblichen Einnahmen zu rechnen sind. Insbesondere muß dies von einer Entschädigung gelten, die für die Aufgabe jenes Zweiges des Gewerbebetriebs gezahlt worden ist. Sie ist dazu bestimmt, für den Wegfall künftiger Einnahmen aus dem aufgegebenen Teilbetrieb einen gewissen Ausgleich zu schaffen, und gilt daher als eine unmittelbare Folge des von der Steuerpflichtigen unterhaltenen Reedereibetriebs, so daß an ihrem gewerblichen Charakter kein Zweifel sein kann. Der in der Beschwerde erwähnte Umstand, daß die Entschädigung den der Gesellschaft bis 1917, also für acht Jahre, zugefügten Schaden decken soll, berechtigt auch keineswegs, sie etwa auf diese acht Jahre zu verteilen oder erst im Jahre 1917 zur definitiven Aufrechnung zu bringen. Denn alle Einnahmen sind demjenigen Jahre bei der Veranlagung anzurechnen, in dem sie gezahlt sind oder wenigstens ein Forderungsrecht darauf entstanden ist.

Nr. 2. Entsch. v. 12. Okt. 1912 (OVGSt. 16 283) V A 46/12.

EinkStG. §§ 8, 16.

Die Einbringung der Grundstücke durch den Gesellschafter gehört zur Konstituierung der Gesellschaft und ist kein Akt des Gewerbebetriebs. Es sind daher auch die mit der Einbringung und der Eigentumsübertragung der betreffenden Grundstücke verbundenen Ausgaben keine eigentlichen Betriebskosten, sondern Gründungskosten, die in erster Linie die Einkommensquelle betreffen; solche Ausgaben dürfen aber nach ständiger Rechtsprechung des Gerichtshofs nicht als Werbungskosten bei der Berechnung des steuerpflichtigen Einkommens in Abzug kommen.

Nr. 3. Entsch. v. 12. Okt. 1912 (OVGSt. **16** 284) V A 113/12.

EinkStG. §§ 13, 16.

1. Eine Ges. m. b. H. hat nur eine Einkommensquelle, die ihr ganzes Geschäftsgebaren umfaßt, d. i. die Einkommensquelle des Gewerbebetriebs. Im vorliegenden Falle gehört also das Gut O. zum gewerblichen Anlage- und Betriebskapitale; die von der Gesellschaft eingegangene vertragsmäßige Verpflichtung zum Ausbau und zur Kanalisation gewisser Wege dieses Gutes bildet also eine Last des Betriebs der Gesellschaft, durch die der unter sinngemäßer Anwendung des § 13 EinkStG. zu berechnende Geschäftsgewinn der Gesellschaft gemindert wird.

2. Es gehört zum Geschäftsbetriebe der steuerpflichtigen Gesellschaft, die u. a. auch Kohlenbergbau betreibt, an Stelle der im Abbaue begriffenen Kohlenlager wieder neue zu beschaffen, um so den Betrieb aufrecht zu erhalten. Die Kosten für Bohrungen zum Zwecke der Auffindung neuer Kohlenlager und der Feststellung ihrer Mächtigkeit und Lagerung gehören daher zu den Betriebskosten und mindern als solche den steuerpflichtigen Geschäftsgewinn.

Nr. 4. Entsch. v. 18. Nov. 1913 (OVGSt. **16** 286) V A 22, 23/13.

EinkStG. §§ 13, 16.

Für die Annahme, daß der unter „Zuckerraffinerie D., Ges. m. b. H., Garantiekonto" gebuchte Betrag einen Kapitalverlust darstelle, fehlt es an jedem Anhalte. Hierzu hätte es des Nachweises bedurft, daß die unter jenem Konto gebuchten Verluste Kapitalvermögen oder überhaupt Vermögen der Steuerpflichtigen, abgesehen von dem gewerblichen Betriebskapitale, betroffen haben könnten. Dies ist hier aber ausgeschlossen, da die Verluste durch die Differenz zwischen dem wirklichen Werte und dem Anschaffungspreise der übernommenen gewerblichen Bestände entstanden sein sollen und ein Kapitalvermögen der Steuerpflichtigen überhaupt nicht vorhanden ist, zumal es sich um eine Ges. m. b. H. handelt, bei der nur eine einzige Einkommensquelle, nämlich die aus Handel und Gewerbe gemäß §§ 16, 13 EinkStG. vorhanden ist. Die Verluste sind daher bei der Ermittelung des steuerpflichtigen Einkommens zu berücksichtigen.

Nr. 5. Entsch. v. 14. Juni 1913 (OVGSt. **16** 289) V A 185/12.

Verlieren gewerbliche Anlagen, zB. Licht- und Kraftanlagen, einer Ges. m. b. H. mit dem Eintritt eines gewissen Zeitpunkts ihren Wert, so ist die Gesellschaft berechtigt, die Gesamtkosten der Anlagen bis zum Eintritte jenes Zeitpunkts durch Abschreibungen aus den Roherträgen der betreffenden Geschäftsjahre zu decken. Je näher der Zeitpunkt heranrückt, um so mehr verringert sich der Wert der Anlagen. Die bloße Möglichkeit einer Hinausschiebung des Zeitpunkts steht der Abschreibung nicht entgegen.

Nr. 6. Entsch. v. 28. Mai 1913 (StArch. **17** 240).

Durch die Einstellung des Betriebes und den Eintritt in die Liquidation ist die subjektive Steuerpflicht einer Ges. m. b. H. nicht aufgehoben. Nach § 9[6] EinkStG. hatte die Veranlagung der Gesellschaft nach dem durchschnittlichen Ergebnisse der drei der Veranlagung unmittelbar vorangegangenen Geschäftsjahre zu erfolgen, für welche Geschäftsabschlüsse vorlagen. Ein unrichtiges Bilanzergebnis muß die Gesellschaft so lange gegen sich gelten lassen, bis die Bilanz berichtigt ist. Die Berichtigung der Bilanz muß bis zur Berufungsentscheidung geltend gemacht sein. Die bloße Angabe, daß die Bilanz unzutreffende Ansätze enthalte, genügt nicht.

Nr. 7. Entsch. v. 8. Nov. 1913 (OVGSt. 16 292) V A 43/13.

EinkStG. §§ 9, 16.

1. Nach § 9[6] EinkStG. iVerb. mit dem dort in Bezug genommenen Abs. 3 des § 9[3] gilt als letztes in die Durchschnittsperiode einzubeziehendes, dem Steuerjahr unmittelbar vorangegangenes Geschäftsjahr dasjenige, dessen Ergebnis zur Zeit der Steuererklärung festgestellt werden konnte. Bereits in OVGSt. **14** 359 ist dargelegt worden, daß sich der Zeitpunkt, zu welchem das Ergebnis des letzten Jahres festgestellt werden konnte, deckt mit der tatsächlichen Feststellung der Bilanz durch die zuständigen Gesellschaftsorgane, und weiter, daß regelmäßig ein Beschluß der Gesellschafter zur definitiven Feststellung der Bilanz erforderlich ist. Im vorliegenden Falle ist die Bilanz für das Geschäftsjahr 1911 unstreitig erst nach der Abgabe der Steuererklärung festgestellt. Nach Vorstehendem hatte deshalb das Ergebnis des Jahres 1911 aus der Durchschnittsberechnung herauszubleiben. Ob der Durchschnitt aus 1908, 1909 und 1910 schon einmal versteuert war, ist dabei völlig unerheblich.

2. Wenn ferner die Beschwerde eventuell geltend macht, daß eine Bilanzgenehmigung im Zustande der seit 1911 für die Gesellschaft bestehenden Liquidation gesetzlich überhaupt nicht stattzufinden brauche, so kann dieser Rechtsauffassung nicht beigetreten werden. Der § 46 G. über die Ges. m. b. H. idFass. v. 20. V. 98 muß vielmehr soweit, als er die Gesellschafter die Feststellung der Bilanz bestimmen läßt, auch für den Liquidationszustand einer Ges. m. b. H. als in Geltung befindlich erachtet werden. Damit gelangt man zur gleichen Beurteilung der streitigen Rechtsfrage bei Ges. m. b. H., wie sie für Aktiengesellschaften im HGB. präziser zum Ausdrucke gebracht ist (§§ 149, 260, 298, 299 HGB.).

Nr. 8. Entsch. v. 8. Nov. 1913 (StArch. 17 117) V A 95/13.

Abschreibungen einer Ges. m. b. H. dürfen nur auf Konten der Aktivseite zum Ausgleich einer Wertverminderung vorgenommen werden. Abschreibungen auf Konten der Passivseite sind unzulässig. Das Sach- und Rechtsverhältnis ist zu wenig geklärt, um darüber entscheiden zu können, ob die Gesellschaft berechtigt ist, eine ihr zur Last fallende Entwertung des Hotelmobiliars bilanzmäßig zum Ausdruck zu bringen oder sich nicht vielmehr, wie es wahrscheinlich ist, damit begnügen muß, die Instandsetzungskosten unter den Betriebskosten zu verrechnen. Durch Einforderung des Vertrages der Gesellschaft mit dem Eigentümer des Hauses und durch Einsicht der Satzungen der Gesellschaft ist hier Aufklärung zu schaffen.

Nr. 9. Entsch. v. 29. März 1913 (OVGSt. 16 295) V A 36/12.

1. Bei dem in Frage stehenden Bilanzposten „Verlagswert" handelt es sich nicht um ein zwischen dem Autor und Verleger auf Grund des VerlagsG. (ReichsG. v. 11. VI. 70, betr. das Urheberrecht an Schriftwerken usw.) begründetes Verlagsrecht, sondern um den Wert, den die von der Steuerpflichtigen herausgegebene Zeitung auf Grund ihrer tatsächlichen Verbreitung und ihrer Benutzung als Anzeigeorgan besitzt. Dieser bildet als solcher weder ein selbständiges ausschließliches Recht, wie das Urheberrecht, noch ein dem Gewerbebetriebe gewidmetes Vermögensrecht, sondern er gehört, ebenso wie die Firma, Kundschaft usw., zu den immateriellen Gütern, die nur bei entgeltlicher Erwerbung mit entsprechendem Werte in die Bilanz einzustellen sind, während es im übrigen an jedem Maßstabe für eine Bewertung solcher Güter fehlt und insbesondere unstatthaft sein würde, gewisse, von der Gesellschaft für das Zeitungsunternehmen aufgewendete Betriebskosten auf ein Konto „Verlagswert" zu buchen.

2. Nach § 33 Abs. 2 ReichsG., betr. die Ges. m. b. H., soll die Gesellschaft eigene Geschäftsanteile, auch wenn die Stammeinlage vollständig eingezahlt ist, nicht erwerben, sofern nicht der Erwerb aus dem über den Betrag des Stammkapitals hinaus vorhandenen Vermögen geschehen kann. Diese Vorschrift enthält aber kein absolutes Verbotsgesetz, sondern nur eine instruktionelle Vorschrift für die Geschäftsführer. Ein Verstoß gegen sie wäre deshalb auf die Rechtsgültigkeit des Erwerbes ohne Einfluß. Der im Jahre 1909 von der Steuerpflichtigen erworbene eigene Geschäftsanteil müßte daher, wenn er am 31. XII. dieses Jahres nicht bereits wieder veräußert war, als ein selbständiges Aktivum in ihrer Bilanz vom Jahre 1909 erscheinen.

Nr. 10. Entsch. v. 30. April 1913 (StArch. 17 179).

Die Frage, ob das Gehalt und die Tantieme des Geschäftsführers einer Ges. m. b. H. zum steuerpflichtigen Geschäftsgewinne der Gesellschaft gehören, hängt davon ab, ob dieser Gesellschafter die Tätigkeit als Geschäftsführer ausübt auf Grund eines mit der Gesellschaft abgeschlossenen Dienstvertrages oder infolge einer besonderen, gemäß § 3 Abs. 2 G. betr. die Ges. m. b. H. angenommenen gesellschaftlichen Verpflichtung. Der letztere Fall kann nur vorliegen, wenn die Bestellung zum Geschäftsführer im Gesellschaftsvertrage selbst oder unter den Formen einer Abänderung desselben (§§ 53, 54) erfolgt ist, da, im Falle den Gesellschaftern außer der Leistung von Kapitaleinlagen noch andere Verpflichtungen gegenüber der Gesellschaft auferlegt werden, diese Bestimmung der Aufnahme in den Gesellschaftsvertrag nach § 3 Abs. 2 aaO. bedarf. Die Berufungskommission hat nun zwar angenommen, daß der mit dem Geschäftsführer abgeschlossene Anstellungsvertrag als eine Ergänzung des Gesellschaftsvertrags anzusehen ist; diese Annahme ist aber rechtsirrig. Denn dieser Vertrag ist nicht, wie es in der Berufungsentscheidung heißt, „vor dem Notar geschlossen", d. h. von ihm beurkundet worden, sondern privatschriftlich abgesetzt und nur notariell beglaubigt worden. Er entbehrt also der im § 53 Abs. 2 G., betr. die Ges. m. b. H., v. 20. V. 98 für eine Änderung des Gesellschaftsvertrags vorgeschriebenen Form, so daß er auch nicht als eine Ergänzung des Gesellschaftsvertrags in Betracht kommt.

Nr. 11. Entsch. v. 27. Sept. 1913 (StArch. 17 240).

Dafür, daß die zu Geschäftsführern gewählten Gesellschafter einer Ges. m. b. H. ihre Tätigkeit als eine gemäß § 3 Abs. 2 G., betr. die Ges. m. b. H., v. 20. V. 98 außer der Leistung einer Kapitaleinlage übernommene gesellschaftliche Verpflichtung ausüben sollen, ist die Tatsache, daß die Bestellung der Geschäftsführer im Gesellschaftsvertrage erfolgt ist, für sich allein nicht ausschlaggebend und noch weniger der Nachweis, daß ihre Wahl in dem auch den Gesellschaftsvertrag verlautbarenden notariellen Protokolle erfolgt ist. Diese Wahl kann hier nur als eine bei Gelegenheit des Abschlusses des Gesellschaftsvertrages erfolgte Bestellung von Geschäftsführern gelten. Die beiden Geschäftsführer haben mithin keine gesellschaftliche Verpflichtung zur Ausübung des Amtes der Gesellschaft gegenüber übernommen. Ihre Bezüge gehören also zu den Werbungskosten der Gesellschaft.

Nr. 12. Entsch. v. 27. Febr. 1915 (Recht 20 258) V A 145/14.

Die Feststellung der Berufungskommission, daß die Übernahme der Geschäftsführerstellung von zwei Gesellschaftern auf einer „gesellschaftlichen" Verpflichtung beruhe, weil ihre Bestellung im Gesellschaftsvertrage selbst erfolgt sei, und einer solchen Feststellung entgegenstehende Umstände nicht dargetan seien, ist nicht ausreichend. Jene Tatsache der Bestellung im Gesellschaftsvertrage oder unter den Formen einer Änderung des letzteren ist nach feststehender Rechtsprechung des OVG. für sich nicht ausschlaggebend, eine „gesellschaftliche" Verpflichtung anzunehmen. Hierzu ist eine besondere, die gesamten Verhältnisse des Einzelfalls berücksichtigende Begründung nötig, die nicht schon darin liegt, daß einer solchen Annahme entgegenstehende Umstände lediglich geleugnet werden.

Nr. 13. Entsch. v. 15. Jan. 1916 (Recht **20** 259) V A 100/15.

Es ist nicht feststellbar, was dafür spricht, daß die zwei zu Geschäftsführern bestellten Gesellschafter mit der Übernahme dieses Amts eine besondere „gesellschaftliche" Pflicht eingehen wollten; deshalb ist die allein streitige Vergütung an sie als abziehbare Werbungskosten der Ges. m. b. H. anzuerkennen. In der Übernahme von 30000 und 10000 ℳ des Gesellschaftskapitals von 70000 ℳ durch jene beiden liegt nicht ein so großes Interesse an der Ges. m. b. H. bekundet, daß ihre Tätigkeit auf gesellschaftlicher Verpflichtung beruhen müßte. Ferner zwingt zu letzterer Annahme nicht der Umstand, daß der eine Gesellschafter früherer Prokurist der Firma war, dessen Kraft dem Betriebe erhalten werden sollte; denn das konnte auch durch einen Anstellungsvertrag geschehen. Ebensowenig die Bestimmung, daß jeder der beiden allein für die Ges. m. b. H. zeichnen dürfe, da dies nach § 35 Abs. 2 G., betr. die Ges. m. b. H., im Gesellschaftsvertrage für jeden, also auch für den durch „Dienstvertrag" bestellten Geschäftsführer vorgesehen werden könne. Endlich hat die im Gesellschaftsvertrage jenen beiden erteilte Ermächtigung, bis zur Registereintragung den Vertrag noch selbständig abzuändern, mit ihrer Stellung als Geschäftsführer überhaupt nichts zu tun.

Nr. 14. Entsch. v. 7. Nov. 1914 (Recht **20** 259) V A 105/14.

Die am 19. IV. 11 gegründete Ges. m. b. H. ist offenbar am 15. V. 11 registerlich eingetragen. Geschäftsjahr ist das Kalenderjahr. Für das Steuerjahr 1913 ist das Ergebnis 1912 noch nicht verwendbar, da zur Zeit der Steuererklärung noch nicht feststehend. Allein das Geschäftsjahr 1911 kommt in Betracht, kann aber steuerlich erst mit der Registereintragung begonnen haben. Es ist festzustellen, wie hoch das Einkommen seit der Eintragung bis Jahresschluß gewesen ist, und dieser Betrag in einen Jahres-, d. h. Zwölfmonatsbetrag umzurechnen.

Nr. 15. Entsch. v. 13. Febr. 1915 (StArch. **18** 335).

EinkStG. §§ 8, 13, 16.

Bei Ges. m. b. H. ist die Grund-, Gebäude- und Gewerbesteuer nur bis zur Höhe der staatlichen Veranlagung, die Einkommensteuer aber gar nicht in Abzug zu bringen. Der Geschäftsgewinn ist bei Ges. m. b. H. unter sinngemäßer Anwendung des § 13 EinkStG. zu berechnen (§ 16 aaO.); im § 13 Abs. 1 Satz 2 aaO. ist aber die Beachtung des § 8 aaO. noch besonders hervorgehoben. Die Vorschrift im § 8 1^3 aaO. gilt grundsätzlich für alle nichtphysischen Personen, also auch für Aktiengesellschaften. Daß bei letzteren eine Hinzurechnung von Steuern nicht stattfindet, hat allein darin seinen Grund, daß bei diesen, im Gegensatze zu den Ges. m. b. H., nur die in bestimmter Art verwendeten Teile des Geschäftsgewinnes für steuerpflichtig erklärt worden sind.

V.

Veranlagungsverfahren.

A. Allgemeine Grundsätze.

Nr. 1. Entsch. v. 14. März 1914 (OVGSt. **16** 301) IVa 320/13.

Es ist anzunehmen, daß der Steuerpflichtige selbst seit dem 1. III. 13 in S. wohnte und nur seine Ehefrau noch die Wohnung in B. inne hatte. Die in B. an die Ehefrau erfolgte Zustellung war daher nicht geeignet, die Ausschlußfrist in Lauf zu setzen. Nach Art. 28[6] AAnw. v. 28. XI. 99 begründet nur die in der Wohnung des Steuerpflichtigen an einen Hausgenossen erfolgte Übergabe der Steuerzuschrift eine gültige Zustellung. Für den Begriff der „Wohnung" iS. der Zustellungsvorschriften kommt es auf das tatsächliche Wohnen an.

Nr. 2. Entsch. v. 19. Febr. 1913 (OVGSt. **16** 303) III 84/12.

Nach Art. 78 I AAnw. v. 25. VII. 06 sind für die Zustellungen die Vorschriften des Art. 28 1–12 der zur Ausführung der Vd. v. 15. XI. 99, betr. das Verwaltungszwangsverfahren wegen Beitreibung von Geldbeträgen (GS. 545), ergangenen Anw. v. 28. XI. 99 maßgebend. Nach Nr. 5 dieses Artikels soll in erster Linie in der Wohnung zugestellt werden, hier muß nach Nr. 6 auch die Ersatzzustellung versucht werden. Diese Bestimmungen sind wörtlich den §§ 180, 181 ZPO. entlehnt. Wie hier aber unter Wohnung nicht der Wohnsitz im rechtlichen Sinne zu verstehen ist, sondern die Räume, in denen das tatsächliche Wohnen stattfindet, so ist dies auch im Art 28 aaO. der Fall. Die Zustellung in der bis Oktober beibehaltenen Wohnung wäre daher nur zu Recht erfolgt, wenn der Steuerpflichtige diese noch für sich zum Wohnen benutzt hätte.

Nr. 3. Entsch. v. 30. April 1913 (OVGSt. **16** 304) IX 92/12.

Nach Nr. 6 des Art. 28 der zur Ausführung der Vd. v. 15. XI. 99, betr. das Verwaltungszwangsverfahren, ergangenen Anw. v. 28. XI. 99 kann die Zustellung, wenn die Person, welcher zugestellt werden soll, in ihrer Wohnung nicht angetroffen wird, zwar an eine in der Familie dienende erwachsene Person in der Wohnung erfolgen. Diese Person muß aber in der Familie desjenigen dienen und das Schriftstück in der Wohnung desjenigen in Empfang nehmen, für den das zuzustellende Schriftstück bestimmt ist.

Nr. 4. Entsch. v. 10. Dez. 1913 (OVGSt. **16** 308) E IVa 41/12.

Ein Beschluß der Kommission, daß der Vorsitzende der Kommission oder sein Bureau den dem festgestellten Vermögen entsprechenden Steuersatz errechnen soll, genügt nicht, sondern die Veranlagungskommission muß ihrerseits über die zahlenmäßige Höhe des Satzes ausdrücklich Beschluß fassen.

Nr. 5. Entsch. v. 18. Nov. 1913 (OVGSt. **16** 306) IX 104/12.

EinkStG. § 85.

Für das Zustandekommen eines Veranlagungsbeschlusses genügt es, wenn der Vorsitzende seinen Vorschlag in der Sitzung der Kommission oder der zuständigen Unterkommission vorgetragen und der Vorschlag keinen Widerspruch bei den Mitgliedern gefunden hat. Ob die Mitglieder dann den Beschluß noch mitunterzeichnen oder es versehentlich unterlassen, ist gleichgültig; insbesondere wird in letzterem Falle der Beschluß nicht etwa dadurch wieder beseitigt.

Nr. 6. Entsch. v. 5. Mai 1915 (Recht 19 493) V A 15—18/15.

Das OVG. hebt die Entscheidung der Berufungskommission auf und setzt die Einkommensteuerveranlagung des Pflichtigen außer Kraft. Die Akten ergäben nicht, daß die Nachveranlagung (1910—1912) und die verspätete ordentliche Veranlagung (1913) nach den Vorschriften des EinkStG., d. h. durch die „Veranlagungskommission", erfolgt sei, §§ 85, Abs. 3, 41. Vielmehr habe deren Vorsitzender die Veranlagung nach Anfrage bei einzelnen Mitgliedern dieser Kommission selbständig vorgenommen. Der Berufungsbescheid sei daher, weil die Richtigkeit der Veranlagung nicht nachgeprüft oder zu Unrecht als ordnungsmäßig erfolgt angenommen worden sei, wegen wesentlichen Verfahrensmangels aufzuheben und die Veranlagung, da nicht ordnungsmäßig zustande gekommen, bei freier Beurteilung außer Kraft zu setzen.

C. Beweiskraft der Buchführung.

Nr. 1. Entsch. v. 29. März 1913 (DJZ. 19 106) IIb 75/12.

Wirtschaftsbücher dürfen nicht um deswillen unberücksichtigt bleiben, weil sie in polnischer Sprache geführt sind.

E. Berücksichtigung der persönlichen Leistungsfähigkeit.

Nr. 1. Entsch. v. 19. Juni 1912 (OVGSt. 16 310) Va 28/12.

EinkStG. §§ 19, 20.

Die Bestimmungen der §§ 19 und 20 EinkStG. sind nach ihrem Wortlaut an sich voneinander unabhängig, so daß eine gesonderte Prüfung über ihre Anwendbarkeit stattzufinden hat. Es hat demnach die Steuerbehörde bei Prüfung der Anwendbarkeit des § 20 lediglich ihre Prüfung darauf zu richten, ob der festgesetzte Steuersatz, mag er durch § 19 oder anderweite Vorschriften des EinkStG. herbeigeführt worden sein, zu ermäßigen ist, weil besondere, die Leistungsfähigkeit des Steuerpflichtigen wesentlich beeinträchtigende wirtschaftliche Verhältnisse vorliegen, die eine Ermäßigung dieses Steuersatzes geboten erscheinen lassen. Selbstverständlich ist dabei, daß der Steuersatz selbst in Betracht gezogen werden muß, und es kann sehr wohl der Fall sein, daß bei einem Steuersatze, der infolge Anwendung des § 19 um zwei, drei, vier oder mehr Stufen herabgesetzt worden ist, eine Anwendung des § 20 nicht geboten erscheint, während eine solche bei einem um so und soviel Stufen höheren Steuersatz unbedingt erforderlich war. Nur insoweit befinden sich die §§ 19 und 20 in Beziehungen zueinander, während die Ablehnung einer Ermäßigung nach § 20 aus dem Grunde, weil schon eine Ermäßigung nach § 19 stattgefunden hat, mit dem G. nicht im Einklange steht.

Nr. 2. Entsch. v. 17. Jan. 1914 (StArch. 17 319).

EinkStG. § 20.

1. Die Berufungskommission hat zur Begründung der Ablehnung der vom Steuerpflichtigen wegen der Unterstützung seiner Mutter beantragten Ermäßigung nach § 20 EinkStG. darauf hingewiesen, daß der Bruder des Steuerpflichtigen seit Mai 1913 monatlich 110 ℳ verdiene und in der Lage sei, ebenfalls die Mutter zu unterstützen. Es kommt aber auch auf die erst im Laufe des Steuerjahres eingetretenen Umstände gar nicht an, vielmehr sind für die Anwendung des § 20 allein die Verhältnisse beim Beginne des Steuerjahres maßgebend.

2. Ein ziffermäßiger Abzug der Unterstützung ist gemäß § 8 III² EinkStG. unzulässig.

Nr. 3. Entsch. v. 17. Jan. 1914 (StArch. 18 52).

Gemäß § 20 EinkStG. haben nur die auf die steuerliche Leistungsfähigkeit im Steuerjahre wesentlich beeinträchtigend wirkenden Ausgaben Berücksichtigung zu finden.

F. Veränderungen der veranlagten Steuer im Laufe des Jahres.

Nr. 1. Entsch. v. 12. Febr. 1913 (OVGSt. 16 312) E XIIb 19/12.

EinkStG. § 62; ErgStG. § 39.

1. Maßgebend für die Veranlagung aller physischen Personen nach § 9[1] EinkStG., Art. 51 Abs. 1 und 2 AAnw. hierzu ist der Bestand der einzelnen Einkommensquellen bei Beginn des Steuerjahrs und nach § 9 ErgStG., Art. 5[1 u. 2] AAnwErgStG. der Bestand und der Wert der einzelnen Teile des Vermögens beim Beginne der Steuerperiode. Die Vermehrung des Einkommens und Vermögens während des laufenden Steuerjahrs und der laufenden Steuerperiode begründet grundsätzlich keine Änderung in der einmal erfolgten Veranlagung. Eine Ausnahme tritt nur ein, wenn infolge Erb- oder Fideikommißanfalls, Vermächtnisses, Überlassungsvertrags zwischen Eltern und Kindern, Verheiratung oder Schenkung Einkommen oder Vermögen vermehrt wird.

2. Der vom G. aufgestellte Grundsatz, daß bei der Veranlagung nur die beim Beginne des Steuerjahrs und der Steuerperiode vorhandenen Einkommensquellen und Vermögensteile sowie ihr damaliger Umfang maßgebend sein sollen, gilt allgemein für die unbeschränkte wie für die beschränkte Steuerpflicht. Eine Ausnahme für letztere ist nirgends ausgesprochen und ergibt sich auch nicht etwa aus der Natur der beschränkten Steuerpflicht. Diese umfaßt allerdings nur das Reineinkommen bestimmter preußischer Einkommensquellen und bestimmte Arten preußischen Vermögens; sie ist aber dessenungeachtet keine Objektsteuer wie die Gewerbesteuer (§ 1 GewStG.), bei der übrigens auch während des Steuerjahrs neu eröffnete Gewerbebetriebe eines schon Veranlagten für das laufende Steuerjahr unberücksichtigt bleiben (§ 24 Abs. 4 GewStG.; Art. 27[2, 4, 5] AAnw. v. 4. XI. 95), eine Zugangsveranlagung nicht zur Folge haben.

Nr. 2. Entsch. v. 10. Dez. 1913 (OVGSt. 16 317) IX 28/13.

EinkStG. § 62.

Nach § 62 EinkStG. begründet die Einkommensvermehrung während des laufenden Steuerjahrs idReg. keine Veränderung in der schon erfolgten Veranlagung; es kann aber ausnahmsweise bei einer Einkommensvermehrung infolge Erb- oder Fideikommißanfalls, Vermächtnisses, Überlassungsvertrags zwischen Eltern und Kindern, Verheiratung oder Schenkung eine anderweite Veranlagung stattfinden. Diese Ausnahmevorschrift ist einschränkend auszulegen. Zu einer Einkommensvermehrung infolge Verheiratung gehört der Fall, daß ein Steuerpflichtiger eine Frau heiratet, die selbständiges Einkommen hat, das gemäß § 10 aaO. seinem Einkommen hinzuzurechnen ist (vgl. Art. 79 III[5] AAnw. v. 25. VII. 06). Im vorliegenden Falle hat sich aber das eigene Einkommen des Steuerpflichtigen durch Erhöhung der Zulage seitens des Vaters vermehrt. Wenn auch diese Erhöhung zum Zwecke der Erlangung des Heiratskonsenses erfolgt sein mag oder aus anderen mit der Verheiratung zusammenhängenden Erwägungen, so stellt sie doch keine Einkommensvermehrung infolge Verheiratung iS. des § 62 EinkStG. dar. Liegt aber eine Zuwendung des Vaters mit Rücksicht auf die Verheiratung vor, so ist dies eine Ausstattung gemäß § 1624 BGB. Hiernach ist eine anderweite Veranlagung gemäß § 62 EinkStG. unzulässig.

Nr. 3. Entsch. v. 27. Sept. 1913 (OVGSt. 16 318) E Vb 19/12.
EinkStG. § 62; ErgStG. § 39.

Die Nachveranlagung auf Grund des § 62 EinkStG. und des § 39 ErgStG. erfordert eine im Laufe des Steuerjahrs eintretende Vermehrung des Einkommens oder Vermögens „infolge Erb- oder Fideikommißanfalls, Vermächtnisses, Abteilungs- oder Überlassungsvertrags zwischen Eltern und Kindern, Schenkung oder Verheiratung". Der Steuerpflichtige ist indessen lediglich Bezugsberechtigter aus einer Familienstiftung geworden, die der Erblasser in seinem Testament errichtet hatte.

Die Stiftung ist eine „Familienstiftung" iS. des Art. 1 § 1 AGBGB. v. 20. IX. 99, da sie ausschließlich dem Interesse der Mitglieder einer bestimmten Familie dienen soll. Sie ist ein selbständiges Rechtssubjekt (§ 80 BGB.).

Da keine der im § 62 EinkStG. und im § 39 ErgStG. bezeichneten Ursachen der Vermehrung des Einkommens oder Vermögens des Steuerpflichtigen vorliegt, so ist die Veranlagung rechtsirrtümlich.

Nr. 4. Entsch. v. 29. März 1913 (Recht 17 568.)

Gegenüber dem zurückweisenden Berufungsbescheide, nach dem die Wiederinzugangstellung der irrtümlich in Abgang gekommenen Steuern eine Verwaltungsmaßnahme sei, für deren Beurteilung der Berufungskommission die Zuständigkeit mangele, erkennt das OVG. auf Unzulässigkeit des Zugangsfalls und damit auf Freistellung. Jede Zugangstellung sei ein Akt der Veranlagung und zwar, da es ein Wiederaufleben der alten Steuerpflicht nicht gebe, eine neue Veranlagung mit der Möglichkeit der Anfechtung durch alle ordentlichen Rechtsmittel. Der Zugangsfall sei hier aber nicht gegeben gewesen; denn die Abgangsstellung der Steuern durch die zuständige Behörde habe das Erlöschen der subjektiven und objektiven Steuerpflicht für den Rest des Steuerjahrs (Steuerperiode) bewirkt, so daß nur der Neueintritt in die Steuerpflicht eine Neuveranlagung rechtfertige. Letzteres komme hier nicht in Frage, da sich die Steuerpflicht des Pflichtigen im Laufe des Steuerjahrs gegenüber dessen Beginne weder subjektiv noch objektiv verändert habe; ein Zugang nach §§ 62, 64 sei nicht gegeben. Ein Wiederzugang für das Vorjahr sei, wenn überhaupt berechtigt, nur durch Nachsteuerveranlagung möglich gewesen, § 85 (47). Aber auch dieser Weg sei nicht gangbar, da der Pflichtige für 1908 keineswegs „unveranlagt geblieben", sondern im Gegenteil ursprünglich veranlagt und dann ordnungsgemäß für steuerfrei erklärt worden sei. Hierfür reiche der außerordentliche Rechtsbehelf des § 85 nicht aus..

Nr. 5. Entsch. v. 12. Mai 1914 (StArch. 17 276) XIIId 97/13.
EinkStG. §§ 9, 63—65.

Es handelt sich im vorliegenden Falle um eine anderweite Veranlagung wegen Erbanfalls. Bei einer solchen ist der mutmaßliche Ertrag des mit dem Erbanfall beginnenden einjährigen Zeitraums maßgebend. Als steuerpflichtiges Einkommen sind anzurechnen die Erträge der einzelnen dem Erben zugefallenen Einkommensquellen, und zwar gemäß § 9[1] EinkStG. nach dem Stande dieser Quellen bei Beginn des vorbezeichneten Zeitraums; später eingetretene Veränderungen, insbesondere die Liquidation der Erbschaft oder die Auszahlung der Vermächtnisse kommen dabei nicht in Betracht. Jede einzelne zum Nachlaß gehörige Kapitalforderung bildet eine besondere Einkommensquelle. Daß einzelne bestimmte der zum Nachlaß gehörigen Einkommensquellen im Laufe des vorbezeichneten Zeitraums erlöschen würden, stand bei dessen

Beginn nicht fest, die Erbin hatte vielmehr die Wahl, welche dieser Quellen sie zur Ausbezahlung der Vermächtnisse anwenden wollte, ja es stand ihr sogar frei, die hierzu nötigen Mittel aus ihrem sonstigen Vermögen zu entnehmen oder sich durch Aufnahme einer Schuld zu beschaffen, ohne dabei den Bestand der Einkommensquellen des Nachlasses irgendwie zu berühren. Hiernach hat die Berufungskommission das Einkommen aus den einzelnen Einkommensquellen des Nachlasses mit Recht nach dem Stande dieser Quellen bei Beginn des vorbezeichneten Zeitraums ermittelt und den beanspruchten Abzug für die Zinsen der Vermächtnisse abgelehnt. Es konnte sich höchstens fragen, ob, da bei Erlaß der Berufungsentscheidung der für die Veranlagung maßgebende Zeitraum bereits abgelaufen war, der Veranlagung nicht an Stelle des mutmaßlichen Ertrags des fraglichen Zeitraums dessen wirklicher Ertrag zugrunde zu legen gewesen wäre. Dies war aber nach OVGSt. **14** 45ff. ausgeschlossen, da nach den Angaben des Steuerpflichtigen die Vermächtnisnehmer wegen der ihnen zustehenden Vermächtnisse durch Aushändigung von Wertpapieren aus der Erbschaftsmasse im Laufe des vorbezeichneten Zeitraums befriedigt, die betreffenden Einkommensquellen also innerhalb dieses Zeitraums erloschen sind, mithin nicht bis zu dessen Ablauf in wesentlich unveränderter Gestalt bestanden haben.

Nur wenn im Laufe dieses Zeitraumes das Einkommen des Steuerpflichtigen durch den Wegfall der vorbezeichneten Einkommensquellen um mehr als den fünften Teil vermindert worden wäre, hätte dieser gemäß § 63 EinkStG. eine dem verbleibenden Einkommen entsprechende Ermäßigung der Steuer beantragen können. Über eine solche Ermäßigung hat aber nach § 65 aaO. nicht das OVG., sondern auf einen bei dem Vorsitzenden der Veranlagungskommission zu stellenden Antrag die Regierung zu befinden.

Nr. 6. Entsch. v. 24. Okt. 1914 (StArch. 18 78) IVa 122/14.

EinkStG. § 62.

§ 62 EinkStG. stellt in seinem ersten Satze die Regel auf, daß die Vermehrung des Einkommens während des laufenden Steuerjahrs in der schon erfolgten Veranlagung keine Veränderung begründe, und setzt in seinem zweiten Satze Ausnahmen von dieser Regel fest, wenn die Vermehrung infolge Erb- oder Fideikommißanfalls, Vermächtnisses, Überlassungsvertrages zwischen Eltern und Kindern, Verheiratung oder Schenkung eintritt. Der Gesetzgeber geht hierbei von der Erwägung aus, daß Einkommen, das bei dem bisherigen Inhaber nicht mehr zur Besteuerung herangezogen werden kann, bei dem neuen Erwerber steuerlich erfaßt werden soll. Ausnahmebestimmungen, wie der zweite Satz des § 62 aaO., sind aber stets strikt auszulegen. Da die Einkommensvermehrung infolge Geltendmachung des Pflichtteilsanspruchs nicht ausdrücklich als Grund für eine anderweite Veranlagung im § 62 genannt ist, so kann es sich also nur fragen, ob die während des laufenden Steuerjahrs eingetretene Vermehrung des Einkommens des Steuerpflichtigen unter die dort aufgeführten Ausnahmen fällt. In Betracht kommen Erbanfall oder Vermächtnis. Der Vater des Steuerpflichtigen hatte seinen Sohn, den Steuerpflichtigen, ursprünglich neben zwei anderen Kindern zum Erben eingesetzt. Durch den abändernden Erbvertrag aber ist bestimmt, daß der Steuerpflichtige weder Erbe noch Substituterbe sein, sondern nur den Pflichtteilsanspruch haben soll. Nach § 2304 BGB. ist die Zuwendung des Pflichtteils im Zweifel nicht als Erbeinsetzung anzusehen. Im vorliegenden Falle hat der Erblasser ausdrücklich bestimmt, daß der Steuerpflichtige nicht Erbe sein soll. Ein Erbanfall kommt also nicht in Frage, ebensowenig aber ein Vermächtnis, da der Erblasser dem Steuerpflichtigen nicht einen bestimmten Vermögensvorteil (§ 1939 BGB.) zugewendet hat. Hiernach ist die anderweite Veranlagung infolge Geltendmachung eines Pflichtteilsanspruchs für unzulässig zu erachten.

Nr. 7. Entsch. v. 8. Okt. 1913 (OVGSt. 16 320) III 81/12.

EinkStG. §§ 9, 10, 62.

1. Es hatte schon vor dem Beginne des Steuerjahrs 1911 festgestanden, daß die Nutzungen und Lasten des verkauften und aufgelassenen Grundstücks vom Beginne des Steuerjahrs ab dem Käufer und daß ebenso dem Verkäufer (dem Steuerpflichtigen) von diesem Zeitpunkt ab der Kaufpreis und dessen Zinsen gebühren würden. Beim Beginne des Steuerjahrs hatte der Steuerpflichtige einen Rechtsanspruch auf die Nutzung dieser Einkommensquellen. Das Bestehen der Quellen war nur an eine auflösende Bedingung geknüpft, nämlich für den Fall, daß die Konzession dem Käufer versagt würde. Die Quellen hatten daher als dem Steuerpflichtigen unbedingt zur Verfügung stehende zu gelten, da die auflösende Bedingung bis zum Beginne des Steuerjahrs nicht eingetreten war.

2. Die vor der Eheschließung erfolgte Veranlagung der Ehefrau ist keineswegs für die Entscheidung darüber maßgebend, wie hoch der Ehemann nach der Eheschließung zu veranlagen ist. Es ist das nach der im Juni 1911 erfolgten Eheschließung wirklich vorhanden gewesene Einkommen des Ehemanns und der Ehefrau nach dem Bestande vom 1. VII. 11 (§§ 9^1, 62 EinkStG.) festzustellen. Dabei sind insbesondere die Verminderungen zu berücksichtigen, die das Einkommen des Ehemanns etwa seit dem Beginne des Steuerjahrs 1911 erfahren hatte. Was das dem Ehemanne nach § 10 EinkStG. anzurechnende Einkommen der Ehefrau betrifft, so muß die Bilanz für das Geschäftsjahr 1910, die am 1. VII. 11 bereits vorlag, mitberücksichtigt werden. Das Einkommen der Ehefrau aus dem selbständigen Betrieb ihres Erwerbsgeschäfts gehört nach § 1367 BGB. zu ihrem Vorbehaltsgut und bleibt auch während der Ehe ihre Einkommensquelle. Daher findet die im § 9^3 EinkStG. vorgeschriebene Durchschnittsrechnung auch gegenüber dem Ehemanne statt.

Nr. 8. Entsch. v. 31. Jan. 1914 (StArch. 18 218).

Wie bereits im OVGSt. **14** 396 ausgeführt ist, lag der OVGSt. **13** 341 der Tatbestand zugrunde, daß neben der Einkommensvermehrung durch den Erbanfall eine Einkommensverminderung eingetreten war, die zwischen dem Beginn des Steuerjahres und der Zeit des Erbanfalls stattgefunden hatte. Nur über diesen Tatbestand haben die vereinigten Steuersenate entschieden, dagegen ist die Frage, ob auch eine Einkommensverminderung, die vor dem Beginn des Steuerjahres liegt oder eine sonstige Anfechtung der ursprünglichen Veranlagung bei der anderweiten Veranlagung zu berücksichtigen sei, nicht zur Entscheidung gelangt. Es bleibt in dieser Beziehung also bei der früheren Rechtsprechung, wonach die ursprüngliche ordentliche Veranlagung nur innerhalb der nicht mehr anfechtbaren Steuerstufe bei einer anderweiten Veranlagung angefochten werden darf.

Im vorliegenden Falle handelt es sich gar nicht um eine Einkommensverminderung, sondern um eine unrichtige ordentliche Veranlagung, die rechtskräftig geworden ist; eine Berichtigung jener Veranlagung ist aber bei der anderweiten Veranlagung ausgeschlossen, es wäre nur die Berücksichtigung einer zwischen dem Beginn des Steuerjahres und der Zeit des Erbanfalls eingetretenen Einkommensverminderung gegenüber der durch den Erbanfall erfolgten Einkommensvermehrung zulässig.

Nr. 9. Entsch. v. 14. März 1914 (OVGSt. 16 327) III 70/13.

EinkStG. § 64.

1. Auch unter der Herrschaft des EinkStG. idFass. v. 19. VI. 06 sind Kinder, die, ohne eigenes, der Verfügungsgewalt des Haushaltungsvorstandes ent-

zogenes Einkommen zu besitzen, im Haushalt ihrer Eltern leben, den nach § 11 des früheren G. nicht selbständig zu veranlagenden Haushaltungsangehörigen gleichzustellen. Sie sind also nicht individuell zu veranlagen, sondern gemäß Art. 41 I² AAnw. v. 25. VII. 06 nur der Zahl nach in das Personenverzeichnis (§ 22 EinkStG.) aufzunehmen. Auch der § 8 II⁴ aaO. bezieht sich auf solche Personen, wenn er von „Haushaltungsangehörigen" spricht, „die nicht selbständig zu veranlagen sind". Insoweit dagegen ein Angehöriger Vermögen besitzt, das der Nutznießung des Haushaltungsvorstandes entzogen ist, findet nach Art. 6 II AAnw. „die selbständige Veranlagung dieses Angehörigen statt".

2. Erwirbt ein Angehöriger erst innerhalb des Steuerjahrs ein eigenes, der Verfügungsgewalt des Haushaltungsvorstandes entzogenes Einkommen, so wird er damit auch nach dem neuen G. individuell steuerpflichtig; es tritt damit seine Steuerpflicht iS. des § 64 ein, so daß er vom Beginne des folgenden Monats ab nach § 64 Abs. 2 im Zugangswege zu veranlagen ist. Im Einklange hiermit bezeichnet der Art. 84 I¹⁰ AAnw. als einen Fall der Zugangsveranlagung „das Austreten einzelner dadurch steuerpflichtig werdender Mitglieder aus einer Haushaltung (Art. 6), und zwar .... d) durch Erwerb eines steuerpflichtigen Einkommens ...., welches dem Haushaltungsvorstande nicht angerechnet werden darf".

In OVG. v. 20. IV. 12 VIII b 11/12 hatte der erkennende Senat allerdings angenommen, daß die namentliche Aufnahme in das Personenverzeichnis und die selbständige Veranlagung zum Beginne des Steuerjahrs nicht wegen der Zugehörigkeit zu einem „besteuerten Haushalt" unterbleiben dürfe. Der Senat hatte diese Auffassung damit begründet, daß der Begriff der „Veranlagung nach Haushaltungen" dem G. idFass. v. 19. VI. 06 fremd sei. Indessen ist (im vorstehenden) dargelegt, daß das G. von 1906, ebenso wie dasjenige von 1891, noch den Begriff der nicht selbständig zu veranlagenden Haushaltungsangehörigen (§ 8 II⁴) und des Austritts aus einer besteuerten Haushaltung (§ 64) kennt und welchen Sinn es hiermit verbindet. An der Rechtsauffassung von OVG. v. 20. IV. 12 ist daher nicht festzuhalten[1]).

G. Nachbesteuerung.

Nr. 1. Entsch. v. 25. Jan. 1913 (OVGSt. **16** 334) V A 125/12.

EinkStG. § 85.

1. Nach § 85 EinkStG. ist ein Steuerpflichtiger zur Entrichtung des der Staatskasse entgangenen Betrags verpflichtet, 1. wenn er entgegen den Vorschriften des G. unveranlagt geblieben ist, sowie 2. wenn, ohne daß eine strafbare Hinterziehung von Steuer stattgefunden hat, nachträglich neue Tatsachen oder Beweise ermittelt werden, die seine höhere Veranlagung begründen. Die Beschwerde behauptet nun, daß eine Nachsteuerpflicht zu 1 nicht vorliege, da die Gesellschaft bereits für das Steuerjahr 1909 rechtzeitig veranlagt gewesen sei. Dies Vorbringen ist unrichtig. Die Veranlagung für das Steuerjahr 1909 betraf nicht die beschwerdeführende Aktiengesellschaft, sondern die „Gewerkschaft H.", wie denn auch unstreitig das Veranlagungsbenachrichtigungsschreiben die „Gewerkschaft H." betraf. War aber die Beschwerdeführerin für 1909 un-

---

[1]) In gleicher Weise wurde die Beschwerde eines Gerichtsassessors abgewiesen, der unter gleichen Verhältnissen im Personenverzeichnisse weder dem Namen noch der Zahl nach aufgeführt worden war. In den Gründen der Entsch. v. 14. III. 14 (OVGSt. **16** 332 idAnm.) III 19/12 heißt es in dieser Beziehung: Daß der Steuerpflichtige auch nicht unter der Zahl der zur Haushaltung gehörigen, nicht namentlich aufzuführenden Personen enthalten ist, ist völlig unerheblich.

veranlagt geblieben, so war sie, aus welchem Grunde auch immer die rechtzeitige Veranlagung unterlassen sein mochte, da der § 85 iF. zu 1 keinerlei Einschränkung macht, zur Entrichtung von Nachsteuer verpflichtet.

2. Wenn weiter in der Beschwerde geltend gemacht wird, daß bereits für das Steuerjahr 1910 eine Nachveranlagung gegen die Gesellschaft geschwebt habe und eine etwaige Nachveranlagung für das Steuerjahr 1909 zugleich damit hätte vorgenommen werden müssen, weil das EinkStG. eine „einheitliche" Behandlung der Nachbesteuerung verlange, so ist auch dieser Einwand verfehlt. Wenn im § 85 Abs. 3 EinkStG. gesagt ist: „Die Veranlagung der Nachsteuer erfolgt einheitlich für den ganzen Zeitraum, auf welchen sich die Verpflichtung erstreckt", so kann selbst dann, wenn der betreffenden Vorschrift nicht bloß eine instruktionelle Bedeutung beigelegt wird, die einheitliche Veranlagung bei unbefangener Beurteilung des Gesetzesinhalts sich nur auf eine Nachveranlagung aus ein und demselben Verpflichtungsgrunde, also nur darauf beziehen, daß ein Steuerpflichtiger entweder, weil er unveranlagt geblieben (Fall Nr. 1), oder, weil er zu niedrig veranlagt war (Fall Nr. 2), zur Nachsteuer herangezogen wird; dagegen wäre es widersinnig, wenn etwa der Abs. 3 des § 85 zwei völlig voneinander verschiedene, ja geradezu einander ausschließende Nachsteuerverpflichtungen hätte in einem Verfahren vereinigen wollen.

Nr. 2. Entsch. v. 27. Sept. 1913 (OVGSt. 16 336) IVa 112/13.

EinkStG. § 85.

Für die Zulässigkeit einer Berichtigung der bereits erfolgten Veranlagung im Wege der Nachbesteuerung ist allein entscheidend, ob die Kommission, welche die erste Veranlagung bewirkt hat, oder ihr Vorsitzender von den maßgebenden Tatsachen oder Beweismitteln bereits zur Zeit der Veranlagung Kenntnis gehabt oder nichts gewußt hat.

Nr. 3. Entsch. v. 20. Okt. 1913 (StArch. 18 25).

Der Steuerpflichtige hat gegen die Zulässigkeit der Nachveranlagung geltend gemacht: Seine Arbeitgeberin reiche alljährlich die Gehaltsnachweisungen ihrer mit einem Diensteinkommen unter 3000 ℳ beschäftigten Personen ein. Da sie für ihn keine Nachweisung eingereicht habe, so hätte die Steuerbehörde hieraus entnehmen müssen, daß er ein Einkommen von mehr als 3000 ℳ habe. Die Berufungskommission hat zutreffend ausgeführt, daß es für die Zulässigkeit der Nachveranlagung darauf ankomme, ob die Behörde zur Zeit der Veranlagung positive Kenntnis von dem für die Veranlagung maßgebenden, wirklichen Einkommen des Steuerpflichtigen gehabt habe oder daß eine solche Kenntnis nicht bestanden habe, mithin die Nachveranlagung zulässig sei. Die Veranlagungskommission hat Kenntnis von dem wirklichen Einkommen des Steuerpflichtigen erst durch seine Angaben im Januar 1913 erlangt. Ob er zu diesen Angaben verpflichtet war, ist für die Zulässigkeit der Nachveranlagung ohne Belang.

Nr. 4. Entsch. v. 17. Jan. 1914 (StArch. 18 11).

EinkStG. §§ 9, 85.

Die Ansicht, daß nur solche Tatsachen für die Nachbesteuerung gemäß § 85 EinkStG. in Betracht kommen, die bereits bei Abgabe der Steuererklärung eingetreten waren, ist rechtsirrtümlich; es genügt vielmehr, daß Tatsachen vor dem Beginne des Steuerjahres existent gewesen sind; denn nach § 9[1] EinkStG. ist der Bestand der Einkommensquellen beim Beginne des Steuerjahres maßgebend, und nur Tatsachen, die sich erst nach dem Beginne des Steuerjahres zugetragen haben, bleiben sowohl bei der ordentlichen Veranlagung als auch bei der Nachbesteuerung außer Betracht.

Nr. 5. Entsch. v. 26. Jan. 1914 (StArch. 17 100) XIIIb 102/13.

Eine Nachveranlagung nach § 85 EinkStG. ist auch wegen solcher Tatsachen zulässig, die zwar dem Vorsitzenden der Veranlagungskommission noch vor Ablauf der Rechtsmittelfrist, aber so spät bekannt geworden sind, daß er sie bei geordnetem Geschäftsgang im Rechtsmittelwege nicht mehr geltend machen konnte.

Nr. 6. Entsch. v. 28. März 1914 (StArch. 17 241) XIIb 41/13.

EinkStG. § 85.

Unter neuen Tatsachen oder Beweisen iS. des § 85 EinkStG. sind nur solche zu verstehen, die schon vor der ursprünglichen Veranlagung, spätestens bis zum Beginne des Steuerjahres, existent, der Steuerbehörde aber bis zur Veranlagung nicht bekannt geworden sind. Die Steuerbehörde hat sich auf den Boden der ursprünglichen Veranlagung zurückzuversetzen und soll diese nach der damaligen Sach- und Rechtslage richtig stellen. Tatsachen oder Beweismittel, die erst nachher zur Entstehung gelangt sind, darf sie danach nicht zum Anlaß einer Berichtigung der Veranlagung nach § 85 nehmen. Daraus folgt für die hier vorliegende Schätzung des mutmaßlichen Ertrages im Steuerjahre, daß der spätere Nachweis des erst im Steuerjahre wirklich erzielten Ertrages überhaupt nicht als neue Tatsache oder neuer Beweis iS. der oben wiedergegebenen Vorschrift angesehen werden kann. Hiermit steht Art. 93[2 Abs. 5] AAnw. nicht im Widerspruche.

Nr. 7. Entsch. v. 8. April 1914 (OVGSt. 16 341) E IVa 18—19/13. IVa 237/13.

EinkStG. §§ 64, 85; ErgStG. §§ 41, 47.

1. Der § 85 EinkStG., der gemäß § 47 ErgStG. auch auf die Ergänzungssteuer sinngemäße Anwendung findet, läßt die Nachveranlagung in zwei Fällen zu:

a) wenn ein Steuerpflichtiger entgegen den Vorschriften des G. unveranlagt geblieben ist,

b) wenn nachträglich neue Tatsachen oder Beweise ermittelt werden, die eine höhere Veranlagung des Steuerpflichtigen begründen.

In dem zweiten Falle ist allerdings die Nachveranlagung ausgeschlossen, wenn die Tatsachen, die eine höhere Veranlagung begründen, dem Vorsitzenden der Veranlagungskommission schon zur Zeit der Veranlagung bekannt waren oder von ihm noch mit dem zulässigen Rechtsmittel geltend gemacht werden konnten. Hier handelt es sich indessen um den ersten Fall. Die beiden Veranlagungen bezogen sich nur auf die beschränkte Steuerpflicht. Die Veranlagungskommission, in deren Bezirke der Steuerpflichtige zwar nicht seinen Wohnsitz hatte, aber Grundeigentum besaß, veranlagte ihn beide Male nur hinsichtlich des Wertes und des Ertrags dieses Grundbesitzes. Entsprechend dem Werte des Grundbesitzes setzte sie die Ergänzungssteuer fest, während sie den Steuerpflichtigen mit Rücksicht auf die Ertraglosigkeit des Grundbesitzes als einkommensteuerfrei veranlagte. In bezug auf die Gesamtheit seines Vermögens und seines Einkommens blieb dagegen der Steuerpflichtige bei beiden Veranlagungen, die sich nur auf den Grundbesitz in Preußen erstreckten, unveranlagt. Die Veranlagung zur unbeschränkten Steuerpflicht ist aber im Vergleiche mit derjenigen zur beschränkten nicht etwa eine „höhere Veranlagung" iS. des § 85 Abs. 1 Satz 2 EinkStG., vielmehr hat der Gerichtshof schon im OVGSt. **10** 375 ausgeführt, daß beide Arten der Steuerpflicht etwas ganz Verschiedenes und Selbständiges sind. Das Entstehen der einen Steuerpflicht vollzieht sich unabhängig davon, ob vorher die andere bestanden hatte, und ist durch eine selbständige Veranlagung festzustellen. Dafür, daß derjenige, der hinsichtlich der einen Art der Steuerpflicht veranlagt ist, hinsichtlich der anderen als unveranlagt zu gelten hat, spricht ferner die Regelung der Zugangsveranlagung im § 64 EinkStG. und § 41 ErgStG. Danach tritt eine Zugangsveranlagung ein, wenn innerhalb des Steuerjahres Personen durch Zuzug aus anderen Bundesstaaten oder aus dem Auslande steuerpflichtig werden. Eine Zugangsveranlagung zur unbeschränkten Steuerpflicht hat danach aber auch dann zu erfolgen, wenn die im Laufe des Steuerjahrs aus einem anderen Bundesstaat oder aus dem Auslande zuziehende Person zum Beginne des Steuerjahrs bereits (etwa wegen ihres preußischen Grundbesitzes) zur beschränkten Steuerpflicht veranlagt gewesen war.

Die Zugangsveranlagung hat aber zur Voraussetzung, daß die ihren Gegenstand bildende Steuerpflicht nicht etwa schon der Gegenstand einer — steuerfreien — Veranlagung zum Beginne des Steuerjahrs gewesen war. Eine Vermehrung des Einkommens oder des Vermögens, die nach einer solchen steuerfreien Veranlagung erst im Laufe des Steuerjahrs eintritt, rechtfertigt die Zugangsveranlagung nicht. Die Zugangsveranlagung einer im Laufe des Steuerjahrs aus einem anderen Bundesstaat oder aus dem Auslande zuziehenden Person, die schon zum Beginne des Steuerjahrs zur beschränkten Steuerpflicht veranlagt war, würde demnach unzulässig sein, wenn die Veranlagung zur beschränkten Steuerpflicht bereits als steuerfreie Veranlagung hinsichtlich der unbeschränkten Steuerpflicht gelten müßte. Um dies anzunehmen, hätte es einer ausdrücklichen Einschränkung der betreffenden Vorschrift des § 64 EinkStG., § 41 ErgStG. bedurft. Eine solche ist nicht vorhanden.

2. Die richtige Lösung ergibt sich jedoch aus der völligen Verschiedenheit und Selbständigkeit beider Arten der Steuerpflicht. Wer zum Beginne des Steuerjahrs nur beschränkt veranlagt worden war, war damit hinsichtlich der unbeschränkten Steuerpflicht unveranlagt geblieben und kann daher im Zugangswege nach § 64 EinkStG. und § 41 ErgStG. zur unbeschränkten Steuerpflicht veranlagt werden, wenn im Laufe des Steuerjahrs die Voraussetzungen der unbeschränkten Steuerpflicht eintreten. Daraus folgt weiter: Die Veranlagung zur beschränkten und diejenige zur unbeschränkten Steuerpflicht stehen, wie erwähnt, zueinander nicht im Verhältnisse der „niedrigeren" und der „höheren" Veranlagung iS. des § 85 Abs. 1 Satz 2 EinkStG. Vielmehr gilt derjenige, der nur hinsichtlich der beschränkten Steuerpflicht veranlagt ist, hinsichtlich der unbeschränkten als „unveranlagt" iS. des § 85 Abs. 1 Satz 1.

Nr. 8. Entsch. v. 15. Mai 1912 (OVGSt. 16 346) VIIb 51/11.

EinkStG. § 85

Die Berichtigung einer rechtskräftigen Veranlagung gemäß § 85 EinkStG. ist lediglich zugunsten des Staates eingeführt; die Steuerpflichtigen haben kein Recht, eine solche zu verlangen. Vorliegend ist also der Steuerpflichtige durch die Aufhebung der Nachbesteuerung in keiner Weise beschwert. Dazu kommt, daß den Steuerpflichtigen gemäß § 43 aaO. nur das Recht zusteht, mit den gesetzlich zulässigen Rechtsmitteln das Ergebnis einer Veranlagung, also allein den festgesetzten Steuersatz, anzufechten. Die Voraussetzung einer solchen Anfechtung liegt aber nicht vor; denn mit der Aufhebung der Nachbesteuerung ist lediglich der veranlagte, von dem Steuerpflichtigen wegen seiner Rechtskraft nicht mehr anfechtbare Steuersatz wiederhergestellt.

Nr. 9. Entsch. v. 19. April 1913 (OVGSt. 16 337) VIa 77/13.

EinkStG. §§ 9, 85.

1. In der Beschwerde wird zunächst unter Bezugnahme auf das Urteil des Gerichtshofs, dasselbe Steuerjahr 1909 betreffend, die Unzulässigkeit jeder weiteren

Nachveranlagung für jenes Steuerjahr behauptet. Dies ist nach Lage der Sache nicht zutreffend. In dem gedachten Urteil ist die Nachveranlagung deshalb aufgehoben, weil sie nicht in der gesetzlichen Form durch Beschluß der ganzen Veranlagungskommission zustande gekommen und deshalb nichtig ist. Daraus ist dann die aus der Aufhebung der Nachveranlagung von selbst sich ergebende Folgerung gezogen, daß die ordentliche Veranlagung wiederhergestellt wird. Die Aufhebung der Nachveranlagung ist hiernach lediglich wegen Formmangels erfolgt, und es steht keine gesetzliche Vorschrift einer nochmaligen Nachveranlagung aus dem gleichen Grunde unter Einhaltung der gesetzlich vorgeschriebenen Form entgegen. Dasselbe gilt für eine weitere Nachveranlagung aus § 85 EinkStG. für den Fall, daß bereits eine Nachveranlagung stattgefunden hat, wenn nachträglich eine neue Tatsache ermittelt wird, die eine noch höhere Veranlagung des Steuerpflichtigen begründet.

2. Im § 85 Abs. 3 EinkStG. ist bestimmt, daß die Veranlagung zur Nachsteuer „nach den Vorschriften dieses G.", d. h. also des EinkStG. erfolgt. Es findet daher auch die Vorschrift im § 9 über die Berechnungsart des steuerpflichtigen Einkommens auf die Nachbesteuerung Anwendung.

Nach § 9[1] ist für die Veranlagung der Stand der Einkommensquellen beim Beginne des Steuerjahrs und bei einer Veranlagung von einem späteren Zeitpunkt ab der Stand zu dieser Zeit maßgebend. Die Veranlagung erfolgt bei der Einkommensquelle des Kapitalvermögens, gemäß § 9[2] nach dem Ergebnisse des letzten Kalenderjahrs und, insoweit ein Jahresergebnis nicht vorliegt, nach dem mutmaßlichen Jahresertrage, d. i. nach dem Ertrage des Steuerjahrs. Maßgebend für die Berechnung des Einkommens an Dividenden ist jedoch nicht der Zeitraum, für den sie empfangen werden, sondern allein der Zeitpunkt, in dem der Berechtigte die Dividende gezahlt erhalten oder auf deren Zahlung in bestimmter Höhe ein klagbares Recht erlangt hat. Bei den Dividenden der Aktiengesellschaften ist der zuletzt gedachte Zeitpunkt durch die Festsetzung der Bilanz seitens der Generalversammlung und deren Beschluß über die Verteilung der Dividenden in bestimmter Höhe gegeben.

Nr. 10. Entsch. v. 8. Okt. 1913 (StArch. 17 52) E Ia 2/13.

EinkStG. §§ 62, 65, 85.

Wird eine anderweite Veranlagung infolge Erbanfalls nach Ablauf des Steuerjahres vorgenommen, in welchem der Erbanfall eingetreten ist, so ist dafür nicht der Vorsitzende der Veranlagungskommission, sondern die ganze Veranlagungskommission zuständig. Der Vorsitzende ist nach § 65 Abs. 3 EinkStG. zuständig, wenn gemäß § 62 eine anderweite Veranlagung im Laufe desjenigen Steuerjahres erfolgt, in welchem der Erbanfall oder die sonstige Ursache der Einkommensvermehrung eingetreten war. Hier war indessen schon das Steuerjahr abgelaufen. Es konnte daher nur eine Nachveranlagung unter Beachtung der Vorschriften des § 85 aaO. stattfinden. Nach § 85 Abs. 3 erfolgt die Veranlagung der Nachsteuer nach den allgemeinen Vorschriften, mithin durch die ganze Veranlagungskommission und nicht durch den Vorsitzenden allein.

Nr. 11. Entsch. v. 14. Jan. 1914 (OVGSt. 16 340) XIIa 107—109/13.

EinkStG. §§ 71, 85.

Die Steuerpflichtige irrt, wenn sie in der nachträglichen Erhebung des nach § 71 EinkStG. unerhoben gebliebenen Restbetrags der rechtskräftig veranlagten Steuern eine Nachveranlagung iS. des EinkStG. erblickt. Ob, in welchem Umfang und wann die Steuerbehörden veranlagte Steuern zur Hebung bringen, darüber ist der ordentliche Rechtsmittelweg verschlossen, die ordentlichen Rechtsmittel können vielmehr lediglich gegen das Ergebnis der Veranlagung eingelegt werden.

VI.
Rechtsmittel.
A. Allgemeine Bestimmungen.
1. Allgemeine Grundsätze.

Nr. 1. Entsch. v. 29. April 1914 (StArch. 17 212) XIIb 50/13.

Gegenstand der Rechtsmittelentscheidungen bildet nur die Höhe des Steuersatzes. Streitige Punkte, die diese nicht beeinflussen, bedürfen nach der ständigen Rechtsprechung des OVG. keiner Erörterung.

Nr. 2. Entsch. v. 27. Juni 1913 (DJZ. 19 1115) XIc 25/13.

Die Abgangstellung der veranlagten, noch nicht rechtskräftigen Staatseinkommensteuer seitens des Vorsitzenden der Veranlagungskommission berührt die Veranlagung selbst in keiner Weise; vielmehr kann der Steuerpflichtige die Aufhebung oder Abänderung der Veranlagung im Rechtsmittelwege (§§ 43 bis 54 EinkStG.) unter allen Umständen schon wegen ihrer Rückwirkung auf seine Veranlagung zur Kommunalsteuer verlangen. Auf die Anwendung der Vorschrift im Art. 55 I Abs. 2 AAnw. v. 25. VII. 06, wonach Steuerpflichtige, die zur Abgabe einer Steuererklärung nicht aufgefordert worden sind und auch freiwillig eine solche nicht abgegeben haben, nach einem Einkommen von mehr als 3000 M nicht veranlagt werden dürfen, kann der Steuerpflichtige wirksam verzichten.

Nr. 3. Entsch. v. 12. Mai 1915 (StArch. 18 270) XIIIb 22/15.

Ein sogenanntes Paktieren über die Höhe des Steuersatzes, den zu zahlen ein Steuerpflichtiger bereit sein will, sowie über die subjektive und objektive Steuerpflicht ist unzulässig und daher wirkungslos, jeder Pflichtige vielmehr lediglich nach dem G. zu besteuern. Daher würde es unbeachtlich sein, wenn selbst der Steuerpflichtige ausdrücklich bedungen hätte oder mit den Vertretern der Steuerbehörde davon ausgegangen wäre, daß infolge seiner Erklärungen auf eine weitere Verfolgung der Berufung des Vorsitzenden der Veranlagungskommission kein Gewicht gelegt oder auch diese Berufung zurückgenommen werden sollte. Alle die Bedingungen, die der Beschwerdeführer der Zurücknahme seiner Berufung beigefügt haben will, würden der Entscheidung auf die Berufung des Vorsitzenden der Veranlagungskommission schließlich auch deshalb nicht entgegenstehen, weil es unzulässig ist, ein Rechtsmittel bedingt einzulegen, seiner Einlegung nachträglich eine Bedingung hinzuzufügen und die Zurücknahme an Bedingungen zu knüpfen.

Nr. 4. Entsch. v. 23. Jan. 1916 (StArch. 19 179) IVa 185/15.
EinkStG. § 5[3].

Der Steuerpflichtige hat um Freilassung des bei der ursprünglichen Veranlagung angerechneten Diensteinkommens gebeten, weil er nach § 5[3] EinkStG. als Zivilbeamter einer Militärverwaltung Steuerfreiheit hinsichtlich seines Diensteinkommens für die Kriegsmonate genieße. Der Steuerpflichtige behauptet hiernach den Wegfall der Voraussetzung, an welche die Steuerpflicht geknüpft ist, gemäß § 5[3] aaO. Tritt ein solcher Wegfall, wie im vorliegenden Fall, innerhalb des Steuerjahres ein, so liegt ein Abgangsfall der Einkommensteuer nach § 34 aaO. vor, über den die Regierung durch Feststellung der Abgangsliste entscheidet, gegen deren Entscheidung Beschwerde an den Finanzminister zusteht (§ 65 aaO.). Die Berufungskommission hat hiernach mit Recht angenommen, daß der Anspruch auf Absetzung des Einkommens gemäß § 5[3] aaO. im Wege der Berufung nicht verfolgt werden kann.

Nr. 5. Entsch. v. 20. April 1912 (OVGSt. **16** 348) V A 136/11.

1. Hat eine Ges. m. b. H. ein besonderes Geschäftslokal, so ist eine für die Gesellschaft bestimmte Zustellung in der Wohnung des Geschäftsführers bei dessen Abwesenheit ohne rechtliche Wirkung.

2. Nach Art. 68² AAnw. v. 25. VII. 06 hat der Vorsitzende der Veranlagungskommission seine Berufung durch Einreichung eines Schriftsatzes bei dem Vorsitzenden der Berufungskommission anzubringen. Dieser Vorschrift wird durch eine Mitteilung an den betreffenden Steuerpflichtigen oder durch die Einreichung der im Art. 71² aaO. angeordneten namentlichen Nachweisung der Berufungen nicht genügt.

Nr. 6. Entsch. v. 19. Febr. 1913 (OVGSt. **16** 355) V A 24/13.

Berufungen mit fremder, aber im Auftrage des Steuerpflichtigen erfolgter Vollziehung sind von dem Gerichtshof immer zugelassen, ja sogar Berufungen ohne jede Unterschrift, und auch eine mittels Faksimilestempels hergestellte Unterschrift hat das OVG. für rechtswirksam erklärt.

2. Wiedereinsetzung in den vorigen Stand.

Nr. 1. Entsch. v. 30. April 1913 (OVGSt. **16** 356) Xb 16/13.

EinkStG. § 44.

Wenn der Steuerpflichtige irrigerweise die Veranlagungskommission zur Empfangnahme der Beschwerde für zuständig gehalten und diese fristgemäß bei ihr „angebracht" hätte, würde die Beschwerdefrist gewahrt sein. Ein solcher Fall liegt hier nicht vor. Denn in der Beschwerdeschrift heißt es: „An das Königliche Oberverwaltungsgericht Berlin durch den Vorsitzenden der Einkommensteuerberufskommission in H." Adressat dieses Schreibens war also der Vorsitzende der Berufungskommission, und es kann davon keine Rede sein, daß der Steuerpflichtige den Vorsitzenden der Veranlagungskommission irrigerweise für zuständig gehalten hat. Die Tatsache aber, daß die Beschwerdeschrift in den Briefkasten des Vorsitzenden der Veranlagungskommission gesteckt und von dessen Bureau uneröffnet an seine Adresse, nämlich an den Vorsitzenden der Berufungskommission, weiterbefördert ist, steht einer „Anbringung" der Beschwerde bei dem Vorsitzenden der Veranlagungskommission nicht gleich. Für die Frage nach der Rechtzeitigkeit der Beschwerde ist also allein der Tag des Eingangs bei dem Vorsitzenden der Berufungskommission entscheidend. Darin, daß bei der Veranlagungskommission in der rechtzeitigen Weiterbeförderung der Beschwerdeschrift eine zufällige Verzögerung eingetreten ist, konnte ein unabwendbarer Zufall nicht gefunden werden, der die Wiedereinsetzung in den vorigen Stand rechtfertigen könnte. Denn der Steuerpflichtige war durch die auf dem Berufungsbescheid enthaltene Rechtsbelehrung darüber unterrichtet, daß die Beschwerde bei dem Vorsitzenden der Berufungskommission anzubringen war, und konnte daher eine solche Verzögerung seinerseits verhindern, indem er seinen Boten anwies, die Beschwerde direkt an diese Adresse zu befördern.

Nr. 2. Entsch. v. 28. Sept. 1912 (OVGSt. **16** 358) IX 39/12.

Die Beschwerde ist nach dem Aufgabestempel am 1. IV., 7 bis 8 N., zur Post gegeben. Da der Aufgabeort über 10 km von der Eisenbahn und über 500 km von Berlin entfernt ist, so ist es sehr zweifelhaft, ob der Brief, selbst wenn er an das OVG. in Berlin-Charlottenburg gerichtet gewesen wäre, dort noch rechtzeitig am 2. April zur Ausgabe bereit gelegen hätte. Die Aufgabepoststelle war aber gar nicht befugt, einen nach S. adressierten Brief ohne weiteres nach Berlin zu dirigieren. Ging der Brief aber erst über S., so kam er unbedingt am 2. April in Berlin nicht mehr zur Ausgabe. Der Brief war also verspätet. Es kann auch hierin weder ein Naturereignis noch ein sonstiger unabwendbarer Zufall gefunden werden. Der Fall der Wiedereinsetzung in den vorigen Stand liegt demnach nicht vor.

Nr. 3. Entsch. v. 14. Jan. 1914 (OVGSt. 16 358) XIIIa 55/13.

1. Der Steuerpflichtige hatte die Frist zur Einlegung der Berufung versäumt. Er entschuldigte dies damit, daß er in den letzten Tagen der Rechtsmittelfrist krank und infolgedessen nicht fähig gewesen sei, an irgend etwas zu denken, viel weniger noch zu schreiben. Die Berufungskommission erklärte die Wiedereinsetzung des Steuerpflichtigen in den vorigen Stand für unzulässig und wies die Berufung wegen Verspätung ab, weil der Steuerpflichtige rechtzeitig vor der Erkrankung habe Berufung einlegen können, mithin ein Grund zur Wiedereinsetzung in den vorigen Stand nicht vorliege.

2. Wie der Steuerpflichtige in der Beschwerde mit Recht hervorhebt, war er gemäß § 44 Abs. 1 EinkStG. befugt, noch am letzten Tage der Frist Berufung einzulegen; es kam also nur in Frage, ob er in den Tagen der Krankheit tatsächlich behindert war, selbst oder durch einen Beauftragten Berufung einzulegen. Es hätte deshalb der darüber von ihm angetretene Zeugenbeweis erhoben werden müssen.

Nr. 4. Entsch. v. 14. März 1914 (OVGSt. 16 359) IVa 40/14.

EinkStG. §§ 53, 84; ErgStG. § 48.

1. Nach § 48 ErgStG. kann die Wiedereinsetzung in den vorigen Stand beantragen, wer durch Naturereignisse oder andere unabwendbare Zufälle verhindert worden ist, die vorgeschriebenen Ausschlußfristen einzuhalten, und es ist als unabwendbarer Zufall anzusehen, wenn der Antragsteller von einer Zustellung ohne sein Verschulden keine Kenntnis erlangt hat.

2. Die Berufungskommission hat angenommen, der Steuerpflichtige habe eine Steuerzuschrift nicht erhalten, weil er nach seiner Angabe zur Zeit des Eintreffens derselben in B. nicht mehr dort anwesend gewesen sei, es liege also an sich ein Grund zur Wiedereinsetzung vor; sie hat eine solche aber deshalb dem Steuerpflichtigen nicht bewilligt, weil sein Antrag, den die Berufungskommission als Antrag auf Wiedereinsetzung angesehen hat, nicht innerhalb zwei Wochen seit dem Tage gestellt sei, an dem ihm nach seiner eigenen Angabe ein Mahnzettel zugestellt worden sei und er von seiner Veranlagung Kenntnis erhalten habe. Diese Auffassung ist rechtsirrtümlich. Die zweiwöchige Frist zur Stellung des Antrags auf Wiedereinsetzung und zur Nachholung des versäumten Rechtsmittels läuft von dem Tage, mit welchem das Hindernis gehoben ist. Das Hindernis wird aber nicht durch die Kenntnis von der Veranlagung, sondern erst durch die Kenntnis von der Zustellung der Veranlagungsbenachrichtigung gehoben, weil der Steuerpflichtige erst dadurch erfährt, daß für ihn eine Rechtsmittelfrist läuft, und sich berechnen kann, wann sie abgelaufen ist.

Nr. 5. Entsch. v. 28. Okt. 1914 (StArch. 18 68) XIIb 35/14.

ErgStG. § 48.

Die Steuerpflichtige hat die Wiedereinsetzung in den vorigen Stand beantragt und ärztliche Atteste eingereicht, wonach er bis Ende April 1914 krank gewesen ist. Aber selbst wenn hiernach die Versäumung der Beschwerdefrist an sich entschuldigt wäre, so kann der Steuerpflichtige doch nicht in den vorigen Stand eingesetzt werden, weil er das versäumte Rechtsmittel nicht innerhalb zwei Wochen nach dem Ablaufe des Tages, mit dem das Hindernis behoben war, nachgeholt hat (§ 48 ErgStG.). Eine Verlängerung der gesetzlichen Ausschlußfristen ist unzulässig und hätte deshalb dem Steuerpflichtigen auch nicht bewilligt werden können, selbst wenn er darum nachgesucht hätte.

Nr. 6. Entsch. v. 8. April 1914 (StArch. 17 211) IVa 2/14.

1. Die Steuerzuschrift ist dem Steuerpflichtigen am 10. IV. 13 zu Händen seiner Ehefrau während seiner Abwesenheit in seiner Wohnung zugestellt worden. Am 15. X. 13 hat er Berufung eingelegt und gleichzeitig die Wiedereinsetzung in den vorigen Stand gegen die Versäumung der Berufungsfrist beantragt, weil er von der Zustellung ohne sein Verschulden keine Kenntnis erlangt habe. Die Berufungskommission hat es dahingestellt gelassen, ob eine unverschuldete Unkenntnis angenommen werden könne, und hat den Antrag auf Wiedereinsetzung sowie die Berufung für verspätet erachtet, weil die zweiwöchige Frist des § 48 Abs. 3 ErgStG. nicht gewahrt sei. Denn der Steuerpflichtige habe durch die an ihn am Anfang 1913 abgesandte Zahlkarte, sowie durch die an ihn am 21. VI. und 12. IX. 13 abgesandten Mahnzettel die für den Beginn der zweiwöchigen Frist erforderliche „Kenntnis" erlangt.

2. Nach der erwähnten Vorschrift ist „das versäumte Rechtsmittel unter Anführung der Tatsachen, durch welche der Antrag auf Wiedereinsetzung begründet sein soll, sowie der Beweismittel innerhalb zwei Wochen nach Ablauf des Tages, mit welchem das Hindernis gehoben ist, nachzuholen". Wie der Gerichtshof schon mehrfach ausgesprochen hat, ist das Hindernis erst gehoben, wenn der Steuerpflichtige davon Kenntnis erlangt, daß und wann die Steuerzuschrift zugestellt worden ist. Die Zahlkarte sowie die Mahnzettel ergeben aber über die Tatsache und den Zeitpunkt jener Zustellung nichts, sondern enthalten nur die Aufforderung zur Zahlung der Steuern bzw. die Androhung des Vollstreckungsverfahrens.

Nr. 7. Entsch. v. 12. Mai 1915 (StArch. 19 43) E XIIa 5/15.

ErgStG. § 48.

Daß der Steuerpflichtige zur Zeit der Ersatzzustellung des Veranlagungsbescheids in seiner Wohnung anwesend und dies dem Zustellungsbeamten bekannt gewesen wäre, hat der Steuerpflichtige nicht behauptet, viel weniger unter Beweis gestellt. Dann muß aber auf Grund des Zeugnisses des Dienstmädchens, dem der betreffende Brief eingehändigt worden ist, und des Zustellungsbeamten, sowie nach dem Inhalte der Zustellungsurkunde angenommen werden, daß die Zustellung des Veranlagungsbescheids ordnungsmäßig, also rechtswirksam, erfolgt ist. Hat der Steuerpflichtige den Brief mit dem Veranlagungsschreiben „auf der Garderobe unter dem Spiegel im Vorgange der Wohnung vorgefunden", so hätte er den Tag der Zustellung zuverlässig, nötigenfalls durch Nachfrage im Steuerbureau, feststellen müssen. Da er das unterlassen hat, kann nicht anerkannt werden, daß er von dem Tage der Zustellung ohne sein Verschulden keine Kenntnis erhalten hätte (§ 48 ErgStG.). Ein Grund zur Wiedereinsetzung in den vorigen Stand lag also nicht vor.

B. Besondere Bestimmungen.

1. Für die Berufungsinstanz.

b) Grundsätze für das Verfahren.

Nr. 1. Entsch. v. 30. Juni 1913 (OVGSt. 16 350) IVa 11/13.

Hat nur der Vorsitzende der Veranlagungskommission wegen zu niedriger Veranlagung Berufung eingelegt, so darf der veranlagte Steuersatz von der Berufungskommission allerdings nicht herabgesetzt werden; im übrigen unterliegt aber die gesamte Veranlagung der Nachprüfung. Wenn daher der Steuerpflichtige in dem Berufungsverfahren einen bestimmten Abzug in Anspruch nimmt, obwohl er selbst kein Rechtsmittel eingelegt hat, so muß die Berufungskommission die Berechtigung des Antrags materiell prüfen, darf ihn aber nicht aus dem formellen Grunde für unbegründet erklären, daß der Steuerpflichtige selbst die Veranlagung nicht angegriffen hat.

Nr. 2. Entsch. v. 20. Okt. 1913 (OVGSt. 16 352) III 1/13.

Nach § 9[1] EinkStG. ist für die Veranlagung der Stand der Einkommensquellen bei Beginn des Steuerjahrs maßgebend. Wird ein Rechtsmittel gegen die Veranlagung eingelegt, gleichgültig ob von dem Steuerpflichtigen oder von dem Vorsitzenden der Veranlagungskommission, so hat die Berufungskommission die Pflicht, selbständig nachzuprüfen, ob die Veranlagung den gesetzlichen Vorschriften entspricht. Dazu gehört auch die Nachprüfung, ob die angezogene Bestimmung beachtet ist, und zwar nach den beiden Richtungen hin, ob alle bei Beginn des Steuerjahrs vorhandenen Einkommensquellen berücksichtigt sind und ob etwa Einkommen aus nicht mehr vorhandenen Quellen angesetzt worden ist. Hieraus ergibt sich ohne weiteres die Verpflichtung der Berufungskommission, das Einkommen aus einer Erbschaft, für das bei Beginn des Steuerjahrs Quellen vorhanden waren und das deshalb bei der Veranlagung hätte in Ansatz kommen müssen, in Ansatz zu bringen, falls es bei der Veranlagung nicht angerechnet worden ist, und zwar ohne Rücksicht darauf, aus welchen Gründen die Nichtanrechnung geschehen ist, ob dies Unkenntnis oder Nachlässigkeit war.

Nr. 3. Entsch. v. 24. Okt. 1914 (StArch. 18 26) IVa 119/14.

Die angegriffene Entscheidung ist wegen wesentlichen Mangels des Verfahrens aufzuheben. Denn die Berufungskommission hat bei ihrer Ermittelung des gewerblichen Einkommens die Anführung des Steuerpflichtigen, daß er im Geschäft erheblich bestohlen worden sei, nicht gewürdigt.

Nr. 4. Entsch. v. 28. Okt. 1914 (StArch. 18 218) XIIb 18/14.

Die Dienstmädchen, die nach Angabe des Steuerpflichtigen (eines Wirtes) im Jahre 1912 in seinem Dienst gestanden haben, hätten über Art und Umfang ihrer Beschäftigung im Gewerbebetriebe und in der Hauswirtschaft als Zeuginnen vernommen werden müssen, und zwar, wenn sie auf Vorladung des Vorsitzenden der Veranlagungskommission nicht erschienen, nötigenfalls gerichtlich. Daß der Steuerpflichtige der Vorladung zur mündlichen Verhandlung keine Folge geleistet hat, schloß die Vernehmung der Dienstmädchen nicht aus.

Nr. 5. Entsch. v. 23. Dez. 1914 (StArch. 18 109) Ia 46.

Den Gegenstand des Streites bildet lediglich die Frage, ob für den Steuerpflichtigen beim Ankaufe des wiederverkauften Grundstückes die Absicht gewinnbringender Wiederveräußerung ausschlaggebend gewesen ist. Die Berufungskommission hat diese Frage bejaht. Ihre Beurteilung der Sache liegt wesentlich auf tatsächlichem Gebiet und ist deshalb in ihrem Ergebnisse der Nachprüfung im Beschwerdeverfahren entzogen. Auch kann in der Nichtvernehmung des Pächters P. keine wesentliche Unterlassung gefunden werden. Denn es handelt sich bei der Feststellung der Berufungskommission um innere Vorgänge, die durch Zeugenaussage überhaupt nicht bestimmt angegeben werden können, weil sie nicht Gegenstand tatsächlicher Wahrnehmung sind. Wenn die Berufungskommission nach Lage der Verhältnisse auf Anhörung dieses Zeugen kein Gewicht gelegt hat, so kann ihr daraus kein begründeter Vorwurf gemacht werden. Was der Steuerpflichtige gelegentlich bezüglich des Grundstückskaufes geäußert hat, braucht noch keineswegs beweisend zu sein für die wirkliche Absicht, die ihn zum Ankaufe des Grundstückes veranlaßt hat.

Nr. 6. Entsch. v. 10. Febr. 1915 (StArch. 18 196) XIIb 52/14.

Auch wenn der Vorsitzende der Veranlagungskommission nur wegen des gewerblichen Einkommens Berufung eingelegt hat, kann im Berufungsverfahren doch auch das Einkommen aus den anderen Einkommensquellen neu festgestellt werden. Der Umstand, daß er das Einkommen aus Kapitalvermögen nicht besonders bemängelt hat, ist daher für die Entscheidung bedeutungslos, da im Berufungsverfahren die Einkommensverhältnisse des Steuerpflichtigen erneut selbständig zu prüfen sind und auch der Vorsitzende der Veranlagungskommission bei Einlegung der Berufung von einem höheren Einkommen aus Kapitalvermögen noch keine Kenntnis hatte.

2. Für die Beschwerdeinstanz.

Nr. 1. Entsch. v. 9. Dez. 1914 (StArch. 18 109) XIIb 33/14.

EinkStG. § 58.

Die am 5. III. 14 erfolgte Zustellung war an „X. Y., Kaufmann, zu Händen des Konkursverwalters Herrn Rechtsanwalt Dr. Z.", also nicht an letzteren gerichtet, ihm gegenüber daher nicht rechtswirksam. Ebenso war auch diese an den Konkursverwalter bewirkte Zustellung dem Gemeinschuldner gegenüber nach § 58 EinkStG. iVerb. mit Art. 78 AAnw. v. 25. VII. 06, Art. 28 der zur Ausführung der Vd. v. 15. XI. 99, betr. das Verwaltungszwangsverfahren ergangenen Anw. v. 28. XI. 99 nicht rechtswirksam. Die Beschwerdefrist hat demnach überhaupt noch nicht zu laufen begonnen. Da jedoch die Beschwerde auch schon vor Zustellung der angefochtenen Entscheidung mit rechtlicher Wirksamkeit erhoben werden kann, war der Schriftsatz des Konkursverwalters v. 20. IV. 14 als rechtzeitig erhobene Beschwerde anzusehen.

Nr. 2. Entsch. v. 11. März 1916 (StArch. 19 179) XIIIb 75/15.

Über die Versäumnis der Berufungsfrist herrscht kein Streit. Gründe für die Wiedereinsetzung in den vorigen Stand hat der Steuerpflichtige nicht geltend gemacht, seinem dahingehenden Antrage war deshalb nicht stattzugeben, und die Berufungskommission hätte die Berufung zurückweisen müssen. Die trotzdem in der Berufungsentscheidung erfolgte Ermäßigung des Steuersatzes muß aber aufrecht erhalten werden, weil der Steuerpflichtige nicht schlechter gestellt werden darf, als wenn er überhaupt keine Beschwerde eingelegt hätte. Eine weitere sachliche Prüfung der Veranlagung ist aber wegen Versäumung der Berufungsfrist unstatthaft.

Zweiter Abschnitt.

Ergänzungssteuer.

Literatur: (vgl. den ersten Abschnitt).

I.

Steuerpflicht.

Nr. 1. Entsch. v. 16. Okt. 1912 (OVGSt. 16 361) E VIIa 6/12.

Wie in der Beschwerde mit Recht angedeutet ist, geht zum Unterschiede von der Lebens- oder Kapitalversicherung der Zweck des Einkaufs in eine Sterbekasse dahin, iF. des Todes des Versicherten dessen Hinterbliebenen eine Summe zu gewähren, die nicht ihr Vermögen vermehren oder ihnen Mittel zum Lebensunterhalte verschaffen, sondern nur dazu dienen soll, die Kosten der Beerdigung und sonstige mit dem Sterbefalle verbundene Ausgaben zu bestreiten.. Es wird sich danach fragen, ob nach der Höhe der versicherten Summen, nach den Vermögensverhältnissen des Versicherten sowie nach den einzusehenden Versicherungsbedingungen anzunehmen ist, daß die Versicherungssummen nur jenen Zweck, den Hinterbliebenen über die mit dem Sterbefalle verknüpften Kosten hinwegzuhelfen, erfüllen sollen. In diesem Falle wird das Vorliegen einer Lebens- oder Kapitalversicherung zu verneinen sein. Gehen dagegen die Versicherungssummen nach den Verhältnissen des Versicherten über jenen Zweck erheblich hinaus oder ist nach den Versicherungsbedingungen der Versicherte in der Lage, durch Rückverkauf an die Sterbekasse, Abtretung oder Verpfändung an Dritte jederzeit die Versicherung zu Gelde zu machen, sich da durch ein Kapital für beliebige andere Zwecke zu beschaffen und die Zwecke der Sterbekassenversicherung zu vereiteln, so wird in der Versicherung nicht eine Sterbekassen-, sondern eine Lebens- oder Kapitalversicherung zu finden sein.

Nr. 2. Entsch. v. 26. Okt. 1912 (OVGSt. 16 364) E XIIb 3/12.

ErgStG. §§ 5, 7, 9, 12, 13, 16.

Hinsichtlich der letztwilligen Verfügung des vor dem Inkrafttreten des BGB. in A. verstorbenen Vaters kommt nach Art. 213 EGBGB. das nassauische Privatrecht, hinsichtlich der letztwilligen Verfügung der nach dem Inkrafttreten des BGB. verstorbenen Mutter dieses G. (§§ 2100ff., 2139) in Betracht. Nach beiden Rechten ist die Ehefrau des Steuerpflichtigen als Vorerbin bis zu dem vor dem maßgebenden Beginne der Veranlagungsperiode nicht erfolgten Eintritte der Nacherbfolge Erbin und als solche Eigentümerin des ererbten Kapitalvermögens. Ihr mit einem hinsichtlich des Zeitpunkts seines Eintritts ungewissen Endtermine belastetes Eigentum am Kapitalvermögen ist nach § 16 Abs. 3, §§ 7, 5⁴ ErgStG. ihrem Ehemanne zum vollen Betrage nach §§ 9, 12 aaO., nicht nach § 13 ebenda mit dem Kapitalwerte des Nießbrauchsrechts anzurechnen.

Nr. 3. Entsch. v. 28. März 1914 (OVGSt. 16 366) E Va 1, 2/14.

Erwirbt ein Miterbe das Alleineigentum an einem Nachlaßgrundstück auf Grund einer Vereinbarung unter den Erben, daß hierdurch an dem Verhältnisse der Erben untereinander nichts geändert werden, sondern er nur das Grundstück für seine Miterben verwalten solle, so handelt es sich um ein fiduziarisches (Treuhand-) Verhältnis. Es muß dann zwischen dem Innen- und dem Außenverhältnis unterschieden werden. Nach außen ist der Erbe Alleineigentümer des Grundstücks geworden und daher zu Verfügungen darüber legitimiert; im Innenverhältnisse dagegen ist er, abgesehen von seinem eigenen Erbanteile, nur Verwalter der seinen Miterben zustehenden Anteile geblieben. Auf dieses in Wirklichkeit unter den Miterben bestehende Innenverhältnis kommt es in steuerrechtlicher Hinsicht allein an, nicht auf das formelle Legitimationsverhältnis des eingetragenen Eigentümers zu Dritten (nach außen), so daß der Grundbesitz als solcher den einzelnen Miterben nach ihrem Anteil anzurechnen ist.

II.

Maßstab der Besteuerung.

A. Steuerbares Grundvermögen.

2. Wertbestimmung.

Nr. 1. Entsch. v. 26. Okt. 1912 (OVGSt. **16** 371) E VIIa 10/12.

ErgStG. §§ 9, 11.

1. Bei der Veranlagung des in der Nähe einer Großstadt gelegenen Rittergutes ist zunächst klarzustellen, ob § 9 oder § 11 ErgStG. anzuwenden ist. Zu diesem Zwecke war unter Zuziehung des Steuerpflichtigen zu erörtern, ob das einen alten Familienbesitz darstellende Rittergut zur Zeit der Veranlagung nach den obwaltenden und näher darzulegenden Verhältnissen noch dauernd land- oder forstwirtschaftlichen Zwecken zu dienen bestimmt war oder ob nach der Lage des Gutes in unmittelbarer Nähe der Großstadt, nach der Entwicklung der letzteren und nach der voraussichtlichen künftigen Verwendung des Gutes zu baulichen oder Verkehrszwecken nicht mehr angenommen werden konnte, daß das Gut dauernd dazu bestimmt ist, land- oder forstwirtschaftlichen Zwecken zu dienen. Im ersteren Falle war § 11 ErgStG. maßgebend und ausschließlich der Ertragswert des Gutes iS. dieser Vorschrift zu ermitteln; im letzteren Falle mußte der § 9 aaO. zur Anwendung kommen, also der gemeine Wert iS. dieser Bestimmung ermittelt werden. Dabei hatte das Bauland insofern und insoweit Berücksichtigung zu finden, als dadurch schon bei Beginn der Steuerperiode der Preis der ganzen wirtschaftlichen Einheit, des Gutes, beeinflußt war. Mußte etwa das Bauland als besondere wirtschaftliche Einheit angesehen werden, so war es auf jeden Fall besonders und nach § 9 ebenda zu bewerten.

2. Ist dagegen der Ertragswert iS. des § 11 Abs. 1 ErgStG. zugrunde zu legen, so kommt der Mehrwert für die Bewertung des ganzen Gutes überhaupt nicht in Betracht, sofern es nicht etwa eine besondere wirtschaftliche Einheit bildet, was zu begründen wäre. Bei Ermittelung des Ertragswerts ist von den in OVGSt. **15** 390ff. dargelegten Gesichtspunkten auszugehen.

Nr. 2. Entsch. v. 6. Nov. 1912 (OVGSt. **16** 374) E XIa 11/12.

Nach § 11 Abs. 1 ErgStG. war der Ertragswert maßgebend, wenn das Gut beim Beginne der Veranlagungsperiode noch dazu bestimmt war, dauernd land- oder forstwirtschaftlichen Zwecken zu dienen. Nur wenn es dazu nicht mehr bestimmt war, kam der gemeine Wert in Betracht. Es war danach klarzustellen, ob anzunehmen ist, daß das Gut nebst den eine wirtschaftliche Einheit darstellenden Grundstücken auch in anderen Gemeinden nach den zu erörternden Umständen des Falles, zB. nach der Lage in oder an Industrieorten, nach der Beschaffenheit der dazu gehörigen Grundstücke oder ihrer voraussichtlichen künftigen Verwendung zu baulichen oder industriellen Zwecken, trotz gegenwärtiger landwirtschaftlicher oder forstwirtschaftlicher Benutzung in der Hauptsache nicht mehr dauernd dazu bestimmt ist, land- oder forstwirtschaftlichen Zwecken zu dienen. Diese Feststellung als Grundlage der Bewertung nach dem gemeinen Werte ist unerläßlich.

Nr. 3. Entsch. v. 16. Nov. 1912 (OVGSt. **16** 375) E XIIa 5/12.

ErgStG. § 11.

Die Berufungsentscheidung läßt in ihrer Begründung für die Wahl einer fünfjährigen Durchschnittsperiode nicht erkennen, ob, was geboten war, dabei erwogen worden ist, daß es sich bei dem Normalreinertrag iS. des § 11 Abs. 1 ErgStG. nicht um den Ertrag handelt, den der Steuerpflichtige im Durchschnitte mehrerer Wirtschaftsjahre wirklich erzielt hat, sondern um einen ideellen fingierten Reinertrag, nämlich um denjenigen Reinertrag, den ein Grundstück nach seiner wirtschaftlichen Bestimmung als Ganzes iF. seiner gemeinüblichen Bewirtschaftung, d. h. bei einer in der Gegend üblichen Bewirtschaftungsweise und bei einem wirtschaftlich normalen Bestande des lebenden und toten Wirtschaftsinventars und des sonstigen Anlage- und Betriebskapitals im Durchschnitte nachhaltig, also zB. ohne Eingriffe in das Holzkapital, und anderseits ohne Vernachlässigung jedem Besitzer gewähren kann. Die Auswahl der Durchschnittsjahre hätte demnach unter dem Gesichtspunkt erfolgen müssen, daß sie in ihrer Gesamtheit normale Verhältnisse zum Ausdrucke zu bringen haben. Die Vorschrift, daß der Bewertung des steuerbaren Vermögens dessen Bestand zur Zeit der Veranlagung zugrunde zu legen ist, hindert bei Bewertung der Forsten nicht die Durchschnittsberechnung nach einer längeren als fünfjährigen Wirtschaftsperiode.

2. In Verhandlung mit dem Steuerpflichtigen werden die Gründe zu erörtern sein, die nach der bei den Beschwerdeakten des Mitbesitzers des Fideikommisses befindlichen Ertragsberechnung die daraus ersichtliche sehr bedeutende Steigerung der Forsterträge in den letzten elf Jahren gegenüber den Vorjahren herbeigeführt haben. Je nach dem Ergebnisse dieser Ermittelungen wird zu erwägen sein, ob etwa die den Reinertrag beeinflussenden Verhältnisse sich innerhalb der langen Wirtschaftsperiode wesentlich und dauernd geändert haben und ob aus diesen Gründen etwa auf die Zeit vor dieser wesentlichen Veränderung nicht zurückgegangen werden kann, um den gegenwärtigen Wert zu finden. Auch wird festzustellen sein, ob etwa eine erhebliche Änderung im Forstbestande eingetreten ist und die als Unterlage für die Ermittelung des normalen Reinertrags anerkannte rechnungsmäßige Ermittelung des wirklichen Ertrags nach dem zur Zeit der Veranlagung vorliegenden und maßgebenden Bestand unmöglich macht.

Nr. 4. Entsch. v. 8. April 1914 (OVGSt. **16** 382) E Va 6/12.

ErgStG. §§ 9—11.

1. Bei der Einschätzung von Grundstücken, die dauernd land- oder forstwirtschaftlichen Zwecken zu dienen bestimmt sind, darf nicht der gemeine Wert veranschlagt, sondern es muß der Ertragswert festgestellt werden. Für den Bestand dieser Grundstücke bleibt es aber bei der Regel des § 9 oder der Ausnahme des § 10 ErgStG.; es ist also ihr Bestand zur Zeit der Veranlagung (Vermögensanzeige), bei Land- oder Forstwirtschaftsbetrieben mit regelmäßigen Abschlüssen aber am Schlusse des letzten Wirtschafts- oder Rechnungsjahrs zugrunde zu legen.

2. Nach Nr. 1[2] Bf. v. 15. V. 10, II 6774, betr. ABest. zur erstmaligen Schätzung der Ertragswerte der dauernd land- oder forstwirtschaftlichen Zwecken dienenden Grundstücke (Mitt. **55** 36), ist mit dem im § 11 aaO. erwähnten Reinertrage derjenige Reinertrag gemeint, der sich nach Abzug der Bewirtschaftungskosten vom Rohertrag in einem Wirtschaftsjahr ergibt, aber nicht der Reinertrag eines bestimmten Jahres, sondern der, den die Grundstücke als solche, d. h. ohne Rücksicht auf die Tüchtigkeit oder Untüchtigkeit des zeitigen Wirtschafters, im Durchschnitte nachhaltig, d. h. im Durchschnitt einer Reihe von Jahren jedem Besitzer gewähren können. Hierbei ist vorausgesetzt eine gemeinübliche Bewirtschaftung, so daß der Reinertrag, der nur unter ausnahmsweisen, besonderen Verhältnissen herausgewirtschaftet werden kann, bei der Bewertung der Grundstücke außer Betracht bleibt. Der „Normalreinertrag", wie ihn § 11 Abs. 1 begrifflich bestimmt, setzt endlich nach Abs. 2 das

auch einen wirtschaftlich normalen Bestand an lebendem und totem Wirtschaftsinventare sowie an den sonst zum Anlage- und Betriebskapitale gehörigen Werten voraus.

Der Normalreinertrag stellt den Überschuß der Roheinnahmen über die Betriebskosten dar, der bei gemeinüblicher Bewirtschaftung durchschnittlich erzielt werden kann. Zu den Betriebskosten sind dabei alle Ausgaben zu rechnen, die sich wirtschaftlich als solche darstellen und nicht nur die, welche nach § 8 1 EinkStG. als abzugsfähige Werbungskosten anzusehen sind. Es gehören deshalb zu ihnen zB. auch alle vom Grundeigentume zu entrichtenden Steuern. Als eine solche ist bei Fideikommißgütern auch die Fideikommißabgabe anzusehen, die auf Grund des § 89 des ReichsstempelG. v. 15. VII. 09 idFass. des § 68 ReichsZuwStG. v. 14. II. 11 alljährlich erhoben wird und auf dem Grundstück als öffentliche Last ruht. Neben den wirtschaftlichen Ausgaben sind auch die Abschreibungen zu berücksichtigen, welche einer normalen Wertverminderung entsprechen.

3. Die Ermittelung des Normalreinertrags ist nach Nr. II 3 Vf. v. 15. V. 10 iVerb. mit den in OVGSt. **15** 400ff. aufgestellten Grundsätzen möglich:

1. ziffermäßig, wenn der Ertrag aus den Büchern des Besitzers oder Pächters ersehen werden kann oder Taxen oder Berechnungen vorgelegt werden;
2. durch unmittelbare Schätzung, wenn solche Aufzeichnungen oder Berechnungen nicht vorhanden sind.

Als Hilfsmittel der Schätzung dienen hauptsächlich:

a) bei verpachteten Gütern die gezahlten normalen Pachtpreise,
b) sonst die in der Vf. des FinM. zu Nr. II 3c erwähnten Pacht- und Zinseinheitssätze.

Legt man der Schätzung die Pacht zugrunde, so muß man sich vergegenwärtigen, daß der Normalreinertrag landwirtschaftlich genutzter Grundstücke aus vier Faktoren zusammengesetzt ist:

1. aus der Verzinsung des Grund- und Bodenkapitals,
2. aus der Verzinsung des Gebäudekapitals,
3. aus der Verzinsung des sonstigen Inventar- und Betriebskapitals,
4. aus der Vergütung für die eigene Arbeit, dem Unternehmergewinne.

IdReg. wird die Pacht mit allen Nebenleistungen nur die beiden ersten Faktoren, vielleicht auch einen Teil des dritten umfassen, während der Pächter den Rest für sich herauswirtschaften will. Wenn daher als Normalreinertrag entsprechend der Vf. v. 15. V. 10 zu II 3b nur der volle Pachtpreis und daneben eine angemessene Verzinsung des Pächterinventars angesetzt werden, so bleibt der Unternehmergewinn, den der Pächter für sich herauswirtschaften will und normalerweise auch herauswirtschaften wird, unberücksichtigt. Der Steuerpflichtige kann sich durch eine derartige Feststellung nicht beschwert fühlen. Denn es spricht eine Vermutung dafür, daß Pachtzins und eine angemessene Verzinsung des Pächterinventars das mindeste bilden, was als Normalreinertrag angerechnet werden muß. Daneben ist deshalb kein Raum für Abzüge irgendwelcher Art. Sie müssen sämtlich durch die Außerachtlassung des Unternehmergewinns als abgegolten angesehen werden.

4. Will sich der Steuerpflichtige mit einer solchen rohen Schätzung des Normalreinertrags nach Pachtzins und Verzinsung des Pächterinventars nicht zufrieden geben, sondern beansprucht er daneben irgendwelche Abzüge, so bleibt nichts anderes übrig, als nun überhaupt eine Berechnung aufzustellen oder, wenn dies nicht möglich ist, die einzelnen Schätzungsunterlagen genauer zu ermitteln. Es muß deshalb, wie es schon in OVGSt. **15** 402 ausgeführt ist, das

Pachtverhältnis im ganzen in Betracht gezogen werden. Zu diesem Zwecke müssen auf der einen Seite der Pachtzins mit allen Nebenleistungen und die Verzinsung des Pächterinventars eingestellt sowie der Unternehmergewinn des Pächters ermittelt und auf der anderen Seite alle wirtschaftlichen Ausgaben oder die ihnen gleichzustellenden Beträge, welche dem Verpächter zur Last fallen, berücksichtigt werden. Ob bei der Ermittelung des Ertragswerts der Forst ein Abzug für den Waldwärter gemacht werden kann, hängt davon ab, ob das Halten eines solchen bei der Größe und der Beschaffenheit der Forst als gemeinüblich anzusehen ist.

Nr. 5. Entsch. v. 10. Dez. 1913 (OVGSt. 16 386) E Xa 2/13.

ErgStG. § 11.

Die Annahme der Beschwerde, daß allein der Eigentümer zu entscheiden habe, ob er ein Grundstück dauernd für die Landwirtschaft bestimmen wolle, ist rechtsirrig. Zwar hängt die jeweilige Nutzungsart des Grundstücks allein von seiner Entschließung ab; ob diese Nutzungsart aber als dauernde anzusehen ist, diese Frage ist nicht nach der subjektiven Auffassung des Eigentümers, sondern allein nach rein objektiven Momenten, insbesondere der Auffassung des wirtschaftlichen Verkehrs zu beurteilen.

Nr. 6. Entsch. v. 15. März 1913 (OVGSt. 16 386) E IVa 35/12.

ErgStG. § 11.

Entscheidend ist nicht die augenblickliche Benutzungsart, sondern es müssen alle in Betracht kommenden Umstände, insbesondere die örtliche Lage des Grundstücks, seine voraussichtliche künftige Verwendungsart und die Anschauungen des wirtschaftlichen Verkehrs gewürdigt werden. Der bloße Umstand, daß ein Grundstück im Gebiet eines erst projektierten Bebauungsplans liegt, kann hierbei allein nicht als ausschlaggebend angesehen werden.

Nr. 7. Entsch. v. 5. März 1913 (OVGSt. 16 387) E IVa 33/12.

ErgStG. § 11.

Bei einem im Mittelpunkt einer aufstrebenden, sich stetig ausdehnenden, städtisch organisierten Gemeinde gelegenen Grundstück ist eine dauernde Bestimmung für land- oder forstwirtschaftliche Zwecke, denen der Obst- und Gartenbau nicht ohne weiteres gleichzustellen ist, nicht mehr anzunehmen.

Nr. 8. Entsch. v. 16. Nov. 1912 (OVGSt. 16 387) E VIIb 5/12.

ErgStG. § 11.

1. Der Normalreinertrag hat den Ertrag der landwirtschaftlichen Nebenbetriebe mit zu umfassen; andere Umstände kommen bei der Bewertung dieser Betriebe überhaupt nicht in Betracht. Stehen dagegen gewerbliche Betriebe nicht in unmittelbarer Verbindung mit dem landwirtschaftlichen Betriebe, stellen sie sich vielmehr als selbständige Betriebe dar, so ist der gemeine Wert der ihnen dienenden Grundstücke, Gebäude und des Zubehörs nach den für die Schätzung des gewerblichen Anlage- und Betriebskapitals gegebenen Vorschriften zu ermitteln und anzusetzen (vgl. Vf. v. 15. V. 10, II 6774, zu I 4 Abs. 4).

2. Für die Frage, ob der Steinbruch und die Ziegelei landwirtschaftliche Nebenbetriebe darstellen, bedarf es vor allem einer Ermittelung darüber, inwieweit die landwirtschaftlichen Arbeitskräfte (Arbeiter, Gespanne usw.) in den anderen Betrieben Verwendung finden. Auch wird hierbei in Betracht zu ziehen sein, daß das Tonlager über das ganze Gut zerstreut ist.

Nr. 9. Entsch. v. 28. Febr. 1914 (OVGSt. 16 387) E IVa 22/13.

ErgStG. § 11.

Will die Berufungskommission die bei den Gütern bestehenden Ziegeleien nicht als landwirtschaftliche Nebenbetriebe gelten lassen, sondern als selbständige gewerbliche Anlagen nach dem gemeinen Werte ansetzen, so muß dies näher begründet werden, weil der Steuerpflichtige sie ausdrücklich als gewerbliche Nebenbetriebe der Landwirtschaft bezeichnet und bezüglich der einen Ziegelei noch deren Zweckbestimmung als in erster Linie der Ziegelbeschaffung für den eigenen Bedarf dienend hervorgehoben hat.

Nr. 10. Entsch. v. 12. Juli 1913 (OVGSt. 16 388) E IVa 11/12.

ErgStG. § 11.

Wenn das unzweifelhaft zu dem Gute gehörige Herrschaftshaus mit dem Parke nur vorübergehend von dem Gute abgesondert und nicht mit verpachtet ist, so berechtigt dieser Umstand allein ohne weiteres noch nicht dazu, in dem Herrschaftshaus eine besondere Einheit zu erblicken.

Nr. 11. Entsch. v. 29. März 1913 (OVGSt. 16 388) E IVa 60/12.

ErgStG. § 11.

Für den Begriff der wirtschaftlichen Einheit ist es nicht von Erheblichkeit, ob die gesamten Liegenschaften auf einem einzigen Grundbuchblatte stehen. Denn die zu entscheidende Frage ist wirtschaftlicher, nicht rechtlicher Natur. Ebensowenig kann der einheitliche Name der ganzen Standesherrschaft und die räumlich zusammenhängende Geschlossenheit ausschlaggebend sein. Vielmehr kommt es darauf an, ob die einzelnen Bestandteile der Standesherrschaft für sich selbständige Wirtschaftsobjekte darstellen, was nach den gesamten Umständen des Falles und der Verkehrsanschauung zu beurteilen sein wird. Mit Rücksicht auf die neue Bestimmung im § 11 Abs. 1 ErgStG., wonach für land- und forstwirtschaftliche Besitzungen der Ertragswert anzusetzen ist, wird bei solchen Grundstücken im Zweifel auf die Annahme einer Mehrheit von Bewertungseinheiten nicht hinzudrängen sein, da nicht abzusehen ist, daß die Höhe des steuerbaren Vermögens dadurch wesentlich verschoben werden würde. Verpachtete Güter, die nach ihrem Umfang und ihrer baulichen Ausstattung den Charakter einer selbständigen Nährstelle haben, werden jedoch idReg. als selbständige Wirtschaftseinheiten gelten müssen, ebenso selbstbewirtschaftete Güter von gleicher Beschaffenheit, wenn ihre Bewirtschaftung ganz getrennt von der Bewirtschaftung anderer Güter desselben Besitzers stattfindet.

Nr. 12. Entsch. v. 15. März 1913 (OVGSt. 16 389) E Vb 12/12.

ErgStG. § 11.

Inwieweit die einzelnen Güter des Steuerpflichtigen jedes für sich zu bewerten sind, muß nach der gesamten wirtschaftlichen Sachlage beurteilt werden. Der Umstand, daß die sämtlichen Güter nach der Erklärung des Steuerpflichtigen „in gewissem Sinne einheitlich genutzt werden, weil öfters ein Austausch von Maschinen, Vieh u. dgl. bei den drei Gütern stattgefunden habe", kann für jene Beurteilung nicht ausschlaggebend sein; vielmehr wird jedes Gut, das nach seiner baulichen Ausstattung und sonstigen Beschaffenheit den Charakter einer selbständigen Nährstelle hat und sich auch nicht nach der Anschauung des Verkehrs als wirtschaftlicher Bestandteil (Vorwerk) eines anderen Gutes darstellt, der Regel nach als wirtschaftliche Einheit gelten müssen, gleichviel ob es zufällig mit einem anderen Gute zusammen bewirtschaftet wird oder nicht.

Nr. 13. Entsch. v. 5. März 1913 (OVGSt. 16 389) E Ia 1/11.

ErgStG. § 11.

Die Vf. v. 15. V. 10 zu Nr. II 3a ist nicht etwa so zu verstehen, als ob ein für eine Reihe von Jahren angegebener, mit Wirtschaftsbüchern belegter Wirtschaftsertrag ohne weiteres als ein maßgebender Ziffernnachweis behandelt werden müßte. Vielmehr hat die Berufungskommission die Zulänglichkeit eines solchen Nachweises nach Lage des Falles zu prüfen und ihr Augenmerk darauf zu richten, ob die Ziffern einen Anspruch auf Zuverlässigkeit und Vollständigkeit haben und ob die Bewirtschaftung während jener Zeit, sei es durch den Steuerpflichtigen selbst oder durch seine Wirtschaftsvorgänger, was unerheblich ist, eine gemeinübliche gewesen ist. Eine Vermutung, daß die Wirtschaftsweise keine gemeinübliche gewesen sei, erscheint nicht berechtigt. Die Berufungskommission darf jedenfalls, sobald der Steuerpflichtige die Gemeinüblichkeit für die bisherige Bewirtschaftung in Anspruch nimmt, sich ihrer amtlichen Ermittelungspflicht nicht entziehen, muß vielmehr den wahren Sachverhalt ermitteln und, soweit sie der Ansicht des Steuerpflichtigen nicht beitreten will, ihre gegenteilige Auffassung durch Angabe von Tatsachen begründen. Wird das vorgelegte Ziffernmaterial für brauchbar befunden, so darf, um daraus den Reinertrag iS. des § 11 Abs. 1 zu ermitteln, nicht außer acht gelassen werden, daß jener Reinertrag mangels anderweiter Definierung durch das G. und den Finanzminister lediglich nach dem Ertragsbegriff im wirtschaftlichen Sinne zu beurteilen ist ... In diesem ist kein Raum für die Berücksichtigung des Mietwerts der eigenen Wohnung des Wirtschaftsleiters. Ein solcher Einnahmeposten läßt sich vom rein wirtschaftlichen Gesichtspunkt aus nicht konstruieren.

Nr. 14. Entsch. v. 29. März 1913 (OVGSt. 16 390) E IVa 60/12.

ErgStG. § 11.

Auch für die Bewertung von forstwirtschaftlich genutzten Grundstücken kommt es darauf an, ob eine etwaige Buchführung für die Ermittelung des Reinertrags iS. des § 11 Abs. 1 ErgStG. brauchbar ist, d. h. ob sie das Bild einer gemeinüblichen Bewirtschaftung wiedergibt. Ergeben sich hierin keine Bedenken, die eventuell im einzelnen darzulegen sein würden, dann gilt nach der Bestimmung des FinM. zu Nr. II 3a der rechnungsmäßige Nachweis im Durchschnitt als Reinertrag, der mit 25 multipliziert den Ertragswert ergibt. Diese Bestimmung bezieht sich ebensowohl auf die Forstnutzung als auf die Landwirtschaft. Dem Antrage des Steuerpflichtigen, den Reinertrag aus den durchschnittlichen ziffermäßigen Ergebnissen des geltenden, ausdrücklich als gemeinüblich bezeichneten forstlichen Betriebsplans festzustellen, muß daher nachgegangen und dies Vorbringen gewürdigt werden.

Nr. 15. Entsch. v. 26. Jan. 1914 (OVGSt. 16 390) E VIIa 6/13.

ErgStG. § 11.

Hinsichtlich der Abzüge bei der Feststellung des sogenannten Normalreinertrags wird bemerkt, daß dabei nicht mit kostenfreien Arbeitskräften gerechnet werden darf.

Nr. 16. Entsch. v. 5. März 1913 (OVGSt. 16 390) E Ic 1/11.

ErgStG. § 11.

1. Nach den geltenden Bestimmungen war das Pächterinventar dem Steuerpflichtigen überhaupt nicht anzurechnen, ist ihm auch gar nicht angerechnet worden, sondern es handelte sich nur darum, bei der Ermittelung des Reinertrags von der Pachtfläche den vereinbarten Pachtzins noch um einen

angemessenen Betrag für die Verzinsung des dem Pächter gehörenden Betriebskapitals (einschließlich Inventars) zu erhöhen. Dieser Zuschlag zum Pachtzinse beruht auf der Erwägung des FinM. in seiner RundVf. v. 15. V. 10, II 6774 (Mitt. **55** 36) unter Nr. I[3], daß der dem Ertragswerte zugrunde zu legende Reinertrag im allgemeinen in den Pachtpreisen zuzüglich einer Verzinsung des vom Pächter zu stellenden Betriebskapitals (beweglichen Inventars) seinen Ausdruck finde.

2. In dem rein wirtschaftlichen Ertragsbegriff ist kein Raum für die Berücksichtigung des Mietwerts der eigenen Wohnung des Besitzers als Wirtschaftsleiters. Ein solcher Einnahmeposten läßt sich vom rein wirtschaftlichen Gesichtspunkt aus nicht rechtfertigen. Das gleiche gilt für den Geldwert der aus der Wirtschaft entnommenen Wirtschaftserzeugnisse. Die so verwendeten Erzeugnisse sind Naturalaufwendungen für den Wirtschaftsbetrieb. Es erhellt nicht, wie der Unterhalt des Wirtschaftsleiters anders beurteilt werden sollte als der Unterhalt der sonstigen Arbeitskräfte.

Nr. 17. Entsch. v. 15. März 1913 (OVGSt. **16** 392) E Vb 12/12.

ErgStG. § 11.

Wo Forsten zu einem Gute gehören, also mit diesem eine wirtschaftliche Einheit bilden, wird eine Trennung zwischen den Reinerträgen der Land- und der Forstwirtschaft einzutreten haben, also mit zwei Rechnungsfaktoren zu rechnen sein, wenn für die Reinertragsermittelung verschiedene Methoden für Landwirtschaft und Forst zur Anwendung kommen müssen.

Nr. 18. Entsch. v. 5. März 1913 (OVGSt. **16** 392) E IIb 1/12.

ErgStG. § 11.

Die Vf. v. 15. V. 10 spricht unter Nr. II[3a], wo von ziffermäßigem Nachweise des Reinertrags die Rede ist, nur von Zu- oder Abrechnung der Mehr- oder Minderwerte des beweglichen und unbeweglichen, lebenden und toten Inventars gegenüber dem wirtschaftlich normalen Bestande, wobei sie sich im Einklange hält mit dem Abs. 2 des § 11 ErgStG., welcher vorschreibt, daß Mehr- oder Minderwerte des Inventars gegenüber einem wirtschaftlich normalen Bestand in Zu- oder Abrechnung zu bringen sind. Da weder der Wald noch das Land begrifflich als „Inventar" gelten können, so entbehren die Zuschläge der rechtlichen Grundlage.

Nr. 19. Entsch. v. 28. Febr. 1914 (OVGSt. **16** 393) E IVa 22/13.

ErgStG. § 11.

Wenn das G. die Berücksichtigung von Mehr- oder Minderwerten des Inventars gegenüber einem wirtschaftlich normalen Bestande vorschreibt, so ist das Mehr oder Weniger in der Weise zu ermitteln, daß der vorhandene Wert des ganzen lebenden, des ganzen toten oder des gesamten Inventars an Baulichkeiten dem Gesamtwerte für ein entsprechendes normales Inventar gegenübergestellt wird. Unzulässig ist es aber, ein einzelnes Gebäude, wie das Schloßgebäude, als einen Mehrwert in Ansatz zu bringen; denn die Möglichkeit ist nicht ausgeschlossen, daß die übrigen Gebäude zusammen mit dem Schlosse bezüglich ihres Wertes noch hinter dem Gesamtwert eines normalen Gebäudeinventars zurückbleiben.

Nr. 20. Entsch. v. 4. Juni 1913 (OVGSt. **16** 393) E VIIb 2/13.

ErgStG. § 11.

Die Begründung der Berufungsentscheidung ist nicht zureichend, da aus ihr nicht hervorgeht, inwiefern die Betriebskapitalschulden bei der Ermittelung des

Ertragswerts der Güter berücksichtigt sind. Insbesondere läßt sich nicht ersehen, daß die Berufungskommission die betreffenden Schulden von dem Ertragswerte, d. i. das Fünfundzwanzigfache des sogenannten Normalreinertrags iS. des § 11 Abs. 1 ErgStG. deshalb nicht in Abzug gebracht hat, weil sie diesem Werte nur den jene Schulden übersteigenden Teil des Mehrwerts des Inventars gegenüber einem wirtschaftlich normalen Bestande gemäß § 11 Abs. 2 hinzugerechnet hat.

Nr. 21. Entsch. v. 20. Okt. 1913 (Recht 17 811) E IX 2/13.

Bei Ermittelung des gemeinen Wertes, d. h. des Verkaufswertes, ist von dem vor 6 Jahren vom Steuerpflichtigen selbst gezahlten Kaufpreise ausgegangen und hierzu eine bis zum Tage der Veranlagung eingetretene Wertsteigerung von x ℳ hinzugerechnet worden. Diese wesentlich auf tatsächlichen Erwägungen beruhenden Feststellungen sind der Anfechtung durch die Beschwerde entzogen. Der Verkaufspreis ist, wenn normal, identisch mit dem gemeinen Werte. Daß beim Vergleiche mit benachbarten Grundstücksveräußerungen anormale Verkaufspreise herangezogen sind, hat der Steuerpflichtige nicht dargetan. Aus ihnen ist auch nicht unmittelbar der Wert seines Grundstücks abgeleitet worden, sondern sie sind nur zum Beweise dafür benutzt, daß eine Wertsteigerung in den letzten 6 Jahren erfolgt ist. Deshalb kommt es auch nicht darauf an, daß jene Grundstücke mit seinem wesentlich gleichartig sind. Die Erklärung des Steuerpflichtigen, er würde sein Grundstück schon zu einem geringeren als dem in der Berufungsinstanz festgestellten Werte verkaufen, ist steuerlich ohne jeden Wert.

Nr. 22. Entsch. v. 4. Juli 1914 (Recht 19 144) IX 3/14.

Mangels ziffermäßiger Anschreibungen und mangels tatsächlicher Pachtpreise ist der Ertrag schätzungsweise nach Pachtpreisen zuzüglich einer Verzinsung des vom Pächter zu stellenden beweglichen Inventars zu finden, wie sie nach der ministeriellen Vf. v. 15. V. 10 für die ganze Monarchie ermittelt sind (auf 1 Hektar je nach Verhältnis des gemeinen Wertes und der Größe der Besitzungen). Der so in roher Annäherung gewonnene Reinertrag ist aber dem Einzelfall anzupassen, so daß jene Ermittelungsmerkmale nur Hilfsmittel der Schätzung sind. Letztere sind nur anwendbar, wenn der Pflichtige die Ermittelungsunterlagen nicht anficht. Tut er es doch, so ist dieser Weg nicht gangbar, da jenem nicht zuzumuten ist, bei Feststellung des hier allein maßgeblichen Ertragswerts noch den an sich nicht maßgeblichen gemeinen (Verkaufs-) Wert zu erörtern. Dann ist der Ertrag durch unmittelbare Schätzung unter Zuziehung ortskundiger Gutachter zu ermitteln.

Nr. 23. Entsch. v. 4. Juli 1914 (Recht 19 143) E IX 3/14.

ErgStG. § 11.

1. Zur Feststellung, ob die Besitzung eine einzige wirtschaftliche Einheit bildet oder in wieviel gesonderte Bewertungseinheiten sie sonst zerfällt, ist sorgfältig zu prüfen, ob die für andere Teile der preußischen Monarchie geltende Regel, daß im allgemeinen verpachtete Grundstücke, die nach Umfang und baulicher Ausstattung den Charakter einer selbständigen Nährstelle haben, auch als selbständige wirtschaftliche Einheiten gelten, ebenfalls für die größeren Herrschaften der Provinz Schleswig-Holstein nach den dort herrschenden Agrarverhältnissen und der Verkehrsanschauung zutrifft.

2. Für jede wirtschaftliche Einheit, die als solche besonders zu bewerten ist, muß ein ziffermäßiger Nachweis des Reinertrags aus vorhandenen Anschreibungen (Einnahmen und Ausgaben) anderen Ermittelungs-

methoden vorgehen. Wenn die Vf. v. 15. V. 10 (Mitt. **55** 36) auf das „ziffermäßige Bekanntsein" des Reinertrags hinweist, so sollen die beigebrachten Ziffern doch noch auf ihre Zuverlässigkeit und Vollständigkeit von der Steuerbehörde nachgeprüft werden; auch eine Vermutung für den Ausschluß der Gemeinüblichkeit der Bewirtschaftung während der maßgeblichen Jahre besteht nicht, eher würde die Vermutung der Gemeinüblichkeit der Wirklichkeit näher kommen. Der Ertragsbegriff nach § 11 Abs. 1 ErgStG. ist mangels anderweitiger Bestimmung im G. lediglich im „wirtschaftlichen "Sinne zu beurteilen. Nur soweit mit letzterem vereinbar, sind Art. 11, 13 AAnwEinkStG. anwendbar. Daher sind Grund- und Gebäudesteuer für den Normalreinertrag voll abziehbar trotz § 8 I 3 EinkStG., ebenso andere auf dem Grundeigentum haftenden öffentlichen Lasten und Abgaben, besonders Patronatslasten, sowie die dem Pächter aus dem Pachtverhältnis obliegenden Ausgaben. Dann ist noch bei Selbstwirtschaft des Pächters das hinzuzurechnen, was ihn eine entlohnte Arbeitskraft als Ausgabe kosten würde, da in jedem Falle gleichmäßig volle Entlohnung der für die Wirtschaft erforderlichen Kräfte unterstellt werden muß. — Erst mangels ausreichender Anschreibungen ist Ertragsermittelung durch Schätzung zulässig. Nr. II 3b der Vf., nach der bei normalem Pachtpreise ein der üblichen Verzinsung des beweglichen Pachtinventars entsprechender Betrag zugerechnet werden soll, ist zugunsten des Grundeigentümers zu eng gehalten, da zur vollen Ertragserfassung nicht nur jene Verzinsung, sondern statt dessen der ganze Pächtergewinn, d. h. der Überschuß der vom Pächter erzielten Wirtschaftseinnahmen über die Ausgaben, zuzusetzen ist — anderseits zu seinen Ungunsten nicht erschöpfend, da das Pachtverhältnis im ganzen zu betrachten, also auch alle dem Verpächter aus dem Eigentum und aus der Verpachtung erwachsenden wirtschaftlichen Ausgaben, zB. die darauf haftenden Lasten, Beträge für Abnutzung und Instandsetzung des Gebäudeinventars, vom Pachtpreise zuzüglich des Pächtergewinns abzuziehen sind. Die ministerielle Ausführungsvorschrift, die weder auf die Ausgaben des Verpächters noch auf den Pächtergewinn eingeht, scheint anzunehmen, daß sich beides die Wage halte, d. h. der Pachtpreis nebst Inventarverzinsung dem Reinertrage nahekomme; dies summarische Verfahren ist aber nur mit Zustimmung des Pflichtigen anwendbar. — Vom so gefundenen Ertragswerte ist nach § 11 Abs. 2, abgesehen von den seltenen Fällen, wo der Verpächter das nötige Inventar gestellt hat, der Wert eines — beim Verpächter nicht vorhandenen — Normalinventars abzurechnen.

B. Selbständige Rechte und Gerechtigkeiten.

Nr. 1. Entsch. v. 19. April 1913 (StArch. 17 164).

ErgStG. § 13.

Bei der Kapitalisierung von Nutzungen oder Leistungen ist nicht der für das Kalenderjahr entrichtete, sondern der in diesem Jahre gezahlte Betrag zugrunde zu legen.

C. Steuerbares Anlage- und Betriebskapital.

2. In Bergbau, Handel und Gewerbe.

Nr. 1. Entsch. v. 12. Febr. 1913 (OVGSt. **16** 369) E VII c 5/12.

1. Da es sich beim Bergbau um gewerbliche Unternehmen handelt, so bildete den Gegenstand der Bewertung das gewerbliche Anlage- und Be-

triebskapital jedes eine besondere wirtschaftliche Einheit bildenden Unternehmens, also des einzelnen Bergwerkes oder Bergwerksunternehmens. Dieses Anlage- und Betriebskapital war als Ganzes zu bewerten, wobei seine einzelnen Bestandteile, also auch die Grubenberechtigungen, nur als Rechnungsfaktoren eine besondere Bewertung erfahren durften. Die Summe der Einzelwerte — Grubenberechtigungen, Gebäude, Schächte, Einrichtungen unter Tage, Kohlen- und Materialienbestände usw. — bildet aber nicht ohne weiteres den maßgebenden Wert des Anlage- und Betriebskapitals, vielmehr war danach erst der Verkaufswert der Gesamtheit als eines einheitlichen Steuerobjekts zu ermitteln.

2. Soweit die Bewertung des in den Bergwerken angelegten gewerblichen Anlage- und Betriebskapitals durch Vergleichung mit den für gleichartige gewerbliche Unternehmungen wirklich gezahlten Kaufpreisen erfolgen kann, muß dieses Hilfsmittel benutzt werden. Anderenfalls ist der Wert des gewerblichen Anlage- und Betriebskapitals durch unmittelbare Schätzung zu ermitteln.

Der gemeine Wert des gewerblichen Anlage- und Betriebskapitals ist derselbe wie der handelsrechtliche, für Inventur und Bilanz maßgebende Wert (aaO.). Deshalb ist auch für die Bergbauberechtigungen der Wert in Berechnung zu ziehen, der ihnen nach den vom OVG. für die Einkommensteuer aufgestellten Grundsätzen beizulegen ist (OVGSt. **14** 265ff., insbes. 268, 274, 275 und 276). Mit Möglichkeiten der Zukunft darf hierbei nicht gerechnet werden, wohl aber müssen sie bei der Bewertung der ganzen wirtschaftlichen Einheit Berücksichtigung finden, sofern hiervon ihr Verkaufswert bereits beim Beginne des Steuerjahrs — aber immer unter der Voraussetzung des fortgesetzten Betriebs — beeinflußt worden ist. Auch die besondere Lage des Bergwerkes wird hierbei zu berücksichtigen sein, sofern sie den Wert des Ganzen mit bedingt. Überhaupt wird die Berufungskommission zu ermitteln haben, nach welchen Rücksichten sich im Verkehre der Verkaufspreis eines Bergwerkes oder Bergwerksunternehmens bemißt und inwiefern hierbei auf den Ertrag Wert gelegt wird. Daß dabei nicht bloß der Ertrag des letzten Jahres vor dem Verkaufe, sondern der Durchschnittsertrag einer Reihe von Jahren in Betracht kommt, entspricht den Anschauungen des Verkehrs in so hohem Maße, daß dieser Gesichtspunkt von der Berufungskommission nicht ohne eingehende Begründung wird unberücksichtigt bleiben dürfen.

F. Schuldenabzug.

Nr. 1. Entsch. v. 18. Nov. 1915 (StArch. **19** 133) E XIIb 13/15.

Streitig ist die Abzugsfähigkeit des Kapitalwertes der vom Steuerpflichtigen auf seine Lebensdauer seiner Tochter und deren Ehemanne schriftlich versprochenen Ausstattungsrente (eines jährlichen Zuschusses). Die maßgebenden Vorschriften über die Abzugsfähigkeit sind im § 8², § 7c ErgStG. enthalten. Die Voraussetzungen der Abzugsfähigkeit sind danach:

1. ein klagbares Recht auf den Rentenbezug,
2. die im § 7c aaO. angegebene Dauer,
3. die Begründung des Rechts als Gegenleistung für die Hingabe von Vermögenswerten oder aus letztwilligen Verfügungen oder Familienstiftungen oder vermöge hausgesetzlicher Bestimmungen.

Die Annahme des Steuerpflichtigen, daß alle diese Voraussetzungen gegeben seien, ist nicht zutreffend. Es fehlt die Voraussetzung zu Nr. 3, der Abzug ist danach mit Recht versagt.

IV.

Veranlagungsverfahren.

A. Allgemeine Grundsätze.

Nr. 1. Entsch. v. 28. Sept. 1912 (OVGSt. 16 394) E IVa 5/12.

Nach § 33 ErgStG. und § 44 EinkStG. beginnt der Lauf der Rechtsmittelfrist für den Steuerpflichtigen mit der Zustellung der Veranlagungsbenachrichtigung. Aber nicht jede Zustellung, sondern nur eine ordnungsmäßig erfolgte setzt den Lauf der Frist in Gang. Ersatzzustellungen durften im vorliegenden Falle für den Steuerpflichtigen nur vorgenommen werden in seiner Wohnung an einen zu der Familie gehörenden erwachsenen Hausgenossen oder an eine in der Familie dienende erwachsene Person. Nach den getroffenen Feststellungen gehört der Portier des Hauses, an den die Zustellung bewirkt ist, nicht zu diesen Personen; er war auch zur Annahme von Schriftstücken, die der Zustellung bedürfen, nicht ausdrücklich bevollmächtigt. Unter diesen Umständen ist die Zustellung der Veranlagungsbenachrichtigung an ihn rechtsunwirksam und hat auch nicht dadurch nachträglich rechtliche Wirksamkeit erlangt, daß der Portier das Schriftstück später dem Steuerpflichtigen ausgehändigt hat.

E. Nachbesteuerung.

Nr. 1. Entsch. v. 5. März 1913 (OVGSt. 16 396) E IVa 30/11.

ErgStG. § 47; EinkStG. § 85.

Unter die „neuen Tatsachen oder Beweise" des § 47 ErgStG., § 85 EinkStG. fällt ein bloßer Rechenfehler der Steuerbehörde nicht. Nach dem bei den Akten befindlichen Auszug aus der Staatssteuerliste ist bei der Veranlagung das Kapitalvermögen auf 16900 ℳ und der Wert des Grundvermögens auf 65500 ℳ ermittelt worden. Die beiden Beträge sind sodann irrig in 62400 ℳ anstatt 82400 ℳ zusammengerechnet worden. Dieses Versehen ließ sich im Wege der Nachbesteuerung nicht wieder gut machen, denn es waren die der Nachveranlagung zugrunde gelegten Steuermerkmale bereits bei der ordentlichen Veranlagung vollständig bekannt, die „neuen Tatsachen und Beweise" des § 47 ErgStG., § 85 EinkStG. beziehen sich aber darauf, daß nachträglich andere oder geänderte Steuermerkmale bekannt oder nachgewiesen werden, die, wenn sie rechtzeitig bekannt gewesen wären, eine höhere Veranlagung zur Folge gehabt haben würden.

V.

Rechtsmittel.

A. Verfahren in der Berufungsinstanz.

Nr. 1. Entsch. v. 28. Mai 1913 (StArch. 17 164).

Der Steuerpflichtige ist, wenn die letzte Vorladung im Berufungsverfahren durch ein Mitglied der Veranlagungskommission zur Feststellung des Wertes der Stammanteile ergebnislos geblieben ist, noch einmal unter entsprechender Verwarnung vom Vorsitzenden der Veranlagungs- oder Berufungskommission zur Äußerung aufzufordern.

B. Beschwerdeverfahren.

Nr. 1. Entsch. v. 15. Jan. 1913 (OVGSt. 16 397) E IVa 64/12.

ErgStG. § 33.

Die Veranlagung erfolgt immer nur zu einem bestimmten Steuersatz, und dementsprechend sind die Rechtsmittel nicht gegen die Höhe des ermittelten Einkommens oder Vermögens gegeben, sondern nur gegen den festgesetzten Steuersatz. Wenn daher im § 33 ErgStG. von der Veranlagung zu einem Einkommen von nicht mehr oder mehr als 3000 ℳ oder der Festsetzung eines Vermögens von mehr als 100000 ℳ gesprochen wird, so ist darunter nur die Veranlagung zu den dem genannten Einkommen oder Vermögen entsprechenden Steuersätzen zu verstehen. Demnach steht einem Steuerpflichtigen, der nach einem Einkommen von nicht mehr als 3000 ℳ zu einem Einkommensteuersatze bis zu 52 ℳ einschließlich veranlagt ist (§ 33 I[1] ErgStG.), wegen der Ergänzungssteuer die Beschwerde an das OVG. (Nr. 11 aaO.) nur dann zu, wenn nach einem steuerbaren Vermögen von mehr als 100000 ℳ ein Steuersatz von mehr als 47,40 ℳ festgesetzt ist.

Dritter Abschnitt.

Gewerbesteuer.

Literatur: Fernow: GewStG.[6] (Berlin 1915). — Gerstner: Bilanzschlüssel. Anleitung zur kritischen Betrachtung veröffentlichter Bilanzen (Berlin 1914). — Hoffmann: Gewerbe- und BetriebssteuerG. (Berlin 1914). — Maatz: Die kaufmännische Bilanz und der steuerbare Gewerbeertrag[5] (Berlin 1914).

I.
Gegenstand der Besteuerung und subjektive Steuerpflicht.

A. Allgemeine Grundsätze.

Nr. 1. Entsch. v. 7. Dez. 1912 (OVGSt. 16 400) VI G 162/12.

GewStG. § 1.

Die Erwerbstätigkeit des Beschwerdeführers besteht darin, daß er für andere Gewerbetreibende, die ihn ständig damit betrauen, Geschäfte vermittelt oder in deren Namen abschließt. Diese Tätigkeit ist eine berufsmäßige, da der Beschwerdeführer sich durch derartige Vertretungen den Lebensunterhalt verdienen will. Nach § 1 Abs. 1 und Abs. 2[7], § 84 HGB. ist er daher Kaufmann iS. des HGB., d. h. selbständiger Gewerbetreibender iS. des GewStG., falls er nicht als Handlungsgehilfe seiner Auftraggeber angestellt, also ein unselbständiges Glied im Unternehmen des Auftraggebers, ein bloßer Diener des Geschäftsherrn ist. Wenngleich die Grenze zwischen dem selbständigen Agenten und dem Handlungsgehilfen flüssig ist, so ist im vorliegenden Falle kein Anhalt dafür gegeben, daß der Beschwerdeführer Handlungsgehilfe seiner Auftraggeber ist. Die Art der Regelung der Bezüge wie der Tragung der Unkosten ist nicht ausschlaggebend. Die dem Beschwerdeführer obliegenden Verpflichtungen sind vertragsmäßige, dem Agenturvertrag entsprungene, der ihn ohnehin verpflichtet, das Interesse seines Geschäftsherrn mit der Sorgfalt eines ordentlichen Kaufmanns wahrzunehmen (§ 84 HGB.). Ein Risiko ist für den Agenturvertrag überhaupt nicht wesentlich.

Nr. 2. Entsch. v. 28. Mai 1913 (DJZ. **19** 105) VIII E 40/13.

Die Selbständigkeit, die Voraussetzung für die Annahme eines nach § 28 KommAbgG. in der Gemeinde steuerpflichtigen Gewerbebetriebes ist, muß nach zwei Richtungen gegeben sein, nach der persönlichen und nach der sachlichen Seite. In ersterer Hinsicht ist erforderlich, daß die gewerblich tätige Person für eigene Rechnung und unter eigener Verantwortung arbeitet. Dies ist aber der Fall, wenn die Person in ihrem eigenen Heim, mit eigenem Gerät und mit der von ihr selbst in Bewegung zu setzenden mechanischen Kraft arbeiten kann, wann sie will, an bestimmte Arbeitsstunden nicht gebunden und keiner Disziplin eines Arbeitgebers unterworfen ist. Die sachliche Seite der Selbständigkeit besteht in der Ausgestaltung der eigenen gewerblichen Tätigkeit zu einer in sich abgeschlossenen, für sich bestehenden Beteiligung an dem allgemeinen wirtschaftlichen Verkehr. In dieser Hinsicht kommt es nicht darauf an, ob die betreffende Person für einen oder für mehrere andere Unternehmer tätig ist, ob sie den zu verarbeitenden Rohstoff oder das fertigzustellende Halbfabrikat von diesen oder anderen Personen erst kauft oder von jenen geliefert erhält, sondern lediglich darauf, ob die aufzuwendende gewerbliche Tätigkeit einen wesentlichen technischen oder wirtschaftlichen Abschnitt in dem mit der Ware vorzunehmenden Arbeitsprozesse bildet, der nicht gleichzeitig die gewerbliche Tätigkeit anderer bedingt.

Nr. 3. Entsch. v. 14. Jan. 1914 (OVGSt. **16** 402) VI G 253/13.

GewStG. §§ 1, 4⁷.

Wenn der Beschwerdeführer seine wissenschaftlichen Kenntnisse und praktischen Erfahrungen als Ingenieur vertragsmäßig und dauernd dergestalt gegen Entgelt in den Dienst einer Anzahl größerer industrieller Werke gestellt hat, daß er ihnen beim Absatze ihrer Erzeugnisse behilflich ist, ihnen die zum Abschlusse von Geschäften bereiten Personen, insbesondere Kauflustige, zuführt oder die ihm aus dem Publikum zugehenden Anträge entgegennimmt, an die von ihm vertretenen Firmen weitergibt und so den Abschluß von Handels-, namentlich Kaufgeschäften, gegen eine nach Prozenten vom Gewinne bemessene Provision vermittelt, so betreibt er das Geschäft eines Handlungsagenten iS. des § 84 HGB. Er ist „ohne als Handlungsgehilfe angestellt zu sein, ständig damit betraut, für das Handelsgewerbe eines anderen zu vermitteln" (Abs. 1 aaO.). Er wird zum Kaufmann iS. des § 1 Abs. 1 und Abs. 2⁷ aaO. und damit zum selbständigen Gewerbetreibenden, der nach § 1 Abs. 1 GewStG. gewerbesteuerpflichtig ist.

Nr. 4. Entsch. v. 7. Dez. 1912 (OVGSt. **16** 403) VI G 197/12.

GewStG. § 1.

Unter einem Gewerbe iS. des GewStG. versteht man eine mit der Absicht auf Gewinnerzielung unternommene selbständige, berufsmäßige und erlaubte Arbeitstätigkeit, welche sich als Beteiligung am allgemeinen wirtschaftlichen Verkehre darstellt. Subjektiv selbständig ist der Betrieb auf eigene Rechnung und unter eigener Verantwortlichkeit. Nur derjenige, der auf eigene Rechnung und unter eigener Verantwortlichkeit (auf eigene Gefahr) arbeitet, ist Gewerbetreibender im steuerlichen Sinne. Mit diesem Erfordernisse scheiden aus dem steuerlichen Gewerbebegriffe alle unselbständigen, für fremde Rechnung und unter fremder Verantwortlichkeit tätigen Personen aus, also auch die Mitglieder des Vorstandes und des Aufsichtsrats sowie die Direktoren der Aktiengesellschaften und anderer Erwerbsgesellschaften. Der Beschwerdeführer ist allein als Direktor der Gesellschaft A. tätig. Es ist deshalb rechtsirrig, wenn die Regierung angenommen hat, der Beschwerdeführer leite die Geschäfte der Genossenschaft auf seine alleinige Verantwortung. Selbstverständlich hat der Beschwerdeführer wie jeder andere Angestellte seine Tätigkeit vor seiner Dienstherrin, der Genossenschaft, zu verantworten; in Betracht kommt aber hier die Verantwortlichkeit gegenüber den Behörden und dem Publikum, das sich auf Geschäfte mit der Genossenschaft einläßt. Diese Verantwortlichkeit trägt aber allein die Genossenschaft.

Nr. 5. Entsch. v. 5. Juli 1913 (OVGSt. **16** 407) VI G 68/13.

GewStG. § 1.

1. Nach § 492 HGB. kann für einen Reedereibetrieb durch Beschluß der Mehrheit ein Korrespondentreeder (Schiffsdirektor, Schiffsdisponent) bestellt werden; zur Bestellung eines Korrespondentreeders, der nicht zu den Mitgliedern gehört, ist ein einstimmiger Beschluß erforderlich. Hiernach ist der Korrespondentreeder kein notwendiges Organ zur Vertretung der Reederei, also nicht gleichzuachten dem Vorstand einer Aktiengesellschaft oder dem Geschäftsführer einer Ges. m. b. H.; seine Stellung ist vielmehr ein auf dem freien Willen der Reederei beruhendes Auftrags- und Vollmachtsverhältnis, während diese an sich durch die einzelnen Mitglieder gültig vertreten wird. Der Korrespondentreeder ist also Handlungsbevollmächtigter der Reederei. In dieser Stellung kann er aber entweder Angestellter der Reedereien sein oder diesen persönlich selbständig gegenüberstehen. Nur im letzteren Falle könnte ein Gewerbebetrieb in Frage kommen, während im ersteren Falle der Arbeitstätigkeit das Merkmal der Selbständigkeit fehlen würde, sie also nicht als Gewerbebetrieb angesehen werden könnte.

2. Hat sich der Steuerpflichtige in seinen Verträgen mit den Reedereien die persönliche Selbständigkeit gewahrt, so beteiligt er sich durch die dauernde Vertretung fremder Reedereien, also durch die Ausübung einer selbständigen Tätigkeit für gewerbliche Unternehmen anderer, selbständig am allgemeinen wirtschaftlichen Verkehre wie der Abschlußagent und der Kommissionär (§§ 84 und 383 HGB.); es könnte sich dann nur noch fragen, ob er diese Tätigkeit berufsmäßig ausübt oder nur gelegentlich und ob es für die Beantwortung dieser Frage von Bedeutung ist, wenn der Steuerpflichtige die Stellung eines Korrespondentreeders nur für Reedereibetriebe übernimmt, an denen er als Mitreeder beteiligt ist.

B. Insbesondere bei offenen Handelsgesellschaften, Aktiengesellschaften und Kommanditgesellschaften auf Aktien und Ges. m. b. H.

Nr. 1. Entsch. v. 16. April 1913 (DJZ. **19** 575) VI G 291/12.

Durch die nachträgliche Nichtigkeitserklärung wird ein bestehender Steueranspruch nicht berührt. Die Gesellschaft besteht dann als Liquidationsgesellschaft weiter, und die Liquidatoren sind zur Einlegung von Rechtsmitteln legitimiert.

Nr. 2. Entsch. v. 16. April 1913 (DJZ. **19** 832) VI G 17/13.

Wie die Gesellschafter den ihnen zufließenden Gewinn verwenden, daß sie ihn insbesondere nur zu gemeinnützigen Zwecken gebrauchen wollen, kommt für die Besteuerung der Gesellschaft nicht in Betracht, jedenfalls so lange nicht, als die Gesellschaft nicht vom Finanzminister die Steuerfreiheit für ihr Unternehmen erreicht hat.

Nr. 3. Entsch. v. 4. Juli 1914 (OVGSt. 16 410) VI G 151/14.

Die beschwerdeführende Gesellschaft hat den in dem Gesellschaftsvertrage ausgesprochenen Zweck, Grundstücke zu erwerben, zu bebauen und durch Vermietung und Veräußerung zu verwerten. Der Gesellschaftszweck ist hiernach unzweideutig der des gewerbsmäßigen Grundstückshandels und als solcher in die Öffentlichkeit getreten. Er ist ferner ein einheitlicher. Mit dem Beginne der Tätigkeit zur Erreichung des Zweckes des Gesellschaftsunternehmens wird der einheitliche gewerbliche Betrieb eröffnet. Sie hat unstreitig vor ihrer Veranlagung zur Gewerbesteuer im Zugangswege vom 1. I. 14 ab im Jahre 1913 vier Grundstücke erworben und mit deren Bebauung den Anfang gemacht. Damit hatte sie vor ihrer Veranlagung das satzungsmäßige Gewerbe des Grundstückshandels tatsächlich begonnen, auch wenn eine baldige Veräußerung der erbauten Miethäuser nicht in Aussicht stand.

Nr. 4. Entsch. v. 5. April 1913 (OVGSt. 16 412) VI G 379/12.

GewStG. § 1.

1. Eine Ges. m. b. H. kann nach § 1 G., betr. die Ges. m. b. H., idFass. v. 20. V. 98 zu jedem erlaubten Zwecke errichtet werden, also nicht bloß zum Zwecke eines Gewerbebetriebes für eigene Rechnung, sondern auch zu dem Zwecke, um als Bevollmächtigte oder als Organ einer anderen Gesellschaft in deren Interesse ohne eigenen Gewinnzweck tätig zu sein. Zur Gewerbesteuer herangezogen werden kann sie aber nur, wenn sie selbst ein Gewerbe betreibt. Unter Gewerbe iS. dieses G. ist zu verstehen eine mit der Absicht auf Gewinnerzielung unternommene selbständige, berufsmäßige und erlaubte Arbeitstätigkeit, die sich als Beteiligung am allgemeinen wirtschaftlichen Verkehre darstellt. Von den in diesem Gewerbebegriff enthaltenen Merkmalen fehlen im vorliegenden Falle zwei:

a) die Selbständigkeit,

b) die Absicht eigener Gewinnerzielung.

2. Zu a. Nach dem Gesellschaftsvertrage ist allerdings Zweck des Gesellschaftsunternehmens die Verwaltung und Verwertung des A.schen Grundbesitzes. Eingebracht in die Gesellschaft ist aber nicht der Grundbesitz, sondern nur Geld. Der Grundbesitz ist im Eigentume der Gründer verblieben, die der Gesellschaft nur ein Vorkaufsrecht, die Verwaltungsbefugnis und den Auftrag zur Nutzung und Verwertung des Besitzes erteilt haben. Die nach § 13 G. v. 20. V. 98 ein selbständiges Rechtssubjekt bildende Gesellschaft hat danach eigenen Grundbesitz nicht, sie verwaltet und verwertet vielmehr fremden Grundbesitz und betreibt ihre Geschäfte nur im Auftrage der Erbengemeinschaft, die sich in ihr aus Zweckmäßigkeitsgründen ein mit Generalvollmacht versehenes ausführendes Organ geschaffen hat. Liegen die Merkmale des gewerbsmäßigen Grundstückshandels durch allmählichen Verkauf des in der Nähe und in der Großstadt belegenen umfangreichen und wertvollen Nachlaßbesitzes vor, so betreibt den Handel die Erbengemeinschaft, die den Grundbesitz zu diesem Unternehmen hergibt und allein das Risiko trägt, nicht ihr beauftragtes, mit Vollmacht versehenes unselbständiges Organ.

Zu b. Die beschwerdeführende Gesellschaft erstrebt eigenen Gewinn nicht. Sie hat über Verwaltung, Nutzung und Verwertung des Grundbesitzes den Eigentümern jährlich Rechnung zu legen und den Gewinn unter diese zu verteilen.

3. Betreibt hiernach beim Fehlen wesentlicher Voraussetzungen die beschwerdeführende Ges. m. b. H. kein Gewerbe, so durfte sie zur Gewerbesteuer nicht herangezogen werden.

II.

Die Steuerbefreiungen; Vorliegen oder Nichtvorliegen ihrer Voraussetzungen.

A. Nach § 3 GewStG.

Nr. 1. Entsch. v. 6. Nov. 1912 (OVGSt. **16** 417) VI G 158/12.

GewStG. § 3[4].

Die vom Kreise betriebene Kreisbank ist gewerbesteuerfrei, wenn sie gemeinnützigen Zwecken dient. Wenn die Regierung annimmt, in dem Beschlusse des Kreisausschusses sei nicht klar und bestimmt zum Ausdrucke gebracht, daß die Kreisbank gemeinnützigen Zwecken dienen solle, da die Bestimmung der Kreisbank dazu, die Kreiseingesessenen durch Gewährung gesunden Kredits zu unterstützen und den Geldumlauf zu regeln, nicht ausschließe, den erzielten Gewinn auch zu anderen als gemeinnützigen Zwecken zu verwenden, so verkennt sie den Begriff des Dienens einer Geld- oder Kreditanstalt zu gemeinnützigen Zwecken iS. des § 3[4a] GewStG. Es kommt nicht darauf an, zu welchen Zwecken der von einer solchen Anstalt erzielte Gewinn verwendet werden soll und verwendet wird, sondern allein darauf, ob die Anstalt ohne Rücksicht auf den etwa erzielten Gewinn und dessen Verwendung gemeinnützigen oder sonstigen nicht gemeinnützigen Zwecken dient. Ist ersteres der Fall, so ist es für die durch die vorgedachte Bestimmung angeordnete Gewerbesteuerfreiheit der betreffenden Anstalt gleichgültig, ob mit ihr zugleich gewerbliche Zwecke, insbesondere der der Gewinnerzielung, verfolgt werden.

B. Nach § 4[1] GewStG.

Nr. 1. Entsch. v. 23. Sept. 1914 (Recht **19** 254) VI G 327/13.

GewStG. § 4[1].

Von einer landwirtschaftlichen Tätigkeit kann bei der Steuerpflichtigen, einer landwirtschaftlichen Hauptgenossenschaft (e. Gen. m. b. H.), die den gemeinsamen Einkauf von Verbrauchsstoffen und Gegenständen des landwirtschaftlichen Betriebs für ihre Genossen bezweckt, schon deshalb nicht die Rede sein, weil sie überhaupt keine Landwirtschaft betreibt, weder auf eigenem, noch fremdem Grundstücke, und die von ihr eingekauften Stoffe und Gegenstände nicht für den Betrieb eigener landwirtschaftlicher Tätigkeit, sondern zum Wiederverkauf an die Genossen, die übrigens auch nur zum Teil Landwirte sind, erworben werden.

C. Nach § 4[7] GewStG.

Nr. 1. Entsch. v. 26. April 1913 (DJZ. **19** 759) VI G 378/12.

GewStG. § 4[7].

Entwickeln die sämtlichen Teilhaber einer offenen Handelsgesellschaft daneben für gemeinsame Rechnung noch eine besondere Tätigkeit, für die sie als eine wissenschaftliche gemäß § 4[7] GewStG. Steuerfreiheit beanspruchen, so bleibt zu prüfen, ob sämtliche Inhaber eine abgeschlossene wissenschaftliche Ausbildung für ihre letztere Tätigkeit genossen haben und ob sie in ihren beiden Betrieben gesonderte Tätigkeiten ausüben, oder ob beide Betriebe etwa innerlich zusammenhängen und den Charakter eines einheitlichen, im Ergebnis ausschließlich praktische Ziele verfolgenden, auf Beteiligung am allgemeinen wirtschaftlichen Verkehre gerichteten und deshalb steuerpflichtigen Unternehmens an sich tragen.

D. Nach § 5 GewStG.

Nr. 1. Entsch. v. 20. Sept. 1913 (OVGSt. **16** 416) VI G 143/13.

GewStG. § 5.

Bildet bei einem der im § 5 Abs. 1 GewStG. erwähnten Vereine usw. die Beteiligung von Nichtmitgliedern nicht die Regel, sondern die Ausnahme, um in dem einen oder anderen Falle einen vorteilhaften gemeinschaftlichen Bezug von Wirtschaftsbedürfnissen für die Mitglieder zu ermöglichen oder zu sichern, so handelt es sich noch nicht um eine gewerbsmäßige, d. h. beabsichtigte, wesentlich auf Erwerbszwecke abzielende Ausdehnung des Geschäftsbetriebs auf Nichtmitglieder, die die Steuerpflicht begründet.

Nr. 2. Entsch. v. 23. Sept. 1914 (Recht **19** 254) VI G 327/13.

GewStG. § 5[1].

Befriedigung der eigenen Bedürfnisse der Mitglieder von Vereinen, eingetragenen Genossenschaften u. dgl. bei satzungsmäßiger und tatsächlicher Verkehrsbeschränkung auf die Mitglieder und bei Ausschluß der Gewinn- und Vermögensverteilung auf die Mitglieder ist Bedingung der Steuerfreiheit. Dahingestellt bleibe, ob die landwirtschaftliche Hauptgenossenschaft überhaupt unter jene Vereinigungen fällt, da sie doch denjenigen Mitgliedern, die selbst eingetragene Genossenschaften sind und als solche wiederum ihren Mitgliedern als selbständige Rechtsobjekte gegenüberstehen, nicht Gegenstände für deren eigenen Bedarf, sondern solche für den Bedarf der Mitglieder dieser Gesellschaften lieferte. § 5[1] trifft aber hier deshalb nicht zu, weil Gewinn unter die Mitglieder verteilt, nämlich die Geschäftsguthaben verzinst, also die Überschüsse nach Maßgabe der Geschäftsanteile verteilt werden; es ist gleichgültig, ob dieser Gewinn nicht über die landwirtübliche Kapitalnutzung hinausgeht.

III.

Maßstab der Besteuerung.

B. Ertrag.

1. Begriff des Ertrages.

Nr. 1. Entsch. v. 29. März 1913 (OVGSt. **16** 418) VI G 386/12.

Die Regierung hat für die Feststellung des gemeinen Wertes des dem Betriebe dienenden Kahnes den an sich zulässigen Weg eingeschlagen, daß sie von dem Anschaffungswert ausgegangen ist und neben den jährlichen Wertverminderungen auch die Werterhöhungen durch Reparaturen und Umbauten in Berechnung gezogen hat. Sie ist hierbei in der Weise vorgegangen, daß sie für das erste Jahr vom Anschaffungswerte 10 % absetzte, dann für das nächste Jahr von dem verbliebenen Werte wiederum 10 % dieses Wertes in Abzug brachte und so fort. Da hiernach immer nur derselbe Prozentsatz der Schätzung der jährlichen Abnutzung zugrunde gelegt und dieser nicht auf den Anschaffungswert, sondern den jeweilig verbliebenen Wert bezogen ist, so muß die Regierung angenommen haben, Reparaturen und Umbauten hätten den Kahn immer wieder auf weitere zehn Jahre für den Betrieb brauchbar gemacht. Eine solche Annahme aber hätte durch Aufführung bestimmter, mit dem Steuerpflichtigen erörterter Tatsachen begründet werden müssen.

Nr. 2. Entsch. v. 16. April 1913 (OVGSt. 16 420) VI G 291/12.

GewStG. § 22.

1. Die Bilanz bildet bei Ges. m. b. H. — ebenso wie bei Aktiengesellschaften — nur den Ausgangspunkt für die Ermittelung des nach § 22 GewStG. steuerpflichtigen Ertrags. Sie ist keine reine Vermögensbilanz, sondern eine Verteilungsbilanz, aus der alle den Jahresertrag nicht berührenden Posten auszuscheiden sind. Der durch das Aufgeld zu den neuen Stammeinlagen erzielte Agiogewinn, dessen Abführung zu einem Reservefonds das G., betr. Ges. m. b. H., idFass. v. 20. V. 98 nicht, wie das HGB. im § 262[2] bei Aktiengesellschaften, fordert und dessen Verteilung deshalb nicht unzulässig ist, ist in keiner Hinsicht Ertrag iS. des § 22 GewStG.

2. Im Hinblick auf die in der Beschwerde hervorgehobene Nichtigkeitserklärung der Gesellschaft wird folgendes bemerkt. Die Nichtigkeit ist erst durch Urt. v. 15. VI. 12 ausgesprochen und danach in das Handelsregister eingetragen worden. Die Gesellschaft ist nun in Liquidation getreten. Als Liquidationsgesellschaft besteht sie bis zur Beendigung der Liquidation fort, die Liquidatoren sind auch zur Einlegung der Beschwerde legitimiert. Es kommen die Vorschriften der §§ 69ff., 77ff. G., betr. die Ges. m. b. H., idFass. v. 20. V. 98 zur Anwendung. Durch die nachträgliche Nichtigkeitserklärung wird der Steueranspruch für 1911, soweit ein solcher besteht, nicht berührt.

Nr. 3. Entsch. v. 23. Sept. 1914 (Recht 19 254) VI G 327/13.

GewStG. § 22.

Es hängt nach der Satzung der Genossenschaft nicht nur vom finanziellen Ergebnisse des Unternehmens, sondern auch vom Beschlusse der Generalversammlung ab, ob außer der Verzinsung der Geschäftsguthaben ein Teil des Überschusses zur Verteilung an die Genossen gelangt. Die Verteilung der Warendividende betrifft also nicht die Zahlung einer bestehenden Schuld an die Genossen, sondern die Verteilung von Reingewinn. Dieser wird satzungsgemäß nach verschiedenen Grundsätzen verteilt, teils nach der Höhe der Geschäftsguthaben, teils nach dem Warenbezuge. — Die den Abnehmern von Knochenmehl gewährte Rückvergütung ist dann ein den Gesellschaftsgewinn mindernder „Kundengewinn", wenn der Käufer durch Kaufabschluß einen von den Beschlüssen der Vereinsorgane unabhängigen Anspruch auf Rückzahlung von Teilen des Kaufpreises erwirbt. Solcher Anspruch ist den Mitgliedern der Genossenschaft als Käufern weder in der Satzung, noch GeschäftsO., noch Anweisung für Vorstand und Aufsichtsrat zugesichert. Wenn ein Rundschreiben der Genossenschaft „nach Jahresschluß eine besondere Vergütung" verheißt, so ist dies viel zu unbestimmt, um einen Rückgewährungsanspruch von bestimmter Höhe zu begründen; vielmehr soll diese Festsetzung eben vom Belieben der Genossenschaft, vom nachträglichen Beschlusse ihrer Organe abhängen.

2. Betriebskosten.

Nr. 1. Entsch. v. 27. Juni 1914 (OVGSt. 16 423) VI G 363/13.

GewStG. § 22.

Der Grund, aus welchem die Gesellschaft nach § 29 ReichsG., betr. die Ges. m. b. H., v. 20. IV. 92/20. V. 98 zur Zahlung der Dividende für ein Geschäftsjahr verpflichtet wird, ist die Feststellung der Bilanz, die einen Gewinn ergibt, durch die Gesellschafter und das Fehlen einer statutarischen Bestimmung, wonach der Jahresgewinn nicht zur Auszahlung gelangen soll. Durch den Eintritt der gesetzlichen und statutarischen Bedingungen erwerben die Mitglieder ein Gläudigerrecht gegen die Gesellschaft auf Auszahlung der Dividende, den Dividendenanspruch. Die auf diese Weise entstandene Schuld fällt jedenfalls nicht unter den Schlußsatz des § 22 GewStG. Es kann aber durch Vereinbarung der Beteiligten diese reine Dividendenschuld eine andere Eigenschaft annehmen, zB. nach § 607 Abs. 2 BGB. durch die Vereinbarung, daß die nicht abgehobene Dividende von der Gesellschaft als Darlehn geschuldet und verzinst werden soll. Damit wird die Voraussetzung des Schlußsatzes des § 22 GewStG. indes an sich auch noch nicht erfüllt. Es müßte, um seine Anwendbarkeit zu rechtfertigen, vielmehr noch etwas weiteres hinzukommen, speziell im vorliegenden Falle die Vereinbarung, daß die nicht abgehobenen Beträge in einer bestimmten Höhe der Gesellschaft dauernd als Betriebskapital belassen werden sollten. Es gilt also hier dasselbe, was in OVGSt. **3** 302 bezüglich der Depositen ausgeführt ist. Daß diese Voraussetzung im vorliegenden Falle nicht zutrifft, ergibt sich ohne weiteres aus der glaubhaften Angabe der Steuerpflichtigen, daß die geschuldeten Beträge ihr jederzeit gekündigt und herausgezogen werden konnten. Danach handelt es sich um ein fortgesetztes Kreditverhältnis und jedenfalls um eine laufende Rechnung. Ob ein Kontokorrentverhältnis iS. des § 355 HGB. vereinbart ist, ergibt sich aus den Akten nicht. Die Ausdrucksweise der Geschäftswelt ist in dieser Beziehung zu unbestimmt. Es kommt aber auch darauf nicht an. In beiden Fällen handelt es sich um laufende Geschäftsschulden.

Nr. 2. Entsch. v. 15. Nov. 1913 (OVGSt. **16** 426) VI G 145/13.

GewStG. § 22.

1. Bei der Gewerbesteuer ist ebenso wie bei der Einkommensteuer (OVGSt. **11** 262, **14** 352) an dem Grundsatze festzuhalten, daß die Bewertung aller Gegenstände des Anlage- und Betriebskapitals der Aktiengesellschaften, Ges. m. b. H. usw. in den von der Generalversammlung der Gesellschafter genehmigten Bilanzen für die Veranlagung solange maßgebend bleibt, d. h. daß sie die Gesellschaft solange gegen sich gelten lassen muß, als sie nicht durch einen Beschluß des zuständigen Gesellschaftsorgans geändert ist. Bei Aktiengesellschaften ist die Generalversammlung der Aktionäre nach § 260 HGB. dasjenige Gesellschaftsorgan, das über die Genehmigung der Jahresbilanz, also auch die Bewertung der darin enthaltenen Gegenstände des Anlage- und Betriebskapitals zu befinden hat. Der Vorstand ist demnach nicht befugt, seinerseits im Veranlagungsverfahren die Unrichtigkeit der Bewertung einzelner Aktiva zu behaupten; denn in dieser Beziehung vertritt er die Gesellschaft nicht und darf sich deshalb mit der Erklärung der Generalversammlung nicht in Widerspruch setzen; seine abweichende Äußerung gilt also überhaupt nicht als eine Erklärung der Gesellschaft, ist vielmehr nur seine private Meinung.

2. Die Steuerpflichtige unterhält einen Kontokorrentverkehr mit verschiedenen Banken, wonach ihre Schuld allerdings seit Jahren recht hoch ist. Um den Abzug der an die Banken in diesem Verkehr im letzten Geschäftsjahre gezahlten Zinsen und Provisionen wie der Diskontspesen auszuschließen, hätte festgestellt werden müssen, daß bestimmte Schuldkapitalien behufs Erweiterung des Geschäfts, Verstärkung des Betriebskapitals oder zu sonstigen Verbesserungen aufgenommen sind und Zinsen usw. für solche Schulden in Frage stehen (§ 22 GewStG.). Daß die Banken der Steuerpflichtigen seit Jahren einen hohen Kredit gewährt haben, genügt nicht, zumal beim Kontokorrent das beim Abschlusse zugunsten der Bank verbliebene Guthaben in dem neuen Kontokorrent nur die Natur eines einzelnen Kreditpostens annimmt. Es fehlt hiernach an einem gesetzlichen Grunde, den Bankzinsen usw. in vollem Umfang oder auch nur zu einem Teile den Abzug zu versagen.

Nr. 3. Entsch. v. 6. Dez. 1913 (OVGSt. 16 430) VI G 61/13.

GewStG. § 22.

1. Die Entscheidung hängt von der Beantwortung der Frage ab, ob den Gesellschaftsmitgliedern für ihre Tätigkeit als Geschäftsführer wie als Arbeiter ein von der Erzielung eines Geschäftsgewinns unabhängiger klagbarer Anspruch an die Gesellschaft auf Gewährung der ihnen dafür bedungenen Vergütungen zusteht. Denn iF. der Bejahung dieser Frage bilden die gedachten Beträge abzugsfähige Betriebskosten des Gesellschaftsunternehmens, da als Betriebskosten eines gewerblichen Unternehmens im kaufmännischen und wirtschaftlichen Sinne wie iS. des § 22 GewStG. alle Aufwendungen zu verstehen sind, die der Unternehmer aus den Betriebseinnahmen oder aus seinem sonstigen Vermögen zum Zwecke der Gewinnerzielung macht, die demnach mit dem Betrieb in dem maßgebenden Geschäftsjahr in ursächlichem Zusammenhange stehen und den Reingewinn notwendig mindern. Bei dem von einer Gesellschaft betriebenen gewerblichen Unternehmen gehören daher zu den abzugsfähigen Betriebskosten alle Aufwendungen, die die Gesellschaft aus dem Gesellschaftsvermögen machen muß und gemacht hat, um den nach dem Gesellschaftsvertrage bezweckten Gesellschaftsgewinn zu erzielen.

2. Die offene Handelsgesellschaft (§§ 105ff. HGB.) ist eine Unterart der Gesellschaft des bürgerlichen Rechtes, weswegen nach § 105 Abs. 2, soweit im Abschnitt 1 des II. Buches des HGB. ein anderes nicht vorgeschrieben ist, auf die offene Handelsgesellschaft die Vorschriften des BGB. über die Gesellschaft, d. s. die §§ 705ff., Anwendung finden. Es gilt also auch für die offene Handelsgesellschaft der aus dem Gesellschaftsbegriffe folgende Grundsatz des § 705 BGB., daß die Gesellschafter verpflichtet sind, die Erreichung des gemeinensamen Zweckes, d. i. des Gesellschaftszwecks, in der durch den Vertrag bestimmten Weise zu fördern, insbesondere die vereinbarten Beiträge, die nach § 706 nicht bloß im Beitrage von Sachen, sondern auch in der Leistung von Diensten bestehen können, zu leisten. Es hängt demnach lediglich von den Bestimmungen des Gesellschaftsvertrags ab, ob die Gesellschafter die Beiträge ohne oder gegen ein ihnen von der Gesellschaft zu gewährendes Entgelt zu leisten haben. Ist im Gesellschaftsvertrag im besonderen bestimmt, daß die Gesellschafter eine Tätigkeit im Interesse der Gesellschaft nur gegen eine vereinbarte Vergütung zu leisten haben, so soll nach der Absicht aller die Gesellschaft bildenden Personen der Gesellschaftsgewinn sich erst nach dem Abzuge dieser an die Gesellschafter zu zahlenden Vergütungen ergeben, diese Vergütungen sollen also nach dem Willen der Gesellschafter die Eigenschaft von Betriebskosten haben. Es besteht demnach auch in der Rechtsprechung der höchsten Gerichtshöfe wie in der Literatur Übereinstimmung darüber, daß für die Gesellschafter Vergütungen für ihre Tätigkeit im Gesellschaftsinteresse ausdrücklich oder stillschweigend bedungen werden können und daß unter dieser Voraussetzung den Gesellschaftern ein Anspruch auf Zahlung der bedungenen Vergütung aus der Gesellschaftskasse, also aus dem gegenüber dem Sondervermögen der einzelnen Gesellschafter ein besonderes Zweckvermögen bildenden Gesellschaftsvermögen zusteht.

3. Derartige Ansprüche der Gesellschafter sind für die Gesellschaft reine Geschäftsschulden und richtig nicht auf dem Kapitalkonto, sondern auf dem Separat- oder Privatkonto der Gesellschafter zu buchen. Um einen klagbaren Anspruch für die Gesellschafter an die Gesellschaft zu begründen, bedarf es keineswegs immer des Abschlusses eines besonderen Dienstvertrags (§ 611 BGB.) zwischen der Gesellschaft und den einzelnen Gesellschaftern; es genügt vielmehr auch die Festsetzung einer Vergütung im Gesellschaftsvertrage. Ob das eine oder das andere vorliegt, ist unerheblich, es kommt viel-

mehr nur darauf an, daß die Dienste von den Gesellschaftern nur gegen ein aus der Gesellschaftskasse zu zahlendes Entgelt geleistet werden sollen. Trifft dies aber zu, so liegt die Sache bei einer offenen Handelsgesellschaft genau so wie bei einer Gesellschaft, die ein besonderes selbständiges Rechtssubjekt bildet, zB. wie bei einer Produktivgenossenschaft (OVGSt. **11** 412). Denn die offene Handelsgesellschaft hat eine formelle Persönlichkeit, die sie fähig macht, unter ihrer Firma zu erwerben und Schulden zu machen, Prozeßpartei zu sein, und einen selbständigen Konkurs über das Gesellschaftsvermögen zuläßt. Wenngleich sie in Wirklichkeit juristische Persönlichkeit nicht hat, so bildet doch das Gesellschaftsvermögen gegenüber dem Privatvermögen der einzelnen Gesellschafter ein besonderes Vermögen mit derartiger Selbständigkeit, daß zwischen seinen Eigentümern, den zur gesamten Hand verbundenen Gesellschaftern einerseits und einem Gesellschafter anderseits, vollwirksame persönliche wie dingliche Rechtsverhältnisse bestehen können. Die Verpflichtung einer offenen Handelsgesellschaft, einem Mitgliede für die Geschäftsführung oder sonstige Dienstleistungen eine bestimmte Vergütung zu gewähren, bildet daher stets, und zwar gleichviel, ob die Verpflichtung von ihr im Gesellschaftsvertrag oder in einem mit dem Gesellschafter abgeschlossenen Dienstvertrag iS. der §§ 611ff. BGB. übernommen ist, eine das Gesellschaftsvermögen belastende Schuld (§§ 717 Satz 2, 733 Abs. 1, 735), also eine Gesellschaftsschuld, die, falls ihre Bezahlung nicht bis zum Ende des Geschäftsjahrs erfolgt, nach § 40 HGB. unter die Passiva der Jahresbilanz einzustellen ist. Die Zugehörigkeit der einem Gesellschafter versprochenen Vergütung für seine im Interesse der Gesellschaft geleisteten Dienste zu den Betriebskosten des Unternehmens einer offenen Handelsgesellschaft läßt sich deshalb nicht in Abrede stellen.

Dem kann auch nicht entgegengehalten werden, daß der Einzelunternehmer niemals befugt ist, bei der Berechnung seines gewerbesteuerpflichtigen Ertrags einen Abzug für seine eigene Arbeitskraft zu machen. Denn das beruht darauf, daß ihm durch seine Tätigkeit im Geschäft Aufwendungen aus seinem Geschäftsvermögen wie überhaupt aus seinem Vermögen nicht erwachsen, also Betriebskosten nicht entstehen. Einer Gesellschaft entstehen aber notwendigerweise Betriebskosten, wenn einzelne oder alle Gesellschafter ihre Arbeitskraft nur gegen Zusicherung einer von der Erzielung eines Gesellschaftsgewinns unabhängigen Vergütung dem Gesellschaftsunternehmen widmen wollen; denn dann ist die Gesellschaft verpflichtet, den einzelnen Gesellschaftern die geleisteten Dienste ebenso, als wären sie fremde Personen, aus ihrem Geschäftsvermögen, d. i. dem Gesellschaftsvermögen, zu bezahlen. Es finden auch dann für das Verhältnis der Gesellschaft zu den Gesellschaftern bezüglich der Dienste die Bestimmungen des BGB. über den Dienst- und Werkvertrag entsprechende Anwendung. Ein Angestelltenverhältnis insbesondere setzt der Dienstvertrag nicht voraus, es wird vielmehr ein solches infolge des allgemeinen Begriffs dieses Vertrags von ihm mit umfaßt.

4. Auch bei der offenen Handelsgesellschaft kann bezüglich der Kosten für die Herstellung der den Gegenstand des Unternehmens bildenden Waren nichts anderes gelten, wie hinsichtlich der Kosten für deren Anschaffung. Bei einer Produktivgenossenschaft ist in OVGSt. **11** 412 die Abzugsfähigkeit der an die Genossen gezahlten Herstellungskosten ebenso anerkannt wie die der an fremde Arbeiter gezahlten Löhne. Ob die Gesellschafter Sachen zu liefern oder Dienste zu leisten haben, ist gleichgültig. Beide Leistungen sind Beiträge iS. des § 706 BGB. Sind die Gesellschafter auf Grund des Gesellschaftsvertrags nur zu Leistungen gegen eine von der Erzielung eines Geschäftsgewinns unabhängige Vergütung verpflichtet, so hat die Gesellschaft eben nur gegen Zahlung der Vergütung an die Gesellschafter einen Anspruch, und es handelt sich überall dabei um wirklich entstandene, nicht um ersparte Betriebskosten.

Nr. 4. Entsch. v. 20. Sept. 1913 (OVGSt. **16** 441) VI G 87/13.

GewStG. § 22, AAnw. Art. 16 II⁶.

Zu den abzugsfähigen Betriebskosten gehört auch die Löhnung der für den Betrieb angenommenen Angestellten, Gesellen, Gehilfen und Arbeiter. Ein Dienstverhältnis besteht auch zwischen dem Steuerpflichtigen und seinen beiden in seiner Haushaltung sich aufhaltenden Söhnen. Die Regierung hat den Abzug dieser Ausgabe, die für die Einkommensteuer als solche anerkannt und berücksichtigt worden ist, unter Hinweis auf Art. 16 IV Abs. 2 AAnw. v. 4. XI. 95 abgelehnt. Dort heißt es nämlich:

„Vertragsmäßig bedungene Aufwendungen (Gehalt, Lohn, Beköstigung usw.) für die im Gewerbebetriebe beschäftigten Verwandten sind jedoch abzugsfähig, sofern letztere nicht (wie zB. Ehegatten und Kinder) zur Haushaltung des Gewerbetreibenden gehören."

Die Entscheidung der Regierung ist rechtsirrtümlich. Die hier streitige Frage kann für die Gewerbesteuer nicht anders beantwortet werden wie für die Einkommensteuer. Für die letztere ist aber anerkannt, daß für die Abzugsfähigkeit der Kindern gewährten Vergütungen unter den Betriebskosten allein das Vorhandensein eines Vertrags entscheidend ist (OVGSt. **12** 52).

Nr. 5. Entsch. v. 6. Dez. 1913 (OVGSt. **16** 442 idAnm.) VI G 234/13.

GewStG. § 22.

Als Betriebskosten ist abzugsfähig die Löhnung der für den Gewerbebetrieb angenommenen Angestellten, Gesellen, Gehilfen und Arbeiter, einschließlich des Geldwerts der etwa gewährten Beköstigung und sonstigen Naturalleistungen (Art. 16 II⁶ AAnw. v. 4. XI. 95). Ob diese Angestellten fremde Personen oder die eigenen Kinder des Steuerpflichtigen sind, kann keinen Unterschied machen; es müssen in dieser Beziehung die für die Einkommensteuer aufgestellten Grundsätze auch für die Gewerbesteuer gelten. Danach ist aber für die Abzugsfähigkeit der Kindern gewährten Vergütungen unter den Betriebskosten allein das Vorhandensein eines Dienstvertrags entscheidend, d. h. es muß das familienrechtliche Verhältnis (§ 1617 BGB.), wonach die Kinder gesetzlich zur Leistung von Diensten in einer ihren Kräften und ihrer Lebensstellung entsprechenden Weise im Hauswesen und Geschäfte der Eltern verpflichtet sind, durch ein Vertragsverhältnis modifiziert sein, wonach den Kindern für bestimmte Dienste ein klagbarer Anspruch auf bestimmte Bezüge eingeräumt werden sollte. Dazu ist die Zusage eines Taschengeldes von bestimmter Höhe als Beweistatsache (Indizium) nicht ausreichend. Der Abschluß des Dienstvertrags ist an keine bestimmte Form gebunden, es genügt ein stillschweigendes Einverständnis über ein Dienstverhältnis.

3. Abschreibungen.

Nr. 1. Entsch. v. 4. Juli 1914 (Recht **19** 143).

Wird durch Erniedrigung der Abschreibungen eine Bilanz steuerlich berichtigt, so ist bei der nächstjährigen Bilanz von dem Werte auszugehen, der nach den festgestellten Abschreibungen des Vorjahres beim Beginn des Geschäftsjahres verblieben ist, und dann zu ermitteln, um wieviel dieser Wert am Schlusse des Jahres verringert ist. Dieser einkommensteuerlich entwickelte Grundsatz gilt auch für die Gewerbesteuer. Ist nach steuerlicher Feststellung ein Aktivum zu gering bewertet und daher ein entsprechender stiller Rücklagefonds anzunehmen, der eigentlich bei den Passiven einzustellen wäre, so ist fürs nächste Jahr mit jenem stillen Passivposten und deshalb mit dem um diesen Betrag erhöhten Buchwerte des Aktivums zu rechnen. Abweichung von bilanzmäßiger Abschreibung ist näher zu begründen, die vom Pflichtigen zur Rechtfertigung ihrer Abschreibung angeführten Umstände sind zu würdigen. Zulässig sind stets nur Abschreibungen, die die im Geschäftsjahre eingetretenen Wertminderungen ausgleichen, nicht aber solche, die irgendwelchen Erforderungen der Zukunft Rechnung tragen, besonders bleibt kaufmännischer Brauch und die Rücksicht auf weniger günstige Konjunktur außer Betracht. Maßgeblich für die Bewertung des Einzelgegenstandes ist sein Verkaufswert unter Voraussetzung des Fortbestandes des Gewerbebetriebs, wonach die voraussichtliche Gebrauchsdauer der einzelnen Arten der Anlage- und Betriebsgegenstände zu erörtern und der entsprechende Prozentsatz der Abschreibung zu wählen ist.

C. Anlage- und Betriebskapital.

Nr. 1. Entsch. v. 5. April 1913 (DJZ. **19** 575) VI G 398/12.

Die Bewertung der einzelnen Bestandteile des Anlage- und Betriebskapitals sowie die Feststellung der hiervon abzugsfähigen laufenden Geschäftsschulden muß für einen und denselben Zeitpunkt erfolgen, weil die Bestände an Rohstoffen, fertigen Waren, barem Gelde, Ausständen und laufenden Schulden in enger Beziehung zueinander stehen.

Nr. 2. Entsch. v. 27. Juni 1914 (OVGSt. **16** 443) VI G 358/13.

1. Die noch nicht eingeforderte Kapitaleinlage der Aktionäre stellt, wenn auch nicht eine fällige Forderung, so doch ein bereits bestehendes Forderungsrecht der Gesellschaft gegen die Aktionäre dar. Diese Forderungen gehören zum Gesellschaftsvermögen und sind deshalb schon nach §§ 40, 261 HGB. unter die Aktiven der Bilanz mit ihrem wirklichen Werte einzustellen, ganz unabhängig von der Vorschrift, daß das Stammkapital auf der Passivseite aufzuführen ist.

2. Da es sich im vorliegenden Falle um eine rein gewerbliche Aktiengesellschaft handelt, so sind alle ihre Vermögensgegenstände Bestandteile ihres eine wirtschaftliche Einheit bildenden gewerblichen Anlage- und Betriebskapitals.

Die dauernde Widmung jener Forderungsrechte ergibt sich aus dem Zwecke des Grundkapitals. Freilich bildet das Stammkapital nicht selbst das gewerbliche Anlage- und Betriebskapital, sondern dieses besteht aus den vorhandenen positiven Werten; solche stellen aber auch die Forderungsrechte der Gesellschaft gegen ihre Aktionäre auf die volle Kapitaleinlage dar.

Nr. 3. Entsch. v. 23. Sept. 1914 (Recht **19** 255) VI G 327/13.

GewStG. § 23.

Bei Genossenschaften, die ein steuerpflichtiges Gewerbe betreiben, spricht wie bei rein gewerblichen Aktiengesellschaften die Vermutung für einen rein gewerblichen Betrieb, weshalb ihr gesamtes Anlage- und Betriebskapital als gewerbliches anzusehen ist. Zu letzterem gehören deshalb nicht nur die von der Genossenschaft für den Gewerbebetrieb benutzten Gebäude- oder Grundstücksteile, sondern sämtliche ihr gehörigen Gebäude und Grundstücke, so daß die Hypothekenzinsen nicht nur zum Teil, sondern voll vom Abzuge auszuschließen waren.

IV.
Veranlagungsverfahren.
B. Zu- und Abgänge.

Nr. 1. Entsch. v. 23. Sept. 1914 (OVGSt. **16** 447) VI G 327/13.

GewStG. §§ 13, 34, 78, 83.

1. Die Nachholung der ordentlichen Veranlagung im Laufe des Steuerjahrs ist durch OVGSt. **10** 430, 433 für unzulässig erklärt; diese Auffassung kann bei nochmaliger Prüfung nicht aufrecht erhalten werden. Nach § 83 GewStG. ist der Finanzminister mit der Ausführung des G. beauftragt; diese muß sich selbstverständlich im Rahmen des G. halten. Wenn die AAnw. im Art. 35 [6] Abs. 2 bestimmt, daß alle nach Bildung der Steuergesellschaften den Klassen II bis IV zugewiesenen Gewerbetreibenden (zB. durch Entscheidung auf die Berufung des Vorsitzenden) durch die Zugangsliste zur Besteuerung zu bringen seien, und zwar, soweit es sich nicht um im Zugangswege zu veranlagende Personen iS. des § 34 des G. handele, mit einem vom Steuerausschusse zu veranlagenden Steuer atz, und wenn es ferner im Art. 31 II Abs. 2 heißt, in Klasse I dürfe der Steuerausschuß bis zum Abschlusse des Veranlagungsgeschäfts durch Feststellung der Gewerbesteuerrolle, äußerstenfalls selbst bis zur Zustellung der Steuerzuschrift an den Steuerpflichtigen einzelne Gewerbetreibende in die Klasse aufnehmen oder daraus entlassen und einer niederen Klasse zuweisen, so fallen diese Vorschriften aus dem Rahmen des G. nicht heraus. Allerdings fehlt im GewStG. eine Bestimmung, daß die ordentliche Veranlagung noch im Laufe des Steuerjahrs nachgeholt werden könne; eine solche Vorschrift fehlte aber auch in dem gleichzeitig erlassenen EinkStG., und doch hat die Rechtsprechung immer daran festgehalten, daß die ordentliche Veranlagung bis zum Schlusse des Steuerjahrs nachgeholt werden darf (OVGSt. **7** 369). Der Umstand, daß in den Klassen II bis IV Steuergesellschaften gebildet werden, auf deren Mitglieder vom Steuerausschusse die nach § 13 GewStG. zu berechnende Steuersumme verteilt wird, kann der Nachholung der ordentlichen Veranlagung nicht im Wege stehen. Denn dem Steuerpflichtigen, der an der Verteilung der Steuersumme (§ 13 aaO.) beteiligt wird, ist damit nicht etwa eine Steuererleichterung, eine Belastung mit weniger als 1 % des Ertrags, gewährleistet. Es kann sich für einen solchen Steuerpflichtigen sogar eine höhere Belastung ergeben, was der Gesetzgeber auch vorausgesehen hat. Denn im § 15 [2] aaO. wird dem Steuerpflichtigen das Recht eingeräumt, im Rechtsmittelverfahren die Ermäßigung der Steuer bis auf 1 % des Ertrags zu beanspruchen, und nach § 15 [3] aaO. darf der Finanzminister die Herabsetzung der ganzen Steuersumme verfügen, wenn von vornherein anzunehmen ist, daß ihre Verteilung auf die Mitglieder der Steuergesellschaft diese über jenes Maß belasten würde.

2. Dazu kommt aber noch folgendes. An der Steuerverteilung können auch nicht beteiligt werden diejenigen Steuerpflichtigen, die im Rechtsmittelverfahren einer anderen Steuerklasse überwiesen werden (OVGSt. **12** 470), sowie Gewerbetreibende, die noch im Veranlagungsverfahren vom Steuerausschusse der Klasse I einer anderen Klasse zugewiesen werden, weil nämlich die Sitzung des Steuerausschusses der Klasse I später stattfindet als die Sitzungen der Steuerausschüsse der anderen Klassen (Art. 32 [1] und 35 [2] AAnw.). Daß aber die hier erwähnten Steuerpflichtigen als rein listenmäßige Zugänge vom Steuerausschusse nach Maßgabe des Ertrags oder des Anlage- und Betriebskapitals zu veranlagen sind, ist geltendes Recht (OVGSt. **12** 470). Auch die im Wege der Nachveranlagung gemäß § 78 GewStG. veranlagten Betriebe können an der Steuerverteilung nicht beteiligt werden. Warum aber dann nicht auch solche Betriebe noch nachträglich zur ordentlichen Veranlagung durch den Steuerausschuß

gebracht werden könnten, die erst nach der ordentlichen Veranlagung der Steuerbehörde bekannt werden, oder die zwar noch vor der Veranlagung zur Kenntnis der Steuerbehörde gelangt sind, bei denen aber die Erhebungen über die Steuerpflichtigkeit oder über die Höhe des Ertrags oder des Anlage- und Betriebskapitals noch nicht soweit gediehen waren, daß der Vorsitzende der Klasse IV sich hätte darüber schlüssig machen können, ob der Betrieb zur Gewerbesteuer heranzuziehen und welcher Klasse er zu überweisen ist, ist nicht abzusehen. Es muß vielmehr als die selbstverständliche Absicht des Gesetzgebers angesehen werden, daß sämtliche steuerpflichtige Betriebe auch wirklich zur Gewerbesteuer herangezogen werden und daß die ordentlichen Organe für diese Veranlagung in Tätigkeit treten, solange die Steuerperiode, für welche die Veranlagung zu erfolgen hat, noch fortdauert. Erst wenn diese Steuerperiode, das Steuerjahr, bereits abgelaufen ist, handelt es sich um eine Nachsteuer, deren Veranlagung im § 78 GewStG. der Regierung übertragen ist.

3. Auch für die Nachsteuer gilt die Erwägung, daß das Unterbleiben jeder Veranlagung eines steuerpflichtigen Gewerbes der Absicht des Gesetzgebers und deshalb den Vorschriften des G. zuwiderläuft. Ist also die Veranlagung eines steuerpflichtigen Betriebs unterblieben oder, wie es im G. heißt, ist ein solcher Betrieb „bei der Veranlagung übergangen", so muß dieser gesetzwidrige Zustand unter allen Umständen beseitigt werden, solange noch nicht Verjährung (§ 78 GewStG.) eingetreten ist. Ob die Veranlagung noch im Steuerjahr oder erst später nachgeholt wird, kann deshalb auch materiell keinen Unterschied machen; nur formell gestaltet sich die Veranlagung verschieden, indem als Veranlagungsbehörde an die Stelle des Steuerausschusses die Regierung tritt. Die Veranlagung selbst ist nichts Außerordentliches und darf deshalb an weitere Voraussetzungen als an die der nicht verjährten Zeit nicht geknüpft werden; daß Außerordentliche ist allein die Veranlagungsbehörde. Insbesondere kann also die Nachholung der Veranlagung im Wege der Nachsteuer nicht durch das Bekanntwerden neuer Tatsachen bedingt werden.

4. Ganz anders verhält es sich mit der Berichtigung einer steuerfreien Veranlagung im Wege der Nachbesteuerung. Hier hat die vom G. berufene Veranlagungsbehörde bereits ihres Amtes gewaltet, ihr rechtskräftiger Beschluß soll aber umgestoßen werden durch einen neuen Veranlagungsbeschluß einer anderen Behörde. Daß diese außerordentliche Maßnahme, die zu einer großen Beunruhigung des Publikums ausarten kann, nur unter ganz besonderen Umständen Platz greifen darf, ist verständlich. Hier rechtfertigen nur neue Tatsachen, die im Wege der Rechtsmittel nicht geltend gemacht werden konnten, die außerordentliche Maßnahme.

Nr. 2. Entsch. v. 16. April 1913 (OVGSt. **16** 451) VI G 39/13.

GewStG. §§ 34, 78.

Im vorliegenden Falle handelt es sich allerdings um einen Zugangsfall iS. des § 34 GewStG., bei dem die Veranlagung in dem dort angeordneten Verfahren erfolgt und zunächst mit dem Einspruche beim Steuerausschuß angefochten werden kann. Da aber das Steuerjahr abgelaufen war, so war jene Vorschrift für sich allein nicht mehr anwendbar (§§ 5, 6 VerjährungsG. v. 18. VI. 40; vgl. OVGSt. **12** 469). Vielmehr blieb lediglich der Weg der Nachveranlagung wegen unterlassener Zugangsveranlagung gemäß § 78 GewStG. offen. Für eine solche Nachveranlagung war aber nach der bestimmten Vorschrift im § 78 Abs. 3 GewStG. nur die Regierung zuständig. Durch die Regierung ist aber ausweislich der Steuerzuschrift die Veranlagung in Klasse II nicht erfolgt, sie muß deshalb als von unzuständiger Seite bewirkt aufgehoben werden. Das hat zur Folge, daß auch die anderweite Veranlagung in

Klasse III fortfällt. Diese hätte überhaupt nicht eher erfolgen dürfen, als bis die Überweisung in diese Klasse die Rechtskraft erlangt hatte.

Die Veranlagung in der neu bestimmten Klasse (Art. 43⁵ AAnw. v. 4. XI. 95) soll erst erfolgen, wenn die Überweisung dahin rechtskräftig geworden ist. Ist sie, wie im vorliegenden Falle, vor der Rechtskraft der die Überweisung aussprechenden Entscheidung bewirkt worden, so tritt sie mit der Freistellung oder der Aufhebung der Veranlagung im ersten Verfahren von selbst außer Kraft.

V.
Rechtsmittel.

A. Allgemeines.

Nr. 1. Entsch. v. 4. Juni 1913 (OVGSt. 16 454) VI G 356/12.

Der Eigentümer sämtlicher Geschäftsanteile einer Ges. m. b. H. ist nicht befugt, für seine Person die Veranlagung der Gesellschaft anzufechten. Wird deshalb sein Einspruch zurückgewiesen, so kann die Einspruchsentscheidung nicht etwa von der Gesellschaft als solcher angefochten werden. Durch ihre Berufung kann nämlich die Gesellschaft die Einlegung des Einspruchs seitens des Gesellschafters nicht genehmigen, wenn dieser hierbei für sich und nicht für die Gesellschaft gehandelt hatte.

VI.
Verteilung des Steuersatzes auf mehrere Kommunalbezirke.

B. Berechtigte Gemeinden; Begriff des Betriebsortes.

Nr. 1. Entsch. v. 2. Okt. 1912 (OVGSt. 16 455) VI G 52/12.

GewStG. § 38.

1. Hat sich eine Gewerkschaft der Verfügung über die ihr gehörigen Arbeiterwohnhäuser dadurch völlig begeben, daß sie diese an einen Dritten zur Untervermietung ohne jede Einschränkung vermietete, so bildet die Gemeinde, in der jene Häuser belegen sind, ein sonstiger Betrieb der Gewerkschaft aber nicht stattfindet, keinen Betriebsort der Gewerkschaft.

2. Soll aber jene Untervermietung nach einer Abmachung zwischen der Gewerkschaft und ihrem Mieter in der Art geschehen, daß dadurch die Ansässigmachung und Erhaltung eines festen Stammes von Arbeitern für die Gewerkschaft zum Zwecke der Förderung ihres gewerblichen Unternehmens herbeigeführt oder gesichert werde, so ist der Fall nicht anders zu beurteilen, als wenn die Gewerkschaft selbst die Häuser zu dem gleichen Zwecke an ihre Arbeiter vermietet hätte; die Gemeinde, in welcher diese Arbeiterwohnhäuser unterhalten werden, bildet dann einen Betriebsort der Gewerkschaft.

Nr. 2. Entsch. v. 15. März 1913 (DJZ. 19 383) VI G 18/13.

Eine die Betriebsorteigenschaft begründende sachliche Einrichtung besteht, wenn ein Haarhändler an einem Orte in seinem ihm gehörigen Werke noch Vorräte von Haaren in geringerem Umfange lagern hat, auch andauernd noch Haare aus dem Schlachthause dorthin anfahren und weiter die Haare abfahren läßt, wenn sich eine Beiladung zu Sendungen von anderen Lieferanten an dem Orte lohnt.

Nr. 3. Entsch. v. 14. Jan. 1914 (OVGSt. **16** 458) VI G 194/13.

GewStG. § 38.

Nach der Rechtsprechung des Gerichtshofs ist die Eigenschaft als Betriebsort jeder Gemeinde zuzusprechen, in der sich beim Beginne des Steuerjahrs Einrichtungen sachlicher oder persönlicher Natur befinden, die dem steuerpflichtigen Unternehmen dauernd gewidmet sind. Eine derartige sachliche Einrichtung lag hier schon vor dem Ergehen der Berufungsentscheidung vor, nämlich in der festen, auf einem sogenannten Privatmarkte befindlichen, immer auf ein Jahr gemieteten Verkaufsbude, in der von ihm Waren aufbewahrt und zu bestimmter Zeit verkauft wurden. Schon die Lagerung von Waren in der festen Bude würde genügen, um die Betriebsorteigenschaft zu begründen.

Nr. 4. Entsch. v. 4. Juni 1913 (OVGSt. **16** 460) VI G 288/12.

GewStG. § 38.

Bezüglich der Frage, ob die Stadtgemeinde N. wegen der Beziehungen der Steuerpflichtigen, einer Kalibau betreibenden Aktiengesellschaft, zu dem dort bestehenden „Technischen Zentralbureau Xer Kaliwerke" als Betriebsort der Steuerpflichtigen anzusehen ist, bedarf es einer eingehenderen Ermittelung des dabei in Betracht kommenden Sachverhalts. Der Umstand allein, daß die Kosten für die Unterhaltung einer von mehreren Gewerbetreibenden für die Zwecke ihrer Einzelgewerbe gemeinschaftlich errichteten Veranstaltung von den Beteiligten zu gleichen Teilen getragen werden, bietet keinen zuverlässigen Anhalt für die Beurteilung der Frage, ob die durch die Beteiligten gebildete Gesellschaft einen selbständigen Zweck verfolgt und namentlich einen Gewinn für die Gesamtheit der Gesellschafter bezweckt oder ob die einzelnen Gesellschafter die gemeinsame Veranstaltung lediglich im Interesse ihrer Einzelbetriebe benutzen und ob durch diese Benutzung jeder einzelne Beteiligte an dem Orte dieser Veranstaltung sein eigenes Gewerbe betreibt.

Nr. 5. Entsch. v. 5. Juli 1913 (DJZ. **19** 832) VI G 123/13.

Beim Bergbau begründen unterirdische Anlagen auch dann die Betriebsorteigenschaft einer Gemeinde, wenn der Förderungsschacht und die sonstigen oberirdischen Anlagen außerhalb jener Gemeinde liegen.

C. Maßstab und Ausführung der Verteilung.

Nr. 1. Entsch. v. 26. Jan. 1914 (OVGSt. **16** 462) VI G 238/13.

GewStG. § 38.

Die beschwerdeführende Gemeinde irrt in ihrer Annahme, die Verteilung sei in unzulässiger Weise nach den Werten des an beiden Betriebsorten befindlichen Anlage- und Betriebskapitals erfolgt. Das ist nicht geschehen. Die Regierung hat vielmehr nur die Wichtigkeit der in den einzelnen Gemeinden belegenen Teile der einheitlichen Betriebsanlage des Steuerpflichtigen für die Gewinnerzielung geschätzt und nach diesem für die Gewinnverteilung wesentlichen Merkmale die Steuer verteilt.

D. Rechtsmittel.

Nr. 1. Entsch. v. 5. Febr. 1913 (OVGSt. **16** 463) VI G 322/12.

Zur Einlegung von Rechtsmitteln im Zerlegungsverfahren sind nach allgemeinen Rechtsgrundsätzen nur diejenigen der bei diesem Verfahren Beteiligten berechtigt, die durch das Ergebnis der Zerlegung, d. h. durch die zahlenmäßige Verteilung des Steuersatzes geschädigt und deshalb zur Sache interessiert sind.

Vierter Abschnitt.

Warenhaussteuer.

I.

Warenhaussteuerpflicht.

Nr. 1. Entsch. v. 5. Febr. 1913 (OVGSt. 16 464) VI W 5/12.

WarhsStG. § 1.

Die Regierung hat bei der Ausmittlung des nach § 1 WarhsStG. steuerpflichtigen Umsatzes auch den Betrag in Anrechnung gebracht, den der Steuerpflichtige aus seinen Tageseinnahmen im Laufe des Jahres als Rabatt an die Kunden gezahlt hat, ohne klargestellt zu haben, in welcher Weise sich die Rabattgewährung in dem Geschäfte des Steuerpflichtigen vollzieht. Darauf aber kam es an. Denn insoweit der Rabatt alsbald eine Herabsetzung des geforderten Preises herbeiführt, bildet er keinen Teil des erzielten Kaufpreises; aber nur die wirklich erzielten Einzelkaufpreise machen den Umsatz iS. des WarhsStG. aus. Jener Fall ist freilich nur dann gegeben, wenn die Kürzung des Preises gleich bei der Zahlung erfolgt oder wenn der Käufer auf die Rückzahlung eines bestimmten Teiles des Kaufpreises alsbald einen unbedingten Anspruch erwirbt, wenn auch die Auszahlung erst nach Ablauf des Geschäftsjahrs erfolgen sollte. Dagegen mindern Rabatte in anderer Form nicht den Umsatz, sondern den Ertrag. Dies gilt insbesondere von Rabatten, die erst zahlbar werden, wenn sie eine gewisse Höhe erreicht haben.

Nr. 2. Entsch. v. 15. Nov. 1913 (OVGSt. 16 465) VI W 2/13.

WarhsStG. § 1; GewStG. § 5.

Mit Recht hat die Regierung den gesamten Jahresumsatz im Kleinhandel der Besteuerung zugrunde gelegt, wenn von den 13 Verkaufsstellen des Steuerpflichtigen auch nur zwei offene Läden darstellen. Der Wortlaut des § 5 Abs. 1 und 2 GewStG. ergibt, daß nach den dort gegebenen Merkmalen die Frage der Gewerbesteuerpflicht des Unternehmens als solchen zu entscheiden ist. Wird die Frage bejaht, so erstreckt sich die Steuerpflichtigkeit auf den Gesamtbetrieb. In gleicher Weise muß bei den gewerbesteuerpflichtigen Vereinen auch die Warenhaussteuer den gesamten Kleinhandel umfassen, sofern nicht etwa eine Einschränkung der Steuerpflicht nach § 1 Abs. 3 WarhsStG. begründet ist.

Nr. 3. Entsch. v. 5. Nov. 1913 (OVGSt. 16 467) VI W 1/13.

WarhsStG. § 6.

Die Regierung hat zutreffend darauf hingewiesen, daß die Frage, ob sich der Handel mit Waren der einen Gruppe nach Herkommen und Gebrauch auch auf Waren anderer Gruppen erstreckt, von dem Minister für Handel und Gewerbe zu entscheiden sei. Dieser hatte ein solches Herkommen für Rheinland und Westfalen, Herde und Öfen neben Waren der Gruppe B feilzuhalten, wiederholt verneint. Wenn die Regierung unter diesen Umständen eine Änderung in den maßgebenden Verhältnissen seit der letzten Entscheidung des Ministers und somit einen neuen Zweifelsfall iS. des § 6 Abs. 5 aaO. nicht für vorliegend erachtet hat, so liegt diese Annahme wesentlich auf tatsächlichem Gebiet und entzieht sich deshalb der Nachprüfung im Beschwerdeverfahren.

Nr. 4. Entsch. v. 4. Juli 1914 (OVGSt. **16** 468) VI W 6—9/14.

WarhsStG. §§ 1, 6.

1. Nach § 1 WarhsStG. unterliegt der Warenhaussteuer, wer das stehende Gewerbe des Klein- (Detail-) Handels mit mehr als einer der im § 6 des G. unterschiedenen Warengruppen betreibt, sofern der Jahresumsatz in diesen Gruppen 400000 ℳ übersteigt. Unter „Handel" versteht man den gewerbsmäßigen Ein- und Verkauf von Waren zum Zwecke der Erzielung eines Gewinns. Die Gewinnabsicht braucht allerdings nur das Gesamtunternehmen zu beherrschen, nicht aber jedes einzelne Kaufgeschäft und ebensowenig den Verkauf sämtlicher in dem Geschäfte geführten Warengruppen. Danach wird ein „Handel" nur mit denjenigen Waren betrieben, die den eigentlichen Gegenstand des gewerblichen Verkaufs bilden, nicht auch mit denjenigen Gegenständen, die in anderer Weise, zB. als Packmaterial, dem Warenumsatze dienen. Ob die Zugaben zur Handelsware gehören, hängt demnach davon ab, ob sie den eigentlichen Gegenstand des Verkaufs an die Kundschaft bilden. Der Vertragswille der Beteiligten muß also dahin gehen, die Zugaben zu kaufen bzw. zu verkaufen.

2. In Warengeschäften ist es vielfach üblich, zu Weihnachten und bei sonstigen besonderen Gelegenheiten, wie bei Einweihung eines Geschäftsgebäudes, bei Geschäftsjubiläen usw., den Käufern geschenkweise Zugaben zu verabreichen. Der Schenkungscharakter wäre in solchen Fällen nur unter ganz besonderen Umständen, die auf einen anderen Willen als auf den einer Schenkung deuten, zu verneinen. Eine solche andere Absicht ist indessen nicht schon daraus zu entnehmen, daß die Zugaben nur bei Einkäufen von bestimmter Höhe verabreicht werden. Denn es ist mit dem Schenkungswillen sehr wohl vereinbar, daß der Unternehmer sich für die Verteilung der Geschenke gewisse Grenzen setzt. Sind aber die Zugaben schenkungsweise verabfolgt, also nicht verkauft, so hat auch kein Handel, also auch kein Kleinhandel, mit ihnen stattgefunden.

Nr. 5. Entsch. v. 11. Nov. 1914 (OVGSt. **16** 470) VI W 1/14.

WarhsStG. §§ 1, 6.

1. Ein Herkommen und Gebrauch, wonach der Handel mit Waren einer Gruppe sich auf Zugaben erstreckt, die anderen Gruppen zufallen, ist von dem Minister für Handel und Gewerbe, der hierüber nach § 6 Abs. 4 und 5 WarhsStG. allein zu entscheiden hat, verneint worden. Die Zugaben aus anderen Gruppen als der Gruppe A, in welche die Lebensmittel gehören, kommen hiernach auch als Waren jener anderen Gruppen für die Veranlagung zur Warenhaussteuer in Betracht.

2. Die Frage, ob ein Kleinhandel durch Zugaben von Waren einer anderen Gruppe als derjenigen, die seinen eigentlichen Gegenstand bilden, warenhaussteuerpflichtig wird, ist in OVG. v. 4. VII. 14 für den Fall verneint worden, daß die Zugaben nur zu Weihnachten oder bei besonderen Gelegenheiten, wie Einweihung eines neuen Geschäftsgebäudes, Geschäftsjubiläen, den Käufern geschenkweise verabreicht werden. In dem jetzt zur Entscheidung gestellten Falle werden die Zugaben fortlaufend gewährt. Der Steuerpflichtige hat sein eigenes Rabattsystem; er will durch Zugaben seinen Kunden einen Rabatt gewähren. Rabatt heißt Kürzung des Kaufpreises; der Käufer braucht iF. der Gewährung eines Rabatts für die Ware nicht den darauf gesetzten Preis zu zahlen, vielmehr verringert sich dieser unter den für die Rabattgewährung gestellten Bedingungen. Barrabatt kann in der Weise gewährt werden, daß der Käufer sich gleich bei der Zahlung den Rabatt einbehält oder daß er zwar den vollen Preis entrichtet, aber später unter gewissen Bedingungen einen Teil davon zurückerhält. Soll der Käufer den Rabatt in Waren erhalten, so vollzieht sich die Kürzung

des Kaufpreises für die gekaufte Ware dadurch, daß für den vereinbarten Preis nicht nur diese, sondern unter gewissen Bedingungen auch noch die Rabattware versprochen und geleistet wird. Die Rabattware bildet dann nach dem Willen der Beteiligten ebenso die Gegenleistung des Verkäufers für den bedungenen Kaufpreis wie die zunächst gekaufte Ware, beide Waren sind deshalb verkauft. Hierbei ist es ohne Belang, wie der Verkäufer den Preis kalkuliert hat, ob er insbesondere für die Rabattware sich ebenfalls einen Gewinn berechnet oder nur ihre Anschaffungskosten wie etwa Reklamekosten bei den allgemeinen Geschäftsunkosten veranschlagt hat. Die Rabattware ist immer ein Teil der Gegenleistung aus dem Kaufvertrag, und zwar sie selbst, nicht etwa der zu ihrem Empfange berechtigende Bon. Dieser bildet nur nach dem Vertrage das Beweismittel für die vollständige oder teilweise Erfüllung der vereinbarten Rabattbedingungen. Selbstverständlich können die Rabattberechtigungen aus den einzelnen Verkäufen unter Weitergabe der Bons abgetreten werden, so daß der Verkäufer die Rabattware beim Eintritte der vereinbarten Bedingungen einem anderen zu leisten hat als dem ersten Käufer, nämlich dessen Rechtsnachfolger. Werden hiernach die Rabattwaren wie die gewöhnlichen Kaufwaren verkauft, so sind damit die Voraussetzungen für einen steuerpflichtigen Warenhausbetrieb und damit für die Anwendung des WarhsStG. gegeben.

Anhang.

Wehrbeitrag.

Gesetzliche Bestimmungen: G. über einen einmaligen außerordentlichen Wehrbeitrag v. 3. VII. 13 (RGBl. 505); Drucks. Bd. 301 Nr. 871; Bd. 302 Nr. 1086, 1091, 1092, 1096, 1097, 1098, 1102, 1104, 1105, 1106, 1120, 1136, 1143, 1152, 1157; Sten-Ber. Bd. 289, 135.—138. Sitzung (Erste Lesung); Bd. 290 S. 5785 D, 5804 A, 5816 B (Zweite Lesung); Bd. 290 S. 5916 B, 5936 B, 5937 A (Dritte Lesung).

Literatur: Kommentare zum WehrBeitrG.: Fernow: (Berlin 1914); Gareis: (Gießen 1913); Hoffmann: (Berlin 1913); Humar: (München 1913); Kahn-Obermeyer: (München 1914); Kessal: (Hamburg 1914); Melchior: (Hamburg 1914); Moegle: (Manheim 1914); Nestle: (Ulm 1914); Pannier: (Leipzig 1913); Rheinstrom: (München 1913); — Fuchs: Der Wehrbeitrag vom Vermögen usw. (Berlin 1913); Heydeck: Wie deklariere ich mein Vermögen usw. (Königsberg 1914); Kliemann: Was zahle ich Wehrbeitrag? (Elberfeld 1914); Knief: Gemeinverständlicher Führer (Oldenburg 1913); Lachmund: Wehrbeitrag und Vermögenserklärung (Breslau 1913); Maaßen: Systematische Fassung des G. (Cöln 1913); Reibold-Wilkening: Wie berechne ich meinen Wehrbeitrag? (Aachen 1914); Romulus: Wie errechne ich meinen Wehrbeitrag? (Berlin-Wilmersdorf 1913); Stier-Somlo: Wehrbeitrag und Besitzsteuer (Stuttgart 1913); Strutz: Reichs- und Landessteuern im Hinblick auf den Wehrbeitrag (Berlin 1913); Stöbbsand-Reinert: Tabellen (Templin 1913); van der Borght: Wehrbeitrag und DeckungsG. (Stuttgart 1913).

I.

Beitragspflichtiges Vermögen.

Nr. 1. Entsch. v. 10. März 1915 (DJZ. **20** 559) VI WB 3/14.

Zum beitragspflichtigen Kapitalvermögen gehört nach § 5⁵ WehrBeitrG. unter bestimmten Voraussetzungen auch der Kapitalwert von Renten. Ob die Rente dem Berechtigten zu seiner Unterstützung bestellt worden ist, kommt für ihre Anrechnung nicht in Betracht.

Nr. 2. Entsch. v. 24. März 1915 (DJZ. **20** 559) VI WB 20/14.

Renten, die nach § 5⁵ WehrBeitrG. zur Anrechnung als Kapitalvermögen ungeeignet sind, zB. die auf eine kürzere Zeit als 10 Jahre beschränkten, dürfen nach § 9 Abs. 1 aaO. auch nicht vom Vermögen des Verpflichteten abgezogen werden.

Nr. 3. Entsch. v. 9. Juli 1915 (A.M. **1915** 237).

Renten und ähnliche Bezüge, die unter § 6c WehrBeitrG. fallen, kommen auch für den Abzug vom Vermögen nach § 9 aaO. nicht in Betracht. Dies gilt auch für die Person des Erben und das ererbte Vermögen hinsichtlich der vom Erblasser ausgesetzten Renten. — Die Anwendbarkeit des § 6c aaO. entfällt nicht schon dadurch, daß nicht der Bezugsberechtigte, sondern dessen Ehegatte oder Vater im Dienst oder Arbeitsverhältnis gestanden hat.

Nr. 4. Entsch. v. 24. März 1915 (DJZ. 20 559) VI WB 20/14.

Auch außerhalb des Gebiets des Handelsrechts können Gesellschaften mit denselben Pflichten und Rechten der Gesellschafter wie bei der stillen Gesellschaft gebildet werden, die sich als eine besondere Art von Gesellschaften des bürgerlichen Rechtes (§§ 705ff. BGB.) darstellen (vgl. RGZ. 77 226). Die Vermögenseinlage des stillen Gesellschafters gehört wie bei der stillen Gesellschaft des Handelsrechts zu den „anderen Geschäftseinlagen", die nach § 5[6] WehrBeitrG. v. 3. VII. 13 zum beitragspflichtigen Kapitalvermögen gehören.

Nr. 5. Entsch. v. 28. April 1915 (DJZ. 20 1169) VI WB 19/14.

Eigenbesitzer ist nach § 872 BGB., wer eine Sache als ihm gehörend, d. h. mit dem Willen besitzt, sie als eigene zu besitzen, sie also auch rechtlich als Eigentümer zu beherrschen. Wer sein Grundstück einem anderen zu Eigentum übertragen, aber sich auf irgendwelche Zeit den Nießbrauch davon vorbehalten hat, kann während der Dauer des Nießbrauchs als Eigentümer nicht angesehen werden; denn er nimmt nicht mehr die Stellung eines Eigentümers in Anspruch, hat sich vielmehr mit der Auflassung seines Eigentums entäußert und will nach dem mit dessen Erwerber geschlossenen Vertrage das diesem zu Eigentum überlassene Grundstück als dasjenige des Erwerbers, also als eine fremde Sache, besitzen, um an ihm das vertraglich bedungene Nutzungsrecht auszuüben.

Nr. 6. Entsch. v. 7. April 1915 (DJZ. 20 1169) V WB 76/15.

Ein ungeteilter Nachlaß steht den Erben zur gesamten Hand zu, und es bildet für jeden Erben sein Anteil am Gesamthandvermögen einen Bestandteil seines ihm nach § 2 WehrBeitrG. anzurechnenden beitragspflichtigen Vermögens.

Nr. 7. Entsch. v. 7. April 1915 (DJZ. 20 1169) V WB 89/15.

Soweit es sich um körperliche Sachen handelt, müssen sie, um nach § 2 WehrBeitrG. dem Vermögen des Pflichtigen zugerechnet werden zu können, regelmäßig in dessen Eigentum oder wenigstens in dessen unangefochtenem Eigenbesitze stehen. Sowohl der Vorerbe nach Eintritt des Erbanfalls als auch der Vorvermächtnisnehmer nach der Übereignung der vermachten Sache ist als Eigentümer anzusehen. Daß der Vorvermächtnisnehmer in der Verfügung über die Substanz beschränkt ist, ändert an seiner rechtlichen Auffassung als Eigentümer nichts, und es fallen hierbei etwaige Äußerungen, die selbst unter Zustimmung eines Regierungsvertreters bei der Kommissionsberatung gemacht sind, nicht ins Gewicht.

Nr. 8. Entsch. v. 8. Nov. 1915 (StArch. 19 132) VI WB 122/15.

Anders wie nach § 8[2], § 7c ErgStG. sind nach § 9 Abs. 1, § 5 WehrBeitrG. von dem Vermögen abzuziehen auch die dem Beitragspflichtigen obliegenden, auf Schenkung beruhenden Renten. Die Annahme der Berufungskommission, die „Zuwendung" des „Zuschusses von 10000 ℳ" sei „eine Schenkung (Ausstattung) gemäß § 1624 BGB., sie gehe über die Vermögensverhältnisse des Beitragspflichtigen nicht hinaus", ist jedoch rechtsirrtümlich. Die Zuwendung gilt gerade aus den angeführten Gründen, weil sie eine Ausstattung darstellt und nach der nicht bestrittenen Annahme der Berufungskommission das den Vermögensverhältnissen des Beitragspflichtigen entsprechende Maß nicht übersteigt, nicht als Schenkung (§ 1624 aaO.). Wäre sie Schenkung und rechtsgültig vorgenommen, so wäre der Kapitalwert der Rente nach obigen Ausführungen hier abzugsfähig. Die Versagung ihres Abzuges ist hiernach im Ergebnisse zutreffend.

Nr. 9. Entsch. d. vereinigten Steuersenate v. 31. Mai 1916 (StArch. **19** 256) VI WB 17/15.

WehrBeitrG. § 5.

1. Das auf dem Statutarrechte von Frankfurt a. Main beruhende Recht des überlebenden Ehegatten an dem von dem erstverstorbenen hinterlassenen Vermögen beruht auf erbrechtlicher Grundlage. Ein derartiges, auf erbrechtlicher Grundlage beruhendes gesetzliches Nießbrauchsrecht oder Nutznießungsrecht des überlebenden Ehegatten ist ein selbständiges Recht im Sinne des § 5[1] WehrBeitrG.; es kommt dabei nicht darauf an, ob das Erbrecht seinen Grund in der Familienbeziehung hat.

2. Was den Inhalt des Frankfurter Statutarrechts des überlebenden Ehegatten betrifft, so genießt jeder überlebende Ehegatte, der mit dem anderen Teile friedlich zusammen gelebt hat, beim Fehlen einer Ehestiftung oder anderen erbrechtlichen Anordnung und eines Testaments eine „Erbgerechtigkeit (Vorteil, Erbgebühr, Statutgebühr)", indem er das Eigentum und freie Verfügungsrecht über sein eigenes Vermögen und den lebenslänglichen Nießbrauch an den liegenden Gütern des Erstverstorbenen erhält und überdies ein weiteres Erbteil empfängt, das sich nach der Art der Miterbenden richtet. Sind Kinder aus der Ehe vorhanden, so erbt der Überlebende eigentümlich den halben Teil der vom Erstverstorbenen herrührenden Mobilien und den halben Teil der Errungenschaft in Mobilien und Immobilien, wozu der lebenslängliche Nießbrauch an sämtlichen Mobilien und Immobilien, deren Eigentum auf die Kinder fällt, und an dem den Kindern gleichfalls zufallenden halben Teile der Errungenschaft kommt. Dies ist auch gegenwärtig noch der Inhalt des Statutarerbrechts des überlebenden Ehegatten, das durch Art. 53 § 1 und § 6, Art. 46 §§ 2, 3 AGBGB. v. 20. IX. 99 für die vor dem 1. I. 00 abgeschlossenen Ehen im Frankfurter Rechtsgebiete (mit gewissen, hier nicht interessierenden Einschränkungen) Geltung behalten hat.

3. Über den rechtlichen Charakter des Statutarerbrechts der Frankfurter überlebenden Ehegatten besteht Streit. Während früher die erbrechtliche Grundlage in der Rechtsprechung anerkannt war (s. Neumann-Levy, Nachträge und Ergänzungen, S. 142), ist neuerdings in einem Urteil des Oberlandesgerichts zu Frankfurt a. Main v. 12. XI. 06 (Rundschau 1906, **40** 223) das Statutarerbrecht für eine erbrechtliche Wirkung des Güterstandes nach Frankfurter Recht erklärt worden, eine Ansicht, für die besonders Art. 46 § 2 iVerb. mit Art. 53 § 6 AG. v. 20. IX. 99 in bezug genommen wird. Dieser Auffassung ist beizutreten.

Für den rechtlichen Charakter des dem überlebenden Ehegatten zustehenden Nießbrauchs nach Frankfurter Recht gebrauchen die Quellen verschiedene Bezeichnungen, die ihn als ein Gemisch deutsch- und römisch-rechtlicher Art erscheinen lassen. Der Statutarerbe ist Nießbraucher mit einem freieren Verwaltungsrecht; er verwaltet kraft eigenen Rechtes, das ihm erbrechtlich zugefallen ist und nicht auf Grund elterlicher Rechte. Dies erhellt besonders daraus, daß er den Nießbrauch auf Lebenszeit hat, einerlei, wer die Erben sind, und ohne Rücksicht auf die Eingehung einer weiteren Ehe. Die Miterben haben daneben nur das nackte Eigentum. Hiernach gewährt das Statutarrecht dem überlebenden Ehegatten in Frankfurt a. Main einen echten, auf Erbrecht beruhenden Nießbrauch, nicht ein familienrechtliches Nutznießungsrecht, wie es nach §§ 1373 ff. BGB. dem Ehemann am Frauengut und nach §§ 1649 ff. BGB. dem Gewalthaber am Kindesvermögen zusteht.

4. Für die Prüfung, ob dieses Nießbrauchsrecht zu den selbständigen Rechten iS. des § 5[1] WehrBeitrG. zu rechnen ist, kommt folgendes in Betracht: Der Berichterstatter in der Reichstagskommission (Bericht S. 30/31) hat sich dahin geäußert, die Vorschriften des WehrBeitrG. über die objektive Beitrags-(Steuer-)pflicht entsprächen, von einzelnen Ausnahmen abgesehen, genau den Bestimmungen des ErgStG.; die Praxis, wie sie sich in Preußen bei der Anwendung dieses G.

durch die Entscheidungen des OVG. und durch die Ministerialanweisungen herausgebildet habe, solle daher auch für die Anwendung des WehrBeitrG. maßgebend sein. Da dieser Äußerung von keiner Seite widersprochen worden ist, muß sie als die Willensmeinung des Reichsgesetzgebers angesehen werden. Für die Auslegung des Begriffs „selbständige Rechte" in § 5[1] WehrBeitrG. ist daher von den Vorschriften des ErgStG. auszugehen.

Aus § 4 I[1] dieses G. ergibt sich, daß der preußische Gesetzgeber den Nießbrauch zu den selbständigen Rechten zählt, da er sonst nicht die Fassung hätte wählen können „Nießbrauchs- und andere selbständige Rechte". Demgemäß ist auch bei der Auslegung des § 5[1] WehrBeitrG. der Nießbrauch als selbständiges Recht anzusehen, ohne daß es zunächst darauf ankommt, zu unterscheiden, auf welcher Grundlage er beruht. Für die auf Erbrecht beruhenden Nießbrauchs- oder Nutznießungsrechte kommt aber nicht in Betracht, ob sie ihren Grund in der Familienbeziehung haben; sie sind iS. des § 5[1] WehrBeitrG. immer selbständige Rechte. Ob die auf familienrechtlicher Grundlage beruhenden gesetzlichen Nutznießungsrechte der Eltern am Kindesvermögen und des Ehemannes am Frauengute als unselbständige Rechte zu gelten haben, braucht für die Entscheidung der vorliegenden Sache nicht geprüft zu werden.

Nr. 10. Entsch. v. 10. März 1915 (DJZ. 20 559) VI WB 3/14.

Von dem Vermögen sind abzuziehen die dinglichen und persönlichen Schulden des Beitragspflichtigen (§ 9 Abs. 1 WehrBeitrG.). Daß der Schuldner niemals imstande sein wird, seine Schulden zu bezahlen, hindert deren Abzugsfähigkeit nicht. Der Abzug muß auch stattfinden, wenn das Aktivvermögen lediglich in einem gemäß § 22 aaO. durch Kapitalisierung eines lebenslänglichen Unterhaltsrechts errechneten Vermögen besteht.

Nr. 11. Entsch. v. 12. Mai 1915 (DJZ. 20 1171) VI WB 36/14.

Bereits angefallene Vermächtnisse vermindern schon vor ihrer Fälligkeit das Vermögen des mit dem Vermächtnisse Beschwerten und sind deshalb von seinem Vermögen gemäß § 9 WehrBeitrG. abzuziehen.

Nr. 12. Entsch. v. 12. Juni 1915 (StArch. 18 284) VI WB 93/15.

Der im § 5[4] WehrBeitrG. zugelassene Abzug der laufenden Ausgaben für drei Monate ist unstatthaft, wenn die am 31. XII. 13 vorhandenen Bestände und Guthaben in voller Höhe zur Einverleibung in das Stammvermögen des Beitragspflichtigen bestimmt waren.

Die Einschränkung im § 5[4] aaO. bezieht sich lediglich auf die dort aufgeführten Gegenstände des Kapitalvermögens, nämlich auf die aus den laufenden Jahreseinkünften vorhandenen Bestände an barem Gelde deutscher Währung, fremden Geldsorten, Banknoten und Kassenscheinen und an Bank- und sonstigen Guthaben, soweit sie zur Bestreitung der laufenden Ausgaben für drei Monate dienen. Deshalb ist für die Prüfung der Frage, inwieweit Steuerfreiheit einzutreten hat, die Feststellung notwendig, in welcher Höhe jene Bestände am 31. XII. 13 vorhanden waren. Der Beitragspflichtige ist danach gefragt worden, hat aber die Auskunft verweigert und ist damit beweisfällig geworden. Wenn die Berufungskommission bei dieser Sach- und Rechtslage sich der Ansicht der Veranlagungskommission angeschlossen hat, so ist darin weder eine Verletzung des bestehenden Rechtes noch ein wesentlicher Mangel des Verfahrens (§ 48 WehrBeitrG. iVerb. mit Art. 1 I[2] PrAAnw. dazu v. 8. XI. 13 und § 49 [1 u. 2] EinkStG.) zu sehen, und zwar um so weniger, als die Ansicht beider Steuerbehörden durch das sehr erhebliche Kapitalvermögen und das daraus im ersten Quartal des Kalenderjahres 1914 dem Beitragspflichtigen zufließende Einkommen gestützt wird.

II.

Beitragspflichtiges Einkommen.

Nr. 1. Entsch. v. 13. März 1915 (DJZ. **20** 1168) V WB 26/15.

Maßgebend ist nach § 31 WehrBeitrG. das auf Grund der LandesEinkStG. festgestellte steuerpflichtige Einkommen. Ob das zur Einkommensteuer veranlagte Einkommen zutreffend ist, kann nur im Rechtsmittelverfahren gegen die Veranlagung zur Einkommensteuer, aber nicht im Rechtsmittelverfahren gegen die Veranlagung zum Wehrbeitrage nachgeprüft werden.

Nr. 2. Entsch. v. 28. April 1915 (DJZ. **20** 1168) VI WB 33/15.

Kommt bei einer Person steuerpflichtiges Einkommen in verschiedenen Bundesstaaten in Betracht, so sind die auf Grund der LandesEinkStG. festgestellten steuerpflichtigen Einkommensbeträge zusammenzurechnen (§ 42 ABestBR.). Irgendwelche Abzüge, die bei der Veranlagung zur Einkommensteuer berücksichtigt sind, dürfen dem festgestellten Einkommen nicht wieder zugerechnet werden. Das nach den LandesEinkStG. in der Veranlagungsinstanz festgestellte steuerpflichtige Einkommen bleibt für den Wehrbeitrag auch im Rechtsmittelverfahren maßgebend; seine Abänderung in dem die Einkommensteuer betr. Rechtsmittel- oder Verwaltungsverfahren führt nach § 45 ABest. eine Berichtigung des Wehrbeitrags nur im Verwaltungsweg und von Amts wegen herbei.

Nr. 3. Entsch. v. 7. April 1915 (A.M. **1915** 144).

Abgabepflichtiges Vermögen iS. des § 31 Abs. 2 WehrBeitrG. ist grundsätzlich nur das eigene Vermögen des Einkommensberechtigten. § 44 Abs. 1 ABestBR. läßt eine analoge Anwendung auf andere Fälle als die der familienrechtlichen Nutznießung nicht zu.

Nr. 4. Entsch. v. 29. Mai 1915 (DJZ. **20** 1169) VI WB 53/15.

Der § 31 WehrBeitrG. bestimmt wahlweise das auf Grund der LandesEinkStG. zuletzt vor oder gleichzeitig mit der Veranlagung des Wehrbeitrags festgestellte steuerpflichtige Einkommen als für den Wehrbeitrag maßgebend. Nur diese wahlweise Bestimmung hat der Bundesrat dahin geregelt, daß, wenn in einem Bundesstaate gleichzeitig mit der Veranlagung des Wehrbeitrags eine landesrechtliche Einkommensteuerveranlagung durchgeführt worden ist, für die Berechnung des Wehrbeitrags diese Veranlagung gelten soll (§ 41 ABest.). In Anwendung dieser Vorschrift gilt deshalb in Preußen als Einkommen iS. des WehrBeitrG. das auf den Beitragspflichtigen für das Steuerjahr 1914 veranlagte Einkommen (Art. 4 PrAAnw.). Wenn aber bei einem Beitragspflichtigen in Preußen jene Veranlagung nicht mehr erfolgen darf, weil die Einkommensteuerpflicht vor dem 1. IV. 14, dem Beginne des Steuerjahrs, erloschen ist, so gilt als Einkommen iS. der §§ 1 und 12 Abs. 2 WehrBeitrG. gemäß § 31 das zuletzt vor der Veranlagung des Wehrbeitrags festgestellte steuerpflichtige Einkommen. Deshalb muß auch bei einem Beitragspflichtigen, der vor dem 1. IV. 14 verstorben ist, der Wehrbeitrag nicht allein nach dem am 31. XII. 13 vorhanden gewesenen Vermögen, sondern auch nach dem Einkommen, das auf ihn für das Steuerjahr 1913 veranlagt war, berechnet werden.

Nr. 5. Entsch. v. 22. Sept. 1915 (StArch. **19** 8).

In der den Wehrbeitrag betreffenden Beschwerde nimmt Pflichtiger zur Begründung lediglich Bezug auf die Einkommensteuerbeschwerde. Dort ist angefochten der rohe Mietwert der eigenen Wohnung und die Höhe der hiervon in Abzug gebrachten Reparaturkosten. Soweit danach Pflichtiger auch hier etwa die Feststellung des zum Wehrbeitrage als Einkommen herangezogenen Mietwertes und die Abzüge hiervon anfechten will, ist die Beschwerde nicht gerechtfertigt. Denn nach § 31 Abs. 1 WehrBeitrG. gilt als wehrbeitragspflichtiges Einkommen das auf Grund der LandesEinkStG. zuletzt vor oder gleichzeitig mit der Veranlagung des Wehrbeitrags festgestellte steuerpflichtige Einkommen. Wird die Einkommensteuerveranlagung im Rechtsmittelverfahren abgeändert, so hat nach § 45 Abs. 3 ABestBR., Art. 4, 18[7] PrAAnw. der Vorsitzende der Veranlagungskommission von Amts wegen den veranlagten Wehrbeitrag zu berichtigen. Der Pflichtige hat danach insoweit keinen Grund zur Erhebung der Beschwerde.

Nr. 6. Entsch. v. 10. März 1915 (DJZ. 20 560) VI WB 5/14.

Der § 12 Abs. 2 WehrBeitrG., wo es heißt: „Die beitragsfreie Vermögensgrenze erhöht sich bei einem Einkommen von nicht mehr als 2000 *M* auf 50000 *M*", bedeutet, daß Vermögen bis 50000 *M* einschließlich von der Heranziehung zum Wehrbeitrage freibleiben, wenn der das Vermögen Besitzende nicht mehr als 2000 *M* Einkommen hat. Diese Vorschrift bedeutet dagegen nicht, daß bei einem Einkommen von nicht mehr als 2000 *M* und einem Vermögen über 50000 *M* von dem Vermögen stets 50000 *M* beitragsfrei zu lassen, also von dem festgestellten Gesamtvermögen abzusetzen seien.

Nr. 7. Entsch. v. 13. März 1915 (DJZ. 20 1168) V WB 34/15.

Nach § 1 WehrBeitrG. wird der Wehrbeitrag auch vom Einkommen erhoben, und nach § 31 gilt als „Einkommen iS. des § 1" das auf Grund der LandesEinkStG. zuletzt vor oder gleichzeitig mit der Veranlagung des Wehrbeitrags festgestellte steuerpflichtige Einkommen. Das Einkommen des Beitragspflichtigen wird aber nicht nur im § 1, sondern auch in dem § 12 Abs. 2, hier als für die Besteuerungsgrenze des Vermögens maßgebend, angeführt. Aus dem Umstande, daß im § 31 lediglich das „Einkommen iS. des § 1" näher bestimmt wird, glaubte man schließen zu müssen, daß unter dem Einkommen iS. des § 12 Abs. 2 etwas anderes zu verstehen wäre, als unter Einkommen iS. des § 1. Das hat das OVG. in Würdigung aller für die Gesetzesauslegung maßgebenden Umstände verneint. Es ist also unter Einkommen iS. des § 12 Abs. 2 dasselbe Einkommen zu verstehen, das im § 31 näher bestimmt wird.

Nr. 8. Entsch. v. 13. März 1915 (DJZ. 20 1169) V WB 26/15.

Als festgestellt wird das niedrigste Einkommen der Steuerstufe angenommen, in der der Pflichtige zur Einkommensteuer veranlagt ist und, falls die Berücksichtigung persönlicher Verhältnisse zu einer Steuerermäßigung geführt hat, das niedrigste Einkommen der Steuerstufe, in der der Pflichtige ohne diese Berücksichtigung zu veranlagen gewesen wäre (§ 31 WehrBeitrG.). Reicht zB. die Steuerstufe von mehr als 82000 *M* bis einschließlich 84000 *M*, so beträgt das niedrigste Einkommen der Stufe nicht rund 82000 *M*, sondern 82000,01 *M*.

Nr. 9. Entsch. v. 5. Mai 1915 (StArch. 18 333) V WB 78/15.

1. Was als „Einkommen" iS. des § 12 Abs. 2 zu gelten hat, hat das WehrBeitrG. nicht besonders bestimmt. Der § 31 Abs. 1 aaO. schreibt aber vor, was

in ihm und im § 1 aaO. als Einkommen gelten soll. Man könnte daraus schließen, daß unter dem Einkommen des § 12 Abs. 2 etwas anderes zu verstehen sei als unter demjenigen des § 1. Allein dann hätte es einer ausdrücklichen Begriffsbestimmung jenes Einkommens und eingehender Vorschriften darüber bedurft, was unter diesem „Einkommen" zu verstehen sei, und wie es zu ermitteln wäre. Weder das G. noch die ABestBR. enthalten hierüber das Mindeste. Eine derartige Vorschrift war aber schon deshalb erforderlich, weil weder ein fester wissenschaftlicher Begriff des „Einkommens" besteht, noch die SteuerG. der verschiedenen deutschen Bundesstaaten unter Einkommen dasselbe verstehen und die Art der Ermittelung des Einkommens im ganzen Deutschen Reiche nicht die gleiche ist. Wird ferner erwogen, daß in bezug auf die Ausdrucksweise an sich Einheitlichkeit bei einem G. zu vermuten ist, so ist anzunehmen, daß unter dem „Einkommen" an den verschiedenen Stellen des WehrBeitrG. dasselbe gemeint ist. Daher ist als Einkommen iS. des § 12 Abs. 2 aaO. dasselbe zu verstehen, was für den § 1 und den § 31 aaO. der letztere in Abs. 1 vorschreibt, nämlich das auf Grund der LandesEinkStG. zuletzt vor oder gleichzeitig mit der Veranlagung des Wehrbeitrags festgestellte steuerpflichtige Einkommen. Kommt bei einer Person steuerpflichtiges Einkommen in verschiedenen Bundesstaaten in Betracht, so sind demnach die auf Grund der LandesEinkStG. festgestellten steuerpflichtigen Einkommensbeträge zwecks Bestimmung der nach § 12 Abs. 2 aaO. steuerfreien Vermögensgrenze zusammenzurechnen, da das „gesamte Einkommen" des Beitragspflichtigen maßgebend ist. Als festgestellt aber ist in den einzelnen Bundesstaaten gemäß Satz 2 des § 31 Abs. 1 aaO. das niedrigste Einkommen der Steuerstufe anzunehmen, in der der Steuerpflichtige zur Einkommensteuer veranlagt ist und, falls die Berücksichtigung persönlicher Verhältnisse zu einer Steuerermäßigung geführt hat, das niedrigste Einkommen der Steuerstufe, in der der Steuerpflichtige ohne diese Berücksichtigung zu veranlagen gewesen wäre. Überdies würde bei Annahme einer Verschiedenheit des „Einkommens" in den §§ 1 und 31 einerseits und in dem § 12 anderseits das von vornherein abzulehnende Ergebnis sich herausstellen, daß für die Beitragspflicht an sich von einem anderen Einkommensbegriff ausgegangen würde, als bei der Heranziehung des Einkommens zu einem Beitrage selbst. Für die vorstehende Auslegung des § 12 Abs. 2 WehrBeitrG. spricht auch die Entstehungsgeschichte des G.

2. Hiernach kommt für die nach § 12 Abs. 2 WehrBeitrG. beitragsfreie Vermögensgrenze gemäß § 31 Abs. 1 aaO. das auf Grund der LandesEinkStG. festgestellte steuerpflichtige Einkommen in Betracht, und zwar ist in analoger Anwendung des § 41 Abs. 1 ABestBR., wenn in einem Bundesstaate gleichzeitig mit der Veranlagung des Wehrbeitrags eine landesrechtliche Einkommensteuerveranlagung durchgeführt wird, diese maßgebend.

Die Vorschrift im § 31 Abs. 1 WehrBeitrG., wonach als festgestellt das niedrigste Einkommen der Steuerstufe anzusehen ist, in der der Steuerpflichtige veranlagt ist, ferner entspricht den allgemeinen Grundsätzen, wonach kein Einkommen, sondern ein Steuersatz veranlagt wird, und wonach eine rechtskräftige Feststellung des Einkommens nicht stattfindet, sondern nur eine Feststellung des Steuersatzes. Infolgedessen kann bei einer etwa zulässigen anderweiten Veranlagung zwar die Feststellung des Einkommens, aber nicht diejenige des Steuersatzes angefochten werden.

Nr. 10. Entsch. v. 12. Mai 1915 (A.M. 1915 221).

Der Abzug gemäß § 31 Abs. 2 WehrBeitrG. ist vom eigenen beitragspflichtigen Vermögen auch dann zu berechnen, wenn die Erträge dieses Vermögens dem Einkommen eines Dritten zufließen.

Nr. 11. Entsch. v. 29. Mai 1915 (DJZ. 20 1169) VI WB 53/15.

Von dem festgestellten Einkommen wird ein Beitrag abgezogen, der einer Verzinsung von 5% des abgabepflichtigen Vermögens entspricht (§ 31 Abs. 2 WehrBeitrG.). Für diesen Abzug kommt nur das dem Pflichtigen als beitragspflichtig angerechnete Vermögen in Betracht.

III.

Beitragspflicht.

Nr. 1. Entsch. v. 7. April 1915 (A.M. 1915 165) **und v. 27. April 1915** (A.M. 1915 166).

Der Vorvermächtnisnehmer ist als Eigentümer der vermachten Vermögensgegenstände mit dem Werte dieses Vermögens wehrbeitragspflichtig.

Nr. 2. Entsch. v. 5. Mai 1915 (DJZ. 20 1171) V WB 32/14.

Die Vorschrift im § 10 I^3 WehrBeitrG., wonach Angehörige außerdeutscher Staaten, die sich im Deutschen Reiche dauernd des Erwerbes wegen aufhalten, mit ihrem gesamten Vermögen mit Ausnahme des ausländischen Grund- und Betriebsvermögens beitragspflichtig sind, findet auch auf solche Ausländer Anwendung, denen durch Handelsvertrag ihres Heimatlandes mit dem Deutschen Reiche Abgabenfreiheit zugesichert ist.

Nr. 3. Entsch. v. 6. Okt. 1915 (StArch. 19 55) VI WB 75/15.

Bemerkt sei, daß der Beschwerdeführer (ein großbritannischer Staatsangehöriger und großbritannischer Vizekonsul) beitragsfrei sein würde, wenn er zu denjenigen Personen gehörte, die nach völkerrechtlichen Grundsätzen von der Zahlung direkter Staatssteuern befreit sind. Als Vizekonsul hätte der Beschwerdeführer zwar nicht die Rechte der Exterritorialität, wohl aber Steuerfreiheit von direkten Steuern zu beanspruchen gehabt, wenn er nicht im Inlande Handelsgeschäfte betrieben hätte. Letzteres hat der Beschwerdeführer aber unstreitig getan, und daher konnte ihn die Eigenschaft als großbritannischer Vizekonsul vor der Heranziehung zum Wehrbeitrage nicht schützen.

Den Einwand, daß die Beitragspflicht der sich im Deutschen Reiche dauernd des Erwerbes wegen aufhaltenden Angehörigen außerdeutscher Staaten auf § 10 I^3 WehrBeitrG. nicht gestützt werden dürfe, wenn mit dem Heimatstaate des Ausländers Verträge bestehen, in denen das Deutsche Reich den Untertanen dieser Staaten Freiheit von Lasten zu Kriegszwecken usw. zugesagt hat, greift nicht durch. Ob das WehrBeitrG. so, wie geschehen, erlassen werden durfte, untersteht nicht der Prüfung des Verwaltungsgerichts. Übrigens ist daraus, daß im § 10 I^3 WehrBeitrG. zugunsten der Ausländer, mit deren Heimatstaate besondere Verträge bestehen, in denen Abgabenfreiheit zugesichert ist, keine Ausnahme gemacht worden ist, zu folgern, daß es der Wille des Gesetzgebers gewesen ist, auf dergleichen beim Inkrafttreten des WehrBeitrG. bestehende Staatsverträge keine Rücksicht zu nehmen. Hiernach bedarf es keiner Prüfung, ob der Pflichtige nach den Verträgen v. 11. V. 98/13. XII. 13 die beanspruchte Abgabenfreiheit wirklich genießen würde.

Nr. 4. Entsch. v. 12. Mai 1915 (DJZ. 20 1171) VI WB 77/15.

Nach § 13 WehrBeitrG. wird für die Veranlagung des Wehrbeitrags das Vermögen der Ehegatten zusammengerechnet, sofern sie nicht dauernd voneinander getrennt leben. Ob die Ausnahme Platz greift, entscheidet sich gemäß § 15 Abs. 1 nach dem Zustand am 31. XII. 13.

Nr. 5. Entsch. v. 24. März 1916 (StArch. **19** 273) VI WB 129/15.

1. Ist der Beitragspflichtige nach dem 31. XII. 13 verstorben, so geht seine Beitragsschuld, mag sie bereits durch Veranlagungsbeschluß festgestellt sein oder nicht, als Nachlaßverbindlichkeit auf die Erben über. Der Verstorbene unterliegt dem Wehrbeitrag nicht nur mit seinem Vermögen, sondern auch mit dem Einkommen. Ist wegen des Ablebens des Pflichtigen vor dem 1. IV. 14 eine Veranlagung zur Einkommensteuer für das Steuerjahr 1914 nicht mehr erfolgt, so kommt für ihn die letzte Veranlagung, also die des Steuerjahres 1913 in Betracht ohne Rücksicht darauf, ob das damals festgestellte Einkommen durch den Tod des Pflichtigen eine Veränderung erfahren hat oder nicht.

2. Die Erben haften für den Wehrbeitrag als Gesamtschuldner (§§ 2058, 2059 BGB.). Die Leistung kann daher von jedem Miterben ganz oder zum Teil gefordert werden. Zur Geltendmachung des Anspruchs genügt es, wenn der Veranlagungsbeschluß die Steuerschuld des Verstorbenen ersehen läßt und das die Zahlungsaufforderung enthaltende Benachrichtigungsschreiben dem für die Zahlung der Steuerschuld in Anspruch genommenen Miterben zugestellt wird.

3. Zuständig für die Feststellung der Steuerschuld des Erblassers gegenüber den zahlungspflichtigen Erben bleibt die Veranlagungskommission, die zu Lebzeiten des Beitragspflichtigen zu dessen Veranlagung zuständig gewesen wäre.

Nr. 6. Entsch. v. 5. Mai 1915 (DJZ. **20** 1171) V WB 7/14.

Die Vorschrift im § 11 Abs. 1² WehrBeitrG., wonach Aktiengesellschaften und Kommanditgesellschaften a. A., die im Inlande keinen Sitz haben, mit ihrem inländischen Grund- und Betriebsvermögen beitragspflichtig sind, wird durch zur Zeit des Inkrafttretens des WehrBeitrG. bereits bestehende Staatsverträge, insbesondere durch den mit Österreich-Ungarn geschlossenen Handelsvertrag nebst ZusatzVt. v. 25. I. 05 nicht eingeschränkt.

Nr. 7. Entsch. v. 2. Juni 1915 (A. M. **1915** 217).

Die Befreiungsvorschrift im § 11 Abs. 2² WehrBeitrG. kommt auch den nach Abs. 1² aaO. beitragspflichtigen ausländischen Gesellschaften zugute. — Diese Befreiungsvorschrift findet nur beim Zutreffen der beiden hier bezeichneten Voraussetzungen Anwendung.

Nr. 8. Entsch. v. 2. Juni 1915 (StArch. **19** 95).

Nach § 11 Abs. 1¹ WehrBeitrG. sind Aktiengesellschaften, die im Inlande ihren Sitz haben, mit den in der Bilanz des letzten Betriebsjahres aufgeführten wirklichen Reservekontenbeträgen, zuzüglich etwaiger Gewinnvorträge, ohne Anrechnung der Fonds für Wohlfahrtszwecke beitragspflichtig. Der Bundesrat, dem nach § 70 WehrBeitrG. der Erlaß der Ausführungsbestimmungen übertragen ist, hat dann im § 48 Abs. 1 das. die beitragspflichtigen Reservekonten, wie folgt, bestimmt:

„Zu den wirklichen Reservekontenbeträgen, von denen die inländischen Aktiengesellschaften und Kommanditgesellschaften auf Aktien zuzüglich etwaiger Gewinnvorträge, jedoch ausgenommen die Fonds für Wohlfahrtszwecke den Wehrbeitrag zu entrichten haben, gehören nur solche Bilanzposten, die ausweislich der Bilanz eine Kapitalsansammlung über den Betrag des Grundkapitals hinaus darzustellen bestimmt sind (zB. der gesetzliche Reservefonds, freiwillige Reservefonds, Dividendenausgleichsfonds, Rückstellungen für künftige, möglicherweise eintretende Verluste oder Ausgaben), dagegen u. a. nicht Posten, die einen Ausgleich für die Wertminderung von Vermögensgegenständen der Gesellschaft darstellen sollen (zB. Erneuerungsfonds) oder die zur Deckung bereits begründeter Verpflichtungen eingestellt sind (zB. Talonsteuerreserven, Reserven für den Fall des ungünstigen Ausgangs eines anhängigen oder bevorstehenden Rechtsstreits), bei Versicherungsgesellschaften die Rücklagen für die Versicherungssummen und für die den Versicherten selbst als sogenannte Dividende zurückzugewährenden Prämienüberschüsse."

In dieser Begriffsbestimmung wird zum Ausdruck gebracht, daß nur solche Bilanzposten, die ausweislich der Bilanz eine Kapitalsansammlung über den Betrag des Grundkapitals hinaus darzustellen bestimmt sind, zu den wirklichen Reservekonten gehören. Rückstellungen für künftige Ausgaben sollen, obwohl sie nach dem wissenschaftlichen Begriffe zu den Reservefonds zu rechnen sind, nur dann als wirkliche Reservekonten gelten, wenn die Ausgaben nur möglicherweise eintreten; Rückstellungen, die zur Erfüllung einer zweifellos entstehenden, sicher eintretenden Verpflichtung erfolgen, gehören aber nicht hierher.

Nr. 9. Entsch. v. 14. April 1915 (A.M. **1915** 168).

Unter der Bilanz des letzten Betriebsjahrs iS. des § 11 Abs. 1[1] WehrBeitrG. ist die letzte zur Zeit der Vermögenserklärung oder, wenn eine solche nicht abgegeben worden ist, zur Zeit der Veranlagung vorliegende, d. h. von der Generalversammlung der Aktionäre festgestellte Bilanz zu verstehen.

Nr. 10. Entsch. v. 11. März 1915 (A.M. **1915** 144).

Die Rückstellung für Selbstversicherung stellt einen wirklichen Reservekontenbetrag iS. von § 11 Abs. 1[1] WehrBeitrG. dar.

Nr. 11. Entsch. v. 13. März 1915 (A.M. **1915** 141).

Die Talonsteuerreserve und die Rückstellungen für Reichsstempel anläßlich einer bevorstehenden Ausgabe neuer Aktien gehören nicht zu den beitragspflichtigen wirklichen Reservekontenbeträgen iS. des § 11 Abs. 1[1] WehrBeitrG.

Nr. 12. Entsch. v. 9. Juli 1915 (A.M. **1916** 69).

Bei einer in Liquidation befindlichen Aktiengesellschaft ist der ganze in der Bilanz aufgeführte Liquidationsbestand, soweit er nach Rückzahlung des Aktienkapitals sich ergibt und reines, durch Schulden oder sonstige Verpflichtungen nicht vermindertes Vermögen der Gesellschaft darstellt, als ein wirklicher Reservekontenbetrag iS. von § 11 Abs. 1[1] WehrBeitrG. anzusehen.

Nr. 13. Entsch. v. 7. April 1915 (A.M. **1915** 199).

Die Vorschrift des § 14 WehrBeitrG. betrifft nur das privatrechtliche Rechtsverhältnis zwischen dem Eigentümer und dem Nutznießer.

Nr. 14. Entsch. v. 12. Mai 1915 (DJZ. **20** 1171) VI WB 4/15.

Die Vorschrift im § 14 WehrBeitrG., wonach bei einem der Nutznießung unterliegenden abgabepflichtigen Vermögen, wenn nicht rechtsgeschäftlich etwas anderes bestimmt ist, der Wehrbeitrag dem Eigentümer zur Last fällt, kommt für die Frage, wer gegenüber der Staatskasse Beitragsschuldner ist, nicht in Betracht.

Nr. 15. Entsch. v. 29. Jan. 1916 (StArch. **21** 57) V WB 252/15.

Dafür, ob jemand tatsächlich Erbe ist, kommt es nach § 2087 BGB. nicht auf die Bezeichnung als Erbe im Testamente an, sondern es ist nach dem gesamten Inhalt desselben der wirkliche Wille des Erblassers zu ermitteln. Im vorliegenden Testament verfügt der Erblasser über sein Vermögen, soweit es nicht der Pflichtigen (Ehefrau) vermacht ist, und bestimmt ausdrücklich, daß die Substanz an diesem weiteren Vermögen seinen Kindern gehören soll. An drei Fünfteln dieses Vermögens soll der Pflichtigen der Nießbrauch auf Lebenszeit verbleiben. Irgendein Verfügungsrecht über diesen Teil des Nachlasses ist der Pflichtigen nicht eingeräumt, im Gegenteil soll der Besitz und die Verwaltung von Testamentsvollstreckern ausgeübt werden. Hieraus ergibt sich, daß die Pflichtige lediglich die Stellung einer Nießbraucherin haben sollte. Die weitere Anordnung, daß die Teilung dieser drei Fünftel erst nach dem Tode der Beitragspflichtigen unter die Kinder erfolgen sollte, stellt sich nur als eine gemäß § 2044 BGB. zulässige Anordnung dar. Hiernach ist der Beschwerde darin beizutreten, daß die inzwischen verstorbene Beitragspflichtige nicht als Vorerbin, sondern nur als Nießbraucherin an drei Fünftel des Nachlasses ihres verstorbenen Ehemannes anzusehen ist. Die weitere Beschwerde dagegen, die sich gegen die Anrechnung des Kapitalwerts des Nießbrauchsrechts richtet, ist unbegründet. Den Erben ist der Wert des Dreifünftelnachlasses, gekürzt um den Wert des Nießbrauchsrechts der Mutter, in Anrechnung zu bringen.

IV.

Wertermittlung.

Nr. 1. Entsch. v. 27. Febr. 1915 (DJZ. **20** 1170) V WB 63/14.

Bei Grundstücken kann der Beitragspflichtige in allen Fällen verlangen, daß statt des Ertragswerts der gemeine Wert der Veranlagung zugrunde gelegt wird (§ 17 Abs. 5 WehrBeitrG.). An diesen Antrag bleibt der Pflichtige gebunden (§ 36 Abs. 1 ABest.); der Antrag darf aber keinen Zweifel an seinem Inhalt aufkommen lassen.

Nr. 2. Entsch. v. 27. Febr. 1915 (DJZ. **20** 560) V WB 77/14.

Bebaute Grundstücke, die Wohnzwecken oder gewerblichen Zwecken zu dienen bestimmt sind, dürfen nur dann zum Ertragswert in Ansatz kommen, wenn ihre gegenwärtige Bebauung und Benutzung der ortsüblichen Bebauung und Benutzung entspricht (§ 17 WehrBeitrG.). Die Frage, was ortsüblich ist, liegt wesentlich auf tatsächlichem, der Nachprüfung des Beschwerdegerichts entzogenen Gebiete. Sie ist nach § 24 Abs. 2 ABestBR. zB. zu verneinen, wenn die Art der Benutzung und die Höhe der Aufwendungen für die Herstellung und Unterhaltung von baulichen und sonstigen Anlagen erkennen lassen, daß ein Grundstück dem Luxus des Besitzers zu dienen bestimmt ist. Das ist aber nicht schon dann der Fall, wenn nach sachverständigem Gutachten unter mehreren „sonst gleichartigen und gleichwertigen Nachbarvillen" die Besitzung des Pflichtigen „am besten ausgestattet ist" (Entsch. v. 24. März 1915 [DJZ. **20** 560] V WB 31/14).

Nr. 3. Entsch. v. 13. März 1915 (DJZ. **20** 1170) V WB 66/14.

Da die Vorschriften des WehrBeitrG. über den Begriff des „gemeinen Wertes" eines Gegenstandes (§ 16 WehrBeitrG., § 22² ABest.) mit den vom OVG. hierüber zum Zwecke der Veranlagung zur Ergänzungssteuer aufgestellten Grundsätzen übereinstimmen, so sind diese Grundsätze auch für die Ermittelung des gemeinen Wertes von Grundstücken zum Zwecke der Veranlagung zum Wehrbeitrag anzuwenden. Danach ist der Wert jeder wirtschaftlichen Einheit, wenn nicht von einem früheren Kaufpreise des zu bewertenden Grundstücks ausgegangen werden kann, durch Vergleichung mit normalen Kaufpreisen, die für bestimmte gleichartige Grundstücke in neuerer Zeit gezahlt worden sind, unter Annahme eines passenden Vergleichsmaßstabs und Ausgleichung etwaiger Verschiedenheiten zwischen den Vergleichsobjekten und dem zu bewertenden Grundstücke zu finden.

Nr. 4. Entsch. v. 24. März 1915 (DJZ. **20** 560) VI WB 40/14.

Die der Land- oder Forstwirtschaft oder der Gärtnerei dienenden Gebäude oder Betriebsmittel werden nicht besonders veranlagt, sondern sind in der Veranlagung des Ertragswertes inbegriffen (§ 17 WehrBeitrG.). Es ist deshalb unzulässig, dem Ertragswerte noch den gemeinen Wert des Gebäude- und sonstigen Inventars zuzurechnen. Der gemeine Wert dieses Inventars kommt nur bei einem Mehr- oder Minderwerte des dem Grundstückseigentümer gehörenden Inventars gegenüber einem wirtschaftlich normalen Bestande (§ 25 ABestBR.) in Betracht. Zu- oder abzurechnen ist aber dann nur der Unterschied zwischen dem gemeinen Werte des vorhandenen Inventars und dem gemeinen Werte eines normalen Inventars. — Hat nach gesetzlicher Vorschrift die Wertermittelung eines Grundstücks nach dem gemeinen Werte zu erfolgen, so ist der Reinertrag überhaupt nicht in Berechnung zu ziehen.

Nr. 5. Entsch. v. 10. April 1915 (DJZ. **20** 1170) VI WB 7/14.

Bei bebauten Grundstücken, die Wohn- oder gewerblichen Zwecken zu dienen bestimmt sind, gilt als Ertragswert das 25fache des Wert- oder Pachtertrags, der in den letzten drei Jahren im Durchschnitt erzielt ist, oder iF. der Vermietung oder Verpachtung hätte erzielt werden können, nach Abzug von einem Fünftel für Nebenleistungen und Instandhaltungskosten. Zu letzteren gehören auch die Straßenreinigungskosten. Dagegen dürfen Abschreibungen wegen Wertverminderung der Gebäude durch Abnutzung nicht abgezogen werden, weil sie weder unter die dem Vermieter außer der Pflicht zur Gewährung des Gebrauchs (§ 535 BGB.) noch obliegenden „Nebenleistungen", noch unter die „Instandhaltungskosten" fallen. Hierdurch unterscheidet sich der Ertragswert der Wohn- oder gewerblichen Zwecken dienenden bebauten Grundstücke von dem Ertragswerte land- oder forstwirtschaftlicher Grundstücke oder von Gärtnereigrundstücken, die Gebäude mit umfassen. Denn bei der Berechnung des Reinertrags dieser Grundstücke, der dem Ertragswerte zugrunde zu legen ist, werden mangels einer entgegenstehenden gesetzlichen Vorschrift im WehrBeitrG. nach wirtschaftlichen Grundsätzen die Abschreibungen, die einer normalen Wertverminderung durch Abnutzung entsprechen, berücksichtigt (OVGSt. **16** 381).

Nr. 6. Entsch. v. 2. Juni 1915 (StArch. **18** 315) V WB 153/15.

Der § 17 WehrBeitrG. schreibt vor, daß bei bebauten Grundstücken, die Wohnzwecken oder gewerblichen Zwecken zu dienen bestimmt sind, und bei denen die Bebauung und Benutzung der ortsüblichen Bebauung und Benutzung entspricht, der Ertragswert zugrunde zu legen ist. Daß das hier fragliche Grundstück Wohnzwecken zu dienen bestimmt ist, steht außer Zweifel. Es bleibt also zu ermitteln, welche Bebauung und Benutzung in der betreffenden Gemeinde oder in dem betreffenden Teile derselben oder in der betreffenden Straße oder deren Teile am 31. XII. 13 ortsüblich war. Zu berücksichtigen sind dabei als allein maßgebend die wirklich vorhandenen tatsächlichen Verhältnisse, insbesondere also auch der Umstand, ob es sich um ein Grundstück in einem vornehmen Villenorte, um eine Gegend, für die eine bestimmte Art der Bebauung vorgeschrieben ist, um ein Arbeiterviertel oder um einen Ortsteil handelt, in dem eine gemischte Art der Bebauung stattfindet, zB. Villen und Miethäuser durcheinander. Alle diese verschiedenartigen Bebauungen und Benutzungen können ortsüblich sein. Ist hiernach festgestellt, welche Art der Bebauung und Benutzung als ortsüblich anzusehen ist, so ist zu prüfen, ob das zu bewertende Grundstück unter die Regel, die sich aus der auf Grund der konkreten Verhältnisse ermittelten Ortsüblichkeit ergibt, fällt oder ihr nicht entspricht. Wird eine nicht ortsübliche Bebauung und Benutzung angenommen, so ist es selbstverständlich, daß im einzelnen Falle nicht nur dargelegt wird, worin eine ortsübliche Bebauung und Benutzung besteht, sondern auch im einzelnen die tatsächlichen Verhältnisse nachgewiesen werden, die die Bebauung und Benutzung als der ortsüblichen Regel nicht entsprechend, die sich für den betreffenden in Betracht kommenden und maßgebenden Ortsteil oder Ort nach der oben erwähnten Prüfung ergeben hat, erscheinen lassen. Über die sämtlichen tatsächlichen Unterlagen ist mit dem Beitragspflichtigen zu verhandeln.

Wird der Ertragswert zugrunde gelegt, so sind § 17 Abs. 4 WehrBeitrG., §§ 30ff. ABestBR. zu beachten. Für die Ermittelung des gemeinen Wertes sind die für die Bewertung von Hausgrundstücken vom OVG. zum Zwecke der Veranlagung zur Ergänzungssteuer aufgestellten Grundsätze anzuwenden, da diese mit den Vorschriften des WehrBeitrG. (vgl. § 16 das., § 22[2] ABestBR.) bezüglich der Frage, was als gemeiner Wert eines Gegenstandes anzusehen ist, übereinstimmen.

Nr. 7. Entsch. v. 20. Dez. 1915 (A.M. **1916** 70).

Bei Prüfung der Ortsüblichkeit der Bebauung und Benutzung (§ 17 Abs. 1 WehrBeitrG.) sind als allein maßgebend die wirklich vorhandenen tatsächlichen Verhältnisse des betreffenden Ortsteils oder Ortes zu berücksichtigen.

Nr. 8. Entsch. v. 27. Sept. 1916 (StArch. **21** 23) VI WB 34/16.

1. Gegenstand der Beschwerde ist die Frage, ob der Veranlagung des dem Beitragspflichtigen gehörigen Einfamilienhauses zum Wehrbeitrage der Ertragswert iS. des § 17 Abs. 1 und 4 WehrBeitrG. oder der gemeine Wert, Verkaufswert, iS. des § 16 aaO. zugrunde zu legen ist.

Für die Entscheidung der streitigen Frage maßgebend ist § 17 Abs. 1 WehrBeitrG. Das G. bestimmt, soweit es hier in Frage kommt:

„. . . bei bebauten Grundstücken, die Wohnzwecken oder gewerblichen Zwecken zu dienen bestimmt sind, und bei denen die Bebauung und Benutzung der ortsüblichen Bebauung und Benutzung entspricht, wird der Ertragswert zugrunde gelegt."

Der Sinn des G. erscheint an sich klar, wird aber im Zweifel gestellt durch die Auslegung des mit der Ausführung des G. nach § 70 beauftragten Bundesrats im § 24 ABest.

Aus den Gesetzesmaterialien ist für die Auslegung soviel zu entnehmen, daß danach für die streitige Frage allein maßgebend sein soll der Umstand der ortsüblichen Bebauung und Benutzung der Wohn- oder gewerblichen Zwecken dienenden bebauten Grundstücke. Andere Gesichtspunkte müssen ausscheiden.

2. Hatte der Beitragspflichtige unter Beweis gestellt, daß in der von ihm bewohnten Stadtgegend durch besonderes Baustatut und Servitutenbildung sich

die sogenannte offene Bauweise mit erheblichen Beschränkungen bezüglich der Maßstäbe und der Bebauungsart herausgebildet habe, daß danach sein Grundstück bebaut und benutzt sei, so mußte der hierüber angetretene Beweis erhoben werden, bevor über die streitige Frage Entscheidung getroffen werden durfte. Auch hätte überdies dem Beitragspflichtigen über alle gegensätzlichen tatsächlichen Annahmen, von denen die Berufungskommission bei ihrer Entscheidung ausging, rechtliches Gehör gewährt werden müssen.

3. Muß nach dem Ergebnisse der Beweisaufnahme die Bau- und Benutzungsweise des Grundstücks in der vom Beitragspflichtigen bewohnten Stadtgegend und für sich als ortsüblich angesehen werden, so wird weiter zu prüfen und zu erörtern sein, ob sie es etwa deshalb im vorliegenden Falle nicht ist, weil von 576 qm 68 qm weniger bebaut sind, als nach den baupolizeilichen Vorschriften bebaut werden dürfen, oder ob nicht etwa derartige, verhältnismäßig nicht gerade erhebliche Beschränkungen in der Ausnutzung der baupolizeilichen zugelassenen Baufläche aus Gesundheits- oder anderweiten praktischen Rücksichten als den wirklich vorliegenden örtlichen Verhältnissen entsprechend und deshalb auch als ortsüblich und übrigens den Ertrags- oder Verkaufswert kaum wesentlich beeinflussend angesehen werden müssen. Die geringere Baufläche werden regelmäßig andere werterhöhende Vorteile ersetzen.

Nr. 9. Entsch. v. 20. Dez. 1915 (A.M. **1916** 70).

Feuerversicherungsprämien und die vom Grundeigentum zu entrichtenden direkten Kommunalsteuern gehören nicht zu den Nebenleistungen und Instandhaltungskosten iS. des § 17 Abs. 4 WehrBeitrG.

Nr. 10. Entsch. v. 10. April 1915 (A.M. **1915** 168).

Für die Frage der Beitragsfreiheit ist der wirkliche Betrag des Vermögens, nicht der gemäß § 15 Abs. 3 WehrBeitrG. abgerundete Vermögensbetrag entscheidend.

Nr. 11. Entsch. v. 10. April 1915 (A.M. **1915** 170).

In Fällen, in denen der Tatbestand des § 21 und des § 22 WehrBeitrG. zutrifft, ist in Preußen ebenso zu verfahren, wie im § 13 IV ErgStG. für die Ergänzungssteuer ausdrücklich vorgeschrieben ist.

Nr. 12. Entsch. v. 3. Nov. 1915 (A.M. **1916** 71).

Der nach § 19 Satz 2 WehrBeitrG. nach freiem Ermessen zu schätzende Wert der Aktien ohne Börsenkurs usw. ist nicht der Ertragswert, sondern nichts anderes als der gemeine oder Verkaufswert.

V.

Veranlagung.

Nr. 1. Entsch. v. 27. Febr. 1915 (DJZ. **20** 560) V WB 43/14.

Gewährt der Beitragspflichtige, dessen Vermögen den Betrag von 100000 *M* oder dessen Einkommen den Betrag von 10000 *M* nicht übersteigt, Kindern auf Grund gesetzlicher Verpflichtung (§§ 1601 bis 1615 BGB.) Unterhalt, so ermäßigt sich nach § 33 WehrBeitrG. der Beitrag für jedes dritte und jedes folgende minderjährige Kind um 5 % seines Beitrags. Die Veranlagungsbehörde darf sich deshalb bei der Angabe des Pflichtigen, wieviel Kinder unter 14 Jahren er habe, nicht begnügen, sondern muß die Zahl der für die Beitragsermäßigung zählenden Kinder von Amts wegen ermitteln, weil auch ältere Kinder, soweit sie minderjährig sind und auf Grund gesetzlicher Verpflichtung vom Beitragspflichtigen unterhalten werden, einen Anspruch auf Ermäßigung des Wehrbeitrags geben.

Nr. 2. Entsch. v. 13. März 1915 (DJZ. 20 560) V WB 80/14.

Nur diejenigen Kinder, denen der Pflichtige nach dem Stande am 31. XII. 13 (§ 53 Abs. 1 ABest.) in der Hauptsache Unterhalt gewährte, kommen für die Beitragsermäßigung in Betracht, nicht aber diejenigen, denen er nur eine Beihilfe, einen Zuschuß, zukommen ließ. Denn letztere gehören nicht zu den auf Grund gesetzlicher Verpflichtung unterhaltenen Kindern.

Nr. 3. Entsch. v. 10. März 1915 (DJZ. 20 561) VI WB 3/14.

Nach § 39 WehrBeitrG. prüft die Veranlagungsbehörde die Angaben in der Vermögenserklärung und stellt, gegebenenfalls nach Vornahme der erforderlichen Ermittelungen, die Höhe des Vermögens fest. Ferner hat der Pflichtige nach § 41 aaO. erst auf Erfordern die Höhe seines Vermögens nachzuweisen. Wegen der Rechtsmittel hat die Landesregierung das Nähere zu bestimmen (§ 48 aaO.). Nach Art. 18^{2} AAnw. finden auf den Wehrbeitrag die Vorschriften über das Verfahren bei der Bearbeitung der Berufungen in Einkommen- und Ergänzungssteuersachen sinngemäße Anwendung. Werden daher von den Pflichtigen Schulden geltend gemacht, so muß die Berufungskommission, wenn sie jener Angabe nicht ohne weiteres folgen will, gemäß Art. 24^{1} und Art. 71^{4} AAnw. v. 25. VII. 06 auf die genaue Angabe der Schulden und der Beweismittel dafür halten; sie darf nicht, wenn sie das zu Unrecht unterlassen hat, das Verlangen des Schuldenabzugs damit zurückweisen, daß der Nachweis der Schulden nicht erbracht sei.

Nr. 4. Entsch. v. 7. April 1915 (A.M. **1915** 167).

Auch das beitragsfreie Vermögen, über das ein Feststellungsbescheid erteilt wird, ist auf volle Tausende nach unten abzurunden.

Nr. 5. Entsch. v. 14. April 1915 (DJZ. 20 1171) V WB 91/15.

Der Beitragspflichtige ist auch dann für seine Person zu veranlagen, wenn er die Veranlagung oder die Zustellung des Veranlagungsbescheids nicht erlebt hat; letztere ist dann an die im § 18 Abs. 2 WehrBeitrG. bezeichneten Personen zu bewirken. Die Erben sind die alleinigen Schuldner des Wehrbeitrags der Reichskasse gegenüber, nicht der Fideikommißnachfolger, denn der Wehrbeitrag ist eine Personalsteuer, keine Realsteuer; er haftet also nicht auf dem beitragspflichtigen Vermögen. Die Vorschrift im § 8 Abs. 2 ist eine privatrechtliche Bestimmung, die nur verhindern soll, daß der Inhaber des gebundenen Vermögens etwa genötigt wird, den Wehrbeitrag für das gebundene Vermögen aus seinem freien Vermögen zu bezahlen.

Nr. 6. Entsch. v. 29. Mai 1915 (A.M. **1915** 241).

Der Wehrbeitrag eines Pflichtigen, der bei der gleichzeitig mit der Wehrbeitragsveranlagung erfolgten, nach § 41 ABest. als maßgebend erklärten Einkommensteuerveranlagung nicht zur Einkommensteuer zu veranlagen ist, weil er den landesrechtlichen (nach dem 31. XII. 13 liegenden) Stichtag nicht mehr erlebt hat, ist von dem bei der vorangegangenen Veranlagung festgestellten Einkommen zu berechnen.

Nr. 7. Entsch. v. 9. Jan. 1915 (A.M. 1915 101).

Die Entziehung der Steuer muß der Steuerbehörde erst durch die Angaben des Beitragspflichtigen bei einer der im § 68 WehrBeitrG. bezeichneten Veranlagungen bekannt geworden sein, um ihn von der landesgesetzlichen Strafe und der Verpflichtung zur Nachzahlung der Steuer für frühere Jahre zu befreien.

VI.

Rechtsmittel.

Nr. 1. Entsch. v. 10. April 1915 (DJZ. 20 1172) VI WB 54/15.

Die Rechtsmittel müssen innerhalb der gesetzlichen Ausschlußfristen schriftlich oder zu Protokoll angebracht werden (§ 48 WehrBeitrG., Art. 1 I² AAnw., § 44 EinkStG., Art. 67 AAnwEinkStG.); eine andere mündliche Anbringung des Rechtsmittels als zu Protokoll gibt es nicht. Wer deshalb an der Amtsstelle erscheint, um das Rechtsmittel einzulegen, hat dafür Sorge zu tragen, daß hierüber eine Verhandlung aufgenommen und diese jedenfalls von ihm selbst vollzogen wird; er darf es nicht dem Beamten überlassen, seine mündliche Erklärung in einer anderen Form aktenkundig zu machen.

Nr. 2. Entsch. v. 28. April 1915 (DJZ. 20 1171) VI WB 25/14.

Die Veranlagungsbehörde hat dem Beitragspflichtigen einen Bescheid über den Gesamtbetrag des zu zahlenden Wehrbeitrags und über die für eine spätere Veranlagung zur Besitzsteuer maßgebende Vermögensfeststellung (Veranlagungsbescheid) zu erteilen. Die Rechtswirksamkeit der Veranlagung hängt aber von der Zustellung des Veranlagungsbescheids nicht ab, vielmehr tritt sie dem Beitragspflichtigen gegenüber schon ein, sobald ihm das Ergebnis der Veranlagung von einer zuständigen Behörde mitgeteilt ist. Der Beitragspflichtige kann schon eine solche Veranlagung rechtswirksam anfechten.

Nr. 3. Entsch. v. 10. März 1915 (DJZ. 20 561) VI WB 30/14.

Aus Art. 18² AAnw. folgt, daß für Wehrbeitragssachen nach Art. 74 AAnw. v. 25. VII. 06 auch der Rechtsbehelf der Wiedereinsetzung in den vorigen Stand gegeben ist. Hierfür spricht auch die Vorschrift im Art. 1 I² AAnw., daß auf das Rechtsmittelverfahren die Vorschriften des § 44 EinkStG. Anwendung finden. Diese Vorschriften betreffen die Ausschlußfristen für die Einlegung von Rechtsmitteln und finden ihre notwendige Ergänzung im § 48 ErgStG., wonach unter gewissen Voraussetzungen die Wiedereinsetzung in den vorigen Stand beantragen kann, wer die im EinkStG. zur Einlegung von Rechtsmitteln vorgeschriebenen Ausschlußfristen einzuhalten verhindert war.

Nr. 4. Entsch. v. 28. April 1915 (DJZ. 20 1172) VI WB 60/15.

Das Ergebnis der Veranlagung darf im Rechtsmittelverfahren nicht zum Nachteile des Beitragspflichtigen gegen dessen Antrag abgeändert werden, und zwar selbst dann nicht, wenn inzwischen in dem die Einkommensteuer betr. Rechtsmittelverfahren das in der Veranlagungsinstanz festgestellte und deshalb der Berechnung des Wehrbeitrags zugrunde gelegte Einkommen rechtskräftig erhöht worden ist; denn die Berichtigung des Wehrbeitrags aus Anlaß einer Abänderung der landesrechtlichen Einkommensteuerveranlagung ist nach § 45 Abs. 3 ABest. und Art. 18⁷ AVschr. durch den Vorsitzenden der Veranlagungskommission von Amts wegen zu bewirken.

Zeitfolgeverzeichnis der Entscheidungen.

In der ersten Spalte wiederholen sich auch bei Entscheidungen gleichen Datums die Tagesziffern. Nur einmal steht die Tagesziffer, wenn ein und dieselbe Entscheidung auf mehreren Seiten dieses Bandes (fünfte Spalte) vorkommt, zuweilen auch unter verschiedenartiger Bezeichnung des „Gegenstandes" in der zweiten Spalte, vereinzelt auch der „Fundstelle" in der dritten und vierten Spalte.

Von den auf S. 932 des ersten Hauptbandes erwähnten „besonderen Abkürzungen" kommen hier nur folgende vor:

O. = OVG. | S. = **OVGSt.**
P. = **Pr**VerwBl. | D. = **DJZ.**

Außerdem kommen folgende neue Abkürzungen vor:

A. = **Steuer-Archiv** (bisher Zeitschrift für das gesamte Gebiet der direkten Steuern), seit Jahrgang 16 (1913) mit dem Obertitel: Steuer-Archiv, Berlin (Haude und Spenersche Buchhandlung).

R. = Das **Recht**, Rundschau für den deutschen Juristenstand, Hannover (seit 1897).

M. = Amtliche **Mitteilungen** über die Zuwachssteuer, seit Jahrgang 1914: Amtliche Mitteilungen über die Zuwachs-, die Reichsbesitzsteuern und die Reichsverkehrsteuern. Herausgegeben im Reichsschatzamt.

Striche (— — | —) stehen in der dritten und vierten Spalte bei Entscheidungen, deren „Fundstelle" im Text dieses Bandes nicht angegeben und auch nicht anderweitig ermittelt worden ist.

Die Schrägstellung der Seitenziffern in der vierten Spalte bedeutet, daß die Entscheidung nur in einer Anmerkung des betr. Bandes vorkommt, in der fünften Spalte, daß sie auf der betr. Textseite nicht abgedruckt, sondern daselbst nur in Bezug genommen ist.

Die Ziffern in der fünften Spalte verweisen auf die Seiten des vorliegenden Bandes.

Oktober 1881—Juli 1901.

Datum	Gegenstand	abgedruckt Band	abgedruckt Seite	Seite
1881 Okt. 4.	Konflikt	O. **8**	397	*259*
1884 April 5.	Aktiengesellschaften	RGZ. **11**	163	*277*
1886 Juni 26.	Armensache	O. **13**	18	*267*
1888 Jan. 18.	KommAbg.	O. **16**	196	*257*
Juni 27.	Vorausleistungen z. Wegebau	O. **17**	69	*323*
1890 Dez. 6.	GemAbg.	O. **20**	46	*298*
1893 Jan. 16.	StaatsEinkSt.	S. **1**	111	*397*
März 27.	"	S. **1**	288	*416*
Okt. 2.	"	S. **2**	131	*399*
Dez. 12.	GemLasten	O. **26**	43	*154*
1894 Febr. 5.	StaatsEinkSt.	S. **2**	402	*400*
März 19.	"	S. **2**	465	*365* *462*
Okt. 24.	GewSt.	S. **3**	298	*254*
1896 Febr. 29.	GemEinkSt.	—	—	*302*
Mai 20.	GemLasten	O. **29**	41	*229*
Juli 2.	StaatsEinkSt.	S. **5**	199	*381*
Sept. 30.	GemGrundSt.	P. **18**	102	*229*
Okt. 28.	GemLasten	O. **30**	81	*229*
Nov. 27.	StaatsEinkSt.	S. **5**	270	*384*
1897 März 26.	GemBeamte	O. **31**	131	*295*
Mai 24.	StaatsEinkSt.	S. **6**	117	*360*
Juni 10.	"	S. **6**	192	*403*
25.	"	S. **6**	216	*278*
1897 Juli 7.	LustbarkeitsSt.	O. **32**	104	*188*
1898 Jan. 26.	GemGrundSt.	P. **19**	390	*229*
Febr. 8.	"	O. **34**	182	*244*
März 16.	"	O. **34**	39	*242*
18.	StaatsEinkSt.	S. **6**	342	*400*
April 18.	Anliegerbeiträge	O. **33**	130	*337*
19.	GemGrundSt.	O. **34**	25	*150*
Mai 5.	GewSt.	S. **7**	435	*274*
Okt. 13.	StaatsEinkSt.	S. **7**	187	*389*
Dez. 16.	"	S. **7**	380	*390*
1899 Febr. 23.	StaatsEinkSt.	S. **8**	10	*365* *368*
Mai 12.	GemGrundSt.	P. **20**	480	*229*
30.	UmsatzSt.	O. **35**	48	*222*
Sept. 21.	StaatsEinkSt.	S. **8**	234	*60*
Nov. 3.	GemGrundSt.	P. **21**	302	*237*
Dez. 22.	GemEinkSt.	O. **37**	118	*295*
1900 März 8.	StaatsEinkSt.	S. **9**	203	*403*
April 26.	"	S. **9**	87	*384*
Juni 11.	Anliegerbeiträge	O. **37**	49	*337*
Nov. 23.	GemGrundSt.	O. **38**	165	*230* *234*
Dez. 14.	Umsatzsteuern	O. **38**	100	*191*
1901 Febr. 6.	StaatsEinkSt.	S. **9**	133	*360*
April 3.	"	S. **10**	99	*352*
17.	"	S. **10**	186	*403*
Juni 8.	GemGrundSt.	O. **39**	133	*241*
18.	GemGewSt.	O. **39**	80	*255* *256*
Juli 8.	Handelsrecht	KGJ.22A	280	*203*

Oktober 1901—Februar 1908.

Datum	Gegenstand	abgedruckt Band	abgedruckt Seite	Seite
1901 Okt. 17.	GewSt.	S. **10**	430	*467*
22.	GemEinkSt.	O. **40**	55	*298*
Nov. 2.	StaatsEinkSt.	S. **10**	175	*404*
19.	GemGewSt.	O. **40**	72	*246*
Dez. 2.	Anliegerbeiträge	O. **40**	100	*172*
19.	ErgSt.	S. **10**	375	*434*
1902 Jan. 13.	VerwStreitVerf.	O. **41**	456	*323*
17.	Biersteuern	P. **24**	361	*191*
25.	Nachlaßpflegschaft	RGZ. **50**	394	*224*
Febr. 24.	Anliegerbeiträge	O. **41**	107	*176*
März 3.	"	O. **41**	128	*167* *342*
April 8.	GemGrundSt.	O. **41**	88	*221* *245*
Juni 13.	UmsatzSt.	O. **42**	110	*343* *344*
Juli 2.	StaatsEinkSt.	S. **10**	295	*414*
Sept. 25.	"	S. **11**	412	*464*
26.	GemGrundSt.	—	—	*330*
1903 März 4.	StaatsEinkSt.	S. **11**	210	*416*
Sept. 18.	GemEinkSt.	P. **25**	195	*237*
Nov. 2.	Handelsrecht	RGZ. **56**	100	*15*
7.	StaatsEinkSt.	S. **11**	194	*407*
1904 März 5.	StaatsEinkSt.	S. **11**	262	*462*
April 30.	"	S. **11**	190	*403*
Juni 14.	GemGrundSt.	P. **26**	162	*237*
15.	StaatsEinkSt.	S. **12**	239	*397*
23.	"	S. **12**	146	*394*
Juli 4.	GewSt.	S. **12**	469	*468*
Okt. 28.	GemEinkSt.	O. **47**	65	*323*
1905 März 9.	GewSt.	S. **12**	470	*467*

Datum	Gegenstand	abgedruckt Band	abgedruckt Seite	Seite
1905 Juni 28.	StaatsEinkSt.	S. **12**	43	*362*
28.	"	S. **12**	178	*391* *398*
Sept. 26.	GemGrundSt.	O. **47**	153	*245*
Okt. 11.	StaatsEinkSt.	S. **12**	52	*465*
1906 Jan. 13.	StaatsEinkSt.	S. **12**	141	*274*
Febr. 16.	GemEinkSt.	O. **49**	144	*314*
März 9.	Indirekte Gemeindesteuern	—	—	*191*
April 21.	Öffentl. Lasten	RGZ. **63**	190	*256*
Mai 1.	GemAbg.	O. **48**	33	*343*
Juli 3.	GemEinkSt.	O. **48**	63	*307* *309*
Okt. 17.	Genossenschaftsrecht	RGZ. **64**	193	*261*
Nov. 20.	GemGrundSt.	O. **49**	54	*248*
20.	SchulAbg.	O. **49**	201	*138*
22.	Zwangsversteigerung	RGZ. **64**	308	*117*
1907 Jan. 5.	Hypothekenrecht	RGZ. **65**	64	*117*
8.	SynagogenAbg.	O. **49**	218	*288*
15.	GemGrundSt.	O. **50**	107	*249*
März 12.	Nachlaßverwaltung	RGZ. **65**	287	*224*
21.	Biersteuer	D. **12**	661	*189*
April 16.	GemEinkSt.	O. **50**	120	*275*
Juni 12.	Hypothekenrecht	RGZ. **66**	210	*117*
Okt. 1.	GemEinkSt.	O. **51**	134	*310*
31.	Aktienrecht	KGJ. 35A	289	*117*
Nov. 26.	WasserGeb.	O. **51**	59	*141*
Dez. 5.	StaatsEinkSt.	S. **13**	341	*431*
1908 Febr. 4.	Konkursrecht	RGZ. **67**	383	*201*

Februar 1908—März 1911.

Datum	Gegenstand	abgedruckt Band	abgedruckt Seite	Seite
1908				
Febr. 8.	StaatsEinkSt.	S. **13**	48	*362*
22.	"	S. **13**	190	*274*
März 9.	UmsatzSt.	P. **29**	1033	*189*
12.	Anliegerbeiträge	O. **52**	106	*178*
13.	GemGrundSt.	O. **52**	139	*224*
April 9.	SchankerlaubnSt.	O. **52**	8	*183*
Mai 2.	Schenkung	RGZ. **68**	328	*21*
Juni 3.	Grundschuld	RGZ. **69**	43	*117*
16.	KreisAbg.	O. **52**	1	*317*
19.	StaatsEinkSt.	S. **13**	149	*389*
27.	"	S. **13**	95	*403*
Okt. 15.	Gebühren	—	—	*288*
17.	StaatsEinkSt.	S. **14**	236	*278*
Nov. 19.	UmsatzSt.	O. **53**	119	*200*
1909				
Jan. 20.	StaatsEinkSt.	S. **14**	352	*462*
Febr. 20.	"	S. **14**	45	*430*
März 3.	"	S. **14**	265	*453*
30.	GemGrundSt.	P. **31**	227	*248*
April 28.	StaatsEinkSt.	—	—	*381*
30.	GemEinkSt.	P. **31**	344	*336*
Juni 15.	GemAbg.	O. **54**	128	*252* *318*
Juli 3.	StaatsEinkSt.	R. **17**	811	407
3.	"	S. **14**	359	*423*
8.	UmsatzSt.	O. **54**	26	*134*
Okt. 12.	GemGrundSt.	O. **56**	164	*245*
14.	Anliegerbeiträge	O. **55**	79	*178*
21.	UmsatzSt.	O. **55**	108	*182*
Nov. 20.	StaatsEinkSt.	S. **14**	227	*414*
Dez. 14.	KreisAbg.	O. **55**	11	*133*
1910				
Jan. 4.	Dir. KreisSt.	O. **57**	1	*125*
7.	GemEinkSt.	O. **56**	189	*274*
21.	KreisAbg.	O. **55**	17	*130* *229*
26.	StaatsEinkSt.	S. **14**	86	*403*
1910				
Jan. 28.	UmsatzSt.	RGZ. **72**	395	*207*
März 3.	Hypothekenrecht	RGZ. **73**	136	*195*
7.	Fluchtlinien	O. **55**	244	*179*
8.	GemGrundSt.	O. **56**	174	*241*
8.	Müllabfuhrgebühren	—	—	*154* *157*
23.	StaatsEinkSt.	S. **14**	396	*431*
April 5.	GemGrundSt.	O. **56**	178	*236* *237*
18.	StaatsEinkSt.	S. **14**	123	*355*
21.	UmsatzSt.	P. **32**	119	*112*
26.	Schullasten	O. **56**	226	*346*
26.	GemGewSt.	P. **32**	532	*256*
Mai 24.	Feuerversich.-Anstalten	O. **56**	454	*300*
Juli 1.	GemGrundSt.	O. **57**	157	*240*
1.	"	P. **32**	104	*229*
Sept. 28.	StaatsEinkSt.	S. **15**	185	*404*
29.	Handelskammer-Beitr.	O. **57**	438-440	*256*
Okt. 6.	UmsatzSt.	O. **57**	131	*109* *184*
7.	GemGewSt.	O. **57**	173	*252*
Nov. 15.	GemGrundSt.	P. **32**	647	231
25.	"	O. **57**	167	*282*
28.	Konkursrecht	KGJ. **40**	281	*117*
Dez. 7.	StaatsEinkSt.	S. **15**	54	*361*
1911				
Jan. 3.	GemGewSt.	O. **58**	163	*249*
3.	GemEinkSt.	P. **32**	481	*277*
5.	UmsatzSt.	O. **58**	122	*213*
14.	StaatsEinkSt.	S. **16**	116	380
Febr. 9.	UmsatzSt.	O. **58**	13	*113*
9.	GewSt.	S. **15**	531	*362*
10.	GemGewSt.	O. **58**	168	*256* *257*
18.	StaatsEinkSt.	S. **16**	202	398
20.	UmsatzSt.	O. **59**	12	*112*
20.	"	—	—	*112*
März 1.	StaatsEinkSt.	S. **16**	111	381
1.	"	S. **16**	176	394

März 1911—Oktober 1912.

Datum	Gegenstand	abgedruckt Band	abgedruckt Seite	Seite
1911				
März				
2.	UmsatzSt.	O. **58**	132	*182*
				210
6.	"	O. **58**	23	*194*
17.	GemGebSt.	P. **33**	315	*229*
22.	StaatsEinkSt.	S. **15**	34	*365*
31.	GemEinkSt.	O. **59**	162	*289*
April				
28.	StaatsEinkSt.	S. **16**	119	355
Mai				
10.	"	R. **18**	177	399
20.	"	S. **15**	192	*277*
20.	"	S. **16**	24	352
24.	"	S. **16**	54	349
Juni				
14.	"	S. **15**	104	*274*
16.	GemGrundSt.	P. **33**	265	*254*
Sept.				
21.	Anliegerbeiträge	O. **60**	110	*208*
30.	Bergrecht	RGZ. **77**	226	*475*
Okt.				
6.	Schullasten	O. **60**	256	*318*
7.	StaatsEinkSt.	S. **16**	139	386
26.	GemEinkSt.	P. **33**	317	*265*
28.	StaatsEinkSt.	S. **16**	137	385
Nov.				
8.	"	S. **16**	199	397
18.	"	A. **17**	198	389
20.	WertZuwSt.	O. **60**	148	*70*
Dez.				
5.	GemEinkSt.	P. **33**	534	294
11.	UmsatzSt.	O. **60**	139	*17*
20.	StaatsEinkSt.	S. **16**	105	379
21.	Anliegerbeiträge	P. **33**	769	*166*
1912				
Jan.				
4.	GemEinkSt.	O. **60**	185	*277*
				285
8.	Gesellschaftsrecht	—	—	*262*
Febr.				
3.	StaatsEinkSt.	S. **15**	268	*418*
8.	GemEinkSt.	O. **62**	394	*273*
12.	GewSt.	S. **15**	448	*261*
19.	SchankerlaubnSt.	—	—	*120*
März				
1.	GemGrundSt.	P. **33**	504	*229*
7.	GemEinkSt.	O. **62**	401	*331*
				335
16.	StaatsEinkSt.	S. **16**	151	385
April				
1.	ZuwSt.	O. **62**	1	*34*
17.	StaatsEinkSt.	S. **16**	11	366
18.	ZuwSt.	O. **62**	8	*79*

Datum	Gegenstand	abgedruckt Band	abgedruckt Seite	Seite
1912				
April				
20.	StaatsEinkSt.	S. **16**	348	438
20.	"	—	—	*432*
30.	GemGrundSt.	P. **34**	30	*250*
Mai				
2.	Wertzuwachssteuer	—	—	*212*
3.	BauPolGeb.	P. **34**	116	*159*
15.	StaatsEinkSt.	S. **15**	80	*360*
15.	"	S. **16**	346	435
20.	GemEinkSt.	P. **34**	713	*263*
23.	ZuwachsSt.	O. **62**	18	*18*
Juni				
10.	GemEinkSt.	D. **18**	414	299
13.	ErgSt.	S. **15**	390	*88*
				444
				446
18.	GemGrundSt.	O. **62**	311	*246*
19.	StaatsEinkSt.	S. **16**	272	419
19.	"	S. **16**	310	427
26.	"	S. **15**	169	*400*
29.	"	S. **16**	175	394
29.	"	R. **17**	640	393
Juli				
2.	KanalGeb.	O. **62**	137	*143*
			145	*157*
3.	StaatsEinkSt.	S. **16**	107	380
11.	ZuwSt.	O. **62**	40	*67*
11.	GemEinkSt.	O. **64**	284	289
Sept.				
19.	ZuwachsSt.	O. **62**	49	*26*
				97
23.	GemEinkSt.	P. **35**	307	319
25.	StaatsEinkSt.	S. **16**	3	348
25.	"	S. **16**	93	375
28.	"	S. **16**	27	356
28.	"	S. **16**	74	372
28.	"	S. **16**	159	366
28.	"	S. **16**	215	406
28.	"	S. **16**	275	419
28.	"	S. **16**	358	438
28.	ErgSt.	S. **16**	394	454
Okt.				
2.	StaatsEinkSt.	S. **16**	45	358
2.	GewSt.	S. **16**	455	469
4.	GemGewSt.	O. **62**	350	*256*
8.	GemGrundSt.	O. **62**	315	*335*
10.	WertzuwachsSt.	O. **62**	277	*222*
12.	StaatsEinkSt.	S. **16**	237	413
12.	"	S. **16**	258	417
12.	"	S. **16**	*273*	419
12.	"	S. **16**	281	421
12.	"	S. **16**	283	421
12.	"	S. **16**	284	422
13.	GemGrundSt.	—	—	*230*

Oktober 1912—März 1913.

Datum	Gegenstand	abgedruckt Band	abgedruckt Seite	Seite
1912				
Okt.				
16.	StaatsEinkSt.	S. **16**	218	403
16.	ErgSt.	S. **16**	361	442
21.	ZuwachsSt.	O. **62**	58	*77*
21.	"	O. **62**	59	*44*
				46
				52
21.	"	O. **62**	67	*47*
22.	Gebühren	D. **18**	591	138
23.	StaatsEinkSt.	S. **16**	244	410
23.	"	S. **16**	268	418
26.	ErgSt.	S. **16**	364	443
26.	"	S. **16**	371	444
29.	ZuwSt.	O. **62**	59	*52*
Nov.				
2.	StaatsEinkSt.	S. **16**	1	347
2.	"	S. **16**	78	374
4.	GemEinkSt.	P. **34**	243	*265*
6.	StaatsEinkSt.	S. **16**	136	359
6.	"	S. **16**	169	394
6.	ErgSt.	S. **16**	374	444
6.	GewSt.	S. **16**	417	459
8.	KreisAbg.	O. **62**	103	*229*
16.	ErgSt.	S. **16**	375	444
16.	"	S. **16**	387	447
19.	StaatsEinkSt.	S. **16**	277	420
28.	"	S. **16**	114	381
29.	GemEinkSt.	P. **34**	433	297
	Einspruchsverf.			341
Dez.				
7.	GewSt.	S. **16**	400	455
7.	"	S. **16**	403	456
11.	StaatsEinkSt.	S. **16**	50	358
16.	Umsatzsteuern	P. **35**	197	*196*
19.	KreisUmsatzSt.	O. **64**	157	115
20.	GemGewSt.	O. **64**	263	254
21.	StaatsEinkSt.	S. **16**	21	359
1913				
Jan.				
2.	ZuwSt.	O. **64**	1	31
2.	"	O. **64**	3	1
2.	"	O. **64**	6	2
				17
2.	Anliegerbeiträge	P. **36**	460	165
6.	"	P. **35**	602	176
8.	StaatsEinkSt.	S. **16**	88	377
9.	ZuwSt.	O. **64**	10	3
				26
9.	"	O. **64**	17	3
15.	StaatsEinkSt.	S. **16**	44	357
15.	ErgSt.	S. **16**	397	455
16.	ZuwSt.	O. **64**	21	31
				90
16.	"	O. **64**	26	68

Datum	Gegenstand	abgedruckt Band	abgedruckt Seite	Seite
1913				
Jan.				
16.	GemEinkSt.	O. **64**	288	266
16.	Anliegerbeiträge	P. **35**	541	179
20.	Lustbarkeitssteuern	P. **35**	229	182
23.	GemEinkSt.	O. **64**	291	290
				291
23.	ProvAbgaben	P. **34**	806	*103*
24.	GemGewSt.	O. **64**	269	257
25.	StaatsEinkSt.	S. **16**	334	432
31.	GemGrundSt.	O. **64**	247	241
				246
31.	Zuschüsse der Betriebsgemeinden	P. **34**	788	*323*
Febr.				
5.	StaatsEinkSt.	S. **16**	72	372
5.	GewSt.	S. **16**	463	470
5.	WarenhsSt.	S. **16**	464	471
6.	ZuwSt.	O. **64**	30	69
6.	"	O. **64**	32	70
6.	"	O. **64**	36	70
6.	"	M. **13**	105	*48*
6.	GemEinkSt.	O. **64**	294	302
6.	Anliegerbeiträge	P. **36**	559	170
7.	GemGrundSt.	O. **64**	260	233
10.	StaatsEinkSt.	S. **16**	102	352
10.	"	S. **16**	158	366
11.	Stempelrecht	RGZ. **81**	311	*113*
12.	StaatsEinkSt.	S. **16**	312	428
12.	ErgSt.	S. **16**	369	452
14.	GemGewSt.	O. **64**	275	256
19.	StaatsEinkSt.	S. **16**	303	426
19.	"	S. **16**	355	438
19.	"	A. **17**	37	350
19.	"	A. **17**	52	381
19.	"	A. **17**	52	386
22.	Gebühren	O. **64**	371	138
26.	StaatsEinkSt.	S. **16**	12	364
27.	ZuwSt.	O. **64**	39	62
				97
27.	"	O. **64**	43	30
				90
27.	"	O. **64**	46	13
28.	Rechtsmittelfristen f. GemAbg.	P. **35**	112	340
März				
5.	StaatsEinkSt.	S. **16**	51	358
5.	"	S. **16**	279	420
5.	ErgSt.	S. **16**	387	447
5.	"	S. **16**	389	449
5.	"	S. **16**	390	449
5.	"	S. **16**	392	450
5.	"	S. **16**	396	454
5.	StaatsEinkSt.	D. **19**	105	392
11.	"	A. **19**	179	442

März 1913—Mai 1913.

Datum	Gegenstand	abgedruckt Band	Seite	Seite
1913				
März				
11.	KreisUmlSt.	P. **35**	260	107
15.	StaatsEinkSt.	S. **16**	132	384
15.	ErgSt.	S. **16**	386	447
15.	"	S. **16**	389	448
15.	"	S. **16**	392	450
15.	StaatsEinkSt.	A. **17**	37	386
15.	"	D. **19**	106	404
15.	"	D. **19**	175	359
15.	GewSt.	D. **19**	383	469
15.	StaatsEinkSt.	R. **18**	570	364
18.	ZuwSt.	O. **64**	49	4
18.	"	O. **64**	53	*52*
				61
				62
18.	"	O. **64**	55	14
18.	"	O. **64**	57	71
				83
				88
18.	"	O. **64**	61	72
18.	"	M. **13**	209	77
29.	StaatsEinkSt.	S. **16**	126	383
29.	"	S. **16**	197	393
29.	"	S. **16**	255	417
29.	"	S. **16**	260	414
29.	"	S. **16**	295	423
29.	ErgSt.	S. **16**	388	448
29.	"	S. **16**	390	449
29.	GewSt.	S. **16**	418	460
29.	StaatsEinkSt.	D. **19**	106	427
29.	"	D. **19**	239	365
29.	"	D. **19**	311	348
29.	"	D. **19**	444	386
29.	"	D. **19**	445	404
29.	"	R. **17**	568	429
29.	"	R. **18**	177	405
29.	"	A. **17**	180	414
31.	GemEinkSt.	O. **64**	301	273
April				
3.	Anliegerbeiträge	P. **36**	24	172
3.	"	O. **64**	207	170
3.	Einspruchsverf. bei GemAbg.	P. **36**	8	342
4.	ZuwachsSt.	O. **64**	65	97
4.	"	O. **64**	67	73
4.	Beitr. nach § 9 KommAbgG.	O. **64**	205	161
4.	GemGrundSt.	P. **35**	246	329
5.	GewSt.	S. **16**	412	458
5.	"	D. **19**	575	466
5.	StaatsEinkSt.	D. **19**	511	392
5.	"	D. **19**	511	359
8.	Wertzuwachssteuer	O. **64**	221	208

Datum	Gegenstand	abgedruckt Band	Seite	Seite
1913				
April				
8.	Gebühren	O. **64**	238	139
10.	GemEinkSt.	O. **64**	306	300
11.	Schlachthausgebühren	O. **64**	240	158
15.	ZuwSt.	O. **64**	69	98
				52
15.	"	O. **64**	72	91
15.	"	O. **64**	75	91
15.	"	O. **64**	76	91
15.	"	O. **64**	80	31
16.	StaatsEinkSt.	S. **16**	30	357
16.	GewSt.	S. **16**	420	461
16.	"	S. **16**	451	468
16.	StaatsEinkSt.	D. **19**	511	387
16.	GewSt.	D. **19**	575	457
16.	"	D. **19**	832	457
16.	StaatsEinkSt.	D. **19**	888	387
17.	Anliegerbeiträge	P. **36**	85	171
19.	StaatsEinkSt.	S. **16**	337	435
19.	ErgSt.	A. **17**	164	452
22.	GemGrundSt.	P. **35**	261	247
26.	StaatsEinkSt.	S. **16**	210	405
26.	GewSt.	D. **19**	759	459
28.	Anliegerbeiträge	O. **65**	144	167
29.	ZuwSt.	O. **64**	82	14
				98
29.	"	O. **64**	85	74
29.	SchankerlaubnSt.	P. **35**	643	120
30.	StaatsEinkSt.	A. **17**	239	415
30.	"	S. **16**	304	426
30.	"	S. **16**	356	438
30.	"	A. **17**	179	424
Mai				
2.	Einspruchsverf. bei GemAbg.	P. **35**	306	342
5.	GemEinkSt.	P. **35**	748	331
6.	Kanalisationsgebühren	P. **35**	305	146
6.	Straßenreinigungsgebühren	R. **18**	34	153
9.	ZuwSt.	O. **64**	90	15
9.	"	O. **64**	93	75
9.	"	O. **64**	95	32
9.	Lustbarkeitssteuern	O. **64**	228	182
				219
9.	ZuwSt.	P. **35**	459	62
14.	StaatsEinkSt.	S. **16**	201	398
14.	"	A. **17**	180	411
14.	"	A. **17**	240	378
15.	Rechtsmittel geg. GemAbg.	O. **64**	312	339
15.	Anliegerbeiträge	D. **18**	1502	165

Mai 1913—September 1913.

Datum	Gegenstand	abgedruckt Band	abgedruckt Seite	Seite
1913 Mai				
17.	StaatsEinkSt.	S. **16**	77	372
17.	"	S. **16**	173	396
17.	"	D. **19**	999	398
20.	ZuwSt.	O. **64**	99	33
20.	"	O. **64**	103	33
20.	"	O. **64**	104	33
23.	GemGewSt.	P. **35**	385	251
23.	GemGrundSt.	P. **35**	402	244
23.	GewSt.	D. **19**	105	456
27.	ZuwSt.	O. **64**	106	34
27.	"	O. **64**	109	*54* *59*
27.	"	O. **64**	110	*206*
27.	"	O. **64**	111	98
27.	"	O. **64**	113	5
27.	"	O. **64**	116	64
27.	"	O. **65**	1	37 *48*
27.	"	M. **13**	231	*205*
27.	Einspruchsverf. bei GemAbg.	D. **19**	174	343
28.	StaatsEinkSt.	S. **16**	171	395
28.	"	A. **17**	116	380
28.	"	A. **17**	240	422
28.	ErgSt.	A. **17**	164	454
29.	GemEinkSt.	—	—	*272*
30.	GemGrundSt.	P. **35**	442	227
Juni				
2.	GemEinkSt.	O. **64**	316	299
2.	"	—	—	*281*
4.	ErgSt.	S. **16**	393	450
4.	GewSt.	S. **16**	454	469
4.	"	S. **16**	460	470
6.	GemGewSt.	P. **35**	460	250
10.	KreisUmsatzSt.	O. **64**	159	114
10.	Kanalisationsgebühren	O. **64**	203 202	146 *149*
12.	Anliegerbeiträge	O. **64**	213	176
13.	ZuwSt.	O. **64**	118	35
13.	"	O. **64**	120	92
13.	"	O. **64**	122	35
13.	"	O. **64**	128	36
13.	"	M. **13**	254	*68*
13.	Zuschüsse gem. RBestG.	O. **64**	331	327
14.	StaatsEinkSt.	S. **16**	289	422
18.	"	S. **16**	182	401
20.	ZuwSt.	O. **64**	131	89
20.	Gemeinde-Schankkonzessionssteuer	O. **64**	231	218
20.	GemGrundSt.	O. **64**	257	235
20.	"	O. **64**	259	*298*

Datum	Gegenstand	abgedruckt Band	abgedruckt Seite	Seite
1913 Juni				
20.	Gemeinde-Hundesteuer	P. **35**	322	215
20.	GemGrundSt.	P. **35**	504	220
23.	GemEinkSt.	O. **64**	322	283
23.	"	O. **64**	325	*282*
24.	Gebühren	O. **64**	242	139
24.	Wassergebühren	P. **35**	382	144
27.	BauPolGeb.	O. **64**	245	158
27.	StaatsEinkSt.	D. **19**	1115	437
30.	"	S. **16**	350	367 384 440
Juli				
1.	KreisUmsatzSt.	P. **35**	361	108
3.	Beitr. nach § 9 KommAbgG.	O. **64**	217	163
3.	GemEinkSt.	—	—	*262*
4.	ZuwSt.	O. **64**	136	6 *23*
4.	"	O. **64**	141	*50*
4.	GemGewSt.	O. **64**	279	259
4.	Kanalisationsgebühren	P. **35**	416	147
4.	GemGrundSt.	P. **35**	524	221
4.	Stempelrecht	RGZ. **83**	52	*112*
5.	StaatsEinkSt.	S. **16**	179	401
5.	GewSt.	S. **16**	407	457
5.	"	D. **19**	832	470
10.	Anliegerbeiträge	O. **65**	147	169
10.	Umsatzsteuern	O. **69**	197	198
10.	Anliegerbeiträge	P. **36**	365	171
11.	Wertzuwachssteuern	O. **64**	225	209
12.	ErgSt.	S. **16**	388	448
11.	Umsatzsteuern	D. **19**	311	193
30.	StaatsEinkSt.	A. **18**	68	348
Sept.				
18.	Anliegerbeiträge	O. **65**	149	173
18.	"	P. **37**	8	179
19.	ZuwSt.	O. **65**	6	64
19.	"	—	—	*22*
19.	VerwStreitVerf.	D. **19**	382	345
20.	GewSt.	S. **16**	416	460
20.	"	S. **16**	441	465
23.	ZuwSt.	O. **65**	33	94
23.	"	—	—	*85*
23.	"	D. **19**	383	65
23.	Dir. KreisSt.	O. **65**	42	125
23.	Lustbarkeitssteuern	P. **35**	480	184
27.	StaatsEinkSt.	S. **16**	68	371
27.	"	S. **16**	91	375
27.	"	S. **16**	168	367
27.	"	S. **16**	318	429

September 1913—Dezember 1913.

Datum	Gegenstand	abgedruckt Band	abgedruckt Seite	Seite
1913 Sept.				
27.	StaatsEinkSt.	S. **16**	336	433
27.	"	A. **17**	10	365
27.	"	A. **17**	240	424
30.	Dir. KreisSt.	O. **65**	46	132 *134*
30.	Müllabfuhrgebühren	P. **35**	620	154
Okt.				
3.	Rechtsmittel geg. KreisAbg.	O. **65**	48	135
3.	Umsatzsteuern	O. **65**	154	189
3.	GemGewSt.	O. **65**	188	258
3.	Lustbarkeitssteuern	P. **35**	523	185
3.	Kanalisationsgebühren	P. **35**	601	145
4.	StaatsEinkSt.	S. **16**	227	408
7.	ZuwSt.	O. **65**	4	*52* 65
7.	"	O. **65**	14	75
7.	"	O. **65**	25	75
8.	StaatsEinkSt.	S. **16**	213	407
8.	"	S. **16**	320	431
8.	"	A. **17**	52	436
8.	"	A. **18**	11	351
9.	GemEinkSt.	A. **17**	67	268
14.	ZuwSt.[1])	O. **65**	21	77
14.	KreisAbg.	O. **66**	31	105
14.	Kanalisationsgebühren	P. **35**	657	151
15.	StaatsEinkSt.	S. **16**	154	387
15.	"	A. **17**	12	365
15.	"	A. **17**	12	368
20.	"	S. **16**	161	400
20.	"	S. **16**	352	441
20.	"	A. **17**	11	416
20.	"	A. **18**	25	433
20.	ErgSt.	R. **17**	811	451
21.	GemGrundSt.	O. **65**	157	235
21.	SchankerlaubnSt.	P. **35**	212	*136*
24.	GemGrundSt.	P. **35**	660	247
25.	StaatsEinkSt.	S. **16**	19	360
25.	"	S. **16**	156	386
28.	SchankerlaubnSt	P. **35**	700	121
30.	StaatsEinkSt.	S. **16**	62	373
30.	"	S. **16**	71	371
30.	"	S. **16**	124	382
31.	Nachforderungen v. GemSt.	O. **65**	180	338
31.	GemEinkSt.	P. **35**	717	333

[1]) Bescheid.

Datum	Gegenstand	abgedruckt Band	abgedruckt Seite	Seite
1913 Sept.				
31.	Beitr. nach § 9 KommAbgG.	P. **35**	777	163
Nov.				
3.	GemEinkSt.	A. **17**	68	333
3.	"	P. **35**	246	320
4.	ZuwSt.	O. **65**	8	37
4.	"	P. **35**	482	15
4.	"	D. **19**	702	35
5.	WarenhsSt.	S. **16**	467	471
5.	StaatsEinkSt.	A. **17**	52	387
8.	"	S. **16**	79	351
8.	"	S. **16**	252	417
8.	"	S. **16**	292	423
8.	"	A. **17**	117	423
13.	GemEinkSt.	O. **65**	190	312
13.	"	P. **35**	322	321
13.	Lustbarkeitssteuern	R. **18**	74	183
15.	StaatsEinkSt.	S. **16**	150	388
15.	GewSt.	S. **16**	426	462
15.	WarenhsSt.	S. **16**	465	471
17.	GemEinkSt.	O. **65**	197	310
18.	Wertzuwachssteuer	O. **65**	151	209
18.	GemGrundSt.	O. **65**	166	229
18.	StaatsEinkSt.	S. **16**	286	422
18.	"	S. **16**	306	426
21.	ZuwSt.	O. **65**	22	77
21.	"	O. **65**	36	16
21.	"	M. **14**	55	*200*
25.	"	O. **65**	29	39
25.	"	D. **19**	759	38
26.	StaatsEinkSt.	S. **16**	14	353
27.	Anliegerbeiträge	D. **19**	831	177
28.	GemGewSt.	O. **65**	184	260
28.	GemGrundSt.	O. **66**	165	237 *238*
29.	StaatsEinkSt.	S. **16**	34	361
29.	"	S. **16**	141	360
Dez.				
2.	ZuwSt.	O. **65**	31	39
2.	GemGrundSt.	O. **65**	172	244
4.	Anliegerbeiträge	O. **66**	146	171
6.	StaatsEinkSt.	S. **16**	52	366
6.	"	S. **16**	76	372
6.	"	S. **16**	109	353
6.	GewSt.	S. **16**	430	463
6.	"	S. **16**	*442*	465
9.	Wertzuwachssteuer	P. **35**	542	210
10.	StaatsEinkSt.	S. **16**	247	416
10.	"	S. **16**	308	426
10.	"	S. **16**	317	428
10.	ErgSt.	S. **16**	386	447
11.	GemEinkSt.	O. **66**	197	315

Dezember 1913—Februar 1914.

Datum	Gegenstand	abgedruckt Band	abgedruckt Seite	Seite
1913 Dez.				
12.	GemGrundSt.	O. **65**	175	239
12.	Kanalisationsgebühren	P. **35**	746	147
15.	GemEinkSt.	O. **66**	200	291
15.	"	P. **35**	445	286
16.	GemGrundSt.	O. **67**	163	240
17.	StaatsEinkSt.	R. **19**	253	356
18.	GemEinkSt.	O. **66**	205	269
18.	"	P. **35**	506	270
19.	Gebühren	P. **35**	747	140
19.	Gemeinde-Schankkonzessionssteuer	P. **35**	809	216
19.	SchankerlaubnSt.	P. **35**	877	122
20.	StaatsEinkSt.	S. **16**	67	370
20.	"	S. **16**	129	383
20.	"	S. **16**	163	367
23.	ZuwSt.	O. **66**	*8*	66
23.	Umsatzsteuern	P. **35**	581	189
1914 Jan.				
2.	ZuwSt.	O. 66	1	93
2.	Rechtsmittel geg. GemAbg.	P. **35**	558	340
4.	GemEinkSt.	A. **17**	213	292
5.	"	P. **35**	461	335
5.	Zuschüsse d. Betriebsgemeinden	P. **35**	826	323
6.	ZuwSt.	O. **66**	5	65
6.	"	O. **66**	10	39
6.	"	O. **66**	14	40 99
6.	Rechtsmittel geg. SchankerlaubnSt.	O. **66**	52	135
6.	ZuwSt.	O. **67**	1	78
6.	"	P. **35**	603	77
6.	"	D. **19**	998	78
8.	GemEinkSt.	O. **66**	208	277
9.	ZuwSt.	O. **66**	18	41
9.	GemGrundSt.	O. **66**	171	329
14.	StaatsEinkSt.	S. **16**	340	436
14.	"	S. **16**	358	439
14.	GewSt.	S. **16**	402	456
14.	"	S. **16**	458	470
15.	GemEinkSt.	P. **35**	560	293
16.	ZuwSt.	O. **66**	20	95
16.	"	O. **66**	22	16
16.	"	O. **66**	25	61
16.	Stempelrecht	RGZ. **84**	108	*203*
17.	StaatsEinkSt.	A. **17**	319	427
17.	"	A. **18**	11	433
17.	"	A. **18**	26	394
17.	"	A. **18**	52	428

Datum	Gegenstand	abgedruckt Band	abgedruckt Seite	Seite
1914 Jan.				
17.	StaatsEinkSt.	A. **18**	251	351
17.	"	R. **18**	238	378
20.	Einspruchsverf. bei GemAbg.	O. **66**	140	343
20.	Gemeinde-Schankkonzessionssteuer	P. **35**	908	216
22.	Zuschüsse d. Betriebsgemeinden[1])	O. **66**	231	323
22.	GemEinkSt.	P. **35**	582	321
22.	"	P. **35**	644	301
23.	GemGrundSt.	O. **66**	174	223
23.	"	O. **66**	177	224 *250*
23.	ZuwSt.	O. **67**	4	41
23.	"	M. **14**	120	*205*
23.	BauPolGeb.	P. **35**	858	159
23.	"	P. **36**	102	159
26.	StaatsEinkSt.	S. **16**	65	370
26.	ErgSt.	S. **16**	390	449
26.	GewSt.	S. **16**	462	470
26.	StaatsEinkSt.	A. **17**	100	434
26.	"	A. **17**	163	381
29.	GemEinkSt.	P. **35**	781	264
29.	Zuschüsse d. Betriebsgemeinden	D. **19**	999	324
31.	StaatsEinkSt.	S. **16**	61	368
31.	"	S. **16**	205	403
31.	"	A. **18**	218	431
Febr.				
3.	Lustbarkeitssteuern	P. **36**	24	185
6.	ZuwSt.	O. **67**	8	79
9.	Zuschüsse der Betriebsgemeinden	O. **66**	235	324
10.	Kanalisationsgebühren	O. **66**	143	148
11.	KreisUmsatzSt.	O. **66**	36	115
11.	StaatsEinkSt.	S. **16**	59	349
12.	Anliegerbeiträge	O. **66**	147	177
12.	GemEinkSt.	A. **17**	181	305
13.	Wassergebühren	O. **66**	159	140 *156*
13.	Dir. KreisSt.	P. **36**	154	126
13.	ZuwSt.	D. **19**	1115	99
14.	StaatsEinkSt.	S. **16**	177	394
14.	"	S. **16**	263	412
16.	GemEinkSt.	O. **66**	212	272
16.	"	R. **18**	335	306
16.	"	R. **18**	570	311

[1]) Bescheid.

Februar 1914—April 1914.

Datum	Gegenstand	abgedruckt Band	abgedruckt Seite	Seite
1914				
Febr.				
17.	Gemeinde-Hundesteuer	O. **66**	157	215
17.	ZuwSt.	O. **67**	11	42
17.	"	O. **67**	17	79
17.	GemGewSt.	P. **35**	844	252
19.	GemEinkSt.	O. **66**	215	294
20.	GemGrundSt.	P. **35**	764	335
20.	ZuwSt.	D. **20**	212	96
23.	Anliegerbeiträge	O. **66**	150	174
25.	StaatsEinkSt.	S. **16**	95	375
25.	"	A. **17**	149	374
26.	GemEinkSt.	O. **66**	219	307
28.	StaatsEinkSt.	S. **16**	41	362
28.	"	S. **16**	47	358
28.	"	S. **16**	99	376
28.	"	S. **16**	270	418
28.	ErgSt.	S. **16**	387	448
28.	"	S. **16**	393	450
28.	StaatsEinkSt.	A. **18**	301	374
März				
2.	Einspruchsverf. bei GemAbg.	O. **66**	221	344
3.	Rechtsmittel geg. GemAbg.	O. **66**	180	340
3.	GemGrundSt.	O. **66**	180	231
3.	ZuwSt.	P. **36**	138	96
5.	Anliegerbeiträge	O. **67**	148	166
5.	Zuschüsse der Betriebsgemeinden	O. **67**	195	325
5.	Anliegerbeiträge	P. **37**	167	166
6.	ZuwSt.	O. **67**	20	43
6.	Umsatzsteuern	P. **35**	658	196
6.	GemGrundSt.	P. **35**	879	248
11.	KreisUmsatzSt.	O. **66**	37	109
11.	StaatsEinkSt.	S. **16**	127	383
11.	"	A. **17**	241	395
13.	Biersteuern	P. **35**	779	180
13.	Beitr. nach § 9 KommAbgG.	P. **36**	196	164
14.	KreisUmsatzSt.	O. **66**	44	110
14.	StaatsEinkSt.	S. **16**	18	354
14.	"	S. **16**	81	351
14.	"	S. **16**	148	387
14.	"	S. **16**	301	426
14.	"	S. **16**	327	431
14.	"	S. **16**	*332*	*432*
14.	"	S. **16**	359	439
17.	GemEinkSt.	O. **66**	185	330
17.	ZuwSt.	O. **67**	22	43
17.	Kanalisationsgebühren	P. **36**	281	**148**
18.	Umsatzsteuern	O. **66**	153	207

Datum	Gegenstand	abgedruckt Band	abgedruckt Seite	Seite
1914				
März				
20.	GemGewSt.	O. **66**	188	261
20.	ZuwSt.	O. **67**	24	7
25.	KreisUmsatzSt.	O. **66**	48	110
26.	GemEinkSt.	P. **35**	861	264
27.	ZuwSt.	O. **67**	29	19 *30*
27.	Wertzuwachssteuer	P. **35**	844	210
27.	MüllabfuhrGeb.	P. **36**	248	155
27.	Straßenreinigungsgebühren	R. **18**	569	153
28.	StaatsEinkSt.	S. **16**	32	355
28.	"	S. **16**	157	386
28.	"	S. **16**	208	406
28.	ErgSt.	S. **16**	366	443
28.	StaatsEinkSt.	A. **17**	212	351
28.	"	A. **17**	241	434
28.	"	A. **17**	304	418
30.	GemEinkSt.	P. **36**	219	265
31.	SchankerlaubnSt.	O. **66**	55	123
31.	GemEinkSt.	O. **67**	169	331
31.	Wassergebühren	P. **36**	280	142
April				
2.	GemEinkSt.	O. **66**	222	295
3.	ZuwSt.	P. **36**	184	44
8.	StaatsEinkSt.	S. **16**	341	434
8.	ErgSt.	S. **16**	382	445 *485*
8.	StaatsEinkSt.	A. **17**	211	440
8.	Umsatzsteuern	D. **20**	722	198
9.	StaatsEinkSt.	A. **17**	211	393
17.	ZuwSt.	O. **67**	31	44
17.	KreisUmsatzSt.	O. **67**	56	118
17.	ZuwSt.	M. **14**	208	*55*
18.	StaatsEinkSt.	S. **16**	9	348
18.	"	A. **17**	212	405
20.	ZuwSt.	O. **69**	41	57
20.	GemEinkSt.	P. **35**	910	282
21.	GemGewSt.	P. **35**	927	258
21.	Lustbarkeitssteuern	P. **36**	442	185
21.	Wassergebühren	P. **36**	507	142
23.	Zuschüsse der Betriebsgemeinden	O. **67**	192	324
24.	ZuwSt.	O. **67**	37	19
24.	"	O. **67**	43	18
24.	GemGewSt.	O. **67**	177	255
24.	ZuwSt.	P. **36**	266	45
24.	"	D. **20**	722	15
25.	StaatsEinkSt.	R. **18**	569	355
28.	Gemeinde-Schankkonzessionssteuer	P. **36**	559	216
28.	Einspruchsverf. bei GemAbg.	D. **20**	722	342

April 1914—Juli 1914.

Datum	Gegenstand	abgedruckt Band	abgedruckt Seite	Seite
1914				
April				
28.	Naturaldienste	R. **19**	373	338
29.	KreisUmsatzSt.	O. **67**	53	118
29.	StaatsEinkSt.	S. **16**	83	374
29.	"	A. **17**	212	437
29.	"	A. **17**	317	396
29.	"	A. **17**	318	356
29.	Rechtsmittel gegen KreisUmsatzSt.	P. **36**	298	137
30.	GemEinkSt.	P. **36**	11	288
Mai				
1.	ZuwSt.	O. **67**	46	8
1.	Wertzuwachssteuer	P. **35**	924	211
1.	"	P. **36**	70	210
1.	Lustbarkeitssteuern	P. **36**	600	186
1.	BauPolGeb.	P. **36**	663	160
1.	Lustbarkeitssteuern	P. **36**	679	183
1.	Anliegerbeiträge	—	—	*179*
5.	ZuwSt.	O. **68**	1	20
5.	"	O. **68**	3	45 *84*
5.	"	P. **35**	892	8
5.	"	D. **20**	722	80
5.	"	M. **14**	206	*213*
5.	Beitr. nach § 9 KommAbgG.	P. **36**	664	161
7.	Anliegerbeiträge	O. **68**	149	174
7.	GemEinkSt.	P. **35**	797	302
8.	ZuwSt.	O. **68**	8	66
9.	Umsatzsteuern	O. **67**	156	199
12.	Rechtsmittel geg. KreisAbg.	O. **67**	51	136
12.	StaatsEinkSt.	S. **16**	121	382
12.	"	A. **17**	276	429
13.	Umsatzsteuern	P. **36**	366	202
15.	GemGrundSt.	O. **67**	171	224
15.	VerwStreitVerf.	O. **67**	171	346
15.	ZuwSt.	O. **68**	12	20
15.	"	P. **35**	878	21
15.	"	P, **36**	86	21
15.	"	P. **36**	118	22
15.	"	D. **20**	929	100
18.	Anliegerbeiträge	D. **20**	1039	168
19.	ZuwSt.	O. **68**	15	67
19.	"	O. **68**	17	*27* 99
19.	SchankerlaubnSt.	O. **67**	64	183
19.	GemGrundSt.	P. **36**	40	232
22.	ZuwSt.	D. **20**	1039	92
26.	"	O. **69**	7	22
27.	StaatsEinkSt.	S. **16**	184	390

Datum	Gegenstand	abgedruckt Band	abgedruckt Seite	Seite
1914				
Mai				
27.	StaatsEinkSt.	S. **16**	193	392
27.	"	S. **16**	194	399
27.	"	R. **18**	672	393
28.	Anliegerbeiträge	O. **67**	151	167
28.	Nachforderungen v. GemSt.	D. **20**	1137	339
28.	Anliegerbeiträge	D. **20**	1138	168
Juni				
2.	Gemeinde-Hundesteuer	D. **20**	1138	215
4.	Beitr. nach § 9 KommAbgG.	O. **69**	181	161
9.	"	P. **36**	510	161
15.	GemEinkSt.	O. **67**	180	297
16.	GemGrundSt.	O. **67**	174	249
16.	ZuwSt.	O. **68**	23	100
16.	Gemeinde-Schankkonzessionssteuer	P. **36**	378	217
18.	Anliegerbeiträge	O. **67**	152	178
18.	GemEinkSt.	P. **35**	894	272
18.	"	P. **36**	120	278
18.	Anliegerbeiträge	P. **37**	313	172
20.	GemGrundSt.	O. **68**	207	228
20.	Lustbarkeitssteuern	D. **20**	1240	183
23.	ZuwSt.	O. **69**	22	80
23.	"	P. **36**	821	46
24.	Umsatzsteuern	P. **36**	282	199
24.	StaatsEinkSt.	A. **17**	276	369
24.	"	R. **18**	672	354
25.	Anliegerbeiträge	O. **67**	154	168
25.	GemEinkSt.	O. **68**	226	311
25.	"	P. **36**	41	262
26.	ZuwSt.	O. **68**	28	80
26.	"	O. **68**	*32*	82
26.	Lustbarkeitssteuern	D. **21**	347	186
27.	Umsatzsteuern	O. **67**	160	204
27.	GewSt.	S. **16**	423	461
27.	"	S. **16**	443	466
27.	StaatsEinkSt.	A. **18**	11	363
Juli				
2.	GemEinkSt.	O. **67**	187	285
3.	ZuwSt.	D. **21**	445	101
4.	WarenhSt.	S. **16**	468	472
4.	GewSt.	S. **16**	410	458
4.	StaatsEinkSt.	A. **17**	318	366
4.	GewSt.	R. **19**	143	465
4.	ErgSt.	R. **19**	143	451
4.	"	R. **19**	144	451
7.	ZuwSt.	P. **36**	104	82
9.	GemEinkSt.	P. **36**	60	271
9.	"	P. **36**	140	306

Juli 1914—Dezember 1914.

Datum	Gegenstand	abgedruckt Band	abgedruckt Seite	Seite
1914				
Juli				
10.	ZuwSt.	P. **36**	232	9
10.	"	P. **36**	295	101
10.	"	P. **36**	393	83
Sept.				
16.	KreisUmsatzSt.	O. **68**	56	111
16.	Umsatzsteuern	P. **36**	332	202
18.	Kanalisationsgebühren	P. **36**	379	152
18.	ZuwSt.	D. **21**	541	86
22.	"	P. **37**	183	10
22.	Wertzuwachssteuer	P. **37**	231	213
22.	VerwStreitVerf.	P. **37**	265	345
23.	GewSt.	S. **16**	447	467
23.	"	R. **19**	254	459
23.	"	R. **19**	254	460
23.	"	R. **19**	254	461
23.	"	R. **19**	255	466
23.	KreisUmsatzSt.	P. **36**	445	120
24.	Dir. KreisSt.	O. **68**	89	133
24.	Anliegerbeiträge	O. **68**	151	175
25.	ZuwSt.	P. **37**	343	23
25.	"	O. **69**	27	86
30.	Umsatzsteuern	O. **68**	164	194
Okt.				
2.	ZuwSt.	O. **69**	24	87
2.	Lustbarkeitssteuern	P. **36**	348	184
2.	SchankerlaubnSt.	P. **36**	790	124
6.	ZuwSt.	P. **36**	792	47
6.	GemGrundSt.	P. **36**	156	336
9.	ZuwSt.	O. **68**	34	92
16.	"	O. **68**	38	101
16.	"	P. **37**	442	24
19.	GemEinkSt.	P. **36**	184	306
20.	ZuwSt.	O. **68**	42	48
20.	Zuschüsse gem. RBestG.	O. **68**	203	326
20.	ZuwSt.	P. **37**	9	47
21.	KreisUmsatzSt.	O. **68**	59	112
23.	ZuwSt.	—	—	*27*
24.	StaatsEinkSt.	A. **18**	26	384
24.	"	A. **18**	26	441
24.	"	A. **18**	78	430
24.	"	R. **19**	142	399
27.	Dir. KreisSt.	O. **67**	61	133
27.	ZuwSt.	P. **36**	442	17
28.	Umsatzsteuern	P. **36**	619	201
28.	StaatsEinkSt.	A. **18**	68	439
28.	"	A. **18**	218	441
1914				
Nov.				
3.	ZuwSt.	O. **69**	30	48
3.	"	O. **69**	36	62
3.	Umsatzsteuern	P. **36**	413	190
3.	Dir. KreisSt.	P. **36**	846	127
4.	KreisUmsatzSt.	O. **68**	62	112
6.	ZuwSt.	O. **68**	45	10
7.	StaatsEinkSt.	A. **18**	109	397
7.	"	R. **20**	259	411
7.	"	R. **20**	259	425
10.	ZuwSt.	O. **69**	1	26
10.	"	P. **36**	511	88
10.	GemGrundSt.	P. **36**	601	233
11.	WarenhsSt.	S. **16**	470	472
11.	StaatsEinkSt.	A. **18**	47	388
12.	GemEinkSt.	P. **36**	350	272
17.	Dir. KreisSt.	O. **68**	85	127
17.	Lustbarkeitssteuern	O. **68**	199	186
17.	Rechtsmittel geg. KreisAbg.	O. **69**	68	136
24.	Einspruchsverf. bei GemAbg.	P. **37**	74	344
25.	Wertzuwachssteuer	P. **36**	367	214
25.	StaatsEinkSt.	A. **18**	53	388
27.	"	O. **69**	38	88
27.	"	O. **69**	40	88
29.	GemGrundSt.[1])	P. **36**	629	238
Dez.				
1.	GemGrundSt.	O. **68**	213	225
1.	ZuwSt.	O. **69**	10	49
1.	"	O. **69**	52	96
1.	"	P. **36**	580	11
1.	ZuwSt.	P. **36**	618	102
3.	GemEinkSt.	P. **36**	298	280
4.	GemGrundSt.	O. **68**	215	250
4.	ZuwSt.	P. **36**	649	50
8.	Wassergebühren	O. **68**	161	143
8.	ZuwSt.	P. **37**	89	51
9.	KreisUmsatzSt.	O. **68**	64	115
9.	StaatsEinkSt.	A. **18**	109	442
9.	"	A. **18**	217	410
10.	GemEinkSt.	O. **68**	229	336
10.	"	P. **37**	367	276
15.	ZuwSt.	P. **37**	120	12
17.	Anliegerbeiträge	O. **68**	155	175
19.	KreisUmsatzSt.	O. **68**	66	116
19.	Umsatzsteuern	P. **36**	381	191
23.	StaatsEinkSt.	A. **18**	109	441
23.	"	A. **18**	110	389
23.	"	A. **18**	335	366

[1]) Bescheid.

Januar 1915—Mai 1915.

Datum	Gegenstand	abgedruckt Band	abgedruckt Seite	Seite
1915				
Jan.				
5.	GemEinkSt.	O. **68**	218	337
5.	ZuwSt.	P. **37**	381	13
8.	"	O. **69**	46	27
8.	"	—	—	27
8.	"	—	—	28
8.	"	P. **36**	700	13
8.	GemGrundSt.	P. **36**	562	232
9.	StaatsEinkSt.	A. **18**	159	369
9.	WehrBeitr.	M. **15**	101	489
12.	ZuwSt.	P. **37**	365	53
14.	Anliegerbeiträge	O. **69**	173	169
22.	ZuwSt.	P. **37**	399	28
26.	"	O. **69**	16	53
26.	"	P. **37**	537	58
Febr.				
4.	Anliegerbeiträge	O. **69**	176	179
4.	GemEinkSt.	P. **36**	533	316
6.	Umsatzsteuern	O. **68**	169	204
9.	Dir. KreisSt.	O. **69**	71	128
10.	KreisUmsatzSt.	O. **68**	74	113
10.	StaatsEinkSt.	A. **18**	196	442
10.	"	A. **18**	216	402
11.	Anliegerbeiträge	O. **68**	157	178
11.	GemEinkSt.	P. **33**	725	*263*
12.	ZuwSt.	O. **69**	18	89
12.	"	P. **36**	717	29
13.	StaatsEinkSt.	A. **18**	335	425
13.	"	A. **18**	335	389
16.	Rechtsmittelfristen f. GemAbg.	P. **37**	87	341
16.	Gemeinde-Hundesteuer	P. **37**	106	215
18.	GemEinkSt.	O. **68**	231	303
18.	"	P. **36**	462	267
19.	ZuwSt.	P. **37**	471	54
23.	Dir. KreisSt.	O. **68**	91	134
24.	Umsatzsteuern	O. **68**	176	191 203
27.	WehrBeitr.	D. **20**	560	484
27.	"	D. **20**	560	487
27.	"	D. **20**	1170	484
27.	StaatsEinkSt.	R. **20**	258	424
März				
2.	GemGrundSt.	P. **36**	630	238
2.	ZuwSt.	P. **37**	487	55
4.	GemEinkSt.	O. **68**	239	317
5.	ProvAbgaben	O. **68**	50	103
10.	WehrBeitr.	D. **20**	559	474
10.	"	D. **20**	559	477
10.	"	D. **20**	560	479

Datum	Gegenstand	abgedruckt Band	abgedruckt Seite	Seite
1915				
März				
10.	WehrBeitr.	D. **20**	561	488
10.	"	D. **20**	561	489
11.	"	M. **15**	144	483
13.	"	D. **20**	560	488
13.	"	D. **20**	1168	478
13.	"	D. **20**	1168	479
13.	"	D. **20**	1169	479
13.	"	D. **20**	1170	484
13.	"	M. **15**	141	483
13.	StaatsEinkSt.	A. **18**	335	411
16.	GemGrundSt.	O. **68**	222	245
16.	ZuwSt.	O. **69**	54	96
17.	Umsatzsteuern	O. **68**	184	200
23.	ZuwSt.	O. **69**	4	29
24.	WehrBeitr.	D. **20**	559	474
24.	"	D. **20**	559	475
24.	"	D. **20**	560	*484*
24.	"	D. **20**	560	485
26.	SchankerlaubnSt.	P. **37**	55	124
29.	GemEinkSt.	O. **68**	243	274
30.	GemGrundSt.	O. **69**	208	225
April				
7.	WehrBeitr.	D. **20**	1169	475
7.	"	D. **20**	1169	475
7.	"	D. **20**	1169	475
7.	"	M. **15**	144	478
7.	"	M. **15**	165	481
7.	"	M. **15**	167	488
7.	"	M. **15**	199	483
10.	"	D. **20**	1170	485
10.	"	D. **20**	1172	489
10.	"	M. **15**	168	487
10.	"	M. **15**	170	487
13.	GemGrundSt.	P. **36**	665	222
14.	Umsatzsteuern	O. **68**	187	197
14.	"	O. **68**	190	201
14.	WehrBeitr.	D. **20**	1171	488
14.	"	M. **15**	168	483
19.	Zuschüsse d. Betriebsgemeinden	P. **37**	74	325
21.	KreisUmsatzSt.	O. **68**	76	118
21.	"	O. **68**	78	113
27.	WehrBeitr.	M. **15**	166	481
28.	"	D. **20**	1168	478
28.	"	D. **20**	1169	475
28.	"	D. **20**	1171	489
28.	"	D. **20**	1172	489
30.	Biersteuern	P. **37**	134	181
Mai				
4.	Gemeinde-Schankkonzessionssteuer	O. **69**	188	219

Mai 1915—Januar 1916.

Datum	Gegenstand	abgedruckt Band	abgedruckt Seite	Seite
1915				
Mai				
5.	KreisUmsatzSt.	O. **68**	82	118
5.	"	R. **19**	493	420
5.	StaatsEinkSt.	R. **19**	493	427
5.	WehrBeitr.	D. **20**	1171	481
5.	"	D. **20**	1771	482
5.	"	A. **18**	333	479
7.	StaatsEinkSt.	A. **18**	217	400
12.	WehrBeitr.	D. **20**	1171	477
12.	"	D. **20**	1171	481
12.	"	D. **20**	1171	483
12.	"	M. **15**	221	480
12.	StaatsEinkSt.	A. **18**	270	437
12.	"	A. **18**	315	404
12.	"	A. **19**	43	440
12.	Umsatzsteuern	P. **37**	203	198
12.	Rechtsmittelfristen f. GemAbg.	P. **37**	203	341
17.	GemEinkSt.	O. **69**	215	294
29.	StaatsEinkSt.	A. **19**	9	397
29.	WehrBeitr.	D. **20**	1116	478
29.	"	D. **20**	1169	481
29.	"	M. **15**	241	488
Juni				
2.	StaatsEinkSt.	A. **19**	65	418
2.	WehrBeitr.	A. **18**	315	485
2.	"	A. **19**	95	482
2.	"	M. **15**	217	482
4.	Straßenreinigungsgebühren	P. **37**	182	154
12.	WehrBeitr.	A. **18**	284	477
17.	GemGewSt.	P. **37**	522	261
18.	KreisAbg.	O. **69**	57	106
22.	"	O. **69**	59	106
22.	ZuwSt.	P. **37**	537	58
23.	Umsatzsteuern	O. **69**	192	193
29.	GemGrundSt.	O. **69**	210	226
29.	Dir. KreisSt.	P. **37**	233	129
Juli				
3.	StaatsEinkSt.	A. **18**	300	363
7.	VerwStreitVerf.	O. **69**	194	345
8.	GemEinkSt.	P. **37**	42	334
9.	WehrBeitr.	M. **15**	237	474
9.	"	M. **16**	69	483
9.	StaatsEinkSt.	A. **18**	301	389
9.	"	R. **20**	54	364
13.	ZuwSt.	P. **37**	232	62
Sept.				
17.	Lustbarkeitssteuern	P. **37**	247	188
17.	Beitr. nach § 9 KommAbgG.	P. **37**	280	162

Datum	Gegenstand	abgedruckt Band	abgedruckt Seite	Seite
1915				
Sept.				
21.	Kanalisationsgebühren	O. **69**	183	150
21.	GemGrundSt.	P. **37**	267	246
21.	VerwStreitVerf.	P. **37**	267	346
22.	Umsatzsteuer	O. **69**	202	194
22.	WehrBeitr.	A. **19**	8	478
28.	Kanalisationsgebühren	P. **37**	282	145
Okt.				
5.	Kanalisationsgebühren	O. **69**	187	145
5.	GemGrundSt.	P. **37**	430	249
6.	WehrBeitr.	A. **19**	55	481
6.	StaatsEinkSt.	A. **19**	95	369
7.	GemEinkSt.	O. **69**	222	283
7.	Anliegerbeiträge	P. **37**	521	167
14.	GemEinkSt.	O. **69**	225	331
14.	"	P. **37**	155	307
15.	Dir. KreisSt.	O. **69**	63	131
16.	StaatsEinkSt.	R. **20**	110	370
16.	"	R. **20**	110	373
20.	Dir. KreisSt.	O. **69**	64	134
20.	StaatsEinkSt.	A. **19**	96	404
24.	GemEinkSt.	R. **20**	53	309
26.	Kanalisationsgebühren	P. **37**	296	150
30.	StaatsEinkSt.	R. **20**	258	410
Nov.				
3.	WehrBeitr.	M. **16**	71	487
4.	GemEinkSt.	P. **37**	384	266
4.	Anliegerbeiträge	P. **37**	568	169
8.	WehrBeitr.	A. **19**	132	475
18.	ErgSt.	A. **19**	133	453
23.	GemGrundSt.	P. **37**	487	232
27.	StaatsEinkSt.	R. **20**	227	412
27.	"	R. **20**	228	414
Dez.				
1.	Umsatzsteuern	P. **37**	473	206
7.	Einspruchsverf. bei GemAbg.	P. **37**	520	345
16.	Dir. KreisSt.	P. **37**	461	131
20.	StaatsEinkSt.	R. **20**	258	378
20.	WehrBeitr.	M. **16**	70	487
20.	"	M. **16**	70	486
1916				
Jan.				
5.	Umsatzsteuern	P. **37**	538	208
6.	GemEinkSt.	P. **37**	401	318
14.	ZuwSt.	P. **37**	555	103

Januar 1916—September 1916.

Datum	Gegenstand	abgedruckt Band	abgedruckt Seite	Seite
1916				
Jan.				
14.	ZuwSt.	P. **37**	569	60
15.	StaatsEinkSt.	R. **20**	259	425
17.	GemEinkSt.	P. **37**	603	318
18.	SchankerlaubnSt.	P. **37**	568	125
20.	GemGewSt.	P. **37**	444	253
23.	StaatsEinkSt.	A. **19**	179	437
29.	"	A. **19**	148	350
29.	WehrBeitr.	A. **21**	57	484
Febr.				
12.	StaatsEinkSt.	A. **19**	132	409
1916				
Febr.				
15.	Lustbarkeitssteuern	P. **37**	599	188
März				
7.	ProvAbgaben	P. **37**	458	104
24.	WehrBeitr.	A. **19**	273	482
Mai				
11.	GemEinkSt.	P. **37**	600	309
31.	WehrBeitr.	A. **19**	256	476
Sept.				
27.	WehrBeitr.	A. **21**	23	486

Sachverzeichnis.

Das Zeichen * deutet an, daß ein Gegenstand wegen seiner Allgemeinheit oder der Häufigkeit seines Vorkommens nur in den wesentlichsten Beziehungen unter dem betr. Stichwort oder in das Sachverzeichnis überhaupt aufgenommen werden konnte. Bei manchen Stichwörtern ist der gemeinsame Gebrauch in Ein- und Mehrzahl durch Klammern ( ) angedeutet. Der Kürze halber sind die Stichwörter bei ihrer Wiederholung durch das Zeichen — ersetzt. Die fett gedruckten Ziffern geben die Seiten an, auf denen der Gegenstand ausführlich erörtert ist.

A.

B.

E.

G.

H.

J.

L.

M.

Schenkung gemischtes Rechtsgeschäft 21; Apothekenberechtigungen 22; Rechtsgeschäfte unter e. aufschiebenden Bedingung 22f.; den Eigentumsübergang verdeckendes Rechtsgeschäft iS. § 6 ZuwStG. 23f.: Bedeutung d. fideikommißrechtlichen Veräußerungsverbots 24ff.; Erbbaurecht 26f.; Zulässigkeit d. VerwStreitVerf. in ZuwStSachen 20f., 27; Steuererlaß iS. § 34 bei Rückerwerb im Zwangsversteigerungsverfahren 27f.; Frage d. Leistung d. Offenbarungseides bei fruchtlosem Beitreibungsversuch d. ZuwSt. 28f.; unzulässige Zusammenfassung verschiedener Veräußerungen in einem Steuerbescheid 29; Ermächtigung zur Grundstücksveräußerung gem. § 5 Abs. 3 ZuwStG. 29; keine Gültigkeit älterer Satzungen gem. § 60 ZuwStG. in eingemeindeten Ortschaften 30; *Berechnung des Wertzuwachses* 31ff.: Wert v. Grundstückserzeugnissen nicht zu berücksichtigen 31; auch nicht Neugeldverpflichtung 31; Bewertung d. Holzbestandes 31; Ermittlung des Erwerbspreises v. Einzelparzellen iVerh. zum Gesamtpreis d. Gesamtgrundstücks 32; Einfluß vertragsmäßiger Übernahme der ZuwSt. durch d. Erwerber 33; Begründung d. Steuerpflicht gem. § 17 Abs. 2 ZuwStG. durch den dinglichen Rechtsvorgang 33f.; steuerpfl. Wertzuwachs u. Begriff d. übernommenen Lasten 34f.; Hinzurechnungen zum Erwerbspreise nach § 16 G. 35, 38; Preiszerlegung bei Teilveräußerungen 35; bei Erbauseinandersetzungen gem. § 65 maßgebender Preis 36; Hinzurechnung v. Entschädigungen für Wertminderung gem. § 23 ZuwStG. zum Veräußerungspreis 36.; *vereinbarter* Kaufpreis maßgebend; Berücksichtigung mündlicher Nebenabreden 37; Hinzurechnung d. *Erwerbskosten* z. Erwerbspreis in d. Zwangsversteigerung 37f.; Zahl d. Kalenderjahre für die Hinzurechnung gem. § 16 Abs. 2 nicht maßgebend 38; Steuerfreiheit gem. § 7^2 auch für in Gütergemeinschaft lebende Ehegatten v. Abkömmlingen 38f.; Begriff der „vollen" Kalenderjahre iS. § 16 Abs. 3 aaO. 39; Übernahme d. ZuwSt. v. Erwerber in einem Zwischengeschäft 39; Bemessung des Wertzuwachses bei steuerfreiem Erwerbsvorgang (§ 17) 39f.; Wertzuwachsberechnung bei Berücksichtigung unentgeltlicher Abtretung e. Teilgrundstücks zu öffentlichen Zwecken 40f.; Erwerbspreisbestimmung bei Teilveräußerung im Umlegungsverfahren empfangener Grundstücke 41; Bedeutung v. Preisvereinbarungen für bewegliches Grundstückszubehör 41f.; Erbauseinandersetzung iS. § 65 42f.; Berücksichtigung unentgeltlicher Abtretungen für Verkehrszwecke 43; Voraussetzungen für Abzug d. Vermittlungsgebühr gem. § 22 43f., 48, 52; Feststellung d. gemeinen Werts 44; einheitliche steuerliche Behandlung mehrerer Zwischengeschäfte 44f.; Voraussetzung für Berücksichtigung von Aufwendungen für auf dem Restbesitz stehende Baulichkeiten 45; Zuwachssteuerberechnung bei Übertragung e. Geschäftsanteils 45f.; Haftung des Zwischenveräußerers 46; Berücksichtigung v. Zwischengeschäften bei d. Steuerberechnung und Frage der Erstattungsfähigkeit damit verknüpfter Kosten 46f.; Begriff „Grundstück" iS. § 22^2 47; § 65 nur bei Vorhandensein mehrerer Abkömmlinge anwendbar 47f.; als Preis iS. § 8ff. G. ist die zwischen Veräußerer u. Erwerber *vereinbarte* Summe anzusehen 48; Wertfeststellung gem. § 17 Abs. 4 bei Teilveräußerungen 48; Berücksichtigung der Wertminderung durch Rayonbeschränkung gem. § 18 48f.; Nießbrauchseinräumung durch den Veräußerer keine vom Erwerber übernommene Leistung iS. § 8^2 49f.; vertragl. Entschädigung für die Verpflanzungskosten eines Baumschulenaufwuchses kein Teil des Grundstückspreises 50f.; Begriffsbestimmung des Preises iS. § 8 ZuwStG. 51; Eigentumserwerb durch einen Treuhänder 52; Erfordernis des Beanstandungsverfahrens bei Abweichung von tatsächlichen Angaben d. Steuererklärung 52.f, 91; keine Berücksichtigung der Kosten eines Überbaues gem. § 912 BGB. 53f.; Abfindung an Mieter oder Pächter e. veräußerten Grundstücks kein Teil des Preises 54, 58f.; vertraglich festgesetzter Einbringungswert e. aus Grundstücken bestehenden Sacheinlage einer Ges. m. b. H. als Preis iS. ZuwStG. 54f.; steuerliche Behandlung von Parzellenveräußerungen gem. § 27 ZuwStG. 55f.; Voraussetzungen für die Hinzurechnung e. Entschädigungssumme gem. § 23 bei Teilveräußerungen 57f.; Ermittlung des gemeinen Werts gem. § 12 ZuwStG. bei Verkauf e. Wasserwerks an e. Gemeinde 60; Frage d. Anrechnungsfähigkeit einer Provision für Darlehnsbeschaffung für e. Grundstückstausch 61; Einfluß d. Übernahme v. Hypothekenschulden auf die Preisbestimmung bei Tauschgeschäften 61f.; Bestimmung des Erwerbspreises bei Tauschgeschäften 62; Begriff der vom Ersteher übernommenen Leistungen im Zwangsversteigerungsverfahren gem. § 9 ZuwStG. 62ff., 64f., 76f.; ausgefallene Zinsen gelten als ausgefallene Forderungen iS. § 14^2 ZuwStG. 63f., 70f.;

S.

T.

U.

V.

W.

Z.

Druck von A. W. Hayn's Erben (Curt Gerber), Potsdam.

FSC
www.fsc.org
MIX
Papier | Fördert gute Waldnutzung
FSC® C083411

Kolibri 360 GmbH
Ferdinand-Jühlke-Straße 7
99095 Erfurt, Deutschland
produktsicherheit@kolibri360.de